《中国文化》三十年精要选编 // 10 // 刘梦溪主编

信仰与民俗

SJ 北京时代华文书局

图书在版编目（CIP）数据

信仰与民俗 / 刘梦溪主编 . -- 北京 : 北京时代华文书局 , 2024.3
ISBN 978-7-5699-4075-6

Ⅰ . ①信… Ⅱ . ①刘… Ⅲ . ①信仰—研究—中国—古代②风俗习惯—研究—中国—古代 Ⅳ . ① B933 ② K892

中国版本图书馆 CIP 数据核字 (2021) 第 001744 号

XINYANG YU MINSU

出 版 人：陈　涛
选题策划：余　玲
项目统筹：余　玲
责任编辑：薛　芊
文字校订：谷　卿
装帧设计：程　慧
责任印制：訾　敬

出版发行：北京时代华文书局 http://www.bjsdsj.com.cn
北京市东城区安定门外大街 138 号皇城国际大厦 A 座 8 层
邮编：100011　电话：010-64263661　64261528

印　　刷：北京盛通印刷股份有限公司
开　　本：787 mm×1092 mm　1/16　成品尺寸：175 mm×260 mm
印　　张：49.5　字　　数：905 千字
版　　次：2024 年 3 月第 1 版　印　　次：2024 年 3 月第 1 次印刷
定　　价：328.00 元

目　录

前　记

《中国文化》是国内唯一的一家在北京、香港、台湾同时以繁体字印行的高端学术刊物，是为了回应二十世纪八十年代的“文化热”，于 1988 年筹办，1989 年创刊。“深研中华文化，阐扬传统专学，探究学术真知，重视人文关怀”，是办刊的宗旨，以刊载名家名篇著称，是刊物的特色。三十年来，海内外华文世界的第一流的学术人物，鲜有不在《中国文化》刊载高文佳构者。了解此刊的行内专家将“它厚重，它学术，它名士，它低调，它性情”，视作《中国文化》的品格。

《中国文化》是经文化部会同国家新闻出版署核准的有正式期刊号的学术期刊，国内统一刊号为 CN11-2603/G2，国际标准刊号为 ISSN1003-0190，系定期出刊的连续出版物，每年推出春季号、秋季号两期。创刊以来已出版 54 期，总字数逾 2000 万，为国内外学界人士一致所认可。本刊选篇衡文，着眼学术质素，以创获卓识、真才实学为依凭，既有老辈学者的不刊之说，也有学界新秀的出彩之论。杜绝门户成见，不专主一家，古典品格与现代意识兼具、修绠汲古和开源引流并行。提倡从现代看传统，从世界看中国，刻刻不忘本民族的历史地位。

《中国文化》怀有深切的文化关怀，1988 年 12 月撰写的《创刊词》写道：“《中国文化》没有在我国近年兴起的文化热的高潮中与读者见面，而是当文化热开始冷却，一般读者对开口闭口大谈文化已感觉倦怠的情势下创刊，也许反而是恰逢其时。因为深入的学术研究不需要热，甚至需要冷，学者的创造力量和人格力量，不仅需要独立，而且常常以孤独为伴侣。”《创刊词》又说：“与学界一片走向世界的滔滔声不同，我们想，为了走向世界，首先还须回到中国。明白从哪里来，才知道向哪里去。文化危机的克服和文化重建是迫在眉睫的当务之急。如果世界同时也能够走向中国，则是我们的私心所愿，创办本刊的目的即在于此。”这些话，在当时的背景下，多少带有逆势惊世的味道。所以创刊座谈会上，李泽厚说：“金观涛要走向未来，刘梦溪要走向过去，我都支持。”

《中国文化》对中国经学、诸子学等四部之学的深入研究给予特别重视；对甲骨学、敦煌学、简帛学、考古学等世界性专学和显学给予特别重视；对宗教信仰与文化传播的整理与研究给予特别重视；对中国文化发生学和各种不同文化圈的参证比较给予特别重视。学术方法上提倡宏观与微观结合、思辨与实证结合、新学与朴学结合。

《中国文化》创刊以来开辟诸多学术专栏，主要有“文史新篇”“专学研究”“古典新义”“旧学商量”“文化与传统”“经学与史学”“文物与考古”“学术史论衡”“宗教信仰与文化传播”“古代科技与文明”“明清文化思潮”“现代文化现象”“文学的文化学阐释”“中国艺术与中国文化”“国学与汉学”“域外学踪”“学人寄语”“学林人物志”“文献辑存”“旧京风物”“人文风景”“序跋与书评”等。丰富多样的栏目设置，可以涵纳众多领域的优秀成果，一期在手，即能见出刊物的整体面貌和当时国内外学界的最新景况。

《中国文化》由中国艺术研究院主办，文化部主管，《中国文化》杂志社编辑出版。中国文化研究所创所所长、文史学者刘梦溪担任主编，礼聘老辈硕学和海内外人文名家姜亮夫、缪钺、张舜徽、潘重规、季羡林、金克木、周一良、周策纵、饶宗颐、柳存仁、周有光、王元化、冯其庸、汤一介、庞朴、张光直、李亦园、李泽厚、李学勤、裘锡圭、傅璇琮、林毓生、金耀基、汪荣祖、杜维明、杨振宁、王蒙、范曾、龚育之等为学术顾问，形成阵容强大的学术支持力量。

现在，当《中国文化》创刊三十周年之际，为总结经验、汇聚成果、交流学术、留住历史，特编选“《中国文化》三十年精要选编”，共分十二个专题，厘定为十二卷，分别是：

一　中国文化对人类未来可有的贡献

二　三教论衡

三　经学和史学

四　甲骨学、简帛学、敦煌学、考古学

五　学术史的视域

六　旧学商量

七　思想与人物

八　明清文化思潮

九　现代文化现象

十　信仰与民俗

十一　古代科技与文化传播

十二　艺文与审美

第一卷《中国文化对人类未来可有的贡献》，直接用的是国学大师钱穆先生最后一篇文章的原标题，该文首发于台湾《联合报》，经钱夫人胡美琦先生授权，大陆交由《中国文化》刊载。此文于1991年秋季号刊出后，引起学界热烈反响，季羡林、蔡尚思、杜维明等硕学纷纷著文予以回应，杜维明称钱穆先生的文章为“证道书”。第一卷即围绕此一题义展开，主要探讨中国文化的特质、价值取向和对人类的普世意义，包括总论、分论、与其他文化系统比较研究及对未来的展望。

第二卷《三教论衡》，是对中国文化的主干——儒、释、道三家思想的深入研究。

第三卷《经学和史学》，是对传统学术的经史之学的专题研究。

第四卷《甲骨学、简帛学、敦煌学、考古学》，是对学术史的专学和显学部分所做的研究，此一领域非专业学者很难置喙。

第五卷《学术史的视域》，是中国学术史研究的优选专集。

第六卷《旧学商量》，是就中国学术各题点的商榷讨论。

第七卷《思想与人物》，是对中国文化最活跃的部分思想和人物的专论。

第八卷《明清文化思潮》和第九卷《现代文化现象》，是研究中国历史两个关键转变期的文化的时代特征和思想走向。

第十卷《信仰与民俗》，集中研究中国文化的精神礼俗，很多文章堪称“绝活”。

第十一卷《古代科技与文化传播》，是《中国文化》杂志特别关注的学术领域，三十年来刊载的这方面的好文章，很多都精选在这里了。

第十二卷《艺文与审美》，是对古今艺术、文学，包括书法、绘画、艺文理论等审美现象的研究。

每一卷都是中国文化的一个重大研究专题。由于作者大都是大师级人物，或者声望显赫的国内外一流学者以及成就突出的中青年才俊，使得每个专题的研究都有相当的学术深度，学者们一个一个的个案研究，往往具有领先性和突破性。虽然，“《中国文化》三十年精要选编”是《中国文化》杂志三十年来优秀成果的选编，也可以视作近三十年我国学术界中国文化研究成果的一次汇总。

“《中国文化》三十年精要选编”是中国艺术研究院的资助课题，由主编刘梦溪和副研究员周瑾协同编选，经过无数次拟题、选目、筛选、调整，再拟题、再选目、再筛选、再调整，前后二十余稿，花去不知多少时间，直至 2021 年 9 月，终于形成十二卷的最后选目定篇。

最后，需要感谢北京时代华文书局和陈涛社长、宋启发总编辑对此书的看重，特别是余玲副总编的眼光和魄力，如果不是她的全力筹划，勇于任责，此书的出版不会如此顺利。美编程慧，编辑丁克霞、李唯靓也是要由衷感谢的，她们尽心得让人心疼，而十二卷大书的精心设计，使我这样一个不算外行的学界中人除了赞许已别无他语。真好。

刘梦溪

2022 年 4 月 28 日时在壬寅三月二十八识于京城之东塾

大汶口“明神”记号与后代礼制

论远古之日月崇拜

饶宗颐

人类太渺小了！在地球上，他们面对着空际恒河沙数的星辰，可喜可愕的现象太多。地球自转一周成为昼夜。生物从太阳吸取光与热，没有太阳，宇宙只是黑漆漆一团昏暗。历史上各种各样的人虽各拥有不同的信仰，无不崇奉太阳神，巴比伦的 Marduk①，埃及的 Ra②，即其代表神明。所以太阳崇拜成为人类学、古神话学的一个重要课题。

吾国古代太阳崇拜的事实，见诸近年考古所得的材料非常丰富，西北彩陶系统，陶器上绘画：分明是太阳带光芒状，有人谓是表示极光③。半坡遗址有符号。内蒙古狼山岩画上有图文。东南方面河姆渡最动人的双凤朝阳象牙雕刻，报告称：“在正面部位用阴线雕刻出一组图案，中心为一组大小不等的同心圆，外圆边雕刻有似烈焰光芒，两侧雕有昂首相望的双鸟，形态逼真，同时还钻有六个小圆孔，长 16.6，线宽 5.9，厚 1.2 厘米。”④

郑州大河村遗址出土的彩陶钵周围绘有十二个太阳纹作状，另出土有的

① 马尔杜克，巴比伦的守护神。

② 拉，古埃及神话中的太阳神。

③ 参见《河南文博通讯》所载《谈谈郑州大河村遗址出土的彩陶上的天文图象》。

④ 参阅《文物》1980 年第 5 期：《浙江河姆渡遗址第二期发掘的主要收获》，及 1982 年第 7 期刊载的《河姆渡的原始艺术》两文。

陶片在太阳两边作对称的弧形，可能是表示日气的晕珥。

以上是重要的例证。

自从 1959 年在山东泰安县与宁阳县交界，发现大汶口文化遗址，大汶口陶尊上刻划的符号，引起古史家热烈的注意，解者不一其说。笔者拟从另一角度加以考察，现在先要讨论的是时、地问题。

（一）年代：陶文年代经过多次的研究，应该属于大汶口文化的晚期，碳素年龄当为 2780B.C±145，自然可确定为殷以前的记号。但不会是六千年前的遗物。

（二）地点：陶文出土地址的范围，恰为古代“汶上明堂”所在地。《魏书・地形志》：泰山郡奉高有“岱岳祠、玉符山，故明堂基”。

时、地既定，然后可以进一步详细探讨。

我于 1980 年冬天，旅行山东，由济南至曲阜，上泰山，经过大汶口，得到山东博物馆及当地考古人士的款待，沿途参观出土古物，得知大汶口后来又进行发掘，收获甚丰，据称前后发现的刻划符号，多至十九文，计有十一个不相同字形的符号。这些新材料至近年才正式公布。⑤ 各符号中以刻有日轮形的最惹人注意。北京历史博物馆展出的莒县陶尊，附以说明，解释这一图形是日、月、山三者组成之形。山东博物馆陈列同样展品，但不加说明。这一图文，实际上有五种不同形状：

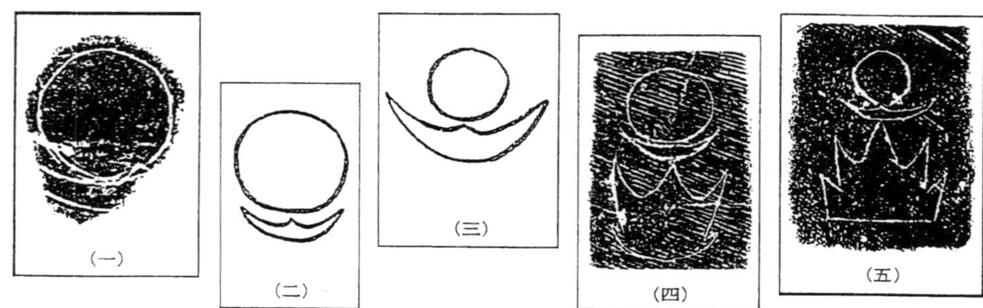
（一） （二） （三） （四） （五）

第四、五可说是繁体，下部之，很难说是“火”字，却像山岳之状，分明出自后来所增益。有人认为它是文字，或释为旦，或释为炅，似皆不确，我想还是把它

⑤ 见王树明：《谈陵阳河与大朱村出土的陶尊文字》，载《山东史前文化论文集》，1986；参李学勤：《论新出大汶口文化陶器符号》，《文物》1987 年第 12 期。

作为一个符号来看待较为合理。庞朴先生在《火历》一文中认为是日月与火(星)三者合一的标记,他没有注意到作[符号]是别一种繁形,它原来只是作[符号]而已。又有几件玉器可为佐证。

1.北京历史博物馆从山东人尹世安处购得的巨型碧玉琮,高达 49.2 厘米,其上端正中刻有阴线形纹饰与大汶口陶尊同形。⑥

2.美国 Freer Gallery(弗利尔美术馆)藏良渚文化时期之玉璧。其纹样如下图:⑦

在鸟立之下面作[符号]形状的外框,三件玉璧完全一样,这个形状实际即是大汶口的符号在[符号]之下所增的[符号],细察其形,很像祭场的坎坛;亦可指日月升起的山岳或高丘,而不是火;其太阳内部带雷纹之图形,当然是日,底下之[符号],则显然是月了。这可能表示日月合璧的象征。

从上举玉璧和玉琮的图纹看来,[符号]和[符号]应是这一符号的原形。以良渚玉璧验之,解为日、月是合理的。

综观大汶口的图形(一)与(四)在日轮的下面都作[符号]状,没有把月牙稍作

⑥ 见石志廉:《最大最古的[符号]纹碧玉琮》,载《中国文物报》第 57 期。

⑦ 见林巳奈夫:《中国古代的酒瓮》,载《考古学杂志》65 卷第 2 号,1979 年;参阅 Epigraphia Zeycanic Vol. Ⅲ, Part 6 pp.312-325 by S.Daran Avitana。

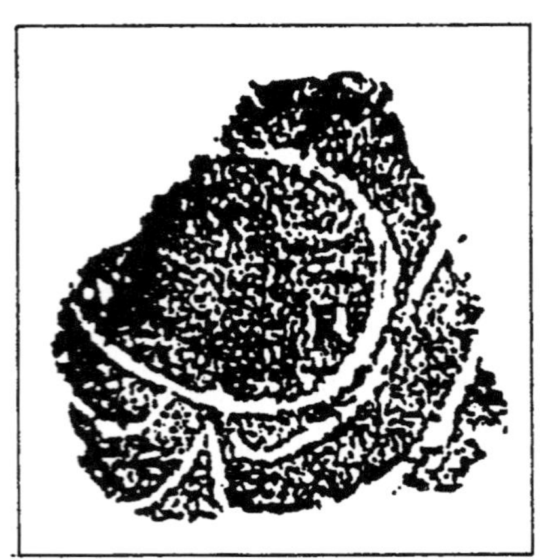

突起，和良渚玉璧这一图纹相同。

大汶口还有一个残文(见右图)。日轮下面似作〰，这是变形，而是以日轮为主。我们可得到下面主要结论：

(1)从上面这些图形看来，还没有加以规范化，符号随时任意写变，可见它绝不是文字。

(2)有二种主要形态，一是以日轮为主体，一是合日月二者为一，而以新月作为日轮之座。

古代称日为大明，《广雅释天》："日……一名大明。"故天体的崇拜对象，还是以日为主体。《御览》引刘向《洪范传》："日者，照明之大表，光景之大纪……"其说虽晚出，正充分说明古代人们视太阳作为天象主体的具体反映。

我们看锡兰有一地方石刻镌有形，说者谓是象征日与月，表示日月之恒久，此石刻年代证实是公元前 1165 年。

又西藏有一记号，亦是表示日月。袁宏《后汉纪》言："明帝梦见金人长大，顶有日月光。"故日月光复为佛像之象征，虽属后起，都可作为佐证。"日月如合璧"在古人观象的经验里是非常宝贵，会给人带来吉祥的征兆。

故知大汶口这一的图形绝不是文字，只是一个吉利的符号，或表示陶器拥有者具有与"日月齐光"的权威。日月亦被称为"明神"(见下文)，这一符号似可看作"明"字的前身。

大汶口文化带有刻文记号的陶器，多出土于离海百许里之陵阳河的丘陵地带，即沭河与潍河上游地区的莒县大朱村。汉时封朱虚侯刘章为城阳王，都莒，即邑于此。

太阳崇拜在古埃及与西亚的圣书和图形文，都作太阳上升状，与大汶口符号很相似。埃及作(○rc(e)+ d̲w 沙地高山)示日在地平线之上——表示阳光照耀及每日之重光(to identify with the Sun's daily rebirth)

西亚苏末文字是日形，音 utu，示日升于山上，指日神 Šamaš。

utu 的字形与大汶口亦很接近，出于公元前三千年的 Uruk 遗址，西亚日神称 Šamaš，其最上神 Marduk，即由 Ma（Accadian 文为儿子）+utu，义为太阳之子。秘鲁亦称其王为太阳儿子。

刻绘这一符号的陶尊相当高大。有的高达六十多厘米，有人说是礼器，近时陶尊被确认为酿酒工具，由于一两件其上显然有漏水处，详细还待研究。

大汶口遗址延续二千多年，所出杯、觚、豆等都为高足器，高足为其共同特征。据邵望平报告："在大墩子墓地发现陶尊的早期墓地 M44，其墓主人体躯高大，骨骼很是粗壮。"东方民族古称为"长"，《史记・五帝本纪》："唯禹之功为大……"说"东长鸟夷"。《说苑・修文篇》作"东长夷鸟"，《楚辞招魂》"长人千里"，故其人种特别高大。良渚玉璧三件既刻日月图纹，复有立鸟于坎坛上，其坛三层，即是三成。证之河姆渡的双凤朝阳的纹样，这些显然是东方鸟夷的遗俗。《秦本纪》载："秦之先，帝颛顼之苗裔孙曰女脩。女脩织，玄鸟陨卵，女脩吞之，生子大业。大业取少典之子，曰女华。女华生大费，与禹平水土。……大费生子二人：一曰大廉，实鸟俗氏。"

陕西秦景公墓出土巨磬，其铭辞有云："高阳有灵四方以鼏。"秦人同祖颛顼，来自东方，其先世曰鸟俗氏，亦鸟夷之一支。玉璧上的立鸟自是象征"玄鸟"。大汶口文化和良渚文化古代已有交流，事实上可能都属鸟夷人种。

古人习惯在东方迎日东升。《尧典》所说"寅宾出日"是其礼也。秦、汉礼日之处在山东成山。《秦始皇本纪》"过黄、腄，穷成山，登之罘"，刻石颂德。《汉书・武帝纪》："太始三年幸琅琊，礼日成山。"《郊祀志》作盛山。成山即山东滨海尽处，所谓山东山嘴，知古代祀日在山东滨海处举行。陶尊出于莒县，其地相去不远。环泰山为中心即祀日所在地，古明堂在焉。所谓"汶上明堂"也。汉武帝封禅还，降坐明堂。《武帝纪》臣瓒注："泰山东北址古时有明堂处"（详王先谦补注）。我人游岱庙，庙中壁挂图片，有汉明堂遗址，可见其概（见下页）。隋文帝开皇十五年，行幸兖州，遂次岱岳，为坛如南郊，又壝外为柴坛，为坛坎二于南门外。拜岱山必置坛坎，向来礼制如此。

日出于东而没于西。《楚辞》诸神，有东皇太一、东君（王逸注"日神也"），又

有西皇(《离骚》)。《封禅书》列齐地八神,有日主与月主。汉《郊祀歌》十九章,四时天地之外,其第九为《日出入》,盖为汉时郊庙祀日之歌,其辞曰:

> 日出入,安穷时?世不与人同,故春非我春,夏非我夏,秋非我秋,冬非我冬。泪如四海之池。遍观是邪为何?吾知所乐,独乐六龙,六龙之调,使我心若。訾黄其何不徕下?"

《易·乾卦》言"时乘六龙以御天",《郊祀歌》用其语。祀日而不及月。"日出入"一词乃袭取殷代礼制,甲骨刻辞中,常见"出日""入日"的记录,举例如次:

戊戌卜内:呼雀𢦏于出日,于入日,宰。(合集65721即丙编171)

……其入日,㞢(侑)……(合集13328)

丁巳卜:又出日,丁巳卜又入日(佚存407)

癸未:甲申,出入日,岁三牛,兹用(南地890)

乙酉卜:又(侑)出日入日(怀1569)

卜辞又有“王观日出”的事,如:

王其蘿日出,其□于日,刚束。弜刚束。(小屯南地2232)

“出入日”可以合言,或分言出日、入日。殷代祭日之礼,用牲三牛,仍复用羊。《尚书·尧典》:“寅宾出日”“寅饯纳日”,今文作“入日”,此句《史记》即译作“敬道日入”,与殷刻辞相同。史公译寅饯之“饯”字为“道”。今观大汶口刻有记号之陶尊,形制硕大无朋。《周礼·司尊彝》云:“其朝践用两大尊。”郑注:“朝践谓荐血腥。”祭日用大尊,而殷人于出入日有“岁牛兹用”之语,则践似宜读为朝践之践,即指用牲。梁博士明山宾著有《明堂仪注》,说载《隋书·礼志》。

卜辞所记的出入日,有人认为似乎不是一日之间迎送日神之祀典,而是春秋二分的朝日夕月的典礼。(见宋镇豪《甲骨文出日入日考》,《出土文献研究》页33。他从丙编171武丁卜辞中所记的日辰干支,推断其祭礼确行于春季相关的月份,证明殷人对于春、秋分已有充分的认识。)

伏生《尚书大传》论“寅宾出日”是春分朝日,郑玄亦解出日为春分朝日,与伏说同。纬书《尚书帝命验》云:“秋冬欲早息,故令民候日入而息,是谓寅饯纳日。春迎其来,秋送其去,无不顺之。”

周人用殷礼,祭日月成为国家盛典,谓之“朝日夕月”。《周语》上:“古者先王既有天下,又崇立上帝、明神而敬事之,于是乎有朝日夕月。”韦昭注:“明神,日月也”。由于“悬象著明莫大于日月”,故称二者为明神。马王堆三号墓文书有云:“王期答秦昭王,必朝日月而歙其精光。”《九歌·涉江》云:“与天地兮比寿,与日月兮齐光。”自皇古以来,对于日月崇拜,有许多歌颂之辞。因为他们是明神,可与上帝并列,故作为王者敬事的对象。其祭祀场所,谓之“明堂”。故增或之形,作为封土坎坛之象。大汶口的和良渚玉璧的,如果确为日月合璧的形状,作为“明神”看待,是很合理的。

《鲁语》穆伯之妻敬姜论民劳之义，言及天子“大采朝日，日中考政；少采夕月，日入监九御。”韦注正取春分、秋分为说，表其事如下：

春分　朝日　大采（此为地德）阳政

秋分　夕月　少采（此为天刑）阴政

周代朝日夕月，在春分秋分举行，《大戴礼·保傅篇》：“三代之礼，天子春朝朝日，秋暮夕月，所以明有敬也。”这是周代的礼制。

殷卜辞有一条残文云：“……卜……子风……采，雨……。入日，戊……（合20959）原见小屯乙编。姚孝遂《类纂》此条列在“入日”项下，而释文作“六日”，疑“六”字乃“入”之误。如释为“入日”则“采”之上残文，应是“少”，即鲁语所说秋分夕月少采的三采，可惜文字过于残泐，不敢十分肯定。

春分朝日，秋分夕月之礼，后人没有彻底施行，诸多变革，遂引起礼家热烈的争论。

《礼记·玉藻》：“玄端而朝日于东门之外。”据孔颖达疏：“古天子迎日之礼有二，一建寅元月迎日于南郊；一春分迎日于东郊。”《尚书大传》文兼举之而云：“正月朝迎日于东郊，祀上帝于南郊。”与春分迎日同。

《隋书·礼仪志》二：“礼：天子以春分朝日于东郊，秋分夕月于西郊。汉法不俟二分于东、西郊，常以郊泰畤，旦出竹宫，东向揖日，其夕西向揖月。

“魏文讥其烦亵，似家人之事，而以正月朝日于东门之外，前史又以为非时。”

又，“明帝太和元年二月丁亥，朝日于东郊。八月己丑，夕月于西郊，始合于古。

“后周以春分朝日于国东门外，为坛如其郊，秋分夕月于国西门外，为坛于坎中，方四丈，深四尺，燔燎礼如朝日。

“开皇初，于国东春明门外为坛，如其郊。每于春分朝日，又于国西开远门外为坎，深三尺，广四丈，为坛于坎中，高一尺，广四尺，每以秋分夕月。”（中华本，第140、141页）

《通典》卷四十四“朝日夕月”条，以为祭日月，岁有四：

1.迎气之时祭日于东郊，祭月于西郊。（按此用《尚书大传》）；

2.二分祭日月；

3.郊之祭，大报天而主日配以月。（按此为郊时祭月，出《礼记·祭义》。）

4.《月令》“十月祭天宗，合祭日月”。

汉世改周法为日拜之议。证以《后汉书·礼仪志》：“每月朔前后各二日……牵羊……以祭。”魏文帝诏云：“汉改周法……然旦夕常于殿下东向拜日，其礼太烦，今采周春分之礼，损汉日拜之仪，又无诸侯之事，无所出东郊——其夕月不分明，其议奏。”此为极大之改革。

日、月之祭，六朝人有详细讨论，最要紧文字为《南齐书·礼志上》：“永元元年，步兵校尉何佟之议。”何氏引《礼记》“朝事仪”一条：“天子冕执圭尺有二寸，率诸侯朝日于东郊，所以教尊尊也。”（又见魏文帝诏引）甚有参考价值。

唐时，春秋二分朝日夕月于国城东西，各用方色犊。时人加一祀，称曰祀朝日。柳宗元非之，著《祀朝日说》（《柳河东集》卷十六），他引用经典的语句，以证明古时旦见曰朝，暮见曰夕，如《礼记》“日入而夕”，《左传》言某某夕，夕见曰夕，兼用作动词。我们看大汶口十九件陶尊有三件在下部刻有夕字，向来未明其意思，我怀疑这几件大尊，可能后来曾被作为“夕月”时的礼器。故刻上此号来表示“夕”之用。是举行“入日”典礼时之用品。

汉郊祀歌的“日出入”，没有把出日，入日分开。汉法不行周制，只在郊泰畤时，旦出竹宫东向揖日，同日之夕，复西向揖月，把分开在春秋分的祭祀日月的大典，同在一日中举行。又旦夕常于殿下揖日月，故被讥为烦亵。殷礼的出日入日，只言日而不及月，亦可能如汉代之烦渎，为每日朝、夕之祭，由于史料过简，仍待证实。

大汶口陶尊的年代是公元前二千七百多年，《大戴礼·五帝德》及《史记·五帝本纪》都说：“帝喾历日月而迎送之。”《尔雅》：“历，相也。”王聘珍解诂：“相日月之出入而察之，寅宾寅饯，故曰迎送之。”大汶口遗址和帝喾时代相当，由陶尊上刻日月明神，足见此说之有据。

祭日祝辞，古多有之。《尚书大传》载东郊迎日辞曰“明光于上下，勤施于四方，旁作穆穆”。陈寿祺谓此三句为古语，成王取以赞周公，亦见《洛诰》，多“迓衡不迷”一句。魏文黄初元年诏书引此“迓”字作“御”。古代祝辞存者甚少，《文心雕龙》祝盟篇云:“是以庶物咸生,陈于天地之郊,旁作穆穆,唱于迎日之拜”,亦引载此辞。古埃及对太阳神之崇拜更为热烈。Aton 是圆形的太阳,为宇宙唯一之神,其颂诗见《有关旧约之近东古代文献》,第 369—371 页。希伯来文学颇受古埃及之影响,其太阳颂于《旧约》第一〇四号赞诗可以见之。

朝日夕月之义,后来又为道教所吸收,《登真隐诀》引裴真人说:左目为日,右目为月,故云,“君欲为道,目想日月。”道教科仪中的存思法,存思日月之光。陶弘景道书言日月为郁仪,结璘,如云“太上玉展郁仪,结璘奔日月阁”(《道藏》十一册,艺文本),《黄庭经》言“出日入月”,则以日月对言,不似卜辞之称出日入日,其义更为后起,故一并加以讨论。

大汶口记号至今解说者多家,大都从甲文字形加以比附,即辨审字形亦多未的,有讨论之必要。吾人从莒县大朱村陶文日形之下确是作[古文字],月牙中间没有突起,其为月形十分显著。至于火字,甲文大都作[古文字],火焰有三道,金文火字如庶字之下方,有下列诸形:

[古文字] 火 [古文字](《金文编》第 523 页)

未见有作五道火焰者,而金文山字,除一般作[古文字]及[古文字]形之外,只有一作[古文字](《金文编》第 520 页),故知[古文字]必非火字,李学勤谓是五峰,而释为“山”,读[古文字]为“炅山”二字。余谓甲文丘作[古文字],以此例之,释山自较妥当。丘与山都可指高处,为致祭场所。《广雅 · 释天》:“圆丘、大坛,祭天也……坎坛,祭寒暑也,王宫,祭日也。夜明,祭月也。”王念孙疏证:“寒于坎,暑于坛。王宫,日坛。王,君也,日称君;宫、坛,营域也,夜明,亦谓月坛也。”则[古文字]及[古文字]亦可说是祭日月之坛。后人分别称之为王宫或夜明,此为远古明神之祭处;故有明堂之称。古礼朝日于东郊,为坛则如其郊,其坛与坎,《隋书 · 礼仪志》所载,各代不同,其高皆数尺,方广不止一丈。以此可推测良渚玉璧镂绘乃三成之坛,可无疑问。殷契明字或作[古文字],(合集 18726 正,参《类纂》第 440 页。)不从日而从目。良渚鸟形玉璧其一中刻“[古文字]”形,知古人有时借“目”为“日”,意者以日在天中,如人之眼睛,(《太平御览 · 三》引任子云“日月为天下眼目,人不知德”,古有此说。)故明字又可以从[古文字],其例正同。

今定大汶口陶文为日月之合形,其新月形即日轮之座。盖古代以此为吉瑞,《易纬坤灵图》:"至德之萌,日月若连璧。"自帝颛顼之世,已"历日月而迎送之",此一习俗由来已久。山东滨海之地,以泰山为中心,自古为帝王封禅之地,七十二代靡有同者。唐初杜正伦行泰山上七十二君遗迹(见《唐书》卷十四),惜今皆无可考。其地又有"汶上明堂",迎送日月或于此举行,其典礼一向不可知,寅宾寅饯,杀牲衅祭,今从大汶口陶尊合以卜辞记载,可推想其仿佛。此 记号陶尊刻在显著地位,诸城前寨陶片之残片,刻划的轮廓线上且涂朱,必有不寻常之意义;复于良渚玉璧刻划符号,更获坚证。知祀日月之典礼渊源远自皇古,爰为连类考索,以见历代礼制嬗变之迹,治古史者或有取焉。

1982 年稿

1989 年 12 月改定

【饶宗颐　香港中文大学名誉教授】

原文刊于《中国文化》1990 年 01 期

楚宗庙壁画鸱龟曳衔图

兼论上古时代的太阳崇拜和生命崇拜

王小盾　叶　昶

一、引言

按照汉代人王逸的说法,《天问》这部奇伟的作品,是屈原在他被放逐之时,“见楚有先王之庙及公卿祠堂,图画天地山川神灵”,而创作出来的。这一解释可以证诸《吕氏春秋·谕大》所引的《商书》,以及汉代人王延寿所作的《鲁灵光殿赋》。前者说“五世之庙,可以观怪”;后者说在汉恭王所建的鲁灵光殿中,有“图画天地,品类群生,杂物奇怪,山神海灵,写载其状,托之丹青”的景况。这表明“图画天地山川神灵”是汉以前庙堂中的常见现象。因此,《天问》中的以下一段话,乃意味着在屈原所见的楚宗庙壁画鲧禹治水图上,有一个“鸱龟曳衔”的细节:

何阖而晦?何开而明?
角宿未旦,曜灵安藏?
不任汩鸿,师何以尚之?

佥曰何忧，何不课而行之？
鸱龟曳衔，鲧何听焉？
顺欲成功，帝何刑焉？
永遏在羽山，夫何三年不施？

过去的研究者曾对这段话作过反复考释。我们现在知道它的大意是：天户是怎样关闭而造就了黑夜？又怎样打开而造就了白昼？角宿未启天关之前，太阳藏在什么地方？鲧不能胜任治洪之事，为什么他又深孚众望？大家都说不必为鲧担心，那么为什么不让他试试看呢？“鸱龟曳衔，鲧何听焉”？鲧按自己的意愿取得了成功，天帝为什么要对他加以惩罚？尧把鲧流放于羽山，绝在不毛之地，为什么三年不舍其罪？……除掉“鸱龟曳衔，鲧何听焉”一语之外，这段话的基本涵义，都已得到较合理的解释。

偏偏就是“鸱龟曳衔，鲧何听焉”这句话，留下了一个意味深长的疑问。游国恩先生主编的《天问纂义》，列举了关于“鸱龟曳衔”的二十五种释读方式，近现代学者复对此作了许多新的考订；但照我们看来，这些说法都是难以成立的。例如：若把此语解释为鲧死后被鸱龟所食，那么，这种解释便有悖于《天问》所叙述的时间次：“鸱龟曳衔”一事明明发生在鲧治水之前。若把此语解释为“水怪败鲧”，那么，这种解释又有悖于《天问》所肯定的另一事实：“咸播秬黍，莆雚是营”——鲧之治水明明功有所成。若依照孙作云先生，把“鸱”解释为“蚩”，看作氏族之名，①那么，这种解释便属臆断，并无旁证支持。而过去所有的解释又忽视了一个重要细节：屈原是在“角宿未旦，曜灵安藏”一语之后，来提出关于鲧禹治水和“鸱龟曳衔”的疑问的。

总之，“鸱龟曳衔，鲧何听焉”这句话，乃隐藏了一个尚未为人所知的故事。我们认为，从“曜灵安藏”等等看来，这是一个同太阳崇拜相联系的故事。

① 孙作云：《天问研究》，中华书局1989年版，第143页。

二、鸱和龟：黑夜的太阳使者

太阳是同人类生活关系最密切的天体。万物的衰荣、寒暑的递嬗、日夜的交替，无不关联于太阳的升降。太阳崇拜在世界各民族都结晶出了丰富多样的神话。在中国上古时代，流传最广泛的则是关于太阳运行的神话。其中有三个常见的母题：

（一）日月出于东海之上，浴于汤谷，入于西北大荒之中。[②] 日落之处称作“虞渊之汜”，一说是“崦嵫”。崦嵫之下有“蒙水”，水中有虞渊。[③]

（二）太阳为羲和所生。羲和浴日于甘渊，主日月出入[④]。

（三）太阳“载于乌”，从东方飞到西方。所以说日中有“踆乌”或“三足乌”。太阳西落之处故又称“羽渊”。北方积冰之处，故也有一个“委羽之山”。[⑤]

但是，从日落到日出，隔着一个漫长的黑夜。太阳是怎样度过这个黑夜？又怎样回到东方来的呢？古代文献对此未作明示。不过据我们看，这个问题就是同龟和鸱这两种动物有关的了。

鸱即猫头鹰，包括现代动物学归入鸱鸮科的若干种鸟。又称“鸱枭”“鸱鸮”或“鸱鸺”。鸱是古人心目中的猛禽，故古有“鸱目虎吻”“鸱视狼顾”的比喻。此鸟的羽毛多为暗褐色和黑褐色，在夜间活动，故《尔雅·释鸟》称为“鹲鸟”，意即梦之鸟或夜之鸟。此鸟白天休息时，尾常下垂，与两足成一平面，故古人又有“鸱蹲”之说。古代神话曾对此鸟作过描写，例如《山海经·西山经》说：“三危之山……有鸟焉，一首而三身，其状如鸈，其名曰鸱。”又说：“鼓亦化为鵕鸟，其状如鸱。”

关于三危之山，古有多种说法，皆指其位置在中国西隅。[⑥] 由此可见，鸱鸮

---

② 《山海经·大荒东经》《海外东经》《大荒西经》。

③ 《淮南子·天文训》，《楚辞·离骚》王逸注。

④ 《山海经·大荒南经》及郭璞注引《归藏·启筮》。

⑤ 《山海经·大荒东经》及郭璞注，《淮南子·精神训》《墬形训》。

⑥ 参王鸣盛《蛾术编·说地》，商务印书馆 1958 年排印本卷三九。

曾被古人看作西方之鸟。“鵔”“踆”“蹲”三字古音相同，曾相互借用；“一首而三身”指的是鸱蹲时的形象，即古之所谓“三足”，因此，鸱鸮应即所谓“踆乌”或三足乌”。鸱鸮是备受尊崇的一种神鸟，在殷商时代的墓葬中频见此物。出土鸱鸮一般都作三足鼎立的姿态，饰有云纹、雷纹甚至龟纹，可见它是同天空和乌龟具有相关性的一种神鸟（参见图一）。种种迹象表明：鸱鸮之所以被殷商人看重，正如龟之所以被殷商人看重一样，乃因为它代表了这一民族的图腾或祖先，是太阳神鸟。

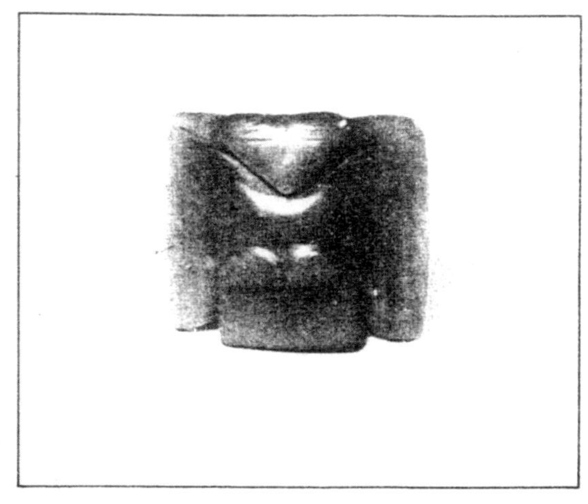

图一　红山文化玉鸮和殷墟玉鸮

左件是目前考古文物中时代最早的鸱鸮形器物。出土于内蒙古自治区巴林右旗，今藏巴林右旗文物馆。由黄色玉琢成。垂首，振羽，作蹲而欲飞的姿态。两羽和一尾构成三足。右件是殷墟玉鸮，1976年出土于河南安阳妇好墓。鸮呈深褐色，局部有黑斑。其形为“鸱蹲”形，即由精壮的双腿和下垂的尾端构成三足鼎立状态。墓中另有多件青铜鸮尊出土。

关于上述判断，有一个很重要的证据，即商民族正是崇拜太阳、以玄鸟为图腾的民族。“玄鸟生商”的神话，就其内涵看，也可以称作“太阳生商”的神话——其中的鸟崇拜是同太阳崇拜合一的。⑦ 这种太阳和玄鸟的同一性，还可以在和商民族有过族源关系的北方民族的语言资料中找到证明。例如赫哲人的

⑦　参胡厚宣《楚民族源于东方考》，载《史学论丛》第一册，北京大学潜社1934年。

先世名号“纳特—基”，就是日和鸟的复合语词，其含义同于“阳鸟”。[⑧] 因此，殷墟所出的大批鸱鸮文物，可以看作太阳崇拜或图腾崇拜的产物（图二）。另外，根据考古资料，商民族的文化有两支主要来源，一是北方的红山文化，二是山东地区的大汶口文化和龙山文化。红山文化玉鸮和殷墟玉鸮在形态上的一致性，可以使我们把这种鸮形器物理解为图腾符号。而山东龙山文化遗址中所出的鸟纹玉鸮和玉圭，其上纹饰特别强调了鸟的鸱目；比照殷墟鸮尊上的圆涡纹和马家窑文化中的鸟目纹（这两种纹饰均象征太阳和火，见图三），我们可以把龙山文化以至殷墟的鸱鸮形象，理解为图腾崇拜和太阳崇拜的合一。鸱崇拜甚至可以追溯到略早于龙山文化的良渚文化中去。良渚文化遗址中出土的玉琮纹饰，即那些过去被简单地称作“兽面纹”的纹饰，其原型（不必是唯一原型）也应

图二　商代鸮卣

这件鸮卣高21厘米，1980年出土于河南罗山后李村。卣为椭圆形，整体像两只相背站立的鸱鸮。其腹部主要是鸮的两翼，翼纹以圆涡纹为主体。其外底还饰有龟纹。这些精致的纹饰体现了鸱鸮、龟和太阳的合一，是殷墟鸮形器物上常见的纹饰。

图三　马家窑文化中的彩陶瓮

此瓮高49.3厘米，1954年出土于甘肃永靖。其上的纹饰在马家窑文化彩陶中十分常见。马家窑文化的时代相当于大汶口文化中期和良渚文化早期。

⑧　赵振才：《从民族名称看赫哲族的起源》，《求是学刊》1980年第一期。

当用鸱鸮来解释——这些纹饰同龙山文化中的玉钵、玉圭纹一样,特别强调了“兽”的双目,并在“兽面”上琢上许多鸟纹,有些“兽面”且拥有鸟的双足;若干“兽面”上的鸟身、鸟尾,还用象征太阳与火的圆涡纹来表现(图四)——在这些玉琮纹饰上,太阳崇拜和鸟崇拜的痕迹十分明显。玉琮、玉圭是礼天地的器物,其宗教功能是作为巫术仪式的法器,帮助神巫沟通天地。[9] 故玉器上的鸱鸮纹,乃象征太阳的使者或交通天地的使者。自西周以后,鸱鸮的地位不断下降,其形象不再见于祭祀重器;在文献中,它也不得不改变形象而以三足乌的面目出现,

图四(A) 良渚文化玉琮纹饰

上图几件玉琮纹饰出自上海福泉山遗址和江苏寺墩遗址。其中阴刻的一件标本号为T4M6:21,其上有两对背向的鸟纹,鸟身饰圆涡纹。下图的玉琮纹饰出自浙江余杭反山墓地,其上部为人面戴羽冠纹,中部为兽目圆涡纹,下部有一对鸟爪;上、中、下各部皆以雷纹作底。——这些纹饰所体现的鸟的因素和太阳的因素是不容忽视的。

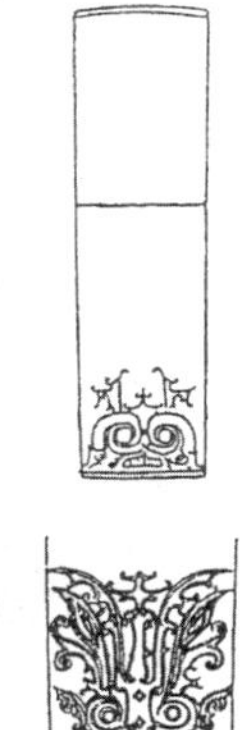

图四(B) 山东龙山文化的玉圭、玉锛和商代鸮纹斝

原件出土于山东日照两城镇,今藏于台北故宫博物院。此采自台北《故宫文物月刊》第四卷第六期第20页,1986年出版。这些纹饰都强调了“兽”的双目和“兽”首上的鸟羽,同商代的鸮纹如出一纹。请参看右图的商代鸮纹斝,此件出土于河南温县小南张,今藏河南博物馆。

⑨ 张光直:《谈“琮”及其在中国古史上的意义》,《文物与考古论集》,文物出版社1986年。车广锦:《良渚文化玉琮纹饰探析》,《东南文化》1987年第三期。

并被看作恶的象征。[10] 这些情况，进一步证明鸱鸮是具有强烈的民族性的宗教符号，其地位的升降，乃反映了商、周两民族的图腾观念的嬗替。

龟和太阳相联系的观念，大约也发生在商民族之中。近年来出土的龟纹器物，主要就是商代的器物。其上的龟纹往往和鱼纹同铸于一器，乃是龟为水物之观念的表现；而龟背之上往往以圆涡纹为主体，兼饰雷纹和日纹，则明显表现了当时人以龟为太阳使者的意识（图五）。《初学记》卷三十引《礼统》说："神龟之象，上圆法天，下方法地，背上有盘法邱山，玄文交错，以成列宿，五光昭若玄锦

图五　商代龟鱼纹盘纹饰

三件龟鱼纹图分别采自《考古与文物》1983 年第三期《清涧县又出土商代青铜器》、《考古》1980 年第一期《陕北清涧、米脂、佳县出土古代铜器》和《文物》1977 年第十一期《北京市平谷县发现商代墓葬》等文。左件龟背有一圆涡纹和十个太阳纹；中件龟背有一圆涡纹和十三个太阳纹；右件无太阳纹，仅以连珠纹环绕圆涡纹，但在其铜盘的左右方各有一个鸟形柱，鸟首相背。如果说十个太阳纹是"十日"的象征，十三个太阳纹是龟背中央的十三块龟版的象征，那么，鸟形柱则代表龟背上的太阳。值得注意的是：三件铜盘的内壁或外壁皆铸有鱼纹，这说明龟和太阳是在水中运行的。参见下文"黑水"说。

---

[10] 例如《诗经·豳风·鸱鸮》以鸱鸮为恶鸟。《史记·封禅书》记管仲语云："今凤皇、麒麟不来，嘉谷不生，而蓬蒿藜莠茂，鸱鸮数至，而欲封禅，毋乃不可乎？"《楚辞·九叹·忧苦》："葛藟虆于桂树兮，鸱鸮集于木兰。"王逸注："鸱鸮……贪鸟也。"

文。”这其实是龟的两重性格——作为日神的性格和作为地神的性格的反映。因为《山海经·西山经》说过：“崦嵫之山，其上多丹木……其阳多龟，其阴多玉。”——可见古人是以龟为阳物的。又《山海经·海外东经》说：“汤谷上有扶桑，十日所浴……雨师妾在其北……一曰在十日北，为人黑身人面，各操一龟。”——可见在古人的看法中，龟是居于日出之处（汤谷）和日落之处（崦嵫）的。龟具有日神和水神的身份，所以它成了雨师的神力的象征。

但鸱和龟并不是一般的太阳之神。作为日中的三足乌，鸱鸮会被想象成食日的怪鸟。关于“食日者，三足乌也”⑪的传说，同关于“蟾蜍，月中虾蟆，食月”⑫的传说一样，表明在古人的观念中，侵害日月的能力也是日月之神的神力的一部分。这种情况自然是和古人的天文学知识相关的，但除此之外，它也应当缘于鸱鸮的黑色特征和夜神特征。这两种特征正好也是龟的特征。这样一来，鸱和龟便扮演了一种特殊的太阳神的角色，即作为太阳使者的角色。它们主要联系于夜间的太阳。它们所承担的是在黑夜之中将太阳自西方（或北方）运往东方的任务。它们代表了阴和阳的交通、死和生的交通、短暂和永恒的交通。它们既是太阳死亡的象征，又是太阳复生的象征。大量的古代图画，生动地描写了鸱和龟的上述性格。

三、考古资料中所见的鸱和龟

（一）长沙马王堆一号汉墓帛画中的鸱和龟

一九七二年至一九七四年，考古工作者在长沙马王堆连续发掘了三座汉墓，在国内外引起广泛注意。有关研究论文曾辑成《马王堆汉墓研究》一书。其中讨论得最多的是图六所示的一幅帛画。

这幅画分上、中、下三部分，我们认为，它描写的是冥间世界的三重境地。上部是冥间世界的天神居住地，由盘坐在蟠蛇之上的烛龙掌管；中部是冥间世界的

---

⑪ 梅尧臣《日蚀诗》注。
⑫ 《淮南子·说林训》高诱注。

图六　长沙马王堆一号汉墓出土的帛画

祖先居住地，由鸱鸮统治；下部是冥间世界的水地，主宰它的是顶托大地的禺强。《山海经·海外北经》和《大荒北经》说：烛龙又名烛阴，是"烛照九阴"的"钟山之神"，其形"人面蛇身赤色"，"视为昼，瞑为夜，呼为冬，吹为夏"。此二篇和《庄子·大宗师》释文引《大荒经》又说：禺强又名玄冥，是北海之神，使灵龟，践两蛇。这些记载，使我们能够十分肯定地指出长沙马王堆一号汉墓帛画中的烛龙和禺强。只不过帛画按照"北冥有鱼"一类传说，把禺强所践的两蛇，改成了两条鲸鱼。

关于烛龙、禺强以及帛画中众多细节的文化含义，兹且按下不表。我们现在考察一下出现在此画中部和下部的鸱和龟。帛画中部的鸱鸮，如前所说，乃标志了一个黑夜和梦的王国。鸱鸮之上是一具华盖，华盖之上栖有双凤。凤凰和鸱鸮的对比，划分出明和晦的分界。中国古代的文学作品曾反复提到凤凰和鸱鸮的这一对比。例如《荀子·赋篇》说："天下幽险，恐失世英；螭龙为蝘蜓，鸱鸮为凤凰。"贾谊《吊屈原赋》说："鸾凤伏蹿兮，鸱鸮翱翔。"当这些文学家分别把鸱鸮和凤凰看作恶和善的象征、丑和美的象征以及渺小和崇高的象征的时候，我们知道，他们的看法原来产生于鸱鸮代表黑暗、凤凰代表光明的观念。

值得注意的是帛画下部：鸱站在龟背上，由龟载负着爬行。这是反映一组连续运动的两幅鸱龟曳衔图——右边一龟在黑水中悬浮，它已经接受了一颗降落的太阳，就要转移到左边；而左边一龟则代表它的后续动作：此龟已爬上水世界的地面，即将开始由西向东的漫长旅行。龟背上的鸱鸮，这时应当称作“踆乌”（蹲乌），它代表正在休息的太阳，或暂时死亡的太阳。为什么在帛画的冥间天空中只有九颗太阳（一颗正在闪耀的大太阳和八颗已经缩小的小太阳）呢？这正是因为十颗太阳中的一颗，已经变成了踆乌。

总之，此图说明太阳在黑夜中的化身就是鸱，而龟则是太阳在黑夜的东行之舟。所谓“鸱龟者本一物”，⑬指的就是鸱和龟在夜间的共同运行。

（二）河南新郑汉代画像砖中的鸱和龟

图七采自《中原文物》1978 年第一期所载《河南新郑出土的汉代画像砖》一文。分别属于文中所记汉代画像砖的第十七块和第十八块。上图被命名为《鸩鸟和玄武》，下图被命名为《鲧与鸱龟》。鸩是中国古代传说中的一种毒鸟。据《山海经 · 中山经》记载，它多见于传说中的女几之山、琴鼓之山、瑶碧之山和玉山。据《中山经》郭璞注、《离骚》王逸注和《广雅》，鸩是一种雕形的大鸟，长颈赤喙，食蝮蛇，“雄名运日，雌名阴谐”。画像砖所描写的正是这样一种食蛇毒鸟的形象。至于“运日”“阴谐”二名，则反映了鸩的两重神性：在古人的心目中，它既是运日的神鸟，又是能够同太阴世界相谐和的神鸟。鸩的这两重神性应当是从鸱崇拜和龟崇拜中得来的：鸱和龟恰好也具有运日、阴谐的性格。这就是古人之所以把鸩和龟绘于一图的缘由。

图七　新郑汉代画像砖中的鸱和龟

另一图的鲧，乃指图中后部奔走的人物。但它不是此图的主角。此图的主

⑬　游国恩主编《天问纂义》，中华书局 1982 年版，第 88 页。

题仍是鸱龟和太阳。鸱的形态在原物上表现得很清晰:“尾部与两足伏在龟背上,两耳高耸,圆目长嘴张口。”[⑭]这实际上就是鸱龟曳衔的形态。此外,图周围有十颗圆圈——它们很明确地展示出了太阳崇拜的主题。简言之,此图的主要含义是:大龟运载十日,十日化身为鸱鸮。现在,作为太阳化身的鸱鸮正负在龟背上运行。

以上两图之所以并出,是因为它们描写了发生在同一地点的故事,即关于日落后的居所——羽渊的故事。羽渊也就是祖先们居住的冥间世界。在中国古代人看来,冥间世界的时间和空间正好是人间世界的颠倒(详下)。对于祖先们来说,人间的黄昏,同时也就是冥间的太阳开始升起之时。因此,我们可以这样来理解这两幅图画的意义:掩埋画像砖的孝顺子孙们,通过对鸱龟和太阳的形象的刻画,向已故的祖先送上了关于冥间之光明的祝福。

(三)汉甘泉宫遗址中的鸩鸟与龟

在1980年第六期的《考古与文物》中,刊登了一篇《汉甘泉宫遗址勘查记》。根据这篇勘查记的报道,在汉代的甘泉宫遗址中曾出土三种瓦当。其中时代相同的瓦当有两件:“蟾蜍玉兔纹瓦当”和“龟蛇雁纹瓦当”(图八)。它们都出土于董家村附近。

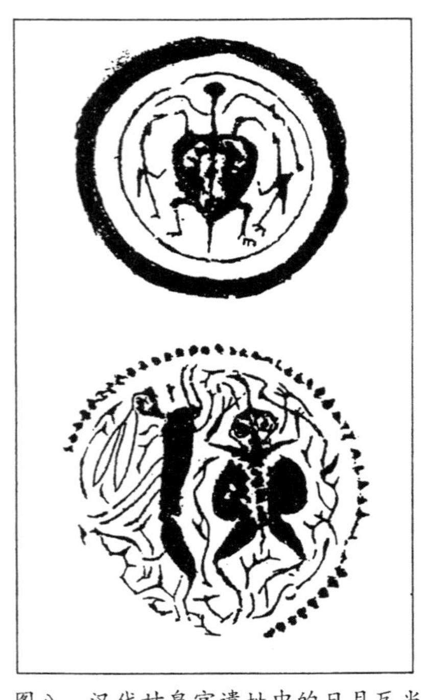

图八　汉代甘泉宫遗址中的日月瓦当

关于“龟蛇雁纹瓦当”的命名,我们觉得十分可疑。因为在古代资料中,找不到将这个同龟与蛇相联系的鸟纹命名为“雁纹”的理由。相反,把这一鸟纹命名为“鸩”,倒有充分的依据——其依据已见上文。另外,若把此一瓦当同上述“鸩鸟与龟蛇”画像砖作一对比,那么,其间主题的一致性,亦很明显。因此,这一瓦当应当被称作“鸩鸟与龟蛇瓦当”。正如前文所论证的,鸩鸟

⑭ 《河南新郑出土的汉代画像砖》,《中原文物》1978年第一期。

与龟蛇的结合，乃是古代的鸱龟传说，亦即运日传说的一种表现。就此而言，这一瓦当又不妨命名为“日纹瓦当”。和它相对应的是“月纹瓦当”，亦即那块产于同时代、出土于同一地点的“蟾蜍玉兔瓦当”——蟾蜍和玉兔是月亮的象征，而鸩鸟和龟蛇则是太阳的象征。这种对比可以进一步证明：鸩鸟和龟蛇的形象，是表现太阳主题的形象。

根据勘查报告：甘泉宫是汉武帝的行宫，建造于元封二年（公元前 109 年）。因此，上述几种文物资料意味着：直至汉代，民间仍然流传着两种龟日传说——关于太阳化身为鸱，由龟背负而运行的传说，以及关于鸩鸟与龟共同运日的传说。在这两种传说中，龟都是太阳的使者，是太阳之舟；而太阳则有一个鸟的化身。这种观念，显然可以追溯到遥远的商代。

（四）郑州汉代画像砖中的鸱、龟和白虎

图九原见于《郑州汉画像砖》第 151 页[15]。它所表达的含义和上述几图有所不同。它讲述了一个关于西方世界的故事：黄昏，当太阳西落、化身为鸱鸮的时候，迎接它的是西方星宿之神白虎。

图九　汉代画像砖中的白虎与鸱龟

⑮ 《郑州汉画像砖》，河南美术出版社 1988 年版。

汉代墓葬艺术中的太阳,通常便出现在白虎身旁。与此相应,月亮总是高悬于青龙之宿(图十)。这同人们的视觉印象(日出于东,月落于西)是正好相反的。同样的颠倒还见于一种伏羲女娲交尾图,或者说羲和常羲交尾图(图十一)。图中月居于上、日居于下,描写的是日落地下和月升天庭的景象。我们于是可以推测:在古人看来,冥间世界是一个夜的世界;冥间世界的天体,乃按不同于人间的路线运行。所以"鸱、龟、白虎图"的含义是:黄昏,太阳从地下星空升起。这是由西方星宿白虎所代表的星空。而图中的鸱龟曳衔,则代表了在地下星空中运行的太阳。

图十　汉代画像石中的苍龙星座

采自《南阳汉代画像石刻》,上海人民美术出版社 1981 年版第十图。图中上方为一轮满月,内有玉兔、蟾蜍;图右下方为蜷身飞腾的苍龙,东宫苍龙星座七宿十六星环绕其旁。原件出土于南阳蒲山阮堂。

图十一　汉代画像石日月圆

采自《南阳汉代画像石》,文物出版社 1985 年版第 331 图。原件出土于唐河县湖阳。

四、楚宗庙壁画鸱龟曳衔图的文化内涵

综上所述,鸱龟曳衔是一个渊源久远的信仰和传说,是上古太阳崇拜的一个重要组成部分。它反映了古人关于夜间太阳或冥间太阳的一个充满想象力的观念:在世界的一半时间和一半空间中,鸱和龟是太阳及其运动的象征。由于鸱和龟的存在,太阳便成为真正永恒的存在。

根据这一观念,我们遂可把《天问》的前述一段话理解为采用相反相成方式的一段提问。其中的每两句,分别从一个对立的角度阐述了作者的玄想——“不任”句从消极角度设问:鲧既然不堪任事,为何众人要举荐他?“佥曰”句从积极角度设问:鲧既然深孚众望,为何又不命其试行之?“鸱龟”句再从消极角度设问:运载太阳是鸱和龟的功劳,鲧有何圣何德?“顺欲”句再从积极角度设问:鲧按自己的主意治水成功,帝为何又要降刑于他?四处提问涉及两个问题:前两处说的是鲧是否可堪任事的问题,后两处说的是鲧是否建有功绩的问题。这样去理解,我们就知道,“鲧何听焉”一语中的“听”,的确应当像刘永济、姜亮夫等学者所解释的那样,是“圣”的通假字⑯;而所谓“鸱龟曳衔”,则说的是古老的鸱龟运日的传说。

《天问》在鲧禹治水的叙述中安插“鸱龟曳衔,鲧何听焉”的疑问,这是有来由的。其缘故在于:鲧的传说和鸱龟的传说在历史上曾发生交叉。《左传·昭公七年》和《国语·晋语八》都曾记载“尧殛鲧于羽山,其神化为黄熊,以入于羽渊”的故事,这里的“羽渊”,本是鸦、龟的居住地。而根据《左传·昭公七年》陆德明《释文》和《史记·夏本纪》张守节《正义》,鲧的化身“黄熊”应是“黄能”之误。“能音乃来反,下三点为三足也”,亦即三足之鳖。这里的“三足”,同鸱(三足乌)有关;这里的“鳖”,则同龟有关(古人认为龟鳖同类)。因此,如果说鲧在

⑯ 刘永济:《王逸楚辞章句识误》,武汉大学《文哲季刊》二卷三号。姜亮夫《楚辞通故》,齐鲁书社 1985 年版。

古人的看法中是玄鱼、玄龟或玄龟之神[17],那么,在古代就必定流传有一种关于鲧曳衔运日的传说——在这种传说中,鲧扮演了鸱龟合体神的角色。屈原提出"鸱龟曳衔,鲧何听焉"的问题,正是要辨明这一传说出自误会。此外,在《天问》中,"角宿未旦,曜灵安藏"一句是和"不任汩鸿,师何以尚之"一句相连接的。"曜灵安藏",说的正是太阳在夜间的运行。从这两句话的关系看,在当时的壁画上,鸱龟运日之图和鲧禹治水之图,应当是绘于一处的。它们都是关于大地的图绘,都包括"羽山"这一重要细节。屈原从前一图上触发联想,对后一图增设一问,这样做十分自然。而屈原的提问也使我们明白:在先秦时代的楚地,流传有鸱龟曳衔的图画和传说;它同流传于中原的鲧与鸱龟图,尽管细节不同,但具有共同的渊源。

叙述至此,《天问》中的"鸱龟曳衔"一语,可以说已得到较完满的解释。不过,我们并没有来得及说明楚宗庙壁画鸱龟曳衔图的全部内涵,甚至没有说明它的主要内涵。因为在我们的上述论述中还潜藏了另外几个更具实质意义的问题:古代的中国人为什么要选择鸱和龟来作为夜间太阳或冥间太阳的象征呢?鸱和龟是经由哪条路线到达人间的日出之处的呢?古人又为什么要把太阳的运行描绘成一个生生不息的运动呢?这几个问题,乃涉及上古宗教意识的核心问题,即生命崇拜的问题。事实上,所谓太阳崇拜,也是以生命崇拜为其本质的。限于篇幅,我们兹拟就上述三个问题,简略谈谈鸱龟曳衔图的生命崇拜内涵。

(一)龟崇拜的历史十分古老。根据生物学资料,中国是产龟最早的国家。至晚在晚侏罗世,四川、云南、辽宁、黑龙江等地即已有龟鳖的分布。到新石器时代,龟作为食物的现象已遍及中国东部沿海及近海地区,并在此时结晶出了龟灵观念。龟灵观念的一种表现形式是图腾形式,例如鲧即代表了一个以龟为图腾的部落[18]。金文中的"叔龟"徽识和"天黿"徽识,亦无疑是上古图腾的遗迹。龟灵观念的另一种表现形式是巫术形式。大批新石器时代的龟甲随葬资料表明:这时的龟甲已用为巫师的佩带物和巫术仪式的法器。所以它们往往出土于墓主

---

⑰ 田昌五:《先夏文化探索》,《文物与考古论集》,文物出版社 1986 年版。许顺湛:《中原远古文化》,河南人民出版社 1983 年版,第 425 页。

⑱ 可参金景芳《易论》,载齐鲁书社 1981 年版《古史论集》。

身体的某些固定部位,曾被人力加工,并见随葬犬牲和獐牙器的现象。其中以大汶口文化区的南部,即山东泰安、江苏邳县(今邳州市)等地,龟甲随葬的情况最为多见。这种龟灵观念构成了一千五百年后、昌盛于殷商时代的龟卜的思想基础。比较龟卜和骨卜的钻凿方式可以知道:龟卜是代替骨卜而兴盛的一种占卜品种,它反映了龟崇拜代替四足兽崇拜的兴盛。从甲骨文中的祭祀描写又可知道,至晚在殷商时代,龟便被看成交通神人的最重要的媒介。这时的龟崇拜主要有三种内涵:一、祖灵崇拜。在现存卜辞中,用于祖先祭祀之辞例的数量,超过其他任何一类辞例。所谓“卜三龟”的制度和“祓龟”的制度,也证明古人乃把神龟当作祖灵的象征⑲。二、冥神和地神崇拜。殷商人把祖先同上帝的交往称作“宾于帝”,把始祖契称作“玄王”,把殷王一世上甲称作“微”或“昏微”,把武丁时期的妇好称作“冥妇”,可见在他们的观念中,祖先是地下之帝,居住于“幽都”,龟同祖灵的交往,实即同幽冥世界的交往。因此,龟是作为幽冥世界的使者,作为生和死、此岸世界和彼岸世界的媒介而实现其巫术功能的。三、黑暗之神和北方之神崇拜。黑暗和居于北方,是幽都的特征。按头向北方的方式、把死者葬于偏北的处所,这是通行于夏、商、周三代的墓葬制度⑳。这种制度的根据就是古人关于人死后归于北方幽冥世界的信仰。《史记·龟策列传》记载了一种“子、亥、戌不可以卜及杀龟”,“暮昏龟之侥也,不可以卜”,“其卜必北向”的龟卜制度,我们理解这种制度的含义是:在晚上的戌时(日光熄灭之时)、亥时(太阳闳藏之时)、子时(新生命复苏之时)不可以杀龟,不可以行占卜,因为这时的龟灵正逗留在北方幽冥世界;黄昏时候,龟灵巡游到北方极地,正在等待太阳降落,也不可占卜;占卜时必须面向北方,因为龟是北方之神,它从北方幽冥世界带来了祖先们的神秘意旨。由此可见,殷商时期的龟崇拜,已经包含了祖灵崇拜、北方幽都崇拜、太阳崇拜等要素。

以上便是古人选择龟来充当夜间太阳使者的理由。归根结底,这些理由也就是生命崇拜的理由。因为龟是由于它的生理特征而获得古人的尊崇的。龟是一种生命力极强的动物。在各种动物中,只有龟的寿命明显超过人类的生命。

---

⑲ 《礼记·檀弓下》。

⑳ 《太平御览》卷九三一引京房《易纬》,刘向《洪范五行传》,《太平御览》卷九三一引《逸礼》。

龟有坚硬的甲壳,可以确保生命的安全。龟甲有极强的再生力,即使其体损及三分之一,它也能在短期内恢复。龟正是在象征生命永恒、象征再生的意义上成为图腾物,进而成为交通生死的神灵的。因此,龟崇拜的实质是生命崇拜。所谓"千岁神龟""龟之言久也""龟者阴虫之老也"㉑,十分明确地说明了龟崇拜的内涵。从图腾崇拜发展起来的鸥崇拜,和龟崇拜有着相近的内涵,同样以生命崇拜为其根本依据。

(二)在中国古代神话中,我们可以看到许多无法确定其具体指谓的专有名词。例如"龙",既可以解释为蛇,又可以解释为马、猪、龟、鱼、鳄、狗、牛、蚕、死龙、蜥蜴、蝌蚪、穿山甲、闪电、星宿等等或上述种种的综合物。所有的解释都有一定依据,但所有的解释都无法排除矛盾。这就意味着上述解释都不过是瞎子摸象式的解释,合理的解释必须循一条新的思路去谋取。这条思路就是把上古时代的种种专有名词理解为抽象名词的思路。例如所谓"龙",其实不过是"生命的胚胎状态和孕育状态"这一观念的代名;上述具体事物只是这一观念的象形(详另文)。古神话中的"黑水""昆仑",也是与此类似的专有名词。

昆仑和黑水的共同点在于:它们都是地理名词,都在上古时代的典籍中得到了繁复的描写,各种描写均无法在地理上获得统一。例如黑水,若依照《禹贡》,认为雍州黑水在雍西,梁州黑水在梁南,那么,便无法解释这两条河流何以不像《山海经》描写的那样,上至三危、下至南海;㉒若迁就三危、南海之说,而断黑水为中国西北或西南的某条河流,那么,这又无法解释何以古代关于黑水的记载,会同中原文物及神话相密合。㉓ 显然,黑水的地望问题是一个神话学的问题,而不是地理学的问题。屈原问:"黑水玄趾,三危安在? 延年不死,寿何所止?"闻一多回答:"玄趾、玄丘、员丘,异名同实,在黑水中,即所谓不死之山。"㉔由此可见,黑水是一条同古人的不死观念相联系的河流,实际上是一条想象的河流。

《山海经》为我们勾画出了黑水路线的轮廓。《西山经》《大荒西经》《海内

㉑ 参见俞正燮《癸巳类稿》卷一。

㉒ 参见王鸣盛《蛾术编》卷三九;李长傅《禹贡释地》,中州书画社 1982 年出版;张国光《山海经西南之黑水即金沙江考》,载四川社会科学出版社 1986 年版《山海经新探》;姜亮夫《〈天问〉所传西南地名小辨》,载《思想战线》1980 年第一期。

㉓ 《天问》,闻一多《神话与诗·神仙考》。

经》《南山经》和《海内西经》说：黑水出自北海之内的幽都之山，出自昆仑之山的西北隅，出自鸡山。《海内经》《南山经》和《海内西经》又说：黑水从西北隅流出，向东行，又向东北行，最后南流入海。《西山经》《大荒南经》《大荒北经》《海内经》《海内西经》《海外西经》和《海外南经》还说：黑水在它奔流的过程中，经过了轩辕之丘、三身之国、少和之渊、苗民之国，然后到达朝云之国、不死之山、都广之野以及若木生长之处。这些国度往往居住着一批黑色的不死之人。代表死亡的大幽之国和代表升仙的羽民之国，正好分布在黑水的上游、下游两极。

很明显，黑水是一条从“西北”发端，跨越广袤的大地，流向“东南海”的河流；是一条从死亡和黑暗之国出发，流向生命和光明的河流。与其说它的路线同中国大地上的某些河水的流向接近，不如说它的流向同冥间太阳的运行路线接近。各细节相互交织、彼此联系，共同组成一个庞大的系统。因为它的最后目的地是太阳树若木的故乡，因为它跨越了从死到生、从冥间到天堂的界限，而且，它的黑色特征正是作为夜神和太阳之神的大龟的特征。所以我们可以判断：在古人的观念中，太阳在冥间运行的通道就是黑水；生于水而长于土的神龟[24]，是黑水中的太阳之舟。古人的这一想象是很周密的：它出发于对现实中的河流状况和龟习性的观察，加上了关于太阳夜运行方式的推理，同时兼顾了对冥间银河的安置。——秋冬两季的星夜，大部分中国人所看到的银河，正是一条自西北向东南流淌的河流。

（三）中国上古时代的思想体系，是围绕太阳的运动而结构起来的。其特点是将万事万物理解为一个从生到死、由死复生的过程。例如太昊、少昊二帝，乃代表东升的太阳和西落的太阳。昭明、相土、昌若、曹围、冥、振等商代先王，其实是以太阳运动的六个阶段——日羽初振（振）、日之已出（昭明）、日至中天（相土）、日暮而至西天若木（昌若）、日禁于西方灵围（曹围）、日冥（冥），——为名的。“冥”是太阳和一切事物的生死转捩点，所以在甲骨文中，“冥”写为子宫和生育的象形。据语言学家郑张尚芳研究，十二支反映的是太阳的周日运动：子为日之兹生（字为胚胎之形）；丑为日门之纽结；寅为宾引太阳而至天门；卯为日之

㉔ 《史记·龟策列传》：“生于深渊，长于黄土。”

冒(字为天门开辟之形);辰即振,太阳振动羽翼而初升;巳为日已升,寅宾出日的仪式已毕(字为脱胞而出之“子”);午为日至中天,阴阳交午;未即昧,日昃而向幽昧;申即重申,“与寅同意”,即重新举行寅饯纳日的仪式;酉即留、柳,表示太阳留于西方之门,将入柳谷(字为天门关阖之形);戌即灭,阳气已尽;亥即阂,太阳阂藏于地底。㉕ 而中国早期天文学的全部概念,都不过是对上述思想体系的描写。这一体系并成为诸子哲学中所有辩证思维的基础。总之,上古时代的所谓太阳崇拜,其实质不过是生命崇拜。我们在上文讨论的鸱崇拜、龟崇拜、鸱龟曳衔以及玄武、黑水、昆仑等等,都是关于这个以生命崇拜为核心的思想体系的一些基本概念。而若要究其产生原因,那么可以说,生存是人类一切活动的前提,是中国原始哲学所要解答的最基本的问题,同时是一切宗教意识的焦点。无论是自然崇拜、图腾崇拜还是祖先崇拜,它们所关注的首要问题,都是生命的产生和延续。

中国上古神话的内容是极其丰富的,其中的各个细节相互交织、彼此联系,共同组成一个庞大的思想体系。只有在关照整个体系的情况下,每一细节的内涵才能真正获解。本文的目的,便是提出一个从整体出发研究局部的方法。限于篇幅,我们仅用叙述的语言(而非考证的语言),讨论了“鸱龟曳衔”这一神话细节。由于在这一细节背后隐藏了一个深厚的文化宝库,因此,我们希望,通过揭示“鸱龟曳衔”一语的本来含义,能够取得一枚打开中国上古思想文化宝库的钥匙。

【王小盾　上海师范大学中文系教授

叶　昶　上海师范大学中文系研究生】

原文刊于《中国文化》1993 年 01 期

㉕ 以上研究成果均未刊,详见另文。

人日之谜:中国上古创世神话发掘

叶舒宪

【内容提要】神秘数字“七”的模式用法同人类文明一样古老。它不是某一个民族文化的独创,而是一种跨文化的人类现象。

中国古代虽无七天一休息的圣日制度,却有另一种源自模式数字“七”的独特节庆——人日,即每年开始的第七天,实际上是庆祝人类诞生的节日,与创世神话直接相关。中国古代的新年礼俗就是远古创世神话的重演。“七”这个数字不仅是无限时间的象征,而且是无限空间的象征。《荆楚岁时记》中记载的“第一天造鸡,第二天造狗,第三天造羊,第四天造猪,第五天造牛,第六天造马,第七天造人”;鸡用来象征东方,狗象征南方,羊象征西方,猪象征北方,马象征上方,牛象征下方,人居中,以此组合成三维空间的整体象征,也就是所谓“六合”,反映出有序的宇宙生成过程。因此“七”是个到了极限的宇宙数,具有法术和禁忌的意义。

人日创世神话是我国先民的原始哲学,试图用有规则的象征符号系统对人类生存于其中的空间与时间进行编码定位。殷商时代以周围方国的图腾为具体空间象征的世界观,为人日创世神话的隐喻编码提供了既定的符号语言。

一、模式构拟法与古神话的“发掘”

通常意义上的“发掘”专指把埋藏的古物挖掘出来，这种工作属于考古学的范畴。但是法国当代人文科学大师福柯的《知识考古学》足以启示人们考古和“发掘”都是可以从比喻的意义上来使用的概念，可以成为人文科学研究中的一种方法。受益于这种启示，笔者曾尝试一种非田野作业式的发掘工程，即运用当代人类学的跨文化比较和原型模式构拟方法，针对中国上古文献的简短和残缺，根据有限的文字线索，去重构和复原已失传埋没的上古神话，整理出神话宇宙观的时空象征体系①，本文是这种发掘的又一实例，其方法论的基本原则在于：“从可经验的文学（文化）对象的表层结构的分析入手，探讨不可经验的、但又实际存在着并主宰、决定着表层现象的深层结构，进而从原型生成和人类象征思维的普遍性方面对这种立体结构现象做出科学的阐释，力求在主体人的心理结构和客体对象的结构之间的对应关系中把握某些跨文化的文学现象生成及转换的规律性。”②

当代人类学与古典人类学的研究方法上的一大差异是，前者注重从有限的材料出发构拟模式，以模式作为对现象进行解释的演绎基础，后者注重搜罗尽可能广博的跨文化材料，用归纳法对现象进行抽象和解释。事实上，模式构拟法和归纳实证法的分别在某种程度上也是二十世纪的人文科学区别于十九世纪的一个重要特点。既然文化是一个符号系统，是蕴含着意义、价值和观念的系统，那么，只有找到了凝聚着该系统的生成及转换规则的内在模式，这个系统才能得到理性的把握。

人类学家，甚至当他被土著生活的具体事件所吸引时也力图构拟出一种模式，使事件能够获得解释。模式一旦构拟出来，那些具体事件就显出了逻辑性，

---

① 参看拙作《日出扶桑：中国上古英雄史诗发掘报告》《黄帝四面的神话哲学》《中国神话宇宙观的原型模式》等文。

② 《日出扶桑：中国上古英雄史诗发掘报告》引言，《陕西师大学报》1988 年第 1 期。

变得易于理解了。

构拟(formulate)这个术语很重要。人类学家不能直接经验到(看到听到或摸到)模式,模式有如规律,是依靠智力活动的建构……③

由此可见,模式构拟的实质在于从可经验的表面现象背后探索体现着事物规律性的深层结构。就神话研究领域而言,列维-斯特劳斯和埃德蒙·利奇等结构主义者已在模式构拟法方面积累了有益的经验。④ 但就中国的情况而言,由于注重微观实证的“小学”传统的影响,神话研究就总体来说还基本停留在十九世纪的方法论水平上,即在经验层次上对单个神话进行“实证性”的(由于汉字的音义通转特征,这种实证往往带有很大的主观随意性)考据研究,而不是在神话本文的背后去探讨非经验的、具有生成性的深层结构。鉴于此,笔者以为,如何将我国的神话研究从经验描述和实证的水平提升到理论模式和系统的水平,对于缺乏理论思维传统的中国学者来说,借鉴结构主义的研究无疑是十分必要的。

本文将通过对已失传的上古创世神话的发掘,具体展示模式构拟法如何将我们从个别神话和礼仪的研究引向神话思维普遍逻辑的发现。

二、礼拜制的由来与神话的模式数“七”

现代世界所通行的公历有四种计算单位,即年、月、周(礼拜)、日。考察这四种计时尺度的发生,我们发现其中年、月、日三种均与日月的运动周期相关。具体地说,日与年的确认是以太阳的循环运动规律为基础的,月的确立则以月亮圆缺变化的周期为基础。如笔者在另一部著作中所指出的:人类的时间意识发生晚于空间意识,借助于已有空间观念来表达时间观念,是神话思维的一大特征:

③ 皮科克(J.Peacock)等:《人类的方向:社会和文化人类学发展概观》,1980年英文版,第4页。

④ 参看拙编《结构主义神话学》,陕西师大出版社1988年版。

> 对于原始人来说，时间是神秘的，为了把握住时间流动的脉搏，他们做出了各种努力。借助于语言，无疑可以对时间进行抽象和编码，这时，时间意识也就成熟了。然而，在概念语言产生以前，人们又是如何来把握时间的呢？有迹象表明，原始人是曾借助于空间意识来体现和塑造尚未成熟的时间意识的。也就是说，利用具体直感的空间表象形式把超感官的时间转化为视觉符号。⑤

现在可以补充说，汉字中“日”“月”二字的语义演化，便是作为具体空间表象的太阳和月亮同作为抽象时间尺度的日与月范畴之间转化的实证。可见，当华夏祖先试图用文字来捕捉、记录那看不见摸不着的神秘时间步履时，他们所凭借的便是能够从直观上加以把握的空间运动表象——太阳和月亮。

同年、月、日三个时间单位相比，周这个计时单位的确立没有自然客体的运动为其基础，这种以七天为一周期的历制是经过某种计算以后人为规定的。神话学材料告诉我们，周即礼拜制的确定是神话的“法规(charter)”功能的结果。古希伯来人的上帝当初用六天时间创造了世界和人类，把第七日规定为安息日，这个记载在《圣经·旧约·创世记》中的神话，随着基督教在西方世界的传播，成了以七天为一礼拜的作息制度的总根源。在近代东西方文化汇流的过程中，包括中国在内的大多数国家均放弃了原有的本民族历制，接受了六天工作，一天休息的“西历”。这样看来，古代西亚一个小民族的创世神话终于为全人类提供了统一的活动模式——“公历”的星期制。

需要探讨的问题是，神话中的上帝为什么要六天创造、第七天休息，从而确定安息日制？

这个问题看起来好像是一个没有意义的神学问题，但实际上却深深地埋藏着人类神话思维的共同本质和规律。也只有在今天，借助于人类学的跨文化比较和模式构拟分析法，这个万古之谜的谜底才有可能获得科学的揭示。

---

⑤ 俞建章、叶舒宪：《符号：语言与艺术》，上海人民出版社1988年版，第64页。

人类学告诉人们,在神话思维时代产生了神秘数字的观念,把某些数字看成具有神秘或神圣的性质,这些数字在宗教仪式、神话、歌谣和民间故事中作为结构素而反复出现。因此又可称为“魔法数字(magical number)”或“模式数字(pattern number)”。[⑥] 七正是这样一种模式数字,它在希伯来神话及犹太教文献中作为结构素而反复出现。除了安息日外,上帝还向摩西规定了安息年:土地耕种六年后第七年歇息[⑦]。上帝向摩西显灵时,云彩遮盖西奈山六天,第七天召摩西传旨。[⑧] 上帝发洪水之前,嘱挪亚造方舟避难:“凡洁净的畜类,你要带七公七母……再过七天,我要降雨在地上。”[⑨]洪水停后,挪亚从方舟中放出鸽子和乌鸦,等了七天后方知结果。在著名的雅各故事中,主人公为娶妻而为岳父做工七年。诸如此类以七个、七天、七年等为母题的叙述在整个《圣经》中不可胜数,此外还有由七派生出的七十、七百等圣数,如耶和华召以色列长老中的七十人上西奈山等。

尽管《旧约》中模式数七的使用达到了登峰造极的地步,但这种用法却不是希伯来人的发明。在许多的文化中,模式数七总是作为具有宇宙意义的数字出现在神话(特别是叙述宇宙开辟的创世神话)中。当代考古学在西亚发现了比《旧约·创世记》早一千年的巴比伦创世史诗:“美国考古学家詹姆士·普里查德对比了这两个故事,发现了很多令人惊愕的相同之处。例如:两个故事在事件发展的顺序上是相同的,先产生了天和天体,然后是水和陆地分开。第六天造了人,第七天上帝休息。”[⑩]值得注意的还有,巴比伦的创世史诗恰好刻写在七块泥板文书上。[⑪] 鉴于巴比伦史诗《吉尔伽美什》的内容同泥板块数之间的神秘象征关系,[⑫]可以确信,创世与七之间也有同样的对应关系。

在巴比伦的泥板文献中,数字七常用来表示某种发展的极限或循环的周期。《吉尔伽美什》史诗中讲述了一个洪水毁灭人类的故事,正是《旧约》挪亚方舟故

⑥ 《云五社会科学大辞典》第十册《人类学》,第 276 页,“模式数目”条。
⑦ 《旧约·出埃及记》第 23 章 10—11 节。
⑧ 《旧约·出埃及记》第 24 章 18 节。
⑨ 《旧约·创世记》第 7 章 2—4 节。
⑩ 科西多夫斯基:《圣经故事集》,中译本,新华出版社 1981 年版,第 11 页。
⑪ 胡克(S.H.Hook):《中东神话》,1963 年英文版,企鹅丛书本,第 42 页。
⑫ 参看拙作《吉尔伽美什史诗的原型结构与象征思维》,《民间文学论坛》1986 年第 1 期。

事的原型。其叙述发大水的情形如下：

> 整整六天六夜，
>
> 风和洪水一涌而来，台风过处国土荒芜。到了第七天洪水和风暴终于败北。[13]

讲到巴比伦的"挪亚"为避洪水而造大船：

> 第七天船已竣工。

洪水停后，出现了与挪亚故事极相似的细节：

> 第一天第二天船在尼什尔山，
> 第三天第四天船在尼什尔山，
> 第五天第六天船在尼什尔山。
> 到了第七天，
> 我解开鸽子放了出去……
> 我解开大乌鸦放了出去，
> 大乌鸦飞去，看到水势已退，打食、盘旋、嘎嘎地叫，没有回转。

显然，这里的"七"是作为极限数而具有神圣性质的，它的意义近似于"无限大"。《圣经·旧约》中的用法无疑是照搬了巴比伦人的遗产。

七为什么会有无限大的意思，巴比伦人又是如何发明这个神秘数的用法的？20世纪20年代，有学者认为《圣经》中圣数七来源于巴比伦人的创造，后来传播到了全世界其他文化之中。[14] 然而考古学界对苏美尔古文明的新发现使上述泛

---

⑬ 《吉尔伽美什》中译本，辽宁人民出版社1981年版，以下引文同此。

⑭ 参看卡西尔《象征形式哲学》第二卷，日译本见《矢田部达郎著作集》第十卷，东京，昭和五十八年版，第182页。

巴比伦主义的观点不攻自破。刻写在泥板文书中的苏美尔神话是迄今所知世界上有文字记载的最古老的作品。在题为《吉尔伽美什、恩启都和另一世界》的苏美尔作品中,说到主人公的战斧,重达七麦那斯(minas),并有七种用途。[⑮] 这里的七显然已具有无限大的夸张意义,这部作品中的人物对话,有同样的问答重复七遍的现象,其潜在的信仰因素似乎是:凡数重复到七便可产生某种法术力量。在已残缺的苏美尔洪水神话中照例发现了"七天"的母题。[⑯]

当我们把视野扩展到西亚以外的其他文化中时,不难看到七的模式用法具有极大的普遍性。在美洲的祖尼(Zuni)印第安人那里,以七种形式为特征的图腾组织结构形成了部落世界观的基础,七的神秘功能弥漫在整个文化中。欧塞奇印第安人的祖先传说中亦反复出现"七次尝试""七道弯的河流"之类的母题。在非洲尼日利亚的阿比西人部落中,七作为仪式行为的结构素,其重要性并不亚于希伯来人《旧约》中的七。在中国的佛教文献中,七的神秘用法同样不胜枚学。《长阿含经》中有"七佛"之说,《法华经》等有"七宝"之说,《杂阿含经》有"七觉支"之说,《大乘义章》有"七方便"之说,此外还有所谓"七趣""七因明""七种语""七法""七令""七惟"等名目。在佛经故事中,七也作为结构素而反复出现,如《贤愚经》卷九说道:"牢造其船,令有七重。以七大索,系于海边。……若得珍宝,安稳归还,子孙七世,用不可尽。作是令已,便断一索,日日如是。至于七日,断第七索,望风举帆。"中国的道教文献中也有"七报""七伤"等名目。中国民间文化中常见由七的生成作用组成的人物或派别:竹林七贤、建安七子、前七子、后七子、禅宗七祖、华严宗七祖、净土宗的莲社七祖、禅宗七派,等等。至于中国古典文学中以七命名的文体,如《七发》《七启》《七济》《七讽》《七训》《七征》《七激》《七命》《七励》《七要》……也到了多不胜数的地步。

上述事实表明,神秘数七的模式用法是同人类文明同样古老甚至更古老的。而且,它不是某一个民族文化的独创,而是一种跨文化的人类现象,至于此种人类现象发生的根本原因何在,笔者希望在下文中结合中国神话的发掘给予解答。

---

⑮ 克拉莫尔(S.N.Kramer):《苏美尔神话》,美国哲学学会 1944 年版,第 34 页。

⑯ 同上书,第 98 页。

三、人日之谜:从新年礼仪模式重构创世神话

中国古代自商朝起以旬即十天为周期记日,与此相应产生了十日神话。古人虽无七天一休息的圣日制度,却有着另一种源自模式数七的独特节庆——每年第七天为人日。

宗懔《荆楚岁时记》云:"正月七日为人日,以七种菜为羹。剪彩为人,或镂金箔为人,以贴屏风,亦戴之头鬓。又造华胜以相遗,登高赋诗。"⑰可知人日是庆祝和追念人类诞生的节日,它定于正月的"第七天",而不像《旧约》中创世的第六天。为什么会有人日礼俗呢?南朝的董勋在《问礼俗》中解释说:

> 正月一日为鸡,二日为狗,三日为羊,四日为猪,五日为牛,六日为马,七日为人。正旦画鸡于门,七日帖人于帐。⑱

看来正月一日至七日分别是鸡狗羊猪牛马和人七类生物的纪念日,古时还有"正一不杀鸡,初二不杀犬……七日不行刑"的禁忌流行民间。探讨这种奇特的新年礼俗的起源,必须求助于创世神话。

《新大英百科全书》中《创世神话与教义》一文指出,创世神话是原始意识形态的基础和核心,它的作用是确认人在宇宙时空中的地位。创世神话确定一种结构秩序,并由此而规定某一文化共同体成员其他方面的态度、行为和礼仪。后代的礼仪活动往往是创世神话内容的戏剧性表演,"其目的在于通过重复性的表演来强调神话中心主题的功效和永久性,以此强化该文化中的意义和价值系统。"⑲基于这种认识,可以把中国古代的新年礼俗看成是远古创世神话的"重演",理由及论证如下:

---

⑰ 宗懔:《荆楚岁时记》,岳麓书社 1986 年版,第 9 页。

⑱ 同上书第 9 页注引。

⑲ The New Encyclopeadia Britannica, 1974, Vol 5, p.239。

第一,在各大文明的早期宗教历法中,新年礼仪总是象征性地重演开天辟地的神话故事:旧的一年的终结被看成是世界重返创世前的混沌状态,新的一年的开始则被等同为世界的重新开辟。罗马尼亚哲学家泰纳谢指出:“古代的人们认为,世界应当是每年再生的。这在神话中得到了反映。关于年年创世的神话,在古代人一套综合性的文化活动——春节中表演出来。”[20]巴比伦的新年庆典便是典型的再现创世神话的例子,而刻在七块泥板上的创世史诗也只有在新年庆典期间才可以集体吟诵,作为告别混沌的旧的一年的象征。由国王扮演创造主神,盛大的游行象征创造神对浑沌海怪的胜利进军。[21] 现代《圣经》学研究表明,古希伯来人的新年礼仪同样模拟着耶和华对原始浑沌的胜利和世界的重新创造。[22] 我国纳西族的新年礼仪活动“祭天”也有同样的性质,在祭祀中由族长念诵《崇般图》(又译为《创世记》或《人类迁徙记》),其中包括开天辟地、祭天的由来、祖先的迁徙和发展等神话史迹。[23] 这些出自不同文化的材料足以说明,新年礼仪的活动模式对应着创世神话的叙述模式是一种普遍现象。

第二,《荆楚岁时记》所载新年礼仪以七日为时间模式,而圣数七正是创世神话常见的结构素。除了巴比伦和希伯来的创世神话外,许多文化中都出现了以七为模式数的创世神话。如古芬兰的创世歌,叙述原始处女在海中因风受孕,怀胎七百年后生下七个蛋,从中化生出宇宙万有。[24] 这个情节自然使我们联想到中国神话中的神圣女女娲一日七十化,生成世界的情节,可知七十、七百之类不过是圣数七的夸张变体形式。在我国拉祜族史诗《牡帕密帕》第一章“造天造地”中,七的夸张变体采取了更为惊人的形式,创造神用七万七千个泥团造天,七万七千个泥团造地。[25] 七与创世的这种潜在联系启示我们在中国古代的新年七日礼俗背后去寻找已被遗忘的创世故事。

第三,在中国古代文献中,确实可以找到七日创世神话的蛛丝马迹。《太平

---

[20] 泰纳谢:《文化与宗教》,中译本,中国社会科学出版社 1984 年版,第 12 页。

[21] 史密斯(S.Smith):《早期闪族王国中的王权礼》,载胡克(S.H.Hook)编《神话、仪式和王权》,牛津大学出版社 1958 年版,第 40 页。参看尼尔森(N.C.Nielsen)等编《世界上的宗教》,纽约 1983 年版,第 52 页。

[22] 约翰逊(A.R.Johnson):《希伯来的王权观念》,载胡克编《神话、仪式和王权》,第 226 页。

[23] 参看李近春《纳西族祭天初探》,《民族学研究》第三辑,民族出版社 1982 年版,第 160 页。

[24] 转引自雅罗斯拉夫斯基《圣经是怎样一部书》,中译本,三联书店 1962 年版,第 45—47 页。

[25] 《牡帕密帕》,云南人民出版社 1979 年版,第 4 页。

御览》卷三十引《谈数》注云：

> 一说，天地初开，以一日作鸡，七日作人。

袁珂先生已指出这片断记载关系开辟神话：“这个没有主名的造物主，他的行事和功绩很有点类似《旧约·创世记》所说的耶和华。可惜古书的记叙过于简略，其详已不可知。”[26]这个神话把作鸡作人的创造活动安排在“天地初开”之际，可以确信这正是新年人日礼俗所由产生的创世神话原型。因此，根据记载完整的荆楚新年礼仪模式，便可补足“一日作鸡”和“七日作人”之间的缺失部分，使“其详不可知”的创世神话复原得相对完整：

> （创造主）第一天造鸡，第二天造狗，第三天造羊，第四天造猪，第五天造牛，第六天造马，第七天造人。

面对这个新发掘出的古神话，人们不免会提出质疑，这与其说是以宇宙创生为主题的创世神话（creation myth），不如说是以动物和人类由来为主题的“溯源神话（etiological myth）”。

难道我们的发掘只得到了一件赝品吗？

四、人日创世神话的破译

代表20世纪神话学研究新水平的法国人类学大师列维-斯特劳斯指出，神话的意义不是一目了然的字面意义，而是隐藏在结构关系模式中的、需要我们去破解的东西。“一个神话不是从它所反映的当代或古代的制度中取得意义，而是从它在一个转换群（a transformational group）里与其他神话的关系中取得意

[26] 袁珂：《中国神话传说》，中国民间文艺出版社1984年版，第69页。

义。”[27]破解神话密码的原则在于确认该神话所从属的具有同一深层结构模式的转换群。按照这一原则重新考察人日创世神话，我们有理由把它列入以七天为结构顺序的创世神话转换群。属于同一转换群的中国神话还可以举出《庄子·应帝王》中所述浑沌开七窍的故事：

> 南海之帝为倏，北海之帝为忽，中央之帝为浑沌。倏与忽时相与遇于浑沌之地，浑沌待之甚善。倏与忽谋报浑沌之德，曰：“人皆有七窍，以视听食息，此独无有。”尝试凿之。日凿一窍，七日而浑沌死。

袁珂先生说：“这个有点滑稽意味的寓言，包含着开天辟地的神话的概念。浑沌被倏忽——代表迅疾的时间——凿开了七窍，浑沌本身虽然是死了，但是继浑沌之后的整个宇宙、世界也因之而诞生了。”[28]这里，笔者要补充并加以强调的是：圣数七是浑沌创世神话常用的宇宙生成秩序的象征，世界从无到有的创生过程恰恰也是在“七日”完成的，与人日创世神话相参照，可知二者的叙述内容虽相差甚远，却具有共同的时间顺序结构，按照同样的圣数模式而展开：

人日创世神话	造鸡	造狗	造羊	造猪	造牛	造马	造人
浑沌开窍神话	开左眼	开右眼	开左鼻	开右鼻	开左耳	开右耳	开口
圣数模式	第1日	第2日	第3日	第4日	第5日	第6日	第7日

很显然，这两个神话同属于以模式数字七为结构素的创世神话转换群，而女娲“一日七十化”（《天问》王逸注）或“一日中七十变”（《山海经·大荒西经》郭璞注）的神话，当属同一转换群中的夸张变体形式。从跨文化的视野看，前举希伯来、巴比伦的创世神话也属此转换群。列维-斯特劳斯说，对同一个神话转换系列的考察，“使我们超出对个别神话的研究，转而考虑沿着单一轴心而构成的

[27] 列维-斯特劳斯：《生食与熟食》英译本，纽约1970年版，第51页。

[28] 袁珂：《中国神话传说》，中国民间文艺出版社1984年版，第66页。

主导性模式”[29]。不言而喻,从一到七的数序展开模式便是我们要考虑的主导性模式:

1→2→3→4→5→6→7

借用结构语言学大师乔姆斯基的术语,可以把这个主导性模式看作是这一神话转换群的深层结构,属于该转换群的所有单个神话本文都是由此深层结构所“转换生成”的表层故事,就像有限的语汇按照语言深层结构可以转换生成无限多样的话语一样。在这些讲述宇宙创始的神话中,可变的是叙述的内容:创造主或为男性,或为女性,或为独神,或为两个神,创世的方式有口说、手造、化生,也有同浑沌海怪的战斗,给浑沌开窍等等。但是作为深层结构的主导性模式是不变的,只是这个圣数模式在神话中表现为各种不同的表象:七日、七个蛋、七种物体、七窍、七类生物、七十化、七百年……

在这里,我们已经接近了人类神话思维的普遍逻辑,剩下的问题是考察模式数七如何具有了宇宙象征意义,成为创世神话的主导性模式的。由于希伯来、巴比伦的创世神话同人日创世神话、浑沌开窍神话都遵循着“七日”的时间展开式,这就足以启示我们,模式数七的宇宙象征意义同神话思维中的时间意识有内在联系。这种联系在《庄子》神话中已经暗示了出来,两位创世神在七日内完成了开窍创世工作,他们的名字“倏”与“忽”合起来正是时间流逝的象征符号。可见,创世神话之所以往往在七日中进行,其实并不是实指七个昼夜,而是象征无限时间的开创。《周易·复卦》云:

> 反复其道,七日来复。

七乃是“道”循环往复运行的时间周期数。对《周易》中的这个“七日”,有解释为七个月的,如《近恩录·道体》“七日来复”注:“日即月也,以卦配月,则五月阳始消而为姤,至十一月阳生而为复,凡七月也。”也有解释为七天的,如《辞海》以为指阳气由剥尽而复,一来复与后世一星期相吻合。不论计日还是计月,阳气

---

[29] 列维-斯特劳斯:《生食与熟食》英译本,1970年版,第2页。

的循环以七为时间限度则是一致的。换言之,宇宙之道的运动是以七为循环界点的,七是用来象征无限时间的有限数字,这种象征的确立就在于创世神话。

如前所述,创世神话的本质在于用象征性叙述确定宇宙时间与空间的开创,以及人类在时空秩序中的位置。因此,神话中的模式数七不仅是无限时间的象征,同时也应是无限空间的象征。假如我们将前面构拟出的创世神话的从一至七的时间展开模式看成一种表层结构,再一次向纵深层次进行读解,不难发现七日的时间表象背后乃是七方空间!这一发现不仅使我们找到破解人日创世神话的象征密码本,而且找到了以模式数七为结构素的创世神话转换群在世界各地普遍发生的文化心理根源。

人日创世神话中第一日所造的鸡,表面看是一种动物,在神话思维中却是某一特定的空间方位——东方的象征。神话学家们认为,创世神话表达的从混沌到有序,从黑暗到光明的主题:是以初民日常经验中的东方日出:白昼取代黑夜的自然现象为蓝本的,是对日复一日的自然变化的一种抽象。[30] 准此,神话中宇宙时空的开辟从东方和光明起始,就绝非偶然了。而鸡在中国文化中被称"阳鸟",并同东方和日出联系在一起,证据多不胜举。神话中的东海桃都山上有扶桑树,上有天鸡:"日初出照此木,天鸡即鸣,天下鸡皆随之。"[31]中国自古还有将东南西北四方同春夏秋冬四时辰午暮夜四时辰相认同的神话思维传统,[32]可知东方亦是春天、光明、生命的方位。参照《荆楚岁时记》中的如下记载,"一日作鸡"的象征蕴含便不言自明了:

> 正月一日(即新春之始),鸡鸣而起,先于庭前爆竹、燃草,以辟山臊恶鬼。

同书注引周处《风土记》:

---

[30] 参看卡西尔《象征形式哲学》,日译本,《矢田部达郎著作集》第十卷,第165页。

[31] 《艺文类聚》卷九十一引《玄中记》,参看郭沫若《桃都·女娲·加陵》,《文物》1973年第1期。

[32] 参看拙作《探索非理性的世界》(走向未来丛书),四川人民出版社1988年版,第三章第三节。

正旦(即新年第一天日出时刻),当生吞鸡子一枚,谓之炼形。

这些民俗礼节表明,作为对远古创世神话的追忆,此类咒术、辟邪活动与鸡的象征功能不可分割。至于正一"贴画鸡""插桃符"之类的行为,背后均有神话信仰作为支持,对于驱走鬼魅,告别混沌的旧世界,都是必不可少的礼仪程式。由此看来,鸡作为象征性的物候,是同东方日出、光明取代黑暗、阳气战胜阴邪、新春脱胎于寒冬等现象相联系的。鸡有幸充当创世第一日所造之生物,固其宜也。它在神话中象征着时间(四时)与空间(四方)的双重开始,这种象征功能将表层叙述的动物溯源故事真正转化成了标准的创世神话。

由此看来,古籍中所载各种庆祝正月一日为鸡日的礼仪活动都变得易于理解了。用著名宗教史学家艾利亚德的话说,那正是为了以行动方式强调创世神话的主题,"重复神、英雄或先祖在开天辟地时所做的圣事"[33]。这种以创世模式为榜样的重复,目的在于使世界更新。然而,由于上古创世神话的残缺和湮没无闻,中国的春节礼仪逐渐丧失了本来的神圣意义,变成了大吃大喝的民间喜庆日,"一日不杀鸡"的远古禁忌也随之荡然无存了。

为了完全确证我们对人日创世神话的破译,还必须说明神话中第二日造狗以下的诸创造过程均有空间定位的象征蕴含。限于篇幅,笔者拟引用先秦古籍《墨子·迎敌祠》所载祭仪加以论证:

敌以东方来,迎之东坛。坛高八尺,堂密八。年八十者八人,主祭。青旗,青神,长八尺者八。弩八,八发而止。将服必青,其牲以鸡。敌以南方来,迎之南坛。坛高七尺……其牲以狗。敌以西方来,迎之西坛。坛高九尺……其牲以羊。敌以北方来,迎之北坛。坛高六尺……其牲以彘。

这里与东南西北四方相配的四种动物与人日创世神话前四日所造动物一一对应,丝毫不差,其象征性认同关系不证自明。如卡西尔所说,神话思维的空间

---

[33] 艾利亚德(M.Eliade):《神话与现实》,1963 年英文版,第 13 页,参看第三章"世界更新的神话和礼仪"。

观念与科学抽象的知觉空间不同,它必然要把非空间的具体事物合于自身,某一空间方位总是由具体直观的内容(如事物、生物、颜色等)所填充。[34] 就中国神话的空间观念而言,鸡犬羊猪四种动物恰是平面的二维空间的具象符号,再加上牛和马,则合成为主体的三维空间整体的象征。《周易·说卦》说得分明,马牛分别是上方与下方的象征:

> 乾为天,为父,为良马,为老马。坤为地,为母,为子母牛。[35]

行文至此,我们新发掘出的人日创世神话得到了完全的读解和确证,它以象征密码的形式传递着神话的时空哲学信息,讲述着宇宙"六合"空间的有序生成过程,第七日所造之人,作为顶天立地、统治四方的宇宙主宰,自然地占据了六合之"中"的最佳方位。

在这里,人日创世神话的破译同时使我们发现了七这个数之所以成为模式数字并具有了宇宙象征意义的根本原因,那就是史前人类借神话思维所获得的空间意识的具体数字化。

1	2	3	4	5	6	7
东	南	西	北	下	上	中

三维的空间意识发生是以二维的空间意识为基础的,因此,神秘数字七的前身是神秘数字四。人类学材料表明,大多数北美印第安部落给4这个数赋予的神秘意义超过了其他一切数。"几乎在一切红印第安人部落那里,4及其倍数都具有神圣的意义,因为它们专门涉及东南西北四方和从这四方吹来的风,而且希腊人划各端相等的十字,也是4这个数的自然崇拜的标记和符号。"[36]这一材料使我们立即想到甲骨卜辞中的四方神名及四方风(凤)的专名,还有那显然是由标志四方的十字形符号演化而来的七字:

[34] 卡西尔:《象征形式哲学》,日译本,《矢田部达郎著作集》第十卷,第160—162页。

[35] 关于地与阴性、母牛的神话模拟,参看俞建章、叶舒宪《符号:语言与艺术》,第138页。

[36] 列维-布留尔:《原始思维》,中译本,商务印书馆1981年版,第205页。

十(《殷墟书契后编》下、九·一)

十(《殷墟书契菁华》一·一)

十(《金文编·乙敦》)

十(《金文编·盂鼎》)

七(《说文解字》)

七(《袁安碑》)

若不是从纵横相合的宇宙象征意义上来理解,恐怕很难解释造字祖先为什么会用十字形来表示圣数七。大概殷人无法在一个平面中画出标示立体空间意识的符号,只能沿用表示二维空间四方位的平面十字符号,让十字形的交叉点兼指上中下三方位。直到许慎时代,才不满于这种含混的兼指,于是在纵轴的两端出现了分指上下的变形笔画。作为这一推测的旁证,还可举出印第安人的例子:

> 契洛基人的两个神圣的数是 4 和 7……4 这个神圣的数是与 4 个方位直接有关的,而 7 除了 4 个方位以外,还包括“在下”“在上”和“这里,在中间”。[37]

由于现实的三维空间(即中国所谓“六合”)只有六个具体方位,加上中间为七,已经到了极限,无以复加了,所以七就成了宇宙数,表示无限大的循环基数,并因此而产生了法术的和禁忌的神秘意义,在神话和民间创作中反复出现。欧洲人的成语中有“大善有四”和“七恶不赦”之说,在日本,七被视为不吉之数;我国藏族历法亦将新年第七日视为凶日,所以过了初六就是初八。[38] 以上三例都将宇宙数七作为禁忌,大概是生怕越过极限吧。更多的情形是突出七的神秘法术力量,如苏美尔和巴比伦神话中的地狱有七种大门,古希腊神话中亦有七循冥

---

[37] 列维-布留尔:《原始思维》,中译本,第 207 页。

[38] 李竹青:《中国少数民族节日与传说》,北京旅游出版社 1985 年版,第 24 页。

河,祖尼印第安人的世界观以七种图腾组织为结构基础,中国古文化中的七七之祭、天子七庙、七世不异居、七年天成、七七天癸绝、七主、七去、七兵、七祀、七政、七术等。可以说,人类原始祖先得之于立体空间意识的圣数七已经弥漫在整个文明史中。

五、商代图腾空间观念与人日创世神话的发生

从 4 到 7 的圣数演进轨迹还可以说明,以模式数七为结构素的创世神话的产生晚于以模式数四为结构素的创世神话,[39]因而是较为发达、较为哲学化的神话。对于那些较原始的、其数概念尚不能超过二或三的史前民族和少数民族来说,这种反映三维空间观念的创世神话是不可想象的。

人日创世神话是我国先民的原始哲学,因为它试图解决的是宇宙时空的由来问题,亦即后世哲学所称的“宇宙发生论(cosmogony)”,这正是一切哲学思考的基点。神话用有规则的象征符号系统对人类生存于其中的空间和时间进行编码定位,其实质与哲学是一致的。所不同的是编码定位所使用的符号形式,哲学用的是抽象的概念语言以及由此展开的理论体系,神话用的是具体的象征语言以及由此构成的叙述整体。之所以有此差异,是因为神话思维尚未将时空观念从具体的直观对象中抽象分离开来。这样,宇宙空间的诞生便被叙述为鸡狗羊猪牛马人七种生物的有序生成,宇宙时间的创始体现在从第一日至第七日的圣数展开之中。又由于神话思维尚不能把较为抽象的时间概念从较为具体的空间方位中抽象出来,所以神话叙述中空间方位的依次展开也就是时间顺序的展开。这种时空的象征性等值性质,在人日创世神话中表现为四方与四时的四种物象中的认同,在《庄子》神话中表现为时间之神倏与忽分别与空间方位相认同——“南海之帝”与“北海之帝”。从思维的抽象化程度上看,《庄子》神话已经多少有了将时空相分离的倾向(表现为两位创世神既有时间性的名字,又有空间方位

---

[39] 参看拙作《黄帝四面的神话哲学》,《走向未来》第三卷第二期,1988 年,第 54 页。

的概念标记),因此比人日创世神话更富于哲学性,它充分显示了象征的神话思维向概念推理的哲学思维过渡的特点。

最后有待于求证的问题是,人日创世神话是怎样产生的?用某种动物来代表空间方位,这种神话思维的类比是任意联想的偶然结果呢,抑或还有尚待我们进一步挖掘的必然原因?

问题的提法本身已暗示出进一步求索的思路,在主体的心理结构同神话对象之间的关系中找到人日创世神话发生的基础。原来,是殷商时代所特有的以周围方国的图腾为具体的空间象征的世界观,为人日创世神话的隐喻编码提供了既定的符号语言。

为破译人日创世神话中的动物象征,我们已从《墨子》中看到了鸡狗羊猪对应东南西北四方的献牲仪式实况,现在需要考察这种对应关系的起源。在先秦诸子中墨子以倡导先周古体而著称。[40] 一般认为墨子是宋国人,而宋国正是周灭商后,商代遗民聚居的地方。许多先秦的寓言故事如守株待兔、拔苗助长,都把宋国人说成是顽固保守、泥古不化的愚人,正说明这些处于周人统治下的商遗民竭力保持商代礼仪风俗,因而被当时人看成是守旧的典范。[41] 由此可知,《墨子》中记载的祭祀仪式很可能保存着商代遗制。人日礼俗未见于周代典籍而流行于荆楚民间,因为那里正是周文化势力相对薄弱而商文化影响极大的地区。

对商代人的空间观念作简略地分析,笔者发现鸟犬羊猪四种动物正是处于中原地区的商人周围方国或部落的图腾。商人祖先为东夷人,东夷人以鸟为图腾,商人亦崇拜玄鸟,有"玄鸟生商"的神话,而鸟与鸡同属雉类,玄鸟在神话中置换为凤凰、鸡、三足鸟等与太阳有关的"阳鸟",正符合商人崇拜太阳的事实。

迁居中原一带的东夷人建立了商王朝,而留在东方沿海一带的东夷人各支系仍以鸟为图腾。从中原人的观点看去,东方各地便是广大的鸟图腾区域,鸟在神话思维中成了空间分类中的东方标记,体现在语言中,东夷又叫鸟夷、隹夷或淮夷。[42]《说文》释"隹"字为"鸟之短尾总名也"。可见中国东部的大河之所以

---

[40] 参看冯友兰《中国哲学史》上册,中华书局 1961 年版,第 110 页。
[41] 参看白川静《甲骨文的世界》,台北巨流图书公司 1977 年版,第 194—195 页。
[42] 参看童书业《春秋左传研究》,上海人民出版社 1980 年版,第 248—249 页。

命名为“淮”河,乃是由于它处于鸟图腾区域的缘故!至于江苏一带众多以淮字命名的地名,甚至汉字中的“岛”字,均可作如是观。

狗与南方的关系更容易说明。对于中原的商人来说,南方少数民族聚居地乃是犬图腾的天下。直到后世的苗、瑶、侗、黎等族神话中还保留着关于盘瓠的图腾故事,而盘瓠又叫瓠犬,供在神庙中的是狗头人身像。杨宽先生曾在《中国上古史导论》中写道:“由犬戎而生犬封(国)之说,以犬为犬戎之祖,再传而为盘瓠之说,三变而为南蛮之祖。南方苗猺畲族皆信以为真,于是自认为犬之后裔,竞相传述,且从而礼拜之。”[43]可见狗作为中原人观念中南方的图腾区域,由来已久。

羊与西方的关系也不难证明,商人的主要敌人羌族,以及夏代的姜姓部落均位于中原以西的地区,而羌姜等字从字形上就可看出是羊图腾符号。卜辞中已有“羌方”的说法。猪同北方的关系可以从中原以北地区的上古地名如涿水、涿鹿等的命名得到证实。近年来的考古发现表明,我国北方地区自史前时代便有猪图腾文化的广泛分布。1986年发现的辽西牛河梁女神庙和积石冢群中的猪龙玉象,1987年内蒙古兴隆洼文化陶器上发现的猪头蛇体图案,都说明北方民族崇拜猪的现象比商文明的建立要早得多。

通过以上考察,《墨子》记载的鸡犬羊猪对应四方空间的现象绝非偶然,其源远早自商代甚至商代以前就出现了。可以说,对人日创世神话的构思基础的研究,引导我们摸索到中华多民族文化的史前之根。

【叶舒宪　中国社会科学院文学研究所研究员】

原文刊于《中国文化》1989年01期

[43] 《古史辨》第七册,上卷,上海古籍出版社1982年版,第169页。

龙神之谜

王笠荃

【内容提要】龙之为神起源于我国原始社会，在数千年的古老文化中有相当广泛的影响。龙的神话与图像传世很多，但互有差异，充满矛盾，令人困惑不解，至今无法定于一说。本文在吸收前人成果的基础上，对已有材料作了归纳和梳理，比较全面地介绍了龙神产生和发展的历史过程，说明龙神的原型是鼍龙（扬子鳄）、蛟龙（湾鳄），较多取材于聪明温和的鼍龙。龙寿命长，善造“地下宫”，眼能变色，尾灵活有力，嗜食含有珍珠的贝类，因而被称为神异动物。它在雨来前吼声如雷，故被古人认作雷神、报雨神、司雨神。它在某些地区常被高速旋转风云卷上高空飞行，故有“飞龙乘云”之说。古人还认为，龙的灵魂能变成闪电，驰骋于云海，向大地播雨。我国很早就是靠天吃饭即靠龙吃饭的农业社会，人们自然怀着欣赏、崇敬、利用、制服等复杂心理创造了无数龙的雕像、神话和庙宇，龙的意识广泛渗透于政治、宗教、科学、文艺、民俗乃至民族感情等各个方面。

一、龙神的传播及真相的湮没

有些人否定龙神研究的价值，以为它不过是一种迷信而已。这种看法是浮浅的。龙神历史极长，1987 年年底在河南濮阳发掘出距今六千年的蚌塑龙，表明它至少有六千年的历史了。它在原始社会的龙图腾和自然崇拜中占重要地位，与夏商以来的政治、经济、文艺、民俗等等有密切的关系，盛传数千年而不衰。这充分说明龙文化反映了中华民族一种相当持久的心理状态，当然应该成为重要的研究对象。

中国龙神话及文物极为丰富。出土的古代龙雕龙图、殷墟卜辞，《易》《山海经》等大量古籍，留下了它一部分历史的踪迹。但史料零散、矛盾百出，很难推知其原貌。如将史料去粗取精，理顺次序，古人思路自然衔接成这样的轮廓：龙是一种聪明灵巧的动物，它能在水中游，地上走，鼓腹发出雷声，能引来云雨，所以被尊为水神、雷神、司雨神。它能乘风云上天飞行，云消时落下地面。它用神奇的尾巴帮助夏禹划出治水线路以便疏通水渠。它在黄帝指挥的部落战争中用风雨冲击并最后杀死蚩尤。它的灵魂能变成忽暗忽明、时短时长、变幻无常的飞虫在云雾中神出鬼没。这位本领超群的司雨神在农业社会中占有特别显赫的地位。受旱涝威胁的人们求它下雨或止雨，用它的塑像招引云雨或阻止洪水。古人为它雕画了无数奇特的形象，人们熟悉的北京九龙壁只是万千龙形中的一种典型。这个梗概，现代人看来是一部神秘的天书，但古老的神话谈吐自然，毫无故意作伪的意味。

至少在西周以后，在龙神话继续广泛传播的同时，人们对神话每个主要环节的疑惑、误解、陌生感都陆续增加，越积越厚，无人系统地溯本求原加以清理，导致真相几乎全部湮没。这里我感触到了孔子重人事、轻鬼神、搁置鬼神研究的思想产生的深刻影响。龙的明确无疑的司雨神神职仍能召来众多的崇拜者，遍布全国乡镇的龙王庙在旱涝时节依旧香烟缭绕，但二十世纪初年的知识界却不能不确认龙的起源是一个极难解的谜了。谜在哪里？纵观历代关于龙的辩议，谜点主要有五。

1.有没有真龙？有人认为：龙是确实存在过的动物。古书记载，有人看到过龙，养过龙，吃过龙肉。汉武帝时，在今陕西大荔县西修水渠，传说曾掘出龙骨（《史记·河渠书》）。没有真龙，何来龙骨？相反的意见是：从来没有真龙存在过。因为大量的龙图龙雕龙纹随时代而变化，因地区而不同，且都与实在的动物不一样。《埤雅·蛟》:“按古有蛟鲊,又有龙醢(都是龙肉做的菜肴),夫龙,神物也,而可豢,是亦豕类尔,非真龙也。”中药材有龙骨,是一种镇惊的药,现已知是古脊椎动物(象、犀、鹿、羊等)的化石,并非龙的遗骨。《辞海》说:“龙是古代传说中一种有鳞有须能兴云作雨的神异动物。”台湾版《百科大辞典》说:“龙是一种想象中的动物。”有人说,这种想象中的动物是许多动物(蛇、马、鱼、鳄等)身体零件的拼凑体。也有人说是许多动物零件加上非生物(云、闪电等)的形象在原始人头脑中的模糊集合。龙为想象动物或虚拟动物说长期占据优势。

2.龙究竟是什么动物?古代不同的神话中,龙分别指许多不同的动物,如鼍、蛟、马、蛇、蜥蜴、鱼、狗、狐狸、水牛、水獭、猪等等,令人不知所从。学术界较常见的答案是根据部分神话资料作出的,如龙是蛇,大毒蛇,五步蛇,吞象的巴蛇,巨蟒等;龙是马,古代的水马,奇特的骏马,高大的马等等:龙是鼍,龙是蛟,龙是鼍蛟之总称即鳄;龙有个庞大的家族,包括许多不同的动物。每个说法都有局部根据,又都与其他资料相矛盾。因而每人都能反驳异己却无法驳倒,能辩护自己却总有破绽。

3.为什么说龙是神异动物?传说龙眼似鬼,龙戏珍珠,龙住豪华宫殿等等。这些往往被斥为胡编乱造,间或有人溯源,亦多主观猜测。

4.龙能否乘风云上天?“飞龙乘云”广为流传,但孔子提出异议,他说:“鸟,吾知其能飞;鱼,吾知其能游;兽,吾知其能走……至于龙,吾不能知其乘风云而上天。”(《史记·老子列传》)的确,鱼兽不会飞,鸟会飞却不必乘云,哪里有专门乘云飞翔的动物?现在论证龙是鼍、马、蛇等动物的学者,几乎都回避龙能飞上天的考证。

5.龙能变幻无常吗?大量神话说:龙在雷雨时出现,时短时长,忽明忽暗,变幻无常。据此,出现了龙是云,龙是闪电,龙是虹,龙是星,龙是月亮等等说法。反驳者说:龙既为动物,不可能同时又是无生物;云、虹、星、月的特点并非时短时长、忽明忽暗;闪电符合上述描写,但闪电叫龙岂非张冠李戴?

迄今所见的考证,一般都是就上述一两个问题作出解答,说不清的环节往往用分析和猜测去填充。而古人关于龙的种种认识必须从古代资料中去寻找和检索,我们不应该代替他们去炮制。像使破碎的古文物复原一样,零散混乱的资料经过清理可以结合为龙神演变的多幅本相:古代的龙就是龟龙和蛟龙,都是鳄类。龙神是鳄的奇异特点的神化。神化的图形包含古人主观成分,从而成为多种虚实相间的形象。龙不会飞,但有时被高速旋转风云卷上高空。穿飞浓云、变幻无常的雷电被认为是龙的灵魂的化身或显现。就像众人熟知的诸葛亮成为聪明人的第二称谓一样,与龙及龙魂的形状、习性有某些相似的动物、植物乃至无生物也被附加龙名,在神话及俗语中流行。龙神的谜底就是这样简单,但考证揭释则需费些笔墨。

二、龙是鳄的古代名称之一

古书中叫龙的东西很多,但龙的本来含义只有一个:鳄。因为古人对龙的动物形体、生理特点的记述与鳄吻合,而且仅仅与鳄吻合。从原始社会到夏商,鳄广泛分布于黄河中下游、长江中下游及珠江流域。品种肯定有扬子鳄(图 1)(又名鼍龙、土龙、单、咢、鼍、猪婆龙、鲍、鳝)湾鳄(图 2)(蛟龙、蛟、虎蛟、鼍、鳄),可能还有其他鳄种存在,古生物学界尚在探索中。从远古至清代,在中国许多地方,鳄同时被称为龙。古人对龙的动物特征的描述和对鳄(鼍、蛟)的描述完全一样。

图 1　鼍龙(扬子鳄)

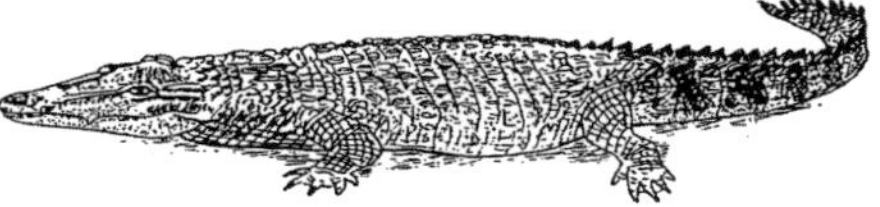

图 2　蛟龙(湾鳄)

1.龙是两栖的爬行动物。《左传·昭公廿九年》:“龙,水物也。”《易·乾卦》:龙,“或跃在渊。”《宋史·五行志》:“太祖从周世宗征淮南,战于江亭,有龙自水中向太祖奋跃。”这个水物即水中动物又能在田间爬行。《易·乾卦》:“见龙在田。”《北梦琐言》记述：“大江之南，芦荻之间，往往烧起龙。唐天复中，澧州[①]叶源村民邓氏子烧畬”“龙突出，腾在半空”“竟以仆地而毙”。

对鳄的两栖也有描述。《墨子·公输》说墨子到郢（今湖北江陵西北）赞赏“江汉之鱼鳖鼋鼍为天下富”，并列了四种水中动物。《太平御览》卷九百三十二引晋郭义泰《广志》：“（鼍）有四足”“南人嫁娶，必得食之。”上面说的澧州，直到清朝乾隆十五年（1750）还有鼍分布，鼍能水陆两栖。[②]

2.龙似蜥蜴而大。《淮南子·精神训》：“禹南省方，济于江，黄龙负舟，舟中之人五色无主。禹乃熙笑而称曰：‘我受命于天，竭力而劳万民。生寄也，死归也，何足以滑和。’视龙犹蝘蜓，颜色不变。龙乃弭耳掉尾而逃。”蝘蜓是蜥蜴的别名。《北梦琐言·盐井龙》：后蜀时，“云安县（今四川东部，长江北岸）汉成宫绝顶，有天池深七、八丈，其中有物如蜥蜴，长咫尺，五色俱备，跃于水面，像小龙也。”元明之际谢应芳编《辨惑编》卷一说：“有龙如蜥蜴而五色。”

古人同样形容鳄。《说文》：“鼍似蜥蜴而大。”“蜶（古音 Wò，即湾鳄）似蜥蜴，长一丈。”鼍背，黑黄相间，杂以斑点，腹黄白。湾鳄背棕色或橄榄色，腹黄白。龙五色，黄色，黑色，长几丈几尺等等，都是粗略的说法。

3.龙爪锋利，善掘洞。《资治通鉴·梁纪》记载，梁武帝时（502—549）修浮山堰（在今安徽东北），怕龙挖洞毁堤。传说“龙怕铁”，故沉铁器数千万斤于堰下，其实不管用。八月淮水暴涨时，堰全崩。

与此相似，《俨山外集》记载，明初南京附近江岸崩坏，当地居民说是猪婆龙掘洞造成的后果，因此将猪婆龙几乎钓尽杀绝。

4.龙有休眠期。《易·系辞下》：“龙蛇之蛰，以存身也。”《孔子家语》：龙“夏食而冬蛰。”《抱朴子·对俗》：龙“能竟冬，不食之时乃肥于食时也”。

鳄有休眠习性。扬子鳄休眠期最长，从十月下旬到次年四月初，在洞中不食不动。

5.龙有温和与凶猛的两种。《左传·昭公廿九年》：晋大史蔡墨讲述舜设专官养龙的历史。养龙官董父很内行，野地的龙就往他那儿集中，平易安全，定是

---

① 唐末天复年间（901—903），澧州辖境相当今湖南澧水流域西起大庸东至安乡各县。

② 《直隶澧州志林》卷八《食货志·物产》。

温和的小龙。《江宁府志》记载，南朝医学家陶弘景在茅山（在今江苏省西南）养龙，不大的池塘中，“有小黑龙游藻间，头类蜥蜴”，也是温和的小龙。有些龙凶猛吃人。《韩非子·说难》：“夫龙之为虫也，柔可狎而骑也。然其喉下有逆鳞径尺，若人有婴之者，则必杀人。”前引《淮南子》，禹乘船渡江时见黄龙拱船，同船的人为什么吓得五色无主？他们知道恶龙能掀翻船，吞食人。所以《庄子·秋水》说：“夫水行不避蛟龙者，渔夫之勇也。”

古人很了解这两种龙的区别。《礼记·月令》：“季秋之月，伐蛟取鼍。”这是先秦江淮一带的渔猎时令。蛟凶猛，必须伐猎，多用箭射；鼍温和，易捕如取，多用钩钓。它们的肉可吃，皮可作鼓。

6.卵生。《埤雅·释鱼》：“龙亦卵生思抱。”《淮南子·泰族训》：“夫蛟龙伏寝于渊，而卵剖于陵。”

《梦溪笔谈·异事》说，广东潮州大鳄“生卵甚多”。《毛诗陆疏广要》：鼍“生卵，大如鹅卵”。根据动物学，湾鳄一次产卵50—60枚，扬子鳄一次产卵10余枚至40余枚不等。

总起来看，龙是形似蜥蜴，比蜥蜴大若干倍，水陆两栖，爪利善掘洞，有休眠期，卵生的爬行动物，并有温和与凶猛的两类。与动物学对照，这样的动物只能是鳄，分属于爬行纲鳄目鼍科和鳄科，不可能是任何别的动物。

动物学的严格证明是基本的证据，不是全部证据。还应证明：龙神是鳄的特点的神化；龙字是反映鳄的文字；神话中其他叫龙的东西如龙马、龙星等都是以鳄作比喻而派生的名字，等等。没有这些证据，就仍然算不得周密的科学证明。下面诸节，我将从多方面谈到这些问题。

三、龙为神异动物

龙是奇特、智慧、神异的动物，因而远古受到崇拜。《礼记·礼运》说：“麟、凤、龟、龙，谓之四灵。”《国语·鲁语》说：“水之怪曰龙。”《管子·形势》说：“蛟龙，水虫之神者也。”灵、怪、神的具体含义，散见于大量神话中。

龙尾神话。《楚辞·天问》:“应龙何画?河海何历?”王逸注:“禹治洪水时,有神龙以尾画地,导水所注”。龙尾引导治水,本领何其大也!《后汉书·西南夷传》描写哀牢夷(汉代分布于今云南西部保山市、永平县一带的古族)“人皆刻画其身象龙文,衣皆著尾”。龙形特别突出了尾巴。云南傣族至今流传着古代龙神用尾巴帮助人民将凶残国王击沉于澜沧江底的神话。

这些神话的现实根源在于,龙有钢鞭似的粗尾。能用于游泳、拨土、揽食、斗殴、自卫。其灵巧如大象之运用长鼻。湾鳄以尾击人畜,甚至同虎象斗。扬子鳄静伏草地,突然用尾击走近之鹅兔,堪称绝招。雄龙争偶时或群龙拥挤时,彼此也嘴咬尾击。《易·坤卦》说“龙战于野,其血玄黄”,是地上斗;《左传·昭公十九年》说“郑大水,龙斗于时门之外洧渊”,是水中斗,少不了显示龙尾巴的功能。

龙珠神话。《庄子·列御寇》讲了一个故事:“河上有家贫恃纬萧(编织芦苇)而食者,其子没于渊,得千金之珠。其父谓其子曰:‘取石来锻之!(用石砸毁珠子)夫千金之珠,必在九重之渊而骊龙颔下。子能得珠者,必遭其睡也。使骊龙而寤,子尚奚微之有哉?’”年轻的穷人潜入深水从熟睡的黑龙下巴颔里抠出价值千金的珍珠。这黑龙是一个吃人不吐骨头的恶龙。唐代志怪小说如《宣室志》《传奇》,都有龙吐珠、戏珠、抱珠之类的神话故事。

考其因,龙的食物之一是贝类即螺蚌蛤介。龙用尾巴把贝壳扫集成堆,大口吞食,并加食一些碎石子,以助胃壁磨碎螺蚌之硬壳。某些贝类壳内能形成明亮艳丽的固体圆粒即珍珠。龙食残渣中可见到珍珠,杀龙剖胃可能见到珍珠。龙同珍贵可爱的珍珠的关系引起古人的联想,龙珠神话由此产生。

龙嗜睡神话。《太平广记》卷三百一十一引《传记·萧旷》:“(龙)好睡,大即千年,小不下数百岁。偃仰于洞穴,鳞甲间聚其沙尘。或有鸟衔木实,遗弃其上,乃甲拆生树,至于合抱。”龙睡一觉可长达几百年至千年,这个有点相声味道的神话也有其根据。我国特产扬子鳄在全世界二十余种鳄中是嗜睡冠军。一年中约半年休眠洞中,另半年白天出洞晒太阳,也是半睡眠状态,只有夜间捕食三小时左右,处于兴奋状态。所以《本草纲目》卷四十三说:“鼍性嗜睡,恒闭目。”《尔雅翼》说:“(鼍)性嗜睡,目常闭。”它的鼍科鼍属近亲——北美密河鳄,由于大西洋暖流的影响，所处气温高些，因而休眠期也短些。湾鳄为热带动物，只有气温下降时晒太阳，减少活动，处于半睡眠状态。

饕餮神话。龙吃人的神话、纹饰不少。南朝梁任昉《述异记》有夏桀宫女变龙吃人的神话。唐代《续玄怪录·刘贯词》有人形母龙精眼红涎流欲吞食来客的神话情节。《博异志·许汉阳》有龙宫以人血充酒宴的神话情节。这种龙的原型即吃人湾鳄。韩愈被贬作潮州刺史时，曾想赶走当地的食人鳄，写了《祭鳄鱼文》。湾鳄有利牙，但不会咀嚼。吞人吞兽，都是塞满嘴，噎过食道，缓缓下移，而化于胃。这一点，与虎狼不同而与蛇近似。《吕氏春秋·先识》说："周鼎著饕餮，有首无身，食人未咽，害及其身，以言报更也。"饕餮的原型也是食人鳄。商周用它作纹饰，意在以凶御凶。濮阳古墓中，壮年男尸左右各一贝塑龙、虎。面向外，都是保护死者在天国安全的镇墓兽。以龙虎雕像镇墓，后世墓中多有发现。

龙宫神话。龙在水下、山野建筑宫殿的神话，有些颇为有名。《柳毅传》《聊斋·西湖主》《封神演义》哪吒斗龙等等神话中，都有豪华的龙宫。原来，扬子鳄在世界鳄种中，建地下迷宫的本领名列第一。特别是有经验的老鳄，建巢在近水源的滩地阳坡的苇竹荆棘下面，深 2.5—3 米，巢内有休憩台、冬眠铺、较深的积水潭（以防旱灾），纵横多岔的通道，三四个距离较远的洞口。结构精巧复杂，自卫性能胜过"狡兔三窟"。中国龙宫神话是扬子鳄地下巢的艺术升华，间或有印度神话情节渗入。

龙的动物神话也证明龙就是鳄，证明鳄是古人心目中的神灵动物。但使龙盛名久传不衰的，主要不是动物神话，而是气象神话。

四、龙是雷神、司雨神

《山海经·海内东经》说："雷泽中有雷神，龙身而人头，鼓其腹，在吴西。"《史记·五帝本纪·正义》引文稍异："雷泽有雷神，龙首人颊，鼓其腹则雷。"两条合解，太湖中有雷神，是半人格化的龙，把肚皮当鼓打，就发出雷声。

《山海经·大荒东经》说:“东海中有流波山,入海七千里,其上有兽,状如牛,苍身而无角,一足,出入水则必风雨,其光如日月,其声如雷,其名曰夔。黄帝得之,以其皮为鼓,橛以雷兽之骨,声闻五百里,以威天下。”郭璞注:“雷兽,即雷神也,人面龙身鼓其腹者;橛犹击也。”③

在证明龙即鳄之后,可知太湖与东海中的雷神、呼风唤雨之神,就是鳄。鳄皮是古今作鼓面的最佳原料,所以黄帝以雷神之皮为鼓,有惊人的音响效果。

鳄在天气闷热、气压下降、电闪雷鸣、山雨欲来时,必定吼叫。《埤雅》卷二:“鼍欲雨则鸣,故俚俗……以鼍谶雨。”《本草纲目》卷四十三:鼍,“其声如鼓”,“俚人听之以占雨。”湾鳄俗名骨雷、呼雷,因其声洪亮如雷。俚人为南方一古族,后与汉、壮等族融合。在南方,鳄是报雨神。《淮南子·地形训》说:“土龙致雨。”高诱注:“汤遭旱,作土龙以象龙,云从龙,故致雨也。”甲骨卜辞:“其乍(作)龙于凡田,又雨。”(安明 1828)说明用泥土作龙(或用木、玉、石雕龙)召雨的巫术,由来甚古。在北方,鳄早就成了召雨、司雨神。

有两个难解点。第一,从形式逻辑看来,雨前龙吼,得不出龙能司雨的判断。但原始思维不自觉地把人们熟悉的社会现象推广到自然界。在氏族社会中,生产生活各方面都有人管着,下雨自然也有主管者,这就是风雨的呼唤者——龙。第二,从形式逻辑看来,真龙能司雨、也得不出假龙(泥龙、木龙、玉龙等)也能司雨的判断。雷是雷神,也得不出吼声如雷的动物也是雷神的判断。但在原始思维中,相似与相等是分不清的。例如,原始人把梦中的情景当成真事,把踩了自己影子的人当作侵犯人身者。区分相似事物的能力和范围是逐步扩大的。某些以相似为相等的观念在现代宗教中仍然存在。

十三世纪后半期墨西哥谷地的阿斯特克部落敬奉雷电雨神,名叫特拉洛克(TLaLoc),有时画作蛙形,蛙也是雷神。广西壮族自治区古代雷神有鳄也有蛙。因为群蛙在雨天鸣声“如雷”,响遍田野。

《易·震卦》讲的是雷。雷声震天、震地、震耳。震卦就是雷卦。《说卦传》解释:“震为雷,为龙。”为什么?就因为龙也是雷神。龙之读音如隆,如雷声隆

---

③ 袁珂:《山海经校注》,第 329—330 页。

隆。《楚辞》中的雷神叫丰隆，这也反映了龙与雷的关系。

古人图示龙为雷神的方式有二：一为龙作张口怒吼状，极为常见；一为龙身发火。古人从雷电引起森林大火得知“夫雷，火也”（《论衡·雷虚》）。周代泽国使用的符节，中间刻龙，龙身发火，表明龙为泽中之雷神。（图3）

图3 泽国之龙形符节（周代）

五、飞龙乘云

龙在神话中是能在高空飞翔的神异动物。《山海经·大荒南经》说，东方天帝帝俊的妻子羲和生了十个儿子——都是太阳。妈妈每天用六条龙驾的车依次拉一个太阳儿子从东到西穿越高空，由此人类才有了清晨、中午、黄昏、黑夜。《史记·封禅书》说，黄帝骑龙升天时，群臣、后宫从者七十余人也随着骑了上去。《博物志·外国》说，禹平定天下后，会骑龙上天巡视南方。

驯龙者、捕龙者大都能骑上龙背在水中游，但绝不可能骑龙上天飞翔。怎样理解这些虚无缥缈的神话？把龙的考证者们难住了。

这个神话归根到底也是现实的反映，“飞龙在天”并非无中生有。

《韩非子·难势》说：“飞龙乘云，腾蛇游雾，云罢雾霁，而龙蛇与蚓蚁同矣，则失其所乘也。”听他的口气，龙蛇有什么本事？如无云可乘，它同不会飞的蚯蚓蚂蚁一样，不过是地上的爬虫而已。这就是说，龙有时能上天，必须借助特殊条件：有云可乘。

这就是乘急旋风所卷的积雨云（中国俗称龙卷）。王充《论衡·龙虚》记述的民俗透露了这个秘密。他说：“盛夏之时，雷电击折树木，发坏室屋，俗谓天取龙。谓龙藏于树木之中，匿于屋室之间也。雷电击折树木，发坏室屋，则龙见于外，龙见，雷取以升天。世无愚智贤不肖，皆谓之然。”王充所说，正是龙卷的情景。（图 4）急旋风常发生于炎夏，现在华东沿海及华南次数较多，它范围小，往往出现在强烈的积雨云下面，若将云卷作漏斗形下垂，即成龙卷。其下端达到地面，则所经路线，“击折树木，发坏室屋”，将碰到的龙以及蛇、鱼、湖水、人、畜、杂物卷上天去，飞行十几米、百余米甚至几千米，而后抛落。这就是古书记载的“天雨鱼”“天雨谷”“天雨血（红土浆）”等等奇事（参见《太平御览》）。龙是雷神、司雨神，它之乘云上天，自然引起古人特别的注意和联想，这种高速旋转风云特称“龙卷”而不叫鱼卷、谷卷之类，原因在此。王充老家在今浙江，求学做官在河南。东汉时那里盛产龙，龙卷也较多。《述异记》：“汉元和元年，大雨，有一青龙坠于宫中，帝命烹之，赐群臣龙羹各一杯。”讲的是东汉章帝时（公元 84 年）的事，那条龙就是乘风云飞落于洛阳宫中的。龙羹也叫鼍羹，是龙肉末儿作的美味浓汤。王充是唯物主义哲学家，他批评了“天取龙”升天布雨的迷信，理由主要有两点：第一，“雷电去，龙随而上，故谓从树木之中升天也”，怎能扯到“天取龙”呢？这里哪有天帝的身影呢？第二，鱼与龙同被卷上天飞行，照理应该同样称神，为什么鱼不称神呀？“鱼随云雨不谓之神，龙乘雷电独谓之神，世俗之言，失其实也。”这两点恰是伴着雷电的急旋转风云把龙卷上天的补充说明，也是龙卷命名的理由所在。

图 4　龙卷

飞龙乘云布雨的神话，后世有所变化。例如，宋代叶梦得《避暑录话》（下卷）说，吴越一带，每年五六月间，常有这种气象发生：“浓云中见若尾坠地，蜿蜒屈伸者，亦止雨其一方，谓之龙挂。”（龙卷另一俗名）“屋庐林木之间，时有震击而出，往往有隙穴见其出入之迹。或曰，此龙之懒而藏匿也。佛老书多言龙行雨甚苦，是以有畏而逃”。龙卷的破坏性，被说成天帝对不肯上天行雨、懒惰嗜睡的龙搜寻造成的后果。

古雕画中，表明龙“会飞”的是应龙，就是给龙多加两个小小的翅膀；（图 5）表明龙乘云上天，云消而下的是升龙与降龙；（图 6）表示飞龙乘云的，是云朵绕身或云雾遮身，表现它的一些图画，极富磅礴之气势。（图 7）

图 5　秦代空心砖上的应龙

图 6　升龙与降龙（自《五经图》）

图 7　飞龙穿云（清代绘画）

六、龙与雷电的同一

龙为雷神，又能乘云上天行雨，在泛灵论流行的远古，龙神趋向鬼魂式的更高的神化，是自然的，不可避免的。

《感应经・鼍鱼》：鳄“被人捕取宰杀之，其灵能为雷电风雨。”

《艺文类聚》卷九十八引《瑞应图・黄龙》：“黄龙者……神灵之精也，能巨细，能幽明，能短长，乍存乍亡。”

这就是说，不论死龙活龙，都能变成精灵。这精灵即是变幻无常的雷电。根据文化人类学,原始人普遍认为人的灵魂就是人在水中的倒影或日光月光下的黑影,可长可短,乍存乍亡,可望而不可捕捉。由此联想,雷电确实具有作灵魂的资格。龙从动物变成披着龙皮的雷电,是龙的神格的异化,是龙的神性的最高发展,是龙的神形更加虚拟化的原因所在。由于雷电与雨水往往前后相随,故雷电单独就是极威武的司雨神。中国龙神出众的特色在于地面的龙飞上高空,同雷电实行了巧妙的"对接"。④

古人往往把龙的实体(动物)与灵魂(雷电)作连贯的统一的描述。例如《论衡》说:"方令盛夏,雷雨时至,龙多登云。"(《感虚》)"龙起云雨,因乘而行。云散雨止,降复入渊。"(《道虚》)"龙无云雨,不能参天。"(《须颂》)讲的都是实体。谈到灵魂:"龙之为虫,一存一亡,一短一长。龙之为性也,变化斯须,辄复非常。"(《无形》)"龙之所以为神者,以能屈伸其体,存亡其形""龙变体自匿,人亦不能觉,变化藏匿者巧也。"(《龙虚》)后一部分,挂着龙的名字,说的全是闪电的特征。

《管子·水地》:"龙被五色而游,故神。欲小则化如蚕烛,欲大则藏于天下,欲上则凌于云气,欲下则入于深渊,变化无日,上下无时,谓之神。"第一句话讲龙为水中动物,其余全讲龙魂即雷电,它可钻高空,可下深渊,变小如虫,变大则响彻和照亮大地各个角落,天下无处不在!

《说文》:"龙,鳞虫之长。能幽能明,能细能巨,能短能长;春分而登天,秋分而潜渊。"有的学者不解其意,骂许慎胡说。其实,第一句话讲龙是身披鳞甲的大爬虫,其余全讲其灵魂——闪电。春分到秋分是雷雨闪电频繁的时节,也是龙出洞活动的时节。

第一句话之后,加"其灵"或"其灵能为雷电",全句就豁然通畅了。不过古人以为不必啰唆。一篇祭文,前面颂死者生前功德,末尾祝其"天国冥福""保佑后代"云云,统统都是一个名字下讲实体与灵魂而不加注明。时代变了,对灵魂意念陌生的人们难免要伤脑筋了。

龙与雷电同一的意识渗透在很多方面。李白《草书歌行》形容草书:"时时

---

④ 引自胡厚宣主编《甲骨文与殷商史》。

只见龙蛇走，左盘右蹙如惊电。”电能受惊，妙极了！这位大诗人用这样的形容词写出了动物精灵的神态。二十世纪三十年代，古俗浓重的山东泰安农民普遍把雷电叫“龙王显灵”。把雷电击人叫“龙抓人”，人体灼伤之痕迹叫龙爪印，是全国普遍存在过的俗语，五十年代破除迷信的小册子无不谈到这一点。藏族的龙是从中原传去的，藏文中的雷电与飞龙是一个字：འབྲུག，拉丁写法为 Abrug，汉音译作“竺”。彝族龙俗与汉族几乎一样，彝族支系阿细人史诗《阿细人之歌》唱叙他们的远古历史，有一段大意是这样：雨姑娘赫拉兹，骑在龙身上，在风云中飞行。云絮绊住龙脚，龙脚踢蹬，电闪雷鸣。乌云遮住龙头，龙头摇晃，雷声轰轰。云雾缠住龙身，龙身扭摆，炸雷万里惊。龙尾甩又甩，雨滴落不停。⑤ 把动物龙与雷电的同一，作了活生生的描绘。《聊斋·蛰龙》说：“（龙），其声嗤然，光一道如缕……霹雳震惊，腾霄而去。”这就是说：龙身为光，龙声为雷。《柳毅传》描写钱塘江龙君化作“赤龙长千余尺，电目血舌，朱鳞火鬣”“千雷万霆，激绕其身”“乃劈青天而飞去”。从水里出来的龙君，一下子眼变为电，鬣变为火，最长不过 30 尺的龙身突变为千余尺。一句话，变为雷电。（图 8）《易》把龙的全部变化概括得最为精练：“见龙在田”（鳄）——“龙飞在天”（鳄或雷电）——“亢龙有悔”（闪电），悔通晦，龙飞得极高，光变晦暗。

图 8　全身冒火的闪电龙神（北京故宫建筑龙饰）

有的日本学者认为：中国龙形如闪电⑥，朱天顺先生认为：龙似鳄，又很像闪电在天空伸屈行走的样子⑦，这些话包含着可贵的见解。

有些考证者认为，龙仅仅是鳄，不可能又是闪电。这符合形式逻辑，却不合原始思维逻辑和神话的原意。山西石楼县桃花庄晚商墓出土铜觥（酒器），上面

⑤ 《云南少数民族哲学社会思想资料选辑》（一），第 110—135 页。

⑥ 《世界大百科事典·竜》卷二十三，日文版。

⑦ 朱天顺：《中国古代宗教初探》。

镂刻一只鼍和一个龙神(图 9),清代建筑承德避暑山庄妙高庄严殿,共三层,屋顶每道脊上雕塑两条闪光的龙神,一作上飞状,一作下落状。

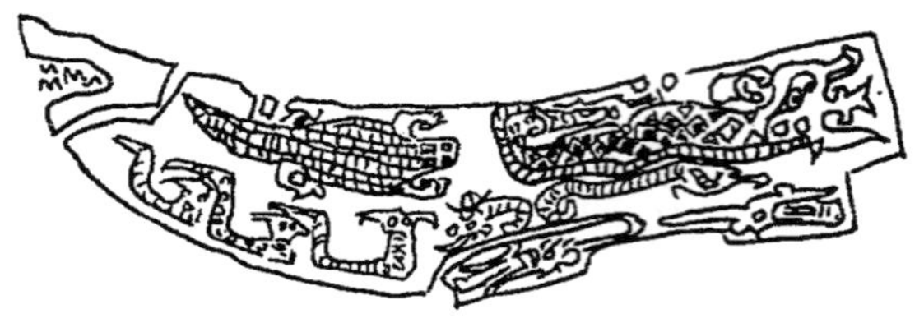

图 9　山西石楼桃花庄出土晚商铜觥

第二层檐的檐脊都饰着鼍图像。从远古到清代,龙一直有实体与灵魂两个相互联系的不同形态。

七、虚拟龙形之由来

原始思维是初级的形象思维,往往用两个或多个图形的结合,表示对某一事物的认识。通常以一个图形表现主体,其余图形表示主体的性质、特点、功能或同其他事物的联系。由于某些抽象的东西用具体的形象表示出来,这些图形的整体必是虚拟的即与实际事物对不上号的。

例如《山海经 · 大荒东经》有日出日落“皆载于乌”的神话。乌是三足的踆乌。古画作日中踆乌或立或飞的样子。古埃及的太阳神载于鹰,画作太阳两侧长着鹰翼。太阳的附加物不过是表示古人对太阳运行动力的想法。古印度万能始祖神“梵天四面”,中国万能的原始部落宗神“黄帝四面”。虚加三面表示他们统辖与审视四方的万能神力。

古人认为彩虹是潜藏于水中的动物,能弓身入云,两个头或一个头在地面饮水,水升到体内高处洒落成雨。古人从经验中知道水往下落,而不能向上飞。虹饮水解释了水升空的途径。龙在地上“蓄水”,上天行雨的神话,思路一样。

古代龙的图形极多,就中可分两类。一类为动物神,大口,身较短,或有鳞鬣，与鳄近似，但已渗入主观看法，如安阳殷墟妇好墓出土玉龙（图 10），短钝角表示鳄头棘状突，张口之状略似虎，龙虎并列、并提、互喻，是古老的民俗。如《易》云“云从龙，风从虎”；如成语“龙腾虎跃”“虎踞龙盘”。龙体渗入虎形就不足为怪了。宋代《宣和博古图录》、黄浚的《古玉图录初集》、天津艺术博物馆等所藏短体龙雕，属于动物神像。另一类为雷电龙神，与前者最大的不同点是冒火、发光，身体细长。汉武帝时所铸龙币上的龙形（图 11），与北京、大同九龙壁上的龙雕是著名的雷电龙神穿空全景图例。身细长、发光、冒火、乘云是闪电的特征，张口吼叫状是雷鸣的会意，并有戏珠的图示。

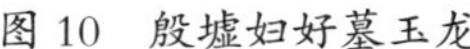

图 10　殷墟妇好墓玉龙

图 11　汉武帝时龙币

经过进一步艺术加工的龙纹龙图，作为器物的装饰题材，则距龙之本相更远。商周至春秋战国会盛行图案式龙纹。其中爬行龙纹头顶平滑，或有蘑菇帽、蘑菇花冠、丝带等式样的东西，文物界称之“龙角”，都是棘状突变形的反映，掺杂着古人对它（称为“尺木”“日角”等）的神秘感。蘑菇帽稍近原形，却与龙头分离悬空（图 12）龙的上下吻端或短或长，或曲或直，有的上吻特长而卷曲，文物界恰当地称之为“象鼻龙纹”，确是超常的夸张。（图 13）其秘密在于，古人认为“水行龙力最大，陆行象力最大”，以“龙象”喻力大超群者，后来成为佛教用语。象鼻龙纹是龙的强劲力量的会意。

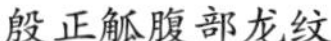

殷正觚腹部龙纹

殷簋圈足龙纹

西周铁卣圈足龙纹

图 12　爬行龙纹举例

图 13　象鼻龙纹(西周函皇父鼎腹部)

火龙纹将火纹雷纹同龙纹作各种不同的配置,是闪电龙的会意表象。(图14)龙足或不画(图 15),或仅画一足、二足等,形成多种艺术格调。与图案式的刻板不同,龙的动势图形有升龙、降龙、飞龙、喷雨龙、戏珠龙、站龙、行龙、跪龙、游龙、蟠龙等等。艺术加工使原形真意深隐难察,加上各种龙纹图集、影集、画册没有完全将龙的科学与龙的美学结合起来解说,难怪人们从中得到的多是玄虚神秘、不可思议的印象。

殷鼎口沿上的龙纹

西周盠尊腹部龙纹

图 14　火龙纹(火作圆形)

商代龙形珮

西周簋盖龙纹

春秋厚氏铺盖项上龙纹(局部)

图 15　卷体略足龙纹

八、关于龙图腾

原始社会母系氏族时期,图腾制兴盛,氏族图腾很多。父系氏族时期,图腾制衰落,留下不完整的氏族图腾习俗和一些个人图腾。我国图腾神话传世不多。在龙图腾中,龙的含义也不外是龙及其魂(雷电)两种。

东夷部落,以陈(今河南淮阳)为活动中心,著名酋长太昊"人头龙身"。《左传·昭公十七年》说:"太昊氏以龙纪。"淮阳远古产龙,东夷部落有龙图腾是有条件的。

黄帝部落多龙图腾。《竹书纪年》说:"黄帝母曰附宝,见大电绕北斗枢星,光照郊野,感而孕二十五月,生帝于寿丘。"附宝夜间看到闪电绕北斗七星第一星,就怀孕了,这是感生图腾神话。《史记·天官书》:黄帝是"黄龙体"。《离骚》洪补引《春秋合诚图》:黄帝是"主雷雨之神"。《山海经》说,黄帝与蚩尤打仗时,令应龙蓄水,上天作雨,对付蚩尤。龙的两种含义都有。

炎帝,据《帝王世纪》说,其母女登游猎于华阳(秦岭南面)时,见龙首而感生了他。材料过于简单。

唐尧,据《竹书纪年》说,其母庆都见赤龙而感生了他。传说他都平阳(今山西临汾)。那里古代曾盛产鼍龙。后来,舜接任尧的部落联盟领袖职务。《左传》记述舜设专官豢养龙。在舜的部落里,可能还有龙图腾或其遗俗。但豢龙氏作为父系氏族内的一种职业,已没有图腾意味了。

夏禹,据《初学记》引《归藏·启筮》:"鲧死,三岁不腐,剖之以吴刀,化为黄龙,是用出禹。"这是一种比较少见的图腾神话。禹治水时,正确地运用了疏导的方法,而导引河道疏通线路的就是"以尾划地"的龙。《拾遗记》:"禹疏川奠岳,济巨海则鼋鼍而为梁,逾翠岑则神龙而为驭。"过河乘鼍龙,越山乘飞龙,龙也是两种含义。

秦汉以前,广泛分布于长江中下游以南的百越人,已进入阶级社会,但龙饰遗俗仍广泛存在,主要是"剪发文身,烂然成章,以象龙子者,将避水神也。"(《说苑·奉使》）这说明曾有伤人或食人的鳄种分布于此，否则不必避。秦汉以后，越人部分与汉族融合，部分与壮、黎、傣等族有密切的渊源关系。《后汉书·西南夷传》说，哀牢夷祖先为一妇女名叫沙壹，入水触龙生子十人，同另一家十个女儿结为夫妻，繁衍为哀牢夷。从婚姻发展史看，一男人集团同一女人集团的婚配，是母系氏族形成过程中的现象，可见这个龙图腾神话渊源极为古老。上述越人、哀牢夷人所奉的都是鳄图腾。

远古龙图腾神话主要就是这些。

闻一多先生于 1942 年著文说：龙是大蛇的名字，"在图腾林立的时代，蛇图腾最为强大"，"兼并了、吸收了许多别的图腾团族，大蛇这才接受了兽类的四脚、马的头鬣和尾，鹿的角，狗的爪，鱼的鳞和须，于是便成为我们现在知道的龙了。"（《闻一多全集》第一卷，26—27 页）他联系原始社会组织的特点研究龙，在研究方法上有启示作用。但很显然，全部判断都是设想而无实据。近几十年，图腾研究进展很大，确认图腾一般是某一种真实的动物、植物、无生物。至今世界上任何原始部落还未曾发现摘取六种动物身体的零件拼凑成的某种图腾。而拼凑的无生命力的龙无法解释龙上天行雨、忽明忽暗，下水游泳、潜浮自如等特性。但至今仍见不少文章简单地重复这个设想。

九、龙名的扩散

在中国，名带龙字的事物太多了，使龙的考证者们感到迷惘。龙神在中国久传不衰，家喻户晓，因而不同时代、不同地区、不同经历的人们都可能自然地以龙比拟、形容许多事物。一年又一年，借用或附加龙名者愈积愈多。从中可以看出内行人的智慧和外行人在传说中的误差。

古人称蜥蜴为龙子。蜥蜴的确像刚破壳而出、身体细小的幼鳄（龙幼子）（图 16）不是养龙捕龙的内行人，很难说出这么恰当的比喻。《国语·郑语》讲，夏朝末年有二龙降到夏王殿内，自称为褒国王后的化身，公开交尾，黏液流淌，夏王令人快快收入匣中封好。八百年后，周厉王开了匣子，黏液四溢并集中变成玄

刚破壳的幼鼍龙

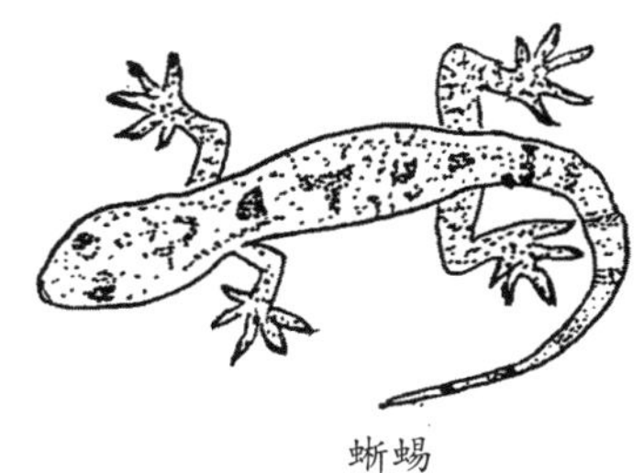
蜥蜴

图 16　幼鼍与蜥蜴近似

鼋即黑色蜥蜴,它以头撞小宫女之腹,宫女即怀孕而生一女,即后来周幽王妃褒姒。这个神话的编造者将龙与蜥蜴混为一谈。穿山甲称龙鲤,因形似鲤又似龙(图 17)。它色黑,四足,穴居,两栖,白天晒太阳,夜间忙觅食,与鼍龙的习性近似。不熟悉这两种动物的人,不会给它起如此贴切的附加名。现在云南南涧彝族把龙神塑成穿山甲模样[8]就是把相似误作相等了。这种误解,古代就有过。明代刘基《豢龙说》:"有献鲮鲤(即龙鲤)于商陵君者,以为龙焉。""商陵君之感也,非龙而以为龙。"水獭俗名獭龙,因为它穴居河边,善游泳,多在夜间活动,习

图 17　龙鲤(穿山甲)

图 18　水獭

性似龙(图 18)它掘洞近水,预告天旱;洞移岸上,预告雨多河水上涨,十分灵验。[9] 报雨本领不亚于龙。不熟悉龙与獭两种动物的人,起不了獭龙的别名。《神仙感遇传·释玄照》讲的就是唐代河南嵩山獭龙布雨的神话。春秋双龙蟠兽纹鉴(上海博物馆藏)、战国镶嵌龙耳方鉴(河南博物馆藏)上面的龙其实都是水獭造型。

---

⑧　刘尧汉谈彝族龙崇拜。《民间文学论坛》1988 年 4 期,第 62 页。

⑨　元末娄元礼编《田家五行》——民间气象经验知识汇集。

龙蛇并提，是流行很广的古俗。蛇与龙有许多相似点，如蛇穴居，身披鳞，吞食食物，有休眠期，而且也能报雨。陆蛇向高地搬家，水蛇缠苇向上，海蛇纠结成团，都是雨来的征兆。《大业拾遗记·蔡玉》《北梦琐言·安天龙》《因话录·高邮人》讲的都是白蛇乘云向大地播雨的神话。因为白蛇酷似线状闪电，神话中的白蛇也就叫作龙。这里，龙为借用名。多数古人知道龙与蛇为两物，“龙蛇不辨”的成语讥讽混淆两者的人。

马与龙的形体差别很大，为什么“马如龙”的说法及龙马、龙驹的名字十分流行？主要因为骏马飞奔的动势如闪电腾空。王子年《拾遗记》讲，周穆王有“八龙之马”，名叫奔霄、超光、腾雾等。《西京杂记》说汉文帝有九匹良马，名叫浮云、赤电、龙子等。顾名思义，马奔似电，电又名龙。马对雨敏感，天将下雨，它就先找避雨地。牧民、老饲养员知道“马有三分龙性”。内蒙古翁牛特旗三星他拉村掘出的玉龙（图 19）马头蛇身，突出长鬣飘举，是马飞奔时之雄姿。原型非猪非鳄，猪鳄都没有这样的长鬣。古代中原流行的马头蛇身雕画，则突出张口吼叫，是对雷鸣的附会（图 20）。唐代李复言《续玄怪录》辑录了李靖受龙母之托骑马上天洒雨的神话，那马奔如闪电穿空，吼声如霹雳震天，可以看作上述两种文物的精彩注释。

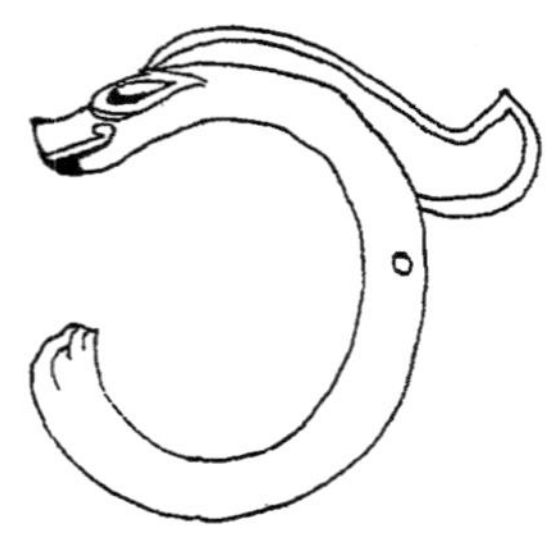

图 19　马头蛇行玉“龙”（内蒙古翁牛特旗掘出）

图 20　马头蛇尾“龙”形玉珮（战国）

借龙为名的植物较少。桂圆又叫龙眼，为常绿乔木，寿长可达 400 年，果实球形，壳淡黄或褐，比作龙的眼睛。龙须草，多年生草本，长可达一米，比做神话中的龙须。龙（鳄）本无须，古人加须是龙长寿的会意。龙天年八十余岁，接近神龟寿。

有些无生物也叫龙。龙卷是卷龙上天的风云,本不是龙,也被加称龙。《田家五行》:"龙下便雨,主晴。凡是黑龙下,主无雨,纵有也不多。白龙下,雨必多。"意思是:龙尾从天上落下来,便下雨,很快又晴天。黑色龙(陆龙卷)尾下来,没有雨,间或有,也不多。白龙(水龙卷)尾下来,雨必多。《聊斋·龙取水》说:见一苍龙自空垂下,以尾搅江水,水随龙身而上,不久龙尾收回,随即大雨滂沱。龙卷叫龙,并非出于误解而混淆。民间用有力、猛烈的龙尾形容破坏力很强的漏斗云尖端。所以龙卷也叫龙摆尾。

天上有龙星。我国古代天文学家将周天分为廿八宿,后又分为四象。即四方的星群联成几种动物模样:龙在东方,虎在西方,朱鸟在南方,龟蛇在北方。这个记载最早见于战国初期。《左传·桓公五年》:"龙见而雩。"说的就是龙头于黄昏时出现在东方天空,时在夏历四月,这时植物迅速成长,需要充沛的雨水,国君每年此时照例举行雩祭即祈天降雨的仪式。《易》中的龙指什么,易学家们见解纷纭。其中有认为指龙星者,我以为缺理。因为能潜水、爬行、流血格斗、飞翔天空的龙与死板的龙星判然不同。《易》在西周成书时,天文学的苍龙图尚未问世。

十、龙神传说的神秘化

龙神传说中,往往有人从不同角度添加神秘的因素。

战国时期,五行说流行。五行说主张:木、火、土、金、水五种实物是组成世界万物的元素。从此,有些人将各种事物与五行相排比。例如五种纯正的颜色:青、赤、黄、白、黑;五方:东、南、中、西、北。于是神话中的龙也分为五纯色。《淮南子·地形训》说"青龙入藏生青泉","赤龙入藏生赤泉","黄龙入藏生黄泉","白龙入藏生白泉","玄(黑)龙入藏生玄泉"。每句话后都有死格式的一串话,如"玄泉之埃,上为玄云,阴阴相薄为雷,激扬为电,上者就下,流水就通,而合于玄海"。把本来龙、水、云、雷、电的生动联系说得玄虚莫测。

三国魏张揖撰《广雅·释鱼》:"有鳞曰蛟龙,有翼曰应龙,有角曰虬龙,无角曰螭龙。龙能高能下，能小能巨，能幽能明，能短能长。”就是说，龙分四种，其灵皆可变雷电。龙在中国现实中约有两种，在神话及雕画中形多不可数。有鳞无鳞、粗鳞细鳞、有翼无翼、有鬣无鬣、有角无角、角长角短、角尖角钝、一足四足，令人眼花缭乱。虬龙，有传说无角者，也有传说有角者，并无定说。《广雅》的概括，经不起明白人推敲，让不明白的人依然迷糊。

《尔雅翼·释龙》引东汉哲学家王符的话说：“世俗画龙之状，马首蛇尾。”或画作九似：“角似鹿，头似驼、眼似鬼，项似蛇，腹似蜃，鳞似鲤，爪似鹰，掌似虎，耳似牛。”这九似是对鳄外形的故作玄虚的、不准确的描述。比如，鹿有无角、长角、短角之别。“角似鹿”，似哪种鹿？龙眼白天淡黄，黑夜变红，夜间野外捕食似盏盏红灯移动。说“眼似鬼”就玄了。龙为多种动物零件拼凑说是九似说的进一步扭曲。

在龙的传说中，“龙生九子不成龙”集误解之大成。它由来甚古，明代有几本书释义，九子名称多有出入，此处只举一说。杨慎《升庵外集》说九子是：“一曰赑屃，形似龟，好负重，今石碑下龟趺是也；二曰螭吻，形似兽，性好望，今屋上兽头是也；三曰蒲牢，好吼，今钟上纽是也；四曰狴犴，有威力，故立于狱门；五曰饕餮，好饮食，故立于鼎盖；六曰叭嗄，性好水，故立于桥柱；七曰睚眦，好杀，故立于刀环；八曰狻猊，形似狮，好烟火，故立于香炉；九曰椒图，形似螺蚌，性好闹，故立于铺首。”九子中的饕餮为湾鳄之别名。蒲牢是被鲸鱼击打而吼之海边兽，当指湾鳄或其他海生鳄种。睚眦（眥）本意为“怒目而视”，也拉来当动物名，附会湾鳄瞪眼之凶相。螭为无角龙，原型当为幼鼍，螭吻为龙口，非动物整体。椒图——螺蚌，鳄的食物之一。叭嗄，霸下，赑屃，一物三名，是我国东部南部沿海产的大蠵龟的俗名，与湾鳄是近亲。神话中的狴犴（原型为虎）、狻猊（原型为狮，来自印度神话）是与湾鳄同样凶猛的兽，也拉来当了龙子。真是一个大杂烩。

明孝宗朱祐樘对龙生九子不理解，询问吏部尚书李东阳，李答曰：“且龙极淫，遇牝必交，如得牛则生麟，得豕则生象，得马则生龙驹，得雉则结卵成蛟，最为大地灾害。”（明沈德符撰《万历野获篇》）似乎差一点就要说出来：与人交则生皇帝。此等谬说最早见载于《淮南子·地形训》，那里有很长一段话讲解“万物羽、毛、鳞、介皆祖于龙”，即龙能生有羽的鸟类，有鬃的兽类，有鳞的鱼类，有甲壳的龟类。几乎是“龙生万物不成龙”了。《感应经》记载广东人传说，食人之凶鳄“生卵数百于陆地，及其成形，则有蛇，有龟，有鳖，有鱼，有鼍，有为蛟者，几十数类”。看来，这是害怕并不能观察湾鳄产卵孵化全过程的某些近海居民的猜想，越传越离谱、越荒唐。可是这荒唐东西竟形成一些造型，用于宫殿、御苑、狱门、墓地的建筑装饰。如螭吻咬住宫殿之脊，取其能兴云吐雨而防火灾之意。蒲牢饰于大钟，以鲸鱼形棒撞之，寓意钟声响亮。赑屃寿命很长，又能负重，用它驮墓碑，祝愿死者永垂不朽。

十一、龙字的奥妙

古人创造了许多异体的龙字，巧妙地反映了龙和龙神的各种外形和特性。这里仅选解几个重要的字。

龙字是我们最常见的，其演变过程可概括如下。甲骨文。商代。

龙母尊。周早期铜器铭文。为口，为腹，为背尾

邵钟。春秋，《古籀补》。右侧加棘状突，体分为二。

印章，战国，《铁云藏龟》，右侧背加鬣。

秦时小篆。这个字定型后，流行了两千多年。

龙是鳄的象形字，对照鳄形、龙字、龙纹（图 21），一目了然。

龙字简要而巧妙地画出鳄的侧面特点。大口露齿，卵形大眼，棘状突、背鬣，长尾，特征昭著。趴在地上，侧面仅露两短足，不显眼，故省略。整体分为两部分，头身向右转向 90 度，全是为了书写的方便。甲骨文金文中，虎、狗、鱼等字大都写作躯体垂直状。

鼍龙

龙字

图 21

各家释，多有分歧，如说想象中的动物；某种我们不知道的动物；长角的蛇等。也有释鳄的，左上之“”皆被误解：龙的肉冠；龙角；镇伏食人鳄的斧头；王权的象征……误解为龙之头口。

这是同另一形体的龙字弄混了。

铁 163.4 只写龙大口与长身两个特点。

甲 2418 头加棘状突。

龙爵，《殷文存》下，为繁体字。

宠爵，《商周金文录遗》，亦为繁体字。

龙子觯，金文。

此字上端可勉强叫“角”，下为头口。商代就有马大哈将此字与误认作同型字，按部位类比，也误将认为“龙角”，为头口。远古之错，现在又冒出来了。现在还有人以为“”是男人阴茎，是父子氏族时代龙的神圣标志。这样说，母系氏族时代龙头上岂不要画女阴了？这叫以大胆想象代替实证。这个字不是龙形的直接写实，而是商周流行很广的回顾式几何龙纹(图 22)的简括。龙纹头部向左旋转 90 度，就与字体对应了。

殷簋圈足龙纹

周方鼎口沿上的龙纹

同体态龙纹

殷墟晚期戊箙卣盖边上的龙纹

图 22　回顾式龙纹举例

甲骨文中，鼍龙也写作(乙，4680 反)(乙，1049)(粹 73)(后 2.12.7)都是鼍在水中露眼的上半部漂浮的习惯动作形象。它的视网膜上下结构不同，上半部接收水下影像，近似淡水动物视网膜；下半部接收水上影像，与陆上动物视网膜相同。眼球半露，兼察上下四方。双眼大，背甲没水深度不等，故背形有详略之别。鸟蛙以为一片浮木，落脚其上，往往送命。商代鸟落龙头的雕纹，即取材于此景。由于鼍喜独处，雌雄仅交配时在一起，母鼍与幼子同住一洞，却各在不同部位而不贴近。因而[古文字]转意，作“单独”解。为了区别，龙本身则加注[古文字]（水虫），写作[古文字]（后 2.37.13，续 5.27.5，后下 33 大体一样），整体已不是象形字了。往后，[古文字]渐演化为单（金文，[古文字]尊），才有了相应的鼍或鼉字。《周书・王会解》“会稽以鼉”，卢文弨注：“鼉即鼍字。”商周时绍兴产之。[古文字]演化为金文[古文字]，即咢字。以为咢为鱼类，故有鳄字出世。同理，又有鳝字。商代有鄂国，因产咢而命名，春秋时变成晋邑，在今山西省乡宁县。

竜是龙的又一异体字。颂鼎、颂段（簋）、史颂段（簋）铭文中均有[古文字]字。秦官印章刻作[古文字]。《汗简》说：“龙，古作[古文字]”《类篇》：“龙，古作[古文字]、[古文字]、[古文字]，[古文字]。”《康熙字典》：“龙，古作[古文字]、[古文字]、[古文字]。”字之结构均欠解说。

竜字是龙的背面形状，[古文字]（立）为头及吻。[古文字]、[古文字]、[古文字]为身尾，兼有闪电之意。电在小篆中作[古文字]、[古文字]、[古文字]等形，即申、[古文字]、[古文字]字。竜这个双关字把龙魂变闪电飞腾高空，忽明忽暗的神话极简要而巧妙地勾勒出来。这个字有相应的大量图形与塑雕，以竜之长身发光、冒火、穿云等表达电的性质。竜字使用率较龙字为低。民国以来逐渐停用。但至今流行于日本，也是云南布朗族广泛使用的土俗字。日文中，龙指动物，竜则专指竜卷，这个区别保存了古汉字的原意。

十二、龙种形成与盛传的条件

古书所载产龙之地，遍及华北华南、东部南部海域。带龙名的城镇湖河极多，其中相当一部分因古代产龙而得名。可如今，仅安徽宣城等五县为濒临灭绝的鼍龙保护区，仅广东汕头有一个湾鳄养殖场，鳄种还是从泰国引进的。古今之变，强烈反差。近三十年古气象学研究表明，地球上最后一次冰期结束以后，气温渐升，距今约 7500 年到 3000 年，相当仰韶文化、河姆渡文化之初到商殷之末，我国温度总的水平较今为高，黄河流域同现在长江流域的气温近似。[10] 现在龙卷多发区在华东沿海和气温较高的华南，当年则包括黄河中下游流域在内。华北已发掘出夏商一些古墓有鳄骨随葬，特别是山东兖州王因距今 6000 年的地坑中发掘出大量鼍残骸，断定为居民食后所弃，都证明了古书关于北方产龙记述的确实性。我国各地许多民族有风格互有异同的龙神话，情节不外四个层次，产生条件各不相同。产龙之地都可能出龙为神异动物的神话；龙吼与雷雨呼应为人所共知之地，可能产生龙为雷神、司雨神神话；如果还有强烈旋转风云卷龙升天之事广为人知，才可能确立飞龙乘云的神话及龙卷的名称；具备上述条件的发达的原始农业文化区可能产生龙魂变雷电的雄伟神话及多姿的龙雕龙画。从现有资料看来，龙神产地很广，其中龙魂雷电神最早产生于今河南、山西、河北、辽宁、山东、江苏、浙江、安徽一带，当是炎黄、东夷、百越等许多部落的一部分氏族共同的创作，而后向北、向南、向西广为传播的。

我们民族一直生活在东亚季风气候区，春季干旱少雨，夏季雷雨集中多涝，灾情不断。中华远古文明是我们的祖先在抗旱治涝中创造的，是在暴风雨中成长起来的。人们在实践中形成了耐苦、勤劳、务实、巧干、为公及乐观的品格。《吕氏春秋·古乐篇》讲了一则神话：颛顼（活动中心在今河南濮阳）令飞龙作曲，而让鼍龙演奏。这是以雷雨闪电和鼍龙吼叫组成的特大型交响音乐会；以天地为舞台，以关心气象的广大初民为听众。黄帝同蚩尤大战于涿鹿（今北京西侧）时，使龙进行气象战，最后用闪电龙——大自然的利剑杀死了蚩尤。夏禹治水得到商、周、东夷诸部落首领弃、契、皋陶的协助。他使龙尾在地上画工程蓝图，治水大功告成后，又骑龙飞南方巡视。这些神话天真而雄伟的气魄具有永恒的魅力。不仅如此，龙的神话还是最古的动物学和气象学，以人类童年的语言叙述了报雨动物、龙卷、闪电的特点及水汽在天地间的循环。龙神话还同氏族图腾、农牧渔业时令、巫术祈雨等密切联系。因此，可以说龙是集艺术、宗教、哲学、科学等胚芽于一体的综合性原始概念。给龙下一个非此即彼的简单定义，只能导致曲解。

---

⑩ 《中国近五千年来气候变迁的初步研究》，载《竺可桢文集》。《辽宁省南部一万年来自然环境的演变》，载《中国科学》1977 年，第 6 期。《南昌西山洗药湖泥炭的孢粉分析》，载《植物学报》第 16 卷，第 1 期，1974 年。

夏商周三代非同族所建，但一脉传承着浓重的龙俗，很难说仅为夏族所偏爱。这时期旗帜、君服、器物上的龙饰逐步发展，周代已相当完备。据《周礼·春官·司常》说，周王的旗叫大常，正幅画日月、星及升龙、降龙各一，横幅为交龙十二斿。诸侯用旂，正幅为升龙降龙各一，横幅为交龙九斿，龙是天地间仅次于太阳的圣物。周王礼服绣六图，其中龙表示灵活多变，促君主效法之。就是小小的韨（蔽膝）上也在天火与地水之间画升龙降龙各一。秦始皇临死前，被称为祖龙。汉高祖刘邦则大跨一步，仿图腾神话编造了他妈刘媪在雷电晦暝的大泽边与神龙交配而生了他的故事。此后，历代帝王以龙子自居，借龙威以巩固封建统治。东汉时，龙又成为佛教道教的司雨神，分别有多部龙王请雨经作祈雨之用。皇家塑画的龙神形象，自汉至清始终保持本来的结构，变化较小，与民间所造龙形多有随意性不同，比较清楚地显示了龙神源流的主要线索。几千年来，中国社会有长足进步，但龙神却一直盛传不衰，因为我们靠天（适量雨水）吃饭即靠龙吃饭的农业经济基础没有基本的改变。至今海内外华人华裔对龙的亲切感依然存在，因为它已成了中国古老文化的象征，深深印在脑海里。

有人说中国龙来自欧洲或印度。此说不确。欧洲神话中的 dragon，汉译作龙，是近似的译法。传说 dragon 是似鳄或蛇的某种动物，生翅及爪，能吐火，常守护一宝藏。它远没有中国龙叱咤风云、呼风唤雨的威势和丰富多彩的履历。古希腊司雨的雷电神宙斯（Zeus），变幻无常，威名远扬，其原型为纯粹的雷电，与龙之动物灵魂毫无关联。古印度的那伽（Nāga），为蛇司雨神，神话结构与龙有近似之处，汉译作龙，显然古佛经的译者误以为中国龙也是蛇。玛雅人的雨神恰克（Chac）是拿大水罐向大地洒雨的，与中国龙差别甚大。托尔特克人崇拜空气与水之神，画作一条带羽毛的蛇形，简称羽蛇神，有人说它与中国龙相似，缺乏根据。中国龙神传到亚洲许多邻国。现在不丹的国旗中间画着一条龙，不丹称为雷龙之国，但丰富的中国龙神话并未同时在不丹民俗中扎根。

龙神的谜底，照我简要地说来，就是这样。

【王笠荃　北京语言大学汉语学院】

原文刊于《中国文化》1991 年 02 期

“息壤”研究

吕　威

在创世神话诸类型中，有一类“动物潜水取土造地”型故事广泛流传于从欧洲、亚洲，直到美洲的北半球大部分地区，是一世界性的传说。[①] 该类型神话的中国版——经萧兵、叶舒宪、李道和等人的发掘研究[②]——实为鲧禹治水神话，已确无疑义。该神话的主要内容是：一个前人类的动物神，遵照或违背上帝的意旨，潜入原始大水中，从水底捞出一块泥沙，这块泥沙被抛到水面之后不断膨胀，最终形成人类居住的大地。在中国古典神话中，神用以创世的这块原始质料被称作“息壤”，而息壤形成的大地则被称为“昆仑”，因此传说中的昆仑山被描述为袖珍式的宇宙模型，并且被认为是中国人种和文化的发源地。在中国神话中，最早用息壤堙洪水造大地的是鲧，而昆仑的读音正与鲧相通，缓读即为昆仑，急读则为鲧。息壤为鲧所“布”，九州为鲧所“营”，所以李道和说：昆仑，鲧禹所造之大地。鲧、息壤、昆仑之间既可作出区分，又实为同一神话原型在不同时空下的显现。尽管在不同文献的表层叙事中，息壤又变形为青泥、芦灰等不同的物

---

① 安娜·露丝：《北美洲印第安人的创世神话》，见［美］阿兰·邓迪斯：《西方神话学论文选》，上海文艺出版社，1994 年。

② 萧兵：《中国与美洲的息壤》，见《中国文化的精英——太阳英雄神话比较研究》，上海文艺出版社，1989 年；叶舒宪：《从“盘古之谜”到中国原始创世神话之谜》，见《民间文艺季刊》，1989 年 2 期，以及《中国神话哲学》第八章“息壤九州”，中国社会科学出版社，1992 年；李道和：《昆仑：鲧禹所造之大地》，见《民间文学论坛》，1990 年 4 期。

质;但从结构功能的角度看,息壤、青泥、芦灰均为同质等值的,都是“取土造地”这一世界性神话母题在中国的生成形式。本文在叶舒宪等人发掘息壤神话原型的基础上,通过对鲧禹治水神话的文本分析(女娲以芦灰止水,容另文讨论),以及与相关民俗事象的比较研究,考察在中国早期农耕文化的特定语境中,该神话的主题得到的独特阐发,并由此考虑其中国生成形式所蕴含的文化意义。

在传说中,鲧、禹治水所用之物,一为息壤(息土、息石),鲧禹所用;二为青泥,禹所用。下面分别考察。

一

鲧、禹以息壤、息土、息石治水的故事见于《山海经》《淮南子》等古代典籍。

《海内经》云:“洪水滔天,鲧窃帝之息壤以堙洪水,不待帝命……帝乃命禹卒布土以定九州。”又云:“禹鲧是始布土均定九州。”郭璞注引《开筮》:“滔滔洪水,无所止极。伯鲧乃以息石息壤以填洪水。”

《地形》云:“禹乃以息土填洪水,以为名山。”《时则》云:“(禹)以息壤堙洪水之州。”庄逵吉曰:“《御览》此下有注云:禹以息土湮洪水,以为中国九州。”

在传世古籍中,言息壤(或息土、息石)者只有《山海经》和《淮南子》,而后者关于息壤的记载可能是直接承继于前者。息壤一词未见于《山海经》以前的官方文献如《诗》的“雅颂”部分及《尚书》。在《诗》《书》中,类似息壤的原始质料直接被称为“土”或“土方”。

《诗》曰:

> 洪水芒芒,禹敷下土方。(《商颂·长发》)
> (契)设都于禹之迹。(《商颂·殷武》)
> (后稷)奄有下土,缵禹之绪。(《鲁颂·閟宫》)
> 丰水东注,维禹之绩。(《大雅·文王有声》)
> 奕奕梁山,维禹甸之。(《大雅·韩奕》)

信彼南山，维禹甸之。(《小雅·信南山》)

《书》曰：

禹曰：洪水滔天，浩浩怀山襄陵，下民昏垫。予乘四载，随山刊木。(《虞夏书·益稷》)

禹敷土，随山刊木，奠高山大川。(《虞夏书·禹贡》)

鲧堙洪水，汩陈其五行，帝乃震怒，不畀洪范九畴，彝伦攸斁。鲧则殛死，禹乃嗣兴。天乃锡禹洪范九畴，彝伦攸叙。(《周书·洪范》，《史记·宋微子世家》引同)

禹平水土，主名山川。(《周书·吕刑》，《墨子·尚贤中》引同)

陟禹之迹。(《周书·立政》)

《逸周书》曰：

登禹之绩。(《商誓》)

《春秋传》曰：

复禹之绩。《释文》：绩一本作迹。(《左传·哀公元年》)

芒芒禹迹，画为九州。(《左传·襄公四年》)

周金文曰：

咸有九州，处禹之堵。(《齐侯钟》)

鼏宅禹賚。(《秦公毁》)

《楚辞》曰：

鸱龟曳衔，鲧何听焉？纂就前绪，遂考成功，……洪泉极深，何以置之？地方九则，何以坟之？鲧何所营？禹何所成？九州何错？川谷何洿？（《天问》）

《荀子》曰：

禹有功，抑下鸿……禹傅土，平天下。唐·杨倞注：傅读为敷。孔安国云：洪水泛滥，禹分布治九州之土也。（《成相》）

《史记》曰：

舜命禹，女平水土。禹乃遂与益、后稷奉帝命，命诸侯百姓兴人徒以傅土，行山表木，定高山大川。（《夏本纪》）

正因为人类赖以生存的大地是鲧和禹在洪水中填（甸、奠）土、布土（或敷土、敷下土方、平水土），即堙洪水造成的，所以，大地又被称为禹迹（或禹绩），在堙洪水的过程中，世界被禹厘定为九州。

言迹、绩、责，或言堵、绪，均出于一言，即禹所敷、所布、所平之土，故《淮南子·氾论训》云：“禹劳力天下，死而为社。”社也是土。③ 丁惟汾指出：绩、堵等字在古音中皆可通假，并举例说：“朵口，堵口也。雉堞隙孔谓之朵口。朵为堵之双声音转。堞之隙孔，当两堵之间，故谓之堵口。”“垛，积也。禾堆谓之垛。垛字当作积，积古音读垛。”“垛，垂也，辟也。垂古音读垛，辟与垂古同声。”又云：“搓，绩也，辟也。治麻为绳谓之搓。搓字当作绩，绩古音读搓。《说文》：绩，缉也。引《诗·陈风·东门之枌》释文曰：西州之人谓绩为缉。字又作辟。引《孟

③ 《周礼·地官》司徒亦曰司土或司堵；司土也即司社，社读如杜，参见闻一多：《高唐神女传说之分析》，见《闻一多全集》，开明书店，1948年；高亨：《古字通假会典》，齐鲁书社，1989年。

子·滕文公》赵岐注:缉绩其麻曰辟。”④

到了《山海经》中,鲧禹所布之土才被解释为息壤。何谓息壤?东汉·高诱《地形训》曰:“息土不耗减,掘之益多,故以填洪水。”晋·郭璞注《海内经》云:“息壤者,言土自长息无限,故可以塞洪水也。”均认为是一种具有神性的土壤。息字的本义是气息,《说文》释息为喘息之喘。叶舒宪认为,息壤的命名保存了一极古老的观念,即认为人(或其他灵物)的生命(灵魂)是通过气息被神吹进身体的,神不停地向人的身体内吹气,人才由此获得了灵魂、生命及生长的能力。段玉裁认为:息字由喘息之义“引申为生长之称”。《广雅·释诂》云:“熄,长也。”《汉书·宣帝纪》注:“息谓生长。”《汉书·五行志》注:“息,谓蕃滋也。”由蕃滋又引申为充塞之义。《释名》:“息,塞也。言物滋息塞满也。”息字的义训与高诱、郭璞注据传说对息壤的解释正相照应。

但息壤之壤字所蕴含的却不是原始的观念。壤是与土相对而言的,朱骏声《说文通训定声》引《周书·谥法》:“辟地有德为襄。”引《汉令》曰:“解衣而耕谓之襄。”壤从襄,是取义人工改良后的肥沃之土。《说文》:“壤,柔土也。”《周礼·大司徒》郑玄注:“壤亦土也。以万物自生言则言土,以人所耕而树艺言则言壤。壤,和缓之貌。”《尚书》某氏注:“无块曰壤。”《春秋谷梁传·隐公三年》注:“齐鲁之间谓凿地出土、鼠作穴出土,皆曰壤。”《禹贡》马融注:“天性和美也。”《玉篇》:“地之缓肥曰壤。”《释名·释地》:“壤,瀼也,肥瀼也。”又云:“壤,瀼也,肥濡意也。壤异乎坚土。言人工则凡土皆得而壤之。壤与柔、弱双声。”朱骏声曰:“今北方俗语谓弱为壤。”王念孙《广雅疏证》谓壤、穰、瀼、孃、瀼并通,均有盛、肥、饶、多、大之义。并云:“瀼亦腬也,语之转尔。”引《说文》“睬,和田也”云:“腬之转为瀼,犹睬之转为壤矣。”明朱国祯《涌幢小品·息壤辩》亦认为,“土坚而壤濡”,固壤乃“耕治之地也”。

字义分析的结果表明,息壤是一复合词汇,其中既蕴涵着十分原始的神话理念,同时又掺入了较为发达的农耕民族的土壤知识。由此可知,复合词息壤乃是高等农耕文化背景之下,对原始神话加以再解释的结果。再解释后的息壤,显然

④ 丁惟汾:《俚语证古》,齐鲁书社,1983 年。

已在神所赐予人类的原始泥土上打下了人类加工的印记。正如上文所述,息壤一词最早出现于《山海经》成文的时代,而在此之前的官方文献中仅名之为("万物自生"的)土。从土到息壤,正是一个神话被不断阐释的过程。在此过程中,作为终极价值的神话为适应已经进步的社会现实悄悄地改变着自身的理念,并形成新的意识形态,从而对人们的思维及行为方式施加影响。

二

在神话中息壤本是原始土壤,并最终生成大地,因此在后世息壤又被认同于大地本身,并被依据天圆地方的宇宙观念(《天问》"圜则九重"与"地方九则"相对应,可见战国时传承的神话天圆地方说)将其改造为方形之物,如王逸《楚辞章句》即释"禹之力献功,降省下土方"为"下土四方";《商颂·长发》"禹敷下土方"郑笺:"敷,一作溥。禹敷下土,正四方。"据此,萧兵在讨论"中国与美洲的息壤"时认为,所谓"禹敷下土方",应为"方土"的倒文,是为协韵而颠倒之。《书·洪范》"天乃锡禹洪范九畴"孙星衍疏:"《太平御览》八七二引《尚书·中候》云:尧率群臣,东沉璧于洛,退候至于下稷,赤光起,元龟负书,中背有赤文朱字。宋钧曰:此即禹所受洛书。郑注《大传》云:初禹治水,得神龟负文于洛,至是奉帝命而陈之也。""洪范九畴"《史记·夏本纪》作"鸿范九等",《集解》引孔安国曰:"天与禹,洛出书也,神龟负文而出,列于背,有数至于九,禹遂因而第之,以成九类。"以洛书即九宫数释"九畴",仍然是将九畴——息壤之变形——看作是方形之物。⑤ 这样的息壤实际上已成为微缩的大地模型。建筑史学家和宗教史学家们都指出,人类早期的城市布局及房屋结构均是模仿想象中的宇宙,反映了当时

⑤ 鲧、禹用以治水的法宝,即息壤之变形还有多种,如:《黄氏逸书考》辑《遁甲开山图》《拾遗记》之"玉简";《水经·河水注》、张澍辑《十三州志》之"黑玉";《汉唐地理书钞》辑《盛弘之荆州记》《会稽郡故书杂集》辑《孔灵符会稽记》之"金简"等,因与息壤之原型距离已远,故不再讨论,参见袁珂、周明:《中国神话资料萃编·鲧禹编》,四川省社会科学院出版社,1985年。

人们的世界观，从而具有宇宙论的性质。[⑥] 鲧是传说中最早的大地创造者，因而在传说中他也是最早修筑城阙的人。

《吕氏春秋·君守》："夏鲧作城。"又《行论》："鲧……以为城。"《世本·作篇》："鲧作城郭。"《淮南子·原道》："昔者夏鲧作三仞之城。"在《山海经·海内西经》中，昆仑山被称作是"帝之下都"，亦是城阙。《天问》描述其为"增城九重，四方之门"。《尸子》云："赤县神州者，实为昆仑之墟。"（《太平御览》卷三八引）可见，鲧、息壤、昆仑、城阙、九州，实为同一原型在神话叙事中的不同指称。

神圣息壤具有治水、止水的功能，所以中古时期，人们在建筑物下瘗埋，或建息壤祠供奉城阙、屋宅之象的石制息壤模型以止雨镇洪，对此历代多有记载。顾颉刚引《战国策·秦策二》秦武王与甘茂盟于息壤的故事，证明在秦国都城咸阳东郊有以息壤命名的地方。但清·蒋骥《山带阁注楚辞》却云："历考《溟洪录》，及《玉堂闲话》《续博物志》《游宦记闻》《江陵图经》、罗氏《路史》、苏子瞻诗、高子勉序，皆言息壤在荆州南门。"萧兵认为："可能此地洪灾严重，鲧禹传说丰富，特别迷信息壤。"

湖北江陵汉墓曾出土一副装有泥土的竹筒，登记殉葬器物的"遣册"称之为"溥土"。萧兵指出，溥土即敷土，应是象征息壤。李家浩也认为："该墓把'溥土'与绘有禹、契的神像的龟盾同置于椁室之内，显然其用意是镇治水，或者防御水的了。"[⑦]

宋·张世南《游宦记闻》云："江陵城内有法济院，今俗称为地角寺，乃昔息壤祠。唐元和中裴宙牧荆州，掘之，深六尺，得石城，与江陵城同制，中径六尺八寸，弃徙于墙壁间。是年，霖雨不止，江潦暴涨。从道士欧阳之谋，复埋之，祭以酒脯而水止。厥后，凡亢旱，遍祷无应，即诣地角寺，欲发掘，必得滂沱之雨，遂为故事。详见皇祐辛卯，刑侍王子融《息壤记》。"宋《舆地纪胜》、明《五杂俎》记载同。

宋·李石《续博物志》卷十云："今荆州南门外，有状若屋宇，陷土中而犹见

⑥ ［美］刘易斯·芒福德：《城市发展史：起源、演变和前景》，中国建筑工业出版社，1989 年；［美］米尔希·埃利亚德：《神秘主义、巫术与文化风尚》，光明日报出版社，1990 年。

⑦ 李家浩：《江陵凤凰山八号汉墓"龟盾"漆画试探》，见《文物》1974 年 6 期。

其脊，旁有石记云：不可犯。畚锸所入，辄复如故。又颇以致雷雨。近代有妄意发掘，水坌出，不可制。”

清·王士祯《香祖笔记》云：“荆州南门有息壤，其来久矣，上有石记云：‘犯之颇致雷雨。’康熙元年，州人请掘息壤出南门外堤上。掘不数尺，有状若屋，而壤露其脊者。再复尺许，启屋而入，见一物正方，上锐下广，非土非木，亦非金石，有文如古篆，土人云‘即息壤也’。急掩之。其夜大雨，至四十余日，江水泛滥，决万城堤，几坏城。”清·钮琇《觚剩》亦记其事。

顾颉刚曾以古籍中记载的土壤隆起现象（涉及陕西、河南、山东、湖南、湖北、福建、安徽、浙江、江苏的广大地区）与地质学家和土壤学家讨论过息壤，他们告诉他，自然界的确有因水浸或微生物繁殖等原因造成地面隆起的现象发生。因此顾颉刚认为，神话中的息壤虽说是神性土壤，却也有人类的经验背景，反映了史前中国人对地质现象和土壤性能的细微体察。[⑧] 正是以此，在息壤命名的时候，也就在其中注入了人为的因素，即认为息壤镇水、肥沃等性质不仅是神圣创世的结果，同时也是人力所为，先秦的农学家以息壤指称上好的土壤，可能即包含了上述两种考虑。

《管子·地员》将土壤分为五个等级，第一等级之“悉徙”，吴志忠云：“‘徙’当为‘壤’字之误。”孙诒让云：“‘徙’当从吴校作‘壤’，徙徒形相近，皆‘壤’字传写之伪，‘悉’当为‘息’，亦形近而误。”许维通案：“‘悉’当从孙校作‘息’。‘徙’，‘壤’，形远，无缘致误。疑当作‘徒’，形相近也。‘徒’与‘土’古字通用。《周礼·大司徒》郑注‘壤亦土也’”。[⑨] 夏纬瑛也认为，“悉徙”即“息土”。[⑩]《管子·四时》称“悉徙”（息土）为“渎田”，即可灌溉的土地。息壤因可灌溉而肥沃，故被列为一等。[⑪] 以后，凡与生土相对而言的熟土，即农业意义上可耕种的肥沃土壤，均可名之曰“息壤”。魏·刘徽注《九章算术》云：“壤谓息土。”《淮南子·地形》云：“息土人美。”亦谓息土提供了丰厚的衣食之源，生活在息土上的人民因

⑧ 顾颉刚：《息壤考》，见《文史哲》1957 年 10 期，后收入《顾颉刚古史论文集》第二册，中华书局，1988 年。

⑨ 郭沫若：《管子集校》，见《郭沫若全集·历史编》第七卷，人民出版社，1984 年。

⑩ 夏纬瑛：《管子地员篇校释》，中华书局，1960 年。

⑪ 中国农业科学院、南京农学院中国农业遗产研究室：《中国农学史·土壤分类与土地利用》初稿（友于、李长年执笔），上册，科学出版社，1959 年。

此形体优美。《诗·邶风·简兮》:“云谁之思,西方美人。彼美人兮,西方之人兮。”旧注多以西方之人指周人。周地处西陲,《禹贡》分九州之土为九等,周之分野雍州“厥土惟黄壤,厥田惟上上”亦列为第一等。友于等人认为《管子·地员》的土壤分类主要以关中土地为背景,据此,“息土人美”可解作“西(周)土人美”。

当然,神话中的西土并非实指周人实际居住的土地,而是指神话地理观念中的西方昆仑之地。昆仑息土在《山海经》被称为“诸夭(沃)之野”“沃民之野”或“沃民之国”。《淮南子·坠形》:“西方曰沃野。”诸沃也即沃诸,或沃土。诸,堵也,土也。郝懿行《山海经笺疏》云:“沃野盖谓其地沃饶尔。”丁惟汾云,沃古音读浇,饫饶双声音转。引《文选》王粲《从军诗》“军中多饫饶”刘良注:“饫厌,饶余也。”[⑫]诸沃之野在《山海经》中又名为“都广之野”或“广都之野”,也都是神话息壤——昆仑的代称,[⑬]沃诸之“诸”、广都之“都”都与前述“禹之堵”或“禹之绪”有直接的字源关系。周人认为,昆仑息壤关系到周人的食物(稷)之来源以及周族生命的再生。《海内经》云:“都广之野,后稷葬焉。其城方三百里,盖天下之中。”又云:“西望大泽,后稷所潜也。”《淮南子·坠形》云:“后稷垄在建木西,其人死复苏,其半鱼在其间。”又云:“建木在都广,盖天地之中也。”联系《诗·鲁颂·閟宫》:“(后稷)奄有下土,缵禹之绪。”可见周人以禹所布之息土为祖先发源及再生之地的传说。正如顾颉刚所言:“我们从《诗经》里,知道商、周两族都以禹为古人,比他们自己种族还古的人;禹又是一个极伟大的人,做成许多大工程,使得他们可以安定地居住在这世上。”[⑭]此外,周人还认为,他们所赖以生存的农作物(稷)每年的播种与收获都与息壤的肥沃程度有直接的关联。

根据可灌溉的第一等级土壤“悉徙”与水的密切关系,不能排除“水中造地”神话对土壤第一等级“悉徙”命名的联想作用。除了在肥沃程度上“悉徙”要优于其他土壤,在时间序列中,水中之土也被认为是最早出现的土壤。叶舒宪引《说文》“自,始也”,认为从“自”之“息”有“开辟之始”的意思,因此息壤指的是

---

⑫ 丁惟汾:《俚语证古》,齐鲁书社,1983 年。

⑬ 吕威:《昆仑神话中的二分世界》,见《民间文学论坛》1989 年 2 期。

⑭ 顾颉刚:《中国上古史研究讲义》,中华书局,1988 年。

“最初的土壤”。《管子・水地》以水和土同为“为万物先”的本体质料,曰:“地者,万物之本原,诸生之根苑也。水者,地之血气如筋脉之通流者也。”又云:“水者何也? 万物之本原也,诸生之宗室也。”《周礼・大司徒》将土地分为五类:山林、川泽、丘陵、坟衍、原隰。其土地的含义显然也包括河流、沼泽等水面。深受《管子》学说影响的扬雄更是以水分含量高的泥沙为“九地”之第一,曰:“九地:一为泥沙,二为泽池,三为沚崖,四为下田,五为中田,六为上田,七为下山,八为中山,九为上山。”(《太玄・太玄数》)与一到九的数字相配合的“水地、田地、山地”系列,正是世界生成的数理逻辑与空间顺序,被置于创世时间之端的土壤,扬雄认为是水中的泥沙。息土因浸水分而疏松,成为可耕种的土壤,因而又被称为“缓土”或“爰田”,亦即弱土、柔土、和缓之土,又称美土、美田。商周时代,人们又用“爰田”指代当时的休耕制,即所谓上地、中地、下地,或称不易之地、一易之地、再易之地的轮作(均见《周礼・地官・司徒》)。郑玄注《都司马》云:“上地谓肥美田也。”东汉・崔寔《四民月令》云:“二月阴冻毕泽,可菑美田缓土及河渚小处。”将美田缓土与河渚(河中之洲)相提并论,而河中之洲亦是息壤九州的原型之一。

息壤含水含肥的特质经过上述再阐释后,便与神圣创世发生关联,含水含肥亦被认为是神圣创世的结果,同时也是息壤神圣性质的显现。但是随着农业技术的进步,人们愈来愈倾向于认为,土壤含水含肥多有赖于人力。为提高土壤肥力的劳动投入愈多,折射现实的神话观念也就改变愈多,以期用变化的神话观念把握变化的生活现实,为人们新的行为方式提供新的价值依据。当然,这种转变是逐渐的、缓慢的、不易为人所察觉的。但也正是在这不知不觉中,神圣创世的原初之土变成了人力可为而又不失其神圣性质的息壤。友于等人指出,关中大面积的灌溉田“渎田”,之所以土质肥沃,并非因其成土母质,而是从灌溉河流下来的淤泥填充所致。《管子・度地》称之为“流膏”,所谓“民得其饶”也。《汉书・沟洫志》云:“泾水一石,其泥数斗,且溉且粪……填淤加肥。”这才形成了农业意义上的土壤——肥沃之“悉徙”。至今关中人仍称这种土壤为“客土”,正揭示了其非原生土的性质。我国北方农村也常用旧炕土和旧墙土——其中含有大量速效氮、磷、钾养分[15]——作肥料粪田,同样可作"客土"解。王子今认为,息壤的原型是夯土。[16] 鲧初作城,城墙即夯土所筑。泾渭之水自西向东流经关中,可能加深了周人关于昆仑息壤原在西方的印象。据《禹贡》,雍州"厥土惟黄壤",这是指的黄土母质,而到了《管子》时代,由于长期施肥、灌水等改良措施,关中土壤表层已大部分呈黑褐色。而色黑正是息壤含水、含肥特质的外部表征,这从下文对"青泥"的分析中,可以得到更明晰的证据。

三

青泥之说首见于晋·王嘉《拾遗记》卷二,云:"禹尽力沟洫,导川夷岳,黄龙曳尾于前,玄龟负青泥于后。玄龟,河精之使者也。龟颔下有印文,皆古篆字,作九州山川之字。禹所穿凿之处,皆以青泥封记其所,使玄龟印其上。"袁珂早已指出:"青泥当即是息壤,即'帝卒命禹布土'之'土'。"[17]而玄龟则是鲧的化身,亦即向禹呈洛书的元龟。"龟颔下有印,文皆古篆,字作九州山川之字",也即上文所引之"元龟负书,中背有赤文朱字"和"神龟负文而出,列于背,有数至于九",皆云禹沿袭鲧的治水方法,布息壤以造大地。鲧之玄龟,后在五行说中被置于北方,称玄武,即玄黾,或玄冥。玄者,黑也。青泥或即龟鳖取自水底的淤泥。青泥既有封堵洪水的作用,所以汉晋以后,人们也称封泥为青泥。《拾遗记》卷三:"浮提之国,献神通善书二人,乍老乍少,隐形则出影,闻声则藏形,出肘间金壶四寸,上有五龙之检,封以青泥。"梁·萧纲《简文帝集·与萧归川书》"必迟青泥之封"是也。一般人使用的封泥是灰黑色的,故云青泥。由于青泥色黑,后来人们又称墨为青泥。明·钱希言《戏瑕》卷一云:"今人直以青泥为墨矣。"以青泥来指称封泥和墨烟,反映了人们的一种信仰,即认为息壤本应是灰黑色的。这与用息壤所造之大地昆仑的颜色正是一致的。研究者指出,昆仑山

---

⑮ 王荫槐:《土壤肥料学·泥土肥》,农业出版社,1992 年。

⑯ 王子今:《息壤新解》(手稿)。

⑰ 袁珂:《山海经校注》,上海古籍出版社,1980 年。

的本义或是黑山，在亚洲的一些古代及现代语言中，“黑色”一词的发音多与昆仑接近。如：

《至元译语》：“黑，匣拉”；《华夷译语》：“黑，哈刺，qara”；《鞑靼译语》及《登坛必究》：“黑马，哈刺莫林”；《卢龙塞略》：“黑曰哈喇”；《新刻校正买卖蒙古同文杂字》：“黑，qara，哈拉”；《女真译语》“黑，撒哈良”。[18] 白鸟库吉等人[19]总结如下：

【梵语】Kala，Kalas

【突厥语】Kara

【藏语】哈拉（Hara，Kara）

【蒙语】喀拉（Kala，Cala）

【日语】コロ，或クロ（Koro，Kuro）都是黑色的意思。Kala 实即昆仑之对音，令喀喇昆仑山仍叠用汉藏语和阿尔泰语。Kala、昆仑均为“鲧”之缓读，急读为鲧，缓读则为昆仑，或“喀喇”。现代汉语北方方言中仍称土块为“土喀喇”。丁惟汾曰“喀喇，块垒，黎也。土块谓之咖喇，咖喇为块垒之双声音转。块垒为黎（古音读雷）之长言。《禹贡》：梁州，厥土青黎。王肃曰：黎，小疏也。《说文》：黎，刚土。刚土为土之刚坚者，即块垒也。”[20]块垒，简言之“块”，《庄子》：“夫大块载我以形。”李白《春夜宴从弟桃花园序》：“大块假我以文章。”大块，大地也。黎，黑也。《禹贡》孔安国传：“色青黑而沃壤。”疏：“孔以黎为黑，故曰色青黑。”《释名》：“土青曰黎。”故喀喇的本义应为黑土块，与青泥义近，可视作息土、息石的现代遗留物。

《史记·夏本纪》正义引《括地志》：“淄州淄川县东北七十里原山，淄水所出。俗传云，禹理水功毕，土石黑，数里之中，波若漆，故谓之淄水也。”则是中古时期民间关于禹理水之后土石皆黑的传说。萧兵指出，源于昆仑山的黑水“可

---

[18] 贾敬颜、朱风合辑：《蒙古译语、女真译词汇编》，天津古籍出版社，1990 年。

[19] 参见［日］白鸟库吉著、王古鲁译：《大月氏考》，见《塞外史地研究论丛》第二辑，商务印书馆；方国瑜：《云南佛教之阿吒力派二三事》，见《滇史论丛》第一辑，上海人民出版社，1982 年；李长傅遗著、陈代光整理：《禹贡释地》，中州书画社，1982 年；何新：《诸神的起源》，三联书店，1986 年；萧兵：《楚辞与神话·昆仑神水考》，江苏古籍出版社，1987 年；吕威《“昆仑”语义释源》，《民间文学论坛》，1987 年 4 期。

[20] 丁惟汾：《俚语证古》，齐鲁书社，1983 年。

将人染黑”,成为“不死民”,“其为人黑色,寿,不死。”(《山海经·海外南经》)唐代人士亦曾呼黑奴为昆仑奴,也是取昆仑的黑色的意义。[21]《山海经》所谓“寿”“不死”当与昆仑息壤的神圣性质有关,与“息土人美”同一意义,还原为土壤学术语当言:为土壤富含黑色腐殖质所致。

中古时期,人们除了用青泥一词指称封泥,也以之指称水底的淤泥。蒋礼鸿认为,清泥或青泥,皆指臭秽的淤泥。并引《佛说阿弥陀经讲经文》“无有清泥臭秽”云:“清泥和臭秽连用,可知就指臭秽的泥,清字不作清洁讲。”又引白居易《京兆府新栽莲》诗“下有清泥污”、《目连缘起》“遍身恰似淤青泥”、慧琳《一切经音义》卷十《宝相般若经》音义“淤泥,水底淤青泥”,又卷九十《高僧传》第九卷音义“淤泥,污池水底臭泥也,青黑臭烂滓秽者也”、《元和郡县图志》(钱谦益等引)“青泥岭,悬崖万仞,上多云雨,行者屡逢泥淖,故号青泥岭”,指出:“似乎青泥以青黑色得名,恐未尽然。”《说文》:“厕,清也。”《急就篇》:“屏厕清溷粪土壤。”颜师古注:“言其处特异余所,常当加洁清也。”蒋礼鸿云:“厕所称‘清’,本来从因其臭秽而应当使之清洁得义,后来又改用专制的圊字,清泥、青泥,似得义于用于厕所的清、圊,而为臭秽之意。浙江东阳县等地称小便为清尿,诸暨县农村用小便煮鸡蛋,据云能滋补治病,称为清蛋,取义也相同。”蒋礼鸿还引温州人管烂污泥叫青泥,以及梁斌《播火记》第四十三章“伸手甩过一块青泥,糊在对手的脸上”,证明现代汉语方言中还在使用青泥这个词以指称臭秽的淤泥。[22]

我国很早就使用淤泥作粪田的肥料。元·王祯《农书·粪壤第八》云:“有泥粪,于沟港内,乘船以竹夹取青泥,杴泼岸上,凝定裁成块子,担与大粪和用,比常粪得力甚多。”清·杨屾《知本提纲》云:“泥粪,凡阴沟渠港,并河底青泥,法用铁坎转取,或以竹片夹取,置岸上晒干打碎,即可肥田。”王荫槐等指出:“泥肥质量以色黑、味臭、结构松软、多孔、不见杂草痕迹者为佳,属迟效性肥料。”[23]

圊先有清洁、清除之义而后有秽臭之义,此说始于刘熙《释名》,曰:“厕,或

㉑ 杨宪益:《译余偶拾·康昆仑与段善本》,三联书店,1983年;蒋礼鸿:《敦煌变文字义通释·骨仑骨论昆仑奴》,上海古籍出版社,1981年。

㉒ 蒋礼鸿:《敦煌变文字义通释·清泥青泥臭秽的淤泥》,上海古籍出版社,1981年。

㉓ 王荫槐:《土壤肥料学·泥土肥》,农业出版社,1992年。

曰圊,言至秽处宜常修治,使洁清也。"故曰清,俗作圊。《说文》:"厕,清也。"段玉裁注:"清、圊,古今字。"王先谦《释名疏证补》引毕沅曰:"圊,亦俗字。《一切经音义》《御览》引圊皆作清。"青、厕音近相假,青(清)泥,或圊泥,也可作厕泥,即厕中之粪泥解。殷墟卜辞有圂字,或即厕之初型,本义为猪圈。《说文》曰:"圂,厕也,从囗豕,豕在囗中也,会意。"《众经音义》卷九引《仓颉篇》:"圂,豕所居也。"《汉书·五行志》(中之下)颜师古注:"圂者,养豕之牢也。"温少峰等人认为,我国农村历来以猪圈与厕所合一,故《说文》训圂为厕。㉔ 李恭指出,至今"陇南甘谷、武山一带谓人厕、马厩、豕圂皆曰'圂',读若'券'。"㉕殷墟卜辞贞问"勿乍(作)圂于专(传)?"(董作宾《小屯·殷墟文字乙编》八一一)问是否能在传舍建圂,可见圂也作人厕用。《国语·晋语》曰:"少溲于豕牢。"韦昭注:"豕牢,厕也。"《汉书·燕剌王旦传》:"厕中豕群出。"注:"养豕圂也。"可见豕圂、人厕其时尚未区分。张仲葛据出土汉代猪圈模型指出:"与厕所连接的'连茅圈'在长期内遍及华北、中南、华东地区,对古代农业生产的作用是巨大的。"㉖

圂,因是"至秽之处",故引申为浑浊之义,假借为溷。《释名》曰:"厕或曰溷,言溷浊也。"《广雅》:"溷,浊也。"《汉书·翼奉传》:"溷,污也。"《说文》段注:"圂以牢中溷浊而言。"又云:"豕厕为圂,俗作溷;或曰清,俗作圊;或曰轩,皆见《释名》。"《后汉书·李膺传》"溷轩",注:"厕屋也。"圊溷连用,亦指厕所。《三国志·蜀志·诸葛亮传》裴松之注引《袁子》:"所至营垒井灶圊溷藩篱障塞,皆应绳墨。"《急就章》云:"屏厕清溷粪土壤。"清或作圊。㉗ 屏、厕、清(圊)、溷,皆圂厕之义。《广雅》:"圊、圂、屏,厕也。"人以畜圈为厕,反映到文字中,才有"厕,清也",或"圂,厕也"之说。

我国很早就已经认识到厕粪的肥田作用。温少峰等人引叶玉森《铁云藏龟拾遗》、罗振玉《殷墟书契前编》"般圂,氏(氐)",认为殷人已经使用圈肥,并指出:"我国农村施肥,南方多用水粪,北方多用干粪,至今亦然。北方农村中用垫圈之法,使家畜粪尿渗入所垫之秸秆泥土之中,变成干粪,施肥时就将这种干粪

㉔ 温少峰、袁庭栋:《殷墟卜辞研究——科学技术篇》,四川省社会科学院出版社,1983 年。

㉕ 李恭:《陇右方言发微》,兰州大学出版社,1988 年。

㉖ 张仲葛:《出土文物所见我国家猪品种的形成与发展》,见《文物》1979 年 1 期。

㉗ 高二适:《新定急就章及考证》,上海古籍出版社,1982 年。

运送田中。《齐民要术·杂说》载:踏粪法,凡人家秋收治田后,场上所有穰、谷积等,并须收贮产处。每日布牛足下,三寸厚,每平旦收聚堆积之。经冬,一具牛踏成三十车粪。至十二月、正月之间,即载粪粪地。(《四民月令》亦云"正月粪田畴"。)殷代之施肥方法,应大体如是。卜辞之般圂,应读为搬圂,《广雅·释诂》:搬,除也。搬圂就是除圈、清圈,将已成之干粪运出,另垫秸秆与新土。氐读如氐,在卜辞中常用为致送之义。"般圂,氐",就是清圈除粪,并送田间施用之意。这种记载与近代北方农村施肥方式完全一致。[28]

据当代人类学的田野资料:"施用畜粪的最原始的方法是在废弃的猪圈上掺和些土便种上庄稼。猪圈坏了,或所养的猪死亡和宰杀完了以后,人们把它开为园子地,这里的庄稼往往长得比别的地方好,'施用'畜粪就这样被'偶然'地发现了。畜粪的施用是在畜圈出现以后。而把肥料背到地里施用是后来的事。"李根蟠、卢勋认为:"我国中原地区锄耕农业和牲畜圈养都发生得比较早,施肥较早发生的条件应该是存在的。"[29]据甲骨文中已有圂字,以及青泥或源于清泥或圊泥的说法,可以认为,青泥作为是中古时期对息壤原型的解读形式,其语义背后隐藏的是高级农业对污泥及人畜粪便等肥料的认识。

《天问》曰:"九州何错?"又云:"地方九则,何以坟之?"王逸注:"错,厕也。"《释名》曰:"厕,杂也,言人杂厕在上。"《广雅》曰:"杂、错,厕也。"《急就章》及《说文》序曰:"分别部居,不相杂厕。"厕亦错也,即措置之措。闻一多云:《天问》"错读为潜。《说文》曰:'潜所以雍水也。'《九思·悯》上曰:'心怀兮隔错。'《文选·西京赋》注引《说文》曰:'隔,塞也。'隔错犹壅塞也。错潜声义同。"[30]措填息土为厕,故所造之地为则,九则即九州、九畴(九宫),亦即放大后的息土。上古时期,息、厕声近韵同,息为心纽、厕为初纽,同在职韵。息拟音[siək],厕拟音[tshiək]。[31]《说文》:"堋,遏遮也。从土则声。字亦作墄。"《史记·天官书》徐广注:"土雍曰墄。"《释名》:"厕或曰轩前有伏似殿轩也。"伏者,墄也。《天问》

㉘ 温少峰、袁庭栋:《殷墟卜辞研究——科学技术篇》,四川省社会科学院出版社,1983年。

㉙ 李根蟠、卢勋:《中国南方少数民族原始农业形态》,农业出版社,1987年。

㉚ 闻一多:《天问疏证》,三联书店,1980年。

㉛ 丁声树、李荣:《古今字音对照手册》,中华书局,1981年;唐作藩:《上古音手册》,江苏人民出版社,1982年;[美]李珍华、周长楫:《汉字古今音表》,中华书局,1993年。

“何以坟之”,“坟”王逸释“分”,闻一多释“封”,其实亦可释“粪”。《广雅·释诂》:“粪,饶也。”王念孙注:“粪之言肥饶也。”《禹贡》“厥土黑坟”马融注:“坟有膏肥也。”《说文》曰:“阜,大阜也。”《尔雅·释地》:“大陆曰阜。”《释名·释山》:“土山曰阜,阜,厚也,言高厚也。”《风俗通义·山泽》:“阜者,茂也;言平地隆踊。”大阜亦鲧所造之大地,故亦有沃饶之义。《郑风》毛传、《周礼·周官·太宰》郑注并云:“阜,盛也。”王念孙曰:“阜、茂声相近,故《风俗通义》云,阜者茂也。”据此,我们或许可以作出如下假设:如果鲧禹用以堙洪水的息土、息石的确是取自水中之物,那么也不过是一把臭秽、肥沃的粪便或淤泥。古人或以为,这种可用来肥田的泥粪,也同样是神先天赐予的。

四

对息壤与青泥的文献学与民俗学研究证明,能够充当息壤的自然物质是多种多样的,不能仅据文字的显义就以狭义的土壤作唯一的答案。息壤、青泥最初可能有各自独立的来源:息壤是富含腐殖质的松软土壤,青泥既是淤泥同时也是人畜的粪便。但站在功能论的立场,二者都不过是农家心目中的美土或肥料。

在结束了对息壤神话的本体研究之后,本文还希望对息壤神话的功能作一简要的陈述。息壤神话的核心或主题是粪肥“至上”的观念,这一观念的产生无疑有着上古时代东亚两河流域农耕文化的历史背景。比较当代原始民族对粪肥的看法,便可领悟,息壤传说作为世界性“潜水造地”型创世神话的中国生成方式,曾经在模塑东亚农耕民族的世界观与价值观方面曾经发挥过怎样重要的作用。

原始民族“把粪肥视为最污秽的东西,尤其是(人的)大粪是动不得的。新中国成立前独龙族如有人在自己的地里大便,被认为是一种侮辱,是要‘打官司’的。在怒族和傈僳族,过去认为背粪会头痛、闹病。新中国成立前怒族已部分施用畜粪,但只是用在大麻地上。据说大麻地所以能施肥,是因为它不是吃的东西，凡吃的东西都不能施肥。而且人粪也还是不能施用的。新中国成立前在大麻地施肥是把畜粪装在箩筐中，用绳子拉到地里去的，认为背粪是要得病的。而开明些的（怒族人）已打破了不能背粪的禁忌，但背粪前要特意焖干饭、吃肉；并认为在六月天不宜除粪”。[32] 在比较民俗学视野的观照下，现在我们可以深刻地理解息壤神话是如何改变了汉民族对待粪便的态度，从而如何改塑和重铸汉民族价值观的了。

土壤人类学的研究结果也表明，当代原始民族的对土壤分类的简单程度往往与该民族复杂的动、植物知识形成鲜明对比。原始民族倾向于以土壤的表面特微——如地形、地貌或植被种类——作分类标准，而土壤的肥力不被认为是其固有的属性。人们对土壤肥力的潜在认识是通过衡量作物产量间接地表达出来的。[33] 这一研究结果与当代我国南方原始民族的土壤知识正相吻合，而与上古时代东亚两河流域先进农耕文明的土壤观念已有相当的距离。

李根蟠等人认为，原始农业民族最初选择的耕地多半是林地而不是草地，草地的开发是后来的事情；但“林”也不是茂密的原始森林，而是森林边缘树木比较稀疏的隙地。这是因为拔除草地植被的地上部分虽然比较容易，但对于没有翻土工具的原始人来说，清除其地下根茎部分却非易事，而且草地不能提供足够的灰烬。在原始洪荒时代，即使是林地边沿，也有较厚的腐殖黑土，人们把这里的灌木和小树砍倒，甚至可以把周围的枯枝败叶扒过来，晒干焚烧后作肥料。这就决定了人们最早的耕地是林地而不是草地。我国南方从事刀耕火种的民族对于选择何种林地作耕地，所依据的标准不是土壤的质地（即汉语所谓“土宜”），而是林木的长势和种类（树宜）。他们的土壤知识相当贫乏，但却能细致区分出林地的各种不同种类。[34]

而对息壤神话的分析显示，可用于息壤还原的质料已不限于狭义的土壤，而是包括了草木灰、人畜粪等有机肥料。这说明，当时人们对土壤的认识，已深入到其内部成分的构成。传说“任土作贡”（《禹贡》语）是大禹治水的一个最重要

---

[32] 李根蟠、卢勋：《中国南方少数民族原始农业形态》，农业出版社，1987 年。

[33] ［美］威尔舒森、斯通：《从民族考古学角度看土壤》，原载《世界考古》1990 年 22 卷 1 号“土壤与早期农业”专刊，郑斐译文见《农业考古》，1994 年 1 期。

[34] 李根蟠、卢勋：《中国南方少数民族原始农业形态》，农业出版社，1987 年。

的成果,即是说鲧、禹最初就是按照土壤的肥沃程度将世界划分或创造为不同等级(九州)的。从而一方面为贡赋制度提供了神话威权的保证;另一方面也实现了东亚农耕文化在世界观和价值观上的一次飞跃。东亚两河农耕民族至迟于春秋战国时代就已经使用人畜粪便肥田。用人畜粪便作肥料的明确记载见于战国诸子[35],在其后二千年的历史中从未间断这一传统,而且中国传统农学及民间农谚对粪肥的称颂可以说是到了无以复加的地步。这显然与息壤创世神话中所蕴含的“粪肥至上”观念不无深层的关联。笔者注意到,在中国古代,使用人畜粪便作农业肥料,与以粪肥观念重新解释息壤神话几乎是同时发生的。埃利亚德指出,一种文化的行为及思维方式往往是由其创世神话所规定的。[36] 韦伯也指出,在文明发展的过程中,意识形态的作用与技术手段、组织制度相互反馈,缺一不可。[37] 不能设想,没有息壤神话的潜意识动力,以及由此生发的改良土壤的坚韧劳作,中国农民能够如此有效地阻止可耕地肥力递减的一般趋势,从而为农耕文明提供一个稳定的生态基础。

当然,创世神话中的秽物崇拜并非仅是中国神话的“私有物”,神话学者们早就发现,在动物潜水取土造地形的创世神话中,除了水底之土,创世神用以创造陆地的物质还经常是他们自己的排泄物和分泌物,其中最主要的就是粪便,也有神从耳朵、鼻孔、肚脐眼、指甲缝中抠出的污垢,或从皮肤上搓下的汗泥。研究者们曾经从心理学的角度分析该神话,认为:神用自己的排泄物或分泌物创造世界的母题,表达的是男性企图用肛门生育(以排粪为象征)的潜意识幻想,以便能够在超验世界夺取女性天然拥有的生育——创世的权力。[38] 根据这一假说,神用来创世的物质,或云息壤的原型,实际上不过是神自己身体的一部分。这也就是说,息壤原型的产生背景本属形而上的心理范畴,而非形而下的物理范畴。因此即使我们将息壤、青泥认同于鲧、禹身体的变形,如龟甲鳖壳之灰,我们也不

㉟ 闵宗殿:《中国农史系年要录》,农业出版社,1989 年。

㊱ [美]米尔希·埃利亚德:《宇宙创生神话和“神圣的历史”》,见[美]阿兰·邓迪斯:《西方神话学论文选》,上海文艺出版社,1994 年。

㊲ [德]韦伯:《新教伦理与资本主义精神》,三联书店,1987 年。

㊳ [美]阿兰·邓迪斯:《潜水捞泥者——神话中的男性创世说》,见[美]阿兰·邓迪斯:《西方神话学论文选》,上海文艺出版社,1994 年。

可忘记,无论是息壤,还是青泥,都已经是其原型的各种升华形式。对息壤原型的心理学解读,使我们得知,息壤的止水功能尽管必须符合经验界的物理学规定(如土壤、粪便、草木灰等可吸附水分、发酵膨胀),但决定其功能的终极动力却来自超验界的心理学能量。息壤、青泥作为鲧、禹的化身,在民间信仰中被认为具有强大的止水效用,这种效用本应得自于鲧、禹自身创造世界的神性力量。将大地土壤或更为抽象的灰土型物质认同于神的分泌物或排泄物,才能"合理"地解释其所具有的膨胀或生长能力,这能力实在是神自己生育与创造能力的体现。原始人认为,我们赖以生存的陆地是神(或神粪)最初创造的结果,在原始土壤——神粪中蕴藏着神无限的生育力和创造力(农作物的生长实有赖于此),对神性土壤即神粪的信仰和崇拜实际上正是对神的这种生育——创造力量的信仰和崇拜。

然而,正如弗洛伊德所言,对神圣事物的崇拜与对不洁、可怖事物的接触禁忌往往是原始信仰中相辅相成的正反两个方面,[39]对神圣事物的这种矛盾心理构成了原始信仰威权的支柱。在我国南方少数民族中,一方面流传准神粪创世的神话(如傣族神话:英叭用汗垢创世),另一方面却又在世俗生活中对人畜粪便持厌恶的态度(傣族种植水稻,农业技术明显高于周近其他民族,但仍不使用人畜粪肥[40])。这正可用一句话套用弗氏的理论:神粪是神圣的,但也正因为其神圣而成为不可接触之物。无疑,这种价值观只会妨碍原始农业进一步向高级农业的过渡。而息壤神话的价值就在于,在神粪中物化了一种新的情结和理性精神,从而使息壤在不失去其神圣性的同时,又被赋予了可亲、可触的日常性格。《列子·汤问》言禹治水时,至北海之北的终北国,"当国之中有山,山名壶领,状若甔甀,顶有口,状若员环,名曰滋穴,有水涌出,名曰神瀵,臭过兰椒,味过醪醴"。研究者多认为壶岭其实是昆仑山的置换形式。[41] 至今西北人仍称富含矿

---

[39] [奥]弗洛伊德:《图腾与禁忌》,志文出版社。

[40] 《西双版纳傣族自治区(州)农业生产情况》,见《傣族社会历史调查(西双版纳之一)》,云南民族出版社,1983年;《景洪县曼龙镇解放前社会生产力水平调查》,见《西双版纳傣族社会综合调查(一)》,云南民族出版社,1983年;《西双版纳傣族种植水稻的工具和工序简况》,见《西双版纳傣族社会综合调查(二)》,云南民族出版社,1984年。

[41] 萧兵:《楚辞与神话·神话昆仑及其原型》,江苏古籍出版社,1987年。

物质、可用于灌溉、肥效显著的泉水为“瀵泉”;[42]甚至在今天的西北方言中,“水”仍然读如“瀵”[fei]。[43] 于此可见息壤神话是如何铸造了汉民族特殊的神圣粪便的观点。息壤神话作为“潜水造地”型创世神话的中国生成方式,在经历了此一番内涵的转换,就完成了它的“现代”阐释,从而揭开了中国古典神话理性化的序幕,同时也参与构造了中国农耕文化的意识形态基础。

【吕　威　中国社会科学院文学所】
原文刊于《中国文化》1996 年 02 期

---

[42] 中国社会科学院语言研究所:《现代汉语词典》,商务印书馆,1989 年。
[43] 白涤洲:《关中方音调查报告》,中国科学院,1954 年。

古玉崇拜的另一极端:食玉现象

薛世平

中国是世界上用玉最早的国家,也是生产玉器历史最为悠久、经验最为丰富的国家。早在距今7000多年前的新石器时代,就已开始利用天然玉料制作精细的工具和装饰品。中国玉雕工艺精湛,在世界上久负盛名,其传统绵延不绝,一脉传承到近现代。世界上没有哪一个民族像汉民族这样与玉结下不解之缘,并对古代文化产生了那样大的影响。正如英国著名的学者李约瑟(《中国科学技术史》作者)所说的那样,“对于玉的爱好,可以说是中国文化的特色之一”。

汉民族对玉的崇拜有着十分悠久的历史。在古代,玉依照用途划分有祭祀用玉、服饰用玉、交际用玉、殉葬用玉、工具玉等。相传在远古时代,中华民族的祖先黄帝就以玉赐予部族首领,作为其享有权力的标志。后又逐渐演变为统治者用作表明身份等级及行使军政权力的信物,如玉玺、玉璧、玉印之类。在古人看来,玉兼备了人间所有美德和至性。因而古人对玉有一种特殊的感情,常以玉比拟君子的美德。《五经通义·五德》:“玉有五德,温润而泽,有似于智;锐而不害,有似于仁;抑而不挠,有似于义;有瑕于内必见于外,有似于信;垂之如坠,有似于礼。”正如《礼记·曲礼》所云:“古之君子必佩玉,右徵角左宫羽”(徵角、宫羽皆为能发出不同声音之玉的名字),“君子无故玉不去身,君子于玉比德焉”。对汉民族来说,古玉文化像水银泻地一样,渗透到华夏民族文化的方方面面。我国古代典籍中有关“玉”的艺文、诗赋,汗牛充栋,不胜枚举,形成一种影响极其广泛的玉文化现象,历史沉积极为壮观。然而,物极必反,以致走到了另一极端:食玉。这种现象的发生及演变,不能不说是古玉文化发展史上的一大败笔,一大糟粕。食玉现象的长期存在也给汉民族的古玉文化自身健康的发展带来不应有的扭曲和缺失。尽管在历史上先民们以他们的惊人智慧和无比艰辛制作了数量巨大的玉制品,但流传至今的及从地下发掘的玉器文物数量仍有限,与古籍记载显得极不相称。西周早期的周穆王曾经西巡,远至中亚地区,经过盛产玉石的“昆仑之丘”。据《竹书纪年》卷下载:周穆王“十六年(公元前998年)王西征,至昆仑丘”。又《穆天子传》卷二:“天子于是攻其玉石,取玉版三乘,载玉万只。”据《逸周书·世俘解》载:“凡武王俘商旧玉亿有百万。”仅此一项,就可见当时玉器数量之丰。但流传下来的并不多,之所以会出现这种结果,恐怕食玉现象难逃其咎。

食玉现象的由来先是民间神怪传说的传布。《列仙传》曰:“赤松子者,神农时雨师也,服水玉,教神农能入火不烧。”[①]《十洲记》曰:“瀛洲有玉膏如酒,名曰玉酒。饮数升辄醉,令人长生。”[②]《山海经·西山经》曰:“峚(音密)山其上丹水出焉,其中多白玉是有玉膏,其源沸沸汤汤。黄帝是食,玉膏所出,五色乃清,五味乃馨。黄帝乃取峚山之玉荣,而投之钟山之阳,瑾、瑜之玉,坚栗精密,浊泽而有光,五色发作,以和柔刚,天地鬼神是食是飨,君子服之以御不祥。”[③]晋·郭璞注引《河图玉版》也说:“少室山,其上有白玉膏,一服即仙矣。”晋·张华《博物志》卷一:“名山大川,孔穴相内,和气所出,则生石脂、玉膏,食之不死。”

最早的食玉记载见于《周礼·天官·大宰》:“享先王,亦如之,赞玉几、玉爵。大朝觐会同,赞玉币、玉献、玉几、玉爵,大丧,赞赠玉、含玉。”“玉府掌共王之服玉、佩玉、珠玉、食玉、含玉。”《春官·大宗伯》:“以玉作六瑞六器,即设典瑞以掌之,而其所制之尺寸,皆出于冬官玉人之事。”[④]“玉者,阳精之纯,可以助精明之养者,故王齐则共食玉。”[⑤]

---

① 《古今图书集成》第三百三十二卷《玉部外编》,中华书局,巴蜀书社出版。

② (清)张英、王士祯等纂《渊鉴类函》卷三百六十三《珍宝部三·玉》北京,中国书店出版。

③ 同上。

④ 《竹书纪年》。

⑤ 同上。

其次,食玉现象渐在民间流传也是道家极力鼓吹的结果。食玉能益寿延年之类的谬论在道家典籍中随处可见。《抱朴子》云:“服金者寿如金,服玉者寿如玉。但其道迟成,须服一二百斤乃可知也。玉可以乌米酒及地榆酒化之为水,亦可以葱浆消之为饴,亦可饵以为丸,亦可以烧为粉服之。一年以上,入水不沾,入火不灼,刃之不伤,百毒不死。——赤松子以玄虫血渍玉为水服之,故能乘烟霞上下。玉屑与水服之,俱令人不死。”⑥《抱朴子》:“玉脂生玉之山,膏流出万年以上,则凝而成之,鲜明如水精,以无心草木和之,须臾成水,服之一升得千岁。”⑦

民间传说中所说的玉屑饭,即以玉屑做的饭,食之可无疾。唐段成式《酉阳杂俎·天咫》:“(其人)因开幞,有斤凿数事,玉屑饭两裹,授与二人,曰:‘分食此,虽不足长生,可一生无疾耳。’”陶弘景说得更为玄乎:“玉屑是以玉为屑,非别一物也。《仙经》:服瑴玉,有捣如米粒,乃以苦酒焙消,令如泥。亦有合为浆者。”张华《博物志》佚文曰:“欲得好瑴玉,用合浆,于襄陵县归穴中凿取,大者如魁斗,小者如鸡子。”⑧瑴玉是一种玉名。此后,更有玉浆、玉液、玉泉、玉膏、玉脂之说及制法流传。陶弘景曰:“此当是玉之精华者,质色明澈,可消之为水,故名玉泉。”玉泉也称玉浆。马志曰:“按别本注云,玉泉者玉之泉液也,以仙室玉池中者为上,故一名玉液。今《仙经》三十六水法中化玉为玉浆,称为玉泉,服之长年不老。”⑨《青霞子》曰:“作玉浆法,玉屑一升,地榆草一升,稻米一升,取白露二升,铜器中煮米熟绞汁,玉屑化为水,以药纳入,所谓神仙玉浆也。”⑩

道家认为这些所谓的玉浆、玉液能“柔筋强骨安魂魄、长肌肉、益气利血脉,久服耐寒暑、不饥渴”,“润心肺、助声喉、滋毛发”,几乎可以包治百病。陶弘景更是扬言:“有人临死服五斤,死经三年其色不变。古来发冢见尸如生者,其身腹内外无不大有金玉。”⑪

由于道家的播弄和鼓吹,此种流毒不但深入民间,连王公贵族也深信不疑。

⑥ (明)杨慎:《玉名诂》。
⑦ 同上。
⑧ 《本草纲目·金石部·玉》。
⑨ (明)杨慎:《玉名诂》。
⑩ 同上。
⑪ 同上。

"后魏李预得餐玉之法,乃采访蓝田,掘得若环璧杂器形者大小百余枚,捶作屑,日食之经年,云有效验。而好酒损志,及疾笃,谓妻子曰,服玉当屏居山林,排弃嗜欲,而吾酒色不绝,自致于死,非药之过也。尸体必当有异于人,勿使速殡,令后人知餐服之功。时七月中旬,长安毒热,停尸四日而体色不变,口无秽气。"⑫后来的《开元天宝遗事》也载:"杨贵妃素有肉体,至夏苦热,常有肺渴,每日含一玉鱼儿于口中,盖借其凉津沃肺也。"

玉石为一种天然的矿物,怎能大量服食?看来,这些食玉者中毒太深,可谓"死不悔悟"。"大丧共饭玉、含玉、赠玉",也就是说,甚至死后入葬,死者口中仍要饭玉(即碎玉伴以杂粮)。"饭玉者,天子饭以黍,诸侯饭用粱,大夫饭用稷,天子之士饭用粱,诸侯之士饭用稻。"⑬在科技并不发达的古代,这本也难怪,就连《本草纲目》的作者,大名鼎鼎的明代医学家李时珍都受其影响,信服玉可治病。李时珍曰:"按许慎《说文》云,玉乃石之美者,有五德:润泽以温,仁也;鳃理自外,可以知中,义也;其声舒扬远闻,智也;不挠而折,勇也;锐廉而不技,洁也。其字象三玉连贯之形,葛洪《抱朴子》云,元真者,玉之别名也,服之令人身飞轻举,故曰服元真者其命不极。"又说"汉武帝取金茎露和玉屑服,云可长生,即此物也。但玉亦未必能使生者不死,惟使死者不朽"⑭。且在一些药方之中明显有用玉的记载。如:"小儿惊啼,白玉二钱半,寒水石半两为末,水调涂心下。""痃癖鬼气往来疼痛及心下不可忍者,不拘大人小儿,白玉、赤玉等分为末,糊丸梧子大,每服三十丸,姜汤下。"⑮

虽然道家也说,食玉应是璞玉,不能是成器之玉或冢中掘之玉,但一般的人并不知晓,而是道听途说,一知半解,以讹传讹。而古代玉的产地多在今新疆于田(旧称于阗),千里迢迢,交通不便,绝难获得。而人家所收藏的传世古玉或冢中之玉却较容易得。这些已成器之古玉也大多被送入杵臼中研为粉末。正是这种愚昧和迷信,使曾经辉煌灿烂于一时的古玉文化走向了衰亡。

【薛世平　福建师范大学福清分校学报副编审】

原文刊于《中国文化》2002 年 Z1 期

⑫ (明)杨慎:《玉名诂》。

⑬ 《竹书纪年》。

⑭ (明)杨慎:《玉名诂》。

⑮ 同上。

物我相融

早期中国人的信仰、生活和动物认知

莽　萍

一、早期中国人生活之地域与环境

早期中国人生活地域之辽阔，远远超出今人的想象。原来人们认为，流经亚洲大陆东部的黄河流域是中国文明的发源地。但是，持续近百年的考古发现和民间远古器物（特别是玉器）收藏显示，这个文明有着多样的文化来源。

有学者认为，中国古文化有两个重要区系，一个是源于渭河流域的仰韶文化，一个是源于大凌河流域的红山文化。[①] 中国考古人类学一代宗师李济先生在1950年代曾谈到，华北新石器晚期文化受长城一带新石器中早期文化的影响甚大，而长城以北地区甚至可能包括更北的贝加尔湖以及叶尼塞河流域，才是中

① 苏秉琦：《华人、龙的传人、中国人》，《中国建设》，1987年第9期；参见苏秉琦《关于重建中国史前史的思考》，《考古》1992年第6期。

国史前文化的摇篮地。② 他甚至说,"两千年来中国的史学家,上了秦始皇的一个大当,以为中国的文化及民族都是长城以南的事情。这是一件大大的错误,我们应该觉悟了!"他还说,长城以北的广大地区"都是中华民族的列祖列宗栖息坐卧的地方。到了秦始皇筑长城,才把这些地方永远断送给'异族'了"。③ 近年对红山文化的考古发掘似乎部分地印证了李济先生的说法。

红山文化约存在于距今5000年至8000年前,分布范围大约在辽宁、内蒙古和河北交界的燕山南北。其中心地区在赤峰一带的老哈河流域和辽宁朝阳一带的大凌河流域。④ 近二十年来,从红山文化遗址出土了数量惊人的玉器。这些玉器形制多样、种类繁多,有反映当时祭祀、宗教礼仪的玉礼器,有得自生活生产经验的刀、斧、凿、锛、铲等,也有得自观察自然生物得来的灵感,比如鸟类、大型哺乳类动物形象等。⑤ 红山文化的玉石文明已经显现中国文化的一些著名特征,比如对龙的形象的崇拜和塑造,玉礼器的应用,等等。⑥ 英国伦敦大英博物馆中国古代文明玉器展在上古文明部分陈列的第一枚玉器,是一只圆润的红山文化C形龙(又称猪龙),标注年代为距今5000—8000年前。⑦ 台北故宫博物院在2006年曾展出多件院藏红山文化玉器。这些精美玉器透露出极其丰富的先民生活的信息,表明红山文化居民打造琢磨玉器的技巧、工具和审美已经达到很

---

② 李济:《中国文明的开始》,《从中国远古史的几个问题谈起》,第64页。李济先生在同一篇文章中谈到,长城以南地区新石器晚期文化遗迹丰富,有突然发展到鼎盛的现象,中早期遗迹则甚少发现;而长城以北地区发现的新石器早期遗迹相当多,晚期的也有,比较起来很落后。新石器中、早期活跃于长城以外的人群,有可能是新石器晚期活跃于华北民族的先祖。他并且谈到,在叙述人类发展史时,应把文化本身当作全人类的一件事,把创造文化、发明新事物视为人类共同努力的结果。因地区偏见、国家观念而对所谈问题故作畸重畸轻之论都不可取。

③ 李济:《中国文明的开始》,江苏教育出版社,2005年,第1页;又见《李济考古学论文选集》,文物出版社,1990年,第962—963页。根据笔者意见,考证东北亚远古族群历史,较之"断送给'异族'"的说法,"隔绝为'异族'"似更为确切。考证一些北方民族或族群在远古时代的图腾及其与动物的关系,似与黄帝一族有许多一致之处。此殊可注意。

④ 曲风:《红山文化:中华文明的曙光?》,载《南方周末》,2004年1月29日。

⑤ 人类学家张光直在研究殷商玉器里鸟类的重要性时,指出"鸟的形象,不仅是为装饰而来的,而至少有若干在商人通神仪式中起过作用。"以之研究红山文化玉器中的鸟类形象,极有意义。张光直:《中国青铜时代》二集,三联书店,1990年,第56页。

⑥ 曲风在《红山文化:中华文明的曙光?》一文中,将红山文化玉器分为三类:一类为斧、凿、锛、铲、刀等工具和兵器;一类为动物雕塑,如龙、虎、龟、蝉、熊等;第三类可称为"饰品",是被赋予一定意义的具有某种特定形状的器物,如勾形玉佩、连环饰、琮、箍、璧、环等,载《南方周末》,2004年1月29日。

⑦ 英国伦敦大英博物馆中国古代文明馆,2005年以来展出。

高水平。[⑧] 玉器之外,红山文化最辉煌的发现,应属牛河梁女神庙遗址出土的女神头像。该女神头像为陶质塑像,面部灵动鲜活,具有早期人类文明质朴、富有朝气的共同特质,是极其珍贵的新石器中早期宗教祭祀塑像。祭祀神庙遗存对研究早期中国人的信仰提供了最直接的考古资料。不过,迄今为止,专家学者就红山文化这一早期文明向大众所作的出色描述并不多。

在红山文化之外,近年大面积考古发掘的四川三星堆文化和发现于安徽含山的凌家滩遗址也展现出令人惊奇的早期文明样式。位于四川广汉的三星堆遗址距今约4800年至2800年,为新石器时代晚期延续至商末周初的古代文明。三星堆遗址出土的铜面具和塑像所呈现的凸目形象被认为代表了一种不同于中原商周文明的异类文明。[⑨] 而1985年发现的凌家滩遗址,经测定距今约5300年至5600年,是长江下游巢湖流域迄今发现面积最大、保存最完整的新石器时代聚落遗址。[⑩] 对这些文明的进一步考古发掘和解释或许会帮助我们更清晰地认识中国古代文明的多样来源。

在差不多晚于红山文化一千年左右,在今天中华文明覆盖的广大地域上,出现一些著名的文化遗存,比如河南仰韶彩陶文化(包括稍晚所谓青海、甘肃仰韶文化)、浙江河姆渡文化、良渚文化,以及以山东大汶口文化和以龙山文化为代表的分布广泛的黑陶文化,等等。[⑪] 其中,良渚文化在2007年的考古发掘中又有重大发现,一座约5000年前的良渚古城被发掘出来。这一发现被认为是"不亚于殷墟的发现"。[⑫]

---

⑧ 红山文化之后,到殷墟妇好墓、良渚文化玉石器物出土,期间玉石文明似有约千年左右的断裂。李济先生曾推断,长城以南之新石器晚期文化或由长城以北新时期中早期文化迁移而来,原因或为气候变迁。红山文化因何衰落?是曾经遭到战争重创?是气候改变?还是因其玉石文明毁坏自然环境而无法维持?值得探讨。

⑨ 参见《奇异的凸目——三星堆文明丛书》,巴蜀书社,2003年。近年,对成都金沙遗址祭祀坑的发掘显示出其与三星堆文化关系密切。

⑩ 参见 http://baike.baidu.com/view/638631.htm,2007年6月14日搜索。

⑪ 夏鼐:《中国文明的起源》,第7页,半坡遗址为仰韶文化早期的典型代表,年代为公元前5000—4500年;所谓的"甘肃仰韶文化"包括马家窑文化和半山马厂文化,都出土有图案华丽的彩陶,为公元前3000年左右,后者为2500—2000年左右;河姆渡文化年代与仰韶文化早期同时;良渚文化约为公元前3300—2250年;大汶口文化年代大体与仰韶文化相对应,文物出版社,1985年。按照夏鼐的意见,浙江河姆渡文化和随后的良渚文化应是中国早期文化发展的另一种中心。

⑫ 2007年11月29日,浙江考古研究所宣布,在良渚文化区域发现一座5000千年前的古城。参见《不亚于殷墟的发现——良渚古城发掘:探访5000年前的王国秘密》,《南方都市报》,2007年12月11日。

在这些早期文化之外，中国西部比如新疆也有极其古老和多样的文明样式，在藏民族、蒙古族和西南一些古老民族生活的区域，也存在不同的古代文明和关于人类起源、族群起源的神话传说。中国是这样大，她的民族到 1950 年代更被细分为 56 个民族，所以，这每一个民族也都有自己的文明传说，而一些民族的早期传说显然已经融汇到一起变成中华文明起源传说的一部分。这是文化接触的结果。

文化接触与文明发展密不可分。李济先生在谈到中国史前文化时说，“人类自学会在地面上用两只脚走路后，为谋生活除了自然环境的阻碍外，可以处处流动。”他还说，“今日或过去所有伟大文明的发生都是由于文化接触的结果。”⑬李济先生认为，殷商时代的中国文化建筑于普遍传布于太平洋沿岸的原始文化之上；而殷商时期伟大的青铜文化的复杂来源中，也有与两河流域——即中央亚细亚有密切关系的部分。⑭ 剑桥大学人类学教授郑德坤先生根据考古发现在 1963 年谈到，“中国与其他文化区域交通的开始，实远在旧石器时代，当时已有异族杂居于中原。从这远古的时代起，中国就是一个多种族聚集的区域。”⑮显然，中国先民的生活经验并不拘于一地，而他们为着生存和安全所游走的范围更加广阔。所以，中国文明的早期——曾经多样和鲜活的文明早期，是在一个辽阔的背景下伸展开来的。⑯

在这样的范围内，论述早期中国人的信仰生活及其动物认知显然是一件极其困难的事情。但是，我们并不是没有线索。按照古代汉语文献搜索，我们会得到一个相对较为方便的路径，但是它的限度也是极其明显的。本文所描述的早期中国人生活的环境，基本是处在欧亚大陆东部广大地域里的境况。它的北部四季分明，它的南部温润湿热，它的西部有雪山、绿洲和沙漠，它的东部面临广阔的海洋。而它的同样丰富多样的居民就是本文论述的中国人。

---

⑬ 李济：《中国文明的开始》，江苏教育出版社，2005 年，第 18 页。

⑭ 李济：《中国文明的开始》，江苏教育出版社，2005 年，第 105 页。

⑮ 郑德坤：《中国的传统文化》，台湾地平线出版社，1974 年，第 12 页。

⑯ 常任侠先生在《中国的文明》一书译序中也指出：近半个世纪以来，考古发掘方面，有关旧石器初期的文化遗址，发现了三四百处，分布于大约二十五个省、区、直辖市的大约近百个县市，“可以证实中国各民族从自己的土地上创造文化，由旧石器向新石器一步步向前演进，以达到灿烂的文明”。《中国的文明》，雷奈·格鲁塞著，黄山书社，1991 年。

中国人的动物观是怎样建立起来的？他们有什么样的爱护动物的古老观念？他们的先人经历了怎样的生活而得到他们的动物观念乃至信仰？这些都是本文感兴趣的问题，也是本文要不断讨论和考察的主题。

二、《山海经》与《诗经》：早期中国人生存与情感实录

就古代地理、历史、巫谶和神话传说以及古人的生活经验而言，《山海经》是一部值得重视的古代文献。迄今为止，我们能够对早期中国人的生活环境及其动物观有所了解，也多半得益于此书。

《山海经》成书年代久远。一般认为，这部书写成于战国至汉代期间。有学者更细分为战国初年至汉代初年。[17] 也有学者认为《山海经》成书年代应该更早，特别是《山海经》中的《大荒经》和《海内经》记事古老，神怪最多，写作时代当在周室东迁以前。[18] 这个说法的有趣之处，在于和《山海经》所记事物之多样、山川湖海之非凡气象相呼应，说明成就《山海经》者绝非囿于一地之经验。至于《山海经》的写作者是谁，出于哪里，历来说法不同。仅按照近人看法，就有古代巴蜀之人说，[19]有楚地之人说，[20]等等。不过，若从《山海经》所展现的广阔眼界、所载山川草木和所集录之陆地、海洋动物种类、以及人物、神怪遨游的范围看，《山海经》远非一人一时能够写作。

《山海经》的记述表明，早期中国人不仅来自极其辽阔的地域，而且有着非凡的经历。李济先生在《挖掘出中国的历史》一文中，谈到二十世纪三四十年代一些外国学者对山顶洞人的研究，其中谈到虎顿教授(Professor E. A. Hooton)的观点，即山顶洞老人的头骨几乎与近代虾夷人的头骨相同。虎顿教授在其名为

---

⑰ 袁珂:《中国神话传说》,中国民间文艺出版社,1984 年,第 19 页。

⑱ 蒙文通:《略论山海经的写作时代及其产生地域》,载《中华文史论丛》第一辑。近年还有人认为《山海经》的第一位作者生活在大禹之世,最后一位作者生活在商朝初年。参见扶永发《神州的发现》,云南出版社,2006,昆明。这与古已有之的山海经古图为禹鼎图之说相符。

⑲ 参见蒙文通《略论山海经的写作时代及其产生地域》,载《中华文史论丛》第一辑。

⑳ 参见袁珂《中国神话传说》,中国民间文艺出版社,1984 年,第 20 页。

《从猿上升》一书中,把山顶洞的发现和《山海经》中毛民的传说联系起来加以考证。[21] 毛民在《山海经》之《海外东经》和《大荒北经》中都有记载。《海外东经》曰"毛民之国在其北,为人身生毛"。《大荒北经》说"有毛民之国,依姓"。《晋语》有曰"黄帝之子二十五宗,得姓者十四人,为十二姓,中有依姓也"。毛民游走的区域约为现今中国东北、西伯利亚东部、库页岛及日本一带。不过,按照虎顿教授的意见,毛民也可能到过周口店一带,并与古代虾夷人关系密切。虾夷人生活在日本北部,体貌多毛,与《山海经》中所述毛人非常相像。李济先生认为,《山海经》的作者和它的注释者显然都多少熟悉毛民的外表,"要不然,他们的描述不会和现在仍然生活在日本北部的近代虾夷人的外貌那么相符。"[22]看起来,《山海经》的写作者至少有在远古时期的北部生活的经验。

当然,若看《山海经》所记载的居住于南方的黑人,我们又会对古人见闻之广感到惊讶。据《山海经·海内经》,"南方……又有黑人,虎首鸟足,两手持蛇,方啖之。"《山海经》的作者若不熟稔居住于古代南方的黑人部族,不了解其以吃蛇为标志的生活方式,恐怕也不能生动地记载其事。至于《山海经》一书对于西南西北之地理风俗和东部临海地之事迹的记载,同样极其丰富。我们宁可相信,《山海经》是集多人智慧在不同的生存环境中陆续创作和记录下来的。《山海经》所记述的地理、历史和四百多种神怪动物,应该是早期民人散布于辽阔地域时期所见所闻的一部分。那种把远古人的识见和生存状态局限于一地的想法至少是不明智的。[23] 远古先人的实际阅历要比后来记其事的书籍更丰富,乃是一事实。

《山海经》共录十三经,约三万一千字。与今人动辄撰集几十万字却不知所云相比,古人是简约的典范。据考证,《山海经》乃据图为文,先有图后有文。虽然《山海经》古图早已亡逸,但是按照图画加以解说的文字风格仍然很清楚。[24]

㉑ E. A. Hooton:*Up from the Ape*,纽约,1946,转引自李济《中国文明的开始》,江苏教育出版社,2005年,第10页。

㉒ 李济:《中国文明的开始》,江苏教育出版社,2005年,第10页。

㉓ 参见扶永发《神州的发现》,云南出版社,2006。该书作者认为《山海经》记载的是云南西部远古时期的地理。该书作者按照今日华里的3.3%左右换算《山海经》中之里程,以便把《山海经》所描述的广阔生活缩微至云南西部某地。

㉔ 参见马昌仪《古本山海经图说》序言,山东画报出版社,2002年。

也有研究者认为,《山海经》是一部“左图右史”的著作。明清之际,曾出现数种不同版本的山海经图,到晚清甚至民国早期,《山海经图》曾经在全国各地广为流传。[25] 就今人方便阅读的标点简体字本而言,袁珂校注的《山海经校注》,马昌仪所撰《古本山海经图说》(以下简称《图说》),都是值得推荐的版本。[26]

就古代中国人展现的对自然品物的理解和对社会生活的知识而言,《诗经》是另一部值得赞叹和重视的古代文献。这部以诗篇形式表达早期中国人情感和生活状态的诗歌总集产生于周代。《诗经》总共保存了三百多篇古代诗歌,记述了西周社会乃至更早期中国人有感而发的思绪和对自然景物的认知。在那个时候,中国先人表达自己所见、所闻、所思、所感,是那样的朴实无华,醇厚自然。

《诗经》所展现的早期中国人对于自然万物的观察和体悟非常迷人,对动物品性的了解和寓意更是动人。诗经的作者善于“托物言事”“借物抒情”。因之,诗三百涉及的草木鸟兽多达数百种,仅鸟兽就在百种之多。以至孔子认为诗经有“多识鸟兽草木之名”的功用。[27] 《诗经》以及近人对《诗经》中自然品物包括动物的考证研究为本文观察早期中国人对待动物的态度提供了有用的知识。[28]

三、早期中国人经验中的动物

早期中国人经验中的动物,比如《山海经》《诗经》中所呈现的动物,在其特性、与人之关系,及其被赋予的价值上,有三个方面极其引人注意:第一在动物与人的相似性;第二是动物与人可以互换转形,并拥有共同的器官,甚至有亲戚友

---

[25] 鲁迅先生在20个世纪30年代曾谈到,小时候看到长妈妈从乡下给他买的几种印制粗糙的《山海经》的难忘印象。鲁迅《阿长与〈山海经〉》。晚些时候,郑振铎先生曾经收集辑录过《山海经》古图本。

[26] 马昌仪:《古本山海经图说》,山东画报出版社,2002年。袁珂《山海经校注》,巴蜀书社,1992年。袁珂译注《山海经全注全译本》(郭璞旧注),台湾古籍出版公司,1998年。马昌仪《古本山海经图说》整理不同版本明清古图,比照排版,解说兼顾学术与通俗,对今人理解远古先民的动物观有重要参考价值。本章在众多《山海经》文本以及《山海经》校注、译注本中主要参考是书。

[27] 《论语・阳货》。

[28] 参见[日]冈元凤纂辑,王承略点校、解说的《毛诗品物图考》,山东画报出版社,2002年。

朋关系；[29]第三是动物被赋予道德品性，有吉凶善恶之别。这三个方面彼此关联，形成早期中国人的动物观。这种动物观反映古人对自然秩序的认知、信仰和中国文化中的天人关系，对中国文明早期传统的形成有重要影响。在中国文明此后数千年发展中，这种传统一直以不同方式塑造、影响着中国文化的品格和特性。

（一）动物与人的相似性

● 动物犹人，血肉俱备

在《山海经》中，描述人与动物之共同性的地方比比皆是。不拘鸟兽虫鱼，也不拘瑞兽畏兽，《山海经》的创作者总是能够发现一些动物与人共同具有的生物特征。比如《山海经》记载一种动物，名叫狌牲。这种动物不仅能如人一般行走（"人走"），而且能知晓人的名姓。据《山海经·海内南经》，"狌牲知人名，其为兽，如豕而人面，在舜葬西。"袁珂《山海经校注》："案狌牲即猩猩。[30]"马昌仪《图说》引古书说，猩猩能言。[31]《淮南子·记论篇》记载猩猩知往事而不知未来。从这些记述看，狌牲颇有一些人类的特性。马昌仪《图说》所集《山海经》不同古图本所画之狌牲，有猴形，也有人面而猪身形者，更有与人形相同者。其中，明代胡文焕绘本《山海经图》（以下按《图说》体例简称胡本）中的狌狌即为人形，头发长，有胡须，站立行走，一手拈花一手牵幼子。[32] 观之如同古代父子图。对于另外一种猿类动物——嚣，胡本所绘，直如一长着尾巴的小儿，甚为可爱。

我们似乎不能将此理解为古人分不清人类与猿类（包括狌牲）的分别，那就看低了古人的智慧。在远古时期，猿的种类和数量远比现在为多，与古人生活的区域应相距不远。所以，早期民人非常熟悉猿类，能看到猿类包括狌狌和嚣等动

㉙ 关于早期中国人与动物之间密切关系的研究，极有趣味，值得深入探讨。张光直先生在探讨商代之巫与巫术时，曾略述殷商时代人与动物关系。他曾指出，"从殷商美术上看，人与动物的关系是密切的；这种密切的关系采取两种形式：一是人与动物之间的转形，一是人与动物之间的亲昵伙伴关系"。本文作者的研究早期中国人与动物关系的看法相同认知或可帮助我们理解动物在早期中国人生活中的重要性，以及动物与早期中国人之间的关系。参见张光直：《中国青铜时代》二集，三联书店，1990 年，第 58 页。

㉚ 袁珂校注《山海经校注》，巴蜀书社，1992 年，第 1 页。

㉛ 马昌仪：《古本山海经图说》，山东画报出版社，2002 年，第 2 页。

㉜ 参见马昌仪著《古本山海经图说》，山东画报出版社，2002 年，第 4 页。

物不仅有血有肉，喜群居，还有着与人相似的家庭和社会生活。按照现代知识，我们知道，猩猩是高等灵长类动物，有自己的尊卑长幼和社会关系。这些知识，早期中国人通过实际观察早已获得了。古图传承下来的情景便是真实的描述。

《图说》所集古图中的嚻也有两种形状，一种是猿猴状的，一种是人面兽身的。据《图说》，明代蒋本所画嚻兽，长臂轻舒，双手紧握树杈。《山海经·西山经》说嚻兽"长臂，善投"。从古图中，看不出嚻怎样善投。不过，《山海经·西次三经》记载的另一种猿猴类动物，名叫举父，其状如禺而文臂，也"善投"。其中一幅古图所绘举父，手里高举一块石头，瞪目直视前方，确是善投的样子。《图说》解举父或为夸父，并引郭璞注说，举父像猕猴，毛色黄黑，多髯须，好奋迅其头，能举石击人。㉝

《山海经》中善投的猿猴类动物，还有一种，名叫山𤟤。据说这种动物生长在狱法之山，"其状如犬而人面，善投，见人则笑。"《图说》引"刘逵注云：'𤟤子猿类，猿身人面，见人则啸，啸盖与笑通。'"㉞这就解释了山𤟤为何"见人则笑"。至于善投掷，山𤟤既属猿类，盖本善投。古人对于"善投"的猿类如举父、山𤟤和嚻等印象深刻。或许，早期人类因为食物链的缘故，与这些猿猴类动物起过"摩擦"，一些人还中过举父或嚻们投掷的石块也说不定。

● 动物有喜怒哀乐

《山海经》所记载的幽頞是一种爱笑的动物。据《山海经·北山经》，幽頞长于边春之山，"善笑，见人则卧……其鸣自呼"。从幽頞"其鸣自呼"来看，这种动物应该是猿。晋代郭璞《图赞》解"幽頞似猴（猿），俾愚作智。触物则笑，见人佯睡。"㉟据《图说》，这种动物样子像猕猴，不但爱笑，还爱耍小聪明，见人则倒下装睡。按见人倒下"装睡"，其实也许是"装死"，许多动物都有闭气装死以逃生的本能。大概古人早就看穿了动物的这类小诡计，所以有"见人佯睡"一说。胡本《山海经图》画幽頞为人面兽身，笑面而虎身羊蹄，去猿也远。㊱ 不过，幽頞脾性

㉝ 参见马昌仪著《古本山海经图说》，山东画报出版社，2002年，第104页。

㉞ 同上，第217页。

㉟ 转引自马昌仪：《古本山海经图说》，山东画报出版社，2002年，第201页。

㊱ （明）胡文焕：《山海经图》，载《中国古代版画丛刊二编》，第一辑，上海古籍出版社，1994年。

可爱,其面目必然大善。爱笑不过是幽頞善良的一个表现。蒋本、汪本所画幽頞都是面目聪慧的猴类。[37] 远古人看动物大体与己相类,并无后来人独尊人类为万物之首的思想习惯,因而能够发现动物天性有趣的方面。幽頞爱笑就是一例。

古人不但发现爱笑的动物,还发现爱骂人的动物。《山海经·中次七经》记载,"苦山,……有兽焉,名曰山膏……善詈。"《图说》引《五侯鲭》曰,"山膏生苦山,善骂。"又解山膏即山都,是一种怪兽,样子像猪,好骂人。[38] 喜欢骂人的动物生长在苦山,真是恰如其分。看来古人对山膏这种动物好骂人的特征印象深刻。至于山膏怎么骂人,书里没写,我们也无从知晓。这种知识大概只有亲历者能够获得。

有趣的是,古人不但相信有爱骂人的动物,还相信有害怕被人骂的动物。及至清代,还有类似传说,可见传习之深远。据《清稗类钞》,有一种动物被呼为"野婆",长于邑、宜以西,"黄发椎髻,跣足裸形,俨然一媪也"。这种梳着发髻像一位妇女一样的动物,喜欢偷盗人家的子女,然而性格多疑,"畏骂。已盗,必复至失子家窥视之。其家知为所窃,则集邻人大骂不绝口,往往不胜骂者之众,则挟以还之"。[39] 野婆是动物而畏惧被人骂,看来是有羞耻感,能"挟以还之",则是有德行了。野婆的社会群体全部为雌性,所以,野婆遇到男性人类也一样不客气,"必负去求合"。《清稗类钞》另有貜父条,可以与此对照。据说貜父长得像猕猴,但是比猕猴大,"毛色苍黑,长七尺,人行,健走"。相传这种动物遇到妇女必攫去,所以被叫作貜父。[40] 看上去,这种动物的行为颇像抢夺妇女当压寨夫人的山寨强盗呢。

动物与人,在脾性上面还真有相似之处。

● 动物乐生畏死

古代有一种动物叫作兕。《山海经·海内南经》记载,"兕在舜葬东,湘水

㊲ 参见马昌仪著《古本山海经图说》,第 201 页。《图说》所列蒋本为明代蒋应镐绘本《山海经(图绘全像)》,所列汪本为清代汪绂释《山海经存》。山东画报出版社,2002 年。

㊳ 马昌仪:《古本山海经图说》,山东画报出版社,2002 年,第 346 页。

㊴ 徐珂编《清稗类钞》第十二册,中华书局,1986 年,第 5501 页。

㊵ 徐珂编《清稗类钞》第十二册,中华书局,1986 年,第 5505 页。

南，其状如牛，苍黑，一角。"《南次三经》说，"祷过之山……其下多犀、兕。"《诗经小雅·何草不黄》曰："匪兕匪虎，率彼旷野。"《辞海》解兕为古代犀牛一类动物。《辞源》说古书中常拿兕和犀对举，并引《尔雅·释兽》，认为兕似牛，犀似猪。《山海经》把兕和犀分为两种动物。《本草纲目》说兕就是雌犀。《毛诗品物图考》引《典籍便览》曰，"或云兕即犀之牸者。一角，长三尺，又云古人多言兕，今人多言犀；北人多言兕，南人多言犀"。[41] 可知兕与犀乃同一种动物，只是雌雄大小不等而已。

古代的兕（犀牛）有一角、二角、三角者。《图说》解兕为独角兽，并且是"文德之兽"，所以，兕成为后世青铜礼器及画像石图饰。最有趣的，是《图说》引《三才图会》中有关兕的故事：兕像虎比虎小，非常文静，"夜间独立绝顶山崖，听泉声，好静，直至禽鸟鸣时，天将晓方归其巢。"[42]这千斤之重的犀牛，不食人，只喜好独自待着。它享受生命乐趣的方式，就是在静谧的夜晚，独自伫立于绝顶山崖上，听泉水淙淙、虫鸣鸟唱。富有诗意的早期中国人牢牢记住了犀牛独自望月的浪漫意境并把它展现在礼器和日常生活器物上，比如有犀牛望月图案的画像砖，也有犀牛望月砚和铜镜等。

动物乐生，喜欢过自己悠闲的日子，并有自己的美妙品性。古人对此深信不疑，因而有美妙的动物故事流传。但是，这种传统在充满征战和掳掠的实际生活中也很脆弱，就像涓涓溪流被裹挟到一股更强大的洪流中，消隐难见。就比如犀牛在中国的命运，虽有动人传说流传下来，但是犀牛的实际命运却是在中国大地上的灭亡。因为兕（犀牛）温和，"不食人"，全身都被古人视为有用的东西。这也是灾难之源。犀牛皮厚，可以制甲，有犀甲之称；可以制车，有犀车之属。犀角，可以制器，可以制药。[43] 所以，在很早以前，你在中国大地上就看不到犀牛这种温良的动物了。哪怕在静静的夜晚，在深山老林的悬崖绝顶，你也不可能看到

---

[41] ［日］冈元凤纂辑，王承略点校：《毛诗品物图考》，山东画报出版社，2002 年，第 208 页。

[42] 马昌仪：《古本山海经图说》，山东画报出版社，2002 年，第 43 页。

[43] 《辞海》（上海辞书出版社 1979 年）"犀"字有如下解释："犀的肉可食；皮可制鞭、盾和其他用品；角是珍贵的药材，有凉血、解毒、清热作用。"《辞海》"犀"条下还有一衍生词条："犀角地黄汤"，其主要成分是犀牛的角。在这样的条目下，犀牛纯然是为了"犀角地黄汤"进化出来的。今天，人的利用、特别是东亚汉方药用的需求和消费，已经成为温和的犀牛在全球范围内被偷猎和被灭绝的重要因素。

这安静的食草动物自得其乐地伏在那里欣赏泉水叮咚流淌了。

动物乐生,当然畏死。就如犀牛这样喜欢安静的大型食草动物,被猎杀时也充满恐惧和痛苦吧。前面谈到的狌狌(猩猩),因为“迅足”、跑得飞快而被古人认为“食之善走”。古人俘获猩猩的办法大概很多。传说猩猩“特别好酒和草鞋”,常常百余头为一群,出没于山谷之中。所以,土人常在路上摆上酒和几十双连在一起的草鞋,等猩猩过来上当。猩猩“知人名”,走过一看,便知摆放这些东西的土人和他们祖先的名字。开头,猩猩“喊着土人和他们祖先的名字,一边大骂‘诱我也’,一边走开。不一会又返回,互相嚷着喝酒,还把草鞋套在脚上。喝不多少便大醉,连着的草鞋让他们跑也跑不动,便被土人捉住”。[44] 这是马昌仪《图说》引《唐国史补》里的故事。《图说》又引《水经注·叶榆河》说,“猩猩兽‘善与人言,音声丽妙,如妇人好女,对语交言,闻之无不酸楚’”。[45] 猩猩能够理解人言,还可以与人交谈。这一点,古人不疑。可是,为什么“闻之酸楚”呢?试想一下,与被俘获的猩猩“对语交言”,人会不会闻之酸楚?一定会。动物涕泪哀语,人岂能不哀?猩猩被掳获而将就死,其言必哀。古语有“鸟之将死,其鸣也哀”。今人知道,果子狸被宰杀时,会涕泪横流。何况亲子家庭进化程度较高的猩猩。

生是一切动物的本能。动物与人相距几希?古人与动物越是接近,了解得越是清楚,越是会悲从中来。

(二)动物与人可以互换转形、拥有共同的器官、有亲戚朋友关系

● 盖羽虫之能人言者,必有人形之一端

早期中国人相信,鸟兽动物如果能发出人声的,一定具有人的一种特征。比如鹦鹉,如果不具有“人形之一端”,怎么能学人说话呢?《山海经·西山经》载:“黄山……有鸟焉,其状如鸮,青羽赤喙,人舌能言,名曰鹦䳇。”鹦䳇即鹦鹉。古代人认为,“此鸟其舌似小儿,故能委屈其音声以像人耳;又鸟目下睑眨上,唯此鸟两睑具动如人目。盖羽虫之能人声者,必有人形之一端。”[46]

㊹ 马昌仪:《古本山海经图说》,山东画报出版社,2002 年,第 2 页。

㊺ 同上。

㊻ 《尔雅翼》,转引自马昌仪:《古本山海经图说》,山东画报出版社,2002 年,第 85 页。

《山海经》记载一种蛇,名曰化蛇,其状如人面而豺身,鸟翼而蛇行,其音如叱呼。这种蛇有类似人的面孔,它叫起来像人怒斥时叱呼一样也就不奇怪了。还有一种动物,名叫那父。这是一种奇兽,“状如牛而白尾”,叫起来犹如人在呼唤。另有一种动物,名曰马腹,“人面似虎”,是食人畏兽。它的声音就像婴儿一样。《山海经·北山经》也记有一种动物,名曰窫窳,“其音如婴儿,是食人”。这种动物“状如牛而赤身,人面马足”。吃人畏兽窫窳,偏偏有着婴儿一般的声音。

除了能发人声而有人形之一端外,有些动物还能行人之某种行为。比如《山海经·西次四经》记有一种动物,名曰孰湖。孰湖有马的身子,长着鸟的翅膀。“人面蛇尾,是好举人”。《图说》引郭璞《图赞》曰“孰湖之兽,见人则抱。[47]至于孰湖为什么见人则抱,却没有说明。《山海经》古图中的孰湖图,无论蒋本、汪本还是《禽虫典》本所画者,都非常可爱。只是,从古图所见,孰湖为人面马身、四脚着地之兽,不知怎样抱人或举人。动物而喜好抱人、举人,听上去确实非常有趣。以人类的经验,成人对自己的子代,好抱好举,其他动物,如灵长类动物(特别是雌性)也抱自己的子代。

● 动物拥有与人相似的器官

动物既然能发人声,并有人的一些行为,那么,动物拥有人类的某种器官,比如人的头或肢体或眼睛口鼻,等等,就是极其自然的事情。《山海经》里记载了许多拥有人类眼目或其他器官的动物。《山海经·北山经》记有一种动物,名叫诸怀。它的形状像牛,长有四个角,“人目,彘耳”。这种动物是食人畏兽,叫声如雁鸣一般。从《图说》所列《山海经》古图本所画诸怀来看,诸怀的身体类牛,眼目则类人,当然,也可以说类牛。盖牛眼去人眼并不远。特别是有一种古图本所画诸怀,眼睛上的睫毛也历历可数。

古人对于动物的眼睛似乎非常在意,观察仔细。动物恐惧、安乐或者狡黠之类,都在眼睛中反映出来。古人对此显然能够感同身受。

《山海经》记有一种鸟。其名曰瞿如,白首、三足、人面。有一种古图本所画瞿如,为鸟身女儿面,楚楚动人,惹人怜爱。《山海经·南山经》中还记有一种怪

---

[47] 马昌仪:《古本山海经图说》,山东画报出版社,2002 年,第 177 页。

鸟,名字叫作颙。颙鸟"其状如枭,人面四目而有耳"。见着这种鸟,"天下"就会大旱。《图说》所列《山海经》古图,除一种外,所画颙全都是人的面孔而有鸟的身子。其中胡本所画的颙鸟,有实在的四只眼睛,其他如蒋本、《禽虫典》本不过在眼睛上面画眉毛而已。蒋本还特别画了重眉,看上去像是四眼。在鸟类中,猫头鹰有耳朵而面貌类人,大约与颙同属鸱鸮科。

旧传枭食母,被古人视为恶鸟。所以古书说鸮为恶声之鸟。《诗经·大雅·瞻卬》曰"哲夫成城,哲妇倾城。懿厥哲妇,为枭为鸮。"诗的意思是说,聪明的男人立国,聪明的女人毁国,而那聪明的妇人,就是害人的枭和鸮。原来,聪明妇女会使国之倾覆,是远古就有的偏见,而意象的联想竟是枭或鸮。《辞源》解枭为鸮,主食鼠类,益鸟也。

《山海经》所记另一种动物诸犍,人牛结合,更是怪异。《山海经·北山经》写诸犍其兽,身子像豹子,长着长长尾巴,有人的头和牛的耳朵,却只有一只眼睛。这种动物爱怒叱,"行则衔其尾,居则蟠其尾"。《图说》所列诸犍古图,都是头部正中有眼一只,虽颇中正,终究去人面貌也远。不过,还有更奇异的动物,也长着人的面貌,并有着婴儿般的叫声。据《山海经·北次二经》,在钩吾之山,有一种食人畏兽名叫狍鸮,"羊身人面,其目在腋下,虎齿,人爪,其音如婴儿"。郭璞注曰,狍鸮"为物贪婪,食人未尽,还害其身,像在夏鼎。《左传》所谓饕餮是也。"[48]原来狍鸮乃饕餮,是"食人如物"的贪婪之兽。《图说》列蒋本汪本所画狍鸮,都很有意思:狍鸮的眼睛统统长在腋下,样子却是人眼。特别是蒋本,所画狍鸮兽面部无眼无鼻,只有露出锯齿般牙齿的大嘴,甚为恐怖。汪本所画狍鸮却是有眼有鼻的人模样,还有笑容。不过,毕竟是"食人如物"的怪兽。

狍鸮演化为饕餮,恐怕是传说和想象的结果。至商周时代,饕餮已成为装饰美术中常见的动物母题。[49] 著名的饕餮纹即由此而来。或许,古人要借饕餮传达一种令人生畏的感觉。

一种动物集有人或多种动物的器官、面貌、声音等,在上古文献中并不少见,《山海经》中尤其多见。对于此类动物,存在两种可能的解释。一种是当时真有

---

[48] 参见《辞源》卷三,狍鸮条,商务印书馆,1984年,第1998页。

[49] 张光直:《中国青铜时代》,三联书店,1983年,第291页。

其兽、鸟或者鱼类。比如,今之麋鹿,就是一种集多种动物特征于一身的动物,头似马非马、角似鹿非鹿、身似驴非驴、蹄似牛非牛,故称“四不像”。这种特产于中国的动物于1900年在中国本土灭绝。1985年,英国政府好意回赠中国几十头麋鹿。这一奇特的动物种群才得以在中国逐渐恢复。如果没有后一段佳话,或许,今人会怀疑,古人称之为“四不像”的动物是否真的存在过。此外,驯鹿也是一种具有一些“四不像”特征的动物。随着众多动物物种的消失,特别是一些集多种动物或人的器官于一体的动物的灭绝,古人的描述往往被今人认为幼稚、蒙昧未开。这是自比优越的浅见。古人对各种动物的了解靠亲身体验,富常识而少猜测,比今人之重研究少实践,往往切合实际。

另一种解释,就是古人看动物,大率与人相同。这一点似乎不难理解。所谓人的器官,动物具备。人有口鼻,动物也有,人有眼目,动物也有。而眼睛通常总是一双,鼻孔鲜有单只,嘴巴只有一个。这些基本特征,动物与人是一样的。所以,仔细观察动物,我们总能在动物面部看到人脸的一些特征,特别是一些较大的哺乳类动物,比如猿类猴类、牛羊虎豹等,鸟类同样如此,更别说猫头鹰等富有表情的大型鸟类了。20世纪90年代,在野蛮食用野生动物的热潮中,一些被囚禁在餐馆里的猫头鹰,缩肩站在笼中,大眼睛扑哒扑哒地眨动着,就像受了伤害的人一样可怜。这是一位亲眼看到餐馆里待宰猫头鹰的人的描述。[50] 古人没有自高于动物,更能体会动物与人的相似之处吧。

观动物如观人。这是远古人聪慧的地方。古人乐道动物与人之间的亲缘关系,说明古人富常识而少物种的傲慢。只是到了晚近,人才对自己身上的动物性或与动物相似的器官感到羞耻,避谈人与动物的相似性。去古越远,人类社会越是向高科技发展,人与自然的关系就越加疏离,人对动物的样貌越加认识不清,对动物的感受也越加不能理解。今天的中国社会发生那么多奴役、虐待动物情事,都与此有关罢。

● 动物与人的亲族友朋关系

动物可以拥有人类的某些器官和面目,当然也可以是人类的亲戚朋友。远

---

[50] 源自友人鲁小峰对1990年代广东某些餐馆中被俘获的猫头鹰的描述,2005年采访。

古人的见识真是好。在丛林密布、荒草遍野的新世界里，还有比拥有动物亲戚和动物朋友更好的事情吗？只是，这些观念并非权宜之计，而是真实信仰。考察早期中国人与动物的亲族友朋关系，我们会看到，有一些动物是因为力量或忠勇的品性而被人认作亲友；有一些动物则只是因为灵性或“性本自然”而获得人的好感。

轩辕黄帝与熊的亲族关系就很有意思。黄帝号有熊氏。为什么号有熊氏呢？按照《史记·五帝本纪·集解》解释，号有熊氏，是因为黄帝“本是有熊国君之子”。但有研究者认为，极有可能，熊曾经被黄帝一族认作亲族，并作为他们的护佑者受到崇拜。所以，黄帝才号有熊氏。[51] 熊被古人认为是有灵性的动物，曾是人的亲族，也曾被认为是吉兽。《诗经·小雅·斯干》有诗句曰：“吉梦维何？维熊维罴。”梦中出现熊罴，是吉祥之梦，兆生男子。说明到周代还延续以熊为吉兽（甚至亲族）的传统。

熊与罴，实则不同种类的熊。《尔雅》曰，罴如熊，黄白文。《辞源》解罴比熊大，俗称人熊。罴即今之棕熊，生于北部温寒地方，“猛憨多力，能拔树木”。熊不仅力大，还有忠勇品性，所以能与人亲近。黄帝乃北方大神，所以能率威猛亲族——熊罴以战。《列子·黄帝篇》记载，黄帝战炎帝于阪泉之野，“帅熊罴狼豹貙虎为前驱，雕鹖鹰鸢为旗帜”。《史记·五帝本纪》也说，“轩辕……教熊罴貔貅貙虎，以与炎帝战于阪泉之野。”唐代司马贞认为有六种猛兽可以教战，并引《周礼》，“有服不氏，掌教扰猛兽。即古服牛乘马，亦其类也。”（《史记·五帝本纪·索引》）黄帝帅熊罴貔貅貙虎与炎帝战，即此类。这类经验不仅中国有，其他古国也有。在古代印度，熊同样是非常有用和忠勇的动物。传说毗湿奴的儿子詹博哈温就曾率领一支英勇的熊军，为罗摩效命。

在早期中国人的传说中，黄帝是一个天神，又是一位人帝。他似乎是人和神共同的老祖宗。[52] 按照《山海经》的记载，黄帝更像是一个天神。“槐江之山……实惟帝之平圃。神英招司之。”“昆仑之丘，实惟帝之下都。神陆吾司之。”不过，

---

[51] 参见袁珂《中国神话传说》，中国民间文艺出版社 1984 年，第 10 页。袁珂认为，“黄帝号有熊氏，可能黄帝是属于熊的图腾。”图腾（Totem）一词，语出北美亚尔京干人（印第安人之一支），意思是“它的亲族”。

[52] 参见袁珂《中国神话传说》第二章，中国民间文艺出版社，1984 年。

按照上述《史记·五帝本纪》所载，黄帝则为早期中国人的一个先祖。察看今人祭祀黄帝，并不是祭祀天神，而是祭拜人祖。只是，黄帝号有熊氏，与熊类的特殊关系似乎逐渐被历史记述疏忽了，以至于今人不能察熊与黄帝一族有过的亲族关系。[53] 实际上，就是治水的大禹，也曾变身为熊，去打通轘辕山。可见熊对于早期中国人有非凡的意义和影响。

早期人类对于被自己视为亲族的动物，总要敬畏三分，不仅以时祭拜，还不能伤害或食用。反观熊类在今天中国大地上所遭受的被活熊取胆的不幸命运，无异于后人伤天害祖的证据。与其大肆祭拜黄帝祈福，倒不如不去伤害黄帝一族曾经的"亲族"，更能得到先祖黄帝的庇护呢。

视动物为亲族朋友的早期传统不单是黄帝一族。后来禅让天下的舜，也就是帝俊，也把五采鸟当作自己的朋友。这位帝俊，"就是那个生了殷民族的始祖契和周民族的始祖后稷的帝喾，也就是那个在历山脚下用象来耕田后来当了皇帝的舜。"[54]他不但自己长着鸟（玄鸟）的头，还和东方的五采鸟成为亲密的朋友，《山海经·大荒东经》曰，"大荒之中……，有五采之鸟，相乡弃沙。惟帝俊下友。帝下两坛，采鸟是司。"《大荒西经》曰："五采鸟有三名，一曰皇鸟，一曰鸾鸟，一曰凤鸟。"袁珂先生根据凤字的甲骨文，认为五采鸟是有如孔雀一般的鸟类。[55]马昌仪《图说》解五采鸟是凤凰一类神鸟，是祥瑞之鸟。这些五采鸟天性祥和，成双成对地在大荒之中盘旋而舞，喜乐自得。她们不仅是帝俊的朋友，还管理着帝俊在下方的两坛呢。人们喜爱这些美丽自然的五采鸟，见到她们就觉得天下也跟着安宁了。

古代中国这地方，原本住着许多不同的族群和民族。他们都有自己的祖先崇拜和神话传说。这些传说无一不与动物相关。其中许多关于动物祖先的传说与早期中国人的传说有交叉或相似之处。这对研究族群和民族起源或有参考意义。

在北方一些民族，比如鄂伦春、鄂温克族中，流传着熊是其祖先或者其民族

---

[53] 按照袁珂先生说法，是因为一些先生，嫌其不雅驯而故意不予记载吧。参见《中国神话传说》（上），中国民间文艺出版社，1984年。

[54] 袁珂：《中国神话传说》，中国民间文艺出版社，1984年，第234页。

[55] 同上，第236页。

与熊有神秘的血缘联系的传说。他们认为熊具有未卜先知的超凡能力，能预知人的行为。所谓通人事、晓人踪。熊受到这些民族的崇拜，并被认作祖先。比如，鄂温克人称公熊为“合克”（即曾祖父），称母熊为“鄂我”（即曾祖母）；鄂伦春人称公熊为“雅亚”（即祖父），称母熊为“太贴”（即祖母）。人们即使猎熊，也有许多禁忌。[56] 或许，这些认熊为亲族的族群是黄帝一族在迁徙征战过程中遗落在北方的部落呢。

在蒙古人的传说中，有许多关于他们祖先的故事，其中苍狼和白鹿的传说最令人神往。传说有一只奉上天之命降生的苍狼，与一只渡过西方大湖而来的白鹿，互相爱慕结为配偶。他们生下一个男孩巴塔赤汗。这个男孩就是成吉思汗和忽必烈的祖先。蒙古人深信，他们是苍狼与白鹿的后裔，并以体内流着苍狼与白鹿的血为荣。[57] 在古代蒙古人看来，苍狼有着犀利、慧黠的双眼，瘦长而强韧的四肢，更有坚强的意志，能够在雪原强风中奔驰。最重要的，苍狼还是爱护幼仔、家族感极强的动物。在特殊境遇下，一些母狼甚至还会哺育其他动物的幼仔，是坚韧而有情意的动物。[58] 而鹿却是温柔而美丽的，特别是白鹿，更为纯洁。她们轻灵地出没于茫茫草原上，就像欢乐的鱼儿游在水中。[59] 狼与鹿看似矛盾的品性同时被蒙古人珍重，视为神圣。可知一味地强悍凶猛并不是蒙古人崇尚的品格。

在南方一些民族里，比如畲、瑶、苗、黎等族中，曾流传着关于狗皇盘瓠的传说。狗不仅是人真正的亲戚，还是人的祖宗。所以，在这些民族中流行各种祭祀狗皇盘瓠（或盘王）的仪式，民人衣着或是日常用具上也装饰有象征与狗皇盘瓠关系的饰物和表记。这些民族不仅自己不食狗，在别人食狗肉时也要躲避，否则就认为会惹来上天惩罚。狗皇盘瓠的传说，到了三国的时候，被《三五历记》的

---

[56] 参见乌丙安《中国民间信仰》，上海人民出版社，1996 年。

[57] 中国传统上对白化动物亦非常看重。《述异记・鹿》载，“鹿千年化为苍，又五百年化为白，又五百年化为玄。”在环太平洋文化圈中，也有一些例证。在日本，也有关于白鹿为神的记载（《日本书纪》），参见王金林著《日本人的原始信仰》，宁夏人民出版社，2005 年。

[58] 对于白狼，中国传统上也极为尊崇。《瑞应图》有：“白狼，王者，仁德明哲则见；又王者进退准法度则见。”郭璞《图赞》有：“矫矫白狼，有道则游……惟德是适，出殷见周。”

[59] 中国古籍《埤雅》曰：“鹿者仙兽，常能自乐，性从云泉。”转引自王金林著，《日本人的原始信仰》，宁夏人民出版社，2005 年，第 38 页。

作者徐整加以吸收、整理、升华，“创造了一个开天辟地的盘古”。这盘古就“成为中华人民共同的老祖宗”了。[60]

在古人看来，既然某些动物是亲戚朋友甚至祖先，对待这些动物就该有对待亲戚祖先之道。崇拜礼节一样不能少，更不能伤害和猎杀这些动物。不慎伤害和猎杀这些动物就要受到惩罚，甚至引起部族间的纷争。先前的纳西族土司认为虎是其祖先，自己是虎的后代，所以禁止伤害或猎杀虎。倘若有人触犯禁忌，猎杀或伤害老虎，就要受到严厉的惩罚。赫哲族的阿克腾人崇拜虎，认为自己是虎与人结合繁衍下来的后代。他们对虎礼遇有加，打猎时不准猎杀虎爷爱吃的动物，如果发现某个动物被虎追捕、触碰过，即使猎物到手，也不许享用，因为这是虎爷看中的动物。如果别的部落猎杀了虎，虎氏部落就得去交涉，要求猎杀虎的部落以隆重礼仪祭祀其祖先老虎，还要设宴款待虎氏部落族人。[61] 古代中国，认虎为亲族或是以虎为神的民族和部落还有许多，像土家族、傈僳族中的一支和朝鲜族等都是。

1978 年，豫北濮阳仰韶时期（新石器晚期）墓葬出土了三组蚌壳摆塑的动物图形。其中一组为虎形，一组为合体龙虎形，虎背上有一鹿，一组是龙形。在仰韶时期重要人物墓葬周围的这三组图形，被认为可能是埋葬死者时所作祭祀活动的遗迹。考古学家张光直认为，“随葬龙、虎、鹿的艺术形象，又有人骑龙的形象。龙、虎、鹿龙显然是死者驯使的动物助手或伙伴。”[62]在祭祀中摆出的动物，或者也有受到崇拜者。用艺术品而不用真虎骨（龙骨或许不可得）、鹿骨摆拼图形，说明在祭祀中已可以不用猎杀真的动物，还无论对于巫师的“动物伙伴”或“动物助手”，还是对于受到崇拜的动物都是再好不过了。

或许，正是因为这种独特的亲族关系和小传统，才使得中国大地上直到 1949 年以前，许多地方还是林木茂密，野生动物群集的所在。不仅东北有野生虎，华南有野生虎，西北有野生虎，华中、西南也有野生虎。如今，几十年过去，中国珍视动物的传统尽失，野生动物的生存面临困境，野生虎在中国大地上陷入灭

---

[60] 参阅袁珂《中国神话传说》，上卷，第 74 页。
[61] 参见乌丙安《中国民间信仰》，上海人民出版社，1996 年。
[62] 张光直：《中国青铜时代》二集，北京三联书店，1990 年，第 95 页。

绝之境。虽然,动物园里繁殖的虎越来越多,但是,真正野生虎的各个亚种都已濒临灭绝或已经灭绝,比如华南虎、新疆虎在生态学意义上已经灭绝,东北虎正在走上同样的灭绝之路。圈养在动物园中的老虎数量剧增,只是因为老虎已被利欲熏心的人们视为潜在的虎骨酒和汉方药用的“药材”而已。李时珍《本草纲目》有云,“虎,山兽之君也,状如猫而大如牛。……声吼如雷,风从而生,百兽震恐。”现在,虎作为百兽之王的威风早已不复存在。他们受人敬拜的时代已然逝去。

(三)动物之吉凶善恶:早期中国人对动物的分类

● 瑞兽与畏兽:动物有预兆之功

在中国传统中,大至日月星辰,小到飞禽走兽,都能显示祥瑞灾异,预兆吉凶。自然中的存在对于中国人来说充满了暗示,都有联系和意义,因为在中国人看来几乎没有事物单独发生。或者我们可以把这种想法叫作“天地人一体”的世界观。在这个“天地人一体”的世界中,动物因其习性、性情和外形等因素而具有预示事物吉凶的功能,又因为这些功能而被分类。兆祥瑞者为吉兽瑞兽,兆灾异者为畏兽凶兽。因而兽有瑞兽畏兽之分,鸟有瑞禽恶鸟之分,鱼也有奇鱼恶鱼之辨。这些分类与早期中国人的喜好、憎恶有关,也与早期中国人对人类社会的所思所想和所怕有关。这种知识和分类在远古时代就已经奠定基础。

视白化动物为祥瑞之兆的传统在中国早期历史上就已经显示出来。白鹿在中国历史上就被视为一种瑞兽。[63]《述异记·鹿》载,“鹿千年化为苍,又五百年化为白,又五百年化为玄。”《山海经·西次四经》曰,“上申之山,……兽多白鹿。”相传周平王时,霸上(今陕西蓝田县西),有白鹿出没,古代地理书《三秦记》赞为“泰运之象”。[64] 白鹿原因此得名。《图说》引《宋书·符瑞志》说,“白鹿,王者明惠及下,则至。”[65]鹿以白者为尊贵。其他一些动物,也有以白色为高贵者,

---

[63] 对白鹿的崇拜参见注[57]。

[64] 转引自马昌仪著《古本山海经图说》,山东画报出版社,2002 年,第 155 页。

[65] 马昌仪:《古本山海经图说》,山东画报出版社,2002 年,第 155 页。

比如,白狼、白熊和白虎等,鸟有白鹤、白雉等。[66]

传说周穆王伐犬戎时,曾获得四只白狼。《山海经》记载,孟山地方,其兽多白狼。《图说》引《瑞应图》说,"白狼,王者,仁德明哲则见;又王者进退准法度则见。"又引郭璞《图赞》曰,"矫矫白狼,有道则游……惟德是适,出殷见周。"白狼,是有德的珍兽,有道则游,惟德是适。白熊、白虎也如此。《瑞应图》说,"白虎者,仁而善,王者不暴则见。"[67]在《山海经》中,这类动物虽然都是兽中之王者,但没有食人记载,所以有瑞兽之名流传。或许,远古时期,这类瑞兽食物充足,甚少出而扰人或食人。

在中国历史上不断被建构出来的飞禽文化语汇中,鹤被视为羽族之长,并博得"一品鹤"的雅号。鹤又被当作"仙人之麒骥",故有"仙鹤"之称。《诗经·小雅·鹤鸣》:"鹤鸣于九皋,声闻于野。""鹤鸣于九皋,声闻于天。"鹤在深泽水畔鸣叫,其音高亮,四野都能听到。古人对此印象深刻。《集传》说,"鹤长颈……顶赤,身白,颈尾黑。其鸣高亮,闻八九里。" 日人冈元凤作《毛诗品物图考》,考鹤"有白有黄,亦有灰苍色。世所尚者白鹤。"[68]白鹤纯洁高贵,为中国历代文人雅士所崇尚。在后来的中国官服制度中,显示王公百官官位的等级与身份的补服制度,文官类就以飞禽图案标志。明清两代,都以仙鹤为文官一品的方补,形制相同。而以飞禽纹样为百官象征的制度,最早可追溯到武则天时代。白鹤代表着祥和安宁,见之天下太平。《山海经·西山经》又记白翰,即白雉,栖居于嶓冢之山,也是一种见之天下太平的鸟类,所谓德至鸟兽则白雉降。

瑞兽吉兽总能够带来太平,其中有一些还能预兆丰年,所谓"见之则天下大穰"。穰,丰收也。比如《山海经·西次三经》中有一种动物,名字叫作当康。其

---

[66] 崇拜和神化白化动物在远古时代中国地域上各个不同民族和族群中都有深厚渊源。在太平洋沿岸的原始文化中也存在。参见注[57]、[58]。中央电视台第十频道 2008 年 2 月连续播出追踪新疆喀纳斯湖附近白熊的节目。当地蒙古族和哈萨克族林业管护员曾阻止摄影者取走白熊窝附近的一撮白毛(最后这场以猎奇为主的节目组只带走 4 根白毛)。因为白熊被当地居民视为神圣动物,不可随意触碰、惹怒。这个传统的存在使得阿勒泰地区喀纳斯湖流域至今仍保存着世界上最美丽的景色和丰富的动物种群。白化动物崇拜或许表明远古时期东亚区域蒙古人种不同族群和民族的同一来源。

[67] 转引自马昌仪著《古本山海经图说》,山东画报出版社,2002 年,第 159 页。马昌仪又说明对白虎信仰有两重性:土家族对白虎的信仰,一是视白虎为祖神、家神,即所谓坐堂白虎,对之要敬要祭;一是视白虎为凶神、邪神,即所谓过堂白虎,对之要赶要收。汉族地区对白虎信仰也有双重性。

[68] 参见[日]冈元凤著,王承略点校《毛诗品物图考》,山东画报出版社,2002 年,第 170 页。

状“如豚而有牙”,“见则天下大穰”。马昌仪《图说》称,当康又称牙豚,是一种兆丰年的瑞兽。又引郭璞《图赞》曰:“当康如豚,见则岁穰。”[69]《山海经》里还记载一种叫作狡的吉兽,其状“如犬而豹文,其角如牛”,叫声则如犬吠,生长在西王母所住的玉山地方,“见则其国大穰”。从当康和狡兽的样子,很难想象它们与丰年的直接联系。但是古人了解其习性,也说不定丰年之前,它们已经觉察地气有所不同。还有一种吉祥之兽,名曰天马。身上长有肉翅,见人则飞。天马神兽也是“见则丰穰”。《山海经》里还有一种奇鱼也能兆丰年。这种鱼,被称作文鳐鱼。其鱼“状如鲤鱼,鱼身而鸟翼”,“常行西海,游于东海”,夜间飞行,“食之已狂”,“见则天下大穰”。奇特之处倒是,吃了这种鱼,还能“已狂”,即治疗癫狂呢。

《山海经》里还记载一些奇异动物,拥有奇特的兆异之功。《南次二经》记有一种动物,名曰狸力。“其状如豚”,“其音如狗吠”,“见则其县多土功”。传说这种动物出现的地方,正在大兴土木。又《东次二经》有鸟曰鵹鹕,“其状如鸳鸯而人足”,“见则其国多土功”。马昌仪《图说》引郭璞《图赞》说,“狸力、鵹鹕,或飞或伏。是惟土祥,出兴功筑。长城之役,同集秦域。”[70]秦王嬴政修筑长城,徭役最重,狸力、鵹鹕就同时出现在秦国地方。可知修筑长城搅扰之大。修筑长城不但阻碍交通贸易,把内外族人分隔开来,还使山中兽类、水中禽鸟,出而无处可归。与狸力、鵹鹕相像,还有一种动物,名叫猾裹,“其状如人而彘鬣”。猾裹长得像人,却是满身猪毛。这种动物“应政而出,匪乱不适”。如果天下有道,它就“幽行匿迹”。天下大乱,它就出来让人看见。《图说》引语有“国邑有大繇,康庄行猾裹”。想来这是一种好安静的动物。天下无道,匪乱频仍,猾裹无处可躲,不出来游荡怎么办呢。倒是一些有趣的动物,见了让人欣喜。比如一种叫作朏朏的奇兽,其状如狸,白尾有鬣,养之可以解忧。

与吉兽瑞鸟相对照,远古人对食人畏兽和兆灾异之兽也形成一套看法和分类。撰述《山海经》时,人们已经能够对这些知识加以生动的概括和描述了。

---

[69] 马昌仪:《古本山海经图说》,山东画报出版社,2002 年,第 304 页。
[70] 马昌仪:《古本山海经图说》,山东画报出版社,2002 年,第 27 页。

《山海经・南次二经》记浮玉之山有兽曰彘，其兽“如虎而牛尾，其音如犬吠，……是食人”。此经还记有一种怪兽，生长在鹿吴之山，名曰蛊雕。“其状如雕而有角，其音如婴儿之音，是食人。”《山海经》中还有许多吃人怪兽，如土蝼、马腹、穷奇、窫窳、诸怀、狍鸮、蛪蛭、猲狚，等等都是。对这类猛兽，早期人类甚为畏惧，谓之食人畏兽，避之唯恐不及。

至于一些预兆大旱、大水、大兵、大疫的动物，更是被远古人目为凶兽邪鸟。这些动物，出现在哪里，都会引起恐慌。《山海经》记载的这类鸟兽不少。见则天下大旱的，有肥遗蛇、人面鸮、大蛇、薄鱼、鸣蛇，等等，不下十几种；见则天下大水的，有蛮蛮（即比翼鸟）、胜遇、鱅鱼、如夸父、合窳、化蛇、夫诸兽，等等；见则天下大疫的，有跂踵、蜚兽，等等；见则其国有大兵的，有朱厌、狙如、梁渠、天犬，等等。这些知识不但有趣，也在某种程度上塑造了中国的民间文化。到明清时，文人笔记还多记载某地见到此类鸟兽虫蛇而出现大旱、水灾、兵燹、瘟疫等轶事。

实际上，一些动物的出现与天时地气的变化有关，一些与人类活动有关，更有一些动物在自然演化过程中自身发生变化。这些变化显然与古人的生活息息相关，因而被密切注意和小心地记录下来。这些知识代代相传，成为牢固的传习、经验和传统。其中，瑞兽吉兽受到人们的喜爱和欢迎，而后者——预兆灾异兵燹的鸟兽则受人畏惧。在古人的意义世界里，两者具有不同价值。中国传统中对所谓仁兽和恶兽的评价因此也截然不同。

● 仁兽与恶兽：动物有善恶

在早期中国人看来，动物不仅兆吉凶，还有善恶之分。仁兽或恶兽就是对动物善恶的评价。所谓仁兽，就是有德的动物。此所谓德，以不伤生害物为最高境界。中国古人对动物善恶的评价，是对人之善恶评价的延伸。如前所述，白虎是一种瑞兽，实则白虎也是一种仁兽。《诗经・召南・驺虞》有“彼茁者葭，壹发五豝，于嗟乎驺虞！”对于诗经作者赞美的驺虞，古人有许多释义。毛《传》释驺虞为义兽：“白虎黑文，不食生物，有至信之德则应之。”[71]古人认为白虎“仁而善，王

---

[71] 转引自［日］冈元凤著，王承略点校《毛诗品物图考》，山东画报出版社，2002年，第193页。

者不暴则见”。[72] 白虎仁在不食生物；对王者，呼应的则是不行暴政、有至信之德的仁政。

麒麟也是一种传说中的仁兽。《说文解字》解“麒，仁兽也；麟，牝麒也”，又说麒麟“麇身牛尾一角”。《公羊传·哀公十四年》说，“麟者，仁兽也。”麒麟仁在哪里呢？仁在不踩踏活的虫子，不折断生长中的草。《尔雅·释兽》曰，“麒麟步行中规，折还中矩，游必择土，翔必后处，不履生虫，不折生草。”[73]《诗经》将麒麟喻为贤德之人。《诗经·国风·周南》“麟之趾”咏叹道：“麟之趾，振振公子，于嗟麟兮。麟之定，振振公姓，于嗟麟兮。麟之角，振振公族，于嗟麟兮。”用麒麟之趾（蹄）不踏生物来比喻贤德的公子。“麟之定”是说麒麟的额头不抵人，而“麟之角”更不触人。所以作者一赞三叹：“于嗟麟兮”。麒麟真是值得赞美呀。

与麒麟一样有美德的仁鸟是凤凰。凤凰之仁在于饮食自然，自歌自舞。《山海经·南次三经》说，“丹穴之山……有鸟焉，其状如鸡，五采而文，名曰凤皇。首文曰德，翼文曰义，背文曰礼，膺文曰仁，腹文曰信。是鸟也，饮食自然，自歌自舞，见则天下安宁。”凤皇即凤凰，雄为凤，雌为凰。前文已经介绍，袁珂先生根据凤字的甲骨文，认为凤凰是孔雀一类的鸟。美丽大方的凤凰，饮食自然，自歌自舞，令人高兴。不过，凤凰其体竟然从头部到腹部，浑然天成地显现德、仁、礼、义、信五字，这更是凤凰令人赞美的原因。凤凰其美，美在德行。《图说》引《抱朴子》记凤具五行：“夫木行为仁，为青凤头上青，故曰戴仁也；金行为义，为白凤颈白，故曰缨义也；火行为礼，为赤凤背赤，故曰负礼也；水行为智，为黑凤胸黑，故曰向智也；土行为信，为黄凤足下黄，故曰蹈信也。”[74]可知凤具五德是解释的结果。在古人眼里，凤凰翼羽华美，彰显的乃是五德之美。因此，凤凰所在，仁德流行。《诗经·大雅·卷阿》曰，“蔼蔼王多吉士，维君子使，媚于天子。凤凰于飞，翙翙其羽，亦傅于天。蔼蔼王多吉人，维君子命，媚于庶人。凤凰鸣矣，于彼高冈。”意思是说，君主有德行，天下安宁，美丽的凤凰就会出现。

---

[72] 参见注[67]。

[73] 参见［日］冈元凤著，王承略点校《毛诗品物图考》，山东画报出版社，2002 年，第 187 页。

[74] 马昌仪：《古本山海经图说》，山东画报出版社，2002 年，第 49 页。

以人类德行赋予鸟兽鱼虫、草木山川，使之成为文化中意义丰富、形象生动的象征符号，这种传统即使不是古之中国人所独有，也是中国古代文化的一大特征。西方传统中，有所谓独角兽（Unicorn），也是被赋予美德的动物，然而这著名的独角兽，却被认为有东方甚至中国的渊源。

独角兽其形如马，头中间有一独角，性情温和，具有许多美德，不伤生物即是其中的一项。传说独角兽经常在月光下出现，能打败大象，帮助人渡过难关。当然，据说在早期，独角兽的性格也有自大之嫌。西人一直认为这种奇异的独角兽真实地存在过。古希腊作家 Ctesia（400B.C.）最早描写过独角兽。他认为这种独角兽存在于印度。据说亚里士多德也认真地讨论过独角兽的角，并对世间实有其兽没有疑惑。后来又有一位希腊作家叫作 Magasthenes 的，也提到过不踩踏生物的独角兽。他从一些佛教僧侣那里获得这种知识。他认为在西方出现独角兽传说之前，显然在中国已经存在一个类似的动物，它的名字应该叫作麒麟。这种动物有非常优美的声音，并有红、黄、蓝、白、黑五种颜色。[75]

如果我们熟知《山海经》所记载的动物，可以知道，后一位希腊作家的记述并非没有根据。只是，这种独角兽不应该叫作麒麟，而是另有其物。在《山海经》的记载中，至少有三种动物与西人传说中的独角兽极为相似，而且都是仁德之兽。它们或许与麒麟一起构成西方神兽 Unicorn 的原型。

《山海经·西次四经》记载，中曲之山……有兽焉，其名曰驳，“其状如马而白身黑尾，一角，虎牙爪，音如鼓音”。这种动物“是食虎豹，可以御兵”。马昌仪《图说》解驳又名兹白，是一种可以御兵灾、辟兵刃的独角吉兽；又引郭璞《图赞》：“驳惟马类，实畜之英。滕髦骧首，嘘天雷鸣。气无不凌，吞虎辟兵。”[76]你看驳的气势和勇敢，多么令人赞叹。驳本身仁义，又能帮助人打仗和渡过难关，被古人视为仁德神兽。《北山经》又记载带山地方“有兽焉，其状如马，一角有错，其名曰臛疏”。据说臛疏可以辟火，是一种辟火吉兽。《北次二经》又记敦头之山有一种动物，名曰脖马。其兽“牛尾而白身，一角，其音如呼”。马昌仪《图说》将之解为一种非牛非马的独角神兽。

---

[75] Josephine Bradley: *In Pursuit of the Unicorn*, Pomegranate artbooks, 1980.

[76] 马昌仪：《古本山海经图说》，山东画报出版社，2002 年，第 167 页。

这三种动物,都是独角马形神兽。从《图说》所载古图看,有角的驳、ⓦ疏和脖马,都更为接近马,而被记载为非牛非马的脖马,甚至比驳和ⓦ疏更像马。从西人所画各种 Unicorn 图形看,其与驳、ⓦ疏和脖马确实非常相似。或许,西方传说中有美德的独角兽真的是东方仁兽。或许,在古希腊认定独角兽(Unicorn)乃中国仁兽麒麟的佛教僧侣也不知道,《山海经》里就记载着这些奇异的动物。

独角兽的特性确与《山海经》中独角马——驳的忠勇助人和辟兵灾火爨之品性相配。加之古希腊时,就有佛教僧侣到过其地,则驳兽的品性和传说流传到欧洲的可能性极大。至于驳兽本身是否到过欧洲则不可考。西人传说中的独角兽应当有一部分中国来源。有意思的倒是,在西方历史上不断扩展的独角兽传说,在西方进入基督教世纪以后,又被赋予神性。神学家和宗教作家干脆把独角兽(Unicorn)与亚当夏娃一起安排在伊甸园中呢。[77]

在中国,还有一个更深的传统,就是认为动物不仅本身有善恶,还可以判断善恶。獬豸就是一个例子。传说獬豸这种动物能够辨善恶、明曲直。《晋书·舆服志》:"或说獬豸,神羊,能触邪佞。"《异物志》云,"獬豸,一角,性别曲直,见人斗,触不直者。闻人争,咋不正者。"所以獬豸乃是仁兽,又是公平兽。《后汉书·舆服志·下》云,'獬豸神羊,能别曲直。楚王尝获之,故以为冠。"古人有诗云"苍鹰下狱吏,獬豸饰刑官"。[78] 古代就有以獬豸冠为法冠来比喻执法者的传统。到了清代,御史和按察使的补服前后都绣有獬豸图案,以示威严和明断是非。与辨善恶的仁兽獬豸相对照,还有一类以恶为善的动物。穷奇兽就是这样一种恶兽。《山海经》所记穷奇兽,"其状如牛","音如獆狗,是食人"。据说穷奇兽要是听说两人相斗,就去吃掉那个正直的人;要是听说某人忠信仁义,就去咬掉他的鼻子;要是听说某人"恶逆不善",反而猎杀兽类去犒劳他。所以人们感叹"此兽之德行真与人间走狗无异"。[79] 食人畏兽穷奇显然因其令人厌恶的品性而被人们嫌恶。

依据动物的品性和动物所行之事来断其善恶,其实是把人类的好恶和价值

[77] 参见 Josephine Bradley: *In Pursuit of the Unicorn*, Pomegranate artbooks, 1980。

[78] 参见《辞源》,第 2014 页,獬豸条,商务印书馆,1984 年。

[79] 参阅马昌仪著《古本山海经图说》,山东画报出版社,2002 年,第 169 页。

观投射到动物身上，把外物变成人类价值的载体。正因为如此，我们从古人对于动物的分类中，可以清楚地见出古人的道德观念。比如，仁兽除了与人友好，甚至帮助人类之外，通常具有不伤生的秉性。所谓“不履生物”，连走路都小心避免伤害弱小生命，遑论其他。此种对于生命的爱护与尊重，体现于仁德之兽，实出于人类，乃是古人崇尚和追求的理想境界。也正因为如此，仁兽瑞鸟在中国古代意义世界中扮演着重要角色，她们的现身被古人视为天地和谐、人世太平、政事清明和丰收富饶的象征。生于乱世的孔子就曾感叹“凤鸟不至”（《论语·子罕》），他所企盼的，实际是政清人和、仁德流行的清明之世。仁兽瑞鸟之象征意义如此，古人若是知道今天居然有国人笼养孔雀以饱口腹之欲，不知道会怎样地鄙夷呢。所谓焚琴煮鹤，不从来都是野蛮、恶俗、践毁文明、荼毒美好之物的代名词吗？

结　语

在中国广袤的土地上，在各个民族的早期历史上，对于动物的认识，关于动物的描述，尤其是有关人与动物关系的种种思考，不但是先民生活中的一项重要内容，而且是中国古代文明极为重要的一部分。这些关于动物以及人与动物关系的认识、记述、传说，既有深厚的经验基础，又有丰富的感情色彩，更不乏瑰丽动人的想象，其中，最令人印象深刻的，也许是早期中国人思想世界中，关于人类与动物之间在形体、习性和精神诸方面密切相联、互相融入和转换的想象和信仰。人与动物皆生于天地之间，同受自然的养育和恩泽，互相依存。在这种关系中，动物对于人类生活的重要性远远超出今人的想象。她们不是单纯供人类役使的外物，也不是天然低于人类的劣等生命形式。她们中的一些有着神奇的能力，另一些具有神秘的力量；她们既是物质性的，也是精神性的。作为文化的象征物，她们深深地渗入并且塑造了中国人的精神世界。

值得注意的是，早期中国人呈现给我们的人与动物的这种亲密关系，并非统一的或只有一种面貌，而是多样的和鲜活的。研究者甚至可以惊奇地发现，这个有如涓涓细流的非人类中心的传统，虽然有时被遮蔽，有时受到摧残，却始终没有断绝。直到今天，这些不断被丰富的历史记忆仍然存留于生活在这片土地上的人们的心中。

2008 年 4 月写于奥园

2008 年 8 月改毕于原乡

【莽　萍　中央社会主义学院中华文化教研部教授】

原文刊于《中国文化》2008 年 02 期

季节繁殖仪式及斯堪的纳维亚和中国的死亡崇拜

［瑞典］汉娜·赖 著　葛　人 译

提　要：本文通过对斯堪的纳维亚地区的圣诞节及中国的春节和清明节等季节性节日的深入考察，证明葬礼如何包含了促进丰产和赐予生命的礼仪；展示献给死者的葬礼，原本却只是向生命表示祝贺的仪式。

关键词：季节繁殖仪式　死亡崇拜　斯堪的纳维亚　中国

本刊第一期上，在一篇名为《试论随葬陶器的象征意义》的论文中，[①]我曾有机会指出在北方以及许多其他地方，包括欧洲和欧洲之外的地区（也包括新石器时代和铜石并用时代的中国），我们曾使用过有别于家用日常陶器的象征性的墓葬陶器。同时，也提到繁殖力崇拜（fertility cult）在史前时代发挥的重要作用，及其在墓葬仪式（burial rites）中所习见的种种表现，其目的即在于帮助死者找到新生，为此我已经举出过我相信足够令人信服的证据，对这种象征性的装饰做出过类似的解释。这就是为什么我要在同一刊物上——只要篇幅允许——考虑也许有必要把这个在瑞典（或者说作为北欧一部分）所做的民族志范围内的小小的调查结果公布于众。在这里，生和死、繁殖仪式（the fertility rites）和死亡

① H.Rydh，Symbolism in mortuary ceramics，*Bulletin of the Museum of Far Eastern Antiquities*，No.1，1929.请参考同期 J.A.Andersson，On symbolism in the prehistoric painted ceramics of China.

仪式(the rites for the dead)这两种元素似乎从来都是水火不容的。上面提到的我以前论文的工作,为解决后来的问题提供了一把钥匙,这个解决方案,反过来却强调了上面第一次提到的论文中所涉及的其中一个关键理论的概率,即死亡崇拜所包含的某种繁殖仪式。

我在这里首先要考虑的问题,是北欧特别是瑞典地区圣诞节的庆典活动。圣诞节无疑是一年中最重要的节日,会通过一系列宗教节日(church holydays)加以纪念,但首先是在家里举办的数不清的各种准备活动和仪式。瑞典的圣诞庆典尤具趣味,无论是专业的科学研究工作者还是本地民间生活的业余爱好者,都留下了十分丰富的研究材料。说到前者,应该提到 E.Reuterkiöld②,Matin Persson Nilsson③,N.Keyland④,N.E.Hammarstedt⑤,Louise Hagberg⑥ 和 Hilding Celander⑦ 等人的著作。正是根据这些已经发表的材料,我试图发现就下面将要讨论的圣诞典礼把两种甚至某些情况下三种不同意见(每一种就其本身而言都很重要)联系起来的纽带。

作为生者节日的圣诞节

“圣诞节”原本并非是基督徒的节日。圣诞节作为耶稣的生日也不被早期基督教会所认可,这个事实早已被人们所熟知⑧。当基督教终于来到北方的时候,它已经发展成为一种基督教的节日,但是却与这里相当鲜明的冬至庆典活动

② *Om gamla julseder in Göeborgs stifts Julhäsning*,1913.

③ Årets folkliga fester,Stockholm(1917),此处引用为 Folkliga fester(德国节缩版:*Die volkstümlichen Feste des Jahres in Religionsgesch. Volksbücher*, III, H. 17, 18, Tübingen, 1914) and *Studien zur Vorgeschichte des Weihnachtsfestes* in *Archiv für Religions-wissenschaft*, XIX, Leipzig-Berlin(1918),此处引用为 *Vorgeschichte des Weihnachtsfestes*.

④ 除其他外,应特别参照 *Julbröd*,*Julbochar och Staffanssång*,Stochholm(1919).

⑤ 除其他外,应参考 *Fataburen*(Stockholm)的一系列论文。同样应特别参照 *Julkakor-solbilder in Från Nordiska Museets Samlingar.Bilder och Studier tillägnade Gustaf Upmark*,Stockholm(1925).

⑥ 论文见诸 Fataburen. 另见 *Julstakar och jultråd in Från Nordiska Museets Samlingar. Bilder och Studier tillägnade Gustaf Upmark.*

⑦ *Nordisk Jul.* I. Stcokholm(1928).

⑧ 参见 M.P:son Nilsson,*Folkliga fester*,第 123 页及其以后部分。

相结合,后者是一个非常古老的庆典传统。

根据 Snorre Sturlason 在 *Heimskringla* 里的说明,北方民族在 Hokunótt, höknatten(鹰之夜)庆祝冬至,这一天就在冬至日的 1 月 14 日左右。

许多博学之人,从 Olof Rudbeck[⑨] 到 Troels Lund[⑩] 和蒙德留斯(Montelius)[⑪],都已经指出异教徒北欧人的"Jul"(圣诞节),是光明(the Light)或太阳(the Sun)的节日。蒙德留斯曾特别引用 Prokopius(公元 6 世纪)北极地区居民有关太阳回归庆典的描述,清楚地说明"太阳不仅赐予光芒,也赐予作物。因此,按照 Ynglinga传说的说法,Woden 指挥斯韦阿人(the Svear)为祈求来年丰收而向(太阳)奉献牺牲"。蒙德留斯的说明,常常并没有被后来的研究者所注意。[⑫] 太阳崇拜的确至少从青铜时代就在北方地区流行,这首先从岩画得到证明。[⑬] 但是,没有疑问的是,无论如何,这种太阳崇拜不是把太阳作为光明传播者而进行的唯美崇拜,这也从过去几年的调查得到了确切无疑的证实。太阳是作为繁殖力的催化剂而被人们崇拜的,是作为大地果实的生产者而被人们崇拜的。如果大家对此没有异议,也只有这样,不管你怎样叫它,"圣诞节"才可能被称为太阳的节日(sun festival)或繁殖力的节日(fertility festival)。因此我们也才可以把北欧异教徒的"圣诞节"庆典视为对繁殖力的崇拜。对这种力量的崇拜我们不仅在北方民族也在所有原始民族那里都能发现。

丰产崇拜的形式,因人们的需要而变化。在石器时代的早期阶段,人们祈求狩猎成功,因此就把猎物描绘在岩画中。随着农业的产生,农业的最大推动力——太阳,又被人们崇拜,负载太阳穿过太空的太阳的轮子、船舶和马匹,也因此而加以描绘。随着阿萨学说(Asa Doctrine)的到来,托尔(the Thor)、沃登(Woden)和弗雷(Frey)又占据了乌普萨拉古城至高无上的神位。托尔和弗雷作为丰饶之神的特性尤其突出。托尔,拥有荣誉之地,手持战斧作为其符号,这个

---

⑨ *Atland eller Manheim.*

⑩ *Dagligt Liv I Norden I det* 16*de Aarhundrede.* Vol.VII.Copenhagen(1885),p.4.

⑪ *Midvinterns solfest in Svenska Fornminnesföreningens Tidskrift*,IX,Stockhom(1896).

⑫ H. Celander 上引文第 4 页。

⑬ 请参考 O. Almgren, *Hällristningar och Kultbruk in Kungl. Vitterhets Historie och Antikvitets Akademiens Handlingar* 35,Stockholm (1926—1927). *French résumé*: *Gravures sur rochers et rites magiques.*

丰产符号甚至比神自己还要古老[14]。牺牲的盛宴是为了献给神的荣耀,其中最要紧的就是冬至节献祭,特别是在丹麦莱尔(Leire)每八年举行一次的庆典活动上。据梅塞堡的西特摩(Thietmar of Merseburg,1019 年)所言,这个活动要献祭 99 个人和同样数量的马、狗和公鸡(而非鹰)。[15] 不管每九年举行一次的乌普萨拉古城的牺牲盛宴是否与此雷同,根据不雷曼的亚当(Adam of Bremen)的说法,它也是在冬至举行的,尽管没有明确提及,但两者很可能是一样的。至少,我们听说沃登指挥斯韦阿人(the Svear)用献祭庆祝冬至,目的即是"获得好收成"。[16] 这些牺牲与庆典相伴而行,其中的爱尔啤酒(ale-drinking)宴饮与牺牲本身一样重要,人们在此向他们的诸神和勇敢的逝者祝酒。[17] 很显然,这种献祭的盛宴活动,也是一种交感巫术,与早期人类通过在岩石上描绘动物以获得他们热切希望得到的猎物的方法有异曲同工之妙。描绘的动物越多,收获的猎物便越多;年度收获盛宴上谁吃得越多,来年谁就可能获得更多的食物。这个节日如此重要,因此如果有人无法负担"Jul"(圣诞节)盛宴的庆祝活动,他便会惴惴不安。[18]

除了这些有关"Jul"的异教徒的庆典之外(我得说到现在为止我只谈到了它的一个侧面),我们也还有现行的圣诞节风俗,或者通过后代文献知道的那些无疑属于异教徒的特点。就此关联而言,无须探讨基督教日耳曼的圣诞节有多少是从罗马人或北欧人而来的问题。从尼尔森(M.Persson Nilsson)[19]对提列(A. Tille)[20]和比丰格(G.Bilfinger)[21]的反驳就足以证明,虽然基督教的圣诞节类似罗马农神节(Roman Saturnalia)和罗马古历元月初一(the Kalends)的盛宴,但是,日耳曼特别是北欧的圣诞节庆典更多是从古代的本地崇拜风俗而来。就此而言,

---

⑭ 上引拙文第 99 页及其后面部分。

⑮ 这个说法因为证明了 hokunoótt 为 höknatt(即 hawk-night 鹰之夜)而被人们所接受。参见 E.Brate, Höknatten in *Maalog Minne*, Kristiania (1911), p.406 及 M.Persson Nilsson, *Folkliga Fester*, p.156.

⑯ 上引 O. Montelius 文第 69、70 页。

⑰ M.Persson Nilsson, *Folkliga fester*, p.155.

⑱ 上引 O. Montelius 文第 70 页。

⑲ *Vorgeschichte des Weihnachtsfestes*, p.94 在 *Folkliga fester* 也曾论及。

⑳ *Die Geschichte der deutschen Weihnacht*, Leipzig(1893), and *Yule and Christmas, their place in the Germanic year*, London (1899).

㉑ *Untersuchungen über die Zeitrechnung der alten Germanen, II: Das germanische Julfest, Programm*, Stuttgart (1901).

一定不要忘记当一种风俗被有的学者称为罗马的，或被另外的学者称为日耳曼的时候，实际上它可能只是普遍存在的东西，它的真实来源既不能追溯到罗马或日耳曼，也不能追溯到所有已知的地方。这与把本地传统推崇为日耳曼基督教风俗的基础的合理性是一致的，罗马基督教风俗中并没有这样一个对应物，尽管相对于异教徒的日耳曼风俗也存在异教徒的罗马风俗。就这个我要回答的问题而言，我还没有觉察到从别处寻求不同风俗的可能来源的重要性，因此也就没有提供相关信息。现在基督教节日的唯一名字，北欧语的"Jul"（英语的"Yule"，更老的芬兰语的"géol"，都是从斯堪的纳维亚语的"jaulo"来的），尽管语言学家对这个词的解释还有分歧，但它本身表明圣诞节的盛宴就是古老的异教徒的"Jul"，这是它被基督教化的一个尝试。[22] 我要特别强调的是，我的本意并非要详细描述作为一个整体的北欧圣诞节庆典，或者它们的地方变体。我只想讨论那些本属于古代异教徒"Jul"的圣诞节庆典的主要现象。

对今天的瑞典人来说，圣诞树是圣诞节的主要符号。但是所有的调查者都坦率地告诉我们，圣诞树现在这种挂上蜡烛、苹果、糖果等的形式，是从德国借来的。它不见于十八世纪之前，即便到了十九世纪末期也不常见。这个说法是正确的，圣诞树有其前身也是正确的。这个前身主要就是所谓的"maj"——把云杉或者松树的枝叶砍下，只把树冠部分保留下来——它不仅出现在圣诞节上，也在夏至、婚礼、搭盖屋顶的宴会、其他可能的仪式场合出现，甚至也会出现在葬礼上。[23] 尽管如此，在我看来，圣诞树的现代性还是被过度强调了。德国的圣诞树本身不过就是大家都知道的"maj"，打个比方说，就是把周围装扮得更漂亮一些。当晚近圣诞树从德国来到瑞典的时候，也不过是教堂（the Hall）和牧师住所（the Vicarage）富丽堂皇的点缀。但是，在这里的农民那儿，它却与古老的伙伴"maj"相遇了，后者还在室外占据着原初的重要地位，有更多证据显示其重要性，有时候甚至表现在粪堆本身（dung-heap itself）。也有同样亲缘关系的其他表现形式，比如"焚烧圣诞树丛"（burning Christmas bush）[24] 和"苹果碎块"

---

[22] 上引 M.Persson，Nilsson，*Folkliga fester* 第 150 页及其后面部分。

[23] 就"Maj"的情况，参考 M.Persson，Nilsson，*Folkliga fester* 第 23 页。

[24] H.Calender 上引文第 156 页。

(äpplekrakarna——apple scrags)等。[25] 最常见的形式就是 maj 的绿叶被剁碎撒在地面上。把云杉和杜松的枝叶抛洒在地上也是圣诞节的一种习俗。难怪由绅士们引进来的外国的布满装饰的圣诞树,会把它的穷亲戚"maj"从农民的心里挤出去。此事如果这么看,就不应该忘记"maj"及其相关联的种种,在可爱的圣诞树的胜利到来之前已经铺了数百年的路,它早就是一种人们耳熟能详的风俗。美好的老式的"maj"并没有被淘汰,不过是从室外搬到室内并且装扮得更华丽了。[26] 圣诞树的故事为我们提供了一个再好不过的社会阶层的流通史。但那不是"maj"吗? 那棵古老的生命之树,如同外面的保卫树(guardian tree)一样,人们不是在圣诞节向它敬献啤酒、粥、糕点、牛奶和白酒("brännvin")吗?[27]""maj"的其他形式还有灌木丛,它赐予繁殖之力,因此也带来快乐[28]。特别是四旬斋(the Lenten)和圣诞节的嫩枝条,[29]放在外面招待鸟儿的成把的谷穗,有时候也被挂在"maj"上,的确,总体来看,其精神意义正跟这些物件的所有其他许多形式一样,这其中麦秸在圣诞节习俗中发挥了作用。尤其明显的,是"löktneken"的重要性,即把最好的燕麦穗在收获季节割取下来放在一边,好好保存并在圣诞节前夜悬挂出来。还有把圣诞节麦秸抛洒在田地里或者把它们撒在果树周围的习俗。[30] 把麦秸撒在农舍地面的做法被抛撒云杉树枝的做法取代了。[31] 麦秸十字架(staw-crosses)很常见;某些麦秸做的物件还加上了其他东西,这也强调了它们作为繁殖力提供者的重要性。

就圣诞节麦秸冠而言,"它至少可以被认为是从最后收获的一束麦穗演化而来的装饰形式,在许多地方常常被悬挂在农舍的房顶上。"[32]没有必要讨论鸡

---

[25] H.Calender 上引文,第 154 页。

[26] 圣诞树上装饰着糖果,也装饰着红苹果,据说这在"äpplekrakarna"中也有。

[27] Martin Persson, Nilsson, *Folkliga fester*, p.221.这里也许应该包括"圣诞原木"(Christmas log)。圣诞节期间原木被点燃焚烧,"余烬被抛洒在装黑麦的箱子里,因此就会有好收成",或者"撒在羊圈里,因此产羔季节就会有丰产"。见 Martin Persson, Nilsson, *Folkliga fester*, p.195.

[28] 参见上引书第 271 页。另见 W.Mannhardt, *Wald-und Feldkulte*, I, Berlin (1875), p.251.

[29] N. Keyland 上引文第 102 页。该页有文:特别是在 Fraksände 和 Värmland,孩子们为准备圣诞节会采摘桦树枝。古谚云:"'我该做的都做了,现在就只剩下给孩子们采摘桦枝了。'老妇在平安夜这样说道。"

[30] 参见 E. Reuterskiöld 上引文第 11 页和 H. Celander 上引文第 148 页。

[31] 参见 H.Cekabder 上引文第 140 页。

[32] N.E. Hammarstedt, *En julutstallning I Nordiska Museet in Fataburen* 1909, p.251.类似的用猪鬃做成的猪鬃冠很可能也跟公猪作为繁殖力之源的重要性相关联。参加下文。

蛋之于繁殖力的重要性。在基督教里鸡蛋是复活的符号，因此之故，鸡蛋被放在田野里，鸡蛋皮则和种子搅拌在一起，以获得好收成。[33] 当麦秸用来制造圣诞雄鹿(Yule Buck)的时候——圣诞节最惹眼的特征之一——麦秸和雄鹿可都是繁殖力的催化剂。雄鹿和其他动物——特别是有角的动物——一样，[34]充当这个角色已有非常古老的传统。不可思议的是，摩洛哥旧石器时代就有这种雄鹿的图像，在鹿角的中间还描绘着太阳的圆轮。[35] 就此关联而言，我愿意指出，我曾经讨论过的北欧地区之外出土的象征性的墓葬陶器，会经常描绘带角的动物及其被视为繁殖力符号的相关母题。在上文我引用的苏萨(Susa)高脚杯的图像(图版 V:8)上，描绘了一只动物，它的双角环绕着一枚枝条，你问任何一个瑞典人这个图案的意涵，答案都会是“一只圣诞节雄鹿和一束‘maj’树枝”。当雄鹿成为托尔雷神(the god Thor)的座驾之时，雄鹿也和托尔的符号——斧头一样，是比神本身还要古老的。它们成为神的辅佐，是因为雷神托尔是丰产之神(a god of fruitfulness)，不管他被称为太阳神还是雷神——即赐雨之神——都不过是他作为丰产之神的不同面相罢了。[36]

就此关联而言，还应该提到那些手持斧头或锤子的圣诞节雄鹿(人装扮成雄鹿的样子)，[37]两者的关联也是显而易见的。

就许多这些古老的风俗而言，后来基督教的有关解释已经模糊了原来的意义，但是古老的含义还是常常显现出来。比如把圣诞麦秸撒在农舍的地面上，抛撒麦秸的人也许会把麦秸解释为模仿救世主坐卧的麦草吧。但是，在古代斯马兰(Småland)的某个地区，这却是一种传统习俗，平安夜如果不把圣诞麦秸盖在地面上，来年就不要期望有收成。[38] 圣诞之夜，人们往往睡在麦秸铺就的地板

---

[33] Louise Hagberg, *Påskäggen och deras hedniska ursprung in Fataburen* 1906, p.153 et seq.

[34] 在尼尔森的概念里，雄鹿是“植被的恶魔”(Vegetation demon)。参见 Martin Persson Nilsson, *Folkliga fester*, p.219.

[35] L.Frobenius, H.Obermaier, Hádschra Máktuba, München(1925), PI.91, 94, 134.

[36] 当尼尔森(Nilsson, *Folkliga fester*, p.219)说难以理解雷神托尔为什么会被雄鹿拖拉的时候，就像刚才已经讨论的那样，答案并不难找。在我看来，丰饶之神弗雷(Frey)和公猪(boar)的关系，也当作如是观。

[37] 参见 N.Keyland 上引文第 14 页。

[38] 上引 H.Celander 文第 140 页。我更倾向于认为这种解释比尼尔森的早一些，尼尔森认为放置麦草是为了取暖。参见上引 *Folkliga fester* 第 191 页。我的见解被与此相应的婚礼习俗所支持，见本文第 75—82 页。

上,这种行为的仪式含义[39]正同田野里举行的仪式性婚礼(ritualistic nuptials)和曼哈(Mannhardt)所说的"maj"婚礼略同。[40] 同样要紧的是,这些习俗并不仅仅跟圣诞节相伴。

前面提到"maj"可以出现在不同场合。因为"maj"与婚礼密切相关,所以在婚礼的前一天,[41]它便被树立起来,且一直保留到头生子出生为止,[42]麦秸冠也是如此。[43] 把麦秸撒在地板上也是婚礼习俗。[44] 1910 年,斯堪尼亚乃莫(Nymo)教区的一个农民告诉我一件趣事。当问他儿时是否见过圣诞雄鹿的时候,他这样回答:"小时候只在布莱肯(Blekinge)的边界见过一次圣诞雄鹿。"[45]这跟瓦穆兰(Värmland)的福莱克萨德(Fryksände)的习俗略同。[46]

就此关联而言,应该提到古时候的(其实很大程度上也包括现在)圣诞节是举行隆重婚礼的时节。从福莱克萨德的情况可知,如果可能,所有婚礼都是在圣诞节之后那一天举行的。[47] 圣诞节庆典也包括年轻人用这种游戏取乐,这些游戏往往具有仪式意涵,圣诞雄鹿便是常见的一种。各种游戏则往往是在圣诞麦秸上展开的。

这里应该提到圣斯蒂芬日(St.Stephen's Day),也就是圣诞节之后那一天。这一天,人们把水洒在马身上,并骑马穿过田野。该习俗在其他国家也存在,比如在德国这一天有时候被称为"der grosse Pferdetag"[48],在英国也有类似习俗。[49]圣斯蒂芬日的骑马,与圣诞节早期节目中的骑马回家似有一比,是与繁殖之神在田野骑行相关联的。[50] 这尤其被德国南部人民中流传的丰饶女神涅耳瑟斯

㊴ 参见 H.Celander 上引文第 143 页。他指出,特别是在鲁诺(Runo,爱沙尼亚地名)和芬兰-瑞典的农民那里,有谚提及躺在麦秸上云云,便直指这个原意。

㊵ 见同前第 480 页及以下。

㊶ N.Lithberg,*Bröllopsseder på Gottland in Fataburen* 1906,p.84.

㊷ N.E.Hammarstedt,*Striden om vegetationsstången in Fataburen* 1907,p.193.

㊸ H.Celander 上引文第 147 页。

㊹ M.Persson,Nilsson,*Folkliga fester*,p.191.

㊺ N.Keyland 上引文第 25 页。

㊻ N.Keyland 上引文第 100 页。

㊼ 见上一个注释。

㊽ W.Mannhardt 上引文第 I 卷,第 403 页。

㊾ M.Persson,Nilsson,*Folkliga fester*,p.259.

㊿ 参见 W.Mannhardt 上引文第 403 页及其以后部分。另见 H.F.Feilberg,*Jul*,I.p.221.

(Nerthus)的旅行所证明,也被富饶、和平和耕耘之神弗雷把和平和丰产运送给斯维尔人所证明。[51]

但是,圣诞节最要紧的特征之一,是那特别的圣诞食物。大吃大喝直到今天还是圣诞节的标志之一,这不仅是现代医生的梦魇,也会在圣诞来临之前数月耗费掉并不富裕家庭的全部积蓄,而这只能用传统的巨大力量来解释。我们今天依然是仪式性饮食的奴隶,这跟单纯的好生活无关,却具有非常严肃的确保来年衣食无虞的功能,一句话,它希望丰收。实际上,所有的圣诞食物,除了某些好吃的东西和"Lutfisk"(干鳕鱼),很可能都是从异教徒那里得来的。其中一个重要角色,是由猪扮演的。自古以来,猪都跟繁殖仪式(fertility rites)相关,猪也是丰饶和平和耕耘之神弗雷的坐骑。在乌普萨拉古城的牺牲盛宴上,牛和猪便是弗雷的祭祀品。我记得海得力克的公猪(Heidrik's boar)和萨利姆那公猪(the boar Särimner),每天被瓦哈拉(Valhalla)的勇士吃掉,但到了晚上猪们便又完好如初。没有哪个瑞典人圣诞节的桌子上没有猪头和猪肉火腿——经常被糖衣一圈圈地装扮起来,而这不过是太阳的古老符号——碎猪肉冻、猪肋骨、猪肉香肠或猪蹄。在放甜食的桌子上,猪头和猪肉火腿又被杏仁蛋白奶糖装扮起来。把一片面包蘸到猪肉汤里的习俗,也是牺牲宴(sacrificial meal)的遗留。作为圣诞节食物一部分的褐豆和绿豆,跟干果、苹果和大米粥等一样,也有同样明显的意义。塞伦德尔(Celander)有关达士兰(Dalsland)某地吃粥一事的报告尤具启发意义[52],老人舀了一勺粥,说道:"我在肥沃的田野里收获。"(I reap in the thick field.)然后老妇人也舀了一勺,说:"我在肥沃的田野里采集。"(I gather in the thick field.)最后,男孩也舀了一勺,说:"我做了一个捆扎器,我在肥沃的麦田里捆扎。"(I make a binder and bind in thick cornfield.)吃粥的调子无疑也是一种咒语。粥也是其他节日的佳肴,还出现在婚礼、打干草(hay-making)、喝啤酒(ale)和脱粒(threshing)等节庆活动中。[53] 稻子的意义在其他习俗里表露无遗,比如把稻粒撒向即将出发的新婚夫妇。圣诞面包以各种形式出现,用以表现太阳,或者以猪、

---

[51] 参见 W.Mannhardt 上引文第 403 页及其以后部分。另见 N.M.Petersen, *Mythologi*, p.337.

[52] 上引文第 185 页。

[53] 上引文第 185 页。另见 H.F.Feilberg, *Dansk Bondeliv*, I, Copenhagen, (1910), p.267.

公鹿、公鸡、抱窝的母鸡[54]或"有角的牛"(a hornoxe)等[55]的形式出现,这是非常明显的。我要特别提到令人称奇的杰穆兰的(Jämtland)青蛙面包(frog-bread)。[56]家庭成员都会分配一堆特殊的不同种类的面包。在克洛诺博格(Kronoberg)乡下,我曾经见过一个圣诞桌子上摆放着一整列面包做的婚礼队伍。尤其要紧的是所谓的 såkakorna——播种蛋糕(the sowing cakes)。这是为圣诞节准备的东西,它是用最后的一把麦穗磨成的面做成的,其中隐藏着麦田所具有的"统治力量"。它被认为是避难所,或者是由和面盆里最后一个面团做成。整个圣诞节期间,它都被摆放在桌子上,然后再把它放入粮仓,直到来年春天,部分把它和将要下播的种子混合起来,回归大地,部分则送给房子的主人和家畜,因为犁地的人和动物要吃掉这些播种蛋糕。[57]

圣诞节上跟吃不可分离的还有喝,令人称奇的是,异教徒的祝酒行为被基督教化为向耶稣基督、圣母玛利亚或上帝的敬酒了。[58] 因此之故,圣诞啤酒具有神奇的力量。

作为逝者节日的圣诞节

尽管大部分研究者都同意把北方异教徒的"Jul"基本上视为一种繁殖力的节日(fertility festival),在这个方面给它贴上这样或那样的标签,但我还没有指出的圣诞节的另外一个侧面,是与它所具有的鲜明的生命特征(life-feature)相矛

---

[54] 各种样子的姜饼干(ginger biscuit)在民间延续时间最长。圣诞节餐桌上的黄油往往也被做成公鸡或其他相似动物的模样。

[55] N.E.Hammarstedt.,Julkakor-solbilder in Fran Nordiska Museets Samlingar. Bilder och Studier tillagnade gustaf Upmark,Stockholm(1925),P.59.Hammarstedt 把抱窝的母鸡解释为"明显的表示夏季温暖的符号",但在我看来把抱窝本身视为某种符号也许更简单一些。

[56] 参见拙文:*Ett ovanligt julbröd I jämtlands läns museum in Heimbygdas tidskrift*, *I. Fornvårdren*, Vol. IV,(1931). 就青蛙的含义也可参考我在本刊一期上发表的文章,第 107 页。

[57] 同样的习俗也见于其他国家。参加 Nilsson,*Folkliga fester* 第 221 页及其以后部分。关于基兰(Keyland)各种不同类型的面包,参见上引文。阿普兰(Uppland)的播种蛋糕上印着储藏室钥匙的印纹,很有意思。

[58] Nilsson,*Folkliga fester*,p.214.

盾的那个部分,就如同费尔伯格(H.F.Feilberg)在他有关圣诞节的完美著作中所着重强调的那样。[59] 我说的是:圣诞节乃鬼魂(ghosts)和精灵(spirits)的盛宴。马丁·皮尔森·尼尔森(Martin Persson, Nilsson)根据自己的见闻写下上面首先提到的理论,却没有漠视费尔伯格有关圣诞节的看法,并指出分析各种因素有多么困难:“给北方异教徒的‘Jul’描绘出一个清晰的图像似乎是一个奢望。这跟材料的性质有关,因为大部分信息的价值不是很确定,只有很少确定无疑的观点。但是一个不完整的图像好过一个我们的知识空洞被我们自己的想象所填充的图像。”这是该作者在他的著作 *Årets foldliga fester* 其中一章“Fornoordisk jul”的最后一句话。[60]

但是,根据他后来在同一部著作中的看法,很清楚该作者并不看重将圣诞节作为灵魂盛宴的意义,因为他解释这种看法必须有这样的一种基本概念:在日常信仰、精灵(elves)和小精灵(brownies)等所见到的数量众多的人类,实际上便是逝去人们的灵魂。他说:“我不能接受这种观念是正确的,但这却不是反对它的地方。”[61]“这肯定有误解,但是,信仰精灵、小精灵和幽灵的根本是信仰其他灵魂而不是已逝之人。因为这种混乱,死人的灵魂便和圣诞之夜漫游在黑暗中的精灵们混合在一起了。我们了解法国万灵宴(the Feast of All Souls)的历史。在公元六世纪,它仍在古代罗马人所行二月份的某一天举行,几个世纪以后,当日耳曼人入侵了这个国家,教会就把 11 月 1 日的万圣宴(the Feast of All Saints)强加到了万灵宴头上,但是,因为人们不愿意强制自己背离逝去的亲人——而不仅仅是圣徒和殉道者——所以就把次日变成了万灵节,这个万灵节是各地天主教会随处可见的节日。在圣诞节日表上,没有哪天空闲下来会把万灵宴固定在秋季的哪一天。我们因此必须考虑哪一天比圣诞节更接近原初的节日。我们了解的大多数没有被干扰的异教徒的万灵节盛宴是在春季举行的,这固然没有问题,但也并非定律,我们不能因此就声称古代的日耳曼人也在春天举行他们的万灵宴。因此,对我而言,很可能瑞典流行的信仰——即把圣诞节的访客(Christmas

---

[59] *Jul*, I, II, Copenhagen(1904).

[60] P.162.

[61] 见上引书第 231 页及其以后部分。

visitors)变成对死者灵魂的信仰——代表了某种转型和更高发展。就像受基督教的影响灵魂变成了天使一样,在冬至夜游荡甚至遛到人家的自然界的精灵(the powers and spirits of Nature),不管好坏,都转化成了逝者的灵魂(souls of the departed)。因为万灵宴必须预先设定(pre-supposed),即便是在北欧的异教徒那里,也不知道曾经安排在什么时间,不过后来才跟圣诞节鬼魂活动的时间联系起来,打上了常见的圣诞节信仰的印记。"基兰德(Keyland)采取了模棱两可的态度。[62]"假如把死亡崇拜(death cult)作为一个工作假说,那么圣诞节的所有说法和做法都能得到解释。这虽然片面,自然也无不可。问题是,圣诞节是否从一开始就是为死者或者众灵设置的盛宴……。另外一条探究圣诞节习俗的思路,则把重点放在强调众多有关生殖力的概念上,后者与圣诞节常见的庆典相关联。"

在古老的北方,"Jul"正如我们在北方传说里所看到的那样,鬼魂的元素(ghostly element)非常突出。[63] 我们在后来的圣诞节习俗里也发现了死亡的概念,它主要体现在下面的形式中。圣诞之夜,圣诞节摆放饮食的桌子不能清理,因为它必须留给死者的灵魂。[64] 圣诞节铺在地上的麦秸,被解释为是给死者或者给自己安排的休息之地,那是希望给死者一个机会,让它在那个晚上睡在生者的床上。[65] 死者被等待的事实,尤其表现在为逝去的家庭成员安排地方并将其空置的习俗上,[66]也体现在禁止在平安夜关闭壁炉烟道因此使死者的灵魂不能进入房内等的习俗上。[67] 人们相信死者是在圣诞礼拜开始阶段(early Christmas service)成群结队在教堂里庆祝的。[68] 平安夜小精灵们在墓地跳舞,因为被黄金的支撑物(golden supports)抬举起来,所以人们能够看进来,或许,它们就像传说中的永比角(Ljungby horn)一样,也参加了宴会等活动。[69] 与此相关的,是从死者

---

[62] 上引文第 10 页。

[63] H.F.Feilberg, *Jul*, I, p.96 et seq. M.Persson, Nilsson, *Folkliga fester*, p.160.

[64] 基兰德说:"那个人还有实际需求且每年还应该能够大吃大喝一次"。见上引文第 9 页。这个概念跟原始人的概念无关。参见下文的第 81、83 页。

[65] 这个后面的解释当然是次要的。参见上引文第 73—75 页。另见 N. Keyland 上引文第 9 页。另见 Nilsson 所著 *Folkliga fester*, p.229.

[66] 根据和 Bishop E.Reuterskiöld 的谈话。

[67] 根据和 Vexiö 的 G.Lindwal 先生的谈话。

[68] 参见 M.Persson, Nilsson, *Folkliga fester*, p.230 及其他作者的作品。

[69] 上引文第 223 页。

那里获得预知未来的可能性。[70] “问题从来都是一样的主题:死亡或婚姻。反复的提问单调乏味。”尼尔森这样说。[71] “女孩子想知道她们未来的丈夫是谁,因为在她们的生活里,婚姻是一切事情的中心。对于临近的死亡也很上心。但这并不意味着害怕死亡。相反,一个濒死的老农民面对死亡的沉着冷静,是现代人难以理解的。没有人像他那样实现了禁欲主义哲学家的劝诫‘做一个离开生命之桌的满意顾客’(to leave life's table a satisfied guest)。正因为如此,没有什么死亡的预兆能够扰乱圣诞节的喜悦。除了生与死,在农民的脑子里还有其他的思考:来年的收成如何?人畜是否兴旺?他们在圣诞节上关注上述这些问题理所当然。这对于我们来说可能单调乏味,但并不矛盾。

尽管现在没有理由承认有这样一个普遍的信仰,即相信死者的灵魂和自然界许多深藏不露引人遐思的精灵(beings)之间有某种联系,但我发现不相信这种联系的存在也很困难,在这种情况下死者的灵魂是原初(original)的,比如,在谷仓或保卫树(guardian tree)的小精灵和农场的古代居民之间。在挪威,保卫树是与住在农场附近的坟丘里的所谓的högbonden(即 mound peasant 丘墩农民)相关联的[72],小精灵也从这里出来。[73] 因为埋在农场附近坟丘里的人并非其逝去的家人。因此,粥和圣诞节食物拿出来了,啤酒则倒在坟丘上,一边还念叨着“上帝保佑坟丘平安”。在萨特达伦(Säterdalen)阿达尔(Årdal)最古老的农庄,当主妇把麦芽汁泼向长在“精灵墩”(elf mound)上的“精灵桦树”(elf birch)时说:“这正是你应该得到的,因为你是如此优秀的一位斗士(fine fighter)!”——“祖先崇拜很难再找到如此朴实无华的表示了。”引用这个例子的塞兰德这样评价。对我来说,似乎同样难以忽视两者之间的联系:①死者的灵魂;②精灵或者小精灵,其来源似有感觉却晦暗不明;③随着基督教的普及,精灵或者变成天使,或者刚好相反成了制造麻烦的魔鬼,端看是好的还是坏的一面呈现出来。在我看来,我们要处理的时间长度还不足以看到尼尔森线(Nilsson's lines)的发展。因为晚至

---

[70] 参见上引文第 234 页及其他作者的作品。

[71] 上引文第 239 页。

[72] M.Persson, Nilsson, *Folkliga fester*, p.221.

[73] 塞兰德也持差不多同样的观点。参见前其引文第 214 页。

冰岛的传说里，魔鬼、小妖精（goblins）和精灵（brownies）还是比死者的灵魂更常见到的，但是其时我们已经跨入基督教时代，已经径直走向信仰天使和地下神灵的时代，这里没有地方容纳这样一个舞台，让死者的灵魂呈现出如此明确的一个表现形式。最近的研究，即便来自北方，就我所知也使我们能够把对死后生活的信仰追溯到石器时代，这也证明从遥远的古代开始在大众的观念里就相信死者的灵魂发挥了很大作用，也因此能够形成广泛的传统。

现在该我谈谈在我看来为什么从一开始“万灵节”就跟圣诞节相关的原因了。就此而言，也许基督教会不难从万圣节的设置和把它挪到 11 月 1 日这一天找一个借口，把那些因习俗永不能基督教化、对生命的狂热服从很难跟中世纪基督教概念的死亡意义相容的灵魂公开从圣诞节里移除出去。[74] 另一方面，圣诞节作为死者的盛宴还将会继续很长一段时间——直到今天，在瑞典，在圣诞节这一天和所谓“修墓日”（grave-decorating day）这一天上坟修墓一样频繁，圣诞节是现代新教形式的万灵节——证明古老异教徒的“Jul”仍然留在人们心中。

但是，我上面所说的，并不意味着我认为“Jul”原本只是灵魂的盛宴。相反，我认为它的来源植根于它作为生命繁殖力（fertility of Life）庆典的特性。之所以如此，是因为“Jul”是作物和丰收的最盛大节日，其中包含着我试图加以解说的新的统一的思想，这是和上面提到的拙文表达的意思相一致，[75]即死亡礼仪中所体现的繁殖仪式的重要性不仅是可以理解的、自然的，而且也是和原始人的概念极相吻合的，[76]换句话说，“Jul”即圣诞节，也是死者的节日。死者归来，是为了参加给予生命的繁殖仪式，以便延续生命或者使其获得重生。

繁殖仪式和死亡仪式的关联，从瓦穆兰（Värmland）的弗莱克散德（Fryksände）地方的习俗中得到奇妙的支持，在那里，婚礼常常是在圣诞节后那一天举行的。基兰德[77]说：“新娘把婚礼上的一块面包——这也是圣诞节的面

[74] 这里也许应该提到，与此相类似，基督教试图摧毁古代罗马的死亡崇拜，却没有成功，死亡崇拜因此就被基督教化了，且变成了灵魂的盛宴。参见 Feilberg 前引文第 79 页。

[75] 本刊第一期，第 86 页、109 页及其他。

[76] 参见上引文第 108 页。

[77] 参见上引文第 101 页。

包[78]——藏到她胸前的衣服里,保留终生,并把它带到自己的棺材里。"我想起我曾经引用的跟此问题关系密切的埋葬习俗,就包括把鸡蛋[79]、大麦和豆子等等[80]放置在墓葬中。延续至今的类似的原始思维也可作证,事实是,晚到十八甚至十九世纪,把一瓶 brännvin(蒸馏酒精)放在死者的坟墓中还很流行,无疑这原本也被认为是一种生命给予仪式,与圣诞节上的啤酒具有同样的含义。

同样的仪式当然也隐含在其他埋葬习俗中,不过其原初的含义已经完全消隐不见了。比如,妇女们常常穿着新娘的服装躺在墓葬里。在斯马兰(Småland)的某些地区,会在墓园的门上用云杉树枝搭建起一座"荣誉之门"(gate of honour),同举行婚礼搭建的门一模一样。唯一不同的,是婚礼之门的树枝蜷曲起来针叶向上,而墓葬之门的针叶朝下,但这种区别也许只是后来形成的。还有,葬礼上要在室外或者教堂树立起一棵 maj 树来[81],有时候它也被树立在两者之间。在同一地区,被砍下的云杉和刺柏嫩枝不仅要撒在死者的家和灵柩之间的路上——正如在其他地区一样,而且邻居们还要把嫩枝撒在他们的房子前面,特别是送葬队伍经过的地方。布莱京(Blekinge)地区的人们也有类似的风俗。有时候这些嫩枝被撒成十字形。这些嫩枝无疑和圣诞节及其他节日被砍下的嫩枝——特别是婚礼上[82]撒在院子里或者房间地板(有时候是教堂地板)上有同样的意义,其含义和 maj 相同。嫩枝有时候也被麦秸所代替。这被如下的事实所证明:在布莱京,抛撒嫩枝被称为 maja[83]。墓上用花圈装饰也许有同样的含义,不过现在已被人们忘记了。在我们自己的这个时代,圣诞节我们经常会在教堂墓地——特别是孩子们的墓上,发现小小的圣诞树,它们之所以被放在那里,是因为圣诞树对于瑞典人而言是亲切的,特别是在圣诞节期间,人们希望以此缅怀

---

[78] 参见本文第 138 页有关"播种蛋糕"赐予土壤、牲畜和人类生命的重要意义。

[79] 参加本文第 134 页有关麦秸冠中的鸡蛋部分。

[80] 参见 Louise Hagberg, *Påskäggen och deras heniska ursprung in Fataburen*, 1906, p.144 and 153.

[81] M.Persson, Nilsson, *Folkliga fester* 第 33 页提到奥茨博·哈拉德(Östbo härad)的这种风俗。我自己也曾在克洛诺博格(Kronoberg)县见到过。N.E.Hammarstedt, *Striden om vegetationsstången in Fataburen*(1907)第 195 页也提到过斯马兰的这种习俗,还说"墓葬树枝"(funeral branch)的顶部要毁掉,以便与"新娘柱"(bridal pole)相区别,这也许还是后来的变化。

[82] 特别参见 N.Lithberg, *Bröllopsseder pa Gottland in Fataburen*, 1906, p.86.

[83] 和 Mr.C.A.von Zweibergk, Vexiö 交谈得知。

死者及其和他们一起度过的好时光。但是,墓地上的圣诞树——maj 树——也还在延续,这也许有一个更直接的传统。

就像婚宴的例子一样,很有可能葬宴也同圣诞的吃喝(见上文第 76 页)有莫大关系。人人皆知,先前(特别是农村现在也还这样)在葬礼之后,接下来便是奢华的宴会,因为它通常没有节制所以往往令我们感到特别不舒服。在我们看来,这时候应该只能表示悲伤,但吃喝却似乎成为主题,舞蹈也并不罕见。我还记得孩童时代我曾参加过乡村的一个葬礼,当看到人们以死者的名义饮酒(前文第 71、77 页曾提及异教徒向上帝和死者的祝酒)时,我是多么的震惊。在葬礼上喝葡萄酒的做法,是一个十分古老的风俗,至今还能在社会所有不同阶层观察到。葬礼上的食物不能仅仅看作是人们相信死者依然活着因此还需要吃喝的某种证据。也许多少还应该看作是为了生者的某种安排或者生者为了纪念死者的最后一次宴会。葬礼宴会的原初意义,对于死者非常重要,在这个从一个阶段(或状态)转换为另一个阶段(或状态)的节骨眼上,死者因此而得以进入一个新的或持续的存在,不管这种存在到底是什么。这种帮助的形式自然同婚礼庆典或特别是在圣诞节庆典所见的繁殖力仪礼相同。古人的这种观念因此解释了濒死之人感到的某种焦虑,也显示葬宴必须精心准备,死者必须得到“有尊严的埋葬”(be honourably buried)。如此看来,这样的焦虑是比在那样一个严肃的场合,把它跟仅仅为生者提供物质享受相关联更显合理。感觉死亡临近的老妇,如果还能工作,可能自己会为她们的葬礼烤制糕点。装在棺材中的死者,有时候甚至还会被搬到房子里来,作为尊贵的客人参加葬礼。[84] 在某些原始人的葬礼上,宴会通常被认为是死者也要光临的。死者栽种果树的水果和用死者喂养的动物做成的食物是要被吃掉的。[85] 或许这些食物原本是在墓地被吃掉的,因为在俄罗斯和巴尔干的某些地区,每一位参加葬礼的客人,要仪式性地吃掉一勺子混合了放在墓地一块白布上的蜂蜜的粥,据说这种风俗至今还在流行。[86]

葬礼宴具有非常古老的传统。种种证据表明,远古时代的宴会是在墓地举

---

[84] E.Reuterskiöld, *Om Döden och Livet in Inbjudan till teologie doktorspromotionen vid Uppsala Universitet* 1927, p.7.

[85] 参见 M.Ebett, *Reallexikon der Vorgeschichte*, Vol.XⅢ, art.*Totenfest* (by Thurnwald), Berlin(1929).

[86] M.Ebett, *Reallexikon der Vorgeschichte*, Vol.XⅢ, art.*Totenmahl*, § 1(by G.Wilke).

行的——我们通常称之为牺牲宴(sacrificial feast)。还有某些证据显示,有时候这些宴会甚至可能是食人的牺牲宴(cannibalistic sacrificial feast)。

甚至从新石器时代开始,就在墓葬中发现陶器中有粥的遗存——不少地方仍然是葬礼食物组成部分的“灵魂之粥”(soul porridge)以及象征性的死亡面包(death bread)[87]——对应着上文曾提到的放置在墓中的鸡蛋和大麦。但是,墓葬中也常常发现大量动物骨头,这显然是为死者准备的食物的遗留。好比圣诞节风俗有肉、素两个方面一样,放在墓葬中的东西也是如此。

在原始人那里,这些宴会往往在死者被埋葬之后第一年的某些固定时间不断重复。有时候,在第一年的四分之三时间过完之后,系列宴会才会以最后一次宴会的举行而告结束。很显然,死者不会被认为真的参加了宴会。在有些情况下,还会看到死者尸体被烧掉或者以这样或那样的方式被毁掉的例子。这些不同的宴会在不同的阶段加以庆祝,似乎被认为与胎儿在母腹中长至临盆的各阶段相对应。[88] 因此,当最后一次宴会举行之时,死者也即获得新生(was born to a new life)。

为解答本文提出的主要问题——理所当然作为繁殖力盛宴的圣诞节,是否同时也是死者的盛宴(a feast of the dead)?因为繁殖仪式(fertility rites)就包含在死亡仪式(death rites)中,其目的就是帮助死者获得新生?假如我们能够证明,总体来看与圣诞节(与繁殖力崇拜相关)相类似的风俗是与万灵盛宴相通的,那自然就非常重要了。总而言之,“万灵宴”(feast of souls)与“丰收宴”(harvest feast)是一回事吗?果真如此,事情就再清楚不过了,问题的症结也就发现了,因为它与作为跟季节相关宴会的圣诞节无涉,却与万灵宴相匹配的繁殖力宴会具有逻辑上的一致性。事实是,我们现在知道不仅欧洲大部分地区有这样的例子,便是世界其他地区也是如此。菲尔伯格便征引了许多具有启发性的例子。[89]

在雅典庆祝花开和新酒到来的春季(Anthesteria),有一个三月初举行的献

---

[87] M.Ebett, *Reallexikon der Vorgeschichte*, Vol.XⅢ, art.*Totenopfer*, §3(by G.Wilke).

[88] M.Ebett, *Reallexikon der Vorgeschichte*, Vol.XⅢ, art.Totenfest and Totenkultus, A, §36(by Thurnwald).

[89] 上引文 I,第 6 页及其以后。另参见 Louise Hagberg, *Påskåggen och deras hedniska ursprung in Fataburen* 1906, p.153.

给酒神狄厄尼索斯(Dionysos)的神圣节日。在这个节日里,第一天,要把去年新发酵的葡萄酒倒出来,第二天,大家争先恐后一醉方休,第三天,是万灵节,当灵魂们在家里被人喂饱的时候,盛装着炒豆的陶罐便被放置在坟地上。[90] 二月二十一日举行的罗马人的费拉利亚(Feralia)节日,是一个万灵节(All Souls' Day),当然这也不是一种为了生者的丰收节,不仅有为死者准备的食物,比如配有面包的葡萄酒、盐、奶、油、蜜、鲜花和花环,而且随后的几天还有为生者准备的追思宴会(feast of remembrance for the living),令人想起丧葬宴会(burial feasts)。[91]

在公元567年法国图尔举办的主教会议上,明确禁止在墓地放置食物,尽管实际上那时候这一天是当作"圣彼得的椅子宴会"(Feast of St. Peter's Chair)加以庆祝的,[92]但放置食物的风俗还在继续。在三月举行的利莫利亚盛宴(Lemuria feast)上,当自杀者、被谋杀者被认为又能走动时,这家的父亲要把黑豆放到嘴里,赤脚穿过房子,口嚼黑豆,不能回头看,说:"我给你这个,并用它买回我自己和我的东西。"[93]当晚于万圣宴(十一月一号)的万灵宴变成奉献给纪念死者的节日时,上面提到的异教徒的风俗也便没有保留地转到了这一天。房子各处摆放了献给死者的食物,[94]也制造了让死者进入房间的种种方便。但是,同时也还要上坟,还要把食物之类的东西,比如在许多地方是各种"灵魂面包"(soul bread)、葡萄酒和蜂蜜(俄罗斯)、红鸡蛋(塞尔维亚)、麦草十字架(比利时)和鲜花等,放置在墓地。在波斯尼亚和黑塞哥维那(Herzegovina),灵魂盛宴(a feast of souls)是在复活节之后的第一个星期五庆祝的,这时候,彩蛋和寇拉森(Kolacen,复活节面包)便被放置到坟地上。[95] 在某些地方,生者往往兴高采烈地在教堂墓地(意大利的墨西拿)、[96]家里或者客栈吃喝。

---

[90] Feilberg, *Jul*, *I*, p.12.另参见 *Nordisk Familjebok*, *Vol.I*, *art.Anthesteria* (by A.M..A[lexanderson]), Stockholm (1904).

[91] Feilberg 前引文第13页。另参见 *Nordisk Familjebok*, Vol.III, art.Feralia (by R.T[Pörnebla]dh), Stockholm (1908).

[92] Feilberg 上引文,第16页。

[93] Feilberg 上引文,第13页。

[94] Feilberg 上引文,第30页及其以后。墨西哥有一个极端现实的风俗是这样描述的:一支蜡烛为家里所有的逝者点起来;还用纸做成一个个小棺材,里面放上用蛋糕或者糖果堆成的尸体,还要布置一张桌子,放上面包、烤玉米、水果、坚果甚至雪茄,而且总要有一瓶葡萄酒。

[95] Louise Hagberg, *Påskåggen och deras hedniska ursprung in Fataburen* 1906.

[96] Feilberg 上引文,第76页及其以后。

后起的一种纪念死者的方式是施舍的风俗，而不是在他们的坟地放置礼物。比如法国，那一天要把榛子、核桃和苹果带到教堂，送给孩子们；在阿布鲁齐雅(Abruzzia)，要送给穷人豌豆汤。[97]

我们在欧洲之外也发现了同样的风俗。类似的灵魂盛宴在波斯人、维达人、日本人和中国人那里也能看到。[98]

菲尔伯格征引的这些风俗，正如他自己所言，“在北方圣诞节的信仰里一再出现”，而且也非常说明问题，不过他自己并没有从中得出结论，但结论似乎是非常明显的。他说：[99]在春秋的播种季节，烦躁不安笼罩死者。它们是它们居家所在的黑暗之处的统治者；当农民的犁在肥沃的土地上开出沟来，他的手把种子撒在犁沟里，他便期望获得灵魂(spirits)的帮助，种子才能发芽生长。当嫩芽看到白天的光亮，来自灵魂的太阳、雨水和露水便要光临，但在此之前，嫩芽是在黑暗的地下潜滋暗长的。然后，当躁动不安降临到灵魂头上，它们便成群结队从它们的黑暗之家趁黑夜来到生者的居所。在它们曾经居住的地方，它们还在此生活的家人的家里，它们渴望善待并得到礼物，作为回报它们乐意使大地获得丰收。灶台前，人们会为它们撑开桌子并将之加以装饰，当它们获得食物之后又会被人们请求离开；因为死者和生者不能同时生活在一个屋檐下。这是我们人类有关死者崇拜的普遍思想和风俗，不管东西南北、高山平原，莫不如此。支配这种人类普遍思想的动机不可能是模糊不清的。躁动不安的灵魂和生者为了作物生长依赖灵魂帮助这一事实有何关系？他们的这种依赖又能向我们传达什么信息？经常听到的解释，是灵魂们在圣诞之夜回到它们曾经的家中，因为这是一年中最黑暗的夜晚；不过这个解释很暧昧，因为它难以解释为何非要在这个特别的夜晚，而在此前后的许多个夜晚差不多一样黑暗，或者说，每一个夜晚都足够黑暗，允许灵魂们趁机回家。就我所能，我发现，只有把繁殖盛宴和死亡盛宴(fertility and death feasts)结合起来才能自圆其说，而前提是认为死亡仪式(death rites)借自繁殖力崇拜(fertility cult)。

---

[97] Feilberg上引文，第78页及其以后。

[98] Feilberg上引文，第7页及其以后。有关中国的情况，参见下节第86页。

[99] 上引文，第I卷，第5页。

中国的繁殖仪式、死者崇拜和年度生命助长节日

直到现在我才开始讨论有关中国的这些问题，是因为我特别想为这个国家单独开辟一节。在中国的社会生活中，对死者的崇拜至今还是最为基本和独特的一个特征。其主要原则便是祖先的灵魂崇拜。在中国，祖先崇拜是服务于再生(reincarnation)的生者对死者的崇拜，现在而且似乎从远古时代开始就远比西方有更为确凿的证据。但是，这种再生崇拜(cult of reincarnation)通常以土地或农耕崇拜(a cult of the soil or the tilth)这样一种令我们特别感兴趣的形式出现。葛兰言(Marcel Granet)在针对这个问题的简明而非常引人注目、受人欢迎的《中国宗教》(*La religion des Chinois*, Paris, 1922)一书里，强调了这个事实，而且在论及封建社会(公元前 800—200 年)的祖先灵魂崇拜时还确实说明，“从一开始，祖先崇拜和土地崇拜就是基于利益和责任的共同体。”[100]

葛兰言以其生动的叙述风格证明——虽然我无法判断那些证据在细节上的可靠性，但他探讨的问题却与我的认识非常吻合，那便是如何在原始社会，也就是说远在封建社会之前，中国的农民生活就跟两个年度盛宴——春节(the Spring Festival)和秋节(the Autumn Festival)紧密相关。春节给所有即将重新开始的生命以信号：当河流的坚冰开始融化，春水获得新生之时；当第一场甘霖滋润大地；当春花开始绽放，树叶重新发芽；当桃李花开，燕子归来；当鸟儿开始配对筑巢之时，人们便庆祝春节。[101] 这时候，人们被召集到举行崇拜的神圣地点，与此同时，此地也成为不同村庄青年男女的聚会之地。没有哪个男女能够在自己的村庄找到配偶，因为他(她)们和村里的其他年轻人关系过于亲近——要么是兄弟姐妹要么是表兄弟姐妹。只能和附近村庄交换才能成就婚姻，在远古时代，当母权制盛行之时，是年轻人迁入一个新的村庄，后来则是女孩子来到她们

[100] 上引书第 67 页。

[101] 上引书第 14 页。

的新家。[102] 当农忙之时，人人手里都是活，男人们夜晚住在田边可怜的小茅屋里，与他们住在山里的老婆和儿女分离，后者只是偶尔来探望一下并带来食物。[103] 但是到了冬天，男人们从劳动中解脱出来，就像土地也要从劳动中解脱出来一样，该轮到妇女们忙碌了。她们缝缝补补，以满足全家人的穿用。在崇拜之地加以庆祝的春节，也就成为了不起的"媒婆"（great matchmaker）。"春这个字就意味着爱情"[104]，在庆祝再生的春宴上，性之仪礼（sexual rites）是其中最要紧的："少男少女在神圣的土地上集合起来，相信他（她）们充满朝气的婚姻就是与万物复苏相契合的一种手段。心里荡漾着对丰产的期望：就像他（她）吞下的蛋，就像他（她）们看到的流星，就像他（她）们采摘的一束束放在膝上的车前草，就像他（她）们海誓山盟时献给对方的鲜花，凡此在他（她）们看来都蕴含着成熟的原理（principles of maturity），因此他（她）们相信春日婚礼会帮助万物复苏，这便是他（她）们赐予季节之雨的名字，而且使冬日人们停止耕作的大地得到净化，把繁殖力带给田地。[105] 如果春节说得上是第一次的男女欢聚，那么一个家庭直到秋节过后还没有建立起来，[106]秋节就是"狂吃海喝（a grand orgy of eating and drinking）——这是再播种的盛宴，也是重新进入温柔乡的盛宴"。农民相信他们与他们耕种的土地和收获的田野是如此密不可分，这种相互依赖正是因为两者都享有同一个大地。

这些与土地相关的性行为的发生，导致与土壤融为一体的概念，也就是说，与其上建立家庭的大地融为一体。这些性行为发生在房子的黑暗角落，那里正是存放粮食的地方。——正是由于这些神圣情感的传染效果，使得家庭主妇、人类之母、谷仓中的粮食和田地之间的真正的混乱和特性的交换于焉发生。存在于种子中的生命元素，一如存在于妇女的身体之中；放在婚礼睡椅附近的种子也会使妇女受孕；妇女——种子的守护者，赐予种子生根发芽的力量；种子给予营养；妇女变成护士。大地（the Earth）就是母亲（Mother），就是护士（Nurse），种子

[102] 上引书第 4、11、25 页。
[103] 上引书第 3 页及其以后。
[104] 上引书第 14 页，另见第 7 页。
[105] 参见上文第 75 页有关在田地里举行的仪式婚礼（ritual nuptial）。
[106] 葛兰言上引书第 13 页。

播于其中；十月怀胎，妇女模仿大地。大地包含万物，大地孕育万物。她把死者放在胸口，在前三天独自哺育新生的婴儿。她是母亲之力量，给予生命，抚育成长。人类由她而生，由她抚养，在生命的紧要关头——来到这个世界和离开这个世界——和她保持联系都至关重要。最要紧的照料便是把新生婴儿或濒死之人安放在地上。作为至高无上的家庭之力量（domestic power），大地自己就能告诉人们生死是否来到。她自己就能撤回或者赐予人们留在家庭生活的权力。在田地之上（on domestic soil）禁食（fasting）三天之后，当孩子得到大地母亲哺育并以响亮的哭声展示其从她而来的生命之力，他的母亲，根据土地优先原则，允许把他抱起来；她能够给他营养，最后孩子自己也能够吃饭了，这样才被准许进入生者的行列。当放置在地上的濒死之人，虽经整个家庭的沉痛呼唤也不能把生命唤醒留下来，那么死后三天，尸体就将永远地从生者的集体清除出去，并被埋葬在土中。葬礼有二重性：在史前时代，第二次埋葬发生在城镇或乡村之外，家庭墓地是一小块土地，任何不属于该家庭的人员都不允许进入这个地方；在古代，埋葬发生在家院（domestic enclosure）之内。第一次埋葬（first interment）通常都发生在家内甚至房屋之内，这个时间正好是死者肉体腐烂的时候。死亡之物因而进入家庭的土壤。尸体在靠近储藏谷物的阴暗角落腐烂解体——这些种子播进土壤，生根发芽；在同样的角落，又搬来婚床，妇女在此孕育新的生命。她们因此猜想她们的受孕是源自家庭土壤的丰产之力（Powers of Fecundity）作用的结果。正是在这块土壤之上孕育了她们身体之中潜滋暗长的生命，最终，她们出生的孩子验证了祖先的存在。人们坚信生命在祖先尸体解体的黑暗角落发生的原则；每一个生命都似乎是某位祖先的转生。当妇女在她出生的家里怀孕，[107]那就是母系家庭的职责去完成转生。新生儿只能是一位祖先，在大地母亲——母系祖先的共同物质（common substance）——之中栖居了一段时间之后，再一次复活为一个生命并且重新出现在活着的家庭成员中间，家庭的本质也像其大地（their Earth）一样是不朽的。死亡并不能消减它，正如诞生也不能增加它一样，一个家庭成员的生或死无非是进入另一种存在形式。家庭被分为两个部分，一部分是

---

[107] 只要母系制度继续存在便是如此。参见第 87 页上述。

生者，一部分是死者，尽管如此，他（她）们紧密相连且形成不分彼此的群体。对死去祖先的祭祀和对家庭土地神（domestic Soil）的祭祀，建立在相信它们是并行发展的两条路线——大地母亲这一概念的首要特性来自她在圣位（Holy Places）节日里扮演的形象——祖先崇拜总是保留了季节祭祀的某种特点，相关的关键祭祀仪式总是发生在春秋季节，就好像正是在聚会发生的春季和秋季，转生的概念（the idea of reincarnation）才得以实现。[108]

在官方的儒教传统里，年度最重要的两个宴飨发生在冬至日和夏至日，在这些时候，皇帝分别在天坛和地坛——祭祀天地的地方——献上丰厚的礼物。

冬至节因此是在当"阳，创造性的天之伟力，光和热，达到其顶点且同时进入其转生"[109]之时加以庆祝的。随着在繁缛的仪式上把异常丰富的动物和植物祭品献给神灵，皇帝的祖先也同样收到了他们应该得到的部分，为达到此目的，其灵牌也被放在应该安放的位置。[110] 节日的丰产特性是显明的，这从皇帝和主祭人最后的祷词可以看出：

老天爷啊，牺牲准备好了，祭坛已经被黑夜（darkness）所遮盖。

请您保佑我们；愿传达您福佑的云朵像大海之波一样无穷无尽。

您的仆人在每年的每一个季节祈求您的保佑；对来自他婚宴之上的香气予以最深切的关心。

他祈望遍地万物生长，您的仆人周围的德行也与日俱增。

老天爷啊！祈求您的保佑，大地因此可以复苏，田间作物因此可以茁壮成长。

请您保佑我善良的人民，他们因此可以享受真正的和平和安宁。

上面已经提到，在夏至庆典举行之时，盛大的祭祀宴会要献给大地之神，在

---

[108] 参见 M.Granet 上引文第 25—29 页。

[109] J.J.M.de Groot, *Universismus, die grundlage der Religion und Ethik, des Staatswesens und der Wissenschaften Chinas*, Berlin（1918），p. 155, seq.Cf.p.216.

[110] 参见上引文第 160 页。关于消费从祭坛牺牲而来的所谓"吉祥之肉"（auspicious flesh）的话题，参见第 175 页及其后文。

这个场合，皇家的祖宗灵牌也要在仪式上出现。[111] 一年的最后一天，[112]注定同样是为皇家祖先献祭的一天，这一天也跟我下面还要讲到的那个特别的“万灵之日”(Day of All Souls)的清明节相关(第95页)。

从上面的讨论可以确认，中国人对死后生活的信仰是不可撼动的。主导概念似乎就体现在上面所引用的文献中(第73页)——新生的概念，转生，通常所谓“投胎”的过程，“走进子宫”，等等[113]。灵魂因此可以在另一个人的身体里寄居下来，后者的灵魂最近才刚刚离开。[114] 但是，生者无须放弃看到死者灵魂回到其以前皮囊的希望。转生复活的故事难以尽引。德格鲁特(de Groot)就说：如果他有关基督复活的说教引不起人们多少兴趣，那在中国人而言同样的奇迹几乎每天都在发生，对此，在中国的传教士一点也不感到惊奇。[115]

不过，不管它可能属于什么性质，转生都不可能发生。中国宗教规定的葬礼极尽烦琐，对于生者而言确实也不堪重负，恐怕在古代更是如此。我们这里只能在上面已经描述的东西之外，再讨论几个大的方面。

第一次试图把死者唤醒的努力发生在死者断气之时，站立在死者周围的人们大声呼喊，祈求逝去的灵魂回来。[116] 你会发现，这种对死者的哀悼一遍遍地在重复，正如大家都知道的，这发生在东方社会的所有时代。最初也是最重要的针对死者身体的行动便是洗身。这在周代(公元前1122—前249年)既已实行，就高级贵族而言，是用大米水和小米酒水洗身的。[117] 此后，大米被填在死者的嘴里，也要把烧糊的颗粒塞到嘴里。向死者嘴里填物的风俗，是盼望促进丰产；特别是把稻米[118]和子安贝[119]放进死者嘴里的行为，在古今中国都很常见。这些填在

---

[111] De Groot, *Universismus*, p.192.

[112] 参见上引书第216页。

[113] J.J.M.de Groot, *Religious System*, vol.4, Leyden(1901), p.143.

[114] 参见上引文第134页。

[115] 参见上引文第124页。

[116] 参见上引文第1卷第10页、243页。

[117] 参见上引文第1卷第12页。

[118] 参见上引文第20页、276页。另见第356页。

[119] 关于子安贝的象征意义，参见上引拙文第103页。

嘴里的物质因时而变，也常常变成玉，玉被认为是代表天的石头。“天即是玉，是金。”[120]天，属阳，“是万物之母，是统治万物之大自然的主要能源”[121]。德格鲁特指出，在福建省，要把一个玉环戴在死者的胳臂或者脚踝。[122] 很可能从新石器时代开始欧洲史前墓葬中就屡见不鲜的玉器[123]——那些个通常或者以微型斧或者以大型美观精制的斧，或者偶尔也同样以环出现的东西——具有同样的意义。近东也出土过类似的护身符。[124] 用于同样目的的另外一些“阳”的象征符号是各种珍珠，据说它们也包含很多“阳物质”，可以“发出光芒”[125]。当钱币[126]用于类似的用途时，它是作为现代钱币性质的宝贝的替代品使用的，这个次要用途的获得无疑来自宝贝所具有的赐予丰产、富裕的力量。把食物放入死者口中的习俗停止了，比如厦门地区，但是把食物，比如煮熟的大米和豆子放在死者身旁还在流行。[127] 无论过去或现在，给死者准备食物并非只是在死者刚死被放入棺材之前，此后也复如此。[128] 食物，或者放入棺材，[129]或者放入墓葬的其他部位，[130]主要包括各种谷物和稻米。[131] 食物形式的祭品不断地在各种机会下摆放在死者的坟前，比如清明节就是如此（参见下文第 95 页）。

一个明显的赐予生命的“死亡习俗”，是死者所穿的衣服——不管男女，死亡之时所穿的衣服，却是他（们）曾经在婚礼时穿过的；[132]在那样的场合，用来表明这对年轻的夫妇已然成为“充满生命活力的人物”。[133] 女性的“新娘和死亡”服

---

[120] 参见 de Groot 上引文第 1 卷第 271 页。另参见发表在《东方博物馆馆刊》第二期的 B. Karlgren, Some fecundity symbols in ancient China.

[121] 参见 de Groot 上引文第 1 卷第 22 页、271 页。

[122] 参见上引文第 279 页。

[123] 德国、比利时、法国、意大利和瑞士均有。参见 C. H. Read, British *Museum*, *A Guide to the Antiquities of the Stone Age*(1921), pp. 94, 122, 140; J. Déchelette, Manuel d'Archéologie, I, Paris (1908). See Index *général*: *jade*, *jadéite*; F. v. Duhn, *Italische Gräberkunde*, I, Heidelberg (1924), see Sachregister: Jadeitbeilchen, Nephritaxt.

[124] 上引 J.Déchelette 文第 521 页。

[125] De Groot, *Religious System*, vol.1, p.277.

[126] 也包括银币，参见上引文第 278, 358 页。

[127] 参见上引文第 29 页，第 359 页。

[128] 参见上引文第 360、99 页。

[129] 参见上引文第 2 卷第 363 页。

[130] 参见上引文第 382 页。

[131] 参见上引文第 386 页。

[132] 瑞典也有类似的风俗，参见前文第 81 页。

[133] De Groot, *Religious System*, vol.1, p.81.

装，在贵妇阶层是极其华丽的，用繁缛的刺绣描绘出象征丰收和引起丰收的图案，比如负责降雨的龙，[134]作为“婚姻幸福”最高级象征的凤[135]等。玉饰最为常见。其中最重要的是簪子，它常常被做成各种各样具有同样意义的象征符号，比如雄鹿、乌龟、仙鹤、鹳鸟、寿桃等。这些物品的象征意义均有悠久的历史。生活在公元前一世纪的刘向，在其著作中曾说到雄鹿在千岁之后会变成蓝色。生活在公元前二世纪的刘安，也说到龟能活到三千岁。鹤和鹳也被认为千岁之后变为蓝色，两千岁之后变为黑色。不仅如此，“鹤”这个字，在几种方言中，都与表示欢喜和富裕的字同音。鹳和鹤在西方世界民间信仰中的重要作用如此广为人知，无须在此赘述。至于桃树，也同样是一个长寿符号；因此，公元四五世纪的《神异经》曾提到一棵桃树如何高达 500 尺，叶子如何长达 8 尺，桃子如何大过 3 尺，以及长生不老的仙丹妙药可以从果石（fruit-stone）中得到。[136]

还有，当为死者挑选棺木时，可以选一种——用德格鲁特的话说是——“可能便于他（她）们重回生命”[137]的木料。人们相信，常绿的松柏树尤其具有这种力量，这两种树木也被认为很长寿。这不能不让人想起柏树作为丧葬之木在东西方均复如此。《汉武帝内传》有这么一个故事，说武帝（公元前 140—86 年）之时，有一个传说中的女王掌控这些不老之物，她就吃了松柏的树脂，因为“这可以延长寿命”[138]。在汉代，祝福“皇帝万岁”的酒是用柏树叶酿成的。还有很多证据说明这些树木的神异之处，这可能要从不同时代来引证。从朱弁所记作为官员和诗人的苏东坡（1036—1101）的故事开始，比如他写道：“松树赐予人类的福佑是非常多的。它的花，它的树脂，它长在根部的木耳，食来均能令人长寿。”到了晚近时代，作为药典的《本草纲目》也曾提到，“长期饮食松树之汁，将使人身轻，防止人变老，并使其寿命延长……长食柏树籽，将使人壮健——体重减轻，生命延长。”[139]

---

[134] 参见上引书第 53 页。关于龙作为“男性丰产符号”可参考上引 B.Karlgren 文第 36 页。

[135] De Groot, *Religious System*, vol.1, p.53.

[136] 上引 B.Karlgren 文第 37 页。关于发簪及其象征意义，参考 De Groot, *Religious System*, vol.1, p.55.

[137] 上引 De Groot 文第 294 页。

[138] 参见上引文第 297 页。

[139] 参见上引文第 299 页。

仅仅用这些木料制作棺木和地宫往往还不够。与此相关的是,在汉代的显贵人物墓地,围绕棺木还要放置多余的柏木,这些柏木要尽可能从根部截取,因为柏树越老越粗的部分便储存有越多的生命活力。另一种此类赐予生命之树是常绿的樟树。[140]

所有这些为死者提供赐予生命物质的种种努力,在中国和在古代西方一样,以在显贵人物的墓地埋入人、牲而达到顶峰。通常是妻、妾和奴隶陪葬。德格鲁特引用了此类著名的有关人牲的文献。公元前677年,当秦国的征服者秦武公死亡之时,殉葬者多达66人。[141] 他的侄子秦缪公死于公元前619年,丧事更加奢华,殉葬者不少于177人。这种残酷的风俗延续到很晚近的时代,这方面的证据很多,这里不妨征引一些。当明太祖1398年驾崩之时,随葬的宫中妇女数量巨大。根据权威文献,晚至1661年,清顺治皇帝的诸妇之一去世,皇帝下令使30个年轻女子为之殉葬。但是,到1718年康熙皇帝的母亲去世,康熙帝则禁止四个自愿殉葬的侍女遂其心愿。[142] 还可以征引很多晚近的例子。晚近有很多近亲、夫人、女儿或者忠实的女奴在墓葬尚未填埋之际投身其中或者以这样那样的方式断其生命以便允许其尽忠殉葬。[143] 有时候这种自我牺牲的行为,是他或她在死者的灵牌之下放弃生命,相信此时灵魂已经栖居地下。[144] 我们发现了一种人性化的牺牲方式,就是如果妻子活得比丈夫长久且自然死亡的话,把妻子埋入丈夫坟墓的风俗。[145]

一种极端的自我牺牲形式,特别是在有身份的家庭中易于发生,那就是如果未婚夫早亡,他的未婚妻,要穿上婚服,就像在婚礼上一样与他结合,在其棺材旁的桌子上参加婚宴,其时“婚姻被稻谷之灵(rice-spirits)所密封”。死者被认为是以一种看不见的或者以“灵牌”的形式出现。然后这个“死亡新娘”(death-bride)就搬入其未婚亡夫的父母家里,穿上寡妇的麻布衣服,担负起儿媳的重

---

[140] 参见上引文第301页。

[141] 参见上引文第2卷第721页。

[142] De Groot, *Religious System*, vol.1, p.734.

[143] 参见上引文第735页。

[144] 关于灵牌,请参见上面提到的de Groot文第1卷,第142和218页。

[145] De Groot, *Religious System*, Vol.2, p.800.

任,代表她和她的亡夫收养一个“继承人”[146]。

“人殉自然意味着这样一种观念的流行:妻或妾必须陪伴丈夫进入来生,以免其堕入孤独寡妇的凄苦生活”,德格鲁特这样说。[147] 他接下来描述了一种著名的冥婚的细节,这种婚姻据说也在中国实行。有足够的证据表明这种风俗见于世界各地,但这里我们只征引一两个例子。[148] 魏太祖(公元155—220年)最钟爱的儿子和邴原的年轻女儿同时亡故。太祖希望两人合葬,但邴原拒绝了这个建议,于是皇子和一个新死的甄姓女子埋在一起。当魏明帝(公元227—239年)的年轻女儿淑夭折之后,跟她合葬的是一个叫黄的人,他其实才是个婴儿,是甄皇后兄弟的孙子。通过这样的方式,这个小孩子被追封为黄列侯。从宋代开始,华北地区的青年男女如果同时夭折,他(她)们的父母便要为亡灵找一个媒人看看两人是否般配,婚姻是否幸福。还要把酒和水果作为婚宴摆到年轻男子的坟墓前。还要准备两把椅子并排放置,椅子上各放一面小旗。如果给死者敬酒的时候旗帜晃动,那就说明两个灵魂走到了一起。[149] 显然,未婚死者不能自己孤独地留在坟墓中,这个观念如此根深蒂固,以至于实行冥婚的习俗并不仅限于新死之时,如果没有合适的同时去世的异性亡人,也可以把一个旧坟打开,把死者的棺材移到新死者的坟墓之中。在周代,负责婚姻的官员其职责就是保证没有已下葬的妇女从其墓地移出并被指定作为未婚死者的忠实配偶。[150]

比较而言非常轻微的殉葬形式,是把某些肖像放入墓穴,比如草编的“灵魂”或者人偶,或者把肖像挂在墓室或者墓上。King Ai(约公元前300年)就是把整个后宫的40位佳丽的石雕像,放入地宫深处很可能是安放棺材的地方。[151]

尽管还有很多葬礼借用丰产仪式的例子可资引用,但是仅上述所见,大概就足以显示这些仪式在古代和现代的中国发挥了怎样的一种支配作用。

上面我已经表明祖先灵魂崇拜如何在中国重大年度丰产节庆中发挥明确作

---

[146] 参见上引文第763页。

[147] 参见上引文第802页。

[148] 参见上引文第803页。

[149] 关于旗帜在葬礼中的作用及相信它是死者灵魂的住所的看法,参见De Groot,*Religious System*第1卷第125、174页。

[150] 参见上引文第2卷第802页。

[151] 参见上引文第811页。

用。接下来,我又证明了中国的葬礼如何只是包含了促进丰产(fertility-promoting)和赐予生命(life-giving)的礼仪,我将要得出的结论就是把这两种事实合并为一,展示现如今献给死者的葬礼,原本却只是单纯向生命表示祝贺的仪式。[152] 每年一次的死者盛宴——清明节,与"万灵节"略相仿佛,是在四月五日前后庆祝的,此时正当草芽发绿(青)、空气清朗(明)的季节,所以节日的原本意涵,只是迎接太阳的重生。[153] 这个节日,在原始时代只是由敲着木鼓的传令官发起的,从某些方面看,它与我们瑞典的复活节庆典相似。所以,节日期间,所有的肉都要禁止,只能吃鸡蛋,习惯上还要给它涂上各种各样的颜色。鸡蛋之所以被选为食物,是因为公鸡是祭献给太阳的动物。这一天早晨,人人都要来到墓地,把祭献食物——肉、鱼、鸟、蛋糕和酒——放在坟上。在坟头要插上缠绕着长长白纸条的竹杖,[154]点上鞭炮,并把墓葬周围打理干净,这样死者从中出来才不致有任何困难。坟墓还要用柳枝编成的笤帚清扫。据纳瓦拉(Navarra)所言,柳枝被认为具有驱魔的力量,毫无疑问这是因为远古时代柳树代表一种生命之树,即便今天,柳枝还被插在门的上方,妇女们也还会在其头发上插上小束柳枝。[155]

这次在中国大地的漫步,在我看来着重强调了丰产仪式如何在死亡礼仪中发挥了重要作用,解释了死者如何参与到丰产节庆中来,接下来,我将要讨论在我看来对于圣诞节是细微末节的问题,不过某些学者可能会认为这是最要紧的问题。

圣诞节被认为是一种保护手段

如果你问某些瑞典人为什么要把松枝撒到灵柩前面,答案将会是:这样做,死者会被松针刺伤因此将不再走动。"那好,你看",某人会说,"在葬礼上撒松枝,松枝具有预防和阻止恶魔的作用,但在圣诞节,这种行为为什么又成为丰产

---

[152] 上引 B.Karlgren 文第 45 页。

[153] B.Navarra, *China and die Chinese*, Bremen (1901), p.368.

[154] 参见上文第 95 页关于三角旗帜的描述。

[155] 关于该日皇家墓地的祭祀情况,参见 De Groot, *Universismus*, pp.212 and 216.

仪式呢？这种古老风俗真是自相矛盾、不可思议呀！”在我以前的文章中，我已经对此做出回答。这里我只是重复，[156]我相信保护的重要性是第二位的。就实际而言，所有促进丰产的东西或装饰品，甚至仪式本身，在其后期阶段，都被认为是具有预防性质的护身符、仪式，等等，不管它们被称作是“防御恶魔之眼”或者防御其他什么东西。这个逻辑是连贯的，因为生命给予或者再生本身就是对恶魔或毁灭力量的最好防御。这样我似乎又触到了圣诞节的第三个面向，这也是常常提及的一个方面。“圣诞节到处翱翔着精怪，简直无处不在，因此没有什么不被污染的。”基兰德（N.Keyland）如此说。[157]“如果某人要通过彻底的消毒防范流感或者其他疾病，关键是要及时把室内的一切来一个大清扫，还要做好身体清洁，然后是对所有可能预防手段的观察和采取一切可能的防范措施。门上要放上铁器，或者用焦油画上十字，还要逼迫牲畜吃下用焦油做成的球球，把各种不同形状的柱子竖立在院子里，周围点上火，所有这一切都是要减少那些不请自来的、看不见力量侵入的有害作用。”很可能这就是晚近看到这些风俗的乡野之人的解释，但这却没有建立其宗教方面的意涵。可以发现从同一个地区得到的有关同一件事情的两条信息。海新-查维里奥斯（Hylthén-Cavallius）写道：“把麦草编成的十字架放在田野里作为对所有魔法的防御。”J.J.通纳（Törner）谈到斯马兰的迷信，也说到“圣诞节的麦草十字架必须放在田野里或者挂在果树上，这样一切都能得到保佑。”塞兰德引用了这段话，并做出这样的反应[158]：“促进丰产和阻止危险势力的同样性质的双重力量（same two-fold power），归功于以十字架形式摆放的仲夏树枝，也归功于圣诞节用麦草做成的十字架。”“悬挂在门上方的麦草十字架，很可能扮演了和用焦油在门上图画十字几乎一样的作用，那就是防止所有企图进入房子的邪恶势力。”就此说来，这一点很清楚，无论是在斯马兰还是法斯特哥特兰（Västgötland），人们都希望通过这些麦草十字架保护自己不受死者带来的邪恶影响。确实，两种意涵可能并行不悖，但这只是到了某一个时期而且是比较晚近的时期才会如此。原初的意涵是清楚的（参见上面第 73 页

[156] 参见上引文第 112 页。
[157] 参见上引文第 10 页。
[158] 参见上文第 94 页。

的论述)。[159]

“为了使家畜免于圣诞之夜的种种危险而采取的保护措施,形成了庭院和马厩平安夜风俗中最为庞杂的一组风俗。”塞兰德在另外一个地方如此说。[160]“你会发现多种形式的钢铁,比如斧头、刀子、镰刀等等,常常被放置在牛圈的门上。在斯堪尼亚(Scania)教区,作为一种特殊优待,奶牛们都会收到一片圣诞面包,这片面包是用缝衣针送到奶牛面前的,这样它们就不会遇到任何魔鬼带来的麻烦。”还有其他一些风俗,比如说在挪威,“要把谷物撒到马鬃上——以此保护马们不受巫婆的侵害,否则巫婆可能把它们骑走。同样的方法也要施之于奶牛。”在上面说到的第一个例子中,就保护的重要性而言,钢铁与斧头、刀子及镰比较而言,显然是次要的。就其保护方面的重要性而言,又低于其作为丰产符号的重要性,比如后来成为雷神托尔符号的斧头,就其作为丰产的重要性而言,具有异常古老的传统。[161]至于镰刀,跟弗丽嘉(Frigga)和弗雷(Frey)的祭祀有关,也许具有类似的意义。[162]在上面提到的另外一个例子中,促进丰产的圣诞节面包当然是最重要的,缝衣针不过是后起的。当谷物撒在牛马身上的时候,其作为丰产的原初意义也是没有疑问的。

尽管还可以举出许多多少有些不同的例子,上述种种已足以表明,这一组圣诞风俗,可以很自然且符合逻辑地纳入圣诞节是首要的丰产节日的范畴。某些物体、仪式等反复出现的丰产和预防功能之间首要和次要的关系,是如此非同寻常,某些物体或仪式在后代被认为具有预防功能,却似乎表明它先前具有丰产功能。[163]

【汉娜·赖(1891—1964) 瑞典考古学家
葛 人 中国社会科学院考古研究所研究员】
原文刊于《中国文化》2017年02期

[159] 这里我将不再讨论十字的形式是否(如塞兰德所考虑的)具有增加、加固的意涵。当然这并非不可能。考虑是否模仿基督教的十字架,这一点是否正确还可讨论。特别是在讨论圣诞节风俗时,我们不要忘记十字也一直是太阳的符号。

[160] 参见上引文第94页。

[161] 我的前引论文,第99页。

[162] 见前面第86页的论述。

[163] 注意类似的功能也见于复活节鸡蛋。参见 Louise Hagberg, *Påskäggen och deras hedniska ursprung in Fataburen* 1906, p. 148 et seq.

寒食与改火

介子推焚死传说研究

裘锡圭

【内容提要】寒食是中国流传已久的古老民俗,战国以前就存在,唐朝最盛,宋以后逐渐衰歇。作者对相传寒食为纪念被焚死的晋文公之臣介子推的说法,作了详尽的历史考察,认为这是在一种习俗的真意已不为一般人所理解的情况下对其起源所作的附会解释。近人李玄伯主张寒食起源于古代的改火,自是正解,但具体论证犹有未妥,本文依据地下发掘和文献记载一一加以补正,并从比较文化学的角度探讨了世界各地的改火习俗;指出介子推焚死的故事是以与改火有关的习俗为背景编造出来的。故事的原型应该是改火活动中被烧死的代表谷神稷的人牺,因此寒食不仅是停火的消极结果,也有哀悼在改火中代表神而死的牺牲者的意义。

我国古代有寒食之俗,即在每年规定的一天或一段时间内不举火,只吃冷的食物。相传是为了纪念被焚而死的晋文公之臣介子推。

介子推即介之推。《左传·僖公二十四年》说,晋公子重耳(即后来的晋文公)结束流亡生活,回国即晋侯之位后,"赏从亡者,介之推不言禄,禄亦弗及";推偕母隐居,"遂隐而死,晋侯求之不获,以绵上为之田。"本无焚死之事。《吕氏春秋·介立》、《史记·晋世家》叙述介子推的事迹,也都没有说到这件事。但是

《庄子·盗跖》已说:“介子推至忠也,自割其股以食文公。文公后背之,子推怒而去,抱木而燔死。”看来介子焚死的传说在战国时代就已经流行了。

《楚辞·九章·惜往日》又有介子立枯之说:

> 介子忠而立枯兮,文君寤而追求。封介山而为之禁兮,报大德之优游。思久故之亲身兮,因缟素而哭之。

王逸注认为“立枯”就是指“子推抱树烧而死”说的。但是古书中屡以抱木立枯的鲍焦跟介子并提。例如《庄子·盗跖》就说“鲍焦饰行非世,抱木而死”,把他跟介子都置于“世之所谓贤士”之列。同篇还有“鲍子立干”之语,“立干”与“立枯”同义。《说苑·杂言》“孔子困于陈蔡之间”章也说:“鲍焦抱木而立枯,介子推登山焚死。”[①]所以也有人认为《惜往日》说“介子忠而立枯”,是把鲍、介二人的事弄混了。[②]

刘向所编的《新序》、蔡邕《琴操》和王肃《丧服要记》等,都有关于介子焚死的传说的比较详细的叙述。《新序·节士》:

> 晋文公反国,酌士大夫酒……介子推无爵,齿而就位。觞三行,介子推奉觞而起曰:“有龙矫矫,将失其所。有蛇从之,周流天下。龙既入深渊,得其安所。蛇脂尽干,独不得甘雨。此何谓也?”……遂去而之介山之上……文公待之不肯出,求之不能得,以谓焚其山宜出。及焚其山,遂不出而焚死。

《琴操·卷下·龙蛇歌》[③]:

---

① 《说苑》此章当采自《韩诗外传》卷七第六章。这两句《外传》作“鲍焦抱木而泣,子推登山而燔”。当有脱误。

② 许维遹《韩诗外传集释》,中华书局,1980年,第243—244页。

③ 《琴操》一书,《读画斋丛书》《平津馆丛书》皆收之。后者据类书引文校改,非但未能还旧本面目,反而造成混乱,所以本文据前者引录。类书如《北堂书钞》卷一百五十五、《艺文类聚》卷四、《太平御览》卷三十三等引《琴操》此条皆为节录。唯《玉烛宝典》卷二所引基本完整。今选择较重要的异文随文注出。

龙蛇歌者,介子绥所作也。晋文公重耳与子绥俱亡(《玉烛宝典》卷二引作"晋重耳与介子绥俱遁山野","绥"字下夹注曰:"推、绥声相近也。"此句下尚有"重耳大有饥色"一句),子绥割其腕股(《宝典》及《艺文类聚》卷四《太平御览》卷三十一引此文皆作"腓股",当据改),以饵(上举各书皆作"啖")重耳。重耳复国,舅犯、赵衰俱蒙厚赏,子绥独无所得。绥甚怨恨,乃作龙蛇之歌以感之。其章曰:"有龙矫矫,遭天谴怒。卷排角甲,来遁于下。志愿不与,蛇得同伍(《宝典》作"志愿不得,与蛇同伍")。龙蛇俱行,身辨山墅(《宝典》作"周遍山野",此下尚有"龙遭饥饿,蛇割腓股"两句)。龙得升天,安厥房户。蛇独抑摧,沉滞泥土。仰天怨望,绸缪(《宝典》作"惆怅")悲苦。非乐龙伍(《宝典》作"位"),惔不眄顾(《宝典》作"怪不盼顾")。文公惊悟,即遣(《宝典》此下有"追求,得于荆山之中"八字。)使者奉节迎之,终不肯出。文公令燔山求之(《宝典》作"文公曰:'燔左右木,热当自出。'乃燔之")。子绥遂抱木而烧死。文公哀之流涕,令民五月五日不得举发火。

《水经注·卷六·汾水》引王肃《丧服要记》:

昔鲁哀公祖载其父,孔子问曰:"宁设桂树乎?"哀公曰:"不也。桂树者,起于介子推。子推,晋之人也。文公有内难,出国之狄。子推随其行,割肉以续军粮。后文公复国,忽忘子推。子推奉唱而歌,文公始悟,当受爵禄。子推奔介山,抱木而烧死。国人葬之,恐其神魂殒于地,故作桂树焉。吾父生于宫殿,死于枕席,何用桂树为?"

介子割股食文公或"割肉以续军粮"(割股割肉事亦不见于《左传》《吕氏春秋》《史记》)以及文公焚山烧死子推等事,实在出乎情理。这显然是为了解释寒食的起源而编造出来的。④ 既然战国时已流行这种传说(据王肃,鲁哀公时已有

④ 前人辨介子焚死之事者甚众,参看洪迈《容斋三笔·卷二·介推寒食》、顾炎武《日知录·卷二十五·介子推》。梁玉绳《人表考·卷三·介子推》。杜台卿《玉烛宝典》卷二已指出《史记》《春秋传》记介子推事"并无割股被燔之事"。

此说，恐不可信），寒食之俗无疑早在此前就已存在了。

从汉代到南北朝，曾有几位执政者（包括一位地方执政者）想改变寒食的风俗。

《后汉书·周举传》：

> 举稍迁并州刺史。太原一郡，旧俗以介子推焚骸，有龙忌之禁，至其亡月，咸言神灵不乐举火。由是士民每冬中辄一月寒食，莫敢烟爨，老小不堪，岁多死者。举既到州，乃作吊书以置子推之庙，言盛冬去火，残损民命，非贤者之意，以宣示愚民，使还温食。于是众惑稍解，风俗颇革。

李贤注："其事见桓谭《新论》及《汝南先贤传》。"《北堂书钞》卷一四三、《艺文类聚》卷三引桓谭《新论》："太原郡民以隆冬不火食五日，虽有疾病缓急，犹不敢犯，为介子推故也。"⑤桓谭的时代早于周举，当然不会提到周举改寒食之事。李贤注引及《新论》，当是由于此书说到了太原郡的寒食之俗。或以为"桓谭《新论》"当是"华谭《新论》"之误，⑥不可信。

周举是汝南人，所以其事见于魏周斐《汝南先贤传》。《御览》二十六引《汝南先贤传》言周举改寒食事，文字与上引《后汉书》文几乎全同，当即后者所从出。《书钞》七十二、《类聚》五十、《御览》二五六引司马彪《续汉书》言周举改寒食事，文字也与之大同小异，⑦大概也是根据《汝南先贤传》的。《书钞》72 所引，于寒食期限不言"辄一月"，而言"或一月"（《类聚》、《御览》所引仍作"辄"），似乎比较合理。太原各地寒食期限大概并不完全统一，所以《新论》有"不火食五日"之说。奇怪的是，《宝典》卷二、《类聚》四、《御览》三十引范晔《后汉书》言周举改寒食事，跟上引今本《后汉书》文却有较大出入。三书所引没有"由是士民……岁多死者"句，相当于今本"举既到州"以下的文字作："举移书于子推庙，乃言（此二字据《宝典》《类聚》《御览》作'云'）春中寒食一月，老小不堪，今则三

⑤ 《类聚》无"疾"字，《书钞》无"为介子推故"五字，今已补足。《御览》二十七引此文亦有脱误。
⑥ 王先谦《后汉书集解》引沈钦韩说。
⑦ 参看周天游《八家后汉书辑注》，上海古籍出版社，1986 年，第 447—448 页。

日而已。”⑧所说寒食季节有“冬中”与“春中”之异，所说措施一为“使还温食”，一为缩短寒食期限为三日。疑三书所引本为他家《后汉书》，“范晔”二字是误加的。但《御览》此文虽似抄自《类聚》，《类聚》却不大可能抄《宝典》。为何二者同误呢？所以也不能排除范晔《后汉书》曾有别本流传的可能性。周举改寒食，大概只做到了缩短寒食日期，而未做到取消寒食。这从下面立刻就要引到的曹操禁寒食的命令仍以太原为主要对象，就可以看出来。

《宝典》卷二引魏武《明罚令》：⑨

> 闻太原、上党、西河、雁门，冬至后百有五日，皆绝火寒食，云为介子推。夫子推晋之下士，无高世之德。子胥以直亮沉水，吴人未有绝水之事。至于子推独为寒食，岂不偏乎？云有废者，乃致雹雪之灾，不复顾不寒食乡亦有之也。汉武时京师雹如马头，宁当坐不寒食乎？且北方冱寒之地，老小羸弱，将有不堪之患。令书到，民一不得寒食。若有犯者，家长半岁刑，主吏百日刑，令长夺俸一月。

这一禁令不可谓不严，但是恐怕最多只有一时的功效。西晋孙楚祭介子推文说：“太原咸奉介君之灵，至三月清明，断火寒食，甚者先后一月。”（《书钞》143）可见习俗依然。

后赵石勒曾普禁寒食，后因灾异又命并州复寒食如初。《晋书·石勒载记下》：

> （石勒末年）暴风大雨，震电建德殿、端门、襄国市西门，杀五人。雹起西河介山，大如鸡子，平地三尺，洿下丈余。行人禽兽死者万数。历太原、乐平、武乡、赵郡、广平、巨鹿千余里，树木摧折，禾稼荡然。勒正服于东堂，以问徐光……光对曰：“……去年禁寒食。介推，帝乡之神也，历代所尊，或者

⑧ 四库本《荆楚岁时记》“寒食”一节注文引周举移书文与此相同，当出一源。

⑨ 《类聚》四，《初学记》四，《御览》二十八、三十、八六九引此令皆为节录，参看严可均《全三国文》卷二魏武帝《明罚令》。

以为未宜替也……纵不能令天下同尔,介山左右,晋文之所封也,宜任百姓奉之。"勒下书曰:"寒食既并州之旧风,朕生其俗,不能异也。前者,外议以子推诸侯之臣,王者不应为忌,故从其议。倘或由之而致斯灾乎?子推虽朕乡之神,非法食者,亦不得乱也。尚书其促检旧典,定议以闻。"有司奏,以子推历代攸尊,请普复寒食……勒黄门郎韦谀驳曰:"……以子推忠贤,令绵、介之间奉之为允,于天下则不通矣。"勒从之,于是……并州复寒食如初。

《书钞》一四三引田融《赵书》、《御览》八七八引崔鸿《十六国春秋》略同(所引皆有删节),当即《晋书》所本。

北魏孝文帝也曾禁寒食。《魏书·高祖纪》:

(太和二十年二月)癸丑,诏介山之邑听为寒食,自余禁断。

这一禁令似乎也没有产生很大影响,因为直到隋唐时代寒食之俗依然还在广泛流行(详下文)。

南北朝时期寒食节的具体情况,在东晋时代陆翙的《邺中记》、梁朝宗懔的《荆楚岁时记》等书里提到了一些。

《宝典》卷二引陆翙《邺中记》[10]:

并州之俗,以冬至后百五日有(此字似当从《类聚》4、《御览》30改作"为")介子推断火冷食三日,作干粥是今糗也。中国以为寒食。又作醴酪。

---

[10] 《邺中记》有辑自《永乐大典》的《四库全书》本(丛书集成所收聚珍版丛书本即四库本)。但《大典》所引《邺中记》各条中,有显然转引自类书者,不但文有脱误,而且还有误入他书之文的情况。例如:《荆楚岁时记》注引陆翙《邺中记》"寒食三日为醴酪"条后,接引《玉烛宝典》"今人悉为大麦粥"条,《初学记》四,如式抄录之。《御览》三十亦引此文,但在"《玉烛宝典》"上加"案"字,与《邺中记》文合为一条。四库本《邺中记》收"寒食三日为醴酪"条为附录部分最后一条,也有"按《玉烛宝典》……"之文。可见《大典》此条一定是自《御览》或其他书转引,而不是直接引自原书的。《四库全书提要》"邺中记"条说"寒食一条引隋杜台卿《玉烛宝典》,时代尤不相蒙"。其实这是《大典》引书之误,跟《邺中记》原书毫不相干。由于存在上述情况,本文引《邺中记》不根据四库本,而用《玉烛宝典》引文。《邺中记》中关于寒食的文字,《荆楚岁时记》注,《书钞》一五五,《类聚》三,《御览》三十、三十一、八五八、八五九等都曾加以引用,但文字似乎都不如《宝典》所引近真。各书引文可以纠正《宝典》引文或可供参考之处,随文注出。《宝典》卷二所引《邺中记》文,四库本及《御览》等书皆分作两条,即"作干粥"为一条,"作醴酪"为一条。

醴煮(此字原误分为“者火”二字,据《荆楚岁时记》注、《类聚》4 等校正)粳米或大麦作之,酪捣杏子人(通“仁”)作粥。

东魏贾思勰《齐民要术·卷九·煮醴酪第八十九》说介子推在介山抱树焚死,“百姓哀之,忌日为之断火煮醴而食之,名曰寒食,盖清明节前一日是也。中国流行,遂为常俗”。所言与《邺中记》相近。《宝典》卷五又引《邺中记》:

俗人以介子推五月五日烧死,世人甚忌(此句《书钞》一五五、《御览》三十一及四库本皆作“世人为其忌”,)故不举火食,非也。北方五月五日自作饮食,祠神庙,及五色缕、五色花相问遗(此句《御览》三十一作“及作五色缕、五色辛盘相问遗”,四库本作“及作五色新盘相问遗”。《宝典》“及”下脱“作”字,当据补),不为子推也。

前引《琴操》说文公“令民五月五日不得举发火”,可以与此相印证。据此可知并州之外有以五月五日为寒食日者[11]。

《荆楚岁时记》:[12]

去冬节一百五日,即有疾风甚雨,谓之寒食。禁火三日,造饧大麦粥(原书注[13]按历合在清明前二日,亦有去冬至一百六日者。介子推三月五

⑪ 《书钞》一一五、《御览》三十一引《邺中记》此条,条首之文不作“俗人”而作“并州俗”,跟上条“并州之俗以冬至后百五日为介子推断火冷食三日”相矛盾。四库本此条之首亦作“并州俗”,“并州之俗(《类聚》4、《御览》31 皆作“并州俗”,又无下文“以”字)以冬至后百五日……”条之首则不作“并州俗”而作“邺俗”(其下亦无“以”字),与《宝典》《类聚》《御览》不合,疑是《大典》或其所据引之书为了弥缝上述矛盾而臆改的。《宝典》此条之首作“浴人”,与上条无矛盾,大概保持了原本面貌。

⑫ 此书通行本有汉魏丛书本和宝颜堂广秘籍本两种,四库本同后者(参看余嘉锡《四库提要辨证》,中华书局,1980 年,第 442 页)。二者皆非完本。内容以后者为多,但也有些文字只见于前者而不见于后者。今据四库本引录,而以汉魏丛书本补充之。

⑬ 《荆楚岁时记》之注相传为隋杜公瞻作。余嘉锡《四库提要辨证》:“《通志·艺文略》著录此书,已题杜公瞻注,则新、旧唐志著录之杜公瞻书二卷(引者按:指杜公瞻《荆楚岁时记》二卷),即此书之注。然今本九月九日条下注乃曰:‘按杜公瞻云,九月九日宴会,未知起于何代,然自汉至宋未改,今北人亦重此节’。(原注:御览卷三十二引此注与今本同)殊不类自叙之语。”(第 444—445 页)余氏又疑今本注文可能有宗懔原文混入其中(第 445—446 页)。

日——引者按:《路史发挥·卷一·论燧人改火》有"谓子推以三月三日燔死"之语,此"五日"或是"三日"之误——为火所焚,国人哀之,每岁暮春为不举火,谓之禁烟。犯之,则雨雹伤田。……后汉周举为并州刺史,移书于介推庙云,春中食寒一月,老小不堪,今则三日而已。谓冬至后一百四日、一百五日、一百六日也……)。寒食挑菜,斗鸡、镂鸡子、斗鸡子、打球、秋千、施钩之戏。⑭

前面所引寒食史料限于北方,据此南方同样有寒食的习俗。

隋唐时代寒食之风依然流行。上面引过的《玉烛宝典》为隋代杜台卿所撰。此书卷二在所引范晔《后汉书》关于周举改寒食之事的一段文字后加注说:"今世常于清明节前二日断火。"又在上引《邺中记》"作醴酪"一条后加注说:"今世悉作大麦粥,研杏人为酪,别煮(原作"者一"二字,当是先书"煑"为"煮"又误分为二字)饧(原作"锡",据《岁时记》注、《初学记》四、《御览》三十校正)沃之也。"⑮传为杜台卿之侄杜公瞻所作的《荆楚岁时记》注也说"今寒食有杏酪麦粥"。唐人诗有不少提到寒食。李崇嗣《寒食诗》有"普天皆灭焰,匝地尽藏烟"句,⑯元稹《连昌宫词》有"初过寒食一百六,店舍无烟宫树绿"句(《元氏长庆集》卷二十四)。可见禁火之严。唐段成式《酉阳杂俎》说:"三月心星见辰,出火。禁烟、插柳,谓禳此耳。寒食有内伤之虞:故令人作秋千、蹴踘(同"鞠")之戏以动荡之。"⑰又说:"以盆覆寒食饭于暗室地上,入夏悉化为蜘蛛。"(《前集·卷十七·虫篇》)此书《续集·卷二·支诺皋下》述荆州百姓郝惟谅事,也有"寒食日与其徒游于郊外,蹴踘角力"等语。这些都可以说明寒食之俗在当时的流行。王先谦《后汉书集解》(周举传)引沈钦韩曰:"《癸辛杂识》(引者按:南宋末周密

---

⑭ "打球"以下八字见汉魏丛书本,四库本脱落。"打球"注引刘向《别录》:"蹴鞠,黄帝所造,本兵势也。或云起于战国。"《初学记》四所引同。《御览》三十引刘向《别录》此条,"蹴鞠"上有"寒食"二字,疑是以意增加的。《别录》言蹴鞠事,是否已与寒食联系起来,尚待研究。

⑮ "别煮饧沃之"句,《岁时记》注、《初学记》四引作"引饧沃之",《御览》三十引作"别饧沃之",四库本《邺中记》作"别以饧沃之",皆有误。四库本《邺中记》"别"下"以"字,疑是《大典》或其所据之书臆增的。

⑯ 见《初学记》四、《御览》三十。《类聚》四亦有此诗,当为后人所附入,看汪绍楹《校艺文类聚序》,上海古籍出版社 1982 年版《艺文类聚》卷首第 17—18 页。

⑰ 此条据元瞿祐《四时宜忌》引,在通行本《酉阳杂俎》中未检得。瞿书已收入《丛书集成》。

著）:‘绵上火禁升平时禁七日，丧乱以来犹三日。相传火禁不严则有风雹之变。案寒食节莫尚于唐……宋后稍弛，而绵上之禁犹如此。”寒食之风大概是在宋代以后逐渐消歇的。

从以上所述可以知道，寒食的习俗在战国以前就已存在，东汉至南北朝时屡禁不止，宋代以后才逐渐自然地消歇。这显然是在民众中有深厚基础的一种古老习俗。这种习俗在古代太原郡地区最为盛行，但其分布流传的地区实际上很广泛，而且寒食的期限和时节原来并不统一。就期限说，有一月、五日、三日、一日等差异。就时节说，有“春中”（当指仲春二月）、冬至后一百五日或一百六日（即清明前二日或一日，一般在夏历三月初）、五月五日和“冬中”（当指仲冬十一月）等差异。看来各地的寒食之俗至少有一部分是各有自己的传统的，并不是全都由一个地方传播开来的。《邺中记》说有些地方五月五日不举火食“不为子推也”，已经指出了这一点。其实寒食之俗根本就不可能是“为子推”而产生的，前面已经说过了。寒食之托始于介子焚死，跟五月五日竞渡之托始于屈子沉江是同性质的，都是在一种习俗的真意已不为一般人所理解时对它的起源所作的一种附会的解释。所不同的是屈子沉江确有其事，而介子焚死之事则是为了解释寒食的起源而编造出来的。介子焚死传说在战国时代就已流行，由此可以推知寒食的起源一定非常早。寒食这种古老的、曾经广泛流行的习俗，原来究竟是由于什么原因而产生的呢？下面就来讨论这个问题。

古人不信介子焚死之说并对寒食起因另作解释的，并不少见。《荆楚岁时记》寒食条注：

> 据《左传》及《史记》并无介推被焚之事。《周礼·司烜氏》“仲春以木铎修火禁于国中”，注云：“为季春将出火也。”今寒食准节气是仲春之末，清明是三月之初，然则禁火盖周之旧制也。

《初学记·卷四岁时部下·寒食》《太平御览·卷三十时序部一五·寒食》皆引此文。《艺文类聚·卷四岁时中·寒食》所列第一条。就是“《周礼》曰，司烜氏仲春以木铎修火禁于国中，为季春将出火也”。可见也是同意把周代的禁火之制看作寒食的起因的。

《后汉书·周举传》“太原一郡旧俗以介子推焚骸有龙忌之禁”句李贤注：

> 龙，星，木之位也，春见东方。心为大火（引者按：心指心宿，为东方苍龙七宿之一，亦称大火），惧火之盛，故为之禁火。俗传云子推以此日被焚而禁火。⑱

前引《酉阳杂俎》“三月心星见辰，出火。禁烟、插柳，谓禳此耳”，与李贤说略同，也都以禁火来解释寒食。

南宋罗泌《路史发挥》卷一有《论燧人改火》一篇，在论改火的同时，力言寒食之起由于禁火而非由于介子焚死。他说：

> ……昔者燧人氏作观乾象，察辰心而出火；作钻燧，别五木，以改火（引者按：《类聚》八十引《尸子》：“燧人上观星辰，下察五木，以为火”，又见《御览》八六九）。岂惟惠民哉？以顺天也（原注：四时五变。榆柳青，故春取之。枣杏赤，故夏取之。桑柘黄，故季夏取之。柞楢——通“楢”——白，故秋取之。槐檀墨，故冬取之。皆因其性，故可救时疾。）予尝考之。心者，天之大火；而辰、戌者，火之二墓。是以季春心昏见于辰而出火，季秋心昏见于戌而纳之。卯为心之明堂，心至是而火大壮。是以仲春禁火，戒其盛也。成周盛时，每岁仲春命司烜氏以木铎修火禁于国中，为季春将出火（引者按：此据《周礼·秋官·司烜氏》及郑玄注）。而司爟掌行火之政令，四时变国火，以救时疾；季春出火，季秋纳火，民咸从之；时则施火令；凡国失火，野焚莱，则随之以刑罚（引者按：此据《周礼·夏官·司爟》）。夫然，故天地顺而四时成，气不愆伏，国无痹疠而民以宁。郑以三月铸刑书，而士文伯以为必

⑱ 从此注看，李贤所注《周举传》中的周举吊书所说的寒食之月应为“春中”而非“冬中”，与《宝典》、《类聚》等所引范晔《后汉书》同，今本《后汉书·周举传》当经窜改（这并不等于说“冬中”寒食之事根本不存在，因为《御览》所引《汝南先贤传》与今本《后汉书》相合，《御览》等所引司马彪《续汉书》所记周举吊书虽无“冬中”一句，但跟今本《后汉书》一样也说“盛冬去（《书钞》作“灭”）火，残损人命”）。但是也有可能李贤作注时没有联系上下文仔细考虑，因此产生了矛盾。疑莫能定，有待研究。

灾,六月而郑火。盖火未出而作火,宜不免也(引者按:此据《左传·昭公六年》,三月为周正三月)。今之所谓寒食一百五者,熟食断烟,谓之龙忌,盖本乎此。而周举之书、魏武之令,与夫《汝南先贤传》、陆翙《邺中记》等,皆以为为介子推,谓子推以三月三日燔死,而后世为之禁火(引者按:周举之书等并无子推以三月三日燔死之文)。吁!何妄耶!是何异于言子胥溺死而海神为之朝夕者乎?予观左氏、史迁之书,曷尝有子推被焚之事。况以清明寒食,初靡定日,而《琴操》所记子推之死乃五月五,非三日也(原注:古人以三月上巳祓禊,以清明前三日——引者按:"三"似当作"二"——寒食,初无定日。后世既以一之,而又指为三月之三,妄矣。《周举传》云:每冬中,辄一月寒食,以子推焚骸,神灵不乐举火。然则介子但又将以冬中亡矣……)。夫火神物也,其功用亦大矣。昔隋王劭尝以先王有钻燧改火之义,于是表请变火曰:古者《周官》,四时变火,以救时疾。明火不变,则时疾必生。圣人作法,岂徒然哉?……愿于五时取五木以变火(引者按:见《隋书·王劭传》)。若劭可谓知所本矣。……(据《四部备要》本《路史》引录)

罗氏的论证似乎并没有明显超过前人之处。但是他把禁火、寒食跟改火放在一起来讨论,似乎已经觉察到它们之间具有某种联系,这应该说是一个进步。

近代学者李宗侗(即李玄伯)明确主张改火是寒食的起因。他在三十年代所写的《希腊罗马古代社会研究序》里曾指出古代中国跟古希腊、罗马一样也有"祀火"的制度,并把两方面的有关习俗加以对比。他说:

……希、罗每家所祀的火,每年须止熄一次,重燃新火。燃新火的月日,各家不同,各邦不同。燃时不准用铁石相敲……只准取太阳火,或两木相摩擦所生的火。木质亦有限制……这些细节,亦与我国古制相同。每年重燃新火,即我国古代所谓"改火"。《论语·阳货》篇,宰我说:"钻燧改火。"上边两句说"旧谷既没,新谷既升",下边又说"期可已矣",这明明说钻燧改火亦是每年的。因为改火,新者不与旧者相见,所以中须停若干时候(当然不能出一天)。这停火的时间与改火的时间,各家各邦不一定相同,其中之一即寒食的起因。

……子推被焚之说起始甚晚。后人对寒食之说,去古已远,不能了解,遂附会到介子推身上。其实改火、寒食的制度,较古不知若干年也。

不只改火的制度,希、罗与中国相同,即燃火的方法亦同。前边说过,取火只准用太阳火,或两木相摩生的火,且木质亦须用合体的。按《周礼》司烜氏掌以夫遂取明火于日……即以铜凹镜向太阳以引火。……至于以木取火,马融注《论语》改火亦说:"《周书·月令》有更火之文:春取榆柳之火,夏取枣杏之火,季夏取桑柘之火,秋取柞楢之火,冬取槐檀之火。"(引者按见何晏《论语集解》)郑康成注《周礼·司爟》引郑司农以鄹子(引者按:即邹子)说,与此同。由此可见取火的木质须用一种固定的合体的,亦与希、罗风俗相同。……

……上边已经说过,各家各邦的改火时候并不一定相同,所以有五季取火用木的不同。如改火在春间者则用榆柳,改火在夏者则用枣杏。其余各季各有用木,并非每季改火也。后人不懂改火与祀祖有关(引者按:关于改火与祀祖的关系问题,请参看下文),见有春用何木、夏用何木之说,遂以为四时改火。⑲

五十年代,李氏又把上述内容写入了他的《中国古代社会史》。⑳ 李氏把改火看作寒食的起因,很有道理,是一个重要贡献。只是他的解释稍嫌简单,关于改火的某些说法也还有商权余地。

李氏认为中国古代的改火应为每年一次,可以信从,认为四时改火之说由于误解而产生,恐不可信。《淮南子·时则》说春"爨萁篝火",夏秋"爨柘篝火",冬"爨松燧火"。《管子·幼官》说春"以羽兽之火爨",夏"以毛兽之火爨",季夏"以倮兽之火爨",秋"以介虫之火爨",冬"以鳞兽之火爨"。李氏所引四时改火之说,与上引《淮南》《管子》之说,都是在系统化的阴阳五行思想的支配下产生

---

⑲ 《中国古代社会新研》,开明书店,1948 年,第 17—19 页。

⑳ 《中国古代社会史》,华冈出版有限公司,1977 年第三版,第 165—167 页。此书是改编《中国古代社会新研》而成的,新加入的内容不多。

的理想。把改火纳入阴阳五行思想的系统，跟以天象（如“大火”的位置）来解释“禁火”“出火”一样，都是以较晚的思想来附会较古的制度，跟一般所谓误解的性质不同。李氏认为在改火时，停火的时间不能超出了一天，恐怕也有问题。如果寒食确如李氏所说，完全由于改火过程中有停火的时间而引起；既然古代寒食的期限往往超过一天，停火的时间就不会只限于一天。此外，在后面将要讲到的克里克印第安人的改火仪式里，停火时间显然超出一天。这是李说的一个重要反证。

李氏在我们上面引用的文章里，主张我国古代所祀的火是代表祖先的，并据《说文》所说的“主，灯中火炷也”，认为木主是火的替代物（第16页）。这种说法缺乏根据。从古书中看不出古人有以火代表祖先的思想。《说文》对“主”字的解释也不见得可靠。侯马盟书中“宔”字所从的“主”作丅或〒[21]，显然与火无关。因此李氏认为我国古代“各家各邦的改火时候并不一定相同”的说法也需要修正。在古代中国，各家改火时间不同的情况大概是不会存在的。各邦各地的改火时间当然有可能不同，不过改火之事在古人心目中有特定的重要意义，改火时间的选择不可能很自由，大概不会出现各地改火时间五花八门的情况。

从现有资料看，我国古代大概曾有过三种改火时间，即春季、夏至、冬至。下面分别加以说明。

《管子·禁藏》：

> 当春三月，萩（王念孙读为“樵”）室熯造，钻燧易火，杼（抒）井易水，所以去兹毒也（尹注：凡此皆去时滋长之毒）。

易火就是改火，可见古代有在春天改火的。前面已经说过，不少人以《周礼·秋官·司烜氏》所说的仲春修火禁来说明寒食的起源。这件事大概跟春季的改火有关。《周礼·夏官·司爟》和《礼记·郊特性》都有“季春出火”之文。郑玄注《司烜氏》“中春以木铎修火禁于国中”句说：“为季春将出火也。”由此看

[21] 参看黄盛璋《关于侯马盟书的主要问题》，《中原文物》1981年2期，第28—29页。

来,春季改火的时间一般应在仲春、季春之交,即夏历二、三月之交。《管子·轻重己》:"以冬至日始,数四十六日,冬尽而春始……教民樵室、钻鐩(燧)、墐(王念孙谓当作"熯")灶、泄井,所以寿民也。""钻燧"应该就指钻燧改火。据此,春季的改火似乎也有在春天刚开始时进行的。

三十年代初曾在甘肃弱水沿岸的地湾的汉代遗址里,发现写有关于夏至寝兵和改水火之事的丙吉奏书的西汉木简。其文如下:[22]

> 御史大夫吉昧死言:丞相相上大常昌书言:大史丞定言:元康五年五月二日壬子日夏至,宜寝兵,天大抒井,更水火,进鸣鸡。谒以闻,布当用者。臣谨案比原泉御者,水衡抒大官御井,中二千石、二千石令官各抒。别火官先夏至一日,以除(?)隧(燧)取火,授中二千石、二千石官在长安、云阳者,其民皆受,以日至易故火。庚戌寝兵不听事,尽甲寅五日。臣请布,臣昧死以闻。

简文所说的别火官,就是主管改火事务的官。《汉书·百官表》:"典客……景帝中六年更名大行令……武帝太初元年更名大鸿胪,属官有行人、译官、别火三令丞。"颜注:"如淳曰:《汉仪注》:别火狱令官,主治改火之事。""除(?)燧",于豪亮释为:"阴燧",认为即指钻燧。[23] 究竟应该如何解释,尚待研究。由丙吉奏可知古代有在夏至日改火的。从此奏看,当时似乎只在长安、云阳二地举行改火之事。《百官表》大鸿胪条还有武帝太初元年……初置别火之语。也许改火之事本已不行,武帝才加以恢复,但并未在全国范围内推行。

《续汉书·礼仪志中》:

> 日夏至禁举大火……是日浚井改水,日冬至钻燧改火云。

---

[22] 此奏书由二简合成,见《居延汉简甲乙编》(中华书局,1980年)。二简的编号为10·27(即《居延汉简甲编》91)与5.10(即同上92)。

[23] 《于豪亮学术文存》,中华书局,1985年,第182—183页。

由此可知古代还有在冬至日改火的。据《续汉书·百官志》本注,东汉大鸿胪属官“省驿官、别火二令丞”。当时,冬至钻燧改火之事是否确在实行,还有待研究。

从时间上看,春季改火与“春中”或清明前的寒食相应,清明前正是仲春季春之交。冬至是仲冬十一月的中气,冬至改火与“冬中”寒食相应。夏至是仲夏五月的中气,五月五日与夏至同在一月但时间有先后。这种不完全相应的情况可能在较晚的时候形成的(参看本文最后一段)。改火的各种时间跟寒食的各种时间互相对应的情况,说明它们之间确实有密切关系,可见把改火看作寒食的起因确实是合理的。

在古代,取火比现代困难得多,家中一般都要保留火种。古人认为使用烧得太久的火会引起疾病(参看罗泌《论燧人改火》),所以《周礼·夏官·司爟》说改火是为了“救时疾”。《管子·禁藏》说改火是为了“去兹毒”。但是这是否全面反映了古人对改火的作用的看法呢?时代更早的古人对改火的作用究竟是怎样看的呢?此外,从《论语》还在说“钻燧改火”以及汉代曾实行过改火的情况来看,改火之事在战国时代大概还没有完全停止举行,至少当时人对改火决不会感到很陌生。但是就在这个时候,用来解释寒食起因的介子推焚死的传说就已经出现了。如果把改火看作寒食的起因,对这一事实应该如何解释呢?这两个问题是我们应该答复的。要讨论这两个问题,必须知道一些其他民族的改火习俗的情况。李宗侗在《中国古代社会史》的《祀火续论》章中说,改火习俗不但存在于古代的中国和希腊、罗马,而且“一直传到近代的欧洲,可以说是相当的普遍,佛莱则(Frazer)在他的书中(引者按:指《金枝》)收集了不少的材料,读者可以参阅(第189页)。”下面我们就来看看《金枝》中的有关材料。㉔

在欧洲从古代一直延续到近代的、分布极广的、每年在一定的时间举行篝火节的习俗,跟改火有密切关系。㉕

“最常见的点燃这种篝火的时候是在春天和夏天”(第865页)。春天的篝

㉔ 我们所用的《金枝》是中国民间文艺出版社1987年出版的《金枝》节本的译本。译者是徐育新、汪培基、张泽石。下文中引自《金枝》的文字或内容后所注的,就是这一译本的页码。

㉕ “篝火节”原文作Fire-festivals,其实可以译为“火节”或“火会”。

火节“通常在四旬斋(引者按:指复活节前四十天的大斋期)的头一个礼拜天、复活节头一天(引者按:宜译“复活节前一天”或“复活节前夕”。每年过春分月圆后第一个星期日为复活节)和五月朔节当天举行(第865—866页)。在复活节前夕,“所有天主教国家都有一个风俗,熄灭教堂里所有的火,然后用火石和钢,或用火镜点起新火。用这新火点起逾越节或复活节的大蜡烛,然后再用这大蜡烛点起教堂里所有的熄灭的火。德国有许多地方也用这种新火在教堂附近的空地点起一堆篝火。这是献祭过的篝火,人们拿着橡树、核桃树、山毛榉的枝子,在火上烧成炭,然后带回家去。有些炭枝在家中新点起的火中烧掉,并祷告上帝赐福全家,免受火灾、雷电和冰雹。这样一来,每家都有了‘新火’。……”(第872页)。

在苏格兰地区曾有在五月朔烧“贝尔坦篝火”的习俗。有些地方“头天晚上,人们把所有的火都小心地熄灭”,第二天早上用木与木相摩擦的方法取得“圣火”,以点燃篝火。斯凯、马尔、蒂里诸岛所用方法最为原始。他们“找一块久经风吹日晒的橡树枝,正当中钻一个洞。再用一根橡木棍子将其一端插入洞内当螺旋钻”,钻木以取火(第877页)。在赫布里底群岛,“到处都把火灭掉,在山顶点一堆大火,赶着牛群对着太阳方向绕火走,以求全年免除瘟疫。每人都从火堆上取火回家,用以点燃家里的火。”(第880页)

“这种篝火节在整个欧洲最普遍的是在‘夏至’,即仲夏节前夕(6月23日)或仲夏节(6月24日)那天举行。”(第882页)“至少到十九世纪中叶,整个上巴伐利亚都点燃仲夏篝火。……人们从火里赶过牛群,目的是医治病牛,并使健康的牛免于瘟疫和各种灾害。许多家长在那天把家中的炉火灭掉,用在仲夏节篝火上点燃的木头把它重新点燃。”(第884页。末一句据原文作了一些修改)“东普鲁士的马苏仁地区,住着一支波兰族的人,在仲夏节的晚上,有一个全村熄火的风俗。熄火以后在地上钉一个橡木桩,桩上装一个轮子,像装在车轴上一样。村人轮流地快速推着这个轮子,直到摩擦生出火来,每人都从新火上点一个火把拿回家去,点燃家中炉灶的火。”(第889页)

上举有些点火方法,是很典型的“钻燧改火”。弗雷泽(李宗侗译“佛莱则”)认为用木和木摩擦生火,很可能曾是古代一切篝火节所普遍使用的点火方法(第910—911、938页)。这应该是可信的。

当然,并不是在所有地方的篝火节中都能看到改火的活动。但是绝大多数地方的篝火节必然起源于古老的改火习俗,可以说是没有问题的。

弗雷泽认为在仲冬接近冬至的圣诞节烧圣诞木柴的习俗,跟仲夏夏至前后烧篝火的习俗具有类似的意义(第 900 页)。在这种习俗中也可以看到改火的痕迹。如"胡祖尔人(喀尔巴阡山的一支斯拉夫人)在圣诞节头一天(引者按:宜译"前一天"或"前夕")摩擦木头取火,一直烧到'第十二夜'"(第 902 页。参看第 901 页所述德国、法国烧圣诞木柴的习俗)。

"欧洲许多地方的农民从很古的时候起,遇到灾荒的时候,特别是他们的牲口受到瘟疫袭击的时候,还常常不定期地举行一种篝火会仪式",所燃之火"一般称为净火"[26],为了点燃净火,必须先把附近地方的一切灯火熄灭,"连一点火星也不能留"(第 903 页)。"点燃净火的方法照例是用两块木头摩擦;不能用石头或铁取火。"(第 904 页)净火点燃后,"用它点起篝火来,待到篝火火苗弱下去的时候,人们就立即把有病的牲口从炭火上赶过",以去除疾病(第 905 页)。"人们从火里取些正燃着的火炭带回家中用以点燃他们家里的火。""净火的灰也撒在田里以保护庄稼不受虫害。有时拿回家去,当作治病的药物……"(第 906 页)。

举行定期或不定期的篝火会的人们,普遍认为篝火,特别是用两木摩擦等比较原始的方法点燃起来的篝火,"有利于庄稼生长、人畜兴旺,或积极促进,或消除威胁他们的雷电、火灾、霉、虫、减产、疾病,以及不可轻视的巫法等等"(第 907 页)。圣诞木柴也有类似作用(第 901—902 页)。

在篝火节中还往往在篝火中焚烧偶像。这种偶像有些是象征巫觋的,有些则是象征"树精或植物精灵"的(第 919—920 页)。从篝火节中的有些习俗来看,在古代显然曾在这种场合把活人当作"树精和谷精的代表"而烧死(第 921—922、936—938 页)。杀死代表树精或植物精灵的活人的习俗,是确实存在过的。其目的是促进作物春天复苏和增产,请参看《金枝》第二十八章《处死树神》和第四十七章《里提尔西斯》。

㉖ "净火"原文作 need-fire,此译本中有时译为"特需火"。

此外,《金枝》中还有少量其他有关改火和寒食的资料。

在北美洲的克里克印第安人中,每年七月或八月谷物成熟时举行布斯克节(即尝新节)。“为了准备仪式,村里全部的火都熄灭掉”。人们还要“严格戒食两夜一天”。戒食结束那天下午太阳偏西时,“传信人喊话,要所有的人都留在屋子里,不能做坏事,一定要熄灭并扔掉旧火,一点火星也不留”。“然后最高祭司摩擦两块木头,取得新火……人们认为这个新火能赎偿谋杀以外的一切过去的罪恶。”接着最高祭司举行祀火仪式并发表讲话。“这时就拿一些新火放在广场外面;妇女高高兴兴地带回家去,把它放在她们清洁的炉灶上。”(第698—700页)。

孟加拉的孔德人在举行了祈求“一年四季风调雨顺,人寿年丰”的杀人祭祀后,“在这以后的三天内人家都不打扫,有的地方则严格保持沉静,不许点火,不许砍伐树木,不接待生人”(第629—630页)。这里没有提到改火,但三天不许点火必然寒食,是可想而知的。

在《金枝》提供的资料之外,我们再介绍一个我国少数民族的改火的例子。过去,云南的景颇族在农业生产过程中要举行很多宗教仪式。其中最大的祭鬼活动是祭“龙萨”。“祭龙萨一般是一年举行二次,一次在农历二、三月间,时值破土播种,目的是祈求诸鬼保佑,五谷丰稔。”在仍保留着刀耕火种、砍倒烧光的农业生产技术的地区,“在第一次祭龙萨时,家家户户均熄灭了火,在祭祀中重新求取‘火种’。取火方法系用两片竹子作剧烈摩擦而生火,称为‘新火种’,并用这火烧去旱地上已砍伐的林木。这种原始的取火方法长期在宗教中被保留下来,他们相信这样取得的火,是人们生产和生活安全幸福的象征,它能克服人们所不能克服的困难,给人们创造奇迹。”[27]景颇人对改火中取得的新火的看法,跟欧洲人很相似。

由以上所举的资料来看,改火显然是分布很广的一种古老习俗。世界各地的改火习俗,在举行时间、取火方式和所要达到的目的等方面,有相当大的共同性。取火方式的相似是显而易见的。欧洲举行篝火节的时间,最常见的是春天和仲夏。春天的篝火节多在四旬斋的第一个星期日(时在初春)和复活节前夕

---

[27] 杜国林:《云南景颇族的宗教信仰》,《人文科学杂志》1958年3—4期,第11页。

（通常在春分跟清明之间，即在仲春、季春之交）举行。此外，在接近冬至的时候烧圣诞木柴的习俗，也应是改火的遗迹。这些活动举行的时间跟我国古代的改火相似得使人吃惊。从篝火节的情况来看，人们显然认为改火能起多方面的好作用，不但能去除疾病，而且还能达到防止自然灾害、促进作物生长等目的。《周礼》《管子》只说改火有救疾、去毒的作用，显然是片面的。这可能是由于在它们成书的时代，改火的习俗已渐趋衰微，人们对其意义已经不能全面理解的缘故。

在欧洲，人们常常认为举行篝火节能起“保护田地不受雹灾，房舍不受雷电袭击”的作用（《金枝》第 916—917 页）。圣诞木柴也有“保护房子免受火灾，特别是免遭雷击”的作用（同上第 902—903 页）。还有些人“拿一块圣诞木到田里，以防冰雹”（同上第 902 页）。从前面已经引过的古书里关于不遵寒食之俗就会发生自然灾害的一些说法来看，我国古代的改火无疑也曾被认为具有上述那类作用。魏武《明罚令》说，俗传废寒食“乃致雹雪之灾”。《荆楚岁时记》注说，违犯寒食“则雨雹伤田”。石勒末年有雨雹电震之变，一般都归咎于禁寒食。《癸辛杂识》也说“相传火禁不严则有雨雹之变”。这些从反面说明，古人认为遵循寒食之俗就能避免雨雹等灾害。寒食的这种作用显然本来就是改火的作用。在改火之风衰微消歇以后，寒食之风还流行了很长一段时间。因此改火的某些作用被说成本由改火引起的寒食的作用，是很自然的事情。

防止雨雹等灾害，对农业极为重要。《荆楚岁时记》注强调雨雹的“伤田”，就说明了这一点。此外，在欧洲，人们还普遍认为篝火节点燃的火能防止对作物的其他危害（如虫灾），并能直接促使作物增产（参看《金枝》第六十二章《欧洲的篝火节》中的有关各节）。总之，在古人心目中，改火无疑是为了保证农业收成所必须进行的一件事。

春天是主要的播种季节。春天举行的改火应该跟农业生产有特别密切的关系。景颇族在夏历二、三月间举行的改火，甚至直接跟烧旱地上已砍伐的林木这一重要农事活动结合了起来。这是很值得注意的。寒食的时间以在清明前一两天为最普遍。我国古代改火盛行之时，最普遍的举行时间也应该在此前后，即大致在夏历二、三月间。这正是古代北方主要作物谷子播种的适宜时节。当时，在这一时节举行的改火，非常可能也是直接跟农事活动结合在一起的。

前面说过,古代仲春修火禁,季春出火,应该跟春季改火有关。季春所出的火应该就是二、三月间改火所取得的新火。《礼记·郊特牲》说:"季春出火,为焚也。然后简其车赋,而历其卒伍,而君亲誓社,以习军旅。"认为季春出火是为了田猎焚莱。㉘ 但是根据《周礼》等书关于田猎的记载,从冬天到仲春都可以用火田。因此自郑玄以来,学者们多认为《郊特牲》所记有误,主张季春出火是指出陶冶之火而言的。㉙ 我认为"季春出火,为焚也"应是《郊特牲》所记的一句古语,"焚"本是指农业上的焚田而言的。这就是说,我国古代曾经跟景颇族一样,有过在夏历二、三月间用改火所得的新火烧山焚田的习俗。大概古人也像景颇人一样,认为用这样的火焚田能使农业生产顺利进行。我国古代的农业无疑经历过相当长的焚田而耕的阶段。在这种农业中,一般似乎都在夏历二、三月时进行焚田活动。除景颇族外,如云南西双版纳的攸乐人在过去进行刀耕火种的农业生产时,也是"每年秋收前后即动手砍山刈草,一直砍到冬腊月,到次年二、三月砍倒的草木晒干,便开始烧山"。㉚ 所以把"季春出火,为焚也"的"焚"解释为农业上的焚田是很合理的。后人由于对上古农业情况不了解,就感到这句话不可理解了。季春焚田用的是改火后的新火,仲春修火禁原来大概跟防止人们过早地用旧火焚田有关。

从以上所说的来看,《周礼》《管子》对改火的作用的说法是很片面的,在较古时代人们的心目中,改火的作用要广泛得多、重要得多。改火跟农业的密切关系尤其值得注意。㉛

㉘ 上引《郊特牲》文郑注:"谓焚莱也……君亲誓社誓吏士以习军旅,既而遂田,以祭社也。"

㉙ 参看《礼记·郊特牲》郑注、《周礼·夏官·司爟》郑注及孙诒让《正义》。

㉚ 杜彬:《攸乐人解放前的社会历史初探》,《民族团结》1963年第10—11期,第44页。

㉛ 《周礼》还有"季秋内火"之文。《夏官·司爟》:"季春出火,民咸从之。季秋内火,民亦如之。"郑注:"火所以用陶冶,民随国而为之。郑人铸刑书,火星未出而出火,后有灾。郑司农云:以三月末昏时心星见于辰上,使民出火。九月末黄昏心星伏在戌上,使民内火。"我怀疑"季秋内火"之说是根据天象添加出来,以与"季春出火"相配的,一般认为《左传·襄公九年》所说的"以出内火",就指"季春出火""季秋内火"。可是"以出内火"的"火"究竟应该如何解释是个问题。杨伯峻《春秋左传注》在此句下注曰:"此火亦系行星之火星,前人解为水火之火,不可从。"(中华书局,1981年,第963页)但是,对"季秋内火"也还可以作另一种解释。根据上文所引述的攸乐人的农业生产情况来看,在准备明年焚田耕种的土地上,从秋收前后起就有被砍刈的草木了,可是要到明年二、三月才能焚烧。"季秋内火"也许意味着不准人们在季秋到明年出火之时这段时间里焚烧田地上的草木。那么,这便应该跟"季春出火"一样,是从焚田耕作阶段遗留下来的一种古老规定。郑玄陶冶之火的说法恐怕不可信。

现在应该来讨论把改火看作寒食的起因,跟介子推焚死传说早在人们对改火还没有感到陌生的时候就已经出现这一事实究竟有没有矛盾的问题了。我们认为介子推焚死的故事是以跟改火有关的古老习俗为背景而编造出来的。为了答复上面提出的问题,必须先把这一点讲清楚。

我们先来看一下产生介子推焚死传说的介山地区跟古代传说中与农业有关的神话人物的关系。一般认为在今山西中部介休市境的绵上和绵山(也称介山)就是介子推故事中的绵上和绵山。顾炎武在《日知录》卷三十一《绵上》条中对此提出了怀疑。

他说:

> 然考之于传(引者按:指《左传》),襄公十三年,“晋悼公蒐于绵上以治兵,使士匄将中军,让于荀偃。”此必在近国都之地。又定公六年,“赵简子逆宋乐祁,饮之酒于绵上。”自宋如晋,其路岂出于西河介休乎?……今翼城县西,亦有绵山,俗谓之小绵山,近曲沃,当必是简子逆乐祁之地。今万泉县(引者按:现已并入万荣县)南二里有介山。《汉书·武帝纪》:诏曰:“朕用事介山,祭后土,皆有光应。”《地理志》:汾阴,介山在南(原注:今万泉,古汾阴也)。《扬雄传》:其三月将祭后土,上乃帅群臣,横大河,凑汾阴。既祭,行游介山后,回安邑,顾龙门……雄作《河东赋》曰:“灵舆安步,周流容与,以览于介山,嗟文公而愍推兮,勤大禹于龙门。”《水经注》亦引此,谓晋《太康记》及《地道记》与《永初记》并言子推隐于是山,而辨之以为非然。可见汉时已有二说矣。

顾氏所说的,在今山西西南部的介山地区,应是最早产生介子推传说的地区。山西中部介山地区的介子推传说,应是从这里传过去的。

山西西南部的介山地区有汾阴后土祠,又有稷山(即稷王山),相传为后稷教民稼穑之地。《御览》四十五引《隋图经》:“稷山在绛郡,后稷播百谷于此山。”《水经注·汾水》:“(稷山)在水南四十许里,山东西二十里,南北三十里,高十三里,西去介山十五里,山上有稷祠。”可知介山与稷山极为相近。钱穆认为汾阴后土祠和介山也都应该与后稷有关。[32] 他还认为介休的介山跟也称“厉山氏”的“烈山氏”有关。他说：

> 厉之与烈，界之与厉，皆以声转相通。《周官·山虞》“物为之厉”郑注“每物有蕃界也”。此以厉、界声通互训。然则介休之界山即厉山、烈山也。……窃疑汉魏以来相传焚山之事（引者按：指介子推事）即自古烈山氏之遗说也。古之稼穑，其先在山坡以避水潦，烈草木而火种，曰菑畲。故神农氏又称烈山氏。后既以烈山为厉山、界山，乃误及于介之推，因以炎帝之“烈山”误传为介推之“焚山”也。[33]

《左传·昭公二十九年》：“有烈山氏之子曰柱，为稷，自夏以上祀之。周弃亦为稷，自商以来祀之。”烈山氏之子也是稷神，那么稷山也未尝不可以说跟烈山氏有关。钱氏之说是否全都可信，还有待研究。但是山西西南部的介山地区跟古代传说中的农神稷有密切关系当是事实。钱氏认为介子推传说中的焚山有古代火耕的背景，也是很有启发性的。

前面说过，从起源于改火的篝火节的习俗中，可以看出古代曾在这种场合，把活人当作树精或谷精的代表在篝火中烧死，以求促进庄稼生长，获得丰收。在《金枝》第二十八章《处死树神》和第四十七章《里提尔西斯》里，还可以找到不少把活人当作树精或谷精的代表而处死，以求达到同样目的的事例。在中国古代与农业生产有密切关系的改火习俗中，非常可能也有过为了同样的目的烧死同样性质的人牺的内容。

稷是谷物的名称。后稷既可以说是农神，也可以说是谷神。亦即谷精。应劭《风俗通义·卷八·祀典》引《孝经说》：“稷者，五谷之长。五谷众多，不可遍祭，故立稷而祭之。”[34]应劭以此说为悖。其实这很可能代表了对作为神的稷的比较原始的看法。稷跟介山地区有密切的关系，古书中又正好有“稷勤百谷而

---

[32] 《周初地理考·三、后稷篇·（九）（十）》，《燕京学报》第十期。

[33] 《周初地理考·二、姜氏篇（三）》，《燕京学报》第十期。

[34] 参看王利器《风俗通义校注》下册，第356页。

山死”的传说（见《国语·鲁语上》）。由此看来，用来解释寒食的起源的介子推焚死传说，应该就是以改火活动中用新点燃的火烧死代表谷神稷的人牺的习俗为背景的。在欧洲的篝火节中，代表植物精灵的偶像“有时绑在一棵活树上，连树一起焚烧”（《金枝》第920页）。这跟介子推抱树而烧死不是很相似吗？在古罗马每年春天哀悼和欢呼阿蒂斯（弗雷泽认为是植物神）的死亡和复活的节日活动中，有这样的内容：“在三月二十二日到树林里砍一棵松树，拿到库柏勒神殿里去，当一尊大神供起来……把一个青年人的偶像（毫无疑问，就是阿蒂斯）绑在树干的正当中。”（《金枝》第508页）这跟王肃所记的设桂树让介子推的神魂有所依凭的传说也有相类之处。代表阿蒂斯的偶像扎在树上，保存一年之后，也是被烧掉的（同上第513页）。总之，焚死的介子推的原型应该是改火中被当作谷神的代表而烧死的人牺。

前面已经说过，我国古代应该有过在仲春、季春之交改火焚田的习俗。既然介子推焚死之事有跟改火有关的古老习俗作背景，介子推传说中的焚山之事，当然就应该像钱穆所说的那样，具有火耕的背景了。

《金枝》指出，在某些比较落后的民族中，在祈求丰收的祭祀中被杀死的人牺，被认为是有神性的。有些民族吃这种人牺的肉（第625—626、627、632—633页）。介子推传说中介子割股以食文公或割肉以续军粮的情节，是否也是以跟《金枝》所说相类的古老习俗作为背景的呢？这恐怕也不是没有考虑余地的。当然，在介子推传说产生的时候，上述那些野蛮的习俗无疑都已经只是模糊地存在于人们的记忆之中了。

改火无疑是寒食的起因，但是寒食恐怕不仅仅是由于停火而产生的消极结果，它原来应该有哀悼在改火中代表神而死的牺牲者的意义。前面说过，孟加拉的孔德人在为求人寿年丰而杀人祭祀以后，三天内不许点火。这大概就是为了哀悼被杀的牺牲者。据弗雷泽的意见，孔德人的人牺也是作为神的代表而杀掉的㉟。此外，寒食原来甚至还可能有其他宗教或巫术上的意义。

到了在改火中烧死人牺早已成为历史、改火习俗已在渐趋衰微，一般人对改

㉟ 《金枝》，第628—632页。第631页16行“由权威人士充当默利亚奉献给大地女神”一句翻译有误。此句似可译为“默利亚被我们的权威们描述为讨好大地女神的牺牲。”

火和寒食的原来意义都已经不很理解的时候，人们很自然地会产生对寒食的起因，特别是对它所具有的哀悼性质的来源，作出他们所能理解的解释的要求。以跟改火有关的古老的旧习俗为背景的介子推焚死的故事，就是适应这种要求而产生的。这一故事出现时人们对改火还没有感到陌生这一点，显然不能成为改火是寒食起因的说法的反证。

改火已经停止举行而寒食的习俗却仍然存在的情况，很可能早在战国时代之前，就已经在某些地方出现了。这种情况出现以后，原来的寒食日期就有可能改变，最可能发生的改变大概是跟相近的节日合并。所以我们在前面提到过的改火和寒食的时间不能完全相应的现象，如仲夏的改火在夏至而寒食则在五月五日，也不能成为改火是寒食的起因的说法的反证。

【裘锡圭　复旦大学出土文献与古文字研究中心教授】

原文刊于《中国文化》1990 年 01 期

杀首子解

裘锡圭

《墨子》等书记古代南方有杀首子而食之的习俗。《墨子·节葬下》：

> 子墨子曰：昔者越之东有輆沐之国者，其长子生则解而食之，谓之宜弟。（《列子·汤问》略同）

同书《鲁问》：

> 鲁阳文君语子墨子曰：楚之南有啖人之国者桥，其国之长子生则鲜（“解”之误字）而食之，谓之宜弟，美则以遗其君，君喜则赏其父。

《后汉书·南蛮传》说南蛮地区“其西有噉人国，生首子辄解而食之，谓之宜弟，味旨，则以遗其君，君喜而赏其父……今乌浒人也”。“噉”“啖”一字，噉人国就是《墨子》的啖人之国。汉以后的乌浒蛮未必就是《墨子》所说的啖人之国的后人，但是他们无疑也有杀首子而食之的习俗。

《汉书·元后传》记京兆尹王章对成帝之问说：

> 羌胡尚杀首子以荡肠正世,况于天子而近已出之女也。

颜师古注:“荡,洗涤也。言妇初来,所生之子或它姓。”可知汉代的羌胡也有杀首子的习俗。但据王章所言,其动机似与上述南方民族有异,杀后是否食之亦不可知。

古书中又有易牙蒸首子而献于齐桓公的记载。《韩非子·二柄》:

> 桓公好味,易牙蒸其首子而进之。

同书《十过》记管仲临终时答桓公之书,也曾提到此事:

> 君之所未尝食,唯人肉耳,易牙蒸其首子而进之。

同书《难一》和《管子·小称》都有跟《十过》类似的记载,不具引。《韩非子》各本,“首子”多讹作“子首”。《二柄》篇顾广圻校语说:“藏本、今本‘子首’作‘首子’。案:作‘首子’为是,《汉书·元后传》有‘首子’可证。《十过》及《难一》同。”其说甚是。宋翔凤《过庭录》卷十三《易牙蒸其首子而进之》条,在《元后传》外,更引《墨子》与《南蛮传》,力辨作“子首”之非,说更详尽。《管子·小称》的“首子”,《群书治要》误作“子首”,孙星衍、戴望反据以校《管子》,许维遹已正其误。①

《淮南子·主术》说:

> 昔者齐桓公好味,而易牙烹其首子而饵之。

《韩非子》《管子》都说蒸首子(“蒸”,《管子》作“烝”),《淮南子·精神》高诱注也说:“齐桓好味,易牙蒸其首子而进之。”《主术》“烹其首子”的“烹”字,也

① 见《管子集校》,《郭沫若全集·历史编》第6册,第224页。

许是“蒸”字之误。

杨树达《易牙非齐人考》和许维遹《管子校释》(见《管子集校》),都引《墨子》所说的食首子之俗,来解释上述易牙的行为。杨氏说:“……越东、楚南、西羌并有杀首子进君之俗(引者案:羌胡所杀首子是否进君实不可知),易牙蒸其首子,进于齐桓,为齐桓所好,正所谓‘美则以遗其君,君喜而赏其父’者也。窃疑易牙本夷戎之类,非中国之民,本其国俗以事齐桓,故进蒸子而不以为异。”[②]他指出古书中“易牙”或作“狄牙”,认为易牙当是狄人[③]。

古书中还有尧杀长子的传说。《庄子·盗跖》:

> 盗跖大怒曰:……尧不慈,舜不孝……
>
> 满苟得曰:尧杀长子,舜流母弟……

《释文》引崔注:“尧杀长子考监明。”这一传说也应是以古代杀首子的习俗为背景的。

有的学者认为“孟”字的构造也反映古代有杀首子而食之的习俗。夏渌《释孟》说:“古代民俗存在过‘长子’‘首子’被解而食之的陋习,文字中用皿盛子,表示被食的‘孟子’即‘长子’‘首子’,‘孟’从而产生‘首’‘始’‘长’之意。”[④]此说值得注意。不过《说文》说“孟,长也。从子,皿声”,把它看作一个纯粹的形声字。“孟”的字形究竟应该如何解释,尚可进一步研究。

从上文所述看,在古代中国的边裔地区似乎相当普遍地存在过杀首子的习俗,而且首子被杀后往往被分食,并被献给君主。估计在较早的时代,中原地区大概也存在过这种习俗。产生这种在现代人看来十分荒谬的习俗的原因,究竟是什么呢?

吕思勉《先秦史》把杀首子跟春秋时代郲、鲁等国用俘虏为人牲看作相同的风俗[⑤]。首子跟俘虏的身份有天壤之别,吕氏的说法显然把问题简单化了。

---

② 杨树达:《积微居小学述林》,中国科学院出版社,1954年,第246页。

③ 同上,第246—247页。

④ 夏渌:《评康殷文字学》,武汉大学出版社,1991年,第322页。

⑤ 吕思勉:《先秦史》,上海古籍出版社,1982年,第244—245页。

据前面引过的王章的说法,羌胡杀首子是由于父亲怕第一个儿子实际上是他人之子。此说得到了一些近代学者的赞同,并被用来解释其他杀首子的现象。章炳麟《检论·序种姓上》认为羌胡杀首子,轸沐国解长子而食之,都是由于“妇初来也,疑挟他姓遗腹以至,故生子则弃长而畜稚”。杨树达《易牙非齐人考》认为《元后传》所谓“荡肠正世”“为杀首子之真因”,《墨子》等书所谓“宜弟”“乃俗成后文饰之辞耳”⑥。马长寿《中国四裔的幼子承继权》把杀首子跟幼子承继权联系起来,看法跟章氏相近⑦。怀疑首子是他人之子,似乎不必把他杀死,更没有必要杀而食之。所以我们认为,以这一原因来解释曾经广泛流行的杀首子的习俗,是不合理的。

从民族学资料来看,被杨树达否定的宜弟之说,倒是有道理的。为了证明这一点,需要从古代献新的习俗说起。

世界各地几乎都流行过献新之祭,即把田地上的第一批收获和头生仔畜等献给鬼神。沙利·安什林《宗教的起源》对这种祭祀的意义作了如下解释:

> 农业崇拜的祭祀似乎可以使人们安全地使用农、畜产品;祭祀的目的是维持畜群的生命并使在收获之后变得光秃秃的,似乎因为植物精灵的遗弃而已经死去了的土地肥沃起来,这种祭祀通常是庆祝第一批收获的典礼:拿畜群和收成的一部分来作为祭品,是为了保全其他所有的收获。在把神所应得的一份献给他之后,剩下的就可以放心大胆地拿来作为食物了……⑧

作者在这里还提到第一批收获含有作物等的“精灵”的问题,由于跟我们的讨论没有多大关系,就不引录了。

中国古代的“尝”祭就是献新之祭。《礼记·少仪》:“未尝不食新。”郑注:“尝谓荐新物于寝庙。”《周礼·春官·肆师》:“尝之日,莅卜来岁之芟。”郑注:“尝者,尝新谷。”《礼记·月令》说,孟夏之月“农乃登麦,天子乃以彘尝麦,先荐

⑥ 同②。

⑦ 《文史杂志》5卷9、10期合刊。

⑧ 沙利·安什林著、杨永等译:《宗教的起源》,三联书店,1964年,第103页。

寝庙”，仲夏之月“农乃登黍，是月也，天子乃以雏尝黍，羞以含桃，先荐寝庙”，孟秋之月“农乃登谷，天子尝新，先荐寝庙”，仲秋之月“以犬尝麻，先荐寝庙”，季秋之月“天子乃以犬尝稻，先荐寝庙”，季冬之月“命渔师始渔，天子亲往，乃尝鱼，先荐寝庙”。《逸周书·尝麦》：“维四年孟夏，王初祈祷于宗庙，乃尝麦于大祖。”与《月令》孟夏尝麦相合。由于秋季是最大量的谷物成熟的季节，“尝”后来成为秋祭之名。在古代，“未尝不食新”是必须遵守的戒律。《史记·龟策列传》褚少孙补，记宋元王博士卫平列举桀、纣罪行之语，就有“逆乱四时，先百鬼尝”一条。

下面举一些世界其他地方曾经存在过的献新祭的例子。

“中美的马耶人（Mayas）说农业的神名为巴南毋（Balam），是一个长头的老人，初次收获的东西应当先祭献他，否则必降祸。其他民族信有农耕的神的甚多，而供献初获物的风俗也很常见。”⑨

在殖民以前的北美易洛魁人中，称为“我们的兄长”的战神很受崇拜。易洛魁人“在森林里或在打猎时，在水上和在任何危险的情况下，都要向他祈祷。用第一批得到的果实和野味献祭他”⑩。

“在北罗得西亚，坦噶尼喀湖西面的 Yombe 人禁止吃第一批收获物，直到酋长在 Kalanga 山顶他祖先的坟墓前献上了一头公牛，并在神龛前供上了盛在罐里的新酿啤酒和用第一批收获做的粥。然后，坟墓周围土地上的草被仔细清除，公牛的血被洒在泥土上。在为收成感谢了祖先的灵魂，并请他接收第一批收获的祭品之后，酋长回到村中。村子里举行宴会，吃被杀公牛的肉和那种酒和粥，接着就跳舞。”⑪由于血是给予生命的，人们往往认为有血的祭品比无血的更能起作用。Yombe 人献第一批收获物时还要杀公牛，大概就出自这种考虑⑫。《月令》所说的尝祭，除献初获的作物外，还要用彘、雏、犬等动物，可能由于同样的原因。

“在印度南部的印度人中，吃新米是一种家庭宴会，叫作邦哥尔。新米用新

⑨ 林惠祥：《文化人类学》，商务印书馆，第 125 页。

⑩ 苏联科学院米克鲁霍—马克莱民族学研究所编、史国纲译：《美洲印第安人》，三联书店，1960 年，第 121 页。

⑪ E. O. James：*Sacrifice and Sacrament*，London：Thames and Hudson，1962 年，第 27 页。此书蒙伦敦大学亚非学院汪涛博士检示，书此志谢。

⑫ 同上。

锅煮,点火的时间是按印度天文家的推算,在太阳进入南回归线那一天的中午。……新煮的米一部分献给甘尼萨神像;然后每人吃一点。印度北部有些地方,新谷的节会叫作'呐梵'(Navam),意即'新谷'。新谷成熟时,所有者拿着吉兆物件到地里去,插五六根春播的大麦穗,摘一根秋播的小米(引者按:据原文似应译为"新谷成熟时,主人依据预兆,到地里去,在春季作物中摘取五六个大麦穗,在秋季收获中则摘取一个小米穗"),带回家,和上粗糖、黄油和凝乳。一部分以村神和祖先的名义扔在火里;其余的全家吃掉。"⑬

"许多希腊城邦……长期不断地把他们收获的头批大麦、小麦运到埃莱夫西斯去,作为感恩祭品献给得墨忒耳和珀耳塞福涅这两个女神……特欧克里图斯说,在科勒岛上,在飘着香气的夏季,农民把头批收获送给得墨忒耳,因为是她使他们的谷场上堆满大麦。"⑭在古代雅典还有法律规定,要雅典人"每年荐新于祖先"⑮。

在《圣经》里也可以看到关于献新祭的资料。"摩西立法确立了拿家畜和它们的头生仔畜祭祀的制度(见《出埃及记》第13章第2、第15节与第34章第19、第20节)……随着农业的发展,就产生了在各个地方的神殿,后来是在耶路撒冷的神殿拿第一批收获的果实来献祭的做法(《利未记》第23章第10、11、12、14节)。"⑯

尤其值得注意的是被献的新物中甚至有头生的子女。腓尼基人、迦太基人和以色列人都有过以头生子女作祭品的习俗⑰。《圣经》的《出埃及记》说:"要把所有头生的分别出来供献给我;凡是以色列子弟中间母亲头胎所生的无论是人或是牲畜,都应该归我……你应该把凡是母亲头胎所生的都献给雅赫威。你的牲畜中所有初生的公畜,也应该归于雅赫威。你可以用羊羔来赎所有头生的驴;若不代赎,就应该打断它的颈项。你的子弟中的每一个头生子你也可以赎。"⑱又说:"你要把你的第一批谷物和你第一次榨出的酒献给我,不可迟延;你

⑬ 詹·番·弗雷泽著、徐育新等译:《金枝》,中国民间文艺出版社,1987年,第696—697页。
⑭ 同上,第576页。
⑮ 古朗士著、李玄伯译:《希腊罗马古代社会研究》,商务印书馆,第181页。
⑯ 沙利·安什林著、杨永等译:《宗教的起源》,三联书店,1964年,第104—105页。
⑰ 沙利·安什林著、杨永等译:《宗教的起源》,三联书店,1964年,第103页。
⑱ 《出埃及记》第13章第2、12、13节,译文据注⑧所引书第64页。雅赫威即耶和华,指上帝。

要把头生的儿子献给我;你的牛、羊也是如此……”[19]此外,如上帝要亚伯拉罕把他的第一个正妻撒拉所生的儿子以撒献为祭品的故事[20],耶弗他(或译“耶弗大”)被迫把独生女儿献给上帝的故事[21],也许都是以献头生子女的习俗为背景的。《出埃及记》等所说的赎取头生子,应是后起的比较文明的方法(在亚伯拉罕献以撒给上帝的故事里,最后也是以一头公羊代替以撒作祭品的)。

我国古代杀首子的习俗,显然也应该解释为把头生子女献给鬼神。在古书的有关记载里没有提到杀首子的祭祀性质,是由于记载的人对这种习俗缺乏深入的了解。献第一批收获于鬼神,是为了能平安地保有、食用收获的其他部分,并在来年继续得到新的收获。献首子当然也是为了以后能得到新的孩子,并使他们能够安全地成长。所以《墨子》说杀首子是为了“宜弟”,是很有道理的。羌胡杀首子,主要也应该是由于这一原因。

弗雷泽在《金枝》里说:“在古代希腊,看来至少有一家很古的王室,其长子总是代替他们的父王作牺牲献祭的。”[22]他以国王设法把自己的“致命的责任推给子孙”,作为以长子为祭祀牺牲的习俗产生的原因[23]。我们怀疑,他所说的那种希腊习俗,在最初产生的时候也是跟前面所说的杀首子习俗同性质的。

我国自古以来认为吃献祭过的食物能得福,所以祭祀之后有“归胙”“归福”之事,即把献祭过的酒肉送给有关的人吃。我国献新之祭中的祭品,在祭祀之后一般也应该是被吃掉的。在世界各地,“把尝新圣餐和向神或精灵献新谷同时举行”的情况是相当常见的[24]。在这种情况下,尝新圣餐的食物往往就是,或包括献新祭中所献的食物,如上面举过的 Yombe 人的例子。又如“在雅典,人们在布丰尼亚节,把第一批的收获物放在宙斯·波里昂的祭坛上;然后让一些公牛到祭坛前来吃掉它们。人们从这些公牛中挑出一头来宰掉,因为它吞食了谷物的灵魂”,这头牛的肉就被分给在场的人吃掉[25]。

---

⑲ 《出埃及记》第 22 章第 29、30 节,译文据注⑧所引言第 103 页。

⑳ 《圣经·创世记》第 22 章第 2—10 节。

㉑ 《圣经·士师记》第 11 章第 30、39 节。

㉒ 詹·番·弗雷泽著、徐育新等译:《金枝》,中国民间文艺出版社,1987 年,第 425 页。

㉓ 詹·番·弗雷泽著、徐育新等译:《金枝》,中国民间文艺出版社,1987 年,第 428 页。

㉔ 詹·番·弗雷泽著、徐育新等译:《金枝》,中国民间文艺出版社,1987 年,第 703 页。

㉕ 沙利·安什林著、杨永等译:《宗教的起源》,三联书店,1964 年,第 106 页。詹·番·弗雷泽著、徐育新等译:《金枝》,中国民间文艺出版社,1987 年,第 674—675 页。

我国古代有些地方杀首子后还要“食之”。这无疑具有献新祭后的圣餐的性质，其目的应是求福、“宜弟”。对似乎非常不合情理的食首子的残酷习俗来说，除此之外恐怕就很难找到合理的解释了。

在基督教的传说里，作为上帝的儿子、上帝的羔羊的耶稣基督，为了赎人们的罪而自愿承担死亡。这一传说最初也许意味着基督为了免除人们献出头生子的痛苦而自愿作为牺牲。所以基督教圣餐中分食象征基督血肉的酒和面包，最初可能也是象征分食已献神的首子的。

在献新祭和尝新圣餐之类的仪式里，君王（包括比较原始的社会里的酋长、祭司一类人）往往起到极为重要的作用。沙利·安什林指出，在非洲有的地方的这类仪式里，“臣民们对土王的依赖，就像是对神的依赖一样。中国的情况也是如此，在中国，天子拿最初的收获物祭祀自己的祖先，并且比他的所有臣民更先尝到这些食物”㉖。有时，君王由于被视为神，直接成为献新的对象。“西非刚果王国有一位大祭司名叫奇托姆或奇托姆伯，黑人把他当作地上的神，天上的最高权力者。每年新谷登场，首先要向他奉献，然后才敢食用，否则违反规律，就有灾难降身。”㉗既然杀首子有献新祭的性质，食被杀首子有尝新圣餐的性质，我国古代有些地方杀首子后还要献于君的现象，也就完全可以理解了。易牙蒸首子献于桓公，也许是把他当作神来对待。

总之，杀首子而食之，是属于献新祭和尝新圣餐范畴的一种现象。其性质跟一般的用人牲和食人的习俗不能同日而语。以父亲怕第一胎是他人之子来解释杀首子的习俗，也是错误的。

最后，附带对跟杀首子习俗有关的易牙和齐桓公作些讨论。

前人多认为易牙就是见于《左传·僖公十七年》的雍巫。《史记·齐世家》“公曰：易牙如何”句《正义》：“（易牙）即雍巫也。贾逵云：雍巫，雍（引者案：通“饔”）人，名巫，易牙也（《齐世家》下文“雍巫”下《集解》也引贾逵语，但“易牙也”作“易牙字”）。”《左传·僖公十七年》杜预注与贾逵说同。张佩纶《管子学》以易牙、雍巫、棠巫为一人，不可信；但认为“巫”非易牙之名，“雍巫即食医之类，

㉖ 沙利·安什林著、杨永等译：《宗教的起源》，三联书店，1964年，第105页。

㉗ 詹·番·弗雷泽著、徐育新等译：《金枝》，中国民间文艺出版社，1987年，第257页。

乃官名”,则颇有道理[28]。易牙如真是一个巫,他蒸首子而进于齐桓公,除了有习俗的背景外,可能还有别的宗教上的意义。

据《管子·小称》,桓公嬖臣还有堂巫,《齐世家》“雍巫”下《索隐》引《管子》作“棠巫”,《吕氏春秋·知接》则称之为“常之巫”。“堂”“棠”“常”皆从“尚”声,音近可通。《齐世家·索隐》认为雍巫和易牙未必是一人,雍巫和棠巫则可能是一人。沈钦韩《春秋左传补注》说同。此说不可信[29]。《左传·襄公二十五年》有“齐棠公”,杜注:“棠公,齐棠邑大夫。”棠巫应即棠邑之巫。棠巫亦称常之巫,与晋国梗阳邑之巫称“梗阳之巫”同例[30]。《吕氏春秋·知接》记桓公之言,说“常之巫审于死生,能去苛病”,可见他也是相当神秘的一个人物。

桓公另一嬖臣竖刁(即《左传》的“寺人貂”)是自宫的。《吕氏春秋·知接》记桓公之书,说“竖刁自宫以近寡人”。《管子·小称》记管仲之书,说“竖刁自刑而为公治内”。古代高卢僧侣有自阉的习俗。[31] 早期基督教视性交为罪恶,《新约圣经·马太福音》19 章 12 节提及“为天国的缘故自阉的”人。[32] 竖刁的自宫很可能有宗教背景。说他自宫是为了“为公治内”,恐怕是简单化了。易牙进首子本有习俗为背景,古书中却仅归因于桓公好味易牙求宠,情况与此相似。

据上所论,齐桓公似乎是一个很富于宗教气息的国君。可惜由于缺乏资料,已经难以详考了。

1993 年 5 月 2 日写完

【裘锡圭　复旦大学出土文献与古文字研究中心教授】

原文刊于《中国文化》1994 年 01 期

---

[28] 张说见《管子集校》。

[29] 参看杨伯峻《春秋左传注》,中华书局,1981 年,第 374 页。

[30] “梗阳之巫”见《左传·襄公十八年》。

[31] 沙利·安什林著、杨永等译:《宗教的起源》,三联书店,1964 年,第 153、161、174 等页。

[32] 沙利·安什林著、杨永等译:《宗教的起源》,三联书店,1964 年,第 174 页。

原始文化的生存竞争和生殖竞争主题

论原始先民贵壮贱弱、弃杀老弱的野蛮习俗

吴天明

尧舜禅让是中国人十分熟悉的故事,几千年来一直为后人所津津乐道,但《史记·五帝本纪》正义却说:

> 《括地志》云:"故尧城在濮州鄄城县东北十五里。《竹书》云,昔尧德衰,为舜所囚也。又有偃朱故城,在县西北十五里。《竹书》云,舜囚尧,复偃塞丹朱,使不与父相见也。"

《竹书纪年》的这一记载使后人对尧舜禅让的美妙故事产生了怀疑。按照文明人的逻辑,舜继帝位,要么靠禅让,要么用暴力,因此尧舜禅让和舜囚尧这两个故事必有一假甚或均假。因此学术界要么对《竹书纪年》的记载不予置评,实际上认为舜囚尧的神话是假的;要么认为舜囚尧是真的,而认为所谓尧舜禅让不过是儒家为了托古改制而编造出来的谎言罢了①。其实,只要我们认真研究一下原始先民的生存环境、生活方式、宗教观念和野蛮习俗,我们就会发现,这两个

① 前者如许许多多的历史、神话著作,一般都不讨论舜囚尧的问题;后者如启良先生即认为,尧舜禅让这类神话故事,都"几乎是完全按照儒家的政治模式而构造的",见启良:《中国文明史》上册,花城出版社,2001年,第38页。

故事都是真实历史的可靠记录,在野蛮人看来并无任何矛盾之处。而且,这些神话故事在各个国家和各个民族的原始时代都很多,仅本文涉及的就有几十个之多。在此我不打算一个一个地分析论证,那会耗费太多的笔墨,而打算通过尽可能地还原原始人的生活状况的办法,来尝试解释这一类问题。

原始人类贵壮贱弱、弃杀老弱的野蛮习俗

野蛮人生活资料之极度缺乏,生存环境之极其恶劣,远非后人所能想象。他们的祖先类人猿早先应是与猩猩、猴子一样的素食动物和树栖动物,若非地球环境巨变,森林和食物大量减少,类人猿无法活命,它们就不可能变成杂食动物并钻进山洞。要知道这一巨变对类人猿来说,就像让牛羊吃肉并爬上树枝栖息一样不可思议。但为了生存,类人猿做到了这一切。当它们进入晚期智人即现代人阶段后,这些野蛮人仍然很难填饱肚皮。为了活命,他们除了大量屠杀动物并造成很多动物灭绝之外,还不得不抢掠、屠杀别的种族,部落间因此经常爆发残酷的战争,加上他们还要常常遭遇瘟疫、洪水等自然灾害的袭击,所以原始部落灭种灭族是常有的事。古代神话中常说,某族因为战争,某族甚至整个人类因为洪水,只剩下兄妹二人,为了使种群不绝,二人只得结为夫妻②。这类神话不仅反映了先民族内通婚的历史,也从一个侧面说明他们生存的艰难。环境如此残酷,食物如此难得,只有那些十分强健的个体和种群才有可能生存下去。因此全球所有的原始部落无一例外地都形成了一种贵壮贱弱甚至弃杀老弱的野蛮风俗,其主要表现是:

其一,杀死部分女婴。在父权制阶段,先民有时也干此野蛮勾当,但这类事情的发生早在母权制时代即已开始。那时,先民甚至还不太明白男子在生育中的作用,女子的地位远远超过男子。但先民仍然清楚,从获取生活资料和保卫部

② 前者如《新元史》卷一:"蒙古初无文字,世事远近,人相传述。其先世与他族相攻,部落尽为所杀,惟余男女二人,遁入一山……生二子。"乃有是族。后者如古希腊的"诺亚方舟"神话,我国云南彝族的"马樱花"神话等。

落来讲，男子是强者，女子是弱者。女性太多，不仅势必使部落过分软弱，而且容易使部落人口增长太快，从而加剧食物短缺的矛盾。因此，野蛮人一般都有溺杀部分女婴的风俗。若仔细分析野蛮人的部落，似又包括三种情况：

第一种是女多男少的部落。史称“南平獠……女多男少，妇人任役，婚法女先以货求男，贫者无以嫁，则卖为婢”③。又称“僰夷……男贵女贱，虽小人视其妻如奴仆，耕织贸易皆妇人任之”④。均称古代我国西南有些少数民族女多男少，男尊女卑。出现这种情况可能与种族差异而使男女性别比例失衡有关，也当与这些种族较少杀死女婴有关。男婴出生后，为了担当保卫部落重任而从事各种冒险活动，其存活率当大大低于女婴，结果这些种族自然出现女多男少的局面。

第二种情况为另一极端，是男多女少，一妻多夫的部落。史称“嚈哒……其俗兄弟共一妻”⑤，“古宗即吐蕃旧民也，皆无姓氏……兄弟三四人共一妻……至六七人始二妻。或独妻，则群谓之不友，而女家不许”⑥，均称古代曾有一妻多夫之俗。男多女少，一妻多夫，也可能与种族差异有关，但最重要的原因应是，嚈哒生活在今阿富汗，吐蕃生活在今中国西藏，环境艰苦，果腹不易，先民为了减少人口出生，部落溺杀了大量的女婴。据史料记载，留在东北的满族费雅喀人也有一妻多夫之俗⑦。古印度叙事诗《摩诃婆罗多》说，黑公主与般度族的五个兄弟成婚，说明古印度也曾有过一妻多夫之俗。据西班牙《世界报》2001 年 4 月 29 日报道：“历史上，布列塔尼人、原始阿拉伯人、非洲霍屯督人、美洲土著人以及加那利群岛、锡兰和新西兰的原住居民等，都曾存在这种一妻多夫的婚姻形式。”在如今印度的少数穷乡僻壤仍然是一妻多夫⑧。很显然，造物主不会让哪个种族的妇女按十比一之类的男女比例来生孩子，唯一合理的解释是，因为果腹不易，生存艰难，他们杀死了相当一部分女婴，以降低部落人口的出生率，把种群规

③ 《新唐书》卷二二二下。

④ 《云南通志》卷一八三。

⑤ 《北史》卷九七。嚈哒初名滑国，《南史》卷七九：“滑国……少女子，兄弟共妻。”

⑥ 《维西见闻记》。转引自林惠祥：《中国民族史》下册，商务印书馆，1996 年，第 182—183 页。

⑦ 张超夫：《东荒民俗闻见琐录》，载《地学杂志》民国十八年，第二期。

⑧ 见《参考消息》2001 年 5 月 25 日《即将逝去的古老习俗——一妻多夫制》。

模控制在一个勉强能生存的范围之内。

第三种情况介乎前两种情况之间，部落男女比例大体平衡，但仍然杀死女婴，只因男童在成长过程中必须冒很多风险，很多瘦弱男童因此被淘汰，故到男女成年时比例大体平衡。全球大多数种族即属此类。

其二，淘汰瘦弱男丁。男子对部落生存的意义虽然大大超过女子，但谁也无法保证这些小男子汉将来都会成为部落的勇士。为了使部落真正强壮起来，原始时代形成了一系列强者生存优胜劣汰的风俗：

一是鼓励强壮的男子多多娶妻，多多生子，从"种"上解决人口质量问题。这当然是进入父系社会以后的现象。在母系社会，子女归母家所有，甲族男子为乙族女子之共同丈夫，乙族女子为甲族男子之共同妻子，在这种情况下，女子选择性伙伴有很大的自由，她们总是理所当然地选择那些年轻健壮漂亮的性伙伴，反之，男子亦然，如此即可大体解决种的进化问题。但实行男子娶妻制度后，女子归固定的男子所有，她们选择性伙伴的自由丧失殆尽，种群退化的危险大大增加。于是各部落都有限制老弱男子生殖，鼓励壮健男子生殖的习俗，目的是提高种群的人口质量。如古希腊规定老夫而有少妻的，必须带一个青年男子回家，以便生养体格健壮的孩子；中年男子可以把妻子借给体格、相貌超过自己的男子等等；又如全球所有种族的帝王、酋长都可以娶很多年轻漂亮的妻子，而他们有的男性臣民则只能打光棍。道理很简单，这些帝王、酋长都是部落中最强壮因而最能保护妻儿的男子汉，他们自然更受美女的垂青。用阶级压迫、阶级斗争学说无法解释这种现象，野蛮人的道理远没有也不可能有文明人那么复杂。强者美妻如云，弱者打光棍甚至性命不保，这在原始时代甚至在相当晚近的时候都是符合习惯法、符合道德规定的。今人讲的"郎才女貌"标准也非常符合原始先民的情况，不过他们理解的"才"主要是指男子的壮美罢了。

二是将有缺陷的男婴男童直接杀掉。原始先民虽然为提高"种"的质量制定了种种规定，但仍然无法确保每一个婴儿的健美，因此他们往往直接将体格有缺陷的婴儿包括男婴杀掉。法国人罗丹在《艺术哲学》中曾批评古希腊杀掉体格有缺陷男婴的做法，说这简直就像办种马场一般。这是文明人的观念，常有灭种灭族压力的野蛮人不会有这种观念。我推测古代中国也有类似习俗，这里有两个间接证据，一是云南江川李家山28号墓出土的祭祀铜扣饰所描绘的祭祀图中，牛角上有一男童[9]；二是《管子·小称》说，齐桓公尝云："惟烝婴儿之未尝。"于是奸臣易牙即将其长子献给齐桓公[10]。如果古代没有杀死甚至吃掉男婴男童的习俗，这两个例子就是无法解释的。当然，最有可能被杀死的男婴男童，应该是那些体格有毛病的男婴男童。

三是通过种种办法迫使男童健壮体魄。在这一点上，东西方文化似乎有所不同。古希腊的办法是将少年男子编成队伍，上操，过集体生活，让他们互相拳打脚踢，集体到野外去抢掠，只喝清水，吃得很坏，睡在露天里，忍受恶劣的气候。古希腊人更重体育锻炼，其雕塑亦多壮美男子，当与这种风气有关。中国诸民族有的也有类似风俗，如西北很多游牧民族的小男孩，很小就开始练习骑马、挥刀、射猎抢掠，另一些民族除了也有类似训练方法外，有些训练方法似乎较有神秘色彩，最典型的逼迫男丁壮健的办法是文身。用尖锐的石头和后来的金属锐器把人体皮肉扎破，再涂上植物、矿物颜料，使之呈现出各个种族传说中始祖神的象征物的图案如龙凤犬虎来，这便是文身，包括文脸、文身、文脚等许多方式。由于可以想见的感染、剧痛等原因，很多体弱者因此死去，留下的一般是体格非常强壮的小伙子。如果男子不文身，部落就不会接受他，甚至可能杀掉他。《云南通志》卷一八三说："僰夷……官民皆髡首黥足，有不髡，则酋长杀之；不黥足，则众人嗤之曰：'妇人也。'"即其例。很多学者在论及文身这类现象时，往往过多地强调"建立与祖先之间的神秘联系，从祖先那里获得神奇力量"等宗教神话动机，而忽略了这一切宗教活动的根本目的是为强健种族，那些宗教上的解释只是为了给亲自屠杀本部落瘦弱成员的原始先民一个安慰，一种解脱罢了。动物常靠自然界的食物链来解决种群进化问题，如食草动物病弱衰老则必被食肉动物吃掉。类人猿早先也一样，但当它们进化为人类后，整体实力比动物强大，靠自然界的食物链无法解决这一问题，只有自己来解决。"虎毒不食子"，但人类却用如此甚至比动物还残忍的办法杀死自己部落的瘦弱男丁，没有宗教的安慰是不可想象的。

---

⑨ 刘稚、秦榕：《宗教与民俗》，云南人民出版社，1991年，第81页。

⑩ 《左传·僖公十七年》亦叙及此事。

四是用残酷的成丁礼淘汰瘦弱男丁。历经种种磨难，小伙子终于长大了，但要成为部落的正式成员，获得娶妻生子的权利，他还必须过一个鬼门关：参加成丁礼。古代无论男女都要参加成丁礼，但先民对男子的淘汰严酷得多，杀死瘦弱男丁的动机明显得多，而女子的成丁礼则往往仅具有象征意义⑪，所以这里只介绍男子的成丁礼。

德国学者利普斯《事物的起源》说，曼旦一印第安男子的成丁礼十分残酷，祭师首先在男子身上割出口子，挂上钩子，再把男子挂在四根大柱之间旋转。小伙子必因剧烈疼痛和急速旋转而晕死过去，这才把他放下，扔到地上不管他。如果他醒过来，可以活命，则被认为是“大神”让他死而复生；如果死了，则被认为是“大神”将他带走了⑫。很多原始民族还要将男性成丁者赶到原始森林里去，让他独自一人生活一段时间，如果回到部落则表示他已成丁；如果葬身沟壑或兽腹，则表示他不是部落的真正成员。汉民族至今仍不把死去的未成年男子当作家族成员，不祭祀，不入家谱，就是这种原始风俗的遗存。我国云南瑶族男子参加成丁礼仪时，要被度师引到几层楼高的云台上，经过一套复杂仪式后，男丁要从云台上翻滚而下，跌入藤网，有的还要上刀梯，捞油锅，踩火砖等；基诺族男子成丁时要遭到部落突然捕捉，如果反抗，按习惯法当被处死⑬。虽然随着人类生存状态的不断改善，先民的生存压力不断缓解，男子成丁礼的残忍程度因此不断减轻，到如今仅有礼仪性质了，但我们仍可根据神话、史料推知，原始先民举行残酷成丁礼的目的，是要迫使男子成为部落的勇士，担当起保卫部落、获取生活资料的神圣职责。同时，由于男子成丁后即可娶妻生子，先民把住成丁礼这一关，也是为了进一步将瘦弱男子淘汰掉，从而确保部落的人种质量。因此，成丁礼不仅有生存竞争的意义，同时也有生殖竞争的意义。

其三，杀死老弱男丁。男子成丁后，既要担当保卫部落、为部落获取生活资料的神圣责任，又获得了娶妻生子的权力。但一旦他们老了病了，不再年轻力壮

---

⑪ 如上引《云南通志》资料即可说明仅男子黥足，女子不黥足。又如犬戎神话说该族生男为犬，生女为美人，亦可证明该族男子才文身为犬，而女子不文身为犬。此类例子甚多，兹不一一列举。古人溺杀女婴而基本不杀女丁，当与女丁马上可为部落繁殖人口有关。

⑫ ［德］利普斯：《事物的起源》，四川人民出版社，1982 年，第 255—256 页。

⑬ 刘稚、秦榕：《宗教与民俗》，云南人民出版社，1991 年，第 31—32 页。

了，不再能担当部落赋予的神圣责任了，他们就会被部落所轻贱甚至处死，其生殖权甚至生存权都会被剥夺。史称匈奴“壮者食肥美，老者食其余。贵壮健，贱老弱”⑭，“西羌……以力为雄……以战死为吉利，病终为不祥”⑮，“肃慎氏……贵壮而贱老”⑯，“党项羌……人年八十以上死者以为终，亲戚不哭；少死者则云夭枉，共悲哭之”⑰，突厥“重兵死，耻病终”⑱，“靺鞨……贵壮而贱老”⑲，吐蕃“贵壮贱弱，母拜子，子倨父。出入，前少壮而后老。重兵死，以累世战没为甲门，败懦者垂狐尾于首示辱，不得列于人”⑳，“契丹……子孙死，父母旦夕哭；父母死则否，亦无丧期”㉑，“鞑人贱老而喜壮”㉒，均称原始先民有贵壮贱老之风。

既然老弱者成了部落的累赘，那么杀死他们就成了自然而然的选择。这样，部落可以节约部分宝贵的食物，也不必在生死存亡的关头分心分力照顾他们，否则可能殃及整个部落。不过我们研究有关神话故事和一般史料时会发现，原始先民一般不杀死老年女性，这可能与母子关系明确而父子关系不甚明确有关，也当与老年女子再难生育，而老年男子仍可生育，因此可能危及部落人口质量有关。一个非常典型的证据是，民俗学家刘守华先生发现，在湖北十堰、黄陂，山西晋城等很多地区，以及日本、印度等国家，都流传着弃杀老父的民间故事，其间有一个流传于中国很多地区的“斗鼠记”的故事：古时有个王公定了个规矩，男子到了60岁，其儿子就要将他送到“自死窑”去等死。一次外国进贡了一只黄牛大小的老鼠，要与王国斗鼠，谁斗败了谁俯首称臣，年年纳贡。王公放出老虎都斗不过外国老鼠，无计可施。一青年将老父送进“自死窑”后，不忍父亲饿死，仍偷偷给他送饭。青年偶然与父亲谈及斗鼠事，父亲说，只要将十只大猫关进同一铁笼，令其自相吞噬，最后一只猫必可斗败老鼠。王公得此消息，照此办理，果真

⑭ 《史记》卷一百十。
⑮ 《后汉书》卷一一七。
⑯ 《晋书》卷九七。
⑰ 《北史》卷九六，又见《新唐书》卷二二一上。
⑱ 《北史》卷九九。
⑲ 《旧唐书》卷一九九。
⑳ 《新唐书》卷二一六上。
㉑ 《新唐书》卷二一九。
㉒ （宋）赵珙：《蒙鞑备录》，转引自林惠祥：《中国民族史》下册，商务印书馆，1996年，第62页。

斗败外国老鼠。王公由此知道，老人是个宝，于是下令不得弃杀老人，必须孝敬老人[23]。后来刘先生在武当山地区发现了大量的“寄死窑”，为弃杀老父的故事找到了确凿无误的物证[24]。在刘先生所举的众多例子中，全是弃杀老父的例子，没有一个弃杀老母的例子，这是值得注意的。《苗荒小记》：“狗头猺祀狗，据苗人传，猺之始祖父犬而母人……犬老惫不能工作，子怒推诸河死焉。及归，其母问犬，子以告，母大恸，以实语子，子亟赴河负犬尸还。犬时口流鲜血，沿子胸部而下，子哀之，自后缝衣必纫红线两条交叉于胸，所以为纪念也。”[25]在中国神话中，苗瑶均为犬之子孙，这一故事明显记录了苗瑶先民弃杀老父的野蛮习俗。但原始人不管多么野蛮，他们的生活资料不管多么匮乏，部落安全形势不管多么严峻，他们都只杀老父，不杀老母。史称“獠人……性同禽兽，至于愤怒，父子不相避，惟手有兵刃者先杀之”。大多数情况下，当然是年轻力壮的儿子杀了衰老的父亲，“若杀其父，走避，求得一狗，以谢其母。母得狗谢，不复嫌恨”[26]。把父亲杀了，只要给母亲一条狗作为补偿就行了。这在文明人看来当然是“性同禽兽”，在野蛮人看来却是符合道德的行为。史称乌桓“贵少而贱老，其性悍塞，怒则杀父兄，而终不害其母，以母有族类，父兄无相仇报故也”[27]。母子关系甚明而父子关系不甚明白，这只是杀父不杀母的原因之一。从整个部落来说，女子老迈不可能再生育，没有降低种群人口质量之忧，而男子老迈时仍有这种危险，故必杀之，这当是另一个重要原因。

其四，妻庶母寡嫂。杀死父兄与杀死刚刚成年的瘦弱男丁一样都具有两个方面的意义，即生存竞争的意义和生殖竞争的意义。在生存竞争方面，淘汰了衰弱男子，可使部落具有更强的战斗力，节约了部落宝贵的生活资料；在生殖竞争方面，杀死衰弱男子，可确保育龄期妇女为健壮男子所有，为部落繁殖更加健壮的后代。因此在杀死了衰老的父兄之后，他们那些尚年轻的姬妾就会被其子弟

㉓ 刘守华：《比较故事学》，上海文艺出版社，1995 年，第 154—162 页。

㉔ 见《湖北日报》2001 年 6 月 9 日《武当山发现民俗遗址寄死窑》。“寄死窑”即“自死窑”。

㉕ 林惠祥：《中国民族史》下册，商务印书馆，1996 年，第 222—223 页。

㉖ 《北史》卷九五。

㉗ 《后汉书》卷一百二十。

当作妻子，这就是原始人妻庶母寡嫂的风俗。史称东夷“夫余国……兄死妻嫂”[28]，又说匈奴是夏桀之子“熏育妻桀之众妾，避居北野，随畜移徙，中国谓之匈奴”[29]，又称匈奴“父死，妻其后母；兄弟死，皆娶其妻妻之”[30]，称东胡乌桓“其俗妻后母，报寡嫂，死则归其故夫”[31]，称西羌“父没则妻后母，兄亡则纳嫠嫂”[32]，称宕昌羌“父子伯叔兄弟死者，即以继母、世叔母及嫂、弟妇为妻”[33]，吐谷浑“父兄死，妻后母及嫂等，与突厥俗同”[34]，党项羌“妻其庶母、伯叔母、兄嫂、弟妇，惟不娶同姓”[35]，西番“妻其群母及嫂，儿弟死，父兄亦纳其妻”[36]。乌孙昆莫娶汉公主细君后，以细君为右夫人，“昆莫年老，欲使其孙岑陬尚公主”，公主不干，但最后还是嫁给了昆莫的这个孙子，则是孙子妻庶祖母了[37]。这类记载，史书中比比皆是。

值得注意的是，上举诸例中，除西番因古来实行一妻多夫制，部落中的异姓育龄妇女太少，所以父兄得妻子弟之妻外，其他部落均仅有子弟妻庶母寡嫂之俗，东突厥甚至明确规定：“父兄伯叔死，子弟及侄等妻其后母、世叔母、嫂，唯尊者不得下淫。”[38]所谓“尊者”，在此当为地位较高、年事亦较高的男子，禁止他们“下淫”年轻女子，显然是为了保障部落人口的高质量。医学常识告诉我们，女子 55 岁即已绝经，不可能再生育，但男子 60 岁甚至 70 岁以后仍可生育，为了保证人口质量，绝大多数部落都禁止老年男子“下淫”年轻女子。

华夏族由于进入文明时代太早，上述明白无误的记载不容易见到，但我们仍然可以找到一些间接的证据。如华夏族严厉禁止子杀父、臣杀君，称之为“弑”；

---

[28] 《后汉书》卷一一五。

[29] 乐彦：《括地谱》。转引自林惠祥：《中国民族史》上册，商务印书馆，1996 年，第 321 页。此说虽或不确，但亦可见匈奴和华夏远古均有妻庶母之俗，可与《史记》所记匈奴史及下文所述华夏严禁“烝”庶母寡嫂俗互相印证。

[30] 《史记》卷一百十。

[31] 《后汉书》卷一百二十。

[32] 《后汉书》卷一一七。

[33] 《北史》卷九六。

[34] 《魏书》卷一〇一。

[35] 《新唐书》卷二二一上。

[36] 《隋书》卷八三。

[37] 《汉书》卷九六下。

[38] 《北史》卷九九。

严厉禁止子弟妻庶母兄嫂，称之为“烝”。从这些文明人的规定里，我们正可推测华夏诸族在野蛮时代的杀父兄、妻庶母寡嫂的风俗。而且即使到了文明时代，这类故事仍然时有耳闻。以“烝”庶母寡嫂为例，晚周卫宣公就“烝”了庶母夷姜并生了伋[39]，晋献公就“烝”了齐姜并生了秦穆夫人和太子申生[40]，昭伯甚至强“烝”宣姜而生齐子、戴公、文公、宋桓夫人[41]、许穆夫人，楚令尹子元也欲“烝”楚文王夫人息妫[42]等等，其例甚多。此后《隋书》炀帝本纪也写到他“烝”了他父皇年轻貌美的妃子。满族入关后，其孝庄皇太后实际上也为权臣多尔衮所“烝”。

这些在文明人看来不道德的事，在原始人看来却是非常道德的。在群婚制时代，男女均可自由挑选性伙伴，他们当然愿意选择年轻健美的对象，这可以大体保证后代的高质量。出现对偶婚后，女子为固定的男子所有，如无杀老父弱兄，对妻庶母寡嫂的风俗加以调节，部落人口质量必将大大降低，从而妨碍人类进化。

原始先民强者为王和杀君王妻王妃的习俗

野蛮人的生存环境是如此艰难，部落是否壮健是如此关系重大，屠杀部分女婴以节约食物并降低部落出生率、屠杀有缺陷的男婴和瘦弱的男童男丁、屠杀开始衰老的父兄以节约宝贵的生活资料并从人种上强壮种群的风俗是如此普遍，在这样的大背景下，尧舜禅让和舜囚尧之类的故事就并不显得奇怪而不可思议了。在这样的大背景下，部落是大家的部落，部族是大家的部族，所谓尧舜“禅让”，在文明人看来是件不得了的事，在野蛮人看来却是再自然不过的事了。所谓舜“囚”尧在文明人看来是大逆不道的，在野蛮人看来却是自然而然的。“禅让”也罢，“囚”也罢，都是野蛮人为了生存而形成的风俗习惯啊，二者有什么矛

㊴ 见《诗经·邶风·新台》与《诗经·邶风·二子乘舟》，另见《左传·桓公十六年》。

㊵ 《左传·庄公二十八年》。

㊶ 《左传·闵公二年》，另见《诗经·鄘风·墙有茨》。

㊷ 《左传·庄公二十八年》。

盾呢？父亲把儿子养大，儿子却把老父送到“自死窑”里去，或丢到野外去，让他们等死[43]，甚至直接杀掉，天下还有比这更大逆不道，更惨无人道的吗？但这就是野蛮人的人道。在这样的大背景下、大环境里，不仅上述野蛮风俗是可以理解的，而且下文所述关于帝王的一些野蛮风俗也是可以理解的。

其一，强者为王。世界所有国家所有民族的古老神话里，其帝王都是威力无比的强者。中华民族的人文始祖黄帝，按照中国古代神话的说法，应是雷神之后，那么黄帝本身也应该是一位雷神[44]。古希腊神话中最伟大的宙斯也是一位雷神，这应不是巧合。为什么雷神是最伟大的神？在原始人看来，日月星辰、风霜雨雪，大自然中最令人恐怖、最强大有力的无过于雷神了。原始人渺小无助，果腹艰难，因此他们无不希望自己的部落首领具有强健的体魄和伟大的神力，这才是他们以部落领袖为雷神的原因。

古希腊神话中还说宙斯曾变为一头公牛抢走一位美女，中国神话中又说黄帝是一位龙神，雷神、龙神、牛神都是强壮有力的象征。1987 年，考古工作者在河南濮阳市西水坡仰韶文化遗址发掘出距今 6400 多年的蚌壳龙形图案，被称为“中华第一龙”。在一个死者的旁边，右边是用蚌壳做的巨龙，左边是用蚌壳做的白虎[45]，通过这一活生生的“神话”，我们可以知道原始先民是多么期盼自己、帝王和种族都强壮起来！

对一个以渔猎和抢掠为生的部落来说，对一个生活在野蛮人中间，时刻都有灭种灭族危险的部落来说，选一个像雷神、龙神那么伟大的首领，是一件至关重大的事情。只要我们细心地研究古代神话和史料，不先入为主，不带任何成见，我们就会发现，原始人选定的首领都是部落中最强壮、最勇敢、最有神力、最令人畏惧因而对部落的生存贡献最大的人。史称东胡鲜卑首领檀石槐不仅出生奇异，而且“年十四五，勇健有智略，异部大人抄其外家牛羊，檀石槐单骑追击之，所向无前，悉还得所亡者，由是部落畏服。乃施法禁，平曲直，无敢犯者，遂推以

---

[43] 古代野蛮人多有天葬、野葬等风俗，我疑心，早先所“葬”不是死者，而是衰老将死者，也就是说，他们早先丢弃的是活人，不是死人。这与把将死的老父送到“自死窑”等死一样。

[44] 吴天明：《中国远古感生神话研究》，见《江汉论坛》2001 年第 11 期。

[45] 见《长江日报》2001 年 11 月 27 日“中华第一龙”图片。

为大人”[46]。又说乌桓“有勇健、能理决斗讼者,推为大人。无世业相继”[47]。正因为“无世业相继”,部落才可能公平推选真正的强壮者为“大人”,“大人”之位不世袭,这对原始部落是极端重要的。吐蕃的酋长叫“赞普”,史家解释说:“谓强雄曰赞,丈夫曰普,故号君长曰赞普。”[48]即使是进入父子相继的阶级社会,古人这种强者为王的习俗都没有大变。史称“嚈哒……王位不必传子,子弟堪者,死便受之”[49]。所谓“堪者”应是集勇健公贤于一身者。突厥族首领有众多儿子,选哪个儿子做接班人呢?按华夏族近几千年的做法,是立嫡不立庶,立长不立幼,尚处在原始社会的突厥的做法却是诸子相约:“向树跳跃,能最高者,即推立之……阿史那子年幼而跳最高者,诸子遂奉以为主,号阿贤设。”[50]他们的办法就是这么简单:强者为王。黄帝神话说他打败蚩尤和炎帝,遂王天下,此亦强者为王。哀牢夷神话说,一女子感龙而生十男,后龙来,九子皆惊走,“唯一小子不能去,陪龙坐”,九兄因小弟“能与龙言,而黠有智”,遂推以为王[51]。结合上文杀死衰老父兄的风俗来看,真实的情况应是,九子皆不如小子强健聪慧,故小子得立为王。这类强者为王的风俗即使到文明时代也未大变。古希腊城邦斯巴达王阿西达马斯与身体矮小的女子结婚,民众要他受民法的处分,理由是此举将使未来的国王身材矮小,有损国威。父子亲于兄弟,但殷商君王差不多有一半是兄终弟及,周代各国在世子幼弱、国家遭遇危险时也常有兄终弟及之事。其子幼弱,为国家天下计,不得不如此而已。东汉君王大多短命,但坚持父终子及制,故终东汉之世,后党、朝官、宦官互相厮杀,而东汉遂亡矣。主弱国亡,野蛮人如此,文明人同样如此。

其二,对君王候选人进行严酷的考验。绝大多数君王的产生,不是向树跳一下所能确定的,候选人必须经过严酷的考验,这主要是因为君王是否称职对部落干系重大,正所谓“兵熊熊一个,将熊熊一窝”,在那个弱肉强食的时代,君王一

---

[46] 《后汉书》卷一百二十。
[47] 《后汉书》卷一百二十。
[48] 《新唐书》卷二一六上。
[49] 《北史》卷九九。
[50] 《周书》卷五十。
[51] 《华阳国志·南中志》。

“熊”,很可能整个部落都会灭绝。所以君王候选人只有顺利通过种种严酷的考验之后,才可能正式当上君王。

史家称舜帝继位前,通过了尧设置的种种考验,其中有一个是:“尧使舜入山林川泽,暴风雷雨,舜行不迷。尧以为圣,召舜曰:‘女谋事至而言可绩,三年矣。女登帝位。’”[52]让舜到山林川泽中单独生活一段时间,这在民俗学上叫“隔离”。能顺利回归部落的必是真正的勇敢者,所以舜帝最终继位。《后汉书》称:“巴郡南郡蛮,本有五姓……未有君长,俱事鬼神,乃共掷剑于石穴,约能中者,奉以为君。巴氏子务相乃独中之,众皆叹。又令各乘土船,约能浮者,当以为君,余姓悉沉,唯务相独浮。因共立之,是为廪君。”[53]所谓“余姓悉沉”,说明这种考验是很残酷的,有极大生命风险的。突厥族选可汗,同样十分残忍,他们把那些过五关、斩六将选上的君主扶上君位,另外还有一个考察项目:“其主初立,近侍重臣等舆之以毡,随日转九回,每回臣下皆拜。拜讫乃扶令乘马,以帛绞其颈,使才不至绝,然后释而急问之曰:‘你能作几年可汗?’”[54]可怜他被毛毡蒙住了头,被转得晕头转向,又差点被绞死,怎知能做几年可汗?而其臣民却要根据他此刻的话来检验他,并决定将来何时处死他。这不能怪原始人野蛮,实在是因为君王是否强健关系到部落生死存亡,他们不得不选择一个真正的勇健者,这与现今各国选总统要用很多法律制度确保总统的高质量一样,只是古今方式有野蛮与文明之别罢了。

其三,杀死衰弱的帝王并妻帝王之妻妾。一个普通的男子,当他历经种种磨难终于成为部落的正式男丁之后,他就要履行保卫部落等神圣职责,也可以娶妻生子。如果他足够强壮,可以娶许多年轻漂亮的妻子,生许多健美的孩子[55],那些瘦弱男子,要么以神的名义被杀掉,要么就只能娶别人不要的女子,要么就打光棍。但当这些美妻如云的壮美男子衰老以后,则会被部落甚至自己的儿子杀

---

[52] 《史记》卷一。

[53] 《后汉书》卷一一六。在神话中,廪君为一白虎,能吃人,可见他是该部落中威力无比、令人畏惧的强健男子。

[54] 《北史》卷九九。

[55] 如《后汉书》卷一一七称氐羌壮男并多娶妇:“忍及弟舞……并多娶妇,忍生九子为九种,舞生十七子为十七种,羌之兴盛从此起矣。”

掉,其年轻貌美的妻子也会被儿子等更加强健的男子得到。古人就是用如此残忍的办法推动种族进化的。部落里没有例外,甚至包括帝王。帝王当然是最强壮的男子,可以娶更多更漂亮的女人,但只要他衰老甚或只是出现衰老的迹象,他就会被处死,其妻妾亦为他人所有。如此对待帝王与如此对待部落中其他男子一样,都是为了同时解决两个问题:一是部落的生存问题,二是部落人种的进化问题。

英国文化人类学家弗雷泽很早就发现了原始人类处死衰老帝王的风俗,他发现罗马附近的狄安娜女神神庙的祭司是一个逃奴。奴隶是奴隶主的私有财产,如果逃跑是要被处死的。但当这逃奴当起了神庙的祭司,他就不仅不受追究,而且成了狄安娜女神的配偶神,拥有"森林之王"的美名。可是这位"森林之王"必须时刻警惕地守卫着神庙附近的一棵圣树,否则,只要任何一个新逃奴折取了圣树的树枝,便有权与他决斗。如果他战败被杀,他的狄安娜女神就会被新的强者所占有,"森林之王"的头衔也会归新的强者所拥有。通过长达几十年的研究,弗雷泽发现,原来古人认为,帝王的身体是否强健与部落干系重大,因此当帝王衰弱甚至只出现衰弱的迹象时,就必须被处死,让新的强者来当帝王,从而使部落永远强健。但久而久之,帝王不愿去死,于是部落选一个逃奴或其他地位极低贱者当几天假帝王,并享御真王的妻妾,然后让假王代真王受死。狄安娜神庙的古怪风俗即由此而来。为了证明这一假说,弗雷泽举例说,俄罗斯南部的喀萨尔王国国王任期届满或遇旱涝饥馑、战争失败等标志其精力已经衰退的情况时,国王就得被处死。非洲好多地方都有弑君之俗,国王任期届满甚至未满时即被更强有力的对手杀死,并由对手继承王位。乌干达境内的布尼奥罗曾流行如下风俗:每年都从部落中选一个人假扮为王,把他当作已故国王的化身,与已故国王的遗孀在陵庙中同居七日,然后将假王绞杀。古巴比伦人庆祝新年时总有一人假扮为王,身穿王袍,却可享御真王的姬妾,五日后即被处死。在列举完这些例子之后,弗雷泽说,杀死衰老的帝王以解决部落的食物供应问题,这是原始社会普遍的风俗[56]。

弗雷泽的研究对我很有启发作用,但其研究仍有不足:一是只注意了原始人类屠杀衰老帝王的情况,而未从更加广阔的背景下考察野蛮人强者生存优胜劣汰的风俗,这一点前文已有详细论述;二是他与西方很多文化人类学家一样,只注意追溯部落食物供应不足等生存竞争方面的原因,而对原始人类剥夺衰弱男子的生殖权以确保让更壮健的男子生育更多子女的生殖竞争却未加关注,这一点下文还会讨论。

弗雷泽所列举的弃杀衰老帝王的案例够多而且足够有代表性的了,这里只想补充几个著名的例子,以结束这一部分的讨论。尧把帝位禅让给舜后,舜又囚杀了尧,这与上文所述父亲养大了儿子,儿子却杀了父亲一样,与苗瑶子民杀死他们的部落领袖犬(盘瓠)一样,这不是由于他们个人的原因,而是由于原始社会古老的习俗,古老的规定。舜只将尧囚禁而死,没有直接砍下尧的头颅,这已经相当文明、相当仁慈了,这与上文讲到的把父亲送进"自死窑"的故事是一样的道理。

另一个著名的例子是关于基督的死。这有若干传说,其中一个是,彼拉多的士兵给基督穿上紫袍,戴上棘冠,把他当作犹太人的国王,对他敬礼,然后把他钉死在十字架上。这说明,犹太人把基督当成了本该受死的犹太国王的替身,由此可推定犹太人早先也有处死本部落国王的习俗。由于国王逐渐不愿受死,先民常常从本部落中选人代他受死。有的先民还将这一古老规定与部落复仇结合在一起,把别部落的君王抢来作本部落应受死君王的替身,基督就是这样成为犹太国王的替身的。民俗学家把这种猎杀别部落君王以代替本部落君王受死的古老民俗叫"猎人头",刘稚、秦榕的《宗教与民俗》还列举了几个这样的案例[57],只是他们也只注意到产食问题,对生殖问题不曾关注而已。

---

[56] 以上并弗雷泽说,见弗雷泽:《金枝精要——巫术与宗教之研究》。上海文艺出版社,2001 年。又:弗雷泽所述古巴比伦风俗,与[英]罗伯逊:《宗教的起源》五《神话论》所述相同,见中国文化书院印《西方文化概论》,第 203 页。

[57] 刘稚、秦榕:《宗教与民俗》,云南人民出版社,1991 年,第 80—81 页。

生存竞争主题和生殖竞争主题

上文讨论的这些问题，过去的学者早就讨论过。如《史记》《汉书》称越人和粤人有断发文身之俗，东汉学者应劭为二书作注时便说，文身而像龙子以避害，这实际上已经是在用文化人类学的方法研究此类问题了。待文化人类学真正诞生之后，就有更多的学者潜心研究这些问题了，如穆达克、普列汉诺夫、刘守华等学者都研究过原始先民弃杀老人的风俗，其不足主要是没有发现原始人所弃杀的一般是老年男子，因此他们都只发现了这一风俗隐含的生存竞争意义。弗雷泽、罗伯逊都发现了野蛮人弃杀衰老君王的风俗，其主要不足是没有对占有王妃一事给予足够的关注，因此也没有发现原始文化中所隐含的另一个主题即生殖竞争主题。如英国学者罗伯逊说："早期宗教有一种常有的现象，便是经过相当时期以后，便将部落酋长杀掉，目的是乘他的精力尚未衰绝以前，使它能够进入泥土，来重兴部落中的食物供应。……这种古代的仪式反映在一种神话中，这种神话说，在远古时代，有一个仁慈的神王，在他被杀死和埋葬以后，他的人民在成熟的谷物中吃到他的肉，在丰盈的葡萄酒中饮到他的血。"[58]另一位英国学者穆达克在解释南太平洋海岛塔斯马尼亚岛上的塔斯马尼亚人弃杀老人的风俗时说："游荡生活的艰苦使对残废者的照顾成为不可能。因此上了年纪的人，当他们衰弱以后，同伴们就留下一点食物而把他们扔下来等死。"[59]恩格斯曾指出"在我们所知道的一切民族中，有一个时期曾因吃肉而吃起人来"，并举例说，"柏林人的祖先，韦累塔比人或维耳茨人，在十世纪还吃他们的父母"[60]。普列汉诺夫在《没有地址的信》的第二封信《原始民族的艺术》中，对普遍流行于欧洲、非洲的弃杀老人的现象作了解释，他说："原始人类杀死老人，犹如杀死孩子一样，不

---

[58] [英]罗伯逊：《基督教的起源》三《神秘宗教》。转引自中国文化书院印《西方文化概论》，第196页。

[59] [英]穆达克：《我们当代的原始民族》。转引自刘守华：《比较故事学》，上海文艺出版社，1995年，第161—162页。

[60] 恩格斯：《自然辩证法》，见《马克思恩格斯选集》，人民出版社，1972年，第3卷，第514页。案，杀死并吃母亲的例子极为少见。

是由于他们的性格的特点，不是由于他们的所谓的个人主义，也不是由于缺乏各个世代之间的活生生的联系，而是由于野蛮人不得不为自己生存奋斗的那些条件。”他认为，原始人“杀死非生产性的成员对社会来说是一种合乎道德的责任。既然他们处在这样的条件下，所以他们不得已杀死多余的孩子和精疲力竭的老人”[61]。刘守华先生几乎完全赞成他们的观点，只是补充说，原始人智慧积累太少，人老了就一无生存价值了[62]。这些学者的研究结论有一个共同特点，就是都只注意部落食物短缺、游荡生活艰辛、照顾老弱不便，总之是因为生存困难，要应付残酷的生存竞争。他们的理论尽管相当有道理，却无法解释如下现象：为什么野蛮人用极其残酷的办法不断淘汰男丁，特别是在他们即将正式成丁，即将获得娶妻生子权力的时候？难道他们对部落生存竞争的意义还不如女子？为什么弃杀父兄时一般不杀老年女子，难道他们在保卫部落等方面连老年女子都不如？为什么杀死父兄以后，子弟要娶庶母寡嫂，而大多禁止老年男子以年轻妇女为妻？为什么杀死的总是衰老的帝王和一个又一个的假王，而不杀死王妃？为什么狄安娜女神千百年来总被供奉在神庙里，而她的配偶神却只要衰弱一点点就要一个接一个被杀掉？唯一可以被接受的解释是：原始人杀死部落中的衰弱者，既有节约食物、便于游荡和争战等生存竞争的意义，又有淘汰劣等男性成员、优化种群的生殖竞争的意义，学术界的不足，在于忽略了后一方面的意义。

出现上述情况，首先实在不是后世学者的错，因为原始人自己就没有意识到生殖竞争的问题，如古埃及神话说，古埃及之王奥里西斯被其弟弟害死之后，变成了农神。“据考古发掘到的奥里西斯圣像，他呈卧态，稼禾已结穗，植根奥里西斯之体，一祭司手持器皿，似以甘露滋润他的躯体。”[63]谷物植根于这位男神之体，可见他之被杀，古埃及人认为主要是为恢复部落的食物供应。吐蕃之女国用人或其国君象征猕猴祭神之后，还有一个占卜活动：“有一鸟如雌雉，来集掌上，破其腹视之，有众粟则年丰，沙石则有灾，谓之鸟卜。”[64]说明古代藏人杀死帝王

---

[61] 转引自刘守华《比较故事学》，上海文艺出版社，1995年，第161—162页。

[62] 刘守华：《比较故事学》，上海文艺出版社，1995年，第163页。

[63] 刘稚、秦榕：《宗教与民俗》，云南人民出版社，1991年，第80页。

[64] 《北史》卷九七。藏族之人民为羌人，与炎帝同族，但有从印度过来的统治者，印度从古到今均视猴为神物，所以神话说藏人为猕猴之后，故此祭祀实为杀帝王或老父以祈祷丰收之义。

旨在祈求丰收。这些神话证明,原始先民自己就认为,杀死衰老的帝王等习俗仅仅关乎生存竞争,与生殖竞争没有什么关系。

但是,野蛮人的智能仅与今日小儿相似,他们的判断不宜全为凭据。他们是否意识到生殖竞争的意义并在宗教神话中体现出来是一回事,其所作所为客观上是否具有生殖竞争的意义则是另外一回事。因为对一个孩子来说,他们对自己行为的判断和分析往往只能作为参考,他们的理性非常少,行为往往由本能来支配。

为了解释上文提出来的那一连串的问题,分析一下人类的近亲猴子、猩猩等灵长类四足动物也许不无帮助。这类动物的特点之一便是,在整个种群中谁最强壮谁就为王,谁为王谁就妻妾成群,别的雄性就只能从它挑剩的雌性中寻找配偶,甚至有可能打光棍或离开种群,经过很长时间,这些离群索居者才能建立自己的种群。但王者的地位并非牢不可破,它随时会受到包括自己儿子在内的新的强者的挑战,一旦它战败即可能被赶出种群,否则就乖乖地跟着种群活动,眼睁睁地看着往日的姬妾与新的王者寻欢作乐。这些动物很少进攻雌性,即使后者已经十分衰老、不堪一击,这应该与衰老的雌性再难生殖有关。达尔文在分析这类情况时说:"就哺乳动物来说,公兽在赢得母兽的过程中,通过战斗法则的成分,看来要比通过卖弄风情的成分为多。在恋爱的季节里,哪怕是没有任何武器装备而平时见得最胆怯的一些动物也会进行你死我活的搏斗。"他列举了野兔、鼹鼠、松鼠、海狸、驼羊、海豹、鹿、大象、野牛和马等公兽为了争夺雌性而进行殊死搏斗的例子,从而说明,为了获得更美、更多、更年轻雌性的垂青,从而使自己的长处更多地遗传给下一代,推动物种进化,雄性间全都要展开殊死的斗争[65]。当人类处在类人猿和猿人阶段时,其雄性间这种争夺雌性的斗争应该肯定是存在的。当它们进化为人类之后,雄性争夺雌性的习性不仅不会荡然无存,相反由于下述原因还会加剧:其一,由于野蛮人生存艰难,各个部落都杀死了部分女婴以控制本部落人口的增长速度,这就会加剧男子之间争夺女性的矛盾;其二,人类处在动物阶段时,尚不知发明致命的武器,雄性间的争斗常常仅以皮开

---

[65] 达尔文:《人类的由来》下册,商务印书馆,1983 年,第 765—767 页。

肉绽为代价；而当他们成为人类以后，发明了致命的武器，因此雄性间的争斗就常常要以生命为代价，从这个意义上说，野蛮人比动物还要残忍一万倍。不过，野蛮人到底是人，他们有了原始的巫术宗教神话，因此不再完全公开用动物间的那种“战斗法则”来解决问题，而常常辅之以巫术宗教的方法即所谓“文明”的方法，把部落的累赘和自己的生殖竞争对手淘汰掉，从而既可解决部落的食物短缺、游荡不定、无法再背包袱等生存竞争方面的问题，又使自己有可能得到更多、更美、更年轻的女性，从而使自己的长处更多地遗传给下一代，推动人类的进化。由此可见，野蛮人的这一习俗，不仅与所谓“文明”有关，它首先应该直接脱胎于动物雄性间争夺雌性的习性。

原始文化研究中向来有三大理论，一为产食文化理论，可以弗雷泽为代表，包括杰文斯（Jevons，Franck byron）、马林诺夫斯基（B. Malinovski）、布伊哥夫斯基（S. N. Buikovsky）[66]和上文提到的穆达克、普列汉诺夫、罗伯逊、刘守华等学者。这派学者认为，食物问题是原始人类全部活动的中心，原始人类的精神文化也要以此为出发点来进行解释。我们可以把这派学者讲的产食问题稍微扩大一下，扩大到包括抵御自然灾害、四处游荡和进行部落战争等在内的全部生存竞争。尽管这一理论可以解释很多的原始文化现象，却没有发现原始先民的另一种竞争即生殖竞争。

二为生殖文化理论，可以中国当代学者赵国华先生为代表，其代表作《生殖崇拜文化论》[67]称以恩格斯“两种生产”理论为指导，该书也的确深入分析了众多的原始文化现象，可以说矫正了产食文化理论的弊病，提出了许多极富创造性的见解。但正因为作者“矫枉过正”，他在批评产食文化理论毛病的同时，又走向了另一极端，而认为“初民是将食服务于生殖”的[68]，这实际上就把“两种生产”理论变成了“一种生产”理论即“人口生产”理论。而且，即使仅就“人口生产”而论，赵先生虽然发现了生殖文化的许多秘密，但若归结起来只有一点，就是原始人全都崇拜生殖，全都盼望多生孩子。他没有发现原始人控制人口增长的秘密，

---

[66] 杰文斯等三位学者的著作，我并未读过。说他们是产食文化论者，是用了季羡林先生的意见。见赵国华：《生殖崇拜文化论》季羡林《序》，中国社会科学出版社，1990年，第5页。

[67] 赵国华：《生殖崇拜文化论》，中国社会科学出版社，1990年。

[68] 赵国华：《生殖崇拜文化论》季羡林《序》，中国社会科学出版社，1990年，第5页。

也没有发现原始人男性间的生殖竞争，没有发现他们盼望生健美孩子，盼望种族强健起来的秘密。如果按照赵先生的理论，原始先民溺杀部分女婴和有缺陷的男婴，弃杀瘦弱男丁和老弱父亲、帝王的野蛮习俗就是无法解释的了。

与生殖文化理论密切相关的是性文化理论，我手头有一本《人类性文化探秘》[69]，虽是一本普及读物，亦可见这一理论的大体情况。用性来解释原始文化，显然是有很大局限的。

要全面解释原始文化，恐怕还是要讲恩格斯的"两种生产"理论，还是要讲告子的"食色"理论和儒家的"饮食男女"理论。告子说："食色，性也。"[70]《礼记・礼运》："饮食男女，人之大欲存焉。"恩格斯《家庭、私有制和国家的起源》第一版序言："根据唯物主义的观点，历史中的决定性因素，归根结底是直接生活的生产和再生产。但是，生产本身又有两种。一方面是生活资料即食物、衣服、住房以及为此所必需的工具的生产；另一方面是人类自身的生产，即种的蕃衍。""两种生产"理论全面概括了原始文化的两大核心内容，纠正了产食文化理论和生殖文化理论的偏颇，因此成为原始文化研究的指导思想。

但是，原始先民围绕着"两种生产"所进行的全部活动，其本质特征又是什么呢？我以为，应该是"两种竞争"，即生存竞争和生殖竞争。如果只提"两种生产"而不提"两种竞争"，那么，不仅本文所论述的众多原始文化现象无法解释，而且人们往往容易误认为，原始人类的主要生活内容就是产食和生殖两个方面，至于这"两种生产"的本质特征"竞争"则常常容易被忽略掉。因此我以为，只提"两种生产"不提"两种竞争"，不能全面深刻地解释原始文化，不能抓住原始文化的本质特征，在理论上是有缺陷的。所以我想，用"两种竞争"理论来作"两种生产"理论的补充，也许是必要的。

【吴天明　武汉大学人文学院中文系教授】

原文刊于《中国文化》2002 年 Z1 期

---

[69] 吉大丰、丁山：《人类性文化探秘》，中国医药科技出版社，1993 年。

[70] 《孟子・告子上》第四章。很多学者误记为孔子语。

辛鼎铭文与西周蜡祭

冯　时

提　要: 中国古代的年终蜡祭是传统的感恩节,其索享先啬、司啬、百种、农官、邮表畷、禽兽、坊与水庸八神而祭之,并及先祖、五祀,遍涉天地万物与祖先神明,体现了先民博大的宇宙观与仁至义尽的人文关怀。蜡祭之仪节先蜡而后腊,并以田猎之物为牲,尔后行饫礼而正齿位,目的在于感谢天地万物神明之恩助有年,劳农以休息之,使明孝悌德行。古蜡、腊分明,秦以后以腊代蜡,渐失其礼,今之腊祭腊八,仅其孑遗而已。

西周之蜡祭可据辛鼎铭文得以揭示,祭名本作"罝",主行猎献牲,其仪节仪注皆与文献所载密合,这是我们第一次从金文中辨识出西周的蜡祭。周人以行蜡明德,并以仁德作为做人之标准,祈愿以德传家,万年为人,足见西周社会崇德明礼之风尚。

关键词: 西周　辛鼎　蜡祭　腊祭　腊八

西周中期约穆王时代之辛鼎,高 31.5 厘米,口径 28.5 厘米,现藏上海博物馆(图一)。鼎之内腹铭四行二十五字,拓本著录于《殷周金文集成》2660 号(图二),内容关乎西周蜡祭及崇德观念,极具史料价值。兹先将铭文释写于下,再做考证。

图一　辛鼎器影

图二　辛鼎铭文拓本

> 辛乍(作)宝,其亡彊(疆),氒(厥)家雝(擁)德,𥂴(蜡)用𠭯(饫),氒(厥)𠟭(执)多友,多友赉(僖),辛万年为人。

器主名辛,其作宝鼎,以祈福祉无疆。铭文“其亡疆”虽未明确限定“亡疆”的内涵,但据全篇内容分析,其祈求福祚之无疆十分清楚,而福祚的获得则与铸鼎所行用之祭祀有关。

“厥家擁德”之“家”显指器主辛之家族,“擁德”也就是抱德、怀德。《说文·手部》:“擁,抱也。”大盂鼎铭:“敬擁德经。”晋姜鼎铭:“经擁明德。”㝬簋铭:“经擁先王。”遣词皆相类似。《尚书·酒诰》:“经哲秉德。”孙星衍《疏》:“经德者,《孟子·尽心》云:‘经德不回。’《注》云:‘经,行也。’秉者,《释诂》云‘执也’。哲者,《说文》作‘悊’,云‘敬也’。”故“擁德”即言“经德秉哲”,与中山王鼎铭“敬顺天德”,观念一致。

诚然,“厥家擁德”体现着周人以道德传家的深刻思考。《易·坤·文言》:“积善之家必有余庆,积不善之家必有余殃。”积善当然也就是积德。《荀子·劝学》:“积善成德,而神明自德,圣心备焉。”而《孟子·离娄下》则引孟子曰:“君子之泽五世而斩,小人之泽五世而斩。予未得为孔子徒也,予私淑诸人也。”赵岐《章句》:“泽,滋润之泽。大德大凶流及后世,自高祖至玄孙,善恶之气乃断,故曰五世而斩。”孙奭《疏》:“孟子言君子小人虽有贤不肖之异,然自礼服而推之,则余泽之所及但皆五世而断耳,以其亲属替之者焉。惟孔子有道德之泽,流于无穷,虽万世亦莫不尊亲者矣。"此皆传家主德而永续之论。故俗语云:"道德传家,十代以上。耕读传家次之,诗书传家又次之,富贵传家,不过三代。"今审之金文,知以德传家之思想于西周时代早已形成。史墙盘铭"唯辟孝友",意即以孝友为齐家型范,这无疑构成了周人以孝友为核心的道德观的基本内涵①。很明显,这同样体现了以德传家的传统理念。

"罝用饫",此为全文内容的核心,而"罝"字之考释又尤为关键。字之原篆作:

此字于西周金文习见,如:

其基本构形是从"𤔔"从"虎",隶定作"虢",象双手张网捕虎,或可省略手形,隶定作"𦋺"。

殷商甲骨文也有此字,其形作:

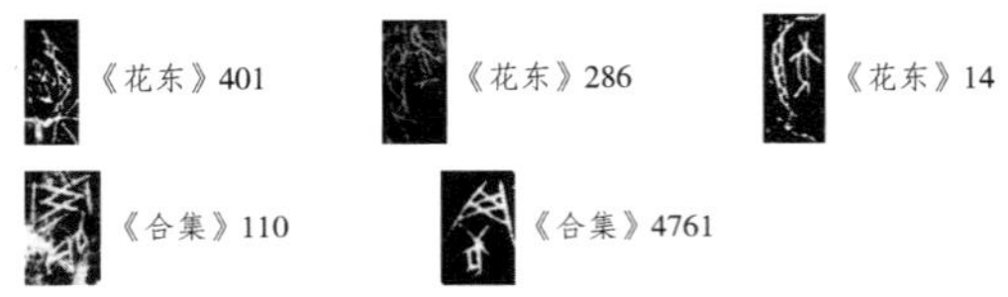

亦象双手张网捕兽,唯双手或可省却,且网间所捕之兽有兔、豕之别而已。准此,可将文字隶定作"罝"或"冢"。

事实上,无论"罳""𦋺"或"冢",都应是"罝"字。早期文字于网间之兽多有变化,至西周金文乃规范为从虎。《说文·网部》:"罝,兔网也。从网,且声。䋑,罝或从糸。䍡,籀文从虘。"明"罝"之籀文从"虘"。《说文·虍部》:"虘,虎

① 冯时:《西周金文所见"信"、"义"思想考》,《文与哲》第6期,2006年6月。

不柔不信也。从虍，且声。”“不柔不信”乃谓刚暴矫诈，此虎之性，故知“虘”本从“虎”为意。古音“虎”“且”并在鱼部，读音相同，显然，“虘”作为“罝”字的读音其实是由“虎”发展而来的。因此，“罝”字本作从“网”从“虎”“虎”亦声，会意兼声，象以网捕虎，或也捕兔捕豕，后“虎”孳乳为“虘”，或更省“虍”而简作“且”，字形之演变如此。

西周晚期之司马南叔匜铭有“罝”字，为国名。铭云：

> 司马南叔作罝姬滕匜，子子孙孙永宝用享。 《集成》10241

匜出山东莒县东前集，乃姬姓媵罝之器。“罝”字籀文作“罿”，故知此所媵之国实即莒国。莒之国名用字，于东周多作“篖”“䣽”，或作“莒”，本从“虎”声，与“罝”之作“罿”、且“虎”兼为声正相吻合。故“虩”为“罝”之本字，殆无疑问。

“罝”字既识，其以田猎捕虎获兽为意，于辛鼎铭文则当读为“蜡”，指为蜡祭。这是我们在商周出土文献中首次辨识出蜡祭。

“罝用晉”之“晉”又见于史寅卣铭（旧称士上卣，《集成》5421），读为“饫”，为立饫之礼②。《国语·周语中》：“禘郊之事，则有全烝；王公立饫，则有房烝；亲戚宴飨，则有肴烝。……唯是先王之宴礼欲以贻女，余一人敢设饫禘焉，忠非亲礼，而干旧职，以乱前好？……夫王公诸侯之有饫也，将以讲事成章、建大德、昭大物也，故立成礼烝而已。饫以显物，宴以合好，故岁饫不倦，时宴不淫。”韦昭《注》：“全烝，全其牲体而升之。凡郊禘皆血腥。王，天子。公，诸侯。礼之立成者为饫。房，大俎也。《诗》云‘笾豆大房’，谓半解其体，升之房也。肴烝，升体解节折之俎也，谓之折俎。饫，半体也。禘，全体也。讲，谓军旅，议大事。章，章程也。大德，大功也。大物，大器也。立成，不坐也。烝，升也。升其备物而已也。显物，示物备也。岁行饫礼，不至于懈倦也。”徐元诰《集解》：“宣十六年《左传正义》曰：‘王公立饫，即享礼也。’汪远孙曰：‘享，行于庙，庙中礼皆立成，故曰立饫。’陈奂曰：‘房之言旁也，旁有偏义，全体曰全烝，半体曰房烝，所以别牲体

② 冯时：《致事传家与燕私礼——叔趯父器铭文所见西周制度》，《华夏考古》2018 年第 1 期。

之用，并升于俎，不应房烝独以俎名也。'”又《周语下》：“夫礼之立成者为饫，昭明大节而已，少曲与焉。是以为之日惕，其欲教民戒也。”韦昭《注》：“立成，立行礼，不坐也。言饫礼所以教民敬式，昭明大体而已。”史寅卣铭言殷同之礼而“饫百姓豚”，正合此立饫房烝之事，其时以半豚燕饮百姓，不专于亲戚同姓，是为段玉裁《说文解字注》所谓“王公立饫，同异姓皆在焉”。故有立饫之礼在，则“罝”便不当仅作为田猎解，其自为祭事可明。

“罝”为蜡祭，音义皆通。《周礼·秋官·叙官》：“蜡氏，下士四人，徒四十人。”郑玄《注》：“蜡，骨肉腐臭，蝇虫所蜡也。《月令》曰：掩骼埋胔，此官之职也。蜡读如狙司之狙。”陆德明《释文》：“蜡，读为狙。”蜡氏乃掌掩埋尸骨及除道路之不洁。《说文·虫部》：“蜡，蝇胆也。《周礼》蜡氏掌除胔。从虫，昔声。”段玉裁《注》：“《肉部》曰：胆，蝇乳肉中也。蜡、胆音义皆通。蝇生子为蛆，蛆者俗字，胆者正字，蜡者古字。已成为蛆，乳生之曰胆、曰蜡。蜡字，《礼记·郊特牲》借为八蜡字，李仁甫《说文》作‘蜡，年终祭名。’斯为巨谬。《本草》以蜡为水母之名。”知文献之“蜡”与从“且”得声之字互通。古音“蜡”在铎部，“且”在鱼部，阴入对转。因此以“罝”为蜡祭，在文字上是没有问题的。此其一证。

古之蜡祭，文献或作褚。《玉篇·虫部》：“蜡，与褚同，祭名也。”又《示部》：“褚，报祭也。古之腊曰褚，亦作蜡。”《周礼·夏官·罗氏》：“蜡则作罗襦。”郑玄《注》引郑司农曰：“蜡，谓十二月大祭万物也。”事实上，作为八蜡之祭名，无论“蜡”或“褚”，皆出借字，究极其本，实为以田猎获兽为义之“罝”字，此应因蜡祭与献奉猎物有关。容后再论。此其二证。

“罝”读为“蜡”，于西周金文所见文例通畅无碍。

授余通禄、康罝、纯佑。	通彔钟（《集成》64）
用祈康罝、纯鲁。	昊生钟（《集成》105）
用祈丐康罝、纯佑、绰绾、通禄。	梁其钟（《集成》188）
用追孝祈丐康罝、纯佑、通禄、永命。	颂鼎（《集成》2827）

此皆嘏辞。“康”有吉义。师器父鼎铭云：

用祈眉寿、黄耇、吉康。　　　　《集成》2727

故此康意显谓五福之康宁。《尚书·洪范》:“五福,一曰寿,二曰富,三曰康宁,四曰攸好德,五曰考终命。”伪孔《传》解“康宁”云:“无疾病。”此五福皆谓人蒙之福佑,故金文曰“吉康”。有富则安,故“康”亦训安。《尚书·文侯之命》:“惠康小民。”伪孔《传》:“康,安也。”《诗·大雅·民劳》:“汔可小康。”郑玄《笺》:“康,安也。”准此,则金文嘏辞“康罝”当读为“康祚”。《易·系辞上》:“可与酬酢。”陆德明《释文》:“酢,京作醋。”《老子》第二章:“万物作焉而不辞。”汉帛书本“作”作“昔”。《说文·齿部》:“齰,或作齚。”《尔雅·释器》:“鱼曰斫之。”《礼记·内则》:“鱼曰作之。”《淮南子·缪称》:“猿狖之捷来措。”《说林》“措”作“乍”。此皆“蜡”“祚”互通之证。金文之“蜡”本作“罝”。《诗·邶风·谷风》:“既阻我德。”《太平御览》卷八三五引《韩诗》“阻”作“诈”。《诗·大雅·荡》:“侯作侯祝。”陆德明《释文》:“作本或作诅。”孔颖达《正义》:“作,即古诅字。”《尚书·无逸》《正义》引“作”为“诅”,凡此亦皆“罝”、“祚”通用之证。上古音“祚”在铎部,与“罝”“蜡”读音相同,则“康祚”意即福祚。《国语·周语下》:“永锡祚胤。”韦昭《注》:“祚,福也。”句又见于《诗·大雅·既醉》,朱熹《集传》:“祚,福禄也。”《尔雅·释天》:“夏曰复胙。”陆德明《释文》:“本又作祚。祚,福也。”是明“康祚”之义。“祚”之为福,或源于献禽以祭之蜡。此其三证。有此三证,则知“罝”当言蜡祭,殆无疑问。

《礼记·郊特牲》具载天子之大蜡礼,文云(郑玄注):

天子大蜡八(所祭有八神也)。伊耆氏始为蜡(伊耆氏,古天子号也)。蜡也者,索也(谓求索也)。岁十二月,合聚万物而索飨之也(岁十二月,周之正数,谓建亥之月也。飨者,祭其神也。万物有功加于民者,神使为之也,祭之以报焉,造者配之也)。蜡之祭也,主先啬而祭司啬也(先啬,若神农者。司啬,后稷是也),祭百种以报啬也(啬所树蓺之功,使尽飨之),飨农及邮表畷、禽兽,仁之至,义之尽也(农,田畯也。邮表畷,谓田畯所以督约百姓于井间之处也。《诗》云:“为下国畷邮。”禽兽,服不氏所教扰猛兽也)。古之君子,使之必报之:迎猫,为其食田鼠也;迎虎,为其食田豕也。迎而祭之也(迎其神也)。祭坊与水庸,事也(水庸,沟也)。曰:“土返其宅,水归其壑,昆虫毋作,草木归其泽。”(此蜡祝辞也。若辞同,则祭同处可知矣。壑,犹坑也。昆虫暑生寒死,螟螽之属为害者也)。皮弁素服而祭。素服,以送终也。葛带、榛杖,丧杀也。蜡之祭,仁之至,义之尽也(送终、丧杀,所谓“老物”也。素服,衣裳皆素)。黄衣黄冠而祭,息田夫也(祭,谓既蜡,腊先祖五祀也。于是劳农以休息之。《论语》曰:“黄衣狐裘。”)野夫黄冠。黄冠,草服也(言祭以息民,服象其时物之色。季秋而草木黄落)。

大罗氏,天子之掌鸟兽者也,诸侯贡属焉。草笠而至,尊野服也(诸侯于蜡,使使者戴草笠贡鸟兽也。《诗》云:“彼都人士,台笠缁撮。”又曰:“其饷伊黍,其笠伊纠。”皆言野人之服也)。罗氏致鹿与女,而诏客告也。以诫诸侯,曰:“好田好女者亡其国(诏使者,使归以此告其君,所以戒之)。天子树瓜华,不敛藏之种也。”(华,果蓏也。又诏以天子树瓜蓏而已。戒诸侯以蓄藏蕴财利)八蜡以记四方(四方,方有祭也)。四方年不顺成,八蜡不通,以谨民财也(其方谷不熟,则不通于蜡焉,使民谨于用财。蜡有八者,先啬,一也。司啬,二也。农,三也。邮表畷,四也。猫虎,五也。坊,六也。水庸,七也。昆虫,八也)。顺成之方,其蜡乃通,以移民也(移之言羡也。《诗·颂·丰年》曰:“为酒为醴,烝畀祖妣,以洽百礼。”此其羡之与)。既蜡而收,民息已。故既蜡,君子不兴功(收,谓收敛积聚也。息民与蜡异,则黄衣黄冠而祭,为腊必矣)。

古礼于丰收后索八神而祭之,报其恩助,故蜡祭的实质即在于感恩。中国传统之大蜡感恩崇尚自然,体现了先民博大的宇宙关怀,可谓仁至义尽。

蜡祭有大小君臣之别,君大而臣小,文献本皆作“蜡”。其行于年终之月,而在不同岁首的历法中,年终之月的位置则大有差异。大蜡索八神而祭之,目的在于感恩丰稔,祈福送终,因此这样的祭事一定首先发生在丰收的季节,这意味着原始蜡祭所体现的制度传统一定是一年中的十二月,不仅是年终之月,而且也必须是在农作物的丰收时节，事实上，殷商历法所反映的真实情况正是如此。殷历十二月时当秋分所在之月，其既标志着农作周期的结束，同时也标志着一年的结束[③]。故大蜡应行于秋分之时，其礼旨体现的正是丰收报功。后世随着历法岁首的逐渐后移，无论周行子正而蜡在亥月，抑或从夏时建寅而蜡在丑月，都已与丰收季节远隔，在这样的历法背景下举行大蜡之祭，尽管行于年终之月的制度仍未改变，但其所体现的礼制意义却显然与时节不完全谐调了。

世传蜡祭为伊耆氏始创，伊耆氏为古天子之号，陆德明《释文》谓“或云即帝尧是也”。尧为天神[④]，显然，言蜡祭而以其为天神首创，这种思想仍然体现的是“地载万物，天垂象，取财于地，取法于天”的朴素宇宙观。

所谓蜡祭，目的即在于索求一切对农作丰稔有所帮助的神祇而报其恩助，而天子的年终大蜡则要索祭八神，这便是“合聚万物而索飨之也”。所祭之八神，郑玄以为即先啬神农、司啬后稷、田畯、邮表畷、猫虎、堤防、水庸和昆虫，王肃则以猫、虎为二而无昆虫，孙希旦《礼记集解》又以为有百种而无昆虫，孙说当是。后世有于腊月初八以百谷煮粥之习，即此祭百种制度之孑遗。是受祭之八神当为先啬、司啬、百种、农、邮表畷、禽兽、坊及水庸。其有功于农业，故无遗漏地给予报享，此大爱无疆，可以说做到了仁至义尽。

关于邮表畷，郑玄以为即田畯所以督约百姓于井间之处。孔颖达《正义》：“邮表畷者，是田畯于井间所舍之处。邮，若邮亭屋宇。表，田畔。畷，谓井畔相连畷。于此田畔相连畷之所，造此邮舍，田畯处焉。”孙希旦《集解》则谓“邮，田间庐舍也。表，田间道路，《国语》所谓‘列树以表道’也。畷，疆界相连缀也。邮表畷，谓始创庐，表道路，分疆界，以利人者也”。《说文·田部》：“畷，两百间道也。百广六尺。”[⑤]段玉裁《注》：“百者，百夫洫上之涂也。两百夫之间而有洫，洫上有涂。两千夫之间有浍，浍上有道，所谓阡也。洫横则浍纵，涂横则道纵，故道在中纵，而左右各十涂皆横，是谓两陌间道，是之谓畷。……按畷之言缀也，众涂

③ 冯时：《殷历岁首研究》，《考古学报》1990年第1期；《殷代农季与殷历历年》，《中国农史》第12卷第2期，1993年。

④ 童书业：《五行起源的讨论》，《古史辨》第五册下编，上海古籍出版社，1982年；杨宽：《中国上古史导论》，《古史辨》第七册上编，上海古籍出版社，1982年。

⑤ 此依经韵楼本，各本作“两陌间道也，广六尺”。

所缀也，于此为田畯督约百姓之处。”据此所考，知郑说似是。邮表或近桓。《说文·木部》：“桓，亭邮表也。”段玉裁《注》：“《檀弓》注曰：‘四植谓之桓。’按二植亦谓之桓，一柱上四出亦谓之桓。《汉书》：‘瘗寺门桓东。’如淳曰：‘旧亭传于四角面百步，筑土四方，有屋，屋上有柱出高丈余，有大板贯柱四出，名曰桓表。县所治夹两边各一桓，陈宋之俗言桓声如和，今犹谓之和表。师古曰：即华表也。《孝文纪》：诽谤之木。服虔曰：尧作之，桥梁交午柱。崔浩以为木贯柱四出名桓。”如淳所说之屋，其筑于阡陌间或即邮表畷。

蜡祭与腊祭统之则为一事，细别则有不同。盖蜡大而腊小，互有侧重。蜡索八神报享，腊则祭先祖五祀，蜡行于前，腊厕于后，此其大别。然蜡、腊又统谓之蜡，此又不分。故蜡实有广狭二义。

经云“黄衣黄冠而祭，息田夫也”，郑谓此祭即于既蜡之后而腊祭先祖五祀。孔颖达《正义》：“先蜡，后息民，是息民为腊，与蜡异也。”经又云：“既蜡而收，民息已。故既蜡，君子不兴功。”郑以“收”为蜡后息民之腊祭，孔颖达《正义》以“不兴功”即不兴农功。朱彬《训纂》引王引之云：“冬非务农之时，虽欲兴农功而不可得，何须言‘君子不兴功’？寻绎文义，仍谓不兴土功也。盖蜡在十月，火见而致用在十月之初，是土功兴于既蜡之前。若既蜡之后，则至十一月，不得更起土功也。《左传》‘日至而毕’，正以既蜡之不兴功也。至仲冬之月，‘命有司曰“土事毋作”’，则不兴土功在既蜡之后也。”既蜡而行腊祭，五祀得以受祭而安，故不可复兴土功，王说甚是。此狭义蜡、腊之分别。

至秦惠文王十二年（公元前 326 年），始合蜡、腊为腊，制度有所改变。《史记·秦本纪》：“惠文君……十二年，初腊。”张守节《正义》：“十二月腊日也。秦惠文王始效中国为之，故云初腊。腊禽兽以岁终祭先祖，因立此日也。《风俗通》云：‘《礼传》云：“夏曰嘉平，殷曰清祀，周曰蜡，汉改曰腊。”’《礼》曰：‘天子大蜡八，伊耆氏始为蜡。蜡者，索也。岁十二月，合聚万物而索飨之。’”知秦之腊实即周之蜡，而据《礼记·月令》的记载，秦之腊祭则是对周代索八神之蜡与祭先祖之腊的结合，并舍蜡而存腊祭之名。《月令》于孟冬十月云：

> 是月也，大饮烝。天子乃祈来年于天宗，大割祠于公社及门闾，腊先祖

> 五祀。劳农以休息之。

此实即周先蜡后腊之礼。郑玄《注》云：

> 十月农功毕，天子与其诸侯群臣饮酒于大学，以正齿位，谓之大饮，别之于他，其礼亡。今天子以燕礼，郡国以乡饮酒礼代之。烝，谓其牲体为俎也。《党正》职曰："国索鬼神而祭祀，则以礼属民而饮酒于序，以正齿位。"亦谓此时也。《诗》曰："十月涤场，朋友斯飨，曰杀羔羊。跻彼公堂，称彼兕觥，受福无疆。"是颂大饮之诗。此《周礼》所谓蜡祭也。天宗，谓日月星辰也。大割，大杀群牲割之也。腊，谓以田猎所得禽祭也。五祀，门、户、中溜、灶、行也。或言"祈年"，或言"大割"，或言"腊"，互文。

孔颖达《正义》云：

> 按《国语》曰："王公立饫，则有房烝。"此即大饮，飨礼当用房烝半体之俎，若党正饮酒，虽飨而用肴烝。故宣六年《左传》云："王享有体荐，宴有折俎，公当享，卿当宴。"是也。以上公配祭，故云"公社"。先祭社，后祭门闾，故曰及。腊，猎也，谓猎取禽兽以祭先祖、五祀。此总谓之蜡。若别言之，天宗、公社、门闾谓之蜡，其祭则皮弁、素服、葛带、榛杖。其腊先祖、五祀，谓之息民之祭，其服则黄衣黄冠。蔡邕云："夏曰清祀，殷曰嘉平，周曰蜡，秦曰腊。"按《左传》云："虞不腊矣。"是周亦有腊名也。

皆明蜡、腊之关系。据郑、孔之意，腊与大割、祈年同义而互文。腊之言猎，自无异辞。大割亦重在田猎，同即腊也。"腊"又作"臈"，本从"曷"声，古文字"害""曷"互通无别⑥。《管子·地数》："而葛卢之山发而出水。"《汉书·高帝纪》师古《注》引臣瓒曰"葛卢"作"割卢"，是"割""葛"通用之证。故"臈"名即言大

---

⑥ 高亨纂著，董治安整理：《古字通假会典》，第615页，齐鲁书社，1989年。

割。《晏子春秋·谏下四》:“景公令兵抟治,当臈,冰月之间而寒,民多冻馁,而功不成。”明以臈为腊祭,自主大割而言。而祈年之名则重在农作。

蜡祭本以田猎之物奉祀,故字本作“罝”,其礼必有大罗氏参与,正应其义。“罝”字于文献借作“蜡”,或神之而作“禬”,皆失其本义。又别作“臈”或“腊”,或见其取猎物为祭牲的传统。《玉篇·示部》:“禬,报祭也。古之腊曰禬,亦作蜡。”《广雅·释天》:“腊,[禬]也。禬,索也。夏曰清祀,殷曰嘉平,周曰大蜡,秦曰腊。”此四代腊祭之名于蔡邕《独断》卷上则作“夏曰嘉平,殷曰清祀,周曰大蜡,汉曰腊。”又《风俗通义·祀典》:“《礼传》:‘夏曰嘉平,殷曰清祀,周曰大蜡,汉改为腊。’腊者,猎也,言田猎取禽兽,以祭祀其先祖也。”今知蜡本作“罝”,其与腊皆以田猎为义,所言之祭必为一事。《左传·僖公五年》:“宫之奇以其族行,曰:虞不腊矣。”杜预《集解》:“腊,岁终祭众神之名。”知蜡之为腊,先秦已有其称,故秦惠文王仅取腊名为制,至《月令》则独作腊,是知秦之腊本即周之蜡也。

然蜡、腊之祭,学者或主两不相涉。孙希旦《礼记集解》云:

> 郑玄以蜡即腊,唐宋议礼,率用其说,于是所谓蜡也者,自日、月、星辰、社稷、四望、山林、川泽之示,羽毛鳞介之细,莫不遍及矣。夫蜡祭之曰“合聚万物”者,谓禽兽百种之属无所不祭,初不谓遍祭天地间之神示也。祭祀之礼,祭尊可以及卑,祭卑不可以及尊。蜡祭八神,而猫虎之微与焉,乃因而祭及日月星辰社稷四望,于尊者既非专诚之义,于卑者复有厌降之嫌,求诸礼意,不亦远乎!且蜡祭用疈辜,而天神用实柴槱燎,社稷、四望用血祭。蜡祭之乐,土鼓、苇籥,而天神舞《云门》,地示舞《咸池》,四望舞《大磬》,乃礼之必不可得而合者。《月令》有腊而无蜡,秦制也;《郊特牲》有蜡而无腊,周制也。《月令》历言“祈天宗,祠公社、门闾,腊先祖五祀”,而无一语及八蜡之神;《郊特牲》历言八蜡之神,而无一语及天宗、公社等之祭。二记所言,不啻风马牛之不相及,岂容牵合而指为一祭乎?

其以祭法祭乐以别蜡、腊为二祭。然孙氏所取之证皆为对天地诸神之专祀,而蜡索祭百神而合祭之，故祭法必有不同。又金鹗《求古录礼说》卷十五《蜡腊辨》考之亦详，或云：

> 《月令》为秦吕不韦所撰，多杂入秦制。秦无蜡祭，而于孟冬祈天宗，祠公社、门闾，腊先祖五祀，凡三祭，合享百神，遂劳农休息，以仿周之大蜡，而不以蜡名之。《史记·秦本纪》"惠文君十二年，初腊"，可知周本无腊，腊始于秦惠文君时。其后吕不韦撰《月令》，遂以为天子之制。后儒不察，而以为周礼，误矣。周礼孟春祈谷于上帝，仲春祭社稷，亦所以祈年，皆于本年之春行之，未有预祈于年前者也。岁终之祭，当报而不当祈，且祈年不当但祈日月星辰而不及上帝。日月从祀于圜丘南郊，又特祀于二分，六宗当祀于孟春，未闻祀于孟冬者也。……不得据此而谓蜡亦祭宗庙也。然则祈年于天宗以下三祭，非周礼明矣。郑注皆指为周之蜡祭，殊不思《郊特牲》明著八蜡之神，若蜡祭亦祭天宗、公社等神，经文何以不著乎？且经云"蜡者，索也，岁十二月，合聚万物而索享之也"，以八神有功于民，而非常祀之所及，故必索而祭之。若日月星辰社稷宗庙何待索邪？其缪甚矣。

金氏据秦惠文君十二年初腊以为腊始于秦，但这只能证明秦本无腊，却并不能证明周本无腊。鲁僖公五年（公元前 655 年）虞不腊，则明周实有腊，乃蜡之别名。待秦承周制而初行之，唯袭腊名而已，遂腊存而蜡废。故孙诒让《周礼正义》云：

> 至腊为息民之祭，与蜡同日行之，但有尊卑之别耳。通言之，腊亦得谓之蜡。其党正饮酒正齿位，即在蜡腊之日。

所说乃得其实。《周礼·春官·籥章》云：

> 籥章掌土鼓豳籥。……国祭蜡，则龡《豳颂》，击土鼓，以息老物。

郑玄《注》云：

> 故书蜡为蚕，杜子春云："蚕当为蜡。《郊特牲》曰：'天子大蜡八，伊耆氏始为蜡。岁十二月，而合聚万物而索飨之也。蜡之祭也，立先啬而祭司啬也。黄衣黄冠而祭，息田夫也。既蜡而收，民息也。'"玄谓十二月，建亥之月也。求万物而祭之者，万物助天成岁事，至此为其老而劳，乃祀而老息之，于是国亦养老焉，《月令》孟冬"劳农以休息之"是也。

孙诒让《正义》云：

> "国祭蜡"者，此祭亦通于王国及都邑也。其在民间者则礼杀，谓之腊。……周制有腊，腊即息民之祭，在蜡后而小于蜡。

狭义之腊唯祭先祖五祀，以息民为旨，自较蜡祭为简。蔡邕《月令章句》云："腊，祭名也。《周礼》国祭蜡以息老物，言因腊大执众功，休老物以祭先祖及五祀，劳农以休息之。"是蜡、腊析言则有异，统称则无别。蜡本为索八神之祭，且合聚万物而飨之，或兼腊先祖及五祀，故先蜡而后腊，此《郊特牲》之大蜡是也。而腊本不及八神之祭，但祭先祖及五祀，或也别作蜡之异名，此《左传》虞不腊是也。至秦始承周制而行腊，将蜡、腊合一而独取腊名，此《月令》孟冬大饮烝祭先祖五祀是也。汉承秦制，但蜡、腊亦时有混淆。

《月令》以蜡腊行于寅正十月，虽是为适合周正建子而于年终蜡祭的调整，但也显示了古以秋分之次月为岁首制度的孑遗。秋分决定岁首实为原始之颛顼历，这一事实不仅已通过殷商甲骨文和西周金文而得到证明⑦，而且《周易》乾、坤爻辞所体现的时间周期也显示了同样的岁首制度⑧。事实上，"岁"字本从作"步"从"戌"之形，其会意结构正反映了古人取步算至戌月而成一岁的历制传统，显然可以作为早期颛顼历以亥月确定正朔的古老制度的证据。尽管后世历

⑦ 冯时：《百年来甲骨文天文历法研究》，中国社会科学出版社，2011 年。
⑧ 冯时：《文明以止——上古的天文、思想与制度》，中国社会科学出版社，2018 年。

法的岁首时间不断后移,但蜡腊行于年终之月的古老传统却并未改变,于是十二月便称为腊月。

古人行夏之时而用寅正,致孟冬之月已不在年终,而年终丑月实际与农作季节相去甚远,于是又有以冬至后三戌日以定腊祭的原则。《说文·肉部》:"腊,冬至后三戌腊祭百神。"此腊祭百神显即蜡祭。段玉裁《注》:"腊本祭名,因呼腊月、腊日耳。《月令》'腊先祖五祀',《左传》'虞不腊矣',皆在夏正十月。腊即蜡也。……皇侃曰:'夏殷蜡在己之岁终。'皇说是也。《秦本纪》惠王十二年初腊,记秦始行周正亥月大蜡之礼也。始皇三十一年十二月更名腊曰嘉平。十二月者,丑月也。始皇始建亥,而不敢谓亥月为春正月,但谓之十月朔而已。《项羽纪》书汉之二年冬,继之以春,继之以四月,可证也。更名腊为嘉平者,改腊在丑月用夏制,因用夏名也。腊在丑月,因谓丑月为腊月。《陈胜传》书腊月是也。汉仍秦制,亦在丑月。而用戌日,则汉所独也。《风俗通》曰:'腊者,接也。新故交接,大祭以报功也。汉家火行,火衰于戌,故曰腊也。'高堂隆曰:'帝王各以其行之盛而祖,以其终而腊。火生于寅,盛于午,终于戌,故火家以午祖,以戌腊。'按必在冬至后三戌者,恐不在丑月也。郑注《月令》曰:'腊谓以田猎所得禽祭也。'《风俗通》亦曰:'腊者,猎也。'按腊以祭,故其祀以肉。"以腊日定于冬至后三戌之做法缘出火衰之由,颇昧其实,不足为据。《史记·秦始皇本纪》:"(始皇)三十一年十二月,更名腊曰'嘉平'。"司马贞《索隐》:"《广雅》曰:'夏曰清祀,殷曰嘉平,周曰大蜡,亦曰腊,秦更曰嘉平。'盖应歌谣之词而改从殷号也。"⑨"嘉平"究竟属夏属殷,文献所记不一,但夏商同用颛顼历,以秋分之次月为正月,则已得到出土文献与传世文献的印证。显然,秦改腊祭曰嘉平而行于年终十二月,当有承古溯源的意味。而始皇改于丑月行腊,必有决定行腊之日的原则,故冬至后三戌日之确定不当在汉,而应在秦。秦为水德,与戌为火衰无关。此其一证。或谓三戌之制为汉所独有,然汉初已有水火土三德之争。《史记·历书》云:汉兴,高祖"亦自以为获水德之瑞。虽明习历及张苍等,咸以为然。……故

⑨ 裴骃《史记集解》引《太原真人茅盈内纪》曰:"始皇三十一年九月庚子,盈曾祖父蒙,乃于华山之中,乘云驾龙,白日升天。先是其邑谣歌曰:'神仙得者茅初成,驾龙上升入泰清,时下玄洲戏赤城,继世而往在我盈,帝若学之腊嘉平。'始皇闻谣歌而问其故,父老具对此仙人之谣歌,劝帝求长生之术。于是始皇欣然,乃有寻仙之意,因改腊曰嘉平。"

袭秦正朔服色”。故汉初用颛顼历[⑩]。又《史记·封禅书》谓高祖斩蛇而人称其赤帝子,故色尚赤。但汉之火德不仅不可克秦之水德,反为其所克,故此说颇违五德始终之论,致刘邦又有自比黑帝之事[⑪],仍取水德。至汉文帝时,鲁人公孙臣上书,以“始秦得水德,今汉受之,推终始传,则汉当土德,土德之应黄龙见。宜改正朔,易服色,色上黄”,但张苍仍持汉为水德之说,直至三年后的文帝十五年(公元前165年),黄龙见于成纪,于是土德之说成为一时之盛。至武帝而改制,色尚黄,颁《太初历》。故汉或为土德,与戌火无涉。此其二证。若以方色论而以秦白汉赤,故汉属火德[⑫],但这种观念在汉初却并非主流,且无关武帝改制。此其三证。故传统以火德解腊必择戌日是缺乏根据的。事实上,古人独取戌日作为年终腊祭的做法,其实体现的正是原始历法以戌月作为年终之月的古老传统。后世更以腊祭固定于腊月初八。《荆楚岁时记》:“十二月八日为腊日。”其俗延及至今。

蜡祭报功而移民,劳农以休息之,故有饮酒之仪,此即《月令》之大饮烝。经言“顺成之方,其蜡乃通,以移民也。既蜡而收,民息已。故既蜡,君子不兴功”,即此之谓。郑玄读“移”为“羡”。朱彬《礼记训纂》引王念孙曰:“羡者,宽衍之意,与上‘谨民财’相对。蜡祭醉酒饱食,此先王所以羡民,故曰‘百日之蜡,一日之泽’,非使民歆羡之,谓《表记》‘衣服以移之’。彼《注》曰:‘移,读如“禾汜移”之移。移,犹广大也。’羡、移一声之转。《玉篇》‘遂,徐战反,移也’,是其例矣。”孙希旦《礼记集解》:“移,犹《表记》‘衣服以移’之移。顺成之方则通其蜡祭,盖百姓终岁勤动,恐其倦怠,使之因蜡祭而聚会饮食,所以移其厌倦之心,而予以丰饶之乐,一张一弛之道也。”所说又与旧注不同。醉酒饱食或为“移民”之本,如此则民歆羡之,一年的劳作,无外于此,故两意互为关联。辛鼎铭言“蜡用饫”,即此移民之谓。

古饮酒燕飨之礼本有饫、醧、馁三事之别。但言燕飨;醧为燕私之饮,金文作“醓”,见于叔趯父卣,所饮唯同姓,跣而上坐;饫为立成之礼,金文作“舌”,见

⑩ 《汉书·律历志上》。

⑪ 《史记·封禅书》。

⑫ 顾颉刚:《五德终始说下的政治和历史》,《古史辨》第五册,上海古籍出版社,1982年。

于史寅卣,所饮为异姓,不脱屦而升堂,且有房烝折俎。这些问题我曾有文讨论[13]。而辛鼎铭文"饫"本作"馔",又与多友同饮,故非饫礼莫属。其事所言,实即蜡祭移民而醉酒饱食。孙希旦《集解》释经"息田夫也"云:"党正祭蜡,属民饮酒,而一国之人皆若狂。黄衣黄冠而祭,谓农夫与于蜡祭之礼者,既祭则使之饮酒宴乐,以休息之也。"准此可明,辛鼎铭文所言"蜡用饫"与蜡祭之制度密合。

蜡祭饮酒,世为民俗。《世说新语·德行》:"王朗每以识度推华歆,歆蜡日,尝集子侄燕饮,王亦学之。"刘孝标《注》引晋博士张亮议曰:"蜡者,合聚百物索飨之,岁终休老息民也。腊者,祭宗庙五祀。《传》曰:'腊,接也。'祭则新旧交换也。秦汉以来,腊之明日为祝岁,古之遗语也。"此蜡而饮酒,正合鼎铭之"蜡用饫"。

古又以腊训接,其说晚出。《风俗通义·祀典》:"或曰:腊者,接也,新故交接,故大祭以报功也。"此义虽可指腊祭,但更应指腊月。腊月与新年相接,故腊月末日之夕谓之除夕,正见其除旧布新之意。上引秦汉以来以腊之明日为祝岁,"祝岁"于别本作"初岁"[14],恰有除旧布新之意。

"厥埶多友"之"埶"本作"剿",读为"埶"。"剿"即"劓"字。《说文·刀部》:"剿,刑鼻也。从刀,臬声。《易》曰:'天且剿。'劓,臬,或从鼻。""剿""臬"互通。《尚书·多方》:"尔罔不克臬。"陆德明《释文》:"马作剿。""臬"或作"槷"。《周礼·考工记·匠人》:"置槷以县。"郑玄《注》:"槷,古文臬,假借字。""槷"于金文本作"埶"[15],即树艺字。《说文·丮部》:"埶,种也。"树种必得其位,且准之以行列,故"埶"有位列之义。《礼记·礼运》:"在埶者去。"郑玄《注》:"埶,埶位也。"《荀子·儒效》:"周公无天下矣,乡有天下,今无天下,非擅也;成王乡无天下,今有天下,非夺也,变埶次序节然也。……人主用之,故埶在本朝而宜;不用,则退编百姓而悫,必为顺下矣。……埶在人上则王公之材也,在人下则社稷之臣,国君之宝也。"《荀子·强国》:"埶籍之所存。"王念孙《读书杂志》卷八云:"埶者,位也。言位在本朝也。下文曰'埶在人上',《仲尼篇》曰'埶不在人

⑬ 冯时:《致事传家与燕私礼——叔趯父器铭文所见西周制度》,《华夏考古》2018 年第 1 期。

⑭ 余嘉锡:《世说新语笺疏》,第 13 页,中华书局,1983 年。

⑮ 冯时:《文明以止——上古的天文、思想与制度》,第 133—137 页,中国社会科学出版社,2018 年。

上而羞为人下’,《正论篇》曰‘埶位至尊’,是埶与位同义。……《儒效篇》‘履天子之籍’,籍,亦位也。《正论篇》曰‘圣王之子也,有天下之后也,埶籍之所在也,天下之宗室也’,文义并与此同。”《荀子·君道》:“故明主急得其人,而暗主急得其埶。”王先谦《集解》:“埶,位也。”《荀子·正名》:“无埶列之位而可以养名。”杨倞《注》:“埶位,班列也。”皆其明证。故“厥埶多友”厕于蜡祭饫礼,实言正齿位之礼,制度吻合无间。

《周礼·地官·党正》:“国索鬼神而祭祀,则以礼属民而饮酒于序,以正齿位。壹命齿于乡里,再命齿于父族,三命而不齿。”郑玄《注》:“国索鬼神而祭祀,谓岁十二月大蜡之时,建亥之月也。正齿位者,《乡饮酒义》所谓‘六十者坐,五十者立侍。六十者三豆,七十者四豆,八十者五豆,九十者六豆’是也。必正之者,为民三时务农,将阙于礼,至此农隙而教之尊长养老,见孝弟之道也。……齿于乡里者,以年与众宾相次也。齿于父族者,父族有为宾者,以年与之相次;异姓虽有老者,居于其上。不齿者,席于尊东,所谓遵。”贾公彦《疏》:“当国索鬼神而祭祀之时,则党正属聚其民而饮酒于序学中,以行正齿位之法。当正齿位之时,民内有为一命已上,必来观礼,故须言其坐之处。云‘一命齿于乡里’者,此党正是天子之国党正,则一命亦天子之臣。若有一命之人来者,即于堂下乡里之中为齿也。云‘再命齿于父族’者,谓父族为宾,即与之为齿,年大在宾东,年小在宾西。三命而不齿者,若有三命之人来者,纵令父族为宾,亦不与之齿;若非父族,是异姓为宾,灼然不齿,位在宾东,故云不齿也。”孙诒让《正义》:“正齿位,即《王制》云‘习乡上齿’是也。《管子·八观篇》云:‘时无会同,丧烝不聚,禁罚不严,则齿长辑睦无自生矣。’此因蜡祭而行乡饮酒,即会同以明齿长教辑睦之事也。”故鼎铭“厥埶多友”当即设众宾尊卑之位。

《礼记·乡饮酒义》:“乡饮酒之礼,六十者坐,五十者立侍听政役,所以明尊长也。六十者三豆,七十者四豆,八十者五豆,九十者六豆,所以明养老也。民知尊长养老,而后乃能入孝弟。民入孝弟,出尊长养老,而后成教,成教而后国可安也。君子之所谓孝者,非家至而日见之也,合诸乡射,教之乡饮酒之礼,而孝弟之行立矣。孔子曰:‘吾观于乡,而知王道之易易也。’”郑玄《注》:“此说乡饮酒,谓《党正》‘国索鬼神而祭祀,则以礼属民而饮酒于序,以正齿位’之礼。乡,乡饮酒也。易易，谓教化之本，尊贤尚齿而已。”孔颖达《正义》：“此明党正饮酒正齿位之事。案《乡饮酒礼》宾贤能，宾介皆以年少者为之。此正齿位之礼，其宾介等皆用年老者为之，其余为众宾。宾内年六十以上，于宾席之西，南面坐；若不尽，则于介席之北，东面北上。其五十者，则立于西阶下，东面北上，示有陪侍之义，听受六十以上政事役使也。以六十者三豆至九十者六豆者，以其每十年加一豆，非正礼，故不得为笾豆偶也。其五十者亦有豆也，但二豆而已。则乡饮酒礼众宾立于堂下者，皆二豆。其宾介之豆无正文，当依众宾之年而加之也。豆是供养之物，所以明养老。立侍是陪侍之仪，故云明尊长也。民入孝弟，谓入门而能行孝弟。出尊长养老者，谓出门而能尊长养老也。以教之乡饮酒之礼，谓十月党正饮酒，是教之乡饮酒之礼。”此乡饮酒党正正齿位之事。据郑玄《周礼注》所云，“党正饮酒礼亡，以此事属于乡饮酒之义，微失少矣”。是据鼎铭或可见党正饮酒之礼，惜文简无征。

鼎铭言器主辛不仅参与蜡祭饫礼，且有正齿位之事，知其职官当即党正。正齿位旨在教民尊长养老而明孝弟，此弘德明礼之作为正与铭文前言器主以德传家的内容相呼应。

“多友僖”之“僖”本作“赘”，读为“僖”。“赘”即“赉”之异文。《尚书·汤誓》：“予其大赉汝。”刘逢禄《今古文集解》引庄云：“赉，今文或作釐。釐、赉古通。”是“漦”“来”同音，声符互换。而“漦”声与“僖”每可相通。《春秋经》“僖公”，《史记》作“釐公”。《汉书·高帝纪下》：“魏安釐王。”师古《注》：“釐，读如僖。”《说文·人部》：“僖，乐也。”此“僖”之训乐，即《管子》所谓“齿长辑睦无自生矣”，正承上文明齿长而教辑睦之事。《管子·五辅》：“和协辑睦。”《左传·僖公十五年》：“群臣辑睦。”友为同志友僚。《诗·小雅·沔水》：“邦人诸友。”孔颖达《正义》：“天子谓诸侯为友也。”此“多友”亦即“诸友”，乃谓与事之众宾。是“多友僖”正犹“群臣辑睦”，其礼明教正之谓。

齿长得正，尊卑有序，无德薄而位尊者，亦无德不配位者，各安其位，故众宾皆乐。铭文此处或尚有另层深意。众宾尚礼明德，尊者不自负，卑者不自馁，故可相互砥砺欣赏。《论语·子路》：“子路问曰：‘何如斯可谓之士矣？’子曰：‘切切偲偲，怡怡如也，可谓士矣。朋友切切偲偲，兄弟怡怡。’”朱熹《集注》引胡氏曰:“切切,恳到也。偲偲,详勉也。怡怡,和悦也。皆子路所不足,故告之。又恐其混于所施,则兄弟有贼恩之祸,朋友有善柔之损,故又别而言之。”对这两句话的解释,历代注家根据不同的异文互有差异。胡氏之说乃谓朋友之道为教告恳恻而不扬其过,劝勉详尽而不强其从,或有未安。《诗·小雅·常棣》孔颖达《正义》引郑玄《注》:“切切,劝竞貌。怡怡,谦顺貌。”皇侃《疏》引缪协云:“以为朋友不唯切磋,亦贵和谐。兄弟非但怡怡,亦须戒厉。然朋友道缺,则面朋而匿怨。兄弟道缺,则阋墙而外侮。何者?忧乐本殊,故重弊至于恨匿,将欲矫之,故云朋友切切偲偲,兄弟怡怡如也。切切偲偲,相切责之貌也。怡怡,和顺之貌也。”揆诸经义,则待诸朋友必不匿怨而友之,待诸兄弟则勿见利而忘亲,是朋友兄弟之道。准此,则鼎铭“多友僖”当亦有相切责而乐的意义。

“辛万年为人”,器主自戒其永远为人,这个命题非常重要。《说文·人部》:“人,天地之性最贵者也。”“人”字本是对人形侧视形象的写实,然而这个字为什么读音为人而不读为禽兽,却体现了古代先哲对于做人准则的深刻认识。

中国古人至少在四千年前就已在思考这样一个问题,即何以为人,人如何才能与动物相区别[16]。人需要饮食繁衍,禽兽也同样需要饮食繁衍,那么人与禽兽的区分标准究竟是什么?

先贤所确立的为人标准并不是物化的,而是重在道德的修养。《礼记·曲礼上》:“鹦鹉能言,不离飞鸟。猩猩能言,不离禽兽。今人而无礼,虽能言,不亦禽兽之心乎!”这种思想所表达的古人对于何以为人的认识非常深刻,他们并不以为凡直立行走、手脚分工、脑容量达到一定的标准,甚或可以制造工具的生物体就可以理所当然地称之为人,如果他们没有道德之心,那就仍然属于禽兽,只有那些心怀道德的人,才能成为真正的人。

古文字的“人”“儿”本为一字,只是“儿”出现的位置常在字的下部,故隶变而为“儿”形而已。《说文·儿部》:“儿,仁人也。”这一训释所表达的思想非常清楚,那就是凡有仁德之心者才可成为人,所以人之所以读音为人,其所体现的正是心怀仁德者为人的思想。《礼记·中庸》:“仁者,人也。”《孟子·尽心下》:

---

⑯ 冯时:《中国古代的天文与人文》(修订本)第四章,中国社会科学出版社,2018年。

"仁也者,人也。"朱熹《集注》:"仁者,人之所以为人之理也。"故"人"之训仁,因声而见义。西周井人钟主人名人仁,名仁而字人,即可见证这种仁人的思想。而鼎铭所记辛万年为人,其所冀望的正在于怀德而爱人,此又再次与前文以德传家的内容相呼应。

《说文・人部》:"仁,亲也。从人,从二。"《孟子・尽心上》:"亲亲,仁也。"《荀子・大略》:"仁,爱也,故亲。"仁者爱人,而非自爱自亲,故从"人"从"二"为字,强调其相亲偶的意义。由此及广,则爱天下万物者为仁。《庄子・天地》:"爱人利物之谓仁。"《太玄・玄摛》:"理生昆群兼爱之谓仁也。"《老子》第五章:"天地不仁,以万物为刍狗;圣人不仁,以百姓为刍狗。"其所强调的皆为仁之博爱。从这些思想考察器主辛的作为,其参与蜡祭为仁,因蜡祭报享一切恩助的礼旨体现的正是"仁之至,义之尽"的思想;其于饫礼正齿位为仁,因明齿长教辑睦而使民德归厚,目的正是使人知孝弟而尊长敬老,心怀道德;因此,辛之所行不仅体现于广爱天下之物的蜡祭,且又体现为广爱天下朋友的饫饮及正齿位,此皆为仁人之道,故自戒万年为人。

综上所考,可将本文要点归纳如下。

一、金文显示,西周社会崇德尚礼,郁郁乎文哉!不仅以德传家为其时之风尚,而且更能从道德和哲学的层面明确了做人的标准。这些思想精微深刻,为后世之儒家哲学所继承。

二、西周已行蜡祭,为年终报恩之大典,其作为中国传统之感恩节,所报所感之对象遍及天地神明及自然万物,足见古人宏博之宇宙观及细致的人道关怀,构成了中国文化的优秀传统。

三、古蜡祭之礼包括蜡祭、腊祭、饫饮、正齿位诸不同仪节,可据金文钩沉。礼在明德,各有所重。今唯存腊祭而变之,为古礼之孑遗而已。

2020 年 2 月 19 日据旧札写于尚朴堂

【冯　时　中国社会科学院学部委员、考古研究所研究员】

原文刊于《中国文化》2020 年 01 期

“历试诸难”与中国上古的成年礼

陈星灿

中国古代的神话与传说在多大程度上反映上古中国历史的真实面貌，是一个需要深入探讨的问题。极端信古的人视神话与传说为中国上古的历史实录；极端疑古的人又把它们当成战国甚或汉晋人的伪造，事实证明这两种态度都是不可取的。近代以来考古发现的增多和文化人类学知识的积累，为我们正确地认识中国古代神话传说旳史料价值提供了可能性，从而使一些千百年来聚讼不休的问题大白于天下。虞舜“历试诸难”是中国古代非常著名的英雄故事，它虽然讲的是虞舜一己的事情，但可能反映了中国上古社会生活的一个重要侧面——成年礼。

一、“历试诸难”的内涵

“历试诸难”的故事最初见于《尚书·尧典》：“(舜)慎徽五典，五典克从。纳于百揆，百揆时序。宾于四门，四门穆穆。纳于大麓，烈风雷雨弗迷。”《伪孔传》云：“徽，美也。五典，五常之教。揆，度也。度百事，总百官，纳舜于此官。穆穆，美也。四门，四方之门。麓，录也。纳舜，使大录万机之政，阴阳和，风雨时,各以其节,不有迷错愆伏,明舜之德合于天。”照这样的解释,只是说舜的行事合乎天意,并没有什么特别困难的地方①。但是《书序·舜典》说“虞舜侧徽,尧闻之聪明,将使嗣位,‘历试诸难’②,作《舜典》。”尽管没有说明“诸难”的具体内容,但联系上下文,所谓“历试诸难”无疑就是指上述《尧典》所记的诸事。以“诸难”名之,说明做起来并不轻松。早于《伪孔传》的《史记·五帝本纪》说“尧善之,乃使舜慎和五典,五典能从。乃遍入百官,百官时序。宾于四门,四门穆穆,诸侯远方宾客皆敬。尧使舜入山林川泽,暴风雷雨,舜行不迷,尧以为圣。”又说:“舜宾于四门,乃流四凶族,迁于四裔,以御螭魅,于是四门辟,言毋凶人也。舜入于大麓,烈风雷雨不迷,尧乃知舜之足授天下。”虽然前后对“宾于四门”的解释不同,一是说接待来宾合乎礼仪,所谓“远方宾客皆敬”,另一是说摈除凶人,所谓“四门辟,言毋凶人也”,但前后都明确无误地讲到舜能在烈风雷雨的袭击之下不迷失方向。不同的是,前者讲“舜入山林川泽”,后者讲“舜入大麓”,很显然,“大麓”就是“山林川泽”,并不是《伪孔传》所谓的“大录万机之政”。“烈风雷雨弗迷”,也不是“阴阳和,风雨时”,风调雨顺。《史记》的这两段记载,虽然略有出入,基本上可以认为是宗自《尚书》或司马迁本人对《尚书》理解。

如果我们把《尚书·尧典》和《史记·五帝本纪》的记载视为尧在禅位于舜之前舜所经历的诸种磨难,那么所谓“诸难”也就是以下四个方面:

一、慎徽五典,五典能从。(能谨慎地使五种伦理做得完善,于是五种伦理都为人民所顺从③。)应该是指舜的所为合乎集团内部传统的道德规范。

二、纳于百揆,百揆时叙。(使舜担任各种官职,各种职务都办得有条不紊。)应该是讲舜的行政能力非常之强。

三、宾于四门,四门穆穆。(使他去国都四面的城门招待宾客,四门的宾客都肃然起敬。)或者如《史记》所说“舜宾于四门,乃流四凶族,迁于四裔,以御螭魅,于是四门辟,言毋凶人也。”如前所述,虽然在理解上稍有出入,而且个中原

---

① 顾颉刚:《虞初小说回目考释》,载《顾颉刚古史论文集》,第二册,中华书局,1988年,第26—27页。顾先生说:“照这样讲,只是记舜的布政一切,顺理成章,是一个好宰相,原没有什么神奇。”

② 《伪孔传》曰:“试以治民之难事。”

③ 译文采取屈万里先生的意见。见氏著《尚书今注今译》,台湾商务印书馆,1969年,第9—10页。

因也不甚清楚，但从字面上看，大概都跟集团之间的关系有关，也许是讲舜的外交能力。

四、纳于大麓，烈风雷雨弗迷。（使他进入大山下畅茂的森林里，遇到大风大雷大雨，他也不迷路。）这一条似乎才是“尧以为圣”的真正原因，与上述三条相比，更具神话意义④。然而不被后来的学者所理解，《伪孔传》的解释就是证明。从字面上看，大概是讲舜对自然界的应变能力。

可是在有的著作中，“诸难”的内容又稍有出入。

《列女传·有虞二妃》说：“（舜）既纳于百揆，宾于四门，选于林木，入于大麓，尧试之百方，每事常谋于二女。”说明舜经历的困难远非上述四种，而且很明显的，又把这些困难的度过同尧女即舜妻娥皇、女英联系了起来。

《论衡·正说篇》曰：“夫圣人才高，未必相知也。圣成事，舜难知佞，使皋陶陈知人之法。佞难知，圣亦难别。尧之才，犹舜之知也，舜知佞，尧知圣。尧闻圣贤，四岳举之，心知其奇，而未必知其能，故言：‘我其试哉！’试之于职，妻以二女，观其夫妇之法，职治修而不废，夫道正而不僻。复令入大麓之野，而观其圣，逢烈风疾雨，终不迷惑。尧知其圣，授以天下。”把“妻以二女，观其夫妇之法”与“令入大鹿之野”诸事并举，且把“妻以二女”放在“试之于职”之后，可见“妻以二女”之事也是诸难之一种。

尧把自己的两个女儿嫁给舜的故事非常古老。《尚书·尧典》所记在“慎徽五典”诸事之前：

> 帝曰：“咨！四岳：朕在位七十载，汝能庸命，巽朕位？”岳曰：“否德忝帝位。”曰：“明明扬侧陋。”师锡帝曰：“有鳏在下，曰虞舜。”帝曰：“俞，予闻。如何？”岳曰：“瞽子。父顽，母嚚，象傲。克谐以孝烝烝，乂不格奸。”帝曰：“我其试哉。”女于时，观厥刑于二女。釐降二女于妫汭，嫔于虞。

④ 难怪顾颉刚先生说：“在烈风和雷雨的猛烈袭击之下，舜能不迷路。这颇近于仙人的试心和道士的斗法，大可作小说上的装点。”顾颉刚：《虞初小说回目考释》，载《顾颉刚古史论文集》，第二册，中华书局，1988年，第27页。

尧把二女嫁给舜，确是尧考察舜的德行的一部分内容，但舜一下子娶到帝王家的女儿，在一般人是求之不得的美事，何以是“难”呢？所以《伪孔传》才把“历试诸难”解释为“试以治民的难事”。似乎嫁二女的故事并不在“诸难”之内。王充的《论衡·吉验篇》：“尧闻征用，试之诸职。官治职修，事无废乱。使入大麓之野，虎狼不搏，蝮蛇不噬，逢烈风疾雨，行不迷惑。夫人欲杀之，不能害之；毒螫之野，禽虫不能伤。卒受帝命，践天子祚。”这里除了把舜的“行不迷惑”说得更神秘、更具体之外，又多了“夫人欲杀之，不能害之”一条。显然很可能又把舜的父亲瞽叟、后母及弟象谋害舜的故事加了进来。

上述“嫁女”与舜被人谋害的故事，《史记·五帝本纪·舜纪》记之最详。为了便于分析，我把它全部抄在下面。

> 舜父瞽叟盲，而舜母死，瞽叟更娶妻而生象，象傲。瞽叟爱后妻子，常欲杀舜，舜避逃；及有小过，则受罪。顺事父及后母弟，日以笃谨，匪有解。舜，冀州之人也，舜耕历山，渔雷泽，陶河滨，作什器于寿丘，就时于负夏。舜父瞽叟顽，母嚚，弟象傲，皆欲杀舜。舜顺适不失子道，兄弟孝慈。欲杀，不可得；即求，尝在侧。舜年二十以孝闻。三十而帝尧问可用者，四岳咸荐虞舜，曰可。于是尧乃以二女妻舜以观其内。使九男与处以观其外。舜居妫汭，内行弥谨，尧二女不敢以贵骄事舜亲戚，甚有妇道。尧九男皆益笃。舜耕历山，历山之人皆让畔；渔雷泽，雷泽上人皆让居；陶河滨，河滨器皆不苦窳。一年而所居成聚，二年成邑，三年成都。尧乃赐舜絺衣，与琴，为筑仓廪，予牛羊。瞽叟尚复欲杀之，使舜上涂廪，瞽叟从下纵火焚廪。舜乃以两笠自扞而下，去，得不死。后瞽叟又使舜穿井，舜穿井为匿空旁出。舜既入深，瞽叟与象共下土实井，舜从匿空而出，去。瞽叟、象喜，以舜为已死。象曰：“本谋者象”。象与其父母分，于是曰：“舜妻尧二女，与琴，象取之。牛羊仓廪予父母。”象乃止舜宫居，鼓其琴。舜往见之，象鄂不怿，曰：“我思舜正郁陶！”舜曰：“然，尔其庶矣！’”舜复事瞽叟爱弟弥谨。于是尧乃试舜五典百官，皆治。

应该提到的是，虽然嫁二女确为尧考验舜的一部分内容，但上述最后一句话表明，此事与“试舜以五典百官”还是有区别的，也许这只是舜从上述“焚廪”、“掩井”事件中脱险的一种铺垫，是故事演变的一种形式。

舜遭父亲、后母及弟弟谋害的故事在先秦时代即已非常流行，《孟子·万章上》记之最详。《史记·五帝本纪》基本上采取了《孟子》说法。但是《史记》的说法有几点值得注意。（一）舜的父母亲及弟象一直想谋害他，不仅在婚前，而且也发生他在与尧的女儿结婚之后，所以结婚以后的谋杀才有“瞽叟尚复欲杀之，使舜上涂廪”云云。但是结婚以后因有尧女的帮助才使舜脱离险境；婚前的谋害而没有得逞却不知是借助于何种手段。（二）舜的得救是颇具神话色彩的。因为无论是“焚廪”或是“掩井”，要想脱险都是常人难以办到的。顾颉刚先生说得好：“以两笠自扞而下，是会给人们看见的。至于从井中匿空旁出，则是别人看不到的，然而舜独自一个突然开成一条地道，终究是一件极艰难的劳动，何以他会顷刻筑成这个工程，而且有了一个出口呢？”⑤“焚廪”“掩井”事在叙述上，是在尧嫁二女之后，显然得到了尧女的帮助，然而没有明言二女在舜脱险的过程中所起的作用。倒是司马迁以后的《列女传》等书说得明白。《列女传·有虞二妃》：“瞽叟与象谋杀舜，使涂廪。舜归告二女曰：‘父母使我涂廪，我其往？’二女曰：‘往哉！’舜既涂廪，乃捐阶，瞽叟焚廪，舜往飞出。象复与父母谋，使舜浚井，格其出入，从掩，舜潜出。”显然尧女为舜的脱险立了大功，舜能如鸟和龙蛇一样“飞出”“潜出”，完全是得力于尧女的帮助。《史记正义》引《通史》及梁沈约所著《宋书·符瑞志》说得更明白，前者说是尧女使舜服“鸟工”“龙工”，后者是让舜服“鸟工衣”“龙工衣”，我们虽然不知道“鸟工”“龙工”的内容，但显然是一种神秘的力量，舜凭借着这种力量才渡过了难关。

正是由于这个故事与“逢烈风疾雨，行不迷惑”，“入大麓之野，虎狼不搏，蝮蛇不噬”的故事，同样神秘而不可思议，所以王充才把他们放在一起叙述，毫无疑问，舜的被谋害，应该是舜“历试诸难”的另外一个内容。它所表现的显然属于“谐和五典”的范畴，是中国古代最强调的礼的一个方面。“焚廪”“掩井”事大

⑤ 顾颉刚：《虞初小说回目考释》，载《顾颉刚古史论文集》，第二册，中华书局，1988年，第24—25页。

约是一个母题复合的神话,它的主体大约是一个后母型的故事。[⑥]

二、“历试诸难”是上古的成年礼

顾颉刚先生说:“舜的故事,是我国古代最大的一件故事,从东周、秦、汉直到晋唐,不知有多少万人在讲说和传播,也不知经过多少次的发展和变化,才成为一个广大的体系;其中时地的参差,毁誉的杂异,人情的变化,区域的广远,都会使人目眩心乱,捉摸不定。”[⑦]本文虽然只就几种主要古籍所记,试图理出舜在嗣位前的所谓“历试诸难”,但在“时地的参差,毁誉的杂异,人情的变化”等方面也确乎已经感到目眩心迷。

“历试诸难”的故事,在中国上古的神话传说里是舜所特有的。禹有平治洪水的故事,虽然非常困难,但远没有“历试诸难”的复杂。“历试诸难”作为一个英雄故事,我相信不是虞舜一己的故事,它应当是上古时代流行的“成年礼”仪式的集中反映,而舜只是该故事的具体体现者。

“成年礼”是在原始民族普遍存在的成人仪式。世界民族志的研究可以证明。[⑧][⑨] 中国先秦时代有烦琐的成年礼,名之为“冠礼”或“及笄礼”。[⑩] 以“冠礼”来说,根据《仪礼·士冠礼》《礼记·冠礼》,贵族男子到二十岁时,要到宗庙中由父亲主持举行冠礼。举行的仪式,主要由来宾加冠三次,初加缁布冠,再加皮弁,三加爵弁,叫作“三加”;“三加”后,经过来宾敬酒,再去见母亲。随后,再由来宾替他取“字”。接着就去见兄弟姐妹;在更换玄冠、玄端后,用手执礼品(挚),去见国君、乡大夫和乡先生。最后由主人向来宾敬酒,赠送礼品,送出宾客,算礼成。男孩在未行“冠礼”之前,作孩儿的打扮,行“冠礼”时由来宾加冠,穿上贵族的成年衣服,表示开始成为成人了。男孩原来只有父亲所取的名,行“冠礼”时

---

⑥ 陈星灿:《舜象故事的母题蠡测》,待刊。

⑦ 顾颉刚:《虞初小说回目考释》,载《顾颉刚古史论文集》,第二册,中华书局,1988 年,第 5 页。

⑧ 利普斯著、汪宁生译:《事物的起源》,四川民族出版社,1982 年。

⑨ 弗雷泽著、徐育新等译:《金枝》(上、下册),民间文艺出版社,1987 年。

⑩ 杨宽:《冠礼新探》,载氏著《古史新探》,中华书局,1965 年,第 235—255 页。

由来宾替他取“字”,“字”是贵族中“成人”尊敬的称号,也表示开始成为“成人”了。《冠义》所谓“三加弥尊,加有成也;已冠而字也,成人之道也”。《穀梁传》文公十二年说“男子二十而冠,冠而列丈夫”,都是说经过“加冠”“取字”才能进入成年人的行列,承担起成年人的责任和义务。⑪

杨宽先生很正确地指出“冠礼”是由氏族制时期的“成年礼”变化而来,⑫但是,先秦的“冠礼”尽管十分复杂,然已演变成一套纯粹的“礼”,也即“仪式”,而与原始的“成年礼”距离甚远。《礼记·典礼上》说:“人生十年就幼学,二十曰弱冠。”《礼记·内则》又说:“十年,出就外傅,居宿于外,学书计;……十有三年学乐,诵诗、舞勺;成童舞象,学射御;二十而冠,始学礼。”这由少年进入成人的过程虽然长达十年,但所受教育和训练的程式化,应是进入文明时代设立了贵族学校之后的事情,与原始的成年礼是大异其趣的。

那么原始“成年礼”应该是怎样的?纵观原始民族的成年礼,它的实用价值远远大于它的礼仪价值,几乎所有的成年礼都是一套原始教育过程。而这种教育过程在任何民族都包括双重目的:第一个目的是传授谋生的技术;第二个更重要的和更费力追求的目的是培养孩子、少年和青年男女的道德、智力和宗教意识,以便将自己和社会维系在一起。⑬

这样的例子在世界民族志中简直不胜枚举。比如古代克里克——印第安人的年轻人在成为“成人”以前,“被强迫去占烟,取柴,帮助战士们调制‘黑饮’,并执行公共场地的贱役”。而这样做的另外一个目的,据人解释是“为了刺激他们发奋,出外冒险去获取一个头皮”,或用他们的话来说,“提着头发把人头带回来”。⑭ 因为仅仅这样做了以后,他们才被当成男人。猎头是许多猎头民族“成年礼”的一个重要节目。

“成年礼”不限于男子。如赞比亚的某些部落在姑娘成年后就被送到森林里或是小屋里隔离起来。在这期间,由几位成年妇女教给他们如何做母亲的知识。期满后举行“净身”仪式,由陪伴的妇女为她洗身,用毯子包裹,送回家中。

⑪ 杨宽:《冠礼新探》,载氏著《古史新探》,中华书局,1965年,第235—236页。
⑫ 杨宽:《冠礼新探》,载氏著《古史新探》,中华书局,1965年,第235页。
⑬ 利普斯著、汪宁生译:《事物的起源》,四川民族出版社,1982年,第242页。
⑭ 利普斯著、汪宁生译:《事物的起源》,四川民族出版社,1982年。

第二天，姑娘裹毯被背到村落中心的草席上，在鼓声和观众欢呼声中，父亲用长矛挑开毯子，以表明她已成年；母亲则送一把锄头，证明她是一位劳动妇女。[15]实际上也是通过成年仪式，教给即将进入社会的年轻人生存（包括生育及劳动）的能力。

但是成年礼绝非仅仅教给年轻人应付自然界的生存能力，更多的还是教给他们道德、智力和宗教意识。瑞士科学家斯宾塞认为原始成年礼的深刻意义在于共享部落的重要食物，这些食物是生命的源泉，附托了某种神秘的力量。神仅对经过成年礼神圣仪式而获得特权的人给予食物。在从孩子过渡到成年礼这段时间，他们不允许触及一切重要食物，对他们说来，这就是禁忌。而要解除这种禁忌，就必须参加成年礼。成年礼的一系列节目包括：食物禁忌开始；死人精灵把孩子绑架而去；共享食物的准备（参加者隐居起来由精灵教给关于食物及取得食物的准则）；男孩子增强体质以进入成熟期；在代表死人的魔鬼帮助下共享食物；食物禁忌开始；参加者被接受为完全长成的人。[16]

南美洲火地岛最南端锡克兰人的成年体，最能说明年轻人接受宗教、社会准则和道德教育的过程，我们不妨抄录下来，以资参考。

仪式的过程如下：首先由该部落的老人慎挑一个日期，来解脱那些即将成人的年青一代“沉重的义务”。把本族历史上根本性的秘密显示给他们，并且授予他们随着掌握秘密而俱来的特权。对年龄并不加以限定，但需要精神上的成熟——对异性保持严肃的态度，充分的毅力；最重要的是要有保持秘密的能力。老人说：我们要看这个人是否管住自己的舌头，是否不再做孩子气的游戏，以及是否能掌握我们的手艺，如他还不符合我们的期望，就让他等下一个仪式再参加。假如他具备这些条件，他就被接受为候选者“克洛蒂克”了。

当一群“克洛蒂克”选好后，要选一个导师，即由一群参加成年礼之中年龄最大者的父亲充当。此后，由聪明人选择一个合适的地点，它必须是完全隐蔽的，最好位于森林的外缘，有一个大的草地与部落营地隔开，并要靠近盛产骆马和野鹅的海岸，能为一群人提供食物。在森林的边缘修建了小茅屋（称为哈

⑮ 晓晖：《原始民族成丁礼拾趣》，《化石》，1986 年 4 期。
⑯ 利普斯著、汪宁生译：《事物的起源》，四川民族出版社，1982 年，第 248—250 页。

因)，作为“克洛蒂克”们的家。此后他们与家庭告别，妇女们号哭起来，“克洛蒂克”全身画成红色，“由于恐惧而浑身颤抖”，由他们的领导者护送着进入“哈因”。一个戴着面具的魔鬼立即出现了，这些年轻人从小就知道他是神通广大的“绍特”。现在“绍特”向一个个“克洛蒂克”发动进攻，直至“克洛蒂克”们发出无可奈何的呼喊，前额冒汗为止。这时他们要用自己的手揭去“绍特”的面具，他们惊讶地认出原来是一个部落成员扮成的。现在知道，自己相信“绍特”是魔鬼的概念是错误的。这是使妇孺畏惧的一种聪明方法，谁要出卖这个秘密将立即被处死。

“克洛蒂克”的日常训练非常严酷，在神圣的房屋“哈因”中，每人的位置都有严格的规定，既不许说话，也不许笑，眼睛望着地上。他们只有一点点食物，几乎不允许睡觉。白天和许多夜晚在老人的领导之下翻山越岭，作长距离的行军。他们必须定期练习，增强射箭的能力，回去还要在固定的位置上静听关于“公民学”和“历史学”的教导。下列的教导是他们的主要课程:“勤勉，可以信赖，尊敬老人，服从，利他主义，乐于助人，喜爱交际和做忠实的丈夫。”之后，就要对他们揭示部落神话的秘密了。他知道了妇孺坚信为超自然力量的所有“魔鬼”，都是戴着面具身上画着红、白、黑色的部落男子打扮，其中占统治地位的是使妇女更加迷惑的女鬼“沙朋”和她的丈夫“绍特”。几个月以后，训练进入高潮，由德高望重的老人讲述锡克兰部落最神圣的秘密——起源神话。根据这一神话，以前部落是由妇女统治的，后来她们背叛了男人，男人举行起义。在起义过程中太阳、月亮、动物才变成现在这样的形象，并逃到它们现在所处的地方去。男子为了保卫自己的未来，决心创造出戴面具的魔鬼的故事，现在这些魔鬼即由男子来扮演，谁出卖这一秘密，将就地处死。但这是不需要的。锡克兰男子保持这一秘密已经若干世纪，今天依然如此。每当成年礼的最后一夜，皓月当空，那些以前的“克洛蒂克”们掌握了新的秘密，随着老人漫步从神圣小屋中走出，仪式性地走过草地，妇女们怀着畏惧远远地望着他们[17]。

可见要成为男人，除了掌握应付自然界的本领，更重要的是学会处理人际关

---

⑰ 利普斯著、汪宁生译:《事物的起源》，四川民族出版社，1982 年，第 251—254 页。

系，学习做人的准则和部落内部严格的道德规范，了解本民族的起源神话并保守秘密。而几乎所有举行成年礼仪式的部落，都以显示本部落起源神话的核心秘密作为仪式的高潮。[18] 这些在我们看来是无关紧要的种种规范在原始人却是生命攸关的。“因为一个人忽略和妄用神圣的规矩，可以危及全体的安全，这使教育成为整个集体的重要问题。大自然中的危险，无数会报复的精灵，使原始部落需要其后代保持一种恐惧的和敬神的态度，这是没有这种危险的文明社会很难理解的。”[19]

正因为“成年礼”是年轻人走向社会所必须经受的考验，所以许多“成年礼”仪式是带有强迫性质的，比如强行隔离、烟熏、禁食等等，也有的以伤害身体如磨牙、拔牙、静脉穿刺和实施割礼为内容，更有的特别强调“死亡”和“复活”的主题。[20] 比如曼旦——印第安人的成年礼仪式，其高潮是一种名叫“波克杭”的可怕的钩悬仪式。参加者的皮肤由一个祭司切割出口子，以便用钩。祭司戴着面具，很难认出他同样是人。钩上还附有沉重的水牛头骨。参加成年礼者被绳子缚在钩上举起来，悬挂在一根柱子上。他身体赤裸，手持巫术袋，钩上还系着盾牌。当悬挂完毕，便由一个随从将他旋转起来。他因旋转而虚脱，然后一个旁观者高呼：“死了！”把他弄下来放在地上。他一直躺到真的死去或苏醒过来，无人理睬。假如真的死去，被认为是“大地”带走了（这是很少发生的）；苏醒则认为是“神”使他复生。[21] 潘格威人的习俗也一样残酷。他们将隐居的“学员”置于一种特别有毒的蚂蚁（房内弄进二百窝蚂蚁）叮咬之下，并用一种有毒的植物荚毛刺出血泡。这一切都是伴随着高呼“我们杀你”进行的。隐居期间，“学员”身体赤裸，画上代表死亡的白色。他们的性器官上则盖上小的羽毛圈。他们玩一种特别的木琴，使任何有可能目击的人躲开。当最后接纳为成人时，身体便画成红色，表示“复活”的愉快和生命活力。[22]

成年礼最常见的做法之一就是假装杀死已到青春期的孩子又使他复活。比

---

⑱ 利普斯著、汪宁生译：《事物的起源》，四川民族出版社，1982 年，第 254 页。

⑲ 利普斯著、汪宁生译：《事物的起源》，四川民族出版社，1982 年，第 243 页。

⑳ 晓晖：《原始民族成丁礼拾趣》，《化石》，1986 年 4 期。

㉑ 利普斯著、汪宁生译：《事物的起源》，四川民族出版社，1982 年，第 255—256 页。

㉒ 利普斯著、汪宁生译：《事物的起源》，四川民族出版社，1982 年，第 257 页。

如澳大利亚南威尔士州的温吉部落在举行成年仪式时,要将受礼者的牙齿敲掉一个,给他另取一个新名字,表示该青年已成年。敲牙时有一种工具叫作“牛吼”(bull-roarer),转动起来能够发出很响的吼声。妇女和不经受这种仪式的人不能看到这种工具。凡经历这种仪式的青年每人都要被名为“杜仁霖”(Thuremlin)、通常称为“达拉莫伦”(Daramulun)的神秘怪物带到远处“杀死”,或者“砍”成几段,然后又使之“复活”并敲掉一颗牙齿。㉓ 在澳大利亚中部的安玛特杰拉部落里,妇女和儿童都相信是名叫“特旺伊利卡”(Twanyirika)的精怪在成年典礼中杀死青年又使之复活。当割礼仪式完成时,做父亲的就告诉这青年,他的灵魂已与远祖相连。㉔ 所以弗雷泽说:“成年礼的本质就其假装死亡和复活的现象来看可以说是人与其图腾交换生命的仪礼。”㉕

综上所述,正如利普斯所说:原始人所受的是“事实与形象”的教育,而不是文明社会的书本教育。只有经过成年礼考验的人才成为社会的真正一员。通过连续的绝食、学习、受苦和揭示部落秘密而结束其孩子阶段;通过各种考验和伤害而幸存下来;这使他们终身感到骄傲。他们则又通过同样的方式,把他们的孩子们培养成人。㉖

我们考察了世界原始部落的成年礼,就会发现舜的所谓“历试诸难”与之有许多类似的地方。(一)皆在本社会认可的可以成年的时候,举行成年礼。按照《史记·五帝本纪》说法,“舜年二十以孝闻,三十而帝尧问可用者”。“历试诸难”应该发生在“三十”岁之后。《尚书·尧典》:“有鳏在下,曰虞舜。”《大传》云:“孔子对子张曰:‘男子三十而娶,女子二十而嫁。舜父顽,母嚚,不见家室之端,故谓之鳏。’”《大戴礼·本命篇》:“中古男三十而娶,女二十而嫁,太古男五十而室,女三十而嫁。”这些进入成年的年龄显然大都是注经者的臆测而不可据信,但“历试诸难”发生在传统上认可的进入成年的“年龄”前后,同大多数“成年礼”的举行时间是契合的。

(二)皆经历了相当长的时间。与古代“冠礼”的简单仪式不同,“历试诸难”

㉓ 弗雷泽著、徐育新等译:《金枝》(上、下册),民间文艺出版社,1987 年,下册,第 979 页。
㉔ 弗雷泽著、徐育新等译:《金枝》(上、下册),民间文艺出版社,1987 年,下册,第 979 页。
㉕ 弗雷泽著、徐育新等译:《金枝》(上、下册),民间文艺出版社,1987 年,下册,第 978 页。
㉖ 利普斯著、汪宁生译:《事物的起源》,四川民族出版社,1982 年,第 241 页。

的时间长达三年。《史记·五帝本纪·尧纪》在“历试诸难”之后，尧召舜曰：“女谋事至而言可绩，三年矣。女登帝位。舜让于德不怿。正月上日，舜受终于文祖。文祖者，尧大祖也。”尧一直考察了舜三年之后，这场仪式才告结束，这也与许多原始民族的成年礼吻合。

（三）皆是对年青人进入成年进入社会之后所应具备的能力的训练。这一点在第一节已有详述。简而言之，不论是“焚廪”“掩井”，也不论是“慎徽五典”“宾于四门”“纳于百揆”，还是“暴风雷雨弗迷”，揭开其宣传德化的一面，恐怕从本质上都是对即将进入成年的年青人体质和精神的锻炼，是对他（她）们各种应付自然和人际关系能力的培养和考验。

（四）皆带有强迫的性质，使参加仪式的人经受了身体和精神上的严酷考验。如果说“慎徽五典”“宾于四门”“纳于百揆”等，经过时间的打磨和历代解经者的曲解，我们对其具体的内容已很难了解，但“纳于大麓，暴风雷雨弗迷”，确实从一个侧面反映了成年礼的“隔离”等仪式对参加者体力和智力的考验的严酷性。《孟子·万章上》说：“万章问曰：‘舜往于田，号泣于旻天，何为其号泣也？’孟子曰：‘怨慕也。’万章曰：‘父母爱之，喜而不忘；父母恶之，劳而无怨。然则舜怨乎？’”万章不明白舜到田地里去，向着天一面哭泣，一面诉苦的原因，向孟子求教，孟子解释说是一方面怨恨，一方面怀恋的缘故。万章穷追不舍，又问孟子为什么舜要怨恨，下面孟子用了好长的篇幅给舜打圆场，但除了说舜的孝行之外，好像不着边际，令人如入五里雾中。这段传说不见《尧典》和《史记》，不知所从何来，孟子本人显然也不明白舜“号泣于旻天”的原委。但是从文化人类学的角度看，这似乎正反映出成年礼过程中与父母“隔离”的情景。

（五）都表现了“死亡”和“再生”的主题。集中体现“死亡”与“再生”主题的就是“焚廪”和“掩井”之事。如前所述，这两件事都不是常人所能经受的。故事的本身当然反映了那个时代的一些史实，如龙山时代挖井吃水已经很平常，但故事本身更像是一个仪式，虽然复合了其他的母题，但用不着考证故事的真实性，因为它从根本上只是表现舜的“死亡”和“复活”。经过精神与身体的折磨，表明他的孩子阶段已经死去，再生为一个强有力的人。

（六）对成年礼的地点都有精心的选择。原始人对举行成年礼的地点的选择都很慎重。一般必须是隐蔽的,比如上述锡克兰人就把地点选在森林的边缘,有一个大的草地完全与部落住地隔开。这应该是古老民族最普遍的选择。舜"纳于大麓,暴风雷雨弗迷"。如前所述,从《史记》看,所谓"大麓"就是山林川泽,而不是所谓的"大录万机之政";然而《尚书大传·唐传》却说"尧为天子,丹朱为太子,舜为左右。尧知丹朱之不肖,必将坏其宗庙,灭其社稷,而天下同贼之。故尧推尊舜而尚之,属诸侯焉。纳之大麓之野,烈风雷雨不迷,致之以昭华之玉。"郑玄注云:"山足曰麓。麓者,录也。古者天子命大事、命诸侯,则为坛国之外,尧聚诸侯,命舜陟位居摄,致天下之事,使大录之。"在"大麓之野"尧送给舜象征王权的"昭华之玉",可见大麓之野原不是一般的山林川泽,而很可能是山林川泽的象征性场所。《论衡·正说》篇说:"尚书曰'四门穆穆,入于大麓,烈风雷雨不迷。'言大麓,三公之位也。居一公之位,大总录二公之事。众多并告,若疾风大雨。"《风俗通义》说:"尧禅舜,纳于大麓。"在汉魏人看来,大麓就是尧禅位的地方,也就是尧的祖庙——文祖。汉魏人的理解虽然不见于《尚书·尧典》和《史记》,但似乎并不是空穴来风,没有根据。如前所述,西周春秋时代的"冠礼"便是在宗庙中进行的,上古成年礼的某些仪式选择在祖庙进行,当亦不难理解。只是怎样的"宾于四门,四门穆穆",又怎样的能够"暴风雷雨弗迷",我们却不便臆测。《史记·五帝本纪·集解》引郑玄注:"文祖也,五府之大名,犹周之明堂。《索引》引《尚书帝命验》曰:"五府,五帝之庙。……唐虞谓之五府,夏谓世室,殷谓重屋,周谓明堂,皆五帝之所也。"关于明堂,《淮南子·卷八·本经训》说:"是故古者明堂之制,下之润湿弗能及,上之雾露弗能入。'四方之风'弗能袭。土事不文,木工不斫,金器不镂。衣无隅差之削,冠无觚赢之理。堂大足以周旋理文。静洁足以享上帝,礼鬼神。以示民知节俭。"提到"四方之风"弗能袭,在《淮南子·主术训》里又说:"明堂之制,有盖而无四方,风雨不能袭,寒暑不能伤。"与"入于大麓,烈风暴雨弗迷"的意思大致吻合。"文祖"或者"明堂"作为祖先宗庙所在,是举行重大礼仪活动的场所。它的神秘意义自不待言。

可以相信,祭祀祖先、讲述本民族的古史及神话传说等成年礼的仪式,都是在"大麓"或"明堂"举行的。这种仪式要求参加者守口如瓶,保守秘密,所以尽管我们通过"四方之风"不能袭,"烈风雷雨弗迷"对其神异性略有了解,但具体的过程几乎永远无法知晓了。而这样的一种神秘空间显然也与原始民族古老的临时搭起的隔离场所有所不同,已经向纯粹的仪式化迈出了一大步。

(七)仪式的完成标志着仪式参加者已经步入成年,开始承担起社会的责任和义务。舜“历试诸难”,时经三年,“受命于文祖”,代尧摄政,表示他已具有了成年人的权利。在这一点上,同其他原始民族没有什么两样。[27] 只不过舜作为传说中的上古帝王,成年即意味着可以摄行王权,成为可以治人的人,却是一般人所不能奢望的。值得注意的是,在一般原始民族中,成年礼先于婚媾,因为只有成年,才能成婚。这一点在中国古代也是如此。所谓“男子幼娶必冠,女子幼嫁必笄”(《太平御览》七百廿八引《白虎通》)就是这样的意思。但是在舜“历试诸难”的故事里,“历试诸难”故事的主体差不多都在尧嫁二女于舜之后,这似乎不好理解,其实却正反映了神话传说“时地的颠倒,人格的变化”的特性。王充《论衡·吉验篇》就把“焚廪”“浚井”事放在与尧女结婚之前;《正说篇》又把“娶以二女”放在“试之于职”之后叙述,便是例证,原是没有什么稀奇的。

总之,通过上述的比较,我们基本上可以推断舜“历试诸难”的故事,就是上古中国成年礼的一个反映。至于“历试诸难”所表现的“成年礼”与周代的“冠礼”之间的关系,“历试诸难”所以体现在虞舜一己身上的原因,却还是一个需要讨论的问题。

【陈星灿　中国社会科学院学部委员、考古研究所研究员兼所长】

原文刊于《中国文化》1995 年 02 期

---

[27] 参见莫尔根著、杨东莼等译:《古代社会》,商务印书馆,1983 年,第 69 页。

“巫祭之源”与“情俗之根”

礼的历史发源综合考

刘悦笛

提　要:礼的来源乃是多元而非一元,在这种多元来源当中,包括三个主要方面:第一,“化巫入礼”,这是从巫到祭祀之路,礼最初来自巫,但是要经由祭祀的中介,祭祀是有特定规仪的,所以化成为礼;第二,“礼源于俗”,这是从俗到仪式之路,礼恰是集体性的民俗使然,民俗是有特定规矩的,所以化成为礼;第三,“礼乐相济”,这是从乐到情感之路,由于承继了礼乐合一的远古传统,由此,礼与情也是合一的,礼本身就葆有情。本文试图把“礼源于巫”与“礼源于祭”的两种观点合而为一,化作礼之“巫祭之源”;与此同时,又试图把“礼源于俗”与“礼源于情”的两种观点合而为一,化作礼之“情俗之根”。中国礼乐文明之所以具有“情理合一”的大智慧,恰恰是源于这样的历史实情:礼来自巫术的理性化,经由了祭祀的中介,但其中亦留了情;礼来自民俗的规仪化,经过了乐的环节,但其中亦有了情,这才塑造了中国人至今具有的那种“情理结构”。

关键词:礼的发源　巫祭之源　情俗之根　化巫入礼　礼源于俗　礼乐相济

礼的发源,历代就有各种各样的说法。礼来自天,“天神生礼”曾是主流观念,所谓“礼以顺天,天之道也”(《左传》文公十五年);礼来自“圣人制作”,也曾被广为接受,"是故圣人作,为礼以教人,使人以有礼知自别于禽兽"(《礼记·曲礼》);礼是天、地、人的统一说,也是主流的一种,子产所谓:"夫礼,天之经也,地之义也,民之行也。天地之经,而民实则之"(《左传·昭公二十年》)就是如此。

如今,这些观念大都不被采纳,反而更为现实性的观点被更为接受,近代以来礼起源于祭祀(如郭沫若认为"大概礼之起起于祀神")①、礼起源于风俗(如刘师培认为"上古之时礼源于俗")②、礼起源于人情(如李安宅认为"礼的起源自于人情")③之类的说法逐渐开始位居主流,本文在此基础上,试图对礼的历史来源做一番综合考证。如今,礼之来源的多元主义观念似乎更时髦一些,以反对传统那种一元化的本质主义主张,但是,笔者也并不是持一种无限多元论,礼的来源考必定是有一定限度的。本文认为,礼的主要来源,一个就是巫与祭,另一个就是俗与情,所以我称之为礼的"巫祭之源"与"情俗之根"。

"化巫入礼":从巫到祭祀

礼的来源,在经学时代之后,近代以来最具代表性的说法,来自王国维 1918 年的《释礼》一文。国学宗师王国维从《说文》"礼,履也,所以事鬼神致福也"等解释出发,认定礼及其相关"诸字皆象二玉在器之形。古者行礼以玉","推之而奉神人之酒醴亦谓之醴,又推之而奉种人之事通谓之礼。"④另一位国学大师刘师培更认定礼就源自祭礼,他的文字考订的做法与王国维一路,"观于字从示从丰,益足证上古五礼中仅有祭礼,若冠礼、昏礼、丧礼,咸为祭礼所该",⑤由此一切古礼都来自祭,最初只有祭礼,后面诸礼都是衍生的。

与王国维仅仅考证"礼"之字源不同,刘师培又多考察了"祭"和"曲"两字,

---

① 郭沫若:《十批判书》,东方出版社 1996 年版,第 96 页。

② 刘师培:《中国近代思想家文库·刘师培卷》,中国人民大学出版社 2015 年版,第 164 页。

③ 李安宅:《〈仪礼〉与〈礼记〉之社会学的研究》,《国学小丛书》,商务印书馆 1931 年版。

④ 王国维:《观堂集林》,第 1 册,中华书局 1959 年版。

⑤ 刘师培:《古政原始论》,《中国近代思想家文库·刘师培卷》,中国人民大学出版社 2015 年版,第 156—157 页。

由此证明:“礼字从示足证古代礼制度悉该于祭礼之中,舍祭礼而外,固无所谓礼制也。若礼字从丰,亦含祭礼之义,《说文》丰字下云,行礼之器也。盖古代祭天日月星也,未制礼器,仅以手持肉而已”,⑥“祭”字,“即捧肉以祀天日月星之义也。及民知制器而祀器之品日增,《说文》曲字下云,象器曲受物之形也。”⑦由此可见,祭只是徒手供奉,礼则是用礼器供奉,曲就是举着礼器供奉的样态。

此后,“礼源于祭”的说法,曾被广为接受,从郭沫若到何炳棣皆持此说。历史学家何炳棣认定这类“礼的字源,无疑是非常精确的”,⑧并将之纳入全球视野当中,“可见中国古礼的起源论——‘返本修古’——与二十世纪西方人类学家全人类普遍性的祭礼起源及其特征的结论是完全符合的。”⑨

然而,笔者更赞同另一种说法,因为礼的更深远的来源为巫,而祭只是礼的更切近的根源。所以,礼源自巫与礼来自祭,这两个说法其实可以合二为一:礼的“巫祭之源”。

哲学家李泽厚初撰于2001年修订于2014年的《由巫到礼》一文里,则始终强调——“巫”通由“礼”,性存而体匿⑩——巫的性仍存尽管其体早已不在。李泽厚把巫的理性化分为外与内两个层面,这是共时性的解析;与此同时,又把中国传统的发展分为前后两步,这是历时性的深描。这共时解析与历时深描,其实是一而二、二而一的。

巫的外在理性化,就外化为“礼”;巫的内在理性化,就归为了“仁”。将巫化为礼的,乃是周公,制礼作乐乃是“理性化的体制建制”;⑪把礼归于仁的,则为孔子,释礼归仁则是情理化的心理建构。李泽厚归纳说,“总而言之,周公‘制礼作乐’是对原始巫术的外在理性化,孔子‘归礼于仁’则是承继周初的‘敬’‘德’而将之内在理性化了。这也就是‘由巫到礼’‘由礼归仁’,即巫的内外理性化的中

---

⑥ 刘师培:《古政原始论》,《中国近代思想家文库·刘师培卷》,中国人民大学出版社2015年版,第156页。

⑦ 刘师培:《古政原始论》,《中国近代思想家文库·刘师培卷》,中国人民大学出版社2015年版,第156页。

⑧ 何炳棣:《何炳棣思想制度史论》,联经出版公司2013年版,第155页。

⑨ 何炳棣:《何炳棣思想制度史论》,联经出版公司2013年版,第157页。

⑩ 李泽厚:《由巫到礼 释礼归仁》,三联书店2015年版,第92页。

⑪ 李泽厚:《由巫到礼 释礼归仁》,三联书店2015年版,第28页。

国传统。”[12]而且,从历史发展的角度看,“巫进入礼,以后释礼归人,其基本性格(情感性、活动性和人的主动性)仍然存在,即所谓‘性存而体匿’。”[13]李泽厚更加关注中西之间的差异,但是反对西方那种主流观点,也就是认为古代巫术化入宗教体内,由此巫也就从历史上消失了,然而,中土之巫却作为“性”而内化下来,或者说,巫的本“性”可以被保存续留下去,特别是其中的“天人合一”与“政教合一”,所以李泽厚也反对中国早已政教得以分离那种传统观念。

这就意味着,巫的理性化,实际上在中土走出了两条路,一面是礼的外在化之路,另一面则是仁的内在化之路,沟通这两个方面的中介就在于德。因而,李泽厚认为“‘德’的外在方面便演化为‘礼一’”,[14]由此我们可以补充另一句,那么德的内在化就演化为“仁”。

那么,究竟如何看待“德”介于礼与仁之间的中介功能呢?李泽厚大致梳理了历史的发展进程:周初所谓的德,“它最初也是在巫的活动中出现的一种魔力,magic force、magic power,后来成为王的行为、能耐、力量,王是大巫嘛。最后才变成内心的道德。magic force、magic power 变成 magic moral、magic character,德字里面的心是后来加上去的。原来所指巫术活动的力量,变成了一种道德、品格,这是一种带有魔力的心灵。”[15]从 magic force(魔之力量)、magic power(魔之能力),变成 magic moral(魔之道德)、magic character(魔之特质),这就是从巫到德的过程,当然其实经过了“巫的王权化”的提升,后化而成为万民的道德品格。

无独有偶,社会学家费孝通在 2001 年曾谈到,礼的神圣性主要表现为礼的内化自觉,他指出“礼是将人与人的关系神圣化”;[16]相比较而言,法是带有外在强制性的,但德则是心甘情愿的,“德是用自己的力量约束自己的,是一种比较而言,内化的自觉行为”。[17] 李泽厚说得更为明确,“巫的上天、通神的个体能耐

---

⑫ 李泽厚:《由巫到礼 释礼归仁》,三联书店 2015 年版,第 104 页。

⑬ 李泽厚:《由巫到礼 释礼归仁》,三联书店 2015 年版,第 104 页。

⑭ 李泽厚:《由巫到礼 释礼归仁》,三联书店 2015 年版,第 23 页。

⑮ 李泽厚:《由巫到礼 释礼归仁》,三联书店 2015 年版,第 100 页。

⑯ 费孝通主编:《玉魂国魂——中国古代玉器与传统文化学术讨论会文集》,北京燕山出版社 2002 年版,第 11 页。

⑰ 费孝通主编:《玉魂国魂——中国古代玉器与传统文化学术讨论会文集》,北京燕山出版社 2002 年版,第 11 页。

已变为历史使命感和社会责任感的个体情理结构，巫师的神秘已变为‘礼—仁’的神圣。这神圣不在所崇拜的对象，而就在自己现实生活的行为活动、情理结构中，这才是要点所在。”⑱有趣的是，这种观点得到了考古学家郭大顺的肯定，他以红山玉文化的“唯玉为礼”为例证，“玉与巫的密切关系由于对巫的品质在通神巫术过程中的特殊作用的认识而深化，那就是，玉器作为最早的礼器，其内涵除了作为巫者通神的工具，具有神通功能之外，也同时被赋予了巫的品质，已具有了表达各种美德的最初载体的性质”；⑲进而“‘由‘神人一体’的一个世界，导致从‘以玉通神为礼’演变到‘以玉比德’的礼，皆出自人的本心，重视的是个人修养（如儒家所倡导的修身、齐家、治国、平天下），所谓‘内圣外王’（个人修养高到可以为领袖的人格），从而使得礼从其起源始，就具备内化自觉的特性，是入世的。”⑳如果综合各家的观点，基本可以认定——“礼”自觉内化为“德”！

当然，由巫到礼，还有一个中介需要重视，那就是祭祀。宗教学家伊利亚德认定，“巫”祭祀才是“中国真正的祭祀”，然而，他清醒地看到，巫与萨满并不完全相同，因为巫“与神灵合体”，正因为这样，巫就成了人类和神之间的“中介者”。㉑ “宗法起源于祭祀。皇古之时，有一境所祀之神，有一族所祀之神。一境所祀之神即地祇之祭是也，其名为社。……一族所祀之神，即人鬼之祭是也，中国之鬼起于人鬼。其名曰宗。”㉒当时的君除了控制祭祀之权之外，“君主兼操政教之权，而祭天之权亦专属于君主一人。特上古之礼，祭礼最隆，舍祭祀而外无典礼，故礼字从示。亦舍祭祀而外无政事也。”㉓这就是笔者在解析中国文明起源的“巫史传统”根源之时，所论的中土之巫的理性化与政治化，理性化就是‘化巫为礼”，政治化则是“化巫为（王）权”。㉔ 在下一部分里，还会重点论述到祭祀

---

⑱ 李泽厚：《由巫到礼 释礼归仁》，三联书店 2015 年版，第 103 页。

⑲ 郭大顺：《郭大顺考古文集》上卷，辽宁人民出版社 2017 年版，第 212 页；第 219 页。

⑳ 郭大顺：《郭大顺考古文集》上卷，辽宁人民出版社 2017 年版，第 212 页；第 219 页。

㉑ Mircea Eliade, *Shamanism: Archaic Techniques of Ecstasy*, Princeton University Press, 1974, p.454.

㉒ 刘师培：《古政原始论》，《中国近代思想家文库 · 刘师培卷》，中国人民大学出版社 2015 年版，第 136 页。

㉓ 刘师培：《古政原始论》，《中国近代思想家文库 · 刘师培卷》，中国人民大学出版社 2015 年版，第 163—164 页。

㉔ 刘悦笛：《巫的理性化、政治化和文明化——中国文明起源的“巫史传统”试探》，《中原文化》2019 年第 2 期。

在礼形成中的历史功能,再次恕不赘言,所谓“礼有五经,莫重于祭”(《礼记·祭统》)是也。

“礼源于俗”:从俗到仪式

礼来自“俗”,较早的论述为“礼从俗”(《慎子·逸文》),后来的说法则是“礼者,因人之情而为之节文,以为民坊者也。”(《礼记·坊记》)因为“俗”,其情可考之于民心,所以荀子才认定“礼以顺人心为本”,“顺人心者,皆礼也”(《荀子·大略》)。古礼与宗法有着相应的历史关联,“宗法者,世袭制度之起源也,亦阶级自读之权舆也,故贵族平民尊卑互异……盖当世之民,上使之统于君,下使之统于宗,故宗有常尊”,㉕于是具有总发行性“礼俗”在中国便形成了。

礼,一定具有民间性的习俗来源,刘师培曾经做出“上古之时礼源于俗”的著名结论,所以“典礼变迁可以考民风之同异,故三王不袭礼”。㉖ 为了论证这种观点,他还给出了“四端”之说,也就是通过追溯冠、昏、丧、祭这四端的发源,以论证礼何以源于俗? 其一,冠礼来自俗。按照刘师培的历史解析,冠礼就要从年龄长幼谈起,“上古之时尚齿,齿之长者为大人。而大人又为居尊位之称”,㉗齿之幼者就是赤子,亦即婴儿,如今中国也是讲究依据长齿,先请长者来,从而形成“长幼有序”。刘师培采取了比较视野,比照西欧诸国,人人都有“公民之权”,而中国冠礼之起也与此相关,因为年长之人才能掌握“治民之权”,年幼之人则被归于“贱民之列”。冠礼由此获得了合理性,“冠而字之者,即尊者不名之义,成人之道者,犹言有公民之资格也。有公民之资格,即可有入仕之权,故《冠义篇》

㉕ 刘师培:《古政原始论》,《中国近代思想家文库·刘师培卷》,中国人民大学出版社 2015 年版,第 137—138 页。

㉖ 刘师培:《古政原始论》,《中国近代思想家文库·刘师培卷》,中国人民大学出版社 2015 年版,第 164 页。

㉗ 刘师培:《古政原始论》,《中国近代思想家文库·刘师培卷》,中国人民大学出版社 2015 年版,第 164 页。

又言奠费于君，言可以为人而后可以治人”，㉘乃至古人就直接以冠服来辨别贵贱，“盖冠礼既行，始区贵贱，若冠礼未行，则天子之子固与诸侯卿大夫之子无异也。即《仪礼》以‘士冠礼’名篇，士亦指年龄而言，犹言冠礼为年甫弱冠者所通行，非谓此礼定属于上士、中士、下士也”，㉙由此可见，冠礼来自于“长幼之俗”。

其二，昏礼来自俗。刘师培首先证明，古代并无婚礼，“盖太古之民，婚姻之礼未备，以女子为一国所公有”，㉚这从母系社会到早期父系社会都是如此，刘师培既提到了“一夫多妻之制”也提到了“一妻多夫之制”，早期所谓婚礼者，既有“剽掠妇女之风”，也有“买卖妇女之风”，后者在周代犹存。刘师培批判这“重男轻女之俗”，使得后代儒家“扶阳锄阴”之风得以风气，由此使得“中国女权”无法得以伸张，这就是古代之遗风使然。从昏礼之为“昏”这个词之原意而言，“其行礼必以昏者，则以上古时代用火之术尚未发明，劫妇必以昏时，所以乘妇家之不备，且使之不复辨其为谁何耳。后世相沿，浸以成俗，遂以昏礼为嘉礼之一矣。”㉛这就是一种从野蛮之风俗到文明的规仪的历史转变，由此可见，昏礼来自“抢婚之俗”。

其三，丧礼来自俗。显而易见，这与中国人的人死而为鬼的传统灵魂观念有关，更与所谓“事死如事生，事亡如事存”的礼俗相关。刘师培的历史视野还具有现代性的，“故中国古代之丧礼，皆由迷信灵魂之念而生。何则？上古之民既以灵魂为不灭，则灵魂必有所归，夫灵魂既有所归……安知彼地址制度服御，非一仿人世之制乎？”㉜所以，中国古代“招魂之礼”非常盛行，其起源也甚古，“故葬礼既终，仍行祭礼，虽视之不见听之弗闻，一若如在其上，如在其左右……即《祭

㉘ 刘师培:《古政原始论》,《中国近代思想家文库 · 刘师培卷》,中国人民大学出版社 2015 年版,第 158 页。

㉙ 刘师培:《古政原始论》,《中国近代思想家文库 · 刘师培卷》,中国人民大学出版社 2015 年版,第 158 页。

㉚ 刘师培:《古政原始论》,《中国近代思想家文库 · 刘师培卷》,中国人民大学出版社 2015 年版,第 158—159 页。

㉛ 刘师培:《古政原始论》,《中国近代思想家文库 · 刘师培卷》,中国人民大学出版社 2015 年版,第 160 页。

㉜ 刘师培:《古政原始论》,《中国近代思想家文库 · 刘师培卷》,中国人民大学出版社 2015 年版,第 160 页。

义》所谓庶或飨之,《祭统》所谓交于神明也”。[33] 中国古代著名的“三年之丧”,后来成为“天下之达丧”,就是随着这样达礼俗而逐渐形成主流,而且其中的礼数变得非常繁复,从而“因人之隋为之节文”,由此可见,丧礼来自“祭奠之俗”。

其四,祭礼来自俗。在三代之前,古人达祭礼不外乎“天神”“地祇”“人鬼”三端,刘师培更感兴趣的乃是这三种祭礼的顺序到底是什么?他认为依据上古人民的思想推之,“先祀人鬼,续祀地示,继祀天神”,[34]这又是为什么呢?理由有三:第一,“古人之观念尚属简单,见夫众生必死,又疑死者之有知或未必果死也,而人鬼之祀而立”,[35]因为鬼与人最为切近,“盖祀先之礼为一切宗教所由生,此祭礼所由始于人鬼也”[36];第二,“人鬼者,一族所祀之神也,若威信著于一方,及其死也,则合一境之民以祀之,是为社神,即地祇之权舆也”,[37]也就是说,“社神”原由乃是将个人所祀先祖合而为一地域而成;第三,“又上古人民知有母不知有父,及女统易为男统,以先祖所自出不明,乃托为无父而生之说,又创感天生子之言,而天祖并崇,用以谛礼”,[38]由此方生古圣感天而生之类的观念。一般而言,天神为祀,地神为祭,人鬼曰享,由此可见,祭礼来自“鬼神之俗”。

概而言之,冠、昏、丧、祭之四礼之端,咸源于俗,冠礼来自“长幼之俗”,昏礼来自“抢婚之俗”,丧礼来自“祭奠之俗”,而祭礼则来自“鬼神之俗”。这就意味着,神圣性俗化为礼之时,也需要一种复杂的中介环节得以实现,其中俗要化成一种“仪式化”的活动,进而才能成为既具有规约性又具有自觉性的礼。

如今考古学的证据,越来越能为“礼源于俗”提供支撑。红山文化以动物形玉器为主要通神工具,而良渚文化则以玉琮为主要通神工具,这两种文化恰恰形

---

[33] 刘师培:《古政原始论》,《中国近代思想家文库 · 刘师培卷》,中国人民大学出版社 2015 年版,第 161 页。

[34] 刘师培:《古政原始论》,《中国近代思想家文库 · 刘师培卷》,中国人民大学出版社 2015 年版,第 161 页。

[35] 刘师培:《古政原始论》,《中国近代思想家文库 · 刘师培卷》,中国人民大学出版社 2015 年版,第 161—162 页。

[36] 刘师培:《古政原始论》,《中国近代思想家文库 · 刘师培卷》,中国人民大学出版社 2015 年版,第 162 页。

[37] 刘师培:《古政原始论》,《中国近代思想家文库 · 刘师培卷》,中国人民大学出版社 2015 年版,第 162 页。

[38] 刘师培:《古政原始论》,《中国近代思想家文库 · 刘师培卷》,中国人民大学出版社 2015 年版,第 162 页。

成了史前中国北方与南部两大玉文化中心。考古学家郭大顺就此认为，“红山文化和良渚文化以玉通神为礼的过程，不仅表明礼与祭祀关系密切，而且是礼在巫术祭祀中起源的最有力的证明”，[39]“这样，‘礼源于俗’从史前考古中得到的实证，不仅在于通神的巫术礼仪，而且有玉器作为载体，从而使‘巫史传统’找到根基与延续的脉络”，[40]显然，致力于红山文化考古的郭大顺赞同李泽厚的历史假想，用史前考古学的实证，证明了巫史传统的存在，并试图由此找到中土之礼的来源。总体而言，中国历史上思想的重大历史转变，就是从上古时代重视“人与神的关系”转变到西周以后注重“人与人的关系”，考古学家更多称前者为“通神观念”，后者为“礼德观念”。

礼与德，这是内在化关联，这仍是“礼德”；而礼与制，则是外在化联系，这就是“礼制”。还有考古学家利用夏商周三代的考古成果，试图去探求中国古代礼制文明发展的大体脉络。新石器时代初期，中土的祭祀性遗址规模较小，祭祀工具也相对简单；但是到了新石器时代后期，祭祀遗址规模变得非常庞大，祭祀法器也集中在大型墓葬当中，考古学家认为这就形成了“神权国家”。然而，历史继续发展，“夏商周三代之所以用礼来治理国家，形成一种独特的礼制社会，是因为这种礼具有一定的约束性、权威性的特质，三代的统治者正是利用这种礼的特质制定了礼仪制度，来维护统治秩序的。而一般的礼俗、人情、礼尚往来等，没有产生约束性、权威性的性质，只有古代的神权和祖权才具有。而这种神权和祖权的权威性，是原始先民在长期与自然界、与各族权的奋斗中，通过祭祀的形式逐渐树立起来的。从这一角度讲，礼源于祭祀，只是说对了一半，如果没有三代统治者将祭祀中逐渐形成的神权用在对国家的治理上，也不会形成三代独特的礼制性社会。”[41]这种外在化的分析有其考古学的大量依据，但却毕竟是为后话，三代之礼毕竟不同于原始先民所用所施之礼，本文更多考察的是礼的来源，而非礼的演变，但礼具有内在双重功能，却是毋庸置疑的，且一直延续至今。

关于礼的来源，荀子曾有著名的三本论：“礼有三本：天地者，生之本也；先

---

[39] 郭大顺：《郭大顺考古文集》上卷，辽宁人民出版社 2017 年版，第 207 页。

[40] 郭大顺：《郭大顺考古文集》上卷，辽宁人民出版社 2017 年版，第 207 页。

[41] 高崇文：《古礼足征——礼制文化的考古学研究》，上海古籍出版社 2017 年版，第 4 页。

祖者，类之本也；君师者，治之本也”（《荀子·礼论》），还有一种说法，“天地者”改为“性之本也”，“故礼上事天，下事地，宗事祖先，而宠君师，是礼之三本也”（《大戴礼记·礼三本》）。所谓“礼之三本”，“实际上明确地指出了中国古代礼制发展的大体脉络及特质。礼起源于天地诸神及祖先神的祭祀，国家产生后，统治者借助天地神和祖先神来维护统治，将对天地神、祖先神的祭祀与政权统治紧密结合，制定了维护统治秩序的礼仪制度，成为了三代王朝‘经国家、定社稷、序民人、利后嗣’的治国安邦根本之策，这就形成了夏商周三代独特的礼制性社会。”[42]显然，起源乃是祭祀，无论将之说成“生之本”还是“性之本”，而后出现的那种“以神制民”和“以礼来治”都是礼向外在的历史发展。

“礼乐相济”：从乐到情感

礼与乐的历史渊源，在礼的来源考察中，往往被忽视，这就会忽略中国文明的感性的维度。在全面而综合考察礼的历史源泉之时，必须重视这个过去往往被忽视的方面，也就是“礼乐合一”的远古大传统。

礼的节奏、韵律和美感，就是乐的一面赋予的，礼并不是干瘪的规仪，而是理性与感性始终为一的。这就意味着，“礼乐相济”的远古传统当中，礼与理相伴，乐与情相系，“乐也者，情之不可变者也。礼也者，理之不可易者也。乐统同，礼辨异，礼乐之说，管乎人情矣。穷本知变，乐之情也，著诚去伪，礼之经也”（《礼记·乐记》），礼的功能是辨异，乐的功能则是统合，二者相辅相成并本位同根。

简而言之，乐就是和谐，礼则是秩序，这和谐与秩序的统一，才是中华礼乐文明的真谛，礼本身也是含情的，否则就无法与乐通，所以谈到礼的起源，一定是与乐搭配而来的。根据美学家朱光潜的解析：“乐的精神”是“和”“静”“乐”“仁”“爱”“道志”，“情之不可变”；“礼的精神”则是“序”“节”“中”“文”“理”“义”

---

[42] 高崇文：《古礼足征——礼制文化的考古学研究》，上海古籍出版社 2017 年版，第 11 页。

“敬”、“节事”,“理之不可易”,“乐主和,礼主敬,内能和而后外能敬……合乎情然后当于理。乐是内涵,礼是外观,和顺积中,而英华发外”,[43]这无疑抓住了礼乐合一的本色。

远古中国有着诗、乐、舞合一的审美传统,在古人审美活动初期,人的眼、耳、嘴、手臂、脚腿、躯体之间并没有后来那样的明确“分工”。《毛诗正义·诗大序》曰:“言之不足,故嗟叹之;嗟叹之不足,故咏歌之;永歌之不足,不知手之舞之、足之蹈之也”。在人们的尽兴状态之下,如果言不足以尽兴,那么就嗟叹;如果嗟叹还是不够,那么就唱歌;就连歌唱也不能完全表达自己的情绪,那么,就不如“手舞足蹈”去吧。可见,在这种高峰体验之中,诗(歌词)、乐(配乐)、舞(身体表演)是密不可分的,此时的“乐”也是集诗、歌、舞、美术(如服装、布景等)于一身,而与这一整体相随的则是审美意义上的“龢”。

所谓“龢乐如一”(《礼记·乐记》),就是这个多元整合的意思,乐在其中起到了至关重要的调和功用。与此同时,乐与舞不分,与作为语言的审美发出的诗亦不分。从词源上说,“巫”与“舞”这两个字,本身就具有接近性和一定的关联性。巫者,往往也是舞者,也就是通过一定的身体语言来进行叙事,当然在原始巫术仪式当中,一定伴着舞蹈与祭辞同生。甚至有论者认为,“文字的缔造者应该就是远古时代的巫师。在原始时代,普通人对文字的要求并不迫切。但巫师在祭祀、占卜和巫术等活动中,经常与记事发生关系,他们为了记录氏族谱系、氏族的历史、天文历法等,就迫切需要有一种记事符号或文字,因此巫教与文字结下了天然的联系。巫师在文字的发明、传播和改进等活动中,有不可忽视的作用。”[44]这种文字产生与巫史传统的关联,的确值得进一步研究。

如果从结绳记事开始谈起,“夫结绳之为物,虽与文字不同,然实含有文字之性质。原先民之造书契,特以为思想及事物之记号而已,而结绳之制,亦思想及事物之记号也。故结绳虽非真正之文字,而文字之作用已寓其中;盖原人之初,短于未来之观念,不特无所需于文字,无所需于结绳,及智识稍开,不徒知计现在,而又知计未来,于是借物记事之观念,始以发生。借结绳以记事,借文字以

㊸ 朱光潜:《乐的精神与礼的精神》,《思想与时代月刊》第 7 期,1942 年 2 月。

㊹ 宋兆麟:《巫与祭司》,商务印书馆 2013 年版,第 244 页。

记事，物象虽殊，而观念则一。”[45]显然，其中就有两个要点：其一，记事是为了未来，有了时间观念；其二，记事就是要化为观念，记的是观念，结绳只是观念的化身。文字的发生，也许不仅与“史的传统”有着直接关联，大概洛书河图就是结绳记事的一种结果而已，而且也同诗乐舞合一的“巫的传统”有着一定的关系。

乐，作为礼乐合一传统当中的不可或缺的独当一面，深层与人之情内在贯通。如所周知，喜乐之“乐”与音乐之“乐”，在中文当中就是同一个古词“乐”。于是乎，“夫乐者乐也，人情之所不能免也。乐必发于声音，形于动静，人之道也。声音动静，性术之变，尽于此类”（《礼记·乐记》）。这意思就是说，乐也就是人情之乐，人要乐就借声音来表达，假动作来表述，这是人之常情也。与此同时，礼的起源也与人情内在紧密相关，台湾学者周何在《礼学概论》当中，概括论礼的起源的过去几种说法：第一，起源于节制欲望，第二，起于适应人情；第三，起于政教要求；第四，起于社会需要；第五，起于圣人制作。[46] 文献根据大都是来自《礼记》及《荀子·礼论》诸篇，其中，第三条是政治化的，产生应更为晚近；第五条也是古人臆测，礼与乐一定是集体制作的产物。但是无论礼是为了节制情欲，还是处于社会需求而节情，或者直接起源于人情，实际上皆不离于人之情。

无论怎么说，礼终缘于人情，所谓“礼者，因人之情，缘义之理，而为之节文者也”（《管子·心术上》）；乐终发于人情，“故乐者，天地之齐，中和之纪，人情之所不能免也”（《礼记·乐记》）。情的重要性，从“三年之丧”的人情解析当中足可得见，这一种特殊状态下的特殊情感，但是却具有一定的人之为人的普遍性，“三年之丧何也？曰：称情而立文”（《礼记·三年问》），“此孝子之志也，人情之实也，礼义之经也，非从天降也，非从地出也，人情而已矣”（《礼记·问丧》），由此足可见，礼不过是人情一种产物，发自于人情而又节制人情。

于是，礼乐合一的悠久传统，随着礼乐都植根于情，最终转化为礼与情的合一。因为音乐之乐，毕竟是一种外在的审美形式，而内在的深情则是直接与礼相

---

[45] 吴贯因：《中国文字之起源及其变迁》，商务印书馆 1929 年版，第 4—5 页。

[46] 周何：《礼学概论》，台湾三民书局 1998 年版，第 1—2 页。

匹配的。近代儒家梁漱溟解析得深刻："情感动于衷而形著于外，斯则礼乐仪文之所从出，而为其内容本质者。儒家极重礼乐仪文，盖谓其能从外而内，以诱发涵养乎情感者。必情感敦厚深醇，有抒发、有节蓄，喜怒哀乐不失中和，而后人生意味绵永乃自然稳定"，[47]真可谓"情深而文明"！

"情深而文明"这句话，本出自《礼记·乐记》："情深而文明，气盛而化神，和顺积中而英华发外，唯乐不可以为伪"。《礼记》本意是说"情"发于极深的生命根源，当它勃发出来使生命充实就会"气盛而化神"，从而流溢出"乐"的节奏形式。当这句话再度现身在《史记·乐书》当中，则转化为"是故情深而文明，正义德为性本，故曰情深也"，它的基本内涵就指向了人文化的实践，所谓"乐为德华，故云文明"是也。只有"情深"方可"文明"，"情"的实施，乃是儒家之美善得以形成的内在动因，由此才能进行"成人"的文明化的践行，就是礼与情的为一。

简单的结论："巫祭之源"与"情俗之根"

综上所述，本文通过对礼的来源问题的综合考，得出这样的结论，礼的来源并不是一元的而是多元的，在这种多元来源当中，包括三个主要方面：第一，"化巫入礼"，这是从巫到祭祀之路，礼最初来自巫，但是要经由祭祀的中介，祭祀是有特定规仪的，所以化成为礼；第二，"礼源于俗"，这是从俗到仪式之路，礼恰是集体性的民俗使然，民俗是有特定规矩的，所以化成为礼；第三，"礼乐相济"，这是从乐到情感之路，由于承继了礼乐合一的远古传统，由此，礼与情也是合一的，礼本身就葆有情。

由此，笔者试图把"礼源于巫"与"礼源于祭"的两种观点合而为一，化作礼之"巫祭之源"；与此同时，又试图把"礼源于俗"与"礼源于情"的两种观点合而为一，化作礼之"情俗之根"。事实上，祭祀与礼乐也是相互关联的，日本汉学家

---

[47] 梁漱溟：《儒佛异同论》，《中国文化与中国哲学》，东方出版社1986年版，第441页。

小岛祐马在 1941 年发表的《中国古代的祭祀与礼乐》一文较早确定了以“祭祀与中心的政治”与礼乐之间的内在紧密关联。[48] 同时，祭祀与民俗也是内在相关，民俗与礼乐规范的传承之间也产生了历史性的关联。中国礼乐文明之所以具有“情理合一”的大智慧，恰恰是源于这样的历史实情：礼来自巫术的理性化，经由了祭祀的中介，但其中亦留了情；礼来自民俗的规仪化，经过了乐的环节，但其中亦有了情，这才塑造了中国人至今具有的那种“情理结构”！

【刘悦笛　中国社会科学院哲学研究所研究员】

原文刊于《中国文化》2019 年 01 期

㊽　小岛祐马：《古代中国研究》，平凡社 1988 年版，第 39 页。

舜象故事的母题蠡测

陈星灿

舜象故事①最早见诸《尚书·尧典》。经先秦诸子比如《孟子》和稍后的《史记》的传播,到了魏晋已经是家喻户晓,以至于在北魏司马金龙墓出土的屏风上差不多描绘着这个故事的完整画面②。历代的研究者或着眼于这个故事的道德解释,如《孟子》,或致力于调和故事本身不易被人理解的矛盾,如《论衡》,到了现代则有人从社会发展史的角度,从财产私有制度的观念加以说明③,所以顾颉刚先生说:"舜的故事,是我国古代最大的一件故事。"④从故事的角度看,舜象故事则是其中最引人入胜的一段。本文受民俗学研究的启发,对舜象故事的母题作一蠡测,敬请识者教正。

一

如前所述,舜象故事最早见于《尚书·尧典》:"帝曰:'咨!四岳:朕在位七

① 过去尚没有这种提法,本文之所以以此为题,一是便于归纳,二是为了与同型故事比较。
② 山西省大同市博物馆等:《山西大同石家寨北魏司马金龙墓》,见《文物》1973 年 3 期。
③ 孙作云:《天问研究》,中华书局,1989 年,第 185 页。
④ 顾颉刚:《虞初小说回目考释》,《顾颉刚古史论文集》(第二集),中华书局,1988 年,第 5 页。

十载,汝能庸命,巽朕位? 岳曰:‘否德忝帝位。’曰:‘明明扬侧陋。’师锡帝曰:‘有鳏在下,曰虞舜。’帝曰:‘俞,予闻。如何?’岳曰:‘瞽子。父顽,母嚚,象傲。克谐以孝烝烝,乂不格奸。’帝曰:‘我其试哉。’女于时,观厥刑于二女。釐降二女于妫汭,嫔于虞。”这段话的意思是说帝尧年老的时候,询问四岳(四位诸侯首长)[⑤]谁可以代他为帝。四岳推荐了虞舜。尧接受了四岳的推荐,决定先把舜考验一番。于是把自己的两个女儿嫁给舜,借着自己的两个女儿来观察舜的德行。在这里,除了说明民间有一个鳏夫所谓“有鳏在下,曰虞舜”,交代了舜的名字及出身以外,关于舜和象的故事也就短短的十几个字:“瞽子。父顽,母嚚,象傲。克谐以孝烝烝,乂不格奸”。用现代的话说就是:舜是盲人的儿子。舜的父亲很糊涂,母亲谈吐荒谬,弟弟名叫象的又傲慢无礼;而他能够处得非常和谐,很美满地尽了孝道,能修身自治而感化那些邪恶的人[⑥]。至于父亲如何的“顽”,母亲如何的“嚚”,弟弟又如何的“傲”,《尧典》却只字不提,作为故事似乎省略了主要的情节。

先秦时代对舜象故事记述最详的是《孟子》。《万章章句上》:“父母使舜完廪,捐阶,瞽叟焚廪。使浚井,出,从而掩之。象曰:‘谟盖都君咸我绩,牛羊父母,仓廪父母,干戈朕,琴朕,弤朕,二嫂使治朕栖?’象往入舜宫,舜在床琴。象曰:‘郁陶思君尔。’忸怩。舜曰:‘惟兹臣庶,汝其于予治。’不识舜不知象之将杀己与?”这段故事很精彩,虽然不知从何而来,但除了没有提及舜的后母如何“嚚”之外,整个段落,似乎是对《尧典》的补充。舜父的“顽”和弟象的“傲”通过“完廪”和“浚井”二事得到了体现。

《孟子》的记载虽然较《尧典》详细,但并没有说明在焚廪时舜是怎样跳下来的,在掩井的时候又是如何钻出来的。所以顾颉刚先生评论说:“这如果不是活见鬼,便是舜具有《封神榜》上土行孙的本领。”[⑦]这个矛盾在司马迁的《史记》里得到了部分的弥合。《史记·五帝本纪》:“尧乃赐舜絺衣,与琴,为筑仓廪,予牛羊。瞽叟尚复欲杀之,使舜上涂廪,瞽叟从下纵火焚廪。舜乃以两笠自扞而下,去,得不死。后瞽叟又使舜穿井,舜穿井为匿空旁出。舜既入深,瞽叟与象共下

⑤ 屈万里:《尚书今注今译》,台北商务印书馆,1969 年,第 7 页。
⑥ 屈万里:《尚书今注今译》,台北商务印书馆,1969 年,第 9 页。
⑦ 顾颉刚:《虞初小说回目考释》,《顾颉刚古史论文集》(第二集),中华书局,1988 年,第 5 页。

土实井，舜从匿空出，去。瞽叟、象喜，以舜为已死。象曰：'本谋者象'，象与其父母分，于是曰：'舜妻尧二女，与琴，象取之。牛羊仓廪予父母。'象乃止舜宫居，鼓其琴。舜往见之。象愕不怿，曰：'我思舜正郁陶！'舜曰：'然，尔其庶矣！'舜复事瞽叟爱弟弥谨。"[⑧]舜的得救，自是他预有准备的结果，但又似乎与尧有关。因为在此之前，尧不仅赐给舜絺衣、琴和牛羊，而且还"以二女妻舜以观其内，使九男与处以观其外"。[⑨] 一句话，舜已不是普通人，而"以二笠自扞而下"，"穿井为匿空旁出"，也似乎非普通人所能为[⑩]。《五帝本纪》的这段记载，基本上同于《孟子》。不过，整个舜象的故事还是以《五帝本纪》记之最详。

关于舜的家世，《五帝本纪》说："虞舜者，名曰重华。重华父曰瞽叟，瞽叟父曰桥牛，桥牛父曰句望，句望父曰敬康，敬康父曰穷蝉，穷蝉父曰帝颛顼，颛顼父曰昌意；以至舜七世矣。自从穷蝉以至帝舜，皆微为庶人。舜父瞽叟盲，而舜母死，瞽叟更娶妻而生象，象傲。瞽爱后妻子，常欲杀舜，舜避逃；及有小过，则受罪。顺事父及后母与弟，日以笃谨，匪有解。""舜父瞽叟顽，母嚚，弟象傲，皆欲杀舜。舜顺适不失子道，兄弟孝慈。欲杀不可得；即求，尝在侧。"关于舜的家世，司马迁应该另有所本，但是关于"父顽，母嚚，象傲"的话，显然还是从《尧典》而来。因为这些都是遇尧以前的事情，所以在"完廪""浚井"的一段，才说是"瞽叟尚复欲杀之"。说明直到尧把二女嫁给舜，舜父及弟象仍不肯放过舜。只是在"完廪""浚井"之前，舜如何逃避舜父、后母及弟象的谋害，使其"欲杀不可得"，却变成了一个谜。所以我颇怀疑，所谓"完廪""浚井"的故事仍是"父顽""母嚚""弟傲"的注脚，在这一点上司马迁并不比《孟子》看到的材料多。但是这样一来，就又发生了矛盾。设若如《孟子》和《史记》所说，"捐阶""掩井"之事发生在尧妻二女于舜之后，那么，舜既得到王家的女儿，又得到了帝尧的宠信，为什么他的父亲及弟弟竟敢屡次谋害他[⑪]？这个矛盾到了王充的《论衡·吉验篇》得到了调和："舜未逢尧，鳏在侧陋。

---

⑧ 《史记》的结尾与《孟子》异趣，一个是舜鼓琴，一个是象鼓琴，这正是故事变异的特性，不排除司马迁另有所本。

⑨ "九男"之事不见于《尧典》。赵岐《孟子·万章篇》云："孟子时，《尚书》凡百二十篇。逸《书》有舜典之叙，亡失之文。《孟子》诸所言舜事，皆《尧典》及逸《书》所载。"

⑩ 顾颉刚：《虞初小说回目考释》，《顾颉刚古史论文集》（第二集），中华书局，1988 年，第 24—25 页。

⑪ 顾颉刚：《虞初小说回目考释》，《顾颉刚古史论文集》（第二集），中华书局，1988 年，第 25 页。

瞽叟与象欲谋杀之,使之完廪,火燔其下;令之浚井,土掩其上。舜得下廪,不被火灾;穿井旁出,不触土害。尧闻,征用。"把这两件谋杀事件放在了结识尧之前。这倒是与上述《史记》在舜娶尧女之前,其父、后母及弟"皆欲杀舜"的记载暗合,不过舜是如何"不被火灾""不触土害",而脱离了险境,《论衡》却没有提及。

如前所述,舜的脱险过程虽然在《史记》中得到了解释,但困难的程度似乎非常人所能解决,而应该是同尧的一家的帮助分不开的。《古列女传》云:"瞽叟与象谋杀舜,使涂廪。舜归告二女曰:'父母使我涂廪,我其往?二女曰:'往哉。'舜既治廪,乃捐阶,瞽叟焚廪,舜往飞出。象复与父母谋,使舜浚井。舜乃告二女,二女曰:'俞,往哉!'舜往浚井,格其出入,从掩,舜潜出。"可以知道,舜的得救,明显得到了尧女的帮助,至于舜如何"飞出""潜出",则没有交代。

《史记正义》引《通史》云:"瞽叟使舜滌廪,舜告尧二女。女曰:'时其焚汝!鹊汝衣裳,鸟工往!'舜既登廪,得免去也。舜穿井,又告二女。女曰:'去汝裳衣,龙工往!'入井,瞽叟与象下土实井,舜从他井出去也。"这里说得比较具体,大概是因二女而得到"鸟"与"龙"的帮助,但何为"鸟工""龙工",却并未言明⑫。

《宋书·符瑞志》云:"舜父母憎舜,使其涂廪,自下焚之。舜服鸟工衣服飞去。又使浚井,自上填之以石,舜服龙工衣自旁而出。""鸟工"原来是鸟工衣服,"龙工"原来是龙工衣服。虽未言得二女之助,但这只是故事叙述的一种简体⑬。舜之得救,不仅同尧女,也同鸟和龙等神异动物发生了联系⑭。

舜是得救了,但是舜象的故事并未完结。关于谋害舜的瞽叟、后母及象,在故事中的结局并不一样。《孟子·万章上》说舜父瞽叟:"为天子父,尊之至也。以天下养,养之至也。"似乎根本就没有谋害过舜,舜更没有把这件事放在心里。《史记》也说"舜之践帝位,载天子旗,往朝父瞽叟,夔夔唯谨,如子道"。但是谋害舜的后母的下场,却几乎不见记载。

《史记》对舜象事记载最详,曾两次提及后母谋杀舜,但故事末尾虽一一提到瞽叟及象的结局,却只字不提后母。这大概不会是先秦古籍或口传没有记述,

⑫ 顾颉刚:《虞初小说回目考释》,《顾颉刚古史论文集》(第二集),中华书局,1988年,第26页。

⑬ 《通史》为梁武帝所作,见《隋书·经籍志》,今佚。与《宋书》作于一个时代,当是一个故事的二个版本。

⑭ 《史记·五帝本纪·集解》引刘熙曰:"舜以权谋自免,亦大圣有神人之助也。"

可能的解释我推测应该是大舜当权以后，把后母给处置了。至于处置的方式，无论是诛杀或者是流放，都是先秦儒家不愿意承认的，所以也就略去不述了。这一点推测可从舜对其父亲及弟弟的处理上得以证实。《孟子·万章上》：万章问曰："象日以杀舜为事，立为天子则放之，何也？"孟子曰："封之也，或曰，放焉。"万章曰："……象至不仁，封之有庳。有庳之人奚罪焉？仁人固如是乎——在他人则诛之，在弟则封之？"曰："仁人之于弟也，不藏怒焉，亲爱之而已矣。亲之，欲其贵也；爱之，欲其富也。封之有庳，富贵之也。身为天子，弟为匹夫，可谓亲爱之乎？""敢问或曰放者，何谓也？"曰："象不得有为于其国，天子使吏治其国而纳其贡税焉，故谓之放。岂得暴彼民哉？虽然，欲常常而见之，故源源而来，'不及贡，以政接于有庳'，此之谓也。"孟子把"放"解释为"封"，于是杀人犯象不仅没有得到惩罚，而且还得到封赐，舜的德行得到了进一步的升华。然而这只是孟子的解释。《韩非子·忠孝》云："瞽叟为舜父，而舜放之；象为舜弟，而（舜）杀之；放父、杀弟，不可谓仁。"在韩非子说来，舜不仅把弟杀了，而且把父亲也流放了出去[15]，因为这里的"放"显然不是"封"的意思。舜既然敢杀弟流父，那么后母的结果还会好到哪里去吗？故事的结局是可想而知的。

舜象故事虽然到了汉晋日趋丰满，但故事的大框架至少在战国时代已经完备，《天问》就说"舜闵在家，父何以鳏，尧不姚告，二女何亲？舜服厥弟，终然为害；何肆犬体（豕），而厥身不危败？"说明舜象的故事早在春秋末年已经出现在楚先王宗庙的壁画中[16]。虽然先秦诸子以及汉晋人对舜象故事的过程和结局有不同的说法，看似矛盾重重，其实却正反映了它作为故事传播的真实性。

归纳起来，舜象故事应该是这样的：

（1）舜母死，舜父瞽叟娶后妻。

（2）舜父糊涂（或曰瞎眼），后母刁蛮，后母弟象无礼，舜父及后母爱象而恨舜，总想刁难并杀害舜。但舜对父母孝顺，对弟弟亲爱。

（3）舜以孝行取得帝尧的赏识，尧把两个女儿嫁给了他。

---

[15] 《史记·五帝本纪·正义》引孔安国云："殛，窜，放，流，皆诛也。"放也可能就是杀。又《庄子·盗跖》说："满苟得曰：'尧杀长子，舜流母弟，疏戚有伦乎？'"

[16] 孙作云：《天问研究》，中华书局，1989 年，第 182—185 页。

(4)舜父、后母及弟象设计害舜,使其修缮谷仓,等舜上了房顶,却把谷仓点燃了,舜因二女或“鸟工”的帮助而得救;使其浚井,等舜下到井中,他们用土把井填上,舜又因得二女或“龙工”的帮助而得救。

(5)瞽叟、后母与象的瓜分舜的家财及象霸占舜妻的阴谋没有得逞,舜仍以孝行对待父母亲,以亲情为重分封弟弟。另外一种说法是父亲遭到舜的流放,弟象被舜处死或流放。

这样一个完整的故事,在中国的古史传说中是罕见的,因而可以做多方面的研究⑰。那么,这个故事的母题是什么呢?

二

古代神话传说与现代民间故事的母题往往是复合的,舜象故事大概也不例外。但舜象故事最主要的母题是什么?我推测应该就是所谓的“后母型故事”或者说“灰姑娘型故事”。

研究民间故事的专家告诉我们,“后母故事”或者“灰姑娘故事”是“一种世界大扩布型民间故事”,也是在我国民间广泛传播的一种故事⑱。已知中国有关这个故事的最早记载,见诸唐人段成式(803—863)的笔记小说《酉阳杂俎》,是日本民俗学者南方熊楠最先发现的。现在已得到了中国学术界的广泛承认。后母故事在世界上的形态之多,让人眼花缭乱,据日本民俗学家关敬吾所编《日本昔话大成》,此类故事竟有二十个型,例子有三四百篇⑲。在我国除汉族聚居的地区外,东南、西北地区的少数民族,如苗族、藏族等,民间口头也流传着。其型或大同小异,或小同大异,对于我们理解舜象故事诸细节的矛盾尤有助益。

为了便于比较舜象故事和灰姑娘型故事,我把钟敬文教授归纳的我国的灰

---

⑰ 陈星灿:《“历试诸难”与中国上古的成年礼》,《中国文化》第十二期,1995年。

⑱ 钟敬文:《中日民间故事比较泛论》,见贾蕙萱、沈仁安编《中日民俗的异同和交流》,北京大学出版社,1993年,第13页。

⑲ 钟敬文:《中日民间故事比较泛论》,见贾蕙萱、沈仁安编《中日民俗的异同和交流》,北京大学出版社,1993年,第19页。

姑娘故事类型悉数抄录到这里。需要指出的是，钟教授此文是中国民间故事的比较泛论而非灰姑娘故事的专论，取材范围有限，如他所说：汉族所传的，只取其形态比较典型的篇章。少数民族的，则除了广西壮族地区的，其余均不涉及[20]。因此，无论从钟教授所举记录灰姑娘故事的篇目或是类型本身[21]，都只能说仅仅收罗了灰姑娘型故事的一部分。这样的比较固然有它的局限性，但唯其如此，才更能反映两者比较的客观性，这就如统计学上的随机取样一样。

下面是钟敬文先生的灰姑娘型故事：

1.有姐妹（或姐弟）二人。姐为前母所生，妹为后母所生。姐美而妹丑。

2.后母虐待姐姐，使其干繁难工作（如短时间内完成绩麻或剥麻、纺线等活计）。由于母牛或神等的帮助，得以完成（一次或二次）。还有后母使妹妹学样失败的情节。

3.后母杀牛，食其肉，姐姐收藏或掩埋牛骨（或无此情节）。

4.后母带妹妹去看赛会、演戏，或参加歌会、宴会，使姐姐守家，并留困难的工作让她做（分拣相混淆的芝麻、绿豆等）。姐姐因神或母牛之灵的帮助完成工作，并得到美丽衣着（包括绣花鞋等），得以前去赴会。

5.姐妹在赴会或会后途中，失落一只鞋（或所戴戒指）。她答应鞋（或戒指）的获得者或代取者的求婚。

6.婚后夫妻生活幸福（或无下情节），妹妹妒忌姐姐，设法害死她，自己冒充姐姐。

7.姐姐的魂灵化作鸟儿，鸣唱以提醒丈夫不被妹妹杀害，又变为竹树等。后复变为人，寄寓邻居老婆婆家。

8.由于邻居的帮助，夫妻终得团圆。后母和妹妹受惩罚（有的较严厉，如妹妹被杀死或舂死）。

将这个类型的灰姑娘故事与舜象故事比较，很明显可以看出两者的一致性。

---

[20] 钟敬文：《中日民间故事比较泛论》，见贾惠萱、沈仁安编《中日民俗的异同和交流》，北京大学出版社，1993 年，第 14 页。

[21] 钟敬文先生所列只有以下七种：一、达侃与达嫁（黄革搜集整理，手稿）；二、孤女泉（覃建真搜集整理，手稿）；三、灰姑娘和达架（蓝鸿恩著《广西民间文学故事》，广西人民出版社）；四、牛姑娘（刘万章记录《广州民间故事》，语言历史学研究所）；五、疤妹和靓妹（姚传铿记录，其余同上）；六、牛姑娘（费林搜集整理，《珍珠泉》，山西人民出版社）；七、灰姑娘［王秀华讲述，王春艳记录整理，《扶宁民间故事卷》（中国民间文学集成）第一卷，秦皇岛市扶宁县三套集成办公室］。

从大的方面讲,第一,人物是一致的。都是母亲死,父娶后母,父、后母喜后母女(或子)。第二,主要的情节是一致的。都是后母及后母女(或子)虐待姐(或兄),使其干繁难的或者根本不可能由人完成的事情进而置之死地。但由于神灵或动物(牛或鸟或龙)的帮助,姐(或兄)完成了任务并脱离了危险。第三,结局基本上是一样的。后母与后母女(或子)害姐(或兄)不成,姐(或兄)生活幸福,而后母和妹妹(或弟)得到了惩罚。

由于故事本身的特性,关于上述比较需要作几点说明。

1.现代的灰姑娘型故事大多是说姐妹二人,但也有姐弟二人的,古埃及著名的二兄弟故事则说是兄弟二人[22]。可见主人公的性别并不十分重要。现代的灰姑娘故事,害人的主角一般是后母和妹妹(或弟),父亲并不重要,在有的故事里,干脆让父亲早点死去,姐(或兄)的受虐,是在父亲死后开始的[23]。在舜象故事里,虽然后母一直参与了谋害舜的过程,但杀人的主角似乎是舜弟象和父亲瞽叟。我颇怀疑舜父是从另外一母题移用到这里的,当然,父亲作为帮凶在现代的灰姑娘型故事中也不鲜见[24]。

2.在舜象故事里,舜的被刁难与被谋害是同一件事情,而现代的灰蛄娘故事则多是分开的。舜被父、后母派去干繁重的劳动(涂廪、浚井),虽然繁重但并非不能克服;但从火中飞下和从井中潜出,则是常人无法做的事情,因而得到了异人(尧女)和神灵动物(鸟、龙)的帮助。把两件事情合二为一,把一件事情分开为二,都是故事演变的常用方式,我颇怀疑涂廪和浚井就是把刁难和谋害的二件事放在了一起叙述[25]。如果说这一点同现代的灰姑娘型故事相异外,那么在得到神灵或动物帮助这一点上,现代灰姑娘型故事与舜象故事则如出一辙。前者的由于神物的帮助,失鞋(或佩物)、得鞋(或佩物)而得到如意佳偶的情节,在舜象故事里也没有。但是这些个情节并非十分重要,因为即使在钟先生所举有限的故事里,如扶宁的故事,也因为参加赛会或参加歌会的情节,变成王爷选王妃,

---

[22] 派特力著,倪罗译:《昂普瓦塔两兄弟》,载《埃及古代故事》,作家出版社,1957 年,第 60—73 页。

[23] 裴永镇:《孔姬和葩姬》,载李蒙编《中国妇女传说故事》,新华出版社,1985 年,第 118—126 页。

[24] 谢镇华:《川草儿》,载李蒙编《中国妇女传说故事》,第 134—142 页。

[25] 故事经常采用省略部分母题或复合其他母题的方式构成,如钟敬文先生所举两广地区灰姑娘故事中妹妹及后母谋害姐姐的大段情节,在扶宁的故事里就不见。

因而也没有失落绣鞋的情节[26]。在舜象故事中,虽然未提舜因娶王家女儿而遇到妒忌,但舜的被谋害显然是弟象及其父母冲着舜的家财及两位夫人来的,这一点也与灰姑娘型故事暗合。

3.在现代的灰姑娘故事里,前母所生的姐(或兄)总是美丽而能干,后母所生的妹(或弟)却总是先天不足,又贪又懒。舜因孝而得到帝尧的赏识,尧于是把自己的两个女儿嫁给他。象的"傲"和贪婪与舜恰成鲜明的对比,这正是讲故事的手段。如前所述,舜被尧选为姑爷,一般是"涂廪""浚井"事件之前,这样舜才能得到尧女及神灵动物的帮助。但是,另一方面,舜既娶了帝尧的女儿,舜的父亲和后母又如何敢加害于他?这一点虽然王充注意到了并试图把嫁娶之事放在"涂廪""浚井"之后,以调和这个矛盾,但他并不知道这正是故事演变的一个方法:故事的顺序号是可以来回颠倒的。即便是娶妻在"涂廪""浚井"前,那也并非不可理解。在朝鲜族的灰姑娘型故事《孔姬与葩姬》里,姐姐孔姬经历种种磨难,终于苦尽甘来,嫁给了一个巡抚大人。按理这下后母再不敢来欺负她了,可是后母与后母所生的妹妹葩姬反而轻易地把她害死了,按照移花接木的诡计,葩姬占据了巡抚夫人的宝座。葩姬是出奇的丑,孔姬是出奇的漂亮,按我们正常人的逻辑,这种伪装是根本不可能的,然而要不是孔姬复活,自己揭露葩姬的罪行,恐怕巡抚大人还要一直被葩姬蒙骗着呢[27]!所以在舜象的故事里,瞽叟、后母和象并不因舜娶了王家的女儿而有所收敛,反而变本加厉,欲置舜于死地,在这一点上简直就同现代的灰姑娘型故事无异了。

4.舜因二位妻子和鸟(或鸟工)、龙(或龙工)的帮助而没有被后母和弟弟杀害,所以也没有钟先生所举类型的灵魂变鸟变树的情节,然而如前所述,故事的结局是一样的,那就是害人者得到了应得的惩罚。虽然舜象故事的结局,在《孟子》和《史记》有别于《庄子》和《韩非子》,害人者一个是善终,一个是被惩,但如果排除中国古代思想家的政治理想不算,那么故事合理的结局显然应该是害人者受到惩处。这一点同灰姑娘故事完全相合。

---

[26] 钟敬文:《中日民间故事比较泛论》,见贾惠萱、沈仁安编《中日民俗的异同和交流》,北京大学出版社,1993年,第16页。

[27] 裴永镇:《孔姬和葩姬》,载李蒙编《中国妇女传说故事》,新华出版社,1985年,第123—124页。

通过上述分析，我认为著名的舜象故事的主要母题其实就是广为流传的灰姑娘型故事。那么接下来的问题就是，今天的灰姑娘型故事与舜象故事的关系如何？钟敬文先生很谨慎地通过把灰姑娘型故事与《酉阳杂俎》里所记的灰姑娘型故事相比较，认为中国现代民间所传的灰姑娘型故事很难是本土产生的。他的理由一个是由于这个故事的世界扩布现象以及它本身存在的那种内涵；二是《酉阳杂俎》所记故事中的帮助者（精灵、动物）是鱼，而我国（特别是西方）现代所传的动物则是牛。这后一种理由他认为有二种解释：(1)认为这是一般故事在流传过程中常见的变异（由于这样那样的原因，从甲动物变成乙动物）。(2)认为是前者故事传进来时的变异。虽然钟先生认为不能排除前一种可能，但从各方面的情况（如唐以来，两广国际的民族及文化关系）加以考虑，他认为更可能是因为故事来源的差异所致。关于这个类型的故事，虽然他也慎重地指出有待于今后的细密研究，但同时指出开始很可能是外来的[28]。《酉阳杂俎·支诺皋》所记的故事，不仅有集会的所谓“洞节”，也有神鱼所赐的“金鞋”，除了帮助者是鱼以外，其余情节与现代灰姑娘型故事几无差别。这应该是一个典型的灰姑娘型故事。即使如此，正如钟先生所指出的，要弄清它与现代灰姑娘型故事的关系并非易事。然而另一方面学术界也并不否认它是我国文献上出现最早的同型故事的记录。如果我们承认舜象故事的母题也是灰姑娘型故事的一种，那么我们就不得不把中国有关这个故事的记录，至少推到《酉阳杂俎》以前一千多年前的战国时代。虽然舜象故事在魏晋时代广为人知（似乎很易与《酉阳杂俎》发生联系），但就目前的研究看，却很难把它与《酉阳杂俎》记录的故事联系起来。至于它与当代灰姑娘型的故事有无渊源关系，当然更是一个需要深入探讨的问题。

本文只是就舜象故事母题的一个蠡测而已。

一九九五年五月一日于北京双榆树青年公寓

【陈星灿　中国社会科学院学部委员、考古研究所研究员兼所长】

原文刊于《中国文化》1996 年 02 期

[28] 钟敬文：《中日民间故事比较泛论》，见贾惠萱、沈仁安编《中日民俗的异同和交流》，北京大学出版社，1993 年，第 17 页。

秦德公"磔狗邑四门"宗教文化意义试说

王子今

历史迈上文明初阶之后，随着聚落规模逐渐扩大以及相对确定的地域文化中心的形成，出现了具有行政领导作用的以夯筑城垣作为基本防御形式的城邑。考察中国古代城市史，可以看到"象天法地"以造筑城邑的传统原则，有着久远的文化影响，而城门设置对于实践这一原则的特殊意义，尤其引人注目。[①] 城门具有控制交通、外防内守的重要作用，然而透过其实用意义，进行相关意识形态方面的分析，又可以察见其内涵的若干文化信息。[②] 秦德公"磔狗邑四门"史事，或许亦可以作为认识中国古代宗教文化某些特质的重要线索。

司马迁《史记·十二诸侯年表》记述秦德公二年（公元前676年）时事：

> 初作伏，祠社，磔狗邑四门。

《史记·秦本纪》又写道：

---

① 《吴越春秋·阖闾内传》记载，吴王阖闾委计于伍子胥，要求其筑作城郭，因地制宜，以天气之数以威邻国。"子胥乃使相土尝水，象天法地，造筑大城，周回四十七里。陆门八，以象天之八风；水门八，以法地之八聪。筑小城，周十里，陵门三。不开东面者，欲以绝越，明也。立阊门者，以象天门，通阊阖风也。立蛇门者，以象地户也。阖闾欲西破楚，楚在西北，故立阊门以通天气，因复名之'破楚门'。欲东并大越，越在东南，故立蛇门以制敌国。吴在辰，其位龙也，故小城南门上反羽为两鲵鱙，以象龙角。越在巳地，其位蛇也，故南大门上有木蛇，北向首内，示越属于吴也。"

② 例如《史记·秦始皇本纪》所谓"自雍门以东至泾、渭，殿屋复道周阁相属"，又"表南山之巅以为阙"，甚至"立石东海上朐界中，以为秦东门"，就体现出秦始皇意向雄阔，"未能恬淡"，"以为自古莫及己"的文化性格。

(德公)二年,初伏,以狗御蛊。

张守节《正义》解释说:

六月三伏之节起秦德公为之,故云"初伏"。伏者,隐伏避盛暑也。《历忌释》云:"伏者何? 以金气伏藏之日也。四时代谢,皆以相生:立春,木代水,水生木;立夏,火代木,木生火;立冬,水代金,金生水;立秋,以金代火,故至庚日必伏。庚者金,故曰伏也。

蛊者,热毒恶气为伤害人,故磔狗以御之。

磔,禳也。狗,阳畜也。以狗张磔于郭四门,禳却热毒气也。

《秦本纪》记载:"德公元年,初居雍城大郑宫。以牺三百牢祠鄜畤。卜居雍。后子孙饮马于河。梁伯、芮伯来朝。""磔狗邑四门""以狗御蛊"事在定居于雍次年,又极可能是初居雍经历第一个夏季"禳却热毒气"的措施,因而对于秦人定都于雍具有重要意义。而"德公生三十三岁而立,立二年卒",壮岁弃国之后,长子宣公立 12 年,中子成公立 4 年,而少子穆公在位 39 年,"自岐雍之间,修德行武,东平晋乱,以河为界,西霸戎翟,广地千里,天子致伯,诸侯毕贺,为后世开业,甚光美",实现了德公时代"后子孙饮马于河"的预言。秦德公"磔狗邑四门""以狗御蛊"事,至少在当时秦人看来,与秦穆公以雍城为基地,开创秦史新纪元之事业的成功,存在着某种神秘的联系。

《吕氏春秋·季春纪》又说到城门磔牲以祭已经形成传统礼俗:

国人傩,九门磔禳,以毕春气。

高诱解释说:

傩,读《论语》"乡人傩"同。命国人傩,索宫中区隅幽暗之处,击鼓大呼，驱逐不祥，如今之正岁逐除是也。九门，三方九门也。嫌非王气所在，故磔犬羊以禳，木气尽之，故曰“以毕春气”也。

《淮南子·时则》写道：

（季春之月）令国傩，九门磔禳，以毕春气。

高诱注：“傩，散。宫室中区隅幽暗之处，击鼓大呼，以逐不祥之气，如今驱疫逐除是也。九门，三方九门也。磔犬，阳气尽之，故曰毕春之气也。”《礼记·月令》“季春之月”条也有“命国难，九门磔攘，以毕春气”的文字，郑玄解释说：“此难，难阴气也。阴寒至此不止，害将及人。所以及人者，阴气右行，此月之中日，行历昴，昴有大陵积尸之气，气佚则厉鬼随而出行。命方相氏帅百隶索室驱疫以逐之。又磔牲以攘于四方之神，所以毕止其灾也。”

《风俗通义·祀典》有“杀狗磔邑四门”条，其中写道：

俗说狗别宾主，善守御，故著四门，以辟盗贼。

谨按《月令》：“九门磔禳，以毕春气。”盖天子之城十有二门，东方三门，生气之门也。不欲使死物见于生门，故独于九门杀犬磔禳。犬者，金畜；禳者，却也。抑金使不害春之时所生，令万物遂成其性。火当受而长之，故曰“以毕春气”。功成而退，木行终也。《太史公记》：“秦德公始杀狗磔邑四门，以御蛊菑。”今人杀白犬以血题门户，正月白犬血辟除不祥，取法于此也。

《风俗通义·怪神》又有“世间多有狗作变怪”条，说到以狗血涂门户辟除咎殃的民间风习：

世间多有狗作变怪，朴杀之，以血涂门户，然众得咎殃。

“众得咎殃”，或以为当作“免得咎殃”。[③] 看来，初见于秦德公事迹的磔狗于门礼俗，对于汉代风尚仍然有显著的影响。“九门”，高诱以为“三方九门也”，应劭亦理解为：“盖天子之城十有二门，东方三门，生气之门也。不欲使死物见于生门，故独于九门杀犬磔禳。”《礼记・月令》“季春之月”条所谓“田猎，罝罘、罗罔、毕翳、喂兽之药毋出九门”，高诱亦以为：“天子城十二门，东方三门，王气所在，餧兽之药所不得出也。嫌余三方九门得出，故特戒之。”吴澄又说：“南三门，王之正门，平日此等之物皆不得出，余门则出，此月则皆禁之。”而孙希旦则指出：“愚谓天子十二门，诸侯降于天子，则九门。秦本侯国，其时国门犹沿旧制，故曰‘九门’。”[④]依孙氏说，“九门磔禳”正是可以于秦俗中追溯其初源的社会文化现象。

这种风习传衍相当久远，以至至今在一些少数民族地区依然可以发现其遗存。

例如，景颇族婚礼中被“抢”来的新娘，“要通过四根木桩，即‘鬼桩’才能进入男家的房屋。”这种所谓“鬼桩”其实象征具有特定意义的“门”。“在每根木桩上都拴着牺牲品”，每根木桩前又都有一名村社祭司“董萨”负责杀牲，让牲血溅满木桩周围的草蓬。[⑤] 景颇族称被刀枪致死或因水淹而死者的鬼魂为“麦死”鬼。在送这种鬼魂的仪式中，“杀狗，用狗血拌饭，用树叶包成九包”，随后“董萨”祷告说：“你远远地去吧！过一座山，两座山……九座山，十座山”，“是麦死鬼就去吧，是好人的魂就退回门内来，要关门了，去的快去，回的快回”。“董萨”随即割断拉吊门的绳子，吊门于是关紧，然后又念诵道：“你们远远地去，永远不要再回来。”[⑥]看来，狗血在生死之“门”前有驱避鬼魂的神奇效用。

水族在驱鬼扫寨之后，“用枣刺把村寨的四周围起来，或者用草绳和五倍子树削成的木刀把整个村寨围起来。在村寨大门口用两把大木刀搭成‘鬼架子’，

---

③ 清卢文弨《群书拾补》：“疑讹，或‘众’当作‘免’。”

④ 孙希旦：《礼记集解》卷一五。

⑤ 宋恩常：《景颇族的原始宗教形态》，《中国少数民族宗教初编》，云南人民出版社 1985 年 3 月版，第 146—147 页。

⑥ 桑耀华等：《景颇族的鬼魂崇拜与祭祀》，《云南民族民俗和宗教调查》，云南民族出版社 1985 年 4 月版，第 210—211 页。

各家各户的大门口上也挂木刀”,架子上陈设有狗的下颚骨,用土碗覆盖,“据说能使恶鬼再不能进村”。⑦

云南金平县一、五区的哈尼族“举行驱鬼活动时,各寨杀鸡一只,剥下鸡皮和翅膀,用木杆撑起,插在路口。或者杀狗,将狗的四肢和尾巴挂在寨门口,表示禁止寨人外出和外人入寨”。金平二区的哈尼族举行寨门祭时,“要在村寨通路口立两根木杆,上用草绳拉,将狗的四肢和尾巴、鸡翅膀拴在绳上,同时还要悬挂木刀、木枪,借以驱鬼避邪”。⑧

广东连南瑶族自治县南岗排瑶族存在称作“架桥”的以祈福为目的的宗教习俗。“‘架桥’的地点是在排脚的十字路口或是大树脚下”,其仪式大致是:“由先生公念‘架桥’经,一边念经一边杀小狗,以小狗的鲜血淋纸钱,装一碗狗血,在旁边架起炉灶煮着狗肉”,祈拜完毕,即食用狗肉。⑨

《礼记·月令》:“九门磔攘。”孙希旦《集解》:“磔,磔裂牲体也。九门磔攘者,逐疫至于国外,因磔牲以祭国门之神,欲其攘除凶灾,御止疫鬼,勿使复入也。”哈尼族、瑶族断裂狗牲肢体的做法,颇合“磔狗”亦即“杀犬磔禳”之古义。

云南景洪县(今景洪市)雅奴寨基诺族在举行每年三次预防瘟疫发生的祭祀时,杀狗两条,在村寨出入口竖立高桩,上悬挂狗头,并涂以狗血,贴附狗毛。景洪县巴雅、巴夺村基诺族举行祈祝稻谷丰收的祭祀活动时,也有“把狗血和狗毛贴在窝棚柱上”的礼俗形式。⑩

云南麻栗坡县一些地方的苗族,“为祈求全村人丁健康平安,常在夏历过年后的正、二月由巫师主持举行‘拦鬼’活动,以狗血涂在七八片木刀上,再把木刀挂在寨门的草绳上以阻拦‘邪鬼’入寨”。⑪ 贵州凯里县(今凯里市)舟溪地区苗

---

⑦ 陈国安:《水族的宗教信仰》,《中国少数民族宗教初编》,云南人民出版社 1985 年 3 月版,第 354 页。

⑧ 宋恩常:《哈尼族宗教信仰的几个侧面》,《中国少数民族宗教初编》,云南人民出版社 1985 年 3 月版,第 244 页。

⑨ 李凤等:《南岗排瑶族社会调查》,《连南瑶族自治县瑶族社会调查》,广东人民出版社 1987 年 2 月版,第 113 页。

⑩ 宋恩常等:《景洪县雅奴寨基诺族宗教调查》,《景洪县巴雅、巴夺村基诺族宗教调查》,《云南民族民俗和宗教调查》,云南民族出版社 1985 年 4 月版,第 192 页,第 169 页。

⑪ 杨通儒:《解放前苗族的民间宗教》,《中国少数民族宗教初编》,云南人民出版社 1985 年 3 月版,第 374 页。

族又有为全寨平安、瘟疫不作，用狗供祭寨前大树的风习。⑫

以生灵作为牺牲以增益“门”的神力，是一种相当普遍的做法。

著名的英国人类学家詹・乔・弗雷泽(J.G.Frazer)在《金枝》一书中写道，印度东南部的库密人在驱除天花这一阿拉库来的魔鬼时，“所有的村子都戒严，谁也不许进村或出村。他们将一只猴子在地上摔死，把它的尸体吊在村门口。猴子的血，拌上河里的小鹅卵石，洒在屋上，每家的门槛都用猴子尾巴扫过，魔鬼就赶走了”。⑬

熊安生注《礼记・月令》“九门磔攘”：“磔攘之牲，案《小司徒》云‘小祭祀，奉牛牲’，又《牧人》云‘凡毁事，用駹可也’，则是用牛也。《羊人》云：‘凡沈、辜、侯攘，共羊牲。’《犬人》云：凡几、珥、沈、辜，用駹可也。’《鸡人》云：‘面禳，共鸡牲。’是用羊用犬用鸡也。盖大难用牛，其余难用羊用犬，小者用鸡。”然而不排除与此相应之礼俗的早期形态，曾经有使用人牲的形式。

殷墟商代宫殿遗址多发现奠基时埋入的牲人和牲畜。每一宫门基址下埋有四五个持戈、盾和贝的牲人。这种葬坑大致有两种形式：一种在门的两旁，均面向前；一种在门的前面，均面向后。牲人都作跪姿。有的还随葬一条狗。进行发掘的考古学家指出，“门旁及门前的跪着的人等，当系房屋的保卫者”。“奠基的狗和守卫的人，是与建筑的程式有关，各系一次埋入”。⑭ 有的学者分析，这些葬坑是宫殿建造过程中举行安门等仪式时留下的遗迹。举行安门仪式时往往杀埋人和狗。用作人牲者生前身份可能是武装侍从，葬坑分置门的两侧或当门处，其中不少人是活埋的，“尤其残忍的是埋在门下的还有小孩”。研究者推测，“这些宗庙或住所布置如此森严的守卫，无非是为了防止死鬼来侵扰”。在一些中小型建筑门址旁侧，也多埋有牲畜骨架，“甚至还有被砍下的人头骨和幼儿遗骸”。⑮

---

⑫ 杨通儒等：《凯里县舟溪地区苗族的生活习俗》，《苗族社会历史调查(二)》，贵州民族出版社1987年2月版，第280页。

⑬ [英]詹・乔・弗雷泽：《金枝》，徐育新等译，中国民间文艺出版社1987年6月版，第786页。

⑭ 石璋如：《殷墟最近之重要发现附论小屯地层》，《中国考古学报》第2册，商务印书馆1947年3月版，第31页，第37页。

⑮ 北京大学历史系考古教研室商周组：《商周考古》，文物出版社1979年1月版，第70—71页。

在世界其他文化系统中也可以发现与此类似的例证。

英国人类学家爱德华·泰勒(E.B. Tylor)在《原始文化》一书中曾经写道,位于非洲塞内加尔河上的黑人国家加拉姆(Galam),“在新的稳固移居的正门前通常活埋一个男孩和姑娘,以便使稳固成为不能攻破的”。这种习俗曾经为非洲西苏丹的一个国家班巴拉(Bambarra)的暴君在广泛的范围内推行过。据在印度的英国传教士麦森(Mason)转记的一位目击者的口述,在印度德纳赛林建造新城塔瓦的城门时,在每一个为立柱准备的坑中都抛进了一个犯人作为给庇护的魔鬼的牺牲。此外,如“关于为了庇护的魔鬼而埋在缅甸故都曼德勒门下的人的牺牲的故事”等,也“是关于实际存在之地方习惯的历史形式或神话形式的回忆”。爱德华·泰勒还指出,“甚至在英国领土上也有这种情形”。⑯

在《左传·文公十一年》中,可以看到关于秦德公“磔狗邑四门”事前20年及后60年两则埋首于门的史例的记载:

> 冬,十月甲午,败狄于咸,获长狄侨如。富父终甥舂其喉,以戈杀之,埋其首于子驹之门,以命宣伯。

鲁人败狄,杀其首领,而“埋其首于子驹之门”,又以敌亡将之名命名生子,用以纪功。而所谓埋其首于门,似乎并非出于纪念的目的。杜预注:“子驹,鲁郭门。”《左传·文公十一年》又记载:

> 齐襄公之二年,鄋瞒伐齐。齐王子成父获其弟荣如,埋其首于周首之北门。

据杜预注,“周首”是齐国城邑。齐襄公二年,即公元前696年;鲁文公十一年,即公元前616年。司马迁曾对这两则史事予以注意,他在《史记·齐太公世家》中写道:

---

⑯ [英]爱德华·泰勒:《原始文化》,连树声译,上海文艺出版社1992年8月版,第110—112页。

惠公二年,长翟来,王子城父攻杀之,埋之于北门。

又《史记·鲁周公世家》:

(文公)十一年十月甲午,鲁败翟于咸,获长翟乔如,富父终甥舂其喉,以戈杀之,埋其首于子驹之门,以命宣伯。

又记述道:

齐惠公二年,鄋瞒伐齐,齐王子城父获其弟荣如,埋其首于北门。

《左传》"齐襄公",《史记》作"齐惠公"。[17] 如"齐惠公二年"说不误,则事在公元前607年。然若此则不当记于《左传·文公十一年》。破敌杀将,又埋其首于城门之下,自有攘灾厌胜的特殊意义。不过,我们目前尚不清楚,这是否只是仅仅针对"狄"("翟")人的特殊的厌敌之术。

《左传·僖公二十八年》记述公元前632年晋曹战事,可见城门磔人的历史记载:

晋侯围曹,门焉,多死,曹人尸诸城上,晋侯患之。

"尸诸城上",杜预解释说:"磔晋死人于城上。"晋军伐曹,强攻其城门,多有阵亡者,曹人磔其尸于城门之上,晋文公患之,后来从舆人之计,以发掘曹人祖坟的方式终于在精神上制伏曹守军。又如《左传·成公二年》:

春,齐侯伐我北鄙,围龙。顷公之嬖人卢蒲就魁门焉,龙人囚之。齐侯曰:"勿杀。吾与而盟,无入而封。"弗听,杀而膊诸城上。

---

⑰ 或以为司马迁误写,而泷川资言《史记会注考证》引陆粲的意见,以为"今本《左传》传写误"。

"膊诸城上",杜预注:"膊,磔也。"龙城守军在公元前589年齐鲁之战中擒获攻打城门的齐顷公的宠臣卢蒲就魁,拒绝齐人讲和的建议而磔之于城门上,大约亦深信如此则可以厌难制胜。然而激怒了齐顷公,"齐侯亲鼓士陵城,三日,取龙"。曹人和鲁人的行为,大约反映了早期迷信观念的遗存,而敌对一方对此亦"患之",也说明这种心理遗存其覆盖地域可能仍相当广阔。所以"尸诸城上","膊诸城上",或是因为城下已被敌军占据,或是因为如此更可以强化其心理震慑威力。又如《荀子·宥坐》:

> 女以谏者为必用邪?伍子胥不磔姑苏东门外乎!

据《史记·伍子胥列传》,伍子胥被吴王赐死,曾告诸舍人:

> 抉吾眼县吴东门之上,以观越寇之入灭吴也。

剜其眼而悬于城门之上,当是由磔于城门而产生的联想。

汉代又有这样的史例,《汉书·云敞传》:"(吴)章坐要斩,磔尸东市门。"又《后汉书·酷吏列传·阳球》:"僵磔(王)甫尸于夏城门。"虽然作为刑罚形式,其意义与先古礼俗显然已有所不同,然而从具体做法看,仍可以依稀感受到磔尸于门古习在当时人心理中的片断遗存。

以秦德公"磔狗邑四门"所反映的秦地风习与大致同时代的东方礼俗相比照,可以看到磔狗与直接使用人牲,或埋首、磔尸的明显区别。这一事实或许可以告诉人们,长期以来因距中原僻远,致使东方人"夷翟遇之"[18],或以为"秦杂戎翟之俗","秦之德义不如鲁卫之暴戾"[19]的观念,其实反映出某种偏见。以民气

---

⑱ 《史记·秦本纪》说,孝公以前,"秦僻在雍州,不与中国诸侯之会盟,夷翟遇之",秦人以为"诸侯卑秦,丑莫大焉"。

⑲ 《史记·六国年表》。

刚急而被东方比之"虎狼"[20]的秦文化的特质，其实在某些方面可能较东方人更为文明。

贾谊《过秦论》说："秦俗多忌讳之禁。"秦人有关"门"的观念神秘主义色彩之浓重，可能更胜于东方人。

例如，天水放马滩秦简《日书》乙种可见《门忌》简文30条。"门有东、西、南、北、寒、仓、财门之分，各有禁忌。"如：

寒门不寒濡泥聚聚易所室妻不去必为寡　　乙1

仓门是富井居西南囷居西北瑟廥必南无　　乙2

南门是将军门可聚粮使客八岁更　　乙4

北门乡所邦门詘某筑日必有丧过之必以壬午筑之　　乙18

云梦睡虎地秦简《日书》甲种有题为"直(置)室门"(114正壹，115正壹)的内容，与前引简例相关者有：

寡门兴与毋定处凶　　114正贰

仓门富井居西南囷居北乡廥廥母绝县肉　　115正贰

南门将军门贱人弗敢居　　116正贰

北门利为邦门贱人弗敢居　　126正贰

放马滩秦简《日书》乙种又有如下内容：

祠门良日甲申庚申壬申　　乙24[21]

---

[20] 《史记·苏秦列传》两处说到"交强虎狼之秦以侵天下"。《秦始皇本纪》："秦王为人"，"少恩而虎狼心"。《项羽本纪》："秦王有虎狼之心。"《魏世家》："秦与戎翟同俗，有虎狼之心，贪戾好利无信，不识礼义德行。"《楚世家》："秦虎狼，不可信。"《屈原贾生列传》："秦虎狼之国，不可信。"《苏秦列传》："夫秦，虎狼之国也，有吞天下之心。""秦，虎狼之国，不可亲也。""秦，虎狼之国"的说法，又见《樗里子甘茂列传》《孟尝君列传》等。

[21] 何双全：《天水放马滩秦简综述》，《文物》1989年2期。

睡虎地秦简《日书》乙种亦可见：

祠户日壬申丁酉癸丑亥吉龙丙寅庚寅　　33 贰—34 贰

祠门日甲申辰乙亥丑酉吉龙戊寅辛巳　　35 贰—36 贰

睡虎地秦简《日书》甲种又有关于“祭门”（4 正贰，5 正贰）的内容。此外，关于“为门”（甲种 69 正壹，乙种 86 壹，97 壹）、“穿户”（乙种 196 壹）、“徐（除）门户”（甲种 102 正贰）等，也都有严格的禁忌。睡虎地秦简《日书》甲种还可见以“门”为题的简文：

入月七日及冬未春戌夏丑秋辰是胃四敫不

可初穿门为户牖伐木坏垣起　　143 背

垣彻屋及杀大凶利为啬夫丁亥不可为户　　144 背[22]

可见“多忌讳之禁”的“秦俗”中，有关“门”的迷信尤其引人注目，磔狗与使用人牲或埋首磔尸相比较，绝不可以理解为禁忌等级稍低或时人重视程度较为淡薄。

应劭《风俗通义 · 祀典》说，“杀狗磔于四门”，是因为“狗别宾主，善守御”。宋玉《九辩》写道：

岂不郁陶而思君兮？

君之门以九重。

猛犬狺狺而迎吠兮，

关梁闭而不通。

---

[22] 睡虎地秦墓竹简整理小组：《睡虎地秦墓竹简》，文物出版社 1990 年 9 月版。

也暗示“犬”与“关”防“门”卫的关系。然而联想到春秋时期一些秦墓设有腰坑，在墓坑中留生土二层台，在腰坑和二层台上埋殉狗的情形，以及春秋晚期和战国早期一些秦墓在二层台上或墓主身旁殉狗的情形㉓，似乎有理由推想，秦德公“磔狗邑四门”所以“杀犬磔禳”，或许还有值得进一步探讨的更深层的文化含义。

我们还应当注意到，秦德公“磔狗邑四门”是与“初作伏”相联系的，《史记·秦本纪》即写作“初伏，以狗御蛊”。张守节解释说：“伏者，隐伏避盛暑也。”“蛊者，热毒恶气为伤害人，故磔狗以御之。”以狗张磔于郭四门，禳却热毒气也。”然而《吕氏春秋》《淮南子》《礼记·月令》及《风俗通义》所谓“九门磔攘（禳）”则为“季春之月”“以毕春气”仪礼。其形式虽相近，然而时节的差别，反映其本义或起初就有所不同。值得注意的是，两广地区直至晚世民间仍保留“以狗御蛊”“磔狗以御”“热毒恶气”之秦地风习的遗存。屈大均《广东新语》卷九论“广州时序”，说道：

> 夏至，磔犬御蛊毒。

又同治《番禺县志》：“夏至，磔犬御蛊毒。”㉔咸丰《顺德县志》：“夏至日，掰荔荐祖考，磔犬以辟阴气。”同治《韶州府志》同。㉕ 道光《恩平县志》：“夏至，掰荔荐祖考，磔犬以辟阴气，御蛊毒。”光绪《高明县志》：“夏至，烹狗以压阴气。”㉖道光《开平县志》：“夏至日，磔狗食，以辟阴气，云可解疟。”㉗乾隆《归善县志》：“夏至，食犬肉，饭荔枝酒助阳气。”乾隆《顺德县志》：“夏至，磔狗食之，解疟。”光绪《花县志》：“夏至，烹犬而食，云解疟疾。”民国《龙山乡志》：“夏至，掰荔枝，吃犬肉。”民国《四会县志》：“夏至，多磔犬以扶阳气。”民国《罗定志》：“夏至烹狗，以扶阳气。”道光《西宁县志》：“夏至日，或烹狗集饷，谓一阴生，用热物以胜之。”

㉓ 叶小燕：《秦墓初探》，《考古》1982 年 1 期。

㉔ 民国《龙门县志》亦称：“夏至，磔犬御蛊毒。”

㉕ 同样的说法又见于民国《增城县志》、民国《东莞县志》。

㉖ 民国《高要县志》同。

㉗ 道光《新宁县志》、民国《赤溪县志》同。

民国《灵川县志》:"夏至日,烹狗作食以助阴。"岭南民习可见古秦风遗存,可能就是秦始皇时代"发诸尝逋亡人、赘婿、贾人略取陆梁地,为桂林、象郡、南海,以适遣戍"㉘,"略定杨越,置桂林、南海、象郡,以谪徙民,与越杂处"㉙,"徙中县之民南方三郡,使与百粤杂处"㉚之后形成的文化影响。而朝鲜族至今仍有暑期食用狗肉的风习,很可能也与秦人流入当地有关。《后汉书·东夷列传》:"辰韩,耆老自言秦之亡人,避苦役,适韩国,马韩割东界地与之。其名国为邦,弓为弧,贼为寇,行酒为行觞,相呼为徒,有似秦语,故或名之为秦韩。"又《史记·朝鲜列传》记载,在朝鲜王满"传子至孙右渠"前后,"所诱汉亡人滋多"。当文化中心区域礼俗融变换移之后,交通相对隔闭的地区则往往多可以保存古风。"礼失而求诸野"㉛的古语,在这里或许即可以得到释说的实例。

【王子今　中国人民大学国学院教授】

原文刊于《中国文化》1995年02期

㉘ 《史记·秦始皇本纪》。

㉙ 《史记·南越列传》。

㉚ 《汉书·高帝纪下》。

㉛ 《汉书·艺文志》论诸子九家:"仲尼有言:'礼失而求诸野。'方今去圣久远,道术缺废,无所更索,彼九家者,不犹愈于野乎?"又刘歆《移太常博士》:"今上所考视,其古文旧书,皆有征验,内外相应,岂苟而已哉!夫'礼失求之于野',古文不犹愈于野乎!"又《文中子·魏相》:"文中子曰:'吾闻礼于关生,见负樵者几焉;正乐于霍生,见持竿者几焉。吾将退而求诸野矣。'"

浅谈周朝的“巫”

［法］ **徐鹏飞**

陈梦家先生认为商代君王为“群巫之长”①，因为在文献所见的”巫”的职事（如祝、预占祸福，治疗，占梦、舞雩）和甲骨文所见的商王之职事相似。但是，陈梦家先生忽略了两件事：第一，在甲骨文中，“巫”字与“王”字是分开的，而且巫与王无法互相取代。陈先生以后代周朝的文献有关“巫”的资料来解释商朝君王的地位与来源。第二，假如说“巫”等于“王”或“王”等于“巫”，那么“王”与“巫”的角色将会混淆不清。孔子说“必也正名乎”，又说“名不正则言不顺”，所以，我们应该将“王”与“巫”分清楚。尤其，陈先生所持的论点之一，是商朝的王会占卜而巫也会占卜，所以王等于“巫”。但是商朝能占卜者除了商王外还有卜人。我们无法说商王就是卜人，因为很明显的，商王和卜人的地位有极大的不同。因此，我们也不应该因为王与巫都会占卜，所以就认定王就是巫。为了要了解某一个人的地位，观察或分析他的职事是不够的。也需要了解当代的社会结构与在这种结构下这个人的角色如何？

有关“巫”与“王”之间的关系，陈梦家忽略了只有王可以掌管的方面像政治或战争，在这些方面巫无法插手。另外，王与巫的身份认定标准有所不同。陈梦家先生把王当作群巫之首是因为 Fraser 的影响；Fraser 认为原始社会的领导者

① 《商代的神话与巫术》，《燕京学报》1936 年，20 期，第 486—576 页。

即是最厉害的巫师[②]。但是Fraser的看法是值得怀疑的;因为从各国文化的历史角度来看,王与巫的地位有很明显的差别。

自从陈梦家先生发表了《商代的神话与巫术》,很多的学者认为王与巫有相同的特色。Hopkins与Schafer是国外首先把巫翻成Shaman(萨满)的学者[③],但是他们未曾对Shaman这两个字下个清楚的定义。Arthur Waley也把巫翻译成Shaman,他认为巫与西伯利亚地区的Shaman之地位与角色是相同的[④]。Arthur Waley之后有许多学者也持同样论调。他们认为可以用西伯利亚地区的萨满教来解释中国古代的宗教活动。然而,这个观点有许多漏洞:第一点,萨满教常被用来形容很多不同的信仰、宗教活动与社会结构,所以,很难用它当作一种社会学的工具。第二点,"萨满"这两个字的定义是不明确的,譬如Ake Hultkranz把"萨满"定义为神与人之间的沟通者[⑤]。但是,这个定义太广泛了,可以适用于各种不同的角色例如领导者、祭司等。因此,为了了解萨满,只有定义是不够的,必须以人类学的研究加以具体的描述。Arthur Waley提供了对"萨满"的简短描述。他说:"巫以法术疗病,他们所使用的疗法之一就是到阴间向死神求助。这和西伯利亚的萨满教所使用的方式是一样的。的确,巫的职责和西伯利亚的萨满是一样的,所以应该可以把巫翻译成萨满。"从Arthur Waley的这篇文章发表后,西方的汉学界就以西伯利亚的萨满教当作工具来了解中国的巫。笔者试着厘清是否"巫"就是"萨满"这个问题。首先,将介绍周朝的"巫"。

甲 商朝与周朝的"巫"

为了要了解"萨满"与"巫"是否相同,我们将参考商朝与周朝的资料。

---

② J.P. Roux: *Le Roi, Mythes et Symboles*, Paris: Fayard, 1995, pp.26-28.

③ L.C. Hopkins, "The Shaman or Chinese Wu" JRAS, 1945, pp.3-16 and Edward Schafer, "Ritual Exposure in Ancient China" *Harvard Journal of Asiatic Studies*, 1951, pp.1-2, pp.130-184.

④ Arthur Waley, *The Nine Songs: A Study of Shamanism in Ancient China* (London: Allen & Unwin, 1955), p.9。

⑤ "A Definition of Shamanism", *Temenos* 11 (1973), p.29, 34, 自 E. Childs-Johnson, "The Ghost Head Mask and Metamorphic Shang Imagery", *Early China* 20 (1995), p.84.

甲骨文的“巫”字本意不清,涂白奎先生认为“巫”字是由两块玉做成的,且是占卜的工具[⑥]。王晖先生根据《说文解字》认为“巫”字是一种官名[⑦]。甲骨文中约有二十多片中出现“巫”字。其义为:

甲:是一种神,有北巫和东巫,这种神是祭祀的对象。

乙:是一种祭祀,如合 34138:辛酉卜宁风巫九犬。
有几个类似的卜辞,根据这些卜辞,巫祭祀和控制气候的现象有一些关系。

丙:根据雷焕章神父的解释,“巫”是地名也是巫地之神的名字[⑧]。如合 32234:乙丑卜酌伐辛未于巫。

丁:有时巫似乎是个人。涂白奎先生认为“巫”是一种供品[⑨]。有一个卜辞中,出现三个字(合 5648:贞巫曰),根据这个卜辞,宋镇豪先生认为巫有时可以负责占卜的工作[⑩]。

甲骨文中“巫”字当理解为人,其特色是第一:“巫”字看不出是男的或女的。第二:可能是一个民族或住在巫地的人的统称。第三:卜辞中巫与王的关系无法确定。但是,根据目前已知的资料,巫并没有在政治上担任领导或管理等职务。而且他参与祭祀的机会不多。第四:巫的地位似乎不高;因为他需受命于人并可能沦为贡品。

由目前的甲骨文资料来看,有关“巫”的资料欠缺完整,难以和西伯利亚的萨满教做比较。

古记载中的“巫”

有关“巫”的古记载并非巫自己写的而是他人所作。而有关西伯利亚的萨

---

⑥ 涂白奎:《释巫》,《华夏考古》1997 年 1 期,第 90 页。

⑦ 王晖:《商周文化比较研究》,人民出版社,2000 年,第 115—116 页。

⑧ Jean Lefeuvre, “Grands et Petits Territoires,” in *En Suivant la Voie Royale: M é langes en Hommage à L é on Vandermeersch*, eds Jacques Gernet and Marc Kalinowski (Paris: é cole Fran? aise d' Extr ê me-Orient: é tudes Th é matiques 7, 1997), pp.46-47.

⑨ 《释巫》,第 89 页。

⑩ 宋镇豪:《商代的巫臣交合和医疗俗信》,《华夏考古》1995 年 1 期,第 77—85 页。

满教的资料则是萨满通过人类学者的访谈,直接叙述而成。两者的确实性和研究价值有很大的差别。

古记载中的《国语・楚语下》,对"巫"的看法很厚道,"巫"被描述成好像是一个很善良的人物:

> 古者民神不杂。民之精爽不携贰者,而又能齐肃衷正,其智能上下比义,其圣能光远宣朗,其明能光照之,其聪能听彻之,如是则明神降之,在男曰觋,在女曰巫。是使制神之处位次主,而为之牲器时服,而后使先圣之后之有光烈,而能知山川之号、高祖之主、宗庙之事、昭穆之世、齐敬之勤、礼节之宜、威仪之则、容貌之崇、忠信之质、禋絜之服,而敬恭明神者,以为之祝。使名姓之后,能知四时之生、牺牲之物、玉帛之类、采服之仪、彝器之量、次主之度、屏摄之位、坛场之所、上下之神祇、氏姓之所出,而心率旧典者为之宗。于是乎有天地神民类物之官,是谓五官,各司其序,不相乱也。民是以能有忠信,神是以能有明德,民神异业,敬而不渎,故神降之嘉生,民以物享,祸灾不至,求用不匮。

按照 David Keightley,《国语》的这段文字主要是描述春秋与战国时代礼仪的观念而非反映中国远古时代宗教的情况[11]。的确,在这强调阶级与秩序分明的组织中巫位居于首。在这样的组织中每位官员最重要的职务就是以礼处事。这段文字所描写的观念与春秋战国时代其他的儒家记载大同小异。以下举例(见下表):

《国语・楚语下》	其他记载
"昭穆之世,齐敬之勤。"	《礼记・祭统》:"见父子之伦焉,见贵贱之等焉。"
"民神异业,敬而不渎。"	《礼记・乐记》:"礼者天地之序焉……序则群物皆别。"
"古者民神不杂。"	《论语・雍也》:"敬鬼神而远之。"

⑪ "Shamanism, Death, and the Ancestors", *Asiatische Studien*, LII.3, 1998, pp.821-824.

《尚书·君奭》也把巫当作一种官员。

> 君奭！我闻在昔，成汤既受命，时则有若伊尹，格于皇天。在太甲，时则有若保衡。在太戊，时则有若伊陟、臣扈，格于上帝；巫咸乂王家。在祖乙，时则有若巫贤。

《尚书正文》曰：“巫为氏也。”这两个商朝姓“巫”的父子可能是来自巫地，其职务甚为崇高，后代的巫似乎无法和他们相比。《四库全书》中有宋朝朱熹在《楚辞》前言中提及《楚辞·九歌》篇的云中君乃是描写载歌载舞以娱神的巫。后代学者如张光直先生也加以附和。但是，《九歌》中根本没有出现“巫”这个字。

我们现在将根据其他古记载来研究巫有何特色。首先，由《周礼》开始。在《周礼·春官·宗伯》中有男巫也有女巫。

男巫：

> 掌望祀、望衍，授号，旁招以茅。冬堂赠，无方无筭。春招弭，以除疾病。王吊，则与祝前。

女巫：

> 掌岁时祓除衅浴；旱暵，则舞雩。若王后吊，则与祝前。凡邦之大灾，歌哭而请。

《周礼》中巫的数量没有明确规定，所以我们推测，其数量可能依需要情况不同而增减。或者依其表现如何而决定是否被录用。至于管理巫的两种官员则称为“帅巫”与“司巫”。《周礼·春官·司巫》：

> 司巫，掌群巫之政令。若国大旱，则帅巫而舞雩；国有大灾，则帅巫而造

巫恒。祭祀,则共匰主及道布及蒩馆。凡祭事,守瘗。凡丧事,掌巫降之礼。

他们不是“巫”。巫的工作,大部分都是听命于人。譬如山川之祭是由大宗伯与小宗伯负责。而巫只是听命从事。从《周礼》中观察巫所从事的工作;我们发现他们只出现在瘟疫、死亡、旱灾、水灾之不吉的场合。

在《周礼》中巫的工作虽然很明确但不够仔细,所以将从古记载中加以补充。

当巫为治疗者

《周礼》中未特别指出巫可用何种方法治疗。《逸周书·大聚》:“乡立巫医,具百药以备疾灾。”按照这篇的说法,巫用药治疗。《论语·子路》:“子曰:南人有言曰,人而无恒,不可以作巫医。”

《尚书正义》曰:“巫主接神除邪,医主疗病。”

接神除邪意指为何?是否如中国的乩童?即形容一种被附身的现象。这种推测牵涉到附身与仪式的关系。我们可从几方面加以探讨。

第一:被附身者需由他人控制。的确巫在《周礼》中被司巫与帅巫所管理。但是《周礼》中并未明确指出他们之间的关系以及巫的活动情形。

第二:个人认为无法以附身当作研究焦点。因为很难去推断是否真有附身的行为[12]。况且,附身的情形应属仪式进行中可能必要的行为,而并非先有附身的情形才举行仪式。根据古记载,我们无法知道巫在进行治疗时的详细情形,更无从得知是否一定有附身的情形。

“巫”与丧礼

“巫”与祭祀祖先有关,但是“巫”也出现在丧礼中。在丧礼中,他扮演着除邪的角色。《周礼·春官·司巫》中有一段描写这样的情形:“凡丧事,掌巫降之礼。”

巫专长于处理不吉利的事情,所以不能参与吉事。因为古代社会吉与凶的

---

⑫ Roberte Hamayon, “Pour en Finir avec la ”Transe“ et l’”Extase“ dans l’é tude du Chamanisme”, *é tudes Mongoles et Sib é riennes* 26 (1995), 155 – 90, “‘Ecstasy’ or the West-dreamt Shaman” in *Tribal Epistemology*, ed. Helmut Wautischer (Aldershot/Brookfiel: Ashgate, 1998), pp.175–196.

分际非常清楚；例如在《礼记·祭义》中提及：“郊之祭也。丧者不敢哭。凶服者不敢入国门。”

即使在丧礼中巫也未必能全程参与，因为有所忌讳。古记载中有两处提及这样的情形。

《仪礼·士丧礼》：“君至，主人出迎于门外，见马首不哭，还入门右北面，及众主人袒，巫止于庙门外，祝代之。”

《礼记·丧大记》：“君至，主人迎先入门右，巫止于门。”

礼记正义曰：“恐主人恶之。”

巫似乎被视为不祥人。《左传·襄公二十九年》曰：

> 二十九年，春，王正月，公在楚，释不朝正于庙也。楚人使公亲襚，公患之。穆叔曰：“祓殡而襚，则布币也。”乃使巫以桃、茢先祓殡。楚人弗禁，既而悔之。

从这段话中可以清楚地看出巫是不吉利的人，所以不受欢迎。

“巫”与天灾

我们看过巫所扮演的角色，就是专门处理不吉利的事情。《周礼》形容男巫参与“山”与“川”的祭祀。《左传·昭公元年》有一段有关“山”与“川”之神的描写：“山川之神，则水旱疠疫之灾，于是乎之。”⑬

从这一段，我们可以了解男巫参与祭祀的原因。巫与山川有一个很重要的共同点。山川之神所控制的领域和巫所掌管的领域相同：旱灾、水灾和瘟疫。这表示巫与山川有一定的关系。以治旱灾之礼为例，我们可以进一步分析巫的特色。

首先，以《左传》开始，其次为《礼记》。

《左传·僖公二十一年》：

⑬ 《说文》曰：设绵蕝为营，以禳风雨雪霜水旱厉疫于日月星辰山川也。从示从营省声。一曰卫灾不生。

> 夏,大旱。公欲焚巫尪。臧文仲曰:非旱备也。修城郭,贬食省用,务穑劝分,此其务也。巫尪何为?天欲杀之,则如勿生;若能为旱,焚之滋甚。

《礼记·檀弓下》:

> 岁旱,穆公召县子而问然。曰:天则不雨,吾欲暴尪而奚若?曰:天则不雨,而暴人之疾子,虐,毋乃不可与。然则吾欲暴巫而奚若?曰:天久而不雨,而望之愚妇人,于以求之,毋乃已疏乎。

有两点很重要:第一,《周礼》只提到祈雨之舞,并未提及“焚巫尪”的仪式。郑玄在《周礼·春官·司巫》的注疏中解释了这个差别。他认为鲁公要焚巫乃因祈雨失败。第二,这两段都提及巫与尪。这两者究竟有何共同点?否则如何能互相取代。《礼记正义》曰:“尪者面乡天觊天哀而雨之。”所以除去尪即可解旱;因为尪是旱灾的起因。按照 Edward Schafer,汉朝与汉朝以降,古记载有很多段文章提及有残疾的小孩,一出生时就引起旱灾[⑭]。可是这两段仍没有解释为何巫和尪可互相取代。

在商代已有焚巫与尪的仪式。裘锡圭先生研究了烄[⑮]。这个字是动词,有两个用途,当它单独使用时,即是焚尪之意,是一种祀,其目的即为求雨,其牺牲即为一个残废的人。若是后接受词,则此受词即指女的奴隶或是从某地或某部落来的女人。也就是说也可以指焚烧从某地或某部落来的女人。如:[illegible]。只是在甲骨文中并没有任何有关这些女人外观或心理的描述。裘锡圭先生认为商代之焚祭的牺牲就是说残废的人与女人是周代尪与巫的前身。但是,甲骨文中此字与巫从未同时出现。假如焚巫与尪始于商代,则为何商代不称呼这些女人为巫?甲骨文中也未提及祭祀的对象为谁。

焚尪与巫的祭祀是一种很古老的仪式。大自然中出现异状时,例如雨水过多或过少时,女巫即被处死。巫不只是处理或负责疾病跟去除死亡等不祥之事,

---

⑭ “Ritual Exposure in Ancient China”, p.165–166.

⑮ 裘锡圭,《说卜辞的焚巫与作土龙》,《甲骨文与殷商史》,1983 年 1 期,第 21,27,31—32 页。

她也和大自然的灾害有关。

根据目前为止,所探讨的古记载中有关巫的角色,大概可以下表做分析:

	天灾	瘟疫	丧事
巫	驱邪/被处死	驱邪	驱邪
王/国/病人	王国获救	病人得救	王、诸侯受到保护

巫与占梦

《左传・成公十年》,有一篇关于占梦的仔细描述。

> 晋侯梦大厉,被发及地,搏膺而踊,曰:杀余孙不义,余得请于帝矣。坏大门及寝门而入。公惧,入于室,又坏户。公觉,召桑田巫。巫言如梦。公曰:何如?曰:不食新矣。公疾病,求医于秦。秦伯使医缓为之。未至。公梦疾为二竖子,曰彼良医也,惧伤我,焉逃之?其一曰,居肓之上,膏之下,若我何?医至,曰:疾不可为也。在肓之上,膏之下,攻之不可,达之不及,药不至焉,不可为也。公曰:良医也。厚为之礼而归之。六月丙午,晋侯欲麦,使甸人献麦,馈人为之。召桑田巫,示而杀之。将食,张,如厕,陷而卒。小臣有晨梦负公以登天,及日中,负晋侯出诸厕,遂以为殉。

按照杜预的注疏,巫把梦解释为是鬼发怒。但是,巫并未受命除邪。更何况晋侯生病时,也未求治于巫。原因为何?

首先要分析几点。第一,晋侯的病因乃是因为杀害了赵同与赵括两位大臣,以致引起赵族始祖大厉发怒欲为其子孙复仇。晋侯第二次梦见的“二竖子”极可能就是被其杀害的两名大臣。

第二,大厉的表现“被发及地,搏膺而踊”,对照《仪礼・士丧礼》中“主人西面冯尸,踊无筭……主人髻发,袒”,居丧的主人哀痛的行为表现可谓如出一辙。

第三，巫既未被要求除邪，也未被要求医病，而只是解梦，而且最后还被晋侯杀害，即是因为巫的角色在此被当作是大厉鬼和人的沟通者，并且预下诅咒，曰“王不食新矣”。而王等麦至，欲证明巫言不实才将之杀害。

若根据之前有关巫的角色的列表分析，则此段文章中的巫并没有尽其本分，而且和原本情形相反。不过，巫原就是一个比较负面的人物，因此，常常出现在不正常的情况中。

按照惯例：

1.灾祸发生→巫驱邪，若未成功则被当作灾祸之源而处死以消灾→王（国）获救。

2.晚辈哀悼长辈，活人哭祭亡者。

此段情况刚好相反：

1.灾难（厉鬼索命、晋侯疫病）发生时，巫并未被赋予驱邪任务也未医治晋侯→然后巫被处死（被视为灾祸之源）→晋侯死亡。

2.祖先哀悼晚辈，厉鬼哭祭亡者。

另外，还有两段文章和“巫”有关，一篇是《左传・襄公十一年》：

> 秋，晋伐我北鄙。中行献子将伐齐。梦与厉公讼，弗胜。公以戈击之，首队（坠）于前，跪而戴之，奉之以走，见梗阳之巫皋。他日见诸道，与之言同，巫曰：今兹主必死，若有事于东方，则可以逞。献子许诺。

这一段文章和上段文章有异有同。相同点：巫为人解梦，梦中有欲复仇之鬼，因人曾害鬼或鬼的亲人。两段中，巫皆预告做梦之人将亡。不同点是在第二篇中巫也出现在梦中，而且并未受到伤害，另外巫还告知另一讯息：若作战将战胜。因此，巫似乎扮演的是中间人的角色，而且是为鬼申冤。

巫预知死事，究竟是传达指令抑或是自下诅咒？为了厘清这点，我们接着将研究下一篇文章。

《庄子・应帝王》：

> 郑有神巫曰季咸，知人之生死存亡祸福寿夭，期以岁月旬日若神。郑人见之，皆弃而走。

此巫能预知生死，然而众人皆惧，为何？有论者认为乃是因为没有人想知道何时将遭到不幸。神巫似乎和其他的巫一样可怕。解梦也好，未卜先知也好，本人认为巫不只是知道未来，也有能力影响未来；而且他所擅长的都是和死亡有关的事，因此大家都怕他。

总而言之，巫不只驱邪，也是鬼与人之间的沟通者。

“巫”与桑树

《左传・成公十年》：“巫无名而被称为桑田巫。”桑树者也，以之养蚕。而巫给人的多是负面的看法。桑与巫之间是否有特别的关联？

《仪礼・士丧礼》中，有一段关于桑木之用途：“鬠笄用桑。”

郑玄解释用桑木的原因是“桑”音同“丧”。由此而见桑同死亡有若干关系。“田”字在甲骨文中有两个意思：一是打猎，二是打猎的地方。也就是远离人群居住的地方。《山海经》中，巫常被描写为居住在山中，也是远离人群居住的地方[16]。《仪礼・士丧礼》中也曾提到“巫止于庙门外”，我们可以说巫是居住在大自然中远离文明的地方。

巫虽是人类，却不生活在人群聚居的地方，而是在人烟稀少的山林中。山林之中非常人居住之地。《墨子・明鬼下》有说：“深溪博林、幽漳毋人之所。”所以，巫不同于常人。尪也因为残疾而异于常人。这两种人因此被视为地位相同之人，在旱灾出现时，尪和巫因此可互相取代受焚。

《吕氏春秋・顺民》记述商朝时连续五年干旱，成汤入桑林求雨，并且剪下

---

⑯ Kwang-chih Chang, *Art, Myth and Ritual: The Path to Political Authority in Ancient China* (Cambridge, Mass.: Harvard University Press, 1983), p.48.

指甲和头发焚烧当作祭品。按照 Marcel Granet,桑林之神掌控雨水、干旱和瘟疫[17]。而我们知道巫和这三方面都有关联。《左传·昭公十六年》,郑国出现旱灾,因此三位官员被派到桑山祭祀求雨。但是他们砍伐桑树,所以求雨不成。

从次上几点可证明:在古代桑树和雨水有密切关系。

另外,桑树和不吉利之事也有很密切关系。《吕氏春秋·音初》曰:

> 郑卫之声、桑间之音,此乱国之所好,衰德之所说。

所谓“桑间之音”乃指商纣王时的一个乐官在纣王灭亡时,自缢于桑林。之后,于春秋时代,晋国有一乐官行经桑林,听闻乐音,乃作桑间之音。这种音乐是死亡和毁灭的音乐。

桑树和淫秽也有关系。例如《诗经·魏风·十亩之间》:“桑者闲闲。”

所以,桑树不仅和死亡、天灾有关,有桑树的地方,也系男女交媾之处。王晖先生认为巫之舞是裸体女巫跳舞借以勾引天神;舞蹈只是一种交媾的象征形式。《易经·系辞下》有云:“天地细缊,万物化醇,男女构精,万物化生。”

《庄子·天运》亦云:

> 云者为雨乎?雨者为云者?孰隆[降]施是?孰居无事淫乐而劝是?

“云雨之乐”即源于此。《墨子·明鬼下》曰:

> 昔者,燕简公杀其臣庄子仪而不辜,庄子仪曰:“吾君杀我而不辜,死人毋知亦已,死人有知,不出三年,必使吾君知之。”期年,燕将驰祖,燕之有祖,当齐之社稷,宋之有桑林,楚之有云梦也,此男女之所属而观也。

---

[17] Marcel Granet, *La Civilisation Chinoise* (Paris: Albin Michel, 1988), p. 199 – 200. 亦看“Ritual Exposure in Ancient China”, p.162–169 on the “demon of drought” 旱鬼。

由此可知,中国古代各地存在着一些公然提供男女欢娱的场所。

《春秋·庄公二十三年》也提到齐国社稷曰:“夏,公如齐观社。”《左传》评之“非礼”。

王晖先生认为《左传》如此批评的原因,即是因为齐国的社稷之处是淫乱之地,而王去观看是不道德的⑱。

《墨子·明鬼下》中除了“社稷”之外,也提到驰族、桑林和云梦三地。驰族和云梦是大泽,直接和水有关;桑林则是求雨之地,这三处不仅和水有关,也和性有关。王晖先生曾指出中国古代常有妓女求雨的事情。

《吕氏春秋·本味》有一段有关伊尹诞生的事情:

> 有侁氏女子采桑,得婴儿于空桑之中,献之其君。其君令烰人养之,察其所以然。曰:“其母居伊水之上,孕。梦有神告之曰:‘臼出水而东走,毋顾。’明日视臼出水,告其邻,东走十里,而顾。其邑尽为水。身因化为空桑。”故命之曰伊尹。

从这篇中可看出“巫”、雨和道德的关系。这段文章的情节和基督教的《旧约圣经》创世纪十九章很接近,在此章中,天使告诉罗得的妻子不要回头看所多玛城,但是她却还是回头,因此变成了盐柱。所多玛城之所以被毁灭,乃是因为它是一个罪恶淫秽之城。罗得的妻子违背了上帝的命令所以被惩罚了。《吕氏春秋·本味》中伊尹的母亲也因为违背了神的命令而被惩罚。这两段文字有一个差别。《圣经》中,罗得的妻子并不需为所多玛城的毁灭负责。但是,《吕氏春秋·本味》中则无法如此肯定。伊尹的母亲一回首,城市即被水淹没。这有立即的因果关系,让人不禁认为该城市的毁灭可能是伊尹之母的错。

在这段文章中,伊尹的母亲居住在水边,并且她所做的梦与水有关;而“臼出水”就是水灾的比喻。因为她没有听从神的指示所以化为桑树。我们无法知道的是:她究竟做错了什么事?本人认为:伊尹的母亲回头望见了人们居住的地

---

⑱ 《商周文化比较研究》,第121—122页。

方。而其原先居住的地方则是人烟杳至的伊水之上。这篇文章并未说明伊尹的母亲是否为巫,但是有些相符的情形,例如:水、桑树以及人神之恋(伊尹的母亲可能是因为伊水之神而受孕)。再者,臼的形状如女子之阴道,而“臼出水”,或可视为男女淫乱之象。而城市被水淹没就是指城市因为淫秽而被毁灭。伊尹的母亲和神发生关系,这是不符合道德的秩序。因此,神命令伊尹的母亲(不洁之身)东走十里,以远离人群。但是她却没有听从,并且回头,这一回顾,构成观者与被观者之间的关系。子曰:“非礼勿视。”伊尹的母亲以其不洁之身注视一个城市,而导致整个城市亦受诅咒而毁灭。

从这篇文章可归结出“巫”除了和山、川、有关,和许多不吉利的事有关,如疾病和死亡,也和淫乱有关。

以下将从另一个角度来继续探讨“巫”的角色。《周礼》中巫可被王所用。《逸周书·酆保》提出其他巫与权力相关的情形:“外用四蠹、五落……四蠹……四、神巫灵宠以惑之……五落……四、厚其祷巫,其谋乃获。”

王利用本国巫或他国巫的法力。但是不管本国或他国,这些巫的法术只是一些迷惑人的伎俩,难怪有些记载建议除去巫。例如《六韬·上贤》:“七曰伪方异伎巫蛊左道不祥之言幻惑良民,王者必止之。”

巫的确是专走旁门左道不吉之人。《史记·滑稽列传》中有一个“河伯娶妇”的著名故事;叙述魏国有一位官员名为西门豹,他被派至邺地为官。邺地之民向其求助,因为当地有巫向人民骗色骗财,而且强迫他们献出美丽的女子给河伯为妻。西门豹于是推巫入河任其溺毙。这就是一个巫因假借法术并且多行不义之事而遭致惩罚的例子。

乙　西伯利亚地区的萨满教

在宗教比较学中可以两个方式来执行文化比较的研究。第一种方式是在同一地区中有类似的两种或两种以上不同的文化时,可以用其中一种文化来解释或了解另一种文化。而第二种方式,则是即使两种不同的文化分属不同地区,仍可以其文化的特色做比较,以厘清每一种文化的独特之处。

西伯利亚的萨满

西伯利亚地区的萨满教有什么特色呢?按照 Arthur Waley 的说法,西伯利亚地区的萨满只是一个治疗者。而事实上,萨满的角色远比此复杂。根据学者 Roberte Hamayon 的研究,西伯利亚地区的萨满教有好几种,但大约可分为两类,这两类是以社会结构为区分。第一类是以打猎为生的社会形态;第二类是以畜牧为生的社会形态。这两种不同的社会形态现今仍并存于现在的西伯利亚地区。而不管是哪一种社会形态,在西伯利亚地区,大部分的萨满的活动,任何人都可以行使。只在少数的情况下,才需要请萨满[19]。

以打猎为生的社会,结构松散,是个父系社会,异族通婚,而且分为两种组织成员。这两种组织成员在打猎时互相合作;由其中一方先负责驱赶猎物,另一方则负责追捕。这种合作的关系与萨满和他的精灵助手的关系是相同的。在这个社会中所有人类的关系或人类与森林的关系都是平等的;好比是一种联盟,我们可以说在人类社会与森林之间是一种生死循环的关系。森林之神可以提供猎物。萨满为了保证他的族人可以获得充足的猎物,于是扮演中间人的角色去追求森林之神的女儿。他的地位类似森林之神的女婿。他的个人价值则取决于他是否有能力捕获猎物并且追求到森林之神的女儿。所以萨满的活动可被形容为嬉戏、做爱与促进部落繁衍[20]。萨满必须要掳获森林之神的女儿的芳心,因此,他必须是男性[21]。

萨满所进行的仪式是一种象征性的旅行。在仪式中他表现得就像是一头求偶的雄鹿。譬如,他模仿雄鹿攻击其情敌的动作及仿真与雌鹿的交配行为等。即使萨满有帮手,但在仪式进行当中,他是处于主导的地位[22]。另外,萨满还有动物精灵可供其差遣[23]。

---

⑲ *La chasse à l' âme*, *Esquisse d' une Th*(*orie du Chamanisme Sibérien*(Nanterre:Soci é t é d' anthropologie, 1990), p.429.

⑳ *La chasse à l' âme*, pp.491–506.

㉑ *La chasse à l' âme*, pp444, 446, 451.

㉒ *La chasse à l' âme*, p.451.

㉓ *La chasse à l' âme*, pp.299–311.

至于以畜牧为生的社会,萨满教的观念和萨满的地位有所不同。在这个社会中,最重要的宗教活动是祭拜祖先。在祭拜的仪式当中,萨满的角色并不重要;祭祀者,主要是家族的领导者㉔。因为以畜牧为生,所以,财富的供给主要是靠祖先的保佑;而祖先乃高高在上,和活着的后人的关系并非是平等的,因此,比较像是上对下的关系。我们可以说,萨满在这样的社会中,其地位是不如祖先,甚至没有家族的领导人那么重要。因为,在这样的社会中,萨满主要是扮演医疗者的角色㉕。他的服务对象较针对个人;不同于以打猎为生的社会,萨满的服务对象是整个社会。而且,他的帮手就是他的祖先。

总而言之,在西伯利亚地区有两种萨满教。在以打猎为生的社会中,萨满是人类与大自然之间两种平等关系交流中的媒介。萨满和森林之神的女儿通婚,意味着平等双方的结合。在以畜牧为生的社会中,最主要的活动是祭拜祖先,所以,萨满的角色就变得较不重要。

为了清楚比较巫和西伯利亚的萨满的差别,以下将以表格呈现:

	中国古代社会	西伯利亚社会	
		第一类	第二类
社会结构	阶级制度/中央集权	无中央性权力	地区性权力结构
宗教与自然的关系	祖先高高在上受后代崇敬 巫被排除于祭拜祖先之列	自然与人类社会平等	祖先在上,后代在下
社会中最重要的宗教仪式	祖先高高在上受后代崇敬 巫被排除于祭拜祖先之列	萨满仪式;没有祭祀	祭拜祖先时,萨满非重要角色
	巫	西伯利亚萨满	
性别	男/女	原则上男的	

㉔ *La chasse à l' âme*, pp.624, pp.637-643.

㉕ *La chasse à l' âmev, pp.*170, 585, 674, 679-82, 699-700.

续表

<table>
<tr><th rowspan="2"></th><th rowspan="2">中国古代社会</th><th colspan="2">西伯利亚社会</th></tr>
<tr><th>第一类</th><th>第二类</th></tr>
<tr><td>职责</td><td>(1)除邪
(2)祈雨之舞：诱神祈雨之舞
(3)魔法师</td><td>自然与社会的中间人，为了得到猎物</td><td>治疗</td></tr>
<tr><td>居住地与其关系</td><td>居住在人烟稀少之地并且止于庙门之外</td><td colspan="2">房子里或接近人居住的地方[26]</td></tr>
<tr><td>助灵</td><td>不明</td><td>掠食性动物或鸟</td><td>萨满的祖先</td></tr>
<tr><td>先决条件或资格</td><td>资格不明；仪式一定[27]</td><td>神所挑选</td><td>萨满的祖先也是萨满</td></tr>
<tr><td></td><td></td><td colspan="2">均无正式训练；
萨满的仪式并非固定，而是依据个人体能而定[28]</td></tr>
<tr><td>和权力的关系</td><td>受高官掌控，并可能被消灭</td><td colspan="2">萨满与权力之间毫无关系或互相竞争[29]；
萨满不属于任何政治</td></tr>
</table>

结　论

从列表中比较，可看出“巫”与萨满是小同大异。本人认为在萨满和“巫”之间画上等号是不妥当的。周朝的“巫”是否就是商朝甲骨文中的“巫”，这或许还

㉖ *La chasse à l' âme*, pp.511, 530.
㉗ “Reflections on the Political Role of Spirit Mediums in Early China”, p.294.
㉘ *La chasse à l' âme*, p.440-441, 451.
㉙ *La chasse à l' âme*, p.739-743. 例如：成吉思汗杀害了萨满 Teb-Tenggeri（看 *Le Roi*, *Mythes et Symboles*, p. 133-134.）

有待厘清。但是周朝的巫则根据以上的研究,有几项特点:1.巫可受雇于官方,但同时他也是个边缘人。2.每个文化都必须面对大自然的天灾、疫病与死亡。周朝时,巫就是控制与解决这些问题的专家。然而,面对天然的干旱时,巫必须向上苍祈雨,祈雨的地方也是在人烟罕至的山林水湄之处,如桑山、云梦、大泽等,这些地方原是男女逸乐之地。而祈雨的仪式也充满性的暗示与挑逗。但是性的淫乱就如过多的水造成的泛滥,崇尚礼教、秩序的儒家社会对此是难以容忍的,所以,"巫"所代表的混乱常常导致他的灭亡。

【[法]徐鹏飞　台湾淡江大学法文系所教授】

原文刊于《中国文化》2004 年 01 期

儒教“天命”观及其信仰方式

兼论当代儒教信仰方式的转型

李向平

一、儒家信仰及其特征

从信仰社会学的研究看来，“信仰看作宗教的本质和核心，可是，信仰最初是作为人与人之间的一种关系而出现的”。因为，“通过个体之间相互作用而形成的特殊情感内容，转化到了个体与某种超验观念之间的关系当中。超验观念构成了一个新的范畴，它使源于人际关系的各种形式或内容发挥得淋漓尽致”。正是人与人之间的关系，在神的观念中得到了既实际又理想的表达。①

由此考察中国儒教的基本信仰，实际上即是中国人的天命观念。这个天命观念，不一定就是对神的崇拜，但也是儒教的本质与核心。

汉语中关于“天”字的用法的全部历史，及其所体现的中国人集体无意识，“天”这一概念的至上主宰含义从未完全消失，并与一般所谓“鬼神”有着本质区别。“世之论者，或谓中国无宗教，亦不须有宗教。然如宗教精神之特征唯在信绝对之精神实在，则中国古代实信天为一绝对之精神生命实在。”这一久被诸多

① G.西美尔：《现代人与宗教》，曹卫东等译，香港，汉语基督教文化研究所 1997 年，第 10、19 页。

论者忽略的区别，也许是中国宗教思想中最关键的问题。② 当然，这也是中国儒教信仰的最基本的信仰内容。

因此，以往争论中的所谓儒教问题，并非儒学或儒家之整体或全部内容。它主要是指自殷商、西周以来绵延三千多年的中国原生宗教，即以天帝信仰为核心，包括“上帝”观念、“天命”体验、祭祀活动和相应的制度，以儒生为中坚，以儒学中相关内容为理论表现的那么一种宗教体系。这个宗教体系，在汉代之后实质上就成为中国古代的国教。③ 然而，这个国教徒有国教之名，而无国教之实。因为这个“国教”的观念，不一定能够得到人们的赞同，但是这说明了在儒学体系的内核当中，应当存在着一个宗教、信仰的中心。这就是所谓的宗法性宗教传统，即在中国佛道教之外存在的一个数千年来一以贯之的本土宗教。这个宗教以天神崇拜和祖先崇拜为中心，以社稷日月山川等自然崇拜为羽翼，以其他多种鬼神崇拜为补充，形成相对稳固的郊社制度、宗庙制度和其他祭祀制度，由此成为中国宗法等级社会礼俗的主要组成部分，是维系社会秩序和家族体系的精神力量，是慰藉中国人心灵的精神源泉。④

这就是说，宗教虽然是一种关于神的存在的观念而形成的，但是，神只是神圣事物的一个例子。⑤ 即便不以神的崇拜为中心，同样也能够构成独特的信仰体系，具有宗教信仰特征。

汉代以前，中国人的宗教信仰中虽然有拜天祭祖的古老传统，但却是个人的自由崇拜，并不是一种有组织的固定宗教。国家所设立的祭祀礼节，含有政治的意味，算不得是一种制度的宗教。⑥ 比如当时的天命神学和祖宗崇拜，它们与周人的伦理道德思想和殷人的宗教思想，既有联系，但也有区别，特别是在周人的宗法、宗教思想中又逐渐补充了道德的内容，认为祭祀对象都有某种“善”的品质。宗教思想只是作为伦理思想的补充和附属，“天地”、“鬼神”只是人需要处

---

② 唐君毅：《中国文化之精神价值》，台湾正中书局 1979 年，第 530 页。

③ 何光沪：《中国文化的根与花——谈儒学的泛本与开新》《论中国历史上的政教合一》，任继愈主编《宗教问题争论集》，宗教文化出版社 2000 年。

④ 牟钟鉴：《中国宗法性传统宗教》，《世界宗教研究》，1990 年第 1 期。

⑤ 参杰弗里·C.亚历山大：《社会学的理论逻辑》（第二卷），夏光等译，商务印书馆 2008 年，第 308 页。

⑥ 王治心：《中国宗教思想史大纲》，中华书局 1933 年。

理的各种伦理关系的一种，而不是中心，更不是全部。[7] 即使如格外重要的天命信仰，也成了世间人伦道德修养的动力和要求，还可以圣王“受命”与汤武“革命”的方式进行转移。如《左传・襄公二十九年》：“善之代不善，天命也”。《国语・晋语》：“国之存亡，天命也。”善，可为天命；国家灭亡，亦是天命。天命则是一种随时可以被利用、配置的神圣资源而已，似乎还有一个更高的信仰者作为天命转移的主体、处理天命信仰的转移等事关权力更替、朝廷易主的事情。儒教的最大问题，实际上是在这里。

所以，儒教是否为宗教，取决于对宗教采取的定义。广义的儒家思想包括了从非神到默认神的过渡内容，但其主要特征则是非神方面的。由于它也发展出一套处理所谓终极问题的思想系统，特别是指向某种终极道德意义，所以具有强烈的宗教作用，同时对社会政治秩序影响深远，所以必须把它当作有宗教特性的社会政治教义来看待。[8]

与其说儒教是一种宗教，还不如说是一种信仰体系，具有宗教特征、国教形式的信仰体系。只是这种信仰尚未成为宗教建构的中介，一直在国家权力、道德权威的制约之中，未能走向宗教建构之路，而依赖于国家权力成为一种构成神圣、意义的仪式性实践方式，并且通过这种特别的仪式代表了神圣意义的联合，进而经由“仪式的联合产生了神圣信仰，这些信仰反过来又支配着联合本身。”[9] 由此才形成了儒教难以定义为宗教的难题，同时却又具有着一般宗教的诸多特征。这就是说，“信仰是宗教的特殊沟通媒介，它与其他媒介——如权力、权威、真理、情爱或艺术——的分化，只有借助于一种通过符号而普泛化的代码才能实现。因此，这种分化便要求一种特殊的宗教教义学”。[10] 而这种特殊的宗教教义学，实际上即是儒教信仰及其信仰方式的特殊形式，只能借助于一种符号而普泛化的代码才能实现其神圣的意义。

在中国历史上，源自天帝、天命崇拜的中国信仰，经由先秦时代之宗教祭祀

---

⑦ 崔大华：《儒教辨》，《哲学研究》，1982 年第 2 期。

⑧ C.K.Yang, *Religion in Chinese Society*, University of California Press, 1967, pp.26—27.

⑨ 参杰弗里・C・亚历山大：《社会学的理论逻辑》（第二卷），夏光等译，商务印书馆 2008 年，第 313 页。

⑩ 尼可拉斯・卢曼：《宗教教义与社会演化》，香港：汉语基督教研究中心、道风书社 1998 年，第 137 页。

等社会公共形式，已经融入了国家权力结构，具有了社会礼俗、宗法家族的生活方式，其神圣的意义已经建构了经验与行动的模式进而制度化。而这种信仰体系及其实践方式，又常常受制于中国历史诸种因素的影响而呈现出中国特征的扩散性，经由国家权力向着社会生活、个体生命的各个方面，层层表现而具体实践。

这就呈现了本文所要论述的主要问题——儒教天命及其信仰方式的构成。

二、儒家天命及其构成方式

在中国信仰的起源形式上，商人之祭祖是出于对祖先的恐惧，而周人主要表现在祭天（帝）的方面，其祭天的目的，是要永葆天命，包含有长远的政治愿望。因此，西周金文中常见的铭文如“子子孙孙永宝用”、祈求个人寿命，其“永命”的社会意义与个人生命无关，而是天神或祖先之命，更是权力的生命，而与生命之性命无关。[11] 这说明中国信仰与世俗权力而非宗教的内在关系。它没有独立构成宗教，却被镶嵌、编织在政治权力的网络之中了。

西周的天命观念，大凡是指上天对周王之命，即赋予周王的政治统治权力，不关系个人的寿命；诸侯以下则不得与天命。春秋时代由于天子对天命的垄断被打破，天子以下的人们才能与天命发生关联。从此，天命的观念才从政治权力的信仰依据扩展到社会性的个人寿命，而个人生命来源于祖先的信仰遂有转移皈依到天帝的趋势。[12] 如西周晚期宗周钟铭文云：“唯皇上帝百神，保余小子。”其所保者是王位而已。所谓“帝者，天号也；德配天地，不私公位，称之曰帝……帝者，天下所适也”，[13]反映的就是天命信仰的仪式化实质。

其中最主要的内容是，这个“德配天地”的德，就是顺从“天”的政行，是善政、美德。所以，这个“德”还是同姓或同宗德人所共有的东西。因此，传递于祖

⑪ 刘源：《商周祭祖礼研究》，北京：商务印书馆 2004 年，第 154、第 304 页注 2。

⑫ 刘源：《商周祭祖礼研究》，北京：商务印书馆 2004 年，第 299 页。

⑬ 《初学记》卷九，“总叙帝王”。

孙之间、父子之间的“德”，实际上就是关系到家族的政治势力，具体来说就是世为王官的职守和权力。祖德与已德的联系，祖考的职守和自己权位的传承，二者是并行一体的。[14] 而具此“德”之君子，必然就是中国人心目中的天子，是天命的表现形态、制度化形态、理性化组织形态。由此可见，这个“德”是一种信仰与权力的整合形式，是“民”与“神”的双重体现，也是神人关系的双重整合以及在此整合构成之中的权力渗透。具备此“德”者，上足以配天、敬天，下足以忠信于人鬼之间，足以君临天下为天子，是“天生民而立之君，使司牧之，勿使失性”的圣人。[15]

天命信仰于是具备了人间的德行，“天命惟德”的宗教伦理因此问世。“皇天无亲，惟德是辅”，人间德行上配于天，这就是“以德配天”，或者是敬天以德。把道德属性按照人间的权力需要赋予了天神，使“德行”成为天意神性中最重要的构成。同时，对于社会伦理的强调也提高到宗教的高度，是神性对于人性的赋予。而权力的拥有者如果能够“修德”而“保民”，则成为能邀获天命、把自己包装成为天人关系的中介或成为天命体现者的决定因素。

这个信仰原型，在于它并不是源自西方基督教上帝信仰那样的至上神崇拜方式，而是一个普遍主义（天）的特殊信仰（命）方式，并以其普遍的特殊主义方式将普遍的赋予改变成为个人精神的非常禀赋，以特殊主义的方式来表达普遍主义的内涵。同样是上天的命令，接受者可为个人，也可以是个人的身份，甚至是以其个人的身份在其接受天命之后转变为国家的生命即现实权力的合法性。

这说明，儒家的天命信仰，并非来自个人的创造，而是赋予人们行为、作用、制度、符号以及物质客体的一种神圣品质，因为它们被认为与“终极的”“根本的”“主宰一切的”产生秩序的权力紧密联系。它不仅仅是那些具有超凡特质的权威及其血统能够产生神圣的感召力，而且也是社会中的一系列行动模式、角色、制度、象征符号、思想观念和客观物质，由于人们相信它们与终极的、决定秩序的神圣力量相关联，所以是同样具有宗教一般令人敬畏、使人依从的神圣特质，以至于这“……神圣信仰是以强制性方式来体现自己的，它们的力量更多地

⑭ 刘源：《商周祭祖礼研究》，北京：商务印书馆 2004 年，第 281—289 页。

⑮ 《左传·襄公十四年》。

只是来自对报应的尊重,而非对它的畏惧"。[16]

天子及其王权作为天命信仰、革命信仰的制度化和秩序化的历史结果和自然结果,其一是天命、革命信仰,其二是天子、圣人,其三才是王朝、王权的构成。在此结构之中,促成了王朝、王权的合法化,构成了影响深远的圣人正义论,[17]最后也反过来促成了天命、革命信仰的制度化、秩序化,建构了中国权力秩序的核心,把天命信仰嵌入在天子权力秩序与圣人的道德教化之中。

这就是儒家天命及其信仰方式的基本构成。其一,神圣的形式及其所由建立的仪式;其二,仪式性实践与道德权威的构成,它们所维持的神圣观念;其三,这种仪式实践所要实现的神圣目标;其四,这种神圣性如何成为一个社会核心价值的象征过程。而研究这种信仰方式的构成及其实践过程,实际上也就把握了儒家信仰的主要关系。

三、"革命"与"受命"的信仰方式

儒家所谓"天命","天"是一个普遍性的东西,而"命"则是一个承继普遍性的东西。"命"在古文之中本作"令",所以天命就是天的命令,引申之,可作为国家或个人的生命,因为它们都是上天或上帝所赋予的,一方面是受命,另一方面就是革命。[18]

"命"与君主的关系是权力服从,"命"与臣下的关系则是道德信宜的关系,后者是前者的基础,个人的"命"就转为国家之"命"。所谓的"天视自我民视,天听自我民听",似乎是一种"古代民主思想",但是,它还有"天生民而树之君,以利之也"[19]的世俗安排,天命依然还是其中的权力渊源和支配形式,实际上就是从天命到信宜的过程,从信宜到秩序的制约,从个人的精神禀赋到国家权力的受

---

⑯ 参杰弗里・C.亚历山大:《社会学的理论逻辑》(第二卷),夏光等译,商务印书馆 2008 年,第 308 页。

⑰ 有关"圣人正义"的概念,参刘小枫《儒家革命精神源流考》,上海三联书店 2000 年,第 12 页。

⑱ 斯维至:《中国古代社会文化论稿》,台湾允晨文化出版公司 1997 年,第 139 页。

⑲ 《左传・文公十三年》。

命,是国家权力的合法性的体现过程。个人的精神禀赋与国家权力的合法性体现紧密结合在一起。两种“命”呈现为一种互动的结构,随受命、革命的形式翻转,以及信仰、权力、道德之结构转换而不断的转换。

受命而王,其神圣意义是,它的国家是天命所赐予,帝王就是承继天命的合法的代表。革命则是受命的反面,上帝事先都将有启示,如某种祥瑞或者灾害。[20] 所谓“天命玄鸟,降而生商”,是祥瑞,是受命的启示;而地震洪水,火山爆发,是灾害,是革命的象征。在此基础上,权力秩序才可能予以构建。天命信仰于是就转变成为伦理支配的形式了。“君能制命为义;臣能承命为信;信载义而行之为利。谋不失利,以卫社稷,民之主也。”[21]

对于“天命靡常,惟德是辅”的强调,导致神人关系及其逻辑的转换。帝王、圣君的“气受中和”、“德含覆育”、“事功业绩”,乃至于立德、立功、立言等现实社会的“行与事”等有限努力,均能转化成为一个帝王之神性禀赋的若干前提。

上古文献中反复强调、申明,“惟王受命”,“显显令德,宜民宜人,受禄于天,保佑命之,自天申之……”等等,实际上就是一种信仰实践权力的合法性要求。尤其是在汤武“革命”,几乎成为中国历史改朝换代的工具或手段之后,这个要求更是传统中国之天命信仰关系经由变迁的历史必然。

圣人受天命、传天命;圣人不空生,受命而制作;所以生斯民、觉后生也。显然,圣人可以代天!然圣人必须“得位设教”,所以圣人之大宝曰位,不在其位,难以设教。如《礼记·中庸》记云:“虽有其位,苟无其德,不敢作礼乐焉;虽有其德,苟无其位,亦不敢作礼乐焉。”转而把本具终极性的天命信仰内在化,而把“德”与“位”视为圣人受命不可或缺的路径依赖。

这个受命的方式,对于原来受命者来说,它就是革命的、颠覆性的、不受约束的,甚至是在其进行“革命”的时候,同样也是一种与传统、社会形式、制度和常规生活习惯水火不相容的力量。所以,这种信仰原型,促使儒家信仰是一种具有双向性特征的关系模式。受命是一种模式,而革命则是另一种模式,并且与受命模式相互对立、冲突。它们之间的冲突与平衡,实际上就是中国历史变迁或分

---

⑳ 斯维至:《中国古代社会文化论稿》,台湾允晨文化出版公司 1997 年,第 491 页。

㉑ 《左传·宣公十五年》。

合、治乱的主要力量，甚至是成了中国人喜好区分正统与非正统、正祀与淫祀、成王败寇等二元思维方式的信仰原型。

敬天以德，易姓受命，奉天承运，如同“德行之神”，成为中国人的公共崇拜对象，包含了任何其他形式的天命信仰却又制约了任何其他形式的天命信仰。因为，这种带有先赋性的垄断式天命信仰，在其内在地分化出受命与革命两两相对的信仰方式之后，它便在其内核之中潜藏了一个二元对立的象征交换关系：一个是受命，另一个就是革命。

《尚书·多士》中“成汤革夏（命）”，即是“革命”事件首次见载于中国史册，于是就有了“汤武革命，顺天应人”㉒的信仰法则。其后，还有周武克殷的革命。它的主要意义是，唯有符合天命的权力更替或改朝换代的历史行动，才能是完全符合天意民心、道德正义。当然，“天命”信仰与“革命”观念相对应，实乃周人提出，是周人在灭殷之后以证明自己的权力合法性而提出的一个概念。

因为“革”的对象是“命”，所以，它在信仰层面的意义，即是生命、命运、天命等义；而政治权力的交替就是“改命”，促成的就是天命的转移，权力的正当性就是对天命的应承而已。这可能是源自夏朝“祀夏以配天”的国家统治传统。㉓ 中国的朝代更易，必须征引天命，正是出于这个传统，㉔同时也造成了信仰主体、信仰方式的变迁。天命依旧，但受命者依旧更换；而基于朝代更易而来的制度要求就是中国历史上所谓的“改制”，即改变已有的政治文化图像，以显示天命之转移和眷顾对象的改变。因为“王者必受命而后王。王者必改正朔，易服色，治礼乐，一统于天下，所以明易姓，非继人，通以己受之于天也。”㉕

因此，在中国历史上，帝王在改朝换代之际通常自称承天受运，“革命”一词几乎成为强权的专利。如朱元璋说：“前代革命之际，肆行屠戮，违天虐民，朕实不忍。”㉖他以否定历代“革命”的方式，来宣称自己的“革命”才是真正的“应天顺民”。其中自然包含了“革命”中的合法性。所谓“成则为王，败则为寇”，“征

㉒ 《周易·系辞》。

㉓ 刘小枫：《儒家革命精神源流考》，上海三联书店 2000 年，第 35 页。

㉔ 许倬云：《西周史》，北京三联书店 1994 年，第 106—108 页。

㉕ 《春秋繁露·义证》。

㉖ 《明史·太祖纪二》。

伐之道，当顺民心。民心悦，则天意得矣”。[27]

正是这个缘由，天子、圣人之间所进行的天命转移，实际上是历代中国“革命”的基本原因。它既是道德革命、信仰主体更换，也是随之而出现的权力更替、改朝换代、天下易主的革命。而中国人的信仰原型的构成，本质上是天命观念的制度化。“圣人以神道设教而天下服矣”，讲的是圣人设教；“天生神物，圣人则之；天地变化，圣人效之”的信仰——权力般的行动逻辑，形成了道德教化之仁政、“明于天之道，而察于民之故”[28]的政治要求。为此，这个“革命”首先是一种信仰的革命，基于信仰、道德的权力秩序设计。

诚然，这个基于天命信仰的角色定位，其信仰主体当然不是老百姓。因为这是天赋的信仰主体，血缘血统及其权力等级的制约，只有具有“革命血统”者方才能够进行革命。一般而言，天命只能在特殊的人物之间交替或交换。所谓“天命”的提法，仍把皇帝视为“天子”，肯定了“革命”话语背后的“天命”接受者的角色类型，也肯定了所谓“皇帝不是老百姓做的，造反是大逆不道的”[29]的伦理预设。即便是一般小人物要闹革命，那就必须有一个天命“受命者”的人造方式，以示承天受命，方可替天行道、举行革命。

四、“正邪”双向变迁的信仰方式

表面上看，受命与革命——这似乎是一种圣人正义论的二元构成模式，一种宇宙构成的二元论，试图说明的是人间社会、宇宙之间两种力量的互动关系。如《周易·系辞上》说“一阴一阳之谓道”，进而解释为出自天命一元论而预设的二元结构论。《周易·系辞上》说：“易有太极，是生两仪，两仪生四象，四象生八卦，八卦定吉凶，吉凶生大业。”其中，“太极”是什么呢？说法很多，朱子认为“天地万物的最高标准”，于是他发展了“人人有一太极，物物有一太极”。

㉗ 朱熹：《四书章句集注》，中华书局 1983 年，第 222 页。

㉘ 《周易·系辞上》。

㉙ 陶成章：《龙华会章程》，见柴德庚等编《辛亥革命》，上海人民出版社 1956 年，第 535 页。

这个所谓的太极，似当为一元中心论的天命信仰，正是“生生之谓易”、却又因人而异的信仰方式。它主张变化，主张衍生，注重一元之下的二元对应（而非对立对抗的紧张关系），以及由此两种力量、两种关系演化出去的多层对应关系。从无到有，或从有到无，都归之于阴阳的“推移”或“动静”所致。周濂溪《太极图》说：“无极而太极，太极动而生阳，动极而静，静而生阴，静极后动。一动一静，互为其根，分阳，两仪立焉。”在此一元化信仰方式下，人们在讨论自然现象人事、行为时，总是二元并举。天地、乾坤、阴阳之对举，其他的则有正邪、治乱、分合、刚柔、盈亏、往复、寒暑、损益、终始、男女、盛衰等等二元对应关系。

从“一阴一阳之谓道”，到“刚柔相推，变在其中矣”。阴阳本身就是宇宙的两种原动力，成波浪式的交替前进。[30] 它们反映到人事权力的更替上，即可说明君子与小人之间道长、道消的信仰交换原则。

受命者无能了，革命者代之而起。受命与革命的历史循环论，实际上是一种道德——权力的循环论，主要在于谋求从信仰或道德的改变之中，并将德行集聚于天命与社会角色之关系，两者整合为圣人正义论，以寻求解释历史变迁现象的原则或通则。“终则有始，天行也”、“无往不复，天地际也”。古老的汤武革命，关键在于一个配天享有的“德”字[31]，这才是帝王作圣的“受命”信仰。汤武革命，即中国圣人的革命原型，所谓“帝王之兴，必俟天命”。[32] 而圣人受命而革命，革命的神圣性自然而然，理所当然。[33] 庶民百姓如欲参与其间，手段仅有一个，那就是使用权力来改变受命的信仰方式。缺乏权力者，首先就要获取权力，其次才能发生信仰主体与权力关系的转移。此当为传统中国最深层的信仰方式。朱熹把它解释成：“气运从来一盛了又一衰，一衰了又一盛，只管恁地循环去，无有衰而不盛者。”

天命，就是一种这样既普遍又特殊的信仰方式，它不存在普遍的标准，可公可私，可正可邪，成王败寇，其信仰方式如此不稳定。正如金耀基先生指出的那样，即便是制度化异常突出的儒教伦理体系，在其内部也存在着一些前后矛盾的

---

[30] 李约瑟：《中国之科学与文明》，第 2 册，台北商务印书馆 1973 年，第 456 页。

[31] 详参李向平《王权与神权》第二章，“作为周代王权根据的天神崇拜”，辽宁教育出版社 1991 年。

[32] 干宝：《晋纪 · 论晋武革命论》，见萧统《文选》，李善注，第 6 卷，上海古籍出版社 1996 年，第 2174 页。

[33] 刘小枫：《儒家公民精神源流考》，上海三联书店 2000 年，第 41 页。

价值和规范，所谓忠孝不能两全，公私不能兼顾，以及仁礼、圣凡之间的基本冲突，其中尤以个体为主的价值与家庭主义之服从的规范之间的冲突最为明显，从而存在着典型的社会学的两向性(sociological ambivalence)。[34]

在人类历史上，将此类二元关系予以一定范畴化和制度化，应当是人类文明历史的演进结果。其基本策略，即是一种“二元编码机制”(binary codings)。这个所谓的“二元编码机制”，是在对人和物等进行分类的过程中，采用对立概念来进行区分的方式和策略。它是社会范畴化的主宰偏好，是区分对立关系的最好方法。至于在中国历史的演进过程之中，那种基于天命信仰而不断再现的受命与革命两两相对的二元对立模式，恰恰就是中国信仰方式的二元编码机制。它们无疑是传统中国权力结构、家族关系、社会秩序的构成要素，同时也是信仰主体与权力主体把历史规则、人际伦常予以二元对立范畴化的基本策略。

经由天命信仰所引发的圣人正义论，分别表示出受命与革命的两种信仰方式。这个独特的信仰方式及其实践逻辑是：以天命信仰为核心，唯有圣人之德才能基于敬天以德、构建一元核心编码，其次才是受命与革命的二元次级编码。所以，在此二元次级编码基础之上所构成的圣俗、善恶、生死、超越与有限等等范畴并不发生对立，而是能够在一元核心编码的机制之中既对立冲突、却又整合一统。即使是在官守、人文与百姓、鬼事之间的二元次级编码，也完全可以在王权教化之中予以基本整合。即使是革命成功之后，固有的二元次级编码机制被打乱，但在其新王朝权力秩序得以构造的基础上，这个一元核心编码机制重新得以复制。

致命的问题是，任何一个固有的天命之受命者，同时也会面临着历史上任何一个人可能成为一个革命者的威胁。任何一个企图以天命来表达自己的信仰方式的革命者，时时刻刻在暗示着已有的受命而王者将会失去那固有的合法性与神圣性。因此，中国信仰方式中的此岸彼岸、超越与现实、圣与俗、公与私、天下与个人、和谐与冲突、国家的治与乱……均在此种关系之中，转变为一种“关系的存在”，基于上述的一元编码机制而不断地呈现出二元编码机制的分合、震荡

---

[34] 金耀基：《中国社会与文化》，香港牛津大学出版社 1993 年，第 6—7 页。

或冲突。

董仲舒曾说:道之大原出于天,天不变,道亦不变。其目的就是给国家权力罩上信仰天命的灵光,天(上帝)成了最高权威;政府的行政命令,都假借天意来推行;皇帝"奉天承运",代天立言,诏书名曰"圣旨",即具有神圣信仰的意义。而为了给此信仰方式以理论的解释,儒家的经书便被捧上神圣的地位,被用来引申发挥以解释"天命"、"圣意"。"既是信仰、宗教又是哲学,既是政治准则又是道德规范",并由此四者整合,完整构成了中国中世纪经院神学的基本因素。[35]

然而,如果将中国古代的"上帝"、"天命"视为入一神教崇拜那样的"至上神"来论证儒家为宗教,并认为儒教与基督教一样,都信仰着一位至上神,无疑是失之妥当的。这可能也是往昔近三十年来儒教是否为宗教者争论双方的一个死结。

天命及其信仰,仅只中国人的一种信仰方式而已。中国人所信仰的天命,表面上看,似乎是可以人人共享的价值资源,是一个和合为一的价值整体,好像"中国所有的事情都是在一个无所不包的一元化意识形态框架下运作的"。[36] 但其打通"天"与"命"之间"德",却具有无可改变的两向性关系,并且已由国家权力渗透进入这个以"德"字为符号的共享机制及其普遍性代码,其所谓道德与非道德之现象就成了合法与非法、正与邪的界限,国家权力就能够作为交往媒介、并以其信仰方式而发挥其规训或惩罚的功能了。

这种基于道德交往媒介的规训与惩罚的功能,本质上就是在其国家结构整合之后,乃是一种作为交往媒介的权力。或者说,这种权力不是一种因果关系,而是被理解为符号普遍化的交往媒介,作为互惠关系的中介,权力仅仅是代码指导的普遍交往而已,是交往过程的模式化。[37] 在此基础上,权力也作为"道德"的替代物、作为神人之际的交往媒介而起作用了。它作用在神人之间、圣凡之间、正邪之间……而神人关系、正邪关系、圣凡关系……,因此而是权力的表达工具。为此,最初是道德心性,继而是国家权力,最终是两者的整合结构,成为神人、圣

㉟ 任继愈:《儒教的再评价》,《社会科学战线》,1982 年第 1 期。

㊱ 许纪霖、宋宏编:《史华慈论中国》,新星出版社 2006 年,第 110 页。

㊲ 参尼克拉斯 · 卢曼《权力》,上海人民出版社 2005 年,第 5—20、36 页。

凡、正邪之交往中介。因此,国家权力及其信仰方式能够决定了圣凡、正邪、成败……换言之,中国历史中的圣凡、成败、正邪大多由国家权力的更替而产生,国家权力的更替都会带来信仰方式的危机与转变。这是因为,“中国皇帝不仅要控制人间,而且还要控制鬼神世界……把由一群人构成的集团树立为一种也许可以成为神的东西,但并没有终极性”。㊳

一方面是信仰终极性的缺乏,一方面却又因其信仰方式具有国家权力的强制性机制,方才能够使“圣人见天道之神,体神道以设教……,设为政教,故天下之人,涵泳其德而不知其功,鼓舞其化而莫测其用,自然仰观而戴服,故曰以神道设教而天下服矣’”。㊴

五、心性化的天命信仰

传统中国的天命信仰及其“受命”与“革命”方式,将天下与国家,个人和社会、宗教与信仰等二者的关系予以整合。天命崇拜的仪式化结果,即是国家信仰行为,但天命信仰方式的构成核心,则是要依赖个人的德行并经由一个权力制度的安排才能够做到,不是一般的个体信仰即可实现的事情。尤其是在天命崇拜的表达形式与权力化、制度化的过程之中,信仰方式及其对社会的整合,必须在权力的结构之中才能实现。这就是说,信仰的实践方式、道德权威的构成,往往要与政治权力及其表达形式的结合才能实现。

然而,这种信仰方式却基于存心、养性,故而儒教要将“事天”比同于价值修养。㊵ 正如儒家经典《中庸》之所谓“天命之谓性,率性之谓道,修道之谓教”那样,打通了天命、道德与心性之间的关节,在所谓内在超越上假设了天人、神人关系的同心同理,进而高度肯定了“我欲仁,斯仁至矣”,以及“为仁由己”的道德自觉。

㊳ 许纪霖、宋宏编:《史华慈论中国》,新星出版社 2006 年,第 219 页。

㊴ 程颐:《伊川易传》卷二《观》。

㊵ 《孟子·尽心上》:“尽其心者,知其性也。知其性,则知天矣。存其心,养其性,所以事天也。”

可是,这种高度肯定的道德自觉,却削减了天命信仰的超越特征,而将天命内在化、心性化,以人的道德心性为转移。虽然这种天命信仰也认为人的一切存在根源皆在于天或天命,然在其道德心性层面却把“天“与”命“分别对待,“天”具有终极本体特征,“命”却是信仰者对于天的感悟和体验,是时时可以改变的东西,这个给定的、不可改变的天人关系的建构,终于在其基础层面被一个“命”字所动摇了,缺乏了终极性。

儒教在强调天命信仰者以存心、养性来事天的同时,却把人的情欲要求与“仁义礼智圣”等基本德目统称为“命”或“性”,统属于人的感性需求,主张“求之有道,得之有命”[41]。天不可变,命却可移,即便是圣人之于天道,亦属于命。

为此,当中国人一再强调或主张“一人之心即天地之心,一物之理即万物之理”、“天道无外,此心之理亦无外”、“宇宙即吾心,吾心即宇宙”的境界的时候,表层上似乎是表达天即人、人即天的道德超越,实际上却也表达了天命信仰之难以依赖,表明了天命的非终极特征。为仁由己,为圣由己,那么,革命则在于人之一心。归根结底,人们信仰的,还是自己的道德心性。

如何控制这个源于“天”之信仰而出现的“命”的偶然性,由此而成为国家权力神圣性、普遍化的问题,以阻止权力代码的分化或个别化。西汉初年,董仲舒和其他儒生都曾想借用“天”与“命”的内在矛盾以构建天谴之论,以灾异现象批判政治。当然,这个要求遭到汉武帝的拒绝。不过,从汉元帝开始,皇帝们则认真按照儒教教义行事,几乎每年都要因灾异而痛下罪己诏。然而,随着政治状况的每况愈下,天变的责任慢慢地从皇帝、君主身上转移到了臣子下属的身上,并且还有因为天变而遭遇杀害的臣子,形成一套相应的权力程序。[42]

实际上,此源于天命信仰的权力代码的分化倾向,同时也是天子王权在重新利用“天”与“命”的双向性关系,试图在“天”与“命”之间再度强调“天”的至高无上,将“天”的权威归之于己,谋取自己的合法性,而将“命”的差异和责任转移到臣子下属的肩上,甚至是可以转移到各种国家职事者的头上。因此,在中国儒

---

[41] 《孟子·尽心下》:“口之于味也,目之于色也,耳之于声也,鼻之于臭也,四肢之于安佚也,性也;有命焉,君子不谓性也;仁之于父子也,义之于君臣也,礼之于宾主也,知之于贤者也,圣人之于天道也,命也;有性焉,君子不谓命也。”

[42] 李申:《中国儒教论》,河南人民出版社 2004 年,第 153—158 页。

教的发展史中，天命信仰以及由此导致天子和臣下关系的矛盾，使他们在承担天变、天灾之罪责层面，却一直成为这个权力秩序变迁中的一个重要因素。这个因素，既是权力秩序和自我神圣构成的催化剂，同时亦是王朝秩序和权力结构的瓦解因素。从上古时代的“郊社补修，宗庙不享”，到后来王朝政治的“政失厥中，以干阴阳之和”，无不遵循着这个衍变逻辑。

严重的问题是，出自天命信仰，却又内化为个体本心的道德心性，具有终极可靠的超越特征吗？

为了解决这个冲突，中国人只好将“己”分为两个层次，一个是“公己”(public self)的层次，另一个是“私己”(private self)的层次。其公己关系，随天人、人伦关系而调节，私己则不必因为他人影响而轻易改变。对中国人而言，公己主要是对他人“演戏”的己，是角色，私己是对他人保密的己。公己重应变，私己重稳定。[43] 换言之，公己是一种角色要求，无法稳定也不需要稳定；私己欲求稳定而无法做到稳定，常常听从公己的诸种要求而不能“自己”。所以，这种矛盾表现于中国信仰方式之间的时候，就是一种公共权力与私人信仰之间的巨大冲突。

这个公私矛盾，有其表达形式并没有明确的界限，实际上就源于中国天命信仰方式及其内在的两向性矛盾。这种两向性，在其最广泛的意义上是指对于指定给社会中的一个身份或一组身份的态度、信念和行为之相互冲突的规范期望，它在最狭窄的意义上则是指某一单一身份之单一角色所必须同时满足的相互冲突的规范期望。

正如余英时在《道统与政统之间》一著中指出的那样：“正由于中国的‘道’缺乏有形的约束力，一切都靠个人的自觉努力，因此即使在高级知识分子群中也有许多人守不住‘道’的基本防线。”[44]这就是说，在任何一个宗教体系之中已经存在着公共宗教与私人信仰之间几乎是先天性的冲突。对于这种冲突的消解和处理，在很大一个层面上就决定了该宗教的社会特质。实际上也指出了公共权

---

[43] 杨中芳：《试论中国人的‘自己’：理论与研究方向》，见杨中芳等主编《中国人·中国心——人格与社会篇》，台湾远流出版社 1991 年。

[44] 余英时：《历史与思想》，台湾联经出版社，第 50 页。

威与个人信仰之间的矛盾,说明了天命信仰尽管崇高,但也无法对于社会伦理之生活进行应有的组织,是常常要落空的价值寄托。

从社会学的双向性出发,我们可以将信仰方式及其制约的社会角色,视为一个由规范和反规范构成的动态组织,而不是将它视为一个由各种居于主导地位的特征构成的复合体。主要的规范和次要的反规范轮流制约着角色行为,从而造成了两向性格。[45] 受命与革命、合法与非法、公己与私己、正统与邪恶……神人互惠关系、天命人道关系、人际伦理关系、和谐与冲突、分裂与统一等等,均在不同程度上源于这种规范与反规范的矛盾、冲突,具有了双重性质,形成了迄今为止中国人的双向对立的信仰方式与思维方式,据阴为阳,或阳奉阴违,或者是以天命形式进行人伦权力、社会资源之争,总是不脱成王败寇、唯我正统的信仰立场。

为此,天命为核心的中国信仰方式——总是在此双向性交织、冲突之中,反反复复、自始至终地制约着中国历史与社会文明的变迁特征,最后决定了这个变迁结构的正邪、合法与非法、神圣与世俗等等。

六、走出“魔鬼救世主传统”的私人信仰方式

应该指出的是,这种在“受命”与“革命”之际,区分了正邪与成败的信仰方式,即能在社会分化成为两种对立的力量之际,把不同的信仰关系或信仰主体,裂变成为一种“摩尼教式的”斗争方式,非此即彼,黑白分明,你死我活,对对方采取极端的、毫不妥协的仇恨,从而认可了任何一种对他们采用的最恐怖、最野蛮的暴力,最终构成信仰强制或道德暴力。

这是因为,天命之信仰方式已经全面嵌入了国家权力秩序的建构,在建构秩序与反秩序的双重力量中,建构国家秩序的天命信仰方式无疑就会把那些反秩序的力量,视为随时都潜伏着对固有的“受命者”进行“革命”的可能,并且会认

㊺ 金耀基:《中国社会与文化》,香港牛津大学出版社 1991 年,第 15 页,注 35、36。

定为反天命的力量；与此同时，国家权力即会把天命信仰意识形态化，视为支持或稳定固有权力的神圣资源，力图解除“革其受命”的任何可能。

正是这种双向性，促使掌握了天命信仰方式的受命者，常常会以“道德”与“非道德”的手段对付任何“革命者”，形成了“魔鬼学救世主传统”。这就是将自己的敌人妖魔化为“阎罗”、“魔鬼”……必欲灭之而后安。“在中国的历史经验中，暴力行为的对象（等待惩罚的罪犯、叛乱者、敌军、甚至是现代社会的‘××敌人’）总是被妖魔化，以将针对他们的血腥行为合法化。”㊻

这种源于天命，使用天命信仰甚至是意识形态化的信仰方式，来处理“受命”或“革命”的双向性可能，最后使天命信仰方式始终难以出离这种二元斗争的魔鬼学救世主传统，不仅只是公共权威与私人信仰方式之间的张力，而且变迁为这样一种贯穿于中国历史的信仰传统：不是救世主神圣，就可能陷入魔鬼学。

由此看来，天命信仰为其“王侯的神圣起源，仅仅说明了权力在其手中达到高度集中罢了；一旦社会一体化和整体客观化对于个体来说达到一定程度，他便会成为超验力量凌驾于个体之上；不管它是一仍其旧，继续完全作为社会力量，还是已经披上神的观念的伪装，围绕着它都会产生这样的问题。即个体究竟应当或必须付出多少劳动，才能履行其义务，处于个体彼岸的原则又能为此作些甚么。个体从超验力量那里获得了独立的能力，并确定了这些目标和途径，但是，个体在于超验力量之间的关系中究竟能有多大的独立性，则始终是个问题”。㊼

在此问题之中，即是公共权威大多是借由着信仰方式来构成其权力秩序，表达为国家秩序中固有的神圣化要求，同时亦会具有意识形态化的强制性特征，为此，这种天命的信仰方式具有“国家信仰”特征；而个体心性信仰的表达方式，则可以在天人关系层面，自由随意，不拘时空，不会承受过多的外在条件限制，特别是这些私人信仰方式常以主导信仰与次级信仰之间，如儒道信仰、儒佛信仰间互补的形式呈现出来，或者是以政统信仰之外的私人信仰形式，而碍于个人的政治身份或职业地位，无法去追求任何外在的表达形式，只能以隐私、秘密的形式选择一种方式去信仰，事关自己个人的人生关怀。因此，公共权威与私人信仰之间

㊻ 罗威廉：《红雨：一个中国县城七个世纪的暴力史》，李里峰译，中国人民大学出版社 2014 年，第 9 页。

㊼ G.西美尔：《现代人与宗教》，曹卫东等译，香港，汉语基督教文化研究所 1997 年，第 17 页。

的张力，主要是信仰者个人面对强大的公共权力秩序，镶嵌于国家神圣化的强大要求之中，以追随精神随意和个人意志的暂时自在，并由此而构成了国家信仰与私人信仰之间的特别张力。

特别是当无数个别的私人信仰需要整合，构成一个具有一定组织规模的信仰方式，需要把神圣资源予以组织、制度化的时候，这种张力的作用就显得格外的重要。它能够决定一种信仰的走向，决定这一信仰在一个国家权力秩序，乃至一个社会结构中的广度、深度，乃至信仰者对此信仰的委身程度。

当这种张力格外的强大，阻隔了从信仰到宗教的结构化路径之时，中国人习惯的私人信仰模式，就会对此信仰模式特别保守和格外偏爱，不去追求“国家信仰”才能具有的群体信仰规模或公共型话语群体的表达能力。于是，这种私人信仰模式，就难以直接建构出一种宗教-信仰本来就应当具有的社会性和公共性。它就会停滞在私人领域，难以进入社会-公共领域，构成了一种中国信仰模式方才具有的“信仰社会学”现象。因为，真正的信仰需求，应当是一种社会化或者具有社会形式的信仰需求，而非私人的信仰要求或国家层面的信仰需求。如果社会领域的狭小或缺乏相应的社会领域，这种宗教需求就会走样，结构变形，显然会使信仰的社会性和公共性大打折扣，甚至是无法表达出来。这就构成了国家信仰、私人信仰与公共需求之间的双重矛盾。

时下里人们极为关注的信仰自由、宗教自由以及宗教管理的法制化要求，宗教-信仰价值的公共性问题，应当就出现在固有的公共宗教与私人信仰张力之间所变异出来的宗教-社会领域，尤其是表现在 1980 年代后、在国家与个人间的新生地带所呈现出来的政教关系变迁领域之中。这是中国当代社会所独有的信仰社会学现象。它导致了中国信仰方式的发展，在如何进入法治建设架构的问题上，不得不制约于国家、政统的神圣化要求以及私人信仰的心性化表达路径。为此，公共信仰、私人信仰以及信仰群体——即宗教组织的制度化，由此表现为当代社会中政统信仰、私人信仰、社会信仰之间的三角变量关系。它们之间的大小、强弱、宽窄关系的任何变动，都会影响或制约了当代信仰方式的变迁与重构，特别是制约了中国信仰方式的社会建构，及其公共性表达与表达方法。

为此，把宗教需求视为私人信仰之表达所必需的组织资源、信仰群体组织化必须具备的合法性条件、中国人的信仰如何神圣化等基本要件。这些与中国宗教-信仰紧密相关的信仰——宗教需求内涵,实际上就构成了当代中国社会紧缺的神圣资源。而这些神圣资源在国家、私人和社会三大层面之间的分配和使用状况,客观上就决定了国家、社会、个人对于神圣资源的不同需求及其层次结构,从而打造了当代中国信仰公民化、宗教社会化、权力法治化的特殊语境,最后也构成了当代中国信仰方式的公共性表达要求,最终才能走出那种因为“受命”与“革命”正反、双向的“魔鬼救世主传统”。

【李向平　华东师范大学社会学系教授】

原文刊于《中国文化》2015 年 01 期

论汉传佛教的忏悔及其罪意识

从佛教诸忏法到禅宗“无相忏悔”

刘再复　林　岗

十年前，我们合写《罪与文学》一书，由香港牛津大学出版社出版，这本书聚焦于罪意识与文学的灵魂维度的考察，试图通过追问罪意识和文学的关系思考和检讨中国文学传统的局限所在。在这样的思考背景之下，西方犹太-基督教的原罪观和忏悔意识很自然就被当成攻错中国儒家原善观和君子自省意识的“他山之石”。正因为这样，我们写了第五章“忏悔意识与中国思想、文学传统的局限”。儒家不讲罪意识，以性善论为主，虽然异流旁支如荀子也讲性恶，但这个恶，也不同犹太-基督教的“原恶”，更没有上升到罪的高度。所以，文中认为中国传统的伦理思想资源是缺乏罪意识的，更没有忏悔这样的论说。正是这个重要的伦理思想资源的缺席，造成了文学缺乏人道情怀、人性深度，尤其是文学缺乏灵魂的维度。鉴于儒家在中国伦理和思想史上的独尊地位，这个论述的前提并没有严重的不妥，但显然是欠缺了对中国伦理思想资源的全面解读。儒家毕竟不是中国传统伦理思想的全部，佛教传入中原之后，引起伦理和思想的若干重要变化。《罪与文学》出版不久，作者之一刘再复即提议补充论述禅宗的“无相忏悔”观念，进而探讨它对中国文学传统的影响，补足了这部分，对全书而言，始成全璧。事实也是如此。“无相忏悔”一词，见于《坛经》，在佛教思想和传统的内部，这是一个深具革命性的概念。它彻底扬弃了佛教东来与汉地民间宗教仪式相互融合而形成的经忏佛教传统。在经忏佛教之外,别立"无相忏悔"的新宗。慧能当初所揭橥的"宗教革新",自然有佛教方面的意义,但这不是我们这篇论文的着眼点,更值得重视的是,"无相忏悔"的提出,造成了精神生活的一个新局面:破除偶像,反思人生,以超越的"第三只眼睛"看世界。而这正是伟大的文学所具备的和应当追求的。因此,为阐述慧能"无相忏悔"的论述对追求人生智慧方面的深远意义,我们在书出版十年之后,再来做一个追加的论述,探讨佛教中国化而产生的罪意识的论述和各种忏法以及它们和"无相忏悔"的关系,也许不是毫无意义的。

一

印度佛教通过西域传入中原之前,汉地典籍、文化并无关于罪和忏悔的论述。"罪"这个词是有的,但指的是"犯上作乱"或"偷鸡摸狗"一类行为,尤其不是指先验或超验的"原罪"。忏悔一词,则完全没有。它是随着佛教东传,佛典汉译而新造的词汇。梵文写作"ksama",音译作"忏摩",忏悔是佛经译师意译的造词。

语词缺失的背后,正反映了华夏中原文化的一个根本特征:它只执着、顾念于此世间,而将超验而幽眇的彼世间置于虚空、沉默的位置。李泽厚对这个问题有深入的论述,他将华夏精神文化的核心特征归纳为"一个世界",有时亦将之称为"乐感文化"或"实用理性"。李泽厚在《论语今读》中说:"'乐感文化'的关键在于它的'一个世界'(即此世间)的设定,即不谈论、不构想超越此世间的形上世界(哲学)或天堂地狱(宗教)。它具体呈现为'实用理性'(思维方式或理论习惯)和'情感本体'(以此为生活真谛或人生归宿,或曰天地境界,即道德至上的准宗教体验)。'乐感文化''实用理性'乃华夏传统的精神核心。"[①]每一个体的生命价值、意义都全部被归纳于此世间,很显然,抽象的罪是没有的,忏悔也

① 李泽厚:《论语今读》,北京三联书店,2004年版,第25页。

是多余的。相对于道德准则,君子当然可能犯错,可能做出背信弃义的举动,但这都被放在进德修业、与友敦信的视野之下来对待。曾子说,“吾日三省吾身”。这里的“省”只有现世的意义。所有过失,都是具体的、现世的,君子要懂得悔过自新,才能提升人生的境界。儒家有悔的观念,提倡日常自省。但是儒家的“悔”和“自省”,却是处于此世间的“吃一堑长一智”的日常道德觉醒状态。

佛教东传带来了与儒家完全不同的对罪的观念和看法。佛教虽然同犹太-基督教不同,它不讲原罪,但佛教对人生的“定罪”,更加多种多样,甚至不胜枚举。这罪的种类,既有现世的,也有超现世的。举例来说,佛教有轮回的观念,即便在此世间是完人,但也不能排除过往无数劫所犯下的罪过。佛教那种由无量劫轮回所构筑起来的因果链条的人生,足以说服善男信女相信自己是一个宗教意义的罪人。对人的“定罪”和由此而展开的忏悔除罪,同犹太-基督教一样,实在是佛教的一块重要的基石。《佛说舍利弗悔过经》中,舍利弗问释迦牟尼,有善男信女求佛问道,如前世有恶,那要不要忏悔。佛答道,求佛问道的善男信女,当沐浴净身,叉手礼拜十方,作如下言语:

> 某等宿命从无数劫以来所犯过恶,至今世所犯淫劮所犯嗔怒所犯愚痴。不知佛时,不知法时,不知比丘僧时,不知善恶时。若身有犯过,若口犯过,若心犯过,若意犯过;若意欲害佛嫉恶经道,若斗比丘僧,若杀阿罗汉,若自煞(同杀——引注,下同)父母,若犯身三口四意三。自煞生,教人煞生,见人煞生代其喜;身自行盗,教人行盗,见人行盗代其喜;身自欺人,教人欺人,见人欺人代其喜;身自两舌,教人两舌,见人两舌代其喜;身自骂詈,教人骂詈,见人骂詈代其喜;身自妄言,教人妄言,见人妄言代其喜;身自嫉妒,教人嫉妒,见人嫉妒代其喜;身自贪餮,教人贪餮,见人贪餮代其喜;身自不信,教人不信,见人不信代其喜;身不信作善得善作恶得恶,见人作恶代其喜;身自盗佛寺中神物若比丘僧财物,教人行盗,见人行盗代其喜;身自轻称小斗短尺欺人,以重称大斗长尺侵人,见人侵人代其喜;身自故贼,教人故贼,见人故贼代其喜;身自恶逆,教人恶逆,见人恶逆代其喜。身诸所更以来生五处

者:在泥犁中时,在禽兽中时,在薜荔中时,在人中时,身在此五道中生时所犯过恶。不孝父母,不孝于师,不敬于善友,不敬于善沙门道人,不敬长老。轻易父母,轻易于师父,轻易求阿罗汉道者,轻易求辟支佛道者。若诽谤嫉妒之,见佛道言非,见恶道言是;见正言不正,见不正言正。某等诸所作过恶,愿从十方诸佛求哀悔过。②

释迦牟尼在回答问题时所列举的诸种人生罪恶,既包括今生,也包括前世。那些现世的罪恶,如"不孝父母,不孝于师",是儒家传统教诲也都认同的。但是另一些"定罪",特别是"身诸所更以来生五处者:在泥犁中时,在禽兽中时,在薜荔中时,在人中时,身在此五道中生时所犯过恶",站在儒家立场,就会觉得难以想象,不可思议。可是,佛教正是依赖这些对人生超验的和现世的"定罪",来确立一系列忏悔除罪的宗教仪轨。可以说,随着佛教的传入,这种对"人生之罪"前所未有的观念,也随之带入汉地。又如,佛教对现世生命是悲观的,也是离弃的,有肉身即意味苦难,人生如同囚犯之困守监狱,生而有命就是"被判入狱"。之所以"被判入狱",是因为生来,甚至未生之前,就充满了罪恶。佛教对肉身甚为贬斥,甚而至于弃之如敗屣,与儒家"身体发肤受诸父母,不敢毁伤"和道家保爱肉身,祈求飞升的态度大相径庭。在佛经教义里,肉身意味着速朽不洁之物,而不洁就是源于"罪"。玄奘译《大般若波罗蜜多经》第四百一十四卷《第二分三摩地品》第十六之二,这样论到肉身的不洁:

审观自身从足至顶种种不净充满其中,外为薄皮之所缠裹,所谓此身唯有种种毛发、爪齿、皮革、血肉、筋脉、骨髓、心肝、肺肾、脾胆、胞胃、大肠、小肠、屎尿、涕唾、涎泪、垢汗、痰脓、肪脂、脑膜、盯聍,如是不净充满身中。③

佛经反复讲述生的"苦",讲述肉身的"不净",最终要信众悟证的无非是人

② 这部字数不多的《佛说舍利弗悔过经》是公元二世纪入华传教的安息国王子安世高所译。经义主旨是忏悔除罪,回心向善。该经是一部小乘佛教经典。见《中华大藏经》,第 25 册,中华书局,2004 年,第 88 页。

③ 《大般若波罗蜜多经》是唐僧玄奘所译。见《中华大藏经》第 5 册,中华书局,2004 年版,第 136 页。

生的“罪”。如果无罪，何来这样一副污浊的皮囊？佛经教义对“人生之罪”的认定，带来了形而上学的视角。因为它把人生置于“两个世界”的对峙之间，用一个彼岸世界来察照此世界，因而照见此世人生的种种罪孽，其中也包括不净的肉身。“人生之罪”在佛教那里，不是事实问题，不是经验问题，而是信仰的虔诚问题。否认罪，本身就是最大的罪。所以佛经讲罪，可以上天入地，可以天人龙鬼，可以前世今生，总之无所不包。相比佛教，儒家在对“人生之罪”的论述上，却显得“实事求是”了。儒家抱持此世间的态度，有一说一，有二说二，此世间以外的超验存在，皆缄默不语。若是回到东汉末年佛教刚传入中原大地时的情景，对熟习儒家典籍的士大夫，闻说了佛经对“人生之罪”超验方式的论述，绝对是一种非常震撼的文化冲击。佛教也真是顽强，历代高僧大德，日积月累，锲而不舍，硬是将佛教“人生之罪”这完全异质的论述植入中原大地。而人生一旦被“定罪”，忏悔救赎的过程就将依次展开。因为罪是忏悔的前提，而忏悔则是通往救赎的必修法门。正如《金光明经·忏悔品第三》的偈颂所云：

> “惟愿现在，诸佛世尊，以大悲水，洗除令净。过去诸恶，今悉忏悔，现所作罪，诚心发露。所未作者，更不敢作。已作之业，不敢覆藏。身业三种，口业有四，意三业行，今悉忏悔，身口所作，及以意思，十种恶业，一切忏悔。远离十恶，修行十善，安止十住，逮十力尊。所造恶业，应受报应。今于佛前，诚心忏悔。若此国土，及余世界，所有善法，悉以回向。我所修行，身口意业，愿于来世，证无上道。”④

要证得无上正道，忏除罪障是第一步，也是发露诚心的真正表现。在儒家看来，这是不可思议的举动，但对佛教来说，是再自然不过的。佛教东来，不仅将它独特的罪意识带入中原文化之中，也将一套忏悔灭罪的修行法门传播了进来。

---

④ 《金光明经》是天竺和尚昙无谶（385—433）在北凉（397—431）时所译，属大乘经卷。见《中华大藏经》，第16册，中华书局，2004年版，第350页。

二

佛教与其他宗教一样,教徒要过僧团生活(基督教称之为团契),而僧团生活被规定为与世俗生活不一样的具有超凡脱俗意味的宗教生活,因而为进德修业而设的戒律是必不可少的。佛教早在释迦牟尼在世时期,就为弟子信众或同修者亲自制定公开的忏悔仪式。当佛弟子违反定下的戒律后,就要通过这个公开仪式,当众忏悔所犯罪过,然后才可以重获身心清净。此种制度,梵文称为"布萨"(upasad),意思是"祭日"或"礼拜日"。[⑤] 佛教的布萨制度,据印顺法师的研究,是源于吠陀时代婆罗门教的有关祭仪。[⑥]

其实,这类祭仪不独见于婆罗门教或佛教,它们是人类学意义上的普遍现象。如果我们取其涤除污秽、洁净身心的含义,那类似含义的祭仪在佛教传入之前的中原大地也一样可以发现,只不过它们不采取僧团生活的形式而用之于敬拜先祖罢了。古人有斋戒一说。斋字从示取义。示,《说文》:"神事也。"与神事有关者当斋。斋字,《说文》训"戒洁也"。段注引《祭统》曰:"斋之为言齐也,齐不齐以致齐者也。"《礼记·曲礼上》:"齐戒以告鬼神。"《孟子·离娄下》:"齐戒沐浴,则可以祀上帝。"由此看来,古人在祀祖祭神之前,也必有斋戒沐浴更衣的仪式,以戒绝嗜欲,洁净身心的举动来表达虔敬之心。这些先祖、地方神灵的崇拜及其仪式虽然并不能简单等同于以个人德行修养为目标的宗教修行仪轨,但它们却是后者在中原大地传播、发育和演变的基础。两者都通过一个涤除污秽、洁净身心的仪式过程,使人生进入另一个在价值上更为可取的境界,由"凡"而近"圣"。如果华夏中原没有这样一个民间宗教的基础存在,那佛教在汉地传播过程中演变出十分活跃、几近单表一支的经忏佛教,乃是不可思议的。

---

⑤ 罗因:《佛教布萨制度的研究》。见《台湾大学中文研究所、华梵大学第六次儒佛会通研讨会论文集》下册,第407—426页。台北华梵大学哲学系编印。

⑥ 印顺:《初期大乘佛教的起源与展开》:"这种制度,渊源是很古老的。依'吠陀'(veda),在新月祭(darsa-masa)、满月祭(paurnamasa)的前夜,祭主断食而住于清净戒行,名为upavasatha(优婆婆沙,就是布萨)。"见该书第216页。台北正闻出版社,1992年版。

佛教东传,不仅有佛经翻译、经义辩论,而且也有营建庙宇,聚集信众集体过僧团式生活。这两个分属形上和形下的层面是交互而同时进行的。佛经里面,很多僧团生活的场面,也不缺少讲述忏悔法门。像上文所引的《佛说舍利弗悔过经》,就是安息入华高僧安世高译成于二世纪,其内容主要讲忏悔和赞颂佛。而这就是在汉地译成的最早期佛经了。可见由经义的角度看,佛教的僧团生活中践行的忏悔法门,很早就以汉译佛经的形式传播了。同时,我们也要看到另一面,佛教早期传播时形势甚为险恶,语言文化隔阂,多数士大夫未能粗晓其义,信众稀少,东来高僧随时都有送命的危险。⑦ 所以,早期佛教不得不依傍汉地固有的本土信仰和道术而为其传播的借力。汤用彤根据《太平经》中老子"入夷狄而为浮屠"的"老子化胡说",判断早期佛教是依附黄老道术而进入中原社会的。汤用彤说,"汉代佛教依附道术,中国士人如襄楷辈,因而视之与黄老为一家。但外族之神,可以能为中华所信奉,而以之与固有道术并重,则吾疑此因有化胡之说为之解释,以为中外之学术本出一源,殊途同归,实无根本之差异,而可兼奉并祀也。"⑧"老子化胡说"所以被创造出来,乃是为了弥合中原固有信仰与印度信仰的分歧,降低双方冲突的紧张程度,是不同信仰"会师"的时代发生的"和而不同"的案例。在这契机之下,不仅黄老道术会"偷借"西来浮屠的术语,佛教亦会在科范仪轨方面与本土生活融合。正如汤用彤所说,"两汉之世,鬼神祭祀、服食修炼,托始于黄帝老子,采用阴阳五行之说,成一大综合,而渐演为后来之道教。浮屠虽外来之宗教,而亦容纳为此大综合之一部分。"⑨

至于这个综合如何一步一步发生的,细节情形到底如何?具体到我们讨论的佛教忏法,它怎样经由教义的传播到僧团生活的落实践行,其中的隐微曲折情形是怎样的,特别是早期的状况,是由高僧大德周旋于王侯将相的上层社会而开始流布的,还是下层僧侣的传教所促成?迄无定论。忏法的传播和融合虽然是佛教东传的重要环节,但所属形下,文献语焉不详,记载不够充分,也不入佛教史家的法眼。我们只能根据佛教传统内部的说法。道宣《广弘明集》卷二十八《悔

⑦ 另一个翻译佛经有贡献的天竺高僧昙无谶就是被河西王沮渠蒙逊暗害于去西域的路上。

⑧ 汤用彤:《汉魏两晋南北朝佛教史》,上册,中华书局,1983 年版,第 42 页。

⑨ 汤用彤:《汉魏两晋南北朝佛教史》,上册,中华书局,1983 年版,第 41 页。

罪篇第九》前有一短序，提到早期忏法：

> 道安、慧远之俦，命驾而行兹术。至于侯王宰伯，咸仰宗科；清信士女，无亏诫约。昔南齐司徒竟陵王，制布萨，法净行仪，其类备详，如别所显。⑩

道安（312—385）、慧远（334—416），两人是师徒，一生弘法传道。按道宣的说法，应是两人最早制定忏法科仪，运用这法门来使信众修行止观。竟陵王是萧子良（460—494），但他所制布萨之法，没有流传下来。由此可见，忏法当起始于东、西两晋之间。这与宋僧净源的说法是一致的。净源《圆觉经道场略本修证仪》总序中有一段话讲得比道宣稍详：

> 汉魏以来，崇兹忏法，蔑闻有其人者。实以教源初流，经论未备（方等诸经婆沙等论）。西晋弥天法师尝著四时礼文。观其严供五悔之辞，尊经尚义多摭其要，故天下学者悦而习焉。陈隋之际，天台智者撰法华忏法、光明百录，俱彰逆顺十心，规式颇详而盛行于江左矣。⑪

弥天法师即是道安，道安写过四时礼文，当是忏法举行之时供唱诵的礼忏文。净源又提到“五悔之辞”。这是忏法的五个程式：忏悔、劝请、随喜、回向、发愿。忏法而树立程式，说明科仪大备，甚有规模。而净源认为，天台宗创始人智𫖮大师（538—597）当是佛教忏法的集大成者。而在智𫖮稍前的齐梁时代（479—557），佛教僧团生活里的各种忏法已经有模有样了。总而言之，中国佛教忏法的起始、广布和成熟是在两晋、南朝之际。而由陈入隋，忏法作为一项僧人信众的参悟佛法、修行止观、涤除罪障、超度亡魂的科仪，在华夏文化的土壤里已经扎下了深深的根。虽然它仍带有外来宗教的色彩，但已经脱下了外来衣冠，换上一副汉地的新面目。而要在经忏的问题上强分何者是中原本色，何者是天竺西来，几乎是不可能的了。从中古时代起，汉传佛教就应当被当成华夏文化的

⑩ 见《弘明集·广弘明集》。上海古籍出版社，1991年版，第341页。

⑪ 净源：《圆觉经道场略本修证仪》。见《新纂续藏经》，第74册，第1476种。台湾白马影印本。

一个组成部分。至今流传下来产自那个时代有不少帝王将相写的忏悔文[12]，这表明忏悔科仪已经进入社会上层，成为宗教生活不可缺少的一个部分。而被佛教僧众称为“忏王”的《慈悲道场忏法》，亦即俗称的“梁皇宝忏”或“梁皇忏”，相传出于梁武帝萧衍(464—549)之手。“梁皇忏”不仅在中原地区非常流行，几乎凡忏必称“梁皇”，就连在西域也发现有回鹘文本。杨富学说：“《梁皇忏》在回鹘人中也是相当流行的，有关写本、刻本在吐鲁番也多有发现，现刊者已近百件，现均藏柏林”。[13]“梁皇忏”流行于寺庙、下层信众，它是举行忏悔仪式时唱诵的通俗悔过文。它的出现也表明了经忏的流行达到了类同于民俗的程度，忏悔科仪成为这片土地上的宗教民俗。因为忏悔科仪践行的普遍，寺庙唱诵忏文亦成为一种累积功德的“专业”。历代的高僧传略也记载不少以唱诵忏文而传誉当时的僧人事迹。一方面，高僧大德开始融会贯通佛典教义，创出具有本土特色的关于忏除灭罪的理论，如由陈入隋的智顗大师、唐中期的宗密大师(780—841)等，对忏悔救赎均有本土化的论述，亦参详制定日后影响深远的忏法；而另一方面，利用故事、小说等通俗形式，叙述忏除罪障的汉语文本，也开始流行。由公元五至六世纪出现的这种种忏悔论述及其科仪，只能说明一个事实，与先前中原文化完全陌生的佛教忏悔法门，随着佛教的本土化，已经完全融入汉地而发展为具备汉化佛教特点的忏悔科仪和论述。

忏法有两个层面：一个是义理，一个是践行。义理关乎对罪意识的阐述，关乎论述忏悔的功能及其对于修行止观的必要性；而践行是一套程式，它会随着时代和地域民间文化的变迁而演变。忏法虽然是教徒修行的法门，但也是教义传播的一种方式，它一定得面对虔诚程度不同的信众，信众本身的信仰、文化传统一定会对忏法这种传播教义的“方便法门”有所影响，使它处于随时随地而因应不同的变迁状态之中。义理和践行，一个形上，一个形下。相对而言，义理比较固定，大约到了六世纪，本土化的罪意识论述已经成熟；而忏法的程式则变化较

---

[12] 《广弘明集》由唐释道宣(596—667)编纂，其中卷二十八“悔罪篇第九”收录有梁简文帝《六根忏文》、《悔高慢文》，沈约《忏悔文》，江总《群臣请陈武帝忏文》等。见《弘明集·广弘明集》，上海古籍出版社，1991年版。

[13] 杨富学：《回鹘文〈忏悔灭罪金光明经冥报传〉研究》。见《敦煌学》，第26期。台北南华大学敦煌学研究中心编印，2005年。

多，可以看出一个趋向，它越来越与民间宗教相结合，趋于空洞化而富有民间娱乐的意味。

汉传佛教对忏法义理层面的最重要的论述恐怕就是“罪无自性论”了。所谓罪无自性是指罪业如同万法一样，以因缘会聚而起，又以因缘消散而寂灭，如同幻相，没有本真性。诸法是空，罪业也是空。《法苑珠林》讲得很清楚：

> 罪从心生，心若可得，罪不可无。我心自空，空云何有？善心亦然。罪福无主，非内非外，亦无中间，不常自有。但有名字，名之为心；但有名字，名为罪福。如是名字，名字即空。还源返本，毕竟清净。是为观罪性空，翻破无明颠倒执着心也。⑭

佛经教义论述罪业，重点显然不在追究罪性之究竟所以然，更多的是谈论到罪业的成因、种类，而关注的重点是忏悔能灭除罪障的确切无疑性质。所有现身说法、例子、说明，似乎都是为了让信众确立忏悔除罪的虔诚信仰。如《最妙初教经》云：“尔时破戒比丘自隐犯罪，心生惭愧，转加苦行，乃经七年，道成罗汉。”⑮比丘破戒，是信徒比较严重的罪业，然而能忏悔，自施苦行，假以时日，最终竟能修成罗汉果。这是一个善有善报的范例。许诺了一个绝境中起死回生的美妙前景，前提是要悔过自新、虔诚向佛。这个许诺所以能够奏效，乃是因为天道人世遵循善恶报应的铁律。《业报差别经》的偈颂可以代表佛经论罪业的基本思路：“若人造重罪，作已深自责，忏悔更不造，能拔根本业。”⑯灭除罪业虽然同为最终的关注，但罪所以能够灭除，不在于罪本身的性质，而在于天地间昭然若揭的因果报应规律。善有善报，恶有恶报，而诚心忏悔发愿，是种下的善因，将来必结出善果。无论前世今世做下多少恶业，随着回心向佛，这些恶业都被自责悔过所拔除。佛经论罪，大都循着因果报应的思路。至于罪业自身的性质，并没有提到明确的论述层面加以言说。或有一言半语，但都属于语焉不详。如《普

⑭ 唐释道世：《法苑珠林》，周叔迦、苏晋仁校注。第5册，中华书局，2003年版，第2471页。

⑮ 唐释道世：《法苑珠林》，周叔迦、苏晋仁校注。第5册，中华书局，2003年版，第2460页。

⑯ 《业报差别经》，隋瞿昙法智译，全称《佛为首迦长者说业报差别经》。见《中华大藏经》，第36册，中华书局，2004年版，第99页。

贤行愿品》:“若此恶业有体相者,尽虚空界不能容受。”[17]虚空界不能容受恶业的体相,虽然接近于罪性空寂,但与罪无自性还是有距离的。应该说,以因果报应论罪业,在佛经中更为常见。

中古、隋唐时代的高僧大德在谈论罪业的时候,更加倾向于阐明罪业的究竟性质,以这个究竟性质来开示救赎的途径。这就是罪无自性论。大概是以因果报应的思路论罪业太过浅近和简陋吧,它难以满足智力本身穷极玄妙的天然趋向。他们从大乘经论“缘起性空”的思想得到启发,转而由此论述罪性的空无,再以罪性空无说明罪业的可消解。本来“缘起性空”是大乘佛学说明宇宙万法的究竟所以然的基本观念,并未必然联系到罪业的性质。经论大师却由此出发,发展出对罪业的更为丰富和玄妙的论述。经论诸大师对于罪业的这种论述倾向,当与《维摩诘所说经》有很深的关联,也许从中得到启示。《维摩诘所说经》有云:“彼罪性不在内不在外不在中间。如佛所说,心垢故众生垢,心净故众生净。心亦不在内不在外不在中间。如其心然,罪垢亦然,诸法亦然。”[18]《维摩诘所说经》为前秦鸠摩罗什译成于四世纪后半期,浸润一两个世纪,它超迈、洒脱,以空无说万有的风格,深契中土根性,所以流行一时,成为大乘经卷中的经典。虽然没有直接说出罪性空无,但内、外、中三不在的否定表达,罪性空的观念已经是呼之欲出了。大乘经卷所论缘起性空,是指宇宙万物万法所有皆是一时因缘所成就,缘起法生,缘消法灭。佛经常取芭蕉为喻,看似有一枝干,但层层剥去,就什么都没有了。万物万法也是如此,看似历历如在目前,实质都是因缘际会,偶合所成,一旦因缘消散,即无所寻踪。佛经的术语称之为无自性,即不是本真的存在。从这缘起性空的存有论推广到论述罪业,这罪业自然也如同万物万法,因为罪业也被看成是万物万法之一。这样,罪性也不例外,性属空无。《法苑珠林》在引用过《维摩诘所说经》这段话之后,接着说:“如是却推,罪性皆空,但以妄想因缘,虚受是苦。”[19]罪业的形成是由于妄想因缘,这妄想因缘一样没有本真

[17] 《普贤行愿品》,全称《大方广佛华严经》,即“四十华严经”,罽宾国三藏般若译。见《大正新修大藏经》第10卷,台湾佛陀教育基金会,1974年,第845页。

[18] 《维摩诘所说经·弟子品》,姚秦鸠摩罗什译。见《中华大藏经》15册,中华书局,2004年版,第838页。

[19] 唐释道世:《法苑珠林》,周叔迦、苏晋仁校注,第5册,中华书局,2003年版,第2473页。

性,同万物万法一样,也会归于寂灭,而忏悔就是灭除这妄想因缘的法门。

由陈入隋的智𫖮即世称智者大师,讲罪性空最为透彻,他的《释禅波罗蜜次第法门》:

> 一切诸法本来空寂。尚无有福,况复罪耶?但众生不善思惟,妄执有为而起无明及与爱恚。从此三毒,广作无量无边一切重罪,皆从一念不了心生。若欲除灭,但当反观如此心者从何处……如是观之,不见相貌,不在方所,当知此心毕竟空寂。既不见心,不见非心,尚无所观,况有能观。无能无所,颠倒想断。既颠倒断,则无无明及以爱恚。无此三毒,罪从何生?复次一切万法,悉属于心。心性尚空,何况万法。若无万法,谁是罪业若不得罪。不得不罪,观罪无生。破一切罪,以一切诸罪根本性空常清净故。[20]

智𫖮的这种讲法,与奥古斯丁把恶看成是“善的缺乏”表面上有相通之处[21],都是不承认罪具有一种实体性的地位,取消恶“存在”的资格。不过两者背后的思路并不相同。奥古斯丁之所以将恶定义为“善的缺乏”,是要论证上帝创造的这个世界是完美无缺的,本来只是纯善,人后来堕落才产生了恶。这恶与上帝无关,而与人相连。因而去恶扬善,皈依神是第一要义。而佛教以空寂为本,由大前提推论,不但罪性空,善性也是空。而智𫖮特别发扬罪性空论,是要将灭罪同修炼般若智慧联系起来。既然罪性空寂,运用般若真智观照罪性,如同幽暗中发智慧火光照一切,驱赶黑暗,就变得十分重要了。这样,对罪性的认识就同智慧的运用息息相通了。罪障冤孽,不仅需要透过一套仪式去除,而且还是高级的智力游戏的对象。

正因为这样,在汉传佛教传统内部,忏悔一般分为两类:一是事忏,一是理忏。如《法苑珠林》所言:“忏悔有二:一是迷心,依事忏悔。谓佛像前行道礼敬,发愿要期,断除事恶。二是智心,依理忏悔。谓观身心,断除结使。”[22]所谓“依理

---

⑳ 智𫖮:《释禅波罗蜜次第法门》卷二,见《中华大藏经》第97册,中华书局,2004年,第844页。

㉑ 见希尔《欧洲思想史》,赵复三译,香港中文大学出版社,2003年版,第21页。

㉒ 唐释道世:《法苑珠林》,周叔迦、苏晋仁校注,第5册,中华书局,2003年版,第2471页。

忏悔”,就是要对罪无自性有所体悟,明白罪业的机理,不离万物万法毕竟空寂,由般若真智的运用而通达无垢清净的境界。断除罪障固然是一方面,但人心的觉悟似乎更加重要。如果没有对罪性究竟所以然的洞达烛照,除罪便流于形而下的仪式工夫。华严五祖宗密在《圆觉经修证仪》说过一段事理二忏的释义:

> 夫忏悔者,非唯灭恶生善,而乃翻染为净,去妄归真。故不但事忏,须兼理忏。事忏除罪,理忏除疑。然欲忏时,必先于事忏门中披肝露胆,决见报应之义如指掌中,悚惧恐惶战灼流汗口陈罪行,心彻罪根(爱痴),根拔苗枯,全成善性,然后理忏以契真源。今大众自入道场以来,重庿陈罪相,恳切至到,披露丹诚,又约经文,照真达妄,计其罪鄣尽已消除,但恐因修时覆,想前惩往,忧疑未泯,是以更须理忏,用豁余情。然理忏者,须深达我法皆空,性相本净。㉓

理忏在这里被理解为更基本的止观修行,它虽然是形上智慧的运用,但却在忏法中占据更根本的地位。

理解罪性,对佛教来说最根本的目的是灭罪,但人的修行有深浅,根器觉悟有不同,作为灭罪不二法门的忏悔,亦因此而演变出多种不同的具体方法。天台宗开山祖师智觊曾将忏悔法分为三种:其一是“作法忏悔”。所谓作法,指举行各式各样的忏悔仪式。他认为这种忏法可以“扶持戒律”,但属于小乘佛教的忏法;其二是“观相忏悔”。所谓观相,是指依经教“专心用意,于静心中,见种种诸相”。这“种种诸相”当然都是“好相”和“瑞相”。若于静默用意中能见“好相”和“瑞相”,罪业就会消歇;其三是“观无生忏悔”。“观无生忏悔”,又称“大忏悔”、“庄严忏悔”、“破坏心识忏悔”、“无罪相忏悔”。所谓“观无生忏悔”,是在忏悔中观罪性、心性的空无。这是要“破除无明一切烦恼习因之罪,此则究竟除罪源本”。在这三种忏悔法中,智觊显然推崇“观无生忏悔”。认为它是“于忏悔中,最尊最妙。一切大乘经中明忏悔法,悉以此观为主。若离此观,则不得名大

㉓ 宗密:《圆觉经修证仪》卷十六,见《中华大藏经》,第73册,中华书局,2004年版,第196页。

方等忏也”。[24] 以小乘、大乘而论，正如智𫖮所说的那样，“作法忏悔”属小乘，后两者属大乘，但“观相忏悔”并不排除举行某种集体性的修行仪式，而只是以观相做灭罪的判断标准。能观瑞相，如佛来摩顶之类，就表示罪业已灭。而“观无生忏悔”则以“深达罪源”作灭罪的标准，但它也不排除在观想中见相。可见，智𫖮对忏悔法的三分，是对徒众方便解说而设的，它本身的分别不是绝对的。

罪性空寂的论述和理忏观念的提出在汉传佛教忏法的演变史上具有重大的意义，它将罪业由人生的“污点”提升为一个凝神思索的对象，忏悔因此而具有了形而上学精神生活的意义；而其后不久六祖慧能提出“无相忏悔”说法，很明显是在这基础上进一步的发展，两者之间明显具有思想传承光大的踪迹。由万物万法“缘起性空”到罪性空寂，即使在佛教传统的内部也是一个突破性的进展。这与小乘佛教论罪业相比，就会容易明白。在小乘经教看来，不是什么罪业都可以经由忏悔而复本如初的，有些罪业可以忏除，但有些罪业却万劫不复，不能忏除。“夫四重五逆，佛海死尸；小乘经律，譬同斩首。既律无开缘，忏不复本。”[25]四重五逆是极重的罪孽，四重即杀生、偷盗、淫邪、妄语；五逆即杀父、杀母、杀阿罗汉、出佛身血、破和合僧。小乘以为犯四重五逆，就是自断善根，忏悔也无用。很明显，小乘经教有一种罪业分等级的观念。罪量有轻重，故忏除有分别。忏悔如同断罪量刑，罪轻能出生天，罪重则无可恕。小乘经教之所以有此分别法，根本之处是将罪业看成是具体的存在。但是罪性原本空无的观念则超脱了这一切，跳脱了因果。罪是一个统称，根源于心的有垢不净，根源于妄想因缘。这种无差别地看待罪业的背后贯穿着平等的理念，不再斤斤计较罪量的等级，而注重它的妄想因缘性质。正因为这样，忏悔也要落在根本觉悟之上。罪无自性论的提出，为放下屠刀、立地成佛开启了道路。

上文谈到佛教除罪论述的时候，曾用过“救赎”一词，其实这只有在非常有限的意义上才是恰当的。准确说，佛教对于人的罪恶，不是“救赎”而是“消业”。

---

[24] 此段引述，均出自智𫖮《释禅波罗蜜次第法门》卷二，见《中华大藏经》，第97册。中华书局，2004年版，第844页。

[25] 唐释道世：《法苑珠林》，周叔迦、苏晋仁校注，第5册，中华书局，2003年版，第2469页。道世此段话出自隋灌顶《国清百录》之《方等忏法第六》“⑪”，原文是“夫四重五逆佛海死尸。依小乘经，如断多罗树毕竟不生，无忏悔此。”见《中华大藏经》第83册，第189页。

“救赎”与“消业”两者存在微妙的差别。自然,无论“救赎”还是“消业”,对象都是人;离了人,既无所谓“救赎”,也无所谓“消业”。因此,无论“救赎”和“消业”在宗教的生命提升的意义上,它们的词义可以互训。但“救赎”天然具有庄重肃穆的悲壮含义,而“消业”则不能没有喜庆超度的快乐之感。有生之属,固然罪孽深重,但兆造之因,或远在前世,无穷因果,烟渺浩茫,今生难以究诘。既然皈依佛门,罪孽一律超度,罪去福来,正是人生的喜庆。一如民间将丧事称为“白喜”一样。亲人故去,事属哀伤,但离此苦海,往生西天极乐,自然添上一份超生的安慰。佛教由“消业”而衍生的种种忏悔仪式,这仪式与生俱来含有“乐感”的基因。正因为这样,它们在传播的过程中,越普及到下层社会信众,其宗教的含义越是稀薄,而民间仪式的欢庆含义越是浓厚。就拿道世所说的“理忏”和“事忏”来说,“理忏”高深,非一般根器浅薄的民间信众所能领会,观相的妙智与他们无缘,因此属于“理忏”的忏法,自然更多在寺庙僧团内部进行。而“事忏”简单易行,照葫芦画瓢,为吸引民间信众参与,也为推广佛法,制定忏法的时候,必然吸纳现成的民间仪式成分,使之具有喜闻乐见的民间性格。于是,属于“事忏”的忏法,多为僧团之外的民间信众所接受。

三

忏法在汉传佛教传统内部存在两个不同层次:一类是精致的忏法,另一类是通俗的忏法。它们所循的教理理论上是相同的,但因为修行者的层次不同,而忏法亦有区别。举方等忏法为例,这忏法是智顗大师根据《大方等陀罗尼经》创制的。经中卷三讲到“七日行法”,卷四教人“修行九十七日,日诵陀罗尼经四十九遍等”。[26] 而智顗的创制融汇了印度佛教忏悔仪的基本要点:沐浴斋戒、唱诵经文、打坐观想。他将印度佛教的实践修行方法略做变更,结合自己的体验,订立为兼具汉传佛教特色的方等忏法。其仪式包含下述要点:第一,道场形式。要择

㉖ 《大方等陀罗尼经》卷一,见《中华大藏经》,第22册,中华书局,2004年版。

日举行，布置场面。这包括，“香泥泥地散诞圆坛，彩画庄严拟于净土；烧香散华悬五色盖及诸缯幡；请二十四躯像；设百味食；一日三时洗浴着新衣；手执香垆。”对设百味食的要求是“办好华香灯油果菜不限广狭”，还要“楼阁殿堂弦出法声”。这当然是指梵呗音乐的配合。第二，请佛。参与者“一心一意散礼一拜，互跪运念念此香云”，然后“当奉请三宝，使声声运念泪流于脸，如向死地求于大力”。特别要奉请的有“南无宝王佛”、“南无摩诃袒持陀罗尼方等父母”、“十法王子华聚雷音”、“舍利弗等一切声闻缘觉”等。第三，忏悔发露，披陈发愿。这项仪轨是忏法的核心之一。它要求参与者“互跪发露披陈哀泣，雨泪首悔三宝。具实志诚不谀不谄，不敢覆藏。随行者智力自在说。次发愿，愿共法界怨亲，改革洗浣熏修清净”。第四，唱诵经文。“诵百二十遍咒，一匝一咒。声不粗不细，迟疾允当。”第五，观想。“然后却坐思惟，观一实相，观法出余文。”㉗其中忏悔发愿、唱诵陀罗尼经和坐禅观想这三项仪轨是周而复始进行的，整个忏法需要不间断进行七日夜才告完成。这项忏法经过智𫖮的改造显然比陀罗尼经所说更加完备。华丽的场面、吓人的长度、“威仪三千”的仪式感，都反映出天台忏法的特点。

方等忏法属于“理忏”和“事忏”兼具的忏法，智𫖮把它归入“观相忏法”一类。由于事理兼具，它广受信众接受，尤其是社会上层的皈依者。《广弘明集》还收录一篇陈文帝修习方等忏法时所作的忏悔文。㉘ 中古、隋唐时期，方等忏法是僧人信众主要的修道方法。正如圣凯所说，“方等忏法在智𫖮时代是非常流行的。慧旷、慧思与智𫖮具有师承关系，瓦官寺时代，智𫖮的高足法喜、俗兄陈铖皆修习方等忏法，在天台山隐栖时代，永阳王及其眷属共修七夜方等忏法。所以，智𫖮门下道俗，相当盛行方等忏法。”㉙智𫖮和天台宗偏爱方等忏法，显然是因为智𫖮认为观相能够灭罪。这种忏法在道场布置、请佛、唱诵等仪轨与其他忏法没有什么明显的不同，但似乎更加强调默坐思惟观相。所谓观相当是指长时间的禅定默想而出现佛教经义描绘的种种幻觉相，这些“诸灵瑞相”的出现，被

㉗ 以上所引，均出自灌顶笔录成书的《国清百录》卷一之“方等忏法第六”。见《中华大藏经》第 83 册，中华书局，2004 年版，第 189 页。

㉘ 见《广弘明集》卷二十八。上海古籍出版社，1991 年版。

㉙ 圣凯：《〈方等三昧忏法〉成立新探》。见 http://blog.sina.com.cn/s/blog_6863d3a60100qb9d.html。

当成实践修行的成就，它证明了罪业的消除。忏悔修行中现相与否被当成罪业是否灭除的依据和标准。这种宗教修行的体验本身是神秘主义的，任是何人，也不能从事理上给予否证。于是这些种种幻觉相被解释为具有宗教正面含义的“见证”，而与生俱来的罪业亦因此而灭除。不过对于智颢来说，“观相”最终达到的目的是“观无生”，也就是觉悟万法万有的寂灭而认识罪源。所以方等忏法的最高境界不是纯粹的“观相”，而是由“观相”入“观无生”。㉚ 有意思的是智颢虽然视“观无生”为忏悔修行的最高境界，但他并未将之落实为具体的忏法。忏法多样，但并未见有称之为“观无生忏法”的修行法门。大约因为陈义甚高，它作为实践修行的最高成就，不便在某种具体的修行法门中体现出来。

佛教追求人生舍凡入圣的“觉悟”，但它本身亦是一项宗教事业。“觉悟”是信者毕生持续不懈的修行实践的目标，而事业则在乎尽可能化度更多的徒众。前者讲究质量，后者在乎数量。在佛教的流传史上，这两个目标经常是矛盾的。因为虽说众生平等，佛性无碍，但实际上根器的愚慧、缘分的深浅在信受佛教的人当中是有差别的。有道是“几个鳞甲为龙去，虾蟆依然鼓眼睛”。无数人在拜佛修行，但几个修成高僧大德？无数人向往升西天极乐世界，但几个能够现身说法？就以忏悔除罪为例，智颢固然区分了“作法忏悔”、“观相忏悔”和“观无生忏悔”，宣示修行层次的高低，指出循序渐进的法门，但究竟有几人能够透彻深悟“观无生”的奥旨？芸芸信众，恐怕多是见佛烧香、见僧就拜之类。曲高和寡的现象在佛教流布过程中一样不可避免。所以，既是为现实情形所限制，不得不将就，也是主动因缘说法，迎合信众的口味，一种为信众喜闻乐见的忏悔灭罪修行方式就应运而生，这就是更为常见的经忏法事。经忏法事是将佛教经律忏罪的意旨与民间仪式相互结合的产物，它的原初本意虽然是训导信众忏悔灭罪，但实际上定慧修行的本旨越来越隐晦，演变为徒有其表的日常仪式。但亦因为这样，它符合下层信众的理解水准，因而拥有最为广大的接受度。忏法的仪式化、空心化现象在经忏法事中表现最为明显。

“梁皇忏”是诸经忏法事中广为流传的一种，正式名称是《慈悲道场忏法》。

㉚ 观相法也被认为是“观无生忏悔”中的一部分。宋立道《从忏悔观到忏悔仪再到经忏佛教》，见 http://www.douban.com/group/topic/7923933。

它之所以出现,伴随一则流行传说。话说梁武帝的皇后郗氏生前轻欺僧人,不礼三宝,不信因果,死后堕落地狱,化身为蟒蛇,托梦与梁武帝。武帝请志公禅师据经律忏罪之义,制忏文三十卷,为郗氏超度。郗氏由此得脱苦海。而据清俞樾《香茶室丛抄》卷十三,"梁皇忏"最初的形态是竟陵王萧子良所著《净住子》的"忏悔篇",又称"六根大忏",后梁武帝欲忏悔六根罪业,于是命真观法师增广"六根大忏"而成十卷《慈悲道场忏法》。关于"梁皇忏"的真实身世,学者的考据显然比传说更为可信。但传说的附益也为这部皇皇巨忏起着画龙点睛的作用,它以因果报应原理贯彻始终,弘扬佛法,既劝请又惊怖信众,让他们诚心礼佛,从头忏悔,做佛门弟子。

从行持仪轨的角度看,"梁皇忏"与其他忏法大同小异,步骤的先后和隆重的程度或许有别,但大致不差。它同样包含礼佛、赞佛、忏悔业障、随喜、回向、发愿诸程式,然而"梁皇忏"也有独自的特点。第一,它体制恢宏,全文有六万六千余字。若举行仪式全文唱诵,这会是非常漫长、拖沓的,但这正好符合民间以大场面、大制作为庄严、隆重的习惯,使这部忏法成为下层信众精神生活的重心。第二,它完全没有高深的佛理,因果报应是其忏理的核心,兼且忏文的开篇是以皈依三宝和断疑为义。这个布局反映了忏法的制作者已经意识到,忏法是以粗识佛理或不了解佛教的人为陈说的对象的,在参与仪式的信众之中,有相当一部分人对佛法尚在疑信之间。这方面与上文所讨论过的方等忏法存在明显的区别。"梁皇忏"的忏文随处夹叙经律所记载的报应故事,几乎是将佛经故事照本转移过来。考虑到下层信众的接受能力,以粗浅的故事去说服他们,以恐惧的情节去警戒他们弃邪归正,这不失为一个恰当的选择。第三,忏文粗浅易懂,声情并茂。在诸忏文之中,"梁皇忏"最具文采,也最能以情动人。下文录自"断疑第二",仅以其中一小段作为例子。忏文反驳种种对佛法的质疑:

> 诸佛圣人所以得出生死度于彼岸者,良由积善之功故,得无碍自在解脱。我等今日未离生死,已自可悲,何容贪住此恶世中。今者幸得四大未衰,五福康悆,游行动转去来适意,而不努力复欲何待?过去一生已不见谛,今生空掷复无所证,于未来世何以度济?抚臆论心实悲情抱,大众今日唯应

劝课努力勤修，不得复言且宜消息，圣道长远一朝难办。如是一朝已复一朝，何时当得所作已办？[31]

劝诫疑者，苦口婆心，因果三世的道理，不管是否认同，却已经是以情动人了。纵使是怀疑佛法、懒惰修行的人，也不能否认忏文的情真意切。殷殷劝诫之中，作者将三世因果与“逝者如斯，不舍昼夜”的华夏中原价值观融汇一体，确实是一篇高妙的忏文。这反映了作者对下层信众的感受、思想和价值观，有深入而精确的体验。历代称之为“忏王”，信实不虚。不过，也要看到，无论怎样优美的忏文，如何恳切其事的忏法，它所表达的舍凡入圣，往生净土，只是一个许诺，能不能使这个许诺变为现实，则在乎人。唯人弘法，非法弘人。而“梁皇忏”一类的经忏法事，注重采用通俗民间仪式，以因果报应来惊吓“同业大众”，以廉价的许诺吸引归依者，这说明它致力于以法弘人。在这个为数量而努力的过程中，它的“法”必然会变得空洞化，失去佛教经义的神髓，而流于形式化。

与“梁皇忏”一样，民间广为流传的经忏法事还有“水陆斋会”和“瑜伽焰口”，两者都是为了超度饿鬼的，而尤以“水陆斋会”为盛大。“水陆斋会”作为忏法的出现，一样托名于梁武帝，传说谓武帝梦见神僧，命他制作水陆大斋，建福禳灾，飨食鬼神。但据学者考证，这个传说其实也是站不住的。“水陆斋会”的演变与《佛说面然饿鬼陀罗尼神咒经》有关，而这部佛经是唐代实叉难陀翻译的。[32]或是因为梁武帝笃信佛教，将法事托名于他，以高身价，又增庄严。“水陆斋会”和“瑜伽焰口”都是唐代之后形成的，它们的出现反映了在民间层面的佛教与汉地社会习俗、价值观相互融合的趋势。鬼神信仰在中国社会自古已然，而人死为鬼，或保佑，或施灾于人间子孙，端看后世子孙对鬼神的虔敬与供奉。所以中国人讲的“慎终追远”，不仅包含精神层面的信仰，而且还有四时节令的鬼神供奉仪式。而佛经中阿难见面然饿鬼、施食救度的故事，正好迎合中国民间供奉鬼神的习俗。所不同的是佛经中的饿鬼是无谱系的游魂孤鬼，而中国民间供奉的则是祖灵。有心的高僧见于此种信仰的契合，制作成“水陆斋会”和“瑜伽焰口”，

---

[31] 《慈悲道场忏法》，见《中华大藏经》，第 105 册，中华书局，2004 年版，第 536 页。

[32] 宋立道：《由忏悔观到忏悔仪》。见 http://www.douban.com/group/topic/7923933。

因为有其土壤，果然大受中国民间"同业大众"的信受，佛教亦因此而在中国基层社会站稳了脚跟。不过，有意思的是这个原初以慈悲救世、礼忏除障为宣扬宗旨的佛经故事，当落实为"水陆斋会"和"瑜伽焰口"的时候，它的精神层面被抽空了，而只剩下欢乐和喜庆的民间生活形式的躯壳。

四

禅宗六祖慧能（638—713）比天台宗智顗（538—597）整整晚生一个世纪，到慧能思想成熟，接过五祖弘忍衣钵的时候，佛教的中国化已经成形，并且自成传统。慧能之前，以禅指称佛教所说的般若智慧，已成惯例。高僧可称禅师，佛门识见可称禅学。虽无禅宗一词（禅而称宗，是由慧能开始的），但佛教流传华夏中原数个世纪，已经在这片土地扎下深根，形成了区别于印度佛教的汉传佛教。而禅宗的出现则是这个汉传佛教内部一个革命性的事件。慧能提出来的一些基本概念和倡导的教门宗风，既是佛教中国化的进一步深入，也是对汉传佛教内部传统的"反叛"和"颠覆"。以往论述禅宗史，站在前者的立场认识慧能禅学的意义已经非常充分了，而唯有后者则尚可补充。如果不以汉传佛教的传统为参照背景理解《坛经》的基本概念和慧能提倡的传法方式，就不能很好估量慧能在汉传佛教史的革命性意义。以下仅就慧能的忏悔观为例子，对它在汉传佛教史上的革命性意义略作论述。

就忏悔除罪而言，慧能的讲法做法与他的佛门同道赫然有别，他提出"无相忏悔"的概念。"无相忏悔"一词见于《坛经》"忏悔品第六"中一处文字。慧能登坛说法，传授弟子：

> 今与汝等，授无相忏悔，灭三世罪，令得三业清净。善知识，各随我语。一时道，弟子等，从前念今念及后念，念念不被愚迷染，从前所有恶业愚迷等罪，悉皆忏悔，愿一时销灭，永不复起。弟子等，从前念今念及后念，念念不被骄诳染，从前所有恶业骄诳等罪，悉皆忏悔，愿一时销灭，永不复起。弟子

等，从前念今念及后念，念念不被嫉妒染。从前所有恶业嫉妒等罪，悉皆忏悔，愿一时消灭，永不复起。善知识，以上是为无相忏悔。㉝

《坛经》谈到无相忏悔，仅此一处文字，再无其他，与慧能一贯朴素、简洁、不重文字的作风一致。其实，慧能并不是开坛讲授忏悔的大义，他是在宗门同道举行忏悔仪的过程中申述所谓“无相忏悔”。多得法海笔录用心，文字流传，才使慧能之论忏悔的思想记载下来，千百年以下，我们今天依然可以瞥见它的光芒。

“今与汝等，授无相忏悔”，显然是一句口语，说明慧能与宗门众弟子一道，在举行经过他革新了的忏悔仪式。而上面的文字是这忏悔仪核心内容的笔录。忏悔仪极其简单，由慧能领颂，宗门弟子跟随，将上述三个句子重复一遍，忏悔仪就算完成。我们知道，慧能宗门之外的忏悔仪，过程都极其烦琐，梵呗唱诵，数日不辍。智𫖮制定的“方等忏法”，需要七日夜；“金光明忏”也需要六日夜。超度两界饿鬼的“水陆斋会”则视乎场合，可伸可缩，最为盛大隆重的，也是七日夜。其他名目繁多的忏悔仪，也是以烦琐、冗长、拖沓、重复而为其普遍特征。之所以讲究仪轨的复杂和时间长度，当然有神秘其事的考虑，它使修行践法成为一项主持者的“特权”。而慧能倡导的忏悔仪，简单到不能再简单了。“各随我语”三句以“弟子等”为开头的句子，数分钟之内仪式结束。《坛经》没有记载慧能为何如此这般改革这项重要的佛教仪轨的考虑，他似乎对在他之前已经蔚为大观的各种忏法保持了沉默。不论是文字记载的疏漏还是故意的“不争论”，我们从慧能的忏悔仪和其他忏法的鲜明对比中还是能感受到慧能强烈的革新意识。他显然不满在忏悔修行问题上的“烦琐哲学”和“经院教条”。他要在佛教内部开创一个新传统。他不愧为禅宗的开山祖师，打破条条框框，破除烦琐法门，直指人心。忏悔对于慧能来说，作为内心佛性修养还是继承下来了，但作为一项隆重其事的

㉝ 《坛经》版本众多，此段文字录自广东曲江县（今韶关市曲江区）南华寺印本《六祖法宝坛经》。文字与据敦煌本校释的《坛经校释》（郭朋校释，中华书局 1983 年版）有较大出入，但意思并无区别。校释本并无“善知识，各随我语”句，但三唱之后，注有一行小字云“已上三唱”。似是慧能不仅在向弟子解说“无相忏悔”的意思，还在领颂三句解文，进行宗门之内的忏悔修行。在这个意义上，两个版本的文意是可以互证的。南华寺本是宗门之内流传的文献，顾及修行的需要，文字连贯，语义通俗，为求通解，故引南华寺本。

仪式,已告消解。他彻底地剥除了忏悔仪式化的那一面,把它抛弃,而留下它的内心佛性修养的精神实质。他所授予弟子的那个"无相忏悔",实在不能视之为一种忏悔仪轨。因为它没有任何仪式性,既无程式,也不讲科仪,短短的三句话,只是传递了作为禅宗信徒当忏除罪愆的意思。慧能不仅没有像其他宗门在忏悔问题上隆重其事,大建仪轨,恰恰相反,他是这个既成传统的挑战者和革新者。因为他看穿了烦琐的仪式仅仅是徒有其表,若是没有一个精神的"救赎",这些忏悔仪轨终将堕落为束缚精神、迷障自性的僵死教条,忏悔本意倡导的精神觉悟和自性解放,将成为一句空话。

上文对慧能改革佛教忏悔仪轨用心的解释并非强作解人,他虽然没有直白说出自己对于各种流行的忏悔仪轨的不满,但他的做法处处与之相反,如果不是联系到当时佛教其他宗门所进行的各种忏悔仪轨,慧能的做法是不可解释的。慧能革新忏悔仪轨的背后显然有强烈的针对性。慧能的用心,我们还可以从他对忏悔这两字的解释中看得出来。当传授完他心目中的忏悔仪轨之后,他特意对弟子解释忏悔两字:

> 善知识!何名忏悔?忏者终身不为,悔者知于前非恶业,恒不离心。诸佛前口说无益,我此法门中,永断不作,名为忏悔。[34]

忏悔的字典含义,显然是不能这样解释的。"忏"当然不能保证"终身不为",而"悔"可以说是知晓"前非恶业",但也无从保证"恒不离心"。慧能之所以这样做,将对忏悔的实践强调灌注入对忏悔的文意解释之中,是因为佛教各宗门将忏悔当成"官样文章",仪轨冠冕堂皇,但毫无精神实质。他对此强烈不满,要通过强调"终身不为"和"知于前非恶业"才是忏悔的本来含义来表达正本清源的意思。解释过之后,特意补上一句,"诸佛前口说无益"。谁在"诸佛前口说"呢?我们知道,所有的各种忏法,都要求必须在"诸佛前口说"。或者对着诸佛发愿,或者对着诸佛诵读礼忏文,或者对着诸佛照本宣科地发露自己三世罪

---

[34] 见《坛经校释》,郭朋校释,中华书局,1983年版,第45页。

恶，或者对着诸佛一遍又一遍唱诵经文。在慧能看来，正是这种徒有其名的科仪轨范将忏悔的精神实质抽空了，变成在忏悔名义下的空架子，而忏悔本身含有的“终身不为”和“知于前非恶业”的意思反而被遮蔽了。尽管慧能在这里不是大声疾呼，公开叫板，但他的潜台词语义是十分明显的。他站在一个已经僵化的传统的末端，他要做的就是振衰起弊，革除迷障，恢复忏悔作为佛教徒必须的精神生活的真实含义。与“诸佛前口说”的法门不同，慧能标举“我此法门”。在慧能看来，这是两种对立的法门。前者“无益”，后者“永断不作，名为忏悔”。南华寺版《坛经》这段话之后，还添了一句：“凡夫愚迷，只知忏其前愆，不知悔其后过。以不悔故，前愆不灭，后过又生，前愆既不灭，后过复又生，何名忏悔？”[35]版本的问题此处不辩，或许有宗门后人添加掺入的文字，但这段话分明是将慧能的意思表达得更加清楚。世上的“凡夫愚迷”，在以讲究仪轨的忏法为根本义的佛教宗门教诲下，固然知道“忏其前愆”，但却不知“悔其后过”。知道“忏其前愆”是指信众服从忏法仪轨，礼佛如仪、发露罪恶、起誓发愿、诵读忏文、唱诵佛经，但这一切都是以走过场的仪式进行的，故虽然知道前愆，但却不知“悔其后过”。悔后过在慧能那里，被当成一个根本觉悟。这是对忏悔真义的领悟，有了这个领悟，才能达到作为一个佛教徒的根本要求——“永断不作”。在慧能的忏悔话语里，他很明显地将忏悔分作两种：一种是能够“永断不作”的真忏悔，而另一种是仅在“诸佛前口说”的假忏悔或伪忏悔。联系到佛教经忏漫长的发展演变历史，联系到各宗门忏法对表面仪式极尽讲求的现实局面，我们对慧能通过重新解释忏悔真义而革新佛教忏法的用心是不难理解的。

为了解慧能的忏悔观，追究一下他的特别用词——“无相忏悔”，也许不是多余的。慧能把自己传授的忏悔叫作“无相忏悔”，这个词的使用颇有“分别法”的意味，以示区别于其他宗门的忏悔，乃是教外别传的新法。新词的运用，有时是意有所指，不得不然；而有时是徒有其表，装点门面。慧能拈出“无相”一词，加诸忏悔之前，合成“无相忏悔”。文献无征，已经很难追索当时其他佛教门派对“无相忏悔”概念的反应，以致千载以下的今天，这个词也不是其义自明的，甚

---

[35] 见《六祖法宝坛经》，第45—46页。曲江县南华寺印行本，农历丁丑年。

至佛教史家亦谓之不通。[36] 慧能喜欢在各种既定概念之前加上“无相”一词,以表达新的意思。除“无相忏悔”外,还有“无相戒”、“无相三归依戒”,他自己作的颂也自称“无相颂”。这说明慧能相当看重“无相”一词,而“无相”正是慧能禅学的核心概念。他自己曾解释道:“何名无相?无相者,于相而离相。”[37]这和他解释“无念为宗”,而无念就是“于念而不念”的解法是一样的,强调的是不黏着、不系缚、不执着的意思。“但离一切相,是无相;但能离相,性体清净。”[38]慧能禅学教人发扬自性,自身觉悟,依自不依他。而自性要发扬,最切忌的就是系缚、黏着于“相”。任何“相”,色相、名相、念相,相对于自性都是迷障,着于迷障,则不可自救。烦恼、愚痴、迷妄皆是落于相中,执相而不自知。而所谓自救,就是依靠自有本觉性,“于相而离相”,不执着、不系缚。自我的得救,任何人都帮不了忙,就算慧能亦认为自己无济于事。“‘众生无边誓愿度’,不是惠能度,善知识!心中众生,各于自身自性自度。何名自性自度?自色身中,邪见烦恼,愚痴迷妄,自有本觉性,将正见度,既悟正见,般若之智,除却愚痴迷妄众生,各各自度。”[39]慧能明白得很清楚,世上并没有救世主,他自己也不是。尽管他提出禅门新说,但并不以救世主自居。若是以救世主自居,也就落入相中,不妨称为“救世主相”。

以自性的观点看,世上万事万物都是一相,而忏悔亦不例外。佛门的忏悔除罪,本意是度人于苦海,但每天礼佛忏悔如仪,本身并不能保证罪业自行消除,端看忏者是否发扬自性,是否有至诚虔敬之心。如果没有,任是礼什么佛,举行什么忏法,罪障也依然存在。因为失去至诚虔敬,就是执于相,忏亦无益。忏法作为佛教的修行法门,本意是启发信众的自性觉悟,但却演变出如此烦琐的科范仪轨,忏法的种类令人眼花缭乱,此忏不同彼忏,等级森严,忏悔本意所追究的精神解放恰恰在这个过程中异化为一种思想控制的工具,异化为精神的牢笼。慧能目睹佛门的弊端,于是针锋相对,提出“无相忏悔”。“无相”,首先相对于“有

㊱ 郭朋《坛经校释》解此词义时说,“‘无相忏悔’,义似‘无相戒’。有罪可忏,有过可悔,都是‘有相’的。既然‘无相’,又何‘忏悔’之有!”见该著第46页。中华书局,1983年版。

㊲ 见《坛经校释》,郭朋校释本,中华书局,1983年版,第32页。

㊳ 见《坛经校释》,郭朋校释本,中华书局,1983年版,第32页。

㊴ 见《坛经校释》,郭朋校释本,中华书局,1983年版,第44页。

相”,“无相忏悔”革除各种忏法进行时必不可少的“有相”仪式,如道场布置、礼佛、发露、回向、礼忏、唱诵等,使忏悔重新恢复为佛门义理的躬行实践。因此,“无相忏悔”亦可解作超越忏悔(离相)的忏悔(于相)。“无相忏悔”同其他佛门忏法相比,最大的特点就是简单,没有科范仪轨,没有繁文缛节,一切直指人心。其次,慧能在忏悔之前冠以“无相”,亦意在告诫人们,忏悔本身亦是一相,当以“无相”的态度对待它。烦恼、愚痴、迷妄,不是口说忏悔就可以去除的,如果失去至诚虔敬之心,怎样口说,也是无用。所以弟子信众亦要有警醒自觉,自己不要落入相中,就算忏悔也是如此。“于相而离相”是一种人生的觉悟,对待作为修行法门的忏悔,也不能没有这样觉悟。忏法所以落入科范仪轨的窠臼,就是因为修行者对此缺乏应有的觉悟,迷失在“忏悔”的科仪之中。由此可见,慧能教外别传,揭橥忏悔新义,在“忏悔”之前冠以“无相”,合成“无相忏悔”的概念,实在不是有意标新立异,而是意有所指,不得不然。在佛教史上,忏悔为“相”所累久矣,要恢复它的生命力,让被遮蔽的真义重新显示出来,慧能的答案是“无相忏悔”。

宗教教诲信众超越现世生活,以达致“彼岸”的超迈世界,而宗教超越性的前提是对现世的否定,支撑这个否定的立论就是人的有罪性。不管这个有罪性怎样表达,如基督教称之为“原罪”,佛教讲人的“三世罪业”,总之人的有罪性的立论在宗教里是被普遍承认的。由确认人的有罪性,忏悔除罪或者经由忏悔修炼身心,就成为宗教所倡导的精神生活的重要内容。在佛教三宝的佛、法、僧中,忏悔无疑属于“法”的部分,而且是诸法之中很重要的一法。历经累代僧人的弘法传扬,忏悔除罪的法门在华夏中原由无到有,逐渐扎根,而这个“法”到了中古时代的后期可以说是其法大备,有模有样。但是如果从追求超迈境界的观点看忏悔之“法”的生成演变过程,就会看到它其实是发生了严重的“异化”。它的躯壳部分逐渐成长壮大,征服信众,乃至深入人心,忏悔仪同信众的宗教生活已经变得紧密不可分离,然而它的精神部分却逐渐萎缩,空洞化、形式化。忏法大备是不错的,但忏者不知其所忏,或者为忏而忏。这种佛教法门的“异化”现象,是慧能最早也最深入观察和领悟到。他之教外别传,树立禅门宗风,最根本的地方是要恢复和发扬佛教修行法门的灵性,将宗教生活的属灵性重新显扬出来。他所发起的禅宗运动，就是宗教史上的属灵运动。所有空洞教条、外在形式都被打破、革除，代之以直指人心。净土不在遥不可及的西天，而在身中的自性。自性迷障，即是罪愆；心净无碍，即是佛土。慧能的教诲，看似极端，但他的语言机锋，处处让人意识到自己的精神灵性，不被各种“迷信”牵着鼻子走。南华寺版《坛经》有一段答信众的话很能表达慧能这方面的思想：

> 人有两种，法无两般。迷悟有殊，见有迟疾。迷人念佛求生于彼，悟人自净其心。所以佛言，随其心净，即佛土净。使君东方人，但心净即无罪。虽西方人，心不净亦有愆。东方人造罪，念佛求生西方；西方人造罪，念佛求生何国？凡愚不了自性，不识身中净土，愿东愿西，悟人在处一般。所以佛言，随所住处恒安乐。使君心地但无不善，西方去此不遥；但怀不善之心，念佛往生难到。[40]

慧能的禅学颇有洗尽铅华，尽复归于本色的味道。慧能所针对的这层“铅华”，其实就是佛教自身发展演变过程中的形式化和教条化。在西方宗教思想史上，我们也可见到类似的现象，当教会僵化的烦琐哲学和经院教条阻塞宗教自由身心发展的时候，各种提倡灵性的宗教运动就会出现。正是由于灵性运动的出现，宗教得以延续它的精神生命。禅门宗风的出现，为汉传佛教吹来一阵清风，它造成了深远的思想影响。

“无相忏悔”简单说就是放下一切相，疏离一切相的忏悔。放下相、疏离相的忏悔就将佛教忏悔法门的仪式性减到最低，甚至去除它的仪式性，这样忏悔就从繁文缛节中解放出来，恢复它作为精神生活的“本来面目”。对人的有罪性的觉悟不再依靠一个“他者”的引导，不再依靠一个集体性的仪式，全凭自性的“觉”，全凭心中佛性的发扬。完全可以说，由于慧能禅学对“忏悔法门”的重新论述，才显示忏悔深藏在重重迷障遮蔽之中的精神生活的意义。扬弃了仪式教条，从此以后，忏悔走出佛门，进入“觉者”的精神世界。对人的有罪性的省察，

[40] 见《六祖法宝坛经》“般若品第二”，第 32 页。曲江南华寺印本，农历丁丑年。

就不一定非采取宗教论述的形式不可,它可以是文学的。因为文学就是人的内心生活的见证,如高行健就把作家看成是“原罪在身的普通人”[41]。中国文学史上那些伟大的作品,都显示出对人的有罪性的深刻观察,而作家亦表现出深切的忏悔意识。而这一切与禅宗的教诲都是一脉相通的,如果追溯到作家对人的有罪性的深切洞察和他们内心的忏悔意识,则不能不以慧能的“无相忏悔”为真正的源头。

二〇一二年三月

【刘再复　中国社会科学院文学研究所原所长、研究员

林　岗　中山大学中文系教授】

原文刊于《中国文化》2012 年 01 期

---

[41] 高行健:《文学的见证》,见《高行健论创作》,台北联经出版事业公司,2008 年版,第 17 页。

《史记》王泽三神考

兼谈民间信仰中的神灵指代规则*

王　尧

一、问题的提出

霍山又名霍太山、太岳，位于山西霍州东南，霍州即以山名。① 霍山属古冀州，南接洪洞，北跨灵石，东抵沁源，并绵延至古县等地，为五镇山之中镇，山麓有中镇祠，历代享祀不绝。②《周礼·夏官·职方氏》曰："河内曰冀州，其山镇曰霍山，其泽薮曰杨纡，其川漳，其浸汾潞，其利松柏，其民五男三女，其畜宜牛羊，其谷宜黍稷。"③作为地方山川之神，霍山神最著名的显灵事迹之一，是遣三神授赵襄子竹书。文见《史记·赵世家》：

> 原过从，后，至于王泽，见三人，自带以上可见，自带以下不可见。与原

* 【基金项目】第57批中国博士后科学基金面上资助，编号2015M571206。

① （明）褚相主修：《霍州志》卷一《舆地志·山川》，嘉靖三十七年版，霍州市史志编纂委员会再版，山西省新闻出版内部图书，2001年，第7页。

② 据嘉靖《霍州志》："中镇庙：在州东南五十里霍山麓，唐初建，太祖高皇帝正神号御制碑。增建东西厢房并官厅。国有大事，则差官致祭。"见嘉靖《霍州志》卷二《宫室志》，第38页。

③ （清）阮元校刻：《十三经注疏·周礼·夏官·职方氏》，中华书局，2003年，第863页。

> 过竹二节，莫通。曰："为我以是遗赵毋恤。"原过既至，以告襄子。襄子齐三日，亲自剖竹，有朱书曰："赵毋恤，余霍泰山山阳侯天使也。三月丙戌，余将使女反灭知氏。女亦立我百邑，余将赐女林胡之地。至于后世，且有伉王，赤黑，龙面而鸟噣，鬓麋髭髯，大膺大胸，修下而冯，左衽界乘，奄有河宗，至于休溷诸貉，南伐晋别，北灭黑姑。"襄子再拜，受三神之令。三国攻晋阳，岁余，引汾水灌其城，城不浸者三版。城中悬釜而炊，易子而食。群臣皆有外心，礼益慢，唯高共不敢失礼。襄子惧，乃夜使相张孟同私于韩、魏。韩、魏与合谋，以三月丙戌，三国反灭知氏，共分其地。于是襄子行赏，高共为上。张孟同曰："晋阳之难，唯共无功。"襄子曰："方晋阳急，群臣皆懈，惟共不敢失人臣礼，是以先之。"于是赵北有代，南并知氏，强于韩、魏。遂祠三神于百邑，使原过主霍泰山祠祀。④

按，霍泰山即霍山别称。"霍泰山山阳侯"即霍山之神，"山阳侯"当为霍山神的封号。其中，"余霍泰山山阳侯天使也"一句当中并无句读。然而如此则难以释读，理解为"余为霍泰山山阳侯的天使"，以"天"指"霍泰山"，不妥。即便在"天使"前点断，虽本句内部语义完足，却与全文不协，详见下文。尽管如此，这种读法却成为主流，后世多因袭之，如《元和郡县志》引《史记》：

> 智伯率韩、魏攻赵，赵襄子惧，乃奔保晋阳。原过从，后，至于王泽，见三人，自带以上可见，自带以下不可见。与原过竹二节，莫通。曰："为我遗赵毋恤。"原过既至，以告襄子。襄子斋三日，亲自剖竹，有朱书曰："赵毋恤，余霍泰山山阳侯天使也。三月丙戌，余将使汝反灭智氏，汝亦立我百邑。"襄子再拜，受三神之令。⑤

此一"天使"说的书证多，年代早，较为通行。同类文字还见于《水经注》《太

④ （汉）司马迁：《史记·赵世家》，卷四十三，中华书局，2013年修订版，第2151页。

⑤ （唐）李吉甫撰：《元和郡县志》卷十六，贺次君点校，中华书局，1983年，第367页。

平寰宇记》《太平御览》《皇霸文纪》《七国考》《肇域志》[⑥]等,由此辗转复引的文字更是不胜枚举,后文将对此说全力驳正,故不再赘引。这些晚出的书证虽可断章取义地疏通,但回溯其引用的《史记》原文,表意矛盾依然存在。[⑦]

对此句的质疑者也颇有之,他们在校勘方面提出不同看法,认为"天使"乃"大吏"之伪。但这一脉的声音始终比较微弱,可追溯至《风俗通义》卷一:"余霍太山阳侯大吏。"[⑧]即,朱书作者并非霍山神,而是他手下的大吏,也就是现于王泽的送信三神。这样一来,助赵灭知者就不是霍山神,而是王泽三神了。清梁玉绳《史记志疑》看法与此一致,认为《史记》中"余霍泰山山阳侯天使也"有误,而《论衡》"余霍大山阳侯天子"与之同伪,当依《风俗通》卷一作"余霍太山阳侯大吏"[⑨]。日人泷川资言《史记会注考证》亦引用梁说[⑩]。王叔岷《史记斠证》进一步证明吏、使二字本通:

> 案此文山字误叠,天乃大之误。盖本作"余霍泰山阳侯大使也"。《风俗通》作"余霍太山阳侯大吏",太与泰同。吏、使古通,《左》襄三十年传:"吏走问诸朝。"《释文》:"吏,一本作使。"即其证。《初学记》二八引此作"余霍太山阳侯天吏也",但误一天字。[⑪]

---

⑥ (北魏)郦道元著,陈桥驿校证:《水经注校证》卷六《汾水》,中华书局,2007,第161页;《太平寰宇记》卷四十《河东道一·并州》,(宋)乐史撰,王文楚等点校,中华书局,2007年,第二册,第851页,又见于卷四十三《河东道四·晋州》,第二册,第905、906页。(宋)李昉等撰:《太平御览》卷四十《霍太山》,中华书局,1960年,第191页;《皇霸文纪》卷十,影印文渊阁四库全书第1396册,台湾商务印书馆,1986年,第133页;(明)董说:《七国考》卷九《赵杂祀·霍太山祀》,中华书局,1956年,第279页;《肇域志》卷二十六,见《顾炎武全集》,上海古籍出版社,第八册,第1646和1728页。

⑦ 此外偶见"天吏""大使"等说,但影响甚微,不予讨论。如马骕《绎史》卷八十七下引《史记》作"大使",上海古籍出版社,1993年,第三册,第45页。

⑧ (汉)应劭撰,王利器校注:《风俗通义校注》卷一《皇霸》,中华书局,2011年,第36页。

⑨ (清)梁玉绳撰:《史记志疑》卷二十三,贺次君点校,中华书局,2006年,第三册,第1056页。

⑩ 泷川资言在该句下考证中引用梁玉绳《史记志疑》说,以《风俗通》卷一"余霍太山阳侯大吏"为是,然而该书《史记》正文部分却作"余霍泰山山阳侯天命也","天命"出处未详,且不见于他书,不知何据。见[日]泷川资言考证:《史记会注考证》,杨海峥整理,上海古籍出版社,2015年,第五册第2232页。1955年由北京文学古籍刊行社影印的初版本《史记会注考证》又作"余霍泰山山阳侯天使也",见该书第六册第31页。水泽利忠校补的《史记会注考证附校补》亦为"天使",上海古籍出版社,1986年,第1068页。

⑪ 王叔岷:《史记斠证》,中华书局,2007年,第三册,第1608页。另,梁玉绳、王叔岷均以为"山"字误叠,本文暂不论及,各处引用全依原文,不予更动。

今人韩兆琦《史记笺证》也以“大吏”为是(第六册,第 2930 页,注 113)。从《风俗通义》到梁玉绳、泷川资言、王叔岷、韩兆琦一脉,已将此处论证得相当清晰了,然而却未被通行《史记》刊本、尤其是中华书局标点本所采用。究其原因,既有观点多基于传统校雠学,未结合信仰语境,且言之过简,不能深餍人心。本文将全面阐明此说,是为补证。

二、《史记·赵世家》内证

《史记·赵世家》文本本身就是“大吏”说最坚实而直接的内证。“天使”和“大吏”的根本分歧在于,助赵灭知的行为主体是“天使”——霍太山,抑或“大吏”——王泽三神。

在《史记》原文和后代承袭的文字中,“余霍太山山阳侯天使”和“使原过主霍太山祠祀”两句都有不同程度的异文流传,而“祠三神于百邑”一句在各书中均无异文,最为稳定可靠。据此逆推,“汝亦立我百邑”的“我”即三神无疑。那么,上下文中的“余”也应是三神了。这是从句法规则推演。

而根据民间信仰的基本原理,祠于百邑既是履约的酬谢行为,所酬对象又是三神,则襄助者也必为三神。而三神显然是霍太山的属下而非“天使”,所以原文要表达的意思应该是“余为霍太山山阳侯的大吏”才对。

问题是,既然助赵者为王泽三神,为何在“祠三神于百邑”之后,又有“使原过主霍太山祠祀”的举动呢?这是原文最易引发误解之处,其实正是非常自然合理的信仰行为。霍太山虽非此事的直接施恩者,但由于三神是他的下级,所以在报答三神之余,论理也应奉谢他。三神的身份信息极匮乏,《史记》中除了表明他们与霍太山是上下级的从属关系外,其他概未提及,他们被呈现为典型的依附于别神之小神。所以,助人成事之后,受惠者除了回馈他们,往往还要连带酬谢他们所依附之神(何况两者的祠祀地点相距并不远),故有使原过主霍太山祠祀之举，这种现象在民间信仰中相当多见。[12] 由此也可以知道，百邑只是三神的祠祀地，霍太山另外早有专庙，二者并非一处，然而后代文献却对其多有混淆，下文还将提到。

可知，《史记》并不以三神和霍山神为一事，助赵灭知者乃三神。否则直言“遂祠三神于百邑，使原过主之”即可，不必专门强调“使原过主霍太山”。然而通行的“余为霍太山山阳侯天使”之说，以襄助赵氏者为霍太山，以祀于百邑者为三神，岂非自相龃龉耶。

三、“天使”说书证质疑

由于《史记》“天使”说的通行及其引发的模糊指代倾向，后代文献作者对三神与霍山神之关系难以理解，无法对前述矛盾处作融通解说，以致愈发混淆了。

（一）《论衡》

从《论衡》开始，对《史记》的理解就有存疑之义。文见《论衡·纪妖篇》：

> 赵襄子既立，知伯益骄，请地韩、魏，韩、魏予之；请地于赵，赵不予。知伯益怒，遂率韩、魏攻赵襄子。襄子惧，乃奔保晋阳。原过从，后，至于托平驿，见三人，自带以上可见，自带以下不可见。予原过竹二节，莫通，曰：“为我以是遗赵无恤。”既至，以告襄子。襄子齐三日，亲自割竹，有赤书曰：“赵无恤！余霍大山阳侯，天子。三月丙戌，余将使汝灭知氏，汝亦祀我百邑，余将赐汝林胡之地。”襄子再拜，受神之命。[13]

按，此处云“余霍大山阳侯，天子”，虽用字有异，但从语义和功能角度，“天

---

[12] 以笔者曾长期调查的山西洪洞为例，洪洞县位于霍山南麓，当地祭祀娥皇女英二妃常连带尧舜；二妃手下又有一小神名通天二郎，若是他帮助祈祷者达成心愿，人们除了要兑现许诺给通天二郎的酬谢，往往也要顺便祭祀二妃。

[13] （汉）王充撰，黄晖校释：《论衡校释》卷二十二《纪妖篇》，第三册，中华书局，2009 年，第 919—920 页。“至于托平驿”当作“至于王泽”，见第 919 页孙注。

子”与“天使”是等同的,二者属同一身份层级;且书信作者仍被认为是霍山神,并为天帝下属(天子),前述矛盾依然存在。以上记事后,王充论曰:

> 是盖襄子且胜之祥也。三国攻晋阳岁余,引汾水灌其城,城不浸者三板。襄子惧,使相张孟谈私于韩、魏,韩、魏与合谋,竟以三月丙戌之日,大灭知氏,共分其地。盖妖祥之气,象人之形,称霍大山之神,犹夏庭之妖象龙,称褒之二君;赵简子之祥象人,称帝之使也。
>
> 何以知非霍大山之神也?曰:大山,地之体,犹人有骨节,骨节安得神?如大山有神,宜象大山之形。何则?人谓鬼者死人之精,其象如生人之形。今大山广长不与人同,而其精神不异于人。不异于人,则鬼之类人。鬼之类人,则妖祥之气也。[14]

王充认为,如果是霍山神,样子一定应该长得像山一样。而送信的三神并非如此形状,可知此事非霍山神所为,乃是“妖祥之气,象人之形,称霍大山之神”,便抓住这一纰缪之处对神迹予以驳斥。这就说明,王充一定持错误理解,将三神等同于霍山神,视其为后者的具象化身了。那么,在《论衡》时便已存在对神灵身份的误解。

对该句的校勘,近人黄晖校释《论衡》时所引孙蜀丞、吴检斋及黄氏本人校语,均以《史记》“天使”为是,以《风俗通义》、梁玉绳一脉“大吏”为非:

> 孙曰:《史记》作“余霍泰山山阳侯,天使也。”此文脱一“山”字。“子”疑当作“使”。
>
> 吴曰:当依《史记》作“天使”。此作“天子”,《风俗通》作“大吏”,并非。上文云:“致天之命,是天使者也。”简子得二筐,襄子得竹二节,其事相类。且《论》明云“大山之神”,则改为“大吏”,又无义矣。梁说非。
>
> 晖按:孙、吴说,是也。《郡国志》注引《史记》作:“余霍大山山阳侯,天

---

[14] (汉)王充撰,黄晖校释:《论衡校释》卷二十二《纪妖篇》,第三册,第920—921页。其中“赵简子之祥象人,称帝之使也”一句指赵简子梦中所见帝侧之人当道一事,亦见于该卷,与本文无涉。

吏也。""吏"字亦误。《指瑞篇》云:"吉凶,或言天使之所为。"《水经·洞过水注》:"原过水西阜上有原过祠,怀道协灵,受书天使,故水取名。"亦足证此文当作"天使"。[15]

他们认可"天使"说、否定"大吏"说,均是从义理角度,或求诸书证,如吴氏以《论衡》同篇"论"中"大山之神"为据,认为改"大吏"无义,殊不知此论将三神认作大山之神,正是王充之误,而黄晖援引的《水经注》亦误,详后;或类比其他灵验事件,如吴氏以简子得笥事,分析"天使"的常见义,而没有留意"祠神百邑"的矛盾之处。这正是犯校勘学所谓"以习见义改生僻义"之弊。

持同样错误思路的还有王利器校注《风俗通义》。《风俗通义》作"余霍太山阳侯大吏",原是正确的,且得到梁玉绳以来诸位学者的首肯,然而王利器校注反又误依《史记》改回"天使",并云:

天使为春秋、战国时习言之神道,《左传·宣公三年》:"燕姞梦天使与己兰。"又成公五年:"婴梦天使谓己。"皆其证。[16]

王氏全从"天使"一词的含义和用法上校改,却未能还原上下文语境,发现并厘清文义中的矛盾。

(二)《水经注》等

《水经注》对此事的记录也未能避免讹误。《水经》卷六所记汾水、浍水、洞过水皆与此事相关,"汾水"下郦道元注:

汾水又南与彘水合,水出东北太岳山,《禹贡》所谓岳阳也。即霍太山矣……霍太山有岳庙,庙甚灵,乌雀不栖其林,猛虎常守其庭,又有灵泉以供祭祀,鼓动则泉流,声绝则水竭。……彘水又西流迳观阜北,故百邑也,原过之从襄子也,受《竹书》于王泽,以告襄子。襄子斋三日,亲自剖竹,有朱书

⑮ 《论衡校释》卷二十二"纪妖篇",第三册,第919—920页。

⑯ (汉)应劭撰,王利器校注:《风俗通义校注》:中华书局,2011年,上册,第42页,注42。

> 曰：余霍太山山阳侯天使也，三月丙戌，余将使汝反灭智氏，汝亦立我于百邑。襄子拜受三神之命，遂灭智氏，祠三神于百邑，使原过主之，世谓其处为观阜也。彘水又西流迳永安县故城南，西南流，注于汾水。[17]

彘水所出东北太岳山，为霍太山别称。山上有岳庙，即霍山神庙。彘水向西流经观阜北，观阜也就是百邑之地，又作“观堆”“观埠”[18]，其上有祠，所奉即前《史记》所载霍山神的三位使者。之后，彘水继续向西流去，终注于汾。

由此可知霍山一带有两座著名庙宇：一为霍山庙，所祀为霍山神；一为观阜（堆、埠）祠，祀霍山神的三位使者。两庙相距不远，但我们可从上文明确得知，二者是分开的两地。如此看来，霍山神与三神自然也是两种神灵，并非一体。三神只是霍山神的使者，它们并不等同。这本是《水经注》的晓畅之处。

然而，对《史记》中“遂祠三神于百邑，使原过主霍泰山祠祀”，《水经注》却改写为“祠三神于百邑，使原过主之”，未及霍山神。原过成了主百邑三神祠之人，这显然是对《史记》的误解。“使原过主之”一句，或为衍文，或应同《史记》作“使原过主霍太山祠祀”。

与《水经注》相类，《太平寰宇记》也以观堆祠在霍邑县，霍山庙在赵城县[19]，可知其也认为两地并非一处。更有道光《直隶霍州志》、民国《霍山志》等舆图[20]明确标识，下图引自《霍山志》。从图中可清晰见出，观埠与中镇庙相距不远，但绝非一处。

不过，多数人并不详当地有两庙的情况，观埠祠与霍山庙的混淆时常可见，比如《读史方舆纪要》卷三十九：“山下有观埠，高二里，周十里。赵襄子灭智氏，

---

⑰ （北魏）郦道元著，陈桥驿校证：《水经注校证》卷六《汾水》，中华书局，2007年，第161页。

⑱ 嘉庆《大清一统志》卷一百五十三《霍州》：“观埠峰，在州霍山西。《省志》观埠当即观阜。赵襄子祠三神于百邑，使原过主之，谓其处为观阜。按观阜又作观堆。”《四部丛刊续编》本，上海：商务印书馆，1934，第九册，第4b。

⑲ （宋）乐史撰，王文楚等点校：《太平寰宇记》卷四十三《河东道四・晋州》，中华书局，2007年，第二册，第905、906页。

⑳ 崔允昭主修：《直隶霍州志》，道光五年版，霍州市史志编纂委员会再版，山西省新闻出版内部图书，2001年，卷首・图，州属总图、州境图页；释力空原著：《霍山志》，《霍山志》整理组整理，山西人民出版社，1986年，卷首图页。

祠霍泰山于此,曰观埠祠。”[21]又如嘉庆《大清一统志》卷一五三:“观堆祠在州东南,祠霍山神。”[22]均将观埠的主神认作霍山神了。

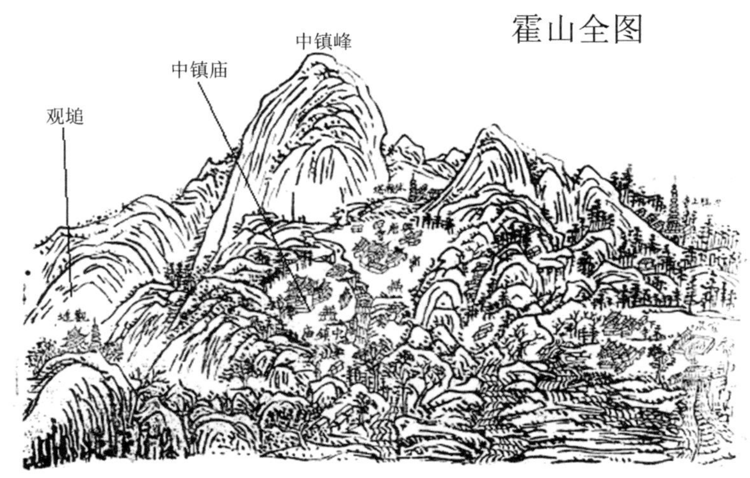

(三)《括地志》与《史记正义》

在初唐《括地志》中,三神竟由原过指代了:

> 三神祠今名原过祠,今在霍山侧。[23]

按,《水经注》卷六另有“原过祠”[24],在原过水上,近榆次县,距霍山已很远。而《括地志》以三神祠为原过祠,不知何据,无法详考。但这反而更加证明:三神地位较低,只是霍山神的下属,故可与原公等同;而祭祀规格极高的霍山神是绝不可能由原过指代的。

《括地志》此说又被张守节纳入《史记正义》。《史记》三家注中,以《正义》最为注重地理释名,这条材料也因此多为后世文献援引,几被认为是权威说法。

---

[21] (清)顾祖禹撰:《读史方舆纪要》卷三十九《山西一》,中华书局,2005年,第四册,第1785页。

[22] 嘉庆重修《大清一统志》卷一百五十三《霍州》,《四部丛刊续编》本,商务印书馆,1934年,第九册,第10b。

[23] (唐)李泰等著,贺次君辑校:《括地志辑校》卷二《沁州·沁源县》,中华书局,2014年,第66页。

[24] 《水经注校正》卷六《汾水》,第173页。

四、民间信仰的证明

上文不避烦琐地清理了文献中将王泽三神的灵异事迹加诸霍山神名下的舛误,这种舛误是基于下级神可以指代甚至象征上级神的信仰观念。也正因此,下级神灵本身的独立举动常被误认是上级神灵所为,二者被混为一谈,以致原本应为"大吏"的对下级神的表述,被误解为是对上级神灵霍山神——即"天使"的指代。其实,从民俗学视角看来,《史记》所载乃为一次对民间信仰观念的实践行动,对整个事件的记述不啻一则典型的灵验传说。典籍记录中的矛盾处正可用民俗信息传播和接受的规律予以解释,以下阐述将为"大吏"说提供更多支持。

(一)白衣老父例

同类现象在民间神灵中颇为常见,我们以与霍山神相关的另一件著名灵迹为例。传隋末唐初时,霍山神曾使白发翁为唐王指路,助其战胜隋将宋老生。事见《旧唐书》卷一:

> 秋七月壬子,高祖率兵西图关中,以元吉为镇北将军、太原留守。癸丑,发自太原,有兵三万。丙辰,师次灵石县,营于贾胡堡。隋武牙郎将宋老生屯霍邑以拒义师。会霖雨积旬,馈运不给,高祖命旋师,太宗切谏乃止。有白衣老父诣军门曰:"余为霍山神使谒唐皇帝曰:'八月雨止,路出霍邑东南,吾当济师。'"高祖曰:"此神不欺赵无恤,岂负我哉!"㉕

在后世的辗转传述中,此一灵迹中的霍山神使即白衣老父常被直接认作霍山神本尊,如《太平御览》卷四十:

> 《唐书》曰:义旗初建,高祖自太原起兵,西赴关中,途经霍邑,时隋将宋

㉕ (后晋)刘昫等撰:《旧唐书》卷一《本纪第一·高祖》,中华书局,1975年,第3页。

老生陈兵拒险,义师不得进,乃屯于贾胡堡。会霖雨积旬,馈运不给,高祖患之。忽有白衣老人诣军门请见:"余霍山神也。遣语大唐皇帝,若向霍山东南傍山取路。八日雨止,我当助尔破之。"高祖初哂之,遣人东南视,果有微道。高祖笑曰:"此神不欺赵襄子,岂当负吾邪!"及八月己卯,雨果霁。高祖大悦,以太牢祭其山。㉖

《旧唐书》中白衣老父尚且明言"余为霍山神使",《太平御览》中已直接自称"余霍山神也"。该传说产生于唐太宗时期,时人有明确记录,且比《史记》中的助赵灭知传说晚近得多,因此我们可以清晰地查考这一传说的演变过程。两书年代相去不远,就已经出现了把使者当作神灵本尊的变化;而助赵灭智传说源自战国时期,到了它被《史记》吸纳记录时,已传播了相当长时间,自然更富有变异的可能了。既然本是使者的白衣老父可以被当作霍山神,那么以王泽三神指代之也是基于同样道理,二者经历了类似的混淆过程。

以上两事常为后世传讲,是霍山神标志性的灵验传说,各类书中多相沿袭。唐人以这两则显灵事迹为主要依据作《霍山神传》,将相关传说整合为一个有机体系:

霍山神者,黄帝之中子也。生于天灵之纪著雍赤奋若之岁。封冀,总领海内名山,锡璜黄裳,以象其德。青帝赤帝之子,玄司白司之神,咸禀承焉。尧时洪水为灾,遣黄熊入洪波导禹。故禹承舜命,乘四载,先登太岳霍山祷之,于是随山刊木,奠高山大川。地平天成,万世永赖。妃厥藐姑,辅厥五老,带以黄河,砺以太行。中条五台,衙官仆从也。当殷之衰,蜚廉助纣为虐,神赐之死,亦给石棺。周季晋献公六年伐霍,霍公求奔。神令复之,而赐晋穰。及晋衰,赵简子秉国政,神使从者致帝命,又使使遗襄子竹书曰:赵毋恤,余霍山山阳侯天使也。三月丙戌,余将使女反灭知氏。将赐女林胡之地。后世且有伉王,亦黑,龙面而鸟噣,鬓麋髭髯,大膺大胸,修下而冯,左衽

㉖ (宋)李昉等撰:《太平御览》卷四十《地部五·霍太山》,中华书局,1960年,第191页。

界乘，奄有河宗，至于休溷诸貉，南伐晋别，北灭黑姑。襄子受之。至雍，称武灵王焉。嗣是而秦而汉，历魏六朝，变化灵应，以对上帝，以答天下。隋氏之末，民罹涂炭。圣唐启运，高祖执义旗救寰宇，神灵幽赞，引翼王师，爰定大业于关中。呜呼，太岳之山，神符帝谓，望气者徒知郁郁葱葱，含芳吐秀，罗植万物，以美珠玉。夫亦知神之所以为神乎？予故为传以神之，而初非故神其说也。㉗

此文主要是唐人自神其世。唐代帝王十分崇奉霍山神，从前只祭四镇山，自天宝后始益霍山为五镇㉘。霍山神因对人王的作用成为历朝备受重视之神。

（二）宣贶真君例

同类联想和指代是民间信仰的普遍规律，地方民俗可为此提供更多证据，不仅霍山神这样的大神可以被其使者（王泽三神、白衣老者）纵向差序指代，就连较低一级的神灵、霍山神的下属——王泽三神也可被其三位成员之一横向同级替换，显示以部分代全体的倾向。见元至正进士、霍州人程睿所作《宣贶真君庙记》：

宣贶真君庙记　本州训导　程睿　州举人

天地之间群祀不一，亦各有所主焉。主京国者，诸侯得以祀之；主百邑者，臣民得以祀之。吾里霍太山有观塠二郎神，即《史记》所载现于王泽之三神也。一庙在简城，一庙在岳阳，一庙在霍邑，皆主百邑之祀。当是时，赵襄子神授竹筒朱书曰："余霍太山山阳侯天使也。"既曰天使，必能体天而行也，故其灵验，捷如影响。唯天极乎至诚之妙，造化有迹而可验，如日月星辰，雨云霜露，万象睹焉。使乎天者，必能体此而行，亦有迹而可验。故休咎灾祥，盈亏消息，悉能符契于人。据竹筒书授原过于王泽云："三月丙戌，使襄子反灭知伯。"至日，果如所言。其后，天厌隋乱，又化为白发翁，指唐高祖于千里径，进兵以败隋。非有迹而可验欤？且兴赵灭智氏，天也。兴唐败

㉗ 《全唐文》卷三七一，中华书局，1983 年，第四册，第 3771 页。

㉘ （清）徐松辑：《宋会要辑稿·礼二一》，中华书局，1957 年，第一册，第 851 页。

隋，亦天也。天定冥漠之机，而阴泄于阳明之域，岂非至诚之神，能运乎在天之灵，将以致人心而契天心者乎？不然，何其灵之验也如此哉！宜乎享百邑之祀，血食千古而不泯也。一旦建祠，里民卜于霍太山南岗上，木作已具而欲构焉。其夜合村惊骇，家家牛背如洗，何其异也。明日视之，南岗木作之具，罄迁于北岗之上，遂庙于兹，名曰观堆。嵯峨突兀，襟带晴岚，跨揖川壑，甚耸人瞻仰，可不伟欤！迨宋徽宗崇宁五年，敕封宣贶真君，迄今歆祀者，奚啻百邑而已。芳邻接壤，涓埃承奉者，岁岁不绝。噫！神之所以为神者，必顺乎天之道，则乎天之明，承乎天之命，行乎天之事，一至于诚而已。此灵之验于人者，盖由此也。或曰：夫如是，何不使百邑之人，恶者祸、善者福也耶？余曰：祸福，天也；善恶，人也。非求可得，非祷可免，神岂不监诸？善善恶恶，可不日省于心乎？余生斯境内，见如斯境神，诚可敬而可畏也。况涉猎诸史，五六十载间，未有若此辉赫详著于史册者，亦未有若此父老相传为口碑者。余忝师儒，苟不纂述其始末，恐世远而人忽也，以俟后之君子有仗义者碑焉，欲垂千万世之下，愈加敬焉。斯吾所愿，遂为记之。㉙

此文以详细笔墨分说了宣贶真君的灵验事迹，以及与霍山神乃至国家政权的密切关系：霍太山有观塠二郎神，乃《史记》所载现于王泽之三神。隋末又化为白发翁，指示唐高祖败隋兵。以“牛羊驮料”方式建庙于观塠，宋徽宗崇宁五年(1106)受敕封为宣贶真君。

据“吾里霍太山有观塠二郎神，即《史记》所载现于王泽之三神也。一庙在简城，一庙在岳阳，一庙在霍邑，皆主百邑之祀”一句，王泽三神本身也可以被这位宣贶真君进一步指代。这位宣贶真君又是何神也？《宋会要辑稿 · 礼二〇》载，霍山神原有三子：

㉙ 崔允昭主修：《直隶霍州志》卷二十五《艺文》上，道光五年版。此文的“既曰天使，必能体天而行也”“天定冥漠之机，而阴泄于阳明之域，岂非至诚之神，能运乎在天之灵，将以致人心而契天心者乎？”“神之所以为神者，必顺乎天之道，则乎天之明，承乎天之命，行乎天之事，一至于诚而已。”等语均受霍太山山阳侯为天使说的影响，不足为“天使”说之据。该道光《直隶霍州志》于2001年由霍州市史志编纂委员会点校出版，为山西省新闻出版内部图书，文见第42—44页；此庙记又见于(民国)释力空：《霍山志》卷五《艺文志 · 杂文》，《霍山志》整理组整理，山西人民出版社，1986年，第72页。而本段引文由笔者斟酌点校，与两书所录标点不一致，特此说明。

霍山神祠

> 霍山神山阳侯长子祠在赵城县,徽宗崇宁五年十二月赐庙额"明应"。霍山神山阳侯第二子祠在霍邑县,徽宗崇宁五年十二月赐庙额"宣贶"。霍山神山阳侯第三子祠在岳阳县,徽宗崇宁五年十二月赐庙额"康惠"。[30]

此条文字题为"霍山神祠",又称"霍山神山阳侯"长子、第二子、第三子等,可知亦以霍山神与山阳侯为一事,更可证明前述"山阳侯"为霍山神的封号,二者所指为一。诸子之中,三子"康惠"在岳阳,即与洪洞东部接壤的古县,今已无考,不详何神。长子"明应"是洪洞东部广胜寺(原属赵城县)水神庙供奉的霍泉水神。[31] 霍山神的次子祠在霍邑,赐额"宣贶"。

而前引庙记中提到三处祠祀地点,其中简城即今赵城县,故这三处地点正与《宋会要辑稿》所载霍山神的三子相应。如此,这位宣贶真君当是霍山神次子,故有"二郎"之称。因他祠于霍山观塠,是《史记》中赵襄子祠三神之地,而另两子分别在相对较远的赵城和岳阳,故他可作为三神(即三子)的代表,宣贶真君也就等同于王泽之三神。现于王泽是程睿赞颂的宣贶真君之第一件传说事迹。

在第二件事迹中,"白衣老父"讹为"白发翁",且被明确指认为宣贶真君。宣贶真君及其所在的多神集团(三子)原本就是霍山神大吏,他可与另一件神迹中的霍山神使者"白发翁"相混淆,说明这种指代能层层递进、持续推演。如下所示:

在这篇庙记中,宣贶真君、王泽三神与白发翁,三者事迹浑融一体,作者对其间身份出入并无故意分别。如果对神灵身份进行形态学分析,我们发现,霍山神

---

[30] 《宋会要辑稿·礼二〇》,第一册,第815页。

[31] 广胜寺现存大量金元明清时期碑刻,其中如元至正二十七年(1367)的《祭霍山广胜寺明应王殿祈雨文》等,均提到霍泉水神以"明应王"为号,见黄竹三、冯俊杰等编著:《洪洞介休水利碑刻辑录》,北京:中华书局,2003,第31页。当地对其正有"大郎神"之俗称,应是由霍山神长子身份而来。如《太平寰宇记》卷四十三河东道四引《水经注》云:"霍水源出赵城县东三十八里广胜寺大郎神,西流至洪洞县。"《太平寰宇记》卷四十三河东道四,第二册,第901页。此条今本《水经注》已失载,从以上《太平寰宇记》引宋本《水经》的情况可知,宋代已称广胜寺水神为大郎神。

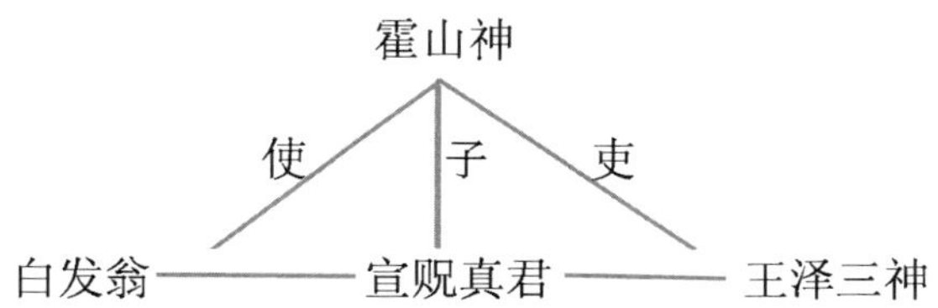

之使、子与大吏的属性是一致的，三者在功能上可以置换。以分身指代全体（横向平级）、以低级指代高级（纵向差序），恰是民间神灵的信仰特征，只要他们在身份上彼此牵连就可以多方联想推演。宣贶真君、王泽三神与白发翁之间可以抓住一点微妙的相关性进行放大，彼此互文、象征、通约，按照同样法则，其他神灵自然也可利用与别神在名称和功能等方面的相似处，找到潜在的信仰生长点，将各自独特的信仰传统彼此嫁接，连缀或衍生新的传说脉络。类似现象俯拾皆是，这本就是民间神灵信仰的一条扩张途径。

谙熟了这一原理，我们可以想见：既然王泽三神、白衣老者都能纵向指代霍山神，宣贶真君作为其子，对父亲的指代自然更合情理。翻检志书，二者的混同果然时常可见！这说明以上罗列的诸多移植事迹的做法绝非孤例，背后有某种相当普遍的信仰思维。如成化《山西通志》中，宣贶真君庙已兼具霍山神行祠的功能了：

> 中镇庙，在霍州东南三十里霍山麓，洪武八年建，祀中镇霍山之神，本州岁祭。其在洪洞、赵城、浮山、岳阳各乡村俱为行祠，又名宣贶真君庙，宋封额。[32]

引起这一融合通约的原因一方面是祠祀地点的几近重叠。根据《宋会要》，次子封在霍邑，正是霍山神之属地，父子庙祀一地，对来自霍山之外的人，自然不易分别。连程睿这样的士人都如此认定，当时其他“相传为口碑之父老”更不太能够辨析主神身份。另一方面更为重要，基于前述的民间神灵指代象征原理，宣贶真君既能横向指代，也可以纵向模糊地约等于霍山神；即便身份有差，将事迹

[32] （明）李侃、胡谧纂修：成化《山西通志》卷五，《四库全书存目丛书》本，齐鲁书社，1996年，史部第174册，第119页。

最终算在霍山神头上，总归是没错的。笔者不禁联想到《霍山神传》一文起始便说“霍山神者，黄帝之中子也”，霍山神与宣贶真君均排行第二，更加剧了父子二者的同化联想。

行文至此，笔者忍不住将“观埴”输入网络检索，发现霍山观埴一带今仍有“宣贶真君庙”，以三月十七为祀日，至 2010 年尚有庙会，香火不绝[33]，知前述以霍山神为观埴主神者，不过也是基于这样的混淆罢了。

关于此《宣贶真君庙记》，尚有一二可说：《史记》等都作“汝亦立我百邑”，仅《风俗通义》中有“亦立我三百邑”异文，正与此庙记中的三神相应，一神百邑，三神分祀三处，各处皆主百邑，总共三百邑。此巧合耶？另外，宣贶真君附着了霍山神的辉煌事迹，他独有的传说仅最后的“牛羊驮料”一则，这在其他关于霍山神事迹的文献中均未见记，大概在史家看来过于荒诞不经了；再说，事关里民建庙经过，或许只在观埴当地流传，而作者程睿即霍州本地人氏[34]，目浸耳濡，故能深信。霍山神作为进入国家祀典的正神，传说事迹多与国家政治有关，并有史家的文字依据，能进入主流的历史叙事。而最后的牛羊驮料情节更贴近民间叙事，所展现的超验能力、行为方式和示现对象都是十足民间化的。实际上，这一“要求供奉型”传说现仍普遍流行于民众口头，主神可以随意替换为其他地方神，仅笔者所闻见，附近洪洞历山的娥皇女英庙和蒲县柏山的东岳庙就都有类似的建庙传说[35]。嘉靖《霍州志》亦记此事为“观埴灵应”，云：“在霍山西，上有宣贶真君祠，即遗赵襄子朱书及为唐太宗导兵克霍邑者。后人集木于南麓，将立庙，夜闻有呼各村食牛声。至鸡鸣，牛悉自逸出，久之复归。比晓视之，前所集木，尽移于山之巅矣。土人即庙祀之。”[36]可见观埴一带的地方传说都以宣贶真君为助赵灭知、助唐灭隋事件的主角。

---

[33] 见“霍州广播电视台网站”图文 http://www.huozhoutv.com/dmwh/ttyx/2010-08-19/448.html 又见“周玉才的博客”文章“观堆塔（一）”，发表于 2011 年 4 月 29 日，原文见 http://zyc.6101512.blog.163.com/blog/static/10451669920113291O192869/

[34] 褚相主修：《霍州志》卷七人物志“程睿”，嘉靖三十七年版，霍州市史志编纂委员会再版，山西省新闻出版内部图书，2001 年，第 115 页。

[35] 洪洞历山娥皇女英庙正因有此神灵选址建庙的传说而又称“神立庙”，该传说在当地广泛流传；蒲县东岳庙事见张世贤主编《东岳庙志》，山西人民出版社，2005 年，第 315 页。

[36] （嘉靖）《霍州志》卷一“舆地志”，第 14 页。

（三）灵验传说的视角

以上是基于神灵指代规则的分析。而若从灵验传说的规律判断，也可得出同样结论。其实，霍山神早在《赵世家》开篇就有灵迹记录，文曰：

> 赵夙，晋献公之十六年伐霍、魏、耿，而赵夙为将伐霍。霍公求奔齐。晋大旱，卜之，曰“霍太山为祟”。使赵夙召霍君于齐，复之，以奉霍太山之祀，晋复穰。晋献公赐赵夙耿。[37]

因晋献公伐霍致霍公出奔，霍太山遂显灵，使晋国大旱，晋献公便不得不使人召复霍君。此事发生在赵氏灭智之前，可知霍太山信仰早已成立，并且是为众认可的国之大神。

这次为祟之事属于灵验传说中的“降祸”型。灵验传说通常有三种类型：赐福、降祸、显示神迹。[38]“赐福”类主要是信众求神得应事，“降祸”类多是神灵为维护威信而针对忤逆言行做出的回应，以上使晋国大旱一事正属此。“显示神迹”类则不同于前两种指向信众，而是指向神灵自身，例如在信众没有请求的情况下，神灵或是主动说出预言，或是现出化身，或是要求供奉，或是指示物体显现出神异的征兆，等等。通常说来，“显示神迹”类传说多流行于信仰建构初期，而赐福、降祸类则在信仰稳定后大量涌现。所谓信仰的建构，乃是在神灵与赐福或降祸事件之间建立稳定的因果联想，所以惟信仰确立之后，人们才逐渐倾向、接纳并习惯于认定事件是此一神灵之所为，而非别的原因导致。由此推断，霍山神能施旱晋国以为报复，并使晋献公惧怕而改悔，此时其信仰应该是已经确立了的。

而本文讨论的助赵灭智传说则属于典型的“显示神迹”中的要求供奉行为。我们来看《史记》中这一事件的神人交换：

> 余将使女反灭知氏。女亦立我百邑，余将赐女林胡之地。至于后世，且有伉王，赤黑，龙面而鸟噣，鬓麋髭髯，大膺大胸，修下而冯，左衽界乘，奄有

---

[37] （汉）司马迁：《史记·赵世家》，卷四十三，中华书局，2013年，第六册，第2137页。

[38] 拙文《灵验传说：事件的选择、叙述与传播》，《民间文化论坛》2010年第2期，第80—87页。

河宗，至于休溷诸貉，南伐晋别，北灭黑姑。

交换条件似乎很不对等：赵襄子只要“祀神于百邑”，而神所给予的回馈则丰赡得多，不仅当下就可灭掉智氏，而且还将辅弼赵之后世，甚至预言襄助武灵王变服骑射，并将赵之疆域大为扩张。计之如此深远，非常显明地流露出迫不及待要求被立庙奉祀的心态，而以霍山神的身份，早就享有霍国国君的祭祀，似乎不必为百邑之祀付出如此代价。霍山神的施旱晋国之降祸型灵验传说，是在已认可霍山神之神异能力的基础上发展情节，神灵毋需自我论证；而王泽三神以这则“要求供奉型”灵验传说为特色，说明其信仰还在神性建构的阶段向前推进。此事实质上不过是一次寻常的信仰实践，在此前提下，无论从哪方面分析，该灵迹都像是一发轫初期、急于安身的次级神灵所为。

五、结论

要言之，无论王泽三神、白发老者还是宣贶真君，他们被视为霍山神化身，都是受到以次级神灵指代上级神灵观念的影响，其实前者本身是能够作为信仰主体出现的。就本文而言，王泽三神作为霍山神大吏也可以独立显灵并得到崇祀实践。理解了这一原理，也就不至将较为冷僻的“大吏”改为习见的“天使”，以及辗转袭误。韩兆琦在“女亦立我百邑，余将赐汝林胡之地”句下按叹：“连神也与人做权地交易，史家书此，感慨深矣。”㊴这样的交易正是神灵信仰的基本格式。大量民间神灵的碑铭都以诸如“神以人灵，人以神安”“神借人以安妥，人赖神以庇护”之语发端，更是对信仰本质的直白。

【王　尧　北京师范大学文学院民间文学研究所讲师】

原文刊于《中国文化》2016 年 01 期

㊴ 韩兆琦：《史记笺证》，江西人民出版社，2015 年，第六册，第 2930 页，注 115。

记明代新兴宗教的几本宝卷

周绍良

宝卷是明代兴起的，事实上它并不是宣扬佛教，也不是宣扬道教，而是当时民间一些新兴宗教吸取一些传统教派的某些思想因素和用语，糅杂历代民间神话和各种自创新说编造起来的，借着劝善，用小市民喜欢听取的曲调，借娱众以传播教义，扩大影响，我们在《金瓶梅词话》里大致可以看到当时宣讲宝卷的情况。

创造这些宝卷的，完全是一些浅薄无知之徒，他(她)们是新兴宗教的主持人或者就是一位创教主。因为那时民间宗教纷纷兴起，比较大的当然是白莲教，从这里又产生出如无为教、弘阳教、皇天教、龙天教、大乘教等等，各有自己的信徒，于是各教各派都有各自编造的宝卷，作为自己传授的典籍。

宝卷之兴盛主要由于它是一种近于曲艺的作品，是一般市民阶层所乐于接受的，听者以为在劝善，又可以娱乐，并且以为是做好事，像《金瓶梅词话》中的吴月娘之流，至于各派的领袖们，也指望借宝卷的力量，使自己攀附到社会的上层，能借以勾搭上官署里的小官吏、地方上的小士绅，以至于宫廷中无知的太监，攀到这些人不独自己衣食无缺，并且可以和他们一样成为社会中的上层人物，所以大量宝卷，总是借宣扬封建统治道德如忠臣孝子，甚至于歌颂统治阶级以应和统治阶层的需要，来扩张自己教派的发展。

事实上明代早期民间新兴宗教并没有使用“宝卷”这一名称,《涌幢小品》卷三十二《妖人物》条所载“妖书各目”八十八部中没有一本是以“宝卷”为题的,可见宝卷之起,至早当在明正统时代。

当然这也是由于时代的气氛所造成,主要与皇宫中太监有密切关系。这些人虽然认识一些字,却还是无知的愚民,他们与民间新兴宗教徒有着各种不同的关系,如同乡,同族等。事实他们的职业又是永无前途的工作,不过生活却是优裕的,因之新兴宗教与之一拍而合,而且精神自然会寄托在这上面。同时因果报应之说是极容易投其所求,于是一些新兴宗教就乘机渗入,得以利用。如太监张永就为无为教的罗祖把他的《五部经》进呈正德帝(朱厚照)御览,以致他的宝卷得到由专司刊刻皇家书籍的经厂印行,颁行全国,无为教即刻昌盛起来,成为当时徒众最多的新兴宗教。后来弘阳教投托于九莲菩萨庇荫之下,又几乎取无为教而代之。可见当时这些新兴宗教所依赖的都是这样的力量,而新兴宗教所使用的手段则是宝卷。

现在要研究这些新兴宗教,宝卷就是重要的参考材料,箧中所存约十余种,除了几本关于弘阳教的宝卷赠予吴晓铃外,兹分录其目如下:

一、《销释金刚科仪》

明嘉靖七年(1528)二月刊本,梵夹装,每面四行,行十三字。《续刻破邪详辩》著录。

虽名“科仪”,实为宝卷,流传较多,原因是各流派都把这部书作为必读经典。《金瓶梅词话》第四十回说到王姑子谈“俺们同行一个薛师父,一纸好符水药,……又会说《金刚科仪》、各样因果宝卷,成月说不了。”说明在讲说各样因果宝卷中《金刚科仪》是占主要地位的。但同书第五十一回里提到:“月娘因西门庆不在,要听薛姑子讲说佛法,演颂《金刚科仪》。”底下接着照录了薛姑子、王姑子讲说的一段,事实上这一段并不是《金刚科仪》,是什么宝卷却不知道。

全卷系根据《金刚般若波罗蜜经》演绎,所以全卷也分三十二品。

卷末有题记五行，文云：

奉　佛信官尚膳监太监张俊同太监王印诚造《心经卷》《目连卷》《弥陀卷》《昭阳卷》《王文卷》《梅那卷》《香山卷》《白熊卷》《黄氏卷》《十世卷》《金刚科》共十六部。

嘉靖七年二月吉日施

云“共十六部”，实只十一目。内《金刚科》即本卷，其余大部分已不传，甚至有些已久不被人知，其中如《心经卷》《昭阳卷》《梅那卷》《白熊卷》《十世卷》等五本内容若何，实莫能知。《目连卷》盖即《目犍连尊者救母脱离地狱生天宝卷》，或称《目连三世宝卷》《目连救母幽冥宝卷》，今世尚有传本。《弥陀卷》应是《佛说弥陀宝卷》，见《续刻破邪详辩》著录，未见传本。《王文卷》，寒斋所藏一本即此卷也。《香山卷》当是宋普明撰《观音菩萨本行经》之异名，又称《观世音菩萨本行经简集》，世多传本。《黄氏卷》仍即《佛说黄氏女看经宝卷》，《续刻破邪详辩》著录，今不存，但《金瓶梅词话》第七十四回曾有摘录，故事叙曹州南华县黄氏女因念《金刚经》，临命终时，转投男身，十八岁登科，授职南华县知县，与前夫重会，遂携子女驾云升天事。《词话》颇忠实摘录原文，连尾部“南无一乘字（宗）无量亿（义）真空（妙有如来救苦经）”十字俱录入，虽有讹脱，可见是根据原书，不是听宣卷记出者。

虽只十一目，却对宝卷之研究增加不少材料，这是这本《科仪》之可贵处。

二、《销释金刚科仪会要》

明万历四十四年（1616）刊本，方册装。

虽名为“会要”，实际与《科仪》毫无增加之处，视其名总以为必然会集某些注家新解，却完全不然。书末跋尾：“敕赐衍法寺住山沙门本赞鸠募重刊，流通十方，讲演随喜。伏愿皇图悠久，三千界尽属文明；圣寿延长，亿万载永颁万历。

四恩总报，三有齐资，法界有情，同期佛果。大明万历四十四年岁次丙辰仲秋吉旦刊完。”衍法寺在当时还是一座有名的寺院，也曾刊刻过一些重要经典，居然“鸠募重刊”这样的伪经，反映出一些新兴宗教势力正在发展。

三、《销释印空实际宝卷》（上下卷）

明刊本，梵夹装。《续刻破邪详辩》著录。

此卷胡士莹《弹词宝卷书目》著录，云国立北京图书馆藏明抄本，经查询，北京图书馆并无此书，胡《目》不知何据。胡《目》有详目，于第一品、第十五品，第二十品三章俱云不详，似明抄本此三品缺。今按此卷，第一品为《地藏菩萨明真品》，第十五品为《平寺菩萨周通品》，第二十品为《大乘菩藏入道四行品》。又《巍巍菩萨小恭品》误，应为《巍巍菩萨小参品》。

四、《佛说如如居士度王文生天宝卷》

明刊本，梵夹装。《又续破邪详辩》著录有《佛说如如老祖宝卷》，傅惜华《宝卷总录》著录有《如如老祖化度众生指经西方宝卷》，疑即此卷。

全卷共二十分，其目如下：《如如居士埋没在清凉山修行分第一》《如如居士师徒二人下山分第二》《如如祖师在大贤庄度王文分第三》《如如居士化度王文修行分第四》《如如祖师化王文皈依三宝分第五》《王文退道作业神圣照鉴分第六》《王文作业深重地府勾取分第七》《鬼使来到大贤庄捉王文分第八》《鬼使捉拿王文前行分第九》《王文身死子母烦恼分第十》《王文奈何受过送镬汤地狱分第十一》《王文镬汤受过送铁床地狱分第十二》《王文归家托梦与妻知道分第十三》《王文寒冰地狱受罪分第十四》《如如居士地狱救王文分第十五》《如如居士到地府十王来朝分第十六》《如如居士地府救王文还魂分第十七》《子母请僧念经讽咒分第十八》《王文还魂与妻子相见分第十九》《如如居士度王文同妻修行分第二十》。

从回目便可看出整个故事只不过是劝人持斋修行，俾免死后地狱之苦，借王文作劝善的宣传，是没有什么新鲜内容的。

五、《无为正宗了义宝卷》（下）

明刊本，方册装。不见著录，现存下卷。

书有序云："近因敏翁大慈，虽无周知，观诸经书，文理幽深，无能遍览，略然挑取捷径直言，攒集正宗一理。"是作者即此"敏翁"。卷尾叙"籍贯洞山"，"祖居此直隶永平府迁安县林河社三里民，父秦，母王氏。母孕未生，父故，六岁母亡，更无弟妹，自幼孤身，住景忠山救护峪，务农为生，养马当差。自幼办道，偶遇罗祖会内赵公师，传无极道，明开心性，留《正宗了义卷》一部，上下二卷，流行天下，普劝四众人等，各安生理，报皇王，孝父母，让弟兄，训妻子，序长幼，和六亲，惜孤寡，念贫苦，尊贤让贵，……"从这里知道敏翁姓秦，曾"养马当差"，遇着无极道的"赵公师"传授了《正宗了义宝卷》。不过这与前序"观诸经书，……攒集正宗一理"是矛盾的。

按罗祖是无为教的创始人，赵公师是"罗祖会内"人，而所传为"无极道"，可能是无为教的一个支流。

全书分上、下二卷，此为下卷。据书前序文："上分二十品，品内有举古劝今之比，破邪显正之喻，开诱湛渡，涤除心垢，止恶向善，直入菩提之路。此下卷续二十四品之规模，引宗合教，不溺偏情，贯古通今，较辨真伪，或直释真经，或傍通要旨，或拈情则剪截露布葛藤，或直示尘根，遍周知界。"

此下卷二十四品，其目为：《报恩品第一》《孝行品第二》《立身品第三》《劝善品第四》《识真品第五》《阴教品第六》《知足无贪品第七》《参明义利品第八》《非礼品第九》《颜渊问仁品第十》《辩明空见品第十一》《除忧解疑品第十二》《三畏品第十三》《四等品第十四》《五者品第十五》《六蔽品第十六》《〈坛经〉证道品第十七》《破邪品第十八》《显正品第十九》《明心品第二十》（书前目录作

《明议真妄品第二十》)《明真见性品第二十一》(书前目录作《见性品第二十一》)、《破泥水金母品第二十二》《一理不分品第二十三》《混元一体品第二十四》。

《破邪详辩》著录有《普明如来无为了义宝卷》二卷,按普明如来为皇天教创始人,据《虎眼禅师遗留唱经卷》《太阳开天立极亿化诸佛归一宝卷》等有关资料记载,李宾又名知圣、升官,生年不详,卒于嘉靖四十一年(1562),青年时务农,又曾充军,于野狐岭战役中伤一目,退伍后一心向道,初习无为教,不数年即"悟道成真",乃创皇天教,自称普明佛转世,号普明虎眼禅师,人称普明祖或普明佛,他著的宝卷即名《普明如来无为了义宝卷》。既然宝卷也以"无为"标入题中,可见仍是继承无为教之衣钵。所以此《无为正宗了义宝卷》乃秦敏翁受自赵公师者,而普明所传则另一本。它以"普明如来"置于宝卷名称之中,似乎"无为了义"乃无为教用以标榜者。

宝卷中有"颜渊问仁"事,可见了是采自儒家之说,同时又有《坛经》证道,则又采自佛教,胡乱杂凑,这是一些新兴宗教一贯的伎俩。

六、《救度亡灵超生宝卷》(下)

明刊本,方册装。不见著录。

书存下卷,首已失,不知宝卷名称,书口有"亡灵下"三字,从卷首文字:"伏以《救度宝卷》,乃梦之景授之人;《超生》真文,实圣中显施之教典。"可能全名为《救度亡灵超生宝卷》。

全卷共二十四品,现存为:《鬼使押送中里前到思乡岭品第十三》《中里参见阎王对案品第十四》《押送中里赴油鏜地狱受罪品第十五》《押送中里赴寒冰地狱受罪品第十六》《押送中里上刀山地狱受苦品第十七》《押送中里赴锯解地狱受报品第十八》《中里参见五阎王分由申报品第十九》《五阎王替中里申报救度品第二十》《中里奉五王释放归家托梦品第二十一》《中里托梦妻醒烦恼伤情品第二十二》《为生死典儿卖女答救夫主品第二十三》《佛发牒文超生中里出幽冥品第二十四》。

从书中文字看，这部宝卷应该是皇天道，三极同生教教徒们编造的，书中这样一段："中里哀告上圣爷：'我不是吃荤的罪魂，俺是拜明师九阙修行之人。'阎王听说'九阙'字，合掌当胸要问明。四王听说'九阙人'，开言启齿门(问)明分：'既是九阙修行子，件件说来我心听。九阙不比邪宗事，什么教像甚法门？什么道，何人掌？说的分我便心明。'中里向前从头诉，诉说'教像洪法门。教是三极同生教，万类同归是总门。三阳同转一生像，出世金莲法正门。道是一步皇天道，万象同归总路程。暗天掌着《收圆卷》，明天指路又调人。王奇俺也答玄妙，只是根薄破戒荤。这个便是修行话，怎敢虚言哄上神！"'

皇天道一名黄天道，即皇天教，创教人李宾，从这里知道它的正名是"三极同生教"。根据这部宝卷，皇天教主要的宗旨是戒杀吃素。

卷中提到五个宝卷："五经出敢谁不依，只九册，只九册，圣人名字题"：《观音宝卷》《往生宝卷》《皇极收图宝卷》《万法归依宝卷》《救度超生宝卷》。显然这是皇天教的五部主要经典，这本"亡灵下"应该是第五部。

七、《佛说王忠庆大失散手巾宝卷》

明抄本，方册装，未见著录。

全卷共三十分：《张素真劝员外回心办到不依分第一》《张氏说罢李氏听得起要心分第二》《李氏做饭斋僧心中懊恼不耐烦分第三》《张素真听说满眼流泪回上西宅分第四》《李氏看见素真去了披头打滚分第五》《员外打了素真一顿回上东宅分第六》《张素真子母烦恼员外酒醉还家分第七》《药王菩萨与张素真梦中调治眼目分第八》《张素真出离后花园中逃命所走分第九》《王天禄茴香女找寻老母已无踪影分第十》《员外看着儿女烦恼埋怨李氏分第十一》《员外寻思讨帐二来找寻张素真分第十二》《王天禄学中去了素真在路烦恼分第十三》《张素真入尼姑寺落发出家修行分第十四》《王忠庆去了顺人将书送与李氏分第十五》《李氏屈打王天禄茴香女痛哭烦恼分第十六》《李氏打罢回房去了茴香女扶着天

禄分第十七》《李氏欲待送官恐详不过每人打二十分第十八》《王天禄到双阳岔路兄妹二人分路分第十九》《李氏寻找两个孩儿已无踪影分第二十》《茴香女寺中留下王天禄到潼关关王庙分第二十一》《王天禄得了参将之职王忠庆杭州回家分第二十二》《王忠庆在庙烦恼天差火星烧他家财分第二十三》《员外李氏躲上他乡在外寻茶讨饭分第二十四》《王天禄临寺不远众尼僧迎接分第二十五》《茴香女告诉母亲手巾详细分第二十六》《王天禄子母团圆焚香拜谢天地分第二十七》《王天禄虽恼小不言大张素真分白第二十八》《王天禄一顿打死李氏请僧祭祖分第二十九》《南无观世音菩萨度王员外居家生天分第三十》。

从书中分目大致可以看出故事内容。不过因文字上无从考知是某一教派的作品。但这样啰唆的分目,在宝卷中尚属少见,说明这是像《金瓶梅词话》中的薛姑子、王姑子之类无知僧尼编造的,比那些有编造经验之徒又下了一等。

卷末也用一般宝卷结尾方式:“回向南无三(一)乘宗无量义真宗(空)妙有好(如)来救苦经。”这是明代宝卷的特殊标志,不过我们无法指出采用这种样式的是新兴宗教中的哪一派或哪几个派。

八、《销释授记无相宝卷》

明刊本,方册装。《续刻破邪详辩》著录。全书首尾俱残,书口标有“无相”二字,知是《销释授记无相宝卷》。

这是一部无为教的经卷,不分品,除了三、三、四句外,全部以【金字经】【挂金锁】【寄生草】【驻云飞】【耍孩儿】【桂枝香】【侧郎儿】【步步娇】【绵搭絮】【上小楼】【浪淘沙】【红莲儿】【傍妆台】等曲调组成。

九、《佛说二十四孝宝卷》

明刊本,方册装。未见著录。

傅惜华《宝卷总录》著录《佛说报恩卷》一卷，注云："《佛说报恩卷》，别题曰《怀胎卷》，又题曰《二十四孝报娘恩》。"未曾核对，疑是此卷。

按此亦无为教所编造，卷末有云："《圆觉卷》云：'无为妙法甚深，大义奥妙，难一法包万万相，一门灌满多门，扫万法而具本空，除千张而非非有。故曰指蕴空为本宗，演无相为门户，论无为立根基，谈《圆觉》为正道。益世修行，无过此法。'"明显是借民间流传的二十四孝故事为无为教传播之用。这里所说《圆觉卷》大概是指《佛说大方广圆觉修多罗了义宝卷》。

本卷不分品，将故事连续叙之，第一为大舜至孝，第二为汉文帝侍母，第三为目莲救母，第四为闵损鞭打芦花，第五为董永卖身葬父，第六为郭巨埋儿，第七为睒子劝父母出家，第八为袁小拖芭劝父救爷，第九为孟宗哭笋，第十为朱寿昌寻母，第十一为黄香温席，第十二为荷担和尚处心行孝，第十三为伯俞泣杖，第十四为焦花女哭燎麦，第十五为姜诗孝顺老母，第十六为王祥卧冰，第十七为陆绩怀橘，第十八为高钗女擢海寻父，第十九为张孝、张礼兄弟行孝争死，第二十为老莱子彩衣娱亲，第二十一为田氏兄弟让产紫荆复活，第二十二为察顺拾椹孝母，第二十三为颛珠孝母，第二十四为妙善公主救父。这些故事有些是传统的二十四孝故事所固有，有的则是另外选入的，故事何本待考。书前入话部分援引明太祖（朱元璋）的《大诰》，可见这是迎合统治阶级借说孝宣传无为教义的。

宝卷最后结尾亦有"南无一乘宗无量意真空妙有如来救苦经"字样。

卷末题"费铺印行"，这是明代北京一书坊，寒斋所藏《新刊宋朝故事五鼠大闹东京记》唱本即此家所刊刻。

十、《佛说梁皇宝卷》

明刊本，方册装。《续刻破邪详辨》著录。

故事叙梁武帝（萧衍）后郗氏因毁侮三宝，陷害志公，被罚变蟒蛇，武帝为设忏救度事。

全书卷二十二分，其目如下：《梁皇帝历世执掌乾坤分第一》《宝志公菩萨度梁皇帝分第二》《君王梦见志公求救修行分第三》《梁武帝请志公菩萨下山传道分第四》《梁武帝请志公下山分第五》《长爪与志公禅定斗圣观空寻真分第六》《志公菩萨与长爪比丘入定斗圣分第七》《长爪祖师三遭入定分第八》《志公菩萨度长爪比丘醒晤第九》《郗氏夫人要害志公老祖分第十》《郗氏夫人说哄君王要破志公斋戒分第十一》《志公未曾赴斋先知其意分第十二》《郗氏夫人头一遭害志公分第十三》《郗氏夫人破斋戒分第十四》《郗氏夫人害志公分第十五》《郗氏夫人偷僧鞋害志公第十六》《菩萨差众僧搭救志公分第十七》《三曹对案郗氏夫人福受尽该取幽冥分第十八》《构取郗氏夫人入阴司三曹对案分第十九》《蟒蛇入金銮殿久等君王分第二十》《郗氏夫人在金銮宝殿求忏悔分第二十一》《梁武帝请志公祖师分第二十二》。

卷中再三提到"燃灯佛""无相老母",这是无为教崇奉的神祇;卷末也有"南无一乘宗无量亿(义)真空妙有如来救苦经"字样,故可定为无为教的经卷。

十一、《翟氏宝卷》

明刊本,方册装,未见著录。

书前首半页已失,因而不知宝卷题名,书口有"翟氏"二字;下卷题"《翟门宝卷》下",似是略称。

全书共二十品:《翟门宝卷》上:《集卷初因品第一》《夫妇同悲品第二》《子病重叔婶忧品第三》《药医诸病品第四》《子告双亲品第五》《发愿求神品第六》《命讲先天品第七》《四散归阴品第八》《夫志冲天品第九》《跪扶夫灵品第十》;《翟门宝卷》下:《城隍表奏品第十一》《父母苦劝品第十二》《萱亲悔言品第十三》《僧传张氏品第十四》《觉悟四光品第十六》《冥府相逢品第十七》《真性归空品第十八》《卿相旌表品第十九》(下阙)。

故事叙述明代穆宗(朱载垕)时代北京东城明时坊观音寺胡同一位公相姓翟名鸾,夫人刘氏,所生二子,长男翟汝俭,次男翟汝孝,俱已婚配。后来长男先亡,只生一子翟思荣,由叔婶抚养,年方十七,娶妻张氏。由于思荣勤奋攻书,未遂功名，以致精神耗散，得病日久，医治无效，勾赴幽冥。张氏悲恸，矢志不嫁。京都城隍表奏幽冥张氏贞烈，后来命终，二人得在阴间团圆。

宝卷一般都是借节孝故事，串以因果报应，从现象说是劝忠说孝，实际是在说教。

十二、《大乘金刚宝卷》（上、下卷）

明刊本，梵夹装。未见著录。

书演《金刚般若波罗蜜经》，与《销释金刚科仪》相同而非一书，全书按原经三十二品分三十二章，每章先经文，然后散文解说，继之以唱词，不用词牌与曲调，全是七言诗句，颇似敦煌发现之唐代讲经文，从这里可见宝卷与讲经文之继承关系。

卷中提到如：

弥陀好爷，世间无觅。
能超三界，绝于无为。
…………
这个无为，诸佛不识。
能了虚空，阎王皆惧。

累次在词句中出现“无为”字样，证明这宝卷是无为教所编造者。

十三、《佛说地狱还报经》

抄在一小折上，应是明代抄本，未见著录。

这是经眼诸宝卷中最短的一种，可能是作为小节目演出而编造的。

故事只是叙述地狱和刑按情况，完全是一部以因果报应劝善的文字。我们从民俗学角度来看，可看出人们是如何相信阴间，有望乡台、破钱山、鬼门关、奈河、十殿阎罗这样的故事，也可看到有礼教色彩的“披麻戴孝”和“墓前烧奠浆水饭”的习俗，还是有助于了解当时风尚习惯的。这正是当时市民阶层的实况。

这本宝卷也有它自己的风格，它没使用像【驻云飞】【红绣鞋】【锁南枝】等曲调，而是以七言诗句一直铺叙到底。

十四、《玄天、真武宝卷》（上、下册）

明刊本，梵夹装，贮织锦函套中，面题《玄天、真武宝卷》，上册卷首题《元始天尊说玄帝修真宝卷》卷上，下册卷首题《元始天尊说北方真武宝卷》卷下，从书中接缝处觇之，有《修真宝卷》字样为纸所掩盖，似书名应作《玄天真武修真宝卷》。当是由道教徒所编造，但卷首玄帝像背面及正面经题下俱有朱书梵字，按此等朱书均说明此本曾由梵僧加持之志，何以道家经卷而由喇嘛加持？实不可解。下册末署“万历二十一年(1593)七月初九日信官许栢泉发心。”盖即其施财印造者。傅惜华《宝卷总录》著录《玄天上帝、真武祖师修行宝卷》，应即此卷。

北方真武大帝为明代皇室崇奉之神，因之宣扬真武之书独多。宝卷之为道家所编造者，仅见此卷。

十五、《无量佛功德卷》

这是一本极为别致的宝卷，专为宣扬武当山而编造者。

明刊本，方册装。书前题《无量佛功德卷》，实则全与内容无干。内封分上下栏，上栏镂群仙朝山图像，两边有联：“幽明之理若欺乎人即欺乎鬼神；善恶之报不在乎己即在乎子孙。”下栏中间题《武当山宫观仙迹记》，两边亦有联：“虽未到仙山，好景急忙观不尽；未游仙境，斯篇仔细看皆知。”联左右各镌一力士。次页金殿祖师像。次万历八年(1580)万恭《武当山仙迹记序》。正文分上、中、下三栏:上栏专记武当山各处胜迹,并无篇题;中栏插图、写净乐王事迹;下栏为《敕建武当山启圣仙迹记》,通篇二、三、四字句,为宝卷中常见之体。书末题:“万历八年岁在庚辰蕤宾月上浣之吉,彬轩日新堂刊行。”再后为诗八句:“万丈云梯接太和,峰峦高耸近银河。青松翠柏密山径,碧桃红杏满宫坡。人谒大顶酬香愿,金殿当空显巍峨。观爱良工多见识,岧峣顶上建神阁。”最后题识八行:“周府信陵府管府事镇国将军睦檥暨男辅国将军勤焆、勤烦、勤爇、勤鎗、孙男奉国将军朝垶、朝堨、曾孙男在钌等,捧诵《道德经卷》,祝愿皇图巩固,国泰民安,虔诚刊刻。谨贡。万历九年(1581)四月朔日。”此册盖朱睦檥特为印制而“贡”于武当山者。

所谓“周府”,乃永乐帝(朱棣)同母弟周定王橚,《明史》卷一一六有传。朱橚子宪王有燉,为名曲家,有《诚斋乐府》等书传世。“睦”字辈为朱棣五世孙,睦檥盖此辈人。嘉靖十七年(1538),周王睦橊死,子勤熄先卒,孙朝堈嗣,三十年(1551)死,子在铤嗣。睦檥乃以曾祖父辈管府事者。

十六、《苦行悟道卷》

明刊本,梵夹装。傅惜华《宝卷总录》胡士莹《弹词宝卷书目》俱未见著录。

首如来说法图,占五面;次“皇图永固,帝道遐昌,佛日增辉,法轮常转”龙牌;次“皇帝万岁万万岁”龙牌;次“六合清宁……”龙牌,完全仿永乐年刊“北藏”板式,惟“皇帝万岁万万岁”用磁青纸粘,而书以金色。每面四行,行十三字。

《苦行悟道卷》为白莲教支流无为教创教祖师罗清所著。罗清又名因、怀、蔚群、悟空,教内尊为罗祖、罗大士、无为祖、无为居士、无为道人,生于明正统八年(1443),卒于嘉靖六年(1527)。幼丧父母,青年时从军,驻守直隶密云卫古北口,一说为漕运邦弁,一说在锦衣卫当差。苦心修行,参悟十三年,后因被人诬陷,羁押“天牢”,写出宝卷五部,经贿通牢卒并得到太监张永等支持,呈递明正德帝御览,命经厂为之刊刻,颁行天下,罗清得封“无为宗师”,遂创立无为教。

五部宝卷俗称“罗祖五部经”，共五部六册。第一部即《苦功悟道卷》，第二部《双世无为卷》，第三部《破邪显正钥匙》两册，第四部《正信除疑无修证自在宝卷》，第五部《巍巍不动太山深根结果宝卷》。

这本《苦功悟道卷》主要是述自己十三年苦行参悟过程，据其自称，首先感到百年光景，刹那之间，富贵荣华，犹如一梦。因之进行参悟，感到父母亡故，再不相逢，生死轮回，终是苦恼。适逢友人说孙甫宅有一明师，随即赶去拜师，半年之后，师方告其欲得超升，必需持念“阿弥陀佛”。当即遵循，每日高声举念。八年光景，但并未解除心中烦恼。于是拜别师傅，出家访求明师，不遇明师势不回程。这时正值邻居老母亡故，众僧宣念《金刚科仪》，听得说：“要人信受，拈来自检看。”于是请得一部《金刚科仪》，白日看，夜打坐，整整看了三年，最后参透：“空在前，天在后。”“天有边，空无边。”参透“虚空”，“忽然间，一步功，心中大喜。不归无，不归有，我是真空。”“参到这一部地，才得自在纵横，里外透彻，打成一片。”发现威音王时代以前，无名号，无佛祖，无凡圣，无生死，无古今，无大小，无僧俗，无戒律，无出入，无来去，这些都是后来才有的。于是大彻大悟。全卷就叙述这样一个参悟过程。

卷中提到“护国公公”，似指张永而言。张永以平宁王宸濠功，又以计诛刘瑾，正炙手可热之时，罗清此书盖即成于此时。这个称呼绝不是罗清所创造的，可能当时一般人即以“护国公公”称呼他。

十七、《小祖师苦功悟道卷》

明抄本，梵夹装。未见著录。

这是一本宣扬罗清功行的宝卷，从罗清出身一直到他悟道成功。

全部是三、三、四字句组成，最后部分夹有七言句，但占数量不多。

附　录

(一)《破邪显证钥匙宝卷》(上、下卷)

明刊本,梵夹装,黄绫面,磁青签,金印《破邪显证钥匙宝卷上、下》。开卷三教图,以如来居中,老聃侍于如来之左,孔丘侍于如来之右,占五面。次龙牌,题"皇图永固,帝道遐昌,佛日增辉,法轮常转"四句十六字。次龙牌题"皇帝万岁万万岁"七字,次龙牌题永乐帝制佛经赞语:"六台清宁,七政顺序,……"十八句。次目录,题目已不称"宝卷"而作"经";共十一品,兹录其目录如下:

《破邪显证钥匙经》上　　目　录

《破不论在家出家辟支佛品第一》《破四生受苦品第二》《破悟道末后一着品第三》《破〈览集〉方便修三十三天诸天品第四》《破三宝神通品第五》《破禅定威仪白莲无相天品第六》《破十释仙品第七》《破〈览集〉》《金刚经科仪》《布施咸悟菩提重辩重征岂识觉性品第八》《破受戒品第九》《破无修证傀儡〈金刚经〉四果罗汉人天经返轮王十善化道品第十》《破释迦轮王多宝三藐三菩提品第十一》。《破邪显证钥匙》卷上目录(终)

正文开头只标《破邪显证钥匙》,既无"宝卷"字样,亦不称"经",可见原来是无"宝卷"或"经"这样称呼的。并且开头短序四句偈言:"邪法乱混杂,虚空无缝锁。不着钥匙开,生死何处躲?"说明是不主张把这本书称之为"经",而是一把开锁的钥匙。短序中提到《大藏览集》不知是何书,又提到《大乘金刚宝卷》,可见《大乘金刚宝卷》成书是在本书成书之前。卷文中又提到一些宝卷名称,如《地藏科仪》《圆通卷》《心经卷》《报恩经卷》等。除《报恩经卷》曾见傅惜华《宝卷目录》外,余均不为人知。

上卷最后题:"万历壬子孟秋校正,乙酉年重刊。""丙子"为万历三年(1575),"乙酉"为万历十三年(1585),此宝卷最早刊本当是正统经厂刊本,所以万历壬子本本身即是一重刊本。

下卷开卷镌像、龙牌等与上卷同，次目录：

《破邪显证钥匙经》下　　目　录

相传这是无为教罗清所编"五部经"之第三种。这部宝卷专以"破"字命题，可见它不重诵经，不拜偶像，连"念经念佛信邪烧纸"一概废除。无为教本是由白莲教演变来的，这里却明白地反白莲教，宝卷第六即《破禅定威仪白莲无相天品》，文中又有"《报恩经》第二云破白莲教"主语，原因是明代开国之后即严禁白莲教，罗清为迎合政治趋势，所以极力诋毁白莲教，以为自己立足之地。他虽然排斥诸教，但仍然把如来、老聃、孔丘捧了出来，扭合三教归一，以为无为教所崇奉的偶像，并且高自位置。"三界不能瞎无为。"实际这样《三教图》，据宋周密《齐东野语》卷十二载，宋代已有之：

理宗朝，有待诏马远画《三教图》，黄面老子则跏趺中坐，犹龙翁俨立于傍，吾夫子乃作礼于前。

罗清尽袭取之。

(二)《佛说利生了义宝卷》上、下

此卷未见傅惜华《宝卷总录》及胡士莹《弹词宝卷书目》著录。明刊梵夹本，首三教同原图，占五面，如来坐于中间上首，下有老聃坐于如来之左，孔丘坐于如来之右。次龙牌，题“皇帝万岁万万岁”七字。

开卷：“《佛说利生了义宝卷上》，夫访道者，以信心听讲，恨不得一言而悟，通彻天地之理；传道者，以慈悲出授，恨不能一言而化，中大地之人也。盖因普天匝地，上至天子，下至庶人，尽下至飞禽走兽，以及蚊蚁之类，但凡知觉运动，莫不成佛一性之根。自从灵山失散之后，至今万劫沉沦，都以娑婆苦海为家业，以玉锁金枷为快乐，再不思人人有真家真业，家中有真父真母，朝朝思念，日日忧悲，何时是了！我佛大慈大悲，观见失乡儿女，无个归家之路，况此末劫年来，此时要不顾盼来家，失此机会，以后沉沦，无了无休，那里再有这个时候？……遂将七十二句，布为三十六分，攒成上下二册《利生了义宝卷》，说不能尽始终玄妙，悟彻归家径路要道，开示诸佛眼目，谈透天地骨髓，普施大地人缘，言声喳唱，信心参礼，使个个明心见性，着人人省悟菩提。但得天开收卷，咸能永证天性。”这段序言说明这本宝卷编造的原委，他是先编造了七十二句《利生宝偈》，随后又扩充成这本宝卷的。但此人究竟是何姓名，却未提及。

这本宝卷是黄天道宣扬教义之作，序文之后开经偈中叙述：“《利生宝卷》才展开，诸佛菩萨降临来。天龙八部常拥护，大众念佛永无灾。人人有个弥勒主，时时刻刻照空垓。通天彻地黄金像，才打龙华会上来。普劝道场男合(和)女，捶(垂)手当胸意休歪。灵光一点通今古，先将觉性共和谐。今日大众缘法凑，宝卷新开你正来。见见成成无为道，明明朗朗归去来。”这里偏偏提到“无为教”，可见黄天教是从无为教衍化来的。

上下卷共三十六分，其详目如下：

《螺蛳成宝脱壳归空分第一》《古弥陀差螺蛳认母投东分第二》《目连学刘氏作业分第三》《刘氏堕幽冥目连意目遥观分第四》《目连游地狱十王接引访问母亲分第五》《目连领古佛九环锡杖击碎酆都城第六》《目连击碎酆都城十恶思逃走分第七》《因为天数未满恶鬼啥死争名分第八》《古佛留后照阴灵鬼不得知阴分第九》《阳世间男合(和)女贪酒肉财色分第十》《龙虎心拱高妄想业纲缠身分第十一》《甲寅年按东方坐太山东华主分第十二》《戊午年普明如来归宫分第十三》《蕴空王问狮子尊者化项上头分第十四》

《狮子尊者笑人身假像何况头乎分第十五》《蕴空王欢喜三藏经与尊者掌乾坤分第十六》《空王殿黄罗帐八宝砌坐定无生分第十七》《当阳佛令考选原人分第十八》。以上上卷。《把太阳安在我中军俑道相连天地分第十九》《把诸佛摅在选场内考选分第二十》《叫一排整十个用意加功分第二十一》《两壁厢发鼓声不断圆通主欢喜分第二十二》《叫(教)善才重赏金花玉酒分第二十三》《当阳佛显手段化指银城分第二十四》《当阳佛原人取宝利生分第二十五》《阳世间男和女不得出身分第二十六》《甘露点化男女皆得我佛之心分第二十七》《原来性一点光贪六根财色损折无存分第二十八》《药师佛化普明四句无字真经分第二十九》《多宝佛接引众皇胎同座莲心分第三十》《富楼那开无为宝库赏赐原人分第三十一》《得了宝发弘愿意净心清分第三十二》《煅炼壳二八合同出阳身份第三十三》《脱凡胎不生不灭常伴清风分第三十四》《那应时归宫愚痴子任意翻腾分第三十五》《九九数天定就子母同心分第三十六》。

标题中明白有“普明”“原人”等词,这是黄天教所特有。作者李宾,自称普明佛转世,以普度九十二亿原人为己任,曾著有《普明如来无为了义宝卷》,这本宝卷题目中也有“了义”字样,证明这著作也是他的。

以上二卷现存中国佛教图书文物馆,因曾经眼,遂附录于此。

【周绍良(1917—2005)　敦煌学家,佛学家】

原文刊于《中国文化》1990 年 02 期

金庸小说里的摩尼教

柳存仁

一、引子

金庸先生自己在 1977 年修订好的《倚天屠龙记》的《后记》(香港,明河社本)里说,这部书是他继《射雕英雄传》《神雕侠侣》完成的射雕三部曲的最后一部。这话不错,在《倚天屠龙记》开始的第一章里,他不但照顾到前面两部书里郭靖、黄蓉的次女郭襄,也提到了杨过、小龙女夫妇,甚至还有嵩山少林寺武功高强的觉远和尚,以及郭襄在三年前曾在华山之巅会过的少年张君宝[①]——到现在已经是十六七岁的青年,粗眉大眼、身材魁梧的英雄少年。却不料这个少年,在本书写到不过十回之后,也成了“身材高大异常,须发如银,脸上红润光滑,笑眯眯的甚是可亲;一件青布道袍却是污秽不堪”(1/10/400)的人,正是和少林寺

① 张君宝是张三丰的另一个名字,《明史》卷 299《方伎 · 张三丰传》。本文所用的《明史》,皆中华书局,1984 年第 2 版,第 7641 页。

并峙的湖北武当山[②]一派开基创业的鼻祖邋遢张三丰。我们更料不到,《倚天屠龙记》这部四十章的巨著,却是用历史发展和宗教传播的光辉久已暗淡,几乎令大家模糊的摩尼教(Manichaeism)[③]在元末中国的活动做全书的大动脉。斗争的对象一方面是糜烂崩溃病入膏肓的元朝统治权力,其他方面更有受不了虐政灾荒、痛苦煎熬的起兵造反的英豪,多数打着明教、小明王龙凤年号做旗号,崇拜弥勒佛(Maitreya)、大明尊[④],其实骨子里何尝不也是你争我夺,抢取地盘。小说中的武林互相争斗的场合,书里出现不止一次,但是六大派(包括少林、武当、峨眉、昆仑、崆峒、华山)围剿明教虽然形式上由少林的空智大师为首领,华山派掌门人鲜于通却是围攻的军师(3/21/839)。可是我们又知道昆仑和崆峒是素来不睦的(3/21/826)。其他的帮、派、门,总合起来有十多个单位,其中常见的议论分歧、尔虞我诈,就不言而喻了。按照射雕三部曲的系统来说,丐帮"号称江湖上第一大帮",被人家打败抬了回来的周颠就大骂"好丐帮,勾结了三门帮,巫山帮来乘火打劫"(3/22/896),更不用提陈友谅打进了丐帮,当了资深的八袋长老,后来又追随圆真和尚执行种种害人勾当的诡计呢![⑤] 就是明教诸人自己,自

② 武当山山脉有著名的七十二峰。其大顶天柱峰"居七十二峰之中……,俯眺均州、邓州、襄阳、房州千里之地",见《道藏》609《武当福地总真集》,卷上/2a。武当在元初已归蒙古统治,元世祖忽必烈(Kublai Khan)至元二十三年(1286,也正是他派程文海求江南人才的那年),道教的法师叶希真、刘道明、华洞真"承应御前,充武当山都提点,奏奉护持"(同前引,卷上/1b)。《明史・张三丰传》说他"尝游武当诸岩壑,谓人曰:'此山,异日必大兴。'时五龙、南岩、紫霄俱毁于兵,三丰与其徒去荆榛,辟瓦砾,创草庐居之,已而舍去"。(前引,页同)这样看来,武当山的风光(有点像《倚天屠龙记》所写的热闹),最早也当在明初。蓝田撰的《张三丰真人传》(收焦竑《国朝献征录》卷118/109b,万历四十四年〔1606〕本)说他"洪武初入武当山"。

③ 我们如果试检一部外语字典,例如*Concise Oxford Dictionary*,它会告诉你说摩尼教"是三世纪到五世纪间一种宗教,认为上帝和魔鬼并存的"。这还不够模糊么?三世纪到五世纪间的话也不正确:旧说认为唐武后延载元年(694)它才传入中国。我曾主张至迟在南北朝时中国的道教徒已经把摩尼教的一些故事采入道经里面(说见后),至于(《倚天屠龙记》写的也是这个背景)元末的各方起兵,打着明教的旗号,更迟至十四世纪。《倚天屠龙记》里(1/10/360)张翠山长跪在张三丰前,说"弟子的媳妇来历不正。她……她是天鹰教殷教主的女儿"。可是三丰回答说:"天鹰教又怎样了?翠山,为人第一不可胸襟太窄,千万别自居名门正派,把旁人都瞧得小了。这正邪两字,原本难分。正派弟子若是心术不正,便是邪徒,邪派中人只要一心向善,便是正人君子。"相同的话又见于2/11/416。读这部小说的人都知道,天鹰教是从明教里分裂出去的骈枝。

④ 明尊例如汉文《下部赞》内《叹明界文》首句:"我等上相悟明尊,遂能信受分别说。"指最高的神。

⑤ 历史上的陈友谅,在造反时期既杀他的上司倪文俊,在采石矶驻兵时又埋伏壮士用铁挝打死国号天完的皇帝徐寿辉,然后自称大汉皇帝,兵盛时拥有江西、湖广广阔的地盘,的确是个角色。但是《倚天屠龙记》只是利用这个争政权失败的人物做个反派的小人,书里的叙述和真实的陈友谅其实没有关系。参看《明史》卷123/3689-3691《陈友谅传》。

从以德服人的阳顶天教主归天之后，有希望继任的人各不相能，既分裂出了天鹰教（它又是海上巨鲸帮的假想敌），又选不出为大家心服口服的公正领袖。虽然还不致四分五裂，在大家被客观要求逼迫到非披沥肝胆团结应敌之前，也是岌岌可危的。难得的是摩尼教（明教）在中国的出现虽然时常倚赖着佛教和道教的幌子做掩护，甚至于用老百姓熟悉的和知名的弥勒佛下生、小明王出世做远景和指望，金庸这一部小说却能够把它的存在和不论是元末的蒙古当道也好，起义的草莽英雄也好，⑥权力的斗争，权术钩心斗角的使用，栽赃、谋害、屠戮，个人的或家族的血海深仇，人民的流离颠沛，灾荒饥饿的痛苦，杀人不眨眼以至要吃人肉活命的惨景都浑融在一起，一点儿也不教读者觉得是昏头昏脑的陌生。还有年轻一代飞跃式的长成和发展，大海狂涛和荒山悬崖的锻炼，男女痴情在违逆的环境中却像电光石火般地显现。一块抹过眼泪的小手帕在对方的衣襟中能够勾起长年的追忆；两只温腻的脚巴丫子触在手上不但不能加强对立的深仇，反而增添了无声的野性呼号。我想这都是这部作品的极大的成就。在这里不妨引用悉尼的麦考莱大学（Macquarie University）研究古代史和摩尼教的刘南强教授写的文章说：

> 使用这个罕人注意、并且承认是有外来根源的、秘密性极高的社团做反抗蒙古统治的原动力，也是建立明代一朝的重要基石。金庸已经很成功地把爱情故事和并世学者们的历史研究结合在一起。他提醒读者们那个享祚两百七十七年之久的明朝，有这么一个摩尼教参与它的活动的重要部分。（第 4 册，40/1629）他的全书把史学家吴晗所做的历史假设赋予（有生命

⑥ 经历过明英宗（后段）至世宗嘉靖间的文士才子祝允明，著《野记》卷 1 第 1 条说“韩林儿始由颍川逃之武安，为穿窬，渐肆劫杀。有徒既繁，乃啸乱，称小明王。”（1/1a）按，《明史・韩林儿传》说他的父亲韩山童因其先世“以白莲会烧香惑众，谪徙永年”。元末“山童鼓妖言，谓‘天下当大乱，弥勒佛下生’。……颍州人刘福通与其党杜遵道、罗文素、盛文郁等复言‘山童，宋徽宗八世孙，当主中国’。……谋起兵，以红巾为号。至正十一年（1351）五月，事觉，福通等遽入颍州反，而山童为吏所捕诛，林儿与母杨氏逃武安山中”。（122/3682）永年在今邯郸市北，武安在邯郸西北，都在河北，林儿不会从颍川逃武安。但说他困穷逃难时做过小偷，经历艰苦，这和《明史》同卷说“十五年（1355）二月，福通物色林儿，得诸砀山夹河”，双方失散了几乎四年的时间，倒是吻合实情的。（参看《野记》卷 1/1a，《四库全书存目丛书》影南京图书馆藏明毛文烨刻本。）朱元璋的部下常遇春，“初从刘聚为盗”，至正十五年四月在和阳（今安徽和县南）向元璋投顺。元璋说“汝特饥来就食耳”，见《明史》卷 125/3733《常遇春传》。

的)血肉。虽然摩尼教的历史研究是一种长期继续的发现历程,特别是经文的新发现和材料的重新估值,金庸用小说手法描绘这种信仰,把它提高到在元明时代任何它的信徒都不曾梦想到的尺度,他也比任何一位研究摩尼教的学者更能够令明教在文学的画板上占有着更丰富更恒久的位置。⑦

二、摩尼和摩尼教的神话

诚如上引刘南强教授说的,摩尼教的历史研究,是一种长期继续的发现历程。虽说目前它已经是一个完全死亡、没有什么人崇信的信仰了,但是在欧洲和中亚南亚,各种民族用不同语言堆积的研究材料仍是汗牛充栋,甚至还陆续会有新的材料发现,依然是“今之显学”。从读历史的观点来说,这个显学的研究,却不容易。

我们先读一下摩尼(Mani,215/216-274)的略史,他死的那一年中国古代历史上的三国时代已经快要结束:晋武帝(司马炎)泰始十年,西蜀已经灭亡10年了,再过五年,吴国一亡,统一的就是晋朝的天下。摩尼一生,也不过活到六十岁光景。他在巴比伦南部出世,母亲和帕提亚(Parthian)王族有些关系,但到摩尼十岁左右这个帕提亚帝国就被推翻了。他自幼说的语言是东部阿拉曼语言(Aramaic)。他年轻时就很富于玄想,自己说曾有两次特别的感应,教他宣扬一种新的宗教。在伊朗萨珊王朝(Sassanian Dynasty)的赭柏一世(Shapûr Ⅰ)时,他曾三次蒙召见,在王前讲《娑布罗干》(Šhabuhragān)是他的微言大义。这部经卷佚失了,只有些残片。(在中国新疆吐鲁番发现的残片,是用中古波斯文记录的。)赭柏一世长时期当朝的时代,他被许可在整个帝国的区域内传教。他大约曾到过波斯的西部各处,可能也到过印度。赭柏死后,继位的奥米德一世(Ormizd 或 Hormizd Ⅰ)对摩尼也很宽容,可是下任的巴仑一世(Bahram Ⅰ),就是赭柏一世的小儿子,听信了火祆教祭师的怂恿,将摩尼下根迪赭柏

⑦ 原著英文,Samuel N.C.Lieu,“Fact or Fiction: Ming-chiao(Manichaeism) in Jin Yong's Ⅰ-*t'sien t'u-lung chi*”,收《金庸小说国际学术研讨会论文集》,台北,远流出版公司,1999年,第43—66页。

(Gundeshapûr)的监狱二十六天,然后钉死在十字架上。刽子手剥下了他的皮,里面给塞满了稻草,悬挂在城门上面示众。从此之后摩尼教在伊朗就被铲除,再也不许传播了,然而它不但仍能在西方各处盛行,深入了罗马帝国里面,并且广传到东方,到了库拉散(Khurasan 是伊朗东北的一省,北与俄国联邦的土克门共和国〔Turkmen〕、东与阿富汗相接)已超越了萨珊王朝的边境。摩尼教布道的重心正在撒马尔罕(Samarkand)。摩尼教已经深入了中亚细亚。

摩尼教的教义,是曾经创教的人和原始信徒细心琢磨过的,它的神话,却有原始的、粗犷的质素。像其他著名的宗教一样,连中国的道教也有不止一个的《创世记》⑧,何况是以夷数(耶稣)最后的一个门徒自居,在思想上又深受以至高神的本质是心灵、生命和光的诺斯替教(Gnosticism)影响的摩尼、和他的"二宗"、"三际"的教义呢?但是,比起旁的信仰说的《创世记》,摩尼教的创世的神话却要繁复几倍。我们尝试要知道一点摩尼教的宗旨,一个不能再简略的神话故事却不可不先知道。照中国佛教史籍的记载,唐武后延载元年(694)有"波斯国人拂多诞持《二宗经》伪教来朝",拂多诞下面原注又说他是"西海大秦国人",指的是现在的叙利亚。⑨ 这部《二宗经》,也有可能应当叫作《二宗三际经》,《二宗》只是简称。南宋志磐《佛祖统纪》卷 48 引洪迈的《夷坚志》说:

> 其经名《二宗三际》。二宗者,明与暗也。三际者,过去未来现在也。大中祥符(1008—1016)兴《道藏》,富人林世长赂主者,使编入《藏》,安于亳州明道宫。⑩

这里说的《二宗三际经》,宋真宗时编辑小型"道藏"《云笈七签》的张君房替

⑧ 参看饶选堂先生(宗颐)《论道教创世纪及其与纬书之关系》,见饶著《中国宗教思想史新页》,北京大学出版社,2002 年,第 89—100 页;拙著《道教前史二章》,收《道教史探源》,同上出版时地,第 3—14 页。

⑨ 见南宋咸淳间(约 1274)志磐和尚撰《佛祖统纪》卷 39/370(《大正大藏经》2035)的记载。延载元年是公元 694 年。这个年份,如果说在这一年有摩尼教的传教师持经到中国来,是可信的;可是如果说在这个年份之前,中国人完全没有听说过摩尼教的讯息或点滴的零碎的知识,是可以争论的。拂多诞(aftaóan)不是人名,是粟特语的低级神职,参看注⑱。

⑩ 陈援庵先生(垣)说"右所引《夷坚志》,不见今《四库》本及陆刊本《夷坚志》",见陈著《摩尼教入中国考》,收《陈垣学术论文集》,第一集,中华书局,1980 第 1 版,第 358 页。按《夷坚志》卷帙较繁,《四库》收的只有《夷坚支志》,非全貌。陈先生说的"陆刊本",指的是清末陆心源刻的《十万卷楼丛书》。

《七签》作的序文也说：

> 在先时〔真宗皇帝〕尽以秘阁道书、太清宝蕴出降于余杭郡，俾知郡故枢密直学士戚纶……等专其修较，俾成藏而进之。……适纶等上言以臣承乏，委属其绩。时故相司徒王钦若总统其事，亦误以臣为可使之。又明年冬，就除臣著作佐郎，俾专其事。臣于时尽得所降到道书，并续取到苏州旧道藏经本千余卷，越州、台州旧道藏经本亦各千余卷，及朝廷续降到福建等州道书、明使摩尼经等，与诸道士依三洞纲条、四部录略，品详科格，商较异同，以铨次之，仅能成藏，都卢四千五百六十五卷。起《千字文》天字为函目，终于宫字号，……题曰《大宋天宫宝藏》。(《道藏》677《云笈七签·序》/1a-2a)

这是摩尼教的经典至少有一部分曾经收进宋《藏》的证据。这部《天宫宝藏》是真宗天禧三年(1019)春天写进的。其后，徽宗时又有《万寿道藏》，接着北方的金、元，又曾刊刻《玄都宝藏》，看来《藏》内收的摩尼经典，至少有一个相当的时期，可以保藏无恙。自然，后来这些宋、金《藏》又荡佚殆尽了。特别是经过蒙古宪宗(蒙哥 Mongke)和元世祖两次烧焚伪经(那是在中国境内佛教禅师和西藏高僧联合起来跟道教全真间的冲突)的灾难，到今日，连《道藏阙经目录》(《道藏》1056)里，我们也一点儿都找不到摩尼经卷的痕迹了。然而，迟到北宋末，著名的学者洪适的父亲洪皓是徽宗政和五年(1115)的进士，他在台州宁海县做主簿，临时代理县令。他发现一家"富而戆"的李姓行贿，因为"家藏妖书，号《二宗三际经》"，许给赂钱五十万。这件案子被洪皓从轻发落了，细节后来记在洪适的《盘洲文集》卷74的《先君行状》里。这是北宋末《二宗经》在南方民间流行的一个记录。[11]

残余的摩尼教经典，包括了少数的(只有三种)汉文记录的失题残经、《摩尼光佛法仪略》和《下部赞》，告诉了我们怎样的摩尼教神话呢？

---

⑪ 引见亡友牟润孙先生著《宋代之摩尼教》，收牟著《注史斋丛稿》，中华书局，1987年，第101页。《盘洲文集》有影宋本，收《四部丛刊·初编》。

在邃古之初，没有人类、没有历史的时候，只有两个分划开的境界，一个是光明的，善良的，另外一个是黑暗的，邪恶的，它们之间有疆界，虽不往来，但是共存的。光界这边，统治的就是至高无上的大神大明尊。那里到处都是光明，充满了无数的移涌（Aeons）和移涌的移涌活动。大明尊选了十二个移涌拱卫在他身边，国土的四方每一面都有三个移涌守着。⑫ 明尊也有一位配偶。这个光界是个永远的乐园、天堂。

光界占满了宇宙空间的北、东、西三面，并且无限地伸长，低洼的南面就是暗界的地盘。黑暗世界正是光明世界的反面。它的主管就是暗魔王。有一天，这个暗魔王偶然来到暗界和光界的边缘，他对光界的事物起了贪婪的欲望，就要率领他的部属过境来抢夺。他自己那边的情况虽有五个境，却是不堪的：这五境充满着薰烟、烈火、风暴、毒盐水和黑暗。管事的有魔王、狮王、鹰王、鱼王和龙王，都是暗魔王的化身。他们底下的“虾兵蟹将”，有的生两条腿，有的四条，有的会飞因为有翼，有的就只会苦楚地乱爬，都是由各种恶树长成的。

大明尊有大智慧，他的高尚的官能又有五种能力，就是：相、心、念、思、意五种灵知（Škīnā）作用。他要阻止暗魔王到明界来抢掠，就施法力呼唤出善母，善母跟着又呼唤出先意来。先意披挂了他的五种装备，通常叫作五明（五种光明的质素），说是他的五个儿子，就是清净气、妙风、明力、妙水、妙火。先意用它们做武器，跑进暗界和那里的群魔大战。在这场激烈的斗争中，光明和黑暗就混合了！黑暗世界全是物质世界。可是没有光。物质吸收了光，就紧紧地掐住不放。先意抛掉武器作为诱敌的一支一节，都成了对方的光源。这一场仗他全败了。他砍倒了五类毒树的树根之后就失去了知觉。这里说的是明尊的第一次呼唤。

先意醒了，又高声求救。他的呼号被善母听到了，善母就向明尊求援。为了救赎先意，大明尊又呼唤出乐明（释做光明的朋友；经文中或称第二使）。乐明跟着呼唤出造新相（释做将作大匠）⑬，造新相又呼唤出净活风和他的五个儿子来。这净活风（或称净风，他和善母为二明使）和他的五子跑到边界，喊了几句

---

⑫ 移涌本是诺斯替教信仰中、一个真实存在的精神世界里，从最高神体内流出的个体。摩尼采纳了这种说法，光界中也充满了他们的存在。

⑬ 造新相一词，见《下部赞》末夜暮暗作《普启赞文》“又启乐明第二使，及与尊重造新相”，原义即建筑师或古时的将作大匠。若照《孟子·梁惠王下》应作大工师；我们自然不想乱改原文。

能够带回声的话让先意知道，先意听了也给了回音。这说听（呼嚧瑟德 Xrustag）和唤应（嘞喽嚛德 Padwaxtag）两件行事，又转化成了神，一同算是先意和净活风两神的第六个儿子。[14] 这一呼一唤都成神的含义，象征了光明世界在渴望收回它失去的光。那从远方发出的声音，正回答了这种渴念。

先意是被救获得自由了，可是他的五个儿子还留在暗境内。为了救援先意的五子，净活风又跟恶魔们大战了一场，这就创造了世界、天、地。净活风用被杀死了的群魔的残骸做了八重地面，用他们的皮肤做了十个天空。将在战场上没

元始无量度人上品妙經四注　卷二第六十四

三清也○幽棲曰事連青帝上四言位號
中二言諱下二言字其餘並同此義也
赤天魔王負天擔石
東曰赤天魔王姓弗諱由肅勢能揭天力
能傾山飛空三界中過人功德制伏衆魔
也○幽棲曰事連赤帝
白帝魔王亙山六目
東曰白天魔王姓赤諱張市一頭六目能
破山亙石總統六天鬼神斷人生生之路
也○幽棲曰事連白帝
黑天魔王監醜朗馥
東曰黑天魔王姓徐諱直事爲性凶醜而
好殺害也○幽棲曰事連黑帝
黃天魔王横天擔力
東曰黃天魔王姓天門諱波狂大魔王身
衣玄文之衣頭戴横天之冠腰佩龍頭之
劍常乘羽輪之車飛行雲中常作謠歌有
三千言亂敗後學太上故書其曲在消魔
寶經也○幽棲曰事連黃帝其位號名字
並同青帝主保護學人驅除魔試者也○

净活风的五个儿子在道经《元始无量度人上品妙经》（《道藏》38）里成了青、赤、白、黑、黄五天的魔王：《经》中言“赤天魔王负天担石”“黄天魔王横天担力”（卷 2/646–656）最见摩尼故事的痕迹。南北朝南齐的严东是最早注这部经的人，《四注》严东之外的薛幽栖、李少微、成玄英，都是唐时人。

有受到黑暗侵蚀的光制造成太阳和月亮，那稍微有点沾污的，做成了许多颗天星。为了要救赎被物质魔王吞没的光，他造了风轮、火轮和水轮，这些东西就让他的五子之一的催光明使（Gloriosus Rex）掌管。他的另一个儿子持世明使

⑭ 参看《摩尼教残经一》，收陈援庵先生（垣）《摩尼教入中国考》，前引，第 375 页。

(Splenditenens)能够举着这十个天,还有地藏明使(Atlas)托着上边三层的地面。

第三次呼唤的特色是呼唤出来几位救赎神。首先出现的是三明使(亦称三丈夫,这两个词都是第三位的意思,不是共有三位神),他又唤出了电光佛[其实当称"日光的少女",这个词有单数多数,单数时或称吉祥时,多数时或称日宫十二化女,或称十二时,后者的来源是她是伊朗宗教里的时间神楚尔宛(Zurvan)的女儿]。三明使和电光佛两神裸露了自己的身体,向被用镣铐锁在半空的众暗魔挑逗,引起了他们的性欲。男魔们冲动起来。阳根就勃起了。他们身上含着光的精液流了下来,有一部分掉在陆地上成了五种树木和植物。有一部分暗魔的精液落在海里,便成了海怪,就被降魔胜史(Adamas)收拾了。那些怀了妊的女魔在天空流产了,她们的胎落在地面上,成了地上的五种精怪,它们正跟暗界的五类魔同类。上文说的那位电光佛,明明是日光少女,为什么叫电光佛呢?据说天空挂着的那一群暗魔,看见了裸体的少女,都大声咆哮起来,地下的人听着以为是打雷。

第三位的救赎神的名字是相柱(或称大庄严柱,金刚宝柱),它是神,也象征一条能使微小的光屑通往光界的道路。它还有一个名字,叫作具足丈夫(音译是苏露莎罗夷,或窣路沙罗夷 srōsahrāy)。这时候"日月盈仄,辰宿列张"已经被第三使者安排得很妥帖了,暗界的魔王怕了起来,就命一对男女魔赶紧吃掉那些流产的胎儿。这对男女体内的光增加了,他们就同房,创造了人类,生下了人类的祖先亚当和夏娃。这两位人类祖先的容貌,是照着他们的父母吊在半空时看到裸体的神的面貌而生的。他们的父母有受过沾染的光遗留在他们的身上,就成了人类的灵魂。暗魔和人的灵魂同困在魔鬼所生的身体内,就充满了坏心肠:欲念、贪心、怨恨。人类世代相承继续下去,世代就永远有一部分的光困居在黑狱里不得自由。

第三次唤出来的神还有夷数(就是后来译称的耶稣、光辉耶稣 Jesus the Splendour)、惠明(Nous)和平等王⑮。电光佛呼出了夷数,夷数唤醒了亚当,把灵

⑮ 佛、道教混的中国民间宗教里常说的"十殿阎君",也有平等王。据《道藏》182《太上救苦天尊说消愆灭罪经》页2a说,人死后百日才得见平等大王,但这仍不是最后的裁判。摩尼教的信仰里平等王的裁判也还不是最后的裁决,这一点我们或有可研。

知(gnosis)传给他,告诉他灵魂是怎么来的。亚当明白了,就洁身自好,不肯跟夏娃同房。夏娃受不了暗魔的诱惑,跟别的人先生出了该隐(Cain),后来又生了亚伯(Abel)。但是亚当后来也不能遵守清净的规矩,夏娃又和他生了塞特(Seth)[16]。人身上留着的光是无法自由的,只能靠个人在世间活着时的虔修、德行和努力,直到命终的时候。人死后站在平等王面前时大约有三条道路:一是灵魂升天,直接走上天堂的路;这人的品质是极高的。要是有的人不明白灵魂的高贵,也没有什么德行,可是也罪不至死,就要走重新投胎到世间的轮回之路。最倒霉的,就只有到地狱去,没有别的选择了。但是属于光的灵魂时常会上暗魔或自己身体的当,却糊涂不知道醒觉和检省。夷数唤出了惠明(有时称惠明使),派遣许多先知去施舍灵知给亚当的子孙。在《残经一》里,愚痴的"故人"和觉悟的"新人"仍时常有"意体斗战"。我们试引《残经一》一小段略看惠明怎样在"邪城""五重无明暗坑"这些地方展开活动:

> 先意、净风各有五子,与五明身作依止柱。于是惠明善巧田人,以恶无明崎岖五地而平填之。先除荆棘及诸毒草,以火焚烧;次当诛伐五种毒树。其五暗地既平殄已,即为新人置立殿堂及诸宫室。于其园中,栽莳种种香花宝树,然后乃为自身庄严宫室宝座台殿;次为左右无数众等亦造宫室。(前引《陈垣学术论文集·第一集》,第382页;林悟殊《摩尼教及其东渐·附录》,北京,中华书局,1987年,第222页)

故人变成了新人,改造后的新人也成了光界的新移涌。造新相也替神灵和新人们造了新乐园,这新乐园和光界的国土是共存的,但是仍有分开的区划,直维持到世界末日的那一天。《下部赞》里未冒慕阇(Mozak,Ammōzāg 谓有神职的教师)撰的《叹明界文》不曾说过么?

> 彼处殿堂诸宫室,皆非手作而成坚,

⑯ 这些人名皆见《旧约圣经》之《创世记》第4、5章,虽然故事说得不一样。

不假功夫法自尔，若言修造无是处。⑰

上边叙述的神话，大概可以说是摩尼教的《创世记》，可算是《二宗三际经》的一个简单的说明。我们似乎也可以说，在人类实际的历史上，不论哪一个阶段，看来都还只有“中际”的阶段。“中际者，暗既侵明，恣情驰逐。明来入暗，委质推移。大患厌离于形体，火宅愿求于出离。”⑱人类其实正辗转呻吟在这样的一个“火宅”里面。

三、明字·弥勒

摩尼教的文献数量是巨大的：单只就和它有关的语文说，如果仅限于伊朗这一个区域，那就有帕提亚文和中古波斯文、粟特文、突厥文这些文字。跟着摩尼教的传播展开了，它又包括希腊、拉丁、亚剌伯（阿拉伯）和埃及语文。更进一步，现代的学者们用各国不同的语文写的书籍、论文、发掘报告，更是数不胜数了。清光绪十九年（1893）俄国驻北京的使臣喀西尼拿了拉特禄夫（Wilhelm Radloff）著的 *Die alttükischen Inschriften der Mongolei*（《蒙古图志》）里面用的三块碑的拓本（有一块就是简称为《九姓回鹘可汗碑》的，对摩尼教研究很有关系），到总理衙门（外务部的前身）来，请求帮忙解释。这块《九姓回鹘可汗碑》，是用突厥、粟特和汉文三种语文撰的。幸而当时总理衙门里有专研西北史地著名的

⑰ 同前引林悟殊，《附录》，第 257 页。

⑱ 引文见《摩尼光佛教法仪略·出家仪第六》，都附录抄在陈垣，前引，第 397 页；林悟殊，前引，第 233 页里面。这《仪略》是唐开元十九年（731）六月八日大德拂多诞奉诏集贤院译的；拂多诞亦称萨波塞（ispasag），不是人名，是摩尼教中七十二名侍法者之一，见《仪略·五级仪第四》。“火宅”本是佛教的典故，见《法华经》卷二《譬喻品》。摩尼教义中本吸收有佛教的因素，观音、势至、卢舍那之名《下部赞》中颇见。这里是译文，借用辞藻更无问题。

沈寐叟先生(曾植),替他每一块碑用汉文作了一篇跋,这个困难的问题才解决了。⑲ 这是一个小故事,也许可以督促我们对摩尼教这些问题的关心。

我们现在想研究的小问题是中国人什么时候开始接触摩尼教的?摩尼教的教义里似乎不曾支持造反,为什么历史上的摩尼教常常被怀疑有想要造反的迹象?并且,造起反来时,崇奉的神多数有一个弥勒佛?

要解答这里说的第一个问题,是不怎么容易的。如大家从一般研究摩尼教入华历史的书籍来立论,似乎容易:像本文引过的陈援庵先生的书;像法国著名汉学家伯希和(Paul Pelliot)和沙畹(Edouard Chavannes)⑳;像王静安先生(国维)的《摩尼教流行中国考》,还有些跟随他们的说法的人,都觉得南宋志磐《佛祖统纪》卷 39 说的唐武后"延载元年(694)波斯国人拂多诞(参看本文注⑱)持《二宗》伪经来朝",是比较稳妥的看法。《倚天屠龙记》是小说,又是大体上以一部分的历史事实做背景的小说,作者对于上面说的这一点的矜慎,我们是很同情的。书里面对这一个问题,反映的有三种态度:一是说话的人本不是明教徒,有些时候还是痛恨"魔教"的,像张三丰,他对魔教的来历只是"略有所闻",心想它是"唐朝宪宗元和间传入中土"的(2/11/418)。另一种说话人是小说里的风趣人物说不得(原名),张无忌曾经被他套困在一个轻飘飘的大布袋里的布袋和尚。说不得讲历史,说明教就是火祆教,明尊就是火神(2/19/757-58)。这话也不很对,虽然摩尼教的信仰有一部分是从火祆来的,而且这部小说里利用祀火的地方正多。比较地近乎传统的(或近贤考证的)看法的态度,是书里光明左使者杨逍,书中说他还写了一部《明教流传中土记》(3/25/1016-18),就正面地说明学术界一般的看法了。

---

⑲ Radloff 的书,是 1894—1895 在 St Petersburg 出版的。这个回鹘可汗碑,原名很长,是《九姓回鹘爱登里罗汨密施合毗伽可汗圣文神武碑》,李文田收了它入《和林金石录》(灵鹣阁丛书 · 第 4 集)。李文田这书,只一卷。二十世纪四十年代罗振玉曾把李书再加校定,收入《松翁居辽后所著书》。关于这个碑,王静安先生(国维)也有研究,作《九姓回鹘可汗碑跋》,收《观堂集林》,第 4 册,卷二十,中华书局,1961 年第 3 版,第 989—997 页。又附著,《观堂别集》卷一《摩尼教流行中国考》,第 1167—1190 页。参看 Colin Mackerras, *The Uighur Empire*, Australian National University Press, Canberra, 1972, pp.184-190。

⑳ "Un traité manichéen retrouvé en Chine", *Journal asiatique* 11e sér. 1(1913),第 99—199 页,第 261—394 页。这篇文章的前段刊同杂志 X^e sér. 18(1911),第 499—617 页。参看冯承钧译文《摩尼教流行中国考》,商务印书馆,1931 年;这篇译文又收入冯译《西域南海史地考证译丛八篇》,中华书局,1958 年,第 43—100 页。

我们对于学术界这一个比较稳妥的看法,是理解的,因为反对它的人们似乎还不曾拿出过什么可以算是压倒性的证据,不足以服天下人之心。但是信仰、风俗、习惯这一类常常很不容易推溯它的起源的事情,记录它发生的时间往往在事物已经发生了一段时间之后,那么所能记录的,就只有一个模糊的,未必十分准确的时间,这件事物发生和它的历史地存在,就只好占历史上的一段较长的时间和空间。但是,在这种条件之下,事物的客观的存在,我们也仍然只好说它是正面的。比如,我过去(1976)写的一篇拙文,曾列举过下面提到的一些线索:

450(北魏太平真君十一年,刘宋文帝元嘉二十七年)

宋方的镇军长史张畅奉命和魏尚书李孝伯在(彭城)城头对谈。孝伯说彭城通南方之路已为魏人遮断,“亦知有水路,似为白贼所断”。他又说“今之白贼,亦不异黄巾、赤眉”。(《宋书》卷46/1399《张邵传》内《张畅传》[21])

471(魏孝文帝延兴元年)

十一月,妖贼司马小君反于平陵。(《魏书》卷7上/136《高祖纪上》;卷16/396《河南王平原传》说司马小君“自称晋后……号年圣君”。)

481(魏孝文帝太和五年)

二月,沙门法秀谋反。(《魏书》卷7上/150《高祖纪》;参看卷114/3045《释老志》神龟元年(516)任城王澄的奏章。)

490(魏孝文帝太和十四年)

五月,沙门司马惠御自言圣王,谋破平原郡。(《魏书》卷7下/166《高祖纪下》)

---

[21] 《宋书》里另有一个《张畅传》(59/1602),亦记此对话;参看《南史》32/830。本文所记各史传,用的都是中华书局标点本。

499(魏孝文帝太和二十三年)

十一月,幽州民王惠定反,自称明法皇帝。(《魏书》卷8/191《世宗纪》)

506(魏宣武帝正始三年)

正月,秦州民王智等聚众二千,推主簿吕苟儿为主,年号建明。(《魏书》卷8/201《世宗纪》;《北史》卷17上/638《景穆十二王上·济阴王小新成传》内《元丽传》;《资治通鉴》中华书局标点本,卷146/4556)

泾州人陈瞻亦聚众,自称王,号圣明元年。(同前引《北史》等;参看《魏书》卷58/1285-86《杨桩传》)

514(魏宣武帝延昌三年)

十一月,幽州沙门刘僧绍聚众反,自号净居国明法王。(《魏书》卷8/215《世宗纪》)

515(魏孝明帝延昌四年)

六月,沙门法庆聚众反于冀州,杀阜城令,自称大乘。(《魏书》卷9/222《肃宗纪》)

肃宗是世宗的次子。这一年正月,世宗已病死了,九月太后临朝,此时仍用延昌年号。《魏书》卷19上/445的《元遥传》里说"法庆既为祆幻,遂说勃海人李归伯,归伯合家从之,招率乡人,推法庆为主。法庆以归伯为十住菩萨、平魔军司、定汉王,自号大乘。杀一人者为一住菩萨,杀十人为十住菩萨。又合狂药,令人服之,父子兄弟不相知识,唯以杀害为事。……所在屠灭寺舍,斩戮僧尼,焚烧经像,云新佛出世,除去旧魔。"

524(魏孝明帝正光五年)

五城郡山胡冯宜都、贺悦回成等以妖妄惑众,假称帝号,服素衣,持白伞

白幡，率诸逆众，以云台郊抗拒王师。(《魏书》卷 69/1531《裴延儁传》)

525(魏孝明帝孝昌元年)

山胡刘蠡升自云圣术，胡人信之，咸相引附。(《魏书》卷 9/242《肃宗纪》;《魏书》卷 69/1531《裴延儁传》内《裴良传》;《北史》卷 38/1379《裴延儁传》)

610(隋炀帝大业六年)

正月朔旦，有盗数十人，皆素冠练衣，焚香持华，自称弥勒佛，入自建国门，监门者皆稽首。既而夺卫士杖，将为乱。(《隋书》卷 3/74《炀帝纪》;《北史》卷 12/454《隋本纪下》)

613(隋炀帝大业九年)

炀帝在高阳。唐县人宋子贤善为幻术，每夜楼上有光明，能变作佛影。自称弥勒佛出世，远近惑信日数百十人，遂潜谋作乱。将为无遮佛会(Pañcavarsikamaha)，因举兵，欲袭击乘舆;事泄。(《隋书》卷 23/662《五行志下》)

614(隋炀帝大业九年)

十二月，扶风桑门(sramana)向海明自称弥勒佛出世，因举兵反，建元白乌。(《隋书》卷 4/86《炀帝纪》;《隋书》23/662《五行志下》)

这些条目式的材料，要是剔出来单文地考究，至多不过说它是蛛丝马迹，加起来说，它们就会成为一种说明特殊环境大气候的现象。圣明、明法、建明他们这些打着的旗号，会不会和摩尼的标榜光明之谊有些瓜葛，将来人们有了更多的资料仍旧可以爬梳的。但是下面引的这一条，我们似乎更不该忽略：

(大业)六年(610)，高昌(Turfan)献《圣明乐曲》。(炀)帝令知音者于

> 馆所听之，归而肄习。及客方献，先于前奏之，胡夷皆惊焉。其歌曲有《善善摩尼》；解曲有《婆伽儿》；舞曲有《小天》，又有《疏勒（Kashgar）盐》……（《隋书》卷15/379《音乐志下》）[22]

这个“圣明”，和摩尼联起来叙说，恐怕就很不容易卸脱它们之间的关系了。《善善摩尼》曲名里的“善善”，我想，我们看了前文讲过光暗两界一善一恶，或是听过这些神话，大概是可以莫逆于心的。

前面我讲的摩尼教的神话，它们的细节有许多可读的书可供参考，是不需要我太啰唆的。[23] 能多读一两种旁的语文资料，当然更好。但是我们缅怀从五世纪到十四世纪中叶的古人，如不是他们受不了种种的生活煎熬、铤而走险，像我们今天所见到的几种汉文的摩尼经文、赞愿的文字，恐怕是不足以歆动他们的热情的。我在上面简单地重述那几段神话的报告时，曾经尽量地使用了现存残经里保存的人名（像耶稣作夷数，其实有时还作翳数），方便读者愿意去稽对原卷的时候大致可以寻到一点对证的线索。可是，我们如果试看下面引的几行字，恐怕就仍不免会失望：

> 大圣自是第二尊，又是第三能译者。
> 与自清净诸眷属，宣传圣者口口悟。
> 又是第八光明相，作导引者倚托者。
> 一切诸佛本相恳，一切诸智心中王。[24]

---

[22] 上列各例，俱见拙著 Liu Ts' un-yan，“Traces of Zoroastrian and Manichaean Activities in Pre-Tang China”，*Selected Papers from the Hall of Harmonious Wind*，Leiden，E.J.Brill，1976，pp.3-55；汉文《唐代以前拜火教摩尼教在中国之遗痕》，收《和风堂文集》，上册，上海古籍出版社，1991年，第495—554页。

[23] 有几部书读者或者容易觅寻的，像刘南强教授 Prof. Samuel N.C. Lieu，*Manichaeism in the Late Roman Empire and Medieval China*，J.C.B. Mohr（Paul Siebeck），Tubingen，1992；参看 S.N.C. Lieu，“New Light on Manichaeism in China” in *Papers in Honour of Prfessor Mary Boyce*（*Hommages et Opera Minora* Vol.XI），E.J. Brill，Leiden，1985，pp.401-419；林悟殊教授，《摩尼教及其东渐》，中华书局，1987年；Dr Peter Bryder，The Chinese Transformation of Manichaeism，Bokförlaget Plus Uitra，1985 和 Prof. H. C. Puech，*Le Manicheisme*，*Son fondateur-sa doctrine*，Musec Guimet，Paris，1949，都可供一般参考。

[24] 林悟殊，前引《下部赞》的《□□□览赞夷数文》，第235页。

像这样不易了悟的字句很是不少，这是普通看看摩尼经、忏的人，无法凭自己涵泳得其乐趣的。例如《残经一》有句云：

犹如金师，将欲炼金，必先借火，若不得火，炼即不成。其惠明使，喻若金师；其嚧嚸而云嘔，犹如金钋；其彼饥魔，即是猛火。[25]

句中钋字据字书云同犹铆字，在《广韵》上声三十八梗，说的大概是烧炼时用的模。惠明使(Nous)的活动有点像基督教的圣灵。但是惠明在汉文的用法只是当作人名的，音译的"嚧嚸而云嘔"指的却是他的明性或广大的心。这样的译文夹杂在平顺的文句中也会增加读诵的困难。也许是因为这《残经》里面，有从不止一种文字重译的地方。

中国非官方的记载中，特别是佛教攻击性的文字，指摘摩尼教徒"夜聚淫秽""宵聚昼散"，做许多不经的事情。士大夫阶层甚至史家的纪录，也有一部分过分的记载，这是读书的人都常常见到的。但是现藏英国博物院的《下部赞》里，一篇长到七十八颂的《叹明界文》却说：

在彼一切诸圣等，不染无明及淫欲，
远离痴爱男女形，岂有轮回相催促？
圣众齐心皆和合，分析刀剑无由至，
释意逍遥无障碍，亦不愿求淫欲事。[26]

这篇长颂后面近结处又说：

不行淫欲无秽妊，岂得说言有痴爱？
败坏男女雌雄体，生死无常淫欲果。
极乐世界都无此，处所清净无灾祸。

㉕ 陈垣，前引，附录《摩尼教残经一》，第 378 页。
㉖ 林悟殊，前引，第 234 页。

光明界中诸圣尊,远离怀胎无聚散。㉗

读者们大约不曾忘记,在创世的神话中三明使和电光佛怎样裸体诱惑悬挂在半空中的大群暗魔,引得男魔们个个兴奋冲动,以致精液洒散在地面和海上的情景。《下部赞》开始的《□□□览赞夷数文》有一些相近的描写:

大圣自是吉祥时,普曜我等诸明性,
妙色世间无有比,神通变现复如是:
或现童男微妙相,癫发五种雌魔类;
或现童女端严身,狂乱五种雄魔口。㉘

这样的文字,大概连长年累月饱读四书五经仁义道德的儒士,或是在习惯上长期受到那样熏习的人,看了也会摇头,听了也不免皱起眉头。那么,在乱离的时候,摩尼教或明教靠什么鼓舞人心,起兵造反,还能取得群众的归心呢?照史籍简牍的记载,甚至我上文所引证过的南北朝至隋之间的少数农民造反的纪录,只有"新佛出世,除去旧魔"……和改变现状相类的口号,才是叫得最响的。这个新出的佛,就是六世纪直到十四世纪中叶蒙古元朝开始衰落的时候,有求必应,呼之欲出的弥勒佛。

弥勒佛的传说,在中国是很早的。从译经的材料看,他有死后上升兜率天(Tusita),继续在那里讲道,并且接受别的僧人在"入定"中可以到天上去向他咨询的说法;这些神奇的记载,在《高僧传》里都能看到。㉙ 东晋有些名僧,像道安,更有和弟子们"于弥勒前立誓愿生兜率"的话。㉚ 这已经说得很玄秘了,但是弥勒下生的故事,恐怕更能歆动混乱和痛苦生涯中的人心。这样性质的佛经,第一部在西晋时就已经译了出来了,就是竺法护(Dharmaraksa)译的《佛说弥勒下生

㉗ 林悟殊,前引,第 258 页。

㉘ 同上引,第 237 页。

㉙ 例如《高僧传》卷 3/339《智严传》(《大正大藏经》2059)里,说天竺罗汉入定,替智严往兜率宫见弥勒,问智严是否得戒;卷 11/399《慧览传》说达摩比丘曾入定往兜率天,从弥勒受菩萨戒。

㉚ 见《高僧传》卷 5/353《道安传》。

经》(*Maitreyavyākarana*)。其后,也还有别人的译品,对苦难的民众,都有一定的影响力。[31] 这些译品的文字都不太通俗,而且弥勒下生凡间,要等待不可思议的长时间,据说可能要等释迦灭后,人间经过五十六亿七千万岁,瞻部洲(Jambud-vipa)人寿增加到八万时,弥勒如来才会出世,在华林园龙华树下成佛。这真的怕等不及了!配合千万人饥渴待解倒悬的愿望,鼓吹弥勒就要到来的、一向为佛教历史家痛斥的所谓伪妄文字,顺着这条思路和时势的需要,就逐一地出现了,有时候这里面也有摩尼教的痕迹。我现在顺着历史发展的先后,试举几个例子:

隋法经等编的《众经目录》(《大正大藏经》2146),对于所谓伪经,是分疑惑、伪妄两部分的。卷 2 伪妄有《弥勒下生观世音施珠宝经》。这部俗经,现在我们见不到了。

唐开元十八年(730)智升撰的《开元释教录》(《大正大藏经》2154)卷 18,记的也是"疑妄乱真"的伪书,我特别注意其第一和第四两项:

> 《弥勒下生遣观世音大势至劝化众生舍恶作善寿乐经》一卷;
>
> 《光愍菩萨问如来出世当用何时普告经》一卷;
>
> 《随身本官弥勒成佛经》一卷(细字注《贤树菩萨问佛品》);
>
> 《金刚密要论经》一卷(细字注:亦名《方明王缘起经》,或无"论"字;兼论弥勒下生事。)

第四项已经自己说明是和明王及弥勒下生事攸关的。浅略地说,方明王的"方"字也许当是"万"即万字,但是这是无关紧要的推测。明王缘起和大小明王出世的含义是一样的。我们知道南宋时《大小明王出世经》是摩尼教信仰的一种俗经。这个"兼说弥勒下生事"的《方明王缘起经》的出现,比《大小明王出世经》要早五百年。[32]

---

[31] 竺法护的译本,收《大正大藏经》453;后秦鸠摩罗什(Kumârajiva)译《佛说弥勒下生成佛经》,见《大正大藏经》454;唐义净译的,同名,见《大正大藏经》455。

[32] 据陈援庵先生的研究,南宋时提到《大小明王出世经》的《释门正统》(宗鉴撰),成于理宗嘉熙间(1237—1240),见陈著《中国佛教史籍概论》,卷 5/113;科学出版社,1955 年。

第一项《弥勒下生遣观世音大势至劝化众生舍恶作善寿乐经》，也像其他失落了的“伪经”那样，今天只剩下一个经名题目。然而就是个题目已经很可以注意了。观世音（Avalokiteśvara）和大势至（Mahāsthāmaprāpta）都是大菩萨，并且在净土信仰里，又成了阿弥陀佛（Amitābha）的左右胁侍，这是我们跑到庙宇里也常常会看到的布置。现在这里他们似乎又成了弥勒的两位胁从了。这样看来，本文上一节引过的《弥勒下生观世音施珠宝经》的重要性，也突出起来了。摩尼教的经典里有弥勒的份儿，我在旧著《唐代以前拜火教摩尼教在中国之遗痕》里，曾引过安德利-汉宁（Andreas-Henning）两教授发表的帕提亚文残片 M42、M801……等文字，说明摩尼教文件里弥勒所占的地位，㉝当时还不曾领悟到俗经里面弥勒的影响。现在看起来，残经《下部赞》里有个大神，卢舍那（Lusana），“每至莫日（Mir），与诸听者忏悔”时要跪着念诵的原文里，有赞颂他的话：

对卢舍那，大庄严柱，
五妙相身，观音、势至。
对今吉日，堪赞叹时，
七宝香池，满活命水，有缺七施。㉞

在这里，卢舍那是佛的报身（Sambhogakāge），他的地位仍是主神，观音和大势至受他的差遣，做他的陪伴。这大约也可以反映在俗经大众的心里，前引的弥勒应当占的地位。

宋代以降，传统正史、政书和佛教的史籍，也还有提到俗经的，颇能够教我们知道，鼓舞历代受宗教煽动起来造反的，可能是他们熟悉的读物俗经，和这些俗经跟正式的宗教文献有怎样的关系。北宋仁宗庆历七年（1047）贝州王则的造反只闹了六十六天就平息了，可说势力不大，但是《宋史》卷 292/9770《明镐传》里记王则的事件却提到弥勒和俗经。《传》云：

㉝ 参看注㉒；《和风堂文集》，上册，第 520 页及第 549 页，英文本第 37 页，注㊾。

㉞ 林悟殊，前引，第 263 页。

> 王则者，本涿州人，岁饥，流至恩州。自卖为人牧羊，后隶宣毅军，为小校。恩、冀俗妖幻，相与习《五龙》《滴泪》等经，及图谶诸书，言释迦佛衰谢，弥勒佛当持世。

恩州是宋代地名，就是唐时的贝州（河北清河）。这段史实，因为后来有小说《北宋三遂平妖传》，旧说这书里面有罗贯中的笔墨，所以就出了名了。我们这里注意的，是《宋史》里提到了两个俗经的名字。

北宋末比徽、钦二帝一起被掳时不过早六年多的徽宗宣和二年（1119，睦州方腊就在这一年造反）十一月二日，《宋会要辑稿》第165册《刑法三》记臣僚言：

> 一、温州等处狂悖之人自称明教，号为行者。今来明教行者，各于所居乡村，建立屋宇，号为斋堂。如温州共有四十余处，并是私建无名额佛堂。每年正月内取历中密日，聚集侍者、听者、姑婆、斋姊姐等人，建设道场，鼓扇愚民，男女夜聚晓散。（卷21，778/19a-b，北京，中华书局影印，1957）

这一段叙述的明教，当然是摩尼教，不会有什么问题。侍者，就是《摩尼光佛教法仪略》内《五级仪第四》说的侍法者，亦称萨波塞（ispasag）或拂多诞；听者，是"一切净信听者"，亦名耨沙喭（niyōsāgān）；行者，除了一般的修行人，也可以指头陀（Dhuta），像小说《水浒传》里的武行者就是。这些都可以说是纯宗教性的，并且是摩尼教的，在译名上我们还能找出它们自己的来源。虽然有时候和佛教道教的用词相混，基本上仍是可以分疏出来的。

紧接着下面的一段文字，内容就不那么简单了。它又说：

> 一、明教之人所念经文及绘画、佛像，号曰《讫思经》《证明经》《太子下生经》《父母经》《图经》《文缘经》；《七时偈》《日光偈》《月光偈》《平文策》《汉赞策》《证明赞》《广大识谶》《妙水佛帧》《先意佛帧》《夷数佛帧》《善恶帧》《太子帧》《四天王帧》；以上等经、佛号，即于道、释经藏并无明文。该载皆是妄诞妖怪之言，多引尔时明尊之事，与道、释经文不同。至于字音又难

> 辨认,委是狂妄之人伪造言辞,诳愚惑众,上僭天王、太子之号。(同上,19b)

我们如果检点现存的几种残经,就会同意说《证明经》(或者包括《证明赞》《广大谶》)《日光偈》《月光偈》),是不折不扣的摩尼教的产物;《图经》是什么,会不会是《摩尼光佛教法仪略》提过的《大门荷翼图》,和其他的我们不能悉知的《文缘经》《父母经》,我们目前仍只好存疑。图像里面,像先意、夷数、妙水这些名字,自然也是摩尼教的。但是《太子下生经》《太子帧》,恐怕就是弥勒下生这个系统的俗经了。到了南宋理宗嘉熙间(1237—1240)宗鉴和尚撰《释门正统》,有《斥伪志》,很厉害地指出"准国朝法令,诸以《二宗经》及非藏经所载不根经文,传习惑众者,以左道论罪"。什么是不根经文呢?他解释说:

> 不根经文者,谓《佛佛吐恋师》《佛说啼泪》《大小明王出世经》《开元括地变文》《齐天论》《五来子曲》之类。(引见《佛祖统纪》,前引,卷 39/370)

对于像《倚天屠龙记》的读者们所熟悉的元末各地人民群起造反的信仰背景,我这里试图供给一点底层社会酝酿生长着的因素。北宋时代流行的《滴泪》经,恐怕就是南宋时《佛说啼泪》。《大小明王出世经》的渊源可能上溯到《太子下生》,那么元末各处打着弥勒佛做名号,就不全是偶然的了。元泰定帝泰定二年(1325)六月,息州(今河南息县)就有赵丑厮、郭菩萨"妖言弥勒佛当有天下",被捕经过几重官厅审问,都处死了(《元史》卷 29/657《泰定帝纪》;参看《新元史》卷 19/8b-9a,厮字作厕。)《倚天屠龙记》2/19/757 彭莹玉向周颠提到"你师兄棒胡",这是小说家的说话,照我们知道的关于周颠的文字,他和在河南造反的棒胡,是没有什么渊源的。但是棒胡的造反,也有弥勒的关系,我们却不可不承认。《元史》卷 39/838《顺帝纪二》至元三年(1337)二月:

> ……棒胡反于汝宁信阳州。棒胡本陈州人,名闰儿。以烧香惑众,妄造妖言作乱,破归德府鹿邑,焚陈州,屯营于杏岗。命河南行省左丞庆童领兵讨之。……己丑,汝宁献所获棒胡弥勒佛小旗、伪宣敕,并紫金印、量天尺。

起兵和攻陷焚烧各处都在河南。棒胡起来后,下一年四月被擒送到京师处死了,六月就有“袁州民周子旺反,僭称周王,伪改年号”(《元史》39/844),这个周子旺,《倚天屠龙记》2/19/757 彭莹玉称他做“我师弟”是不错的,因为他正是周子旺之师。彭莹玉在小说里,是五散人之一的活跃人物,正史中《元史》没有正面的记载,《新元史》把他的事迹约略地采用在《徐寿辉传》里,说他是袁州妖僧(所以又常被称作彭和尚),“用泉水治病,多愈,远近神之。至正十年(1350,按:这年份与《新元史》卷 23/10a 所记至元四年冲突,实误)其徒周子旺以妖术惑众,从之者五十余人,僭称国王。官军获而杀之,莹玉遁去,匿淮西民家”。(卷 226/1a,退耕堂刻本)其后他拥立徐寿辉,至正十二年(1352)他攻下了瑞州,下一年六月,朝廷的行省左丞火你赤(Qoniči)又收复瑞州,“执彭莹玉斩而脔之”(3b),是死得很惨的。[35] 这里也没有说他和弥勒有什么关系。我们这里姑且找两个元末明初人撰的记载看看。叶子奇的《草木子》有两处提到彭莹玉的,一处见卷 3/17a-b《克谨篇》(《四库》本),云:

> 蕲州盗徐贞一(按:即徐寿辉)叛。先是有彭和尚,能为偈、颂,劝人念弥勒佛号;遇夜燃火炬,名香,念偈,拜礼。愚民信之,其徒遂众。

另一处见卷 4/16a《谈薮篇》,记李黼守江州殉职事,云:

> 李黼,字子威。守江州日,妖寇彭和尚攻之,城陷,死之。其侄随侍不去,亦被杀。先城未陷时,尝有诗云:“弥勒何神孕祸胎,鼪鼯动地起风埃。烟销郡国民生苦,血染江淮鬼物哀。人世百年遭此厄,天戈万里几时来。石田也有蓝田玉,可惜同作一炬灰。”

李黼《元史》卷 194、《新元史》卷 217 守江州事并可参考。前引《新元史》所载彭莹玉用泉水治病,是从权衡著的《庚申外史》记至元四年事一条来的。《庚

---

[35] 《新元史》说莹玉“攻城略地,所至无噍类,至是就戮,天下快之”(226/3b),不知根据什么。

申外史》这条记莹玉事，没有提及弥勒佛，却说：

> 袁州妖僧彭莹玉、徒弟周子旺，以寅年寅月寅日反，反者背心皆书佛字，以为有佛字者，刀兵不能伤。人皆惑之，从者五千余人。郡兵讨平之，杀其子天生、地生，妻佛母。莹玉遂逃，匿于淮西民家……（页4，北京，中华书局据《丛书集成·初编》重印）

《新元史·徐寿辉传》说"周子旺以妖术惑众，从之者五十余人"，现在拿《庚申外史》一核对，五十余人恐怕是五千余人木板刻误的。彭莹玉死于至正十三年，那时候朱元璋才起兵据滁州，韩林儿还不曾在亳州号小明王，称宋帝，但是蠢蠢欲动，已是山雨欲来风满楼了！

四、明教打仗

《倚天屠龙记》3/25/1021－1027的蝴蝶谷之会，没有年份，只说八月十五。但是既然联络天下英雄、统一各方意志，便该有一大规模的起义。历史上的活动与小说不同是有年月的。地区的动乱一时也没有统一的迹象，所以小说的25/1026只有实事人物和半实半虚人物的拼合。小说里的布置是：明教有一个总坛，由教主张无忌、光明左使杨逍、青翼蝠王韦一笑执掌，是全教的总帅。下面的安排，就是准备起事的规划了。原文说：

> 白眉鹰王殷天正，率同天鹰旗下教众，在江南起事。朱元璋、徐达、汤和、邓愈、花云、吴良、吴祯，会同常遇春寨中人马，和孙德崖等在淮北濠州起兵。布袋和尚说不得率领韩山童、刘福通、杜遵道、罗文素、盛文郁、王显忠、韩皎儿等人，在河南颍州一带起事。彭莹玉率领徐寿辉、邹普旺、明五等，在江西赣、饶、袁、信诸州起事。铁冠道人率领布三王、孟海马等，在湘楚荆襄一带起事。周颠率领芝麻李、赵君用等在徐、宿、丰、沛一带起事。冷谦同西

域教众，截断自西域开赴中原的蒙古救兵。五行旗归总坛调遣，何方吃紧，便向何方应援。

彭莹玉至正十一年（1351）曾拥徐寿辉为主，攻陷了蕲州、黄州，后在瑞州被害，上文已经略提过了。刘福通等事迹见《明史》卷122、《新元史》卷225《韩林儿传》。最初煽动造反的，是韩林儿父亲韩山童。《新元史·韩林儿传》云：

韩林儿，永年人，其先本栾城[36]人，世以白莲烧香惑众。父山童，尝为童子师，人称为韩学究。至正初，山童倡言天下将大乱，弥勒佛出世，愚民私相附从。颍州人刘福通与其党杜遵道、罗文素、盛文郁、王显忠、韩咬住等谓山童为宋徽宗八世孙，当为中国主。时河决而南，丞相脱脱（Toāto）从贾鲁议，挽之北流，兴大役。福通乃预埋一石人，镌其背曰："休道石人一只眼，此物一出天下反。"[37]开河者掘得之，转相告语，人心益摇。至正十一年福通等杀黑牛白马誓众，谋作乱。事觉，县吏捕之急，山童就获伏诛，其妻杨氏携林儿遁至武安[38]以反。

前面引的金庸先生一段原文，现在看了说明，韩山童父子和刘福通等人的关系，就可以更加清楚了。这个韩林儿，得到刘福通他们撑腰，后来刘福通把他母子从砀山夹河接到河南亳州，立了龙凤年号，做了十三年宗教上被捧做小明王的大宋国皇帝。他几经辗转播迁，亳州、安丰、汴梁都做过这位小明王的国都。至正十九年（1359）八月，察罕帖木儿（Čaāan Temür）攻下了汴梁，小明王又再退回安丰。至正二十三年（1363）张士诚派吕珍攻安丰，在集庆（金陵）的朱元璋，那时仍奉龙凤年号，并且受过封做吴王，派兵去把吕珍打退了，又把韩林儿接到他的势力范围下的滁州，驻跸在宗阳宫。刘福通一说已在安丰被吕珍杀死了。据说朱元璋对韩林儿不免苛待，每天供给他和他的部属只有几斗米。到了至正二

[36] 永年，在邯郸北；栾城，在石家庄东南。

[37] 《新元史》卷213/10a《贾鲁传》说刘福通埋石人于黄陵冈，是根据《庚申外史》，第16页。此事不见《元史》卷187《鲁传》。

[38] 武安在永年西南。

十五年(1365),朱元璋派熟悉水师的廖永忠去接小明王来金陵,半路船在瓜步沉没,小明王和随从都淹死了。

韩林儿之死,《明史》本传只说“覆舟沉于江”,《新元史》却老实说“永忠沉之于水,以覆舟闻”。这个“覆舟”,大概是明太祖朱元璋很爱听的报告了。朱元璋自然是历史上很厉害的人物。《倚天屠龙记》3/25/1025张无忌见他无辜杀了许多人,“却丝毫不动声色,恍若没事人一般”,暗想他下手好辣。其实朱元璋不但不惜人命,而且随意淹死人,正是他常行的惯技。廖永忠和他的哥哥廖永安、俞通海、赵庸等人,本是安徽巢湖的水寇,他们在那里结寨,有船千余艘。他们都有运舟如飞的本领。朱元璋在和阳时,要想渡江,没有水军,和他们一接洽就归顺了。廖永忠又是一个十分谨慎小心的人。洪武四年(1371)元璋派兵征蜀,汤和为西征将军,廖永忠为右副将军。永忠的兵师抵重庆,这时明玉珍已死,他的儿子明升从母命投降,“遣使诣永忠军纳款”。可是,“永忠以汤和未至,辞不受”。等到汤和到了,受降才实行。(参看黄标《平夏录》,第20页,北京,中华书局据《丛书集成》印《今献汇言》本)汤和是上司、主帅,又是朱元璋同里。永忠事他都这样地谨慎,何况是护送落难皇帝的大事呢?没有朱元璋密令,永忠是绝对不敢“沉之”的。

有一个朱文正,是朱元璋的从侄(《明史》卷118/3612《诸王三·靖江王守谦传》)。刘辰《国初事迹》有一条讲他,说:

> 都督朱文正守江西,以各府山寨头目或降或叛,反复不常,起发到京。太祖曰:“此等心持两端的人,尽投于水。”(第10页,中华书局,排印用《借月山房汇钞》本。)

同书,第1页又有一条:

> 太祖在和州,与李国胜、赵普胜同日渡江。既至采石,国胜起意就船上设宴,邀请太祖饮酒,欲图之。国胜部下人阴以其情达于太祖,推疾不赴。后数日却设筵宴请,国胜不防,到船上未久,太祖命壮士缚之,投于水。部下

> 廖永安、俞通海以军马船只降。

李国胜与朱元璋同日渡江，想见他已归顺元璋的。廖永安、俞通海等是他的部下，可见国胜也是水寨人物。我在上文说，廖永安兄弟和俞通海等投顺，是根据《明史》卷133/3873《廖永安传》说“太祖初起，永安兄弟偕俞通海等以舟师自巢湖来归，太祖亲往收其军”，和同卷《俞通海传》的话，和这里的记载微有出入。但是这也并不妨碍刘辰又一次说的太祖又一次投人于水的事情。

《国初事迹》还有两条投水的记载：

> 太祖用高见贤为检校，尝察听在京大小衙门官吏不公不法、及风闻之事，无不奏闻太祖知之；又与佥事夏煜，惟务劾人，李善长等畏之。……夏煜亦犯法，太祖取到湖广，投于江。（第19页）

夏煜《明史》有传，附卷135/3919《宋思颜传》中，说他“与高见贤、杨宪、凌说四人以伺察搏击为事，后俱以不良死”，没有提他如何死法。《国初事迹》另一条也是记元璋在湖广时的事，说：

> 佥事陈养浩作诗云：“城南有嫠妇，夜夜哭征夫。”太祖知之，以其伤时，取到湖广，投之于水。（第30页）

《国初事迹》还有一两条也是命投水的，恐怕抄得太琐细就舍弃了。[39] 作者刘辰，有传见《明史》卷150，是朱元璋同时人，元璋称帝前他曾署吴王典签，永乐初他做刑部左侍郎，预修《太祖实录》。这一卷《国初事迹》，大概是修《实录》前进呈的草稿，所以是很可宝贵的。《国初事迹》是写给洪武皇帝的儿子朱棣（成祖）看的，朱棣也不忌讳这些叙述他爸爸随便杀人的恶行。下面引的一篇朱元璋的《御制周颠仙人传》，更写他自己要淹死周颠却不成功的笑话，似乎也一点

---

[39] 这书还有北京图书馆藏明秦氏绣石书堂抄本，收入《四库全书存目丛书》。两本各条字句仅有一二字的差异。

不以为忤，这是要说明周颠是“仙人”，自己的政权能得仙灵的神奇呵护，是真命天子，更不计较随便淹死人是什么样的行为了。事端开始大概是至正二十一年元璋南征九江之役，这一次他带了周颠同行，抵达小孤山之后：

> 朕曾谓相伴者曰：“其颠人无正语，防闲之，傥有谬词来报。”马当江中江豚戏水，颠者曰：“水怪见前损人多。”伴者来报，朕不然其说。“颠果无知，弃溺于江中。”至湖口，失记人数约有十七八人，将颠者领去湖口小江边，意在溺死。去久而归，颠者同来，问命往者：“何不置之死地，又复重来？”对曰：“难置之于死。”语未既，颠者猝至，谓朕欲食。朕与之食，食既，颠者整顿精神、衣服之类，若远行之状。至朕前，鞠躬舒项，谓朕曰：“你杀之！”朕谓曰：“被你烦多，杀且未敢，且纵你行。”(《纪录汇编》卷6/3b-4a)

周颠在《倚天屠龙记》里虽然不曾装疯装癫，却是斗嘴抓哏、十分有趣味的角色。和朱元璋俗鄙的文笔下叙述的周颠极不同的，是他居然很有武功，并且很自负，一向看不起小说里高踞第二把座位的光明左使杨逍，因此跟他不睦，直到看见他和少林寺渡难老僧恶斗，两枚圣火令在他手中盘旋飞舞，不到四百招已经连变了四十四套不同兵刃的招式，这才越看越觉惭愧(4/36/1486-87)。圣火令不论是在波斯或中国的摩尼教都是没有的，更不能是铸成两块相互一击发出“铮”的非金非玉声响的黑牌，但是确能教周颠说“我周颠跟他龟儿子差着这么老大一橛”。

历史上韩山童一家活动的地方像栾城、永年，都在现今的河北。山童死了，其妻杨氏携着林儿逃到武安，也在河北。刘福通他们一伙起事和攻陷的地方，从颍州、朱皋(温县)南向，攻陷的罗山、上蔡、真阳(今正阳)、确山、舞阳、叶县及汝宁府、光、息二州，都是今河南南部到南端的地方。这样活跃的开端，也就够厉害的了。韩林儿母子从武安逃到砀山(在安徽)，经过三年多的时间才又跟刘福通等人重聚，走的路线和逃亡生涯的艰困，也是研究战乱中人民颠沛流离的一个显例。上文引用的《倚天屠龙记》提到的韩山童以下的各人(当然布袋和尚说不得并不曾领导他们），刘福通固然是个显赫的人物，但是《新元史·韩林儿传》更告诉我们有个杜遵道：

> 本书生也，尝上书请开武举，以收智勇之士。丞相马札儿台（Majartai）览而奇之，补为掾吏。遵道不就。至是，为福通谋主（卷225/1b）

韩林儿初到亳州，用遵道和盛文郁做丞相，福通、罗文素做平章。小明王处处听遵道的话，刘福通妒忌，教人把他挝死了。照洪武间权衡著的《庚申外史》的看法，杜遵道是“十数年前见机最早”的人（中华书局，据《学津讨原》本排印，第16页）。福通把他打死，等于折断自己的臂膀。福通杀遵道之后，“自为丞相，称太保”，这是明嘉靖间陆深著的《平胡录》里记载的（中华书局，影《今献汇言》本，第10页）。那么，史籍上所称这期间的刘太保，可能就是指他了。《草木子》卷3/17a说韩林儿：

> 其下有刘太保者，每陷一城，以人为粮。食人既尽，复陷一处；故其所过，赤地千里。

《平胡录》（第14页）也有这一段，不过是引《草木子》的话。陆深加一句说：“其人至不道若此，岂即福通耶？”这是将信将疑之辞。不过从刘福通挝死杜遵道的事看来，刘福通对这样的责备，也不免要背上些嫌疑。《新元史》卷226/3b《徐寿辉传》说“（彭）莹玉攻城略地，所至无噍类”，就是另外一个例证。饥馑和战乱，天灾人祸加乘在一块儿，就产生了这种惨绝的反常。至正十六年（1356）十二月，官军答失八都鲁（TašBātur）攻下亳州，罗文素、王显宗被擒，这是刘福通挟着韩林儿逃到安丰（安徽寿县）的第一遭。

小说中列名的韩皎儿，当是韩咬儿之误。他很不幸至正十一年（1351）刘福通军攻下上蔡后，那年十二月就罹难了！《元史》卷42/893《顺帝本纪五》云“也先帖木儿（Esen Temür）复上蔡县，擒韩咬儿等，至京师诛之”，《新元史》卷25/171《惠宗纪三》略同。但是《新元史》卷225/2b《韩林儿传》又作韩咬住，不知孰是。咬住在《元史》中是显名,称咬住的有好几个,还有一个咬住,曾在湖北与徐寿辉部作过战。这里汉人也名咬住,可以说是受到了蒙古统治近一百年来汉蒙语言交互的影响,历史上这个名字何去何从恐怕很难咬定。

金庸先生这段文字,因为《倚天屠龙记》是一部以明教的、团结性的反元御侮做宗旨的,要达成这个主意,它需要一个中央性的统一指挥,所以用明教的光明顶总坛做中心㊵,各地起兵的领导人,也都以明教作为信仰和服从的对象。五散人的布袋和尚说不得、彭莹玉、铁冠道人(张中)、周颠和冷谦,都成了一个方面的统帅人物。其实历史上的事实是,除了在湖北、江西起事的徐寿辉、邹普胜诸人,是受彭莹玉指导的(小说 3/25/1026 徐寿辉下面的邹普旺,照《明史》卷123《陈友谅传》《新元史》卷 226《徐寿辉传》当作邹普胜),其余都只是小说的情节。但是说这些地方起兵,多数和明教(韩林儿、刘福通打着龙凤年号的一支)有关系,那我们可以说这句话至少对每人有一个时候都是正确的。他们奉着的信仰偶像,是弥勒佛。但是造起反来之后,弥勒的话反而少见提到了,似乎只有在四川的明玉珍[至元二十二年(1362)在重庆自立,国号大夏]即位后宣布的政策,倒说"去释、老二教,上奉弥勒"(见黄标《平夏录》,前引,第 6 页)。这是群雄之中,自己宣布信仰立场最清楚的一位。

小说中说"布三王、孟海马等在湘楚荆襄一带起事",布三王当作布王三。《新元史・韩林儿传》说至正十一年十二月"布王三起兵陷邓州、南阳,以应福通,号北锁红军"(卷 225/2a)可以证明。㊶ 但是孟海马和他,却不是一路。《新元史・徐寿辉传》"(至正)十二年,竹山孟海马起兵,陷襄阳、荆门,以应寿辉,号南锁红军"(卷 226/1b)。一在河南,一在湖北,只可说是南北辉映了。小说里说"芝麻李、赵君用等在徐、宿、丰、沛一带起事",又述朱元璋、徐达、汤和这一群会同了常遇春、孙德崖等在淮北濠州起兵。事实的发展弄得这两段话也有了关系。

㊵ 残经《下部赞》有赞夷数文,有句云"校我佛性光明顶";林悟殊,前引,第 236 页。

㊶ 这时起兵的各地民众,俱称红巾或香军。红巾之名,可能始自北宋宣和二年(1120)浙江睦州方腊的造反。他"置偏裨将以巾饰为别,自红巾而上凡六等,无甲胄",见宋方勺《青溪寇轨》,上海古籍出版社,《续修四库全书》据《学海类编》本,1997 年,第 1a 页。元末起兵抗元的,多饰红巾,所以记载中也多称红军。摩尼教的衣饰,本来尚白,斋堂静修的教徒也不曾违反这习惯,足见起兵以明教为标榜的,法亦不纯。本文前引唐以前信弥勒佛而起兵造反的,仍素冠练衣,似可作一比较。

芝麻李也叫李二，萧县人，因散发家藏一仓的芝麻赈饥而得名。他和“邻人赵君用谋入福通党”，又拉了城南有胆勇的彭二郎一共八人结盟，夺取了徐州，更“募兵至数百人，攻陷宿、虹、丰、沛等州县，以应福通”。（《新元史》卷 225/1b-2a）至正十二年八月“丞相脱脱自请将诸军攻徐州……城破，芝麻李死，[42]赵君用、彭二郎遁入濠州，与郭子兴、孙德崖等拒守”（同上引，3a，参看《元史》卷 136/1346、《新元史》卷 209/7b《脱脱传》）。这里面郭子兴是一个关键人物。像上文所说，这些早期的造反，虽说各自为政，在精神上，甚至有时在行动上还是和小明王、刘福通有些关系的。《新元史·韩林儿传》说至正十二年二月“定远郭子兴等起兵救濠州，以应福通”（卷 225/2b），可见他的见识也跟其他的人一般。

小说中丐帮掌钵龙头说“淮泗一带，有韩山童、朱元璋，两湖一带有徐寿辉等人”（4/31/1273）；执法长老也说“韩山童近年来连败元兵，大建威名，他手下大将朱元璋、徐达、常遇春等人，都是魔教中的厉害人物”（4/31/1279）；下面丐帮史火龙帮主（下文知道他还是个伪帮主）又取出一封信，教掌棒龙头持这信立刻动身赴濠州，交给韩山童，说他儿子在我们这里（4/33/1335）；还有第 34 章作者自己更用说话人的代言体郑重地说：“此时明教威震天下，东路韩山童在淮、泗一带迭克大城”（4/34/1389）；读书的人若是早已知道韩山童早逝，从来无缘参加这些大小战役，并且恐怕也从来没有到过濠州，就知道这只是小说的情节了。作者在这些平铺直叙的小地方这样用力，渐渐浸漫入下文，无非为本书结尾，小说中的韩山童殉难后，“眼下淮泗军务由朱元璋兄弟指挥”（40/1654）这一句话造势罢了！小说中的张无忌不肯做皇帝，朱元璋却是野心勃勃。我们要研究历史上的朱元璋怎样取得天下：洪武朝的同时人权衡撰的《庚申外史》虽然以元顺帝做中心，是按月份纪录的，比较容易稽查。此外别的书仍有很多：郎瑛的《七修类稿》卷 9 说明“本朝取天下先后”；高岱的《鸿猷录》卷 1 至卷 6，特别是《宋事始末》等部分也很有用；其余林林总总，数量太多，就不胜枚举了。金庸先生这一部 40 章的长篇，如本文第 1 节所说的，是另有他自己的丘壑的：历史的时

[42] 《元史》卷 42/902《顺帝纪五》至正十二年九月“辛卯，脱脱复徐州，屠其城。芝麻李等遁走”。黄标《平夏录》记天统三年（至正二十三年，1363）夏兵攻云南，“指挥芝麻李由八番入”（第 7 页），都说芝麻李仍生存。

间和地域他只截取了一部分;摩尼教的庄严和信奉背景他也截取了一部分。但是,除此之外,他还有旖旎风光的四部爱情故事呢? 还有武林侠义的积年恩怨深仇呢? 这些复杂的因素怎样能够融会在一块而丝毫不露针线痕,除了一位有经验的、心胸宽阔的作家,谁能写得出这么浩瀚的作品呢?

五、小昭、十二宝树及四处佛

《倚天屠龙记》里有很多小地方,可以说是点石成金的。《草木子》卷 3/2a《克谨篇》说“天下处处盗起,陕西有金花娘子……”,下面提的都是各地的群盗,没有叙什么事迹,不料金庸先生却创造出来金花婆婆和小姑娘阿离以后的大段故事(2/13/497),而且这还不是完整的,故事的发展一波接一波的叙述下去,直到 3/28/1161 灵蛇岛上金花婆婆和谢逊两人对谈,读者才知道这个老婆婆竟是当年明教“四大天王,紫白金青”里居首的紫衫龙王;然而也还要迟到 3/30/1200 在一叶孤舟的小船上谢逊再慢慢地揭露这个丑陋佝偻的老妪,是中国男人和波斯女子的混种,头发和眼珠都是黑色,但是高鼻深目,肤白如雪,“二十余年前乃是武林中的第一美人”。这娓娓道来的情节,听的人仍觉得里面还有蹊跷,更要用心地追看下去,为什么波斯明教的总教要派船派人来擒拿已经脱离明教的紫衫龙王,和这个双方并非势均力敌的困境,作书的人将要怎样解决它。这个解答的线索是相当合理和圆满的,虽然作者在本书的《后记》里说:“我自己心中,最爱小昭。只可惜不能让她跟张无忌在一起,想起来常常有些惆怅。”(4/1662)其实,本书里小昭的线索放得很长,在 2/19/772 她已经露脸了。她是光明顶上杨逍家里使唤的小丫鬟。“她右目小左目大,鼻子和嘴角也都扭曲、形状极是怕人。”她的两脚之间经常系着一条细铁链,双手腕上也锁着铁链。她的脊背是驼成弓形的,左足是跛的,简直天生残废。到她差不多要到波斯去当明教总教主时我们才知道她是紫衫龙王的亲女儿。紫衫的金花婆婆相是伪装的,这个小姑娘的弯弓驼背,嘴鼻歪曲,也是假的,不过铁链却是家主人硬加给她的,因为怀疑她的身份和用心。在这部小说的四部爱情故事里,这一部分比较起来是最不晶光闪烁耀目的，它却能勾起不健忘的人不断的怀疑。

波斯的摩尼教其实没有总坛。到十四世纪中叶的时候，曾经有一个相当长时期活动的摩尼教，早已只剩下暗淡的余光，晦而不显了。在中国，因为几乎历朝都有宗教起兵的魔障，朝廷把它当作遏制、取缔的对象还不暇，所以它发光的时节，往往也就是四海沸腾、天下大乱的时候。等到世局平靖了，它又被压榨挤进低层的民间信仰、秘密会社中或是无所不包、无所不容的道教的怀抱里去。《二宗三际经》的遗篇我们虽然无法见到，但是从迟到清代末年流行的一些道教俗经里，我们也还能抉出里面保存的一些摩尼教信奉的字句。[43] 波斯摩尼教虽然没有总教，在北非阿尔及利亚（Algeria）山洞中发见的拉丁语文件，里面已有阿罗缓（'rd' w'n，译云一切纯善人，就是选民）和耨沙喭（译云一切净信听者，就是听众）之别。这是和别处的教法全同的（见《摩尼光佛教法仪略》内的五级仪），不过这只是教会的宗教性的组织，和高高在上控制各地教会，并且派人去发布命令，动用武力大炮做谴责惩罚手段的总会、总坛，究有不同。

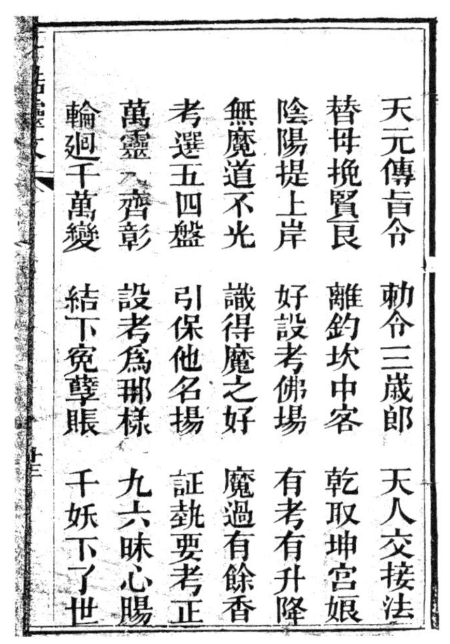
天元傳旨令　勅令三歲郎　天人交接法
替母挽賢良　離釣坎中客　乾取坤宮娘
陰陽提上岸　好設考佛場　有考有升降
無魔道不光　識得魔之好　魔過有餘香
考選五四盤　引保他名揚　証埶要考正
萬靈、齊彰　設考爲那樣　九六昧心腸
輪迴千萬變　結下寃孽賬　千妖下了世

摩尼教在明代以后，日渐衰落，但是仍旧是许多民间信仰的派别之一，不过改头换目，离

[43] 如清光绪十九年（1893）刻《十诰灵文》，朝阳洞藏板、聚贤堂刻者即一例。

开它最早入华时的情况,愈来愈远了。《十诰灵文》,是清光绪十九年(1893)广东聚贤堂刻的印刷品,其中《三生古俱恩赐了脱圆满潇洒灵文》句云:"阴阳提上岸,好设考佛场;有考有升降,无魔道不光。识得魔之好,魔道有余香。"金庸先生曾用做《倚天屠龙记》的插图。宋代文书上常说的"吃菜事魔",这里也保留了一点痕迹。

小说中谢逊对殷素素称道"明教左右光明使者,……嘿嘿,非同小可"(1/6/204),这是明教二字在书里出现的头一次。这样地安插两个重要的角色,可能是模仿摩尼教神话中最早呼唤出来的善母和先意两神。但是这两神上边还有个至高无上的大明尊,小说里起先也有过一个阳教主,在书中已经是个历史人物,在架构上恰巧安得上一个领导人的地位。那书里特别活跃的四大法王,分别称作龙王、鹰王、狮王等名相的,也有可能是在摩尼教义里说的暗境里,本有五个恶魔王,其中的龙、鹰、狮都很合借用,只有鱼王不能够在陆地上横行,所以蝠王仗了他的轻功第一能够满天飞,就成了很出众的角色了。摩尼教的习惯常"以 3,5,12 为数",《倚天屠龙记》3/30/1217 的波斯大船,船头上设着十二张虎皮交椅,原来这一次他们来了十二位大首领。这十二张座椅中,排在第六的椅子是空着的,其余都已坐满,原来这缺席的首领,正是刚才在这边船上打斗中被张无忌点倒的人。赵敏告诉目盲的金毛狮王谢逊说"此人和大船上那十一人服色相同,……他位居第六"。

> 谢逊道:"波斯总教教主座下,共有十二位大经师,称为十二宝树王,身份地位相当于中土明教的四大护教法王。这十二宝树王第一大圣,二者智慧,三者常胜,四者掌火,五者勤修,六者平等,七者信心,八者镇恶,九者正直,十者功德,十一齐心,十二俱明。只是十二宝树王以精研教义、精通经典为主,听说并不一定武功高强。这人位列第六,那么是平等宝树王了。"(1217—18)

摩尼教经典中至少有四处跟上文引的十二王的名称,大致相同的;可是并非全同,那么不同之处,就见金庸先生的用心所在。《残经一》中很热心地讲惠明使怎么帮助得救的新人砍伐五种毒树,栽莳种种香花宝树,这些宝树也叫作"五种无上清净光明宝树，于本性地而栽种之，于是其宝树溉甘露水，生成仙果”。这些都是寓意的话，所以所栽的树，就以相、心、念、思、意明尊的五种净体为名。例如说相树：

先栽相树：其相树者，根是怜悯，茎是快乐，枝是欢喜，叶是美泉，果是安泰，味是敬慎，色是坚固。[44]

这里的十二宝树王，《残经一》不用宝树王之称，十二个名称都属于惠明相。两者不同的地方绝少，但是第一大圣，原文系大王（指的都是明尊）；四者原文作欢喜，小说作掌火。小说全书对火的威力和崇拜表现得很多：2/17/684 灭绝师太说“魔教以火为圣，尊火为神”；17/740 彭和尚问周颠：“周颠，我问你，你是明尊火圣座下的弟子不是？”周颠道：“那还有什么不是的？”；19/786 教主阳顶天的遗书说“令我明尊圣火普惠世人”；3/26/1050 苦头陀双足一着地，登时双手作火焰飞腾之状，放在胸口；以及 2/25/1027 和他处常常合唱的“熊熊圣火……”之歌，而“圣焰熊熊，普惠世人”竟成了天鹰教的秘密切口。不错，摩尼教是受过火祆教的影响的，但影响不至于那么大，这个地方的“欢喜”，不改也成。八者镇恶，原文作忍辱。九者正直，原文作直意。十一齐心，原文作齐心一等。十二俱明，原文作内外俱明。这几处除了镇恶跟忍辱不同外，其他的改动都不大。《残经一》中对于这十二种相，每一种都另有一段文字阐明教义，颇可以助读者的理解或反思。

把这些德行方面的条款拟人化（to anthropomorphize），例如把宝树变成宝树王，金庸先生还不是首创者。另一部残经《下部赞》就有这样的安排，不过它不是把它们变树王，却是索性把它们都变成佛。《下部赞》的《收食单偈·大明使释》就是这样的：

一者无上光明王，二者智惠善母佛，

---

[44] 陈垣，前引，附录，第 383 页；林悟殊，前引，附录，第 223 页。

三者常胜先意佛，四者欢喜光明佛，
五者勤修乐明佛，六者真实造相佛，
七者信心净风佛，八者忍辱日光佛，
九者直意卢舍那，十者知恩夷数佛，
十一者齐心电光佛，十二者惠明庄严佛。
身是三世法中王，开扬一切秘密事，
二宗三际性相义，悉能显现无疑滞。㊺

这篇《收食单偈》下面，紧接的是它的第二叠，内容相同，可是句法又有花样：

无上光明王智惠，常胜五明元欢喜，
勤心造相恒真实，信心忍辱镇光明，
直意知恩成功德，和合齐心益惠明，
究竟究竟常宽泰，称赞称扬四处佛。㊻

这里每一句包含两种品德，所以句数精简到六句就可以完了，最后两句可以说是凑数。但是末句尾称扬的四处佛，是什么意思呢？按《下部赞》有末夜暮暗(ammōžāg)撰长达132句《普启赞文》，有句云：

清净光明大力惠，我今至心普称叹，
慈父明子净法风，并及一切善法相。

又云：

㊺ 林悟殊，前引，附录，第246页。同页又有《一者明尊》，那罗延佛作，字句甚简，次序内容与《残经一》所记，除齐心一等作齐心和合外，余悉同，故不重录。最后一项“十二者内外俱明”后，缀“庄严智惠，具足如日，各十二时，圆满功德”共十六字。

㊻ 林悟殊，前引，附录，第246—247页。

清净光明力智惠,慈父明子净法风,

微妙相心念思意,夷数电明广大心。[47]

两处要表扬的,只是清净、光明、大力、智惠(慧)四事。按《残经一》引现今已失传的《宁万经》云:

若电那勿(Denavari)具善法者,清净、光明、大力、智惠皆备在身,即是新人,功德具足。[48]

摩尼教经、赞中重视的清净、光明、大力、智慧等八个大字,南宋白玉蟾的《海琼白真人语录》里他和弟子彭耜等的谈论中已经很清楚地述及[49],这四种德行,就是汉文经赞中所说的四处身,这里所赞叹的四处佛。

六、张三丰和五散人

历史上的人物,在小说里也常有虚构的故事。虽然这些人物本身,还是客观存在的,小说里的活动、渲染,未必能撼动他们的大枝大节。可是正史里的人物,有的在史籍中他们本身的传记里,也写得"踪迹益奇幻""皆不可考""终莫测其存亡"的[50],那就无怪正史以外的杂史、杂纂,互相堆砌、抄袭,雷同的地方很多。这样因袭下去,日子久了,我们几乎要怀疑这个人物究竟是否真实的了。张三丰

---

[47] 同前引,第245页。

[48] 陈垣,前引,附录,第381页;林悟殊,前引,第222页。

[49] 《道藏》1016《海琼白真人语录》卷1/11b—12b。这一条发现,是饶选堂先生最初提及的,见饶宗颐《穆护歌考》,收《大公报在港复刊卅周年纪念文集》,下卷,香港,1978,第762—763页。四处身又见粟特文残卷M14,参阅Peter Bryder, *The Chinese Transformation of Manichaeism*, Bokförlaget Plus Ultra, Sweden, 1985, p81。明万历间何乔远著《闽书》卷7/31b—32b《方域志》泉州府华表山,"山背之麓有草庵,元时物也,祀摩尼佛,名末摩尼光佛,苏邻国人,又一佛也……"(《四库全书存目丛书》影福建省图书馆藏明崇祯本)。这草庵遗址,保存有摩尼光佛半立体浮雕像及上刻"劝念清净、光明、大力、智慧,无上至真,摩尼光佛"大字的摩崖。参看吴文良《泉州宗教石刻》,科学出版社,1957年,第44—45页。

[50] 这些都是《明史》299/7641《方伎·张三丰传》里的叙述。

的问题,有时候恐怕也应该归到这一类。例如《明史》本传提到这一位“不饰边幅,又号张邋遢”的形象,说他“颀而伟,龟形鹤背,大耳圆目,须髯如戟,寒暑惟一衲一蓑……”,这一段描绘张三丰的形象的文字,我们如果照写撰的先后往上寻去,《明史》之前有王鸿绪的《明史稿》(《横云山人集·史稿·列传一百七十六》7b-8a,台北,文海出版社影明敬慎堂刊本,1962)[51];更前有傅维麟的《明书》卷160/3162-63(《丛书集成初编》本);更前有吴道迩等编《襄阳府志》(万历十二年,1584)卷41/12a-13a未署名的张传,也收在焦竑编《国朝献征录》卷118/112a-113a(万历四十四年〔1606〕徐象橒昙山馆刻本);更前是《国朝献征录》卷118/109a收嘉靖间蓝田撰的《张三丰真人传》;更前就是宣德六年(1431)任自垣纂修的《敕建太岳太和山志》卷六《集仙记第五》里的《张全弌(就是三丰)传》了。这篇张全弌小传并不算很长,现在把它开首一段描写三丰的形貌的,录在下面:

> 张全弌,字玄玄,号三丰,相传留侯之裔,不知何许人。丰资魁伟,龟形鹤骨,大耳圆目,须髯如戟。顶中作一髻,手中执方尺。身披一衲,自无寒暑。[52]

我们如果把“丰姿魁伟”到“身被一衲”这几句就上文提到的各书一一对照,就可以清楚地看到它们相互间的承袭,却没有一书能够脱离《太岳太和山志》这篇可能是三丰最早的传记的范围。各篇之中,只有《明史》和《明史稿》没有说他头上有髻;《明史》说他“颀而伟”,那正是《明史稿》中描绘他的话。嘉靖间有一个郎瑛,他的《七修类稿》虽然《四库提要》不很恭维,《续稿·辨证》里却有一条,说见过张三丰的画像。他说:

> 予见其像,须鬓竖立一髻,背垂面紫,大腹而携笠者。(《续修四库全

---

[51] 王鸿绪《明史稿》是用万斯同的《明史稿》修订的,万稿现只有一部分抄本保存在北京图书馆。

[52] 杨立志点校:《明代武当山志二种》,湖北人民出版社,1999年,第127—128页。这个点校本的序文说现存这书有明内府抄本及两种明刻本。抄本有残缺,刻本甲缺卷六,校勘记说此卷用北京图书馆藏明弘治刻本补录。

书》影印北京图书馆藏明刻本，第14b页）

前引六篇传记中，有四篇是说三丰头上髻的。这里又加了一票。

形貌模样如何倒不是要紧的，《明史·方伎·张三丰传》里还说他也许是金时人：

或言三丰金时人，元初与刘秉忠同师，后学道于鹿邑之太清宫，然皆不可考。（页数同前引）

这里说的太清宫是有的：在亳县（河南），元至正十五年（1355）刘福通等人从砀山把韩林儿母子接到亳县做皇帝，拆鹿邑太清宫的木材到亳县来给他盖宫阙，是两《元史·韩林儿传》都有的记载。但是刘秉忠，大家都知道他是金末元初忽必烈时代的名人（两《元史》卷157有传），是禅宗临济宗可庵朗的门下，后又随海云行简，做了忽必烈的顾问，但是从未听说他和张三丰同学。这真是《明史》说的"皆不可考"了。可考的是，从明宣德初修的《太岳太和山志》直到至迟清康熙十八年（1679）已经刻成的《明书》，都不曾提过金、宋或元初有张三丰这个人。《太岳太和山志》之前，有《武当福地总真集》，共三卷，是刘道明集录的（《道藏》609），卷首有至元辛卯（二十八年，1291）他撰的序。这刘道明，是至元二十三年三名派充武当山都提点中的一人，这三卷书，对武当山的地理、景物和历史、人事，都有较详细的记载，他的下卷有《古今明达》一节，古人之中，自关尹子以下，直到五代北宋初的陈希夷（抟），便拉拢了不少道家的著名人物。卷下页23b起，到27b卷末，包括北宋雍熙间到至元丙戌（1286），共记载了十一位和道教有关的人，连他的同事叶希真都写了进去，只是不见名声更大的张三丰。我们检点明宣德以来常见的张三丰各传（包括明隆庆六年〔1572〕刻、卢重华编的八卷《太岳太和山志》在内），叙述张三丰的事迹基本上说是从"洪武初来入武当"或"洪武初"开始的。《明书》在"洪武初入武当"之前，还提了"元末居宝鸡金台观"，只有《明史稿》和《明史》独说"尝游武当诸岩壑"，避开了确认游武当的时间。

《敕建太岳太和山志》卷6张《传》下面引的这几句,也是常为他处引用的:

洪武初来入武当,……遍历诸山,搜奇览胜。尝与耆旧语云:"吾山异日与今日大有不同矣。我且将五龙、南岩、紫霄去荆榛,拾瓦砾,但粗创焉。"命丘玄清住五龙,卢秋云位南岩,刘古泉、杨善澄住紫霄。(前引,第128页)

这里有的几个人名和住处,也是《明史稿》和《明史》所抛弃不用的。风景是不会改变的,"紫霄岩一名南岩",见《武当福地总真集》卷中1a,五龙、紫霄又是道宫名,见同书卷中《宫观本末》10a及11b。除了这书,还有《武当纪胜集》可以参照。人物呢?丘、卢、刘、杨四人的小传,俱见《敕建太岳太和山志》卷七《采真游第六》,其中的丘《传》较多事实,说他曾在朝廷做官至太常卿,死在任上。(前引,第130—131页)我更注意的,是丘《传》中这一句说他:

洪武初年来游武当(按,他是陕西富平人),见张三丰真仙,举为五龙宫住持。

这是在纪录上说明曾在洪武初亲见张三丰的人。这人的历史真实性是可以证明的。《明太祖高皇帝实录》卷223/2b洪武二十六年二月庚寅:

太常卿丘玄清卒。清陕西人,幼为道士于均州武当山,宗全真之学,往来汉、沔、河、洛间。年及五十,有司以其有治才,荐入京,初授监察御史,超擢太常卿。为人持重有守,上尝赐以媛女,玄清固辞不受,上益重之。至是以疾卒。(台北,"中央研究院"历史语言研究所,1996,第3299页)

有这么一个武当门徒在朝廷,张三丰客观存在的时、地,或许是不必否认的了。

《倚天屠龙记》第25章蝴蝶谷大会的那晚上,作者叙写了众人歃血为盟,焚香为誓，决死不负大义的豪情，接着说：

> 是晚月明如昼，诸路教众席地而坐，总坛的执事人员取出素馅圆饼，分飨诸人。众人见圆饼似月，说道这是"月饼"。后世传说，汉人相约于八月中秋食月饼杀鞑子，便因是夕明教众义定策之事而来。(3/25/1026)

这月饼一事，恐怕跟小说里"五散人"中的铁冠道人张中的故事有些关系。《明史》把张三丰、周颠、张中三个人同放在《方伎传》里。"五散人"中，历史里的彭莹玉早死，他倡导拜弥勒佛，鼓励徐寿辉起兵，虽然得风气之先，却赶不上书里外的各种热闹。布袋和尚是历史中五代后梁时的契此和尚(看赞宁《宋高僧传》卷21、道原《景德传灯录》卷27和念常《佛祖历代通载》卷17)，这一点金庸先生在原书第3册的插图里已经告诉我们了，只剩张中和冷谦却是元末明初的真人。

朱元璋像许多帝王或掌权的人一样，都很迷信。据《国初事迹》说"胡大海克兰溪，获僧人孟月庭，搜得天文、地理书，大海留在帐下。太祖亲征婺州，过兰溪，大海以月庭见。太祖得其天文书，甚喜，问月庭原师何人。月庭曰：'龙游来得明，精于天文。'太祖克婺州(按，至正十八年，1358)，……待之甚厚，跟随太祖回京。后得处州刘基、江西铁冠，亦能天文，月庭与之论不合"(第15页)。后来有人报告说月庭有毁谤语，朱元璋就差校尉把他杖杀了。这里说的"天文"，当然不用说就是传统的术数。刘基的术数，《明史》卷128/3777《刘基传》说是"象纬之学"。他又尝做太史令，曾上《戊申大统历》，还有一些科学的或准科学的模样。铁冠子张中的术数，就只是法术。《明史·方伎传》里的《张中传》，说"陈友谅围南昌三月，太祖伐之，召问之。曰：'五十日当大胜，亥子之日获其渠帅。'"其后元璋命他从行，"舟次孤山，无风不能进。乃以洞玄法祭之。风大作，遂达鄱阳。"(卷299/7640)这祭风的办法，并不是张中首创的：元英宗至治间(1321—1323)刊的《三国志平话》里，诸葛亮已经开了先河。《道藏》579《鬼谷子天髓灵文》也是一部讲法术(如撒豆成兵之类)的书，不过里面并没有祭风。

明代许多人写的笔记里，有不少提到张中的，但是记载得不甚周详，其中也常有错误。例如张中认识朱元璋，并且跟他做事，是至正二十二年(1362)朱元璋的兵打下了豫章(南昌)后,邓愈把他介绍给元璋的,见宋濂的《张中传》(《宋学士銮坡前集》卷 9/3a,《四部丛刊》本)。宋濂是认识张中的,这是第一手资料。那么,陆粲(嘉靖时人)《庚巳编》卷 7(《纪录汇编》卷 170,《丛书集成·初编》本)"铁冠道人"条说"太祖皇帝初驻滁阳,道人诣军门谒,……"(第 133 页),就是没有根据的了。有的记载很欠完整,事物的正确与否姑且不谈,有连讲的是什么,也不曾说清楚的,如郑晓(也是嘉靖时人)《今言》卷 4/50b-51a(三百一十九)"铁冠道人"条记朱元璋在南昌共张中谈话:

> 上问曰:"予定南昌,兵不血刃,市不易肆,生民自此苏息否?"对曰:"天上自此大定,但此地旦夕当流血,庐舍焚毁必尽,铁柱观亦仅存一殿耳。"后指挥康太反,果如其言。他日龙马两重之对,省署震扰之占,剪灯花,平友谅,类多奇中。(《续修四库全书》影上海图书馆藏明嘉靖四十五年项笃寿刻本)

铁柱观是铁柱宫,南昌道教的一个重心。这里他预测南昌不久就要遭到大毁坏,铁柱宫也要烧到只剩一殿了。康太即康泰,《明史》卷 1/10《太祖本纪一》"(至正)二十二年……三月癸亥,降人祝宗、康泰反,陷洪都,邓愈走应天,知府叶琛、都事万思诚死之。"康泰他们本是陈友谅的部属,投降是勉强的,这时要调他们随徐达去攻武昌,他们不愿意,就反叛了。可是下文几句,却始终没有解释。[53]

宋濂的《张中传》虽然叙述了几件张中惊人的预言和成绩,却没有记他有蒸饼歌或吃饼的话。这个故事的发展是随着时间的延续,慢慢地进行的。宋濂之后,曾经历仕四朝(从永乐到正统)的杨溥,在他的《禅玄显教编》札记的最后一条说铁冠道人:

---

[53] 那两句话的解释,大致如宋濂《张中传》所言:"癸卯(至正二十三年,1363)夏五月癸未,上祭山川百神于覆舟山下,问中曰:'此行何知?'中对曰:'吉,天马两重,似拜似舞。'祀毕,上欲还,马忽人立作舞状,已而俯若拜。是日中原贽名马,果符两重之语。中又言:'省署内当有震惊,城中亦扰扰,但于上无伤耳。'六月丁未,忠勤楼灾,药炮藏楼中,遇火怒激如雷,省署与楼连,内外咸恐。"(同前引,3a—b)参看王鸿绪《横云山人集·史稿·列传一百七十六》,前引,第 7a—b 页《张中》条。

今传《铁冠道人歌》一篇。(《丛书集成》影《稗乘》本,第 21 页)

约正德末(1520)刊行的陆粲《庚巳编》,就是前面我指出过他记张中和朱元璋初晤的时地不正确的那书,也有下面抄的一段:

(铁冠道人)尝游鸡鸣山寺,时上以刹宇高瞰大内,欲毁而更置之,犹未言也。道人忽谓寺僧曰:"圣上有意毁汝寺,来日当临幸。汝等于中道遮诉之,庶可免也。"僧素神其术,明旦相率燃香出山数里以候。驾至,僧拜恳不已。上讶曰:"我无此心,若辈何以妄诉?"僧曰:"此铁冠道人教臣等耳!"上异之,遂止不毁。(前引,卷 7/134/35)

这一段下面接着说:

初,徐武宁王(按,徐达谥)为列将时,道人谓之曰:"公两颧赤色,目光如火,官至极品;所惜者,仅中寿耳!"后果以五十四而薨。(同上,第135 页)

嘉靖间的郑晓,他的《今言》卷 4/50a-b,就是我前文说它没有解释"龙马两重""省署震扰"这些谜语式的预言是什么意思的,也引过朱元璋游山寺的故事:

孝陵尝微行,至一寺中,群僧伏门道傍迎。上曰:"何以知朕至?"对曰:"闻铁冠道人云。"即召道人至,上手饼食未半,即赐道人。问"道人能先知我至,试言我国事,顾直述无我讳。"道人讯口诵数十句,中有曰:"戊寅闰五龙归海,壬午青蛇火里逃"。至洪武、建文间始验,余不敢传。

这里说的寺庙,大概也是指的上节引文里说的南京鸡鸣寺;饼食未半就拿来赐给铁冠,这种顺手成章地把吃饼和作歌的事连在一起,口诵数十句的预言,自然可以称诗传诵了。话虽如此,从《今言》所引的文字看来,其实也只有两句,并且都是陈货。戊寅是洪武三十一年(1398),那年确有个闰五月,闰月乙酉(太祖）崩于西宫，这是《明史》卷 3/55《太祖纪三》的原文。壬午是建文四年（1402），这年六月燕兵打到南京，谷王橞及李景隆开门纳燕兵，“宫中火起，帝不知所终”，是建文一朝的终局。建文帝是不是青蛇，就要术数家去研究考据了。《今言》项刻本有嘉靖四十五年的序，过了五十年，到万历四十五年（1617）顾起元的《客座赘语》卷 2/4a-b《铁冠道人》一条里，这个到那时流传了至少有一百六十年的故事又添了枝叶，并且组织、连续得更完整了。中秋节的加入，就发生在这时（当然是在被记录之前），而且说故事的人也许为了要增加故事的连贯性，这里又轻轻地挤进了“土木之事”：

> 《纪闻》言：太祖尝游鸡鸣寺，见刹宇高瞰大内，欲毁而更置之。铁冠道人令众僧迎诉。上问“何以知之?”曰：“铁冠道人语。”上异之，遂止。因召道人问曰：“今日我有何事?”对曰：“太子某时进饼。”……上方食，思道人，遂以口所食饼赐之。比启鐍，道人已失所在矣；留蒸饼歌于案以献。歌辞于靖难、土木之事，一一明验。按，道人姓张，名中，临川人也。（《四库全书存目丛书》影清华大学藏万历四十六年刻本）

我们后人中秋吃月饼的风俗，恐怕就是这样慢慢起来的。“土木之事”自然说的是明英宗朱祁镇正统十四年（1449）八月亲征瓦剌（Oirats）在土木堡被掳的事。这事发生在顾起元记载之前快要一百七十年，说故事的人也可以掇拾做新的材料了。清末各地民党起事的时候，社会上流传的《烧饼歌》，大约就是用传说铁冠子张中的这一类故实做摹本的，却说是另一个传奇人物刘伯温（基）在朱元璋面前说的预言。[54]

五散人里面，还有一个冷谦，他也是道家出身，却在乐律和绘画方面，享着很大的名气。《明史》里他没有传，可是《明史》卷 61/1499《乐志一》称他为儒臣，说他和“陶凯、詹同、宋濂、乐韶凤辈皆知声律，相与究切厘定”。又说：“元末有

---

[54] 清初因庄廷鑨的明史案而几乎受累的查继佐（金庸先生的前辈族人），他的《罪惟录》里也记了张中的一些故事，称张中“居都下数年，常为上作缺饼歌，以测国运”（传二十六，第 21a—22b 页，《四部丛刊》本）。蒸饼、烧饼之外，又多了一个名称。

冷谦者，知音，善鼓瑟，以黄冠隐吴山。召为协律郎，令协乐章声谱，俾乐生习之。”（页1500）这是承认他是道士的身份。其实他这个道士，大约只可以说是玩玩票性质的，他跟许多儒臣的关系很密切。道教的音乐，在宋代已经和朝廷的乐章很接近了。《道藏》333《玉音法章》卷下/16b以下有《宋道君圣制道词》多首，616有《大明御制玄教乐章》，在音乐方面，雅乐和俗乐的声谱必有相袭之处。《乐志一》说令冷谦“协乐章声谱，俾乐生习之”，最初是“命选道童充乐舞生”，后来，“考正四庙雅乐，……遂定乐舞之制”后，“舞生改用军民俊秀子弟”了，但是“乐生仍用道童”，这也教我们窥出一些消息。

冷谦又是一位画家，明代中叶传说他在“至正六年（1346）端阳作”送给张三丰，三丰于永乐二年（1404）又拿来转送“淇园丘国公（福）”的那幅《蓬莱仙奕图》，已经被郎瑛在他的《七修续稿·辨证》（页13b-14b）痛斥是伪作，我们就不提了。[55] 他的《白岳图》，现在传世的有两幅。一幅题至正癸未（三年，1343）他跟刘伯温（基）由浙江溯江而上，西入皖南，游览遂溪的白岳而作，画上他和伯温都有题句。这一幅的影本金庸先生曾拿去收在《倚天屠龙记》第3册的插图里，上面还有张居正题的两行细字夹在冷、刘二人题句中间，和乾隆皇帝等鉴赏家的印章。这一幅我想恐怕是真迹。冷谦自是元末明初的人，这一点不会假，同时代的好朋友像刘基的《诚意伯文集》卷11/25b-26a有《旧在杭时为冷起敬赋泉石歌，乱后失之。今起敬为协律郎，邀予写旧作，已忘而记其起三句，因更足之》古诗；卷13/49b-50a又有《秋夜听冷协律弹琴分韵得夜字》五古（《四部丛刊》本）；题目抄在这里，可以聊做证明。

但是，像张三丰那样，也有人说冷谦在元朝初年就很活跃了。杨溥《禅玄显教编》说他“武陵人也，元中统初（按，中统仅四年，1260—1263）与刘秉忠从沙门海云游。博学精于《易》，尤深学百家方术，靡不洞习。至元间秉忠为相，谦乃弃释从学。游霅川（按，在吴兴），交赵孟頫，尝同往四明故宋相史弥远家，观李思训画，遂效之，深得其趋，因以善绘称。后隶淮阳，遇异人，授中黄大丹，传张氏《悟真》之旨。迨至正间，年百余岁矣，颜如孩童。值朱鬘之乱，避地金陵，日卖

[55] 祝允明《野记》卷4/7a—8b也有此节，全抄杨溥《禅玄显教编》文字。但毛刻本（见注6）有关数页版有毁损，读者或可用《丛书集成》据《历代小史》本补缺。

药市中，神效骇人。国初仕于朝，为太常博士。……”(前引本，第12—13页)这话有许多地方可疑。他是钱塘人，不是湖广武陵。他没有做过太常博士，尤其奇怪的，是这里没有一句说及他懂音律的话，而那正是他同时代诸人在他们的诗集中称赞他时最喜欢说的。[56]

七、四女同舟何所望

前文我曾经说过这部小说里有四个爱情故事，读者当然知道说的是明教教主张无忌和跟他接近的四位女性。就他和她们认识的先后说，那排列就是周芷若，阿离(蛛儿)，戴上曳地铁脚练引导无忌进入光明顶秘道的丫鬟小昭，最后一位才是我们大家都猜想该是无忌最后选择的蒙古族贵胄赵敏。全书一共40章，赵敏迟到第23章《灵芙醉客绿柳庄》才开始出现，她还是以一个“年轻公子，身穿宝蓝绸衫，轻摇折扇，掩不住一副雍容华贵之气”的姿态(3/23/921)露面的。我们短见的人，不免要怀疑这个蒙古郡主能不能合得上这部书中客观的要求和希冀，因为她不但是朝廷反魔教方面的人，还是各地造反驱除鞑虏的英雄们的敌人。说到她的厉害之处，连那武当鼻祖张三丰都不免受给遭了空相和尚的金刚般若掌劈在他的小腹上(3/24/961)。这样的环境上和情理上的困难，撰书的人是非有很多的篇幅，缓缓地塑造她的新条件和浸润手段不可的，大胆的作者却只给赵敏不到全书一半的篇幅。说不得她像书中的张无忌那样，也有乾坤大挪移的心法神功。

张无忌无疑是一个好人。幼年他在冰火岛受的教育，是谢逊、张翠山式的公平的武德和教训。还是一个孩子时，他听谢逊讲当年用七伤拳打少林寺的空见

---

[56] 例如张宣(藻仲)《青旸集》卷2/7b《至正甲辰〔二十四年，1364〕夏五，宣与何君彦恭、袁君鲁瞻、张君景玉、战君传恭、凌君彦翀、张君叔方、郁君以文诸进士凡八人，步自胥山，访冷君起敬如此江山亭，时梅雨不出户者阅月矣。适君访友城南，丹崖青壁，怅然者久之，遂与诸公谒伍王庙，过四景园，坐清晖亭上，徘徊吟眺，目送江波下上间。彦恭曰：“江山不可孤也，明当再来。”明日彦恭、傅恭与予三人偕住。起敬款至亭下，援琴作三五弄，俾予咏歌之，清商出林，绿荫昼寂，四客相顾若与世相忘者。傅恭有诗，彦恭起和，宣因赋长句一首，并以寄诸公云》长诗。

和尚、打到第十拳，内息翻腾，脸如白纸，不得不暂时收息。无忌说：“义父！下面还有三拳，你就不要打了罢。”谢逊问他为什么，他说：“这老和尚为人很好，你打伤了他，心中过意不去。倘若伤了自己，那也不好。”（1/8/275）他见武当派张松溪、莫声谷和天鹰教的老辈殷天正（实际上是他未见过面的外公）对仗完了，大师伯宋远桥出来替殷天正裹了伤，仍然“退开一步，长袖一摆”，要领教老前辈的高招，就忍不住说“宋大……宋大侠，用车轮战打他老人家，这不公平！”（2/20/801）全书差不多要到结尾，谢逊和他的业师、又是积恨深仇的头号大坏人成昆双斗，赵敏向张无忌说“你能偷发暗器打瞎了老贼双目么？”他摇头说：“义父宁死不肯让我做这等事！”（4/39/1585）

在张无忌的心里，敌和我不两立是应该分明的。然而他的性格里，又有一分不易记仇的成分。有了这样的秉性，他在蝴蝶谷给简捷等人治病（2/12/470-472），在驻马店治了苏习之、詹春二人中的青陀罗花毒（2/14/536-538）。更严重的是，朱长龄是长期撒谎欺骗他害他的人，最后陷害他时不幸两人一齐跌落昆仑山四周陡峰环绕的山谷，一困五年，他还每天把猿猴摘来的果实分一半给朱吃（2/16/626）。在大都万安寺的高塔上救人，他看见一大捆被窝包着敌方的西域武功高手鹤笔翁从高处摔落，“他明知此人曾累得自己不知吃过多少苦头，甚至自己父母之死也和他有莫大关联，可是他终究不忍袖手不顾，任由他跌得粉身碎骨”。（3/24/1110）

张无忌和周芷若在孩提时代悲苦的遭际中偶遇而相识，多年后重见，在公开的比武场合上芷若也曾眉头紧蹙十分担心，希望无忌不要疏忽有差池。她不免常用点化的方法暗中帮助。有一次举动太突兀了，甚至被昆仑派的班淑娴柳眉倒竖喝道：“峨眉派的小姑娘，这小子是你什么人，要你一再回护于他？”（3/22/866-867）但是她和无忌两人很少有密切的往还，更不用提肌肤之亲。她在大都万安寺被囚的那次，赵敏手中长剑往她脸上划去，要把她的俏脸蛋变成一个蜜蜂窝。说时迟那时快，还在殿外长窗窥探的张无忌破窗而入，出手相救，“她被张无忌搂在胸前，碰到他宽广坚实的胸膛，又闻到一股浓烈男子气息，又惊又喜，一刹那间身子软软的几欲晕去”。就是这个场合，作者用说话人代言的态度告诉我们说：

> 周芷若从未和男子如此肌肤相亲，何况这男子又是她日夜思念的梦中之伴，意中之人。(3/26/1040)

正像她以前不敢违背严厉的灭绝师太之命，迷迷糊糊之中竟然一剑（虽然手腕微侧，长剑略偏）刺入张无忌的右胸，想去察看他的伤口也不敢那样的懊恼(3/22/881)，这时芷若"心中只觉得无比的欢喜，（就是）四周敌人如在此刻千刀万剑同时斩下，她也无忧无惧"。芷若对无忌是有一定的感情的。然而她和他之间亲热的程度，比张、赵两人间的情爱，却又差得远了。就在张、赵两人初次相识的那一次，黄昏后几个时辰间他们就见过两次面，第二次是因为同访绿柳庄的明教群豪离席后发现中毒，无忌赶着去要向主人讨解药。这次动起武来无忌偷摘了赵敏鬓边的珠花，赵敏用短剑刺胸装假死，无忌转身回来要看她的伤势。"他走到离桌三步之处，……突然间脚底一软，登时空了，身子直堕下去。"(3/23/934)这下堕之势甚劲，无忌虽然抓住了赵敏的上臂，谁知一拉之下，两人一齐跌落，眼前一团漆黑，啪的一声，头顶翻板已然盖上。在那四五丈深的陷阱里，我们只听赵敏笑道："男女授受不亲，你握着我的手干么?"这钢牢方圆不过数尺，两人最远也只能相距一步，无忌虽然放脱了她手腕，虽然忧急、气恼，闻到她身上的少女气息，不禁心神一荡。

这其实并不是张无忌第一次感到男女之间情爱的刺激了。在昆仑山朱家庄外他被大群猎狗蜂拥乱咬，是拜的庄主朱长龄女儿朱九真小姐之赐。这是令他怒气填胸的。及至朱九真召见他，说了几句好话，赞他的名字高雅，指一指身旁一张矮凳教他坐下，作者说："张无忌有生以来，第一次感到美貌女子惊心动魄的魔力，这时朱九真便叫他跳入火坑之中，他也会毫不犹豫地纵身跳下。"(2/15/572)后来他才发现朱家全体都用巧计骗他，好诱出金毛狮王谢逊的所在，才知道"美艳绝伦的面貌之下，竟藏着这样一副蛇蝎心肠"。(15/609)现在这里钢牢的场合，赵敏实在是无忌的敌人，无忌却没有把她当蛇蝎看待。在地底两人纠缠了好半天，斗口斗智他斗不过赵敏，用武力动粗，那里狭窄的面积也不是地方。无忌撕下赵敏裙子的一片薄绸，用唾液弄湿了贴在她的口鼻上，令她胸口气息窒塞,她也不肯揭露出钢壁上机掣的作用。这窒息只会教她晕倒,幸而揭去湿绸,她才渐渐苏醒。两下又僵持了半刻,无忌要救中毒众人的性命,不顾赵敏的惊恐,用力扯脱她两脚的鞋袜,伸双手食指去点她两足掌心的涌泉穴。这像是儿童嬉戏,可是“他以九阳神功的暖气擦动她涌泉穴,比之用羽毛丝发搔痒更加难当百倍”,这又近乎 Sadistic 的行径,终于令他在赵敏又哭又闹声中,获得平息和解脱:

> 张无忌这才放手,说道:“得罪了!”在她背上推拿数下,解开了她穴道。赵敏喘了一口长气,骂道:“贼小子,给我着好鞋袜!”张无忌拿起罗袜,一手便握住她左足,刚才一心脱困,意无别念,这时一碰到她温腻柔软的足踝,心中不禁一荡。赵敏将脚一缩,羞得满面通红,幸好黑暗中张无忌也没瞧见。她一声不响地自行穿好鞋袜,在这一刹时之间,心中起了异样的感觉,似乎只想他再来摸一摸自己的脚。却听张无忌厉声喝道:“快些,快些!快放我出去。”
>
> 赵敏一言不发,伸手摸到钢壁上的刻着的一个圆圈,……(3/23/939)

我们实在用不着等到 4/34/1405 才听无忌说:“芷若待我,哪有这般好”了!

旁的地方也有一处秘密“通道在床里”的。在那里张无忌听了那小鬟这句话,精神为之一振,“再也顾不得什么男女之嫌,但觉那小鬟揭开锦被,横卧在床,便也躺在她身旁。不知那小鬟扳动了何处机括,突然间床板一侧,两人便摔了下去”,慢慢进入凹凹凸凸石壁的地道。这里并没有什么旖旎风光。这次是小昭陪无忌进入光明顶密室的地道。(2/20/777)小昭只要一辈子伺候张教主就很开心了,然而她究竟连这个愿望也没有得到。在波斯大船那间陈设得珠光宝气的房舱里,小昭伺候无忌换干净衣服,说“公子,这是最后一次。以后……我便是再想服侍你一次,也是不能的了”。她那温软的嘴唇上沾着的泪水,味道不知道是甜蜜,还是苦涩。(3/30/1238-1239)

阿离(蛛儿)的家难和个人经历很复杂,她和张无忌情谊也不寻常。金花婆婆是她的救命恩人。她跟随金花到蝴蝶谷去找神医胡青牛“算账”的那一次,遇见了年青的张无忌。那时她是个相貌美丽的小姑娘。金花婆婆要强迫无忌说出谢逊藏匿的所在，把他的手腕以至手指尖都捏成紫黑色，才放手，又说要把无忌带到她们的灵蛇岛上去陪阿离做伴。阿离上前，两次抓紧无忌的手臂不放。无忌恼急无奈，张口往她右手的手背上咬去，这一口咬得血肉模糊，着实厉害，阿离左手的指爪抓无忌的脸，他的右颊也划了一条血痕。(2/13/508)这啮臂之盟和张无忌的名字就成了她永怀的追忆。隔了五年多无忌中了朱长龄最后的奸计从山谷悬崖上直堕下去，两腿折断，躺在雪地上养伤。路上来了个十七八岁的村女，面容黝黑，脸上浮肿得凹凹凸凸的极为丑陋，这人就是阿离，因为她要练千蛛万毒手，竟把自己作践成这个样子。这时无忌衣衫褴褛，五年多不修发剃面，已成了个丑八怪，两人相见都不相认。村女说自己叫蛛儿，无忌觉得这蛛儿的一双澄澈的眼睛时或流露出极是狡谲的神色很像他死去的母亲。两人谈得投机，高兴，蛛儿隔几天就给他送食物来。“我自己又不好，心里想着一个人，总是放他不下。”这个人就是咬过她的手背的张无忌。无忌这时候虽然躺在她的身边，还不知道蛛儿是谁。但是他心想自己长年地受到别人的威逼诱骗，要知道他的义父谢逊的下落，吃过不少苦头。这次学乖了，不肯露真名姓，就告诉蛛儿说自己叫作阿牛，姓曾。其实，无忌这时候也不知道他和阿离还是亲戚，阿离是他舅舅的女儿，跟他算是表妹。(2/18/724)这阿离可以说一辈子都永远记得她心爱的咬过她手背的第一个张无忌。曾阿牛在蛛儿遭到凶险危急的时候，曾屡用武功暗中帮助她；又同情、可怜她的孤寂，曾答应她愿意跟她厮守做夫妻。(2/16/648-649)她很感激阿牛，但是十分坚决地告诉阿牛她不能嫁给他：

> “阿牛哥哥，你愿娶我为妻，似我这般丑陋的女子，你居然不加嫌弃，我很是感激。可是早在几年之前，我的心就属于旁人了。那时候他尚且不睬我，这时见我如此，更加连眼角也不会扫我一眼。这个狠心短命的小鬼啊……”她虽骂那人为“狠心短命的小鬼”，可是骂声之中，仍是充满不胜眷恋低徊之情。(2/16/650)

六大派围剿魔教时，灭绝师太率领的峨眉派弟子们大队经过他们这里，蛛儿被灭绝师太摔断了腕骨，阿牛腿上的骨伤这时虽然已经复原，还假装不能行动，都躺在雪橇上被人抬着,跟在峨眉大队后面向西奔驰。见到从武当来的殷六侠梨亭,蛛儿问他张五侠的“公子张无忌是不是也来了”,才知道“皇天不祐善人”,“无忌已于五年多之前失足摔入万丈深谷,尸骨无存”。蛛儿听了仰天跌倒,立刻晕了过去。(2/18/695-696)这时无忌才知道“原来蛛儿便是在蝴蝶谷抓住我的那个少女阿离”。

金花婆婆是阿离从家庭出来时的救命恩人,也是她学武艺的老师。她随着金花婆婆到处云游。这一次金花婆婆带她回了灵蛇岛,仗着旧时的交情,又把在冰火岛独居的谢逊邀到灵蛇岛来住,是贪心想得他的屠龙刀。谢逊已经是一个瞎子,金花婆婆要害他,在地面上暗中栽插了许多尖针,引诱他出来打斗时要栽跟头、丧命。她教阿离帮助她:

> 金花婆婆压低着嗓子道:“还不动手?延延挨挨地干什么?”殷离道:“婆婆,你这样干,似乎……似乎对不起老朋友。谢大侠跟你数十年的交情,他信得过你,才从冰火岛回归中原。”金花婆婆冷笑道:“他信得过我?真是笑话奇谈了。他信得过我,干么不肯借刀于我?他回中原,只是要找寻义子,跟我有什么相干?……”
>
> 殷离道:“婆婆,你要夺他宝刀,明刀明枪的交战,还不失为英雄行径。眼下之事若是传扬出去,岂不为天下好汉耻笑?……”金花婆婆大怒,伸直了身子,厉声道:“小丫头,当年是谁在你父亲掌底救了你的小命?现下人大了,就不听婆婆的吩咐!这谢逊跟你非亲非故,何以要你一鼓劲儿地护着他?你倒说个道理给婆婆听听。”……
>
> 殷离将手中拿着的一袋物事[57]往地下一摔,呛啷啷一阵响亮,跟着退开三步。
>
> 金花婆婆厉声道:“怎样?你羽毛丰了,便想飞了,是不是?”

原来这地下每隔两三尺,便是一根七八寸长的钢针插在山石之中,向上的尖

---

[57] 物事,就是东西。这是古语,十六世纪间旧小说里常遇见到,例如《喻世明言》第33卷《张古老种瓜娶文女》开头说“这八句诗题雪,那雪下相似三件物事……”即是。今江浙方言中也还使用。

端闪闪生光。这时听殷离说：

“婆婆，我绝不敢忘你救我性命、教我武艺的大恩。可是谢大侠是他……是他的义父啊。”(3/28/1156-1157)

后来动起手来，谢逊挥刀向金花婆婆砍去，忽听得殷离高声叫道：

“小心！脚下有尖针！”(3/28/1169)

不管以后发生的什么生死别离的情节，作者是这么写出阿离是个至性中人、是个真实的人。

这四个女性里，遭际最凄苦的，大概是清丽秀雅的周芷若。四位女性都懂得些武功、招数，甚至于术数。武艺的高强和地位，后来也以芷若为最，战斗的场合，简直到了“莫之与京”的地步。但在她和张无忌正在行婚礼的时候忽然遭到了生平最大的挫折，第34章以后的她，简直成了另外一个和她的习性完全相反的人，柔弱变成了刚强，甚至于变成了毒辣。她动辄杀人，出毒手五指直插入对方的囟门，赵敏当然就是她几次要毁害的对象。这种妒忌的毒焰的滋长和蔓延是最可怕的。小说里像希腊戏剧里的 *deus ex machina* 那样出了个菩萨(像我们旧小说里骊山老母，后来又变成梨山老母)，几处的瑶琴长箫声中降落的风姿绰约望之似神仙的黄衫女子和她的四白四黑冉冉下临的“龙套”是感人的。或者作者金庸先生不过是为他的射雕三部曲做个轻微的呼应罢了，可是第38章那黄衫一句清叱“你要不要也尝尝九阴白骨爪的滋味?”(4/38/1576)这段启示，恐怕也是芷若暮鼓晨钟的一点救赎。

八、余论

上述的四位女性不是历史人物，史籍里是找不到他们的踪迹的。但是小说里赵敏的爸爸察罕特穆尔和她的哥哥库库特穆尔(亦名王保保)都是历史上的真实大人物,而且史籍里察罕(至少)也有一位女儿,这却不可不说。

在两《元史》里,察罕的名字是察罕帖木儿,王保保是扩廓帖木儿(KōkōTemür),分见《元史》卷141,《新元史》卷220;《元史》是父子合传,《新元史》是扩廓附在父亲的传里,还有《明史》卷124也有扩廓帖木儿的专传。金庸先生没有用扩廓之名,译做库库,倒很合蒙语的原音。帖木儿和特穆尔读音相近,恐怕另有根据。元末时有个将军孛罗帖木儿(Bolod Temür),是答失八都鲁的儿子。他经常和察罕父子作对,不奉诏命,在山西相斗打得一塌糊涂,《元史》卷207、《新元史》卷164有传,都作孛罗帖木儿。但是乾隆武英殿版的《元史》,这个许多人的合传忽改做《逆臣传》,孛罗帖木儿之名就改做博啰特穆尔了。这也是校书的一个小参考。

小说3/26/1052-1053里面有明教的光明右使范遥重归明教阵营之后对无忌、杨逍等说明察罕有一子一女的情况(察罕其实不止一子),3/27/1079在小酒铺里赵敏第一次告诉张无忌:“我爸便是当朝执掌兵马大权的汝阳王。”这个汝阳王,是小说里的渲染、点缀。乃蛮族(Naiman)人的察罕实在是穷苦阶级出身。至正十一年(1351)河南汝、颍造反的红巾兵起,江、淮许多地方都失陷了。察罕本是河南沈丘由低层社会征募服役的民兵(探马赤军 Tammači),他和罗山的典史(掌典狱捕盗的小官)李思齐组织了几百人起来,号称义兵,夺回了罗山县城。朝廷听说最初要给察罕个小官,做罗山达路花赤(DaruYači),李思齐做县官。据《庚申外史》说,顺帝(妥欢帖木儿或妥欢贴睦尔 ToYon Temür)不答应:

> 上曰:“人言国家轻汉人,如此果轻汉人也,下吏部再议。”于是察罕授汝宁府达路花赤,李思齐知汝宁府。(第17—18页)

汝宁府一州八县,这一州就是信阳州,这是他们二人起家的资本。察罕仪表威武,《元史》卷141/3384说他“身长七尺,修眉复目,左颊有三毫,或怒则毫皆直指;居常慨然有当世之志。”《新元史》的描写,文字也多相同。小说因为察罕出现的地方不多,需要剪裁。4/43/1379 看大都游皇城[58]的场面,"彩楼居中坐着一位长须王爷,相貌威武",这就够了。同页还有"中间最高一座彩楼,皇帝居中而坐,旁边两位皇后",看书的人不一定留意。这第二位皇后是兴圣宫西宫皇后,她是高丽人,奇氏(Ki),蒙古名是完者忽都皇后(Ölǰei Quduq)。她很能干,也很得宠,虽然出身低,是从高丽每年进献挑选出来的妾媵,却力争上游,常想模仿古代有贤行的皇后,也爱插手政治。正宫皇后生过皇子真金(Jingim),两岁时夭折了。当今的太子爱猷识理达腊(AyuŠiridara)是她生的。[59] 小说的烘托只用几个字就很传神。

从至正十二年到二十二年,十年之间,察罕铁骑所至,恢复了河南、山西和陕西不少重要的据点,其中最重要的是十九年(1359)八月攻下汴梁,逼刘福通、韩林儿逃往安丰去。他最后的贡献就是规划收复山东的全部地盘,到至正二十二年(1362),重要的城市都归顺了,只剩下益都一城未下。其实山东的局势,并不简单。察罕在不到一年的时间能够获得这么迅速的胜利,一部分原因是敌方带兵领袖的互相仇杀,有的向官方归降,减弱了反抗的力量。本来至正十七年(1357)刘福通派毛贵攻陷了胶、莱诸州,毛贵又由海道得海舶,长驱攻破益都。[60] 十八年他攻下济南,在那里曾"立宾兴院,选用故官分守各路。又于莱州立屯田三百六十处",[61]可说是颇有治绩。有个义兵万户田丰,早先已投降红巾方面,也攻下济宁、东昌。可是下一年毛贵就被赵君用杀死了,续继祖从辽阳入益都,又杀了君用,情形更混乱了。[62] 二十一年察罕总兵征山东,收复了东昌、冠州,扩廓诸军五万人打东平,击败了田丰、王士诚等的兵,他们都向察罕投降了。田丰他们的投降,原来是靠不住的。二十二年六月,他们趁察罕轻骑简从地巡视益都城

---

[58] 游皇城的起源,是元世祖至元七年(1270)听了帝师八思巴(Phags-pa)的话,在大明殿御座上置白伞盖一顶,用素缎泥金,书梵字(大概是藏文)于其上,说是镇伏邪魔,护国安民。以后每年二月十五日在大殿启建白伞盖佛事,用诸色仪仗,周游皇城内外。看《元史》卷 77/1926—1927《祭祀志六》"国俗旧礼"最后一条;《新元史》卷 87/17b—18b"国俗祭祀"。《倚天屠龙记》4/34/1373—1376 是根据《元史》加以扩大的。

[59] 正后是伯颜忽都皇后(Bayan Quduq),是弘吉剌族(Qonggirad)人。两后的小传俱见《元史》卷 114/2380—2382《后妃传》;《新元史》卷 104/23b—26b。

[60] 《庚申外史》,第 21 页。

[61] 《平胡录》,第 11 页。

[62] 《庚申外史》,第 25 页。

外营垒的时候刺死了他,大家拥入益都城,本想和城里的兵合流。扩廓帖木儿的部下仍要拥他继领兵权,依然把久攻不下的益都包围了起来,这就扩大了王保保以后的政治生命。察罕死后,朝廷追封他做颍川王,又封其父阿鲁温(ArYun)做汝阳王,这是小说里汝阳王名称的来历。

在元末群雄角力、却不是冷观这个局面的朱元璋,虽然在察罕兵盛时也曾通使联络,他对察罕的死,却有一针见血的批评。《新元史》卷220/6b《察罕帖木儿传》云:

> 明太祖闻察罕帖木儿定山东,谓左右曰:"田丰为人反复,察罕帖木儿待如腹心,是其暗也。古之大将智谋宏远,使人不可测,察罕帖木儿岂足以知之?"

这话说得很公平。《倚天屠龙记》里,库库特穆尔出现不多,3/27/1099——万安寺放火烧塔数页已可想见其英姿。4/34/1406-1407他要阻止赵敏跟张无忌逃走,曾用鸽子传讯给父王,更见其机智。34/1379写他在彩楼上"来回闲行,鹰视虎步,甚是剽悍",更是当然的了。在小说里,库库特穆尔是一个不可少的配角,实际的人生中他的重要性,更远不止此,更远在他爸爸察罕之上。他曾受封河南王,两次执掌天下的兵权,也曾两次被削官爵免职。他和孛罗帖木儿在山西构兵,目的是争取晋、冀区的粮食产地供军队的给养。他和关中(陕西)李思齐、张良弼等人攻战几百次,解决不了统率权柄的嫉妒。他拥护太子而又得罪了太子,不肯听从兴圣宫奇后的话逼迫顺帝禅位。他擒杀他的骁将貊高、关保。但是他绝不背叛朝廷。洪武元年(1368)大都失陷了,顺帝、太子逃去塞外,明兵入陕西,李思齐、张良弼等人退到甘肃,李思齐就在临洮降明了。察罕的一家:察罕的父亲阿鲁温在汴梁失陷时早降明了,扩廓的弟弟脱因帖木儿(Toyin Temür)也降了,后来还为明朝建立过一些战功。扩廓还有一个妹妹(正是小说里赵敏的角色)，出嫁给朱元璋的次子朱樉(秦王)。[63] 只有扩廓却始终不肯投降。朱元璋很欣赏他这一点，说他比能够“将万人，横行无敌”的大将常遇春更可佩服。他说：“遇春虽人杰，吾得而臣之。吾不能臣王保保，其人奇男子也。”(《明史》卷124/3713《扩廓帖木儿传》)因为扩廓在河南时，朱元璋曾几次遣使去联络他，都被他扣留了不放还，书信也不答复。最后一次招降送信时，扩廓已在塞外，就派了比他长一辈的父亲起义兵时的老朋友、后来又和他相攻对抗的李思齐去。《明史》卷124/3713《扩廓传》说：

> 始至，则待以礼。寻使骑士送归，至塞下，辞曰：“主帅有命，请公留一物为别。”思齐曰：“吾远来无所赍。”骑士曰：“愿得公一臂。”思齐知不免，遂断与之。还，未几死。(并见《新元史》卷220/14a《察罕附李思齐传》)

这真是《倚天屠龙记》里“不得违背侠义之道”的武侠小说了。

朱元璋是洪武元年(1368)称帝即位的。称帝前两年(至正二十六年，韩林儿宋龙凤十二年)他仍称吴王时，发布的“皇帝圣旨、吴王令旨”已经攻击弥勒佛信仰了。祝允明《野记》卷1/9b–12a录“平伪周(张士诚)榜谕”中，大骂元朝的罪恶声闻于天之后，续云：

> 不幸小民误中妖术，不解其言之诞妄，酷信弥勒之真有，冀其治世，以苏困苦。聚其烧香之党，根据汝、颍，蔓延河、洛。妖言既行，凶谋遂逞。焚荡城郭，杀戮士夫，荼毒生灵，无端万状。元以天下兵马钱粮大势而讨之，略无功效，愈见猖獗。然事终不能济世安民，是以有志之士，旁观熟虑，乘势而起。或假元氏为名，或托乡军为号，或以孤兵自立，皆欲自为，由是天下土崩瓦解。

---

[63] 明太祖朱元璋有二十六个儿子。太子朱标和这个次子秦王樉，是他穷困时候的糟糠夫妻马皇后生的，马后传见《明史》卷113/3505—3508《太祖孝慈高皇后传》。朱樉也有传，见《明史》卷116/3560《诸王一》。

这已经很暴露他的利用明教后又反明教的心肠了。元璋吴元年时已开始草创律令，洪武六年（1373）冬，诏刑部尚书刘惟谦详定《大明律》。明年二月书成，这就是“合六百有六条，分为三十卷”的《大明律》。以后律令的书，隔若干年，就会小有修改，但是洪武初的律法（在当时据说是“每奏一篇，命揭两庑，亲加裁酌”的[64]），主要的就是这些。《大明律》卷 11/4b-5a“禁止师巫邪术”条云：

> 凡师巫假降邪神，书符咒水、扶鸾、祷圣、自号端公、太保、师婆；又妄称弥勒佛、白莲社、明尊教、白云宗等会，一应左道乱正之术；或隐藏图像，烧香集众，夜聚晓散，佯修善事，煽惑人民，为首者绞，为从者各杖一百，流三千里。……知而不首者，各笞四十。

页 5a 有“集解”细注云：

> ……今北方称弥勒佛下世，所谓弥勒佛也。白莲教是远公所修净土之教，明尊教俗谓之明师，外夷所传，男女坐诵□经，不鸣钟磬等物。白云宗如临济、云门之类七十三宗，此其一也。（页 5a）

这以后摩尼教在中国只好躲在道教和其他民间宗教的某派里，做寄生以至于数典忘祖的房客了。可是这个朝代“定有天下之号曰明”（《明史》卷 2/19《太祖本纪二》）的来历，是看史书和读《倚天屠龙记》的人永远都不会忘记的。

附　启

这是我写的评论金庸（查良镛）先生的三部连续性的长篇小说的第三篇，前两篇都在他处发表过。本篇也曾在香港出版的《中文学刊》发表，因为排印时文

[64] 本文所引《大明律》，就是刘惟谦等撰的，北京图书馆藏明嘉靖范永銮刻本，收《四库全书存目丛书》。刘惟谦有传见《明史》卷 138/3967—3968《周祯传附刘惟谦传》。参阅《明史》卷 93/2280—2284《刑法一》。

字稍有错乱，现在稍加厘正，拟借这里把修正稿发表。本文草写时需用较多国内各地新印丛书及个别资料，俱荷台北“中央研究院”中国文哲研究所林耀椿先生惠为检寻并抄寄，俾得完备，谨此致谢。

2008 年 11 月，作者附识。

【柳存仁　澳大利亚人文科学院院士，香港中文大学名誉教授】

原文刊于《中国文化》2009 年 01 期

福建陈靖姑传奇
及其信仰的田野研究

庄孔韶

【内容提要】对于宗教信仰的研究可以有种种方法,过去大体偏重于对宗教信仰及其在上层文化圈的影响的整体性分析,而较为忽视其在民间的传播与变异,尤其缺少之对区域性信仰的细致的个案研究。本文运用人类学的田野考察与传统的文献研究相结合的方式,对流传在闽、台、浙一带的陈靖姑传奇及信仰进行了深入的分析,论述了这一信仰的发生、传播、文字资料、建筑遗存及其对该社区直至当代的生活与习俗的影响,并指出了这一信仰与道教的渊源关系及其对道教内容的适应性整合。

1986 年,我在中国福建省北部山区黄村做人类学田野工作,被请去参加了一个婚礼,新娘时年 17 岁。她的母亲对我说:“不能再耽搁了,明年 18 岁是忌年。”“谁的忌年”? “奶娘的忌年”。“奶娘是谁?”“陈夫人、陈太后,没有人不知道她,生儿育女都要请她保护。”

我记起著名人类学家林耀华先生的作品《金翼》(*The Golden Wing*,台湾中译本作《金翅》)一书也有过一段对这个村(黄村)村人迎“圣母娘娘”香炉的描述,当晚我找到了这一段文字:

> 三哥在出生仪式时，总是扮演着父亲的角色，他首先回到镇里的庙中，拜过“圣母娘娘”以后，便捧着燃着香枝的香炉回家去了，途中他撑着一把伞，遮着香炉，活像真有圣母娘娘坐在那里一样；回到了家，他把香炉捧到母亲的卧房里，助产婆早在那里帮母亲接生了，当圣母娘娘的香炉一到，小婴儿也降生到这个世界开始哇哇大哭。①

后来，我长期在那里做调查，考出这是对1910年一次婴儿出生仪式的追忆，台湾译本中所译“圣母娘娘”其实就是新娘母亲对我说的“奶娘”陈靖姑。依人类学的观点，奶娘已是对当地民众人生过程有很大影响的女神，奶娘信仰也的确成了该乡土社区文化的一个重要成分。

一、陈靖姑传说及其传播范围

陈靖姑名另传作陈进姑、陈静姑；尊称众多，如临水陈夫人、大奶夫人、陈太后、顺懿夫人、慈济夫人、顺天圣母等，民间常以奶娘、娘奶代称。

鉴于古今福建地方有案可稽的一些神祇，如古田乡间的林、章二总管，漳州一带的三坪祖师、安溪清水祖师和南安的一位郭孝子神等，均是由人创神的明显个例，由此当也可推测陈靖姑曾是一个实际存在而后又被不断渲染的人物。现存古田县大桥中村水尾龟蛇二山交会处（福古公路114公里处）的临水宫，就是唐贞元八年（792年）兴建，以褒陈靖姑“护国佑民”“扶胎救产，保赤佑童”之功的。陈靖姑生卒年主要有两个说法，一说生于唐大历元年（766年）或大历二年（767年），终于贞元六年（790年），得年24岁；另一说陈氏生于唐天祐元年（904年）。显然，以临水宫兴建年月看，大历元年说较为合理。至于陈靖姑其人有无的考证，似仍可进行下去，不过，人类学更注意的是其传奇的文化内涵和对现实生活的影响。

① 《金翅》，桂冠图书公司1977年，第23—24页。

陈靖姑传奇(简述,录作者综合札记)如下:

福州下渡一陈姓家,世代旺族,父陈昌、妻葛氏未生育,在鼓山喝水岩观音前求子。唐大历元年(或二年)正月十五日葛氏产一女婴,临盆时异香满室,取名靖姑。

靖姑幼年聪敏,"一岁二岁多伶俐,三岁四岁正聪明,五岁六岁多才貌,年登七岁入学堂,七岁读书至十五,四书万卷腹中存"。[②] 其间,其堂兄陈守元伴读,万不及她。

古田县教官刘勋之子杞莲,口哑,到下渡陈家学堂,见靖姑欢喜异常竟能开口。遂安顿杞莲帮学发蒙。靖姑、杞莲均机敏过人,常共论诗文。杞莲父母甚喜。

靖姑十五岁(一说十七岁)往闾山学法,拜许真君为师,学得设醮法,斩蛇精,破洞门,呼风唤雨,缩地腾空,退病祛瘟等。唯不学扶胎救产,保赤佑童。真人问:"何不学?"靖姑曰:"未嫁之人怎便入秽室,故不学也。"三年后(一说一年后),拜别师父,真人送宝剑与符,并遣王、杨二太保护送。靖姑出行二十四步,因她不学扶胎救产术,真人嘱曰:"至二十四岁不可动法器。切勿忘!"

靖姑十八岁返回家中,多有请急危难,除妖佑民事。但同杞莲婚事遇坎坷,一再推延。

后闻闽地有白蛇精、长坑鬼等结伙为害良民。白蛇竟入宫劫走闽王后,并食害宫娥。靖姑欲除此害,白蛇洞前建法堂。靖姑斩白蛇、念真言咒语,布闾山正法,复活三十六宫娥。闽王感念靖姑之功,将三十六宫娥赐于陈夫人。

……

传某年大旱,禾苗枯萎,闽王命靖姑之兄道官陈守元求雨,半月不应,闽王怒欲焚诸道士。靖姑此时三月胎孕,便脱胎陈府,逐驾云白龙江(一说福

---

② 引自笔者在福建古田县收集《夫人传》。

州南乌龙江)上,左执鸣角,右执宝剑,念真言、焚血文,天降甘霖,旱解,施泽万民。此时白蛇精、长坑鬼乔装靖姑回府,盗胎并食之。靖姑驾云而归,怒追之,长坑鬼逃落水口,白蛇飞入临水洞(今古田县),靖姑法压蛇精令其永不出洞。但靖姑因未学救产之术,不能自救,遂坐蛇头而化,终年二十四岁。

……

陈靖姑灵魂重生,赴闾山重学救产扶胎之法,十分精到。返古田屡救生护产,保赤佑童。其遁地腾空,被认为无时不在,无处不在,法力无边。临水陈靖姑夫人声名更见显应,一再为历朝所加封。

一位地方性的人物传奇能千余年传而不衰,还在于上述陈靖姑事迹同闽地、闽人、闽事紧密结合。一传一播,其间,虽有移花接木和杂以虚幻离奇情节,使传奇事件枝杈分疏,但有时因有地方历史与年号之共同背景,更有福建人熟悉的省城、地方和县份的某些准确或朦胧的地名、山川、胜迹以及构成地方文化传统的民俗、方言等,所以使陈靖姑传奇终能不胫而走,那重命运、善造神的福建地方民众正是陈靖姑信仰传播的载体。

陈靖姑传说中涉及福建省的地点,笔者可信手在其各类抄本、唱本中摘录出(部分):

福州:九仙山、法海寺、炼丹井、乌石山、双峰寺、天宁山、旗山、鼓山、涌泉寺、喝水岩、石夹山、长坑山、安民巷、台江、下渡、龙潭壑、钱塘巷、番船浦(泛船浦)、白龙江(乌龙江)、鸭㙡洲、洪山桥等。

福建县份、地名:古田、南安、尤溪、宁德、闽县、罗源、长乐、福清、兴化、漳州、泉州、晋江以及闽江沿岸的水口、黄田等。

传陈夫人36宫娥原籍县份(根据三个抄本)有:古田、宁德、建瓯、晋江连城、连江、建阳、罗源、浦城、长汀、宁化、惠安、侯官、闽清、安溪、顺昌、莆田、长乐、漳浦、寿宁、漳平、南安、福鼎、仙游、永福、光泽、政和、同安、延平、霞浦、福清、崇安、欧宁、寿宁、永安、清流、邵安、尤溪、将乐、福安、建宁、永春、邵武、上杭、龙岩、德化,尚有邻省(籍)的个别县份。

据笔者在古田县的调查,如今实际上前来临水宫接陈靖姑香炉和祈拜的主要有如下县份:古田、屏南、宁德、福安、周宁、寿宁、建阳、建瓯、政和、福鼎、南平(延平)、沙县、闽清、闽侯、永泰、长乐、连江、罗源、晋江等,上述县份大体偏于福建北部。

当然,福建大多县份都有陈靖姑传奇传播痕迹,而结合民间传说和人类学实地考察,可知陈靖姑神话发源地是从福州至古田县一线为中心,然后向北向西向南和向海外播化其传奇故事并形成信仰。而该信仰对当地民众生活构成重大影响的除古田、福州一线外,主要集中于闽北与浙南一带。

陈靖姑作为主要为福建人奉祀的女神,千余年间为民众所景仰。从各地传奇内容之对比分析看,浙南《陈夫人》《夫人词》一类的说唱与讲述,均肯定主要是说闽人闽事(如涉及古田、福州、晋江等),但涉及闽地名、环境描述、宫观寺庙名称等的叙述多不准确。这当然不奇怪。在千余年流传过程中,添枝加叶之事和情节地方化,叙述方言化与利用了地方曲艺形式等现象自然免不了。但由于乡土社会人们活动半径狭小,因此在难以去福建和古田的浙南人中,其口头传说必然同传奇的发源地福建产生差别。以浙南的陈夫人唱词和闽北的传说相比,可以看出,陈靖姑传说从福州和古田一线为中心向外传播,首先弥漫了闽东北并渐次达浙南。有趣且可以理解的现象是,从今日语言地理学看,该传奇与信仰分布区刚好是以福州为代表的闽语闽东片方言区,该方言区恰恰是将浙南和闽北联系在一起的。福州和古田基本属这一方言区中心,故陈夫人传奇的传播第一波必是在这一方言区内。随岁月流逝,其传播已大大超出这一范围,延及闽南、闽北、闽中和莆仙区③甚至江西省并越海至中国台湾和东南亚,以及更远的北美。由于福建多山,公路交通虽成网络,车路盘绕蜿蜒,仍缓慢难行,故以临水宫为中心的陈靖姑信众活动第一圈层大体包括闽江南的沙县、永泰县以北,到北部的寿宁、福鼎县(今福鼎市)和浙南数县,西至建阳县(今建阳市),东到宁德的

③ 根据周振鹤、游汝杰《方言与中国文化》(上海人民出版社 1986 年版)一书的福建方言分类。

范围。

仔细考察陈靖姑事迹(传播远比上述介绍复杂),可以看出,她极似一古代道姑或女巫,以其一件或数件令人佩服乃至惊叹的善行或法术为民众所景仰,因此,经过渲染、神化,千百年播迁开来,如陈靖姑以所学"闾山"法术护国佑民、播雨除旱、以符医病、降妖斩蛇、扶危解厄、救产保胎、送子决疑等,就是民众崇敬的缘由,因为她随时都会成为人们心中需要依靠的力量,尤其是在人们处于无助的时刻。

和福建省众多的地方神相比,陈靖姑已成为一个十分重要的地方女神,可以说,除妈祖之外,尚无有可比拟者。而洋洋百余万言的小说《闽都别记》,则使妈祖的传说亦会相形见绌。

古田的临水宫已处在正宗顺天圣母殿地位,这在福建全省乃至浙江和江西省的信众都是由衷肯定的。闽北陈靖姑信众无不趋向古田临水宫祭拜,甚至在1982年2月台北碧潭临水宫奠基之碑记上还有福建古田县临水宫"分灵碧潭、护国保民"的字句。

二、陈靖姑传说的文字资料

关于陈靖姑信仰不能不读《闽都别记》。《闽都别记》大体在清乾嘉之际撰写,作者里人何求,生平不详。清宣统三年,初刊此书的董执谊先生跋文提到"其书合于正史及别史载记者各十之三,野说居其四焉,以福建方言叙闽中佚事,且多引里谚俗腔,复详于名胜古迹,文词典故多沿袭小说家言,虽属稗官,未始非吾闽考献之卮助,博奕犹贤,不可废也,书中章回,修短不一,自二百四十一回(共约四百回)后,若别出一手",其中,真正的陈靖姑传奇故事(至临水洞和朝廷加封)大体止于第86回(第128回尚有陈大奶还体复回闾山,临水夫人香火大盛之事,又起一头绪)。

《闽都别记》涉及唐、五代、闽王、宋元明清历朝,有历史的线索,但因随意穿插颇不严密;不过对非学问家的一般市民来说,这古代的大事,历史的背景恰恰是陈靖姑传说的“高雅”之处，尽管多有附会痕迹。《闽都别记》大述福建风俗、生活和宗教。如闽江上的疍民（甚至贬称“曲蹄”）、犬图腾、迎神赛会、烧火炮、田地制度、雄黄之功效、卜卦、看风水、鸡上供鸭不上供、三姑六婆以及洋船水手、中亭街鱼行、钱庄、杉木行乃至黄纸朱符、修斋、过醮、拜忏、念经、祈禳、乡间祭土地公等，无不同福建基层民众（乡村人、市民、水上居民和畲族）的日常生活方式连接在一起，故有雅有俗，雅俗共赏，为民众喜闻乐见。所以说，《闽都别记》的情节既依赖了历史，又远离了历史。毫无疑问，当今陈靖姑传说的非历史化已是无可挽回的了，但并不妨碍它在基层民众心中生根。

我要说的是，董执谊氏的《闽都别记》首刊油印本和石印本既是陈靖姑传奇流行的产物，又是关于福建陈靖姑传说与信仰的一次大规模的统一行动。在有“海滨邹鲁”之称的福建民间，特别在福州方言区，《闽都别记》起了统一故事情节的作用，并在实际生活中，使基层社会陈靖姑信仰活动趋向了一致性。

笔者注意到，在浙南流传的《陈十四夫人》和《夫人传》有很大地方性特色，青田、丽水、温州、瑞安、平阳等地由一些学者收集编辑的《陈十四传奇》对其传奇的源头别有见解④，但仍可从该书叙述中（尽管同《闽都别记》差异很大）发现福建古田等地无疑地处于传说中心地点。可以认为，陈靖姑传说在福建以外的浙南几县尚有一个亚传播中心，在这一 Second hand（二手）中心的浙南，并不否认福建古田临水宫的正统与神圣位置。

关于陈靖姑的文字记载还屡见于福建、台湾和浙南地方志中，如吴棠纂《福建通志》、谢金銮《台湾县志》《建宁县志》《古田县志》、潘绍诒《光绪处州府志》、彭润章《同治丽水县志》等。此外还有魏应麟《福建三神考》、容肇祖《迷信与传说》、梁茝林《退庵随笔》、吴任臣《十国春秋》和施鸿保《闽杂记》、王应山《闽都记》等（其中《闽杂记》曾提及有《陈进姑传》刊本一事）。而在县份以下，民间仍自行传抄流行各类关于陈靖姑的传记，或小说体，或七言唱词，如《夫人传》《陈靖姑传》，以及各类经书，如《大奶灵经》等。

④ 见叶中鸣《陈十四传奇》，浙江文艺出版社 1985 年。

陳夫人

陳夫人亦稱臨水夫人閩中各郡縣皆有廟祠人奉祀尤謹棃荳林退庵隨筆載夫人名靖姑古田縣臨水鄉人閩王璘時夫人兄守元有左道隱居山中夫人常餉之遂受秘籙符篆役使鬼神曾至永福誅白蛇怪璘封爲順懿夫人後遁處海上不知

閩雜記 卷五 一

所終謝金鑾臺灣縣志又云夫人名進姑福州人陳昌女唐大歷二年生嫁劉杞孕數月會大旱脫胎祈雨尋卒年祇二十四卒時自言吾死必爲神救人產難建寧陳清叟子婦孕十七月不娩神見形療之產蛇數斗古田臨水鄉有白蛇洞吐氣爲疫癘一日鄉人見朱衣人伏劍斬蛇語之曰我江南下渡陳昌女也言訖不見乃立廟於洞側自後靈蹟甚著宋淳祐中封崇福昭惠慈濟夫人賜額順懿後又加封天仙聖母青靈普化碧霞元君此說多本書坊所刊陳進姑傳如建寧陳清叟事據建寧志宋時浦城徐清叟子婦產難夫人幻形救之謝之不受問其

《闽杂记》书影

三、陈靖姑传说的实地考察

关于陈靖姑的当代信仰研究，实地考察是十分必要的。作为陈氏传说的中心古田县和福州如今的状况如何呢？县镇和乡村又如何呢？

在福州

我首先邀年轻的 L 道士在福州一同寻找陈靖姑的娘家。当我们驱车过闽江抵仓山区时，很少有人知道下渡地名，询问三四人后，才从一老裁缝处得知，下藤是下渡，市民中的信仰以打听市民最易奏效。在下藤路，笔者发现虽众多店铺使用下藤路新称，如下藤百货商店，但仍有少数店铺沿用下渡旧称。随后我们终于发现了陈靖姑娘家所在地的“十锦祠”，拍得旧石井和旧祠建筑，现辟为小学。师生对我们的贸然访问热情且有浓厚兴趣。不远处的“临水陈太后”总庙现在一户院内，庙很小，案台上摆满供品，香火重兴，简陋且庄重。庙祝刘丽华老人闻讯而来接待了我们，她说临水陈太后总庙刚重修几个月，原庙在 1961 年毁于火灾(至今高墙侧仍有黑烟痕迹)。她的婆婆(已故)曾一直是诚心诚意的庙祝。

依《闽都别记》中靖姑言“吾乃下渡陈靖姑，去闾山学法”⑤，便应是从这下藤路去的。不过当我们站在泛船浦(番船浦)左近望着浩大江水时，才记起传奇中阻挡靖姑人的话：“闾山门在水底，凡人安能入?”所以当笔者问起 L 道士时，还是 L 道士答得妙，“闾山在那远处波涛渺茫处，也在我心中。”

那虚无缥缈处闾山的法祖是许真君；而陈靖姑赴闾山学法之后又抵江西龙虎山从张天师学艺，临水宫和民间村庙中壁画和陈夫人传说中均有张天师送她一把“斩妖宝剑”的情节。《闽都别记》中提及陈靖姑堂兄陈守元是闽王时道士，后为道教“国师”。他钦佩陈靖姑的闾山法术，故守元道术许多得自于陈靖姑。故 L 道士坚信陈夫人信仰属道教范围，认为陈夫人成仙后被“敕封”为“圣母“元君”等称号以及临水宫之取名均为道教特有的色彩。

福州市正一派 C 道士已年迈，在陪笔者一同寻找下渡的路上告诉我，传说中的张仙公也是陈靖姑的师兄妹，在福州下杭路(台江区)他的庙确属正一派道教，也可佐证陈靖姑信仰属道教。现在江西龙虎山张金涛道士也知晓福建陈靖姑传奇中有涉及龙虎山事，完全不否认陈靖姑信仰同道教的密切关系。

据笔者调查，南方道教闾山派，特别是闽东闽北的信众把陈夫人奉为护国佑民、救产保童的法主和女神；和闽南及台湾的道教“三奶派”(除信奉陈夫人外，尚有李三娘〈连江县人〉和林九(莎)娘〈罗源县〉人)相比，虽有差异，但陈夫人皆处于供奉的中心地位，而在闽北临水宫以及其他一些壁画中，李、林二娘偶像虽也处于显著地位，但仍辅助于陈夫人左右。因此每年正月福建及邻省的正一派道士和千万信众都云集古田临水宫请陈夫人香火并诵经祈福。L 道士也认为，从陈夫人传奇与信仰中表现的信仰内涵、经书、仪式看，应属道地的正一派(又称天师派)道教无疑。

当我们返回福州市中心的乌山时，小雨蒙蒙。乌山道山观吕祖宫供器闪着

---

⑤ 里人何求(清)《闽都别记》，第 136 页，下同。

金光，在香烟缭绕之中，可见吕祖塑像左侧有一抱子状陈靖姑鎏金塑像，正中有“临水陈太后”和“有求必应”字样。据说乌山道山观和台北吕祖观为一脉相承。在福州，除乌山道山观外，于山九仙观（还有清都观）旁天君庙里也供奉临水陈夫人，说明在陈靖姑信仰的发源地之一，福州的奶娘信仰和道教的联系实在密切。

在古田

临水宫在古田县大桥镇，光绪元年（1875 年）被焚，翌年重建，雕梁画栋，斗拱飞檐。殿正北一公里处有梳妆桥（抗日战争时烧毁）和长坑鬼洞遗址，殿正南 300 米处有百花桥（木改石制）。临水宫大门门楣有“敕赐临水宫”五字正楷，左右门联为“庙毅壮千秋鼎新有象，母仪昭百代坤厚无疆”。千里眼，顺风耳为陈太后把守大门，太后身着金黄色彩袍、彩珠凤冠、显慈祥貌。背后有“大德曰生”四字。福州的信徒送来陈太后另一座像，放置殿一侧梳妆楼上。侧墙上已重绘有陈夫人传的连环壁画。太后的 36 宫娥静静地候在配殿里。

由太保殿灵签处求签后可得到一号数，随即到正殿一角落对签。规矩是若对签后逢吉，接陈夫人香火（香炉）后便可高兴而归，即所谓“有求必应”。在太保殿由各地农民送来的“谢鸿恩”和“有求必应”锦旗多得不可胜数。若逢凶则只允许当日下午再求一签，对签再逢凶也不得再度求签。承蒙庙祝陈占英好意，我获得了临水宫 10 种对签诗句，如第 26 签答案是“选出牡丹第一枝，劝君折取莫迟疑。世间若问相知处，万事逢春正及时”属吉签。又如第 13 签“命中正逢罗关字，用尽心机总未休。作福求神难得神，舍路行舟上高滩”属凶签。依笔者分类，除去属凶签和中性签外，吉签占 87%。根据每位求签者有两次求签的机会计算，来临水宫的信众实际上有 98.3%的机会可得满意的答复。人们还来求“圣敕令临水正宫陈夫人九宫显应，保安驱邪”符，怀着希望打点精神回家。单凭这一点，临水宫便有足够的吸引力。人们不仅在恋爱、求子、患邪和得病时来求签，而且甚至做生意也来求签。

然而最重要的求签，请夫人香火（炉）时刻是在阴历正月初一始，止于陈靖姑诞辰日正月十五。人们或步行，或乘车，远道而来，均力争第一炉香火为愿。《闽都别记》第 128 回写道：“无事之家，亦去请香灰装入小袋内供奉。……恃强先请,至于口角打架、无日不争。”1986年正月来临水宫请香者络绎不绝,拥挤滋事,正由于抢先争第一炉香火所致。在一个文化落后的乡土社会里,寻求精神上的寄托的类同之处可逾过时空,应了临水宫中戏台旁对联上下句“天下事渺茫若此,古今人大概相同”。在这个时候,乡土民众追逐眼前功利,寻求一时安慰,并不会像学问人那样去讨论起陈靖姑信仰是否属道教等事。其时,卜卦、抽签、测字早已为清修道士所不为,但周边诸县的道士、师公等仍在陈靖姑诞辰日前后来到这里,道教信仰复杂和混杂状可见一斑。L道士对我说,临水宫之庙祝尚不能称之为道士,然而或许终会成道士呢?

虽然一些外县人可集体乘车赴古田临水宫接迎香火,但本地却还有不少人不能去那里。所以,县以下镇、村也设有陈太后庙,或在土地公庙里塑有陈靖姑像,杂以其他偶像,还在一些庙的墙壁上画有陈靖姑传奇彩绘。譬如,在古田谷口旧镇不仅有陈靖姑像,尚有谢必安(七爷)和范无救(八爷)二将军做配祀神。正月十五日谷口人除接迎临水陈夫人香炉外,有扮七爷,八爷者一高一矮地在游神队伍前后跳来跳去,因其不仅为信众所祭拜,而且因七爷、八爷有民间“暗访”的主角地位,故造型冷峻、摄人心魄,见后使人有“为人莫做亏心事,举头三尺有神明”之感。谷口人还在七爷、八爷塑像旁绘有血淋淋的地狱绘画,以文和图表示偷盗、奸淫等罪的地狱惩罚形式,以警世人。七爷和八爷同“护国佑民”“救产保婴”的陈靖姑神一道成了每年正月游神不可缺少的监察与庇佑角色,从而构成乡土社区生活的重要内容,当然其道德教育的功能不可低估。平日,若为护产保胎生育事,则随时可从谷口请陈夫人像和香火(香炉),一如本文开篇所转述《金翼》一书迎“圣母娘娘”(陈靖姑)香炉的情节。那书中“镇”和庙便是笔者所去过和见过的谷口镇和陈太后庙(礼堂背后,尚供麻公)。笔者在古田黄村发现一土地公庙,内壁陈靖姑传说壁画16幅,功力不凡,为清咸丰十一年(1861年)所绘,甚至古田临水宫新绘壁画均不及。一些邻村近年也重塑靖姑彩像,可见其信仰之深入基层,虽经多年政治引导,不少乡民仍相信自己无时无地不在陈太后的庇荫之下,的确值得回味。

乡村民众极为重视陈靖姑“十八难”和“廿四坐化”的传说,乃至成为福建许多乡县姑娘出嫁的忌年。据笔者在古田县调查,这里无一女性在18岁和24岁结婚,甚至在福州也大受其影响,不少女性为赶在18岁前能完婚而感到自豪,“十八难”忌年习俗甚至影响到闽北闽东的畲族中间。在生活水平大大提高的今天,“十八难”“二十四坐化”避讳与乡村女性辍学过多现象,均导致闽人早婚率的上升,这是人口发展过快的重要地方因素之一,因为早婚缩短了代际间隔,扩大了单纯由多子女现象而造成的生育高峰势头。笔者认写,只要教育不能持久地得到普及和发展,乡土农业制度和宗家主义观念便会继续下去,其农人信仰也易偏向功利性的、依赖性的和命定主义的。

古田人传说,陈靖姑24岁受难落水之时,天忽降鸭三只,它们衔起芦席三个角,鸣叫“马那、马那(方言,‘没关系’之意)”,而鸡在一旁却叫“咕咕咕、沉”。可知是传奇中的鸭曾搭救过陈靖姑,而鸡则十恶不赦,故民间祭祀娘奶一律鸡上供,鸭不上供。无疑,鸡鸭传闻和供品的选择最终仍是归于对陈夫人神权的恭敬与慑服。对陈靖姑法力无边的期待还体现于幼儿家庭教育之中。福建一些县份的孩子一受惊吓,就大喊:“哎呀,努奶呀”(方言,“哎呀,娘奶呀”之意,娘奶即陈靖姑)以求保护。可见一种信仰和对神明的权威的依赖性有时是从幼年的教化开始的。

四、陈靖姑信仰对民俗的影响

那么,在陈靖姑信仰圈之中,民众人生过程有何种此类信仰的影响呢?

1.若新娘无子须向陈夫人“请花”——祈子。那传奇百花桥红白花争奇斗妍,红花转世人间为女子,白花为男。当今妇女们所请仍是白花(男),虽然陈靖姑保赤保婴并未有男女之偏向,但合于中国人传统的宗嗣观念。

2.婴儿一降生,已有一称谓,从此成了“奶娘的孩子”,自然受奶娘的佑护。

3.分娩时请神。若如《金翼》请来“圣母娘娘”后婴儿平安落生,还必须办酒席谢奶娘鸿恩。不仅如此,陈夫人神像还须“回銮”。接回家和“回銮”的夫人小神像平日一排排地立于庙内,乡人可随时来请。“回銮”礼一般以爆竹三声告结束。

4.孩子生下三日,谓之三旦,由稳婆来洗澡,叫“洗三旦”。这一日不可忘却煮糯米供陈夫人。第十四天,要“开冲”,须到陈夫人庙去烧纸,纸上印着“禁冲”二字。

5.婴儿满月时,亲戚朋友送礼颇多,但不能忘记向陈靖姑祭案供酒食祭拜。

6.每年正月初一至十五既是民间热闹且虔诚的迎神(请姑)赛会之际,又值灯节盛会,故“挂灯”“添灯”——转意“添丁”,同陈夫人香火护佑意义已融为一体了。

7.过去,婴儿死亡率高,农村人认为是邪煞作祟,须由师公作法“过关”,以免死亡。在古田县以身兼道士和师公者反受尊敬。当人们热衷于讨论陈靖姑信仰是否属道教并各抒己见时,乡土正一派道士、师公以及基层民众则对学术上的界限不感兴趣,他们把概念的与功利的、宗教的与巫术的内涵都混一团。

古田县的S道士除正月初一、十五被请到农家念《三官宝经》所谓“天官赐福、地官赦罪、水官解厄”,劝人做善事和保平安外,大多出现于为亡故者的道场上,着道衣、道冠,执道铃和木阙板。然而S道士又同是师公。在为婴幼儿过关、收惊、夺魂、请神以及为村人祈雨时,师公处于重要地位。身着红围裙、师冠、执小鼓槌和鸣角。S道士对我说师公的历史要长于道教。我想这是不错的。诚如北京白云观的李养正先生所说:“古代巫祝的占卜、祈祷,方士的候神、求仙等等,靡不为道教所承袭,道教所崇奉的天神、地祇、仙人,莫不由历代相沿传而来。”所以人类学者所注重的更是一种宗教与信仰在社区生活中的情节、意义与解释。

所谓为婴幼儿做“过关”(义序是由道士做),是因孩子遇关煞(注意以下关煞均为生活中可能的遭遇),如四季关、阎王取命关、鬼门关、落井关、断桥关、金锁关、浴盆关、白虎关、断肠关、雷公打脑关、夜啼关、渴水关、短命关、深水关、成人关等。须师公设堂做法,有如下程序:造楼、栽花、请神(靖姑)、请婆(36婆神)、加魂、剪花、破胎、过关门、落房(把“灿斗”放在幼儿屋)、送婆、送神。每个男孩在一、三、六、九诸岁生日均逢煞关,必请师公(或道士)做“过关”法。

“收惊”指小孩有时癫狂为受惊,被认为是魂魄离体故务必收惊收回魂魄。收惊咒语如:“祖师来收惊,本师来收惊,仙师来收惊,……牙如刀山齿如金钩,逢邪破、逢瘴遇收，那吒吉吒屋吒亲指赐，急急如律令……奉请东方太乙，若奉帝赐令张真人，七月二十三君降世自幼修行显威灵，白云山上受苦难，金沙滩上遇仙灵，左赐一滔并一箕，右赐火链及火兵，……”另，《陈靖姑咒》“南朝护国有威灵，加封崇福陈夫人，一千年前种通现，带领神兵万万人，水上洋坪行正法，游行天下救万民，左手祈男男变好，右手祈女女平安，吾奉皇公奶娘咒，……请急赐水律令。”夺魂时，先要发咒，然后造楼、请神、破胎、夺魂出洋坪、捉邪、加魂，最后敬神送（靖姑）。

在过关与收惊夺魂等仪式中师公或道士要朱笔画符篆，贴于床架、门楣、幼儿身上，并在“灿斗”的“童子俤”⑥背后压咒。以往除道士、师公外，还有女巫参与收惊、过关事，足见陈靖姑信仰圈中，道教、陈靖姑信仰、巫术等都在其渊源和演化过程中处于难解难分的状态。

8.每年陈靖姑夫人祭日要行“灿斗”礼，“灿斗”中置“童子俤”代替孩子，有几个男儿便有几个“童子俤”，师公或道士鸣角、摇铃，将“灿斗”放在小孩床上。上面“流芳灯”必须自行熄灭才表示吉利。此外，祭日供菜，烧纸奉娘奶，称为“烧娘奶纸”。

上述各俗止于十六岁成人。如《福州府志》载：“民间则男女十六延巫醮告成人于神，谓之做出幼。”⑦男“出幼”礼，女“上头”礼多并于结婚之时。福建地方民间十六为成人界限，即受陈夫人管辖的人生历程止于成丁礼之时，故上文提及“奶娘的孩子”特指 16 岁以前。一满 16 岁，要请师公（道士）谢奶娘；随后的人生历程就该归阎罗王管了。

不过，在女人的一生中，陈靖姑信仰的影响并不止于 16 岁，她们求子乃至求孙以及后辈子孙长大成人过程中的奶娘信奉仪式与活动总是环绕在她们周围，她们或是参与者或是观察者，而陈夫人总是以其催生助产保赤保婴之法力使一代代女人从心底诚服，故对陈靖姑之崇祀尤以妇女为勤。旧时乡间妇女暇时组

---

⑥ 灿斗为红漆木质容器状，上有“五子登科”字样，斗内盛米，上插筷子十双，灯、烛各一盏，还放镜、剪刀、花朵。过去从店铺请来木制小人——童子俤（现在有时省去，但仍是为某童祈福之意），与家中童子相比。灿斗在人生过程的许多场合使用，故至今乡里许多家庭仍保存着，因为这对祈福和驱害的仪式是必不可少的。

⑦ 《福州府志》《风俗篇》卷二十四。

织“把社”,供“娘奶”,或陈夫人或三十六宫娥之一均可。社宴、社供绝无草率。这一“把社”虽极少见,但近年各县村镇新塑的陈夫人像,新绘陈夫人传奇壁画,新建陈夫人庙重又复兴了少女、中老年妇女对陈靖姑神周期性与实时性供奉的由衷热情。

在陈靖姑信仰圈,每个人都在成年之前受陈靖姑的荫护,女人的一生尤受该信仰的影响与约束。这已是这里人生过程的重要文化制约因素;在乡镇农人和城郊市民之中,每一个农业周期和四季轮转,陈靖姑神都会周尔复始地每年一次或数次(诞辰、坐化等)被迎用祭奠,各家旦夕祸福,各村灾异重压之际,陈夫人均会在信众乞求召唤时显灵,安土佑民。

五、结论

笔者的田野工作所揭示的是现代中国基层社会一种借传奇而铺陈开来的女神信仰对该信仰圈社会生活和人生过程的巨大影响。人类学田野研究终使历史的背景、书本的记载、神化的传奇、传播的经文、民间信仰实况和社会影响有机地联系起来,使笔者得出以下见解:

1.迄今为止,在可以考证和考察的数百年间,陈靖姑传奇借助方言的传播和对方言区(亚区)的超越形成和保持了以福州至古田县一线为中心的陈靖姑信仰圈。但该圈并不排除对其他地方神的交叉信仰。《闽都别记》的几个版本起了统一该传奇与信仰的重要作用。浙南的流行本《夫人传》(可参考《陈十四传奇》),是同《闽都别记》出入甚大的印本,似可认为现在浙南已形成一个陈夫人事迹与信仰的亚中心。闾山派道教和陈靖姑临水宫请香范围大体同以福州为中心的方言区相仿或更大些。而“三奶派”道教信仰圈散播于闽南延及台湾和东南亚(甚至更大些),其流传的陈夫人传奇与信仰特点同浙南圈相比,更为接近福(州)古(田)中心区。

2.根据上文的田野分析,最低可以认为陈靖姑信仰与道教有难解难分的关联。似乎已有的一些论据倾向于支持临水宫的道教宫观地位。不过人类学更为重视陈夫人信仰的实际影响(社会的与意识的)。对陈靖姑信仰的简单化的政策设计和干预无助于引导和教育地方信众走向现代生活之路。

3.至今仍处于低水平农业社区的陈靖姑信仰圈的信众,尚未能摆脱因缺少对自然社会初级认识(由教育所限)的困扰,故天地间众多莫测之事促进了他们的天地信仰。而人们崇信陈靖姑一类神的法力与权威,完全是地方人们试图实现天地神人间关系整合和心理适应的结果。涉及陈靖姑传奇与信仰的诸种活动,如游神、道士、师公等的仪式与法术,完全切入了地方社区生活,成为那里天地神人关系整合的有效媒介。

4.和道教难解难分的陈靖姑信仰尤表现“乐生”。在“娘奶的孩子”期间(16岁以前),固定的或周期性的仪式多恭谨和充满喜气(如游神、正月请香、三旦和弥月),也有表现随时可行的希望的祈求(如请花和求签),以及表现赢得生命的抗争(如陈靖姑咒语)。故参观临水宫坐殿第一横幅即是“大德曰生”,不无缘由。陈靖姑无疑是喜神和生命与力量之神。到16岁分界线直至死亡,这段人生历程已转入阎罗王手里。但陈靖姑仍有护佑法力,尤其对妇女。女人一方面要回避忌年出嫁,一方面还要在婚后为子(女)辈和入祖辈后为孙子(女)向陈夫人寻求庇护。陈夫人“把会”和逢时向夫人虔诚请香供奉,应认为是女性在“上头”之后不愿脱离陈夫人庇护的主观努力。直至成人之死,要受阎罗王审判和地狱刑罚,必请道士为鬼魂的幸福同阎罗王打交道,做功德和超度,为死者救拔亡灵。但这时已与陈靖姑无关涉。因她仅仅为“娘奶的孩子”,“收惊”“夺魂”和求生,以及满足妇女生命的幻想与希望。

5.在民间流传较多的《大奶灵经》由四言经义部分、七言事迹(含二十法术)部分、又四言颂词部分和五言诵经妙法部分等组成。其中“吾奉太上老君敕”(急急如律令),“三界都天”“闾山法府”“道由心学”“神归自然”等均为道教色彩,通篇主旨是弘扬陈靖姑法力,“传法闾山、显迹古田”,以及诚心诵经,鼓吹“阳行自阴极”“地狱受苦恼”。这和当地道士遍颂的《三官宝经》,更俗民化的《功德堂劝言》中“世上阴间都做恶,发配三途地狱中”等大量说教(杂以儒佛说)如出一辙。它们均在劝善的同时,传递“天道循环,善恶承负”这一由来已久的道教思想(载于《太平经》中)。当今,这一思想仍以极为通俗的方言唱段形式颂扬于乡土民众一年四季的生活之中。然而伦理与劝善说教未能焕发民众的主体性精神，而是造成对神明的无限敬畏、依附性与宿命论思想，故在道教诸神（含陈靖姑）的照察与主宰之下，乡民近乎麻木的修持、积德、供奉、请香、卜卦等行为的归宿并不能增进国家、民族与地方社区意识，而是强化了家和家内个人优先的自私自利人性。儒家的宗家主义和神明的“无边”法力还一同助长了民众的顺从意识，也使基层乡土社区的人们在“由命不由人”的前提下养成追逐福、禄、寿、男的“入世”功利心态，有时却将诵经中许多善行模式完全置之脑后。中国人口轮番膨胀和基层民众社区意识低下的缘故，难道不可以从这一角度探求一下吗？

6.田野研究表明，陈靖姑传奇与信仰得到如此广泛的传扬一定是有其传奇本身情节的魅力和有适宜的文化土壤。此外，当一女子在受到初等教育（有时还达不到）后仍走不出自己乡土社区，而且该社区又未能超越小农生产（无论是什么形式的）的水准，那么随着时间的推移，她们所学过的完全不适宜于乡土需要的知识将会迅速忘却，她们的观念与行为方式会重新淹没在社区传统文化之中。而且类似于陈靖姑一类的传奇与信仰一旦融合于以年为周期的俗民生活和人生过程之中，即使正规教育与社会教育也难于同其影响抗衡，何况仅仅作为城市教育附庸的乡村学校教育尚处于极为软弱无力的地位。

7.近年来，鉴于广大农村神明崇拜与宗教的复兴（包括陈靖姑信仰）态势，有必要进一步研究、解释和做出相应的估计：

中国乡村关于科学与认知方面的教育应重新设计。乡村教育的失利与科学知识不能切合乡土需要传播，浪费了乡土民众的集体智慧。因此各类信仰便更容易建立在民众的非科学思维基础之上。另外，现存的学校教育未能履行对社会、文化和人本的解释性功能。⑧ 乡村青少年不能从正规教育中获得对自己周围活生生的世界（物质的、精神的）的关联的中肯的解释，不能获得关于个人、社区、外在世界、政治、命运、人生和世界观之间关联的、中肯的解释。也是在这一基础上，人们对命运的理解和文化心理的适应促使他们最容易转入最有吸引力

⑧ 参见拙作《教育人类学》第七章《中国教育的人文解析》，黑龙江教育出版社，1989 年。

的宗教与民间信仰中去。

应对中国政治文化进程同乡土社会实际生活的隔离与相关性做深入的田野观察。近年来,宗教、信仰的复兴现象,紧紧同中国政治文化进程的巨大动荡相关。从笔者对中国南北各类乡土社区(汉族与少数民族)宗教与民间信仰初起的因素分析看,为数不少的乡土民众无论对天、地、神,还是对政治文化同样采取了一种敬畏的和敬而远之的心态,这显然是命运适应性的一种文化选择。所以,要想成功地指导乡土民众步入现代社会,城乡文化的长久隔离,以及理想的意识形态同乡民社区自身观念体系的长久隔离将无益于全体国民步调一致地走向未来。

本文对陈靖姑传奇与信仰的人类学田野研究尽管是一种区域性宗教文化课题,然而却具有普遍意义。沃尔夫(Eric R. Wolf)在谈到文化变迁时指出:“持续和变迁一样,皆非肇始之因,而是造就之果。”⑨那么,人类学所做的工作就是要对基层民众文化,即观念与行为方式的进程做出科学的、历史的、哲学的、人本的、文化的、主位的和客位的系统分析与解释,这一分析和解释肯定会成为社区规划与社会发展的重要根据。然而,对中国传统文化与信仰的研究,如果仍惯于采取简单化态度或惯于中国传统文化人那种仅仅限于对哲人话语和经典字句含义做咬文嚼字的争论,却忽视到基层社区做田野工作和参与观察(并同书斋研究结合起来),就不可能对中国文化的过去、现在和未来做出正确的判断。

1989 年 4 月于北京

本文参考文献和数据来源:

1.Lin Yuen-hwa, *The Golden Wing, A Socialogical Study of Chinese Familism*, London, 1947.

2.林耀华:《义序宗族的研究》,1935 年,燕京大学社会学系。

3.宣统辛亥藕根斋印《闽都别记》,清人何求纂。又,《闽都别记》,福建人民

⑨ 沃尔夫:《乡民社会》(*Peasants*),台湾巨流图书公司中译本,1983 年《作者序》,第 8 页。

出版社 1987 年,福州版,以及其他版本。

4.民间传抄《夫人传》《陈靖姑咒》《大奶灵经》《三十六婆神志》《收惊咒》等抄本。

5.据宗力、刘群《中国民间诸神》摘抄《三教源流搜神大全》卷四“大奶夫人、陈夫人”条;黄斐默:《集说诠真》等,以及福建省多种县志。

6.叶中鸣编著:《陈十四传奇》,浙江文艺出版社 1985 年版。

7.中国台湾《古田同乡通讯年刊》。

8.古田地方文史作品:陈朝美《临水宫旧对联》,陈绍康《陈靖姑传说及古田有关民俗》,秦维本《古田习俗——端午节和中秋节的旧闻》,陈朝美《临水胜景之一百花桥》等。

9.周永耀:《福州祭禳之经过》,《福建文化》,福建协和大学第 2 卷第 16 期,1934 年。

10.叶树坤:《福州旧历新年风俗之调查》,《燕京学报》,第 1 期,1927 年。

11.刘守华:《道教与中国民间文化》,《民间文艺季刊》(沪),1988 年第 2 期。

12.马晓宏:《天、神、人》,国际文化出版公司,1988 年,北京。

13.沃尔夫(Eric R.Wolf):《乡民社会》(*Peasants*),张恭启中译本,台湾巨流图书公司,1983 年。

14.董宛芳教授讲座:《台湾民间的鬼魂信仰》,《台湾风物》第 36 卷第 2 期。

15.[日]柳田国男:《传说论》(连湘译本),中国民间文艺出版社,1985 年。

16.本文为笔者撰写 *The Golden Wing* 一书续本的一个章节,略有改动。写作中主要参照 1986—1989 年福建省黄村人类学调查笔记多本。并借此向我的调查工作向导林忠诗先生,向地方宗教局魏锡麟、陈星曜、林建安、林振平诸位先生,向福州、柘荣县、古田县、黄村的道士曹光龙、林青、林志多和 S 先生以及庙祝陈先生致谢。

【庄孔韶　浙江大学讲座教授、人类学研究所所长】

原文刊于《中国文化》1989 年 01 期

信仰情怀

唐 逸

信仰情怀与科学动力

爱因斯坦在1940年纽约举行的“科学、哲学与宗教大会”上，讲过一句频频为人征引的名言：“有科学而无宗教乃是跛足的科学，有宗教而无科学则是失明的宗教。”然而爱因斯坦并不是宗教的信徒。他仅仅信仰“斯宾诺莎的上帝”，亦即对宇宙的终极本体，有一种个人的直观体验。在1930年出版的《我的信仰》中他曾论及：人所能有的最美好的经验乃是神秘体验；一个不复有讶然好奇之感的人，不啻走骨行尸；正是这种神秘经验，加上敬畏悚惕之感，才产生宗教；我们觉察到，有一种我们无法洞悉的存在，以其原初的形式令人感受到最幽杳的理性与最璀璨的美。这便是真正的信仰情怀。只是在这层意义上，爱因斯坦说，我才是一个怀有深挚宗教情感的人。我却无法设想一位对其受造物进行赏罚，以及有着如同我们人类般意志的上帝。我也无法设想肉体死后而灵魂生存。我只满足于宇宙永恒的神秘，探测世界的奇妙结构，以诚挚的努力去领悟宇宙所启示的一点一滴的理性。

正是此种对于宇宙理性的信仰,形成爱因斯坦进行科学探索的热情。“对宇宙的宗教情感乃是推进科学研究的最有力最崇高的驱动力……开普勒与牛顿之能够解开天体机制之奥秘,必是依赖如此深笃的对宇宙理性结构的信仰,依赖如此热烈的渴望,要理解宇宙显示出来的即令一点一滴的理性……”①

然而这只是一种个人的神秘体验,内心境界,或信仰情怀,与一般意义上的宗教信仰,似乎了无干涉。不仅不介入有组织的宗教生活,而且在观念形态上亦不能纳入任何既有的宗教形式。物理学家霍尔顿评论道:“勿论从什么精微神学的观点而言,此种宗教性也只不过是对宇宙秩序的一种神秘感悟而已……爱因斯坦的上帝既不是价值的上帝,目的的上帝,也不是权威的上帝或爱的上帝,而只是体现对理性与法则的一般相通之感。然而此种信仰情怀确实在一些科学家身上激发一种对其工作的高贵热忱。”②

此种个人的信仰,真正令人惊异之处,似乎是其对认知与人格的作用或影响,即对超越性的宇宙终极之敬畏,对宇宙理性结构的探索热情,对世俗权力的疏离与独立,对不同见解的宽容与阙疑态度。

对超越性的宇宙本体之信仰与敬畏,本无足奇,许多宗教皆有这一传统。然而个人的信仰情怀不是信奉人格的上帝,而是信仰那不可洞悉的终极存在并由此而惊叹于宇宙显示的理性结构。基督教的思想家曾认为,古希腊哲学不足以产生近代科学世界观,只有基督教的创世观才孕育了近代科学。③ 当人们信仰一位比人类更有理性的上帝创造了具有内在理性结构的世界时,才有博大的信心去全面揭示万物的规律。④ 文艺复兴时期罗马桂冠诗人斐特拉克(Francesco Petrarca)虽然崇拜希腊文化,却认为宇宙乃由具有理性的上帝所创造,故必呈现内在的理性,而科学家揭示这个理性结构,便是崇拜上帝的一种表现。近代科学的理论和实践,皆发轫于中世纪的经院。十三世纪牛津大学方济会修道士格罗斯泰斯特(Robertus Grossetestus)已提出初步的系统科学方法,并认为万物的形

---

① *Cosmic Religion*, New York, 1931, pp.52-53.

② G. Holton, Science Ponders Religion, ed. by H. Shapley, New York, 1960, pp.63-64.

③ Michael B. Foster, “The Christian Doctrine of Creation and The Rise of Modern Natural Science”, *Mind*, 43 (1934).

④ A Selection of the Writings of Joseph Needham, Sussex, Egn, 1990, p.240.

式是上帝理性的影像,认识世界需要上帝之光的照耀。⑤ 十二世纪里尔的阿兰(Alanus ab Insulis)所著的《自然的哀叹》(De Plantu Naturae)代表中世纪的自然观,亦称自然的秩序、万物的法则乃是上帝的创造。⑥ 九世纪的伊利金纳(Johannes Scotus Erigena)认为,上帝创造世界是“神显”,即上帝显现出自身的道或圣言中的理念。⑦ 对中世纪西方神学思想最具影响力的古代后期思想家是奥古斯丁,而奥氏深受新柏拉图主义影响,以理念(理式)论来说明,上帝由“无”创造世界的方式,乃是通过那永恒地存在于上帝心中的万物范型或理念,上帝说要有光,便有了光,如此这般便创造了世界。⑧ 以此可知,历来西方科学信念中关于宇宙具有内在理性的观念,大抵植根于基督教传统,既溯源于《旧约》创世观,又深受希腊柏拉图主义的陶冶。于此亦即不难理解,即令泛神论式的神秘体验,亦已融有对于宇宙秩序的神圣性之敬畏。“理性”本来便具有拟人化的涵义,与纯自然的秩序已有不同,在“宇宙内在理性”的背后,似已隐隐显示具有理性的创造主的存在,只是哲人的信仰可以在传统神话面前却步,止于对宇宙理性的体验与敬畏而已。

然而对宇宙理性的信仰,不自基督教始,故孕育近代科学观念与动力者,亦不必限于基督教文化传统。公元前三、四世纪的希腊斯多亚(葛)学派,便以其对宇宙理性的信仰著称。此派哲学认为,实在由被动与主动两种原理(το ποιουν,το πασχον)构成,被动的原理是质料,而主动原理则是内在于宇宙的理性或神。神是元初之火,万物源于神,最终亦归于神。神是世界的灵魂或理性:λογοδ。人的命运终归由神决定,但人有内在的自由以使行动与理性和谐一致,因为人类的理性是当人类受造之际由神之火留下的印记。这样的世界图景及其信仰,如果盛行于需要科学而又产生科学的时代,亦足以推动人去全面揭示宇宙的内在规律。

⑤ In Aristotelis Posteriorum Analyticorum Libros1.14.可参阅唐逸《西方文化与中世纪神哲学思想》,台北东大图书公司,1992,第125—128页。

⑥ Patrologia Latina,p.210.

⑦ De Divisione Naturae1.pp.7-10.

⑧ De Trinitate 3, De Genesi ad Litteram 6.

中国天命信仰的演变

中国的理性信仰，渊源甚远。在上古，对天的崇拜实为对主宰之天即人格神的信仰。天以其意志主宰人类的命运，乃至主持人间吉凶大事。如《尚书·皋陶谟》："天命有德，五服五章哉。天讨有罪，五刑五用哉。"《甘誓》："有扈氏威侮五行，怠弃三正，天用剿绝其命，今予惟恭行天之罚。"《汤誓》："王曰：格尔众庶，悉听朕言，非台小子，敢行称乱，有夏多罪，天命殛之。"有时是天命令人君如何，有时则直言天讨，实际上通过人间的五刑。在《尚书》《诗经》《国语》等古代文献中，天与帝、上帝、皇天、昊天、上帝等交互应用，更可见其人格上帝的意指。《梓材》："皇天既付中国民越厥疆土于先王，肆王惟德用，和怿先后迷民，用怿先王受命。"《多士》："王若曰：尔殷遗多士！弗吊旻天大降丧于殷。我有周佑命，将天明威，致王罚，敕殷命终于帝。"又"惟帝不畀，惟我下民秉为，惟天明畏。"《君奭》："时我，我亦不敢宁于上帝命，弗永远念天威越我民；罔尤违，惟人。"《诗·小雅·正月》："瞻彼中林，侯薪侯蒸。民今方殆，视天梦梦。既克有定，靡人弗胜。有皇上帝，伊谁云憎？"《诗·大雅·云汉》："昊天上帝，宁俾我遁？"古书不但有上帝之名，且有天主之称。《史记·封禅书》："八神，一曰天主，祠天齐。"佛经亦称诸天之主为天主。利马窦一派的天主教学者，因此以中国古经书中的上帝与基督教上帝为一。"历观古书，而知上帝与天主特异以名也。"（《天主实义》二）利氏之徒，如李之藻以天学为不脱六经之旨，利先生学术一本事天；杨廷筠谓天主教与儒学脉脉同符；徐光启则称其可以补益王化，左右儒术，救正佛法。然而古经书中的天帝，既无启示，又不与人定约，更不化成肉身介入历史实行明确的创世与救赎计划，始终处于模糊的背景地位，令人难以捉摸。故曰天命靡常，天难谌斯，皇天无亲，惟德是辅，民之所欲，天必从之。既然一以人之德来判断天命，故天帝之存在，便已失其充足之理由。

孔子仍言天命。《论语》中，主宰之天义，凡十六见。不知天命，无以为君子。王孙贾问曰："与其媚于奥，宁媚于灶，何谓也？"子曰："不然，获罪于天，无所祷也。”后儒强以理解天，亦不能自圆其说。清儒每辨之，如钱大昕《十驾斋养新录》云：“谓祷于天。岂祷于理乎？诗云‘敬天之怒，畏天之威’，理岂有怒与威乎？又云‘敬天之渝’，理不可言渝也。谓理出于天则可，谓天即理则不可。”然而孔子又说“天何言哉？四时行焉，万物作焉。天何言哉？”故子贡总其大体而曰：“夫子之文章可得而闻也，夫子之言性与天命，不可得而知也。”而孔子又说不知天命无以为君子。究竟知也不知？盖在知与不知之间。在个人感情信仰层面，孔子每言祷，言天命。如《雍也》：“命矣夫，斯人也而有斯疾也！”《述而》：“子疾病，子路请祷。子曰：‘有诸？’子路对曰：‘有之’。曰：‘祷尔于上下神祇。’子曰：‘丘之祷久矣。’”然而在理论层面，孔子并不将天帝纳入其思想结构。孔子的价值并不源出于天帝的启示，盖中国的天帝本无启示。故只能祭神如神在。既然祭如在，是生事之以礼、死葬之以礼，故祭神如神在，也如祭祀祖先一般是祭之以礼而已。也就是说，孔子对于天帝信仰，取理智上阙疑，感情上信仰，而社会实践上则以礼文之的态度。故畏天命，畏大人，畏圣人之言可以相提并论。荀子所谓文之，君子以为文，而百姓以为神也。这是信仰的理性化，仍不失其礼仪化。

老子本体论的现代意义

老子更重个人的信念，而不重礼法的效用。老子的天或地，乃是生成万物的自然之本原，而独将道设定为宇宙的本体。孔子言天道，已经倾向于本体化，却未明朗。如果《礼记·哀公》所记可信，则孔子已有此种倾向。“公曰：‘敢问君子何贵乎天道也？’孔子对曰：‘贵其不已。如日月东西，相从而不已，是天道也。不闭甚久，是天道也。无为物成，是天道也。已成而明，是天道也。’”天之道仿佛是万物运作所遵循之规律，又似乎是万物之究竟本体，故曰无为物成。此已超乎规律之义。盖规律是人所发现的因果关系，无所谓主体性的为或无为。既云无为而物成，便有自在主体之义。然而尚不明朗。其他如管子谓“道也者，万物之要也”。（《君臣上》）“虚无无形之谓道，化育万物之谓德。”“大道可安而不可说。”“道在天地之间，其大无外，其小无内。”（《心术上》）亦不明确。唯有老子则系统地论述道为宇宙万物之究竟本体。

老子首先设定道不在语言的指称和定义之内，不可名，不可知，超越人的理性限度。“道可道，非常道；名可名，非常名。”（一章）“道常无名。”（三十二章）“道隐无名。”（四十一章）“视之不见，名曰夷；听之不闻，名曰希；搏之不得，名曰微。此三者，不可致诘，故混而为一。一者，其上不皦，其下不昧，绳绳兮不可名，复归于无物。是谓无状之状，无物之象，是谓惚恍。迎之不见其首，随之不见其后。”（十四章）“道之为物，惟恍惟惚，惚兮恍兮，其中有象；恍兮惚兮，其中有物。窈兮冥兮，其中有精；其精甚真，其中有信。”（二十一章）

对于这不可用语言、概念、理性范畴加以界定的本体界，可以通过不同方式认肯其存在。可以由形上学的思辨来证明其必有，亦可以通过个人神秘经验来体验其实有。老子首先以理性的直观判断其有。既无须逻辑的推导，亦不赖神秘的合一，只诉诸根本的直觉，实为最基本之原初设定，别无理由可言。故曰“执大象”，“得一”。然而老子书中亦蕴涵思辨的证明，以论证道本体之存在，此将于下文详述之。知便知，不知便不知，此乃直觉之知，原初设定。又曰“故从事于道者，同于道；同于道者道亦乐得之。”（二十三章）道已在此，故曰同于道。同，读如《易·乾卦》：“同声相应，同气相求”之同。得，《字汇·彳部》：“得，又合也；人相契合曰得。”同于道，道得之，即直觉道之存在。有此直觉，方可涤除玄监，以阅众甫，众观其妙，复观其皦，更复观万物之复也。是以圣人不行而知，不见而明，不为而成。本体既为世界存在之理由，故本身即为理由，而无须，亦不可能更有理由也。唯老子能直指此根本之道，以简驭繁，得一以清。

唯其如此，道亦不可能知其有规律。所谓规律也者，皆是人类观察有形可见的运动而归纳出的因果关系，以及在此基础上推导出的公式和理论体系，皆以形而下的运动为依据。而道，视之不见，听之不闻，搏之不得，不可致诘，绳绳兮不可名，复归于无物，何规律之有？所谓反者道之动，乃“万物并作，吾以观复”之复，即万物之反，非道之反也。万物之反，乃道动之。《吕氏春秋·具备》：“说与治不诚，其动人心不神。”高诱注：“动，感。”《易·系辞上》：“六爻之动，三极之道也。”六爻刚柔，有形而上感应之意，所谓“易无思也，无为也，寂然不动，感而遂通天下之故。”万物乃是感于道而动。道只是众妙之门，玄牝之门，天地之根，绵绵若存而已。所谓用之不勤，乃人对道的体认，用之不竭，非道之作用不竭。盖道既为无形无为，不可致诘，故不可知其作用也。所谓道动之，乃就万物运动而言，非指道之作用本身。道只是世界存在的前提，其性质作用云云，殆不可知。

既不可知，又安知世界有本体，为世界存在之前提，舍此便没有世界？老子书中亦蕴涵一种逻辑论证，可以重构。世界有前提，皆因世界有规律，万物和运动都有前提。故曰，万物并作，吾以观复。一切变化运动皆含有内在的否定，故强反于弱，动反于静，一切复归于无物。世上一切，皆在无条件地否定着自身。那不可知不可名的道，便是世界的前提。故曰，天下有始，以为天下母，执古之道，以御今之有。世上一切既有前提，世界本身亦必有前提，否则世界之根本规律性，与世界之根本偶然性，必相矛盾。故世界必以道为前提，既知其子，复守其母，而物恃之以生。而又不知道为何物，以及何以如此，故曰强字之道，众妙之门，玄牝之门，万物之奥。

道不可名，这已在原初设定之中，只要道为道，非为物，便不可知。只要人类知识为见闻之知，以经验因果为基础，世界本体便不可知。道之性状、作用、运动、规律云云，皆不可知。勿论科学如何昌明，只要科学方法以经验因果为指归，便不可能涉及本体。道既不可知，而老子又称道“周行不怠”“大道泛兮”，似乎知其运动。此种用法，犹如朱熹称“遍体于物，无乎不在”，乃指内在于万物。以动字状存在，古书用法亦有之。于此可知，老子的原初设定贯彻如一，特具逻辑之美。

老子既以理性的直观认肯道之存在，是否仍视道为神圣而敬畏之？上文说过，西方科学家对宇宙理性的信仰与敬畏实有基督教传统之余留。既然老子以直观来判断道之存在，似应无敬畏之余地。然而事实是否如此，实是一个颇有兴味的问题。老子本文亦颇有涉入宗教话语的地方。如六十二章云：

> 道者万物之奥。善人之宝，不善人之所保。美言可以市，尊行可以加人。人之不善，何弃之有？故立天子，置三公，虽有拱璧以先驷马，不如坐进此道。古之所以贵此道者何？不曰求以得，有罪以免耶？故为天下贵。

按奥,《说文》谓“宛也。室之西南隅。”段注:“室之西南隅,宛然深藏,室之尊处也。”《玉篇》:“奥,谓室中隐奥之处。”《仪礼·士丧礼》:“乃奠烛,升自阼阶,祝执巾席从,设于奥,东面。”郑玄注:“室中西南隅谓之奥。”是奥乃室之西南隅,古祭礼设神主之地,引申为“主”。《礼记·礼运》:“人情以为田,故人以为奥也。”郑玄注:“奥,犹主也。田无主则荒。”王弼《老子注》六十二章注谓:“奥,犹暖也,可得庇阴之辞。”此犹近于本义。老子称道为万物之奥,犹言道为万物之主,而庇阴万物。此已涉入宗教话语。盖不仅奥本身为宗教意味极强之词语,而且道与万物有主从阴庇的关系,则道之主体神圣性亦明矣。此类话语绝非纯自然话语。故下文又曰,人之不善,何弃之有,求以得,有罪以免。不弃不善之人,以自然因果而论,似无此理由;不以法治之,而求道以免,此亦信仰情怀也。

故老子又曰:“是以万物莫不尊道而贵德。道之尊,德之贵,夫莫之命而常自然。”又曰:“使我介然有知,行于大道,惟施是畏。”又曰:“致虚极,守静笃。”所谓“尊”“畏”“笃”等语,亦非自然话语,而已涉入敬畏信仰。又如第四章谓:

> 道冲而用之或不盈。渊兮似万物之宗,湛兮似或存。吾不知谁之子,象帝之先。

按宗,其“本”义为引申义,原义为“祖庙也。”其古文宗,中象神主。《尚书·舜典》:“礼于六宗。”孔传:“宗,尊也。”孔颖达疏:“宗之为尊,常训也。名曰六宗,明是所尊祭者有六,但不知六者为何神耳。”老子用之,亦已介入宗教话语。象,《广雅·释诂三》谓:“效也。”《左传·襄三十一年》:“有威而可畏,谓之威;有仪而可象,谓之仪。”引申为“如”义。先,《广雅·释诂一》谓:“始也。”帝,王安石《老子注辑本》谓:“帝者,生物之祖也。”王弼曰:“天帝也。”老子称“象帝之先”与“似万物之宗”相对而用。既以天帝为比,则天帝或亦有之。此又涉入宗教话语矣。而且将道比之于天帝,而不比之于自然,其敬畏之情亦已明矣。奥、宗、尊、畏、笃、帝皆为信仰用语,而皆用于道,非偶然也。

惟其如此,故人面临此道,敬畏悚惕,惟施是畏,若冬涉川,若畏四邻,俨兮若客,尊道贵德。道德之心,起自谦卑自省,知生命之无常无告,明众人之可悲可悯，以此而知弄权司杀之残妄，强兵乐杀之惨谬，厚生食税之可卑，狎凌百姓之可鄙。常有司杀者杀，生命自有，奈何以死惧之？人本身为目的，孰得执而杀之？故善者，吾善之，不善者，吾亦善之，人之不善，何弃之有，求道以得，有罪以免之。天下多忌讳，而民弥贫。明白四达，和光同尘，则民自富矣。故圣人去奢，去泰，不自见，不自矜，常无心，以百姓心为心，常善救人，故无弃人。代大匠斫，必伤其手，歙歙焉为天下得其心。然天下仍有残暴之人，不得已而隔离之。兵者不祥之器，物皆恶之。然世上亦有凶残侵略之徒，不得已而抗之。凡此皆以丧礼处之，悲哀泣之，而不美之乐之也。

老子的价值论，在于善非先天，既非来自启示，亦并求之心性，而是人在直观道的冥思中，理性反省之结果。老子不言心性，德是万物的自然本性。在自然中，人类本无价值。价值是人类主体所作的认肯。德是自然本性，人必抉择以建立价值，犹如荀子所谓“必容其择”“情然而心为之择”。这里已蕴涵自由意志。故老子云：“孔德之容，惟道是从。”（二十一章）“抱一为天下式。”（二十二章）“执大象。”（三十五章）“勤而行之。”（四十一章）“既得其母，复守其子。”（五十二章）从、抱、执、行、守皆是主体抉择和认肯。

老子的价值论历来被视为消极，此与笼统地视老子为道家有关。既然道家重全生无为，故老子亦必消极无为。其实老子主张“明道若昧，进道若退，夷道若类。”昧、退、类只是“若然如此”实质是明、进、夷。他如“损之而益”“无为有益”“无为之益”，皆可看出老子的主旨乃是“为无为”“爱民治国”“以慈卫之”。其无为、柔弱、退省、虚怀云云，既是有为治世的手段，也是一种价值态度。既然万物运作的深邃处含有否定，故作为宇宙之一部分的人类，其价值性努力，不得不去甚、去奢、去泰、去争、去巧智、去强权，以求在不伤人不害物的前提下，以最小的代价达到爱民治国的目的。既然要无弃人、无弃物，而且要无为而治，故以特定等级秩序为基础的礼治及其仁义伦理体系，为老子所不取。老子的价值论，乃是宇宙本体观点的价值论，故特具慈悲广大的胸怀。诸如“常善救人，故无弃人；常善救物，故无弃物。”“善者，吾善之；不善者，吾亦善之……信者，吾信之；不信者，吾亦信之。”“人之不善，何弃之有？”“求以得，有罪以免耶？”“天道无亲，常与善人。”如此悲天悯人的胸怀，若是不从有所信仰有所敬畏的见地观之，恐难以解释。以此之故,老子对人类的评价是,既渺小,又伟大。人的伟大,在于能深刻地认识到其存在处境之有限、渺小与飘摇。人只是一棵芦苇,原是最脆弱的东西,但也是能思想的芦苇。老子书论及人的卑渺,诸如"五色令人目盲,五音令人耳聋,五味令人口爽,驰骋田野令人心发狂,难得之货令人行妨。""大道甚夷,而人好径。朝甚除,田甚芜,仓甚虚;服文采,带利剑,厌饮食,财货有余;是谓盗夸。"然而老子仍然认为,"故道大,天大,地大,人亦大。域中有四大,而人居其一焉。"人之渺小,乃其自然处境;人之伟大,则是理性思维与价值构建之结果。

老子未尝论及正义与法的问题。忽略社会关系的理性化、契约化、程序化原则,故老子的伦理实为一种理想化的个人伦理。但理性化、契约化、程序化皆以个人主体抉择为基础,而老子充分论证了主体抉择的价值。唯其个人为价值抉择的主体,故人本身为目的。在这方面,老子体系实有伟大贡献也。⑨

庄学与老学之不同

庄子阐发老子本体论,形成另一学派。其原初设定之一,亦以道为宇宙之本体。《庄子·天地》:"夫道,覆载万物者也,洋洋乎大哉。"《天运》:"夫道,于大不终,于小不遗,故万物备,广广乎其无不容也,渊渊乎其不可测也。"《知北游》:"知形形之不形乎。道不当名。"《大宗师》:"……自本自根,未有天地,自古以固存。"似皆指道为世界存在之前提。

然而庄子亦甚关注宇宙论,即宇宙生成问题。故曰,四方之内,六合之里,万物之所生恶起?《天地》谓:"泰初有无,无有无名;一之所起,有一而未形。物得以生,谓之德;未形者有分,且然无间,谓之命;留动而生物,物成生理,谓之形;形体保神,各有仪则,谓之性。"《齐物论》则诠释老子曰:"天地与我并生,万物与我为一。既已为一矣,且得有言乎?既已谓之一矣,且得无言乎?一与言为二,二

---

⑨ 老子的政治思想不在本文论题之内。"小国寡民"的政治理想,向来被解释为消极的小农理想。但亦可以诠释为社区自治之独立性。公民直接参与,必以化整为零的社区自治为基础,故曰小国寡民。其自治之独立性不受干涉,故曰民至老死不相往来。此与现代 borough-system 十分相似,颇有启发。

与一为三。自此以往，巧历不能得，而况其凡乎。”这自然不是老子的本义。

然则老子的本义又是什么？本体论的要旨，在于以严格的逻辑设定世界存在的前提。老子体系之两大的原初设定，即世界之存在有前提即本体，而本体不可知。在老子书中，多次反复自各个角度申明此二点，如一、四、六、十四、十六、二十一、二十五、三十四、三十五、三十九、四十一、五十二、六十二各章皆是。既已设定道为不可知不可名，便不知其为动态、过程、规律、创生或其他。道只是隐、奥、妙、玄、大、深、微、远而已。既然通篇为本体论话语，而一二字面上的宇宙论用语，与此不成比例，故应别解。如四十章“有生于无”，四十二章“道生一”。此“生”字，非产生之生，乃“万物恃之以生而不辞”之生，即“使之生”，“作为存在之前提”之义。《玉篇·生部》：“生，起也。”《正字通·生部》：“凡事所从来曰生。”《左传·文六年》：“时以作事，事以厚生，生民之道于是乎在矣。”《荀子·性恶》：“礼义积伪者，是人之性，故圣人能生之也。”以此可知，老子所谓有生于无，非无创生有之义，而谓道乃万有之前提。王弼称“夫物之所以生，功之所以成，必生乎无形，由乎无名”，意稍近之。于此可知老子体系之纯一，不同于庄学、易学、《吕览》《淮南》、道学也。

庄子之本体论，引述老子，语焉未详。其体道之方法，则为个人之神秘体验，与道合一，而其道亦特具神秘性、泛神性。故曰，流行于万物者道也，有情有信，可传而不可受，神鬼神帝，生天生地云云。庄子并且提出系统的神秘合一之方法，即所谓“心斋”“坐忘”“丧我”等功夫。如《人间世》：“回曰：敢问心斋。仲尼曰：若一志，无听之以耳而听之以心，无听之以心而听之以气。耳止于听，心止于符。气也者，虚而待物也。惟道集虚。虚者，心斋也。”《大宗师》：“颜回曰：堕肢体，黜聪明，离形去知，同于大通，此谓坐忘。”通过此种方法，可以感到天地与我并生，万物与我为一，与造物者游，吾丧我，以明，照之于天。

老子则未提出道与我合一，更无合一之方法。虽也说过“专气致柔，能婴儿乎？”“我独泊兮其未兆，如婴而之未孩”之类的话，但“能”“如”皆比喻字，故非实指。反之，老子颇专注于道我之分，故有“观”“览”之说。

庄子则提出系统的神秘体验理论与方法。不仅生命与其本原为一，而且生与死亦为齐一。“胡不直使彼以死生为一条，可不可为一贯者，解其桎梏，其可乎。”(《德充府》),不仅由此感到精神的自由,而且人间的价值亦齐一而泯灭。故曰,忘是非,心之适也;不谴是非,以与世俗处;安时而顺处,哀乐不能入也。《山木》:“此木以不材得终其天年夫!”《秋水》:“知道者必达于理,达于理者必明于权,明于权者不以物害己。”庄子的价值观不仅是齐一和精神的自由而已,而且颇重个人的安危与逍遥,置于追求真理之上。此不仅与老子“爱国治民”的广阔心怀大相轩轾,而且与其敬畏谦卑的情怀亦相去甚远。

尤其值得审视者,是老子的基本设定与方法中,实蕴涵科学探索的精神与热情。唯其在主体的苦苦求索与本体的幽冥杳远之间存在着强大的张力,对宇宙显示出的一点一滴理性结构,才有无限的好奇与顽强的探索。故曰:“常无,欲以观其妙;常有,欲以观其皦”“明白四达”“执古之道,以御今之有。能知古始,是谓道纪”“万物并作,吾以观复”“以阅众甫。吾何以知众甫之状哉?以此”“以身观身,以家观家,以乡观乡,以邦观邦,以天下观天下。吾何以知天下然哉?以此”。此种关注于外在世界、努力于观察探索的精神,于悠游自足的庄学性格,亦相去远甚。

或曰如此诠释老子,无乃有悖本义?实则子书之本义,本有参差。孙星衍《问字堂集卷三·晏子春秋序》:“凡称子书,多非自著。”既经多人之手,其义难免参差。如欲得一严整体系,实赖今人之重构。本文既非从事校雠注疏,固不必斤斤于章句之学也。本文非哲学史著作,故亦非接着说,而是重新说过。然本文所据,不出老子文本,并无假借旁贷之说,惟所用之诠释分析方法,不同于前人而已。此亦为己之学。荀子称为人之学,入乎耳,出乎口,口耳之间则四寸耳,何足以美七尺之躯哉。韩非则曰,孔子墨子俱道尧舜,而尧舜不复生,谁将定儒墨之诚乎。《付法藏因缘传》记阿难游行,至一竹林,闻有比丘诵法句偈云:“若人生百岁,不见水老鹤,不如生一日,而得睹见之。”阿难语比丘,此非佛语。遂演曰:“若人生百岁,不解生灭法,不如生一日,而得了解之。”比丘向其师学说阿难语,其师曰:“阿难老朽,不可信矣。汝当如前而诵。”墨守成说,固非本文之初旨。而阐发老子体系,实关乎民族文化性格之发展,可谓意义重大矣。

庄子以外至玄学

先秦子书，内容芜杂，庄子以外论道者颇多，然大抵归结于“治道”，甚至“人君南面之术”，而鲜有系统本体论可言者。诸如《管子·心术上》：“道不远而难极也，与人并处而难得也。”“大道可安而不可说。”“物固有形，形固有名，名当谓之圣人。故必知不言无为之事，然后知道之纪。殊形异执，不与万物异理，故可以为天下始。”“是故有道之君，甚处也若无知。其应物也若偶之。静因之道也。”“位者，谓其所立也。人主立于阴。阴者静，故曰，动则失位。阴则能制阳矣，静则能制动矣，故曰，静乃自得。”管子似以本体之道为治道之源，但于二者关系，以及道本身，皆未有清晰的论述。至若荀子，则倡言天道与人道相分独立。《哀公》：“夫道者，所以变化遂成万物也。”《解蔽》：“夫道者，体常而尽变，一隅不足以举之。”《儒效》：“道者，非天之道，非地之道，人之所道也，君子之所道也。”

《史记》称韩非“喜刑名法术之学，而其归本于黄老”。韩子书《解老》《主道》等篇也确发挥老子学说的某些方面。《解老》内有几节讲仁义礼治，与韩非体系不合，似为后人移入。其引用老子文本亦与各本不同。韩非解无为，归于法术，即君主处势、立法、抱术、任臣，“使智者尽其虞，而君因以断事，故君不穷于智；贤者敕其材，君因而任之，故君不穷于能。”其论道，最集中的一段是：“道者，万物之所然也，万理之所稽也。理者，成物之文也；道者，万物之所以成也。故曰道，理之者也。物有理，不可以相薄；物有理不可以相薄，故理之为物之制。万物各异理，万物各异理而道尽稽万物之理，故不得不化；不得不化，故无常操。”这里关涉规律问题。《广雅·释诂》：“稽，合也，当也，同也。”韩非似是说，使万物呈秩序规律，叫作理；而使万物所以呈规律者，是道。这是说，道本身并非规律，亦非总规律。此颇合于老子的本义。道既不可名，不可知，不可致诘，也就无从知其为规律，而只是有规律的世界之本体。信仰道，使人怀着热诚去探索宇宙所启示出的一点一滴的理性结构。至于道是什么，则永恒地隐而无名。科学之知，经验因果，只能揭示万物各异之理，却不能触及使万物所以有此理则的道。所以伟大的科学家皆敬重这“永恒的神秘”，与技术家动辄声言控制自然、控制人类不同。然而韩非下文又说“道尽稽万物之理，故不得不化”“凡道之情，不制不形，柔弱随时，与理相应”。如果将道理解为总规律，仿佛有一组方程，可以概括宇宙万物一切具体运动变化的规律，则与老子本体论之基本命题相去甚远矣。这样的道，应是已知的道，可知的道，与形而上因果相合的规律之道。而总摄万物的道或理性前提，则不知其与因果规律有所异同，甚至不知其为理性，称之理性，正如强字之道而已。

老子已有“万物负阴而抱阳”之说，但阴阳与道的关系，则未表明。《易象传》则以乾元坤元为阴阳，“大哉乾元，万物资始，乃统天。”“至哉坤元，万物资生，乃顺承天。”似乎是说，阴阳乃是生成宇宙的本始。《易系辞》则以太极为本始：“易有太极，是生两仪，两仪生四象，四象生八卦。”《易传》所关注者，乃是宇宙生成的过程，而非本体论。《吕氏春秋·大乐》则谓：“太一生两仪，两仪生阴阳。”究竟何所指，颇难确定。《庄子·天下》已提出“以本为精，以物为粗，以有积为不足，澹然独与神明居，古之道术有在于是者。关尹、老聃闻其风而悦之。建之以常无有，主之以太一，以濡弱谦下为表，以空虚不毁万物为实。”《礼记·礼运》亦曰：“夫礼必本于太一，分而为天地，转而为阴阳，变而为四时。”太一、太极、阴阳似是这个时期开始通行的宇宙论用语，而太一、太极之说，似与老子的“大”“一”有某些渊源关系。《吕氏春秋》有本体论的论述，又杂糅各家，归于治道。《淮南子》论道、太始，董仲舒论“一”“元”（“惟圣人能属万物于一而系之元也”，见《春秋繁露·玉英》），皆涉及本体问题，而无严缜体系可言。

庄子以下之本体论发扬者，是魏晋时代的一二玄学家。何晏称王弼“若斯人者，可与言天人之际乎”。（《世说新语·文学》）可知他们共同关注的是本体与知识的问题。《列子·天瑞》张湛注引何晏《道论》：“有之为有，恃无以生。事而为事，由无以成。夫道之而无语，名之而无名，视之而无形，听之而无声，则道之全焉。故能昭音响而出气物，包形神而章光影；玄以之黑，素以之白，矩以之方，规以之员。员方得形，而此无形，白黑得名，而此无名也。”《列子·仲尼》张注引《无名论》：“夫道者，惟无所有者也。自天地已来，皆有所有矣，然犹谓之道者，以其能复用无所有也。”同注引夏侯玄云：“夫唯无名，故可得遍以天下之名名之，然岂其名也哉。”这里将道解作无所有。然则无所有又安能生有？王弼《老子道德经注》一章注则曰：“凡有皆始于无，故未形无名之时，则为万物之始。乃其有名之时，则长之，育之，亭之，毒之，为其母也。言道以无形无名始成万物，以始以成而不知其所以然，玄之又玄也。”又曰：玄者，冥默无有也，始、母之所出也。不可得而名，故不可言，同名曰玄。而言谓之玄者，取于不可得而谓之然也。”其十四章注又云：“无状无象，无声无响，故能无所不往。不得而知，更以我耳目体不知为名，故不可致诘，混而为一也。”又《老子指归》云：“夫物之所以生，功之所以成，必生乎无形，由乎无名。无形无名者，万物之宗也。”《老子》四十二章注曰：“万物无形，其归一也。何由致一？由于无也。由无乃一，一可谓无。”王弼诠解“道以无为本”，皆以无形、无名、不可知来解释“无”，即对于人的感知是无，而非空虚无物之无。此颇合于老子本义。既然老子的原初设定是道不可知，故亦不知其为空虚无物。故老子的本体，亦无所谓实体或过程，此乃老子体系不同于易传，亦不同于过程哲学者也。过程哲学的原初设定，已规定宇宙的本体是原初生命动力，是过程而非实体，是动态而非静态。老子的原初设定，已认定宇宙的本体是道，是无，不可言说，故亦不可规定其为动态与否。此为老子本体哲学之根本特点，后世之解老者多失之，惟王弼略近之。而王弼解释“道生一”则曰：“万物万形，其归一也。何由致一，由于无也。由无乃一，一可谓无？已谓之一，岂得无言乎？有言有一，非二如何？有一有二，遂成乎三。从无之有，数尽乎斯；过此以往，非道之流。故万物之生，吾知其主，虽有万形，冲气一焉。”这是本乎《齐物论》：“天地与我并生，万物与我为一。既已为一矣，且得无言乎？一与言为二，二与一为三。自此以往，巧历不能得，而况其凡乎！”如此解说，几近诡辩。老子本文，如果解为，道是存在的前提，而万物之发展变化由简单而复杂，或庶几近之。

至若王弼《大衍义》曰：“夫无不可以无明，必因于有，故常于有物之极，而必明其所由之宗也。”以及《老子注》三十八章：“（万物）虽贵，以无为用，不能全无以为体也。舍无以为体，则失其为大矣。”则已开启以体用解本体及现象之端，影响或及于宋儒之体用一源之说。

逻辑的自律是哲学的生命。原初设定与概念的定义,必须清晰且始终如一,方有演绎思维之可能。玄学家虽关怀本体,向往自由,却大抵不离文学话语。其为文也,意象超远,气格清标,神龙幻化,辞义多端。然而也就难有缜密思辨之可能。稽阮之论,大抵不出“意足”与“越名教而达自然”之类的文学境界。郭象则汲取向秀“化自化”以及裴頠“始生者自生”的论题,提出“独化”的理论。《庄子注》知北游注云:“谁得先物者乎哉?吾以阴阳为先物。而阴阳者即所谓物耳。谁又先阴阳者乎?吾以自然而先之。而自然即物之自尔耳。吾以至道为先之矣,而至道乃至无也。既以无矣,又奚为先?然则先物者谁乎哉?而犹有物无已。明物之自然,非有使然也。”郭象将“无”解作“无物”,与老子、王弼之义不合。可谓不谙本体论。然而他的论点却颇合于反本体论的自然哲学。

道学的理性信仰

魏晋以下,本体哲学可论者不多。至宋代,周敦颐以太极为宇宙本原,讲阴阳五行的宇宙生成过程。邵雍亦以太极为宇宙本原,而秉承易传讲象数之学的生成论。他将易传所谓一阴一阳之谓道的道与太极合而为一。张载则以气来解释宇宙的生成。《正蒙·太和篇》称:“太虚无形,气之本体。”“气之为物,散入无形,适得吾体;聚为有象,不失吾常。”“气不能不聚而为万物,万物不能不散而为太虚。”王夫之注:“聚而为庶物之生……散而仍得吾体……”似乎气便是宇宙的本体。“由气化,有道之名。”则道非本体。然则气究竟是什么?《乾称篇》谓:“气之性本虚而神,则神与性乃气所固有。”神则妙矣,然则性是什么?《正蒙》的不同篇章,有不同说法。“未尝无之谓体,体之谓性。”性是气所固有,而性又是气之体。“有无虚实通为一物者,性也。”而性又指贯通一切,无乎不在。“无静无感,性之渊源。”“性与天道云者,易而已矣。”气之性即大道,此指人性矣。以张载的“性”来界定“气”似不可能。“气有阴阳,屈伸相感之无穷……形聚为物,形溃反原。”如此又颇类生成世界的太极。总之张载的气,以及古代的气,诸如庄子所谓“通天下一气耳”,管子所谓“有气则生,无气则死”,以及《内经》所谓气，皆有神秘的生命动力色彩，与近代科学的物质概念殊异。然亦有一共同之点。现代科学亦认为“物质”难下确切的定义。新的“物质”及其属性不断发现，外延不断扩大，故无法界定其内涵。

张载的虔诚，至于修订夫子，此亦值得注意。“知神而后能飨帝飨亲，见易而后能知神。是故不闻性与天道而能制礼作乐者，未矣。”（《神化》）“聚亦吾体，散亦吾体，知死之不亡者，可与言性矣。”（《太和》）“乾称父，坤称母。余兹藐焉，乃浑然中处。故天地之塞吾其体，天地之帅吾其性。民吾同胞，物吾与也。”（《正蒙》）以本体观点人事伦理，即信仰情怀也。

二程的本体论，以道为宇宙本体，而道即理。程颢已有此论，惜乎未详。“道，一本也。”（《遗书》卷十一）“天者，理也，神者妙万物而言者也。帝者以主宰事而名。”（同上）“吾学虽有所授受，天理二字，却是自家体贴出来。”（《外书》卷十二）“形而上者谓之道，形而下者谓之器，若如或者以清虚一大为天道，则乃以器言，而非道也。”（《遗书》卷十一）其对于天道的信仰敬畏亦甚明显，故曰：“诚者天之道，敬者人事之本。敬则诚。”“‘勿不敬’可以对越上帝。”（同上）

程颐则论之更详，指出一阴一阳之所以者，是道，即理，即太极，亦即性。此即宇宙本体，而且具于人心。“一阴一阳之谓道。道非阴阳也，所以一阴一阳者，道也。”（《遗书》卷三）“理便是天道。”（同上二十二上）“散之在理，则有万殊；统之在道，则无二致。”（《周易程氏传・易序》）“太极者，道也。”（同上）“理也，性也，命也，三者未尝有异。穷理则尽性，尽性则知天命矣。天命犹天道也，以其用而言之则谓之命，命者造化之谓也。”《遗书》卷二十一下）“‘人心惟危，道心惟微。’心，道之所在；微，道之体也。心与道，浑然一也。”（同上）“夫心通乎道，然后能辨是非。”（《文集》卷九）人的道德意识本自先天的道，道是具于人心者，即具体的五伦：“道之大本如何求？某告之以君臣、父子、夫妇、兄弟、朋友，于此五者上行乐处便是。”（《遗书》卷十八）这样的伦理实即事天，故涵养须用敬。“要修持佗这天理，则在德，须有不言而信者。”（同上卷二上）其信仰情怀，亦明矣。

程朱的本体论皆可谓老子道论的发展，而朱熹之体系完备，特重道德理性。朱子亦视道为理、太极、性（天地之性）。《朱子语类・卷第三十六》：“问：‘伊川曰“此道体也。天运而不已”至“皆与道为体”如何?’曰:‘形而上者谓之道,形而下者谓之器,道本无体。此四者,非道之体也,但因此则可以见道之体耳。那“无声无臭”便是道。但寻从那“无声无臭”处去,如何见得道?因有此四者,方见得那“无声无臭”底,所以说“与道为体’”。朱熹以阴阳为气为器,“一阴一阳,虽属形器,然其所以一阴而一阳者,是乃道体之所为。”(《朱文公集·答陆子静》)道即理,即太极。“阴阳只是阴阳,道是太极。”(《语类》九十四)“凡有形有象者即器也,所以为是器之理者则道也。”(《答陆子静》)“总天地万物之理,便是太极。”(《语类》九十四)

理或太极是超越性的绝对存在。“太极只是个一而无对者。”(《语类》一百)理是内在于世界的本体,在逻辑上“先于”世界,乃指其为世界存在之前提而言。“未有天地之先,毕竟也只是理。有此理便有此天地。若无此理,便亦无天地,无人无物,都无该载了。有理便有气,流行发育万物。”(《语类》一)“或问理在气先后,曰:‘理与气本无先后之可言,但推上去时,却如理在先气在后相似。’”(同上)因此,这逻辑上在先的理便是另一个世界,亦即不在经验世界之内。“且如天地间人物草木禽兽,其生也莫不有种,定不会无种子白地生出一个物事。这个都是气。若理则只是个净洁空底的世界,无形迹,他却不会造作。气则能酝酿凝聚生物也。但有此气,则理便在其中。”(《语类》一)理既内在于世界,又独立于经验世界,而自为一理的世界,其空阔在于无形无象无物,却视之如有物焉。“所谓理与气,决是二物,但在物上看,则二物浑沦,不可分开各在一处,然不害二物之各为一物也。”(《答刘叔文》)“无极而太极,不是说有个物事,光辉辉地在那里。只是说,这里当初皆无一物,只有此理而已。”(《语类》九十四)既然理世界不在经验之内,故理之内容应为不可知不可名。即便理一分殊,“人人有一太极,物物有一太极”,其内容亦应为不可知不可名者。假使如此,则朱熹的理世界,一如老子的道,以其与经验世界之间的美妙张力,将永远向未来开发,永为人类探索的终极动力。然而朱熹的太极,内容甚明。太极是至善。“太极只是个极好至善的道理。”(《语类》九十四)不仅是至善,而且具有历史性的具体内容。“性是太极浑然之体,本不可以名字言,但其中涵具万理,而纲领之大者有四,故命之曰仁义礼智。”(《答陈器之》)“以天道言之,为元亨利贞。以四时言之,为春夏秋冬。以人道言之,为仁义礼智。”“万物至此,各遂其性;事理至此,无不得宜。”(《语类》六十八)至此,则宇宙本体一变而为特定的人类伦理内容。此已超出本体论的原初设定,没有逻辑根据可言。

心学与理学之不同,与其自结论辨之,不如自前提辨之。其不同,端在心的定义不同。陆九渊的“心”,内涵模糊。如“孟子云:‘尽其心者知其性,知性则知天矣。’心只是一个心,某之心,吾友之心,上而千百载圣贤之心,下而千百载复有一圣贤,其心亦只如此。心之体甚大,若能尽我之心,便与天同。”(《语录下》)这里只说,人的意识中有终极的理念。然而:“人皆有是心,心皆具是理,心即理也。”(《陆九渊集·与李宰二》)“故正理在人心,乃所固有。”(同上)则是说在人的意义中先天具有终极理念。但意识于理念,可分抑不可分?“即”,王引之《经传释辞》卷八谓:“即,犹今人言即是也。”如果心即是理,则无心则无理,在人的意识之外没有宇宙本体。准此,则《年谱》中的“宇宙便是吾心,吾心便是宇宙”,应为:宇宙在人的意识中,舍意识便无宇宙。此与《传习录下》记王阳明讲一切唯心,无甚不同:“先生游南镇,一友指岩中花树间曰:天下无心外之物。如此花树,在深山中,自开自落,于我心亦何相关?’先生云:尔未看此花时,此花与尔心同归于寂;尔来看此花时,则此花颜色,一时明白起来。便知此花,不在尔的心外。’”心便是宇宙。这里,心已不仅是意识或认知功能,故湛甘泉称:“所谓心者,非偏指腔子里方寸内与事为对者也,无事而非心也。”(《语录》)陆、王、湛三人的语言表达虽有不同,但其逻辑皆是“无心则无宇宙及其理。”此种学说,其推理与神秘体验难解难分。因此方能称心即理,即性,即天,即道,心包乎天地万物之外而贯夫天地万物之中,心无内外,心有内外,无分人心道心,良知是造化的精灵,天地万物与人原是一体其发窍之最深处是人心一黠灵明,等等。这一切皆可从其心的基本定义中推演出来。在这体系中,心与物,我与他,理与气,皆无界限。此体系与庄学及佛学的渊源亦甚明显。其心的定义,与理学的“在天为性,在人为心”“人心但以形气所感者而言,具形气谓之人,合义理之道,有知觉谓之心。”固十分不同。理学的心只是意识,内具天理,但理与心可分。故理学要格物致知,既求诸心性本具的理,亦求诸超越的理世界即道。因此,从理学可发展出理在事说。后来,讲求实际的颜元,在论天道统体时说:“大圈,天道体也。上帝主宰其中,不可以图也。”(《四存编·存性》)凡此,皆由于体系的原初设定不同也。

余　论

人之所以设定本体存在,乃由于人的存在有着内在的不安之故。宇宙万物以及人类本身,无时不处于生灭变化之中,一切皆在朽坏之中而复归于无,而灭之中复有新的生命,生生不息。然而自总体观之,是否真的生生不息?人所能够有的知识,只是在经验中发现的因果联系,以及在此基础上构建的数理体系而已。而人的经验又是如此残缺不全,如此飘忽不定。而人所面临的,勿论宏观抑微观,皆是无止无休无尽无限的神秘。按照人所能有的知识方法,如此追求下去,是否能够终于确定,世界只是一架永动机,一堆毫没来由而自我运动着的“物质”而已?有人已经如此信仰着,如此行动着,按照物质主义的理论“操作”着他们权力所及的世界与人类。既然全知全能,也就无不可为,无不可取。服文采,带利剑,厌饮食,财货有余,犹有不足,只要认定有所需要,可以复制人类,可以消灭人类,何不可为?尚未造次而为者,皆恐危及自身存在,并非人的存在对其有何理由也。人的存在没有理由,而人的有限知识方法却发现世上一切皆有前提,这便构成人的存在之内在的矛盾或不安。

唯有整个世界也有前提,理由,即本体,人的存在才有终极的理由,那条倏尔飘忽而又有思维能力的生命,才有一个安顿的去处。然而这本体存在,却不在人的经验之内,故只能依据直观,或思维推定的理由,或神秘体验,以设定其存在。以此之故,执着于系统思维的科学家,在惊叹于宇宙那最幽杳的理性和最璀璨的美之余,便不由不信仰那不可洞悉的本体存在,然而也不得不却步于这不可洞悉。越雷池一步,便由科学话语的世界,进入神话或象征话语的世界,为受过严格科学训练而又关注人格统一的思想者所难以苟同。这个境界,便是我所谓的信仰情怀。两千余年前的老子体系,经过审慎的分析诠释与概念重构,显示出其与现代思维如此令人惊异的相似之处。在自家文化传统中,发现这由过往至现时而通向未来的道，只有惊喜与感恩。

信仰情怀，也是一种信仰。信与不信，必做出主体的抉择，别无客观证据可言。虽无证据，却有知识论的理由，故这不是一种“打赌”，而是一种基于知识论理由的抉择。勿论信仰世界有理性本原，或确信世界只是一堆物质，皆是信念，原初设定，主体的价值抉择，别无证据可。设定本体存在者，着眼于知识的理性性质。既然人所知道的一切，皆有前提，宇宙自有秩序，难道没有一总摄万有的理性本体？设定物质自动者，则着眼于知识的经验性质。既然人所知道的一切，皆是经验中的自然运动，难道不可以此类推，世界仅是一堆物质而已？前一种理由，与求知的态度一致。因为，已知宇宙万物皆有前提，如果宇宙本身没有前提，实难有求知态度的一致性。后一种理由，与满足已知和利用世界的态度接近。

1948年，罗素与柯普斯顿(F.C. Copleston)曾在BBC电台节目中进行一场关于上帝存在的著名辩论。罗素否认宇宙这个词有任何意义，因为这是一个未经描述的词。但他又说：The universe is just there, and that's all.这便是反本体论者的立场：经验中的世界存在于此，如此而已。罗素称，认为世界有个理由，这本身便是谬误，他不明白为什么要期待世界有个理由。⑩ 这里可以看出强烈的信仰立场：确信世界没有来由。

哲学家持如此常识般的信念，必有深刻的理由。并非仅仅出于经验论的考虑而已。经验论的立场应为经验证明什么便承认什么。过去经验证明已知世界是如此，何以知道未知世界必如此？何以知道必无本体世界？罗素的立场中实蕴涵绝对理性的观念。理性保证获得确切必然的知识。这是形成于启蒙时代，牢牢扎根于近代科学方法的现代主义理性观。确信人类理性所发现的知识为必然知识，则可以推定，已知世界没有本体，未知世界亦必没有本体。而期待世界有个理由或本体，则出于两个求知的考虑。已知没有，不能证明未知没有，这是对未来开放的求知态度。已知世界的各个局部皆有前提，故以此作为可行性假说，这是审慎的理性态度。而罗素式的态度，则是信仰绝对理性，对未来封闭的态度。后现代思潮已经否定理性的绝对性，而只承认人有在经验中学习并自我

---

⑩ A Debate on the existence of God, reprinted in J. Hick, *The Existence of God*, MacMillan, N. Y. and London, 1964, pp.167-191.

校正的理性功能。此种观念实发轫于科学实践自身。量子力学建立了不同于广义相对论的公理系统。物理世界已不能用统一的力学原则和公理系统来解释，近代科学理性的绝对性已一去不复返。爱因斯坦曾长期坚持经典意义的因果论，企图以统一场论取代量子公理。他深信理论可以描述事件本身而不仅描述事件的概率，反对能量和时间的测不准原则。是经过长期而痛苦的思索，才放弃旧的理性观，承认新的理论。也就是承认宇宙理性高于人的理性。在此之前爱因斯坦的表现与其对宇宙理性的信仰实不一致。在这里，他信仰了特定的人类理性。罗素的反本体信念，实亦出于同样的近代理性原则。如果世界和人的存在没有本体的终极的理性原则，则在求知与人生履践中，没有理由实行统一于人格的价值。然而罗素多次为人类的和平与自由而抗争，乃至入狱，显示统一的价值态度，实与快乐原则不一致，亦与其反本体思想不一致。

人之设定本体存在，实出于人类有限存在的内在不安。感受此深邃不安者，方有信仰本体存在的动机。本文所阐述的本体论，不需要在科学话语以外构造神话或象征的话语。而本体与存在之间的美妙张力，适足以推动现时与未来的科学探索、精神创造与价值履践。

人之设定本体存在，亦有价值论的理由。自然中本无人的价值。人的价值，如果不出于神的启示或先天的心性，则必出于理性的认肯。而科学理性的工具性，不能构建价值。虽然科学的原初设定，一如信仰的原初设定，不能证实或证伪，纯出信念；但科学方法与理论仅仅涉及经验中的事件是如何联系着，而不能告诉我们人生的意义与价值何在。虽然分析哲学家不时企图以巧妙的方法由“是”的语句推导出“应该”的语句，⑪然而由科学的事实判断转为伦理的价值判

⑪ 例如 J.R. Searle 在 How to derive“Ought” from Is 中企图证明下列命题：

(1) Jones uttered the words “I hereby promise to pay you, Smith, five dollars.”

(2) Jones promised to pay Smith five dollars.

(3) Jones placed himself under an obligation to pay Smith five dollars.

(4) Jones is under an obligation to pay Smith five dollars.

(5) Jones ought to pay Smith five dollars.

这里无暇作形式化分析，但指出一点已足。由(1)(2)至(3)已从描述转为价值判断。在社会约定用法中，“承诺”受一定价值体系的制约，做出承诺、履行承诺、背叛承诺皆是价值抉择，与发出某些音节不同。从单纯描述推导不出价值判断。例见 *Theories of Ethics*, ed. by Philippa Foot, Oxford University Press, 1990, pp.101-114.

断，必通过价值性的前提，亦即主体的抉择。仅仅由如果如何则如何之类的事实联系，推导不出价值判断。人要做出价值抉择，必有一种信念，深信其有价值，值得做，不惮损失或牺牲，方成其为价值抉择。功利目的，属于工具性质，不是终极目的。比如锻炼为健康，健康为工作，工作为幸福。但幸福是什么，则取决于一种信念，价值抉择。所谓最大多数的最大幸福，必因人们有不同的乃至冲突的幸福理念而失去意义。结果只能实行人们追求幸福的基本社会条件，即实行法治原则，而非幸福原则。故价值抉择，终归是信念。而只有终极信仰，方能给人以统一于人格的完整价值，给人生以根本的解决。

所谓信仰，本有无条件信奉和崇敬的含义。《说文》："信，诚也。"《字汇・人部》："信，不疑也。"《广雅・释诂一》："信，敬也。"《说文》："仰，举也。"《字汇・人部》："仰，举首望也。"《诗・小雅・车辖》："高山仰止，景行行止。"张衡《思玄赋》："仰先哲之玄训兮，虽弥高而弗违。"凡此皆说明信仰的性质是无条件的信奉、崇敬乃至畏惕。以此之故，一切有限之物，一切可能误导无条件信奉之物，皆不能承担人的信仰。人固可以将有限之物作为信仰的对象，但人类历史经验反复证明，信仰有限之物，皆有可怕的后果。无条件地信仰圣人、领袖、教派、教义、主义、国家，皆曾产生残酷的压迫与流血。信仰科技，而科技造出毁灭人类的武器，虽也有造福人类的成果，但究竟使用什么成果则不取决于科技。信仰一切有限之物，皆可能导致狭隘的情绪，如冲动、偏见、迷信乃至仇恨。而信仰那不含历史规定性和局部利益的终极本体，则提供宇宙观点，来观照人类价值，既对有限之物持理性批评的态度，又对同类同胞生出油然的悲悯，以最宽容最谦卑的心情来构建人生价值，以最深沉最谨敬的态度省察自身的过失。这并不是说，终极信仰在逻辑上导致此种态度。而是说，前者为后者提供一种可能、一种开放、一种心灵的倾向而已。由这可能到实现，需要什么条件，实属未知。即使有内在外在条件，有的人仍然做不到；而没有这些条件，有的人仍然做得到。然而本体信仰毕竟提供一种土壤，对终极信仰和未来科学同等开放。一个社会有无这土壤，于该社会的生存质量实有莫大关系。

现代世界是文化多元的世界。然而容许不同文化信仰等共存的前提是什么？仍然是信仰自由。信仰乃是关乎一个人的全人格全经验的内心最深处的愿望与抉择,也是一切人类价值的终极依据。故信仰自由乃是人的根本自由。唯其人是价值抉择的主体,人方是目的而不是手段。人的尊严便在于此。如果一个社会不尊重人的价值主体性,则对人的尊严之践踏可以没有止境,勿论怎样践踏亦可以振振有词,如有理焉。也唯其信仰为价值的依据,故多元文化价值平等共存的前提,便是信仰自由。然而也唯其信仰以全人格全经验为依据,以生我养我的文化传统为土壤,故信仰也有非理性的特点。以此之故,信仰既是多元文化的前提,又是文化冲突的根源。对此持片面的理解,危险亦极大也。

社会之存在,需要最低限度的意识形态,即多数人的共识,多数个人的信念之可公约部分,成为一种传统,方有法治的可能。因此,法治的基础,也是价值信念。如果社会没有这内在的理性秩序,即使有完备的法制,也不可能有自觉认真的遵守,也就没有法治。故法律既以信仰自由为前提,又要调节信仰,保证不同信仰有平等的权利,并通过教育立法及实施,以促进社会对信仰的尊重及不同信仰的交流与理解。宗教组织是一种世俗权力,一如其他世俗权力,也应受一般法律的制约,以保证公民的不同信仰自由。

世界上自古以来那些残酷的宗教战争,至于屠城灭族,以及今日不同宗教信仰间的冲突流血,乃是十分悲哀的事情。既然信仰自由是人的最根本的自由,是心灵最深处的自决,是人的尊严之前提,故以自我信仰的名义排斥压迫他人的信仰,实即毁坏人的根本自由,亦即毁坏自我信仰的基础。而且终极信仰既以宇宙观点为观照,本应超脱利害,心怀悲悯,又何以对同类如此残酷?凡此皆因过于自信我是唯一真理的掌有者,不明终极存在为不可洞悉,信奉有限之物的教派甚于终极本体之故。人类历史经验说明,没有任何信仰可以担当国教之责,政教需要分离。现代社会的凝聚力,不在于统一信仰的同执而趋,而在于不同自由信仰的同执而趋,即民主宪法提供的自由理想以及国家的历史传统也。

或许由于没有启示真理的传统之故,中国历来较为优容不同信仰。除三武一宗之流,以朝廷压迫宗教,以及个别偏执暴君与文字狱而外,大抵未有思想统治。暴君杀人,鲜以信仰或意识形态为理由。私人信仰,大抵自由。秦用严法,汉初重黄老,汉武尊儒术,皆未涉及个人信仰。所谓定于一尊,乃国家意识形态和国家教育上的一尊，非私人信仰上的统一。唐德宗开三教讲论，宣宗以后皇帝寿诞多开三教讲论。宋以后尊理学，亦指国家意识形态，非指私人信仰。儒者兼信兼治释道者颇多。如隋王通为儒家，却主三教同一。南齐张融终时，左手执《孝经》《老子》，右手执《小品法华经》。《文献通考・经籍考五十二》记朱子曰："仁义礼法者，圣贤之说也，老氏以为不足为，而主于清净；清静无为者，老氏之说也，佛氏以为不足为，而主于寂灭。盖清净者，求以超出乎仁义礼法，而寂灭者，又求以超出乎清静无为者也。然曰寂灭而已，则不足以垂世教，于是缘业之说，因果之说，六根六尘四大十二缘生之说，层见叠出，宏远微妙。然推其所自，实本老子高虚玄妙之旨。"这里自有某种称赏之意，与欧洲正统对待异端的态度不同。以道统自任、排佛最力的韩愈，也有"人之生世，如梦一觉"的佛家思想言论。其《送廖道士序》颇有颂词，其《南海神庙碑》等，也是"君子文之，百姓神之"的宽容态度。宋以后的儒者，大抵在国家事务上，持官方儒学立场，而在私人信仰或生活情趣方面，则不同程度上杂糅释道，即理学家亦不例外也。专制皇帝如永乐，亦钦定出版儒道释各家文献。要之，中国历史上的所谓一尊，乃国家意识形态的一尊，而非以统一的信仰压制私人信仰，亦非以国家意识形态居于与私人信仰相竞争的地位。此种传统，值得深思也。

康德尝言，哲学的价值在于论证，而不在结论。维廉・詹姆士弥留之际，写下的最后一句话是："世上无结论。"就终极真理而言，的确如此。真理只有一个，但人类所知仅为通向这真理的点滴前提而已。终极真理不等于终极信仰。然而信仰者常常误以为我的信仰便是终极真理。既然信仰是人类心灵最深处的自决，故压制信仰乃是在心灵最深处对同类的压制，宜慎之而又慎之也。梯利希(Paul Tillich)尝言，终极关怀必以终极存在为念，对一切有限之物的终极关怀，必包涵内在矛盾，破坏自身的目的。此言极是。但他又说，中国关于道的信仰，空洞无物。如此褊狭，何足以言终极？终极关怀本应命人虚怀若谷，知终极真理之不可遽得。十二世纪的阿贝拉尝言，人类不可能真正认识上帝的真理，终极真理只有在最后审判直观上帝时显现。十八世纪的莱辛在《再答辩》中说得好："人的价值与其在于掌有真理，毋宁在于追求真理中付出的努力与艰辛；因为人的能力不是通过掌有真理，而是通过探求真理而获得。在这追求中，人方能不断地完善自我;而掌有却令人怠惰傲慢。假若上帝右手持着全部真理,而左手持着追求真理的艰辛和失误,令我抉择的话,我便要谦卑地奉取左手之握,称:'天父啊,赐我左手,绝对真理永归天父!'"⑫

【唐　逸　中国社会科学院世界宗教研究所研究员】

原文刊于《中国文化》1997 年 Z1 期

---

⑫ Eine Duplik, Bd. xiii, p.23. Gesamelte Werke, Lachmann und Muncker(eds.), pp.1886-1924.

我国古代的酒与茶

孙　机

我国饮酒和饮茶的风习历史悠久，酒和茶在饮品中具有最重要的地位。

酒的种类繁多，风味各殊，其最本质的成分是都含有酒精即乙醇。酒精是大自然的赐予，含糖分的水果只要经过酵母菌的分解作用就能生成酒精。唐代苏敬《新修本草》说，作酒用麹，“而蒲桃、蜜等酒独不用麹”。不用麹的自然发酵之果酒在原始社会中已经出现，人类只有通过它才第一次接触到酒精，所以这个阶段必不可少。《淮南子·说林》中有“清醠之美，始于耒耜”的说法，以为最初的酒就是粮食酒，这在认识上是不全面的。

进而，古人又将谷芽——蘖用于酿酒。甲骨文中有蘖粟、蘖来的记载。蘖来即麦芽，它含有丰富的淀粉酶，能使淀粉分解为麦芽糖，再变成酒，这种酒叫醴。《吕氏春秋·重己篇》高诱注：“醴者，以蘖与黍相体，不以麹也。”《释名·释饮食》：“醴，体也。酿之一宿而成，体有酒味而已。”它是一种味道淡薄的甜酒。虽然当时的人对酶不可能有清楚的认识，但在酿造过程中总会感觉到它的存在，于是进而在蒸煮过（即已糊化）的谷物上培养出能产生酶的真菌——麹霉，制出酒母，也就是苏敬所说的麹。晋代江统《酒诰》：“有饭不尽，委之空桑。郁积成味，久蓄气芳。本出于此，不由奇方。”几句话已道出了制麹的由来。有了麹，粮食酒遂正式问世。《尚书·说命》：“若作酒醴，尔惟麹蘖。”就是对这项新技术的赞扬和肯定。粮食酒不仅打破了自然发酵的果酒之季节性的限制，而且味道比原始的果酒和醴更加醇厚。不过用谷物造酒，须先经过酒麴的糖化作用，使淀粉分解为简单的糖，再经过酵母作用产生酒精。这一微生物发酵的机制是相当复杂的。而且酒的香味在很大程度上取决于此过程中所产生之适量的醛和酯；这些东西多了不行，少了则乏味。如果不是利用在自然发酵制果酒的阶段中积累起的经验，要一下子发明用粮食造酒的技术，恐怕是难以想象的。

在商代，醴是淡酒，鬯是香酒。鬯酒又名秬鬯；秬是黑黍，鬯是香草。《说文》："鬯，以秬酿香草，芬芳条畅以降神也。"从古器物学的角度讲，以鬯酒为指标，使我们意识到这时最高级的酒器乃是卣。甲骨刻辞中有"鬯一卣"（《宁沪》3·232）、"鬯三卣"（《甲编》1139）、"鬯五卣"（《戬寿》25·9）等记载，这和古籍中的提法如"秬鬯一卣"（《尚书·文侯之命》《诗·江汉》）、"秬鬯二卣"（《尚书·洛诰》）相一致。故《左传·僖公二十八年》孔颖达疏引李巡曰："卣，鬯之尊也。"鬯是当时的顶级美酒，其专用的酒器自应有较高的身价。但问题是，通常被称为卣的壶状容器，乃由宋人定名；存世之所谓卣，铭文中从无自名为"卣"者。所以卣究系何物，仍是一个未解之谜，今后尚须加意探研。此外，爵也特别值得注意。河南偃师二里头所出夏代铜爵，前面的流平直伸出，特别长，甚至还有带管状流的。（图一：1、3）在一般印象中，爵用于喝酒，其实不然。拿嘴对着这

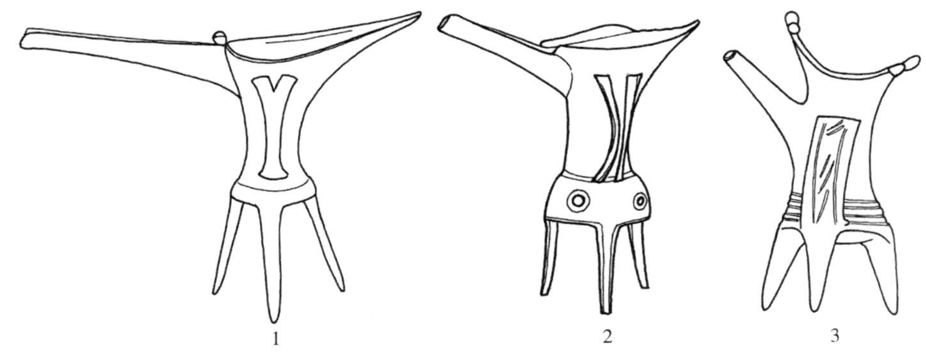

图一　夏代的爵

（1、2.铜爵　3.陶爵）

1、3.河南偃师二里头出土　2.河南商丘地区出土

么长的流喝酒，其不便自不待言，更不闻古人有口衔管状流喝酒的习惯。况且爵本用于盛鬯酒。《说文》说，爵“中有鬯酒”。鬯酒是拿来敬神的，所以《礼记·礼器》称：“宗庙之祭，贵者献以爵。”在祭礼中，爵里的鬯酒要浇灌到地上，即所谓“先酌鬯酒，灌地以求神”（《礼记·郊特牲》正义）。灌地用带流之器自然比较方便，并且爵还有三条细高的足，系用于加温。天津博物馆所藏商丘出土的二里头文化铜爵，器身瘦长，下接向外膨起的假腹，呈覆盂状，上面开有四个出烟孔（图一:2）。加温时，这种构造便于拢聚热量，吸引火势，使爵中的鬯酒迅速沸腾，冒出蒸气。一般铜爵上虽将这一部分简化，但装有细高之三足的铜酒器，大抵均可用于加温。古人认为神虽不饮食，然而喜欢嗅香味。《尚书·君陈》孔传：“芬芳香气，动于神明。”以香气享神称为歆。《左传·襄公二十七年》杜预注：“歆，享也，使鬼神享其祭。”《说文》：“歆，神食气也。”《诗·大雅·皇矣》孔颖达疏：“鬼神食气谓之歆。”特别是鬯酒，味道更浓烈，鬼神更乐于享用其“芬芳条畅”之气，所以盛鬯酒的爵是祭祀中用的礼器，不是饮器。不过《礼记·玉藻》中曾说，“君子之饮酒也”，“受一爵”后表现如何，“受二爵”“受三爵”后表现如何，等等，会使人误以为君子是在用爵饮酒，其实不然。因为这里强调的乃是量的概念，而爵正有这方面的含意。《考工记·梓人》：“爵，一升。”《仪礼·士昏礼》郑玄注：“一升曰爵。”所以“受一爵”即饮一升的酒量，只是换了个说法而已。以爵作为古代饮酒器的代表，实属误解。不过由于这种误解长期流传，后世乃将爵口改造成近椭圆形，出现了当作饮器用的爵杯（图二）。但它和先秦的爵实际上已经不是一码事了。

既然爵不是饮器，商周时又用何种器物饮酒呢？看来应当是觚。这种圆口深腹之器正适合执之以就饮。《大戴礼记·曾子事父母》称：“执觞觚杯豆而不醉。”说的就是用觚饮酒。故《通鉴·晋纪四〇》胡三省注遂径称：“觚，饮器。”觚有细高型的和粗矮型的；细高型的虽然显得典雅尊贵，但粗矮型的用起来似乎更方便。后一类在七千年前兴隆洼文化的陶器中已经出现，在五千年前的大汶口文化中也有，并为王湾三期文化及二里头文化所沿袭。甚至远在江汉平原之四千年前的石家河文化中，仍能看到它的踪迹。说明在我国从北到南之新石器时代诸文化中，此类器物颇不罕见，所以为继起的商周青铜矮觚所取法（图三）。

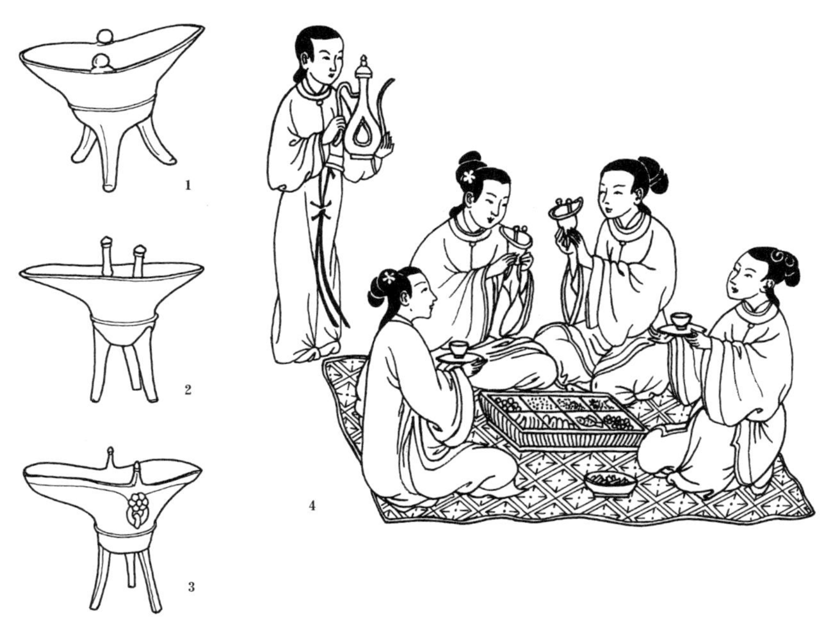

图二　爵杯

1.元代蓝釉瓷爵杯，杭州市考古所藏　2.明代白釉瓷爵杯，英国维多利亚博物馆藏　3.清代黄釉瓷爵杯，沈阳故宫藏　4.用爵杯饮酒，明万历刻本《元曲选·金线池》插图　国家图书馆藏

但英国的J.罗森教授认为西周矮觚和西方的“联系十分明显”，“这种器物的原型发现于高加索地区的马里克”（《祖先与永恒》页437，三联书店，2011年）（图四）。高加索地区的晚出之物，竟成了此前行世已逾数千年之久的中国觚的“原型”，令人不知所云。

冒着蒸气的热酒用于敬神，那么通常饮用的是不是凉酒呢？看来正是如此。《楚辞·大招》：“清馨冻饮，不啜役只。”王逸注：“冻犹寒也。醇醲之酒，清而且香，宜于寒饮。”湖北随州战国曾侯乙墓出土的大冰鉴中固定着贮酒的方壶，说明喝的是凉酒。清代皮锡瑞《经学通论〔卷三〕·论古宫室、衣冠、饮食不与今同》指出，古酒“新酿冷饮”，自是其读书有得之见。

及至汉代，贮酒用瓮、用壶，盛酒则用桶形或盆形的尊。山西右玉出土的两

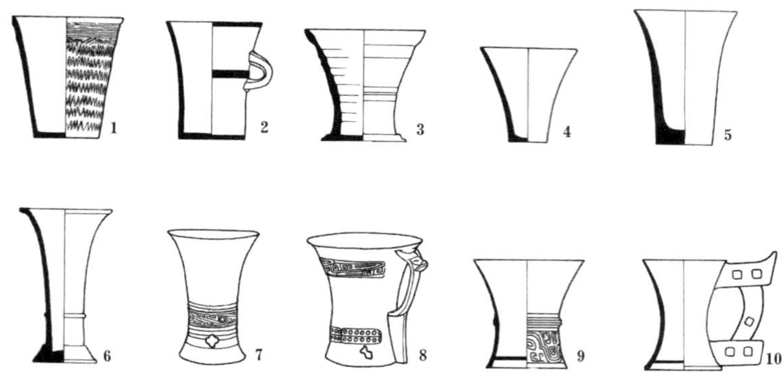

图三　觚形杯(1、2、3、4、6.陶器　5.木器　7、8、9、10.铜器)

1.兴隆洼文化,内蒙古敖汉旗兴隆洼出土　2.大汶口文化,山东泰安大汶口出土　3.王湾三期文化,河南临汝煤山出土　4.石家河文化,湖北天门邓家湾出土　5.陶寺文化,山西襄汾陶寺出土　6.二里头文化,河南偃师二里头出土　7.商代早期,河南新郑望京楼出土　8.商代中期,上海博物馆藏　9、10.西周,陕西长安张家坡出土

图四　银杯　高加索马里克出土　前两千年代后期

件汉代铜酒尊,盆形的在铭文中自名为"酒尊",桶形的自名为"温酒尊"(图五)。此"温"是"酝(醞)"的借字,指反复重酿多次的酒。它是用连续投料法重酿而成,酿造过程历时较长,淀粉的糖化和酒化较充分,酒味酽冽,为世所珍,因此桶形尊也往往做得很精美。故宫博物院所藏东汉建武二十一年(45年)鎏金铜酝酒尊,其底座下有三熊足,镶嵌绿松石和衬以朱色的水晶石,与鎏金的尊体相辉映,非常华丽。但盆形尊器型大,用得也更广泛,不仅在汉画像砖、石上经常见到,而且到了唐代仍频频出现。洛阳涧西唐乾元二年(759年)墓出土的高士饮宴图螺钿镜、陕西长安南里王村唐墓壁画、唐代孙位《高逸图》、宋摹唐画《宫乐图》中都有它的身影(图六)。唐诗中也不乏"相见有尊酒,不用惜花飞"、"何时一尊酒,重与细论文"之句。但几位饮者围着一个大盆舀酒喝,说明喝的不是烈性酒。汉代文献中常说有人饮几石酒而不乱,正反映出这种情况。另外也说明先

秦时喝凉酒的风习到了唐代仍未完全消失。

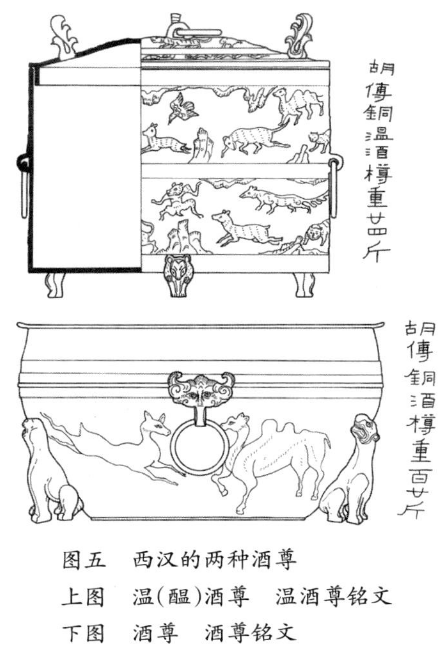

图五　西汉的两种酒尊
上图　温(醞)酒尊　温酒尊铭文
下图　酒尊　酒尊铭文

图六　唐代的盆形酒尊
上图　高士饮宴图螺钿镜
下图　《宫乐图》

汉代喝酒不用觚而用杯,但汉代的杯与现代汉语中所说的杯,指的是很不相同的两种器物。汉杯源于手掬之抔。《礼记·礼运》曾云“抔饮”,郑玄注:“抔饮,手掬之也。”从手掬发展出来的杯,平面接近双手合掬所形成的椭圆形,左右拇指则相当杯耳。所谓耳杯,实由杯耳得名。在汉代,“杯”仅指耳杯。耳杯常用于饮酒。浙江宁波西南郊西汉墓所出漆耳杯,内书“宜酒”。长沙马王堆1号墓出土的漆耳杯,内书“君幸酒”(图七)。长沙汤家岭西汉墓所出铜耳杯,刻铭“张端君酒杯”。说明汉代有许多耳杯是饮酒用的。而商和西周时的觚到这时已转化成卮,它有点像现代的筒形杯,其胎骨用木片卷屈而成。《礼记·玉藻》郑玄注:“圈,屈木所为,谓卮、匜之属。”安徽阜阳西汉汝阴侯墓出土的圆筒形漆器自名为卮。卮也用于饮酒。《庄子·寓言篇》陆德明释文引《字略》明确说:“卮,圆酒器也。”《史记·高祖本纪》谓:“未央宫成,高祖大朝诸侯群臣,置酒未央殿前。高祖奉玉卮,起为太上皇寿。”玉卮极珍贵,《韩非子·外储说右上》称之为“千金玉卮”。在这场盛大的宴会上,以玉卮进酒更显得分外隆重。秦阿房宫遗址出土云纹高足玉卮的时代与之相近，汉高祖当年奉觞上寿所用者大约和它相仿（图八）。

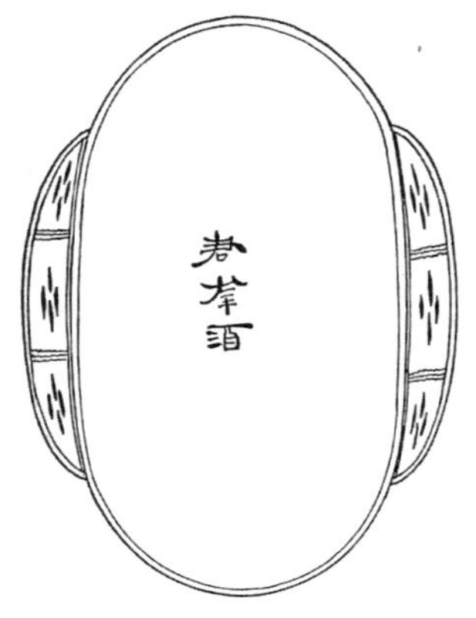

图七　漆酒杯　长沙马王堆1号墓出土

图八　高足玉卮　西安东张村秦阿房宫遗址出土

中唐时，酒具的形制发生了较大的变化。唐代李匡乂《资暇集》说：“元和初，酌酒犹用尊、勺，所以丞相高公有斟酌之誉。虽数十人，一尊一勺，挹酒而散，了无遗滴。居无何，稍用注子，其形若罃（一种瓶），而盖、嘴、柄皆具。”在唐代瓷器中注子是常见之物，虽然这里面有些是点茶用的汤瓶。然而如铜官窑出土的注子上，有的题写“陈家美春酒”、“酒温香浓”、“浮花泛蚁”等句，自应是酒注。上文说过，我国古代曾长期饮凉酒。南北朝以降，或将酒加温后再饮。《北史》记孟信与老人饮，以铁铛温酒。《世说新语·任诞篇》记王忱在桓玄家饮酒，“频语左右，令温酒来”。李白《襄阳歌》“舒州勺，力士铛，李白与尔同死生”句中之铛，也是用来温酒的。在中唐时的诗中，如“烧柴为温酒”（元结）、“林间暖酒烧红叶”（白居易）等句一再出现，说明饮温酒之风渐盛。盆形尊散热太快，对此不适用，故进而将温过的酒盛在酒注里。为了保温，后来还在酒注之外套上贮热水的温碗，不过这样配置的实例要到宋代才能见到。更由于这时漆器的使用范围缩小了，漆耳杯渐隐没不见，日常喝茶饮酒都用瓷碗即盏（图九）。茶盏和酒盏的器形相似，但二者之托盘的式样却大不相同。承茶盏的叫茶托或盏托，承酒盏的叫酒台子，后者在托盘中心突起小圆台，酒盏放在圆台上。一套完整的酒具组合即由酒注、温碗、酒盏、酒台子等四种器物构成（图十）。杭州西湖出水的莲花

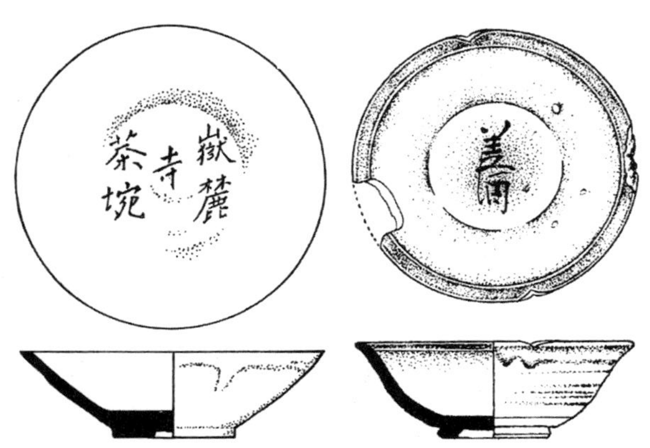

图九　长沙窑出土的唐代茶盏(左)与酒盏(右)

式银酒台,是这类酒具中的极精之品(图十一)。成套的酒盏与酒台子合称台盏。《辽史·礼志》记“冬至朝贺仪”中,亲王“搢笏,执台盏进酒”。元代仍沿袭这种叫法。《事林广记·拜见新礼》说:“主人持台盏,左右执壶瓶。”关汉卿《玉镜台》中,刘倩英给温峤敬酒:“旦奉酒科,云:‘哥哥满饮一杯。’做递酒科。正末唱:‘虽是副轻台盏无斤两,则他这手纤细怎擎将!’”但刘倩英如果端上这件西湖出水的银酒台,上承银酒盏,再斟满酒,分量可就不轻了。

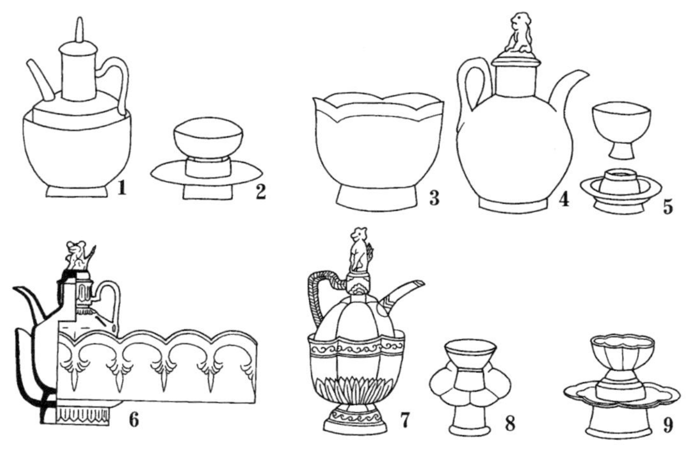

图十　酒注、温碗与台盏

1、2.《韩熙载夜宴图》　3、4、5.江西南城宋墓出土　6.江西铅山宋墓出土

7、8.河南白沙2号宋墓壁画　9.山西忻县宋墓出土

以上提到的都是饮酒、盛酒之器，此外还有贮酒之器。唐末以降，贮酒用长瓶。此物初见于陕西三原唐贞观五年(631年)李寿墓石椁内壁的线刻画中。长瓶也叫经瓶，常出现在宋墓壁画“开芳宴”的桌前。民初许之衡在《饮流斋说瓷》一书中，将长瓶称为“梅瓶”，言其口径之小仅与梅之瘦骨相称。虽然许氏又说，这类名称皆“市人象形臆造”；但尽管是臆造、是无根之游谈，这个名称却叫开了。实际上，长瓶本是酒瓶，瓶上的题字亦足为证。上海博物馆所藏长瓶有题“醉乡酒海”的，还有题“清沽美酒”的(图十二:1、2)。安徽六安出土的长瓶上有“内酒”二字。锦州博物馆

图十一　银酒台，五代至北宋

浙江杭州西湖出水

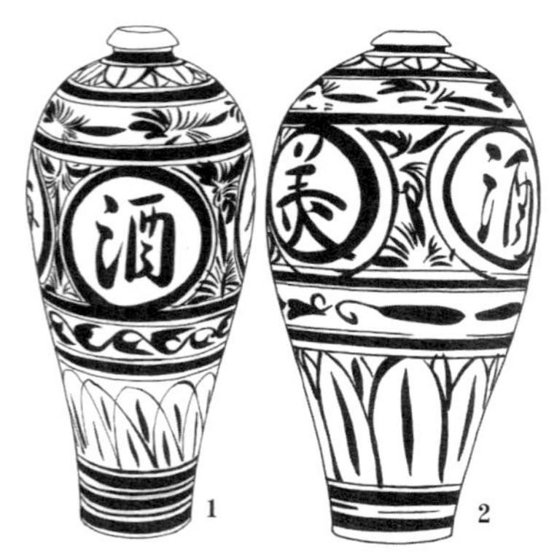

图十二　宋代盛酒的长瓶

1.“醉乡酒海”长瓶　2.“清沽美酒”长瓶(二者均为上海博物馆藏品)

3.饮酒人物纹长瓶，广东佛山出土

所藏者书“三杯和万事，一醉解千愁”。西安曲江池出土者题有“风吹十里透瓶香”诗句。广东佛山澜石镇宋墓出土长瓶的四个开光内，绘出饮酒者从举杯进酒到酩酊大醉的过程，更将其用途作出了形象化的说明(图十二:3)山东邹县明

代朱檀墓出土的长瓶里盛的也是酒。而宋元人在书斋中插梅花则多用胆瓶。如王十朋《元宾赠红梅数枝》诗中所说“胆瓶分赠两三枝”，杨万里诗中所说“胆样银瓶玉样梅，北枝折得未全开”；以之与韩淲“诗案自应留笔研，书窗谁不对梅瓶”之句相比照，则后一处所称“梅瓶”，指的就是插了梅花的花瓶或胆瓶。明代袁宏道《瓶史》说：“书斋插花，瓶宜短小。”他认为胆瓶、纸槌瓶、鹅颈瓶等之“形制减小者，方入清供”。而在明代螺钿漆奁盖上的“折梅图”及青阳子《九九消寒瓶梅图》中之所见，这时插梅花用的仍是花瓶和胆瓶，绝非被一些人称为梅瓶的长瓶（图十三）。

至于葡萄酒，汉通西域后才传入我国。汉代张衡《七辩》中提到过“玄酒白醴，葡萄竹叶”。在唐代，葡萄酒已广为人知。这时凉州是葡萄酒的主要产区。王翰《凉州词》中开篇就说“葡萄美酒夜光杯”。但今山西一带却有后来居上之势。《新唐书·地理志》说太原土贡有葡萄酒。在我国北方民族建立的辽、金、元各朝中，葡萄酒更为流行。辽宁法库叶茂台辽墓主室中有木桌，桌下的瓷瓶中封贮红色液体，经检验即葡萄酒。《马可波罗游记》说：“从太原府出发，一路南下，约三十里处，出现成片的葡萄园和酿酒作坊。”《元史·世祖本纪》说，至元二十八年（1291 年）“宫城中建葡萄酒室”，我国官方的葡萄酒酿造活动自此开始。内蒙古乌兰察布盟（今乌兰察布市）土城子出土的元代黑釉长瓶，刻有“葡萄酒瓶”四字（图十四）。在铭文中直接标明了它是贮葡萄酒的专用之器。

图十三　梅花插在花瓶或胆瓶里

左图　明螺钿三撞漆奁盖上的折梅图

右图　明·青阳子《九九消寒瓶梅图》

由于酒醪中酒精浓度达到 20%以后，酵母菌就不再发酵，因此酿造酒的酒精含量一般在 18%左右。但经过蒸馏提纯，酒精含量可达 60%以上。蒸馏酒到元代才从西方传来，当时的人说得很明白。如忽思慧《饮膳正要》（1330 年成书）

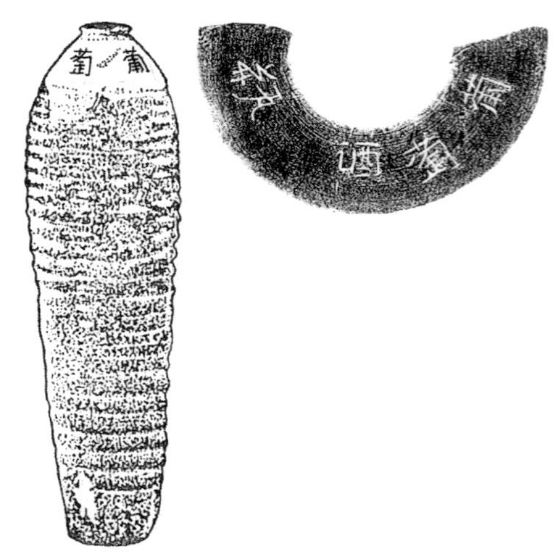

图十四　元代黑釉长瓶肩部刻“葡萄酒瓶”四字

说:“用好酒蒸熬取露成阿剌吉。”许有壬(卒于1364年)《至正集》说:“世以水火鼎炼酒取露,气烈而清,秋空沆瀣不过也。其法出西域,由尚方达贵家,今汗漫天下矣。译曰阿剌吉云。”由元入明的叶子奇在《草木子》中说:“法酒,用器烧酒之精液取之,名曰哈剌基。酒极醲烈,其清如水,盖酒露也。……此皆元朝之法酒,古无有也。”此说在明代亦无异议。李时珍《本草纲目》说:“烧酒非古法也,自元时始创其法。”明末清初方以智的《物理小识》中也说“烧酒元时始创其法,名阿剌吉”。这些知识界的精英们谈论的是当时或近世之事,而且众口一词,是不能忽视其权威性的。阿剌吉或哈剌基(亦作轧赖机、阿里乞、阿浪气)为阿拉伯语araq的对音。因为它的酒度高,早期的记载中甚至说它“大热,有大毒”(《饮膳正要》)、“哈剌吉尤毒人”(《析津志》)、“饮之则令人透液而死”(《草木子》)。反映出当人们饮用这种烈性酒之初,还不很习惯,还存在着一些思想障碍。但也有人以河北承德市青龙县西山嘴出土的一套青铜蒸酒器为据,认为它是金代的;从而提出宋、金时我国已有蒸馏酒之说(图十五)。可是与此器同出的还有一件饰花草纹的滴水瓦,其图案与北京西直门内后英房胡同元代居住址发现的同类瓦件颇相似,故这件蒸酒器也应是元代的。因此这一发现仍无以动摇元代始有蒸馏酒的成说。

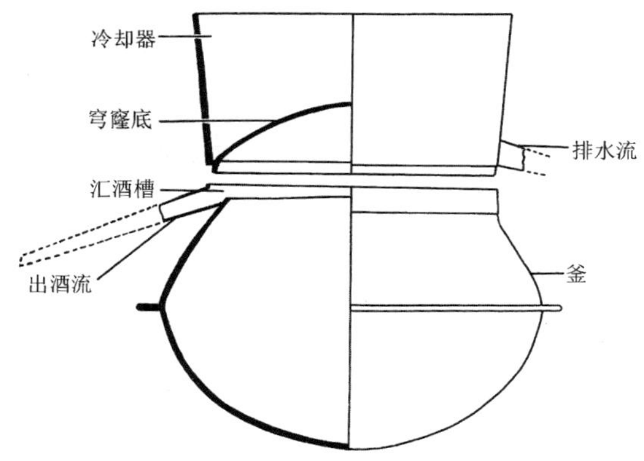

图十五　元代的青铜蒸酒器，河北青龙出土

我国的这种酒是用粮食酒醪蒸馏的，萃取了酿造粮食酒的历程中获得的那些可人的成分，在世界上独树一帜。与用葡萄酒醪蒸馏的白兰地、用甘蔗酒醪蒸馏的朗姆酒的风味不同。烈性酒在我国行世后，喝低度酒就显得不够劲、不尽兴了。当前已是蒸馏酒的天下，依香型分类，有酱香型、浓香型、清香型、凤香型、兼香型、馥郁香型等，各擅其胜。而佳酿之所以为众口称道，除了其选料、曲种、水质乃至酿造工艺、勾兑技术、储存方式等诸因素外，往往还具有得天独厚的条件。如若干老窖中之芳香的窖泥，富含复杂的微生物群落，就不是他处容易得到的。2005 年，一块宜宾明代老窖的窖泥还成为中国国家博物馆的藏品。名酒或峻拔劲爽，或醇正甘冽，或软滑绵厚，或狠酷辛烈，空杯留香，回味无穷。其中有些微妙的口感颇难言传，更无法用化学分析的方法一一指证。个别现代酒家或将其产品的源头远溯汉唐，但彼时尚无蒸馏酒，攀亲无处投靠，也就难以为酒史所认可了。

堪与酒相提并论的饮品是茶。茶之行世虽比酒晚，但《尔雅》中已有关于荼的记载，《释木》称："槚，苦荼。"表明它的被认识不晚于战国时期。这里说的荼即茶。荼字有两种读音。《汉书·地理志》唐代颜师古注称，荼陵之"荼"音弋奢反，又音丈加反。后一音和现代一样，读作 cha。而且《衡州图经》说："荼陵者，所谓山谷生荼茗也。"则古之荼陵（今湖南茶陵县）本以产茶得名。因此西汉王褒《僮约》中之"烹荼尽具""武阳买荼"就是烹茶和买茶，可见这时已兴起饮茶的风气。但也有沿袭传统的叫法称茶为槚的。长沙马王堆3号墓出土的一枚竹笥的签牌上墨书“榗笥”(图十六)。榗字或释薁,或释槚。如从后说,则这件竹笥中盛的就是茶叶。至今藏语仍称茶为“价”。

图十六　墨书“榗笥”的签牌
长沙马王堆3号墓出土

与我国的酒可分为自然发酵的果酒、酿造的粮食酒和蒸馏酒等三个阶段相仿,我国的饮茶法也可以分为三个阶段:第一阶段是西汉至六朝的粥茶法,第二阶段是唐至元代前期的末茶法,第三阶段是元代后期以来的散茶法。在粥茶阶段中,煮茶和煮菜汤差不多,也就是唐代皮日休《茶中杂咏·序》所云:“季疵以前,称茗饮者必浑以烹之,与夫瀹蔬而啜者无异也。”唐代杨华《膳夫经手录》也说:“晋宋以降,吴人采其叶煮,是为茗粥。”陆羽对粥茶很不满意,他认为烹茶时“用葱、姜、枣、橘皮、茱萸、薄荷等煮之百沸,或扬令滑,或煮去沫,斯沟渠间弃水耳”。看来把茶叶和各种佐料、有的甚至是带刺激性的调味品煮在一起,那种汤的味道肯定和后世的茶相去甚远。不过皮日休以《茶经》成书作为粥茶法与末茶法的分界线,或嫌稍迟。因为早在晋代,一种较精致的饮茶法已经出现。晋代杜育《荈赋》中有“沫沉华浮,焕如积雪”等句,则这时不仅将茶碾末,且已知救沸育华。《神农本草经》“苦菜”条梁代陶弘景注:“茗皆有饽,饮之宜人。”均表明他们喝的茶和早期叫作粥茶的那种菜汤已有所不同。于是饮茶之风逐渐进入上层社会,这时的许多名人如孙晧、韦曜、桓温、刘琨、左思等,都有若干与茶相关的逸事。

南北朝时饮茶虽在南朝流行,北朝地区却不好此道。喜欢饮茶的南朝人在北魏首都洛阳遭到嘲笑的情况,于《洛阳伽蓝记》一书中有生动的记述。此风之广被于南北,应是盛唐时的事。8世纪后期,封演在《封氏闻见记》中说:茶“南人好饮之,北人初不饮。开元中,泰山灵岩寺有降魔禅师大兴禅教。学禅务于不寐,又不夕食,皆许其饮茶。人自怀挟,到处煮饮。从此转相仿效,遂成风俗。"《膳夫经手录》则说:"开元、天宝之间,稍稍有茶,至德、大历遂多,建中以后盛矣。"此说可信。因为长庆年间的左拾遗李珏称:"茶为食物,无异米盐。"这话后来被王安石接过来,他在《议茶法》中也说:"夫茶之为民用,等于米盐。"可见盛唐、特别是中唐以后,茶已经成为平民日常的饮品。

在这个时间段的开头,出现了陆羽和他的《茶经》。《茶经》定稿成书大约在764年之后不久,他是得风气之先的一位开拓者。《茶经》三卷十门,详细记述了茶的生产、加工、烹煮、饮用、器具及有关的典故传说等。由于此书的内容既丰富,条理又明晰,对饮茶的传播是一个有力的推动。宋代梅尧臣的诗中甚至说:"自从陆羽生人间,人间相事学春茶。"可谓推崇备至。《茶经》成书后只经过半个多世纪,李肇在《唐国史补》(成书于825年前后)中就说江南某郡的茶库里供奉陆羽为茶神。关于奉陆羽为茶神的记载,又见唐代赵璘《因话录》、北宋欧阳修《集古录跋尾》《新唐书·陆羽传》、北宋李上交《近事会元》、南宋韩淲《涧泉日记》、南宋费衮《梁溪漫志》等书。这些书上还说,卖茶的人将瓷做的陆羽即茶神像供在茶灶旁,生意好的时候用茶祭祀,生意不好就用热开水浇灌。这种瓷像的制作前后延续了三个世纪,数量不会太少。中国国家博物馆藏有20世纪50年代出土于河北唐县的一套白釉瓷器,包括风炉、茶鍑、茶瓶、茶臼、渣斗和一件瓷人像。此像上身着交领衣,下身着裳,戴高冠,双手展卷,盘腿趺坐,仪态端庄。其装束姿容不类常人,但也并不是佛教或道教造像。根据它和多种茶具共出的情况判断,应即上述茶神像(图十七)。虽然它不是写实的雕塑,已经被卖茶者所神化;但从茶史的角度讲,这尊硕果仅存之唯一一件代表陆羽的形象的文物,亦弥足珍贵。

图十七　茶神陆羽像

陆羽在茶史上曾起到重大的作用,但也必须看到,他是处在粗放式饮茶法向精致式饮茶法过渡的时期,因此他提出的模式不可能一下子就达到极其讲究的地步。《茶经》中讲的是饮用以茶饼碾成的末茶，但只说：“末之上者，其屑如细米。”又说：“碧粉缥尘非末也。”可见这时还不习惯用很细的茶末。而且，《茶经》中提倡的煎茶法，是先在风炉上的茶釜中煮水，俟水微沸，量出茶末往釜心投下，随即用竹筴搅动，待沫饽涨满釜面，便酌入碗中饮用。此法要求在第二沸、即釜中之水“如涌泉连珠”时下末，但茶末经过这样一煮，势必熟烂，从而夺香减韵，失其真味了。书中还说煎茶时要“调之以盐”，可见陆羽的饮法仍未能完全摆脱唐以前之旧俗的樊篱。

至晚唐时，又兴起了一种在茶瓶（汤瓶）中煮水，置茶末于茶盏，再持瓶向盏中注沸水冲茶的“点茶法”。此法最早见于唐代苏廙《十六汤品》，它本是苏氏所撰《仙芽传》卷九的“作汤十六法”，但该书其他部分已佚，仅这一部分以上述名称保存在宋初陶谷的《清异录》中。此法特别重视点汤的技巧，强调水流要顺通，水量要适度，落水点要准确，同时要不停地击拂，以生出宜人的沫饽。由于它更能发挥出末茶的特点，故成为宋元时饮茶方式的主流。

随着点茶的普及，茶末愈来愈细，被宋人誉为“瑟瑟尘”（林逋）、“飞雪轻”（苏轼），和《茶经》所称的细米状已大不相同。从而茶饼的制作也日益精工。这时最受推崇的名茶已由唐代所尚之湖州顾渚紫笋与常州宜兴紫笋即所谓“阳羡茶”，改为福建建安凤凰山所产“北苑茶”。北苑本是南唐的一处宫苑，监制建州地方的茶叶生产以供御用。入宋后就把凤凰山一带产茶区都叫“北苑”。其中品质最好的茶出产在该地区的壑源一带，叫“壑源茶”。近年在福建建瓯县（今建瓯市）东北 15 公里的裴桥村发现了记载“北苑”的南宋石刻，得以确知北苑之所在。宋太宗时，以北苑茶制成龙、凤团（图十八）。仁宗时蔡襄制成“小龙团”，一斤值黄金二两。时称：“黄金可有，而茶不可得。”神宗时贾青制成“密云龙”。徽宗时郑可闻更以“银丝水芽”制成“龙团胜雪”，每饼值四万钱，珍贵无比。这种茶饼对原料的要求极高，它将拣出之茶只取当心一缕，以清泉渍之，光莹如银丝。加工时又增加了“榨”和“研”两道程序。南宋赵汝砺《北苑别录》说，将茶芽蒸过之后“入小榨以去其水，又入大榨以去其膏”。“至中夜取出揉匀，复如前入榨，谓之翻榨。彻晓奋击，必至于干净而后已”。这种做法是非常独特的。一般认为，茶汁去尽则茶之精英已竭；但当时并不这么看。这时对极品茶之风味的要

图十八　茶饼

左　龙团　右　凤团（均据《宣和北苑贡茶录》插图）

求是宋徽宗在《大观茶论》里提出的“香甘重滑”四字，茶汁不尽则微涩、微苦之味势难尽除。而且这时要求茶色“以纯白为上真”，“压膏不尽，则色青暗”（《大观茶论》）。总之，情况正如赵汝砺所说：“膏不尽，则色味重浊矣。”榨过之后，还要放在盆里研磨。细色上品之茶每团要研一整天，直到盆中的糊状物“荡之欲其匀，揉之欲其腻”，再“微以龙脑和膏”（蔡襄《茶录》）。除少量龙脑及其他香料外，茶糊中还要和入淀粉。《太平御览》卷八六七引《广雅》说：“荆、巴间采茶作饼成，以米膏出之。”虽然这段话是否出自魏张揖的《广雅》，尚存疑问。但或可据以推测早期制茶饼时和过“米膏”。南宋陆游《入蜀记》说：“建茶旧杂以米粉，复更以薯蓣。”南宋陈元靓《事林广记・别集》说，“蒙顶新茶”是用“细嫩白茶”、“枸杞英”、“绿豆”、“米”一起“焙干碾罗合细”而成。《饮膳正要・诸般汤煎》说，宫廷中有“香茶”，是以白茶、龙脑、百药煎、麝香，按一定比例“同研细，用香粳米熬成粥，和成剂，印作饼”。茶饼里淀粉的含量到底有多大，目前尚未确知。但用加入淀粉的茶饼碾末冲点的茶，肯定是乳浊状的，同时由于掺有香料，所以味道甘芳。也就是说，汉、六朝之茶基本上是咸汤型的，唐、宋之茶基本上是甘乳型的。

高级茶饼不仅制作时工艺繁复，冲点时也有许多要求。第一步，先要将茶饼炙干、捶碎，再用茶磨或茶碾研末。传南宋苏汉臣笔《罗汉图》中，有童子备茶，其中一童子踞长凳用茶磨在磨茶末。不过更多见的是用茶碾。《茶经》里说茶碾用木制，西安出土的西明寺茶碾则是石制的。茶碾贵小。明代朱权《臞仙神隐》说，茶碾“愈小愈佳”。扶风法门寺塔地宫出土的茶碾，槽面之长仅合唐小尺8寸许，像西明寺茶碾那么大的器物，可供僧众聚饮时使用，而非高人雅士的清供之具了。出土物中常常见到的是一种瓷质的小茶碾，它和《茶具图赞》中的“金法曹”（指茶碾）及宋代图像中的碾茶人所用者基本相同。如果茶末的需求量不多，也可以用茶臼来研。唐代柳宗元诗“山童隔竹敲茶臼”，已提到此物。茶臼多为瓷质，浅钵状，内壁无釉，刻满斜线，线间且往往戳剔鳞纹，常被称为擂钵或研磨器。内蒙古赤峰元宝山元墓壁画中清楚地画出了持杵与茶臼的研茶者

图十九　研茶末

1.用磨，传南宋·苏汉臣《罗汉图》　2.用碾，河北宣化下八里10号辽墓壁画

3.用臼，内蒙古赤峰元宝山元墓壁画

（图十九）。茶末还要过罗。罗多以木片卷曲为圈、底张纱罗而成。《茶具图赞》中的“罗枢密”画的就是这种罗。古代茶罗的实物只在法门寺塔地宫中出过一例（图二十）。此罗下附抽屉。宋代岳珂《宝真斋书赞》所收“黄鲁直书简帖”中说：“彼有木工，为作一抽替药罗。”准其例，则此罗应名“抽屉茶罗”。罗在《茶经》中虽曾提及，但一笔带过，对它的作用未曾细说。这是因为陆羽提倡的煎茶

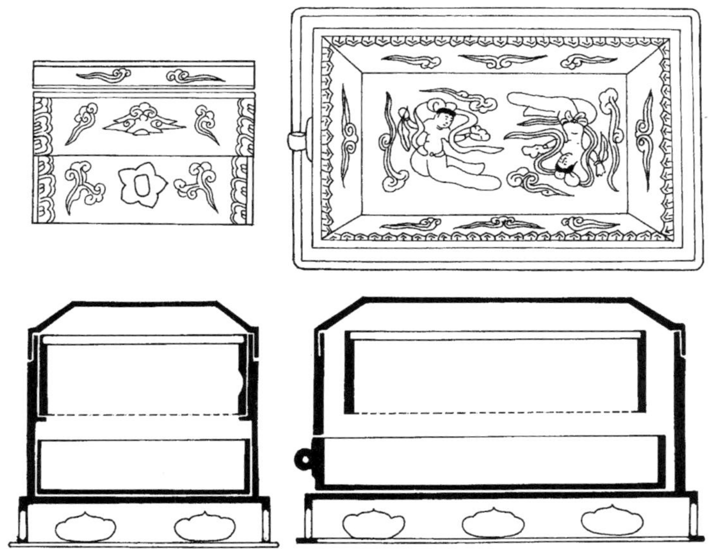

图二十　唐代银抽屉茶罗　陕西扶风法门寺塔地宫出土

法乃以鍑烹茶,再以勺酌入碗中,茶末粗些无妨。而晚唐以来兴起了点茶法,在点茶的基础上又兴起了斗茶的风气。对于斗茶的胜负来讲,茶末的粗细是很关键的,所以细茶末受到重视。过罗以后的茶末常装在小瓷罐里。山西大同元代冯道真墓墓室东壁绘有“备茶图”,方桌上放着一个带盖的小罐,斜贴一纸条,墨书二字:“茶末”。中国国家博物馆所藏宋画像砖“洁盏图”中,一妇女在桌前擦拭茶具,桌上有一荷叶盖罐,与上述大同元墓壁画中所见者造型基本相同,其中盛的也应是茶末(图二十一)。

备好了茶末,烧开了水,可开始冲点。但先要“熁盏令热”,以避免注入的开水在冷茶盏中降温。然后用长柄小勺(正式名称叫“茶则”)自罐中舀出茶末,也就是“洁盏图”中摆在茶末罐前面的那一种。一勺茶末的标准重量约 1 钱 7 分,将它倾入盏内,并倒一点点水进去,“调令极匀”,叫“调膏”。再持茶瓶向盏中注水,同时以箸、匙或筅(圆形竹刷)在盏中击拂(图二十二)。筅晚出,但最便操作。宋代韩驹《谢人寄茶筅》诗称:“看君眉宇真龙种,尤解横身战雪涛。”称赏备

图二十一　拭茶具与进茶

1.北宋妇女“洁盏图”画像砖　传河南偃师出土　中国国家博物馆藏

2.童子进茶图　山西大同　元·冯道真墓壁画

图二十二　点茶时的击拂

1.用匙击拂　河北宣化辽·张世卿墓壁画　2.用箸击拂　内蒙古赤峰元宝山元墓壁画

3.用筅击拂　山西汾阳东龙观5号金墓壁画

至。击拂过程中对冲点的水温有严格要求,偏凉则茶末浮起,偏热则茶末下沉。击拂的手法更有讲究,“先须搅动茶膏,渐加击拂,手轻筅重,指绕腕旋,上下透彻,如酵蘖之起面。疏星皎月,灿然而生。则茶之根本立矣”(《大观茶论》)。也就是说,只有当茶末极细,调膏极匀,汤候适宜,水温不高不低,水与茶末的比例不多不少,茶盏预热好,冲点时水流紧凑,击拂时搅得极透,盏中的茶才能呈悬浮的胶体状态。这时茶面上银粟翻光,浮雾汹涌;一盏茶就算点成了。

不过这盏茶冲点得到底如何,还可以通过“斗试”来检验。基本要领是看盏中的茶和水是否已经充分融合,是否已经产生出较强的内聚力,“周回旋而不动”。从而“着盏无水痕”,也就是说茶色不沾染碗帮。如果冲点不得法,茶懈末沉,汤花散褪,云脚涣乱,在盏壁上留下水痕,茶就斗输了。

由于这种斗茶法要验水痕;上面说过,这时茶色贵“纯白”,而白色的痕迹在黑瓷盏上显得最分明,即宋代祝穆《方舆胜览》所称:“茶色白,入黑盏,其痕易验。”故蔡襄指出:“建安斗试,以水痕先者为负,耐久者为胜。”可是到了明代以后,全社会普遍饮散茶;何谓斗茶,讲茶史者已不甚了了。如明代王象晋在《群芳谱》中竟把蔡襄的话改成“建安斗试,以水痕先没者为负”;真是差之一字,谬以千里了。宋之黑盏以遗址在今福建建阳水吉镇的建窑所产者最负盛名。《茶录》说:“建安所造者绀黑,纹如兔毫,其坯微厚,熁之久热难冷,最为要用。”除兔毫盏外,建窑的油滴盏俗称“一碗珠”;油滴在黑釉面上呈银白色晶斑者,称“银油滴”,呈黄色晶斑者,称“金油滴”,在晶斑周围环绕着蓝绿色光晕者,称为“曜变”,更为名贵。此外,遗址在今江西吉安永和墟的吉州窑也是宋代黑瓷的著名产地,这里烧制的黑瓷盏上以鹧鸪斑著称。鹧鸪斑黑盏是在黑色的底釉上再施一道含钛的浅色釉,烧成后釉面呈现羽状斑条,如同鹧鸪鸟颈部的毛色。吉州窑的鹧鸪盏和建窑的兔毫盏在诗人笔下常相提并论。杨万里的“鹧斑椀面云萦字,兔褐瓯心雪作泓”,是广泛流传的诗句。为斗茶所需,黑瓷盏不胫而走,不仅南方地区的许多瓷窑生产黑盏,北方有些烧白瓷的窑口也兼烧黑盏。但是如此精美的黑茶盏,尽管盏心这一面做得很考察,但其外壁之腹部以下却往往做得不甚经意,比如釉不到底、圈足露胎,或盏底之釉堆叠流淌等(图二十三)。其所以出现这种状况,是因为这时的茶盏都要和茶托配套,盏腹下部嵌入茶托的托圈之内，则上述缺点均隐没不见。

图二十三　宋代的兔毫盏，腹外下部淌釉

关于茶托的起源，李匡乂《资暇集》中有一说，谓："始建中，蜀相崔宁之女以茶杯无衬，病其熨指，取碟子承之。既啜而杯倾，乃以蜡环碟子之央，其杯遂定。即命匠以漆环代蜡，进于蜀相。蜀相奇之，为制名而话于宾亲，人人称便，用于代。是后传者更环其底，愈新其制，以至百状焉。"后来茶托几乎成为茶盏之固定的附件，而且托圈逐渐增高，犹如在盘子上摞了一只小碗，有敛口的，也有侈口的（图二十四）。有些托圈内且中空透底，使之不便移作他用。出土物中除瓷制品和金属制品外，江苏常州北环新村宋墓曾出土银扣朱漆茶托。南宋吴自牧《梦粱录》说杭州的茶店用"瓷盏、漆托供卖"。《茶具图赞》中也称茶托为"漆雕秘阁"。因为茶末用沸汤冲点，茶盏很烫，且无把手，故用托承载，以便端举。由于漆木制品的隔热性好，所以在实际生活中饮茶多用漆托。不过漆托不易保存，所以在出土物中反倒比瓷托与金属托少些。但辽、宋时的绘画中却多半把托子画成漆器，如河南白沙 2 号宋墓壁画中的送茶者，端着朱红漆茶托，上置瓷茶盏。河北宣化辽代张世卿墓的壁画中，在桌上摆着黑漆茶托，上面也放着瓷茶盏。茶托和承酒盏的酒台子，粗看起来有点类似，但从形制上加以分辨，区别还是很明显的；上面谈酒器时特别指出了这一点。辽、宋人对这两类器物的用途从不混淆，壁画中"进茶图"里出现的都是茶具。"进酒图"里出现的都是酒具。现今有些书刊甚至展陈中或将“茶托子”、“酒台子”张冠李戴;似应以名从主人为是。

到了元代后期,饮散茶之风兴起。这时将茶芽或茶叶采下,晒干或焙干后,直接在壶或碗中沏着喝,一般不掺香料,也不压饼、碾末。及至明代,散茶完全排斥了末茶。洪武二十四年(1391)曾明文规定禁止碾揉高级茶饼。这样一来,连普通茶饼亦随之消失。从而茶具也大幅改弦更张,以前的磨、碾、罗、筅等均废而不用;原先只盛或煮开水的茶瓶一变而为沏茶的茶壶。后二者之间虽然存在着发展演变的关系,但不仅用法不同,而且里面的开水也不一样。点茶因为要求沫饽均匀,以便斗试,所以《大观茶论》说:“用汤以鱼目蟹眼、连绎迸跃为度,过老则以少新水投之。”也就是让水达到刚刚接近沸腾,如苏轼诗所称“蟹眼已过鱼眼生,飕飕欲作松风鸣”的程度。三沸以上,便认为“水老不可食也”。而在茶壶中沏茶,“汤不足则茶神不透,茶色不明”(明代陈继儒《太平清话》),所以要用“五沸”之水,才能使“旗(初展之嫩叶)、枪(针状之嫩芽)舒畅,青翠鲜明”(明代田艺蘅《煮泉小品》)。

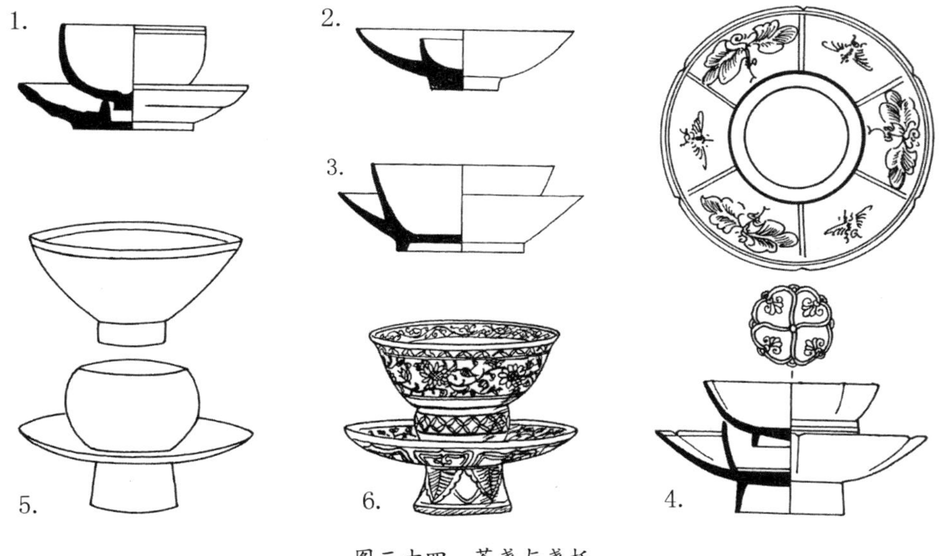

图二十四 茶盏与盏托

1.江苏江宁东善桥南朝墓出土 2、3.湖南长沙唐铜官窑出土 4.北京八宝山辽·韩佚墓出土 5.江苏镇北宋·章岷墓出土 6.北京旧鼓楼大街元代窖藏出土

当茶艺发生了如此巨大的、全局性的改观之后，未曾亲历两宋饮茶之盛的明朝人，常对前代茶书中的若干提法表示不以为然。比如蔡襄《茶录》中说："茶色白，宜黑盏。"《大观茶论》也说："盏色贵青黑，玉毫条达者为上，取其焕发茶色也。"金、元人笔下仍称道白色的茶，如金代蔡松年词："午碗春风纤手，看一时如雪。"金代高士谈词："晴日小窗活火，响一壶春雪。"元初耶律楚材也有"雪花滟滟浮金蕊，玉屑纷纷碎白芽"之句，均着意于此。明人仅就散茶立论，反而加以诘难："茶色自宜带绿，岂有纯白者?"（明·谢肇淛《五杂俎》）"茶色贵白，然白亦不难，泉清、瓶洁、叶少、水洗，旋烹旋啜，其色自白。然真味抑郁，徒为日食耳"（明·熊明遇《罗岕茶记》）。还有人说："宣庙时有茶盏，料精式雅，质厚难冷，莹白如玉，可试茶色，最为要用。蔡君谟取建盏，其色绀黑，似不宜用"（明·屠隆《考槃余事》）。就散茶而言，上面这些说法虽不无道理，然而据以讨论宋代末茶之茶色、用器，则全无是处。实际上黑色的建盏元末已停烧，明代文献说的"建窑"，一般指德化窑的白瓷，而不再指水吉窑的黑瓷；也有称前者为"白建"，后者为"黑建"的。建盏的由尚黑转为尚白，正折射出我国茶艺之由点末茶转成泡散茶的变化。

到了今天，无论大家喝的是绿茶、红茶、花茶或乌龙茶，已经统统属于散茶，遵循的也都是喝散茶的套路了。

【孙　机　中国国家博物馆研究馆员】

原文刊于《中国文化》2013 年 01 期

中国历代吉祥图案管窥

王树村

本文所谈的“吉祥图案”，是指附在器物上的一种寓意幸福的纹样。我国古代美术论著中无“图案”一词，唐张彦远《历代名画记》里称之为“样”，如说画家董伯仁“有杂画台阁样”，又有关于窦师论“初为太宗（李世民）秦王府咨议相国录事参军，封陵阳公……凡创瑞锦宫绫，章彩奇丽，蜀人至今谓之陵阳公样，高祖（李渊）、太宗时，内库瑞锦对雉、斗羊、翔凤、游麟之状，创自师纶”的记载。从而可以知道“图案”（Design）一词在我国古代称之为“样”，同时还得知我国唐初绫锦纹样中已有翔凤、游麟、对雉、斗羊的吉祥图案花纹了。

汉以前的吉祥符瑞

我国是一历史悠久、文化宝藏累积丰富的文明国度，美术方面，远在史前新石器时期就有绘在陶器上的图案花纹，是否寓意祥瑞，不能妄言，但到了殷、周、战国时期，不少青铜器、建筑物、玉石等工艺美术品上，不难看出装饰着美丽精彩的吉祥图案花纹，则确定无疑。吉祥是与凶祥相对之词、《左传·昭公十八年》：“郑之未灾也，里析曰：将有大祥。”疏：“祥者，善恶之征。《中庸》，国家将兴，必有祯祥；国之将亡，必有妖孽。”又据成玄英注疏《庄子》“虚室生白，吉祥止止”句谓：“吉者，福善之事；祥者，佳庆之征。”故“吉祥”二字，自古以来就反映了人们希望福善瑞庆，诸事遂意之心愿。至于将吉祥瑞兆之事绘制成图，远在商周时期的青铜古器和玉石宝物中就已出现。如近年河南安阳1004号商代大墓出土的鹿方鼎，在鼎腹刻有鹿头图案；有的表现鹿的整体形象。传世的西周“貉子卣”，盖上的半蹲卧作回首状的鹿纹，既写实又有装饰性，洋溢着吉祥意味。盛行于商和西周青铜器上的“象”、“鱼”、“鸟”、“龟”等，以及商周古玉的夔纹、龙纹、凤

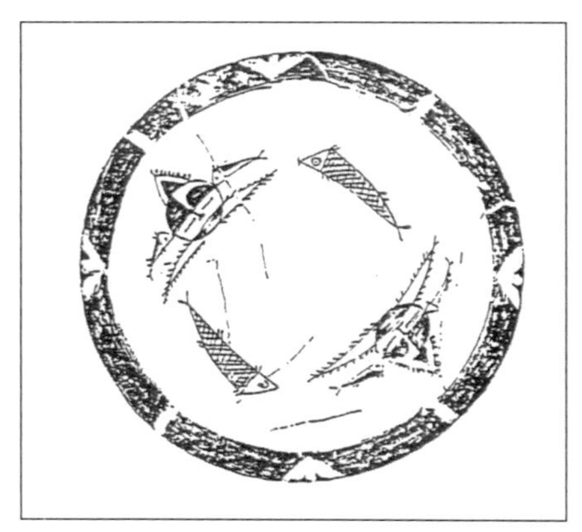

鱼、人面形彩陶 （新石器时期 陕西西安东郊出土）

铜羊灯 （西汉 河北满城）

形、虎形等纹样，都可说是我国古代吉祥图案早期之形式。降至秦汉象征吉祥的图案不仅题材渐广，应用范围也扩大，包括铜器、陶器、建筑、碑石、墓葬等各个方面。歌颂帝王“圣德”的祯祥、瑞应之说也增多，特别是当汉代董仲舒倡“天人合一”、谶纬之学盛行，使吉祥瑞应之说弥漫于整个社会。《白虎通义》卷三“符端之应”中写道：“天下太平，符瑞所以来至者，以为王者承天统理，调和阴阳，阴阳和，万物序，休气充塞，故符瑞并臻，皆应德而至。德至天，则斗极明，日月光，甘露降；德至地，则嘉禾生，蓂荚起，秬鬯出，太平感；德至文表，则景星见，五纬顺轨；德至草木，则朱草生，禾连理；德至鸟兽，则凤凰翔，鸾鸟舞，麒麟臻，白虎到，狐九尾，白雉降，白鹿见，白鸟下；德至山陵，则景云出，芝实茂，陵出黑丹，阜出莲莆，山出器车，泽出神鼎；德至渊泉，则黄龙见，醴泉涌，河出龙图，洛出龟书，江出

大贝，海出明珠；德至八方，则祥风至，佳气时喜，钟律调音，度施四夷，化越裳贡。”将吉祥符瑞之象征，概括地体现在天、地、文表（人）、草木、鸟兽、山陵、渊泉、八方等八个方面，为后来的《瑞应图》（最早的吉祥图案集）之绘制奠定了基础。汉代的符瑞之图，在近年汉墓出土的文物或画像砖、画像石中，屡见不鲜，但在摩崖石刻上要以甘肃成县鱼窍峡的《五瑞图》最有代表性。此图绘刻于汉灵帝建宁四年（公元 171 年）六月十三日，图呈长方形，上方左画一黄龙，右为一白鹿；下方左面画二树四枝（连理木），中一嘉禾，禾生九茎，右面一树，树下有仙人手举一盘，在接天降之“甘露”，榜书各祥物之名。此图之绘刻，是因成县鱼窍峡为通往四川等地的西峡阁道，这里临不测之深渊，缘陡峭之石壁，危难险峻，常常发生人车坠落之灾，当时武都太守与功曹史等，为民兴利除害，修路治险，改险峻之路为平坦之途，人民感谢太守为政清廉，为民做好事，刻此《五瑞图》。此图石刻距今已一千八百多年，堪称是我国最早的一幅“吉祥”题材的作品，原石尚存，可资参考。

《瑞应图》及《稽瑞》

三国时，吴主孙权薨，少子亮继位，曾作琉璃屏风，屏风上雕刻“瑞应图”凡一百二十种（见崔豹《古今注》），可说是上代吉祥瑞庆图案之大成。可惜此一宝物早已毁于兵火，图案形式，无从稽考。到南北朝，有孙柔之撰《瑞应图赞》与《瑞应图记》各三卷，书虽亡佚，由于它的内容多符人们希望福善常临，诸恶远拒，所以不但没有绝迹，以后反而有所增补，唐朝刘赓广征载籍，博录图史，配以俪句，辑成《稽瑞》一书，共一百八十五条，于每一吉祥瑞征之条目下，附一注解，言明出处，其中多半引自《孙氏瑞应图》。如《稽瑞》“尧星出翼，舜龙负图”句下即引“《孙氏瑞应图》曰：景星或如半月，或如星中空，或如赤气，先月出西方，故曰天见景精”；“麟盖玄枵，凤衔赤符”句下引“《孙氏瑞应图》曰：麟不践生虫，不折生草，不入坑穽，不触罗网，食嘉禾之食，饮珠玉之英”。此类引证计八十六处，说明《瑞应图赞》虽图已不可得，但其赞即文字部分尚存于唐代，尽管并不完整。

《稽瑞》一书其他部分多辑自《孝经》《山海经》及有关史志之类。如“羊衔其谷,鸟让其庭”其注释说:“《广州记》曰,裴洇于广州厅事梁上画五羊像,又作五谷囊,随羊悬之,云昔高固为楚相,五羊衔草于其庭,于是图其象;《南越志》曰,任嚣尉陀之时,有五仙骑五色羊,执六色秬以为瑞,因而图之于府厅,交州亦然。”这一瑞征之说,似与今日传说的广州“羊城”故事稍异,然而《稽瑞》中所说的五羊城为广州别称的故事,更较动听。还有“蚕则野茧,谷则田穞”一条,亦非《孙氏瑞应图》中所载,而是引《东观汉记》《齐书》《吴志》《梁书》关于谷不种而布漫山泽,蚕不育而自茧,湖水澄清,山绵百姓采以为絮,稻不插而自生的记载,反映的是劳动人民的愿望。后来民间绘画和吉祥图案题目中的“瑶池集庆”、“寿天百禄”等题材,就是从《稽瑞》中“王母献环”、“白鹿千岁”发展而来的。

唐宋时期的吉祥图案

唐刘赓所辑的《稽瑞》还曾征引《熊氏瑞应图》,今亦未见。此外,又有《祥瑞图》(十卷,起自“天有黄道”,失撰者名)、《符瑞图》(十卷,行日月扬廷光,并集孙氏、熊氏图)、《白泽图》(一卷,三百二十事,出《抱朴子》)等,在唐代张彦远《历代名画记》中有书目可查,但那时已经“多散佚人间,不得见”了。《历代名画记》还载有不少吉祥喜庆题材的古代画目,其中多为名家所作,不像后来人们把绘制吉祥喜庆题材的民间画家渺视为工匠艺人,其作品亦被视为“难登大雅之堂”的俗画。如南北朝时的大画家陆探微,曾作《萧史图》(即后世《吹箫引凤》、《龙凤呈祥》喜庆之图的由来),袁倩有《二龙图》(当是后来“教子升天”图之创始),唐朱抱一“写张果先生真,为好事者所传”(张果即“八仙庆寿”人物之一),都是名家之作。《宣和画谱》中还记有唐张素卿画《寿星像》《天官像》(即后来吉祥图案中的“天官赐福”、“蟠桃献寿”之题材)。五代时,边鸾所作《金盆孔雀》,黄筌的《南极老人像》《双鹿图》,黄居宝的《荷花鹭鸶》等图,对宋代的手工艺如陶瓷、刺绣、织锦、建筑彩画、铜器、雕刻、漆器等颇有影响,使装饰花纹的题

鎏金龟纹桃形银盘 （唐 陕西西安）

材也向花卉、鸟兽、鱼龙方面发展。绘画中，莲羽的《玩珠龙图》，黄居寀的《牡丹竹鹤》《蜂蝶戏猫》，徐崇嗣的《芦鸭图》《双鹊图》，易元吉的《双猿戏蜂图》《瓶花孔雀图》《写生双鹑图》，马麟《福禄寿图》等等，成为后来的“双龙戏珠”、“富贵一品”、“耄耋富贵”、“二甲传胪”、“双喜临门”、“封侯挂印”、“翎顶平安”①、“安居乐业”、“三星高照”等民间吉祥画（图案）的稿本。

唐代工艺美术中的“内库瑞锦”，已有对雉、斗羊、翔凤、游麟等吉祥图样之花纹；到了宋代，锦绣花纹图样更多吉祥寓意。明张茂实著《清秘藏》一书，其中“叙唐宋锦绣”一章里，对唐宋吉祥图案花纹在锦绣里的反映，记载甚详：

> 贞观、开元间，装裱书画皆用紫龙凤细绫为表，绿纹绫为里。南唐则褾以回鸾墨锦，签以潢纸。宋之锦褾，则有克丝作楼阁者，克丝作“龙水”者，克丝作“百花攒龙”者，克丝作“龙凤”者。紫“宝阶地”者，紫大花者，“五色

① “翎顶平安”是画一砾砂瓶，上插一孔雀翎。因清朝的京官品级到了一定的高度，许戴孔雀翎于帽后，但不稳定，一朝犯法或忤旨，则被拔掉。“翎顶平安”是祝官高而不被刑。

> 簟文"(一名山和尚)者,紫"小滴珠、方胜、鸾鹊"者,青绿簟文(一名"阇婆",一名"蛇皮")者,紫"鸾鹊"者,紫"白花龙"者,紫"龟纹"者,紫"珠焰"者,紫"曲水"(一名落花流水)者,紫汤"荷花"者,"红霞云鸾"者,"黄霞云鸾"(一名绛霄)者,青楼阁者,紫大落花者,紫"滴珠龙团"者,青樱桃者,皂方团白花者,"方胜盘象"者,球路者,衲者,柿红"龟背"者,樗蒱者、"宜男"者,"宝照"者,"龟莲"者,"天下乐"者,"练鹊方胜"者,"绶带"者,瑞草者,八花晕者,银钩晕者,细"红花盘雕"者,翠色狮子者,"水藻戏鱼"者,红"遍地杂花"者,红"遍地翔鸾"者,红"遍地芙蓉"者,红"七宝金龙"者,"倒仙牡丹"者,"白蛇龟纹"者,黄地"碧牡丹方胜"者,皂木者。绫引首及拓里,则有碧鸾者、白鸾者、皂大花者、碧花者、姜牙者、云鸾者、樗蒱者、"涛头水波"纹者、仙纹者、重莲者、双雁者、方旗者、龟子者、方彀纹者、鸂鶒者、枣花者、"叠胜"者……

说明当时的吉祥图案花样极为丰富多彩,为工艺美术家提供了资料。宋代李诫修《营造法式》,分名例、制度、功限料例、图样四部分,在当时不断兴建宫殿道观的要求下,彩画图样在《营造法式》中出现了金童、玉女、仙人、真人等道教中吉祥人物和当时流行的折枝花卉、鲜果写生等绘画形式,甚至成为时尚。陶瓷上的吉祥图案花纹,更为新颖,如现藏河南省博物馆的《得禄听封》瓷盘压花印模,弥足珍赏。

丰富多彩的明代吉祥图案

元代在工艺美术发展方面进展不大,除宗教方面的器物,其他吉祥图案有些停滞不前,唯有陶瓷花纹及商业酒坊彩画颇有可述者。如酒糟坊,门首多画四公子(春申君、孟尝君、平原君、信陵君),以红漆阑干护之,上盖巧细升斗,若宫室之状,又间画汉钟离、唐吕洞宾为门额。湛露坊自南转北,多是雕刻、押字与造象牙匙箸者,及士夫青匾条并诸般线香,有作"万岁藤"及诸花样者,此处最多。又

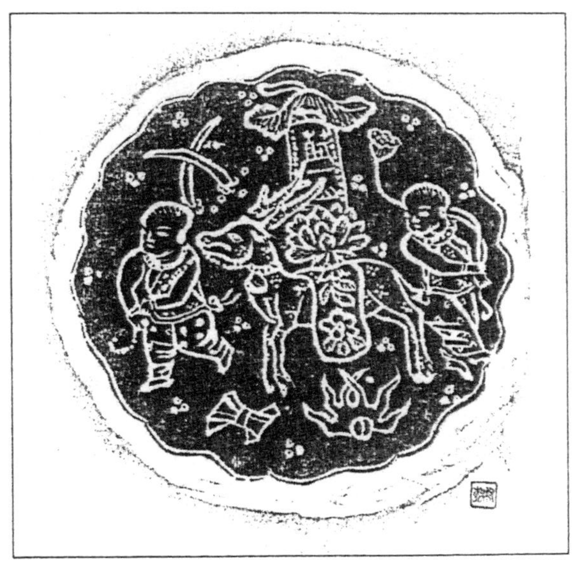

得禄听封 （宋瓷压花模 河南郑州）

市中医小儿者，门首以木刻板作小儿，儿在锦棚中若“方相”②寓逐疫禳灾之意；兽医之家，门首地位上以大木刻作壶瓶状，长可一丈，以赭石红之；剃头者以彩色画牙齿为记，作为吉祥的象征。陶瓷中，以近年出土的“双凤”纹罐和“青花凤首扁瓷壶”③可反映元代陶瓷吉祥图案之一斑。

明代的工艺美术，随着社会生产力和商品经济的发展而步向高潮，吉祥图案（画）更加丰富多样。吉祥喜庆题材不仅体现在工艺美术品上，其他像木刻版画、民间绘画（年画）等观赏艺术也多有表现。有一部不著撰者姓氏的《天水冰山录》，云是查抄严嵩家中的“籍没之册”，里面记录金银器皿、珠宝首饰、珍奇器玩、珊瑚琥珀、织锦绸缎、古今名琴、汉瓦端砚、文房用具、屏风卧床，青铜古器、墨刻法帖、古今名画等，数额近六万件，皆有吉祥图案纹样。如金银器皿中，有“寿星骑鹿壶”、“魁星踢斗杯”、“鲤跃龙门盘”等；珠宝首饰中，有“大凤刘海戏蟾”、“珠宝加官进禄”、“折丝长命富贵”、“张骞乘槎珊瑚”等；首饰宝石环佩中，有

② 古代像神以逐疫者谓之方相。四目为方相，两目为倛，送葬亦用之（见《周礼》）。

③ 现藏故宫博物院。

双凤罐 （元 北京市）

“鸳鸯戏莲珠宝条环”、“猫眼珠宝斗牛绦钩”等；织锦绸缎及各色衣装中的吉祥图案花样尤多，今日罕闻，如“大红织金仙鹤补缎”、“青织金海潮锦鸡云缎”、“青织金粧花飞鱼纱圆领”，此外麒麟、云龙、翔凤、孔雀、獬豸、璎珞等花纹者多不胜数。在三千二百零一轴（卷、册）的古今名画中，除了一般名家常画之题材外，寓意吉祥的为数不少，如《瓜瓞绵延》《景星庆云》《万象同春》《寿域高登》《万斛珠玑》《瀛洲妙选》《瑶空云鹤》《群雄聚艺》《精金美玉》《并头莲图》《五福图》《玉衡呈瑞》《天圣伏妖》《麻姑仙坛图》《九老图》《群龙云会图》《纸织东方朔》《纳纱仙人图》《百福字》《百寿字》《爵禄双全》《转禄朝天》《朝纲独立》《五福如意》《天乙赐福》《叠叠封冠》《凤翻晓帐》《鱼跃鸢飞》《朝阳双凤》《天女散花》《五凤朝阳》《玉堂清节》《横披寿意》《福禄寿三星》《独鲤朝天》《禄转三台》《海屋添筹》《四妃十六子图》《九世同居图》《百鹿骈臻》《三阳开泰》《清风化日》《王母寿图》《泥金福寿无疆图》《四喜图》《九华寿意图》《百禄图》《鹿鹤双全》《四聘图》《中流砥柱》《麻姑献寿》《五鹿双全》《松石寿意》《三瑞图》《月明千里故人来》《王孟端福禄寿图》《天香玉兔并寿意》《南极呈祥图》《群仙拱寿》《寒山拾得》(和合二仙)、《万寿福禄》《南极长生》《尚父遇文王》《七子团圆图》《五老攀桂图》《东王迎寿图》《福神、真武、关侯、玉京仙子》《纳绣寿仙》《猫蝶寻春》《元

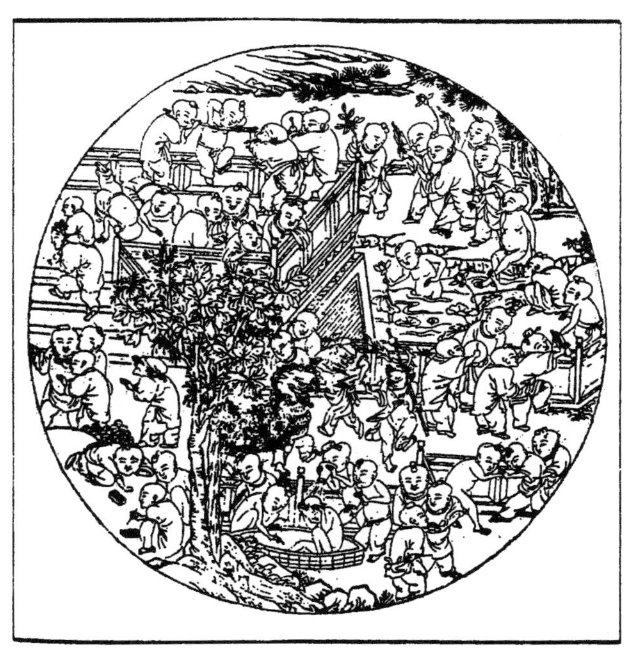

百子图 (明《程氏墨苑》)

绣八仙庆寿》《一秤金百子图》《三星拱寿并文鸟图》等等,大都是前朝稀有的吉祥题材之画目。《天水冰山录》一书固有可疑处,但其中有关吉祥图案题材的品目,不失其文献资料价值。

江西景德镇,为我国明清“四大镇”(江西景德镇、广东佛山镇、湖北汉口镇、河南朱仙镇)之一,宋景德(真宗赵恒年号,公元 1004 至 1007 年)间始建镇,至明中叶,景德镇烧造瓷器上的绘画已达五十多样,所画都是吉祥图案花纹,其中有“赶龙珠、一秤金、娃娃升降戏(画四个娃娃相连成方形,看去则是八个娃娃仰卧姿势)、龙凤穿花、满池娇、云鹤、万岁藤、抢珠龙、灵芝捧八宝、八仙过海、孔雀、牡丹、狮子滚绣球、转枝宝相花、鲭鲌鲤水藻、江下八俊、巴山出水、飞狮、水火

捧八卦、竹叶灵芝、云鹤穿花、花样龙凤、转芝莲托八宝、八吉祥、海水苍龙捧八卦、三仙炼丹、耍戏娃娃、四季花、三阳开泰、花天、花捧云山福海字、二仙、出水云龙、龙穿西番莲、穿花凤、双云龙、青缠枝宝相花、穿花龙、如意围鸾凤、穿花鸾凤、团龙、群仙捧寿、苍狮龙、耍戏鲍老、升凤拥祥云、乾坤六合花、博古龙、松竹梅、鸾凤穿宝相花、四季花等名，其他花草、人物、禽兽、山水、屏瓶、盆盎之观，不可胜记”。④ 以上各种吉祥图案及画，大都不见《瑞应图》所载，可知明代手工业之发达，工艺美术事业之繁荣，因而吉祥图案艺术也随之达到了一个新的境界。在木刻版画方面，如万历年间方于鲁辑印的《方氏墨谱》里的“九子墨”、“五老图”、“名花十友”、“三生花”、“四夷咸宾”等，及程大约辑刻的《程氏墨苑》里的“百老图”、“百子图”等，也都反映当时吉祥图案发展的盛况。崇祯七年（公元 1634 年），计成著《园冶》一书，其中的“栏杆”、“装折”、“门窗”、“墙垣”、“铺地”等图样中，多半是吉祥图案形式。如“栏干”中的张环式、锦葵式、套方式等，“门窗”中的葫芦式、执圭式、剑环式、如意式、蓍草瓶式、贝叶式等。尤以崇祯十七年（公元 1644 年），胡正言摹辑的《十竹斋笺谱》，其中有“灵瑞”八种，画历代祥瑞之故事，“寿征”八种，画祝寿长生之故事，“宝素”和“文佩”十六种，画三代鼎彝圭璧、玉石文玩之类，其形多取吉祥之意。此笺谱继《梦轩变古笺》⑤之后，以拱花法印制，两者堪称一部明代“瑞应图”续集。

随处可见的清代吉祥图案

经过明末的社会大动荡，至十八世纪初，社会经济日趋稳定并得到发展，工商业重新繁荣起来。特别是清统治阶层的亲王、贝勒、贝子⑥等，大兴土木，盖起了王府第宅，加上康熙、乾隆连续南巡，广造皇帝行宫，一时建筑艺术上出现了各

---

④ 见吴允嘉《浮梁陶政志》（《景德旧事》）。

⑤ 《梦轩变古笺》即《梦轩笺谱》，明天启七年（公元 1627 年）金陵吴发祥刊版，单面笺谱第 188 页，1981 年上海朵云轩复刻行世。

⑥ 清代宗室封爵最高者为亲王，次贝勒，再次为贝子。

种新的吉祥图案。乾隆年间,李斗撰《扬州画舫录》,在“工匠营造录”一卷里,记下了当时“画作”在彩画王府第宅额枋时应用的图案规则,如“贴金五爪龙,则亲王用之,仍不许雕刻龙首。降一等,用金彩四爪龙。贝勒、贝子以下,则贴各样花草,平民不许贴金”,这是行龙或坐龙图案应用时的规定。龙凤以外之花纹,“画作以墨金为主,诸色辅之……花式以苏式彩画为上,苏式有聚锦、花锦、博古、云秋木、寿山福海、五福庆寿、福如东海、锦上添花、百福流云、年年如意、福缘善庆、福禄绵绵、群仙捧寿、花草芳心、春光明媚、地搭锦袱、海墁、天花聚会诸式。其余则西蕃草、三宝珠、三退晕、石碾玉、流云仙鹤、海墁葡萄、冰裂梅、百蝶梅、夔龙宋锦、画意锦、垛鲜花卉、流云飞蝠、寿字团、古色瞰虎、炉瓶三色、岁岁青、瓶灵芝、茶花团、宝石草、黄金龙、正面龙、升泽龙、六字正言、云鹤、宝仙、金莲水草、天花、鲜花、龙眼、宝珠、金井玉栏干、万字、栀子花、十瓣莲花、柿子花、菱杵、宝鲜花、金扇面、江洋海水诸式。”这些建筑上的吉祥图案花纹,在各地清代修建的寺庙、王府、园林古建中,经常可以看到。清代地毯图案花纹较前有很大变化,由于喇嘛教的影响,八宝(轮、螺、伞、盖、花、罐、鱼、长)吉祥图案增多。当时地毯产地大都在边疆盛产羊毛的地区,其中宁夏有河套的水利,畜牧业发达、羊毛质量较优,织出的地毯花样也多,有云龙、飞凤、博古、八仙、文房四宝等。喇嘛庙里的地毯图案需专门制作,如“活佛”用黄龙靠垫,庙柱地毯用八吉祥图案,门帘图案则是守门的“椒图”(与龙仿佛)。这些图案花纹的下部分,都织有海水江牙和三山峰峦之形,取“福海寿山”之意。此外,包头地毯多是“丹凤朝阳”、“百鸟朝凤”、“鹿鹤同春”等独幅形式的图案;绥远(呼和浩特)的地毯图案,以金钱、龟纹、锁子、梅菊万字、梅花等十种锦地图案(俗称“十样锦”)最为出色;张家口盘金丝绒地毯的“狮子滚绣球”图案,名著一时,十分可观⑦。

吉祥图案花纹发展到清代,已达到随处可见的地步,举凡糊墙花纸、刺绣花样、剪纸窗花、民间砖雕、雕花木器、糕点模子、蓝印花布、傣族织锦、苗族刺绣、织绣花边、砚石雕刻、陶瓷器皿、龙凤花烛、景泰珐琅、雕漆盘盒、点翠首饰、夹金抽缎、象牙雕刻、油漆彩画、园林门窗、铺地花纹,以及商店招牌、木版年画,无不有

⑦ 见李临潘《近代京、津地毯图案的源流变化》,载《中国工艺美术》丛刊,1982 年第 2 期。

各式各样、丰富多彩的吉祥图案纹样。绘刻或编织这类吉祥图案的工艺品，至今还有部分流行市上，或作为外贸商品，远销国外。这些形式上具有民族民间艺术特色又寓有吉祥瑞庆美意的图案花纹的物品，不难看出它是数千年来良工巧匠用血汗创造出来的中华文化之宝。按理说这么丰富多彩的吉祥图案，本应继南北朝孙柔之编纂一部新《瑞应图》或《稽瑞图》，或如宋王黼等编的《博古图》、托名龙大渊撰的《古玉图谱》，以及明方于鲁的《方氏墨谱》等那样，摹绘刊版，印成图册，作为雅事善举，流传后世。岂料到了晚清年间，内忧外患，无有竟时，人民穷困达极点，哪里去寻“吉祥”，何处又有“瑞应”？更谈不上系统摹绘整理民间吉祥图案，发扬祖国悠久历史文化了。

今天，随着各地考古者的发掘，在陆续出土的历代文物中，珍奇美观的吉祥图案花纹越来越多；加上故宫和各博物馆收藏的传世工艺美术品以及各地少数民族地区和民间收藏的美术品，寓意吉祥而又美观的图案，何止百倍、千倍于《孙氏瑞应图》一百二十之名数。倘若专家从历史发展角度作一番搜集、临摹并辅以文字资料的系统整理，分门别类地按其年代排列下来，编辑一部《中国吉祥图案集成》，不但资料丰富，也可看出我国悠久历史文化是何等光辉灿烂，人民对美好幸福是如何憧憬，实为有益于民族文化、造福于子孙后代的盛举，非不能也，是未为也。

【王树村　中国艺术研究院美术研究所研究员】

原文刊于《中国文化》1990年01期

论中华服饰的重带传统

林维民

引 论

人类从遥远的原始时期,即所谓茹毛饮血的年代开始,就在衣禽兽之羽皮的同时,学会使用带子。随着生产力的发展,服饰逐步完善,当上衣下裳的形制得到确立时,带子更成为男女服饰不可分割的部分。所谓"黄帝垂衣裳而天下治"的时代固不可考;但从殷墟出土的材料也足以证明,带饰还在衣裳之外,同冠冕占有同样重要的地位。至于周代,从今天见到的《诗》《礼》乃至《左传》等文字资料看,大抵记载服饰的材料几乎没有不及带饰的。特别是《诗经》,提供的形象的描述,给我们以如临目前之感。《卫风・有狐》是诗人替一位男子抒发失恋苦恼的,"心之忧矣,之子无裳","心之忧矣,之子无带","心之忧矣,之子无服",诗以"无裳""无带""无服"比喻失去异性之爱,其中所含深层的文化意蕴我们暂且置诸不论;值得引起注意的倒是它将带同裳、服相提并论,可见带饰在周人心目中占有何等重要的位置。《卫风》中还有一首诗叫《芄兰》:"芄兰之支,童子佩觿,虽则佩觿,能不我知。容兮遂兮,垂带悸兮。"这也是一首爱情诗,可惜前人泥于序传，把它解释为政治诗，弄得面目全非。诗经中称"童子"，称"狡童"，称"狂童"，实际上都是青年女子对所钟情者之昵称。诗中所谓的觿，是佩在革带上的一样附件，专为解结之用。芄兰形约似觿，此不过作为起兴之物罢了。头四句说："小伙子呵，你虽然佩着一把专为解结的觿，你却解不了我的心头之结。"诗歌的精彩之处在于后两句，这女子竟对不识心曲的男子发出由衷之赞叹：你的举止是这样的雍容自得呵，你的风度是如此的舒缓自若呵，原来是因为你的大带垂下来飘飘荡荡使我神魂颠倒呵！男子腰间的带饰竟使一位青年女子如痴如醉，可见带子真是一件不可小觑之物！

事情还远远不止于如此。祭服是中国古代最有代表性的礼服。从三代至明清，虽然形制代有递嬗，但带饰，包括大带、革带及同革带有密切联系的韨、绶等，总是同衣裳冠冕须臾之不可分。《左传》桓公二年载臧哀伯谏鲁桓公的话，所谓"衮冕黻珽，带裳幅舄，衡紞纮綖，昭其度也，藻率鞞鞛，鞶厉游缨，昭其数也，火龙黼黻，昭其文也"，云云，真是贯三千年而不变。可见祭服形制影响之巨！毫无疑问，它必定影响家居常服。尽管家居常服佩带方式同礼服有所不同；尽管数千年来，不管是祭服抑或常服，带饰的体制、材料，佩带的方法也都代有沿革，但是中华服饰的重带传统则始终如一。本文拟于大带、革带的佩戴传统及其递嬗中，寻找一些有助于当今服饰设计思考的东西，以就教于方家。

论大带

大带的最初作用是束腰。是上衣下裳服制派生出来的饰物。首先，它起了分界上衣下裳的作用；其次，它可能有束系下裳的作用。《礼记·深衣》云："带，下毋厌（音压）髀，上毋厌胁，当无骨者。"这里所指的髀，即髀上骨，即今之所谓的髋也。这里所指的胁，就是最下部的肋骨，下不压髀，上不压胁，所以说大带的束系位置正在腰际"无骨"的部位，起束腰的作用。

服饰体制的形成及派生，本来就是阶级社会等级观念的反应及体现。小小带饰也莫非如此。大带的材料、质地、颜色及装饰上的变化主要为了显示尊卑贵贱。《礼记·玉藻》说:"天子素带,朱里,终辟;而(诸侯)素带,终辟;大夫素带,辟垂;士练带,率下辟;居士锦带,弟子缟带,并纽约用组。"(《礼记》此文有脱乱,今依郑玄改其文)这段文字说明以下几个问题:第一,随尊卑贵贱的区别,带的材料有别:如天子、诸侯、大夫用素,士用练,居士用锦,弟子用缟。素为生丝,练为熟丝,缟轻而素重,而锦则为有色之丝;第二,质地也有别,如天子、诸侯、大夫虽同于用素,但里有别,天子朱里,诸侯、大夫则不用朱里;第三,装饰也有别:所谓"终辟"的"辟"同"纰",指缘饰。天子之大带从束腰下垂部分都用朱为缘饰;而诸侯因不用朱里,故虽"终辟",但色彩只能上用朱下用绿;至于大夫以下不仅不能"终辟",且只能用玄华(黑黄)之色饰带身之两旁及垂屈部分等。这种形制一直影响到后世的礼服,而且唐宋以后愈趋繁复。后世用带形制虽同三代有别,但以材料、颜色、缘饰等定尊卑则始终如一。如宋代大观至政和年间,更改冕服之制,皇帝冕服大带用绯白罗;明洪武年间再改白罗;至清代,大带则宗室用黄,觉罗(叔伯兄弟之支)用红,余皆用蓝色或石青,甚至在乾隆年间皇帝专门发布告示晓谕天下,如不按皇室决定,僭越滥用带色将从重治罪。可见至清代,以带色显示等级差别则愈加严酷。

如果说,大带在礼服中始终起显示尊卑贵贱作用的话,那么它在常服中则除继续保持着一定的实用性外装饰性愈趋突出。

带的趋长是服饰时髦化的显著标志之一。

大带原来就有下垂的体制。《礼记·玉藻》说:"绅长制士三尺,有司二尺有五寸。子游曰:参分带下,绅居二焉;绅、韠、结三齐。"郑玄解释说,绅就是带的下垂部分,因为它"曲而重",故称它为绅。过去有人说绅就是大带,不如郑玄解释得好。以下引孔子弟子言偃(字子游)的话证明绅之长度:人长八尺,大带之下四尺五寸,分为三分,绅居二分,故绅长三尺。绅同韠(即蔽膝,祭服称韨或黻、芾)及穿过大带交结处的丝条垂下部分(即上文所谓"纽约用组"的"组"),三者俱长三尺,故云"三齐"也。

带之下垂使男子增加"绅士"风度,亦使女子平添飘逸风采。上文曾说卫国一女子倾倒于一垂带之男子,这里再举《小雅·都人士》为例,其诗曰:"彼都人士,垂带则厉。""匪伊垂之,带则有余。"这个"厉"字,就是《左传》"鞶厉游缨"的

“厉”,(杜预注鞶,即大带),即大带下垂的样子。孔颖达解释得好:“大带之垂者,名之为绅,而复名曰厉,是厉为垂貌。”所谓“都人士”,犹美男子。全诗从服饰之美表仰慕咏叹之情:那美男子啊,大带垂下来,多少风度翩翩呵;并不是他故作姿态把带垂,而是于礼应当往下垂呵!可见大带之下垂在周代服饰中引人注目的程度。经战国和秦汉,垂带的传统深刻影响家居男女之常服,并有加长、飘逸之趋势。假如说,在三代的冕服中,大带的下垂部分仅在韨(即蔽膝)后露出以至必须达到所谓“三齐”的话,那么在不用蔽膝的常服中,带的作用则发挥得更加淋漓尽致。故宫博物院所藏的战国玉雕像(图一),其腰间束带作伸出飘动状,虽然可能带有装饰意味,但带之趋向飘逸,可初见端倪。山西孝义汉墓出土的女俑(图二),其带在腰部绕三匝垂于左下方,其外又加束红带并系于腹部,也见带饰趋华、趋长之端倪。魏晋时代,男服褒衣博带,带饰成为男子表现潇洒、大

图一

图二

度气概的寄托,带饰的随意性更增添其放浪不拘的神态(图三)。至于女服带饰,则逐渐由垂带向拖带、飘带发展。当时女子流行所谓杂裾垂髾服。专家认为此即深衣的发展。这里垂髾的“髾”最值得注意。有一条带饰从下裳中伸出,称为襳,实际上就是大带下垂部分的延伸,带子拖得很长,以致走起路来,牵动下摆的三角部位,即所谓“髾”,有轻盈欲飞之态。据传顾恺之据曹植《洛神赋》而作的《洛神赋图》(图四),甄后所化之洛神及其侍女形象,均垂带飘逸,虽然有艺术想象之处,但亦符合赋中所谓“竦轻躯以鹤立,若将飞而未翔”的情景。大同北

图三

图四

魏司马金龙墓出土的朱漆绘屏风上的女像，飘带飞垂，同前画异曲同工，均与南北朝诗人所谓“荡子十年别，罗衣双带长”，“腰中双绮带，梦为同心结”等相映成趣。唐代风行大袖衫，带饰仍以宽博、修长为特色。宋代男女服饰均用“腰巾”，或“围腰”，甚至有在腰间系上青花布巾的。图五是明代女服，传为仇实父所作，现藏四川博物馆。此图服饰的特点是大带从裳间伸出，作拖地状，并和身前之蔽膝，身侧之佩绶、帉帨（即汗巾）交相辉映，甚至在帨后也有飘带垂下（详见下文“论革带”中）。至清代，女服即使不着裙，只着裤，即使不用蔽膝，仍腰束绸带，垂于服际（图六）。至光绪后期出现所谓“实物裙”，裙上加十六条飘带，带之末端系金银铃，飘带制成剑状，带子已纯粹成为裙上装饰品了。

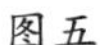

图五

图六

综上所述,大带由原来的分界上衣下裳与束系下裳的作用,逐渐发展成为显示尊卑贵贱的等级,同时派生出装饰作用;而且随着在常服中广泛使用,装饰作用愈加突出,正统的所谓垂带二尺逐渐趋长而变为飘带、拖带,这正适应了服饰时髦化的进程。

束带紧身和部位升高是服饰时髦化又一标志。

深衣和袍衫改变了上衣下裳的形制,带的作用由原来的分界上衣下裳变成束腰紧身突出身段。周末赵武灵王改服,北方胡服的影响亦加速改变上衣下裳的传统。窄袖短衣,腰带的位置和作用都更加醒目:即使是上衣下裳,春秋战国之服饰亦比三代礼服系得更为紧身,突出身材体形之曲线。

从长沙楚墓帛画看(图七),虽有专家推测为上衣下裳,但以为是由深衣发展而来的连衣裳式样也未必不可能。不管是哪一种,它同三代的冕服或弁服的系带所显示的效果均大不一样。画中男子束带的部位虽然未能窥见,但其紧身的形态,同下垂的腰带及宽大的下摆所形成的对照均很强烈。

山西侯马出土的东周末春秋间的陶范,是胡服的一种式样。专家认为赵武灵王改服,可能吸取的就是这种样式,只是变窄袖为广袖罢了(图八)。图中男服窄袖,短衣,左衽,上衣下裤,腰系带,作结于胸前,其紧身效果亦较明显。

图七　　图八

男服如此,女服的紧身束腰更为显著。图九被认为是战国前期的帛画。画中女服呈上衣下裳状,裳拂地,袖作垂胡状(胡为牛颌下的垂肉)。这里最值得注意的是,女子紧身的腰带,同垂胡式的衣袖和拂地的下裳形成对比,显得颀长、修美。

“楚灵王好细腰,国中多饿人”,腰带的紧身效果正投其所好。战国长沙楚墓出土的彩绘漆卮上女子,衣服作连衣裳式,紧束的腰带,同宽大的衣袖及下摆形成强烈对比,可证宋玉的《登徒子好色赋》形容东家之女子“腰如束素”不为虚言。

腰带紧身的风尚历汉魏六朝而不衰。汉代铜镜中的舞者形象(图十),束腰不盈一握;南朝衣服则有所谓的“抱腰”或“腰采”,带的长度虽然缩短,却专门束腰使之纤细。隋唐女服的腰带则以部位升高最见特色。这或许是由于至隋唐时,女子以体态丰盈为美不像战国汉魏那追求细腰,因此就不必突出束腰的效果。从敦煌壁画及邓县(今邓州市)出土的画像砖看,早在南北朝时,女服束带

图九

图十

部位已有升高的趋势。至隋代,女服则有短襦长裙,腰带升高束之腋下,给人以俏丽修长之感(图十一)。现藏中国历史博物馆的武昌周家大湾隋墓出土的女俑,或穿窄袖短襦,下系长裙,腰带升高至腋下;或穿大袖短襦,下系长裙,腰带系于胸部(图十二)。上海博物馆所藏之唐代女俑,穿窄而长袖短上衣,长裙,腰带系于胸部,上下比例对照强烈(图十三),敦煌莫高窟之唐代女服,穿大袖衫,间色条便裙,束腰高并同大袖衫形成对比。总之,隋唐女服通过缩短襦衫长度,增加裙的长度,升高腰带束系部位直至胸部腋下,使上下比例形成强烈对照,突出修长之美;同时,唐代日趋开放,女子多以露胸为美。腰带束系

图十一

图十二

图十三

部位升高,可将罗裙系至胸部,正可使上端露胸,所谓“漫束裙腰半露胸”(周溃诗),“裙腰压银线”(白居易诗)等指的就是这种装束。至宋代由于思想日趋禁錮,束腰部位明显下降。明清时,上装日益趋长。特别是清代,女服罗裙一般系于上衣之内,腰带仅露于衣下或裤外起装饰作用。因此,通过紧身的束腰和束系部位的升高突出身段之美,从此再也没有像隋唐以前那样必要和多姿多彩了!尽管如此,宋人和金人的“抱肚”,元人的“系腰”,明人的“抹布”,乃至清人的腰带。都曾经各领风骚,这里就不再赘述了。

论革带

革带的主要作用是悬挂附饰物,如黻、绶、环、帨等。孔颖达在《礼记·玉藻》的注疏中解释郑玄的“凡佩系于革带”这句话时说,大带用丝条打结,这东西很细小,经不起悬挂韨韠及各种佩饰,因此需别用革带悬挂。那么革带用什么材料制成?《左传》桓公二年“带裳幅舄”条下孔颖达引《白虎通》说,男子因有“金革之事”,故用“革”为带。可见革带用皮革(熟牛皮)制成,它在三代主要用在冕服与弁服中,而前系韨(或韠)、后悬绶,是其通例。

但战国以来,赵武灵王改服,吸收北方胡服特色,同时也吸收了胡服革带的特点,在革带的装饰及使用功能上都有了很大改进。首先,在革带的系扣上加以改进。革带在礼服上系扣方式虽在文字上不见详细记载，但专家估计使用带钩一定在战国之前。胡服之带钩，比汉人装饰豪华，多以黄金为饰，当时称钩觫，后世称蹀躞。据说赵氏改服，亦改带钩为金饰，称“黄金师比”。从燕下都遗址出土的战国铜人像、故宫所藏的战国漆俑，均腰系钩觫。其次，如上所云，三代革带的主要作用是系韨和绶。胡人长年在马上生活，居无常所，须将必要物件随带在身，因此便在带上增设许多小环，便于将这些物件悬挂在上，这也是胡汉革带区别之处。南北朝以来，胡服革带（蹀躞带）对中原影响至深。《梦溪笔谈》载："中国衣冠，自北齐以来，乃全用胡服……所垂蹀躞，盖欲佩带弓剑，帉帨、算囊、刀砺之类。"革带上的装饰越趋豪华，金玉珠宝，不一而足，有所谓“金缕玉梁带”“十三环金带”“真珠玉带”等，都用作皇帝赏赐臣下的物件。小小革带成为富贵的炫耀。

从出土文物及绘画表明，这种蹀躞带历唐宋元明清盛行而不衰。唐人戴幞头穿袍衫，腰系革带。史载开元以前革带一直为文武官员所佩，悬剑袋、刀子、砺石、契芯真、哕厥、针筒、火石袋等七件东西，故称“蹀躞七事”。开元以后官员不准悬挂，民间妇女则更为流行，只不过仅在革带上垂下若干小布条以示装饰罢了，其实用价值逐渐消亡。宋、元、明人的革带带身及带钩装饰均很考究。清人在礼服上的腰带称朝带、吉服带等，它同前代有一不同，一方面它用丝织，且以色彩定等级，类大带；另一方面，它上嵌各种宝石，有带扣与环，悬挂帉帨、刀觽之类，类革带。这可以看作是在革带的用途之外，增加了大带的下垂装饰功能。特别是所佩的帨，显示出明显的装饰性；而且往往作飘出游动状，称为“风带”“飘带”；材料也由原来用素布，改为用绸。其实我们已经在明代的服饰中（图五），看到系在革带上的帉帨与环绶后面拖出长长的飘带，这说明明清以来革带也逐渐派生出下垂装饰的特色。

说到革带，不能不论及同革带有密切关系的韨。韨在中国传统礼服中占有重要地位。孔子赞美禹有三件事自己不能参与其中，亦即不能望其项背，其中之一即“恶衣服而致美乎韨冕”（《论语・泰伯》），意思是禹不重视家居常服而盛美其祭服。这里即以“韨冕”代替祭服。《礼记・明堂》亦云“有虞氏服韨”。这里的韨，实则祭服之代称。可见韨在祭服中之位置。郑玄说，韨即芾，因用韦制成故称韍，或韨；祭服称韍，他服称韠。《诗经》里说“赤芾在股”，可知芾是当股之衣，所以称为“蔽膝”。他又说：古人打猎捕鱼为食，用其羽皮为衣，先懂得遮蔽前部，后懂得遮蔽后部，后来又用布帛代替了羽皮，并有了上衣下裳，但遮蔽前部的习惯始终保留下来，这是重古道不忘本啊！（见《左传》桓公二年注）郑玄认为蔽膝先衣裳而有，是符合服饰进化历史的。历三代至明清，祭服之佩韨不可或缺。那么韨或韠同带到底有何关系？它在沿革中有何特色呢？

首先，它系于革带，垂落于两股之间。系于革带，证明它尽管起源早于革带，但自从有了革带之后，作为礼服上的韨或韠，它同革带即结下不解之缘；垂落于两股之间，由于这个部位的特殊性，装饰功能逐渐加强，而蔽膝的作用则逐渐消亡。郑玄认为佩芾有不忘其本的意思，这可能偏重于从心理意识上去认识，而若从服饰的审美角度瞩目，服芾主要为了突出尊卑贵贱和显示华美富丽。芾经常同绶构成呼应对称之美。前系芾，后系绶，相得益彰；或同大带延伸部分及革带的其余附件（如帉帨）等交相辉映，图五女子所佩之韠，同裳间飘出的带饰，腰旁的帉帨环绶及绶后飘出的风带，构成摇曳生姿之美，可以说，这里的韠已失去蔽膝的作用，而具备了同大带之下垂部分一样的效果了。

其次，芾的形制复杂，连先儒都说“古制难知，不可委识”。我们从《礼记·玉藻》中得知，它是下广上小中狭的带状形制。安阳殷墓出土的玉人（图十四）、侯家庄西北冈墓的人像（图十五）大致如此。传为吴道子所作《送子天王图》中唐代朝服亦作下广上小的带状。但在许多画像中也可见芾如一块大围腰系于腹前，如敦煌莫高窟初唐冕服图、波士顿美术馆藏的隋文帝像、磁州窑彩釉

图十四

图十五

女坐像等。有人甚至说芾如腰鼓(见《礼记·玉藻》孔疏)。是否可以说:宽大形的芾以遮蔽作用为主,狭长形的芾则偏重于装饰之美。而且芾的制作材料也起了变化,如上所述,芾最初均用韦制成,魏晋以后出现绛纱、赤缯制成的韨或韠;宋则用红罗。徐广的《车服仪制》说:"古者韨,如今蔽膝,战国连兵,以韨非兵饰,去之。汉明帝复制韨,天子赤皮蔽膝。蔽膝,古韨也;然则汉世蔽膝犹用赤皮,魏晋以来用绛纱为之,是其古今异也。以其用丝,故字或有为绂者。"徐广说魏晋以来蔽膝制件的材料出现了绛纱,是对的;但并非以绛纱代替牛皮,而是纱皮两存。不过有一点可以得出肯定的结论:纱罗蔽膝的出现加速了韨(韠)向装饰性过渡。

余　论

带作为中国传统服饰上的重要附件,经历了融实用性与装饰性于一体的发展过程。大带最初可能仅起束系下裳的作用,革带原来仅仅系佩绶;至于芾的作用原来仅限于蔽膝。但它们后来或者实用功能逐渐增多,或者装饰效果逐渐显著,而且将两者精心加以结合,在服饰的整体中愈来愈显示出独特的意义。可以这样说:服饰上任何一个附件,要么它在实用功能上不可或缺,要么它在装饰性上一枝独秀,它才能在服饰沿革中始终占有一席之地;当然将实用性和装饰性于一体,则是设计师所梦寐以求的事了。

带饰在中国服饰史上占有如此重要地位,但在现代服饰设计中,它的确被有意无意忽视了。男服带饰设计可以一言以蔽之:平庸、单调。风衣猎装加一条带子,如此而已;用之不久,男人们为图方便,早弃之如敝屣了。为什么一说到魏晋风度,就是宽衣博带给人留下的潇洒脱俗的印象?为什么武松腰间这条下垂的大带会使他英姿勃发、气宇轩昂?为什么流传至今的武功服中还保留有宽腰带,并使之下垂,却毫不觉得是一种累赘?可见带饰是能够突出男子阳刚之气的。这样提出问题当然不会被理解为去作平庸的模仿;笔者的意思不过是说:中国现代男服设计的民族化设想,尚英雄大有用武之地。至于从革带变为蹀躞带,并普遍获得中原人喜欢这一现象,更足以发人深省,革带从原来反佩韨绶而增加到佩日常所需之物,如唐宋人佩七事,清人解带饰物摆满一桌等;且带身、带钩均增加装饰性,这样就既满足男子日常生活所需,也增添其英武阳刚之气。如设计师从这里得到启发,设计出现代蹀躞带,说不定会走俏天下呢。

众所周知,带饰在女服设计中可谓天地广阔。但现状则不如人意。普通常见的就是在领下胸前添置带饰。为什么不可以在带饰设计的部位上进行大胆创新呢?为什么不可以在腋下,腰间、后背等处设计带饰呢?裙的款式,设计师多瞩目于裙摆、长度、褶裥的变化,而忽视了带饰的作用。为什么不可以在裙内、裙外,或由里而外设计飘带、拖带、风带呢?为什么不可以在裙外设计类似于六朝的抱腰、腰采,宋人的抱肚,元人的系腰等饰物呢?时至今日,女子的首饰已满头、满手甚至有向足部转移的趋势,设计师完全可以从古代女服佩绶、佩帨等得到启发,在现代服饰设计上推陈出新,也就是把首饰的悬挂体转移到服饰的附件上,估计会很快博得时髦女子的欢心。此外,唐人的披帛、宋人的霞帔等,虽然不算作带饰,但为增加女服飘逸的风韵或华贵的气度均作出很大贡献,值得融会贯通,古为今用。总而言之,带饰是女服的最活跃、最富生命力的部分,设计师们千万不要忽视这一大有作为的天地。发扬光大中华服饰的重带传统,将使服装设计迈上一个新台阶。

【林维民　温州大学人文学院教授】

原文刊于《中国文化》1993 年 01 期

金钗斜戴宜春胜

人日与立春节令物事寻微

扬之水

一、华胜

节令风物原是岁时文化的重要组成部分，系缀节日之祝祷与欢欣的物事，一面凭了这一串联历史记忆的方式而形成传统，一面随着岁月的推移，在演变中幻化出更多的美丽，因不仅在节日里添福增瑞，且成各个领域造型与纹样设计的取样来源之一。比如人日里的华胜与立春时节的春幡。

据南朝梁宗懔《荆楚岁时记》，正月人日里的行事，有“剪彩为人，或镂金簿为人以贴屏风，亦戴之头鬓。又造华胜以相遗”。华胜，又或简称作胜，是汉代即已流行的女子头饰。《释名·释首饰》：“胜，言人形容正等，一人着之则胜也。”《太平御览》引此条作：“花胜，草化（花）也。言人形容正等，人着之则胜”[①]。花胜，即华胜。“形容正等”，犹后世谓人容貌端正也。胜的造型，乃中圆如鼓，上下各有一个梯形与圆鼓相对。山东嘉祥武氏祠画像石的祥瑞图中有此

① 见《太平御览》卷七一九《服用二十一》“花胜”一项，涵芬楼影宋本（中华书局影印）。

物，两胜之间以横杖相连，不过在这里是纵向而置。榜题曰“玉胜王者”[②]（图1-1），那么是王者的瑞应了。同于此式的汉代实物，也颇有发现，如江苏省邗江县（今扬州市邗江区）甘泉山东汉墓出土金胜和金叠胜[③]（图1-2）。

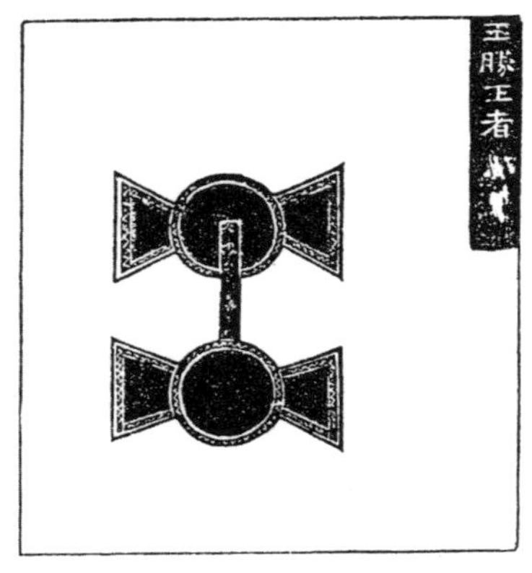

图1-1　玉胜　武氏祠画像石的祥瑞图

图1-2　金叠胜　江苏省邗江县甘泉山东汉二号墓出土

作为首饰的金胜、玉胜，最初它的簪戴大约专属女子。《山海经·西山经》云，“西王母其状如人”，“蓬发戴胜”；郭璞注：“胜，玉胜也。”《史记·司马相如列传》录相如所作《大人赋》，句有“吾乃今目睹西王母，皬然白首戴胜而穴处兮”，颜师古注：“胜，妇人首饰也，汉代谓之华胜。”胜既为妇人首饰，则西王母戴胜的想象，自有生活的依据。而胜的造型，实源自织机。胜乃滕之假，滕又名摘，原是织机上面的一个构件，即缠卷经丝的一根木轴，安置在机架的顶端或后部，木轴两端有钮。《山海经·海内北经》云“西王母梯几而戴胜杖”[④]，注者多谓“胜杖”之“杖”为衍文，其实未必然。胜杖即此中间一根横木、两端有钮的“织胜”。“杖”者，当指横木而言，而胜杖、织胜，俱可简称为胜。《说文·木部》“滕，机持经者也”；《列女传·鲁季敬姜传》“舒而无穷者，摘也”；王逸《机妇赋》“胜

② （清）冯玉鹏等：《金石索》，书目文献出版社1996年影印本，第1479页。按冯氏于图下注云：“‘王者’二字下无文字，系当日未刻，非墨泐也。”

③ 高2.1厘米，宽1.5厘米，江苏邗江甘泉山东汉二号墓出土，《南京博物院珍藏系列·金银器》，图九，上海古籍出版社1999年。

④ 袁珂：《山海经校注》，上海古籍出版社1980年，第306页。校注曰：“郝懿行云：‘如淳注《汉书》司马相如《大人赋》引此经无杖字。’珂案：无杖字是也，《御览》卷七一〇引此经亦无杖字，《西次三经》与《大荒西经》亦俱止作‘戴胜’，杖字实衍。”

复回转，克像乾形”，是均云此物⑤。华胜之簪戴，在东汉已进入舆服制度，《后汉书·舆服志·下》：太皇太后、皇太后入庙服，“簪以玳瑁为擿，长一尺，端为华胜”⑥。“长一尺，端为华胜”，所取亦胜杖之式，正如各种图像中的西王母⑦（图2-1～4）。

图2-1　西王母图局部

偃师市高龙乡辛村西南汉墓出土

图2-2　西王母画像砖局部

徐州汉画像馆藏

图2-3　成都市新都区新龙乡出土画像石

四川博物院藏

图2-4　杜氏西王母画像镜局部

仪征龙河凌东高山生产队出土

汉代装饰艺术中，西王母戴胜的形象已固定为程式。又有特别的一例，便是河北定州东汉中山穆王刘畅墓出土的一件玉饰。玉饰的样子有类于屏风，今或称它为“座屏”，然而从尺寸来看，却非实用之器。玉饰两端的支撑造型为胜，两

⑤ 《孙毓棠学术论文集·战国秦汉时代的纺织业》于此两句有详释，中华书局1995年，第248—249页。

⑥ 其下并云“上为凤皇爵，以翡翠为毛羽，下有白珠，垂黄金镊”。《北堂书钞》卷一三五“花胜”条撮录此意曰：“上为凤皇，下有白珠，著之则胜，形如织胜。”

⑦ 如河南偃师市高龙乡辛村西南汉墓（新莽时期）壁画，见徐光冀等《中国出土壁画全集》，册五，图四三，科学出版社2012年；又徐州汉画像馆藏“西王母仙境”画像石、四川博物院藏成都市新都区新龙乡出土画像石、江苏仪征龙河凌东高山生产队出土杜氏西王母画像镜（后三例为博物馆参观所见并摄影）。

枚镂空玉片一上一下分别插入其间，居上者为东王公，居下者为西王母，二人均戴胜⑧(图3)。同墓所出尚有数枚金饰片，式样或取作幡，或取作胜⑨(图4-1、2)，饰片上面更以细金丝勾边，内里用金粟填嵌出纹样，如金幡之填嵌四灵，金胜之镂空填嵌为双龙，纹饰繁密而精细。

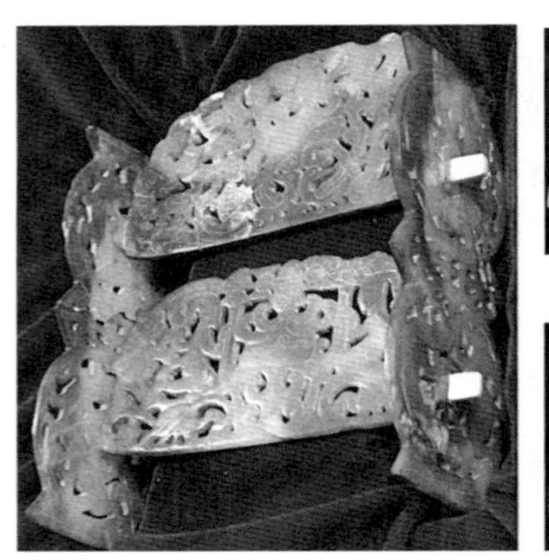

图3 玉饰及局部 河北定州东汉中山穆王刘畅墓出土

图4-1、2 金饰 河北定州东汉中山穆王刘畅墓出土

---

⑧ 河北省文物局《定州文物藏珍》，图二八，岭南美术出版社2003年。器藏定州博物馆，此为参观所见并摄影。

⑨ 《定州文物藏珍》，图五。器藏定州博物馆，此为参观所见并摄影。

作为祥瑞出现在汉画像以及其他装饰艺术中的胜，自是富含吉祥寓意，此意且绵延不断流衍于后世。《宋书》卷二十九《符瑞下》曰："金胜，国平盗贼，四夷宾服，则出。晋穆帝永和元年二月，春谷民得金胜一枚，长五寸，状如织胜。明年，桓温平蜀。"《太平御览》卷七一九《服用部二一》"花胜"条引《晋中兴书》曰：花胜，"一名金称，《援神契》曰：神灵滋液，百珍宝用，有金胜。晋孝武时，阳谷氏得金胜一枚，长五寸，形如织胜。"河南邓县（今邓州市）张村西南南朝画像砖墓墓门起券处绘兽面口中衔胜杖，应即作为瑞应之物的"织胜"[10]（图5）。

图5　南朝画像砖墓券门壁画局部（摹本）河南邓县

汉代式样的胜、叠胜和华胜，两晋依然沿用。河南卫辉大司马墓地西晋墓出土九胜相连环绕为圆形的组合式金华胜一枚，华胜中心尚存一颗绿松石[11]（图6-1）。南京北郊郭家山东晋墓出土金胜一对和金华胜一枚[12]（图6-2、3）。马鞍山市博物馆藏一面西晋柿蒂八凤纹铜镜，环绕圆钮的四出柿蒂内为神树、对凤和蟾蜍，两枚叶片之间各有两两相向、口中衔胜的一对凤鸟，近缘处十六个连弧半圆内满填仙禽瑞兽[13]（图7-1）。出自江苏仪征化纤工地八号墓的两面铜镜，图案与此相类[14]（图7-2、3）。南京仙鹤观东晋高崧墓出土一枚顶端有系链的对凤衔胜金饰件，造型与铜镜图案中的对凤衔胜几乎完全相同[15]（图7-4）。同一类型

⑩ 《中国出土壁画全集》，册五，图九九。

⑪ 河南省文物局南水北调文物保护办公室等《河南卫辉大司马墓地晋墓（M18）发掘简报》，图八、图九，《文物》2009年第1期，第19页。

⑫ 前者见南京市博物馆《六朝风采》，图一五四，文物出版社2004年；后者为博物馆参观所见并摄影。

⑬ 马鞍山市文物管理所等《马鞍山文物聚珍》，文物出版社2006年，第61页。

⑭ 今藏扬州博物馆，此为参观所见并摄影。

⑮ 今藏南京市博物馆，此为参观所见并摄影。

的金饰，也见于镇江市阳彭山砖瓦厂东晋墓、镇江市李家大山六号东晋墓[16]（图8-1、2）。江宁博物馆藏一枚东晋时期的三角形金饰，金饰底端为双鱼衔胜，金胜上面立一对凤凰[17]（图8-3）。

图6-1　金华胜　河南卫辉大司马墓地西晋墓出土

图6-2、3　金胜（左）与金华胜　南京市郭家山一号东晋墓出土

图7-1　柿蒂八凤铜镜及拓片（局部）　马鞍山市博物馆藏

图7-2、3　柿蒂八凤铜镜　江苏仪征化纤工地八号墓出土

图7-4　金饰　南京仙鹤观东晋高崧墓出土

⑯　镇江博物馆《镇江出土金银器》，图八二、八四，文物出版社2012年。

⑰　此为博物馆参观所见并摄影。

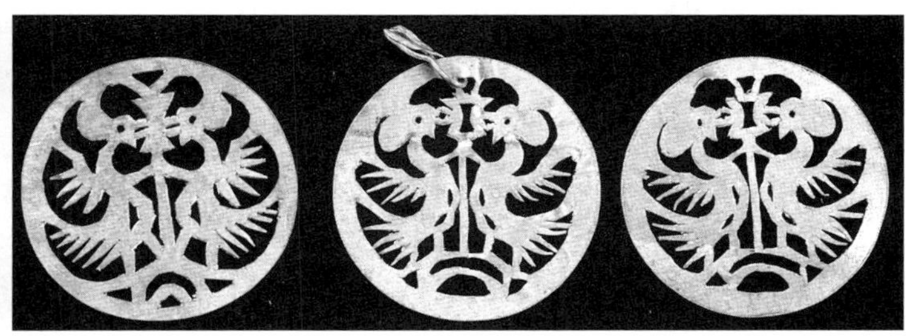

图 8-1　金饰　镇江市阳彭山砖瓦厂东晋墓出土(左)

图 8-2　金饰　镇江市李家大山六号东晋墓出土(右)

图 8-3　金饰(东晋)　江宁博物馆藏

大约即因玉胜、金胜或总括曰之为华胜所蕴含的瑞应之意,而在两晋时期逐渐演变为人日里簪戴的节令物事。前引《荆楚岁时记》曰人日“翦彩为人,或镂金簿为人以贴屏风,亦戴之头鬓。又造华胜以相遗”,隋杜公瞻注云:“人入新年,形容改从新也。华胜起于晋代,见贾充《李夫人典戒》,云像瑞图金胜之形,又取像西王母戴胜也。”⑱此云人日里用于相互馈赠的华胜,式样如同“瑞图金胜”以及“西王母戴胜”,可知前面举出的几个实例,正是此物。所谓“人入新年,形容改从新”,胜之为瑞,嵌入此“新”,自是满盈喜意,所以贴屏风、簪头鬓,“又造华胜以相遗”也。

“镂金簿为人”,唐代依然。日本正仓院北仓藏品中,有两枚中土传入的唐代人胜残件⑲(图 9)。傅芸子《正仓院考古记》“北仓上”一节记所见“人胜残阙杂张”云,“据齐衡三年(公元 856)《杂财物实录》称:‘人胜二枚,一枚有金薄字十六,一枚押彩绘形等,缘边有金薄裁物,纳斑蔺箱一合,天平宝字符年(公元757)闰八月二十四日献物。’今品则以二残片粘合为一者。一片系于浅碧罗之上,粘有金箔剪成十六字云‘令节佳辰,福庆惟新,变(当为爕字之讹)和万载,寿

⑱　汉魏丛书本。

⑲　《东瀛珠光》,第二辑,图一一五,审美书院 1808 年[同书图一二三为齐衡三年(公元八五六年)《杂财物实录》,登录之物有“人胜二枚,一枚在金薄字十六,一枚押彩绘女形等,边缘在金薄裁物,纳斑蔺箱一合,天平宝字符年(公元七五七年)闰八月廿四日献物”。按今存之物即以二残片粘合为一者];《正仓院展》(第五十回),奈良博物馆 1998 年,第 44 页。

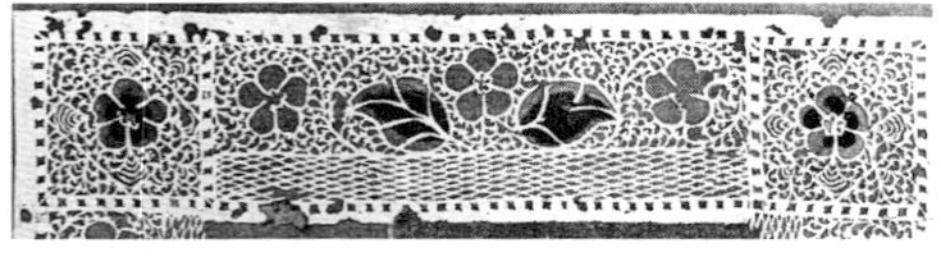

图 9 人胜残件及局部 正仓院藏

保千春'。《杂财物实录》所称有金箔字者即此,今金箔诸字已变黝黑,罗色亦暗矣。又一片较大,约四分之三粘于其下,边缘图案以金箔剪成,上粘红缘罗之花叶,缘内左下端有彩绘剪成之竹林,一小儿戏犬其下。金箔边缘及彩绘人物,色彩如新,惟犬形已残耳,此当即《实录》后称之物。考人胜为用有二,一以金箔镂成,人日贴于屏风;一剪彩为之,戴于头鬓。今观正仓院所存残片,可知乃屏风贴用之物"[20]。那么这是人日风物难得的两件实物遗存了。"令节佳辰,福庆惟新",正是"人入新年,形容改从新"之意。两枚人胜的制作,都是剪彩与镂金共享,所谓"镂金簿",此"金薄裁物"即是;"为人",乃为小儿也。

顺便举出陕西出土的两对银鎏金拨子式花钗[21](图 10),花钗的钗脚之端均以花萼束起,钗首外缘灵芝纹勾边,内里镂空花卉纹地子上各有一个嬉戏的小儿,——或打马球,或舞蹈,或手挥枝条,又或逗鸟。以之与正仓院藏人胜残件相对看,不论作为主题图案的小儿,还是地纹和边饰,都很一致,则花钗一对的纹样构思,或者就是从"戴之头鬓"的人胜发展而来。

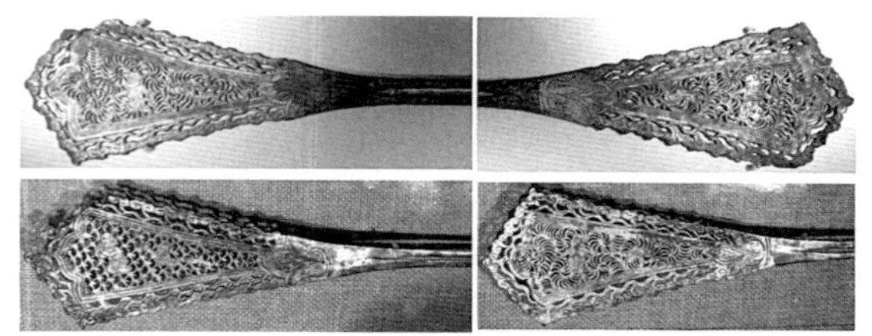

图 10 银鎏金拨子式花钗 中国国家博物馆藏(上)
银鎏金拨子式花钗 陕西历史博物馆藏(下)

---

⑳ 《正仓院考古记》,文求堂 1941 年,第 46 页。

㉑ 一对今藏中国国家博物馆,一对今藏陕西历史博物馆,照片均为观展所摄。

二、剪彩花

立春剪彩花，也为岁时风俗。《荆楚岁时记》："立春之日，悉剪彩为燕戴之，帖'宜春'二字。"隋杜公瞻注："按'宜春'二字，傅咸《燕赋》有其言矣。赋曰：四时代至，敬逆其始。彼应运于东方，乃设燕以迎至。翚轻翼之岐岐，若将飞而未起。何夫人之功巧，式仪形之有似。御青书以赞时，著宜春之嘉祉。"傅咸，乃傅玄之子，西晋人。"御青书"，燕衔书也；"著"，著于青书也。段成式《酉阳杂俎·前集》卷一"礼异"一节记前朝事云：北朝妇人"立春进春书，以青缯为帜，刻龙像衔之，或为虾蟆"。可以推知所谓"青书"，当即祥禽瑞兽所衔缯帛之类制作的小幡，其上饰以"宜春"二字以为吉祥祝福。

剪彩花的式样大约有多种。南朝梁萧子云《咏剪彩花诗》二首："叶舒非渐大，花发是初开。无论人讶似，蜂见也争来。"（其一）"浅深依树色，舒卷听人裁。假令春色度，经著手中开。"（其二）㉒又鲍泉《咏剪彩花诗》："花生剪刀里，从来讶逼真。风动虽难落，蜂飞欲向人。不知今日后，谁能逆作春。"㉓既曰剪，而不云扎和缚，那么当是平面镂空做出各种花样。新疆吐鲁番阿斯塔那古墓出土北朝至唐代的剪纸，应即此物㉔（图11），可见风俗之相沿。唐代剪彩花出自宫禁者制作多用绢帛。《酉阳杂俎·前集》卷一："立春日，赐侍臣彩花树。"所云"剪彩"以及"彩花树"之彩，虽与彩通，但彩的原义主要是指织物或织物有彩㉕。苏颋

㉒ 逯钦立：《先秦汉魏晋南北朝诗》，下册，中华书局1983年，第1884页。按同册第2096页有朱超《咏剪彩花诗》："浅深依树色，舒卷听人裁。假令春已度，终住手中开"，与萧子云诗二首之二近同。又南宋蒲积中编《古今岁时杂咏》卷三收此二首，作者为刘孝威。

㉓ 《先秦汉魏晋南北朝诗》，下册，第2026页。

㉔ 阿斯塔那—哈拉和卓古墓群出土北朝剪纸，见新疆维吾尔自治区博物馆《吐鲁番县阿斯塔那—哈拉和卓古墓群清理简报》（1966年—1969年），图三六、三七，《文物》1972年第1期，第23页。阿斯塔那北区墓葬出土剪纸三枚，见新疆维吾尔自治区博物馆《新疆吐鲁番阿斯塔那北区墓葬发掘简报》，图三〇、三二，《文物》1960年第6期，第19页。简报云，"三〇三墓出一件，土黄色纸剪成圆形图案；三〇六墓出二件，均残，一件蓝纸剪成，图案同上；一件土黄纸剪成六角形，每边上各立尾梢相连的对鹿"。

㉕ 《集韵·海韵》："彩，缯也。"《广韵·海韵》："彩，绫彩。"慧琳《一切经音义》卷八十七"纹彩"条注引《考声》曰："彩，缯帛有色者也。"

《立春日侍宴内出剪彩花应制》，所谓“剪刀因裂素，妆粉为开红”；崔日用《奉和立春游苑迎春应制》“剪绮裁红妙春色”、宋之问《剪彩》“绮罗纤手制，桃李向春开”，则剪彩花之用材，为素、为绮、为罗也。又李远《立春日》“钗斜穿彩燕，罗薄剪春虫”，此春虫，乃游蜂粉蝶之类。更有《剪彩》一首：“剪彩赠相亲，银钗缀凤真。双双衔绶鸟，两两度桥人。叶逐金刀出，花随玉指新。愿君千万岁，无岁不逢春。”㉖是剪彩花意象之取用，以花树蜂蝶和对飞的衔瑞鸟雀为盛，且以千秋万岁为愿心。既成风习，制作必多，熟谙此艺者，自然不会很少，于是剪彩花的题材，也广播于唐代的各种装饰工艺，成为春日里寄寓欢欣和祝颂的流行纹样，比如染织刺绣、琢玉镂金，日日相对的铜镜。故宫博物院藏一面唐花鸟纹葵花镜，圆钮上方两只对衔盘绶的鸟雀㉗（图 12-1），扬州市郊平山雷塘出土双鹊衔绶镜（图 12-2）、河南方城县出土仙鹤衔绶镜㉘（图 12-3），杭州雷峰塔地宫出土对鸟衔绶金花银饰片㉙（图 13-1），前蜀王建墓出土放置玉册漆匣的金银平脱残件㉚（图 13-2），等等，都是相似的设计意匠。反过来，也可知玉指金刀下的剪彩花，当与此类图案差相仿佛。

图 11　北朝剪纸　新疆阿斯塔那出土（左）
唐代剪纸　吐鲁番阿斯塔那—哈拉和卓 88 号墓出土（中）
唐代剪纸　新疆吐鲁番阿斯塔那北区 306 号墓出土（右）

㉖ 《全唐诗》，册一五，中华书局 1960 年，第 5930 页。
㉗ 郭玉海：《故宫藏镜》，图九四，紫禁城出版社 1996 年。
㉘ 前件今藏扬州博物馆，后件今藏河南博物院，此均为博物馆参观所见并摄影。
㉙ 浙江省文物考古研究所《雷峰塔遗址》，图二二五，文物出版社 2005 年，第 147 页。
㉚ 冯汉骥：《前蜀王建墓发掘报告》，图五五，文物出版社 1964 年。

图 12-1　鸟雀衔绶镜
故宫藏

图 12-2　双鹊衔绶镜
扬州市郊平山雷塘出土

图 12-3　仙鹤衔绶镜
河南方城县出土

图 13-1　凤衔绶带
前蜀王建墓出土册匣银平脱残件

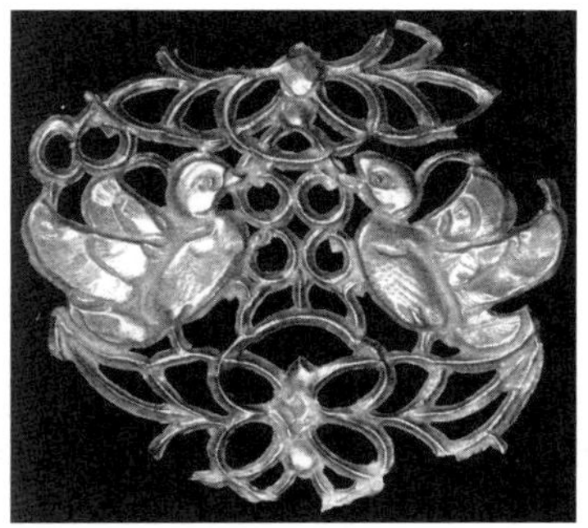

图 13-2　银金花饰片
杭州雷峰塔地宫出土

"双双衔绶鸟"所衔绶带,意取长寿。张说《奉和圣制赐王公千秋镜应制》句云"宝镜颁神节,凝规写圣情。千秋题作字,长寿带为名";句下自注:"以长绶为带,取长寿之义。"㉛所咏虽是唐玄宗千秋节时颁赐群臣的盘龙镜㉜,但衔绶的寓意与前引李远诗"愿君千万岁"之意并无不同。河北定州静志寺塔基地宫出土一枚掌心大小的玉盒,盒盖一对鸿雁衔绶,盒底分行镌刻吉语"千秋万岁"㉝(图14),图案的含义在这里更是清楚点明。塔基地宫所存供养物,自北魏兴安二年始,历经隋大业二年、唐大中十二年、龙纪元年、宋太平兴国二年而延续递藏,此

㉛ 《全唐诗》,册三,第 943 页。

㉜ 关于千秋节与月宫镜的考述,见孙机《中秋节 · 千秋镜 · 月宫镜》,《仰观集》,文物出版社 2012 年,第 377—382 页。

㉝ 《地下宫殿の遺宝——中国河北省定州北宋塔基出土文物展》,图二七,平凡社 1997 年。玉盒今藏定州博物馆,承官方惠允观摩并拍照。

枚玉盒应是唐物。

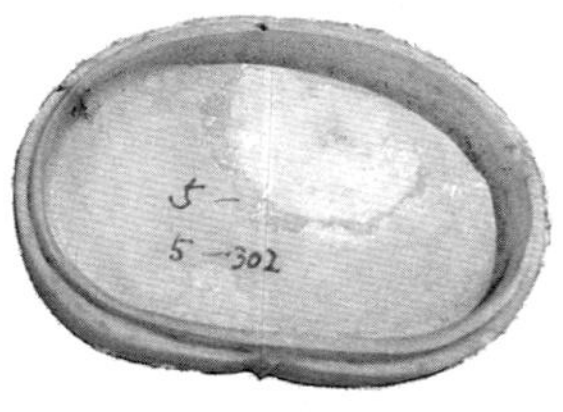

图 14　玉盒　河北定州静志寺塔基地宫出土

绢帛制作的剪彩花在唐代也移用为丝绸纹样。《敦煌丝绸艺术全集·英藏卷》著录大英博物馆藏"蓝地朵花鸟衔璎珞纹锦",是盛唐时期的一枚经锦残片㉞(图 15-1),花间对飞的鸟雀双双衔着璎珞为系、下缀花结的方胜。同书又有大英博物馆藏一枚"孔雀衔绶二色绫"㉟(图 15-2),便正是与剪彩花同一意趣的

图 15-1　蓝地朵花鸟衔璎珞纹锦
大英博物馆藏

图 15-2　孔雀衔绶二色绫(复原图)
大英博物馆藏

"双双衔绶鸟",由复原图案可清楚见出绶带中间,是一枚方胜。其时代为中晚唐代纹样。风气之下,绶结方胜也成为唐代盛行的纹样母题,用于丝绸,它四向交错外伸的多重组合,便也类似于宝相花,比如伦敦维多利亚与阿尔伯特博物馆藏一件"棕色绶带纹绫幡"㊱(图 16-1),根据复原图案可以见出它的纹样组成,即中心一个方胜,方胜内里一朵四出花,方胜外缘四面抛出花结,最外一周则是大小方胜与花结相间绕作团窠。此为晚唐五代物。法国吉美博物馆藏一件"绶带纹绫幡",与这一件图案相同㊲(图 16-2)。值得注意的是,胜的式样已与两汉魏晋不同,即不再是中圆如鼓,上下各有一个梯形与圆鼓相对,而是菱形其式,

---

㉞ 赵丰:《敦煌丝绸艺术全集·英藏卷》,东华大学出版社 2007 年,第 121 页。
㉟ 《敦煌丝绸艺术全集·英藏卷》,第 148 页。
㊱ 同上,第 70 页、第 121 页。
㊲ 赵丰:《敦煌丝绸艺术全集·法藏卷》,东华大学出版社 2010 年,第 66 页。

图 16-1 绶带纹绫(复原图)
伦敦维多利亚与阿尔伯特博物馆藏

图 16-2 绶带纹绫(复原图)
吉美博物馆藏

菱形内外或再添加各色纹样。胜的这一造型大约来自四出花,或者说,是四出花的简略形式。唐贞顺皇后陵石椁线刻画中的一幅是花树下暖风中的两个美人,一人手拈花枝,一人手捧花盘,花树上方粉蝶飞舞,拈花女的衣衫上铺展着一个个方胜[38]。(图 17)晚唐王建《长安早春》“暖催衣上缝罗胜”,竟仿佛是画中人。图像与诗虽然岁月相隔,却正可见百年间风习相沿。

图 17 唐贞顺皇后陵石椁线刻画

三、春幡与春胜

春日系缀幡胜于钗头的风习,大约起自晚唐五代。诗人笔下,更可见暖气吹嘘中风物宛然。温庭筠《咏春幡》:“闲庭见早梅,花影为谁栽。碧烟随刃落,蝉鬓觉春来。代郡嘶金勒,梵声悲镜台。玉钗风

[38] 程旭:《唐贞顺皇后敬陵石椁》,图二六,《文物》2012 年第 5 期,第 86 页。

不定，香步独徘徊。”[39]又和凝《宫词》“金钗斜戴宜春胜，万岁千秋绕鬓红”[40]，牛峤《菩萨蛮》“玉钗风动春幡急”[41]，等等。幡胜也是唐代器用的流行图案。故宫藏一面狮纹双鹊镜，圆钮下方的狮子口衔葡萄枝，圆钮两边双鹊对飞，上方一个“吉”字叠胜[42]（图 18–1）。京都泉屋博古馆藏双鸾衔胜花枝镜，方胜四角点缀珠宝[43]（图 18–2）。奈良正仓院藏红牙拨镂尺有雁衔方胜、鹤衔方胜的纹样，

图 18–1　狮纹双鹊镜
故宫博物院藏

图 18–2　双鸾衔胜花枝镜
京都泉屋博古馆藏

仙鹤所衔方胜中心是一朵四出花，上端以璎珞为系（图 19–1、2）。又有一面鹦鹉衔花枝铜镜，回翔在上方的一只鹦鹉翅膀尖上牵出长长的一串璎珞，璎珞上系着方胜[44]（图 19–3）。河南林州市姚村镇上陶村出土一面双鸾方胜千秋镜[45]（图 20–1），镜缘以方胜禽鸟交错为饰，圆钮上下各一个小小的叠胜，其一花枝为提系，其一荷叶为提系，下缘均有铃铛一般的小坠件。两枚叠胜分别安排“千”“秋”二字。常州博物馆藏千秋月宫镜，外区叠胜两对，一对内心各饰“千”“秋”，一对两侧各缀璎珞[46]（图 20–2）。出自安徽六安时属五代的一面铜镜，环绕镜钮的

---

[39] 刘学锴：《温庭筠全集校注》，中华书局 2007 年，第 245 页。按注云“此诗所写春幡，既有悬挂于树梢者，亦有簪之于妇女首饰上者”，然而细绎诗意，是通篇所咏俱为缀于簪钗之春幡也。

[40] 《全唐诗》，册二一，第 8398 页。

[41] 曾昭岷等：《全唐五代词》，中华书局 1999 年，第 510 页。

[42] 郭玉海：《故宫藏镜》，紫禁城出版社 1996 年，第 93 页。

[43] 此为参观所见并摄影。展品说明作“双鸾瑞花八花镜，盛唐，八世纪”。

[44] 《东瀛珠光》第一辑，图六三，审美书院 1908 年。按此镜应属唐代流行的一类，考察及目，有上海博物馆、青州博物馆所藏纹饰相同的两面；同式者，也见于印度尼西亚井里汶沉船。

[45] 张增午：《河南林州市出土古代铜镜》，《考古》1997 年第 7 期，第 79 页。

[46] 此系参观所见并摄影。按：展品说明曰：唐双鸾镜，常州冶炼厂征集。

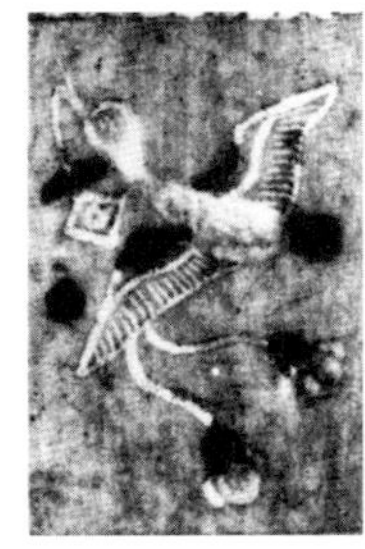

图 19-1、2　红牙拨镂尺(局部)　正仓院藏

图 19-3　鹦鹉衔花枝镜
正仓院藏

是一个叠胜,叠胜四面分布“千秋万岁”四字反文[47](图 21)。浙江临安市吴越国二世王钱元瓘元妃墓亦即康陵出土花式各异小而轻薄的玉片数十枚,其中一对长逾两厘米,周环花枝,中间方框内分别阴刻吉语“万岁千秋”“富贵团圆”[48]。与铜镜图案相对看,可知此吉语玉饰一对便是当日悬缀于钗头的春胜,同出的花式玉片则即春胜的提系和坠饰(图 22—1~4)。所谓“金钗斜戴‘宜春’胜,‘万岁千秋’绕鬓红”,丽景中的动人春色已宛在眼前。入宋,人日戴胜的风习大约已经不很流行,或因人日与立春的时日常相后先,乃至同在一日,而渐生二者合一

图 20-1　双鸾方胜千秋镜
林州市姚村镇上陶村出土

图 20-2　千秋月宫镜
常州博物馆

图 21　“千秋万岁”镜
安徽六安出土

[47] 安徽省文物考古研究所等《六安出土铜镜》,图一八四,文物出版社 2008 年。

[48] 墓葬年代为后晋天福四年。朱晓东:《物华天宝——吴越国出土文物精粹》,文物出版社 2010 年,第 170—176 页。按:著字玉片图版说明称作“吉语挂饰”。

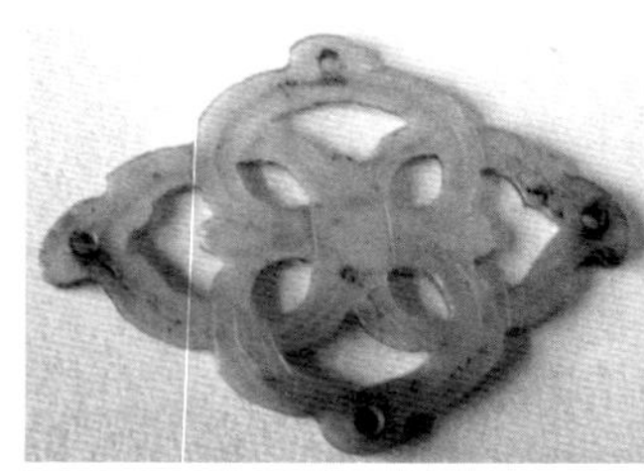

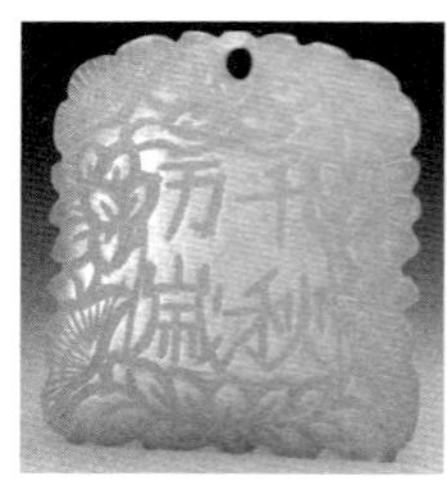

图 22-1、2 玉饰件(左)　　图 22-3、4 玉春胜(右)

浙江临安吴越国康陵出土

之演化。晚唐陆龟蒙《人日代客子》(是日立春):"人日兼春日,长怀复短怀。遥知双彩胜,并在一金钗。"[49]虽然"人日兼春日"若干年方一逢,但所谓"遥知双彩胜,并在一金钗",却恰好传递了一个消息,即这时候的人胜与剪彩花,界域已不甚分明。与此同时,剪彩花的名称也逐渐淡出,而代之以幡胜。于是立春簪戴幡胜,成为岁首一景。虽然人日戴胜依然时或出现在诗人笔端,如贺铸《雁归后·人日席上作》"巧剪合欢罗胜子,钗头春意翩翩"[50]。不过此中似以用典的成分为多,其实它已然笼罩在立春的气氛里。孟元老《东京梦华录》记正月里的风俗故事,不言人日,只道立春,曰"春日,宰执、亲王、百官,皆赐金银幡胜"[51]。南宋吴自牧《梦粱录》、周密《武林旧事》中的立春纪事,也大抵相同[52]。北宋高承《事物纪原》卷八《岁时风俗部》"春幡"条云:立春之日,"今世或剪彩错缉为幡胜,虽朝廷之制,亦缕金银或缯绢为之,戴于首,亦因此相承设之。或于岁旦刻青缯为小

---

[49] 《全唐诗》,册一八,第 7199 页。又晚唐罗隐《京中正月七日立春》:"一二三四五六七,万木生芽是今日。远天归雁拂云飞,近水游鱼迸冰出。"《罗隐集》(雍文华校辑),中华书局 1983 年,第 145 页。

[50] 词调名《雁归后》即《临江仙》。又北宋李新《寿王提举二首》之一,句有"试簪明日剪金花",其下自注云:"风俗,人日士女以剪金花胜相遗。"[北京大学古文献研究所《全宋诗》(北京大学出版社 1991 年至 1998 年),册二一,第 14200 页]特地注明,似意味着此风已不盛。又李清照《菩萨蛮》"烛底凤钗明,钗头人胜轻",末云"春意看花难,西风留旧寒",可知此钗头人胜为立春节物,而非人日也。

[51] 该书卷六"立春"一节云,立春日,开封、祥符两县,"府前左右,百姓卖小春牛,往往花装栏坐,上列百戏人物,春幡雪柳,各相献遗。春日,宰执亲王百官,皆赐金银幡胜。入贺讫,戴归私第"。

[52] 吴自牧《梦粱录》卷一《正月》"立春"一节,道其时"街市以花装栏,坐乘小春牛,及春幡春胜,各相献遗于贵家宅舍,示丰稔之兆。宰臣以下,皆赐金银幡胜,悬于幞头上,入朝称贺"。《武林旧事》卷二《立春》一节曰"是日赐百官春旛胜,宰执亲王以金,余以金裹银及罗帛为之,系文思院造进,各垂于幞头之左入谢"。

幡样，重累凡十余，相连缀以簪之"[53]。所述朝廷故事，于两宋题咏中屡屡可见。如苏轼《和子由除夜元日省宿致斋三首》"朝回两袖天香满，头上银幡笑阿咸"[54]，《次韵刘贡父春日赐幡胜》"镂银错落翻斜月，剪彩缤纷舞庆霄"。孔武仲《立春日》诗，题下自注云"是年幡胜方赐馆中"[55]，杨万里《秀州嘉兴馆拜赐春幡胜》"彩幡耐夏宜春字，宝胜连环曲水纹"[56]。又李邴《小冲山·立春》"玉冷晓妆台，宜春金缕字，拂香腮"[57]，却又是流光闪烁的佳人插戴。"宜春""耐夏宜春"云云，均指幡胜所著吉语。更有词人言道，"丝金缕玉幡儿"，"宜入新春，人随春好，春与人宜"[58]。"宜春"的意思，淋漓尽致了。

春幡与春胜，原是两项物事。春幡造型如信幡，即幅面为纵向的旗帜，旗上著字。春胜则是由四出花演变而来的菱形花样。而胜若用作悬坠，自须如幡一般上有提系，也要下有璎珞流苏之类方觉谐美，如此，便是幡胜了。春胜似以叠胜为多，两宋与唐五代不同的是两个方胜乃纵向相叠。辽宁阜新红帽子辽塔地宫出土自铭"叠胜"的琥珀盒[59]，叠胜的四外，又缘以绶带结（图 23），整个构图与前举大英博物馆藏"孔雀衔绶二色绫"几乎相同，却是把方

图 23　琥珀叠胜盒　阜新红帽子辽塔地宫出土

---

[53] 此节前面尚有溯源之语，道"《续汉书·礼仪志》曰：立春之日，京都立春幡。《后汉书》曰：立春皆有青幡帻"。按《续汉书·礼仪志》原作"立春之日，夜漏未尽五刻，京师百官皆衣青衣，郡国县道官下至斗食令史皆服青帻，立春幡，施土牛耕人于门外，以示兆民"。这里的"立春幡"之春幡，是竖在地上的旗帜，梁陶弘景咏春幡，所谓"播谷重前经，人天称往录。青珪禮东甸，高旗表治粟。逶迟乘旦风，葱翠扬朝旭"云云，正是此物（《咏司农府春幡诗》，逯钦立《先秦汉魏晋南北朝诗》，中册，中华书局 1983 年，第 1812 页）。

[54] 此诗系元祐三年正月作于汴京。张志烈等：《苏轼全集校注》，册五，河北人民出版社 2010 年，第 3261 页。按：苏诗又有"镂银错落翻斜月"之句，注云："'镂银'，谓刻金银箔为幡胜。《荆楚岁时记》：'或镂金箔为人，以贴屏风。'"按镂银作幡胜固以此为渊源，然而时令已由人日易作立春矣。

[55] 《全宋诗》，册一五，第 10329 页。诗人又有《初赐幡胜戏和诸公二首》，其一句云"镂幡剪胜喜倾朝，不问纡蓝与珥貂。群玉参差排晚日，万花琐碎动春霄"。同前。

[56] 《全宋诗》，册四二，第 26451 页。

[57] 词调名《小冲山》实即《小重山》。此首又见毛滂《东堂词》。《全宋词》，册二，第 950 页。

[58] 赵师侠：《柳梢青·祭户立春》，《全宋词》，册三，第 2081 页。

[59] 今藏辽宁省博物馆，此为观展所摄。

胜变成了叠胜。而胜的式样由唐五代向两宋过渡，它可以算作一件标志性的实物。

如高承所云，春幡的制作，或镂金银，或裁罗帛，而常常是悬于幞头或缀于钗首。张孝祥《菩萨蛮·立春》"丝金缕翠幡儿小。裁罗捻线花枝袅。明日是新春，春风生鬓云"[60]，岳崈《满江红》"雪柳垂金幡胜小，钗头又报春消息"[61]，黄升《重叠金·除日立春》"银幡彩胜参差剪，东风吹上钗头燕"[62]。又陈三聘《朝中措·丙午立春大雪，是岁十二月九日丑时立春》，句云"细写池塘诗梦，玉人剪做春幡"[63]。而亦有穿珠为幡者，如赵崇霄《东风第一枝》"喜风钗、才卸珠幡，早换巧梳描翠"[64]。刻金镂银，裁罗缕翠，软风里娇颤于鬓边钗头的春幡春胜，必是轻盈细巧。

幡胜一类宋辽金遗存，多发现于佛塔地宫，原是善男信女的供养物。幡胜每著吉语，适与礼拜佛陀祈福消灾的愿心相同，大约是原因之一。河北定州静志寺塔基出土一枚剪纸一般的银鎏金镂花小春幡[65]（图24），长约二十厘米，顶端以镂空花结为云题，其上一枚水晶花片为提系，银幡底端镂作流苏，且錾出细线以见垂穗。正中是用于錾字的鎏金牌子或曰牌记，两边镂作龙牙蕙草，鎏金牌记的外缘一周小连珠，连珠框里錾着"宜春大吉"。从制作工艺来看，此当为唐物。著语相同的镂花银幡，也见于河北固安于沿村金代宝严寺塔基地宫，惜已残损[66]。"御青书以赞时，著宜春之嘉祉"，两晋以来的风俗故事绵延至此，"宜春

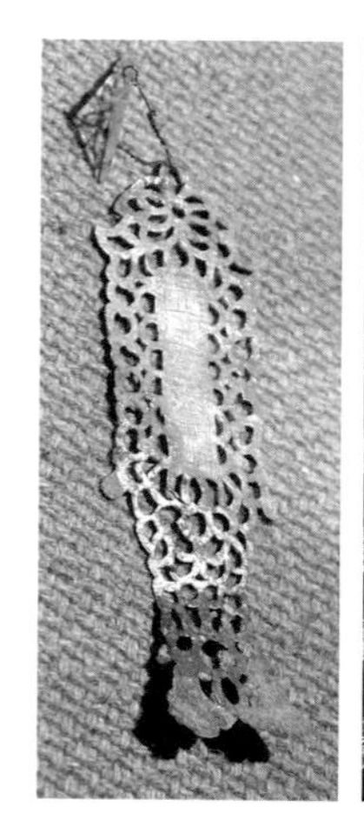

图24　春幡及局部

河北定州静志寺塔基地宫出土

[60] 《全宋词》，册三，第1705页。
[61] 同上，第1739页。
[62] 《全宋词》，册四，第2998页。
[63] 《全宋词》，册三，第2022页。
[64] 《全宋词》，册四，第2856页。
[65] 今藏定州博物馆，此承馆方惠允观摩并拍照。
[66] 河北省文物研究所等《河北固安于沿村金宝严寺塔基地宫出土文物》，图二五，《文物》1993年第4期。

大吉”依然是条畅暖风里的祈愿。又有发现于江苏宜兴北宋法藏寺塔基的镂花银春幡与镂花银春胜各一枚,春幡中间一方用于装饰吉语的牌记,上覆倒垂的莲叶,下承仰莲座;春胜的样式则为叠胜,中间也做成一个上方莲叶下方莲座的吉语牌,幡与胜的牌记均打制“宜春耐夏”四个字,杨万里所咏“彩幡耐夏宜春字,宝胜连环曲水纹”,仿佛此物。银胜背面墨书“符向二娘舍”,银幡背面墨书“符向二娘舍银番圣一首,乞□□家眷平善”[67](图 25)。“番圣”,应即幡胜。幡胜吉语或不拘一格,浙江宁波天封塔地宫出土两枚镂花银叠胜,中间牌记錾刻“长命富贵”[68]。作为节令风物,正该有如此响亮的俗气。立春时节朝臣写给皇后阁的春帖子词也说道“迎春宝胜插钗梁,拂钿裁金斗巧妆。上作‘君王万年’字,要知长奉白云觞”[69]。又正是承接唐五代的“万岁千秋”“富贵团圆”。

图 25　春幡(左)春胜(右)

江苏宜兴北宋法藏寺地宫出土

见于两宋词人笔下者,尚有“珠幡”,如前举赵崇霄《东风第一枝》所云。内蒙古巴林右旗辽庆州释迦佛舍利塔出土一件银鎏金法舍利塔,塔刹顶端立了一只凤凰,凤凰口衔一个小小的珠幡胜,幡胜下边缀着丝绦流苏[70](图 26)。所谓“珠幡”,此其式也。上海青浦区高家台元任仁发家族墓地出土一枚金累丝镶宝花果纹幡,幡面累丝卷草的地子上用珊瑚、绿松石之类嵌出花朵枝叶和果儿。上端一枚下覆的莲叶为提系,下边一朵倒垂莲[71](图 27)。“丝金缕翠幡儿小,裁罗

---

[67] 此承同道董淑燕相告并提供照片,墨书承同道部同麟识认。

[68] 林士民《浙江宁波天封塔地宫发掘报告》,图四七:2、3,《文物》1991 年第 6 期。当然与此同时也有专用于佛事的金幡、银幡、绣幡,此当悬挂于幡竿,而不是坠于钗头。沈阳新民辽滨塔出土一件珠幡,便是挂在银龙首幡竿上,见沈阳市文物考古研究所《沈阳新民辽滨塔塔宫清理简报》,第 50 页,图七,《文物》2006 年第 4 期。前举天封塔地宫出土另外两件银佛幡(图五六:4),上镌“佛法僧宝”,当即如此用。

[69] 宋祁《春帖子词 · 皇后阁》,《全宋诗》,册四,第 2578 页。

[70] 今藏巴林右旗博物馆,此为参观所见并摄影。

[71] 今藏中国国家博物馆,此为观展所见并摄影。按:此物展陈之际是倒置的,即莲花在上,莲叶在下。展品说明作“金累丝嵌松石珊瑚幡形饰品”。

图 26　银鎏金法舍利塔上的珠幡　辽庆州释迦佛舍利塔出土

图 27 金累丝镶宝花果纹幡上海青浦区高家台元任仁发家族墓地出土

捻线花枝袅"，流行于两宋的珠幡巧样，在此可见它的绵延不绝。兰州市白衣寺塔天宫出土一枝明代玉簪和一对银簪，玉簪簪脚是一竿竹，其端一只口衔珠方胜的小鸟，方胜下方系着珠子坠脚[72]（图 28—1）。银簪簪首悬缀珠挑牌，其一上端以一枚下覆的荷叶为花题，下方系一个张扬的"春"字；其一花题下缀一对带叶的石榴，石榴下连珠花，两件珠挑牌也都垂系长长的坠脚[73]（图 28—2）。挑牌的花题正如幡首，坠脚亦如幡脚，"春"字便是点题之笔，可知这一对珠幡以及玉簪簪首垂缀的珠方胜或曰珠幡胜，都是立春的节令时物。不妨再来看看明人演述的唐人故事：汤显祖《紫钗记》第三出题作"插钗新赏"，时在新春，内作玉工送来恰才琢就的一枝紫玉钗，郑夫人道："浣纱，今日佳辰，便将西州锦剪成宜春小绣牌，挂此钗头，与小姐插戴。"继而浣纱取来妆镜，又道：

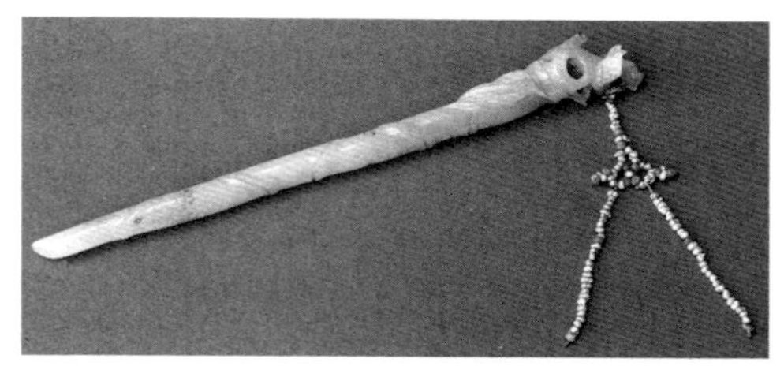

图 28-1　凤衔方胜玉簪

---

[72] 甘肃省文物局《甘肃文物菁华》，图七五，文物出版社 2006 年。

[73] 此为博物馆参观所见并摄影。

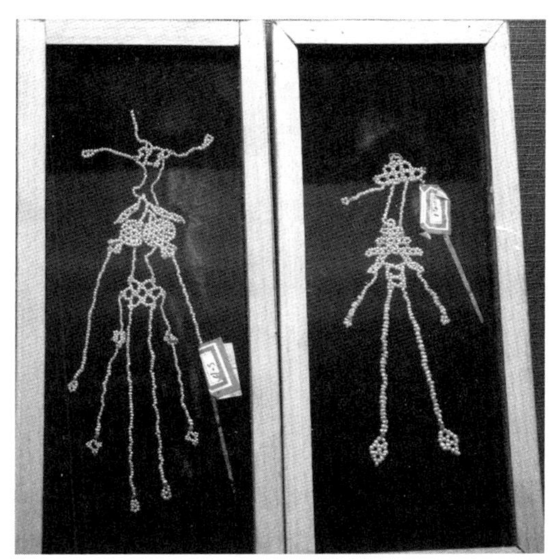

图 28–2　悬珠幡银脚簪　兰州市博物馆藏

“剪成花胜在此。”于是夫人“挂牌钗首”，霍小玉遂对镜插钗：“玉工奇妙，红莹水晶条。学鸟图花，点缀钗头金步摇。”此番情景，虽是想象中的唐人岁时行事，却不无剧作者当代生活之依据。赖此寓意明确的珠幡实物证诗证史，且照映时光之流中的一前一后，“岁华纪丽”，遂有可触可感之真切也。

【扬之水　中国社会科学院文学研究所研究员】

原文刊于《中国文化》2014 年 02 期

人日考辨

胡文辉

晋·董勋《问礼俗》：

> “正月一日为鸡，二日为狗，三日为羊，四日为猪，五日为牛，六日为马，七日为人。

《太平御览》卷30引《谈薮》注：“按一说云：天地初开，以一日作鸡，七日作人也。”叶舒宪先生《人日之谜：中国上古创世神话发掘》一文认为：上述所记载的新年礼俗，隐藏着中国上古“以七天为结构顺序的创世神话”，与《旧约·创世记》的上帝七日创世神话类似。[①] 其实，相似的说法已有不少人提出过。如叶文列举了袁珂先生的说法：“这个没有主名的造物主，他的行事和功绩很有点类似《旧约·创世记》所说的耶和华。”[②]饶宗颐先生也说“此则类似以色列上帝七日造人之说”。[③] 王红旗先生《山海经试注》云：“我国学者曾指出董勋《问礼俗》记有‘正月一日为鸡，二日为狗，三日为羊，四日为猪，五日为牛，六日为马，七日为

① 载《中国文化》创刊号。又，叶氏在《中国神话哲学》一书第七章“浑沌七窍”中对此问题有更详细的论述（中国社会科学出版社1992年版）。

② 见《中国神话传说》，中国民间文艺出版社1984年版，第69页。

③ 见饶宗颐、曾宪通《云梦秦简日书研究》，“人日”条，（香港）中文大学出版社1982年版。

人’与上帝七日创造世界的神话有关。”[④]刘城准先生《中国上古神话》一书也将《问礼俗》的那段文字归入“人类诞生神话”部分。[⑤]

但我以为,这种说法是断章取义的“误读”,是完全不能成立的。先看以下比较完整的有关记载:

梁·宗懔《荆楚岁时记》:“正月七日为人日。”隋·杜公瞻注:“按董勋《问礼俗》曰:‘一日为鸡,二日为狗,三日为羊,四日为猪,五日为牛,六日为马,七日为人;以阴晴占丰耗。正旦画鸡于门,七日帖人于帐。’”[⑥]

《北齐书·魏收传》:“魏帝宴百僚,问何故名人日。皆莫能知,收对曰:‘晋议郎董勋《答问礼俗》云:正月一日为鸡,二日为狗,三日为猪,四日为羊,五日为牛,六日为马,七日为人。’”

唐瞿昙悉达《开元占经》卷一百一十一引《京房占》:一日为鸡,二日为狗,三日为羊,四日为猪,五日为牛,六日为马,七日为人,八日为谷,和调不风,即人不病,六畜不死亡。”

《太平御览》卷三十引《谈薮》(又名《解颐》,隋·阳玠松撰):“北齐高祖七日升高宴群臣,问曰:‘何故名人日?’魏收对以董勋‘正月一日为鸡,七日为人’。”注:“按一说云:天地初开,以一日作鸡,七日作人也。”

宋高承《事物纪原》卷一“人日”条云:“《东方朔占书》(按《隋书·经籍志》有《东方朔占》)曰:‘正月一日占鸡,二日占狗,三日占羊,四日占猪,五日占牛,六日占马,七日占人,八日占谷,皆晴明温和,为蕃息安泰之候,阴寒惨烈,为疾病衰耗。’故杜子美诗曰:‘元日至人日,未有不阴时。’盖伤时之言也。推此当由汉世始有其义。”

宋周必大《二老堂诗话》“杜诗元日至人日”条云:“杜诗云:‘元日至人日,未有不阴时。’盖此七日之间,须有三两日阴,不必皆晴,疑子美纪实耳。洪兴祖引

---

④ 载《山海经新探》,四川省社会科学院1986年版,第357页。

⑤ 见《中国上古神话》,上海文艺出版社1988年版,第573页。

⑥ 见宋金龙注《荆楚岁时记》,山西人民出版社1987年版,第15页。宋金龙注以明万历“广秘籍”本为底本,一般通行的明“广汉魏丛书”本无“以阴晴占丰耗”一句。

《东方朔占书》谓岁后八日，一鸡，二犬，三豕，四羊，五牛，六马，七人，八谷，其日晴则所主物育，阴则灾。天宝之乱，人物俱灾，故子美云尔。信如此说，谷乃一岁之事，何略之也？”

明王三聘《古今事物考》卷一“花胜”条云：“《东方朔占书》：‘一日鸡，二日犬，三日猪，四日羊，五日牛，六日马，七日人，八日谷，其日晴则主物育，阴则灾。’……是人日起于汉。”⑦

其实这种习俗直到近代还有流传：

顺天：“（正月）自一日至十日，以阴晴卜六畜人谷菜果之丰耗。”

陕西：“（正月）人日晴，人安。八日属谷，晴，年必丰。”

湖北黄陂：“（正月）老农每日必视天气之阴晴，曰一鸡、二犬、三猪、四羊、五牛、六马、七人、八谷、九麻、十豆，何日天阴无太阳落山，即损害何物。”⑧

根据这些材料可知，“一日为（占）鸡……七日为（占）人”其实是一种新年占候的习俗：是在新年的某一天根据天气的阴晴占候某物一年的灾祥——正月一日占鸡，二日占狗，三日占羊，四日占猪（或作三日占猪，四日占羊），五日占牛，六日占马，七日占人，八日占谷。因此，所谓“人日”的本义是“占候人的日子”，而非“造人的日子”。《太平御览》“一日作鸡，七日作人”已是宋代的传说，显然是因为后人不明本义而以讹传讹的结果，绝不能仅仅根据这条晚出的记载就断

⑦ 清俞正燮《癸巳存稿》卷十一“正月十日”条对此已有考辨：“《古今注》云：‘一日鸡，二日狗，三日猪，四日羊，五日牛，六日马，七日为人。’《魏书·自序传》《北齐书·魏收传》亦引之。《荆楚岁时记》言：‘一日不杀鸡，二日不杀猪，三日不杀猪，四日不杀羊，五日不杀牛，六日不杀马，七日不刑。’又见一道书云：‘天地始生鸡，次狗，次猪，次羊，次牛，次马，始生人，次谷，次粟，次麦也，故曰：一鸡，二狗，三猪，四羊，五牛，六马，七人，八谷，九粟，十麦，正月此十日晴明，十者丰顺也。’《拾遗记》云：‘尧时祇支国贡重明鸟，如鸡，能使妖灾群恶不能为害。今人每岁元旦，或刻木铸金，或图画为鸡于牖上，此之遗象也。’案：鸡取一日为鸡，又得吉音，非尧时遗象，浑天家言天地形如鸡卵，故宜先有鸡，为岁之首日。《事物纪原》之东方朔始置人日。汪君文台云：‘周必大《二老堂诗话》云：洪兴祖引《东方朔占书》：岁首八日，一鸡、二犬、三豕、四羊、五牛、六马、七人、八谷，其日晴则所主物育，阴则灾。’”

⑧ 见胡朴安《中华全国风俗志》，河北人民出版社 1988 年版，上编第 5 页、第 216 页，下编第 321 页。

定是所谓创世神话。而且“八日为谷”（以及九日麻、十日豆）的记载也使叶氏所谓“模式数字七”（七日）的创世神话结构不攻自破。

其实，类似的新年占候习俗在古代是相当普遍的，文献中有不少的记载：

> 《史记·天官书》：“凡候岁美恶，谨候岁始。岁始或冬至日，产气始萌。腊明日，人众卒岁，一会饮食，发阳气，故曰初岁。……而汉魏鲜集腊明正月旦决八风。风从南方来，大旱；西南，小旱；西方，有兵；西北，戎菽为，小雨，趣兵；北方，为中岁；东北，为上岁；东方，大水；东南，民有疾疫，岁恶。……是日光明，听都邑人民之声。声宫，则岁善，吉；商，则有兵；徵，旱；羽，水；角，岁恶。……或从正月旦比数雨。”（唐·司马贞《史记索隐》云：“谓以次数日以候一岁之雨，以知丰穰也。”）

《开元占经》卷一百一十一引《师旷占》：“常以正月一日迄十二日以占十二月，以日易月。每岁黄气，其气为差岁。风从西来、西南来，皆为谷贵，从东即谷贱。”又引《黄帝占》：“正月一日二日雨，民食二升；三日四日雨，民食四升；五日六日雨，民食六升；七日八日雨，民食一升；十日雨不占。”

显然，“一日为鸡……七日为人”正是与此相似的“候岁”习俗。古人相信新年（正月）的一天能够预示一年的运命，所以在新年通过种种征兆占候某物一年的吉凶，或根据风向，或根据声音，或根据降雨，或根据天气，而“一日为鸡……七日为人”则是根据天气的阴晴来占候。

饶宗颐先生根据云梦秦简《日书》中的人良日、马良日、牛良日、羊良日、猪良日、市良日、犬良日、鸡良日、金钱良日、蚕良日、木良日等名目，认为这就是文献所载的“一日为鸡……七日为人”习俗的最早记录，所以“人日之名，已起于先秦时”⑨。但此说正是望文生义，显然是不能成立的。其实，《日书》所载的是关于某物的宜忌之日，不但有“××良日”，同时还有“××忌日”，这样的例子极多：⑩

---

⑨ 见《云梦秦简日书研究》“人日”条。

⑩ 以下引文页码皆见《睡虎地秦墓竹简》（精装本）“释文注释”，文物出版社 1990 年版。

禾良日;禾忌日;囷良日(P184)

祠父母良日;祠行良日;人良日,人忌日;马良日,马忌日;牛良日,牛忌日;羊良日,羊忌日;猪良日,猪忌日;市良日;犬良日,犬忌日;鸡良日,鸡忌日;金钱良日,金钱忌日;蚕良日(P194)

衣良日,衣忌日(P224)

土良日,土忌日(P225)

五种忌日(P227)

五谷良日,五谷忌日;木良日,木忌日;马良日,马忌日;牛良日,牛忌日;羊良日,羊忌日;猪良日,猪忌日;犬良日,犬忌日;鸡良日,鸡忌日(P235)

五种忌日(P236)

圂吉日,圂忌日(P248)

比如人良日、人忌日那段文字是这样的:

人良日:乙丑、乙酉、乙巳、己丑、乙酉、己巳、辛丑、辛酉、辛巳、癸酉、癸巳。其忌:丁巳、丁未、戊戌、戊辰、戊子,不利出入人。男子龙(忌)庚寅,女子龙丁。(P194)

这段文字是说哪些日子是适宜人活动的“良日”,哪些日子是不适宜人活动的“忌日”。所以,《日书》中的“××良日”“××忌日”是指某物的宜忌之日(干支日),而“一日为鸡……七日为人”则是指在新年的某一天(正月上旬)占候某物一年的灾祥,二者可以说风马牛不相及。

【胡文辉　自由学者】

原文刊于《中国文化》1994年01期

李白剔骨葬友的文化背景之考察

周勋初

李白在日常生活中有些行为显得非常特殊，简直教人无法理解，因为它与一般人的行为或作风相去太远了。例如他在《上安州裴长史书》中说：

> 昔与蜀中友人吴指南同游于楚，指南死于洞庭之上，白禫服恸哭，若丧天伦，炎月伏尸，泣尽而继之以血。行路闻者，悉皆伤心。猛虎前临，坚守不动。遂权殡于湖侧，便之金陵。数年来观，筋骨尚在，白雪泣持刃，躬身洗削，裹骨徒步，负之而趋，寝兴携持，无辍身手，遂丐贷营葬于鄂城之东。①

这种旅榇权殡、剔骨迁葬的风俗，汉族中人自古至今无有所闻，但在中原地区之外的有些民族中，则有这一类的葬法在流行，我们可以根据李白此举以考察其承受的文化背景何在。

① 魏颢《李翰林集序》中说："（白）与友白荆徂扬，路亡权窆，回棹方暑，亡友糜溃，白收其骨。"即指营葬吴指南事，二文可以互证。

李白与蛮族的关系

文化的起源是多元的，所以古代各地的葬法颇有异同。《墨子·节葬下》曰："楚之南，有炎人国者，其亲戚死，朽其肉而弃之，然后埋其骨，乃成为孝子。"《列子·汤问》篇同，唯作"死其肉而弃之"，殷敬顺《释文》："死本作冎，音寡，剔肉也。"《太平御览》卷七九〇与《太平广记》卷四八〇引《博物志》，亦引炎人之国事，均作"刳其肉而弃之"。又宋代朱辅《溪蛮丛笑》中《葬堂》一节，所记亦与此相似，文曰："死者诸子照水，内一人背尸，以箭射地，箭落处定穴，穴中藉以木。贫则已。富者不问岁月，酿酒屠牛，呼团洞，发骨而出，易以小函，或枷崖屋，或挂大木。风霜剥落，皆置不问，名葬堂。"可见李白的葬友之法，和炎人之国的葬法类同，都要"刳其肉"而后"埋其骨"。

这种葬法，在民俗学上叫作剔骨葬，或称二次捡骨葬。

据罗开玉介绍，云南的傣族、布依族，古代都采用二次捡骨葬。仫佬族，古今都采用二次捡骨葬。壮族则在当今实行二次捡骨葬。② 又据邵献书介绍，唐代云南洱海地区由乌蛮和白蛮(白族先民)为主体民族建立的南诏，其葬仪有所不同，乌蛮实行火葬，白蛮则实行土葬，但还实行二次捡骨葬。③ 由此可知，西南地区的一些民族中自古至今一直广泛地有二次捡骨葬法存在。

《新唐书·忠义传上》有吴保安的传记，叙述吴保安与郭仲翔二人的义举。仲翔葬友之事，可与李白葬友之事互参，文曰：

> 吴保安字永固，魏州人。气挺特不俗。睿宗时，姚、嶲蛮叛，拜李蒙为姚州都督，宰相郭元振以弟之子仲翔托蒙，蒙表为判官。时保安罢义安尉，未得调，以仲翔里人也，不介而见曰："愿因子得事李将军可乎?"仲翔虽无雅故，哀其穷，力荐之。蒙表掌书记。保安后往，蒙已深入，与蛮战没，仲翔被

② 罗开玉:《中国丧葬与文化》第三章《丧葬与民族》，海南人民出版社1988年版。

③ 邵献书:《南诏和大理国》第六章《习俗宗教》，吉林教育出版社1990年版。

执。蛮之俘华人，必厚责财，乃肯赎。闻仲翔贵胄也，求千缣。会元振物故，保安留嶲州，营赎仲翔，苦无赀，乃力居货十年，得缣七百。妻子客遂州，间关求保安所在，困姚州不能进。都督杨安居知状，异其故，资以行，求保安得之。引与语曰："子弃家急朋友之患至是乎！吾请贷官赀助子之乏。"保安大喜，即委缣于蛮，得仲翔以归……（仲翔）久乃调蔚州录事参军，以优迁代州户曹。母丧，服除，喟曰："吾赖吴公生吾死，今亲殁，可行其志。"乃求保安。于时，保安以彭山丞客死，其妻亦没，丧不克归。仲翔为服缞绖，囊其骨，徒跣负之，归葬魏州，庐墓三年乃去。

这事原出牛肃《纪闻》，（《纪闻》今佚，此据《太平广记》卷一六六《吴保安》条）叙述至详，今节引郭仲翔归葬吴保安事于下：

……乃曰："吾赖吴公见赎，故能拜职养亲，今亲殁服除，可以行吾志矣。"乃行求保安，而保安自方义尉选授眉州彭山丞，仲翔遂至蜀访之。保安秩满，不能归，与其妻皆卒于彼，权窆寺内。仲翔闻之，哭甚哀。因制缞麻，环绖加杖，自蜀郡徒跣，哭不绝声。至彭山，设祭酹毕，乃出其骨，每节皆墨记之，（原注：墨记骨节，书其次第，恐葬敛时有失之也。）盛于练囊。又出其妻骨，亦墨记，贮于竹笼，而徒跣亲负之，徒行数千里，至魏郡。

唐代前期，南诏社会处于早期奴隶制阶段。《纪闻》中叙郭仲翔被俘为奴，受到种种非人的虐待，以及多次"转鬻远酋"等情节，真可作为了解南诏社会及其前此阶段的实际情况的最佳史料看待。而郭仲翔为吴保安行二次捡骨葬，牛肃的记叙具体细致，也可作为了解该地民俗的最佳史料看待。

牛肃为玄宗时人④,记载时事,应当真实可信⑤,故汪辟疆先生《唐人小说》收有此篇,并加按语云:“吴保安事,盛传于时,此传当为实录。”

这一件事,发生在李白的童年时期,《新唐书·玄宗本纪》开元元年“十月,姚嶲蛮寇姚州,都督李蒙死之。”其时李白为十三岁。又吴保安殁于眉州彭山县,其地与李白居处为紧邻。李白五岁入蜀,到二十多岁离开家乡,这段时间一直住在绵州昌隆县。此地周围有多种民族杂居,南边又是所谓南蛮的地区,他曾受到南蛮文化的影响,也是很自然的。郭仲翔殁于蛮中十五年,对于蛮族的习俗,自然濡染至深,这时又到蛮俗所及的地区迎友之丧,也就采取二次捡骨葬法,囊骨而归了。李白生在蛮族文化所及的地区,早年的感受影响至深,所葬之人又为蜀人,因而也采取了二次捡骨葬法。不论从时间上来看,还是从地域上来看,其间都有相通而可以互证的地方。

这一实例足以说明李白曾受南蛮文化的影响。

或许有人以为蜀州至魏州路途遥远,郭仲翔扶吴保安夫妇之灵柩归葬,诸多不便,故囊骨以归。但郭仲翔此举决心极大,唐代交通又发达,他想扶柩归葬,不难实现。观其“尽以家财二十万厚葬保安”,可见这不是经济方面的原因,所以如此,当以吴、郭二人都在蛮中生活了一二十年,因而郭仲翔径行捡骨法葬友,吴保安的儿子也能接受这种葬仪。李白为友人吴指南营葬,自洞庭之侧迁于鄂城之东,二地水路交通至为方便,李白不扶柩而下,而是采取二次捡骨葬,只能从文化方面寻找原因。

此外还有一些材料涉及李白与南蛮的关系。这类文字,虚虚实实,殊难确证,但若细加考索,则仍可用来说明很多问题。

其一,传说李白曾作《菩萨蛮》词。

此说最早见于北宋僧文莹《湘山野录》卷上,文曰:

---

④ 参看卞孝萱《〈纪闻〉作者牛肃考〉》,载《江海学刊》1962年第7期。

⑤ 冯梦龙编《古今小说》,第八卷《吴保安弃家赎友》中的主要情节,乃铺陈牛肃《纪闻·吴保安》文而成,叙及归葬一节曰:“(郭仲翔)乃为文以告于保安之灵,发开土堆,止存枯骨二具。仲翔痛哭不已,旁观之人,莫不堕泪。仲翔预制下练囊二个,装保安夫妇骸骨。又恐失了次第敛葬时一时难认,逐节用墨记下,装入练囊,总贮一竹笼之内,亲自背负而行。”所记尚存唐代这一葬仪的真相。沈璟将此改编成戏曲《埋剑记》,由于明代江南文人的日常闻见,已不能理解这种葬仪,于是将之改为扶柩归葬了。第一出《提纲》中曰:“永固忘家赎友,崎岖向远寨相邀。吴生丧,飞卿扶柩,埋剑始全交。”

> 此词不知何人写在鼎州沧水驿楼，复不知何人所撰。魏道辅泰见而爱之。后至长沙，得古集于子宣内翰家，乃知李白所作。

宋之鼎州在今湖南常德，此地正是古代五溪蛮的居住区域。

《菩萨蛮》词调的起源，异说很多，近人根据敦煌卷子中已有《菩萨蛮》词及崔令钦《教坊记》中已有这一曲名，认为李白之前已有此名，而苏鹗《杜阳杂编》卷下更有详细的另一记载：

> 大中初，女蛮国贡双龙犀，有二龙，鳞鬣爪角悉备。明霞锦，云炼水香麻以为色。光辉映耀，芬馥著人，五色相间，而美于中华锦。其国人危髻金冠，缨络被体，故谓之“菩萨蛮”。当时倡优遂制《菩萨蛮》曲，文士亦往往声其词。

女蛮国的具体位置，文献难征，按照苏鹗描述的情况来看，当为南方某一民族建立的国家。

李白是否曾作《菩萨蛮》词，古今争论不休，亦难断言。杨宪益以为“骠苴或骠诏(pyu aw)与菩萨蛮的菩萨音同，显然就是骠苴蛮的另一译法”，因此“菩萨蛮是古代缅甸方面的乐调，由云南传入中国”。李白幼时受到西南音乐的影响，日后流落荆楚，“遂以故乡的旧调作为此词”。[⑥] 他还提出“《清平乐》更显然为南诏乐调。当时南诏有清平官司朝廷礼乐等事，相当于唐朝的宰相，清平乐当然

⑥ 牛肃《纪闻·吴保安》曰：“初，仲翔之没也，赐蛮首为奴，其主爱之，饮食与其主等。经岁，仲翔思北，因逃归，追而得之，转卖于南洞。洞主严恶，得仲翔苦役之，鞭笞甚至。仲翔弃而走，又被逐得，更卖南洞中，其洞号菩萨蛮。”此与教坊曲名相合；考其地理，亦与骠苴蛮之方位相合。此亦可作《菩萨蛮》调出于南蛮之一证。

源出于清平官,此外更无其他合理的解释。”⑦此说值得重视。人们研究这类问题时,常是遵从传统的记叙而不敢轻易采纳新解,此或因前时有关李白与蛮族文化的关系等问题尚未受到足够的重视,从而未能得到进一步的阐发。

其二,地方志中还有记载说李白之母为蛮人。

王琦《李太白全集辑注》附录六《遗迹》引《四川总志》云:

> 龙安府平武县有蛮婆渡,在江油青莲坝,相传李白母浣纱于此,有鱼跃入篮内,烹食之,觉有孕,是生白。《广舆记》:白生蜀之青莲乡,旧志以为彰明人,盖平武实割江、彰、剑、梓之地以为邑,今蛮婆渡、青莲乡俱隶平武,则白生之地在今平武无疑矣。

这一传说,后起的有关方志大都承用。由于方志中每袭旧说,陈陈相因,但由此反而可以表明此说由来已久,流传很广,并由口传成为笔录,载之邑乘。

李白之母为蛮人,没有材料可以证实,但李白一家生活的地区内有蛮族杂居,则可根据上述传说而得此结论。

乐史在编纂李白诗文的工作中做出过很大的贡献。他于另一著作《太平寰宇记》中,记载了李白居家地区周围的民族与民风。

> (益州风俗)《蜀记》云:“刚悍生其方,风谣尚其文。”《汉书》曰:“人食稻鱼,俗不愁苦,而轻易淫佚,然地沃人骄,奢侈颇异,人情物态,别是一

---

⑦ 杨宪益《李白与〈菩萨蛮〉》,载《零墨新笺》,上海中华书局 1947 年版。今按:《太平广记》卷四八三《南诏》,原出《玉溪编事》,文曰:“南诏以十二月十六日,谓之星回节日,游于避风台,命清平官赋诗。骠信诗曰:‘避风善阐台,极目见藤越。(原注:邻国之名也。)悲哉古与今,依然烟与月。自我居震旦,(原注:谓天子为震旦)翊卫类夔契。伊昔经皇运,艰难仰忠烈。不觉岁云暮,感极星回节。元昶(原注:谓朕曰元,谓卿曰昶。)同一心,子孙堪贻厥。’清平官赵叔达曰:(原注:谓词臣为清平官。)‘法驾避星回,波罗毗勇猜。(原注:波罗,虎也;毗勇,野马也。骠信昔年幸此,曾射野马并虎。)河阔冰难合,地暖梅先开。下令俚柔洽,(原注:俚柔,百姓也。)献睬弄拣(原注:国名。)来。愿将不才质,千载侍游台。’”《玉溪编事》三卷,金利用撰,见《崇文总目》小说类。《通志·艺文略》云“伪蜀金利用撰”。元李京《云南志略》云:“其称呼,国王曰缥信,太子曰坦绰,诸王曰信苴,相国曰布燮,之文字之职曰清平官。”(张宗祥辑明钞本《说郛》卷三六引)“之”当为草书“知”之误。此说与金氏谓词臣为清平官之说相符;李白以词臣奉召,故以“清平调”命其词。

方。” （卷七二《剑南西道》一）

（汉州风俗）同益州。（卷七三《剑南西道》二）

（简州风俗）有獽人，言语与夏人不同，嫁娶但鼓笛而已，遭丧乃立竿悬布，置其门庭，殡于别所，至其体骸燥，以木函盛置于山穴中，李膺记云此四郡獽也。又有夷人，与獽类一同；又有獠人，与獽、夷一同，但名字有异而已。（卷七六《剑南西道》五）

（茂州风俗）此一州本羌戎之人，好弓马，以勇悍相尚，诗礼之训阙如也，贫下者冬则避寒入蜀，庸赁自食，故蜀人谓之“作氐”。（卷七八《剑南西道》七）

（梓州风俗）与益州同。（卷八二《剑南东道》一）

（绵州风俗）大同梓州。又《郡国志》云“賨人劲，勇锐而善舞，故古有巴渝舞”。（卷八三《剑南东道》二）

上述各族，古代统称南蛮。李白出蜀之前一直生活在蛮族杂居地区，也就势必会受到他们的某些影响。即如李白特有的豪侠之风应当也与此有关。其三，在《警世通言》等小说中，还有“李谪仙醉草吓蛮书”的记载，虽属小说家言，却也有其史实根据。刘全白《唐故翰林学士李君碣记》中曰：

少任侠，不事产业，名闻京师。天宝初，玄宗辟翰林待诏，因为和蕃书，并上《宣唐鸿猷》一篇。上重之，欲以纶诰之任委之。为同列者所谤，诏令归山。遂浪迹天下，以诗酒自适。

此事范传正《唐左拾遗翰林学士李公新墓碑序》中也有记载，曰“草答蕃书，辩如悬河，笔不停辍”。释贯休《观李翰林真》二首之一曰：“御宴千钟饮，蕃书一笔成。”可知这是李白当年待诏翰林时震动京城的一件大事。刘全白与李白相识，早年还曾得到过李白的赏识；范传正曾看到过伯禽介绍家世的手疏，并自言与李白“有通家之旧”，因此这一记载，可信的程度很高。

“蕃”字通“番”，和“蛮”字一样，都是汉人站在大汉族主义的立场上，对边疆民族的一种侮蔑性称呼。“蕃”与“番”字经常用以泛指西方和南方的民族。但时人称呼西方边疆的民族时，经常称为“西蕃”；吐蕃方位亦在中原之西，故亦得称西蕃。单用“蕃”或“番”字，则常用以泛称南方的民族，或是南海地区的外来民族，如张仲素《涨昆明池赋》：“故人遥集，曾分劫火之灰；蕃帅来朝，暗识滇河之象。”白居易《听曹刚琵琶兼示重莲》诗：“拨拨弦弦意不同，胡啼番语两玲珑。”李肇《唐国史补》卷下：“南海舶，外国船也，每岁至安南、广州。师子国舶最大，梯而上下数丈，皆积宝货。至则本道奏报，郡邑为之喧阗。有蕃长为主领，市舶使籍其名物，纳舶脚，禁珍异，蕃商有以欺诈入牢狱者。舶发之后，海路必养白鸽为信。舶没，则鸽虽数千里亦能归也。”

李白为玄宗草拟答蕃书，可能就是致南方某一民族建立的国家的诏书。看来李白懂得这一蕃国的文字，才能应付裕如，从而使时人大为敬佩，成为特殊才能而加以记叙。⑧

其四，这里可联系唐王朝与南诏之间的战事来进行考察。天宝年间，鲜于仲通与李宓多次攻打南诏，迭遭失败，损失惨重，但其时的许多文士激于狭隘的夷夏观念，无不义愤填膺，像高适、储光羲等均有鼓吹讨伐的诗篇，只有李白保持清醒的头脑，反对这次战争。他在《古风》其三十四、《书怀赠南陵常赞府》等诗中对此表示强烈的反感，可能因其出身特殊之故，所谓爱屋及乌，这里也可看出李白与蛮方的密切关系。

有趣的是：在李白的全部诗文中，从未用过一个“蕃”字、“番”字或“蛮”字。⑨ 这种现象，是纯出偶然呢？还是有意回避？现在当然难于判断了。但以李白与蛮方的关系而言，则似有其内在的原因，怕不能纯用偶然性来作解释。

当然，李白的写答蕃书，也有可能在与西方的某一国家打交道。联系李白在《寄远十二首》之十中所说的“笔题月支书，西海寄离居”而言，可证他能运用西

---

⑧ 冯梦龙编《警世通言》，第九卷《李谪仙醉草吓蛮书》中叙此事，唯将“番国”说成“渤海国”，则与史实不符。渤海国位处东北，是由靺鞨族建立的国家，该族汉化的程度很深，使用汉字，李白无需以“番书”作答。而且唐王朝与边疆民族建立的政权交往时，例当以汉文作诏书。李白以答蕃书名震一时，当以其熟悉蕃方情况，通解该地来的文书，并能挥洒自如地作答，这样做也就说明了李白能熟练地运用这种蕃文。

⑨ 李白《寄崔侍御》诗中有句曰“高人屡解陈蕃榻”，所指乃《后汉书》有传之陈蕃，”蕃”为人名，与此处说的蕃族之“蕃”不同。

方某一国家的文字进行通讯，从而有可能在翰林待诏期间承担通解蕃书并草拟诏书作答的任务。

不管情况究竟怎样，李白精通某种汉语言文字之外的语文，总是一件奇怪的事，这与同时的文士截然不同。归根到底，总是与他的胡化家庭与特殊经历有关。

南蛮遗风与突厥丧葬习俗

一个地区的风气、习俗和制度，往往经历很长的时间仍然能传承下来。就在现在四川省西部，即唐代的嶲州地区，截至二十世纪四十年代，居住在那里的"蛮子"（史称罗罗，今称彝族。汉人称之为蛮子，他们自称为夷家）仍然处于奴隶制阶段。据凌纯声研究，唐代南诏居统治地位的乌蛮也属罗罗族。[10]

一九四三年，林耀华率燕京大学边区考察团前往凉山地区进行实地研究，考察团的翻译王举嵩，即曾沦落夷家二十年，备受虐待而终得生还。一九一九年时，夷人攻陷昭觉县，普安营守备秘书王文英因城破殉职，次子举嵩年七岁，为黑夷（夷族贵族）掳去，沦为娃子（奴隶），改名铁哈，后卖与大凉山白夷（夷族奴隶），改名铁拉，沦为奴隶的奴隶。其兄王雨庵经过不懈的努力，才以白银一百两将他赎回。这事的曲折经过[11]，与吴保安营救郭仲翔事有相似处，可以帮助我们了解唐代这一地区的民情风俗。

壮族居住在广西地区，也有一部分居住在云南，他们普遍采用二次捡骨葬法，今将《中华民族风俗辞典》中介绍"捡骨葬"的文字转录于下：

> 壮族丧葬习俗，又叫"二次葬"。人死洗礼入殓后，埋入土中，叫做"寄

---

⑩ 凌纯声《唐代云南的乌蛮与白蛮考》，载《人类学集刊》第一卷第一期，商务印书馆1938年发行。

⑪ 详见林耀华《凉山夷家》第七章《阶级》，吴文藻主编社会学丛刊乙集第五种，商务印书馆1947年版。柳无忌、潘如澍译成英文，以 *The Lolo of Liang Shan*（*Liang Shan I Chian*）为题，于1961年在HRAF Press，New Haven出版。

> 土”。寄土时，有的找风水龙脉之地，有的在传统规定的地方，有的则就近找个地方埋葬。坟坑大都很浅，以棺盖与地面相平为宜，然后用土堆成略为长方形的圆顶坟墓。第三日去“圆坟”，即带上祭品上供、化纸，修整坟墓，还用一木棍吊一串纸条，插在墓顶上，叫扎幡旗。此后每年三月三，或清明上坟扫墓。三年或五年（只能是单数）后，开坟捡骨，盛于特制的陶瓮“金坛”里。捡骨要择吉日良辰，由死者亲属和亲戚并村中一两位有经验的长者一同前去，到了坟前，要烧香祭拜。刨开坟土，用雨伞遮住天空后才开棺捡骨。尸骸已腐朽则可捡骨，若未完全腐朽则将棺盖虚掩，复培土待来年再捡骨。捡骨时，首先由女子说明请死者起身，并捧出颅骨，然后其余的人就把骸骨一一捡出，并用稻草、草纸、碎布、刀片等把骨头擦刮干净，剩下的腐肉、破寿衣及废棺木等物随便埋掉即可，以后不复照管。骸骨装入“金坛”要按一定规矩：先放髋骨、尾椎骨，接着把骶骨、腰椎、胸椎依次竖直往上放，脊椎骨还用线香串起来以免散乱，四肢骸骨竖放两侧，再把肋骨、肩胛骨、下巴骨依次放入，最后把头颅骨放在上面，使整副骨架像蹲坐在坛子里一样。金坛里撒上一把朱砂，坛盖内侧用毛笔写上死者姓名和生卒年月日等，盖上坛口，埋在家族坟地中，培土筑成坟堆。这称之为“埋骨”。把骸骨从寄土之地移至埋骨之处，要燃香为亡灵引路，若过桥渡河，背骨的长子要喃喃自语，请亡灵一同过渡。⑫

这与牛肃《纪闻》中有关郭仲翔为吴保安捡骨归葬的记载类同，我们也可借此了解李白“雪泣持刃，躬身洗削，裹骨徒步，负之而趋”，为吴指南行剔骨葬仪的地域文化背景。

一种习俗的传播，又不仅限于一时一地，南方民族中有二次捡骨葬的习俗，北方民族中也有采用这一葬仪的，有关突厥族的文献中就有这方面的记叙。

《周书·突厥传》言该族之葬法曰：“死者停尸于帐，子孙及诸亲属男女各杀羊马，陈于帐前祭之，绕帐走马七匝，一诣帐门，以刀剺面且哭，血泪俱流，如是者

⑫ 唐祈、彭维金主编《中华民族风俗辞典》，江西教育出版社 1988 年版。

七度乃止。择日取亡者所乘马及经服用之物,并尸俱焚之,收其余灰,待时而葬。春夏死者,候草木黄落;秋冬死者,候华叶荣茂。然始坎而瘗之。”韩儒林重译之丹麦 V·汤姆森《〈蒙古古突厥碑文〉导言》中说:“至于突厥葬仪,中国史籍所记载者,只能适用于其上等人。”⑬可知一般突厥民众之葬法,当又有不同。

岑仲勉《突厥集史》于上述《周书·突厥传》引文之后,又引 Czaplicka 氏《历史上及现代之突厥族》一书中文,也叙突厥古代葬仪云:“吾人必须假定既死之后,尸放墓外或置于临时之墓,待其肉完全消化。此项习俗,正与中国史所言春夏死者候草木黄落……相符。”⑭这是突厥族采用二次捡骨法葬仪的最好说明。

李白为友人吴指南行二次捡骨法葬仪,也可能与他早年生于碎叶,其家族长期生活在西突厥的统治区内,接受突厥文化的影响有关;这与他生长蜀地,因而接受了蛮族文化的影响并行不悖。当然,李白此举到底受了哪一个民族文化的影响,难以确说。从上面一节的分析来看,似以接受蛮族文化的影响为大;而从他对西方之地的眷恋之情而言,则也有可能受到西域文化的影响。他采用的是一种与华夏文化的葬仪截然不同的剔骨葬法,确是一件令人感兴趣而值得深入探讨的事。

我读李白的作品,观察李白的为人,总觉得他与当时一般的汉族文人颇不相同,今知他生长在一个由西域地区迁来的家庭之中,早年又一直生活在蛮族文化影响所及的区域之内,接受的是多种文化的影响,那么对于他的个人特点,也就可以进一步有所了解了。

【周勋初　南京大学中文系教授】

原文刊于《中国文化》1993 年 01 期

---

⑬ 林幹编《突厥与回纥历史论文选集》上册,中华书局 1987 年版。

⑭ M.A.Czaplicka 此书原名 *The Turks of central Asia in history and at the present day*,牛津大学出版社 1918 年版。岑氏以为此书上述“引证殊误”,但他在论文《揭出中华民族与突厥族之密切关系》中则又表示赞同,文曰:“氏又言合坟在盐湖附近者(Minusinsk 之东南)习惯常以骨殖立葬,因此必须假定死后尸体暴露或暂厝以待肉体之消化云云(90 页)。按粤俗有永葬、暂葬两法,坟地不大而欲合葬者往往先觅地权厝,待八九年后肉既全化,乃掘冢开棺,捡取其骨放于瓦坛之内(坛径约一尺,高约二尺,俗呼为‘金塔’,如是则占地有限,易于合葬也)。”“金塔”当即“金坛”。此文载《东方杂志》41 卷第 3 号,1945 年 2 月。今按:粤地古属蛮方,故有二次捡骨葬之遗风,据此更可明白南蛮与突厥确实都实行二次捡骨葬。而且 Czaplicka 此说乃是引证另一学者之考古发掘报告而提出的,他还说“从中国和希腊笔下有关古代突厥人丧葬风俗的记载是一致的”,虽然我还不太了解他引用的是哪一位希腊作家的记载,但想来当非妄说。至岑氏所说,自相违忤,则或所见前后有异之故。

奇特的文化现象：关于中国妇女文字

赵丽明

中国湘南的崇山峻岭中的江永县消江流域，很久以来流传着一种奇特的文字——“女书”（或称“女字”）。这是一种当地妇女专用文字（她们称通用的方块汉字为“男字”），男人们不认识也不过问。

一、女书的文字特点及记录的语言

这种妇女文字外观形体大致呈“多”字式的菱形。经整理基本用字有七百左右。其中有三分之二为自制字，三分之一为改借方块汉字。在自制字中有一百多个具有浓厚原始符号特征的独体字，其中有不少与古代陶器刻画符号或其他古文字符号相似。其余由这些独体字或添加其他构件组成合体字。有的偏旁构件具有音符性，但并不规则（附一）。

除极个别几个字外，基本上没有以形表义字及表义偏旁构件。在改借方块汉字的两百多个字中，有的将整个汉字借过来改作倾斜体势，但不多，大多为删减笔画，有的变异得面目全非却仍有方块汉字的痕迹（附二）。这套妇女文字在形体上显示出了文字发展史的风貌。

附　一

[illegible]	lioŋ^{31}	两俩	[illegible]	kɯ^{55}	割葛
[illegible]	liaŋ^{22}	亮谅	[illegible]	kua^{35}	鬼轨癸
[illegible]	saŋ^{33}	双霜丧桑酸	[illegible]	kaŋ^{31}	贡
[illegible]	tsaŋ^{31}	葬	[illegible]	kuɔ^{33}	耕根间关
[illegible]	tshaŋ^{33}	枪抢	[illegible]	paŋ^{33}	般邦
[illegible]	thaŋ^{33}	汤通	[illegible]	xu^{31}	裤
[illegible]	ɕioŋ^{33}	声兄凶	[illegible]	tɕhiau^{55}	畜
[illegible]	tsioŋ^{51}	情亭庭	[illegible]	lɔ^{31}	带
[illegible]	tshioŋ^{33}	清青厅	[illegible]	ɕiau^{55}	法叔
[illegible]	ɕyə^{22}	训舍社石	[illegible]	tɕiŋ^{33}	经
[illegible]	tɕi^{55}	结			
[illegible]	tshu^{33}	粗			

附　二

自制字	独体字	[illegible]（重复号）
	合体字	[illegible]
改借方块汉字	改	[illegible]
	借	[illegible]

关于女书所记录的语言,经过陈瑾、黄雪贞、谢志民等语言专家以及我的调查研究确定,这是一种汉语土话。

江永县的语言状况较复杂,大致上有三种:西南官话、土话和瑶语,彼此不能通话。官话全县通用,土话在平原地区的汉族和平地瑶中流行,瑶话在山区的过山瑶中使用。江永土话内部又很复杂,如沿桃水、消水流域又有桃川话、消江话之分。各乡、村的土话大同小异。女书记录的是消江土话。

二十世纪三十年代前中央研究院历史语言所及五十年代末六十年代初湖南师范学院中文系的较大规模的方言普查仅仅提及湖南不少地方有一种别于湘语

的土话，但都没有进行具体调查、研究，最近有些学者开始注意江永及周围湘南、桂北、粤西北数县的土话（如 1988 年第三期《方言》登载黄雪贞先生的《湖南江永方言音系》一文）。

女书的七百左右单字之所以能够完整地记录当地土话，不因新词而造新字，是因为女书记录土话的方式是把整个字作为音符，一个字标记一个音节、记录一组音同或音近的词（语素）（见附三）。孤立的一个字可表多种意义，只有与其他女书字结合使用，才能确定这个字所记录的语素或词。因此女书的阅读方式是通过吟诵唱读转换成有声语言。

附　三

女书	所标音节	汉字义
[illegible]	ɕiu^{33}	书输圩
[illegible]（[illegible]）	kaŋ^{33}	光官观宫江冠甘刚
[illegible]	ɕi^{35} ɕiəɯ^{35}	起喜 少
[illegible]	maŋ^{51} məŋ^{51}	忙茫 眉嵋眠
[illegible]（[illegible]）	tɕiɛ^{33}	今真襟金针斟
[illegible]	xaŋ^{51}	寒黄皇凰行韩含衔
[illegible]	tɕiau^{33} tɕhiau^{33} tsau^{51}	交州教 抽 愁
[illegible]（[illegible]）	sɿ^{33}	十是事思实视
[illegible]	nəŋ^{51}	年咱

不管历史上如何，目前来看，女书是一套系统的汉语土话文字。与表义性很强的方块汉字不同，女书是一种单纯表音的音符字音节文字，与字母音节文字的日本假名也不同。它们处在音节文字不同的发展阶段。女书在文字学上有独特的价值。

二、女书的使用情况和社会功能

女书是当地乡村妇女,特别是中老年妇女的文化工具,精神伴侣。她们用女书创作自传体长诗,记录民歌、故事(如《河边子竹》《十二月歌》《女书告状》等),翻译改写汉族传统作品(如《梁山伯与祝英台》《陈世美不认前妻》等),记述重大历史事件(如《林大人禁烟》《太平天国过永明》《中日战争记事歌》《解放歌》等),写信往来,祭祀祈福等。其中主要内容为中老年妇女倾述自己的不幸身世,诉说因战乱、灾害、疾病失去亲人以及婚后受虐待等苦难经历。几乎没有一首少女爱情诗,大都是反映已婚妇女清苦辛劳的一生,表达她们充满血泪的内心苦楚。基本上为七言诗,也有少量五言诗。风格凄凉哀婉,体现一种朴实苦涩的美,可以说是一种写实的苦情文学。

女书作品一般书写在精制手写本、扇面、布帕、纸片上。手写本为最庄重、规范的形式,是妇女出嫁时珍贵的馈赠礼物,还可用来夹藏女红用的彩线花花、剪纸等。一般是先订书,后写字。我们调查时见到空白的这种自制本子,以备将来写自传。手写本线装女书约 32 开大小,装潢、缝制方法基本一样(见附四)。精制布面共有三层,外边是黑色自织土布(也有机织的),里子为蓝绸缎的,中间还有一层垫布。装订线、图案均为双线回字格纹。上下有红布抱角。外三分之一或四分之一处有一彩条,内为纵横经纬布纹、外为斜经纬布纹。最外边有包边沿条。整个封面美观、坚固、厚实。首尾有红纸扉页,内订有十页左右的合页宣纸。书写款式同中国古代线装书,上下留有天地,行文自上而下,走行从右到左。据说原用竹篾蘸墨(后亦用毛笔)在膝盖上写,在桌子上写是男字的写法。字体如蚊,清丽纤细,古朴隽秀,有其奇特的书法美。(见附四)

每行 10 至 12 字,每面 7 至 8 行。每面 80 至 90 字。不分段,无标点,只有一个叠字重复号(见附二)和两个行尾填白记号“0”或“↓”。女书布帕一般为蓝色,也有白、红色,四周绘有装饰图案。有的是绣上去的。布帕上的女书字体较浑厚。扇面文一般依扇折自上而下行文。纸片为临时书写,大小、质地、颜色比较随便。手写本和扇子为记载女书作品的主要形式。妇女们唱读女书的活动被称作“读纸”“读扇”。

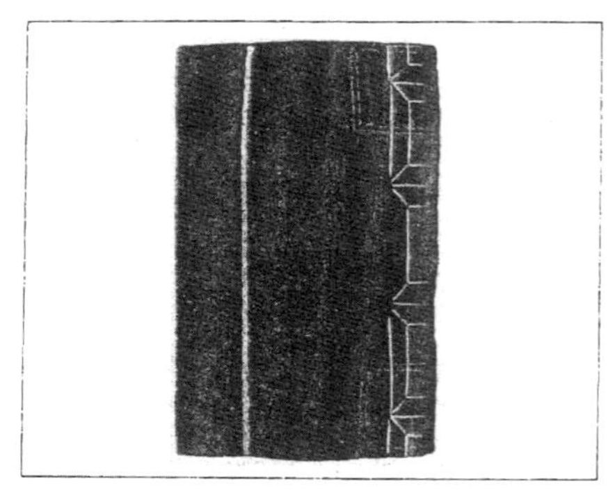

◆ 附 四

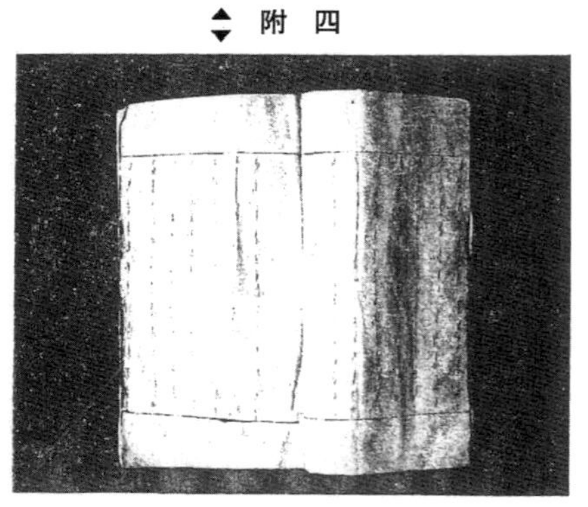

“读纸”“读扇”是当地妇女歌堂文化的主要内容。她们经常利用节庆日、串亲戚、结拜姐妹见面等机会进行群体歌堂娱乐活动。例如这里结婚有哭嫁习惯，姑娘出嫁前几天要同亲友姐妹唱歌堂，表达对亲人依恋感恩之情，女友馈赠女书，唱颂美好祝愿，倾诉离情别意，称之为“愁屋”。结婚时也要唱歌堂。这里的正月十五元宵节、二月初一赶鸟节、四月初八斗牛节、六月六尝新节、七月半鬼节等都是妇女聚会或回娘家的日子。特别是四月八女儿节，要好的姐妹们聚在一起“打平伙”（各自带食物一块做饭聚餐），唱读女书。平日，妇女们也喜欢聚在一起，一边做女工，一边唱女书。唱到伤心处，唱的人、听的人常常声泪俱下、满座嘘唏。在哀婉的吟唱中，她们沟通感情，彼此慰藉，自娱自乐，达到心理平衡。当然，女书更是妇女通讯交往的工具。这里妇女有结拜姐妹的习俗。用女书把结交书以及各自吉凶事

写在扇子、手帕上互相赠送,寄托情谊、慰问不幸、分享快乐,排解忧愁。她们信奉婆王,每年五月初十带着写着自己祝愿的女书,去拜婆王庙、读纸读扇或将女书纸扇奉献在神龛前。五十年代以前有的村庄几乎每个妇女都认得女书。一般为长辈传晚辈,或结拜姐妹相教,会创作女书的人往往是当地妇女中有威望的"知识分子",懂史知理,替人写传,改编传说故事,甚至随时用女书记录重大历史事件,表达对幸福生活的向往,对妇女解放、追求文化政治上平等的呼唤。在妇女没有地位、没有受教育权的封建时代,女书这种歌堂文学体现了妇女朴素的自我意识和群体意识;在交通闭塞的远乡僻壤,女书在妇女生活中起着积极的作用。

新中国成立以后,女孩子上学读书,女书逐渐失去它的社会作用。再加上五六十年代政治运动频仍,特别是"文化大革命"中,女书被说成"妖书",几乎灭绝。目前,只有五六十岁以上的老年妇女偶尔吟唱,真正精通女书,能读能写会创作的人已寥寥无几。

由于当地妇女把女书视为珍贵的精神伴侣,活着读它,死后到所谓阴间也要读,因此,女书常常作为殉葬品埋掉或烧掉,极少数作为纪念品被女儿、姐妹留下。我们迄今未能见到更古老的女书原始资料,给研究工作带来一定困难。

关于女书的来源,当地有一些大同小异的传说,即宋朝或更早(有的具体说宋钦宗时),上江圩荆田村的胡秀英(一说胡玉秀,有《胡玉秀探亲书》)被选入宫为皇妃,因受冷遇,思念亲人,便创造了女书(一说入宫前学会的,一说她哥哥创造的教给她),给家人写信诉苦,以避免太监发现,后托人带回家乡,并告诉解读这种字的秘诀:第一必须斜着看,第二要按土话读音去理解它的意义。至今荆田村有所谓香妃楼遗址。这个传说说明了妇女文字的斜体、标音特点的女书的传统风格内容。至于它真正的来源是个很复杂的问题,需要从人文地理环境和民族迁徙的历史等方面来考察。

三、女书产生的地理环境和人文历史

江永县古为南楚边陲,位于南岭山脉怀抱之中,东望九嶷山,南接萌渚岭,西北依傍都庞岭。与广东、广西皆一山之隔。县内桃水自东南向西,在广西入桂江,属珠江水系;消水从西北流向东北注潇水,属长江水系。消水两岸,山清水秀,土地平旷、物产丰富,村庄密布。秦属长沙桂林郡边陲之地。秦始皇统一天下降百越时曾遣军驻都庞岭,今有将军峰。汉时南部属苍梧郡谢沐县,东北属零陵郡营浦县(隋合为永阳县)。长沙马王堆汉墓出土的《舆地图》《军阵图》正是当年为抵抗南越王赵佗而描绘的潇水流域江永、江华、蓝山、道县一带的军事地图。唐属道州,天宝时改永明县。宋入营道,元明属道州路,清属永州。这里曾是南蛮、莫瑶、民瑶活跃地区。文献记载,宋元以来官兵多次派兵平蛮擒瑶,使瑶苗等少数民族四处迁逃,隐没散居。南宋文天祥曾到这一带镇压瑶民起义,消江上游的大远乡就是瑶族千家峒故地,元大德年间,瑶民抗官被迫迁离。太平天国的军队也曾涉足此地。可见江永虽地处湘粤桂交界,偏僻闭塞,却又有着随官军而带入汉文化、民族迁徙融合的悠久历史。

女书流行的中心地区上江圩乡,据 1979 年人口普查,46 个自然村 3858 户,17286 人。汉族 3841 户,瑶族 17 户。其中以义姓最多,占四分之一,其他为欧、杨、蒋、唐、胡、卢、阳、何等。最早来此居住的为义、欧、杨等氏族。据族谱记载,义姓有两支:其一为宋元之际从山东迁来,相传本姓苏后改姓义;另一支为宋元之际从江永北邻道县都庞岭下迁至此,本姓伯,后改姓义。欧姓氏族,据浮桥头村后一块唐墓碑记载,唐时已在上江圩居住,自称系由附近宁远来此。杨姓亦有两支:一支为唐宪宗时从山东青州安乐县迁来;另一支为居住更久的杨姓。峭里大族蒋姓,其始祖为元朝学士,后与两兄弟逃迁至此。上江圩中部的夏湾唐姓,祖籍太原,很早就迁住千家峒内,元代官兵进剿千家峒时逃出,于明洪武年间定居夏湾至今。住在大远乡、江永的唐姓宋时即为瑶族,至今还保存瑶族的习惯,不吃狗肉。瑶族的很多风俗如哭嫁、斗牛节、不落夫家、打花带等,至今江永县普遍存在。自五十年代始就有人申请恢复瑶族成分,近年来这种呼声越来越强烈,进入八十年代全县已有数万人恢复了瑶族成分。所以从目前来看,使用女书的虽基本是生活在平地的汉族妇女,但有复杂的氏族迁徙的背景。

四、女书的发现与研究

对于女书这一奇特的文化现象的发现、研究,大致分两个阶段。五十年代中期至六十年代初,就有人注意并开始初步收集、整理、研究(如江永县文化馆的周硕沂、湖南省文化部门的李正光等),有关文化部门也见到或记录、保存了一些女书资料(如油印稿《江永县解放十年志》有专节简介妇女字。湖南省博物馆曾收到两份女书原件存档,《中国语文》编辑部的潘慎曾负责编审过李正光的女书的稿件,当时国家文字改革委员会的人也见过公安部门或其他渠道转来的女书材料),均因种种原因未能公开报道,没有引起学术界重视。

1982 年,中南民族学院青年教师宫哲兵(现为中南民族学院政治系副教授),在江华进行民族调查时发现女书线索,追踪至江永,并与周硕沂取得联系,共同搜集、翻译女书资料,写出了《关于一种特殊文字的调查报告》,发表在 1983 年《中南民族学院学报》上,这是首次向社会公开报告女书。同年,中南民族学院副院长、著名语言学家严学窘教授与宫哲兵合作,撰写了《湖南平地瑶文字辨析》一文,提交给第十六届国际汉藏语学术讨论会。会议主席、美国华盛顿大学亚洲语言系哈里·诺曼教授给严学窘的信中写道:"这真是一个惊人的发现,我相信它将引起语言学家和人类学家们的极大兴趣。"后来一些瑶语专家认为对女书与瑶族的关系应持慎重态度。

1985 年中南民族学院政治系组织调查队在江永县上江圩乡及附近数十个村庄进行普查女书流行情况,找到十几位会写或会唱女书的老年妇女,收集到十几本女书原件。中南民族学院中文系副教授陈瑾先生也对以锦江为代表的上江圩的土话进行第一次语言音系的调查研究,初步确定为汉语方言。后来周硕沂到武汉,同陈瑾、宫哲兵共同整理出《女书字汇》。正在华中师范大学历史文献研究所攻读博士学位的研究生赵丽明(现在清华大学中文系任教)也从文字学、文学角度研究女书文化,先后四次南下,在江永及附近地区进行考察。1986 年 5 月,《妇女文字与瑶族千家峒》一书由中国展望出版社出版,宫哲兵主编,内收有关女书的13篇研究论文和调查报告。其中有宫哲兵、周硕沂的《南楚奇字》，陈瑾的《试析女字形音义的特点》，赵丽明的《女书——一种特殊的妇女文学》，赵丽明、宫哲兵的《女书造字法初探》，宫哲兵的《女字与汉字改革》，宫哲兵、赵丽明的《应当建立方言文字学》，周硕沂、陈瑾、宫哲兵的《女书字汇》，以及一些调查报告。这是比较全面介绍、研究女书的第一本书。

1986年冬，精通女书的江永县上江圩普美村的85岁的高银仙老太太，在其孙陪同下到武汉，与宫哲兵、赵丽明、陈瑾一起工作了一个月，写出一万多字的女书作品。1987年赵丽明、宫哲兵合写了约15万字的论文《一个惊人的发现——介绍中国女书》，提交给第二十届国际汉藏语学术讨论会，宫哲兵赴加拿大在会上宣读（赵丽明因正值博士论文答辩期，未能赴会），会后在加拿大和美国多次讲演，受到广泛注意。该论文，将作为全面系统研究女书的第一部专著由华中师范大学出版社出版。

著名文字学家周有光先生在《汉字文化圈的文字演变》（载《民族语文》1989年第1期）一文中，认为江永妇女字是汉字或音节字母字，并指出："在汉语汉字广泛传播3000年之后，江永存在重新创造而不同于现成汉字的汉语妇女字，这是文字史上的'返祖现象'，产生于教化未及的僻远地方。"

对于中国湘南女书这一奇特的文字现象，还有许多重大问题有待深入研究。如其来源应与中国各地上古文字符号以及中国周围民族的古文字作比较研究；其流传背景应与日本平假名、朝鲜谚文在早期亦曾被称作"妇女字"进行比较研究。同样在汉字文化圈内，平假名、谚文是为突破汉字在日本、朝鲜的数百年正统地位，由男人创造（和尚为翻译佛经而制片假名、国家颁布《训民正音》以推行谚文）而进行民族文字改革过程中，最先被妇女接受、使用的简便文字，最后又被全民接受成为通用文字。无论从文字学的角度，还是着眼于人类学、文化学和民族学，女书的价值都有待进一步发掘，还有许多工作要做，希望能在适当的时候召开专门研讨女书的学术讨论会。

【赵丽明　历史学博士，清华大学中国语言文学系教授】

原文刊于《中国文化》1989年01期

东汉魏晋南北朝房中经典流派考

李　零

【内容提要】东汉晚期和魏晋南北朝时期是中国宗教史上的重要阶段，释之入、道之兴几乎同时，相互借用模仿之迹甚多。当时道教与房中密切相关，是治道教史者不可忽视。而佛教初入中国，也有类似传授，对研究密宗的早期发展亦极为重要。惜史料缺佚，学者留心措意者少，很多情况都昧而不明。作者有感于斯，对有关线索细心钩稽，撰为丛考，论房中经典七书，析容、彭、玉子三派，释《黄书》二种之疑，解无识授法之秘，为探讨早期的释道关系提供了一个新的角度。

一、房中七经考

房中七经是道教盛称的房中经典。陈国符《道藏源流考》（北京：中华书局，1963年）下册附录四《南北朝天师道考长编》“房中第八”（第365—369页）述之，作：

《洞真太上说智慧消魔经》曰“阴丹内御房中之术，黄道赤气交接之益，

> 七九朝精吐纳之要，六一回丹雌雄之法。”《太真玉帝四极明科经》卷一曰“黄书赤界真一之道”，“交接之小术。”又卷五云“有夫妻之对，亦得修行七经之道，气节应数。”《洞真太上太霄琅书》卷九曰七经之道：“玄、素、黄帝、容成，彭铿、巫咸、陈赦，学习七经，演述阴阳。”“天门、玉子皆传斯道。天门子、玉子，见葛洪《神仙传》卷八。

陈氏所引七经只有简称，未能详其著述源流，这里试为考证如下：

1.“玄”。即《抱朴子・遐览》著录的《玄女经》。“玄女”是数术方技之书常见的依托人物，后世称“九天玄女”或“九天娘娘”，乃道教著名神祇。“九天”见于《孙子・形》和《淮南子・天文》等书，《史记・封禅书》记汉高祖立“九天巫祠”，亦有祭“九天”之俗，但早期古书和马王堆房中书均未见“玄女”。“玄女”见于古书主要是同黄帝君臣的传说有关，同托名于他们的技术传统有关，如《抱朴子・极言》说“昔黄帝生而能言，役使百灵，可谓天授自然之体者也，犹复不能端坐而得道。故陟王屋而受丹经，到鼎湖而飞流珠，登崆峒而问广成，之具茨而事大隗，适东岳而奉中黄，入金谷而咨涓子，论道养则资玄、素二女，精推步则访山稽、力牧，讲占候则询风后，着体诊则受雷、岐，审攻战则纳五音之策，穷神奸则记白泽之辞，相地理则书青乌之说，救伤残则缀金冶之术”，主要是以养生交接之术托之玄、素二女；而《黄帝、玄女三宫战法》（《艺文类聚》卷二、《太平御览》卷十五引）和《黄帝授三子玄女经》（收入《道藏・洞真部》众术类）等书则以玄女与式法的发明相联（遁甲式有“九天”，六壬式也叫“玄女式”）。此书常与下书合称“玄素之法”，“女”在前而“素”在后，只是读起来上较顺口，并不意味着“女”早于“素”。此书流行于隋唐时期，据《隋书・经籍志》，《玄女经》是附于《素女秘道经》（《素女经》的别名）内，一卷，但《日本国见在书目》和两《唐志》均不载此书，只有《素女经》和《玉房秘诀》，估计是附于《素女经》或钞入《玉房秘诀》。今《医心方》卷二八《房内》收其佚文（共 5 条）［按：我已辑入《中国方术考》（北京：人民中国出版社，1993 年）的附录］，其中第一条显然是该书的开头，作“《玄女经》曰：黄帝问玄女曰：‘吾受素女阴阳之术自有法矣，愿复命之，以悉其道。’”可以证明《玄女经》是《素女经》的续作。过去叶德辉《双梅景闇丛书》

辑《素女经》佚文，合《玄》《素》为一书，这虽合于《隋志》著录，但在《医心方》中它们却是各自为书。又叶氏以《玄》《素》之书属之隋唐时代，亦误。研究二书年代，《列仙传》卷下《女丸传》有段话值得注意（按：“丸”是“几”之误）。其传文曰：“女丸者，陈市上沽酒妇人也。作酒常美，遇仙人过其家，饮酒，以素书五卷为质，丸开视其书，乃养性交接之术。丸私写其文要，更设房室，纳诸年少，饮美酒，与止宿，行文书之法。如此三十年，颜色更如二十时。仙人数岁复往来过，笑谓丸曰：‘盗道无私，有翅不飞。’遂弃家追仙人去，莫知所之云。”传后附赞语：“玄素有要，近取诸身。彭聃得之，五卷已陈。女丸蕴妙，仙客来臻。倾书开引，双飞绝尘。”其“玄素”显然是指玄女和素女，“彭聃”则指彭祖和老聃，所述“素书五卷”似即合玄女、素女、彭祖、老聃之术而成，年代早于隋唐。《列仙传》旧题刘向作，宋以来多疑为东汉作品，余嘉锡甚至推断“此书盖明帝以后顺帝以前人之所作也”。[①] 其书虽不必为向之亲作，但所述人物仍可能是东汉以前人，这就像《神仙传》是成于西晋而所述人物仍以东汉方士为主，两者在体例上是一致的（后者是模仿前者）。其赞语，《隋书·经籍志》有《列仙传赞》三卷，题刘向撰，鬷续，孙绰赞，又《列仙传赞》二卷，题刘向撰，晋郭元祖赞，两种皆出汉以后，但张陵《老子想尔注》已明确提到《玄女经》，可以证明《玄女经》绝不晚于东汉。

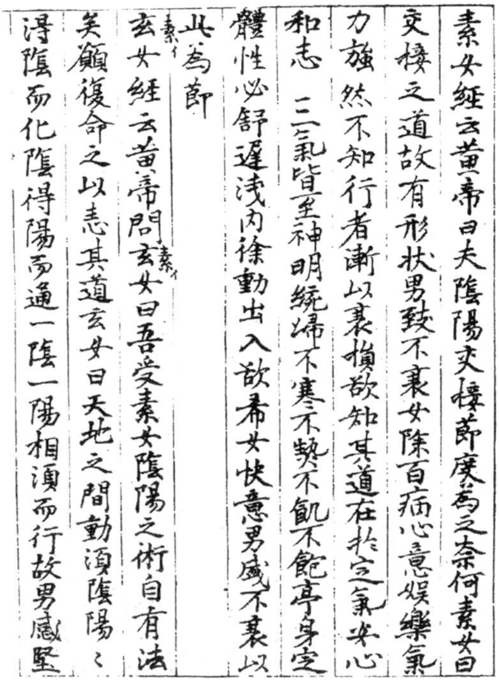
素女經云黄帝曰夫陰陽交接節度爲之奈何素女曰
交接之道故有形狀男致不衰女除百病心意娛樂氣
力強然不知行者漸以衰損欲知其道在於定氣安心
和志　三氣皆至神明統歸不寒不熱不飢不飽亭身定
體性必舒遲淺內徐動出入欲希女快意男盛不衰以
此爲節
玄女經云黄帝問玄女曰吾受素女陰陽之術自有法
矣願復命之以志其道玄女曰天地之間動須陰陽ゝ
得陰而化陰得陽而通一陰一陽相須而行故男感堅

《医心方》卷二八《房内》（书影）

2.“素”，即《遐览》著录的《素女经》。“素女”，见于《史记·封禅书》，汉武

① 余嘉锡：《四库提要辨证》，中华书局，1980年，第1202—1214页。

帝元封二年(前 109 年)议兴郊祀乐舞,公卿或曰"太帝使素女鼓五十弦瑟,悲,帝不能止,故破其瑟为二十五弦"(按:"太帝"指黄帝),其说出自《世本》(见《尔雅·释乐》疏等书引),可见"素女"之名早已有之,不但可以早到汉,还能上溯于战国。房中之书托名素女,除上《列仙传》赞,还见于东汉张衡(78—139 年)的《同声歌》,其中提到"衣解巾粉卸,列图陈枕张。素女为我师,仪态盈万方。众夫所稀见,天老教轩皇",说明东汉时期已流行此书。《素女经》见于《隋书·经籍志》作《素女秘道经》,一卷。《日本国见在书目》有《素女问》十卷,《素女经》一卷,但两《唐志》不载,估计是钞入《玉房秘诀》。其佚文见于《房内》(23 条)(按:亦辑入《中国方术考》附录),多出自《玉房秘诀》,似可印证这一点。

3."黄帝",此书应与黄帝有关,但有别于《玄女经》《素女经》和《容成经》。因为后三种虽与黄帝有关,但皆独立成书。战国秦汉时期流行黄帝书,早期房中书多依托黄帝。如马王堆房中书《十问》有十组问对,其中就有四组与黄帝有关,一组是与天师(即岐伯)问对,一组是与大成(不详)问对,一组是与曹敖(不详)问对,一组是与容成("黄帝七辅"之一)问对。《汉志》也有两种房中书与黄帝有关,一种是《容成阴道》二十六卷,一种是《天老杂子阴道》二十五卷("天老"亦"黄帝七辅"之一,"杂子"是其他对话者,类似《十问》)。《同声歌》也提到"天老教轩皇"("轩皇"即黄帝),还有上面提到的《玄女经》和《素女经》,也都是与黄帝有关的房中书。但《老子想尔注》提到"今世间伪伎诈称道,托黄帝、玄女、龚子、容成之文相教"(按:"龚子"不详),则是以"黄帝"之书单称,与"玄女、龚子、容成之文"有别,可见是自为一书。我们怀疑,此书可能与《天老杂子阴道》有关[按:《天老杂子阴道》已佚,但《博物志》卷五有天老对黄帝问,作"黄帝问天老曰:'天地所生,岂有食之令人不死者乎?'天老曰:'太阳之草,名曰黄精,饵而食之,可以长生。太阴之草,名曰钩吻,不可食,入口立死。人信钩吻之杀人,不信黄精之益寿,不亦惑乎?"又吕才《阴阳书》亦有天老对黄帝问,作"天老对黄帝云:凤凰之象,首戴德,背负仁,颈荷义,膺抱信,足履政,尾系武"(《尚书序》正义引)],或者类似《十问》,恐怕是包含很多对话者的黄帝书(否则它会以单独对话者之名题书)。但《遐览》所列道经,其中与房中有关,似乎只有《玄女经》《素女经》《彭祖经》《陈赦经》《子都经》《张虚经》《天门子经》《容成经》八书,似无一书可以当之。疑此书先亡,汉代以后未闻也。

4.“容成”,即《遐览》著录的《容成经》,其前身或即《汉志》著录的《容成阴道》。容成是“黄帝七辅”之一,在马王堆房中书《十问》中是与黄帝问对的重要人物。此书不仅见于《汉志・方技略》,也被《列仙传》《老子想尔注》等书提到,显然是两汉都很流行的房中书。据《博物志》《神仙传》和《后汉书・方术列传》等书,东汉末传容成之术有甘始、左慈、泠寿光、东郭延年和封衡,在当时是著名流派,但其书魏晋以后湮没无闻,《隋志》不载,《医心方》也未见其佚文。《列仙传》卷上《容成公传》曰:“容成公者,自称黄帝师,见于周穆王,能善补导之事,取精于玄牝。其要谷神不死,守生养气者也,发白更黑,齿落更生,事与老子同,亦云老子师也。”(按:“补导”指“补养导引”)《广汉魏丛书》本《神仙传》卷十《封衡传》说封衡侍者所负书笈,中有“《容成养气术》十二卷”(此条为通行本所无)。其术虽不可考,然自马王堆房中书《十问》和容成术的后世传授看,应与行气导引有密切关系。另外,它不仅是依托黄帝传说,而且与老子传说也有关系[按:上引《女丸传》赞也以“彭(祖)”、“(老)聃”并说],应属黄老派的房中书。

5.“彭铿”,即《遐览》著录的《彭祖经》。此书或与《汉志・方技略》著录的《汤、盘庚阴道》有关。彭铿,也叫篯铿,相传是“祝融八姓”中的彭姓之祖,故称“彭祖”。彭祖是古代有名的老寿星,古书屡道其名,但彭祖与房中的关系旧多不明。《列仙传》卷上有《彭祖传》,谓“彭祖者,殷大夫也,姓篯名铿,帝颛顼之孙陆终氏之中子,历夏至殷末八百余岁,常食桂芝,善导引行气,历阳有彭祖仙室,前世祷请风雨,莫不辄应,常有两虎在祠左右,祠讫地即有虎迹云,后升仙而去”,并不涉于房中。古书明言彭祖传房中术,要以《神仙传》卷一《彭祖传》最详,其中提到“又有采女者,亦少得道,知养形之方。年二百七十岁,视之年如十五六。王奉事之,于掖庭为立华屋紫阁,饰以金玉。乃令采女乘轻軿而往,问道于彭祖。采女再拜,请问延年益寿之法。彭祖曰:‘欲举形升天,上补仙官者,当用金丹。此元君太一所服,白日升天也。然此道至大,非君王所为。其次当爱精养神,服饵至药,可以长生,但不能役使鬼神,乘虚飞行耳。不知交接之道,虽服药无益也。采女能养阴阳者也,阴阳之意可推而得,但不思之耳,何足枉问耶?’”认为“人道当食甘旨,服轻丽,通阴阳,处官秩”,劝殷王不必放弃人间欢乐，最好学地仙之术，但行男女交接、行气导引之法，求延年不死，长在人间。其述房中主要有两段话。一段是“故上士别床，中士异被。服药千裹，不如独卧。五色令人目盲，五味令人口爽。苟能节宣其宜适，抑扬其通塞者，不减年算”。这段话又重见于陶弘景《养生延命录·御女损益》。另一段是“凡远思强记伤人……阴阳不交伤人。所伤人者甚众，而独责于房室，不亦惑哉！男女相成，犹天地相生也，所以导养神气，使人不失其和。天地得交接之道，故无终竟之限；人失交接之道，故有残折之期。能避众伤之事，得阴阳之术，则不死之道也。天地昼合而夜离，一岁三百六十交，而精气和合者有四，故能生育万物，不知穷极。人能则之，可以长存”，则见于《房内·至理》引用。此外，传文还提到“（彭祖曰）‘吾先师初著《九都》《节解》《韬形》《隐遁》《无为》《开明》《四极》《九室》诸经万三千首，为以示始涉门庭者耳。’采女具受诸要以教王”，似即其书之目。《彭祖经》佚文见于《房内》引用（共11条）（按：亦辑入《中国古代房内考》附录），正是殷王遣采女问道彭祖之书，《玉房秘诀》说“故帝之问素女，彭铿之酬殷王”（《房内·至理》引），上句是说《素女经》，下句就是讲《彭祖经》。《彭祖经》，年代亦不晚于东汉。过去叶德辉把《彭祖经》佚文的一部分并入《素女经》，一部分留在《玉房秘诀》内，以《素女经》为黄帝与素女、玄女、采女三女问对，造成误解，是应当加以纠正的。彭祖养生之说屡见于出土竹简，如马王堆房中书《十问》有“王子巧父问彭祖”章是讲“养朘气”，张家山汉简《引书》述“彭祖之道”则论导引。古代的行气导引与男女交接往往是结合在一起的。另外，《十问》有“帝盘庚问于耈老”章，据其他出土文献，耈老与彭祖有密切关系。我们在上文提到《汤、盘庚阴道》可能与《彭祖经》有关，但这也并不排斥另一种可能，即它是汤、盘庚与耈老的问对，或他们与彭、耈老两人的问对。

6.“巫咸”，并非商代名臣巫咸，而是汉代的巫炎。明《修真演义》自称“汉元封三年，巫咸进《修真语录》于武帝，……余演其义为二十章”，所说“巫咸”亦巫炎。其书即《遐览》著录的《子都经》。《神仙传》卷八《巫炎传》曰：“巫炎者，字子都，北海人也。汉武帝出见子都于渭桥，其头上郁郁紫气，高丈余。帝召而问之：‘君年几何？所得何术而有异气乎？’子都答曰：‘臣年今已百三十八岁，亦无所得。’将行，帝召东方朔使相此君有何道术，朔对曰：‘此君有阴术。’武帝屏左右而问之,子都对曰:‘臣昔年六十五时,若腰脊疼痛,脚冷不能自温,口中干苦,舌燥涕出,百节四肢,各各疼痛,又足痹不能久立。得此道以来,已七十三年,有子三十六人,身体强健,无所病患,气力乃如壮时,无所忧患。’帝曰:‘卿不仁,有道而不闻于朕,非忠臣也。’子都顿首曰:‘臣诚知此道为真,然阴阳之事,公(宫)中之私,臣子所难言也,又行之又逆人情,能为之者少,故不敢以闻。’帝曰:‘勿谢,亏君耳。’遂受其法。子都年二百余岁,服饵水银,白日升天。武帝后颇行其法,不能尽用之,然得寿最胜他帝远矣。”《子都经》与上述各书不同,所托人物为西汉武帝,是年代晚近的人物,但其成书亦不晚于东汉。东汉应劭《风俗通》佚文(《通志·氏族略》第四引)“(巫氏)又有巫都,著《养性经》”可为证明。其佚文亦见《房内》引用(共4条)(按:亦辑入《中国古代房内考》附录),第一条同《巫炎传》引而稍略,似即该书开头。

7.“陈赦”,即《遐览》著录的《陈赦经》。陈赦,《列仙传》《神仙传》均不载,待考。

案上“七经”虽为天师道传习之书,但并非天师道所独有。张陵既言“今世间伪伎诈称道,托黄帝、玄女、容城、龚子之文相教”,则其书必为许多道教流派所共享。而葛洪说“玄、素、子都、容成公、彭祖之属,盖载其麄事,终不以至要者著于纸上也”,也不把这类读物视为高深,反以口诀传授为秘要。

二、东汉房中流派考

东汉时期的房中流派很多,史籍可考者有:

1.出自《容成经》的流派。

《容成经》见于上节所述。东汉末传容成之术者有甘始、左慈、泠寿光、东郭延年、封衡,皆操所畜,列“魏武十六方士”中。这五人都见于《博物志》《神仙传》和《后汉书·方术列传》,而以《博物志》为最详,可撮述于下:

(1)甘始。《博物志》称始甘陵人,能行气导引,擅长幻术,“王仲统云:甘始、左元放、东郭延年行容成御妇人法,并为丞相所录,间行其术,亦得有验”。其说多摘自曹植《辩道论》和曹丕《典论》(见《方术列传》注引)。《辩道论》云:“甘始者,老而有少容,自诸术士咸共归之。然始辞繁寡实,颇有怪言。余尝辟左右独与之言,问其所行。温言以诱之,美辞以导之。始语余:‘吾本师姓韩字世雅,尝与师于南海作金,前后数四,投数万斤金于海。’又言:‘诸梁时,西域胡来献香罽、腰带、割玉刀,时悔不取也。’又言‘车师之西国,儿生擘背出脾,欲其食少而努行也。’又言:‘取鲤鱼五寸一双,令其一著药,俱投沸膏中,有药者奋尾鼓鳃,游行沉浮,有若处渊,其一者已孰(熟)而可噉。’余时问言:‘率可试否?’言:‘是药去此逾万里,当出塞,始不自行不能得也。’言不尽于此,颇难悉载,故粗举其巨怪者。始若遭秦始皇、汉武帝,则复徐市、栾大之徒也。”知其学西域幻术,名重当时。《典论》云:“颍川郄俭能辟谷,饵伏苓;甘陵甘始名善行气,老有少容;庐江左慈知补导之术,并为军吏。初,俭至之所伏苓价暴贵数倍。议郎安平、李覃学其辟谷,食茯苓,饮寒水,水寒中泄利,殆至殒命。后始来,众人无不鸱视狼顾,呼吸吐纳。军祭酒弘农董芬为之过差,气闭不通,良久乃苏。左慈到,又竞受其补导之术。至寺人严峻往从问受,奄竖真无事于斯术也,人之逐声,乃至于是。”《神仙传》卷十《甘始传》以甘始为太原人,与《博物志》异,谓始“善行气,不饮食,又服天门冬,行房中之事,依容成、玄、素之法,更演益之,为一卷,用之甚有近效,治病不用针灸汤药”,则始有房中书传世可知。《方术列传》以甘始、东郭延年和封衡并叙,称“三人者,皆方士也。率能行容成御妇人术,或饮小便,或自倒悬,爱啬精气,不极视大言”。

(2)左慈。《博物志》称慈字元放,庐江人,“晓房中之术”,“寺人严峻就左慈学补导之术,阉竖真无事于斯,而逐声若此”(亦摘引《典论》之说)。又有服食大豆之法,“善辟谷不食”。《神仙传》卷八《左慈传》称慈“少明五经,兼通星纬”,“尤明六甲,能役使鬼神,坐致行厨。精思于天柱山中,得石室内《九丹金液经》,能变化万端,不可胜纪”,备道曹操、刘表、孙权杀慈而不能,甚详,重点是讲他的分身变化之术。《方术列传》分两条述之,一条是讲左慈为曹操表演坐致行厨,当场变出松江鲈鱼、蜀中生姜;一是讲操欲杀慈,慈分身化羊事,略同《神仙传》所述。

(3)泠寿光。《博物志》作“泠寿光”,只录其名,里籍事迹不详。《神仙传》

卷七《灵寿光传》作“灵寿光”，传极简略，只说“灵寿光者，扶风人也。年七十时得朱英丸方，合服之，转更少壮，如二十时，至建安元年二百二十岁矣”。《方术列传》作“泠寿光”，以泠寿光、唐虞、鲁女生并叙，称三人“皆与华佗同时”，“寿光年可百五六十岁，行容成公御妇人法，常屈颈鹬息，须发尽白，而色理如三四十时，死于江陵”。古有泠氏和灵氏，“泠”或讹为“冷”，应以作“泠”为是。

(4)东郭延年。《博物志》云东郭延年“行容成御妇人法”已见上引，未言其里籍。《神仙传》卷七《东郭延传》无“年”字，称“东郭延，字公游，山阳人也”，从李少君授《五帝六甲左右灵飞》之术、《游虚招真》十二事，汉建安二十一年，辞家诣昆仑台，临去先以《神丹方》《五帝灵飞秘要》传尹先生(即尹轨)云。《方术列传》以东郭延年与甘始、封君达并叙，见上引。

(5)封衡。《博物志》称“陇西封君达”，云“皇甫隆遇青牛道士姓封名君达，其余(论)养性法即(则)可放用，大略云：‘体欲常[劳，食欲常]少，劳无过[极，少无过]虚，食去肥浓，节酸咸，减思虑，损喜怒，除驰逐，慎房室。[春夏]施泻，秋冬闭藏’。[详]别篇，武帝行之有效”。《神仙传》卷十《封君达传》云“封君达者，陇西人也，服黄精五十余年。又入鸟鼠山，服炼水银百余岁，往来乡里，视之如三十许人。常骑青牛，闻有人疾病时死者便过，与药治之，应手皆愈，不以姓字语人，世人识其乘青牛，故号为‘青牛道士’。后二百余年，入玄丘山仙去也”。《方术列传》以封君达与甘始、东郭延年并叙，见上引。其注文引《汉武帝内传》与《神仙传》略同，学者多以《内传》出葛洪，宜其相似(按：《广汉魏丛书》本《神仙传》卷十《封衡传》与此略异，提到封衡有二侍者，“一负书笈，一负药筒”，书笈内“有《容成养气术》十二卷”)。《房内·养阳》引《玉房秘诀》云“青牛道士曰：数数御女则益多，一夕易十人以上尤佳。常御一女，女精气转弱，不能大益人，亦使女瘦崩也”，又《云笈七签》卷四五引青牛道士《存日月诀》云“暮卧，存日在额上，月在脐下，上辟千鬼万邪，致玉童玉女来降，万祸伏击，甚秘验”，皆其遗说。

2.出自《彭祖经》的流派。

《彭祖经》见上述，《神仙传》卷一有《彭祖传》，后面有《白石生传》和《黄山君传》，应是相关人物，可摘述如下：

(1)白石生。《白石生传》曰：“白石生者，中黄丈人弟子也。至彭祖之时，已年二千余岁矣，不肯修仙之道，但取于不死而已，不失人间之乐。其所据行者，正以交接之道为主，而金液之药为上也。初患家贫身贱，不能得药，乃养猪牧羊十数年，约衣节用，致货万金，乃买药服之，常煮白石为粮。因居白石山居，时人号曰白石生。亦时食脯饮酒，亦时食谷，日能行三四百里，视之色如三十许人。性好朝拜存神，又好读《仙经》及《太素传》，彭祖问之：'何以不服药升天乎？'答曰：'天上无复能乐于此间耶，但莫能使老死耳。天上多有至尊相奉事，更苦人间耳。'故时人以其不汲汲于升天为仙官，而不求闻达故也。"传文虽以白石生与彭祖同时，但很可能仍是东汉人。其耽情享乐、重视房中正与《彭祖经》同。

(2)黄山君。《黄山君传》曰："黄山君者，修彭祖之术，年数百岁，犹有少容，亦治地仙，不取飞升。彭祖既去，乃追论其言，为《彭祖经》。得《彭祖经》者，便为木中之松柏也。"据此可知，《彭祖经》即出于黄山君之手。

3.出自《墨子五行记》的流派。

《神仙传》卷四有墨子、刘政、孙博、班孟、玉子、天门子、九灵子、北极子、绝洞子、太阳子、太阳女、太阴女、太玄女、南极子、黄庐子十五人，多与"墨子之术"有关。其《墨子传》述墨子于救之宋役后，从神人授"素书《朱英丸方》《道灵教戒五行变化》，凡二十五卷"，"撰集其要，以为《五行记》五卷"，虽属方士依托，但《墨子五行记》见于《遐览》著录（作"《墨子枕中五行记》五卷"），乃道家重要经典。这一派别或长于幻化，或长于房中，似有不同，但共同点是都以五行之术为本。如下述玉子、天门子等人就是属于与房中有关的一支：

(1)玉子。即上所引传授房中七经的玉子。《玉子传》曰："玉子者，姓章名震，南郡人也。少学众经，周幽王征之不起，乃叹曰：'人居世间，日失一日，去生转远，去死转近，而贪富贵，不知养性，命尽气绝即死，位为王侯，金玉如山，何益于是为灰土乎？独有神仙度世，可以无穷耳。'乃师事长桑子，受其众术，乃造一家之法，著道书百余篇，其术以务魁为主，而精于五行之意，演其微妙。以养性治病，消灾散祸。能起飘风，发木折屋，作云雷雨物。以草芥瓦石为六畜龙虎，立便能行。分形为数百千人，又能涉行江汉，含水喷之，立成珠玉，遂不复变也。或时闭气不息，举之不起，推之不动，屈之不曲，伸之不直，如此数十日，乃复起如故。每与诸弟子行，各丸泥为马与之，皆令闭目，须臾皆乘大马，乘之一日千里。又能吐五色气，起数丈。见飞鸟过，指之堕地。又临渊投符，召鱼鳖，鱼鳖皆走上岸，又能使诸弟子举眼，即见千里外物，亦不能久也。其务魁时，以器盛水着两魁之间，吹而嘘之，水上立有赤光，绕之晔晔而起。又以此水治百病，在内者饮之，在外者浴之，皆使立愈。后入崆峒山合丹，丹成，白日升天也。"《遐览》有《张虚经》，位置在《子都经》后、《容成经》前，显然是房中书，"震"、"虚"形近易误，疑即玉子之书。

（2）天门子。即上所引传授房中七经的天门子。《天门子传》曰："天门子者，姓王名纲，尤明补养之要。故其经目：'阳生立于寅，纯木之精。阴生立于申，纯金之精。夫以木投金，无往不伤。故阴能溲阳也。阴人着脂粉者，法金之白也。是以真人道士莫不留心驻意，精其微妙，审其盛衰。我行青龙，彼行白虎，彼前朱雀，我后玄武，不死之道也。又阴人之情也有急于阳，然能外自戕抑不肯请阳者，明金不为木屈也。阳性气刚躁，志节疏略，至于游晏，则声气和柔，言辞卑下，明木之畏金也。'"《遐览》有《天门子经》，其书在《子都经》后、《容成经》前，显然是房中书，传文所述即其佚文。其"阳寅阴申""青龙白虎"等说与《黄书》相似，是值得注意的地方。

（3）北极子。《北极子传》曰："北极子者，姓阴名恒，其经曰：'治身之道，爱神为宝。养性之术，死入生出。常能行之，与天地毕。因生求生真生矣。以铁治铁之谓真，以人治人之谓神。后服神丹而仙焉。"其人亦有房中书，传文所述即其佚文。"死入生出"，《房内・临御》引《洞玄子》"女当津液流溢，男即须还，必须生返。如死出，大损于男，持（特）宜慎之"是类似说法。"以铁治铁"、"以人治人"，则与后世内丹家所谓的"竹破竹补，人破人补"同。

（4）绝洞子。《绝洞子传》曰："绝洞子者，姓李名修，其经曰：'弱能制强，阴能弊阳，常若临深履危，御奔乘驾，长生之道也。'年四百余岁，颜色不衰，著书十四篇，名曰《道源》，服丹升天也。"其房中书曰《道源》，传文所述即其佚文。"临深履危，御奔乘驾"，《房内・至理》引《素女经》"御女当如朽索御奔马，如临深坑下有刃，恐堕其中"是类似说法。

（5）太阳子。《太阳子传》曰："太阳子者，姓离名明，本玉子同年之亲友也。玉子学道已成，太阳子乃师事玉子，尽弟子之礼，不敢懈怠。然玉子特亲爱之，有门人三十余人，莫与其比也。而好酒恒醉，颇以此见责，然善为五行之道，虽鬓发斑白，而肌肤丰盛，面目光华，三百余岁犹自不改。玉子谓之曰：‘汝当理身养性而为众贤法司，而低迷大醉，功业不修，大药不合，虽得千岁，犹未足以免死，况数百岁者乎？此凡庸所不为，况于达者乎？’对曰：‘晚学性刚，俗态未除，故以酒自驱。’其骄慢如此。著《七宝之术》，深得道要，服丹得仙，时时在世间，五百岁中，面如少童，多酒，其鬓须皓白也。”传文虽未直接谈到房中，但据下《太阴女传》，亦精于房中之人，所著《七宝之术》已佚，或存房中之说，未可知也（按：《西京杂记》卷一有“七宝綦履”、“同心七宝钗”，卷二有“七宝床”，“七宝”是佛教术语（sapta-ratna），此书用“七宝”为名，值得注意）。

（6）太阳女。《太阳女传》：“太阳女者，姓朱名翼。敷演五行之道，加思增益，致为微妙，行用其道，甚验甚速，年二百八十岁，色如桃花，口如含丹，肌肤充泽，眉鬓如画，有如十七八也。奉事绝洞子，丹成以赐之，亦得仙升天也。”其人为绝洞子弟子，号“太阳女”，适与上“太阳子”、下“玉阳女”相对，疑亦擅长房中之人。

（7）太阴女。《太阴女传》曰：“太阴女者，姓卢名全，为人聪达，知（智）慧过人，好玉子之道，颇得其法，未能精妙。时无名师，乃当道沽酒，密欲求贤。积年累久，未得胜己者。会太阳子过之，饮酒，见女礼节恭修，言词闲雅。太阳子喟叹曰：‘彼行白虎螣蛇，我行青龙玄武。天下悠悠，知我者谁？’女闻之大喜，使妹问客：土数为几？’对曰：‘不知也’。但南三北五，东七西七，中一耳。妹还报曰：‘客大贤者，至德道人也。我始问一，已知五矣。’遂请入道室，改进妙馔，盛设嘉珍而享之，以自陈讫，太阳子曰：‘共事天帝之朝，俱饮神光之水，身登玉子之魁，体有五行之宝，唯贤是亲，岂有所怪？’遂授补道（导）之要，授以蒸丹之方，合符得仙，时年已二百岁，而有少童之色也。”太阴女“当道沽酒，密欲求贤”与《女丸传》相似，太阳子所对“南三北五，东七西七，中一耳”，“东七西七”当是“东七西九”之误，盖以一、三、五、七、九“五天数”配中、南、北、东、西五方位；“彼行白虎螣蛇，我行青龙玄武”者，则女以西、南对男东、北。其说以阴阳五行、方位配数讲男女交接，这点亦与《黄书》相似。

此外，“太阴女”后还有“太玄女”，亦治玉子之术；有“南极子”，与上“北极子”相对，可能亦长于房中。

4.其他。

(1)刘京。《神仙传》卷七《刘京传》曰：“刘京，字太玄，南阳人也，汉孝文帝侍郎也。后弃世从邯郸张君学道，受饵朱英丸方合服之，百三十岁，视之如三十许人。后师事蓟子训，子训授京《五帝灵飞六甲》十二事、《神仙十洲真形》诸秘要。京按诀行之甚效，能役使鬼神，立起风雨，召致行厨，坐在立亡，而知吉凶期日，又能为人祭天益命，或得十年，到期皆死；其不信者，到期亦死。周流名山五岳，与王真俱行悉遍也。魏武帝时，故游行诸弟子家。皇甫隆闻其有道，乃随事之，以云母九子及交接之道二方教隆。隆按合行服之，色理日少，发不白，齿不落，年三百余岁，不知能得度世不耳。魏黄初三年，京入衡山中去，遂不复见。京语皇甫隆曰：‘治身之要，当朝朝服玉泉，使人丁壮有颜色，去三虫而坚齿也。玉泉者，口中液也。朝来起早，漱液满口，乃吞之，啄齿二七过，如此者三乃止，名曰炼精，使人长生也。夫交接之道至难，非上士不能行之，乘奔牛惊马未足喻其岭坠矣。卿性多淫，得无当用此自戒乎？’如京言，虑隆不得度世也。”其人应亦汉末之人，所谓“汉武帝侍郎”者乃神仙之说。刘京之书今佚，《房内・和志》引《玉房指要》云：“道人刘京言：凡御女之道，务欲先徐徐嬉戏，使神和意感，良久乃可交接，弱而内之，坚强急退，进退之间，欲令疏迟，亦无高自投掷，颠倒五藏，伤绝络脉，致生百病也。但接而勿施，能一日一夕数十交而不失精者，诸病甚愈，年寿日益。”又《房内・施写》引《养生要集》云：“道人刘京云：春天三日一施精，及秋当一月再施精，冬当闭精勿施。夫天道冬藏其阳，人能法之，故得长生。冬一施当春百。”皆其遗说。

(2)上成公。《博物志》列“魏武十六方士”有“河南卜式”，但其下文作“河南密县有[上]成公，其人出行，不知所至，复来还，语其家云：‘我得仙。’因与家人辞诀而去，其步渐高，良久乃没而不见。至今密县传其仙去”。其人也见于《方术列传》，作“上成公者，密县人也”，事迹略同。《抱朴子・至理》作“河南密县有卜成者”云，事迹亦略同。知“卜式”、“成公”、“上成公”为一人，“上成”乃古代复姓，“卜”是“上”之误，“式”是“成”之误。今《房内・禁忌》引《养生要集》“卜先生云：妇人月事未尽而与交接，既病女人，生子或面上有赤色凝如手者,或令在身体,又男子得白驳病”,疑此“卜先生”即“上成公”讹“卜式”者。

案上述流派,容成派和彭祖派皆源自房中七经,要算东汉房中术的古典派,然玉子派异军突起,却是新的流派,它和天师道的房中术应有密切关系。

三、天师道房中术考(上)②

天师道的房中术主要保存于张陵《黄书》和《老子想尔注》内。其说为后人所知,主要是因为它在南北朝和隋唐时期备受佛教攻击,例如:

(1)东晋道安《二教论》:“妄造《黄书》,咒癞无端。乃开命门,抱真人,婴儿回,龙虎戏,备如《黄书》所说。三五七九,天罗地网,士女溷漫,不异禽兽,用消灾祸,其可然乎?”(《广弘明集》卷八)

(2)北周甄鸾《笑道论》:“《真人内朝律》云:‘真人日体男女,至朔望日先斋三日,入私房,诣师所,立功德,阴阳并进,日夜六时。’此诸猥杂,不可闻说。又《道律》云:‘行气以次,不得任意排丑近好,抄(超)截越次。’又《玄子》云:‘不鬲戾,得度世;不嫉妒,世可度。阴阳合,乘龙去’云云。臣笑曰:臣年二十之时,好道术,就观学,先教臣《黄书》合气、三五七九男女交接之道,四目两舌正对,行道在于丹田,有行者度厄延年。教夫易妇,唯色为初,父兄立前,不知羞耻,自称中气真术。今道士常行此法,以之求道,有所未净。”(《广弘明集》卷九)

(3)唐法琳《辨正论》:“寻汉安元年岁在壬午,道士张陵分别《黄书》,云男女有合和之法、三五七九交接之道,其道真决(诀),在于丹田。丹田,玉门也。唯以禁秘为急,不许泄地道路。道路,溺孔也,呼为师友父母臭根之名。又云女儿未嫁者,十四以上有决明之道,故注《五千文》云:‘道可道者,谓朝食美也。非常道者,谓暮成屎也。两者同出而异名者,谓人根出溺,溺出精也。玄之又玄者,谓鼻与口也。’陵美此术,子孙三世相继行之。《黄书》云:‘开命门,抱真人,婴儿

② Marc Kalinowski, “La transmission du dispositif des meuf palais sous les Sixdynasties.” *Melarsges Chinois et Bouddhigues*, vol 22(1985), pp.773-881 王卡:《〈黄书〉考源》,“海峡两岸中国文化与中国宗教学术研讨会”论文(1996年9月,成都)。

回，龙虎戴（戏），三五七九，天罗地网。开朱门，进玉柱，阳思阴母曰如玉，阴思阳父手摩足。'既学长生，汝恒对妇。亲慕李氏，皆须养儿。但李耳李宗，人人娶妇；张陵张鲁，世世畜妻。故有男官女官之两名、系师嗣师之别号。魏晋以来，馆中生子；陈梁之日，靖内养儿。唤妇女为朱门，呼丈夫为玉柱。淫欲猥浊，出自道家，外假清虚，内专浊泄，可耻之甚也！"（《广弘明集》卷十三）

《黄书》，相传是张陵于汉顺帝汉安元年（142 年，岁在壬午）受自老子，并于次年（143 年，岁在癸未）口授弟子赵升、王长、王稚、王英。全书包括《赤气三气》一卷（按："气"，原作炁，下文一律用"气"代替，不再注），《九符七符》一卷，《玄篆》一卷，《混成》一卷，《中章》三卷，《神箓》一卷，共八卷。其中第八卷是秘经要言，又由赵升等人授三夫人（张陵、张衡、张鲁三师的妻子）于"庄山北望治"（见《洞真黄书》的第一章第一节和第三、四章）。[③]

东汉以后，《黄书》不仅受佛教攻击，在道教内部也受排斥。寇谦之于北魏神瑞二年（415 年）"清整道教，除去三张伪法、租米钱税及男女合气之术"（《魏书 · 释老志》）是考察其流行下限的坐标点（虽然其改革只是限制了《黄书》的流传范围，还不是其最后终结）。[④] 我们从道安（314—385 年）等人的年代和这一年代可以大致估计，此书主要是流行于公元三、四世纪左右。今《道藏》正一部阶字号有《上清黄书过度仪》（按：此书见于《宋史 · 艺文志》著录），广字号有《洞真黄书》，是其遗说。二书虽不必为《黄书》之旧，但内容则相沿有自，仍可借以考见天师道房中术的许多重要细节。惜二书多舛，内容晦涩，这里只能略加订正，述其大义。

我们先讲《上清黄书过度仪》（下简称"《过度仪》"）。

此书是讲弟子在"师治"受道，行"过度"仪式（按：天师道称其布道场所为"师治"，广嗣延生的入道仪式为"过度"）。参加仪式者有师一人（或男或女），弟子二人（一男一女），共三人。师，男称臣，女称妾；弟子，男称阳称臣，女称阴称妾，名则率以甲乙别。过度者年龄在二十以上。仪式分四段二十步（称"便"），依次为［按：题目 1 至 4 是笔者所加，（1）至（20）是原书所有］：

---

③ 陈国符：《道藏源流考》，中华书局，1963 年，下册，第 330—339 页。

④ 注②引王卡文。

1.入静(准备活动一,以存想为主)。

(1)入靖(静)。弟子入于靖(静)室,各立九宫坛场之一侧,男在东方寅位,女在西方申位,向师行礼,求乞过度。师允其请,引之东向。

(2)存吏兵。继上,弟子俱东向立,男左女右,叉手(男以右手第二指插女左手第二三指间),各鸣鼓(两掌掩耳叩脑后)十二遍,存想所佩符箓上之"功曹使者、将军吏兵"环立前后左右,一遍。

(3)思白气。思丹田白气,出两眉间,遍布全身,一遍。

(4)思王气。各依时令,思"四方生气"(语见"存吏兵"章)。气以五色分,互为王相。如春思东方青气,赤气相之;夏思南方赤气,黄气相之;秋思西方白气,黑气相之;冬思北方黑气,青气相之;四季(四时的最后一月)思中央黄气,白气相之。仰头吸之,低头咽之,下至丹田(腹部的下丹田),上至昆仑(头),三遍。

(5)咽三宫。思天、地、水"天宫生气"(亦称"三元生气"),仰头吸之,低头咽之。下至丹田(腹部的下丹田),上至泥丸(头部的上丹田),一遍。

2.告神(准备活动二,以祝告为主)。

(6)启事。指以事告神。弟子俱东向长跪,各鸣鼓十二遍,师为之告神,思"功曹使者、将军吏兵"列其前后,受其所告,上达诸神,求乞过度。

(7)地网天罗。分两小节,第一小节是"越地网",第二小节是"释天罗"(按:"越地网"、"释天罗"指解脱生死之限,类似佛教的"解脱轮回",《二教论》《辨正论》所谓"天罗地网"者即此)。弟子合掌,念咒语各三遍,一呼"左无上",二呼"右玄老",三呼"太上"(下简称"三天尊")。求"越地网",辞曰"慈父圣母,解脱罗网,除我死籍,上我生录"。求"释天罗",辞曰"生我者,甲子王文卿师父康;怀(活)我者,甲午卫上卿师母妞。生我活我,事在大道与父母"。"甲子王文卿师父康"、"甲午卫上师母妞"见下"四尊"、"十神"、"十二尊",是六甲中当子、午二位的神君。子、午二位于先天图为天地之位,或即称"地网天罗"之义。

(8)四尊。男女叉手,随师旋转,跪拜四尊。先至寅位,呼"甲寅明文章道父赞(贸)";次至申位,呼"甲申扈文长道母阐(阇)";再至子位,呼"甲子王文卿师父康";终于午位,呼"甲午卫上卿师母妞",依次向诸神求乞过度,一遍。此"四尊"是代表四方的神君(但东西用二孟,不用二仲),甲子、甲午二神见下"十神",

甲寅、甲申、甲子、甲午四神见下“十二尊”。

(9)存思。男在寅位,女在申位,盘腿对坐。女两手置膝上,掌心向上;男两手相叉,掌心向下。各啄齿十二遍,存思“三气”,一曰“无上气”(正青),二曰“玄老气”(正黄),三曰“太上气”(正白),三气混一,下至丹田,一遍。

(10)十神。按甲、乙、丙、丁、戊分为两组。男先思“甲午卫上卿”、“乙未杜仲阳”、“丙申朱伯众”、“丁酉臧文公”、“戊戌范少卿”五神,再思“甲子王文卿”、“乙丑龙季卿”、“丙寅张仲卿”“丁卯司马卿”、“戊辰季楚卿”五神。女反之,先甲子至戊辰,后甲午至戊戌。男女皆求“十神”,上达“三天尊”。

(11)配甲。即以六甲、六乙配“十二尊”,依次祝告。“十二尊”为“甲寅明文章道父谮(贸)”[厥又、纵厥、十某(切)]、“甲申扈文章道母阐(阊)”[抂尤、戎拘(切)]、“甲子王文卿师父康”(可囊、夏堂切)、“甲午卫上师母妞”(乃丑切)、“乙亥庞明心道父橐”(颠讬切)、“乙巳唐文卿道母闿”(该罢切)、“乙卯戴公阳道父契”(欺制切)、“乙酉孔利公道母嫕”(慈卒、慈律二切)、“甲辰孟非卿道父杵”(只藻、东实(宝)切)、“甲戌展子江道母婕”(知御切)、“乙升龙季卿道父挐(挐)”(宁琦、男瓦切)、“乙未杜仲阳道母媤”(按:除最末一条,原文道父、道母之名皆注反切,正文并注字颇有误,如甲寅“道父赞”,反切下字为“又”、“某”,《洞真黄书》第四章图四和第五章符注并作“牟”,疑是“贸”之误;甲申“道母阐”,反切下字为“尤”、“拘”,下“婴儿回”章“蹑时”节作“留”,《洞真黄书》第五节符注作“门留”,乃将一字误分为二,疑此字从门从留,讹为“阐”,“乙未”句且遗注。上“四尊”章反切同此)。以上干支配神只是局部,全套神名共六十(男神三十,女神三十,两两相配),见《道藏》正一部《元辰章醮立成历》卷下“次推六甲神名及从官数”节及《六十甲子本命元辰历》(但二书只有前面的三字之名,没有后面的道父、道母之名)。又宋《景祐遁甲符应经》卷中述六甲、十干、六丁配神,其中十干配神有类似名称,甲神作“王文卿”,乙神作“龙文卿”,丙神作“唐仲卿”,丁神作“季田往”,戊神作“司马羊”,己神作“纪游卿”,庚神作“邹元阳”,辛神作“高子张”,壬神作“王禄卿”,癸神作“受子光”。

(12)五神。思“五神”,即太岁神、月神、本命神、行年神、今日神,求其上达“三天尊”,二遍。[按:以上各章告神之语略同,多作“师言:‘谨有某郡县乡里男女生某甲，年如干岁，今来诣臣（或妾），求乞过度。'弟子言：'臣妾今从师某乙乞丐，更相过度。共奉行道德，乞丐阴阳，和合生气，布流臣妾身中，精神专固，各得无他，当为臣妾解除三官考逮，解脱罗网，撤除死籍，著名长生玉历，过度九厄，得为后世种民。'"]

3.合气（行男女交接之事）。

（13）八生。《黄书》多以"天地大度八生之法"自称，"八生"本指阴阳生气各四，男四气，女四气，二者按九宫坛场的八位，两两相对，各自配合（按：参《洞真黄书》第一章第一节）这里是指男女按坛场八位做各种爱抚动作。其法分八节，即："第一戏龙虎"（疑是"龙虎戏"之倒）、"第二转关"（疑脱一字）、"第三龙虎交"、"第四龙虎校"、"第五龙虎推"、"第六龙虎荡"、"第七龙虎张"、"第八揖真人"。八节各乘上中下"三元"，得"二十四气"。操作时，男于坛场居寅位，在东方，以青龙代指；女于坛场居申位，在西方，以白虎代指，故称"龙虎"（按：《二教论》《辩正论》引《黄书》所谓"抱真人"、"龙虎戏"者即此）。

（14）解结食。"解"指"解衣带"，"结"指"结散发"，"食"指"食生气，吐死气"。其法，男左女右，两手相叉，俱向西（"西"原误"王"），三卧三坐，吸进生气，吐出死气。

（15）九宫。述九宫坛场的画法。其图作"二四为肩，三七为腰，戴九履一，五为腹实"，即二九四在上三宫，七五三在中三宫，六一八在下三宫，该图并与五行八卦相配，即坎一为水，居北；艮八为山（属土），居东北；震三为木，居东；巽四为草（属木），居东南；离九为火，居南；坤二为土，居西南；兑七为泽（属金），居西；乾六为金石（属金），居西北；五居中央。其中坎、离作水、火相对（南北相对），震、巽和兑、乾作木、金相对（东西相对），艮、坤作土行（由中宫散出），则连中宫斜行，居于东北、西南一线（按：参《洞真黄书》第一章第三节）。这种九宫图是一种幻方，相连三宫，无论纵横斜相加，和数皆为十五，故巽四从乾六借一各为五，坤二从艮八借三各为五，震三从兑七借二各为五，坎一从离九借四各为五。平均起来，九宫之数各为五，每宫与五气相配，适得四十五气[按：原文"九位成"至"不分位成"是按"水流归末"（艮、坎）、"木落归本"（乾、震）、"金刚火强"（坤、兑）、"火强炎上"（巽、离）、"土王四季"（中）排列，"又命土至（王）四季"应作“又命火强炎上”（上接“分四王（至）已”）。“又命土至（王）四季”当移“还思中宫五藏”上。“言巽四”下应补“还作离九，阴以左手伸四指，阳横右手五指掩阴指上，言离九”。“各窃言中宫五”应与“自处其乡”相接］。

（16）蹑纪。分四小节，第一小节是“蹑纪”，“蹑纪”属步罡术，即以禹步，依斗形，男左旋（从寅位起），女右转（从申位起），行于坛场（按：《黄书》多“男左旋，女右转”之说，《医心方》卷二八《房内・和志》纪《洞玄子》“夫天左旋而地右回，春夏谢而秋冬袭。……故必须男左转而女右回，男下冲女上接，以此合会，乃谓天平地成矣”是类似说法）。男所行叫“阳蹑纪”，女所行叫“阴蹑纪”，二者又按左右卧分为两种，每种又分三步，即“第一阳（或阴）蹑纪”“第二散步”“第三散步”。其每一步都包括叉手（男女叉手）、摩心（以足摩对方之心）、念咒（呼“中央戊己百节君吏”）和绕行（男左旋，女右转）。绕行三周回到原地，然后“起乘魁上”（按：疑玉子“务魁术”即此），三取三元气，咽之（按：此节多舛，章题缺，疑即下章“支干数”节“六咽”句后“蹑纪下”，“下”是衍文。又“阳蹑纪左卧”节下脱“阴卧纪左卧”节，其后所接“阴蹑纪右卧”和“阳蹑纪右卧”节错在下章“支干数”节内。又节末“甲因起”以下是从下“自导”节窜入）。第二小节是“思三气”（同上“存思”章“三气”）。第三小节是“思一宫”，即思“太清玄元气”（青）、“太素气”（白）、“太始气”（黄）、“肝气”（正青）、“肺气”（正白）、“心气”（正赤）、“脾气”（正黑）、“肾气”（正黑）、“下丹田中真人气”（色不详），九气各当一宫，依欠为之。第四小节是“自导”，即“思气神都毕”，用左右手交替，分三条线路为对方按摩，一条是从左乳至左足，呼“左无上”；一条是从右乳至右足，呼“右玄老”；一条是从“昆仑”（头，“泥丸”所在）经“绛宫”（两乳间心区）到“命门”（脐下），呼“太上”（按：形式类似马王堆房中书《合阴阳》所述“戏道”）。然后“乘魁起，不受三五，龙行上复（覆），以右手摩下丹田三便，诣生门，以右手开金门，左手挺玉籥，注生门上。又以左手扶昆仑，右手摩命门，纵横三，言：‘水东流，云西归。阴养阳，气微微。玄精滋液，上诣师门。’甲又咒：“神男持关，玉女开户。配气从阴，以气施我。’乙咒：‘阴阳施化，万物滋生。天覆地载，愿以气施臣妾身。’”“龙行上覆”即男上位（按：《玄女经》“九法”作“龙翻”，下文作“龙覆”）“生门”即阴户（按：《辨正论》有“开朱门”，下文亦有“朱门”，“生”、“朱”形近,或字之误)。“金门”即阴唇。“玉篇”即阴茎(按:《辨正论》称“玉柱”)。“左手扶昆仑,右手摩命门,纵横三”是重复上述动作。“持关”指男不泄精,“开户”指女开阴户。其按摩动作重复多遍,每遍都是终于命门(按:上“蹑纪”节“甲因起”以下应移入本节“愿以气施臣妾身”后。《二教论》《辨正论》所谓“开命门”者即此)。

(17)甲乙咒法。分两小节,第一小节是“甲乙咒法”,“甲乙”指男女,“咒法”指交接时所念咒语。男曰:“吾欲乘天纲,入地纪,四时五行各自当……”,女曰:“吾欲偃地承天合阴阳,四时五行各自当……”(示男上女下合阴阳),呼“天尊”、“子丹”之号,是交接前所行。男曰“天道行”,女曰“地道行”,呼“柳君”、“妞君”之号,“便,进入生门中,令半首”,“径进渊底”,“小退,还半首”,则是进入交接。男曰“天道毕”,女曰“地道毕”,呼“太初”、“太素”、“太始”之号,“小退”、“又小退”、“又退”,“出朱门,便龙倒”,则是退出交接。交接前后皆依三五七九之数(先三气,次五气,次七气,次九气)行二十四气(三、五、七、九相加为二十四)(按:《二教论》《笑道论》《辨正论》所谓“三五七九”者即此)。“名曰桃康,舍止北极,号曰‘子丹’”,是中丹田的别名。“柳君”、“妞君”,疑即上“甲申扈文章道母阐(阔)”、“甲午卫上卿师母妞”。“朱门”即阴门(按:《辨正论》有“开朱门”)。“龙倒”是男女合练的一种导引动作,详见“婴儿回”章“断死”节(按:此节“度甲,先行如生气”应移入下节“次行三五七九”句前。下“支干数”节末尾“甲言天道毕”至“二十四气都毕”应移入此节末尾)。第二小节是“支干数”,指男女按“天始生气”和“地始生气”相互配合,即甲子旬,丙寅配壬申;甲戌旬,丙子配壬午;甲申旬,丙戌配壬辰;甲午旬,丙申配壬寅;甲辰旬,丙午配壬子;甲寅旬,丙辰配壬戌。然后按此关系,男先行三五七九,次行二四六八,次行五气(六咽);女先行二四六八,次行三五七九,次行三气(三咽)。

(18)还神。指过度者思还气神于五脏六腑,文中也叫“解气”。一种是“三气”,即无上气(正青,还左肾中,数三)、玄老气(正黄,还脾中,数二)和太上气(正白,还右肾中,数五)。一种是“五气”,即脾气(正黄,还脾中,数四)、肾气(正黑,还肾中,数七)、肺气(正白,还肺中,数六)、心气(正赤,还心中,数九)、肝气(正青,还肝中,数十)(按:“肝气”原错在“泰始气”下)。一种是“七气”,即脾气(泰始气,正黄,还玉堂宫或明堂宫中,数八)、胆气(太素气,正白,还长命宫中,数不详)、心气(太初气,正赤,还绛宫中,数不详)、肾气(气分二气:太清玄元气,正青,还左肾中;太素气,正白,还右肾中,合称"双合使者",数不详)、肝气(太清气,正青,还高宫或紫微宫中,数不详)、肺气(别名、色不详,还华盖宫中,数不详)、胃气(别名、色不详,还太仓宫中,数不详)(按:作为肾气的"太素气"与作为胆气的"太素气"重。上"蹑纪"章"思一宫"节述九宫气与此相似,唯少"太素气",多"下丹田中真人气")。章尾说"五城十二楼,常与赤子俱,各还吾宫室中",疑"五城"即"五气"之宫,"十二城"则合"五气"与"七气"或合"三气"与"九气"之宫(按:"三气"、"五气"、"七气"、"九气",适合"三五七九"之数)。"赤子"是男性生殖器的隐语。

(19)王气。指与四时五方相应的五脏之气。过度者春思肝气(当紫微宫,色青,数九),夏思心气(当绛宫,色赤,数八),秋思肺气(当华盖宫,色白,数六),冬思肾气(当双合使者,色黑,数五),四季(四时的最后一月)思脾气(当黄庭宫,色黄,数三),各送五脏之气从鼻出,覆面盖身[案:配数是据气出如镜大小而推]。然后引气,从两足经两胫至关元穴,再夹脊上行至泥丸,复从泥丸下行至两足,如此三遍,收气于下丹田。

4.谢神(结束,以告神为主)。

(20)婴儿回。分六小节,第一小节是"婴儿回"(模仿婴儿嬉戏,作回旋状),动作是男女盘腿坐,各引下足令旋转(男引左足左旋,女引右足右旋),然后以双足相抵,一往一还如蹬车状,并默念"三天尊",三遍(按:《二教论》《辨正论》所谓"婴儿回"者即此)。第二小节是"断死"(却死之义),即男女对坐,互望"元元"(头?)(按:疑即《笑道论》"四目两舌正对"),男以两手抚额至足,引足大指坐,历膝(称"断死路"),经丹田、命门至"玉父"(男阴),摩面,举手过头,下望"玉室"(女阴);然后女卧,男双手后举("蝶翅"),下覆其上("腾天踏地")对叉双手,作前滚翻,三遍,称"龙倒";然后重复"越地网"、"释天罗"。第三小节"蹑时",即男女在九宫坛场上相对而立,从寅/申之位经巳/亥之位回到寅/申之位,绕行一周,祝告师父康、师母妞,如斗行十二时。第四小节是"谢生",即从寅位开始,依次呼"十二尊"(从甲寅、乙卯到甲子、乙亥)之名,谢其赐生。第五、六小节是"言功",即向各种"功曹使者、将军吏兵"报告功德。

四、天师道房中术考(下)

下面,我们再讲一下《洞真黄书》。

原书以《黄书》第八卷《神箓》为"秘经"、"要言","勿妄传"。似此书即出《黄书》第八卷。⑤

此书侧重于讲天师道房中仪轨的图数和符契。原书共分八章,每章以"师曰"开头,无小题:

1.第一章。包括四个小节(按:以下四节的题目是笔者所加):

(1)气数。是讲男女合气的"天地大度八生之法",即男女合气是仿天地合气,天地各有四方,男女各有四气,男四气,女四气,构成对应于九宫八位的八气("天地大度八生"指此)。天地合气,六甲至六癸,为六十甲子,是为六合,人也有六合,男三合,女三合,辰位皆相对。男三合是从六甲中的甲子、甲辰、甲寅开始,终于六癸中的癸亥;女三合是从六甲中的甲午、甲戌、甲申开始,终于六癸中的癸巳。男女各四气,三合而得十二气(对应于十二位),六合而得二十四气(对应于二十四向)。其施气之数,东方寅卯辰为九,南方巳午未为八,

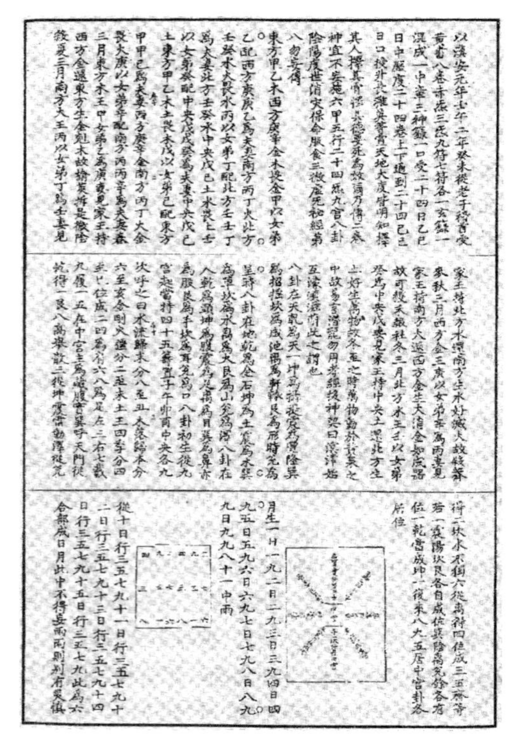

《洞真黄书》(书影)

⑤ 注②引王卞文。

西方申酉戌为六，北方亥子丑为五，相合为二十八。节末述《黄书》的授受源流。

(2)五行。是讲男女合气的五行生克，即东方配甲乙，为木行；南方配丙丁，为火行；中央配戊己，焉土行；西方配庚辛，为金行；北方配壬癸，为水行。其中金克木，水克火，土克水，木克土，火克金，庚乙、壬丁、戊癸、甲已、丙辛为夫妻。

(3)八卦。是讲男女合气的八卦九宫，即八卦与天相配，乾为天一，坤为摄提，震为丰隆，巽为招摇，坎为咸池，离为轩辕，艮为形时，兑为呈时(按：下节图二作“吴时”)；与地相配，乾为金石，坤为土，震为木，巽为草，坎为水，离为火，艮为山，兑为泽；与人相配，乾为父为头，坤为母为腹，震为长男为足，巽为长女为鼻(或股)，坎为中男为脑(或耳)，离为中女为目，艮为少男为手，兑为少女为口(按：原文有缺，据本节文义和下节图二补)。八卦的九宫配数同《过度仪》，也是以四十五筹按“二四为肩，六八为足，左三右七，戴九履一，五在中宫”排列。下附九宫图，依次为丹田宫(子一坎)、转冲宫(丑八艮)(按：“冲似从三“弓”)绛宫(卯三震)、太素宫(巳四巽)、华盖宫(午九离)、太极宫(未二坤)、紫宫(酉七兑)、黄宫(亥六乾)和中宫。

(4)日程。是讲每月三十日内男女合气的日数、气数和施泄禁忌，即每月一至九日(共九日)，行九九数(从一九到九九)，可一泄；十至十五日(共六日)，日行三五七九之数，不可妄施；十六至二十三日(共八日)，行八八数(从八八到一八)，可一泻；二十四至三十日，为“戊己”之日(按：盖以二十四日分配甲乙、丙丁、庚辛，壬癸，各六日，而以最后六天为戊己)，行七八数，不可妄施(按：书中称施气为“风”，泄精为“雨”)。文中附图，一标九宫配数(两套)，一标上节所述配卦(图文有缺)。

2.第二章。也是讲每月三十日内男女合气的日数、气数和施泄禁忌，即每月一至九日，可一泄；十至十五日，但施气不泄精，胎息千二百气；十六至二十四日，“三气下”，可一泄；二十四至三十日，亦但施气不泄精。六甲之日行三五；甲子五气，甲申六气，甲午八气，甲戌六气，甲辰九气，甲寅九气。六癸之日行七九(?)：癸酉六气(“阴气多”)，癸卯九气(“阳气多”)，癸巳八气(“阴气多”)，癸亥五气(“阳气多”)，癸丑五气(“阳气多”)癸未八气(“阳(阴)气多”)(按：六癸之数是据第一章第一节推论)。书中以男四气、女四气与九宫八卦相配为“八风”，以男女“六合”(按六甲到六癸合气)月二施(一年共二十四施)为“二十四雨”,以癸卯(为老阳之数)、癸酉(为老阴之数)相配为“阴阳大度”,并以“三五七九”(相合为二十四)与“二十四神”(应亦甲子诸神的一部分)相应,“三五”与“三天尊”相应,以“胎息千二百气”治大病,“三五七九”治小病,认为“[三气]五气最为真,七气九气疾病灾子”。

3.第三章。文义难解,除重复上章所述,还提到“天地未立,分别黄白,共施九九八十一气。气如二,两半成一。左无上一,右玄老二,中太上三,九九八十一。故令男女先二后三,即是三五。子共三思《中章》腹目,明三生。三起为三生,三卧为三死”。文后附图一,是以“左无上”、“右玄老”、“中太上”居中,与“九一”相配;三“五”居左,与“二二”、“七二”、“八一”相配;“三”、“五”、“七、九”居右,与“三一”、“四一”、“五一”相配。文中也提到《黄书》的授受源流。

4.第四章。也是讲男女合气的日数、气数和施泄禁忌,一部分略同上述,即每月一至九日,行九九数,可一泄(原文漏写气数和施泄规定);十至十五日,日行三五七九之数,不可妄施;十六至二十三日,行八八数,可一泻;二十四日以后,行七八数,只可施气,不可泄精。但上所述,只笼统说二十四日后为“戊己”之日,不可施泄,这里则说“二十八日当止,子不能共施三五,但行三五七九,与二十四神相应,不与左无上、右玄老、中太上相应”,它是把二十四至二十八日与每月的最后两天分开,即按本书第一章第一节所述东九、南八、西六、北五之数分配每月的前二十八日。另外,文中除讲月,还讲年,有“十二月配阴阳大度八生之法”,其法“先具甲子诸神,次具二十四神”,从正月一日起至十二月底止,按日名号,日呼一神。“甲子诸神”六十,包话阳神三十,阴神三十,“二十四神”也包括阳神十二和阴神十二。“男神王文卿、周左右松,女神卫上卿、周史公来”,“王文卿”、“卫上卿”已见上《过度仪》“四尊”、“十二尊”,但“周左右松”和“周史公来”则是新出。文中提到“男官乘六十神,加(假)令得阴神日,可质(置)使之;加(假)令得阳神日,亦可质(置)使。阳神五日在阴家,阴神五日在阳家,以故两相含”,皆遁甲用语。章末亦述《黄书》的授受源流。文中附图,图一至图三皆九宫:图一只标卦名(左上艮卦注“长女,合号”);图二与第一章第三节所附九宫图相似,但不作米字形,“华盖宫”作“皇盖九重宫”,“大极宫”作“泰始宫”;图三作

“真一丹田宫”(一)、“司命宫”(八)、“伏羲宫”(三)、“明堂宫”(四)、“泥丸丹田宫”(九)、洞房宫”(二)、“女娲宫”(七)、“司录宫”(六)、“大宫”(五)。图四为二十尊图,标“甲子庚(康)”、“乙丑”、“甲寅牟”(“牟”字作“厶十”)、“乙卯契”、“甲辰杵”、“乙巳挐”、“甲午妞”、“乙未媤”、“甲申阐(阘)”、“乙酉嫪”、“甲戌□(从女,右半不清)”、“乙亥索(橐)”。图五是六癸图,子、午、癸卯、癸酉居四正,癸丑、癸巳、癸未、癸亥居四隅,卯、午有连钱,子、酉有连线,中画北斗,书“老子生于六癸”。图六亦为十二尊图,周边十二位书其名(但不标道父、道母之名),中画南北二斗。图七亦为九宫图,上三宫从左到右作“左无上”(八)、“泰清玄元”(三)、“右玄老”(五),中三宫从左到右作“天帝君”(不标数)、“上三天无极大道”(七)、“等百千万重道”(九),下三宫从左到右作“千二百官君”(六)。上中下三宫,各自相加,其和数皆为十六。

5.第五章。是对上文的总结。包括图符各一。图是提示要领,第一栏作“三一:前二后二(三)”(指“三元生气”)、“三五七九”(指“二十四气”)、“千二百[气]”,第二栏作“两共合一”(指男气女气合一)、“出入(八)极”(指出入八卦之位)“望元元”,第三栏作“过度戊己”、“龙倒”、“婴儿徊(回)传(转)”,第四栏作“一仰一俯,三”(指“龙倒”的动作)、“一来一往,三”(指“婴儿回”的动作)、“思神十二”,第五栏作“散神十二”、“天气三”、“人气三”、“地气三”(指“三五七九”的“三”),第六栏作“天气五”、“人气五”、“地气五”(指“三五七九”的“五”),第七栏作“天气七”、“人气七”、“地气七”(指“三五七九”的“七”),第八栏作“天气九”、“人气九”、“地气九”(指“三五七九”的“九”)。符由二“天”字构成,上书“泰清玄元上三天君列上”。第一“天”字下为“其生”,“其生”下为四方的“三气君”,作一横排书,曰“东三气:太清、太明、太素;南三气:太赤、太明、太平;西三气:太白、太明、太帝;北三气:太黑、太明、太极”。第二“天”字下亦为“其生”,“其生”下为四方的“十二时君”(按:《过度仪》作“十二尊”),作四横排书,“东九夷”配“明文章”(甲寅)、“戴公阳”(乙卯)、“孟非卿”(甲辰),行九九八十一气;“南八蛮”配“唐上卿”(乙巳)(按:《过度仪》作“唐文卿”)、“卫上卿”(甲午)、“杜仲阳”(乙未),行八八六十四气;“西六戎”配“扈公阳”(甲申)(按:《过度仪》作“扈文章”)、“孔利公”(乙酉)、“展子江”(甲戌),配六六三十六气;

“北五狄”配“庞明心”(乙亥)、“王文卿”(甲子)、“庞季卿”(乙丑)(按:《过度仪》作“龙季卿”),行五五二十五气,每方右侧皆注“左男右女三气”。符右是说明文字。

最后,我们再讲一下《老子想尔注》。[⑥]

此书只有敦煌本(S.6825),书中多以房中解老,如:

(1)“谷神不死,是谓玄牝。”注:“谷者,欲也。精结为神,欲令神不死,当结精自守。牝者,地也,体性安,女像之,故不掔。男欲结精,心当像地似女,勿为事先。”

(2)“玄牝门,天地根。”注:“牝,地也,女像之。阴孔为门,死生之官也,最要,故名根。男荼亦名根。”

(3)“绵绵若存。”注:“阴阳之道,以若结精为生。年以知命,当名自止。年少之时,虽有,当闲省之。绵绵者,微也,从其微少。若少年则长存矣。今此乃为大害,道造之何?道重继祠,种类不绝,欲令合精产生,故教之。年少微省不绝,不教之勤力也。勤力之计出愚人之心耳,岂可怨道乎?上德之人,志操坚强,能不恋结产生,少时便绝。又善神早成,言此者道精也。故令天地无祠,龙无子,仙人妻,玉女无夫,其大信也。”

(4)“用之不勤。”注:“能用此道,应得仙筹。男女之事,不可不勤也。”

(5)“持而满之,不若其已。揣而悦之,不可长宝。”注:“道教人结精成神。今世间伪伎诈称道,托黄帝、玄女、龚子、容成之文相教,从女不施,思还精补脑,心神不一,失其所守,为揣悦不可长宝。若,如也。不如,直自然如也。”

(6)“天地开阖为雌。”注:“男女阴阳孔也,男当法地似女,前章已说矣。”

(7)“知白守其黑,为天下式。”注:“精白与元气同,同色,黑,太阴中也,于人在贤(肾),精藏之。安知不用为守黑,天下常法式也。”

(8)“常德不贷,复归于无极。”注:“知守黑者,道德常在,不从人贷,必当偿之,不如自有也。行《玄女经》、龚子、容成之法,悉欲贷,何人主当贷若者乎?故

⑥ 饶宗颐:《老子想尔注校证》,上海:上海古籍出版社,1991年。Stephen R. Bokenkamp,“Traces of early celestial master physiological practice in the Xiang' er Commentary”, *Taoist Resources*, vol 4, no.2(December 1993), pp.37-51.

令不得也。唯有自守,绝心闭念者,大无极也。"

(9)"国有利器,不可以视(示)人。"注:"宝精勿费,令行缺也。……"

另外,此本缺首章,而《辨正论》引张陵《老子五千文》注为敦煌本所无,据饶宗颐先生考证,这段佚文正好就是其首章所遗。

五、昙无谶传密教房中术考⑦

昔荷兰学者高罗佩(R.H. van Gulik,1910—1967)作《中国古代房内考》(*Sexual life in anclent China*, Leiden: Brill 1961,有李零等译上海人民出版社1990年中文译本),曾提出中印房中术可能存在互传的假说,见该书附录一:《印度和中国的房中秘术》。他认为佛教金刚乘(Vajrayaña)和印度教性力派(Śaiva Sūkta)的房中秘术,其男女合气的气道(夹脊的左右二脉)和段位(六朵莲花),从形式上看,同孙思邈在《千金药方》卷二七《房中补益》中讲的御女法酷为相似,孙氏所述可能是来源于印度,但印度的这类技术又可能是中国道教房中术传入印度后再回传的结果。它传入中国分两次,一次是唐代,一次是元代(以喇嘛教的形式传入)。

现在高氏去世已二十年,从新的考古发现看,我们有这样的认识:(1)中国的房中术发达甚早,马王堆房中书从术语到系统都已具备后世房中书的基本特征,应有自己独立的起源;(2)孙氏《房中补益》所述出自《仙经》,《仙经》是西晋古书,要早于唐代。但值得注意的是:(1)中国的房中术似乎是到东汉晚期才演化为道教仪轨,备如《黄书》所述;(2)《黄书》所述仪轨是与九宫坛场相配,具有类似密教曼荼罗(mandala)的设计;(3)东汉晚期,与道教兴起相先后,佛教也传入中国,二者确有许多相互影响(例如早期道教无偶像,其偶像是仿佛像为之)。因此在这一时间范围内,中印房中术的相互影响还是值得讨论的问题。

据高氏考证,印度房中术之传入中国主要是通过大乘佛教中的密宗,因为古典

⑦ 此节引用《魏书·沮渠蒙逊传》是经林梅村先生提示,特此申谢。

印度教和小乘佛教的教义都是反对房中活动的。《广林奥义书》(Bṛhadāraṇyaka upanishad)卷六第四节虽然也提到房中,梵文房中书《欲经》(Kāma-sūtra)也成书较早,但它们皆属实用书籍,没有以此作超度手段。另外,早期到过印度的法显、玄奘和义净,他们也没有提到这类活动。真正使密教早期形式的金刚乘形成中国佛教之组成部分,其代表人物是公元八世纪到中国传经的善无畏、不空金刚和金刚智("开元三大士")。因此他把早期密教经典的年代定在公元七、八世纪。这种看法现在是值得重新考虑的。因为就现存文献记载看,不仅密教的很多技术,其年代要早于这一时期,而且就连房中一项,其传入年代也不始于唐,而至少可上溯到南北朝时期。例如昙无谶在中国传房中术就是较早的一例。

昙无谶是早期来中国传经,以咒术著称的印度僧人。据梁慧皎《高僧传》卷二《晋河西昙无谶传》(他书所载大同小异),谶本中天竺人,幼从达摩耶舍诵经读咒,初学小乘,兼览五明,后遇白头禅师,授树皮《涅槃经》本,从此专攻大乘。年二十,诵大小乘经二百余万言。谶明解咒术,所向皆验,西域号为"大咒师",尝以咒术使枯石出水,王悦其道术,深加恩宠。顷之王意稍歇,待之渐薄。谶赍《大涅槃前分》十卷,并《菩萨戒经》《菩萨戒本》等奔龟兹(西域国名,在今新疆库车一带),而龟兹多学小乘,不信《涅槃》,遂至姑臧(北凉所都,在今甘肃武威)。河西王沮渠蒙逊闻识名,呼与相见,接待甚厚。蒙逊欲请出其经本,谶以未参土言,又无传译,学语三年,翻为汉言,自玄始三年至十年(414—412 年),先后译出《涅槃初分》《中分》《后分》,以及《大集》《大云》《悲华》《地持》《优婆塞戒》《金光明》《海龙王》《菩萨戒本》等经。八年中,曾一返故国两至于阗(西域国名,在今新疆和田一带),更求经本。谶尝为蒙逊驱鬼甚验,逊待之益厚,会北魏太武帝拓跋焘闻其道术,遣使迎请,且告逊曰:"若不遣谶,便即加兵",逊惜谶不遣,又迫魏之强,乃密图害谶,伪以资粮发遣,厚赠宝货,遣刺客害之于路。时为蒙逊在位之末年(433 年),谶卒仅四十九岁。

《昙无谶传》只言谶擅咒术而不及房中术,但《魏书·沮渠蒙逊传》云:

> 胡沮渠蒙逊,本出临松卢水,其先为匈奴左沮渠,遂以官为氏。……
> ……

蒙逊性淫忌,忍于刑戮,闺庭之中,略无风礼。

第三子牧犍统任,自称河西王,遣使请朝命。

先是,世祖遣李顺迎蒙逊女为夫人,会蒙逊死,牧犍受蒙逊遗意,送妹于京师,拜右昭仪。改称承和元年。……牧犍尚世祖妹武威公主,……

太延五年,世祖遣尚书贺多罗使凉州,且观虚实。以牡犍虽称蕃致贡,而内多乖悖,于是亲征之。诏公卿为书责让之曰:"……既婚帝室,宠逾功旧,方恣欲情,蒸淫其嫂,罪十也。既违伉俪之体,不笃婚姻之义,公行鸩毒,规害公主,罪十一也。……

……

……牧犍淫嫂李氏,兄弟三人传嬖之。李与牧犍姊共毒公主,上遣解毒医乘传救公主得愈。上征李氏,牧犍不遣,厚送居于酒泉,上大怒。……

初,官军未入之间,牧犍使人斫开府库,取金银珠玉及珍奇器物,不更封闭。小民因之入盗,巨细荡尽。有司求贼不得。真君八年,其所亲人及守藏者告之,上乃穷竟其事,搜其家中,悉得所藏器物。又告牧犍父子多畜毒药,前后隐窃杀人乃有百数;姊妹皆为左道,朋行淫佚,曾无愧颜。始罽宾沙门曰昙无谶,东入鄯善,自云"能使鬼治病,令妇人多子",与鄯善王妹曼头陀林私通。发觉,亡奔凉州。蒙逊宠之,号曰"圣人"。昙无谶以男女交接之术教授妇人,蒙逊诸女、子妇皆往受法。世祖闻诸行人,言昙无谶之术,乃召昙无谶。蒙逊不遣,遂发露其事,拷讯杀之。至此,帝知之,于是赐昭仪沮渠氏死,诛其宗族,唯万年及祖以前先降得免。……

《沮渠蒙逊传》谓谶"罽宾沙门"与上异,"罽宾"(西域国名,在今克什米尔境内)在天竺北,与龟兹近,为谶所经行,非其母国。谶去罽宾,先经龟兹,再至鄯善(西域国名,在今新疆若羌一带),自鄯善东行,乃至凉州(即姑臧),可补《昙无谶传》之缺。蒙逊在位当公元401年至432年。"承和元年"、"太延五年"、"真君八年"乃北魏太武帝年号,分别相当公元433年、439年和447年,皆蒙逊死后。传述蒙逊父子畜毒杀人、诸女子妇行淫与无谶授法有关,亦《昙无谶传》所无。推传文之义,"昙无谶以男女交接之术教授妇人"盖先行于鄯善,后行于北凉,故有与鄯善王妹私通事发而亡奔凉州之事(按:汤用彤考谶入凉州前曾居敦煌,见所著《汉魏两晋南北朝佛教史》,北京:中华书局,1983年,上册,第280页)。蒙逊受法,似极秘密,拓跋焘召之,竟杀人灭口。其事之发在蒙逊死后七年(牧犍时),真相大白在蒙逊死后十五年(安周时),所述谶法出于追述,似兼咒术、毒蛊术与房中术。这是印度房中术(可能还杂有西域房中术)传入中国的最早记录。

我们在上文提到,南北朝之际的中国僧人曾借"淫乱"为名大肆攻击道教,孰不知佛教传入中国也有类似传授。所不同者,唯其术行于宫闱,相当隐秘,远不如道教之术广为人知耳。

印度密教传入中国,有中日学者称为"杂密"的早期阶段,即公元二世纪上半叶至八世纪中叶这一段。当时印度来华僧侣多以传陀罗尼(dhāraṇī)经著称,天文图谶、针药方技是所长。其技术传授同由"开元三大士"标志的"纯密"阶段有前后相继的关系,这是比较明显的。[⑧] 但"纯密"阶段的房中这一项在早期是不是也有,则是值得讨论的问题。昔周一良先生著《中国密宗》对这时期曾有所讨论,[⑨]他指出佛教密宗同早期婆罗门教的传统有关,经咒和坛场是重要特点(按:值得注意的是,"经咒"和"坛场"也是《黄书》过度仪式的特点)。例如他举出的魏晋南北朝到隋代的"密宗佛教在中国的最早的宣教者",即竺律炎、竺法护、涉公、昙无谶、昙曜、智通、义净等人,他们就是以此为特点。周先生提到:

> 来自中亚的僧人涉公(卒于380年)由于能够呼龙降雨,得到了苻坚的信从。这是佛僧在中国祈雨的最早例子。后来的密宗大师们都被指望能任此事。昙无谶(卒于公元433年)熟习陀罗尼,并且通过使水从一块石头中喷涌出来显示其法力。……
>
> 被认为是创建大同石窟的僧人昙曜与印度僧人合作,在公元462年翻译了《大吉义神咒经》,描述了制坛的方法,佛像在其中以圆形环列,接受信徒们的供养。此坛似乎是曼荼罗(maṇḍala)雏形,其结构在后来的经典中

---

⑧ 吕建福:《中国密教史》,中国社会科学出版社,1995年,第1—57,100—153页。

⑨ Chou I-liang, "Tantrism in China," *Harvard Journal of Asiatic Studies*, vol. VIII(March,1945),no.3 and 4,中译本收入周一良:《唐代密宗》,钱文忠译,上海远东出版社,1996年,第1—125页。

得以传授。……

他不但把昙无谶列入“前密教经典时期”的早期代表人物之一，还指出了他的擅长咒术是与陀罗尼经咒有关。

关于密教房中术在中国的传播，周先生在《中国密宗》一文的附录十八曾引李复言《续玄怪录》佚文作为印证：

昔延州有妇女，白皙颇有姿貌。年可二十四五，孤行城市，年少之子悉与之游，狎昵荐枕，一无所却。数年而殁，州人莫不悲惜，共醵丧具为之葬焉。以其无家，瘗于道左。大历中，忽有胡僧自西域来，见墓地遂趺坐具，敬礼焚香，围绕赞叹。数日，人见谓曰：“此一纵淫女子，人尽夫也，以其无属，故瘗于此，和尚何敬也？”僧曰：“非檀越所知，斯乃大圣，慈悲喜舍，世俗之欲，无不徇焉，此即锁骨菩萨，顺缘已尽，圣者云耳。不信即启以验之。”众人即开墓，视遍身之骨，钩结皆如锁状，果如僧言。州人异之，为设大斋，起塔焉。

他指出这一传奇既托之唐大历年间（766—779年），显然“是在密宗佛教的环境中产生”（他并把这个故事与志磐《佛祖统纪》的一则故事做了比较，认为后一故事是模仿前一故事，唯易“延州妇”作“马氏妇”，疑即后世以“马郎妇观音”称女身观音所本），极为重要。⑩ 但这一记载和他所说“早期宣教者”的活动年代有一段距离，当时经咒已有，坛场也有，缺的只是房中术。我以为《沮渠蒙逊传》的重要性就是在于，它补上了这一缺环。

关于早期印度房中术传入中国的路线，现在看来也值得重新讨论。昔高罗佩论中印房中术的早期交流，他曾提出三种可能，即（1）东线：中国—东南亚—

---

⑩ 高罗佩（《中国古代房内考》中译本，第474页）说：“现代中国学者周一良在谈到中国人对密教文献著作的删改时说：‘性力崇拜在中国从未流行，中国的儒家禁止男人和女人之间有任何密切来往’。（《TIC》第327页）。我相信本书记载的事实足以证明杜齐和周一良是把十三世纪之前还没有立足之地的压抑和社会习俗错误地安到了唐代中国人的身上。”但周书虽提到宋代可能禁止这种崇拜，却指出密宗“也许曾持续起过作用”。他举出的两个故事就是为了证成此点（见钱译周书第114页）。

印度;(2)北线:中国—中亚—印度;(3)南线:中国—海路—印度,并把最大可能寄托于东线,即把从印度东部的阿萨姆邦到缅甸再到中国云南的路线当作主要路线。然而现在看来,联结中印度和中国的北线,即经罽宾、龟兹、鄯善和于阗的西域丝路也许更值得注意。昙无谶走北线入华是经西域各国,这还提出一个问题,即他传授的房中术是否还融入了西域各国的传统。当然所有这些问题,光有一个例子是不够的。更多的秘密仍埋藏于西域丝路,还有待于新的考古发现。

六、总结

综上所述,我们可以得出以下印象:

(1)本文第一节讨论的房中七经是东汉最流行的一批房中书。它们上承西汉,下启魏晋南北朝和隋唐,是道教房中术的经典著作。

(2)本文第二节讨论的房中流派,其中的容成派和彭祖派是直接派生自房中七绝,属于“继往”;而玉子派的房中术源自《墨子五行记》,则属“开来”。后者开启了专以五行数术讲房中的流派,同东汉末年的道教运动有密切关系。

(3)本文第三、四两节讨论的东汉末年到魏晋南北朝时期天师道的房中经典《黄书》和有关著作《老子想尔注》,它们是以阴阳数术制定符契仪轨,故坛场设计、气数日程多据遁甲而定,明显有别于中国日用房中书的传统,具有浓厚的宗教色彩。

(4)本文第五节讨论的昙无谶来华传授印度房中术一事,它与天师道房中术的流行时间非常接近,这一实例不仅为学者探讨密教房中术的起源以及它与中国房中术的关系提供了新的线索,而且对重新考虑当时的释道关系也极为重要。

1997 年 6 月 12 日写于北京蓟门里

【李　零　北京大学中文系教授】

原文刊于《中国文化》1997 年 Z1 期

房中女神的沉寂

朱越利

玄女、素女、玉女和采女，都是中国古代著名的房中女神。尽管她们都具有多重神格，但比较突出的还是房中女神的身份。她们以这种身份，曾像明星，冉冉升起，照耀道教神坛。想不到未抵顶空，即中途折返，徐徐下降，星光渐暗，好似犯官遭到贬黜。她们何罪之有？

一、汉代风头正健

两汉时期，方术盛行，一些黄老道士遁迹深山，一心一意埋头烧炼外丹。《周易参同契》中的外丹歌诀，即问世于彼时。外丹诸法，有一法称为金液法，规定炼丹者须作坛向三位男神和三位女神祈祷。其词曰："伏愿太上老君、太和君、天明神仙、玄女、素女、青腰玉女下共成之。"三男三女，男女对等。又规定弟子受法时，拜九天真王、三天真皇、虚无丈人、真官、太丹玉女和中黄夫人[①]。如果"真官"确为女神，叩拜的尊神则也是三男三女。两处皆男女对等，盖非偶然。

---

① 《太清金液神丹经诀》卷上，《道藏》18/749 下、752 下。文物出版社、上海书店、天津古籍出版社，1988 年 3 月第 1 版。陈国符说《太清金液神丹经》卷上和卷中第 1 至 4 页在西汉末东汉初出世（陈国符著《道藏源流续考》，明文书局，1983 年 3 月初版，第 291 页）。

六位女神中的玄女、素女在当时已是著名的房中女神，青腰玉女和太丹玉女有时也充当房中女神。

玄女崇拜出现得很早，汉代黄老方士赋予她房中术导师之职，并杜撰说人文始祖黄帝是她的弟子。一时间，达官显贵竞“修黄轩之要道”。唐李贤解释说，“要道”就是玄女房中术。其注曰：“黄帝轩辕氏得房中之术于玄女，握固吸气，还精补脑，可以长生。”②汉代有《玄女经》。该经已佚。今存清末辑佚本。

素女的传说出现得也很早，传说她擅长音乐。古代音乐和欢乐房中术，皆追求“乐而有节”。各门艺术本相通。也许因为素女通晓音乐，故汉代方士也赋予她房中术导师之职。王充《论衡·命义篇》记载方士之说曰“素女对黄帝陈五女之法”。张衡《同声歌》描写了当时有人施行素女房中术的情景：“重户结金扃，高下华灯光。衣解巾粉卸，列图陈枕张。素女为我师，仪态盈万方。”③汉代有《素女经》，经有图。该经已佚，今存清末辑佚本。

玉女最初是对凡间少女的美称。《礼记·祭统》记载，向人之女求婚称玉女。其曰：“请君之玉女与寡人共有敝邑，事宗庙社稷。”注曰：“言玉女者，美言之也，君子于玉比德焉。”④玉女似乎从一出现，就与妻妾角色结下不解之缘。《礼纬·礼含文嘉》曰：“禹卑宫室，垂意于沟洫，百谷用成，神龙至，灵龟服，玉女敬养，天赐妾。”宋均注：“玉女，有人如玉色也，天降精生玉女，使能养人，美女玉色，养以延寿也。”⑤玉女早在汉代即被奉为神。《汉书·郊祀志下》记载汉宣帝曾立仙人、玉女等祠。东汉《列仙传》卷下《朱璜传》说，道士阮丘与朱璜一起入浮阳山玉女祠。

道教神话中夫妻神仙很多。《道门经法相承次序》卷下说仙有九品，每一品皆夫妻成对。由于玉女一出现即与妻妾角色有缘，故而在道经中玉女又常与男神结成夫妻，成对出现。《登真隐诀》描写说，诵《黄庭经》可引黄庭真人和黄华玉女从天上降临。《老子中经》叙述说，身中神陵阳子明的妻子名叫太阴玄光玉女，皮子明的妻子名叫素女，角里先生的妻子名叫青腰玉女，李尚的妻子名叫玉

---

② （东汉）边让：《章华赋》，《后汉书》卷八十下《边让传》，中华书局，1965年5月第1版。

③ 《汉魏六朝百三家集》卷十四《张衡集》，《四库全书》。

④ 《礼记正义》卷四十九。《十三经注疏》，下册，中华书局，第1603页。纬书编造玉女为妾的神话。

⑤ 安居香山、中村璋八编《重修纬书集成》卷三《诗·礼·乐》，明德出版社，1973年，第50页。

女。《黄帝九鼎神丹经》卷 2 郑重解释说,玉女是神仙的妻妾。其曰:“玉女者,凡人之女也,学得道,号为玉女,并神仙之妻妾仪使也。”⑥有时修道者甚至想象玉女是自己的妻妾。《神仙服饵丹石行药法》之《神仙饵雄黄致玉女》讲述了一个神话故事,说服药二百日后,玉女来为妻。

夫妻同修房中术,合情合法。那么,妻神玉女有时充当房中神,顺理成章。既是房中女神,则免不了被用作房中女伴的代称。汉代《太清金液神丹经》卷中曰:“灵人玉女我为夫。”⑦这是修炼者自述,与房中女伴共修房中术。东汉五斗米道经《老子想尔注》曰:“仙人妻玉女无夫。”⑧与房中女伴同炼房中术,只为养生成仙,而决不受孕生育,故说“无夫”。六朝佛教典籍抨击道教房中术,也重复仙女无夫的说法。

从玉女衍生出各种名目的玉女⑨。金液法叩拜的青腰玉女和太丹玉女,也自玉女衍生,是五方玉女中的两位⑩。值得注意的是,《太上灵宝五符序》卷上说五方男神皆“堂有”,五方玉女皆“室有”。六朝《元始五老赤书玉篇真文天书经》也重复这种说法。根据古代宫廷制度,天子居堂,后妃居室,可知这五对男女尊神是夫妻。五方玉女是妻神,盖有时也可充当房中女神。

玄女、素女、青腰玉女和太丹玉女,可在他处充当房中女神,在金液法中都与男神成双成对。这使人不得不怀疑,金液法也是把她们作为房中女神尊奉的。外丹术的指导思想之一是阴阳交合。修外丹术而尊崇与乞求房中女神,合乎古人的巫术思维。

---

⑥ 《黄帝九鼎神丹经》卷二,《道藏》18/799 下。杨莉博士说得很对:“仙界玉女之称也与当事者是否婚嫁没有必然联系……玉女的基本性质就是一种仙官。”(《墉城中的西王母:以〈墉城集仙录〉为基础的考察》,《道教神仙信仰研究》上册,中华道统出版社,2000 年 10 月初版,第 356—357 页。)但是,玉女常做神仙妻妾,是比较突出的特点。如能指出这一点,则更全面。

⑦ 《道藏》18/753 中。

⑧ 饶宗颐:《老子想尔注校证》,上海古籍出版社,1991 年 11 月第 1 版,第 9 页。

⑨ 如三天玉女、诸大玉女、长生玉女、上元玉女、九龙玉女、五帝玉女、十方玉女、玄和玉女、太华玉女、清和玉女、芳华采玉女、六丁玉女、太和玉女、上官玉女、大道玉女、云仪玉女、青和玉女等等,不胜枚举。还有著名的玄妙玉女割左腋生老子的神话。有的玉女有名有姓,如墉城玉女王子登、玉女李庆孙等等。

⑩ 汉代灵宝经《太上灵宝五符序》卷上和卷下,均奉五方诸天的五对男女尊神,即东方太上真王和青腰玉女、南方元气丈人和太丹玉女、中央于丹真人和天仓玉女、西方元气大夫和白素玉女、北方太玄真人和夜光玉女。五万玉女的名称有多种。有的道经将五方玉女称为青腰玉女、朱陵玉女、黄素玉女。太素玉女和太玄玉女。

另一法为九丹法,亦颇有名。《黄帝九鼎神丹经诀》卷一说,玄女是九丹法之祖。其曰:黄帝受九丹法于玄女。“玄女者,天女也。黄帝合而服之,遂以登仙。”又规定在传授九丹法时,必须令受道者设一玄女座于水上无人之地,烧香盟誓⑪。由金液法推断,九丹法也奉玄女为房中女神。

九丹法许诺说,修炼者服丹后,玉女来迎接、伺候。《黄帝九鼎神丹经诀》卷一说,服第二神符丹后,可与仙人相见,玉女来至。服第三神丹后,玉男、玉女、玉童、山卿泽尉皆来侍从。服第四还丹后,神人、玉女至。服第五饵丹后,万神来侍卫,玉女皆可役。服第九寒丹后,玉女来侍。由于玉女最初为少女的美称,故而玉女在道经中经常充当少女神,分别与玉童、金童、仙童、神童、灵童、玉郎等配伍,或组成五方玉童、玉女。他(她)们是大神的对偶仪仗或左右侍者,玉女多承担散花、擎案、侍经、捧浆、击磬、传言、扶辕、侍香、捧觞等职。他(她)们还是修炼者存思的偶像。大神经常将他(她)们赏赐给修炼成功者,有时他(她)们主动从仙界下来迎接、侍奉修炼成功者。九丹法所许诺的玉女,不都是少女,也有成年神女,当有扮演妻神者。

前述《太上灵宝五符序》卷上所奉五方男女尊神,是作为服气术中存思的夫妻神。卷下所奉,是作为斋醮中祈请的“上神”。

《太平经》是汉代太平道的经典。其卷 113 和卷 116 中,都出现了东方青帝和青衣玉女,卷 113 出现了南方赤神和赤衣玉女。这两对夫妻神向人传授奇方,随音乐而降临。既有东方和南方,当有中方、西方和北方。可知太平道敬奉妻神五方五色衣玉女。《太平经》卷 71 和卷 114 以玉女为美人,说神人派遣玉女去考验修炼者的色戒。

九丹法、《太上灵宝五符序》和《太平经》所奉妻神玉女,是否房中女神,难以遽断。

此外,房中女神的大名也被借作他用。如素女之称,被金液法用作药物的隐名。《太清金液神气经》卷上开列烧炼八明神丹的 16 种药物,其中第九种为“太

---

⑪ 《道藏》18/795 上。陈国符撰《道藏源流续考》认为《黄帝九鼎神丹经诀》卷一即《黄帝九鼎神丹经诀》,盖于西汉末东汉初出世(参阅该书第 292—297 页。明文书局,1983 年 3 月初版)。

虚素女十二两”⑫。

汉代旧有黄老道派众多，又有原始道派新起，并非各派都崇奉房中女神。五斗米道的《老子想尔注》，即抨击玄女房中术和《玄女经》。不过总的说来，玄女、素女和玉女三位房中女神，在汉代早期道经中风头正健。

二、六朝的活跃与唐以来的沉寂

六朝道教诸派普遍吸收房中术，自然纷纷将四位房中女神请进神殿中。但尊奉的程度不同。大致可分三种情况：

第一种情况是奉为尊神，主要是九丹法（被归入太清经派）和洞渊派这样做。

六朝九丹法沿袭传统，照旧祭拜尊神玄女、素女、青腰玉女。《黄帝九鼎神丹经》汉代仅1卷，六朝时增加了第2至第5卷。该经卷2曰：“上古真人王乔、赤松子、黄帝受之于玄女。玄女者，天女也，第一道明真人之道。素女真人者，神仙之主也，天地之师。位曰真人，则神仙皆师焉。……青腰玉女者，风伯之女也，殊卑于玄女、素女也。……此九丹经本是王乔、赤松子、黄帝受于玄女，非余小仙之所传受也。”⑬青腰玉女地位稍低，仍厕身尊神之列。六朝九丹法坦率承认玄素之道。《黄帝九鼎神丹经》卷5曰：“黄帝……求道养生则闻玄素之说。”⑭这等于公开声明其法祭拜的玄女、素女、青腰玉女，是房中女神。

《云笈七签》卷64收《金华玉女说丹经》，尊神是甲寅宫主太玄金华玉女，简称玄女，向太极元真君（即黄帝）授外丹术。此为九丹派神话的余绪，但玉女和玄女混淆不分。

《太上洞渊神咒经》卷7称三天玉女、麻姑、玄女为三圣女，奉为尊神。其

---

⑫ 《道藏》18/778中。陈国符考证说：“《太清金液神气经》卷上大概于西汉出世”（陈国符著《道藏源流续考》，第300页。明文书局，1983年3月初版）。

⑬ 《道藏》18/799下。

⑭ 《道藏》18/807下。

曰:"先身有大福,今得为圣女,教化一切人,十方之尊大也。"⑮

至迟在晋代,采女被道教神化。在《太上洞渊神咒经》中,采女和玉女皆成尊神,与男神以及天女、大梵女等并肩斗鬼救人,阵容庞大。该经卷9、10、16描写说:"三天玉女八十万亿人与十方丝女三十九万人"驱鬼度人,"天帝丝女十二万人"度化人民,又有"九天大魔王、三十六天魔王及天人丝女诸天梵王魔王眷属"闻天尊说偈⑯。采女当是魔王的配偶。洞渊派行民间道教的房中术黄赤之道,也以玄女为神。《太上洞渊神咒经》卷20曰:"玄女常下来,化作年少女子,入人间。"⑰

第二种情况是热情请进,但不奉为主神或尊神,主要是上清经派和灵宝经派这样做。

上清经派大量吸收玄素之道和彭祖道的营养,为《玄女经》《素女经》和《彭祖经》的流行大声疾呼(见《四极明科》)。其礼请四女神,热情有加,不足为奇。

上清经派延请素女。《洞真太上说智慧消魔真经》卷1录歌诀曰:"太虚结环,素女怀抱。"⑱《马明生真人传》中有女仙婉罗赠马明生的一首诗,记叙素女传授道术曰:"素女为我陈。"⑲《上清九真中经内诀》称女伴为素女。

上清经派存思的诸神中,包括太和玉女。更值得提出的是《上清明堂元真经诀》传授的挹二景法、玄真法,又称玉女之道。其法教人存思玉女口吐赤气和津液,修炼者将之吸入口中。注曰:"玉女者,亦日月夫人之女也。其感化之形,可共寝宴游处耳,非为偶对之接也。"⑳《抱朴子内篇·遐览》著录有《六阴玉女经》和《玉女隐微》,都不是房中经。至今没有看到题为"玉女经"的房中经。《上清明堂元真经诀》若题为"玉女经",应是实至名归。

另外,《洞真太上说智慧消魔真经》卷1录歌诀曰:"左服玉童之光,右挹玉女之炁。"㉑《太上八景四蕊紫浆五珠降生神丹方》说,外丹药物空青又名青要

⑮ 《道藏》6/24上。
⑯ 《道藏》6/32上、36上、61中。
⑰ 《道藏》6/79中。
⑱ 《道藏》33/600下—601上。
⑲ 《云笈七签》卷106,《道藏》22/725下。
⑳ 《道藏》6/639下。
㉑ 《道藏》33/600下—601上。

玉女。

葛洪的族孙葛巢甫造了不少灵宝经，有人称葛洪为灵宝经派先辈。葛洪博学，也有人称他继承葛氏道，最重太清经。本文考察六朝灵宝经派，不妨自葛洪始。

葛洪《抱朴子内篇·金丹》记叙郑隐之言，要求遵从金液法和九丹法的规定，烧炼时须祭祀太乙、元君、老君和玄女。

《抱朴子内篇》之《仙药》篇说，赵瞿服食松脂，夜见面上有丝女二人游戏其口鼻之间。一年后二女长大，追随左右。同书之《金丹》篇介绍《采女丹法》，《遐览》篇著录《手女符》。此外，《杂应》篇说，占卜吉凶可召六阴玉女，避瘟疫可呼直日玉女，隐沦之道可使人入玉女之金匮，断谷法可召六甲六丁玉女等。《仙药》篇形容修炼有成的健康气色，叫作色如玉女。

六朝灵宝经中玉女活跃。《太上洞玄灵宝飞行三界通微内思妙经》要人存思绛宫中的太一、小童、玉女。《洞玄灵宝三洞奉道科戒营始》卷4著录《横行玉女咒印法》。《洞玄灵宝二十四生图经》述元始天尊的随从神，其中有玄和玉女；所召众神中有青牙玉女、朱丹玉女、灵纽玉女、明石玉女和玄滋玉女；所佩符图有《芝英玉女图》和《六阴玉女图》。《太极真人敷灵宝斋戒威仪诸经要诀》录祝词，祈愿斋主全家受十方仙童、玉女侍卫。

第三种情况是略略请进，主要是天师道、彭祖派、北天师道等这样做。

两晋天师道经《女青鬼律》，增加了仙童和玉女一对少年神。其卷5曰："仙童、玉女依神居。"[22]南朝天师道的《正一法文经章官品》，将素女塑造为医药女神。

晋代道教新出彭祖派，修房中术，其《彭祖经》假托彭祖与采女问答。《神仙传·彭祖传》称，殷王遣采女向彭祖求房中术。

北天师道寇谦之杜撰《老君音诵诫经》说，老君"遣仙人玉童、玉女来下"，传授经方口诀[23]。《魏书·释老志》录此神话曰，太上老君授寇谦之天师之位和《云中音诵新科之诫》，仙人、玉女侍卫左右。

㉒ 《道藏》18/248下。

㉓ 《道藏》18/215上。

统观六朝道教,神仙数量膨胀,三清主神逐步定型,一批尊神各领风骚。但是,主神中不见玄女、素女、玉女和采女的倩影,她们原有的尊神形象也越来越模糊不清。

神位升降之因,就像人的命运,繁简不一。十分复杂者,受显和隐、必然和偶然等多种因素的作用。这些因素繁复如网,令人毫无头绪。又像长长的代数方程式,加减乘除,平方开方,似无止境,令人眼花缭乱。有些方程式,无人能列,无人能解。不过,四女神的方程式没有这么复杂,将各派的态度与他们的实力结合起来观察,即可解。

六朝时期道教派别众多,各有主神和尊神。在相互竞争和联合之中,哪一派的实力弱小,哪一派的主神和尊神名气就小,不易影响其他派别。哪一派的实力雄厚,哪一派的主神和尊神名气就大,容易获得各派共同承认。九丹法和洞渊派奉四女神为尊神,但势单力薄,影响微小。天师道、彭祖派、北天师道虽尊之不高,因势弱,对四女神的负面影响,亦无足轻重。六朝有三派实力最强。其中三皇经《五岳真形图序》说到仙官、玉女。但三皇经遭禁毁,所剩无多,今难以详考。上清经派和灵宝经派虽热情请进,但不奉四女神为主神或尊神,这就决定了四女神走向沉寂的命运。

六朝以后,四女神在道教中渐趋冷清。唯独天神九天玄女、老子之母玄妙玉女及外丹祖师玄女等还保留一些昔日的光荣㉔。玉女还常见,除玄妙玉女外,多为属神,民间偶有供奉㉕。属神玄女、素女、采女等偶有出现。要四位女神完全绝迹,也不容易。

㉔ 主要表现在道教对战神神话进行了改造。唐末杜光庭撰《墉城集仙录》中有《西王母传》,将无遣百女改成西王母遣九天玄女,说西王母命九天玄女授黄帝兵法、术数和符文,使黄帝战胜了蚩尤,九天玄女人首鸟身。其中又有《九天玄女传》,重复西王母遣九天玄女助黄帝战蚩尤的神话,但九天玄女从人首鸟身变成了贵妇形象(《云笈七签》卷 114,《道藏》22/793 上、796 下)。九天玄女后来又成为民间俗神。此外,唐五代《大还心鉴》说黄帝传玄女还丹之术,后人误以为御女之道。《真元妙道修丹历验抄》说玄女向太一帝君讲述服丹的效果。《不上巨胜腴煮五石英法》说将五石炼成玄女玉液。

㉕ 唐代《三代颐神保命神丹方叙》说服丹后能役使六丁玉女,能召仙官、玉女前来护卫。

三、沉寂之深层原因

神位高低是道士思想观念的产物，而道士的思想观念归根结底摆脱不了社会的影响。六朝时期，大致有以下三种社会思想压制和打击了四女神：

第一种叫作重门第

封建宗法社会最讲出身，六朝尤重门第。既然人讲，神也不能免俗。我们须学一学查"出身"的本事。四女神中采女最卑。光武帝立后宫等级，采女居末位，相当于宫女㉖。除洞渊派之外，其他派别很少奉采女为尊神，彭祖派的采女仍未摆脱宫女的影子，盖皆与其出身卑微不无关系。

玉女原为凡人，与妻妾有缘。虽然道教为她冠以三天、五方等多种名称，但终究掩盖不住平凡的出身。故而她常做"神仙之妻妾仪使"。如《上清高上灭魔玉帝神慧玉清隐书》中，太丹玉女、朱宫玉女、黄素玉女、太玄玉女、青腰玉女、素灵玉女等是北帝的侍卫，可供驱使。《上清太霄隐书元真洞飞二景经》说，仙官、玉女为高上玉皇的侍卫。玉女经常被赏赐给修道者，侍奉修道者。如上清经《清灵真人裴君传》引《太上隐书》说，修二景法成功后，三元君授玉童玉女若干

㉖ 《后汉书·皇后纪上》曰："斫雕为朴，六宫称号，唯皇后、贵人。贵人金印紫绶，奉不过粟数十斛。又置美人、宫人、采女三等，并无爵秩，岁时赏赐充给而已。"（《后汉书》卷10上，2/400。中华书局，1965年5月第1版）后来隋炀帝为后妃嫔御制定七个等级，末等为采女（见《隋书》卷36《后妃列传》，4/1107。中华书局，1973年8月第1版。）

有人说，把宫女命名为采女，是因为把她们当药鼎用，供皇帝采阴。陈撄宁不以为然，反驳说："采女乃宫女之别名，因其衣服具有色采，故称采女……今以采女女乐等名称，附会于采药之说，太觉牵强。"（隐名氏作《余之求道经过》按语，徐伯英选集、袁介圭审定《中华仙学》下册，第1142页。）

光武帝是否修炼房中来补术，不明。即使他热衷此术，大概也不会将女鼎列为后宫等级。"采"字，原义为持，即采集之采，是动词，为一种劳作。采女大概是宫中劳作之女的意思，故等级最低。"采"字，大概也可与色彩之"彩"和花纹之"綵"二字通用，故陈撄宁之说亦有道理，后世称宫女为綵女或彩女可为证。《后汉书·吕强传》曰："臣又闻后宫綵女数千余人，衣食之费，日数百金。"（《后汉书》卷78，9/2529）唐王翰《古蛾眉怨》曰："宫中綵女夜无事，学凤吹箫弄清越。"（《全唐诗》卷156，5/1604中华书局，1960年4月第1版。）鲍照《淮南王》二首之一曰："紫房彩女弄明珰。"（宋郭茂倩辑《乐府诗集》卷45《舞曲歌辞》，《四库全书》1347/486下，台湾商务印书馆影印本）李白《飞龙引》曰："宫中彩女颜如花。"（《全唐诗》卷1625/1683）这些綵女、彩女大概泛指嫔妃和宫女。大概是由女性引申，出现了"女"字，作为女子名用字，采女遂又被称为婇女。如法琳《辩正论》卷7"孙皓溺像，阴疼累月"注引南朝刘义庆《宣验记》曰："中宫有一婇女，先奉佛法，内有所知，凡所记事往往甚中。"（《大正藏》52/540上中）

人。若泄露秘术或隐书，则减少玉童玉女，直至皆去而不还。《紫阳真人周君内传》也说，玉童、玉女可侍卫修道者。玉女的平凡出身和卑微职务，对她成为主神当有不利影响。

第二种叫作男尊女卑

天界到底比人间高明，真正实行了既"有成分论"、又不"唯成分论"的政策。比如林媚娘是人间凡女，因海上救人，化为天后。铁拐李附饿殍之体，蓝彩和街头卖艺乞讨，也都跻身八仙。反之，出身高贵，也可能神运不济。玄女和素女就是如此。

汉代纬书《龙鱼河图》描写黄帝与蚩尤大战，战得天昏地暗，难分难解。关键时刻，天神使者玄女飘然而至，授兵信神符，黄帝一举制伏蚩尤。玄女俨然战神，操胜负于股掌之间[27]。

现代有人推测战神玄女本为玄鸟，有人怀疑她原是旱神女魃。有人读《易・坤卦》"天玄而地黄"一句，说是找到了玄女的出处。也有人猜想，玄女是"玄牝"之类远古女性生殖崇拜的产物[28]。无论源自何处，四女之中，玄女的"出身"最为高贵，首屈一指。《全上古三代文》卷16"玄女"条解题曰："玄女未详。或云天女，一云即西王母。"[29]"天女"在天，凡人在地，天高地卑，判若云泥。玄女高高在上，古人皆仰视。

郝懿行考证说，早在《山海经》中即出现了素女[30]，不知其说是否可信。汉《吴越春秋・勾践伐吴外传》里，范蠡提到"素女之道"，但不知所云为何。汉代文献把素女描写为好似音乐之神。王褒《九怀》颂扬素女善歌。扬雄《太玄赋》赞叹素女的歌喉。《史记・孝武本纪》和《封禅书》记太帝令素女鼓瑟的传说，极力渲染音乐动人之极。素女是否天女，不明，但绝非平庸之女。

---

[27] 《黄帝问玄女兵法》《黄帝出军诀》《黄帝内传》《广成子传》《广黄帝本行记》《轩辕本记》等均述战神玄女神话。

[28] 邢东田撰《玄女的起源、职能与演变》归纳起源诸说甚详，并提出最后一说。见《世界宗教研究》1997年第3期，第92—103页。

[29] 严可均校辑：《全上古三代秦汉三国六朝文》，中华书局，1958年第1版，第114页上。

[30] 《山海经》卷18曰："西南黑水之间，有都广之野，后稷葬焉。"郭璞注曰："其城方三百里，盖天下之中，素女所出也。"郝懿行曰："'素女所出也'五字王逸注虽未引，亦必为经文无疑矣。"（袁珂《山海经校注》，上海古籍出版社，1980年第1版，第445页）

四女神一起沉寂,她们之间定有共性。共性之一,都是女性。在中国封建社会里,男尊女卑,人如此,神也必然如此,女神在天界上层活动的空间很狭小。

西王母为尊神,打破了男尊女卑,算一个例外。但是后来,有人硬是给她凭空制造了一位丈夫叫东王公。再后来又乱点鸳鸯谱,把她与玉皇大帝撮合在一起。在九丹法和金液法中玄女、素女、青腰玉女和太丹玉女,在服五方诸天气法及《太平经》中五方玉女,也都有配偶男神。好像没有丈夫就镇不住台,女神称尊多么不容易!

上清经派奉日月中五帝夫人、八素元君、南极上元紫素三元君、西龟王母、太素三元君、太真夫人、太霄玉妃、上元夫人等女真,女真和房中女神在其方术中扮演重要角色。陶弘景纂《洞玄灵宝真灵位业图》,尝试建立道教神系,确立了元始天尊、大道君、金阙帝君、太上老君等七位主神,又列尊卑诸神数百人。但全《图》无玄女、素女和采女的位置,诸女真和灵林、东华宫、玉女、登天上箓、上天、三天、青腰诸玉女,均地位不高。我们读这一谱系时,可以明显地感受到严重的性别歧视。

第三种叫作性封建

四女神之间的共性之二,都是房中术神。

人间有吕后、武则天、慈禧太后,仙界有西王母、魏华存、斗姆元君、碧霞元君、妈祖,她们都是男尊女卑的例外。四女神都是神仙中的佼佼者,仅仅重门第和男尊女卑思想似乎不足以把她们全部拉下马。

在封建思想那里,"万恶淫为首",房中术是头等大忌。六朝时期,封建男女观对人们的思想加紧了禁锢,儒、佛二教都有人猛烈抨击房中术为淫乱无耻。社会上强大的性封建思想,给道教修房中术带来了巨大的精神压力。

上清经派是六朝的领军派别,也是房中术派别。上清经派创立的房中术改称隐书之道,被迫以隐语相传授。《上清明堂元真经诀》不敢以玉女本名,而以"元真"题经名,把真相放到经中去注解,说明元真为太玄上玄丹霞玉女之字。如此煞费苦心,只为遮人眼目。不少上清经严厉抨击赤裸裸的房中术为黄赤之道,一再表明隐书之道绝无淫乱内容。这些都是为了躲避外界对房中术的攻击。

葛洪提倡房中术,精通百素之道,尤其推崇彭祖道。他当然也对四神女感兴趣。但葛洪亦有顾忌。他记叙郑隐要求祭祀宫女之言，轻描淡写，一笔带过。他特别推崇密传口诀。

金丹经不再奉玄女等为尊神，北天师道等道派只把玉女视为侍卫，盖也与忌讳房中术有关。

在这种巨大的精神压力下，六朝道教绝不可能继续奉房中术神为尊神。唐代以来，精神压力有增无减，四女神也就再无出头之日。公道地说，并不是道士真心愿意抛弃她们，而是有难言之隐。究其实质，性封建思想给了四女神致命的打击，房中女神是被腐朽、虚伪的封建思想吞噬掉了。

四女神未能升为主神，未能保持尊神，与道教无大妨，与中国人无大碍。一叶而知秋。今察其因，只是再次感叹，封建社会里，中国人耻言性，性禁锢犹如磐石压顶，精神负担的确是过于沉重了！

【朱越利　中国道教学院教授】

原文刊于《中国文化》2002 年 Z1 期

清代北京市井“响器”研究

胡其伟

商业是发生在流通领域的行为。流通过程主要在民间实现,离不开民众,并反映出民众心理。商业的行为方式,从“日中为市”开始,大都是约定俗成的,并依据一定的潜形社会契约进行,如“一手交钱,一手交货”“货比三家”“买的没有卖的精”等。而这些潜形契约和具体的都形成民俗的组成部分——商俗。商俗是有浓郁气息的民俗文化。

清代从康熙中叶至乾隆年间,农业生产逐渐从恢复走向发展,随之工商业也发展起来,北京成为全国的贸易中心。各地区的商品,都出现在这里的市场上。清代将明北京的官营手工业改隶于内务府和工部等官署。其规模虽然不及明代,但京师的民间手工业在康熙后有了明显的发展,铸铜、刀剪、制药、酿酒、香蜡、糖果、地毯、宫灯、雕漆、景泰蓝等技术更为精湛。清代北京经济发展的一个特点是“前三门”(崇文门、正阳门、宣武门),尤其是正阳门即前门外一带特别繁荣。东便门外通惠河至张家湾,由大运河运来的南方货物在这里集散。宣武门外有许多会馆,多为各地士子出入。商人则多出入崇文门,官员上下朝多进出正阳门。故正阳门外大街一带,店铺林立,商众云集,摩肩接踵,喧嚣交易,是清代北京最繁华的闹市区。六必居、同仁堂、都一处、合香楼等著名字号牌匾相望,客商熙来攘往。其他如珠宝店、绸布店、粮食店、杂货店林林总总,不一而足。在前三门商业区中，还出现了以经营经史子集、文房四宝、碑帖字画和印玺古玩为特色的琉璃厂文化街，商业活动极其繁荣。而北京其余各处的大小胡同里则是各类行商的天下。

行商通常有两种，一种是资金雄厚，专做大宗买卖，进行长途贩运的商队；一种就是游商，即通常所说的那种走街串巷，肩挑车推的贩夫走卒，或曰“引车卖浆者流”。他们或高声叫卖，“鬻百货于市者，类为曼声高呼，夸所挟以求售，肩任担负，络绎孔道；至于穷墟僻巷，无所不到，传呼之声相闻，盖不知几千万人也。祁寒暑雨，莫不自晨迄暮，不肯少休，抗喉而疾呼，以求济其旦夕之欲耳”①。或利用各自不同的器具所发出的音响招揽顾客。这些器具即“响器”，发出的声音称“代声”。

叫卖，北方谓之吆喝。它因地因时而异，也是一种十分有趣的民情民俗。商贸活动多数免不得要以叫卖招徕顾客。没有叫卖，是做不成行贩的。《楚辞》中有姜太公在肆里“鼓刀扬声”的记载。《晋书·石勒载记》亦云：“（石勒）年十四，随邑人行贩洛阳，倚啸上东门，王衍见而异之。”宋代的孟元老在《东京梦华录》中说商贩“卖药及饮食者，吟叫百端”，可见叫卖在商业活动中已较早地引起了人们的注意。

而击响器作为一种约定俗成的商俗则出现较晚，为历代史书所不见，多散见于清人笔记、诗文之中。作为旧京民俗中比较有特色的部分，实在有必要做一番探讨。本文试图从质地、作用对响器进行分类，并从性质和起源上对其加以研究。

首先，从响器的质地来看，可以把响器分为金属、竹木、金木混合和其他四类。

金属响器包括锣、钹、铃、铁铮、冰盏儿等。

锣是最常见的金属响器。古代称锣为“金”，最早用于战争。两军交战，常以锣来指挥，有鸣金收兵之说。据杜佑《通典》载：公元六世纪前期就开始有铜锣出现，时称“打沙锣”。当时的锣可能是由西北少数民族或中亚诸国传入。宋代，锣在民间音乐形式“鼓板”中被应用。到了元代，除民间的迎赛神社常常鸣

① （清）沙张白：《市声说》。

锣外，它还是杂剧的主要伴奏乐器，并开始在民间流行。随着戏曲艺术的发展，锣在明、清的昆曲伴奏中已占有重要地位。据清代李斗《扬州画舫录》载，当时戏曲歌舞中就用到了云锣、小锣、汤锣和大锣等。成为行商小贩的响器，大约即在明朝。常见的用锣作响器的行当有：锔盆锔碗的，捏面人儿的，打梳头油的，卖糖的等。此外许多“玩艺儿”（曲艺杂耍的通称）如“十不闲”、拉洋片、耍狗熊的、大鼓等亦用它来伴奏。

钹是常见的打击乐器。古称“铜钹”“铜盘”，民间叫作“镲”。钹源于西亚，在东方，先见于印度，后而中亚，据《北齐书・神武纪》记载：钹是在公元 350 年左右，随《天竺乐》传入我国中原。到了唐代，十部乐中有七部用钹，尤其在燕乐中，还有正铜钹与和铜钹之分。在敦煌千佛洞的隋唐壁画和成都五代前蜀皇帝王建墓的乐舞石刻中，已绘有敲击铜钹的人像。明、清之际，钹是昆曲等地方戏剧中的伴奏乐器。因为需要两手齐用，所以用钹来叫卖的不多，仅有拉洋片的当作响器用。不过，杂耍中倒有耍钵的，清末李声振《百戏竹枝词》中有《舞铙》：“铙钹，道士法器也，纷敲掷半空以为戏。”词曰：“黄冠鹤氅半虚步，鞺鞳铿訇法器声。天半纷看铙钹舞，浑猜初日上铜钲。”

游方郎中的响器是串铃，又叫“虎撑子”，直径约为 14 厘米，上下都铸有八卦图饰。其外侧留有半厘米的开口，中有两枚铁丸。使用时将食指和中指插入响铃中间，拇指在外，手掌快速晃动的同时伴随手臂上举下甩，发出清脆震耳的响声。修扇子的响器也叫串铃。不过形制大不相同。它是固定在其身背的带提梁的黑漆木箱上。在箱外竖起一根二尺余长的木杆，冠以宝塔顶红丝穗，横担木下面系着四串铜铃，挎箱走动时串铃齐响。

“报君知”是算命先生的用具。乃是一只香蕉般的铁船，约长五六寸，握在右手。左手握一支铁棍来敲击铁船，发出“叮当”之声。这种“报君知”能轻重缓急地敲击成文：“叮叮当，叮叮当，叮当叮当叮叮当，叮当叮当叮铃铃铃铃……”（尾声渐渐低下去，直到声音止息）清脆悦耳，相当动听。

铁铮是剃头匠的响器，民间又叫“唤头”，就是两个铁片，一端咬合，一端开叉，有点像今天的音叉。将剃头刀插在中间，用力一拨就会发出“铮……”的一声。

在没有冰箱的过去，北京夏日暑热，冬日结冰，故有于冬季藏纳冰块于冰窖以供来夏使用的风习，称“藏冰”。此俗起源甚早，《诗经》中即有记载，且多行于宫廷、官府。古代有专门管理此事的官吏，并建有窖冰的“冰井”。宋代高承《事物纪原》云：“《周礼》有冰人，掌斩冰，淇凌。……《魏志》云：建安十九年，魏王曹操造此台以藏冰，为凌室，故号冰井。《宋朝会要》曰：建隆三年，置冰井务，隶皇城司也。”清代的冰窖分三种：官冰窖，府第冰窖，商民冰窖。每到十一月三九、四九天，即有伐冰、藏冰之举，颇属盛事。《清会典》“工部都水清吏司藏冰”条云：“凡伐冰取诸御河……岁以冬至后半月，部委司官一人，募夫伐冰，取其明净坚厚者，以方尺有五寸为块。凡纳冰，紫禁城内窖五……景山西门外窖六……德胜门外窖三……德胜门外土窖二……正阳门外土窖二……以供公廨……设暑汤之用。”民国时仍有此俗。清明时市井间商贩开始卖冰，其响器曰冰盏儿，又叫“冰碗儿”，即两只铜碗，叫卖时两碗相叠，中指无名指卡住下碗，拇指食指挑动上碗，频频相敲，有断有续，发出“得儿铮铮”的声音，名为“打冰盏儿”，听来异常清凉。朱彝尊《日下旧闻》卷三十八载：“清明日始卖冰，以两铜盏合而击之。”《帝京景物略》也写到了卖冰之俗：“立夏日，启冰，赐文武大臣，编氓得卖买，手二铜盏叠之，其声磕磕，曰冰盏。冰着湿乃消，畏阴雨天，以棉衣盖护，燠乃不消。”冰盏儿主要是卖酸梅汤的响器，后来卖雪花落、红果糊子膏，甚或串街卖果子干儿、玫瑰枣等的担子，也用冰盏儿为响器。

磨刀磨剪子的匠人本小利薄，响器也十分简单，多肩扛一固定有磨刀石及砂轮的长条板凳，上挂水桶等物，手拿三片铁片，“叮铃当叮铃当”一路走来。

卖香油的响器是一直径半尺左右、圆心微微隆起、响铜制成的圆铜片子，以木椎击之，发出叮叮的脆响，又称“厨房晓”，北方称其为“牌子”，谚语有“卖油的敲锅盖——好大的牌子”之说。

其他的金属响器有卖油酒杂货的铁鼓和铜器挑子的铜盆。铜器挑子上拴系着许多水壶、脸盆、茶船一类的铜器，所敲铜盆则大部是洗手用的宽边盆，大概是取其声音洪大且价值低廉的缘故。挑子上的铜器用钱买也可，用旧靴帽破衣服换也可，并代住户修补旧铜器。

竹木属响器包括竹板、节板、鼓、梆子、快板、丝弦响器以及空竹、风车、风筝等。其中鼓又分小鼓、大鼓、拨浪鼓、八角鼓等。

小鼓为收破烂的响器。以其音质不同又分为硬鼓和软鼓的两种。硬鼓径不盈寸，声音虽小而尖锐，肩挑较细之竹筐，蒙以蓝布。一般穿着干净的长衫大褂，左手持鼓，右手以一长竹篾击鼓，同时串街吆喝：“首饰宝石来卖！旧货古书古画来卖！”打硬鼓的本钱大，须有鉴别真假的眼力，多是到有钱的大户门前去走动。打软鼓的也穿长衫，打着寸许小鼓，声音大而低。其沿街吆喝的是：“有破烂的卖，换洋取灯——”（洋取灯即火柴）其他如卖布的摇长把小鼓，发连珠脆音。

卖槟榔的亦打鼓。槟榔产于南方，为当地之人所素嗜，向为各地人所讥，不意北京旗人及居住较久之人，亦以吃槟榔为嗜好。卖槟榔等除烟铺外，也有下街的货郎，其左肘挎一大元宝筐，筐内用木板截成若干格，格上罩蓝布，格内装各种整碎槟榔及小包豆蔻砂仁。另有夹剪，以备现夹之用。右手摇八棱鼓，即北京所说拨浪鼓是也。

北京冬季寒冷，城内百姓多生煤炉（烧煤块或煤球）取暖，少数较富裕人家烧炭盆或炭炉子，其所用之炭系树木枝干经窑烧闷火而成的木炭。卖炭的，除煤厂外，就是摇大鼓沿街零售，其鼓大有径尺，发“不楞——不楞——不楞楞”的又慢又闷的声音。

竹板多用毛竹制作。由两块长16—19厘米、宽7—8厘米、厚1厘米的瓦形竹板组成，上端用绳串连，下端可以自由开合。其声音响亮、圆厚。由5块或7块小竹板组成的叫节板，民间又叫“碎子”，上端用绳串连，板与板之间串夹两个铜钱或钢片，其声清脆。此外还有一种由两根长约65厘米的竹片构成的简板，用左手夹击发音，常与渔鼓一起为“道情”伴奏。竹板和节板有时合用，有时单用，它们是快板、山东快板、天津快书等曲艺音乐的主要伴奏乐器。使用竹板为响器的有下街修脚人，同时吆喝：“修脚啊！捉猴儿啊！”一些算命的和乞丐亦用竹板。

卖豆腐的响器是梆子。梆子古称柝，俗称“卜卜”。北京的梆子系用硬木制成，长约一尺，厚二三寸，宽有半尺，从一侧挖出深槽，使其中空，以棒击之，梆梆作响。民间与军中敲击以警夜示更。《易·系辞下》有：“重门击柝，以待暴客。”陆德明释曰：“马（融）云：两木相击以行夜。”《木兰诗》云：“朔气传金柝，寒光照铁衣。”何时成为响器已不可考。后来卖烧饼、油炸糖馃子、麻花、硬面饽饽等点心的亦用梆子,不过较豆腐梆子略小。

丝竹响器如三弦、二胡、笙、笛子等。多用作各类“玩艺儿”的伴奏乐器,在此不作探讨。在胡同里能听到的丝竹代声恐只有算命人的三弦或笛子了。

混合类响器。又有两种情况,一种是响器本身是金木、土木混合而成,如“惊闺”、风车等。一种是多种响器一起使用,如拉洋片的用一鼓一锣加一钹,耍傀儡戏的锣鼓齐鸣等。

“惊闺”,亦称“惊绣”“唤娇娘”,是由一小锣加一小鼓组成,是算命或者卖针头线脑的响器。磨镜者所用的亦称“惊闺”。

风车是北京郊区农民的创造,他们利用冬季农闲,用高粱秆扎成各种“日”字、“田”字、“品”字形架子,用秸秆篾片圈成直径三四寸的圈,中间作一小轴,用白绵纸条染上红绿色彩,把圈和轴粘成一个风轮,再用胶泥做成铜元大小的小鼓框,用两层麻纸裱在一起作鼓皮,制成小鼓,然后把风轮、小鼓装在架子上,风轮小轴后面用麻线绞一小棍,风轮一动,带动小棍击鼓作声,如此风轮迎风不断旋转,小鼓便不断咚咚作响。大的“品”字形上,可装二三十个风轮,便有二三十面小鼓;随风吹动,一片鼓噪。逛完厂甸,高擎一个大风车回来,一边走,一边响,亦是京城年关一道风景。

唢呐又名喇叭,小唢呐又称海笛。在木制的锥形管上开八孔,管的上端装有细铜管,铜管上端套有双簧的苇哨,木管上端有一铜质的碗状扩音器。最初的唢呐是流传于波斯、阿拉伯一带的乐器,大约在公元三世纪在中国出现,新疆拜城克孜尔石窟第38窟中的伎乐壁画已有吹奏唢呐形象。明代正德年间(1506—1521)唢呐已在我国普遍应用。戚继光(1527—1587)曾把唢呐用于军乐之中。在他的《纪效新书・武备志》中说:“凡掌号笛,即是吹唢呐。”较详细的记载见于明王圻编《三才图会》(1607年刊):“唢呐,其制如喇叭,七孔;首尾以铜为之,管则用木。不知起于何代,当军中之乐也。今民间多用之。”明朝王磐《朝天子・咏喇叭》则是描述唢呐最好的文章:“喇叭,唢哪。曲儿小腔儿大。来往官船乱如麻,全仗你抬身价。军听了军愁,民听了民怕。哪里去辨甚么真共假。眼见得吹翻了这家,吹伤了那家,只吹得水尽鹅飞罢。”唢呐是磨刀匠和耍耗子的响器。

还有有些响器,如瓦盆、噗噗噔(玻璃葫芦)、鸣虫等,无法归入以上类型,故单独列出。

瓦盆作为响器大约只有清末民初在天桥撂地的“天桥八大怪”之一的“盆秃子”。他以唱小曲为主，表演时拿一大瓦盆，用一只筷子敲打瓦盆的不同部位，发出高低不同的响声，敲成各种声调，随口编唱曲词，同时抓哏博众人哄堂大笑。清代《天桥杂咏》中《咏盆秃子词》曰：“曾见当年盆秃子，瓦盆敲得韵铮铮，而今市井夸新调，岂识秦人善此声。”

噗噗噔（玻璃葫芦）系旧京的玩具之一，北京庙会上最常见。由玻璃吹成，体积大，分量轻，可以“嘘吸成声”“足以导引清气”②，深受少年儿童的喜爱，不过容易碰碎。卖的人都是用很大的竹篾篓从京外远到山东淄博挑来。厂甸期间，这些担子都集中在海王村前门外。基本上是两种样式，一种是极薄的化学试验烧瓶式的红色或茶色具，颈极细，有长有短，短的二三寸，长的超过一尺，用口一吹一吸，底部震动，呼吸之间，发出清脆响声，又名“倒掖气”。另一种是细长形的，约三尺左右，作小喇叭形，两头通气，吹起来发出一种呜呜的声音，比较单调，远没有“噗噗噔”中听。售者多以口叼之，大作其声，吸引孩童注意。

北京人爱养鸣虫，秋虫之善鸣者，曰蟋蟀（北京称为蛐蛐儿），曰金钟儿，曰金铃子，曰琵琶轴儿，曰油葫芦，曰蝈蝈儿，曰噝喇子……每当秋风乍起，则有小贩或扛着扁担或推着小车沿街叫卖蝈蝈。成百上千只的蝈蝈大军高昂的叫声成了小贩廉价的广告。但到了冬天，蝈蝈不再鸣叫，小贩们一般都在固定的地点摆摊儿，如白塔寺、护国寺、隆福寺、土地庙的庙会和天桥的鸟市等处。此时卖蝈蝈和油葫芦的都要备上一个“油葫芦挑子”。这种挑子很特别，系以纸糊成，看上去像是箱子或柜子，一面中间有个小门，箱内分上下两层，下层放个炭火盆，微火温着这些虫儿，上层摆满虫罐，品相比较好的虫儿放入墨底小瓦罐里，一般的蝈蝈和油葫芦则放入小的罐内，上下两个一捆，排满纸箱的上部。当然虫儿也分等级，放在罐里的都是一般的虫儿。品相好的虫儿，如“邪相”“大翅”“大膀”“长衣”等，通常直接放到葫芦里，揣在怀中，碰到玩虫儿的行家才拿出来。冬虫儿并不是想让它什么时候叫就叫，而蝈蝈和油葫芦则是以鸣叫的声音分品位的优

② （清）富察敦崇：《燕京岁时记》，北京古籍出版社，1981 年版，第 85 页。

劣。所以,卖冬虫儿的一般要备有用兔须或猫须做成的探子,行话叫“鞭儿”,撩拨冬虫儿的头与须,诱使它鸣叫。

其次,从响器的作用来分,可以将其分为忌口型、省力型、避嫌型、招童型、传统型、道具型和工具型等类型。

旧日北京是以其讲究多、礼数多而闻名天下的。因此有些行当吆喝不得,怕坏了礼数,触了人家“霉头”。比如游方郎中绝对不能吆喝,比如“变戏法的不吆喝,唱戏的不吆喝,要狗熊的不吆喝,要傀儡的不吆喝,要鼠的不吆喝,卖鸡毛掸子的不吆喝,缝破鞋的不吆喝……”③北京旧有“八不语”一说即“卖掸子的、修鞋的、绱鞋的、劁猪的、锔碗的、行医的、剃头的和粘扇子的”④。其中除了劁猪的未考及使用何种响器外,其余的都有“代声”,他们用的响器起到了避讳的作用。

有些行当,如挑筐卖炭的,本来担着个几十甚至上百斤的担子,就已经累得够呛,再叫他直着嗓子吼,实在是勉为其难,而一手携担,一手打鼓实在是又省力又招人,是为省力型。

专做女人生意的,如卖针头线脑百杂什物的货郎、磨镜子的、算命的等,总不好吆喝“大姑娘小媳妇,赶快到我这里来”吧,因此“惊闺”是避嫌最好的选择。磨镜子旧时是一门独立的行当。1982 年 7 月,在四川彭山县亭子坡南宋虞公著夫妇合葬墓中,出土了一件磨镜砖。砖为细泥灰陶质,呈圆形,磨面光滑平整。据发掘报告称,出土时砖的磨面上尚残留有少许墨色粉末及水银细粒,砖背面凿有由外到里的三条方向相同的弧形斜面棱槽。笔者认为此槽应是磨镜时用来固定在有带凸起物的平面(长凳、小桌)上的⑤。磨镜人的响器即是惊闺。《金瓶梅》第五八回:“正说着,只听见远远一个老头儿,其琅琅,摇着惊闺叶过来。潘金莲便道:‘磨镜子的过来了。’”《事物异名录·渔猎部·杂具》引《事物绀珠》语:“惊绣如小钲而厚,手提击。”《清稗类钞·物品类·惊闺》:“惊闺,贩卖针线脂粉之人所执之器也。形如鼗而附以小钲,持柄摇之,则钲鼓齐响鸣,以代换卖。曰惊闺者,欲其声之达于闺阁也。”以后,货郎及算命的亦用之。《醒世恒言·勘

---

③ 对口相声《拉洋片》,1931 年,张笑侠辑《相声集》上卷。

④ 徐杰舜:《汉族民间风俗》,第 109 页。

⑤ 《南宋虞公著夫妇合葬墓》,《考古学报》,1985 年第 3 期。

皮靴单证二郎神》有这样的描写:“冉贵却装了一条杂货担作,手执着一个玲珑珰瑯的东西,叫作个‘惊闺’,一路摇着,径奔二郎神庙中来。”⑥

小孩子喜欢凑热闹,因此一些需要吸引孩子注意、挣小孩钱的营生就需要制造出一些动静出来。如卖糖的(敲糖锣的),担子前面是一个竹筐或荆条筐,上面再接架子糊纸,成一龛状小屋,里面放着小孩儿喜欢的小喇叭、花楞棒、搬不倒儿、泥车马、泥巴儿狗、布娃娃、绒马绒骆驼、纸糊彩画的鬼脸儿、木质的刀枪小靶子等玩具。担的另一头是一个圆笼,放着糖豆、杏干、桃脯干、柿霜糖、花生糖等小孩儿零食,贩者串巷游走,手中敲打一个尺许的铜锣,“镗镗——另镗”,无需吆唤,小孩儿听见锣声就跑了过来。周作人先生在他的散文《卖糖》中回忆道:“卖糖者大率用担,但非是肩挑,实只一筐,俗名桥篮,上列木匣,分格盛糖,盖以玻璃,有木架交叉如交椅,置篮其上,以待顾客,行则叠架夹胁下,左臂操筐,俗语曰桥。虚左手撼一小锣,右手执木片如笏状,击之声镗镗然,此即卖糖之信号也,小儿闻之惊心动魄,殆不下于货郎之惊闺与唤娇娘焉。”再如空竹,坐观老人《清代野记》云:“京师儿童玩具,有所谓‘空钟’者,即外省之‘地铃’。两头以竹筒为之,中贯以柱,以绳拉之作声。唯京师之空钟,其形圆而扁,加一轴,贯两车轮,其音较外省所制,清越而长。”类似的有风车、耍耗子的锣或唢呐、冰盏儿等。⑦

有些行当自创始之初即是如此,代代相传,约定俗成。如游方郎中的“虎撑”即属传统型响器,相传与药王孙思邈有关。据说有一天孙思邈上山采药,遇到一只被兽骨卡住了喉咙的虎,便就用一个铁环支撑虎嘴,取出了那块残骨,使其得救。虎感恩不尽,就为孙思邈守门,却吓得患者不敢前来就医。孙思邈只好让虎到后院去看守杏林,留下“虎守杏林”的佳话。后人将孙思邈作为“药王菩萨”供奉,那只救虎的铁环也被人镶上铜铃,成为江湖行医者的响器。过去走方郎中身背药箱,手拿圆圈串铃,走街过巷,齐额头举着“丁零丁零”地摇个不停。这有两个作用:一是让人知道看病的郎中来了;二是告知世人,本郎中医道高明,得到“医龙救虎”的药王爷的真传。

传统曲艺及一些杂耍(旧称“玩艺儿”)的道具,又兼有响器的作用。如前文

---

⑥ 刘东升:《中国音乐史略・四》,《鼓子词、唱赚、诸宫调、货郎儿》。

⑦ 齐放:《消逝的职业》,第131页。

提到的舞钹者的钹，相声、说书者的醒木，各种鼓书里的鼓、三弦、竹板、梆子等，都属于道具型响器。[8]

有些工具可以直接作为响器使。如“砸鞋钉子的”，属皮匠行里的分支。与皮匠担不同的是：皮匠的扁担向上翘起，而砸钉子扁担短而两端向下低垂，走时两手执前后提绳，前后各担小圆筐一只，内贮大小鞋钉，一端挂铁制鞋墩及铁锤，鞋墩如一鞋底，下联铁柱，柱端有一大疙瘩，疙瘩下有尖，以便钉入地中，行走时墩锤相击，发出钉铛之声，即为货声。其他的工具型响器还有焊洋铁壶的敲壶，卖饼子的用擀杖敲案板等。

客观地说，响器的使用在汉族地区还是相当普遍的，南北各地或多或少都有，然而北京城的种类之繁、器物之多、范围之广，远非他处可以相提并论。何以北京会有如此与众不同的景致？依笔者拙见，原因主要有以下几方面：

首先是北京独特的社会历史环境。产生响器的社会历史原因很多，如禁忌，行业传统，甚至官方政策等，都会影响到某一行业甚至几个行业。

自元世祖忽必烈“诏旧城居民之迁京城者，以赀高（有钱人）及居职（在朝廷供职）者为先，乃定制以地八亩为一分”[9]，分给迁京之官贾营建住宅，四合院就成为北京传统住宅。北京的四合院除大门与外界相通之外，一般都不对外开窗户。因此，只要关上大门，四合院内便形成一个封闭式的小环境。院内长辈住正房，晚辈住厢房，妇女住内院，来客和男仆住外院；符合中国古代家庭生活中要区分尊卑、长幼、内外的礼法要求。四合院排排相连，组成里坊，如此一来，即使是胡同拐角的独门独院，小贩们吆喝起来也不会轻松，更何况深宅大院或者处在里坊中间的院落，而响器的声音或响亮，或悠远，或绵长，可直达院落深处。这也许是京城的响器使用范围较其他地方为多的根本原因。

清兵入关以后，希望汉人能遵行满俗，于是推行修面留长辫的发式，即把头削成那种“削平四周，留守中原”的发式，希望从人的头发上体现清政府治国的主张。但是大多数汉人坚决拒绝削发，于是一道强制性的削发圣旨传向全国，所有的剃头匠被朝廷召见，并且每个人领到一个挂有圣旨的“吊头旗杆”，俗称“将

⑧ 李乔：《中国行业神崇拜》，第450页。

⑨ 《元史·世祖本纪》。

军杆”,“将军杆”的顶部,通常是用来挂帽子的。而据说当年那“将军杆”上就曾挂过示众的脑袋。顺治二年,律令愈酷:“今限旬日,尽使剃发。遵依者为我国民,迟疑者同逆命之寇,必行重典。”大江南北,演出了一场“留发不留头,留头不留发”的惨剧。“当时的剃头匠们领了官差,挑了剃头担,逡巡于大街小巷,见没剃发的,拉来便剃,稍一反抗,就砍了头,挂在特设在剃头担的竿子上。”⑩不知这“唤头”是否象征当年的断头刀,但有一点是肯定的:从此以后出现了剃头的行当,这响器亦是随着清政府的“剃发令”出现的。

其次是地理因素。北京地处北方,冬春季空气比较干燥,大风扬沙天气较多,而最初的出门贩鬻者绝大多数是农民利用农闲时期走村串寨的,专业的行商是极少的。北方的农闲季节只有冬春两季,不难想象此时在北京街头顶风冒雪地吆喝,何如摇着响器那样悠闲自在。如此约定俗成,竟然成了京师一景。再如厂甸的风车、风筝。假如在他处,一片风和日丽,是断没有如此景致的。

再次是人文因素。京师五方杂处,人员混杂,各地客商云集,讲着各种方言的小贩如操着乡音叫卖,难免使人不知所云,而响器倒是一统天下,成了最早的“普通话”。只要听见响器声,用不着吆喝,就知道卖什么。

余　论

随着工业化时代的到来,昔日的五行八作、三教九流大都成为历史陈迹。但是社会历史是不能割断的。中华民族有着悠久的历史和深厚的文化积淀,响器和市声作为北京乃至中国民俗文化的特色之一,折射出醇厚的文化气息,如果不及时以文字的或图像的以及其他先进的方式加以保留、整理和研究,一些宝贵的东西“年深岁改,人不能认”,岂不是愧对后人。

---

⑩ 夏家馂:《清朝史话》。

参考文献

（明）史玄《旧京琐记》、（清）夏仁虎《燕京杂记》、（清）阙名《旧京遗事》，北京古籍出版社，1986 年版。

（清）潘容陛《帝京岁时记胜》、（清）富察敦崇《燕京岁时记》，北京古籍出版社，1981 年版。

翁立《北京的胡同》，北京燕山出版社，1992 年版。

翟鸿起《老北京的街头巷尾》，中国书店，2002 年版。

王其明《北京四合院》，北京美术摄影出版社，1993 年版。

孙殿起、雷梦水编《北京风俗杂咏》，北京古籍出版社，1982 年出版社版。

雷梦水编《北京风俗杂咏续编》，北京古籍出版社，1987 年版。

杨米人等著，路工选编《清代北京竹枝词》，北京古籍出版社，1982 年版。

邓云乡《燕京乡土记》，上海文化出版社，1986 年版。

邓云乡《增补燕京乡土记》，中华书局，1998 年版。

胡玉远《日下回眸》，学苑出版社，2001 年版。

李乔《中国行业神崇拜》，中国华侨出版社，1990 年版。

常人春《老北京的风情》，北京出版社，2001 年版。

齐放《消逝的职业》，百花文艺出版社，1999 年版。

云游客《江湖丛谈》，上海文艺出版社影印本，1991 年版。

王孝通《中国商业史》，上海书店出版社，1992 年版。

崇彝《道咸以来朝野杂记》，北京古籍出版社，1982 年版。

冯尔康、常建华著《清人社会生活》，天津人民出版社，1990 年版。

（清）徐珂《清稗类钞》，中华书局，1984 年版。

雪犁《中华民俗源流集成 · 六》，甘肃人民出版社，1994 年版。

徐杰舜主编《汉族民间风俗》，中央民族大学出版社，1998 年版。

夏家馂《清朝史话》，北京出版社，1985 年版。

吴钊、刘东升《中国音乐史略》，人民音乐出版社，1993 年版。

【胡其伟　文化学者】

原文刊于《中国文化》2004 年 01 期

门神、罗汉、猴行者及其他

《西游记》有关资料琐谈

孙立川

闲读钱锺书先生的《小说识小》,为先生的博学所倾倒。文中曾谓:刘后村诗文好用本朝故事,王渔洋、赵瓯北皆诽议之。按《后村大全集》卷四十三《释老六言十首》之第四云:"取经烦猴行者,吟诗输鹤阿师。"此诗前尚有七绝一首,亦用二事作对。《西游记》事见南宋诗中,当自后村始。由钱先生的这一段话,引出了我想写的这篇文章来。

刘后村者,南宋诗人刘克庄(1187—1269)也。刘氏系福建莆田人,曾当到龙图阁学士的大官。钱先生指摘的这首诗,全首是:

> 一笔受楞严义,三书赠大颠衣。
> 取经烦猴行者,吟诗输鹤阿师。

这里还可补充钱先生未指出的,在同集卷二十四有《揽镜六言》,也说到猴行者:

> 背伛水牛泅涧,发白冰蚕吐丝。
> 貌丑似猴行者,诗瘦于鹤阿师。

此诗抑或是刘后村晚年的自嘲之作，如此说来，刘氏晚年无福颐的官相，揽镜而自比猴行者也。其诗中所说的“猴行者”，就是小说《西游记》中孙悟空的早期原型之一。现存南宋有关“猴行者”的资料唯有二件，一是南宋话本《大唐三藏取经诗话》中的白衣秀才猴行者；一是福建泉州开元寺西塔第四层上的神猴石像。

泉州东西塔上的石雕像与《西游记》有所关联之说法，肇自德国人艾克（G. Ecke）和瑞士人戴密维（P.Demiéville）所撰之《刺桐双塔》①一书。二氏曾指西塔的尉迟恭、秦叔宝、唐三藏、孙悟空（实是猴行者）、东海火龙太子及东塔上的宾头卢（或是玄奘？）与小说《西游记》有涉。尉迟恭、秦叔宝虽是唐太宗朝代的名将，但作为“门神”之说乃是迟于南宋以后才出现的，最著名的莫过于明代《西游记》中的“唐太宗魂游地府”的情节中所出，或为小说作者据民间传说而增华之。查也是明代所出的《绘图三教源流搜神大全》七卷“门神二将军”条，云：

> 门神乃是唐朝秦叔保、胡敬德二将军也。按传唐太宗不豫寝，门外抛砖弄瓦，鬼魅号呼，三十六官、七十二院，夜无宁静，太宗惧之，以告群臣。秦叔保出班奏曰：臣平生杀人如剖瓜，积尸如聚蚁，何惧魍魉乎？！愿同胡敬德戎装立门以伺。太宗可其奏，夜果无警，太宗嘉之，谓二人守夜无眠，太宗命画工图二人之形像全像，手执玉斧，腰带鞭链弓箭，怒发一如平时，悬于宫掖之左右门，邪祟以息。后世沿袭，遂永为门神。《西游记》小词有“本是英雄豪杰旧勋臣，只落得千年称户尉，万古作门神”之句传于后世也。

《搜神大全》要早于今所见百回本《西游记》。到了百回本，胡敬德已换成了尉迟恭，连所执武器也加以调换。我们看近代门神绘中，一执钢鞭，一执铁锏，大概这又是受《隋唐演义》的影响，将秦、尉二人的武器依《演义》中所说取样，这自然是民间的发明，已是别话。《搜神大全》的门神图中则是二人皆执玉斧（见附图一）。然而，西塔上这二个门神却一执剑、一执斧，当为古代门神神荼、郁垒。

① G.Ecke and P.Demiéville: *The Twin Pagodas of Zayton*, *Harvard-Yenching Institute Monograph* Series, vol.ll, 1935.

考虑到唐太宗魂游地府一节是在明代《西游记》之后再加入的[现存敦煌卷子中的《唐太宗入冥记》(拟名)中并未存秦、尉二人为门神内容],当时的南宋亦并无秦、尉二人为门神之说,所以西塔上这二尊门神一者与《西游记》无关,二者也不是秦、尉。元明之间,尤其是《西游记》中将尉迟恭、秦叔宝作门神的故事采入之后,因为《西游记》广为流布,民间社会中,尉、秦二门神的地位日显,古代门神神荼、郁垒的声名渐加式微,这门神的"专利"就由秦、尉二神独家经营了。因而,把南宋时期的泉州西塔上的门神硬扯进几百年后改写的《西游记》,显然是艾克和戴密维二位先生的误断,正是"不知有汉,无论魏晋"!

将东塔上的宾头卢与玄奘混为一谈,属事出有因。东塔上已有十六罗汉第一尊者宾头卢,即第三层上的长眉罗汉者。艾克和戴密维二先生此处语焉不详,或指此长眉罗汉为玄奘乎?这里其实是牵涉到一个"十六罗汉"与"十八罗汉"的问题,笔者不得不绕个弯子来加以说明。玄奘当年翻译难提密多罗的《法住记》,内有十六大阿罗汉及其眷属的名称及住处。而"十六罗汉"之演变为"十八罗汉",据说起于一个历史的误会:最早的十八罗汉的画像是公元十世纪的名画家张玄和贯休和尚所绘,他们根据《法住记》绘画十六罗汉图像时,又加绘《法住记》的说者庆友和译者玄奘,列庆友为第十七尊者,玄奘为第十八尊者。宋代文学家苏轼曾见过这二幅画,分别题了十八首赞,即《十八大阿罗汉颂》。苏轼的题赞中每首都标出罗汉之名,唯独在为第十八罗汉题赞时,却重复了第一尊者宾头卢之名而未题玄奘。除苏东坡外,僧觉范亦有"颂"。究其实,十八罗汉之名于佛典原无考。名家作画,文学大家题"赞",自兹而始,十八罗汉代替十六罗汉风行天下。苏轼的这个"伟大的"错误不胫而走,这第十八罗汉究竟是宾头卢还是玄奘?或者是玄奘又是宾头卢之第二或其化身?也就成了一笔糊涂老账,以至于当今学人文章之中,也有弄不清楚的。当然,关于十八罗汉,还有其他一些解释。可是,艾、戴二氏区分不清二者之关系,实在不能太过见怪,因为那毕竟是咱们中国人造出来的谜团。反倒是沿着《西游记》演变的一些历史脚印,我们或许可以来为这个佛像弄清其真正的身份。

泉州为宋元时世界贸易大港,开元寺为国家重点文物保护单位。余学少年时,尝游于东西塔上,约略记得东塔上也有一个"猴头"。近年中正钻研《西游记》,读到各种研究文章,却未曾提到东塔也有“猴行者”的。因而特地拜托泉州的友人去东塔上搜求,果在第二层西北向发现有一石刻像(见附图):有一和尚头有光圈,着宽袖大袍,左手执一串念珠,珠下有一猴头小人亦是阔袖长袍,手傍

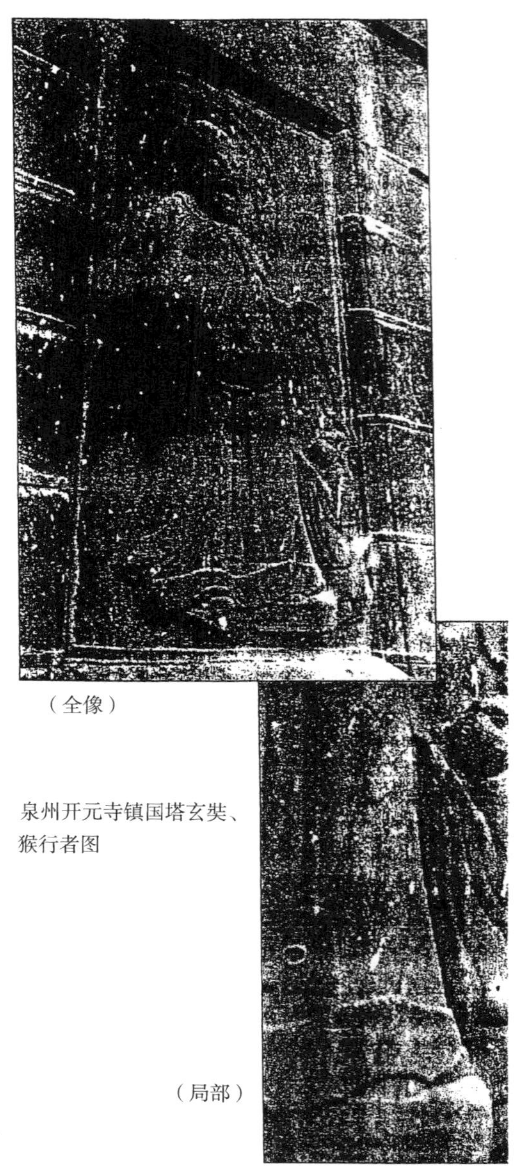

(全像)

泉州开元寺镇国塔玄奘、猴行者图

(局部)

着和尚，头向上作仰视状，身上所着衣袍，与西塔第四层上的猴行者的“武行者”打扮相反，适与《大唐三藏取经诗话》中以“白衣秀才”装束登场的猴行者胥同。雕像线条流畅，造型生动，虽历经七百多年的风雨而未被破坏。此一猴头正是另一个“猴行者”，而所依傍之和尚，也许就是艾克与戴密维二先生弄不清楚的玄奘（或宾头卢），或是此二位先生也因这个猴头而疑此和尚就是玄奘，但他们未加说明，加之这个猴头造型较小，鲜为人们所注意，因而这东塔上另有一个“猴行者”的实证资料也就不为学界所知。

东塔（又名镇国塔）的第二层曰：声闻乘。依佛典所说：乘四谛之行法，闻佛陀之声教，而生空智，因断烦恼，得阿罗汉是为声闻乘。在此层上有不少著名的高僧造像，寒山、拾得、达摩、丰干、雪峰义存都赫然登于“声闻乘”。在这幅玄奘师弟图的紧邻是东晋高僧法显，是中国历史上最早去外国取经的高僧之一。因此，可以印证，东塔上猴行者所依从之和尚就是《取经诗话》中的玄奘法师。

开元寺中与东塔遥遥相对的西塔（又名仁寿塔）第四层上有众所周知的“猴行者”之石像，其像的右上角有一“和尚”双手合十立于云上，侧身向左。在猴行者像旁的是东海火龙太子的造像，右上角亦有一匹马驮莲花跃然向上的小绘浮刻。在同第四层的“唐三藏”造像亦为双手合十向右作侧身状，头部有光圈，上有一“莲花”小图。这三尊石像正是艾、戴二氏所指与《西游记》有关人物之一。笔者此处也说他们与《西游记》有关，而不笼统说是与《大唐三藏取经诗话》有关是有另一番道理的。关于泉州西塔这三尊雕像与《诗话》之干系，拟另文加以探讨。

在笔者未确认东塔的“猴行者图”之前，日本著名的《西游记》研究家太田辰夫教授曾就西塔上三藏等造像的右上角之小浮刻图作过诠释。他认为：猴行者的右角之小图表明是猴行者取经有功，因而登天成佛，那小绘中的和尚不是玄奘，而是成佛后的猴行者；火龙太子化成白马驮“莲花”向上，表明它亦有功而在极乐世界中再生的意味，三藏右上角的“莲花图”则是三藏在弥勒净土中转生之意，云云[②]。太田先生的这些判断的根据及理由是什么？他未曾注明。他的这

② 太田辰夫：《西游记の研究》，日本研文出版，1984 年 6 月 29 日。

一论点在学术界有一定的影响，特别是日本，一般的学者在谈到这一猴行者时，都引用他的论点。

然而，这些结论却有一些令人生疑之处。

从南宋的《大唐三藏取经诗话》到后来的《西游记》百回本，孙悟空（猴行者）的特征是"猴头"。他在取经成功之后所受的封号中，《诗话》中未曾提及，只说他与玄奘等七人的取经团体一起登彩船而去，猴行者独被人间君王唐太宗封为"铜筋铁骨大圣"。数百年之后的明代所出百回本《西游记》里，悟空最后被如来封为"斗战胜佛"，也似乎非一副斯文菩萨之模样。再者，这猴行者右上角绘中的和尚之造型又与同层的唐三藏的造像同为侧身（只是方向相反），模样相近，且头部都有光圈。而火龙太子既登净土，为何仍然驮负"莲花"而未能成为"天龙八部"？或是他成为唐三藏成佛之后的坐骑而不能还原其龙身呢？

姑妄度之，太田先生的推论也许是以唐三藏图中的小图的"莲花"为准绳的。唐三藏成"莲花"，意味着他登极乐之土，已经成佛。因之，猴行者小图中的"和尚"也只能解释为"行者证果成佛"之意。火龙太子作白马驮"莲花"（太田先生认为是"莲花"，以其说，则所驮为已成佛之三藏？但有人认所驮是"经藏"，因图形不明，暂且从太田先生之说）是已登净土，总之，三者都是已证果成佛之意。

笔者不敢苟同太田先生的高见。关于唐三藏图中的"莲花"之意（对于"莲花"，佛典有许多意喻），窃见此处是与"取经"故事有关联的。在《大唐三藏取经诗话》的结尾，有诗吟法师望正西乘空上仙，诗曰：

> 法师今日上天宫，足衬莲花步步通，
> 满国福田大利益，免教东土坠尘笼。

足衬莲花又与"步步生莲花"的佛语意同。这里还可再举出一个例子来。玄奘弟子慧立、彦悰所撰《大唐大慈恩寺三藏法师传》卷一谓法师决意西行取经时，夜梦大海中有苏迷卢山，又"忽见石莲华，踊乎波外，应足而生，却而观之，随足而灭……"可见，"莲花"与玄奘取经之事早有牵连。东塔上此图的"石莲花"

或是对唐三藏不畏艰险、千里取经而作的赞叹,表明的是玄奘与"取经"故事的关系。

其次,猴行者图上角的"和尚"小刻,拙见以为是"唐三藏"之象征。此小像与同层三藏之造像大同小异,而且,很重要的一点是二者的头部均有光圈。在同塔几十尊神像中,背有光圈者大致只有菩萨与著名高僧(除梁武帝外),其他的金刚、护法、大将、神将均未有这种资格。我们也注意到猴行者,火龙太子背后均无光圈。在中国佛教艺术中,只有罗汉与菩萨的头后才有光圈。但亦有例外,如前述十六罗汉中第一尊者宾头卢在东塔第三层上的造像却未有光圈,谓其曾故弄神通,受佛陀呵责,未达涅槃境界,所以即使其已成罗汉,也未能背附光圈。在日本奈良著名的东大寺里,宾头卢的造像孤零零地待在大殿门外的左边,颇有"坐冷板凳"的滑稽感觉。依猴行者的级别,即便是已成证果,也不可能与宾头卢比肩同列罢。在南宋时期的"西天取经"故事中,猴行者并不像后来的孙悟空那样神通广大,他的论功行赏、当上"斗战胜佛"则是在数百年之后。所以这个背附光圈的小佛像,绝不会是他罢。另外一个有力的证据就是此次东塔猴行者的再发现,东塔上是大和尚和小猴头(猴行者依附于和尚之侧下),表示一种从属关系,西塔上是大行者于下、小法师于上,二图相对而成一种对应。这应该不是偶然的巧合。东塔晚建于西塔十年,成于南宋淳祐十年(1250),因而当是东塔设计者参照西塔此图而刻意设计的。这二幅雕像中所表现的猴行者与法师的从属的师弟关系,正与《取经诗话》中所说相符,猴行者的任务就是保护唐三藏西行取经。用这种解释去看旁边的东海火龙太子图,所表明的也同理于猴行者图,指其化为白马,在取经途中的任务与作用。三者的身份相同。综上所述,笔者认为西塔上这三幅图中右上角之小浮刻,标明的都是与"取经"故事有关的内容,而非已证果成佛之意。

西塔上的猴行者之造像产生于南宋时代,是现存《西游记》有关资料中的一个重要的文物证据。但是,长期以来,国内的《西游记》研究界却未加重视,反是一批外国学者日见注意。现在,西塔上的猴行者经诸多学者提及,已成旧话,东塔上也有猴行者的立像,却是知者甚寡。它的重新发现必将为《西游记》故事的嬗变轨迹提供新的资料与旁证。猴行者的形象之能跻身东、西二塔,证明南宋年间，玄奘取经故事在东南沿海一带广泛流传，且已是家喻户晓，猴行者，亦为世人所熟知。联系西塔上的其他雕像，也有另外一些佛教的故事人物，使我们多少了解到，在南宋时代，取经故事（那时还没有《西游记》的名号）是与佛教的说教与宣扬有着千丝万缕的关系的。《西游记》的先声在历史的旷野中已近乎消失，这几尊石刻的雕像阅尽数百年的沧桑，无声地面对着后人。文学不止留在木刻的版本上，也嵌刻在石头之中，为今天的《西游记》研究界留下一份形象生动的史料。百回本《西游记》的作者别具匠心地创造出“石中迸出美猴王”的情节，孙悟空乃一只石猴也，而东西塔上的猴行者也是石刻的神猴，一“石”二“猴”，岂非历史的偶合?!

日本学者因为刘克庄写过“取经烦猴行者”的诗句，于是细心考证刘氏家乡距泉州仅八十余千米，因而大概就很怀疑西塔上这尊猴行者即是诗中的那一个。西塔建成于南宋嘉熙元年（1237），斯时刘氏已是五十多岁，大半正在当京官，他有否亲眼看过这个猴行者，史书未载，也没有《回忆录》之类的文字可以证实。后村之弟刘克逊曾知福建邵武军，后移住泉州，以疾奉祠，史书言其一生清贫，工诗文。这或可以给有兴趣去钻这个牛角尖的研究家提供蛛丝马迹。笔者以为，刘克庄写“猴行者”，适如钱钟书先生所指出的：南宋诗写“西游故事”的，其为始作俑者也。上溯宋版《大唐三藏取经诗话》，下覆泉州东西塔猴行者之雕像，不也佐证南宋诗人刘克庄先生确确实实是“好用本朝故事”入诗者乎?!

【孙立川　日本京都大学文学部博士生】

原文刊于《中国文化》1992年02期

城南客话

城隍·土地·灶王爷

汪曾祺

城隍,《辞海》“城隍”条等云:“护城河”,引班固《两都赋序》:“京师修宫室,浚城隍,起苑囿,以备制度。”既说是浚,当有水。但同书“隍”字条又注云:“没有水的护城壕。”到底是有水没有水?姑且不去管它,反正,城隍后来已经成为神。说是守护城池的神也可以,更准确一点,应说是坐镇一方之神。据《辞海》,最早见于记载的为芜湖城隍,建于三国吴赤乌二年。北齐慕容俨在郢城建城隍神祠一所。唐代以来郡县皆祭城隍。后唐清泰元年封城隍为王。宋以后祀城隍习俗更为普遍。明太祖洪武三年正式规定各府州县的城隍神,并加以祭祀。为什么历代这样重视城隍,以至朱元璋于立国之初就为此特别下了一个红头文件?

乾隆十七年,郑板桥在知潍县事任内曾修葺过潍县的城隍庙,撰过一篇《城隍庙碑记》。我曾见过拓本。字定郑板桥自己写的,写得很好。虽仍有“六分半书”笔意,但是是楷书,很工整,不似“乱石铺阶”那样狂气十足。这篇碑文实在是绝妙文章:

> ……故仰而视之,苍然者天也;俯而临之,块然者地也。其中耳目口鼻手足而能言,衣冠揖让而能礼者,人也。岂有苍然之天而又耳目口鼻而人者哉?自周公以来,称为上帝,而俗世又呼为玉皇。于是耳目口鼻手足冕旒执

玉而人之；而又写之以金，范之以土，刻之以木，琢之以玉，而又从之以妙龄之官，陪之以武毅之将。天下后世，遂裒裒然从而人之，俨在其上，俨在其左右矣。至如府州县邑皆有城，如环无端，齿齿啮啮者是也；城之外有隍，抱城而流，汤汤汩汩者是也。又何必乌纱袍笏而人之乎？而四海之大，九州之众，莫不以人祀之；而又予之以祸福之权，授之以死生之柄；而又两廊森肃，陪以十殿之王；而又有刀花、剑树、铜蛇、铁狗、黑风、蒸锈以惧之。而人亦裒裒然从而惧之矣。非唯人惧之，吾亦惧之。每至殿庭之后，寝宫之前，其窗阴阴，其风吸吸，吾亦毛发竖栗，状如有鬼者，乃知古帝王神道设教不虚也。……

这是一篇写得曲曲折折的无神论。城，城也；隍，河也，“又何必乌纱袍笏而人之乎?”这已经说得很清楚。然而大家都“以人祀之，而又予之以祸福之权，授之以死生之柄”，“予之”、“授之”，很可玩味。神本无权，唯人授之，这种“神权人授”的思想很有进步意义。谁授予神这样的权柄呢？下文自明。不但授之以权，而且把城隍庙搞得那样恐怖，人亦裒裒然从而惧之。“非唯人惧之，吾亦惧之矣”，这句话说得很幽默。郑板桥是真的害怕了吗？城隍庙总是阴森森的，“吾亦毛发竖栗，状如有鬼者”，郑板桥是真觉得有鬼么？答案在下面：“乃知古帝王神道设教不虚也”，郑板桥对古帝王的用心是一清二楚的。但是郑板桥并未正面揭穿（这怎么可能呢），而且潍县的城隍庙是在他的倡议下，谋于士绅而葺新的，这真是最大的幽默！我们对于明清之后的名士的思想和行事，总要于其曲曲折折处去寻绎。不这样，他们就无法生存。我一向觉得板桥的思想很通达，不图其通达有如此。

我们县里的城隍庙的历史是颇久的，有两棵粗可合抱的白果（银杏）树为证。庙相当大，两进大殿，前殿和后殿。前殿面南坐着城隍老爷，也称城隍菩萨——这与佛教的“菩提萨埵”无关，中国的老百姓是把一切的神都可称为菩萨的，叫“老爷”时多。发亮的油白大脸，长眉细目，五绺胡须。大红缎地平金蟒袍。按说他只是县团级，但是派头却比县知事大得多，县官怎么能穿蟒呢。而且封了爵，而且爵位甚高，“敕封灵应侯”。如此僭越，实在很怪。他们职权是管生死和祸福。人死之后,即须先到城隍那里挂一个号。京剧《琼林宴》范仲禹的唱词云:“在城隍庙内挂了号,在土地祠内领了回文”。城隍庙正殿上有几块匾,除了“威灵显赫”之类外,有一块白话文的特大的匾,写的是“你也来了”。我们二伯母(我是过继给她的)病重,她的母亲(我应该叫她外婆)有一天半夜里把我叫起来,把我带到城隍庙去。我迷迷糊糊地去了。干什么?去“借寿”,即求城隍老爷把我的寿借几年(好像是十年)给二伯母。半夜里到城隍庙里去,黑咕隆咚的,真有点怕人。我那时还小,借几年就借几年吧,无所谓,而且觉得这是应该的。到城隍老爷那里去借寿,我想这是古已有之的习俗,不是我的外婆首创,因为所有仪注都好像都有成规。不过借寿并不成功,我的二伯母过了两天还是死了。

我们那里的城隍庙有一个特别处,即后殿还有一个神像,也是五绺长须,但穿着没有城隍那样阔气。这位神也许是城隍的副手。他们名称很奇怪,叫“老戴”。城隍和老戴之间好像有个什么故事的,我忘了。

正殿前的两廊塑着各种酷刑行刑时的景象,即板桥碑记中所说的“刀花、剑树……”。我们那里的城隍庙所塑的是上刀山、下油锅、锯人、磨人等等,一共七十二种酷刑,谓之“七十二司”,这“司”是阴司的意思。七十二司分为十个相通连的单间,左廊右廊各五间。每一间有一个阎王,即板桥所说的“十王”。阎王是“王”,应该是“南面而王”,坐在正面。《聊斋·陆判》所说的十王殿的十王大概是坐在正面的,但多数的十王都是屈居在两廊,变成了陪客,甚至是下属了,我们县里的城隍庙、泰山廊都是这样。中国诸神的品级官阶也乱得很。十王中我只记得一个秦广王,其余的,对不起,全忘了。《玉历宝钞》上好像有十王的全部称号,且各有像(虽然都长得差不多),不难查到的。

城隍庙正殿的对面,照例有一座戏台。郑板桥碑记云:“岂有神而好戏者乎?是又不然。《曹娥碑》云:‘盱能抚节安歌,婆娑乐神’,则歌舞迎神,古人已累有之矣。诗云:‘琴瑟击鼓,以迓田祖。’夫田果有祖,田祖果爱琴瑟,谁则闻之?不过因人心之报称,以致其重叠爱媚于尔大神尔。今城隍既以人道祀之,何必不以歌舞之事娱之哉!”郑板桥这里说得有点不够准确。歌舞最初是乐神的,因为他是神,才以歌舞乐之,这是“神道”,并不是因为以人道祀之,才以歌舞之事娱之。到了后来,戏才是演给人看的,但还是假借了乐神的名义。很多地方的戏台都在庙里,都是“神台”。我们县城隍庙的戏台是演戏的重要场地,我小时看的许多戏都是站在戏台与正殿之间的砖地上看的。看的都是“大戏”,即京剧。但有一次在这个戏台上也演过梅花歌舞团那样的歌舞,这种节目演给城隍老爷看,颇为滑稽。

每年七月半,城隍要出巡,即把城隍的大驾用八抬大轿抬出来,在城里的主要街道上游一游。城隍出巡,前面是有许多文艺表演的节目,叫作“会”,许多地方叫“赛会”,“出会”,我们那里叫“迎会”。参与迎会的,谓之“走会”。我乡迎会的情形,我在小说《故里三陈·陈四》中有较详细的描述,不赘。各地赛会,节目有同有异,高跷、旱船,南北皆有。北京的“中旛”、“五虎棍”,我们那里没有。我们的那里的“站高肩”,北方没有。

城隍的姓名大都无可稽考,但也有有案可查的。张岱《西湖梦寻·城隍庙》载:“吴山城隍庙,宋以前在皇山,旧名永固,绍兴九年徙建于此。宋初,封其神,姓孙名本。永乐时封其神为周新。”周新本是监察御史,弹劾敢言,被永乐杀了。“一日上见绯而立者,叱之,问为谁,对曰:‘臣新也,上帝谓臣刚直,使臣城隍浙江,为陛下治奸贪吏。’言已不见,遂封为浙江都城隍。”这当然只是传说,永乐帝不会白日见鬼。但这记载说明一个问题,即城隍由上帝任命后,还得由人间的皇帝加封,否则大概是无效的。“都城隍”之名他书未见。周新是个省级城隍,比州、府、县的城隍要大,相当于一个巡抚了。都城隍不是各省都有。

《聊斋志异》以《考城隍》为全书第一篇,评书者都以为有深意焉,我看这只是寓言,寄托蒲松龄认为所有的官都应该考一考的愤慨耳。他说这是“予姊夫之祖宋公讳焘”的事情,宋焘亦未必有其人。

土地即社神。《风俗编·神鬼》:“凡今社神,俱呼土地。”其所管的地面是不大的,大体相当于明清的坊——凡土地都称为“当坊土地”,新中国成立前的一个保。我家所住的一条街上街的中段和东段即有两座土地祠。《聊斋·王六郎》后为招远县(今招远市)邬镇土地,管一个镇,也差不多。到了乡下,则随便哪个田头,都可立一个土地庙。《王六郎》是一篇写得很美的小说,文长,不具引。土地本也应是有名有姓的,但人都不知道。王六郎只名王六郎,那倒是因为他本没有名字,只是姓王,叫人"相见可呼王六郎"。他当了土地,仍叫王六郎么?这不免有失官体。有一位土地的名字倒是为人所知的,是北京国子监的土地,此人非别,乃韩愈也!韩愈当过国子祭酒,与国子监有点老关系,但让他当国子监的土地爷,实在有点不大像话。我曾看过国子监的土地祠,比一架自鸣钟大不了多少。

河北农村有俗话:"别拿土地爷不当神仙!"事实上人们对土地爷是不大尊重的。土地祠(或亦称庙)很简陋,香火冷落,乡下给土地爷上供的只是一块豆腐。《西游记》孙悟空到了一处,遇到妖怪,不知是什么来头,便把土地召来,二话不说,叫土地老儿先把孤拐伸出来教老孙打五百棍解闷。孙悟空对土地的态度实即是吴承恩对土地的态度,也是老百姓对土地的态度:不当一回事。因为,他是最小的神,或神里最小的官。

我们县别有都土地,那可不一样了。都土地祠亦称都天庙,连庙所在的那条巷子也叫都天庙巷。都天庙和城隍庙不能相比,小得多,但也有殿有廡。殿上坐着都土地,比城隍小一号,亦红蟒亦面长圆而白亮,无五绺须。我的家乡把长圆而肥白的脸叫作"都天脸",此专指女人的面相,男人这样的脸很少,不知道为什么没有人说"城隍脸"。都土地管辖地界大致相当于一个区。他的封爵次于城隍一等,是"灵显伯"。父老相传,我所住在的北城的都土地是张巡。张巡怎么会跑到我的家乡来当一个区长级的都土地呢?这里既不是他的家乡(河南南阳),又不是他战死的地方(河南睢阳),说北城都土地是张巡,根据的是什么?有这样一个在安史之乱时和安禄山打仗,城破而死的有名的忠臣当都土地,我们那一区的居民是觉得很光荣的。都土地也不是每个区都有。

土地、城隍属于一个系统,他们的关系是上下级,如下:

土地→都土地→城隍→都城隍

都城隍的上面是什么呢?没有了,好像是一直通到玉皇大帝。土地的下面呢?也没有了,因为土地祠里并未塑有衙役皂隶。他们是上下级,是不是要布置任务,汇报工作?也许要的,但是咱们不知道。

祭灶的起源盖甚早。

《史记·孝武本纪》:"是时而李少君亦以祠灶、谷道、却老方见上,上尊之。"

《索隐》:“如淳云:‘祠灶可以致福。’案:礼灶者,老妇之祭,盛于盆,尊于瓶。”这最初本是“老妇之祭”。梁宗懔《荆楚岁时记》:“按《礼器》,灶者老妇之祭,‘尊于瓶,盛于盆’,言以瓶为樽,用盆盛馔也。”意思是拿瓶子当酒樽,盆盛食物。老妇大概没钱,用不起正儿八经的器皿,只好这样马马虎虎,因陋就简。

祭灶本是求福,是很朴素的愿望,到了方士的手里,就变得神乎其神起来。《史记·孝武本纪》:“少君言于上曰:‘祠灶则致物,致物而丹沙可化为黄金,黄金成以为饮食器则益寿,益寿而海中蓬莱仙者可见,见之以封禅则不死,黄帝是也。”从祠灶到不死,绕了这样大一个圈子,汉代的方士真能胡说八道!而汉武帝偏偏就相信这种胡说八道!

祭灶的礼俗一直相沿不替。唐、五代的材料我没有来得及查,宋代则讲风俗的书几乎没有一本不提到祭灶的。

《东京梦华录》:“十二月……二十四日交年,都人至夜请僧道看经,备酒果送神,烧合家替代钱纸,帖灶马于灶上,以酒糟涂抹灶门,谓之‘醉司命’。”

《梦粱录》:“十二月……二十四日,不以穷富,皆备蔬食饧豆祀灶。”

《武林旧事》:“……二十四日,谓之‘交年’,祀灶用花饧米饵,及烧替代及作糖豆粥,谓之‘口数’。”

祭灶的祭品不拘,但有一样东西是必有的:饧。饧是古糖字,指用麦芽或谷芽熬成的糖,熬干了,就成了关东糖。我们那里就叫作“灶糖”。为什么要请灶王爷吃关东糖?《抱朴子·微旨》:“月晦之夜,灶神亦上天白人罪状。”原来灶王爷既是每一家的守护神。又是玉皇大帝的情报员——一个告密者。人在家里,不是在公开场合,总难免说点错话,办点错事,灶王爷一天到晚窃听监视,这受得了吗!人于是想出一个高招,塞他一嘴关东糖,叫他把牙粘住,使他张不开嘴,说不出人的坏话。不过灶王爷二十三或二十四上天,到除夕才回来,在天上要呆一个星期,在玉皇大帝面前一句话也不说,玉皇大帝不觉得奇怪么?

以酒糟涂抹灶门,其用意与祭之以饧同,让他醉末隆咚的,他还能打小报告么?

灶王爷上天,是骑马去的。《东京梦华录》云:“帖灶马于灶上。”我们那里是用红纸折一个小孩子折手工的纸马,祭毕烧掉。折纸马照例是我们一个堂姐的事。这实在有点儿戏。

我们那里的孩子捉蜻蜓,红蜻蜓是不捉的,说这是灶王爷的马。灶王爷骑了这样的马——蜻蜓,上天?

把灶王爷送上天,谓之“送灶”。送灶的日期各地不一样。我们那里一般人家是腊月二十四。俗话说:“君(或军)三,民四,龟五。”按规定,娼妓家送灶应是二十五,不过妓女都不遵守。二十五送灶,这不等于告诉别人:我们家是妓女?北京送灶,则都在二十三。

到除夕,把灶王爷接回来,或谓之“迎灶”,我们那里叫作“接灶”。

谁参加祭灶?各地,甚至各家不一样。有的人家只许男的参加,女的不参加;有的人家则只有女的跪拜,男人不参与;我们家则男女都拜。先由男的拜,后由女的拜。我觉得应该由女的祭拜合适。女人一天围着锅台转,与灶王爷关系密切,而且,这本是“老妇之祭”,不关老爷们的事!

灶王爷是什么长相?《庄子·达生》:“灶有髻”,司马彪注:“髻,灶神,着赤衣,状如美女。”我见过木刻彩印的灶王像,面孔略圆,有二三十根稀稀疏疏的胡子,并不像美女,倒像个有福气的老封翁。我们家灶王龛里则只贴了一张长方的红纸,上写“东厨司爷定福灶君”。

灶王爷姓什么,叫什么?《荆楚岁时记》说他“姓苏名吉利”。不单他,连他老婆都有名字:“妇姓王名搏颊”。但我曾看过一个华北的民间故事,说他名叫张三,因为做了见不得人的事,钻进了灶膛里,弄得一脸乌七抹黑,于是成了灶王。北京俗曲亦云:“灶王爷本姓张”。他到底叫什么?吁,鬼神之事,难言之矣。

城隍、土地、灶君是和中国人民大众生活关系最密切的神。

这些神是“古帝王”造出来的神话,是谣言,目的是统一老百姓的思想,是“神道设教”。

老百姓也需要这样的神。这些神的意象一旦为老百姓所掌握,就会变成一种自觉的,宗教性的、固执的力量。没有这些神,他们就会失去伦理道德的标准、是非善恶的尺度,失去心理平衡,惶惶然不可终日。我们县的城隍,在北伐的时候曾由以一个姓黄的党部委员为首的一帮热血青年用粗绳拉倒,劈成碎片。这触怒了城乡的许多道婆子。我们县有很多的道婆子,她们没有任何文化,只会念一句“南无阿弥陀佛”,是神就拜,念“南无阿弥陀佛”,不管这神是什么教的神。不管哪个庙的香期,她们都去,一坐一大片,叫作“坐经”。她们的凝聚力很大,心很齐。她们听说城隍老爷被毁了,“哈！这还行!”她们一人拿了一炷香,要把姓黄的党部委员的家烧掉。黄某事先听到消息,越墙逃走,躲藏了好多天。这帮道婆子捐钱募化,硬是重新造了一个城隍老爷,和原来的一样。她们的道理很简单:“怎么可以没有城隍老爷!”

愚昧是一种伟大的力量。

大多数人对城隍、土地、灶王爷的态度是“诚惶诚恐,不胜屏营待命之至”,但是也有人不是这样,有的时候不是这样。很多地方戏的“三小戏”都有《打城隍》《打灶王》,和城隍老爷、灶王爷开了点小小玩笑,使他们不能老是那样俨乎其然,那样严肃。送灶时的给灶王喂点关糖,实在表现了整个民族的幽默感。

也许正是这点幽默感,使我们这个民族不至于被信仰的铁板封死。

1990 年 12 月 8 日

【汪曾祺　小说家】

原文刊于《中国文化》1991 年 01 期

秋虫六忆

王世襄

【编者按】王世襄先生近年广搜公私所藏蟋蟀谱逾三十家，汰其因袭重复者，得十七种，将由上海文艺出版社影印出版，名曰《蟋蟀谱集成》。书前有自嘲诗六首代序，末附《秋虫六忆》长文，记六十余年来饲养蟋蟀的经历。抒写性情，未泯童心，风趣清新，值得一读。而于明清养虫盆罐等细事阐述尤详，盖玩物而不失文物研究本色者。是篇实为此一传统民俗文化之难得材料。

《蟋蟀谱集成》编辑蒇事自嘲六首代序

才起秋风便不同，瞿瞿叫入我心中。
古今痴绝知多少，爱此人间第一虫！

中郎喻我等馋猫，见鼠连忙扑且跳。
但得麻头三段锦，腰酸腿痛一时消。

袁宏道《促织志》谓捉者扑蟋蟀，如馋猫见鼠。三段锦头、项、翅三色分明，骁勇善斗，名登诸谱。

蟋蟀譜集成編輯蕆事自嘲六首
代序
纔趁秋風便不同瞿瞿叫入我心中古
今疑絶知多少愛此人間第一蟲
中郎喻我等饞貓見鼠連忙撲且跳平讀但
得麻頭三段錦腰疼腿痛一時消
袁宏道促織志謂捉者撲跳如饞貓
見鼠 三段錦頭項翅三色分明號勇
善門名登諸譜
萬禮張盆碧玉池鸚哥過籠上讀庇
雄雌縮身恨乏壺公術容我悠然住
幾時
明萬禮張盆養蟲推第一鸚鵡拉花過籠
清初趙子玉所製精美絶倫 碧玉水槽
視彩瓷尤為珍麗
早結同儕斥俗流捨蟲爭利不知休
晚秋當養直須養莫使英雄歎白頭
不勝盆罐更勞形爭奈難捐未了情
止渴望梅饑畫餅為療蛩癖讀蟲經
喜得蟲經十七章輯成自笑太荒
唐親朋問訊難開口祇說編修古
籍忙
傳世蟋蟀譜逾三十種選入集成者一十有七
壬申六月暢安王世襄時年
七十有八

万礼张盆碧玉池，鹦哥过笼庇雄雌。
缩身恨乏壶公术，容我悠然住几时。

明万礼张盆养虫推第一。鹦鹉拉花过笼，清初赵子玉所制，精美绝伦。碧玉水槽视彩瓷，尤为珍丽。

早结同侪斥俗流，舍虫争利不知休。
晚秋当养直须养，莫使英雄叹白头。

不胜盆罐更劳形，争奈难捐未了情。
止渴望梅饥画饼，为疗蛩癖读虫经。

喜得虫经十七章，辑成自笑太荒唐。
亲朋问讯难开口，只说编修古籍忙。

传世《蟋蟀谱》逾三十种，选入集成者一十有七。

壬申六月，畅安王世襄，时年七十有八。

*　　*　　*

北京称蟋蟀曰“蛐蛐”。不这样叫，觉得怪别扭的。

“收”“养”“斗”是玩蛐蛐的三部曲。“收”又包括“捉”和“买”。我不准备讲买虫时如何鉴别优劣；三秋喂养及注意事项；对局禁忌和运掭（南方曰“莰”而通写作“芡”或“芡草”）技艺。这些，古谱和时贤的专著已讲得很多了。我只想叙一叙个人玩蛐蛐的经历。各种蛐蛐用具是值得回忆并用文字、图片记录下来的。所见有关记载，语焉不详，且多谬误。作者非此道中人，自难苛求。因此我愿做一次尝试，即使将是不成功的尝试。几位老养家，比我大二十多岁，忘年之交，亦师亦友，时常引起怀念，尤其是到了金秋时节。现就以上六个方面，拉拉杂杂，写成《六忆》。

我不能脱离所生的时代和地区，不愿去谈超越我的时代和地区的人和事。因而所讲的只能是二十世纪三十年代北京玩蛐蛐的一些情况。蛐蛐只不过是微细的虫豸，而是人，号称“万物之灵”的人，为了它无端生事，增添了多种多样的活动，耗费了日日夜夜的精力，显示出形形色色的世态，并从中滋生出不少的喜怒哀乐。那么我所讲的自然不仅是微细的蛐蛐。如果我的回忆能为北京风俗民情的这一小小侧面留下个缩影，也就算我没有浪费时间和笔墨了。

一、忆捉

只要稍稍透露一丝秋意——野草抽出将要结子的穗子，庭树飘下尚未全黄的落叶，都会使人想起一别经年的蛐蛐来。瞿瞿一叫，秋天已到，更使我若有所失，不可终日，除非看见它，无法按捺下激动的心情。有一根无形的线，一头系在蛐蛐翅膀上，一头拴在我心上，那边叫一声，我这里跳一跳。

那年头，不兴挂历，而家家都有一本“皇历”。一进农历六月，就要勤翻它几遍。哪一天立秋，早已牢记在心。遇见四乡来人，殷切地打听雨水如何？麦秋好不好？庄稼丰收，蛐蛐必然壮硕，这是规律。

东四牌楼一带是养鸟人清晨的聚处。入夏鸟脱毛，需要喂活食，总有人在那里卖蚂蚱和油壶鲁。只要看到油壶鲁长到多大，就知道蛐蛐脱了几壳（音 qiao 俏），因此每天都要去四牌楼走走。

由于性子急，想象中的蛐蛐总比田野中的长得快。立秋前，早已把去年收拾起的“行头”找出来。计有：铜丝罩子、蒙着布的席篓、帆布袋和几个山罐、大草帽、芭蕉叶、水壶、破裤褂、洒鞋，穿戴起来，算得上一个披挂齐全的“逮（音 dǎi 歹）蛐蛐的”了。

立秋刚过的一天，一大早出了朝阳门。顺着城根往北走，东直门自来水塔在望。三里路哪经得起一走，一会儿来到水塔东墙外，顺着小路可直达胡家楼李家菜园后身的那条沟。去年在那里捉到一条青蛐蛐，八厘多，斗七盆没有输，直到封盆。忘了今年雨水大，应该绕开这里走，面前的小路被淹了，漂着黄绿色的沫子，有六七丈宽，南北望不到头。只好挽挽裤腿，穿着鞋，涉水而过。

李家菜园的北坡种了一行垂柳，坡下是沟。每年黄瓜拉了秧，抛入沟内。蛐蛐喜欢在秧子下存身。今年使我失望了，沟里满满一下子水。柳树根上有一圈圈黄泥痕迹，说明水曾上了坡，蛐蛐早已乔迁了。

傅老头爱说：“沟里有了水，咱们坡上逮。”他是捉蛐蛐能手，六十多岁，在理儿，抹一鼻子绿色闻药，会说书，性诙谐，下乡住店，白天逮蛐蛐，夜晚开书场，人缘好，省盘缠，逮回来的蛐蛐比年轻人逮的又大又好，称得起是一位人物。他的经验我是深信不疑的。

来到西坝河的小庙，往东有几条小路通东坝河。路两旁是一人来高的坡子。我侥幸地想，去年干旱，坡上只有小蛐蛐，今年该有大的了。

坡上逮蛐蛐，合乎要求的姿势十分吃力。一只脚踏在坡下支撑身子，一只脚蹬在坡中腰，将草踩倒，屈膝六十度。弯着腰，右手拿着罩子等候，左手用扇子猛扇。早秋蛐蛐还没有窝，在草中藏身，用不着签子，但四肢没有一处闲着。一条坡三里长，上下都扇到，真是太费劲了。最难受是腰。弯着前进时还不甚感觉，要是直起来，每一节脊椎都酸痛，不由得要背过手去捶两下。

坡上蛐蛐不少，但没有一个值得装罐的。每用罩子扣一个，拔去席篓管子的棒子核（音 hú 胡）塞子，一口气吹它进去。其中倒有一半是三尾。

我真热了，头上汗珠子像黄豆粒似的滚下来，草帽被浸湿了，箍得头发胀。小褂湿了，溻在身上。裤子上半截是汗水，下半截是露水，还被踩断的草染绿了。我也感到累了，主要是没有逮到好蛐蛐，提不起神来。

我悟出傅老头的话，所谓“坡上逮”，是指没有被水淹过的坡子。现在只有走进庄稼地了。玉米地、谷子地都不好，只有高粱夹豆子最存得住蛐蛐。豆棵子经水冲，倒在地面，水退后，有的枝叶和黄土黏在一起，蛐蛐就藏在下面，找根棍一翻，不愁它不出来。

日已当午，初秋的太阳真和中伏的那样毒，尤其是高粱地；土湿叶密，潮气捂在里面出不去，人处其中，如同闷在蒸笼里一般，说不出那份难受。豆棵子一垄一垄地翻过去，扣了几个，稍稍整齐些，但还是不值得装罐。忽然扑地一声，眼前一晃，落在前面干豆叶上，黄麻头青翅壳，六条大腿，又粗又白。我扑上去，但拿着罩子的手直发抖，不敢果断地扣下去，怕伤了它。又一晃，跳走了。还算好，没有连着跳，它向前一爬，眼看钻进了悬空在地面上的高粱水根。这回我沉住了气，双腿一跪，拿罩子迎在前头，轻轻用手指在后面顶，一跳进了罩子，我连忙把罩子扣在胸口，一面左手去掏山罐，一面三步并作两步跑出了高粱地，找了一块平而草稀的地方蹲了下来，把蛐蛐装入山罐。这时再仔细端详，确实长得不错，但不算大，只有七厘多。刚才手忙脚乱，眼睛发胀，以为将近一分呢。自己也觉得好笑。

山罐捆好了，又进地去逮。一共装了七个罐。还是没有真大的。太累了，不逮了。回到西坝河庙前茶馆喝水去。灌了七八碗，又把山罐打开仔细看，比了又比，七条倒有三条不够格的，把它们送进了席篓。

太阳西斜，放开脚步回家去。路上有卖烧饼的，吃了两个就不想吃了。逮蛐蛐总只是知道渴，不知道饿。到家之后要等歇过乏来，才想饱餐一顿呢。

去东坝河的第二年，我驱车去向往已久的苏家坨。

苏家坨在北京西北郊，离温泉不远，早就是有名的蛐蛐产地。清末民初，该地所产的身价高于山东蛐蛐，有《鱼虫雅集》为证。赵子臣曾对我说，在他二十来岁时“专逮苏家坨,那里坡高沟深,一道接着一道,一条套着一条,蛐蛐又大又好。住上十天,准能挑回一挑来,七厘是小的,大的顶(音 dīng,接近的意思)分”。他又说:“别忘了,那时店里一住就是二三十口子,都能逮回一挑来。”原来村里还开着店,供逮蛐蛐落脚。待我去时,蛐蛐已经退化了,质与量还不及小汤山附近的马坊。

此行已近白露,除了早秋用的那套“行头”,又加上一个大电筒和一把签子。

签子就是木柄上安一个花枪头子,用它扎入蛐蛐窝旁的土中,将它从洞穴中摇撼出来。这一工具也有讲究。由于一般花枪头子小而窄,使不上劲,最好用清代军营里一种武器阿虎枪的头子。它形如晚春的菠菜叶,宽大有尖,钢口又好,所以最为理想。我的一把上安黄花梨竹节纹柄,是傅老头匀(廉让的意思)给我的。北京老逮蛐蛐的都认识这一件“武器”(图一)。

那天我清晨骑车出发,到达已过中午。根据虫贩长腿王画的草图,找到了村西老王头的家。说明来意并提起由长腿王介绍,他同意我借住几天。当天下午,我只是走出村子,看看地形。西山在望,看似不远,也有一二十里,一道道坡,一条条沟就分布在面前的大片田野上。

第二天清晨,我顺着出村的大车道向西北走去,拐入一条岔路,转了一会儿,才找到一道土好草丰的坡子。芭蕉叶扇了十来丈远,看不见什么蛐蛐,可见已经有窝了。扇柄插入后背裤腰带,改用签子了。只要看到可能有窝处就扎一下,远下轻撼,以防扎到蛐蛐,或把它挤坏。这也需要耐心,扎二三十下不见得扎出一条来。遇见一个窝,先扎出两个又黑又亮的三尾,一个还是飞子。换方向再扎,摇晃出一条紫蛐蛐,约有七厘,算是开张了。坡子相当长,一路扎下去,几经休息才看到尽头。坡子渐渐矮了,前面又有大车道了。我心里说:“没戏了。”这三个多小时的劳动,膀子都酸了,换来了三条值得装罐蛐蛐。后来扣到的是一青一紫,紫的个不小,但脖领窄,腿小,不成材。青的还嫩,颜色可能会变,说不定日后又是一条紫的。

喝了几口水,啃了两口馍,正想换道坡或找条沟,忽然想起傅老头的经验介绍。他说:“碰上和小伙子们一块逮蛐蛐,总是让人前面走,自己落后,免得招人讨厌。他们逮完一道坡子,半晌我才跟上来;可是我逮的往往比他们的又多又

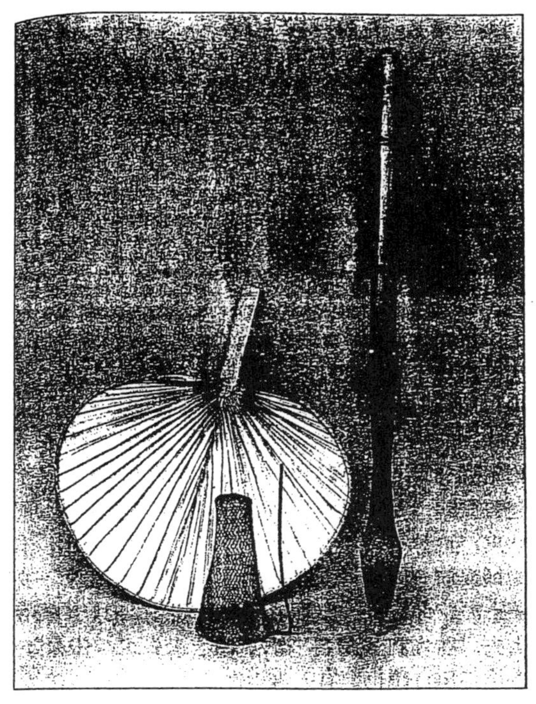

图一　捉蛐蛐用具阿虎枪签子、铜丝罩子、芭蕉叶(葵扇)

好,这叫‘捡漏儿’。因为签子扎过,蛐蛐未必就出来。如窝门被土封住,更需要过一会儿才能扒开。我捡到的正是他们替我惊动出来的。”我想验证他的经验,所以又返回头用扇子一路扇去,果然逮到一条黄蛐蛐,足有七厘多,比前三条都大。

我回到老王头家,吃了两个贴饼子,喝了两碗棒渣粥,天没黑就睡了,因为想试试“夜战”,看看运气如何。老王头说算你走运,赶上好天,后半夜还有月亮。没睡几个小时就起来了,手提签子,拿着电棒,顺着白天走过的路出村了。一出门就发现自己不行,缺少夜里逮蛐蛐的经验。天上满天繁星,地里遍地虫声,蛐蛐也乱叫一气,分辨不出来哪个好。即使听到几声响亮的,也听不准在哪里叫。加上道路不熟,不敢拐进岔道,只好顺着大车道走。走了不太远,来到几棵大树旁,树影下黑乎乎的看不清楚。手电一照,原来暴雨顺坡而下,冲成水口,流到树旁洼处,汇成积水。水已干涸,坑边却长满了草。忽然听到冲成水口的坡上,叫了几声，特别苍老宽宏，正是北京冬虫养家所谓“叫顸儿的”。我知道一定是一个翅子蛐蛐。慢慢凑过去，耐心等它再叫，听准了就在水口右侧一丛草旁的土坷垃底下。我不敢逮它，因为只要它一跳便不知去向了。只好找一个树墩子坐以待旦。天亮了，我一签子就把它扎了出来，果然是一个尖翅。不过还不到六厘，头相小，不是斗虫是叫虫。

回村后我收拾东西，骑车到家又是下午。三天两夜，小的和三尾不算，逮回五条蛐蛐。这时我曾想，如果用这三天买蛐蛐，应当不止五条。明知不合算，但此后每年还要逮两三次，因为有它的特殊乐趣。至于夜战，经过那次尝试，自知本事不济，再也不作此想了。得到的五条，后来都没有斗好，只有那条青色转紫的赢了五盆，最后还是输了。

上面是对我在高中读书时两次逮蛐蛐的回忆。在史无前例的“伟大”时代中，牛棚放出来后下放干校，有一段无人监管时期。我曾和老友彭镇骧逍遥到马坊和苏家坨。坡还是那几道坡，沟还是那几条沟，蛐蛐不仅少而且小得可怜，两地各转了一整天，连个五厘的都没有看见，大大扫兴而归。老农说得好，农药把蚂蚱都打死了，你还想找蛐蛐吗！

转瞬又二十多年，现在如何呢？苏家坨没有机会去，情况不详。但几年前报纸已报道回龙观农民自己修建起接待外宾的饭店。回龙观也是我逮过蛐蛐的地方，与苏家坨东西相望。回龙观如此，苏家坨可知矣。至于东坝河，现已成为居民区，矗立起多座高层楼房，周围还有繁忙的商业区。我相信，在那些楼房里可能会有蟑螂，而蛐蛐则早已绝迹了。

二、忆买

逮蛐蛐很累，但刺激性强，非常好玩。能逮到好的，特别兴奋，也格外钟爱。朋友来看，或上局去斗，总要指出这是自己逮的，赢了也分外高兴。不过每年蛐蛐的主要来源还是花钱买的。

买蛐蛐的地点和卖主，随着那年岁的增长而变换。当我十二三岁时，从孩子们手里买蛐蛐。他们比我大不了几岁，两三个一伙，一大早在城内外马路边上摆摊。地上铺一块破布，布上和筐里放几个小瓦罐，装的是他们认为好的。大量的货色则挤在一个蒙着布的大柳罐里。他们轮流喊着："抓老虎，抓老虎，帮儿头，油壶鲁！"没有喊出蛐蛐来是为了合辙押韵，实际上柳罐里最多的还是蛐蛐。当然连公带母，帮儿头、老米嘴等也应有尽有。罐布掀开一条缝，往里张望，黑压压爬满了，吹一口气，噼啪乱蹦。买虫自己选，用一把长柄小罩子把虫起出来。言明两大枚或三大枚（铜板）一个，按数付钱。起出后坏的不许退，好的卖者也不反悔，倒是公平交易。俗话说"虫王落在孩童手"，意思是顽童也能逮到常胜大将军。我就不止一次抓到七厘多的蛐蛐，赢了好几盆。还抓到过大翅油壶鲁，叫得特别好。要是冬天分（音 fén 奋，即人工孵化培养）出来的，那年头要值好几十块现大洋呢。

十六七岁时，孩子摊上的蛐蛐已不能满足我的要求，转而求诸比较专业的常摊。他们到秋天以此为业，有捕捉经验，也能分辨好坏，设摊有比较固定的地点。当年北京，四城都有这样的蛐蛐摊，而以朝阳门、东华门、鼓楼湾、西单、西四商场、菜市口、琉璃厂、天桥等处为多。此外他们还赶庙会，日期是九、十隆福寺，七、八护国寺、逢三土地庙、逢四花儿市等。初秋他们从"掏现趟"开始，逮一天，卖一天，出城不过一二十里。继之以两三天的短程。以上均为试探性的捕捉，待选好地点，去上十来天，回京已在处暑之后，去的地方有京北的马坊、高丽营，东北的牛栏山，西北的苏家坨、回龙观等，蛐蛐的颜色绚丽，脑线也清楚。也有人去京东宝坻，个头较大，翻开麦根垛也容易捉到，但颜色浑浊，被称为"垛货"，不容易打到后秋。他们如逮得顺利，总可以满载而归，将二十来把山罐（每把十四个）装满。卖掉后，只能再去一两趟。白露以后，地里的蛐蛐皮色苍老，逮到也卖不上大价，不值得再去了。

买常摊的蛐蛐由于地点分散，要想一天各处都看到是不可能的。我只希望尽量多看几处。骑车带着山罐出发，路线视当天的庙会而定。清晨巡游常摊后再去庙会，回家已是下午。买蛐蛐如此勤奋也还要碰运气。常摊倘是熟人还好，一见面，有好的就拿出来给我看，没有就说"没有"，不废话，省时间。如果不相识，彼此不知底细，往往没有他偏说"有"，一个个打开罐看，看完了全不行。要不有好的先不拿出来，从“小豆豆”看起，最后才拿出真格的来。为的是让你有个比较，大的显得特别大，好的特别好。在这种摊子上耽误了时间，说不定别的摊上有好的已被人买走，失诸交臂，岂不冤哉！

想一次看到大量蛐蛐，任你挑选，只有等他们出门十来天满载而归。要有此特权须付出代价，即出行前为他们提供盘缠和安家费，将来从买虫款中扣除。他们总是千应万许，一定回来给你看原挑，约定哪一天回来，请到家来看，或送货上门。甚至起誓发愿，“谁要先卖一个是小狗子”。不过人心隔肚皮，良莠不齐。有的真是不折不扣原挑送上，有的却提前一天回来，把好的卖掉，第二天带着一身黄土泥给你挑来。要不就在进城路上已把好的寄存出去，将你打发掉再去取。但“纸里包不住火”，事后不用打听也会有人告诉你。

到十九二十岁时，我买蛐蛐“伏地”和“山的”各占一半。所谓“山的”因来自山东而得名。当时的重要产地有长清、泰安、肥城、乐陵等县，而宁阳尤为出名。卖山蛐蛐的都集中在宣武门外一家客栈内，每人租一间房接待顾客。客栈本有字号，但大家都称之曰“蛐蛐店”。

这里是最高级的蛐蛐市场，卖者除北京的外，有的来自天津和易州。易州人卖一些易州虫，但较好的还是捉自山东。顾客来到店中，可依次去各家选购，坐在小板凳上，将捆好的山罐一把一把打开，摆满了一地。议价可以论把，即十四条多少钱。也可以论条。蛐蛐迷很容易在这里消磨时光，一看半天或一天，眼睛都看花了。这里也是虫友相会之处，一年不见，蛐蛐店里又相逢了。

在众多的卖者中，当推赵子臣为魁首，稳坐第一把交椅。

子臣出身蛐蛐世家，父亲小赵和二陈是清末贩虫、分虫的两大家。他乳名“狗子”，幼年即随父亲出入王公贵族、富商名伶之门，曾任北京最大养家杨广字（斗蛐蛐报名“广”字，乃著名书画收藏家杨荫北之子，住宣武门外方壶斋，当时养家无不知“方壶斋杨家”）的把式。二十世纪三十年代因喂蛐蛐而成了来幼和（人称来大爷，住交道口后圆恩寺，是富有资财的粤海来家，亦称当铺来家的最后一代）的帮闲。旋因来沉湎于声色毒品而家产荡尽，直至受雇于小饭铺，当炉烙烧饼，落魄以终。子臣作为虫贩，居然置下房产，并有一妻一妾，在同行业中可谓绝无仅有。

进了蛐蛐店,总不免买赵子臣的虫。他每年带两三个伙计去山东,连捉带收,到时候自己先回京坐镇,蛐蛐分批运回,有的存在家中,到时候才送到店里。他的蛐蛐源源不断,老让人觉得有新的到来,不愁卖不上你的钱。

子臣素工心计,善于察言观色,对买主的心理、爱好,琢磨得透之又透。谁爱青的,谁爱黄的,谁专买头大,谁只要牙长,了如指掌。为哪一位准备的虫,拿出来就使人放不下。大分量的蛐蛐,他有意识地分散在几位养家,到时候好拴对,免得聚在一处,不能交锋,局上热闹不起来。他精灵狡黠,见什么人说什么话,既善阿谀奉承,也会讽刺激将。什么时候该让利,什么时候该绷价,对什么人要放长线钓大鱼,对什么人不妨得罪他了事,都运用得头头是道,一些小玩家免不了要受他的奚落和挖苦。我虽买他的虫,但“头水”是看不到的。在他心目中,我只不过是一个三等顾客,一个爱蛐蛐却舍不得花钱的大学生而已。

子臣不仅卖秋虫,也善于分冬虫,是北京第一大“罐家”(分虫用大瓦罐,故分家又称“罐家”),精于鉴别秋冬养虫用具——盆罐及葫芦。哪一故家存有什么珍贵虫具,他心中有一本账。我从他手中买到赵子玉精品“乐在其中”五号小罐及由钟杨家散出的各式真赵子玉过笼,时间在一九五〇年,正是蛐蛐行业最不景气的时候。此时我已久不养秋虫,只是抱着过去看也不会给我看的心情才买下了它。子臣也坦率承认:“要是过去,轮不到你。”

三、忆养

一入夏就把大鱼缸洗刷干净,放在屋角,用砖垫稳,房檐的水隔漏把雨水引入缸中,名曰“接雨水”,留作刷蛐蛐罐使用,这是北京养秋虫的规矩。曾见二老街头相遇,彼此寒暄后还问:“您接雨水了吗?”这是“您今年养不养蛐蛐”的同义语,北京自来水为了消毒,放进漂白粉等化学药剂,对虫不利,雨水、井水都比自来水好。

立秋前,正将为逮蛐蛐和买蛐蛐奔忙的时候,又要腾出手来收拾整理养蛐蛐的各种用具。罐子从箱子里取出用雨水洗刷一下,不妨使吸一些水,棉布擦干,放在一边。过笼也找出来,刷去浮土,水洗后摆在茶盘里,让风吹干。北京养蛐蛐的口诀是“罐可潮而串儿(过笼的别称)要干”。过笼入罐后几天,吸收潮气,便须更换干的。故过笼的数量至少要比罐子多一倍。水槽泡在大碗里,每个都用棕刷洗净。水牌子洗去去年的虫名和战绩,摞在一起。南房廊子下,六张桌子一字儿排开。水槽过笼放入罐中,罐子摆到桌子上,四行,每行六个,一桌廿四个。样样齐备,只等蛐蛐到来了。

逮蛐蛐非常劳累,但一年去不了两三趟,有事还可以不去。养蛐蛐却不行,每天必须喂它、照管它,缺一天也不行。今天如此,明天如此,天天如此,如果不是真正的爱好者,早就烦了。朋友来看我,正赶上我喂蛐蛐,放不下手,只好边喂边和他交谈。等不到我喂完,他告辞了。倒不是恼我失陪,而是看我一罐一罐地喂下去,看腻了。

待我先说一说喂一罐蛐蛐要费几道手,这还是早秋最简单的喂法:打开罐子盖,蛐蛐见亮,飞似的钻进了过笼。放下盖,用竹夹子夹住水槽倾仄一下,倒出宿水,放在净水碗里。拇指和中指将中有蛐蛐的过笼提起,放在旁边的一个空罐内。拿起罐子,底朝天一倒,蛐蛐屎扑簌簌地落下来。干布将罐子腔擦一擦,麻刷子蘸水刷一下罐底,提出过笼放回原罐。夹出水槽在湿布上拖去底部的水,挨着过笼放好。竹夹子再夹两个饭米粒放在水槽旁,盖上盖子,这算完了一个。以上虽可以在一两分钟内完成,但方才开盖时,蛐蛐躲进了过笼,所以它是什么模样还没有看见呢。爱蛐蛐的人,忍得住不借喂蛐蛐看它一眼吗?要看它,需要打开过笼盖,怕它蹦,又怕掩断了须,必须小心翼翼,仔细行事,这就费功夫了。而且以上所说的只是对一罐蛐蛐,要是有一百几十罐,每罐都如此,功夫就大了。故每当喂完一罐,看看前面还有一大片,不由得又后悔买得太多了。

蛐蛐罐有如屋舍,罐底有如屋舍的地面,过笼和水槽是室内的家具陈设。老罐子,即使是真的万礼张和赵子玉,也要有一层浆皮的才算是好的。精光内含,温润如玉,摸上去有一种说不出的快感。多年的三合土原底,又细又平,却又不滑。沾上水,不汪着不干,又不一下子吸干,而是慢慢地渗干,行话叫“慢喝水”。凑近鼻子一闻,没有潮味儿,更没有霉味儿,说它香不香,却怪好闻的。无以名之,名之曰“古香”吧。万礼张的五福捧寿或赵子玉的鹦鹉拉花过笼,盖口严密到一丝莫入,休想伤了须。贴在罐腔,严丝合缝,仿佛是一张舒适的床。红蜘蛛、蓝螃蟹、朱砂鱼或碧玉、玛瑙的水槽，贮以清水，色彩更加绚丽。这样的精舍美器，休说是蛐蛐，我都想搬进去住些时（图二）。记得沈三白《浮生六记》讲到他幼年看到蚂蚁上假山，他把他自己也缩小了，混在蚂蚁中间。我有时也想变成蛐蛐，在罐子里走一遭，爬上水槽呷一口清泉，来到竹抹啜一口豆泥，跳上过笼长啸几声，悠哉！悠哉！

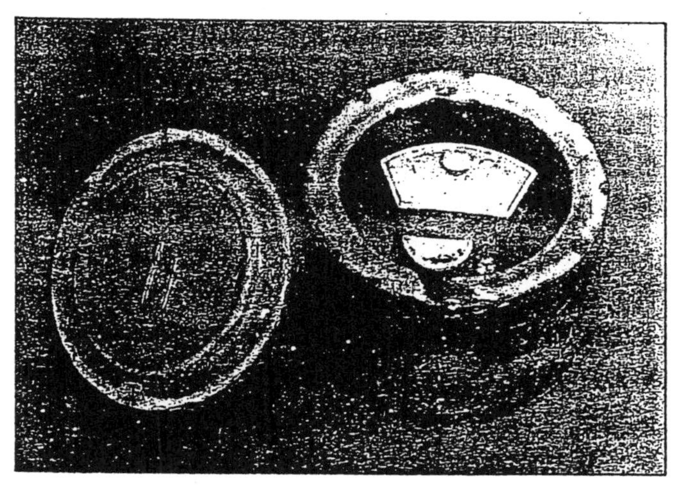

图二　明万礼张罐内放万礼张五福捧寿过笼、朱砂鱼水槽

蛐蛐这小虫子真可以拿它当人看待。天下地上，人和蛐蛐，都是众生，喜怒哀乐，妒恨悲伤，七情六欲，无一不有。只要细心去观察体会，就会看到它像人似的表现出来。

养蛐蛐的人最希望它舒适平静如在大自然里。不过为了喂它，为了看它，人总要去打扰它。当打开盆盖的时候，它猛然见亮，必然要疾驰入过笼。想要看它，只有一手扣住罐腔，一手掀开过笼盖，它自然会跑到手下的阴影处。这时慢慢地撒开手，它已无处藏身，形态毕陈了。又长又齐的两根须，搅动不定，上下自如，仿佛是吕奉先头上的两根雉尾。赳赳虎步，气宇轩昂，在罐中绕了半圈，到中央立定，又高又深的大头，颜色纯正，水净沙明的脑线，细贯到顶，牙长直戳罐底，洁白有光，铁色蓝脖子，毵毵堆着毛丁，一张翅壳，皱纹细密，闪烁如金。六条白腿，细皮细肉。水牙微微一动，抬起后腿，爪锋向尾尖轻轻一拂，可以想象它在豆棵底下或草坡窝内也有这样的动作。下了三尾，又可看到它们亲昵燕好，爱笃情深。三尾的须触它身上，它会从容不迫地挨过身去，愈挨愈近。这时三尾如不理睬，它就轻轻裂开双翅，低唱求爱之曲，“唧唧……油，唧唧……油”，其声悠婉而弥长，真好像在三复“关关雎鸠，在河之洲”。不仅“油”“洲”相叶，音节也颇相似。多事的又是“人”，总忍耐不住要用掭子去撩逗它一下，看看牙帘开闭得快不快，牙钳长得好不好，预测斗口强不强。说也奇怪，鼠须拂及，它自然知道这不是压寨夫人的温存，而是外来强暴的侵犯。两须顿时一愣，头一抬，六条腿抓住罐底，身子一震动，它由妒忌而愤怒，由愤怒而发狂，裂开两扇大牙，来个饿虎扑食，矗起翅膀叫两声，威风凛凛，仿佛喝道：“你来，咬不死你！”蛐蛐好胜，永远有不可一世的气概，没有懦怯气馁的时候，除非是战败了。尤其是好蛐蛐，多次克敌而竟败下阵来，对此奇耻大辱，懊恼万分，而心中还是不服，怨这怨那又无处发泄，颇似英雄末路，徒唤奈何，不由得发出非战之罪的悲鸣。楚霸王垓下之歌，拿破仑滑铁卢之败，也能从这小小虫身上产生联想而引起同情的感叹。可恨的是那些要钱不要虫的赌棍，蛐蛐老了，不能再斗了，还要拿到局上为他生财，以致一世英名，付诸流水。这难道是蛐蛐之过吗！？我不愿意看到好蛐蛐战败，更不愿看到蛐蛐因老而战败。因此心爱的蛐蛐到晚秋就不再上局了。有时却又因此而埋没了英雄。

如上所述，从早秋开始，好蛐蛐一盆一盆地品题、欣赏，观察其动作，体会其秉性，大可怡情，堪称雅事。中秋以后，养蛐蛐更可以养性。天渐渐冷了，蛐蛐需要“搭晒”。北京的办法是利用太阳能。只有遇见阴天，或到深秋才用汤壶。“搭晒”费时费事，需要耐心。好在此时那些平庸无能之辈早已被淘汰，屡战皆胜的只剩下十几二十条。每日上午，蛐蛐桌子搭到太阳下，换过食水，两个罐子摞在一起，用最细的虾须帘子遮在前面。我也搬一把小椅子坐在一旁，抱着膝，眯着眼睛面对太阳，让和煦的光辉沐浴着我。这时，我的注意力并未离它们，侧着耳朵，聆听罐中的动静。一个开始叫了，声音慢而涩，寒气尚未离开它的翅膀。另一罐也叫了，响亮一些了。渐渐都叫了，节奏也加快了。一会儿又变了韵调，换成了求爱之曲。从叫声，知道罐子的温度，撤掉虾须，换了一块较密的帘子遮上。这时我也感到血脉流畅，浑身都是舒适的。

怡情养性应当是养蛐蛐的正当目的和最高境界。

四、忆斗

北京斗蛐蛐，白露开盆。早虫立秋脱壳，至此已有一个月，可以小试其材了。在上局之前，总要经过“排”。所谓“排”是从自己所有的蛐蛐中选分量相等的角斗，或和虫友的蛐蛐角斗。往往赢了一个还不算，再斗一个，乃至斗三个。因为只有排得狠，以后上局心中才有底，同时把一些不中用的淘汰掉。排蛐蛐不赌彩，但须用“称儿”（即戥子）约（音 yao 腰）分量，相等的才斗，以免小个的吃亏。自己排也应该如此。当然有的长相特别好的舍不得排，晚虫不宜早斗的也不排，到时候直接拿到局上去，名叫“生端”。

称儿是一个长方形的匣子，两面插门。背面插门内镶有玻璃，便于两面看分量。象牙制成的戥子杆，正背面刻着分、厘、毫的标志，悬挂在匣子的顶板下。杆上挂着戥子砣。随着称儿有四个或六个“舀子”，供几位来斗者同时使用。少了不够分配，蛐蛐称不完，耽误对局进行（图三）。

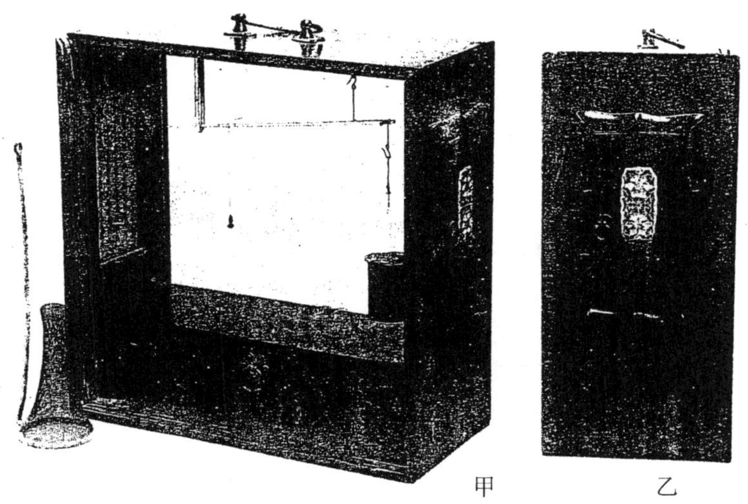

图三　甲、蛐蛐称儿正面。乙、侧面。挂在戥子钩上的是称蛐蛐舀子

罀子作圆筒形，用竹管内壁（竹黄）或极薄银叶圈成，有底有盖，三根丝线穿过盖上的小孔将筒和盖联结起来。线上端系金属小环，可挂在戥子的钩上，这是为装入蛐蛐称分量而制的。几个罀子重量必须相等，毫厘不差。微细的出入用黄蜡来校正，捻蜡珠粘在三根丝线聚头处，借以取得一致。

白露前几日，组织斗局者下帖邀请虫友届时光临，邮寄或专人致送，格式如下：

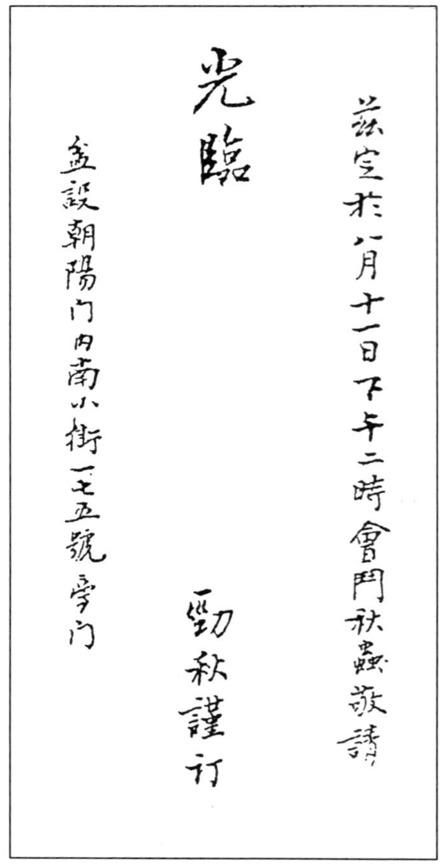
茲定於八月十一日下午二時會鬥秋蟲敬請

光臨

勁秋謹訂

盒設朝陽门內南小街一七五號寓门

与一般请帖不同的是邀请者帖上不写姓名而写局上所报的“字”。姓名可以在请帖的封套上出现。

蛐蛐局也有不同的等级。前秋的局乃是初级，天气尚暖，可在院子内进行，有一张八仙桌、几张小桌和椅子、凳子就行了。这样的局我也举办过好几年，用我所报的字“劲秋”具名邀请。院子是向巷口已关门的赵家灰铺租的，每星期日斗一次。局虽简陋，规矩却不能错，要有五六个人才能唱好这台“戏”。

一人司称，须提前到局，以便将舀子的分量校正好。校正完毕，坐在称儿前，等待斗家将虫装入舀子送来称重量。

一人司账，画好表格，记录这一局的战况。表格有固定格式，已沿用多年，设计合理，简明周密，一目了然。试拟一表如下。司账者桌上摆着笔墨、纸张、裁纸刀等，兼管写条子。条子用白纸或色纸裁成，约两寸宽，半尺长，盖上司账者印章，以防有人作弊，更换条子。斗家到局，先领舀子，装好蛐蛐，送去过称。称好一虫，司称高唱某字重量多少。司账在表格的第二格内写报字，第三格内用苏州码子写蛐蛐的分量。另外在一张条子上写报字和分量，交虫主持去，压在该虫的罐子下。各家的蛐蛐登记完毕，就知道今天来了哪几家，各有多少条虫，各虫分量多少。斗家彼此看压在罐下的条子，就知道自己的蛐蛐和谁的分量相等，可以拴对。司账根据表格也会不时地提醒大家，谁和谁“有对”。

一人监局，站在八仙桌前，桌上铺红毡子，旁放毛笔一支、墨盒一个。桌子中央设宽大而底又不甚光滑的瓦罐，名为“斗盆”。两家如同意对局，各把罐子捧到斗盆一侧。监局将两张条子并列摆在桌上。这时双方将罐盖打开，进行“比相”。因为即使分量相等，如一条头大项阔，一条头小项窄，相小的主人会感到吃亏而不斗。比相后同意对局，再议赌彩。早秋不过赌月饼一两斤。每斤月饼折钱多少，由司账宣布，一般仅为五角或一元。议定后，监局将月饼斤数写在两家的条子中间，有如骑缝，字迹各有其半。

双方将蛐蛐放入斗盆，各自只许用粘有鼠须的掚子撩逗自己的蛐蛐，使知有敌来犯。当两虫牙钳相接，监局须立即报出“搭牙”，算是战斗已经打响，从此有胜有负，各无反悔。不论交锋的时间长短，回合多少，上风下风有无反复，最后以“一头一面”判输赢。所谓“一头”“一面”乃是一回事，即下风蛐蛐遇见上风，贴着盆腔掉头逃走。如此两次，便是输了。倘向盆腔相反方向掉头逃走，名曰“外转”；向前窜逃，名曰“冲”，都不算“头”或“面”。不过监局也须大声报出，好让虫主及观众都知道。监局实负有裁判员的职责。胜负既分，监局在胜者的条子上写个“上”字，在负者的条子上写个“下”字。两张条子一并交到司账那里。司账根据条子在表格上胜者一栏的第一格里写蛐蛐的重量及所赢月饼的斤数,在负者一栏的第四格里写蛐蛐的重量及所输的月饼斤数。两张条子折好存在司账处,倘有人要复查,此是凭证。各家结账时据第一、第四两格的输赢数字,结算盈亏。

[illegible]縈二斤	[illegible]垣二斤	[illegible]叨二斤	[illegible]勁秋二斤	[illegible]山二斤 [illegible]作二斤	[illegible]呂二斤	[illegible]勁秋二斤 [illegible]菊二斤	[illegible]縈二斤 [illegible]李二斤	[illegible]垣二斤 [illegible]力二斤	[illegible]叨二斤 [illegible]縈二斤 [illegible]勁秋二斤	[illegible]作二斤 [illegible]勁秋二斤	壬申年八月十一日開局大吉
力	菊	李	呂	克秋	縈	垣	作	勁秋	山	叨	
[illegible]	[illegible]	[illegible]	[illegible]	[illegible]	[illegible]	[illegible]	[illegible]	[illegible]	[illegible]	[illegible]	
[illegible]勁秋二斤	[illegible]垣二斤	[illegible]作二斤	[illegible]縈二斤		[illegible]山二斤 [illegible]作二斤 [illegible]力二斤	[illegible]勁秋二斤 [illegible]菊二斤	[illegible]叨二斤 [illegible]克秋二斤	[illegible]叨二斤 [illegible]山二斤 [illegible]垣二斤 [illegible]呂二斤	[illegible]克秋二斤	[illegible]山二斤 [illegible]李二斤	

上述三人是局上的主要人员,此外还须一两人沏茶灌水,照料一切。一局下来,他们分抽头二成所得,每人可得几块钱。

倒不是我夸口,二十世纪三十年代由我邀请的初级小局,玩得比较高尚文雅。来者虽三教九流,什么人都有,但很少发生争执或有不服气的行为。赌彩既微,大家都不在乎。不少输了钱如数缴纳,赢了却分文不要,留给局上几位忙了一天的先生们一分了事。这当然和早秋季节有关,此时大小养家蛐蛐正多,心爱之虫尚未露面,骁勇之将或已亮相,但尚未立多少战功,所以上局带有练兵性质,谁也不想多下赌注。

中秋以后,天凉多风,院里已不宜设局。这时自有大养家出面邀请到家中对阵,蛐蛐局也就升了级。善战之虫已从几次交锋中杀了出来,渐有名声。赌彩倘仍是一两斤月饼,主人会感到和虫的身价太不相称了。

只要赌彩大了,事情也就多了,不同人物的品格性情也就一一表现出来。有的对上称的分量十分计较,老怕司称偏心他人,以致吃了亏。他在称儿的背面盯着戥子,嘴里叨唠着:“不行吧,拉了一点吧,您再往里挪挪。”所争的可能还不到一毛(即一毫)的重量。甚至有人作弊,把舀子上的蜡珠偷偷抠下一点。自己占了便宜却弄得舀子的分量不一致。被人发现,要求对所有的舀子都审查核对,把局吵了,弄得不欢而散。

斗前比相,更是争吵不休,总是各自贬低自己蛐蛐的长相,说什么“我的头扁了,脖子细了,肚子又大,比您的差多了,不是对! 不是对!”实则未必如此。有的人心中有一定之规,那就是,相上如不占便宜,就是不斗。

在观众中,随彩的也多了。有的只因和虫主有交情,随彩为他助威。有的则因某虫战功赫赫,肯定能赢,故竞相在它的身上押赌注。倘对局双方均是名将,各有人随彩,那就热闹了。譬如“义”字和“山”字对阵,双方已议定赌彩,忽一边有人喊道“义”字那边写“爽秋两块”,又有人喊“天字两块”。对面有人应声说“山字那边写叨字两块”,跟着有人喊“作字随两块”。这时忙坏了监局,他必须在两边条子上把随彩人的报字和所随的钱数一一记上,分胜负后司账好把随彩移到表格上。随彩者如没有蛐蛐,他的报字也可以上表格,只是第三格中不会有蛐蛐的分量而已。有时斗者的某一方不常上局,显得陌生,他就难免受窘,感到尴尬。因为观阵者都向对方下注,一下子就增加到几十元。如果斗,须把全部赌注包下来,未免输赢太大。不斗吧,又显得过于示弱,深感进退两难。

使芡子是一种高超的技艺。除非虫主是这方面的高手,总要请专家代为掌芡。运用这几根老鼠胡子有很大的学问。但主要是当自己的蛐蛐占上风时,要用芡子激发神威,引导它直捣黄龙,使对方一败涂地。而处在下风时,要用芡子遮挡封护,严防受到冲击,好让它得到喘息,增强信心,恢复斗志,以期达到反败为胜的目的。但双方都不能做得过分,以致触犯定规,引起公愤。精彩的对局,不仅看虫斗,也看人斗。欣赏高手运芡之妙,也是一种艺术享受。难怪自古即被人重视,《蚟孙鉴》有专条记载运莸名家姓氏,传于后世。

清末民初,斗局准许用棒,在恩溥臣《斗蟀随笔》中有所反映,而为南方所无。对阵时,占上风一方用装芡子的硬木棒轻轻敲打盆腔,有如擂鼓,为虫助威。

这对下风当然大大不利。二十世纪三十年代已渐被淘汰,偶见使用,是经过双方同意的。

监局既是裁判,难免碍于人情或受贿赠而偏袒一方。这在将分胜负时容易流露出来。他会对一方下风的“一头一面”脱口而出,甚至不是真正的掉头败走也被报成“头”“面”。而对另一方下风时,“一头一面”竟支吾起来,迟迟不报。执法态度悬殊,其中必有不可告人处。

局上可以看到人品性格,众生相纷呈毕现。有人赢了,谦虚地说声“侥幸”;有人则趾高气扬,不可一世,向对方投以轻蔑的眼光。输了,有人心悦诚服,自认功夫不到家,一笑置之,若无其事。有人则垂头丧气,默默不语,一虫之败,何致懊丧如此!更有面红耳赤,怒不可遏,找碴强调客观原因,不是说比相吃了亏,就是使火没使够。甚至埋怨对方,为什么催我上阵,以致没有过铃子,都是你不好,因此只能认半局,赌彩只输一半。

上面讲到的局,一般有几十元的输赢,还不能算真正的蛐蛐赌局。真正的赌局斗一对下注成千上万,这只有天津、上海才有。据说在高台上斗,由一人掌掕,只许双方虫主在旁,他人无从得见。这样的局不要说去斗,我一次还没有参观过呢。即使有机会参观,我也不会去!

北京过去最隆重的蛐蛐局要数“打将军”,多在冬至前或冬至日举行,它带有年终冠军赛和一季秋虫活动圆满结束的双重意义。襄生也晚,没有赶上 20 世纪初麻花胡同纪家、前马厂钟杨家、那王府、杨广字、余叔岩等大养家的盛期。当时几乎每年都打将军,《斗蟀随笔》就有记载。

打将军或在家中,或在饭庄子,什刹海北岸的会贤堂曾承办多次。老友李桐华(“山”字)曾告我盛会的情况:邀请之家事先发请帖,届期各养家到会,把式们用圆笼挑着蛐蛐罐及汤壶(图四)前来。虫贩只限于资格较深并经主人烦请帮忙者始得与会。中堂设供桌,先举行请神仪式。上方正中安神位,供的是蚂蚱神。桌上摆香炉蜡签,五堂供,三堂面食,两堂果子。桌旁立着纸扎的宝盖、幡及七星纛。延请寺观清音乐乐队七人,一时笙管齐奏,法曲悠扬。先由主人上香行礼,继之以各位养家,长者在前,依齿而行,叩头或揖拜听便。此后虫佣虫贩顶礼,必须跪拜叩头。请神完毕,对局开始,过称、记账、监局等一如常局。惟斗后增加卖牌子活动。牌子由司称、司账等准备,红纸上书“征东大将军”“征西大将军”“征南大将军”“征北大将军”“九转大虫王”“五路都虫王”等对号。胜者受到大家的祝贺,自然高高兴兴去买牌子。牌子二元、四元、六元、八元不等,买者买个喜气,图个吉祥,而带有赏赐性质,局上各位忙了一季,这是最后一笔收入。封完将军,虫王将军皆陈置供桌上,行送神礼,虫佣虫贩须再次叩头。礼毕将宝盖、幡、七星纛等送至门外,在音乐声中火烧焚化。送神后入宴席,养家和佣、贩分开落座。前者为鸭翅席,后者为九大件。宴席后大家拱手告别,齐道明秋再见。

图四　后秋上局用圆笼内放蛐蛐罐四个,罐上放水牌,写着蛐蛐名称,中为盛热水的汤壶,用以保温

打将军封建迷信色彩浓厚,而且等级分明,它也不是以赌博为目的,而是佣贩帮闲伺候王公大人、绅士富商游玩取乐的活动。一次打将军主办者不惜一掷千金,要的是派头和“分儿”,这种耗财买脸的举动,六七十年来久已成为陈迹了。

五、忆器

南宋时，江南养蟋蟀已很盛行。一九六六年五月，镇江官圹桥发现古墓，出土三具过笼。报道称："都是灰陶胎，两只为腰长形（图五），长七厘米，两头有洞，上有盖，盖上有小纽、纽四周饰六角形双线网纹。其中一只内侧有铭文四字，残一字，'□名朱家'。另一只为长方形，长亦七厘米，作盖顶式，顶中有一槽，槽两侧饰圆珠纹。圆珠纹外周斜面上饰斜方如意纹，一头有洞。长方形的蟋蟀过笼，一头有洞，当是捕捉蟋蟀时用的。腰长形过笼两头有洞，宜于放置圆形斗盆中放蟋蟀用的。"（见《文物》一九七三年第五期封三）

图五　镇江南宋墓出土蛐蛐过笼（纽损坏脱落）和现在使用的完全相同

所谓腰长形的即外壁一边为弧形，可以贴着盆腔摆放。一边外壁是直的，靠着它可以放水槽。这是养盆中的用具，报道谓用于斗盆，实误。仅一端有洞的因不能穿行，已不得称之为过笼。北京有此用具，名曰"提舀"（见图二〇），竹制，上安立柄，用以提取罐中的蛐蛐。捉蟋蟀是用不上的。古墓年代约为十二世纪中叶，所出三具为现知最早的蟋蟀用具。可证明约一千年前它已定型，和现在仍在使用的没有什么区别。

宋代蟋蟀盆只见图像，未见实物。万历间刊行的《鼎新图像虫经》绘盆四具。其中的宣和盆、平章盆可理解为宋器，至于标名为王府盆、象窑盆，时代就难说了。此四盆并经李大翀《蟋蟀谱》摹绘，造型、花纹与《虫经》已大有出入。当因摹者随手描绘所致。故类此图像，只能为我们提供一些参考材料，而无法知道其真实面貌。李谱还有所谓“宋内府镶嵌八宝盆”“元孟德盆”“永乐盆”，未言所据，来源不明。这些图的价值，比该书《盆考》述及的各盆也高不了多少，它们的可靠性要待发现实物才知道，现在只能姑妄听之而已。本人认为谈蛐蛐罐不能离开实物，否则终有虚无缥缈之感。本文所及品色不多，去详备尚远，但都是我曾藏或曾见之物。不尚空谈，当蒙读者许可。

养家周知，蟋蟀盆有南北之分，其主要区别在南盆腔壁薄而北盆腔壁厚，这是南暖北寒的气候决定的。我所见到的最早实物为明宣德时所制，乃腔壁较厚有高浮雕花纹的北式盆。这是因为自明成祖朱棣于永乐十九年（公元一四二一年）国都北迁后，宣宗朱瞻基养蟋蟀已在北京的缘故。罐通高一一厘米，径一四点五厘米（图六、图七），桐华先生旧藏，现在天津黄绍斌先生处。盖面中心雕两狮相向，爪攫绣球，球上阴刻方胜锦纹，颇似明雕漆器上所见。左右飘束绦。空隙处雕花叶。中心外一周匝浮雕六出花纹，即常见于古建筑门窗者。在高起的盖边雕香草纹。罐腔上下有花边两道，中部一面雕太狮少狮，俯仰嬉戏，侧有绣球，绦带飞扬。对面亦雕狮纹，姿态略有变化，此外满布花卉山石。罐底光素，中心长方双线外框，中为阳文“大明宣德年造”六字楷书款，与宣德青花瓷器、剔

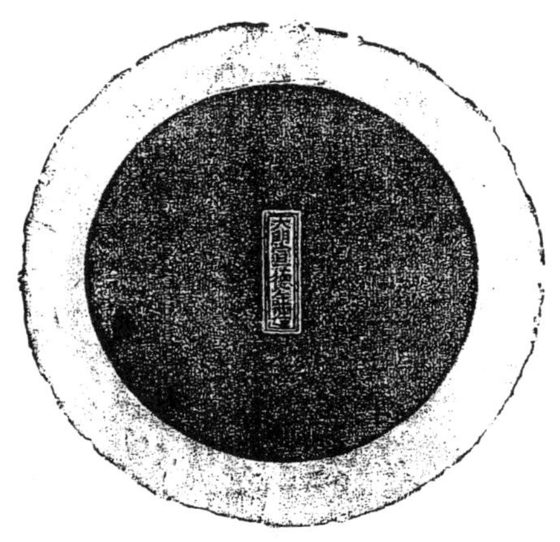

图六　明宣德高浮雕狮纹蟋蟀盆盖内款识

图七　明宣德高浮雕狮纹蟋蟀盆盖面花纹拓本

红漆器上所见,笔意全同。故可信为宣德御物。中国历史博物馆藏有一龙纹罐,盖内篆文戳记“仿宋贾氏珍玩醉茗痴人秘制”十二字,罐底龙纹图记内有“大明宣德年制”款(见石志廉:《蟋蟀罐中的几件珍品》,《燕都》一九七八年第四期)。曾目见,戳记文字及年款式样均非明初所能有,乃妄人伪造。

我因久居北京,对南方盆罐一无所知。北方名盆,高中读书时开始购求,迨肄业研究院,因不再养虫而终止,前后不足十年,有关知识见闻,与几位秋虫耆宿相比,自然相去甚远。

秋虫耆宿,近年蒙告知盆罐知识者有李桐华、黄振风两先生。桐华先生谢世已数载,振风先生则健在,惟十年浩劫,所藏名盆已多成瓦砾矣。

北京盆罐为养家所重者有两类,亦可称之为两大系列,即“万礼张”与“赵子玉”。万礼张咸知制于明代,底平无足,即所谓“刀切底”。盖内有款识,盖、罐骑缝有戳记。戳记或为笔管,或为“同”字,或近似“菊”字而难确认。澄泥比赵子玉略粗,故质地坚密不及,术语称之曰“糠”。正因其糠,用作养盆,实胜过子玉,其带皮子有包浆亮者尤佳。

同为万礼张,盖内款识不同,至少有八种,再加净面无文者则有九种,此非深于此道者不能言。桐华先生爱万礼张胜于子玉,故知之独详。我历年收得四种,再加桐华先生所藏,尽得寓目,并拍摄照片。又蒙高手傅大卣先生墨拓款识,故大体齐备。

一　万礼张造(图八)

二　白山(图九,图一〇)

此为万礼张中最佳者

三　秋虫大吉

四　永战三秋(图一一)

五　永站三秋(图一二)

六　怡情雅玩(图一三)

七　永远长胜

八　春游秋乐(图一四)

九　净面光素无款识

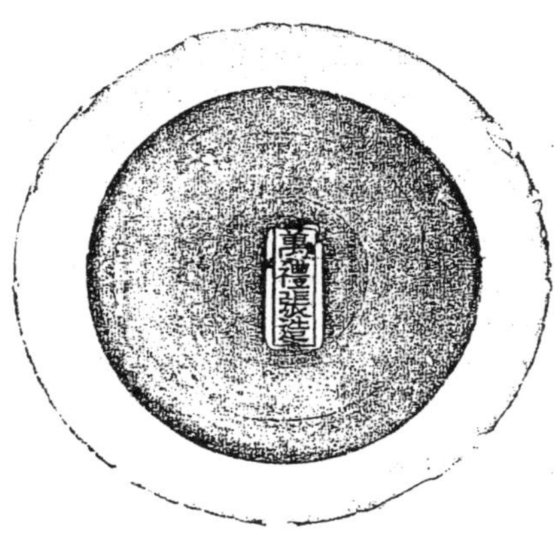
图八　明“万礼张造”蛐蛐罐款识拓本(万礼张九种之一)

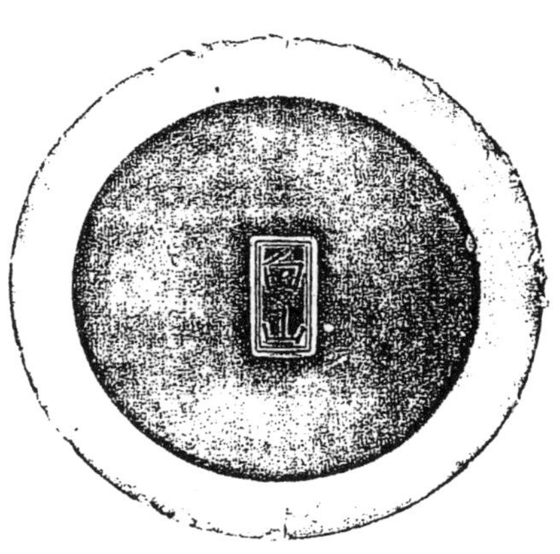
图九　明“白山”蛐蛐罐款识拓本(万礼张九种之一)

图一〇　明“白山”蛐蛐罐全形

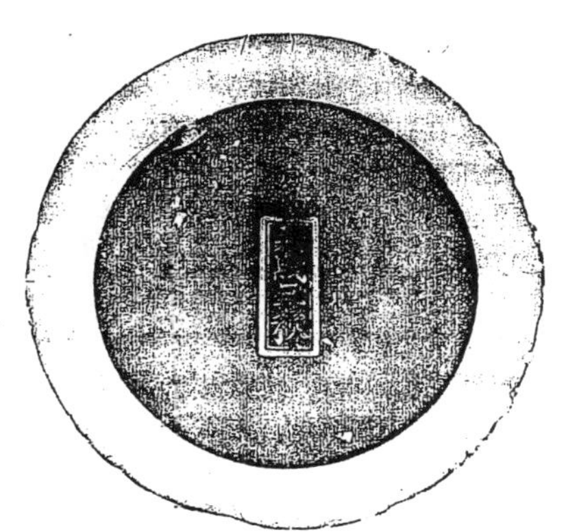
图一一　明“永战三秋”蛐蛐罐款识拓本(万礼张九种之一)

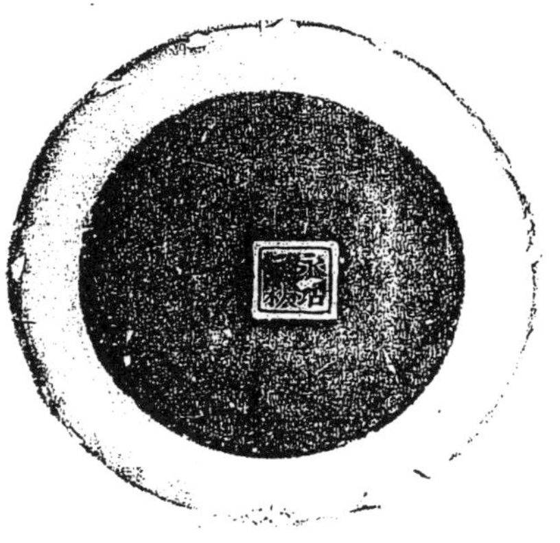
图一二　明“永站三秋”蛐蛐罐款识拓本(万礼张九种之一)

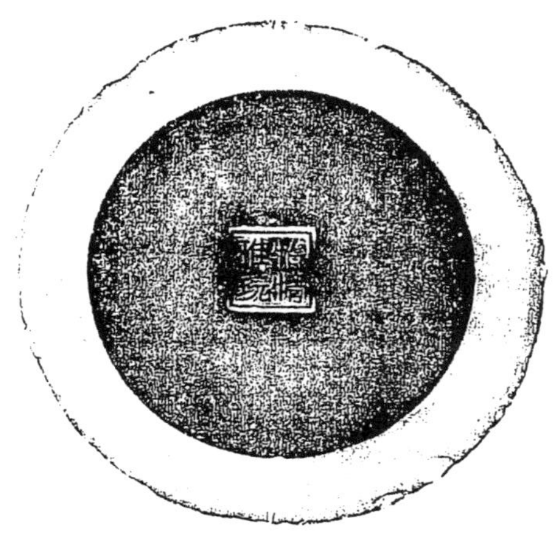

图一三　明“怡情雅玩”蛐蛐罐款识拓本
（万礼张九种之一）

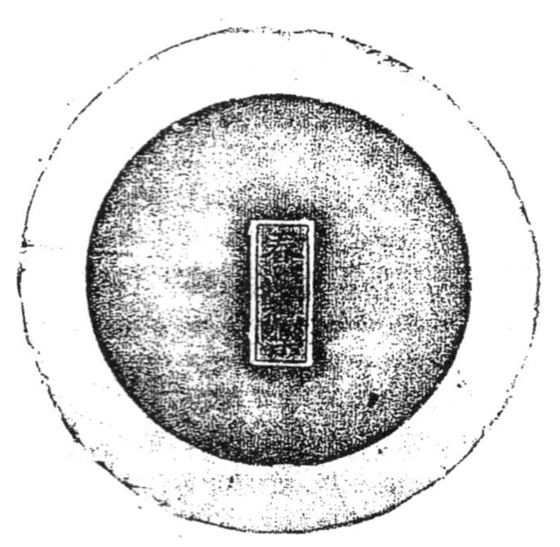

图一四　明“春游秋乐”蛐蛐罐款识拓本
（万礼张九种之一）

赵子玉罐素有十三种之说。邓文如师《骨董琐记》卷六记石虎胡同蒙藏学校内掘出蟋蟀盆，属于赵子玉系统者有：淡园主人、恭信主人之盆、古燕赵子玉造、敬斋主人之盆、韵亭主人之盆等五种，不及十三种之半。清末拙园老人《虫鱼雅集》《选盆》一条所记十三种为：白泥、紫泥、藕合盆、倭瓜瓤、泥金罐、瓜皮绿、鳝鱼青、鳝鱼黄、黑花、淡园、大小恭信、全福永胜、乐在其中。《雅集》所述相虫、养虫经验多与虫佣、虫贩吻合，此说似亦为彼等所乐道。其不能令人信服处在前九种既以不同颜色定品种，何以最后又将四种不同款识之盆附入，一似列举颜色难足其数，不得不另加四种，凑满十三。故桐华先生以为子玉十三种应以不同款识者为限，分列如下：

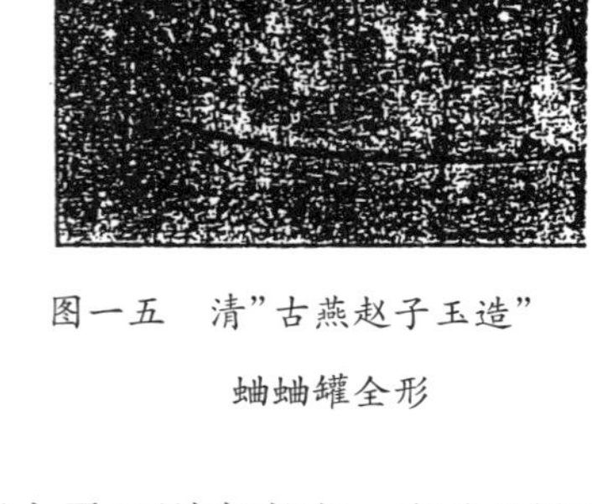

图一五　清”古燕赵子玉造”
蛐蛐罐全形

一　古燕赵子玉造桐华先生特别指出此六字款如末一字为“制”而非“造”，皆伪，屡验不爽。都人子玉则真者末一字为“制”而非“造”。（图一五）

二　淡园主人(图一六)

三　都人赵子玉制

四　恭信主人盆(大恭信)

五　恭信主人之盆(小恭信)

六　敬斋主人之盆(大敬斋)二号盆

七　敬斋主人之盆(小敬斋)三号盆

八　韵亭主人盆

九　闲斋清玩

一〇　大清康熙年制

一一　乐在其中

一二　全福永胜

一三　净面赵子玉　光素无款识

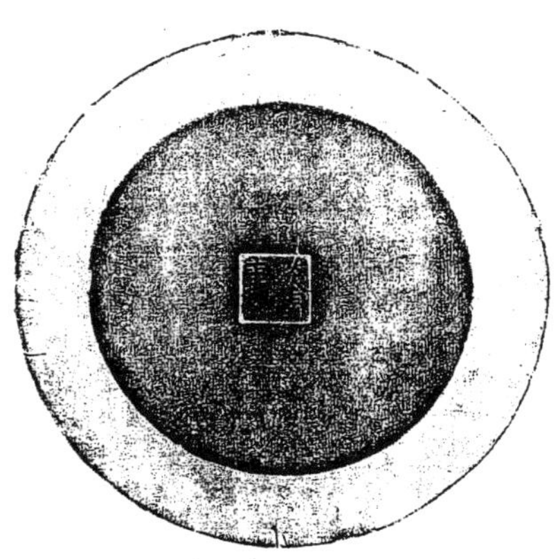

图一六　清“淡园主人”蛐蛐罐款识拓本(赵子玉所制罐之一)

黄振风先生则别有说,认为赵子玉不仅有十三种,且另外还有“定制八种”,亦即赵子臣所谓“特制八种”,而“大清康熙年制”因非子玉所造,故不与焉。“八种”并经振风编成口诀,以便记忆:

全福永胜战三秋,
淡园韵亭自古留,
敬闲二斋双恭信,
乐在其中第一流。

“八种”之款识及戳记外框形式如下:

一　全福永胜　盖背横长圆形外框,一名“枕头戳”,四字自右而左平列。足内长方形外框,“古燕赵子玉造”,两行,行三字。

二　永战三秋　四瓣柿蒂式外框,每瓣一字,“永”在上,“战”在右,“三”在左,“秋”在下。

三　淡园主人　方形外框,两行,行二字。

四　韵亭主人盆　赵子玉制大方形外框,三行,行三字。

五　敬斋主人之盆　窄长方形外框，天津称之曰“韭菜扁戳”。一行六字。（图一七）

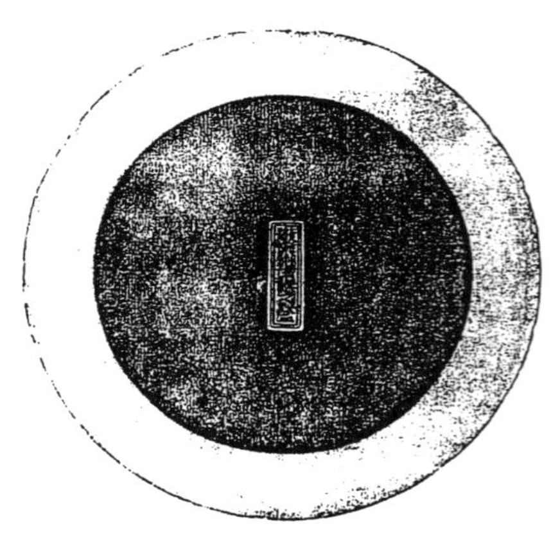

图一七　清“敬斋主人之盆”蛐蛐罐款识拓本(赵子玉所制罐之一)

六　闲斋清玩　方形外框，两行，行二字。

七　恭信主人盆　赵子玉制大方形外框，三行，行三字。此为“大恭信”。

恭信主人之盆　窄长方形外框，一行六字。

此为“小恭信”。大小恭信以一种计。

八乐在其中盖背方形外框，两行，行二字。底足内“都人赵子玉制”，长方形外框，两行，行三字。此罐比以上七种更为名贵，故曰“第一流”。

以上唯淡园主人及小恭信为三号罐，余均为二号罐。又唯有敬斋及乐在其中两种底足外缘做出凹入之委角线，名曰“退线”，余六种无之。

振风先生背诵子玉十三种之口诀为：

瓜皮豆绿倭瓜瓤，
桃花冻红鳝青黄，
黑白藕合泥金盆，
净面都人足深长。

“十三种”中净面光素无款识。都人子玉款识为“都人赵子玉制”，长方形外框，两行，行三字。其余十一种款识均为“古燕赵子玉造”，长方形外框，两行，行三字。振风同意桐华先生之说，“古燕赵子玉造”款识凡末字为“制”而非“造”者，皆伪。并指出“古”字一横下，或有一丝两端下弯之线，或无之，二者皆真（图一八、图一九）。有弯线者乃戳记使用既久，出现裂纹之故。据此推测，戳记当用水牛角刻成。

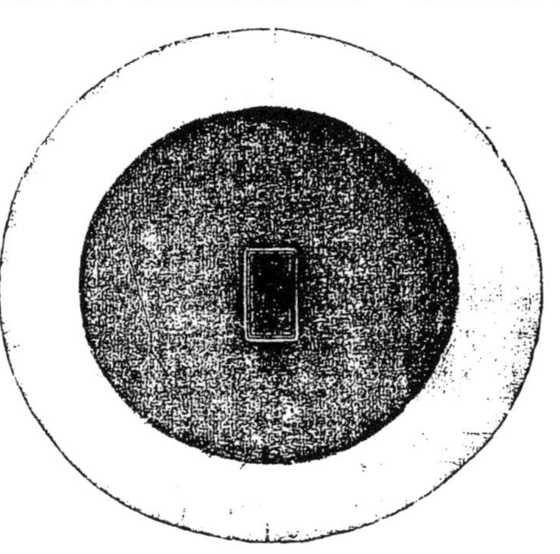
图一八　清“古燕赵子玉造”蛐蛐罐款识拓本(古字一横下无弯线，戳子未裂时所制)

一　瓜皮绿

二　豆瓣绿

三　倭瓜瓤　其色易与鳝鱼黄混淆。分别在倭瓜瓤盖面平坦，而鳝鱼黄盖面微微隆起。

亦曰“馒头顶”。

四　桃花冻　其色红于藕合盆。

五　鳝鱼青

六　鳝鱼黄

七　黑花

八　白泥

九　藕合盆　其色接近浅紫，十三种中唯此底足有退线。

一〇　泥金盆　罐上有大金星及金片，如洒金笺纸。

一一　净面

一二　都人赵子玉制　盖与足底款识相同，凡末字作“造”而非“制”者皆伪。

一三　深足子玉　罐底陷入足内较深。

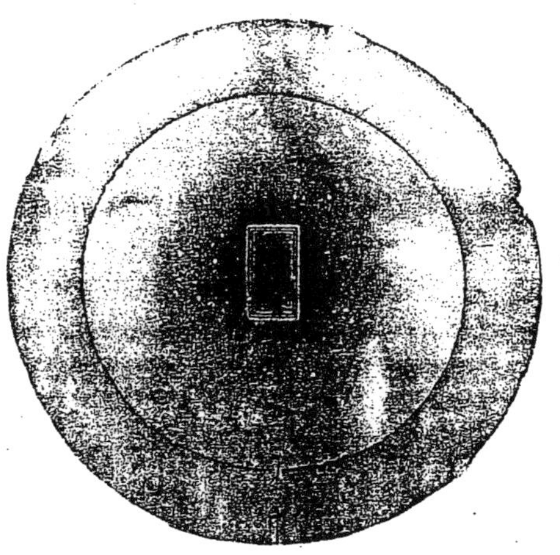
图一九　清“古燕赵子玉造”蛐蛐罐款识拓本(古字一横下有弯线，戳子有裂纹后所制)

振风先生与拙园老人之说，可谓大同小异，故似出同源。其所以被称为“十三种”，除确知为赵子玉所造外，皆无定制者款识，与“定制八种”之区别即在此。黄先生既能言之綦详，且谓“八种”“十三种”曾与赵子臣商榷印证，可谓全同。不言而喻，桐华先生之说与子臣大不相同。

桐华、振风两先生之虫具知识，笔者均甚心折，而子臣既出虫贩世家，更一生经营虫具，见多识广，又非养虫家所能及，故其经验阅历，尤为值得重视。笔者自愧养虫资历不深，名罐所藏有限，且有未经寓目者，因而不能判断以上诸说究以何为可信，只有一一录而存之，以备进一步之探索及高明博雅之指教。惟究其始，赵子玉当年造盆，不可能先定品种“八”与“十三”之数，并以此为准，不复增减，其理易明。后人据传世所有，代为罗列排比，始创“八种”“十三种”之说，此殆事物之规律。若然，则各家自不妨据一己之见而各有其说。各说亦自可并存而不必强求其一致矣。

赵子玉罐虽名色纷繁，然简而言之，又有共同之特征，即澄泥极细，表面润滑如处子肌肤，有包浆亮，向日映之，仿佛呈绸缎之光华而绝无有杂质之反射，出现纤细之闪光小点。棱角挺拔，制作精工，盖腔相扣，严丝合缝，行家毋庸过目，手指抚摩已知其真伪。仿制者代有其人，甚至有在古字一横下加弯线者，矜持拘谨不难分辨。民国时大关虽竭力追摹，外形差似而泥质远逊。

图二〇　前秋中秋上局用提盒，内放明万礼张小蛐蛐罐皿具

万礼张及赵子玉均有特小盆罐，或称之为“五号”，超出常规，遂成珍异。某家有一对，何人藏四具，屈指可数，为养家所乐道。实物如桐华先生之小万礼张，四具一堂，装入提匣，专供前秋、中秋上局使用（图二〇）。小子玉则有郑西忠旧藏一对“乐在其中”，直径不

到十厘米，盖背面款识为"乐在其中"，底足内为"都人赵子玉制"，堪称绝品（图二一、图二二），可能为王府公主或内眷定制者。埴土虽贱，却珍逾球璧。

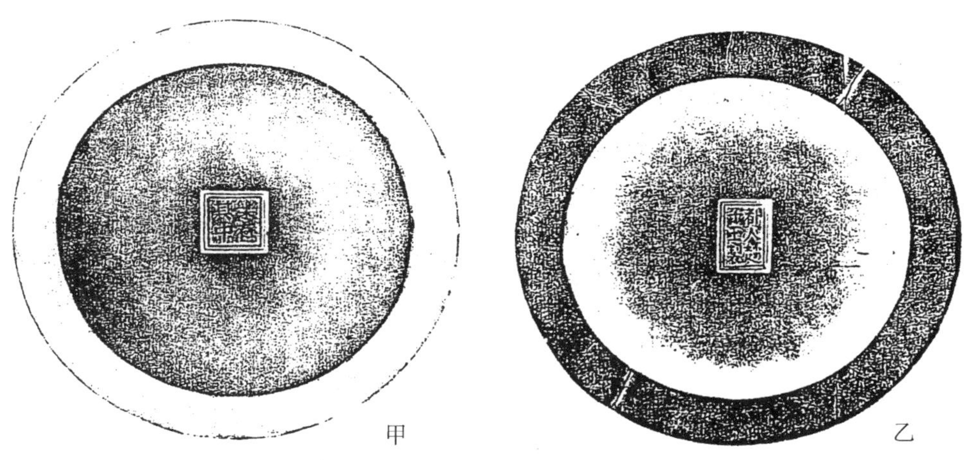

甲　乙

图二一　甲、乙清"乐在其中""都人赵子玉制"蛐蛐罐款识拓本

图二四　"南楼雅玩"蛐蛐罐全形

图二二　清"乐在其中""都人赵子玉制"蛐蛐罐成对("乐在其中"为盖内的戳记,"都人赵子玉制"为罐底足内的戳记)。

其他名罐如"瓦中玉土精盆"，雕镂蝴蝶而填以色泥，故又曰"蝴蝶盆"。"南楼雅玩"盆（图二三、图二四），主人即《虫鱼雅集》述及曾养名虫"蜈蚣紫"，咬遍

图二三　清“南楼雅玩”蛐蛐罐款识拓本，罐用金砖磨琢而成。

京华无敌手，死后葬于园中纡环轩土山上，并为建虫王庙之南楼老人。此盆并非用澄泥轮旋成形，而是取御用金砖斧砍刀削，砥砺打磨而成。四字款识亦非木戳按印而是刃凿剔刻出阳文文字。所耗人力物力，超过泥埴窑烧，何止十倍，其他私家制罐，款识繁多，道光时“含芳园制”盆乃其佼佼者。用泥之细不亚于子玉，款式亦朴雅可喜。

一般养盆以有赵子玉伪款者为多，戳记文字、式样，不胜枚举。其他款识也难备述，大小造型，状态不一，因不甚被人重视，故缺乏记载可稽。

过笼，北京又称“串儿”，谓蛐蛐可经两孔串来串去。名贵的过笼同样分万礼张、赵子玉两个系列。

万礼张过笼轮廓柔和，造型矮扁，花纹不甚精细，不打戳记而代之以指纹，印在盖背面。下举三例：

一　万礼张菊花纽（亦称葵花纽）过笼，除纽外全身光素，有大小两种（图二五）。

二　万礼张五福捧寿过笼，纽为高起的圆寿字，四周五蝠团簇（图二六）。

赵子玉过笼棱角快利，立墙较高，花纹精细，不加款识。常见盖内印有叶形戳记中有赵子玉三字者皆是赝品。下举真者数例：

一　赵子玉单枣花、双枣花过笼，亦有称之为桂花者，除纽外全部光素。造

图二五　明万礼张菊花纽蛐蛐过龙两种

图二六　明万礼张五福捧寿蛐蛐过笼

型有大小之别，小者又名“寸方”，宜用于晚秋较小的盆中。又有扇面式的，月牙形水槽贴着摆放，可为盆内留出较大空间（图二七）。

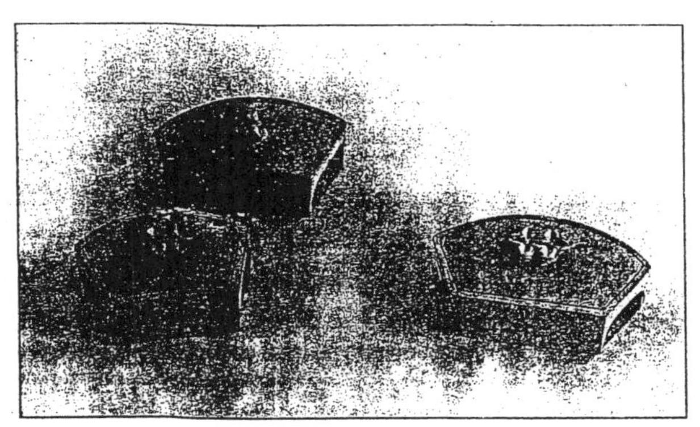

图二七　清赵子玉单枣花、双枣花蛐蛐过笼三种

二　赵子玉五福捧寿过笼（图二八），与万礼张相似而花纹较繁，将光地改为纹地。于此亦可见前后的渊源关系。如过笼正面立墙有刀划花纹，则名曰“五福捧寿拉花”（图二九）。“拉”北京方言刀割之意。

三　赵子玉鹦鹉寿桃过笼，寿桃作纽，两侧各有展翅鹦鹉。亦名“鹦鹉偷桃”。如立墙有刀划花纹，名为“鹦鹉寿桃拉花”。

所谓旧串，和旧养盆一样，花色繁多。其佳者为“含芳园制”（图三〇）。盖上印有菊蝶、古老钱、幡龙、花卉等花纹者（图三一）以及红泥、黑花等（图三二）又逊一筹。

图二八　清赵子玉五福捧寿蛐蛐过笼

图二九　清赵子玉五福捧寿拉花蛐蛐过笼

图三〇　清含芳园制蛐蛐过笼及青花瓷水槽

图三一　清不同花纹过笼四种

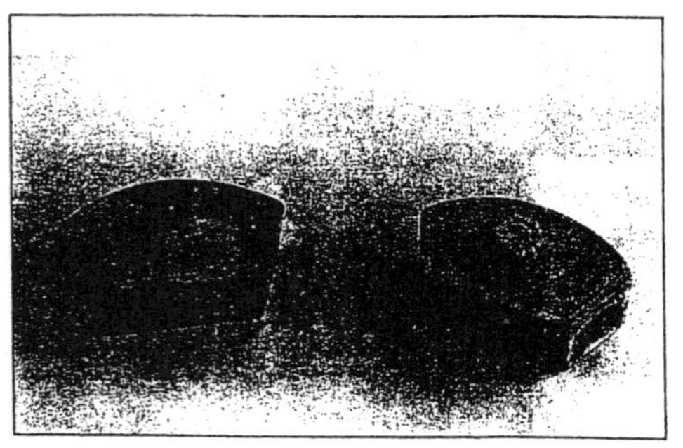

图三二　清红泥、黑花蛐蛐过笼两种

《虫鱼雅集》讲到:“水槽亦有真伪。至高者曰蓝宝文鱼,有沙底,有瓷底。次则梅峰、怡情、宜春、太极、蜘蛛槽、螃蟹槽、春茂轩,不能尽述。”其中文鱼与梅峰、蜘蛛,瓷胎釉色相似,当为同时期物。螃蟹及青花大水槽亦较早,时代均在雍、乾间,或稍早(彩页四下图)。怡情朱色勾莲制于嘉道时。春茂轩各式乃太监小德张为慈禧定烧,出光绪景德镇窑(图三三)。昔年笔者一应俱全,且有德化白瓷、宜兴紫砂以及碧玉、白玉、玛瑙者。“十年浩劫”,散失殆尽矣。

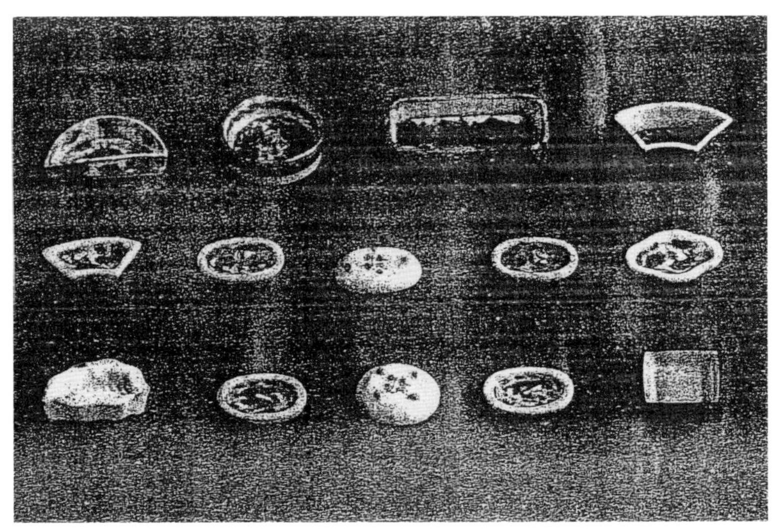

图三三　清各式水槽“春茂轩制”水槽为太监小德张为慈禧在景德镇定烧者

上局用具还有净水瓶,即大口的玻璃瓶。或用清代舶来品盛洋烟的“十三太保”瓶,因每匣装十三瓶而得名。磨光玻璃有金色花纹,十分绚丽。其用途是内盛净水及水藻一茎。蛐蛐胜后,倾水略涮其盆,掐水藻一小段放盆内,供其滋润牙帘。

此外还有放在每一个罐上的“水牌”。扁方形,抹去左右上角。考究的为象牙制,次为骨或瓷。正面写虫名,买的日期、产地及重量。背面为每次战斗记录,包括日期、重量、战胜某字某虫等,如下式:

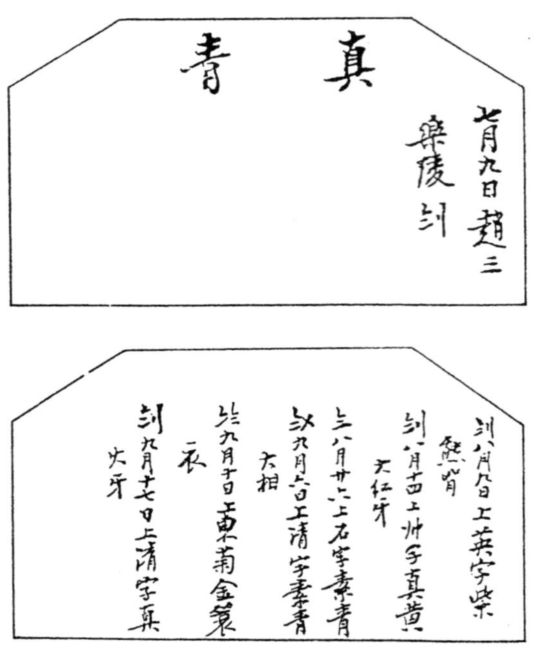

它分明是为蛐蛐建立的档案。北京的规矩,非经同意不得翻看别人的水牌。

其他用具如竹夹子、麻刷子、竹制食抹等均为消耗品,从略。惟深秋搭晒所用竹帘,分粗细三等。极细者真如虾须,制作极精,今亦成为文物矣。

六、忆友

七十年来由于养蛐蛐而认识的人实在太多了,结交成契友的也不少,而最令人怀念的是曾向我传授虫经的几位老先生。

赵李卿,武进人,久居北京。北洋政府时期,任职外交部,是我父亲的老同事,看我长大的。在父执中,我最喜欢赵老伯,因为他爱蛐蛐,并乐于教我如何识别好坏。每因养蛐蛐受到父母责备,我会说"连赵老伯都养",好像理由很充足。他也会替我讲情,说出一些养蛐蛐有好处的歪理来。我和他家相距不远,因此几乎每天都去,尤其是到了秋天。

赵老伯上局报“李”字,所有卖蛐蛐的都称他“赵李字”。长腿王喜欢学他带有南方口音的北京话,同时举手用食拇两指相距寸许地比划着:“有没有大黄蛐蛐?”他确实爱黄蛐蛐,因为养过特别厉害的,对黄蛐蛐也特别有研究,能说出多种多样的“黄”来——哪几种不中用,哪几种能打到中秋,哪几种才是常胜将军。他想尽方法为我讲解,并拿颜色近似的蛐蛐评比差异。但最后还是说只有遇到标准虫才能一目了然,还要养过才记得住。这就难了,谈何容易能碰到一条。有一年还真是碰到了。陆鸿禧从马坊逮回来的头如樱桃而脑线闪金光的紫黄蛐蛐。他认为是黄而非紫。因是早秋,他说要看变不变。如变深了就成紫蛐蛐了,也就不一定能打到底了。如不变深,则是虫王。他的话应验了,金黄色始终未退,连赢八九盆,包括“力”字吴彩霞的红牙青。而“力”字是以特别难斗著名的。每次对阵紫黄都是搭牙向后一勒,来虫六足蹬着罐底用力才挣扎出来。一口净,有的尚能逃窜,有的连行动都不灵了。赵老伯看其他颜色蛐蛐也有经验,但自以为对黄的最有心得。我最早相虫,就他领进门的。

赵伯母是我母亲的好友,也很喜欢我。她最会做吃的,见我去总要塞些吃的给我。至今我还记得她对赵老伯说的一句话:“我要死就死在秋天,那时有蛐蛐,你不至于太难过。”二老相敬如宾,真是老而弥笃。

白老先生住在朝阳门内北小街路东,家设私塾,教二三十个启蒙学生。高高身材,微有髭须。出门老穿袍子马褂,整齐严肃,而就是爱玩蛐蛐。上局他报字“克秋”,故人称白克秋,名字反不为人知。

不认识他的人,和他斗蛐蛐,容易拴对。因为他的虫都是小相,一比对方就会欣然同意。但斗上才知道,真厉害!他的蛐蛐通常一两口就赢了。遇上硬对,又特别能“驮口”,咬死也不走,最后还是他赢。我还不记得他曾输过。养家经过几次领教,有了戒心,都躲着他。即使在相上明显占便宜也不敢贸然和他交锋。

我几次看他买蛐蛐,不与人争,总是等人挑完了才去看。尤其是到了蛐蛐店,明言“拿‘下水’给我挑”。每次不多买,只选两三条。价钱自然便宜不少,因为已被人选过多次了。不过往往真厉害的蛐蛐并未被人挑走而终为他所得。真是千里马虽少而伯乐更难逢。

我曾向白老求教，请示挑蛐蛐的标准。他说："为了少花钱，我不买大相的，因为小相的照样出将军，主要是立身必须厚。你的大相横着有，我的小相竖着有，岂不是一样？立身厚脸就长，脸长牙就长，大相就不如小相了。"记得他有一条两头尖的蛐蛐名曰"枣核丁"，是上谱的虫，矫健如风，口快而狠，骁勇无比。每斗一盆，总把对方咬得满罐子流汤。如凭长相，我绝对不会要它。白老选虫还有许多诀窍，如辨色、辨肉等，也曾给我讲过，但不及立身厚那样容易领会理解。

白老每年只养二三十条蛐蛐，因此上局从不多带，少则两条，多则四条。天冷时，只见他白布手巾把一对瓦罐摞起一包，提着就来了。打开一看，两罐中间夹着一块热饼。一路行来，使火恰到好处。蛐蛐过了铃子，他饼也吃完了。他总是花最少的钱，用最简单的办法，取得最好的效果。

宣武门外西草场内山西街陶家，昆仲三人，人称陶七爷、陶八爷、陶九爷，都以养蛐蛐闻名。尤以七爷陶仲良，相虫、养虫有独到之处。当年蛐蛐局有两句口头语："前秋不斗山、爽、义，后秋不斗叨、力。""山"为李桐华，"爽"为赵爽秋，"义"为胡子贞，"力"为名伶吴彩霞，"叨"即陶仲良。意谓这几家的蛐蛐特别厉害，以不斗为是。而后秋称雄，更体现了养的功夫。

我的堂兄世中，是陶八爷之婿，故有姻戚之谊。不过我们的交往，完全由于同有秋虫之癖。

陶家是大养家。山西街离蛐蛐店很近，常有人送虫来。九爷家住济南，每年都往北京送山蛐蛐。他们最多养到十几桌，将近三百头。当我登门求教时，仲良年事已高，不愿多养，但蛐蛐房还是占用了三间北屋。

时届晚秋，"叨"字拿出来的蛐蛐宝光照人，仍如壮年。肚子不空不拖，恰到好处。爪锋不缺，掌心不翻，按时过铃，精神旺盛。下到盆中，不必交战，气势上已压倒了对方，这是精心调理之功。他的手法，主要利用太阳能，帘子遮挡，曝日取暖，帘子分粗、中、细三等，借以控制温度，而夜晚及阴晦之日则用汤壶。前《忆养》讲到的"搭晒"，就是他传授的方法。不过其不可及处在对个别蛐蛐采用不同的调理方法，并非完全一致。常规中又有变化，此又非我所能知矣。至于对爪锋及足掌的保护，他认为和罐底有极大关系。底太粗会挂断爪锋，太细又因打滑而致翻掌。因此后秋所用罐，均经严格挑选，一律用原来旧底而粗细又适度的万礼张。陶家当年藏罐之多也是罕有其匹的。

李凤山(生于一九〇〇年,卒于一九八四年三月廿八日),字桐华,以字行(图三四),蛐蛐局报名“山”字。世传中医眼科,善用金针拨治痧眼、白内障等,以“金针李”闻名于世,在前门外西河沿一九一号居住数十年。

桐华七岁开始捉蛐蛐,年廿七,经荣茂卿介绍去其兄处买蛐蛐罐。其兄乃著名养家,报字“南帅”,选虫最有眼力。因患下痿,不能行动,故愿出让虫具。桐华有心向南帅求教,买罐故优其值,并为延医诊治,且常往探望,每往必备礼物四色。如是经年,南帅妾进言曰:“何不教教小李先生?”半晌,南帅问桐华:“你认识蛐蛐吗?”桐华不语。南帅说:“你拿两把来看看。”桐华从家中选佳者至。南帅命桐华先选一头。桐华以大头相重逾一分者进。南帅从中取出约八九厘者,入盆交锋,大者败北。如是者三,桐华先选者均不敌南帅后选者,不觉耳红面赤,汗涔涔下,羞愧难当。南帅笑曰:“你选的都是卖钱的虫,不是打架的虫。”桐华心悦诚服,自此常诣南帅处聆听选虫学,两年后,眼力大进。

桐华一生无他好,唯爱蛐蛐入骨髓。年逾八旬,手捧盆罐,犹欢喜如顽童,此亦其养生之道,得享大年。当年军阀求名医,常迎桐华赴外省,三月一期,致银三千元。至秋日,桐华必谢却赠金,辞归养蛐蛐。爱既专一,研钻遂深。中年以后,选、养、斗已无所不精,运掕更堪称首屈一指。有关虫事,每被人传为佳话。如虫友自天津败归,负债累累。借桐华虫再往,大获全胜;赢得赌注,数倍于所失。余叔岩摆蛐蛐擂台,久无敌手,桐华一战而胜。叔岩竟老羞成怒,拂袖而去。经人说项,始重归于好。李植、赵星两君已写入《京都蟋蟀故事》(共八篇,连载于一九九〇年八月十二日至十二月二日《中国体育报·星期刊》),今不再重复。唯对桐华平生最得意之虫,尚未述及,不可不记。易州人尚秃子从山东长清归来,挑中有异色小虫,淡于浅紫,蛐蛐从来无此色,无以名之,称之为“粉蛐蛐”。多次赴局,重量仅六厘六,交牙即胜,不二口。是年在麻花胡同纪家打将军,杨广字重赏虫佣刘海亭、二群,以上佳赵子玉盆四具,从天津易归常胜将军大头青,以为今年“五路都虫王”,非我莫属。大头青重八厘四,桐华自知所携之虫,无分量相等者。不料过秤后,粉蛐蛐竟猛增至八厘四。与大头青对局,彼果不弱,能受两三口,但旋即败走。“广”字大为懊丧。行送神礼,虫王照例放在供桌上。二群三叩首,粉蛐蛐竟叫三声,与叩首相应,闻者莫不咄咄称奇。尤奇者,次日在家再过秤,又减轻至六厘六。昨之八厘四似专为与大头青对局而增长者。后粉蛐蛐老死,六足稳立罐中,威仪一如生时。凡上种切,桐华均以为不可思议,不禁喟然曰:"甚矣哉蛐蛐之足以使人神魂颠倒也!"

图三四　北京著名养虫家李桐华先生八十三岁小影

我和桐华相识始于一九三二年,他惠临我邀请的小局。次年十月,在大方家胡同夜局,我出宝坻产重达一分之黑色虎头大翅与桐华麻头重紫交锋,不料闻名遐迩"前秋不斗"之"山"字竟被中学生之虫咬败,一时议者纷纷。十一月,桐华特选宁阳产白牙青与虎头大翅再度对局,大翅不敌,桐华始觉挽回颜面。"不打不成相识",二人自此订交。此后时受教益,并蒙惠赠小恭信盆及万礼张过笼等。先生有敬斋盆二十有三,恰好我有一具,即以奉贻,凑成一桌,先生大悦,常向人道及我赠盆事。

一九三九年后,我就读研究院,不复养虫,直至桐华谢世,四十余年间,只要身未离京,秋日必前往请候,并观赏所得之虫。先生常笑曰:"你又过瘾来了。"

一九八二年后，曾念及曷不请先生口述，试为总结选虫养虫及鉴别虫具经验。唯此时正忙于编写有关家具、髹饰诸作，趋请讲授只两三次，所获已写入本篇，未能作有系统之记录。今日思之，深感怅惘。

编辑《蟋蟀谱集成》，更使我怀念桐华先生。他如果健在，《集成》一定可以编得更好一些，《六忆》也可以写得更充实一些，生动一些。

【王世襄　中国文物研究所研究员】

原文刊于《中国文化》1992年02期

獾狗篇

王世襄

“獾”，似狗而矮，有利齿锐爪，穴居，昼伏夜出，食农作物，是一种害兽。獾油可治烫伤，皮可作褥子，肉古代认为是美味（《吕氏春秋·本味》“肉之美者，猩猩之唇，獾獾之炙”）。不过我曾尝过，并不好吃。（图一）

经过训练，用以猎獾的狗曰“獾狗”。养狗猎獾是清代北京社会中下层，尤其是八旗子弟中摔跤习武以及游手好闲之辈的一种癖好，目的纯为娱乐而不为猎取皮肉，故远出郊野，夤夜猎獾，称曰“逛獾”，无异说这是一种玩乐享受或体育活动。此风一直延续到二十世纪二三十年代。

图一 獾

獾有多种。华北地区的獾头上有三道白色条纹，属于“猪獾”一类。

《少年科学知识文库·动物》第97页

中国科学普及出版社1980年中文增订版

本篇包括两个内容：甲章、《獾狗谱》；乙章、《训狗与逛獾》。参阅二者，可对绝迹已逾半个世纪的北京这一习俗癖好，有一个基本了解。

甲章　獾狗谱

獾狗要求壮硕勇猛，必须经过严格的挑选。在积累了多年的相狗经验后，有人总结出一套顺口溜，名曰《獾狗谱》，又曰《相狗经》，流传在养狗家们口中。五六十年前，有不少人能背上几句，而以荣三记得最多，背得最全。荣三是二十世纪初著名养狗家胖小荣的三弟，京剧艺术家四大名旦之一程砚秋的三叔。他一生耽鹰爱狗入骨髓，豢养技艺，堪称双绝。精于相狗，与白纸坊的聋李四齐名，有北荣南李之称。

我十七八岁时学摔跤，拜善扑营头等布库（满语，或写作"扑户""扑护"）瑞五爷、乌二衮为师。受他们的影响，我开始遛獾狗、架大鹰，并结识了不少位养狗家如小崇、亮王、王老根、大马把、聋李四、菜胡、白把等，而和荣三过从尤密。为了学习相狗，请荣三口授，把《獾狗谱》笔录下来。后又请其他几位背诵，把荣三口授所无的及字句有出入的记了下来。合在一起，在分段上稍作整理。经过记录，我也朗朗上口，能背上几段。

事过境迁，我不再养獾狗，手录《獾狗谱》遂束之高阁，其中字句也渐渐淡漠了。

"文革"动荡，家徒四壁，《獾狗谱》不知去向，亦不复忆及。不料去年打开最后领回被抄的烂纸捆，此谱竟在。暌违一甲子，见此蠹余，恍如隔世。一时兴起，拈笔重抄。随后又想到局外人未必能读懂，故增添了不少解说，成了下面的样子：凡分行写行首空两格的是原谱，不分行连着写的是我的解说。

　　獾狗有谱自古传，

"自古传"，古到何时，颇难稽考，因有关獾狗的文献记载尚待发现。据荣三说清兵入关后就有人养獾狗，狗谱也已传了多少代了。但他未能说出具体的时间。

六十年前曾见道、咸间（1821—1861）民间画工所绘逛獾出围图、摔跤图成对横幅，乃一手所作。画中摔跤人物即牵狗人物。可见布库喜养獾狗是时已然，故遗风至清末不替。但两幅画只能说明养獾狗在1840年前后是流行的。

安在狗绊上的铁转环，天圆地方磨盘式，佳者密不间发，錾刻龙头，传为造办处制。从金工工艺及龙头造型来看，当不晚于乾隆，可作为清中期养獾狗之证。

狗谱有清文“希里哈”一语（详后）。据说雍、乾之际八旗子弟已渐汉化，日常生活中很少用满语。若然，则谱中某些字句可能为清前期人所作。

谱中字句文雅俚俗颇不一致，当由多人增续而成。昔年访求，未见亦未闻有刻本或写本，看来是以歌诀的形式流传在养狗家口中的。百数十年间，究竟有多少人参加过创作？一共创作了多少句？恐怕和其准确年代一样，都无法得到具体的答案。

如何挑选听我言。一作：愿上贼船听我言。

北京对沾染上某一种癖好曰“上贼船”。尤指必然要耗费时间、精力、钱财的癖好。它还是一个双关语，带有坦白承认的味道。因为獾狗绝大多数是偷来的。只有极少数因找到关系密切的人肯为说项，或因偷而未成，才转而请客送礼，用所谓“寻”的方法请求赠给。

后腿有撩（儿）名叫犬，
撩儿不去惹人嫌。

养狗家对狗和犬的定义是：十八个脚趾的为狗，二十个脚趾的为犬。犬在后腿上比狗多两个不着地的脚趾，名曰“后撩儿”。切勿小看狗谱的作者，以为赳赳武夫，不识字知书。他对狗与犬的定义和《说文解字》完全相符。《说文第十》写得明白：“犬，狗之有县蹏（悬蹄）者也。”两个后撩儿就是不着地的悬蹄。

獾狗养家既然养的是狗，自然绝对不能要犬。否则会遭人耻笑，被人问一声:"您养的是狗还是犬?"将无言以对。因此遇到可以入选的犬,必须把两个后撩儿剪去,或用老弦勒扎,血脉不通,坏死后自行脱落。这样也可以消除一个隐患,奔跑时不会因两个后撩儿兜碰而流血。上述手术容易做,去掉后也不会留痕迹。

以上四句可谓开宗明义,为狗正名。

先相狗神后相形,
行动坐卧看分明。

此两句及以下六句皆所谓"相神",即在相形之前先仔细观察它在行动坐卧中所表现出来的神态,看够不够入选为獾狗的条件,颇有九方皋相马,"识之于牝牡骊黄之外"的味道。

毛里毛糙缺心眼(儿),
稳中有巧智多星。

狗的确和人一样,有的毛手毛脚,勇而无谋。有的稳健善斗,以巧胜敌。其品质性情在训练和咬獾的过程中都会明显地表现出来,而善相者观察狗平时的行动坐卧已能窥见端倪。乙章中的《遛与蹲》《勤瞧赖逛》亦有所述及。

春秋争槽时机好,
一招一式看得清。
掐架不能占魁首,
日后咬獾也无能。

獾狗从来要公不要母。荣三告我光绪间有名德子者,养一黑色母狗,健而剽悍,咬獾不让雄者。从此他赢得了一个绰号——"母狗德子"。德子每欲与人结伴出围,屡遭谢绝。人曰"我们只咬獾,不配狗"。一时传为笑柄。

养狗家称母狗曰“槽”。农历二、八月发情期，雄狗逐雌，曰“跑槽子”。雄狗相争，曰“争槽”。此时正好观察雄狗是否善于掐架，故曰“时机好”。掐架，北京俗语，即打架或咬架，如谓“两个蛐蛐掐架”。狗善掐架者必善咬獾。

以上八句讲相神。

头号狗长三尺六，
二号狗长三尺三，
三号狗小别小看，
长得筋豆也咬獾。

南城菜胡养黑狗，小于三号，赢得“獾蛇蚤”美名，言其像蛇蚤一样，獾无法将它摆脱掉。小狗咬獾，必须长得筋豆。“筋豆”北京俗语，一般指食物强韧耐咀嚼，例如说“这碗面吃起来很筋豆”，见《国语辞典》第 1912 页。此处用来形容狗的短小精悍，并有禁得起磕碰、挫折之意。

选狗选头最要紧，
好比相面看五官。
筒子头长似柳罐，
牛头舒展脑门宽。
又长又宽除非画，
百里挑一难上难！一作：千里挑一难上难！

狗头贵大。头大不仅勇猛，而且威武好看。头大不外乎长和宽。晋傅玄《走狗赋》曰“丰颅促耳，长叉缓口”，实际上在赞扬头之又大又长。养家称长者曰“筒子头”，谓其像柳罐。柳罐有两种。一种径大而圆，用于大口井。一种径小而长，用于小口井。此处指后者。

钿腰吊肚大前胸，

此语与傅玄《走狗赋》“修颈阔腋,广前捎后”正合。

与上语相通的有北京形容习武者的一句话“细腰扎背”,即腰细而肩阔。体格得之天生,来自锻炼,亦与年龄有关。人到中年,腹肌松弛。狗到四五龄,体形亦发生变化,失去其初长成时的英姿,即使有种种可取之处,年龄一过就不堪入选了。

尾巴摇摆一条鞭。
赶上砸腰螺丝转,
抖开骨节也冲(chòng)天。
要命就怕压根(儿)压,
没辙难倒活神仙。一作:没辙愁死活神仙。

为了美观、边式,狗尾巴要求直而稍稍有弯,高高矗起,活动自如,大忌僵直,故曰“摇摆一条鞭”。傅玄《走狗赋》有“尾如腾蛇”一语,形容绝妙,可见自古对狗尾巴就有高而活的要求。养狗家还有“两头翘”的说法,亦可写作“两头俏”。一头指狗头,一头指狗尾,可见尾巴的重要。另外还不要尾巴有虚尖。故总是把末一节剪去,结顶形成一个钝尖。

有的尾巴搭在狗背上,名曰“砸腰”。有的卷成圈,名曰“螺丝转”,都不合格。如狗堪入选,只是尾巴长得不好,则须请老行家来治理。其法是将尾巴的骨节撅一下,并把筋抽去,术语叫“抖搂开,捋直了”。要撅哪几节,使多大劲,须根据具体情况来制定手术方案,其中大有学问。成功的手术尾巴长好了直而不僵,即所谓“也冲天”。失败的手术不是因撅过了头以致虽直而僵,便是撅得不够以致依旧砸腰或卷转。老行家不愧是一位獾狗整容师。局外人可能想不到为了治理一条狗尾巴,事前要请客送礼,事后要登门叩谢。

无可救药的是狗尾巴被人去得太短了,甚至齐根剁去,即所谓“压根儿压”(压读 yà)。尾断不能复生,也无法嫁接,故曰“没辙难倒活神仙”。记得 1935 年前后,王府井八面槽一家羊肉庄子养了一条大狼青,长成足够头号,柳罐头,真是长绝了。一时在养狗家中传开,都要到八面槽来看看。可惜大青狗尾巴只有两寸来长,太秃了。行家们围着狗转,为之扼腕,为之跺脚,不禁说:“太损了,怎么剁得那么苦,哪怕给留一拃(“拃’读 zhǎ,即张开手,拇指尖到中指尖的距离,接近 20 厘米)也好!”因为一拃刚够“棒锤尾儿”(“尾”读 yì),是养狗家对尾巴的最低要求。狗主人羊肉床子掌柜的说不定正在一旁暗笑,心里说:“要不是我给剁短了,早被你们偷走了!”

两眼掉坑筷子戳,
眼角瘀肉似血鲜。
泡子眼珠耽误事,
嘴滑不咬㞞又奸。

獾狗眼睛要求深陷小而圆,养狗家用“筷子戳似的”来形容它。眼角积肉,色红而厚,名曰“瘀肉”,也是性情刁狠的特征。哈巴狗以眼大努出者为贵,獾狗恰好相反。“嘴滑”亦称“滑口”,一咬就撒嘴,是胆怯怕受伤的表现,故曰“㞞”(读 sóng,害怕、懦弱之意,见《国语辞典》第 3734 页)。“奸”有偷懒、惜力之意。

某年城北李某得黄狗,外貌雄伟,但为泡子眼。荣三断定为弃材,李某盛赞为神獒,二人争辩不休,终至打赌。经人作证,以白板羊皮袄博胜负。来春出围沙河,獾从黄狗一方潜返,虽出击,但咬一口,松一口,直将獾送入洞穴。荣三谑曰:“这哪是咬獾,简直是送情郎!”李某大惭,甩下皮袄,不顾而去,从此不言獾狗事。荣三眼力固高,亦见谱诀不虚。

耳根要硬不要软,
硬根摘帽不碍难。

将狗耳上部剪去一块曰“摘帽儿”,是为獾狗的标志。北京狗种,两耳上部多下垂,撒毛时拍打有声,易惊獾逸,故必须剪去一部分。耳根软者,剪少仍下垂,剪多恨秃短,难于下剪。耳根硬者,下剪容易奏功,故曰“不碍难”。

毛糙抹拭能挡手，

“抹拭”，（读作 mā sè）北京常用语，如说“把衣服抹拭平了”。

狗毛贵硬而糙，逆向拂之，仿佛会阻碍手向前进。柔软者，术语曰“毧”（读 rǒng），不可取。

皮松骨头一身圆。

狗未长成时皮松。年老肌肉萎缩也显得皮松。此处当然指的是前者。皮松说明狗龄只不过一岁左右，还有长（“长”读 zhǎng，为生长之长）头。皮松，不紧紧包着骨骼，故显得“一身圆”。骨头圆和皮松有连带关系。

馒头爪儿高桩样，

狗站立时，尤当后肢坐地，前肢拄地时，足趾形状容易看清，要求如高桩馒头模样。此为趾掌之下肉厚而有弹性之征，善于奔跑。

腿似硬弓绷上弦。

似硬弓的部位在后腿的上半截，即臀肘之间的一段。弯度越大，奔跑起来越有力。

黑花舌子性猛烈，
拉出一遛显不凡。

北京狗种，舌头一般为红色，仅少数舌上有黑斑，曰“花舌子”，为性猛善斗之征，故备受重视，身价十倍。

狗平时口闭不张，舌上有无黑斑，无从得见。只有遛它时人拽着向前爬行（参阅乙章《遛与蹲》一节），一程下来，舌头耷拉下嘘嘘出气，于是花舌子便一览无遗。如被行家看见，定啧啧称赞。故曰“拉出一遛显不凡”。

虎牙第一要完整，一作：虎牙第一要完好。
缺了咬獾合不严。

狗有四个长牙，位置在上下牙床的前方，左右各一，名曰“虎牙”。虎牙有时因啃骨头或掐架而断折伤损，咬獾遂难合拢扣严，故选狗时必须注意虎牙的完整。

颏下长须有说词，
要一去二还留三。

“有说词”即有讲究之意。

在狗的咽喉之上，下颏正中，长有长须二三寸长，数量一根、两根或三根不等。经多番考验，一根、三根者多勇猛、善咬獾，两根者多懦怯，缺少斗志，颇为灵验，但也有例外。曾求教于老养家，只知其然而不知其所以然，未能获得令人信服的答复。

还有一点不用讲，
要是四眼全玩（儿）完。

四眼为养狗家之大忌。只要是四眼，其他部位长得再好也白费，故曰“要是四眼全玩（儿）完”。荣三讲到清末有名广子者，家有四眼狗，居然咬獾。它给主人招来了绰号，“四眼广子”，伴其终生。

以上34句皆书相形。

黑狗准，
青狗狠，
狸狗机灵黄狗稳。

“准”是说多数入选的黑狗都咬獾，比其他毛色的更有把握。“狠”是说入选的青狗往往有狠口，能置獾于死地。狸狗的机灵和黄狗的稳亦为此二毛色常具之特点。以上可视为四种毛色的总论，只能理解为大抵如此而不宜绝对化。

“狸狗”指有深浅两色条纹的狗。因猫亦有此花色，名曰狸花猫。故狸狗有此称。又黄、黑相间之牛曰“犁牛”（犁音厘）。疑“狸”、“犁”二字有关连或相通。

以上三句为毛色总论，以下分论各色。

黑有几种黑，
闪红彤毛黑，

“彤毛黑”还有一个比较通俗的名称，曰“火燎烟儿”（读 huó lé yānr）。谱中不用此称而用较为典雅的“彤毛黑”，也使人感到狗谱作者中有知书识字之人。

闪灰是曹黑，

“曹旧”，北京常用语，例如说：“这件衣裳穿得曹旧了。”此“曹”字究竟应如何写，辞书未能查到。故宫所藏清代宫廷衣物，往往贴有太监所书黄色纸签，有时出现“曹旧”字样，或写作“糟旧”。可见亦随意采用谐音字而无规定写法。或谓其义近“糙”，但“糙”无 cáo 的读法。

白爪送炭黑。

“送炭”乃“雪中送炭”之简称，指白爪或有小截白腿之黑狗。北京亦称白爪黑猫曰“雪中送炭”。

白胸瞎子黑。

北京称熊曰“黑瞎子”。熊胸口有白毛一撮，故与此花色相同之狗曰“瞎子黑”。

白腿黑点豹花黑。

“豹花黑”指黑狗白腿，腿上有黑色碎点。

青有几种青，
闪黑叫铁青，
闪白叫狼青，
闪红叫火青，
上青下黄马粪青。

“马粪青”为青中之下品，从名称也可以知道不为人重。

白青本名希里哈，
燕蝙蝠在脑门挂。

荣三告我“希里哈”为满语，指青中之最浅，四足呈白色者，其额顶却有深色如蝙蝠花纹，在青狗中属上选。近因为谱作解说，特向第一档案馆满文专家屈六生先生请教，承告“希里哈”即“精选”之意，与白青色无涉。看来《獾狗谱》口授相传，字句难免有夺脱。原意或谓“白青”乃从青狗中选出之至佳者。背诵者对满语渐不知晓，遂误解其本意。

燕蝙蝠读作 yàn bó hǔ，北京对蝙蝠之俗称。

铁背苍狼真不赖，
自古人称乌云盖。

“不赖”，不差也，且有很好之意。

铁青狗背色之深而匀者名“乌云盖”。凡乌云盖均属铁青，但铁青未必是乌云盖。

青狗难得白脸狼，
獾子见了准遭殃。

青狗白脸无不勇猛刁狠，而且勇中有巧，堪称獾之克星。

青狗最怕黑乌嘴，
摆忙只会瞎汪汪。

“黑乌嘴”之“乌”，读作 wù。马粪青往往伴有黑乌嘴，越到嘴尖色越深，几成黑色。

“摆忙”见《国语辞典》第 52 页，“讥人妄动之词，如言：你安静一会儿罢，别摆忙了。獾狗大忌摆忙，不耐心看守，动作频繁，甚至吠叫有声，将獾吓走不归。

狸狗又叫虎皮豆（儿），
道儿要真色要透。

北京称狸猫、狸狗之毛色曰“虎皮豆儿”。《国语辞典》第 1644 页：虎皮豆为“豆之一种，形似黄豆，色黑赭，作虎皮纹，故名”。按另有大于蚕豆一种，有条纹，亦名“虎皮豆”。

狸狗之色透，条纹自清晰，亦即所谓“真”。条纹真，其色自透，故二者实为一事。

狸有几种狸，
闪黄叫火狸，
闪青叫青狸，
道儿不真叫浑狸。
十年不遇是白狸。

狸狗不论为火狸还是青狸，均少于黑、青、黄诸色，故较名贵。至于白狸，更为罕见。凡条纹深浅反差较大，浅纹灰中呈白者即为白狸，并非真黑、真白相间如斑马之纹。

黄有几种黄，
浅黄为草黄，
深黄为酽黄。

酽者，浓也。此字较文雅，却是北京俗语。如说：“多放茶叶，沏一壶酽茶”。大鹰黄色深者曰“酽豆黄”。

不深不浅是正黄，
黄狗白脸金不换，
初八晾狗人争看。

黄狗白脸，性最猛烈，咬獾百无一失。胖小荣一生养狗不下二三十条，以得自西四牌楼北大街柳泉居饭馆之白脸黄狗为第一。事隔数十年，荣三讲到它时还眉飞色舞，不能自已。

为狗摘帽，须将狗嘴及四足捆住。耳朵剪去一部分后，用烧红烙铁熨炙伤口。凡狗经受折磨，遭此苦难，解开绳索后难免疼痛萎缩，数日始能恢复。荣三为柳泉居黄狗摘帽，照例安排好三人同时为它松绑，他自己则手持瓢勺，口含井水，准备喷向狗头，在这刹那间，呼唤为狗新取的名字。这都是养狗家的规定程式，目的使狗忘记过去。不料荣三一口喷出，水花未落，黄狗突然跃起，张口扑向荣三咽喉。他急闪身，大褂领口被狗叼住，裂帛一声，大襟从领口到下摆撕成两片。荣三为摘帽老手，阅狗多矣，但性情如此猛烈者，不仅为前所未见，亦非意中所有，故被它吓出了一身冷汗。此狗被胖小荣名曰“狼儿”，后来咬獾创最高纪录。并往往一人一狗“逛独围”。某年秋逛牛栏山，追一只大獾上坨子，多半个身子已钻进洞中，狼儿竟一口叼住后腿又把它拖了出来，真可谓力大无穷。故名扬九城，养狗家无不知此白脸黄狗。

正月初八为白云观晾狗日，养狗家都牵狗赴会。凡毛色出众或咬獾得力者皆有人围观，受到称赞。

> 三块黄，
> 四块黑，
> 豹花碎点满身飞。

养狗家喜爱养花狗，尤其是块块分开，不搭不连，所谓“单摆浮搁”（搁读ge）的花狗。“三块黄”“四块黑”均属此。花狗中有一身碎花者，有片块之间分布碎花者，皆罕见。“满身飞”形容碎花大小、疏密之漫无规律。

> 青花狸花真少有，
> 遇见谁都不撒手。

花狗中黑花最多，黄花次之，青花又次之，狸花最少。

> 眼镜、偏儿、鬘髻花，
> 谱上有名人争夸。

“眼镜”指一眼或两眼周围有色毛，仿佛戴上了眼镜。如是黑色则有如熊猫。“偏儿”亦称“阴阳脸”，即半边脸有花。鬓髫指耳朵上有花，最好是花到两耳耳根，有如儿童的双髫。如耳部花得太少，容易因摘帽而被剪去。

诧色还有一身紫，
老爷赤兔想如此。

“诧”读作 chà，北京俗语，有特殊、不同凡俗、使人惊异之意。如白鹰、脯红红靛颏儿（鸟名），皆被称为“诧毛”。曾见有人写作“岔”或“差”，似去本意稍远。紫色皮毛在洋狗中甚多，北京狗则十分罕见，故视为“诧色”。“老爷赤兔”指关羽之赤兔马。关羽北京通称“老爷”，或“关老爷”。京剧中所谓“老爷戏”即关公戏。

难得紧毛一堂（儿）灰，
灰鼠皮袄反转披。

“堂”读 tǎng。一堂儿”，完全浑一的意思。

灰色狗亦极少有，以短毛者为正品。

要说盖盖（儿）数白狗，
各色皮毛它居首。
鼻子顶个屎蚵螂，
白狗黑鼻真叫棒。
紫鼻、红鼻太可惜，
不算白狗不为奇。

“盖盖儿”即压倒一切、高于一切之意，可能是现在流行的“盖帽儿”一语的前身。于此可见北京语言的变化。

紫鼻（亦称“豆腐干鼻子”）或粉红鼻的白狗不为罕见，而只有黑鼻子才算是真正的白狗，最为难得。“顶个屎蚵螂”，形容狗鼻之黑如黑色甲虫。

数十年来，只听说西城石老娘胡同军阀张宗昌宅邸出过一条黑鼻子白狗，为回族摔跤家大马把所得。为追查失狗，四名马弁提着盒子枪到处搜寻。马把为养此狗，匿居远郊回民区，频频迁移住所，不仅避开了缉捕，还多次出围逛獾，在养狗家中被称为硬汉子。我认识马把时他已不养狗，在东四牌楼南大街本司胡同口开烧饼铺。问起当年的白狗，他顿时精神百倍，谈笑风生。他说：“豁出命养活它也值，这一辈子只有这一个乐儿。”

以上 52 句讲不同毛色。

只要古谱背得熟，
好狗牵来不用愁。
春秋两季(儿)把獾咬，
挂在茶馆齐叫好。
里外三层人围观，
人更精神狗也欢！一作：人又精神狗又欢！

“熟”读 shóu，与愁谐韵。逛獾分春秋两季。春季自獾出蛰开始，至初夏庄稼长起停止。秋季自庄稼收割开始，至初冬獾入蛰停止。

咬獾归来，一路上总要进茶馆喝水吃饭，将獾挂在茶馆天棚下，狗拴在一旁，名曰“挂獾”，有凯旋得胜之意。围观者颇众，有时里外三层。

京剧《珠帘寨》有两句戏词：“华喇喇打罢了二通鼓，人又精神马又欢。”狗谱末句只把“马”字换成“狗”字。此句可能为知京剧者所作，亦可能为梨园行中养狗者所作。我们确知著名花旦路玉珊，艺名“路三宝”，就是一位养狗家。承朱家溍兄见告，梅兰芳先生曾师事路玉珊，并亲聆梅先生说路能头顶满碗水跑圆场而水不倾洒，可见武功造诣之深。逛獾黉夜牵狗出猎，什么样崎岖的地形都可能遇到，没有武功功底是不可能参加此种活动，享受其乐趣的。

最后 6 句，归到咬獾，挂獾，总结全谱。

（荣三等口授，王世襄笔录、解说）

乙章　训狗与逛獾

(一)狗种与狗源

獾狗皆就地取材,用中国狗种。

中国狗由来已久。现在广泛生长在南北各地的狗,和汉画像、壁画、陶俑描绘塑造的颇多似处,可看到千百年来血统的延续(图二、图三、图四)。

图二　东汉中期石刻狗画像　四川乐山柿子湾 M3 崖墓石刻

《四川文物》1990 年第 6 期第 37 页图六

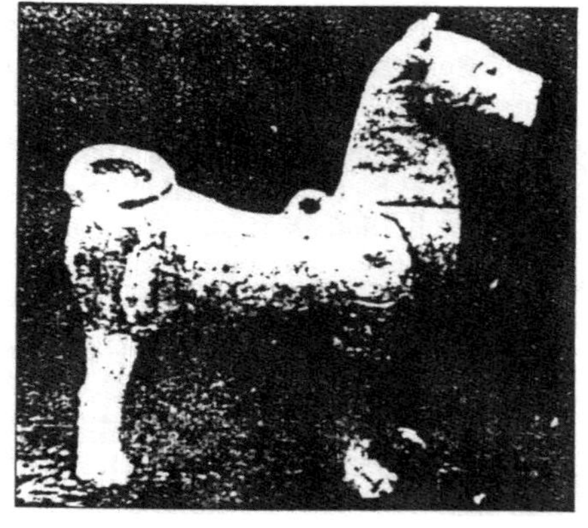

图三　东汉晚期陶狗俑　四川乐山大湾嘴崖墓出土

《考古》1991 年 1 期图版伍

图四　东汉后期陶狗俑　河北沙河兴固汉墓出土

《文物》1992 年 9 期第 15 页图七

不过当年北京地区的狗比南方的要大得多，壮硕勇猛，有的是长毛或半长毛，显然混进了蒙古狗种（图五、图六）。蒙古狗又名“鞑子狗”，体大毛长。体大故能驱狼护羊，毛长才能御风耐寒。徐珂《清稗类钞》有所述及：“内蒙之犬，大如犊而性猛，鸣声如牛；俗呼为“挞子狗”，汉商多畜之。日中锁以铁链，晚放之，使守门户，盗贼多不敢近。”汉商既多畜之，自然会把它带到汉族聚居地区来。

图五　黑花獾狗　身上有豹花点

1939 年 2 月（农历正月初八）摄于白云观

图六　黑花獾狗　新狗尚未摘帽

1939年2月(农历正月初八)摄于白云观

我自幼在洋学校读书,却是什么都是中国的好,月亮也是中国的圆。那时不少亲友同学都养洋狗,什么police dog(警犬)、terrier、spaniel、bull dog等等,而我觉得只有北京的笨狗(养洋狗者对北京大型狗的贬称)好,后来知道能训练它咬獾,就更加喜爱了。

北京狗可能不及警犬聪明,但绝不比未经正式训练的警犬差,而体形要比警犬魁伟,毛色也好看。它对主人忠诚友好,但又不贫(北京俗语,指无休止地向人表示好感),不像某些外国观赏狗那样下贱,一身媚骨,扭来扭去,絮烦可厌。它勇敢坚强,吃苦耐劳,对生活待遇要求很低,真是优良品种。当然以上指的是经过挑选的北京狗。新中国成立后,为了防止狂犬病流行,北京地区的狗惨遭捕杀,一只不留。那时我已不养狗,但为之十分痛心,又自恨无能为力。我感到这和拆掉北京城墙和某些重要古代庙宇一样可惜。但愿北京远郊区及偏僻州县还有幸存者,待人们认识到它可贵可爱时,花力气去繁殖恢复它,不使它绝种。

当年北京养狗之风甚盛,主要是用来看家而不为观赏。养得最多的是一些大买卖家,如粮栈、布铺、皮局子、山货店、砖瓦铺、饭庄子等等。往往多到十来条,几代兼收并蓄,叫作“窝子狗”。其次是官商宅第,大户人家。就是一般住户和商店也大都养拘。加上远近郊区农民所养,数量确实不少。故在大街小巷乃至农村乡镇,都可以看到三五成群的狗,有足够的狗源供獾狗养家从中挑选。

我曾问荣三,过去白云观、太阳宫睬獾狗能有多少条参加。他说在他年轻时(约 1900 年)有五六十条,听老辈说早年间能有一二百条。北京的狗总数当以若干万计。一二百条入选,也不过是在几千条中取其一二而已。

(二)“偷猫盗狗不算贼”

北京有句老话:“偷猫盗狗不算贼。”这是偷了别人的猫或狗,而又想减轻罪责编造出来的一句话。明明是偷了,怎么不算贼呢?简直是强词夺理!不过这一类盗窃者的心理是可以理解的。首先偷者认为所偷的只是猫或狗,而决不偷其他东西。其次认为偷猫或狗动机纯粹出于极端的喜爱,但又无法花钱或用其他方法求得,百般无奈下出此下策。偷来之后,只作为宠物喂养,决不牟利或作他用,而且对它的爱护要远远超过其原主人,这和一般的窃贼又不相同。存在着上述心理,便认为这种偷有不无可原谅处,于是就编造出这句歪话来。

说起偷狗,北京过去有两种人。一种人称“坐狗的”,主要在冬日偷盗,剥狗皮,卖狗肉,谋财害命,罪不可赦。此种人为数不多而贼技特高。他们独往独来,徒手作案。只要一把掐住狗嘴,不论狗有多大,用力一甩,另只手攥住后腿就能把狗围在腰里,向后一坐,狗命已经呜呼,披上皮袄,扬长而去,竟难发现身上还围着一条狗。这是真正的狗贼,獾狗养家恨之入骨。原因是有些被选中的狗遭到他们的毒手,实在可恨、可惜。当年北城曾有一条上好的黄花,被卖了狗肉。养家纠集了几个人,找碴儿把坐狗的打了个半死。从此他们也有了戒心,对够材料的狗不敢再下手。另一种偷狗的就是养獾狗的人。

挑选獾狗首先要在茫茫狗海中发现可造之材,《獾狗谱》就是为此而编的。养狗家一般都养鸟或架鹰,清晨有遛鸟的习惯。即使不养鸟,一早也要绕个弯儿进茶馆。如果有人存心物色狗,他不辞踏遍九城。恰好看家的狗在院子里关了一夜,清晨也要跑出门去拉屎撒尿,往往颠儿颠儿地跑遍几条胡同才回家。因此,清晨是一天之中觅狗、选狗的最佳时刻。

养狗家不论住城南城北,也不论曾经养或正在养,多数都相识,或至少有个耳闻,经介绍便一见如故。除非他还想拴一条狗,故有所发现也秘而不宣。否则相遇于路途，聚会于茶馆，话题往往离不开狗。有一次遇到一位中年养家，在路上碰见荣三，连忙上前跪腿请安，然后凑到一起低声絮语起来。事后知道原来他在某处发现一条狗，要请荣三给他掌掌眼，看够不够獾狗条件。

在茶馆里我曾听到一位说，某天在北新桥冒出一条黑狗白前胸，长得如何俏式。另一位说在西华门看到一条乌云盖，大概是路南粮栈的。又有人插嘴，那天在平则门（即阜成门）看到跟着驮灰骆驼进城的一条花狗，简直长绝了，肯定是门头沟石灰窑的，等等。茶馆可算是獾狗情报交换站。

又一次我和荣三从西华门茶馆出来，碰到小阎来找他，非请他吃饭不可。饭后一起去看一条狗，因两耳耳根软硬不一，尾巴有个弯儿，所以请教荣三如何拾掇。狗尚未到手，他们已在研究如何为狗整容了。

常来茶馆坐的养狗前辈更爱拍老腔儿，说什么哪里哪里一条狗准干活儿。“谁要养活它不咬獾，我替它咬去！”这一句话不要紧，可非同儿戏。如果真有了主儿，到时候竟不咬，岂不栽了，一世英名，将付诸流水！我养的一条青花，名叫“雪儿”，就是瑞五爷给相中的。出围西沙屯，可谓一口定乾坤。这也成了瑞五爷的得意之作，提起雪儿他就拍胸脯儿：“怎么样，我老眼不花吧！”

狗被选中，首先要查明它来自何方，常在哪里，找到它的家，行话叫作“脖眼儿”。其次是摸清它每一天的行动规律，并在此过程中进一步观察它的形态神情。下一步是食物引诱，行话叫“本”。例如说“今天我本上它了”，就是今天我喂上它了。食物用盒子铺卖的酱肝或小肚，取其不糟不软，可切成丁儿，像儿童弹玻璃球似的弹到狗脚下。喂过几次，狗跟人走，到一个合适的地方，如小巷拐角、墙旮旯、关着门的门洞儿等，将带着的食全部抖搂给它，名曰“放食”。如此数次，经过脖眼儿，不喂它也会跟人走，时机已渐成熟了。

曾听人说，当年吴佩孚之弟吴四爷住宣外保安寺街，家中有一条头号大青狗被聋李四看中。吴宅大门出入频繁，人多眼杂，无法向狗投食。后来出钱请了一个叫花子常在门口乞讨，把狗喂熟了，终于偷走。又听人说有的狗对食不亲，喂它也不跟人走。只好改用“美人计”，特地养了一条母狗，待到发情期，让它发挥作用。北京老话说：“不怕贼偷，就怕贼惦记。”养獾狗的什么招儿都有，真是防不胜防。

如能把狗喂熟，跟人到家，是乃上策，人省事，狗也不受罪。不过多数狗远了不去，只好在脖眼儿附近找个“坑儿”。所谓坑儿就是借用人家一个院子，把狗带进去，可以“关门打瞎子”。名曰借，可能得到院主人的同意，也可能他根本不知道。借不到坑儿时，或许利用胡同里的一个拐脖或哑巴院（胡同中与别处不相通的凹进地段），要求以“打闪纫针”的速度完成。技术高的在比较空旷的地方也能完成任务，手艺潮的即使关门打瞎子也会演出“狗急跳墙”的闹剧来。

养狗家套狗会使它受些苦，但决不肯伤害它，故一般要有三个人参加并有较周密的部署。套狗的工具名曰“条子”，清代用羊肠制的弓弦，穿过设在一端的小铁圈，形成一个活套，另端用布缠成把手。二十世纪初改用四股或六股铅丝拧成的麻花条。它可围在腰里，有如腰带。一人设法用条子套住狗颈，一人抓狗后腿，一绷就把它放倒在地。套者随即松开条子，抓住狗耳，按住狗头，一腿跪压狗肩，倒手攥住狗嘴。第三人抓前腿。三人同时掏出大线（松软不易还扣的麻绳），将嘴和前后腿捆住，行话叫“码上”，装入麻包，搭上人力车簸箕。一人坐车上，揪住麻包口，注意狗情，既不使它挣开，也防止它窒息。一人拉车，一人护送，向目的地飞驰而去，如是冬天，一定用的是有棉篷子的人力车。

荣三告我庚子（1900 年）前北京各城都有偏僻的胡同，行人稀少。老养家绰号“獾狗恩子”，套狗技术特高，不像上面讲的那样费事。只见他解开大褂纽扣，把条子藏在大襟之下，远立街心，脸背着狗。他示意后边的人拣砖头打狗，狗奔驰而来，经过身旁时，他下腰探臂，一个卧鱼儿就能漂漂亮亮地把狗套住，赢得同伙们的喝彩。他也不把狗嘴和腿捆上，只用条子半提半曳地拉着狗走。性烈的狗这时会扑他咬他，他不慌不忙地借势把狗扽个滚儿。几次之后，狗就不敢扑了。就这样他能把狗对付到家。不过荣三说，这是那年头儿，现在北京人多了，恩子要是活着，也露不了这一手了。

有时得狗却“踏破铁鞋无觅处，得来全不费工夫”，被养狗家称为“飞来凤”。那就是乡间的狗跟随运送物品的车马人众进城，被养狗家诱拐截走。凡此，大都是一年左右，刚长成，活泼好动的狗。1942 年我由学校搬回家中，獾狗已经不养了，而爱狗之心未灭。一日去参加同学的婚礼，在东华门附近遇见一条黑狗，浑身圆骨头，已长到三号出头，毛糙而深黝，只胸口有一撮白毛，活泼非凡，无一处不具备獾狗条件。婚礼我不参加了,到宝华春买了酱肝,把狗喂到了家,成为我最后的一条观赏狗。为了纪念这个值得纪念的日子,我从一对新人的名字中各取一个字,名黑狗曰“小宝”。我发誓绝无亵渎同学之意。小孩的乳名和猫狗本多相同,外国用人名名狗更为常有。谁要用我的名字名狗,我也决不介意。

(三)摘帽儿——入伍的“洗礼”

为了不使獾狗擞毛时两耳拍打出声,必须将耳朵上半剪去一部分,名曰“摘帽儿”。

剪耳是獾狗的标志,人们一见便知它已摘了帽儿,参加到獾狗的行列。从此任何养家都不得再偷它。如需要它当师传,带领新狗咬獾,倒可以登门向它的主人求借。这里面有哥儿们义气,也是玩獾狗的行规。

帽儿摘得好坏有关狗的仪表,故养家甚为重视。两耳如何剪始能和头相配称,应当各剪多少,是否左右相等,还是为了校正两耳的差异,一边应略为多去或多留?这些事先都经过研究。有时还请客送礼,烦求老养家掌剪,仿佛有一种仪式,显得相当隆重。狗为此要遭受一场苦难,而它将由一条看家狗变成猎獾的狗,改换门庭,有了新主人,生活也有很大的改变。这一切使摘帽颇有受“洗礼”的味道。

在一般情况下,狗运回家,跟着就摘帽儿,因嘴和腿部已经捆好。只有因路途遥远,或天气炎热,怕狗受不了,才为它解开绳索,换上锁链,将息休养几天再摘帽儿。

摘帽儿用的工具是剪刀一把,篦子一个,拆下两根竹梁,对劈后用以夹住耳朵,两端用小线捆牢,沿着竹梁上缘下剪,以求平直。小铁烙铁一把,在煤球炉上烧红,剪后用烙铁熨烫伤口,这是十分有效的消毒方法。熨烫后,解下篦梁,经过十天到两周,伤口脱落一条硬痂,再过一周到十天,又脱落一层血痂,伤口便完全愈合。狗如有后撩儿或尾巴有弯儿,一般都在摘帽时顺手为它拾掇好,也是为了省去再捆绑折腾一次。

狗在摘帽儿后,换上铁锁链,三个人同时为它松绑,一齐撒手,以免遭它噬咬。这时还有人朝狗头上喷凉水,呼喊为它取的名字。据说经过这番苦难折磨,喷水使它猛然清醒,听唤新名,容易记住,并会忘掉过去。

狗宜安置在罕有人到的院子里,窝宜向阳,上有遮蔽。拴锁链的橛子要紧贴地面,切忌钉在高处。否则狗向前扑,锁链勒咽喉,难免受伤,甚至死亡。铁链套狗颈一端,采用可紧可松的装置。制作简单而便于套上取下(图七)。贴着狗颈的一段细布缠里并用线缝牢,减少摩擦,伤损颈毛。

狗用食水盆具,宜掘地置放,使它俯身就盆,有利其前胸的生长。以上种种用具,早在摘帽儿前都已准备齐全了。

(四)遛与蹲

在摘帽儿后耳痂两次脱落的二十多天中,是人和狗初步建立感情的时期。每天几次饮它喝水,夜晚喂它食(一般是凉水泡玉米面窝头),用锁链牵着它放屎放尿,随着伤口的愈合,狗渐渐精神起来,此后即转入训练阶段。

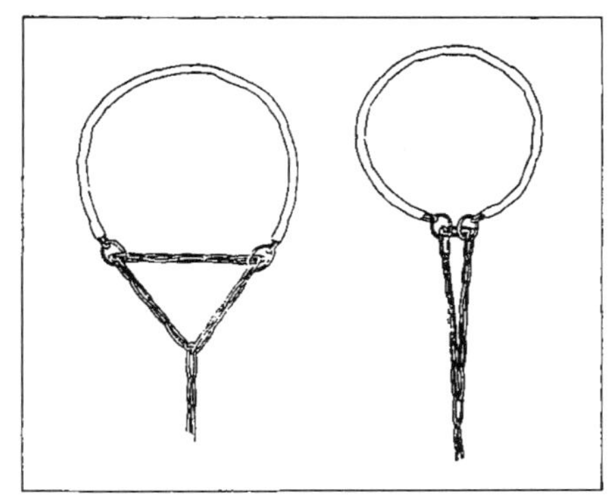

图七　拴狗锁链示意图　左右两图示锁链松开及收拢的情况

训练狗可以概括成"遛"与"蹲"两个字。遛狗总是在夜晚进行,更深人静,避开灯火为宜。为遛狗制的绊,粗布重叠八层或十层,密针实纳。颈绊宽一寸有余,乃一整圈,穿过铁转环下部的扁方。胸绊宽不及寸,也穿过转环,开口,大小松紧用别子来调整(图八、图九)。遛狗绳,骆驼毛打成,粗如手指,长二丈四尺,对折使用。中间一段正当转环处,皮革包里,名曰"耐磨"。绳穿好后,两股在握,长一丈二尺,最后三圈留在手中,以备倒步放绳。由于狗昼夜拴在院中,只有夜晚遛它时是唯一活动时间,其兴奋振作,自不待言。故时辰一到,总是急不可待。给它换上绳绊,会拉着人冲向大门,脚下稍不利落,躲闪不及,很可能被门槛绊着,或撞到门框上。这时要松放手中的绳圈,借以得到缓冲。来到街上,它更会用力向前拉拽，恨不得把胸脯子贴到地面，术语曰“爬”。人不能跟着它跑，只有挺腰稍向后仰，把绳子绷得像一根棍，压着步向前走，隔着老远，就可以听到狗哈哈嘘气的声音。这时街上如有积水或层冰，也要放绳一跃而过。狗的奋力前拽，说明它上了性儿，而人拉着它，也显得特别威武。蹼跤家们说，遛狗的放绳倒脚，左右跳跃，有助摔跤脚下功夫的锻炼。这也是布库们喜欢养獾狗的原因之一。

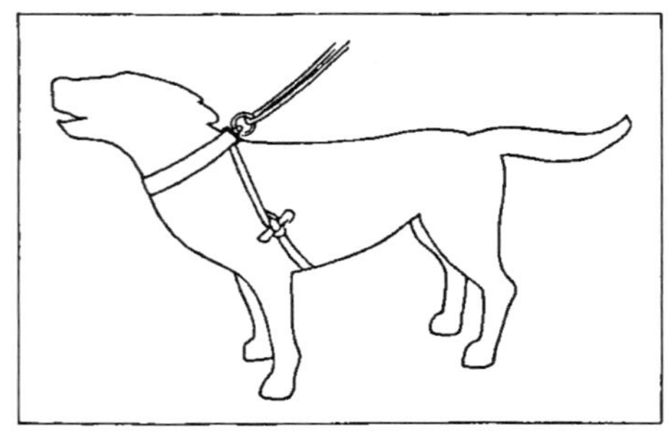

图八　遛狗用绊示意图

图九　铁转环

1932年我开始养狗，第一条是德胜门大街小崇送来的黑花，半长毛，足够二号。黑头，身上有三块黑，白腿，长得特别壮硕雄伟，圆乎乎的，可以用“浑得鲁”三个字来形容。更因它浑头浑脑，掐架时，不挑地方，逮着就是一口，口很重，咬住就不撒嘴，但有时也被别的狗咬伤，故名之曰“浑子”。不久，由回族杨把送来又一条黑花。它长得不及浑子那样虎头虎脑，而从其行动坐卧来看，特别刁钻古怪，掐架老占上风，故名之曰“生子”（生音 gǎ）。

我把浑子拴在家中，又在附近一条死胡同尽头租了一间房，后院拴着生子，由荣三照管。从是年9月投入训练，每晚9时以后，我们拉着一对黑花，从朝阳门南小街进北小街，穿过东直门大街，进东直门北小街，直到俄罗斯馆（读作俄罗素馆，后来苏联大使馆即在此地）北墙外的城根，也就是北京城墙东北角的里侧。

那时城北颇偏僻，过了东直门大街，夜晚已路静人稀。到了城根，更是一片空旷，杳无人迹。我们拉着狗坐在泊（读 bó）岸上（泊岸即城墙墙基），要到午夜后才回家。这就是所谓的遛与蹲。

狗和儿童一样，开始蹲时，它坐不住，时而面向着人，时而急躁起来，嗞嗞呾呾，鼻中出声，闹着要走。蹲就是要磨炼它不耐烦的性儿，使其知道既来之，则安之，一任月黑风高，寒风刺骨，也要蹲够时刻才回去，闹是没有用的。

从城根到俄罗斯馆北墙，有一大片空地，长着杂草，堆着瓦砾垃圾，夜里有小动物如野猫、刺猬、黄鼬、狸子等出没。蹲过二三十天后，狗不再出声了，头转向外，时坐时立，把注意力转向了外界。不同的狗对不同的小动物会有不同的反应。或两耳向后一背，挑起鼻尖，辨别气味；或脊毛立起，前爪不停地踏地；或全身紧张颤抖起来。这时它可能向后稍退，突然出击。为助其声势，叱其向前，举手扬绳，有如马脱缰而去。它可能一口把野狸猫咬死，也可能追得无影无踪，是否动作敏捷，勇敢坚强，是日后咬不咬獾一种预测，也是对它的一个考验。

经过上述几个月的训练，狗出门，尤其是蹲后回家，不像过去那样傻爬了，而在途中也会注意四周的动静。如爬上一个坡，会拖下尾巴，立定抬头环顾一下。过一条沟，会跳下去寻找一番，这就是所谓“遛出劲儿味儿来了”。达到此种程度，可在适合的地方，将它放开，术语叫“挒（读 lié）开”，任其驰骋，看它在奔跑中有无搜索的意识。养家称其自由奔跑曰“围头”。围头要大要好，大指跑得远，好指动作细腻机警。

经过上述的训练，对狗的性情和动作会有进一步的了解，人狗之间也渐渐有了默契，出围逛獾的时机便已成熟。如狗选得好，训练肯下功夫，两条生狗完全可以把獾咬回来。生狗咬獾又是养狗家认为值得夸耀的事。

（五）勤瞧懒逛

逛獾应先从北京气候、獾的习性及所居洞穴说起。

北方天寒，冬日田野找不到食物，故獾有冬眠习性。立冬以后，它蜷伏不再出洞。来春地暖，开始蠕动，惊蛰前后才出洞觅食。经过一冬的消耗，春獾瘦而灵活，反扑迅捷，狗每为所伤。秋獾饱餐数月，体重膘肥，奔跑稍缓，但力大制服较难。早春獾不耐夜寒，出洞不久即返回。随着天气转暖，往往终宵觅食，拂晓尚在田野。深秋以后，归洞又渐提前。暮春到中秋一段时间因草木、庄稼茂盛，障碍物多，故不出围。而在暮春前、中秋后所谓春秋逛獾季节，也必须了解气候冷暖和獾的活动关系，才能准确掌握其出洞归洞时间，纵狗擒之于洞穴之外。

獾既穴居，山中洞窟多在坡高土厚处。京郊平原，坟圈子里的土丘，常被钻洞作窝。养狗家通称獾窝曰“坨子”，而坟陵土丘，又依其环抱之状，名曰“围孵儿”，盖属坨子之一种。山中坡陀起伏，涧壑纵横，只有少数熟悉地形者曾在戒台寺、妙峰山等地逛獾，一般养家出围只在平原。

养狗家流传着一句话——“勤瞧懒逛”，堪称是尊重科学、符合辩证法的经验总结。因为只有勤瞧，也就是仔细观察，才能掌握獾的活动规律。在观察阶段，不要急于牵狗上阵，故曰“懒逛”。否则会弄得人困马乏，徒劳无功。观察是为逛獾做必要的准备，而不会耽误逛獾。这和“磨刀不误打柴工”同样道出了值得玩味的道理。

当年京郊有不少住着獾的坟圈子，如京东的三间房、燕郊，京南的固安、廊坊，顺义的牛栏山，沙河的西沙屯等等。养狗家通常邀集三四人，拉着两三条狗，换下遛狗的绳子，改用出围用的皮条，皮袄打成包，把钩獾用的钩子和打獾用的犴达罕（驼鹿）角棒子（图一〇、图一一）也打在包内，背在背上，带着水和干粮出发，正是那幅逛獾出围图所画的情景。

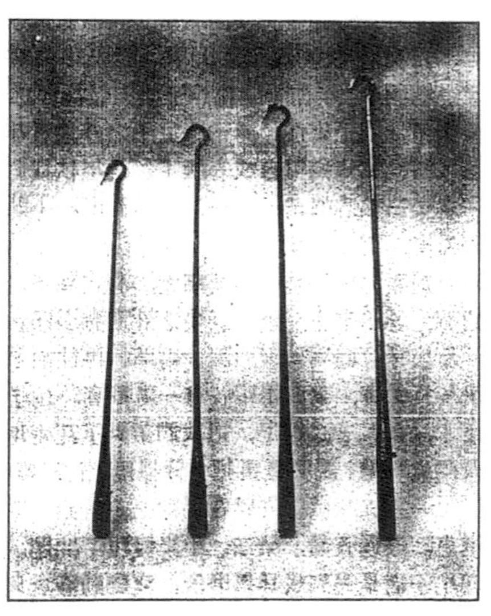

图一〇　逛獾用钩子

最长一柄长90厘米。硬木把，铁制钢尖。手握处有小金属球凸起，其名曰“星”，与钩尖直线相对。夜间握钩把，凭掌心感觉，便知钩尖所向，翻腕即可钩獾。

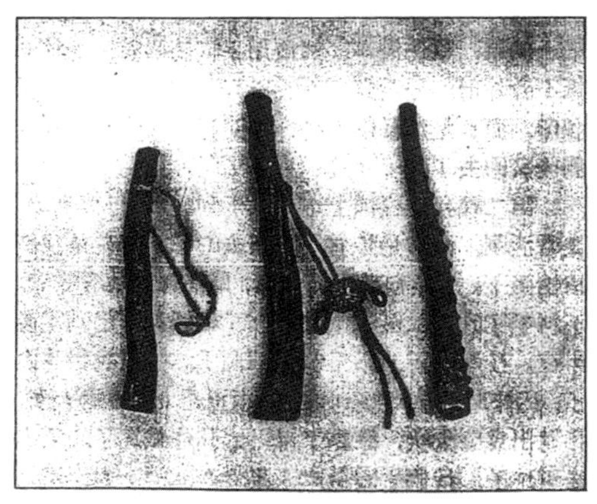

图一一　逛獾用棒子

最长一根长40厘米。用犴达罕(麋鹿)角及羚羊角(右侧一根)制成。角质重而坚,钩住獾后,用棒子震击其头,獾立毙。

第一天至少要走几十里才能到达落脚的小店。第二天狗倒可以拴在小店里休息,人却须立即开始“勤瞧”。

坟圈子离小店近则三五里,远则十来里,一早步行前往。围脖儿多在坟头之后,大者高三四丈,广数十步,多年无人照管,上下前后被獾钻掘了无数洞穴,远看竟如漏勺一般。首先要对这些洞穴进行仔细的观察分析。其中绝大多数是“老洞”,土实松干,有的还张着蜘蛛网,久已不从此进出,只备救急时钻入。洞口狭小,角度接近垂直的是“气眼”,留着通风并侦听动静。经常出入的只有一两个,名曰“活洞”,光滑潮润,有出入脚印,还可以发现蹭落在洞壁的獾毛,乃至活跳蚤。活洞确认后用细土在洞口铺平,术语曰“拾掇窟窿”,使夜晚出入留下踪迹,供来朝勘验。有人还立草标,把几茎草签在洞口,据其倾倒方向辨别獾的出入。老养家则不屑为之。

拾掇完窟窿就要登上坨子观察四周地形,辨明方向。根据回窝可能性的大小,定出看守方向的主次,制订狗力分布的方案。

其次是走出坟圈子去寻找足迹和因觅食而留下的“趴子”和“拱子”(指用爪子扒出、鼻子拱出的地面泥坑),一直追踪到主要觅食所在。接着要寻找它饮水的水源和排泄粪便的处所,即所谓“茅厕”(厕读 sī)。前者因泥软,脚印清晰,有助于判断獾的重量和只数的多少。后者因獾有固定在一地拉屎的习惯,茅厕也可以作为守候袭击的地点。更为重要的是查明獾的"截窝",相当于狡兔的三窟。它在归途中听到动静,便悄然逃走,潜入截窝,数日不归。截窝往往不止一处,每一处都要把窟窿拾掇好。

所谓勤瞧就是要查明上述各处,并不间断地进行观察勘验,借以摸清獾的活动规律。在摸清了规律之后,往往对最初制订的狗力分布方案又要作一些调整或修改。

我第一次逛獾在1933年春分前几天,地点是三间房。荣三认为这里有老窝,哪一次来也没有漂(指失败,空手而归)过。他拉着乍子,我拉着浑子,西华门小阎拉着黑狗熊儿,加上一位帮忙的玉爷。整整走了一天,掌灯时分才住进了小店。

坨子在店东南五六里处。第二天一人留店,三人去看窟窿。荣三说这里变化不大,活洞还是在围脖的阳面半中腰,朝着西南。地形是西面沟渠较多,且有小树林。北西一里外有三五户人家。东面是大片耕地,空旷开阔。南面有个苇塘,只中间有水,苇芽已长到约半尺高。苇塘之外是一条大道。两个截窝,一在东北,一在西北,各有两个洞穴。由于荣三熟悉这里的地形,不到一天就观察了一遍,并把活洞及截窝都拾掇好了。

根据已往的经验,荣三作了如下的部署:他拉着乍子看守地形比较复杂的西面,让我拉着浑子面对东面,小阎和黑狗守南面打接应。北面因有人家,放弃看守。

当晚约11点我们拉狗上了坨子。首先查看活洞的脚印。查看的方法是两人披着皮袄,左右手提着衣襟,面对面,手挨手,向下一蹲,两件皮袄形成一个罩,罩住洞口,然后用手电筒照看,这样光线不致外射。一看荣三就说不好,分明有出进两道脚印,而且是进脚压出脚,说明我们来晚了,獾出洞后又回去了。

第二晚我们提前上坨子,不到10点已经到达。查看活洞,清清楚楚有一道出去的脚印,于是我们悄悄坐下。三条狗表现都不错,聚精会神地看守着。不料坐了许久,风越刮越冷,三星倾斜,已到了后半夜。按季节看,獾早就该回洞了。荣三说他明白了,因来时希望早些到坨子,取道正北,经过人家,招惹出几声狗吠，惊动了獾，因此住截窝了。天亮后下坨子，我们去看截窝，果然西北的一处，洞口有一道入脚，说明荣三的判断是正确的。

第三晚我们仍提前出发，但避开人家，绕道从东面上坨子。静候到午夜，忽然看到浑子脊毛立起，浑身颤动起来，往后略退，冲向前去。我一扬手，皮条单根在握，它向东面田野飞奔而去。这时忽然听到呼噜的声音，我提着钩子追下去。好在这时荣三也已听到了声响，报了一声“獾子”，接着是一声“叱喝”。我还是第一个跑到前面，借着朦胧的月亮，看见浑子大口叼住了獾的后腿，而獾则转身回头。两只利爪抠抱着浑子的头，用利齿去啃前额。浑子忍着疼痛却咬得更牢了。这时乍子跑到，一口咬住獾的耳门子，獾才放开了浑子。黑狗接着赶来咬住了獾的前腿。我已经看呆了，手中空攥着钩子，不知所措。荣三跑到。真是老把式，顺着乍子脚下伸钩子，一翻腕子就钩住了獾的下颏，提起来震了两棒子獾就老实了。荣三只说了一句话：“没有想到獾从东面上来了。”

原来逛獾的规矩是只要听到呼噜声，说明确实有了獾，这时应立即用力报声“獾”，好让大家都把狗撒开，齐力投入战斗。倘狗冲出去，而听不到呼噜声，则不得报獾，可能是别的动物，狗没追上，又回来了，名曰“谎皮条”。此时如误报了獾，别人把狗放开，因前无共同之敌，狗和狗会打起架来，乱成一团，把围给吵了。不但谎报者要受到责难，传出去还遭人耻笑。

这次胜利回城，我们在朝阳门外大街荣盛茶馆挂獾吃饭，三条生狗咬回獾来，随即传遍了九城。

1934 年我就读燕京大学，成府刚秉庙东有我家一个园子，朝南十间花洞子拴狗最为理想。荣三、小崇搬进园子来住，浑子、乍子之外，青花雪儿也已入伍，三条狗可自成一围了。是年秋我们逛了另一处荣三熟悉的坨子——沙河西沙屯。小阎因狗被人借走，空身随往。

这里的地形是围脖儿高大，洞穴甚多，找到了活洞，脚印不止一只，老獾之外还有小仔。前面有一片松林，树高参天，下多蔓草。再往前是一条三里多长的沟，东西两头各有一处截窝。坨子四周留下了许多趴子、拱子，把我们带到了花生地、白薯地及两处水塘。说明这里獾十分猖獗，危害着农作物。

一连三夜我们守候在围脖上，直到天明，杳无消息。经过查看，荣三、小崇发现了问题。原来獾回坨子总是先到松林里潜伏,窥听动静。只要稍有声响,便退回沟里,溜向截窝。只因林密沟深,守在坨子上不易发现。两人用了一天的时间,找到了茅厕,决定不再蹲围脖,改为咬茅厕。

茅厕所在,也很蹊跷,在沟南水塘西边的一片旱苇子中,那里有不少粪便,尚有未消化的花生和青蛙骨骸,有陈有新,说明獾不断地来此。旱苇子之南是一道缓坡,有几株老柳和三五个坟头,我们决定将狗埋伏在这里,面对北方,兼顾东西两翼。

我们蹲到后半夜,獾从把守西翼浑子那一方上来。它飞奔出击,立刻听到了呼噜声,四个人都报了"獾"。跑近一看,黑乎乎好大一团。原来浑子并没有吸取三间房的教训,又是一嘴咬住了獾的后腿,而把自己的脑袋整个地交给獾了,被它回身抱住,乱抓乱啃。幸亏雪儿、乍子来到,一个咬住了头,一个咬住脖梗子,三狗协力,外加两把钩子,才把这四十来斤的大公獾给拿住了。回到店里,发现浑子满脸是血,受的伤比前次还要重。而抬回来的獾,后脚提(读 dī)棱搭棱地摆动,骨头都被浑子给咬碎了。大家不禁地说:"这浑子可真够浑的!"

事隔两年,我又逛了一次獾。此时小崇已病故,荣三也因患疝气而回家休养,又一位精通鹰狗、曾在庆王府当过差的王老根和他的儿子二海来到园中。浑子、乍子已七八龄,退役看家了。雪儿有人求借,当师傅去了。换班的却是三条实力更强的新狗——名叫狼儿的柳罐头青狗,名叫熊儿的半长毛项上有一撮白毛的黑狗,名叫楞子尾巴,多少有些砸腰的火青。它性格有点鲁莽,故名字取"愣头青"之意。每条都够二号,而且长相很好,因此王老根有信心用这三条生狗把獾咬回来。

我们没有想到离园子只有五六里的老公山子住上了獾子。坨子在海淀西南,长河东岸,隔河就是有不少住户的蓝靛厂。老公山子因靠近太监茔地而得名,但并不是围脖儿而是挖稻田堆起的土丘,高四五丈,长二三百步,东西向形成一道屏障。

养狗家都知道离人家越近的獾越难咬,特别狡猾,不易捉摸,行话称之曰"柳"。为了练兵,离家又不远,从初秋起,三天两头拉着狗去。王老根说得好:"有一搭,无一搭,我们只当是遛狗。要是真碰上了,也就不客气了。"过了中秋节，狗也训练得差不多了，我们才带着钩子、棒子正式出围。

老公山子的地形特点是洞穴不多，活洞在阴面半中腰，面对着一大片稻地，有好几顷，是獾觅食之地。截窝在山子东南方。

从八月下旬到九月中旬有十来个夜晚我们守在山子上，天亮才离开，竟终宵平静。奇怪的是清晨看稻地，却有新趴的拱子。经研究才知道当月下弦，田埂的阴影在东边，獾就在东边觅食。当月上弦，田埂的阴影在西边，獾就在西边觅食。故在土山，虽居高临下，也不容易发现它。直到九月中旬，那夜月明如昼，天气已凉，约到半夜，獾从稻田爬上来，意欲回洞。狼儿冲下山去，獾受惊向东逃窜。月光下看得清楚，只见狼儿追到和它并肩，头一斜就把獾头咬住，使劲往地下杵，獾屁股朝了天。熊儿赶到，正好叼住后腿。两狗用力一绷，竟把二十多斤的獾抻离了地面。因使劲太猛，两狗一獾形成了一条直线，的溜地像走马灯似的转了起来。这真是平生第一奇观。楞子来了，因无处下嘴，急得用两爪去扑，这才停止了转动，一口咬住了肚囊子。王老根钩獾，将它打死。这是我出围时间最长、咬得最艰苦的一次，也是最精彩的一次。

我们在海淀三岔路口的茶馆挂了獾，生狗咬柳獾，又在养狗家中传开。王老根很得意，他说："我没有让荣三给比下去！"

如果要对逛獾作一个结语，倒可以引用荣三爱说的几句话："想看咬獾这个乐儿，不能走不行，不能跑不行，怕受累不行，怕冷不行，怕老婆不行，胆小怕鬼不行，不能挨渴挨饿不行，不能憋屎憋尿不行，不能熬夜不行，怕磕了碰了不行，没有耐心烦儿不行，不会用心琢磨不行！"可见是要付出很大代价的。

（六）"人更精神狗也欢"

"人更精神狗也欢"是《獾狗谱》描写出围归来，拉着狗、抬着獾，在茶馆门前高高挂起那种兴高采烈的情景。据我的亲身体会，确实很高兴，有凯旋值得炫耀一番的心情。看的人、问的人越多显得越来劲儿。不过，说实在的，接连几日夜的奋战，又步行了多少里才渐近家门，没有一次不是筋疲力尽，浑身酸懒的。真是"谁累谁知道"！说到狗，它也累了，拴在天棚下直冲盹儿。要是像浑子那样挂了彩，就更可怜了。脑门、腮帮子都肿了，一按就从伤痕中冒血，眼睛也眯成一条缝，它欢不起来了。但獾总还是要挂，这早已成了养獾狗的一个定例。

不妨一提的是同为挂獾，颇有差异，它显示不同养家的气质禀性、火候修养，社会的世态人情。有人回到城郊，过一个茶馆挂一次，不渴不饿也要沏壶水，被人讥为“挂臭了街”。有的人回家故意绕了远儿，例如该进东直门，他却进了德胜门，把獾挂到别位养家的眼皮底下。这叫惹是生非，别家咬了獾回敬，心里的劲儿越摽越大。接着是你咬一个我得咬两个，你咬两个我得咬三个。因此有人把獾狗和鸽子、蛐蛐一样，都叫“气虫儿”。这气都由人招出来的。

荣三说过真正让人伸大拇哥的不是上述养家。早年北京有一两位只养一条狗，逛独围，早春抢咬第一只獾，咬完只在茶馆挂一下就收围了。早春因獾出洞的时间短，最难咬。到晚秋，再咬难度很大的末一只獾，也只在茶馆挂一下。此后如无人再咬到，也就收围了。这叫咬两头，才显出老玩家的份儿呢。

（七）白云观晾狗

北京晾獾狗，原有两处——正月初八白云观，二月初二太阳宫。待我养狗时，太阳宫已无人兴会，只剩白云观了。

白云观为道家寺院，在西便门外一二里许。西墙外高坡上一片松林，枝干多欹偃，故其地曰“磨盘松”。届期日上，养家络绊牵狗至，拴松树上，任人观看。午后陆续散去。

初八这天，实际上只有半天，对养狗家来说却是一个十分重要的日子。南征北战、屡建殊勋的狗，老养家固然要牵来晾一晾。新得到的生狗或在去年一年中咬了獾的狗，也要拉出来显摆显摆。晾狗的为了行动利索，往往穿的是大襟短棉袄或皮袄，腰里系着骆驼毛绳。扎腿裤子，外穿犴达罕皮套裤。头上扣个毡帽盔儿。狗也换上专为这一天用的绳绊。考究的是青色或宝蓝丝绳，绿皮子耐磨。实纳缎子绊，针脚密如鱼子，上安天圆地方造办处铁转环，饰以各式皮革花纹。我每年去白云观总用最心爱的绳绊牵最心爱的狗。环子是独一无二、广为人知的五毒转环。它原为京剧名旦路玉珊所有。中部磨盘上踞一蟾蜍，其上圆环梁外分别錾蜈蚣及蛇，其下扁方，肩上各錾蝎子、壁虎。绊上缉绿谷子皮五毒花纹，乃出小崇之手。他不是皮匠，但双线行对他的手艺无不佩服，自叹弗如。可惜此绊连同七八副龙头含珠转环绊在“文革”中遗失，至今下落不明。

到磨盘松看热闹的人不少，要是有老养家到来就有意思了。尽管他已多年洗手不玩了，可这一天准到。甚至说"要是我不来就是听蛐蛐去了（意即死了）"。在这里可以听狗主人向老养家介绍有关狗的一切——叫什么名儿，原来是哪儿的，如何逮到的，谁摘的帽儿，哪里见的獾，咬得如何等等。也可以听到老养家说老事儿——这条狗和过去的哪一条相似，哪里强点儿，哪里差点儿，哪一条狗咬得如何如何等等。老养家之所以要来，你说他为会会老朋友也好，过过老瘾也好，说说当年勇也好，拍拍老腔儿也好，给后辈开开讲也好，以上动机可能都有。总之，初八是新老养家群贤毕至、少长咸集的一天。有几位养家如白纸坊的聋李四，南苑的李宝宸，小红门的郑三，豆腐脑白把，九隆斋炮仗铺铺东韩掌柜等就是在白云观相识的。

从1933年到1939年我一连去了七年，明显感觉到人和狗一年比一年少。使人感到养獾狗和白云观庙会一样，到了初八已是残灯末庙了。

一种民间习俗癖好的衰亡消逝，有种种原因，是不可抗拒，也无法挽回的。遗憾的是我当年再也没有想到有一天会把老北京社会中下层这种摸爬滚打、抓土攘烟的土玩意儿用文字写出来。如果曾想到，我一定要多做些笔记，把掌故逸事写下来，多拍些照片配合文字，一定能比现在所写的丰富得多，精彩得多。

【王世襄　中国文物研究所研究员】

原文刊于《中国文化》1994年01期

大鹰篇

王世襄

养獾狗、玩大鹰是过去北京同一社会阶层的两种娱乐癖好，二者有不可分割的联系，故俗语有“獾狗大鹰”一词。

“鹰”，其广义被用作猛禽的总称，包括体型最大的雕（别名曰鹫）类；体型次大的鹰（即所谓“大鹰”）和鹘（北京称兔虎，乃兔鹘一音之转）；体型最小的隼类（鹞子、细雄、伯雄、松子等皆属之）。狭义的“鹰”把雕和鹘排除在外，只包括捉兔的“大鹰”、捉雉的“鸡鹰”和捉鸟雀的隼。因各种隼都不大，故通称“小鹰”，捉兔的鹰大，故通称“大鹰”。

人类养鹰，历史悠久。中外文献记载及形象材料十分丰富。全国各地区不仅所养鹰种不同，打鹰、驯养、出猎亦方法多异。经过搜集、采访、记录，可以写成数十万言的专著。不过本篇只讲我亲身驯养过的大鹰（图一），分为打鹰、相鹰、驯鹰、放鹰、笼鹰五节。

一、打鹰

凡是对鹰感兴趣的，都愿意知道鹰是如何打到的。因此讲玩鹰当从打鹰说起。不过讲打鹰只有打鹰人最有发言权，其次是鹰贩子，也有机会看到。至于一般养家，恐怕只有少数人见过。

打鹰可真不容易，一上山就是一整天，带着星星出家门，踏着月色回村子，爬过十几道山梁，饿了啃几口干馍，渴了喝几口随身带的凉水。要是喝光了，只有去捧山沟里飘着羊粪蛋，绿不绿、黄不黄的积水喝。养鹰家很少愿为看打鹰去受这样的罪。至于打鹰的地方，远在二三百里外的塞北“大山”不用说了。即使是较近的“小山”，如冷风口、天桥、西陵、九龙山等，离京也百里开外，不去上几天不行。最近的地方也在香山卧佛寺之间的山头上和宝珠寺上坎，不下五十里。近虽近了，鹰却少于小山各地，很可能守上一天也见不到一只大鹰飞过。有谁肯不辞徒劳往返而去看打鹰呢！

我很幸运，1938 年秋曾去西山看打大鹰，居然一去就看到了。欣喜之余，随手把这一天的经历写了下来，可算是一篇纪实。久庋故箧，遭劫而未失。今日取读，还历历如昨。不然的话，事隔五十多年，即使是赏心惬意之事，也不可能记清了。

以下约 4000 言均录自旧稿。但有些关于打鹰知识，当年写纪实时还不知道，现在觉得应补充进去。特用方括弧（[　]）括出，作为后增的标志。

我今年买的第一架鹰是我看它俯冲入网的。养了六年鹰，还是第一次开眼。尽管它长相平常，抓兔本领也一般，不及我后买的鹰好，而直到隆冬才送给了朋友，多少有些缘分和感情。

去年我在护国寺，买过赵凌青（行四）一架青鹰，从此和他相识。赵四家住青龙桥西北镶红旗北门。今年农历八月十八日，我前往拜访目的，倒不是为看打鹰，只想给他留个信儿，撂些定钱，打着好鹰好给我留着。

镶红旗北门迤东一点，路北三间破瓦房是他的家。院墙坍了一大半，花墙子门楼也没了顶儿。但从村子的格局来看，官房栉比相连，当年旗营子确实兴旺过。我隔墙喊了一声：“赵凌青在家吗？”一位老太太拉着个小姑娘走出屋来，对我说：“儿子打鹰去了。”她迈出大门，回身指给我看西北山坡上的宝珠寺，寺北半山腰上一条白沙沙的路名叫白道子，是去三招（当地称烽台碉堡曰“招”）必由之径。擦着三招西墙一直往上走，绕过山环就到打鹰的地方了。

我觉得路途不远，故未加思索便解开大褂的纽子，撩起大襟，向白道子大步走去。真是“望山跑死马”，看着仿佛很近，走了半天，再看反而更远了。八月的天气已不热，太阳也不高，走忙了照样出汗。好容易爬到了白道子，原来只是青石头被钉鞋踩成沙砾，远看竟如有雪一般。从白道子上三招，更不好走，路窄而曲折，待我背靠碉堡往山下看时，汗已浸湿了衣衫。稍稍歇歇脚，又往上爬，以为打鹰的地方已不远了。不料过一个山头又一个山头，没有赵四的踪影，不由得埋怨起自己来。此行既为买鹰，留话就行了，何必跑上山。既要上山，又为什么不问清道路，免得在山上乱转。接着我又想开了，今天只当来逛山，多转转总不至于找不到。顶多饿一天，渴一天，又算得了什么?!

对面来了个打柴人，挑着山草要下山。我向他打听赵四，他说半个月来天天碰到他，只要顺着俺下山的道路往上走，准能找到他。我的精神马上来了。道声“劳驾”，三步当两步，又往上爬了。

图一　作者(右)与常荣启(中)、朱勇(左)合影

打柴人说得不错，上去不远，有用石块垒的矮墙，是打鹰人隐身之处，名叫“鹰铺”。但是墙内没有人，墙外也看不见网。

我心里有点纳闷,赵四哪儿去了呢?只希望等等他会来。于是靠在岩石上望着云彩出神,不知不觉地睡着了,不知在那里靠了多久。

大阳到了正午,靠久了被山风一吹,又有点凉,把大褂纽子扣上,掸了掸土,无可奈何,只好下山回去了。

没有走半里路,又碰上打柴人。他很诧异我会在山上待那么久。待告诉他赵四没找到,他迟疑了一下说:"来、来、来,跟我走。"经过方才靠着休息的岩石,贴山环往北绕,连小道儿都没有了,只能找石头缝和草根多处下脚,走不远,发现面对正北深谷的山头上,矮墙后面蹲着一个人,正是赵四。我轻轻地走过去,坐在他身旁。他已在此守了一个上午,连只小鹰也没有看见。

待我来描述鹰铺的地形和鹰网设施。

鹰铺位在距顶峰不远的山坡上,坐南朝北,居高临下,在稍有小坳可容一二人处垒起一道石墙,高三尺余,宽约六七尺,打鹰人就待在墙后。墙上留两个洞,靠下的洞一根铁丝由此穿出,名曰"弹绳",是用来拉网的。靠上的洞,两根绳索由此穿出,是用来提拉"油子"的。油子就是活的诱饵,鸽子、胡伯喇各一。胡伯喇比麻雀大不了多少,一名鵙,即所谓"伯劳燕子,各自东西"的伯劳。

网约六尺见方,周匝粗线作纲,张挂在四根斜偃着的竹竿上,贴近网边的两根粗些,网中间的两根细些。弹绳和网上缘的"网纲"及竹竿上顶相连。网纲另端又和一根铁丝相连,约有两三丈长,拴在一根桩子上,名曰"脑橛"。经观察,发现竹竿下端有孔,夹着它是两个栽入山坡的橛子。橛子架着穿过竹竿孔的横轴,故整片网下有四个活轴,使网像一张书叶子似的能向左或向右翻转。由于鹰从东方飞来时为多,网总是东面敞开,向西倾斜。翻扣过来,被网覆盖的坡面名曰"网窝子",两个油子就安放在这里。从石墙的洞向坡下望去,弹绳和脑橛遥遥相对,在一条直线上。竹竿下的橛子则向西偏出两三尺,如果将几个点连起来,就形成一条近似弯弓的曲线。正因如此,当鹰来攫捉油子,猛拉弹绳,网就会迅速地向东面扣过来。

再说油子。鸽子和胡伯喇分别拴在一个⊥形木架上。木架的直棍上端拴绳,通到石墙靠上的小洞。横棍的两端被有孔的一双木橛子支起,使它起着轴棍的作用。只要提拉木架,就可以牵动油子。更因另有短绳连着直棍和栽入山坡的橛子,故架子只能拉到一定的高度,约和坡面成70度而止,不致被拉翻。可怜的油子,眼皮都被细线或马尾缝上,不使透光。只有如此才能任凭打鹰人摆布,要它什么时候飞,提拉木架,它就扑漉漉地拍几下翅膀,随又跌落到坡面。如果油子眼睛能见天,有鹰飞来,他早已吓成一摊泥,趴在地上不敢动,又怎能引诱鹰来入网呢?赵四告诉我,要是来了小鹰,他就提拉胡伯喇;要是来了大鹰,他就两只油子一起拉,因为大鹰既抓鸽子也抓胡伯喇。

[有关鹰网及其设施的最早记载当是唐段成式《酉阳杂俎·肉攫部》中的一条:"鹰网目方一寸八分,纵八十目,横五十目。有网竿、都杙、吴公。磔竿二:一为鹑竿,一为鸽竿。鸽飞能远察,见鹰常在人前。若竦身动盼,则随其所视候之。"[①]可见当时的网为长方形,也有网竿。"杙"字本义为系畜之桩,疑指钉网的橛子。檏竿为拴油子的木架。油子用鸽子和鹌鹑,不用胡不喇。鸽子也可当看雀使用。一切足以证明,现在打鹰的网及其设施早在一千多年前已经有了。]

[我曾把当年写的纪实念给老友常荣启[②]听。他认为我所见到的是京西小山的鹰铺,和大山的设施颇有出入。如明、清两代为官府进鹰的赤城(在河北北部云州附近,距内蒙古不远)鹰户,鹰铺不垒石墙而用山草树枝搭成窝棚。网竿只有两根(图二)。可见各山自有它的传统方法而彼此时有差异。大山鹰铺还用大鹰和兔子皮作油子,引诱大雕来袭击,将它扣入网内。因大雕有和大鹰争抢食物的习惯。更有使用截然不同、无须人看守的"攒叉网"和"锅网"等,设计简单而巧妙,值得采访纪录,但非专著不能详及。]

打鹰难,难在必须手捷眼快,心手相应。鹰来时,快如电,疾如风,真是"飞将军自天而降"。手稍一慢,油子就可能被鹰抄走或攥死。人怕眼睛跟不上,早就想出了好办法,利用鸟来替人站岗放哨,搜索长空。被利用的鸟即所谓的"看雀"。又是一只胡伯喇,一只不缝眼皮的胡伯喇。

赵四又开讲了。他说:"打鹰必须分辨风向。鹰和鱼抢上水一样,总是顶着风走。今天早晨刮北风,鹰擦着阴坡向西飞,所以网安在北铺。现在眼看风要转

---

① 段成式:《酉阳杂俎·前集》卷二十《肉攫部》,中华书局1981年排印本,第193页。

② 常荣启,比我小几岁,但养鹰数十年未间断,且得到王老根的真传,深谙鹰性,技艺精湛。曾多次去大山、小山买鹰,知识渊博,经验丰富,非我所能及。他壮年时因追鹰撞在田野的电线杆上,碰了个"大窝脖儿",从此落下了一个绰号"窝侯爷",北京养鹰玩鸟家无不知晓,本名反不为人知。

变方向，说不定我们得往南铺搬呢。”他叫我注意山上的草，果然连动也不动。可是再看山头上受得着南风的，都已向北偃倒了。他用手远远一指，远，远极了，差不多在东头望儿山上面，有鹰飞过。他一望而知地说，“是鹞子，它一定向南飞，擦着阳坡走。没有北风，这里休想过鹰。别在这里白耗着，我们起网吧。”

图二　河北赤城山上的鹰网

赵四跑下坡解开网竿的绳，把网在竹竿上绕成一个球。弹绳盘好了，油子也拿了。我替他举着看雀，背着兜子，不慌不忙地往南坡行来。路上我发现他兜子里的干馍已经吃完，水壶里有半下子水，据说是刚打的。我渴急了，呷了一口，差点没呛死，真难喝，不禁想起飘着羊粪蛋的山沟积水，再渴我也不喝了。

南铺安好了网，赵四说：“这块鹰铺有来历，隐老头传给他父亲，父亲传给他，别人是不得占用的。因为山头有块大石头向东南方突出个包。尖头尖脑，人称“黄鼠狼”，是西山六七块南铺中最好的一块。秋天很少刮南风，但只要刮，这里打鹰就有几分把握。我听他如此一说，又把渴和饿给忘了。

南风越刮越大，赵四也越来越高兴。他说“现在差不多四点钟，正是好时候。鹰来时，说话不要紧，可千万身体别动，更不得和鹰对眼神。注意看雀，他会告诉你什么时候鹰来了。”

我全神注视着看雀，真太有意思了，人想出来的办法太妙了，不愧是万物之灵。但随又想到正因为是万物之灵,也能成为万恶之首。人常常利用动物来陷害动物,油子、看雀都是明显的例子。

图三　胡伯喇

看雀胡伯喇(图三)拴在一根长长的枣树枝上,赵四将它签在离人不远而视野广阔的地方。胡伯喇脖下拴着线,线下端有个铜圈套在枝子上,它可自由地顺着枣枝上来下去跑。枝底有个凹坑是它的防空洞。当天宇澄清,平静无事,它神色自若,气度安详,理理毛,拉拉膀,伸伸脖子,颠颠尾巴,好不自在。忽然眼神一愣,毛儿一紧,说明发生了情况,远处有鹰出现。他一边密切瞭望,一边一段一段地往枝下出溜。蓦地掉进了凹坑,这时鹰已来到了当头。赵四在胡伯喇开始紧张时已经接到了警报,一手将弹绳握紧,一手把油子提拉得乱飞。果然把饥鹰从远方引诱到山前。我也看明白了,原来是一只花狸豹(比大鹰小,鹰中最不中用的一种,不堪驯养),在离网五六丈的空中"定油"(两翅紧扇,定在空中不动为"定油")。忽然它识破了巧机关,飕地两翅一斜,往南掠空而去。胡伯喇顿时解除了警报,从坑中跃上枣枝,越爬越高,直到顶端,又自由自在,神气起来了。

我不由得责怪自己,花狸豹八成是被我给看跑了,连忙向赵四表示歉意。他却故意安慰我道:"不一定,有时没有对眼神它也跑。再说就是看跑了又算老儿,花狸豹卖给楦标本的只给两毛钱。"

正说着,忽然看雀扑地一声掉进了凹坑。抬头看,只觉得眼前一黑,仿佛一块砖头从半空扔了下来。赵四站起来喊:"好大个的儿鹰子(当年的雏鹰叫"儿鹰子")!"定睛再看,大鹰已扣在网窝子里,唧溜唧溜地乱叫。我愣住了,竟没有看见从哪一个方向飞来的。

赵四跑下坡,从网里把鹰掏出来,用绳儿"紧上"(一种暂时性的缚束法,翅、爪都贴身捆好,使鹰不能动弹而又不会伤害它,便于携带。)淡豆黄,窝雏眼,大黑趾爪，慢桃尖尾（详后），足有三十二两。虽长得不甚出色，却也挑不出大毛病，只颜色淡了些。赵四笑着对我说："鹰是从西北方向上来的，我早就看见了，只是没有对你说。"我心里明白，准是怕我再给看跑了，所以不言语。

赵四高兴，我更高兴，为买鹰而看见打鹰，看打鹰而居然看见打大鹰，真是做梦也没有想到。赵四钉了半个多月网，小鹰打了不少，大鹰这还是头一个。

太阳转过山头，偏东南的山坡，比平地黑得还要早，山影已经快把三招遮上。赵四说咱们起网回去吧，晚了鹰要入林，再说鸽子刚才被鹰攥了一下，受了伤，飞不动了，不能再当油子使了。

下山还是我给赵四背着兜子，因为里面有大鹰，走山道加倍小心。

回到镶红旗，老太太拉着孙女早在那里等候，头一句便问："打着大鹰了吗?""打着了!"，赵四回答也透着精神。大鹰就是油盐柴米呀!

我们以十二元成交。我笑嘻嘻地捧着鹰走，他们笑嘻嘻地送我上路，真是"皆大欢喜"。

走到青龙桥，早已掌灯。连忙进茶馆，吃饱喝足了才回成府东大地。

二、相鹰

判断鹰的好坏，全凭它的形象长相。古代定有"相鹰经"一类谱录，惜未能传至今世。惟辞赋歌诀，论说笔记，乃至片语只言，亦复不少。内容涉及雌雄、年龄、颜色、形相等方面。以下分别述之，先引古人之说，次取北京养家相传之经验口诀，意在参较印证。经发现上下千百年，竟绝大部分吻合一致，足见师承传受，屡验不爽，故能世代相传。间有参差抵触，不相契合者，则据个人所知，试论以何为是。

（一）雌雄

鹰类与一般禽鸟相反，雌大于雄。隋魏澹（字彦深）《鹰赋》已有"雌则体大，雄则形小”之句。[③]《酉阳杂俎·肉攫部》亦称:“雉鹰虽小,而是雄鹰。”此话只说了一半,另一半应为:兔鹰固大,却是雌鹰。因雉鹰、兔鹰乃同一鹰种的雄与雌。当代鸟类学家对此自然早有所知,《大英百科全书》将两性大小之异写入Falconiform条,指出鹰类一般雌者比雄者体重大百分之二十至百分之一百。[④] 北京养家知小鹰中之“松子”为雄,“伯雄”为雌;“细雄”为雄,“鹞子”为雌。而“伯雄”、“鹞子”均大于“松子”、“细雄”。至于大鹰,承窝侯爷见告,“老辈相传鸡鹰是公,大鹰是母。”而鸡鹰、大鹰即古人所谓的雉鹰与兔鹰,故与《肉攫部》之说完全吻合。

大鹰、鸡鹰,一大一小,不难分辨。北京养家为了猎兔,只在大鹰中挑选优劣,而鸡鹰则不屑一顾。因其体小力弱,猎雉又须远入山中,故无人养它。

(二)年龄

偶检字书,有“一岁曰黄鹰,二岁曰鵧鹰,三岁曰鸧鹰”之说。[⑤] 鵧、鸧二字,《肉攫部》不断出现。如:“凡鸷击等,一变为鸽;二变为鵧,转鸧;三变为正鸧。自此以后,至累变皆为正鸧。”除“变鸽”一语费解,有待查考外,所谓“鵧”乃二年之鹰,“鸧”为三年及三年以上之鹰,该书各条可以互证,其义甚明,且可知为唐代养家所习用。即此一端,已足使我惊异。因任何动物,如果古人为其不同年龄命名造字,那么它一定是和人的关系非常密切,如马、牛、羊等家畜才会有。今鹰亦然,有力地说明在古代鹰和人的关系是何等的密切。其密切程度超过了我的认识和估计,因而使我感到惊异。

《肉攫部》讲到鹰“一变背上翅尾微为灰色,臆前纵理变为横理”,又曰“一变为青白鵧,鵧转之后,乃至累变,臆前横理转细,则渐为鸧色也”,完全符合大鹰羽毛文理变化的规律。原来大鹰自幼到老,每年换羽毛一次,每次换羽毛文理都有变化,而以第二年第一次的变化最为显著。鹰初长成,胸部(即臆)每根羽毛上都有上细下粗的长点,即所谓纵理。次年换羽毛,长点变成了横道,即所谓横理

③ 魏澹:《鹰赋》,见《全上古三代秦汉三国六朝文·全隋文》卷二十,1958年中华书局影印本,第4132页。

④ 《大英百科全书》第七册,第152页,1974年第十五版。*Encyclopaedia Brtannica*, Vol.7, 15th Edition, 1974 Helen Heningway Berton Publisher.

⑤ 陆佃:《埤雅》,卷六叶十一下,《玲珑山馆丛书》本,清刊本。

图四　豆黄儿鹰子胸部羽毛为纵理

（图四）。以后每换一次羽毛，横道就变得细一些，毛色也白一些。故养家一看文理是纵点，就知道是刚刚长齐毛的当年鹰，通称“儿鹰子”。如横道较宽，而且有退落未尽的纵点羽毛，就知道是脱过一次毛的二年鹰，通称“一脱”。此后据横道的宽窄，白色的等差，估计其为三年鹰、四年鹰、五年鹰……，而称之为“两脱”、“三脱”、“四脱”……当然两脱以上的估计未必完全正确，但亦大致不差。还有凡是脱过一次毛的鹰统称“破花”，脱过三次、四次或更多次的曰“老破花”（图五）。

每年中秋以后选购新鹰。多数养家爱买儿鹰子，取其稚气尚存，野性未固，较易驯养。但也有人爱买破花乃至老破花，取其价钱便宜，攫捉本领又非儿鹰子所能及。但野性难除，工夫不到家，就会远走高飞，逃之夭夭。记得1934年我初入燕京大学那一年，在大沟巷鹰店花了十多元买了一架酽豆黄之后，荣三偏要我再花六元饶一个老破花，因为长相太好了。下地之后，果然本领不凡，几乎每拳不空。后被人借走，前夜上架早了，后夜上胳膊晚了，次日竟盘空扬去。气得荣三直跺脚，当着许多人对借者很不客气地说了句：“懒骨头别玩鹰！”

以上关于大鹰年龄的识别，对养家说来是基本知识。而非此道中人自然未必知道。1936年鹰店来了一架白色儿鹰子，与《肉攫部》所载北齐赵野叉呈进的白兔鹰十分相似，“头及顶部遥看悉白，近边熟视，乃有紫迹在毛心。……翅毛亦以白为地，紫色节心。臆前以白为地，微微有纁赤纵地”（图六）。一时养家争看，轰动京城，我费了许多周折，向亲友借贷，始以百金购得。当时有位工笔画家，兼以谙悉都门风物著称，撰文刊登在《北平晨报》，对此白鹰大为赞赏。但末了来了一句“看来它年事已高”却露了大怯。语云“隔行如隔山”，外行而想充里手，总难免要弄巧成拙的。

图五　三年或四年老鹰胸部羽毛为横理，通称“老破花”

图六　郎世宁绘白鹰　台北故宫博物院藏。名曰白鹰，毛心实有淡紫色痕，据此可知为写实之作。

（三）颜色

魏彦深《鹰赋》有“白如散花，赤如点血”语。前一句当即《肉攫部》所谓的“散花白”，是脱过几次羽毛、胸前呈灰白色的老年紫鹰。后一句指紫色儿鹰子，其纵点颜色深于他处，故予人点血的感觉。紫鹰当然属于上品。

《肉攫部》有多条以不同颜色的鹰作标题。计：黄麻色、青麻色、白兔鹰、散花白、赤色、白唐、黄色、青斑、赤斑唐、青斑唐、土黄、黑皂骊、白皂骊等。并注云：“唐者，黑色也，谓斑上有黑色。”其中被认为是“下品”的只有青麻色，当即青不青、黄不黄，北京养家所谓的“白花子”。余未加评论，似均堪名登谱录。此外还有以产地命名的，如代都赤、漠北白、房山白、渔阳白、东道白等等。各种名色今已难知其详。有的即使现在能见到也不可能知道就是《肉攫部》讲到的某一种。据此可知唐代养家对鹰色分得很细，对产地记得很清，足证当时养鹰风气之盛，对鹰学研究之深，都远远超过清末以来北京的养家。

三十年代东西庙（隆福寺、护国寺）及大沟巷鹰店所见可分为紫、黄、青三色。所谓紫，色如作画用赭石，自然亦可称之曰“赤”。一般体重不到三十两（以落网时之重量为准，秤为十六两制），短小精悍，攫捉巧捷，公认是好鹰。黄色深者曰“酽豆黄”，次为“豆黄”，浅者曰“淡豆黄”，以色深者为佳，体重在三十二两至三十六七两之间。青鹰色深者背色黑，色浅者胸色近白，或称之曰“黑”及“白”。青鹰有大至四十两以上者，倘是儿鹰子，胸前深色纵点如垂珠，大而稀，十分醒目，力大而猛，又是上品，但颇难得，或数年一见。

四　形相

魏彦深《鹰赋》确是重要文献，论形相一段不假辞藻堆砌，亦摒典故铺陈，而言之有物，内容翔实：

> 若乃貌非一种，相乃多途。指重十字，尾贵合卢。立如植木，望似愁胡。嘴同剑利，脚若荆枯。亦有白如散花，赤如点血，大文若锦，细斑似缬。眼类明珠，毛犹霜雪，身重若金，爪刚如铁。或复顶平似削，头圆如卵。臆阔颈长，筋粗胫短。翅厚羽劲，髀宽肉缓。求之群羽，俱为绝伴。

在详陈种种可入选的形相之后，又列举若干不可取的长相：

> 或似鹑头，或如蛭首。赤睛黄足，细骨小肘。嫩而易惊，奸而难诱。住不可呼，飞不及走。若斯之辈，不如勿有。

《肉攫部》篇幅虽长，书及形相的只两句：

> 细斑短胫，鹰内之最。

朝鲜李焗纂辑的《新增鹰鹘方》是一本罕见的书，⑥（图七）中有《相鹰歌》：

> 论鹰何事最堪奇，贪驯居上疾次之。胸轩脊分定快骏，目光如电爪如锥。若知禀性柔且驯，吻欲短兮头欲规。两脚枯粗枝节疏，竞道能攫真不

⑥　李焗：《新增鹰鹘方》，1942 年笔者据日本宽永癸未初秋二条鹘屋町南轮书堂刊本手录。卷中有两处用朝鲜文作注，李当为 17 世纪朝鲜人。按字书无“焗”字，疑日本刊本误“焰”为“焗”。

图七　朝鲜李炯纂辑《新增鹰鹘方》,作者据日本宽永癸未(1643年)南轮书堂刊本手录

欺。大者头小小者大,毰毸欲见羽参差。刷翎跳身伸脚攀,名为弄架定应良。趾成十字尾合卢,彦深著赋为赞扬。羽毛要欲善折破,坐则尾短飞则长。伦类亦有数般色,黑白间见黄赤常。人言小驯大则悍,在山驯者在手翔。头修嘴长善回顾,虽云能捕终飞扬。猎家所诀略如此,余详大好眼中看。

《相鹰歌》后还有《闻见常谈》,当为李炯所记,摘录有关形相数条:

鹰鹘身如圆木,左右前后,视之如一者佳。

鹰上则圆大,下则尖杀,如菁根者良。

小者足粗大胫长者良,大者足清劲胫短者佳。皆贵瘦硬无肉,鳞甲粗而怒起者良,最忌软细而伏。

指如十字,爪短而直者佳。指同川字,爪曲如钩者下也。

剑翮干劲,叶薄尖如铦刀,末端直挺不内曲者快。

颊欲圆短,项欲秀长。

目向前而深者良，若向脑而凸者性悍。

收入《古今图书集成》的《鹰论》⑦，署名“臣利类思”，乃西洋人，汉译及呈进时期可能在康熙年间。内容分鹰与鹞两部分，中有《佳鹰形象》一则，所记为欧洲养鹰经验。综观全论，多言猎鸟雀，绝少涉及攫兔，可知所养以鸡鹰及鹞为主。论形象亦未见超出前人之说，故不录引。

古人论形相，只能择其重要者，试为阐述。

“立如植木”、“鹰鹘身如圆木，左右前后，视之如一者佳”、“上则圆大，下则尖杀，如菁根者良”，都是指鹰的整体形象而言的。菁根又名芜菁，俗称蔓菁，近似芥末疙瘩，身大尾尖，北京对此种体型往往说：“这鹰都长在头里了。”凡此生相，前胸必宽广，即所谓“臆阔”。

古人相鹰，均尚头圆、顶平、嘴短。头小如鹑如鵛（即鸥鸟），皆不可取。北京选鹰，以雕头为贵。雕头之顶即平于一般鹰头。又谓头大主憨厚，头小主奸狡。古今相法，基本一致。

足胫（膝下至踵曰胫）宜长宜短，古人似无定论。《鹰赋》《肉攫部》尚胫短，而《闻见常谈》则谓：“小者足粗大胫长者良，大者足清劲胫短者佳。”北京称胫短之鹰曰“矮桩”，善于掠地攫捉；胫长之鹰曰“高桩”，能离开地面下把。窝侯爷以为高桩鹰逮得花哨，下跑上飞，显得好看；矮桩鹰有一股撮劲，连尾巴都能兜上，起截堵的作用，论实效矮桩为优云。至于骨骼，不论高、矮，足胫均以粗壮为贵。

胫足颜色或正黄，或黄中偏白，或黄中偏绿。北京分别以黄、葱白、柳青名之。《鹰赋》将黄足列入“不如勿有”之列，而北京以为胫色无关优劣。胫足鳞片，北京名之曰“瓦”，粗糙为佳，与古人“脚等荆枯”，叫‘两脚枯粗枝节疏”，“鳞甲粗而怒起者良”，“最忌软细而伏”，完全吻合。

“指重十字”不可如“川”字，不难理解。鹰爪有四趾，“十字”谓左右两趾长得开张，几成直线。“川”字谓迎面三趾不开张，并拢在一起，遂近“川”字之形。《闻见常谈》以趾爪短而直者为佳，曲如钩者下。北京选鹰宁要趾爪粗而短，不

⑦ 利类思：《鹰论》，见《古今图书集成·博物汇编·禽虫典》第十二卷《鹰部汇考》，第63131页，民国影印本。本书亦收入王韬辑《弢园丛书》，署名“西洋利类思译”，现藏上海图书馆。

要细而长。细者无力，长爪易伤。爪色尚黑如墨，与《鹰赋》“爪则如铁”侔合。

“尾贵合卢”曾久思不得其解，近日始有所悟。字书释“卢”乃矛戟之柲，而古人制柲常用积竹法。长沙浏城桥东周墓出土铜戟，柲中心为菱形木柱，外包青竹篾一周，共18根，周围用丝线缠紧，再髹漆粘牢。⑧ 江陵天星观楚墓出土戟柲，中为木心，外包长条竹篾两层，丝绸缠裹后再髹漆。⑨ 故“合卢”乃形容鹰尾有如由多根篾条合成的戟柄。如此理解，便觉古人描绘颇为形象了。北京养鹰称赞好鹰有“尾巴拧成一根棍儿”的说法，与“合卢”辞异意同。

关于鹰翅膀，《鹰赋》有“翅厚羽劲”之说。北京相法，膀拐子（即从正面看，鹰胸两侧可见的翅膀部分）贵薄，大忌臃肿肥厚，似与魏氏大相径庭，而与《闻见常谈》之“翮宜薄尖如銛刀”并无矛盾。膀拐子厚者起飞迟而回旋欠灵活，累试皆验，故养家深信不疑。

最后待我拈出北京相鹰流传最广一语：“雕头鹈背桃尖尾。”雕头前已书及。鹈为鸿雁之一种，俗有“天鹅地鹈”之说。“鹈背”谓鹰背羽毛有与鹈背相似之花色，每片中部色深，外有浅色边。“桃尖尾”指尾上花纹。鹰尾翎12根，上有四道深色斑纹。其正中两根自下向上数第二道花斑合成桃形或元宝形为桃尖尾。无白边，花纹不突出者为“慢桃尖尾”，价值远逊。桃尖尾鹰捉兔时能“犯哨”，即忽然腾空而起，又俯冲疾坠，砸中兔身，动作惊险，成功率极高，故为人重。口诀“十个桃尖，九个上天”亦指其能犯哨而言。

三、驯鹰

驯鹰始于买到鹰之日。

“小山”鹰，网家打到即送鸟市去卖。“大山”因路远，要凑够一挑才进城。每挑前后的两个大草圈上，可以拴八头鹰。鹰户乐意整挑卖给鹰店，好立即回山继续钉网。老年间北京鹰店不少，三十年代只剩下东四大沟巷一家。门外三根

⑧ 湖南省博物馆：《长沙浏城桥一号墓》，《考古学报》1972年第1期，第64—65页。

⑨ 湖北省荆州地区博物馆：《江陵天星观1号楚墓》，《考古学报》1982年第1期，第86页。

长杠，鹰都戴着帽子，一字儿排开，拴在上面。买妥后先问明落网时重量多少，往往还要称一下，看所说的是否可靠。此鹰日后熬到多少分量下地捉兔，这原始重量是一个重要依据。例如落网时重三十二两，熬到二十六两，也就是说约减去其体重的五分之一，下地较为适宜。重于二十六两鹰有逃逸之虞，轻于二十六两又将因体亏而无力搏兔。称的方法用秫秸扎一个三角形架子，横梁承鹰，顶角钩秤，简便易行。

生鹰怕人，白天必须戴上帽子，不使乱飞，翅尾方能保全，入夜则把帽子摘掉。看看这顶扣在头上的小玩意儿，已令人对始作帽者的聪明才智赞叹不已。它由一块长方形的皮革制成，正面留一个三角形口，鹰嘴和鼻孔由此伸出。沿着帽口上下边缘切几个小口，一根窄长的皮条贯穿切口一周匝后又互穿到帽口的另一侧，把长长的头伸在外面。再用两根宽而短的皮条和窄长皮条系牢。这样两侧各有两根一窄一宽的皮条伸出。只要拉一下窄皮条，帽口就抽紧，拉一下宽皮条，帽口又松开，便于给鹰戴上或摘掉。更为巧妙的是帽子前方靠上有两个鼓包，只有裁剪缝缀得法才能形成。无此鼓包，便会磨伤鹰的眼睛，所以十分重要。有的鼓包像螺蛳转那样转成的，更为精美。帽顶垫一个皮钱，翘起两根皮条尖。考究的代之以一簇红缨，显得更加英姿飒爽(图八)。这不只是装饰，两指捏之，便于戴上或摘掉。

图八　革制鹰帽两种

鹰的脚下也被人加上了许多零碎儿。套在爪腕上是一拃来长的两条东西，名曰“两开”，因并不相连而得称。两开用棉线或丝线编成，但下地时必须换上皮革制的，取其柔韧而不会被枳荆剐住。两开下与一个二寸多长的绦结挽扣相连，绦结之名为“蛤蟆”。转环穿在蛤蟆的下半圈。转环古人称之曰“鏇”(杜甫《画鹰》诗：“绦鏇光堪摘”)。转环或铜或铁，或银合金，亦有鎏金者，有磨盘、瓜棱、花篮、盘肠、天球诸式(图九)。清代造办处制錾雕龙头的尤为精美。转环下与线编的“五尺子”相连，由一根长丈许的绦绳双折而成，外加两条细而短的穗绳,近似飘带(图一〇)。“五尺子”因双折后的长度为五尺而得名。

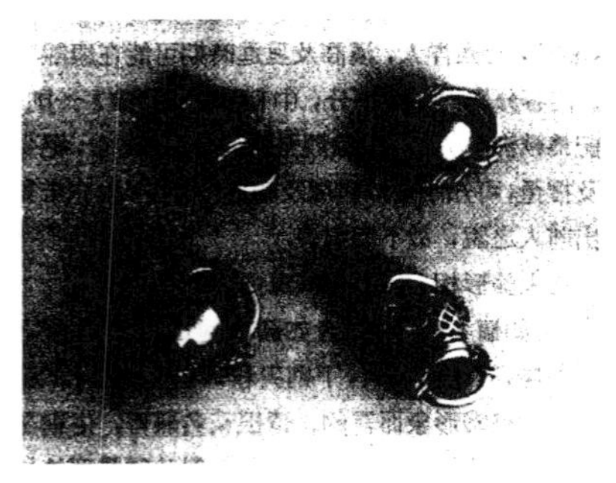

图九 铜制鹰转环四种

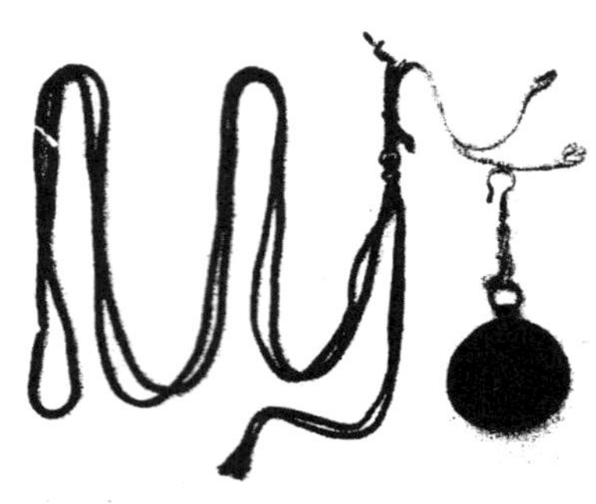

图一〇 鹰具 白色的两条为“两开”,亦名脚绊。下为“蛤蟆”。再下为转环。再下为“五尺子”。右下圆形物为椰壳制瓢,喂鹰食水用具。

架鹰也叫举鹰,右臂戴“套袖”,长约二尺,即古人所谓的“韝”(元稹诗“韝鹰暂脱羁”)。“韝”从“韦”,亦从“革”,知古人多以皮革为之,考究的则用锦,“锦韝”亦常见于古诗。北京多用紫花布缝制,内絮棉花,黑色线纳斜象眼纹,套之可防鹰伤人臂。架鹰者用食拇两指捏住两开和蛤蟆之间的扣结,五尺子则盘两圈半后套在中指上,握在手中(图一一)。这样就可以举着鹰各处行走了。从这时起鹰算是“上胳膊”了。不到鹰熬成,下地抓到第一只兔子,鹰是不下胳膊的。

图一一 手臂举鹰,五尺子挽缠在手指上的情形

鹰自落网,受人折磨,损性劳形,内热郁结。此时对鹰说来,水比食更为重要。故李焗《调养杂说》将《水》列诸篇首。他的办法是新鹰如摘下帽子,乱飞不止,气喘口张,可将它坐在水盆上,让它自己喝水。如不肯喝,则用鸡翎蘸水滴在鼻上,自然会频频张嘴,慢慢吞咽。北京养家甚至口含清水,把鹰喷成“落汤鸡”。这也于鹰无害,不仅喝下一些水,还会理毛梳翎,老实半晌。

喂生鹰,羊肉切得细而长,蘸水往鹰嘴尖上兜挂,逗他张嘴。如一再拒不进食，只有强迫它吃。暂时将它拴在杠上，双翅一拢，夹在胳膊下。两脚也因被两开抻直，无法活动。此时可两手并用，掰开嘴，把肉填下去。一天只喂一顿，约羊肉三两。如此两三天，它会羞答答地自己把肉吃下去。由不吃到肯吃，名曰“开食”，是人和鹰打交道的第一个回合。

熬鹰也叫“上宿”，因不仅白日，整夜都不让睡觉。要防止他对着人的一只眼睁开，而背着人的一只眼闭上，偷偷地休息。至少需要三个人，实行车轮战，一人管前半夜，一个管后半夜，一人管白天，被称为“前夜”、“后夜”和“支白”。如只有两个人，那就很辛苦了，弄不好人没有熬倒鹰，鹰却把人熬倒了。

熬鹰总是到最热闹的地方去，来往车水马龙，灯火照耀，人声喧阗，深山老岳来的鹰哪里见过，眼睛真有点不够使用的了。

想当年我熬鹰喜欢值夜班。农历九月，天气已凉。吃过晚饭，穿上广铜扣子大襟青短棉袄，腰里系根骆驼毛绳，头顶毡帽盔儿，脚蹬实纳帮洒鞋，接过鹰来，蹓蹓跶跶，从朝阳门走向前门。五牌楼是九城熬鹰的聚处，贴着鲜果摊、糖葫芦挑子一站，看吧，东西南北都有鹰到来。养鹰的彼此都认识，见面哪能不高兴！请安、寒暄之后，彼此端详端详臂上的鹰，问问分量，评评毛色长相，往往扯到某一位、某一年养的某一架鹰上去。一下子到了五六位，穿着打扮都差不多，个个儿挺着胸脯，摇头晃脑顺着大街往南走。警察老爷对我们侧目而视，行人免不了瞪我们一眼，心里说：“这一群不是土匪也是混混儿！”到了天桥，打了一个转儿又往回走，来到大栅栏、鲜鱼口站住了脚，一直等到中和、华乐散戏，眼看着包月车、马车、汽车像潮水似的往外涌。渐渐夜静人稀，灯也暗了，我们才分手。

分手不回家，往往接着熬后夜，一个人顶（读 dīng）了。出门已经几个钟头，走了十几里路，能不饿吗？走进大酒缸，不喝酒也要来碗馄饨，四个烧饼。

我认识养家西城较多，离开大酒缸，多半去西城。反正熬鹰蹓得越远越好，所以喜欢绕远儿。从前门到天安门的石头道，又平又直，踩着落叶，簌簌地响，怪有意思的。

走西长安街，拐西单，奔西四，到面对太平仓的夜茶馆，又是我们熬鹰的聚处。鹰怕热，不能进屋，门外的条凳条桌全是给我们预备的。沏一包叶子，来两堆花生，一边剥，一边聊。因为右手举着鹰，只有左手闲着，只好咬开花生往嘴里倒，往往连皮儿也吃了下去。

东方一挑哨，鹰又来劲儿了。地下一发白，它又乱飞了，只好掏出帽子给它戴上。

我们又出发了，上德胜门晓市去。过新街口往东走，天越来越亮，路上又碰上几位架鹰的朋友。太阳上了后海的柳梢，支白的人来了，把鹰接过去，我回家睡大觉，傍晚再接前夜。

照上面所说的熬过五六天，鹰的野性磨掉了一些，白天在胳膊上不乱飞了，帽子可以不戴了，行话叫“掉帽儿”，这是人和鹰打交道的第二个回合。

由于熬鹰总往人多处走，故不论白天或夜晚都要注意一件事——鹰拉屎，北京叫“打条”（鹰屎自古就叫“条”，见《肉攫部》）。只要它稍稍向后一坐，尾巴一翘，一泡稀屎就蹿出老远。老养家的胳膊对打条能有预感，连忙蹲身沉臂，让条打在地上。初学乍练的措手不及，便会滋周围人一身，人家自然冒火。荣三告我某年某月十五日，酱菜洼傅老头，一位世代养鹰的老行家，带着家人架鹰来到东岳庙山门外。那天天气晴和，摊贩生意兴隆，游人正多。他家人一时走神，一泡鹰条打在豆汁挑子的大锅内。傅老头抄起勺子在锅内一搅和，说了声“治病的”。卖豆汁的一愣，随即有所会心而没有吭声。喝的人也没有理会。这锅豆汁一直卖到见锅底。按《本草纲目》称鹰屎曰“鹰白”（其色白，故名），可以“消虚积，杀劳虫”。[⑩] 尽管傅老头言有所据，鹰屎也吃不坏人，他也未免太恶作剧了。我初架鹰时也露过怯，打条脏了人家衣裳，赔礼还不答应，把衣服洗干净登门道歉才了事。

生鹰开始喂的是鲜红的羊肉，两三天后羊肉泡水后才喂，越泡时间越长，直至全无血色。这是为了降低养分，使鹰消瘦。俗云“饥不择食”，鹰饿了才肯吃白肉，并连颜色浅淡的“轴”（音 zhòu）也吃下去。这是人和鹰打交道的第三个回合。

说起“轴”，需要作些解释。这是鹰必须吃下去的一样东西，养家无不知之。但这个字如何写，问谁也说不出来，我也未能找到一个音与义和所喂之物沾点边

---

⑩ 李时珍：《本草纲目》卷四十九《禽部》，1957 年商务印书馆排印本。

的字，只好暂用读作 zhòu 的“轴”字了。

“轴”，北京用线麻来做，水煮后经锤打再入口咀嚼，务使柔软，然后做成如两节手指大小，略似蚕茧，喂晚食时裹肉让鹰吃下去。不同地区制轴用料各异，或用苘（音 qǐng）麻，或用布、谷草、鸟毛为之，求其柔软不伤鹰喉则一。

原来鹰不论大小，捉到猎物都大口撕食，连毛一起吞下。血肉筋骨都能消化，唯独皮毛不能分解吸收，也无法排泄出来，只有在嗉、肠里被紧成一团再从口中吐出，这一昼夜的食物消化才算完成。鹰在大自然中即如此，故山林中也能拾到鹰吐出的球状物体，养家称之曰“毛壳儿”。鹰落人手，开始只喂肉，吃不到羽毛，故须给补上一个轴。待驯鹰成功，捉到兔子，虽能吃到一些皮毛，但终不及野生时多，故麻轴须继续喂下去。

宋代大科学家沈括对自然现象观察敏锐缜密，他发现鹰不能消化毛羽并写进了《补笔谈》。[11] 更早的是东汉许慎，《说文解字》收有“㼌”字：“鸷鸟食已，吐其皮毛如丸，从丸咼声，读若骫，于跪切”[12]。“㼌”字的始创自然还远在东汉之前。“㼌”就是北京所谓的“毛壳儿”。李炯在《调养杂记》则将“㼌”作为一节的名称，内容都是关于轴的材料、制法等。实际上他已经把鹰在野生中吐出的㼌和人工炮制的轴等同起来而视为一物了。

北京养家流传着一句话：“熟不熟，七个轴。”意思是生鹰喂过七个轴，不熟也差不多了，可以开始捉兔子了。魏彦深《鹰赋》有“微加其毛，少减其肉”两语，意思是把做轴的毛加多一些，喂鹰的肉减去一些。可见自古以来养鹰即用轴和肉来控制其摄入的营养数量，维持消化系统正常运行，以期达到驯养成功，为人捕捉的目的。不过据我所知，北京绝大多数养家认为轴的作用只在刮去其膛内的油脂，消耗其体重，使鹰饥饿，供人驱使。如此理解恐怕不够全面，因而也就不够正确。因为忽略了吃毛吐轴原是鹰本能的、天然的、消化过程中不可缺少的一环。

记得 1932 年前后在美国学校读书时，校长请来了一位美国鸟类专家作演讲，题目是《华北的鸟》，讲到了大鹰。讲后我提问：鹰吃了它不能消化的毛怎么

---

[11] 沈括：《补笔谈》卷三，叶十二上：“鹰鹯食鸟兽之肉，虽筋骨皆化，而独不能化毛。”清唐氏刊本。

[12] 许慎撰、徐铉校定：《说文解字》九下，丸部，光绪七年刊本。

办？养鹰为什么要喂它吃一些不能消化的东西来代替毛？他因闻所未闻而瞠然不知所对。由此看来，我国千百年前的古人比二十世纪的某些外国鸟类科学家，对猛禽的知识究竟谁知道得更多一些呢？

喂白色肉并控制分量，使鹰体重逐日下降，它自然越来越饿，这时开始训练“跳拳”。办法是将鹰放在杠上，或由另一人举着。喂者左手拿着五尺子，右臂套袖上搭一小片鲜羊肉，凑到距鹰一尺来远的地方，一边晃动套袖引起鹰的注意，一边“嘿”、“嘿”地叫它，让它跳到套袖上来。跳过来即喂它，如此多次，每次距离拉大一些，直到把五尺子由双折打开成单股，距离超过了一丈，鹰还是很快地跳过来，“跳拳”算是训练成功。这是人和鹰打交道的第四个回合。

下一步训练“叫蹓子”。蹓线足有十来丈长，风筝线框子成了驯鹰的用具。双折的五尺子下端套个铁圈，穿在线上。叫鹰人和举鹰人的距离从三四丈开始，加大到十多丈，每次都按下面的方法叫他从举者的臂上飞到叫者的臂上。

叫者将蹓线围腰系好，脸背着鹰，来个蹲裆骑马式，把穿套袖、搭羊肉的右臂横向伸直。举者左手拿好线框子，侧身弯臂，将鹰隐在胸前，暂不让它看见前方。直待叫者摆好架势，喊出“嘿”、“嘿”的叫声，才转身将鹰亮出，使它看清叫者，展翅飞去。

叫蹓子要求鹰飞得又正又低，擦着地皮，待临近叫者才向上一扬，稳稳当当地落在套袖上，一心去吃上面搭的肉（图一二）。不许它在中途摇头晃脑，左盼右顾，或偏离蹓线，侧翅而飞。更不许到中途一下子冒了高，想要逃离羁绁，远走高飞。好在有蹓线管着，要跑也跑不了，只能以噗的一声跌落在地而告终。一切不符合要求的轨外行动都说明它野性未除，居心叵测，训练必须回炉，考虑是否再减些肉量，减些体重，直到符合要求为止。因为放大鹰不同于放小鹰。小鹰可以拴着线捉麻雀，名曰“挂线”。而大鹰下地，脚腕只有一拃来长的两开。如果真个跑了，还是真没辙，只好手拿五尺子，“目送飞鸿”了。因此下地前必须经过叫蹓子的严格考验。叫好蹓子是人和鹰打交道的第五个回合。

架鹰下地去抓第一只兔子，名叫“安鹰”。这一定要等它性起，斗志杀机，无法按捺才行。仅仅驯熟，见到猎物是不会出击的。说也奇怪，只要熬得认真蹓得透，食量得当，体重适宜，出轴正常，快则十多天，慢也不消一个月，鹰自然会“上性”。上性的表现十分明显。倘身边有小猫、小狗经过，它会耸身凝眸，跃跃欲试。开门关门，嗞咀的一声，它会猛地抓紧套袖，仿佛猎物就在脚下。甚至嘴爪并用，撕扯套袖，如架者不及时将胳膊抽出，竟有被抓伤的可能。

捉到第一只兔子，或叫“安上了鹰”（图一三），算是初战告捷。是人和鹰打交道的第六个回合。此后进入日常放鹰的阶段，而熬与蹓仍不可少，轴仍须喂，体重仍须称，和鹰的交道还要继续打下去。如养放得法，鹰会越来越驯熟，攫捉本领也越来越大。随着严冬来临，天气日寒，鹰的体重也应随着增加，直到接近落网的分量。到那时它体力充沛，猛勇矫健，每天能捉四五只乃至更多的兔子（图一四）。过去北京有以此维持一冬生活的，名叫“买卖鹰”。偏远山区，兔子、山鸡（雉）一起抓。北京则避免猎雉，怕抓惯了连家鸡也不放过，会给养家带来麻烦。伤了农村老太太的鸡，碰上难说话的，赔鸡赔钱还不依不饶，十分尴尬。

a.初离举者之臂

b.飞至中途

c.落在叫鹰者套袖上

图一二　叫蹓子三幅

图一三　安鹰　抓到了兔子

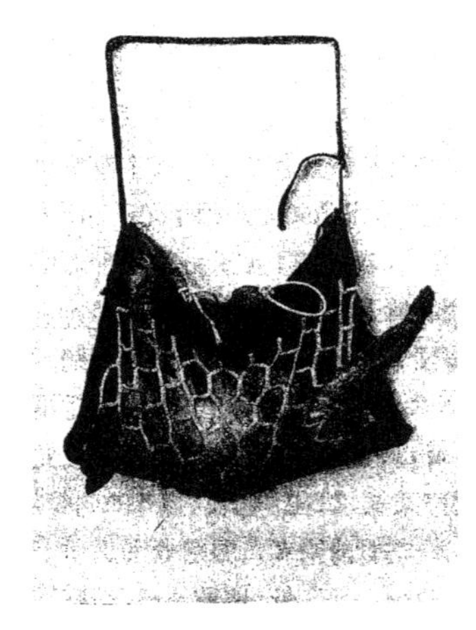

图一四　“猫兜子”　专为出猎装兔子用，外层网兜编结成龟背锦图案

养了七八年鹰，使我感到为了驯鹰，熬夜蹓远，只要豁得出去，并不难。难在调节食水，控制体重，掌握分寸，恰到好处，使鹰不致因火候欠缺而背人飞去，又不致因火候过头，体弱身孱而无力捉兔。白居易有一首《放鹰》诗，[13]虽别有所喻，却讲到了这个道理：

> 十月鹰出笼，草枯雉兔肥。下韝随指顾，百掷无一遗。鹰翅疾如风，鹰爪利如锥。本为鸟所设，今为人所资。孰能使之然，有术甚易知。取其向背性，制在饥饱时。不可使长饱，不可使长饥。饥则力不足，饱则背人飞。乘饥纵搏击，未饱须絷维。所以爪翅功，而人坐收之。圣明驭英雄，其术亦如斯。鄙言不可弃，吾闻诸猎师。

不过严格说来，放鹰不仅要知道下地时的饥饱情况，还须深谙它被人驯养以来的身体情况和精神状态。正因如此，善调鹰的老把式自鹰买到手即密切注视着它的体重变化，并无时无刻不在观察它的动作神情。以我曾经相处的荣三、王

⑬　白居易：《放鹰》，《全唐诗》，1986年上海古籍出版社影印本，第1038页。

老根、窝侯爷三位来说，他们都能在最合理的时间安上鹰，从拒不进食到抓到兔子。这里强调“最合理”三个字，是因为太慢固然不好，太快会伤鹰、死鹰更不好。在驯成之后，每天喂晚食时喂轴，此后还要在胳膊上举一两个小时才拴到杠上。次晨约四时又举起，不久即出轴，随即称分量，天天如此。人不懈怠，鹰也好像生活有规律的人一样，进餐、如厕都有固定的时刻。打条、出轴都要留心观察，借知身体是否正常。条打得长而远，白多黑少，不杂他色，尽端成片则无病。轴团得很紧，色正无异味，说明消化良好。如带绿色，膛内有油，肉量宜减；颜色发红，内热所致，清火为治。李焖《调养杂说》有一节以“安”名篇：

> 鹰呼吸与人同节。每食连下，食袋上则柔软，下则坚硬，健拂羽，一足拳，左右伸气，肩背羽不动，肛门窄小而冷，一日二、三屎，屎茎粗长，末大如掌，黑白相间，宿则回头插背，此平安之候也。

他把健康鹰的判断法传授给了后人。

《肉攫部》《鹰鹘方》《鹰论》还记录了多种诊治疾病的方法和药方，有的药如龙脑、朱砂都十分名贵，说明前人对鹰的爱护和医疗经验的丰富积累。

驯鹰养鹰可归纳成两句话：它是一门艺术，也是一门科学。

四、放鹰

本节将使用一个前面没有用过的名词——“猫”。猫者，野兔也。北京习惯称野兔曰“猫”或“野猫”，尤其在出猎的时候。在某些场合，如下地放鹰，不使用这一名词，就好像脱离了实际生活而感到十分别扭。

放鹰从“安鹰”说起。这是野鹰经过驯养，第一遭下地捉兔，以两三人为宜，多了鹰会害怕，术语曰“臊”。更因人多蹚地面积大，猫起脚远，新鹰体弱，力不能胜。故只盼运气好，遇上个“脚踢球”（详后），不太费劲就顺顺当当地把鹰安上。

放鹰，尤其是安鹰，宜在树木不多，人家稀少的平原。平原一望无际，视野开阔。树木少，兔子无处藏身；人家稀，免得狗来捣乱。一垄一垄的麦苗，生地夹着熟地（庄家已收并经犁耙过的为熟地，未经犁耙的为生地），是放鹰好去处。北京养家流传着不少口头语："两熟夹一生，猫儿在当中"、"两生夹一熟，兔子在当头"，是说未经整过的地容易找到食物，所以兔子爱待。"拐弯抹角儿，地头地脑儿"，是说越是不起眼的地方越可能隐藏着兔子。"和尚不离庙，兔子不离道"，语似费解，因道多行人。但事实确实这样。田地土松，兔子跑起来费力。道路地面硬而平，蹬得上劲，它能跑得快。这些口头语是养家的经验总结。

鹰安上之后，每天出猎，待见过七八个猫，吃到了活食，体力有所恢复，本领渐能施展，和人也有了些默契，行话叫"鹰放溜（读 liù）了"，下地就以人多为好了。

我在高中读书时，鹰始终没有放痛快过。家住城里，好容易盼到一个星期天，清早出城，下地已过中午，掌灯后才回来，时间大半耗费在路上。待上燕京大学，却有了特殊的放鹰条件。我住在东门外一个二十多亩的园子中，出门就放鹰，星期天不用说，下午没有课也可以去。加上逃学旷课，每周都可以去上两三次，真是得其所哉！得其所哉！

时值冬闲，邻近的老乡们都爱看放鹰。成府的吴老头儿，西村的常六，蓝旗营的秃儿、大牛子，还有五六个十四五岁的毛孩子，一凑就是十来个人。中午前后，他们已吃过午饭，各自拿着柳木杆或荆条棍，到园子等候。只等我和荣三准备齐全，说一声"走"。我举着鹰，穿着打扮和熬鹰时差不多，只加上一副鹿皮套裤。荣三挎上水壶，背上猫兜子，里面装着水瓢和白菜叶包好的羊肉和麻轴。

凡是跟我们走的，不论老少，一不求财，二不问喜，只为了玩，肯追肯跑，真卖力气。收围后各自回家吃晚饭，送他们兔子也不要。顶多隔上五六天，弄几斤棒子面，柴锅贴饼子，炖一大锅猫肉，又烂又香，大家坐在花洞子前卷起的蒲席上，大筷子吃猫肉，饼子焦疙渣咬得出声儿，真解馋。有人连饼子也不扰，自带窝头或馒头。

下地后总是一字儿排开，每人相隔约两丈远。我举鹰在中间，稍稍落后，成一个倒人字。为的是猫被任何人蹚出来，鹰都看得见。举鹰看似容易，也须练个三年五载。因兔子潜伏田野,不知何时何地会跳出来,一刹那间,鹰已抢下胳膊去。举者必须眼快手疾,心应眼,手应心,鹰在套袖上一蹬,胳膊必须向外一挺,为它添劲助势,还要高声报出一声"猫",让大家都知道。倘若稍稍一愣,手指未及时松开两开,等于已经把鹰撴(读 dèn)住了才撒手,鹰必然摔在地上,行话叫"放垂头"。鹰从地上再飞起,兔子已经蹿出去四五十丈远了。出围的都是自家人还好,要是被别的养家看见,传出去不光彩,说什么:"别瞧某某玩了几年鹰,还尽放垂头呢!"再说手太松也不行。田野里有一种落地不落树的鸟叫"鹅鹈儿",和土地一色,大小近似鹌鹑。正当你一心一意以为有兔子跳出来,忽有鹅鹈儿飞起,眼前黑影儿一晃,心砰然一跳,加上鹰一抢,不由地把鹰撒了手。如再谎报出一声"猫",又不免要落话把儿了。

放鹰有意思,刺激性强,百放不厌,是极好的运动,对锻炼身体大有好处。我现在已过 79 岁生日,赶公共汽车还能跑几步,换煤气还能骑自行车驮,都受益于獾狗大鹰。

下地只要一撒鹰,就是鹰追兔子人追鹰,有时要跑二三里,管它枳荆棵子剐不剐人,玉米茬子扎不扎脚,都一冲而过,跑得气呼呼,只觉得两耳生风,鼻端出火,汗湿衣襟。地形随时有变化,上坡下坎,迈垄越沟,环绕坟冢,出入树林,踏泥涉水,蹈雪履冰,不胜备述。狡兔利用一切地形和风向来脱逃,大鹰则施展各种技能来搏击,时时有变,回回不同,很少是过去的又一次重复,有意思也就在这里。如果以为放鹰还不是伸开爪子抓兔子,一把就抓住,未免想得太简单了。真是这样,也就没有意思了。

下面记几次放鹰的实况:

先说"脚踢球"。原来兔子夜间在地里觅食,白天就刨一个小坑卧下,名叫"卧子"。坑并不深,背脊露在外面。头前土高一些,可以遮住头及双耳,名叫"隐头土"。它皮色和土地完全一样,很难察觉。往往是放鹰人走近,快踩上它了还未发现,而兔子以为人已找到它头上,再也待不住了,才一跃而起。这时胳膊上的鹰一下子抢下去,兔子尚未伸开腰,鹰已经砸到它身上,翻滚在尘埃。因兔子仿佛是被人一脚踢出来的,故曰"脚踢球"。这使我想起盛夏雨后,站在屋檐下看滴溜。一滴雨水从瓦垄掉下来,还未到地,下一滴又下来了,两滴差不多同时着地。鹰的这种迅疾狠准的动作，真是扣人心弦，使我对古人所说的“兔起鹘落”有进一步的体会。当然以上云云，只有放溜了的鹰才能行。安鹰时遇见“脚踢球”，虽能抓住，但不会有如此精彩的表演的。

要是兔子起脚远一些，鹰就要花些力气了。只看它飕飕地擦地飞去，翅膀紧扇扇几下忽然不动了，名叫“掐葫芦”，可是身子还在空中很快飘着。等它再紧搧时，已来到兔子的上空。猛然一斜，侧身而下，尘土起了个旋儿，却并未抓到。原来兔子停止前进，就地转了一个圈儿，名叫“划魂儿”，接着开腿又跑。鹰扑个空，起来再追。兔子索性放慢了速度，不是转弯就是后退，名叫“拉抽屉儿”。看吧，鹰上下翻飞，兔子腾挪躲闪，真使人眼花缭乱。人追近了，兔子不敢再耍花招，连忙穿向人行道，想扬长而去。人道虽然跑得快，可是鹰更快，眼看它在兔子后腿猛然一撩，把屁股掀起一尺多高，拿了一个大顶。落下来时，另一只利爪已把兔嘴箍住，这一手名叫“撩裆箍嘴”。兔子被弯成了弓形，后腿竖起，插在鹰膀子里，名叫“插旗”（单腿曰“单插旗”，双腿曰“双插旗”），别住了，鹰和兔子都动弹不得。这时兔子出了声，呱呱地叫，说明它已逃脱无望。人赶到了，抽出兔子腿，鹰迅速地把撩裆的爪子倒到兔子头上，尚未开始撕啄，已经是满嘴兔子毛了。

如果兔子在远处跑过，名叫“跑荒猫”，鹰照样要抢下胳膊去抓。这时是否撒鹰，全凭架鹰人做主。一是估量鹰的体力；二看地形好坏、天时早晚；三看人是否跑得动、追得上。不消说，撒手就要跑上三五里，可能还逮不着。有时出围脚背（不顺利之意），一天都没有蹚起猫来，好容易碰见一个跑荒的，怎肯放过？问题往往就出在这里。人没有跟上，不是找不到鹰，就是逮着猫又被狗冲开了，甚至连鹰带猫被人拣走。架鹰人要在刹那间做出正确决定，并不容易，全靠经验阅历。也有“鹰高人胆大”，跑荒猫照放不误。20 世纪初荣三举着一架大青鹰在杨村一带出围，地势寥廓，鹰的能耐又特别好，多远的猫也撒手，不但没有丢鹰，而且十放九不空。

往往田野中间有一大片荒草，二三尺高，赭黄色，黄得发红。夹着荻子和枳荆棵，名叫“黄片草”，这是兔子喜欢藏身的地方。到这里才显出鹿皮套裤的优越性，枳荆剐上一道白印，扎不透，划不破，可以放心在里面蹚。在此举鹰，要高高擎起，猫从哪里出现，鹰都看得见。兔子决不肯轻易跑出去，老在草里穿来穿去。鹰在草上扇着翅膀,低着头,随着兔子转。忽然到了一个草稀的地方,鹰猛然扑下来,抓着不用说,抓不着,兔子便溜之大吉。鹰在草中,两爪还紧紧抓着干草,瞪着眼睛发愣,满以为兔子已在它掌握之中。鹰也有被兔子诓了的时候。

鹰放溜了,带树林的坟圈子也不在话下。在搜索林子之前,必须先相一相地势,哪一方向开阔,人家少,举鹰人就在那一边等候。余下的人都进树林,排开向举鹰的一面推进。一边打草,一边"咧呼""咧呼"地喊。举鹰人要侧着身,解开棉袄大襟的扣子,拿出虮蜡庙费德公的架势,左手提着衣襟,将鹰遮住,给兔子让开出路。林子里报了"猫",先不撒手鹰,要等兔子钻出来而且跑出一段才放下衣襟,挺胸脯,伸胳膊,让鹰追下去。

狡猾的兔子有时硬是不出林子,出来了还是绕道回去。鹰黏着它不舍,追进了林子,是否能抓着不敢说,可是有看头。翅膀时张时抿,飞行忽正忽斜,在树空当中穿来穿去。老友吴老头会说:"真好看呀,活赛过大蝴蝶儿呀!"

遇见上述情况,窝侯爷会不断念叨他养过的一架豆黄鹰,在八宝山松树林(当时尚无公墓)出围,兔子在树底下转,鹰在树梢上飞,一连砸下来七次,终于把兔子抓住。他说这叫"盘着逮",和桃尖尾的犯哨又不相同,而与兔鹘的逮法相似。求之于大鹰真是百年不遇,千架难逢。

放鹰放到跑荒猫敢撒手,密树林敢进去,就会认识到训练"叫闷拳"和系铜铃的必要了。

"闷"就是看不见的意思。鹰放溜了,喂晚食时正好训练一次。其法是不使鹰见人,只让听到叫鹰人的声音,自动地飞起来找人,落到叫鹰人的胳膊上,然后喂它一顿。训练时举鹰人和叫鹰人隔着一个坟头或土坡,或一在林内,一在林外,谁也看不到谁。待喊出"嘿""嘿"几声,鹰即循声而至。练好后,如追鹰未能跟上,一时不知它在何处,凭这几声喊叫也能把它叫回来。

系铃是将一块象牙或兽骨制成的葫芦形镂空垫板连同一枚有舌铜铃拴在鹰尾正中的两根尾翎上(图一五)。拴法用针线穿缝打结,和给鸽子缝哨尾(读 yǐ)子相似。[14] 但须注意其高低尺寸。过高铃能磨伤鹰尾皮肉,过低又因下坠而影

⑭ 缝鸽哨哨尾子法,请参阅王世襄编著:《北京鸽哨》第 21 页,插图五。1989 年北京三联书店印本。

响飞行速度。铜铃和坚硬的骨质垫板接触,轻轻一动,即清越有声,而且达远,自与垫在茸软的羽毛上效果不同。有此设施,看不见鹰可听到鹰,几次放远了,鹰在黄片草中攫兔饱餐,全仗铃声才把鹰找到。

图一五　鹰铃铛及骨制垫板

我还记得有一次在清华园北大石桥靠近圆明园放鹰,那一带有不少菜园子,地势不好,猫却不少。顺着河边一大片棉花地,我们五个人,勉强排过来,每人相隔三丈,东西两边距地头还有好几丈远。兔子真鬼,擦着东边往北溜了出去。鹰看见了,我却连影儿也不知道。直等鹰使劲向下抢,我才看见一道子白,进了坟圈子,我把鹰拉回到胳膊上,站住了脚,用手一指,常五、大牛子点了点头,弯着腰,放轻脚步,蹑蹀着前进,往北兜坟圈子,好让兔子往南跑,岂不就离鹰近了。谁知坟圈子无树也无草,藏不住身,没有等到有人抄后路,兔子已经开腿跑了。坟圈子围脖上有个豁口,兔子影子在豁口一晃,鹰和我都看见了,一挺身,鹰飞过了围脖。往东追下去,有间草房,兔子在前,紧追是鹰,随后是我,走马灯似的围着草房转。兔子一看大势不好,一个拉抽屉,缩头一转,又往东一长,进了菠菜地。一畦畦的菠菜,夹着风障,向前倾斜离地面约 60 度,兔子紧贴着它,一踪一踪地跑。鹰不舍食,在风障上跟着飞,却又因有风障而无从下把。老菜农看见了,扯开嗓子喊:“放鹰的,瞧道儿呀!别踩了我的菠菜呀!”这一嗓子不打紧,不开眼的四眼大黑狗从玉米秸堆上跳下来,加入战围。兔子跑到风障尽头,顺着浇水的干垄沟跑,鹰一斜身,一爪子已经撩上它的后腿。但兔子大,不回头,另只爪又倒不上去,被兔子拉着往前跑。这时狗已赶到,我看得亲切,拣了块黄土疙瘩,照准了狗腮帮子就是一下,打得它臧臧地跑了。鹰怕狗,一松劲,兔子又开了。鹰一挺身上了树。我掏出羊肉刚要往下叫,鹰看见了兔子又追下去了。这回离开了菜园子,兔子进入人家场院的篱笆栅。它还是贴着篱笆跑,鹰跟着飞。眨眼来到场院尽头篱笆转角处,兔子使足了劲,想要踱越而过。好鹰,它好像知道兔子要干什么，不再黏着它而忽地翻身入空，起来一两丈高，两翅一抿，尾巴朝天，闪电般地俯冲下来。兔子往上跳，鹰向下落，两个碰个正着，滚作了一团。这就是桃尖尾犯哨的逮法。我慌忙赶到，气喘不过来，一手把住兔子后腿，一屁股坐在地上，连边上有位摘棉花的老太太都没有看到，差一点坐在人家的三寸金莲上。这一只猫让我出了不少汗。

不要以为鹰总是胜利者。我遇到过五六斤的老猫，鹰撩上裆而未能箍上嘴、被兔子拉进了枳荆塘。鹰张着膀子，翅翎被刺剐坏了，胸脯还扎出了血，兔子终于跑了。最厉害的兔子能回头等着，待鹰到来突然跃起猛撞，使鹰膝受伤。《肉攫部》在列举鹰病中就有"兔踏伤"一种。荣三告我过去南苑有一只老兔撞坏了三四架鹰，谁要去那里都存有戒心。后来一架老破花加两杆火枪才除了此害，称一称重达七斤，为前所未有。

下雪放鹰别有一番情趣，空气清新，皑皑无际，看雪景加逛围，神仙都不换。地上有雪，找猫特别容易，脚踪子一对一对，小桃儿似的清清楚楚印在雪上。猫在雪中趴"卧子"之前，总要远远跳一下才卧下。因此当追踪猫脚印到忽然没有的时候，正是离它不远了。遗憾的是下雪天不能多放，鹰在雪地上滚扑，翅膀一湿，只好收围了。我借钱才买到的白鹰就是在一个下雪天放丢的。老玩家都笑我，下雪放白鹰，真是"找丢"！白鹰的本领并不大，几把没有抓住，越逮越远，接着雪越下越大，以致白茫茫无处追寻。后来我听到动物学家说，异常的白色动物属于"白化体"(albino)，乃畸形变态，故多低能。窝侯爷也听老辈说过，"白鹰只是玩个名儿，论本领比一般的鹰软而无力"，物以稀为贵而已。

放鹰最怕刮大风，只好休息。兔子能辨风向，总是顶着风跑。它伏身擦着地皮，所以不甚费力。而鹰在空中张着翅膀，好像帆船想要逆风而行，是不可能前进的。

按照清末民初的规矩，腊月初八那一天，养家集中到南苑放"腊八围"。这一天抓到的兔子要一律无偿地交给药铺配制"兔脑丸"。这是一种妇科的良药，据说有催生的作用。说起来此为公益义举，无形中却成了养家比武的日子，人要显人的本领，鹰要显鹰的威风。"是骡子是马，拉出来蹓蹓"。很遗憾我生也晚，没有赶上当年的盛况。

五、笼鹰

中秋以后到隆冬，是放鹰的季节，最晚可放到来年早春。此后须将鹰放进一具大笼子，在人工饲养下，脱换羽毛，长出新生的钩嘴和利爪，秋天又可以下地猎兔。这就是所谓的“笼鹰”。

鹰在笼中长达半年以上，须精心照管，天天用小鹰捉鸟雀，为它打活食，有时还须喂鸡和鸽子。每年养的鹰到不了入笼已经出了毛病，逃跑、病死皆有之。有的本领一般，觉得不值得下功夫笼它，饱食几天之后，放它飞归山林。只有鹰的性情、本领都好，舍不得放掉，才不辞辛苦，甘愿费时费事把它笼出来。

我必须声明没有笼过鹰，只向三位老养家询问过，他们是荣三、潘老胎（北京称弟兄排行最末者曰“老胎”，见《国语辞典》第 998 页。潘翁除善养鹰外，更以能训练比麻雀略大的山胡伯喇捉麻雀闻名。久居崇文门外白桥，受到玩鸟家的尊重，是一位人物）和窝侯爷。只不过感到谈大鹰而不及笼鹰，未免有些欠缺，故就所闻，记之于下。因非亲身经历，难免有误。

笼鹰始于何时，有待考证，至唐则十分盛行，有文献可征。如张莒有《放笼鹰赋》，柳宗元有《笼鹰词》，白居易有“十月鹰出笼”、王建有“内鹰笼脱解红绦”诗句等等，不胜枚举。而《酉阳杂俎·肉攫部》言之尤详：

> 鹰四月一日停放，五月上旬拔毛入笼。拔毛先从头起，必于平旦过顶，至伏鹑则止。从颈下过扬毛，至尾则止。尾根下毛名扬毛。其背毛并两翅大翎覆翮及尾毛十二根等并拔之。两翅大毛合四十四枝，覆翮翎亦四十四枝。八月中旬出笼。

再看该《部》37 条中有 17 条讲到鹰换毛后花色纹理的变化，这些都是逐年笼养才能获得的结果。我们相信唐代养鹰、笼鹰之盛，远远超过 20 世纪初的北京。

北京笼鹰，在向阳的地方用竹竿、篾条扎一间似小屋的笼子，名曰“栅子”。栽两根桩子，上架一根横杠。杠上捆青蒿或鲜艾，时常更换，尤其在长出新趾爪时，必须注意保护其锐尖。潘老胎则主张砍粗细合适的柳树作杠，一端套一个装有泥土的筐，不时浇水，使皮色常青并萌发枝芽，活木得天然之气，谓优于枯木的杠。栅子内必须设大瓦盆，盛清泉供鹰饮用并洗澡。

鹰三月停放，即可入笼，随即减少食量，使其消瘦，至夏至前后拔毛。如不减肥，肉满皮紧，拔毛疼痛，竟致死亡。德胜门老养家恩三有两次笼鹰拔毛后死去，窝侯爷认为是未减肥之过。

北京笼鹰只拔小毛，从头顶及颏下开始，顺着往下拔，至腰部而止，留底层绒毛不动。膀翎及尾翎均不拔。此与《肉攫部》所称“并两翅大翎覆翮及尾毛十二根等并拔之”大异，颇疑《酉阳杂俎》古本流传，难免讹夺。或大翎可拔，但须分若干次进行，而《肉攫部》未交代清楚。总之，尚未听北京老养家说过翅尾大翎可以一次拔完。尽信书每为古人所误，慎之慎之！

拔毛之外，北京笼鹰还用香火头烫鹰嘴的钩尖和爪尖，烫后其端会出现白色物质仿佛小棉花球。烫的作用亦在促其退故生新。

笼大鹰必须同时养小鹰。这些小隼春天来到华北，恰好可在春夏季节为大鹰打食，每天须喂麻雀等小鸟十几头。倘遇阴雨天气，只好喂鸡及鸽子。

大鹰在笼内不予系絷，任其自由活动。如拴在杠上，难免坠杠拍动翅膀。换毛时毛锥内充血，如翎管破裂，冒出血浆，羽毛即干瘪萎脱，前功尽弃。

经过自春徂秋的精心饲养，中秋前后羽毛换齐，重新为它系上两开五尺子，举它出行，真是所谓“八月出笼一身霜”，将受到人们的赞赏。此后仍须和新鹰一样下功夫熬、蹓，只是较易驯熟而已。下地猎兔，迅捷猛准，又不是一般新鹰所能及的。

我爱鹰，举着它已觉得英俊飒爽，奕奕有神，更不用说下地捉兔了。这使我想起了一位古人——晋代高僧支遁。史籍说他“常养一鹰，人问之何以？答曰：‘赏其神俊！’”[15]（图一六）不过我很怀疑他是否只爱看杠上的鹰和韝上的鹰而不

---

⑮ 沈约：《袖中记》，见《说郛》卷十二，清顺治宛委山堂刊本。

图一六　元雪界翁、张师夔绘　古桧黄鹰图(局部)
炎黄美术馆藏。此图完全画出鹰之神俊。

爱看捉兔的鹰。恐怕未必。大概他是怕说多了会触犯佛门清规,开了杀戒,岂不将遭人物议?! 如果我的臆测尚有是处,那么这位方外看来还是不够旷达,也不够坦白老实。唐突古人,罪过! 罪过!

我爱鹰,也爱支遁。他毕竟把鹰的可爱,用四个字给概括出来了。

【王世襄　中国文物研究所研究员】

原文刊于《中国文化》1994 年 02 期

饸饹考

王至堂　王冠英

引　言

在辽阔的中国北方地区，包括东北、华北、西北地区及华东的部分省份，无论在百姓家中还是在餐馆食肆，都可见到一种利用杠杆原理轧制的类似面条的快餐食品，其特点是：可冷可热，可荤可素，可软可硬。其最大的优点是可连续作业，省时省力，老少皆宜，因此是一种颇受欢迎的大众食品。它有一个蹊跷的名字叫“饸饹”，这是一个十分费解的名称，因为“饸”与“饹”在汉语中均无任何实际语义，二者组词后对其食品本身也无直接的象征意义。在新版的《辞海》中，“饸”字和“饹”字均无解，仅在“饸饹”的词条中才有词意：“北方一种用荞麦面轧成的食品”①。

清代蒲松龄撰写的《日用俗字》中，将“饸饹”写为“馉饳”，并赞曰：“馉饳压如麻线细，扁食捏似月牙弯。”②其中“扁食”是很形象的（水饺），而“馉饳却只能从其后的“压”字及“线”字中推断其为何物。可见不论“饸饹”还是“馉饳”，都仅取

① 《辞海》，上海辞书出版社，1980 年（缩印本），第 842 页。

② 《蒲松龄集》，中华书局上海编辑所，1962 年（路大荒整理），第 737 页。

其音而未表其意,仅仅它们的"食"字偏旁才勉强象征它们大约属于食品之类,但这个偏旁也是后人强加的。在元代王祯的《农书》、明代李时珍的《本草纲目》及徐光启的《农政全书》中,一律写成"水"字旁的"河漏"[③④⑤]。在中国古代文献中多采用此种写法,显然一直未"规范化"。因此,以规范"日用俗字"为己任的蒲松龄才将其规范为"饸饹"二字。然而这个规范也并未得到遵守。在专业性的《中国烹饪辞典》中,"饸饹"一词有四种写法,匪夷所思的"活络"便是其中之一[⑥]。而《中国风俗辞典》更一气列出六种写法,有饸饹,合罗,河漏,和饹,饸酪,饸饹[⑦]。加上《现代汉语词典》中的"合饹"[⑧]及异体字"麧麰",仅笔者所见就有九种写法。

尽管"饸饹"的写法一龙九种,其发音却十分相近,而在元朝之前的古汉语中却找不到它们。清代的《康熙字典》及近代的《辞源》也概未收入这些不同写法的词条。"饸饹"的词源,自古至今,无人稽考。由此产生一个饶有趣味的问题:这种食品的名称究竟是哪个民族的语言?是谁最先发明了这种"机械化"的快餐食品?笔者从汉族古籍及少数民族史等文献中找到了蛛丝马迹。自知难登大雅,意在抛砖引玉,并就教于海内少数民族史家及食品科技史界诸公。

"饸饹"制法考

与饸饹有关的文字记载,最早可追溯到成书于公元六世纪的后魏贾思勰的《齐民要术》,其中《饼法》一章记有"粉饼法"[⑨],原文是:

以成调肉臛汁,接沸溲英粉,如环饼面,先刚溲,以手痛揉,令极软熟;更

③ 王祯:《农书》,《钦定四库全书》第730册,台湾商务印书馆,1983年,第365页。
④ 李时珍:《本草纲目》,《钦定四库全书》第773册,台湾商务印书馆,1983年,第447页。
⑤ 徐光启:《农政全书》,《钦定四库全书》第771册,台湾商务印书馆,1983年,第377页。
⑥ 萧帆等:《中国烹饪辞典》,中国商业出版社,1992年,第300页。
⑦ 《中国风俗辞典》,上海辞书出版社,1990年,第404页。
⑧ 中国社科院语言所:《现代汉语词典》,商务印书馆,1983年,第455页。
⑨ 贾思勰:《齐民要术》,《钦定四库全书》第730册,台湾商务印书馆,1983年,第124页。
缪启愉:《齐民要术校释》,农业出版社,1982年,第511页。

以臛汁溲,令极泽铄铄然。割取牛角,似匙面大,钻作六七小孔,仅容粗麻线。……取新帛细绸两段,各方尺半,依角大小,凿去中央,缀角著绸。[以钻钻之,密缀勿令漏粉,用讫,洗,举,得二十年用。]裹盛溲粉,敛四角,临沸汤上搦出,熟煮。臛浇。若著酪中及胡麻饮中者,真类玉色,稹稹着牙,与好面不殊。[一名"搦饼",着酪中者,直用白汤溲之,不须肉汁。]

将上文要点译成白话:"……割取牛角做成圆片状,在上面钻出一些小孔;再取新绸布,按牛角圆片的大小,在其中央挖出一个大洞;然后将牛角缝在绸布的圆洞上。(必须事先用钻在牛角上打出缝线的针孔,密缝至不漏面粉。每次用完都要洗净并挂起来,这样就能用二十年。)用这个工具裹住事先揉好的面团,收起四角,接在开水锅上,握紧挤压,面就从牛角的小孔中挤压出来,像粗麻线,煮熟后捞出来,吃的时候要浇肉羹。……"显然,此即"饸饹"!贾思勰将其列入"饼"类,名之为"粉饼"或"搦饼"。众所周知,古今关于"饼"的概念是大相径庭的。《释名·释饮食》谓:"饼,并也,溲面使合并也。"凡属面食,古代通称为"饼",例如:面条、馄饨之类称为"汤饼",意为"汤煮的面食"。今有成语"巧妇难为无米之炊",古文原为"巧妇安能作无面汤饼乎"[⑩]。由此联想到古代中国北方的游牧民族,那里的妇女,无论拙巧,"无米之炊"人人会做,只要有肉即可,而"无面汤饼"却是任巧难为。那么令做"有面汤饼"又如何呢?谅也难办,毕竟长期以吃肉为主,"肉为食兮酪为浆",从未受过做面食的训练,也没有那一套专用炊具。但游牧民族也不乏"巧妇",她们急中生智,竟想出了一个更巧妙的办法:就地取材,割取牛角,将其钻孔,装入面团,从中挤压,临汤入釜,转瞬即熟。这项"发明"省去了面案、面杖、切刀等炊具,也省掉了许多复杂操作。"发明家"的灵感可能来自其育婴习俗:婴儿母乳不足时,将羊角尖端凿小孔,装入牛羊奶哺乳。[⑪]

可以推想,其发明的雏形,可能连绸布也不用,只需在整只牛角上钻孔,再用兽骨或木棍直接从上面挤压就可以了。制作简单,使用方便,又便于携带,可见此项发明真是妙不可言!惜乎当时胡人"巧妇"没有文字,既无法书之,也无从

---

⑩ 陆游:《老学庵笔记·卷上》,扫叶山房石印,1911年,第17页。

⑪ 《蒙古族简史》,同名编写组,内蒙古人民出版社,1985年,第321页。

"申请专利"。及至鲜卑族统一中国北方,建立了北魏,值此前后,正是中国历史上空前的大动荡时期,民族大迁徙、大融合最甚,许多北方民族的物产及习俗被引入中原,随着文化的交流,"胡妇"的这项发明在汉区得到传播亦属必然,贾思勰此时记录了这一发明,但却找不到对应词汇,只得"旧瓶装新酒",暂时沿用"饼"称。尽管如此,北方少数民族风俗之烙印仍然依稀可辨,如:其正文之末,特别强调,"若著酪中及胡麻饮中",则更为正宗。须知二者均属胡地特产,汉地虽有,却不常见。

此项发明在传播过程中逐步"汉化",易牛角为铁片,配以木质压床,名之为"饸饹床",其主要部件,形若杵臼,匹配严密,臼底的铁片上有小孔,杵为木制,横联长柄,利用杠杆原理增加挤压力度,提高了效率。除做饸饹外,每逢年节,也用以做粉条,是中国北方家庭常备炊具之一。几经改进,传到现代已出现了全部铁制并配以链条或齿轮传动的饸饹机,原料也不只限于荞面了。

"饸饹"原料考

《齐民要术》做"粉饼"的原料为"英粉"。可释为"精细的粉"。然而其正文最后一句"与好面不殊",一语道破所用的原料不是小麦粉或其他的"好面"。"英"字在古文中本是"花"的意思,"英粉"也可解为"开花的作物籽粒磨成的粉",而荞麦出苗十天即可开花,直至收割时花尚未落尽,故有"花荞"之称。如此,"英粉"也可能是细筛过的荞面。不过这种解释稍嫌牵强,因为直到《齐民要术》成书时,汉文典籍中尚未出现过"荞麦"字样⑫。

时过不久,在隋末唐初孙思邈的《千金要方》中,首次出现了"荞麦"⑬,同时在孟诜撰写并由张鼎增补的《食疗本草》中,也首次出现了"荞麦"⑭。可见至迟在隋唐时期,荞麦已在中原地区广为种植。及至宋代,"荞麦"已大量出现于诗

⑫ 《齐民要术》卷前的"杂说"中虽有"荞麦",但非贾思勰原作,为后人所加。

⑬ 孙思邈:《千金要方》,《钦定四库全书》第735册,台湾商务印书馆,1983年,第816页。

⑭ 孟诜、张鼎:《食疗本草》,人民卫生出版社,1984年,第112页。

歌之中，例如：陆游有“荞花漫漫连山路，豆荚离离映版扉”的诗句⑮。至元代，王祯《农书》中已有“河漏”之名称：

> 荞麦，……北方山后诸郡多种，治去皮壳，磨而为面，摊作煎饼，配蒜而食。或作汤饼，谓之河漏，细如粉，亚于麦面，风俗所尚供为常食。

由此可见，饸饹的原料是荞面无疑。荞面“河漏”似乎由来已久。在当时的“北方山后”已成风俗并“供为常食”了。其中“山后”是古代地区专名，始于后晋石敬瑭，“相当于今山西、河北两省内外长城之间的地区”⑯。该地区历史上一直是北方各族的杂居区，因此“汤饼”与“河漏”两个名称并用。“谓之”二字似乎暗示：“河漏”本是当地的方言或时髦的外来语。犹英语之 Chocolate，中国谓之“巧克力”、“朱古力”、“查古列”。

在王祯之后的各种农书及本草书中，凡讲到“河漏”，则非荞面莫属。就是说，“河漏”本是专门针对荞面的松软特性而设计的特种食品，犹如现时所谓的“东北血肠”只能用荞面（和血）灌制一样。而在新出版的《北京土语辞典》中，饸饹原料又多出“高粱面”一种⑰，此亦不足为奇，随着饸饹床的不断改进，如今，不但荞面、高粱面、莜面（裸燕麦面），甚至小麦面也可以压成饸饹了。

“饸饹”词源考

喜食饸饹的中国“三北”地区，在古代都是少数民族的活动地域或胡汉杂居区。这些地方，许多方言土语都是各族相互借用的。仅以食品为例：东北地区及内蒙古东部，凡馒头、饼类、糕点及其他块状面食统称为“饽饽”，这原是借用满族的语言，其蒙语发音也与之相若；新疆地区的“馕”（náng），原是借用波斯语

---

⑮ 《陆放翁全集·剑南诗稿·卷十九》，《九月初效行》诗，明崇祯年间上虞毛氏汲古阁刻本，第 3 页。

⑯ 《辞海》，上海辞书出版社，1980 年（缩印本），第 783 页。

⑰ 徐世荣：《北京土语辞典》，北京出版社，1990 年，第 172 页。

“面包”的意思；还有一种与肉类或蔬果合煮的饭，称为“饆饠”（唐译），原是波斯文 Pilaw 的音译，也称“抓饭”，犹汉区的“八宝饭”。在段成式的《酉阳杂俎·酒食》中记有：“韩约能作樱桃饆饠，其色不变。”可见“饆饠”本是一种色、香、味俱佳的食品。有趣的是，此名称自波斯传至中国东北地区后，变音为“布拉”，也许为了附庸风雅，灾区的饥民把一种用野菜与杂粮面（极少量）合蒸的饭，也美其名曰“布拉”，大概也是因为它过于松散，只能用手抓着吃的缘故吧。又如“湩酪”一词，虽似自古有之[18]，实则源于匈奴语[19]。说到底，所谓“汉族”实在是一个难于严格界定的民族，因此在汉语中借用的少数民族语言，真是多得不胜枚举。这就给我们一个启示：“饸饹”一词，也可能是借用北方少数民族的语言。

至此，我们已逐步逼近本文主题。既然元代已出现“河漏”字样，而元代又是蒙古族统治的朝代，此时的蒙古族已渐脱离游牧而进入半农半牧时代。因此从现代蒙语中去寻找词源，理应是有希望的尝试。

相对于汉语的“饭”字，在现代蒙语中有以下几种说法：“乌兰依德格”（肉食）；“查干依德格”（奶食）；“巴答”（粮食）；“蒿乐”（面食）。若以吃肉为主，则称为“乌兰依德格”（直译为红色的饭）；若以吃乳制品为主，则称为“查干依德格”（直译为白色的饭）；“巴答”与“蒿乐”本来是有严格区别的，前者特指粒状粮食做成的饭，而后者特指面食。可能由于生活水平逐步提高，每顿饭的品种不再那么单一，因此，现在蒙古族已不再那么严格的区别这两个词汇了。尽管如此，仍有雅俗之别，其中的“蒿乐”是四种说法中最高雅的说法，略带文言性质，犹汉语之“用餐”，主食以外，还必须配以菜肴方可称“蒿乐”（目前蒙古国已通用之）。经过以上分析，再以“饸饹”与之对照，可以发现“饸饹”与“蒿乐”有许多共同点：第一，两者均为面食，如前所论，游牧时代的面食甚为简易，而简易至极莫过于“饸饹”。第二，两者的发音极为相似，尤为相似的是它们的第二个音节都发生了弱化，而这正是蒙语主要标志之一。第三，“蒿乐”必须配有菜肴，而“饸饹”也必须浇上“卤子”（臊子，浇头）。至于高雅与否，人们对于司空见惯的东西总有“俗”感，故认为“饸饹”多少带点土气，不能

---

⑱ 司马迁：《史记》，第 9 册，中华书局，1959 年，第 2899 页。

⑲ 方壮猷：《匈奴语言考》，原载《国学季刊》1930 年第 2 卷第 2 号。

登大雅之堂，其实这是一种偏见。对于游牧民族而言，事实正好相反：以肉类和乳制品为家常便饭的民族，为调剂口味、变换花样，偶尔吃一顿面食，如同以粮为主食的汉族偶尔吃一顿涮羊肉一样，均不失为高雅之举。“蒿乐”高雅也是因为它略带文言性质，可知它是比较古老的词汇。汉语最初称“饸饹”为“粉饼”或“搦饼”，但不能象征其巧妙做法及独特风味，人们为了附庸风雅，索性就借用了蒙语中最高雅的说法，称为“蒿乐”，最初只借其音，后来为了成字，就须表意，就得设法“形声化”，结果就把许多同音汉字加上了“食”、“水”、“纟”、“麦”、“酉”等偏旁，从而造出了一大堆新的汉字。至此，恍然大悟：原来汉语中的“饸饹”出源于蒙语“蒿乐”！

既然“饸饹”源于蒙语，又属民俗文化，则有望在元代民间文学中找到佐证。由此想到尽人皆知的《水浒传》，其祖本《宣和遗事》成书于宋末元初，其定本成书于元末明初，恰好贯穿整个元代。其间，水浒故事曾以说唱形式在民间流传百余年。由于当时的“话本”只有提纲，“说话人”可以即兴发挥，因此必然掺入许多方言土语，有时为迎合蒙古族权贵，也势必插入一些蒙语词汇，例如，《水浒传》第二十四回有段对话：“西门庆……‘干娘，间壁卖什么？’王婆道：‘他家卖拖蒸河漏子热烫温和大辣酥。’”⑳对此，读者往往不知所云，注家也往往吮毫不注，明代李卓吾模棱两可地批曰：“似歇后，又似元词。”㉑颇具独见又不吝笔墨的金圣叹仅批四字：“只是风话。”㉒俱误矣。唯有清代程穆衡讲对了：此乃王婆故作谬言，是“番语也。”㉓惜其注焉未详，兹略疏如下：“河漏子”是蒙语“蒿乐”之后加了汉语词尾，即王祯《农书》中的“河漏”；“大辣酥”即蒙语“达日森”，元杂剧中亦作“答剌孙”或“打剌苏”㉔，其意有广狭之分，广义泛指谷物酿成的酒（不包括奶酒），狭义专指黄酒（未蒸馏的米酒）。如是，则奸婆之言可简译为：“他家卖饸饹和浑汤酒。”㉕细审其词，既是“胡”书，复为隐语：其中，“大辣酥”（浑汤酒）

⑳ 施耐庵、罗贯中：《水浒全传》，上海古籍出版社，1984年，第293页。

㉑ 李卓吾评：《出像评点忠义水浒全传》，明万历袁无涯刻本，第24回。

㉒ 金圣叹评：《第五才子书施耐庵水浒传》，明崇祯贯华堂刻本，第23回。

㉓ 程穆衡：《水浒传注略》，清道光年间王开沃补注听香阁刻本，注第23回。

㉔ 刘正埮等：《汉语外来词词典》，上海辞书出版社，1984年，第71页。

㉕ 略去的“拖蒸”及“热烫温和”，钱锺书先生1979年访美时曾给出一个修辞学上的解释，即西方所谓的Oxymoron（矛盾修辞法）。

的寓意自不待言;“河漏子”(饸饹)的制法颇类碓舂,北方民间常以此作“荤素谜语”,奸婆用以挑逗,寓意显然,不言而喻。此类穿插蒙语的例证,在元代杂剧、散曲、诗文及小说中屡见不鲜。

或问:古代蒙古族种荞否?限于篇幅,只能要而言之。关于蒙古先民,史学界说法不一,主要有“匈奴说”和“东胡说”,国内学者多倾向于“东胡说”[26],《蒙兀儿史记》谓:“蒙兀儿者,室韦之别种也,其先出于东胡。楚汉之际,东胡……在南者为契丹,在北者为室韦。”[27]可见蒙古与契丹(辽)同宗。1982年在辽代故都上京古城曾出土荞麦实物[28],在内蒙古东部至今仍保留着许多以荞麦命名的蒙语地名,如:在今阿鲁科尔沁旗就有一个乡,名叫“荞麦塔拉”,直译为“长满荞麦的草原”或简为“荞麦之乡”。在蒙古族古老的民间谚语中也有“荞麦”:“事情分为好坏两面;荞麦粒分成三面。”[29]在一些农学书中称野荞麦为“鞑靼荞麦”或“胡食子”[30][31]。仅上数例,古代蒙古族是否种荞似已无须赘言。

“饸饹”词源又考

荞麦“原产亚洲”[32],准确地讲,“起源于中国和亚洲中部”,再具体地讲:“荞麦可能原产黑龙江至贝加尔湖一带。”[33]蒙古族正好发祥于黑龙江上游的额尔古纳河流域,此处高寒,“胡天八月即飞雪”,许多作物难于成熟,唯荞麦从播到收只有两个多月,比较适应当地气候。荞麦本不属于麦类,它是双子叶植物,不宜深播,恰好适合游牧民族粗放的“漫撒籽”种植方式。其茎叶又是上乘的饲料。因此,蒙古先民种植荞麦并最终用牛角把它做成“蒿乐”,是顺理成章的。然而,

---

㉖ 李汶忠:《中国蒙古族科学技术史简编》,科学出版社,1990年,第Ⅺ页。
㉗ 屠寄:《蒙兀儿史记》,北京市中国书店,1984年,第1页。
㉘ 《巴林左旗旗志》,旗志编辑委员会,1985年3月版,第101页。
㉙ 额尔敦陶克陶等:《蒙古谚语》,内蒙古人民出版社,1959年,第112页。
㉚ 《中国大百科全书·农业Ⅰ》,中国大百科全书出版社,1990年,第871页。
㉛ 姚玉光:《内蒙古农业资源及利用》,内蒙古人民出版社,1983年,第117页。
㉜ 《简明大不列颠百科全书》,中国大百科全书出版社,1986年,第6卷,第643页。
㉝ 中国农科院等:《中国农学史》上册,科学出版社,1984年,第32页。

在吾华五十六个兄弟民族中，还有一个至今仍以荞面为主食的北方少数民族，就是达斡尔族，从其语言中寻找"饸饹"的词源，也是正确思路，值得一试。

达斡尔族，史称"打虎儿"或"达呼尔"，与契丹同宗。历史上曾几度迁徙于额尔古纳河、西喇木伦河、鄂嫩河之间[34]。换言之，历史上一直徘徊于"荞麦之乡"。现在主要分布于内蒙古东部、黑龙江及新疆等地。"达斡尔族主食为加牛奶的稷米饭和荞麦面、饼等。"[35]

据新出版的《达斡尔族风俗志》，达族能用荞面做出十多种食品，并各有其名，可惜均在三个音节以上，与"饸饹"的发音相去甚远。然而该书的以下记述可令"柳暗花明"[36]：

> 荞麦叫"蒿勒"。用荞面做的饸饹叫"达勒巴达"，是达斡尔主食中的上品。吃时拌牛奶或浇野禽肉汤、鸡肉汤。

寥寥数语，可圈可点，细加玩味，不难得出以下结论：

第一，达族主食确有"饸饹"。既然已列入"风俗志"，可见其源远流长，而非始于今日。

第二，其饸饹是用荞面做成的。与史书记载完全一致。

第三，饸饹是主食中的上品。不言而喻，也是十多种荞面食品中的上品。视为"高雅"当然也不为过。

第四，吃饸饹时要拌牛奶或肉汤，与《齐民要术》所载的"著酪中"或"臛浇"相吻合。

第五，虽然"饸饹"的达语发音不似汉语，但其原料却称"蒿勒"，与"饸饹"的汉语发音一致。可以这样设想：限于自然条件，达斡尔先民最初的农作物只有荞麦，而用荞麦做的面食也只有饸饹，因此，把荞麦、饸饹统称"蒿勒"也是说得通的。正当此时，汉族学会了饸饹的做法，并借用了"蒿勒"的发音。后来由于汉

---

[34] 庆同甫：《达斡尔民族志稿》。转于巴图宝音《达斡尔族风俗志》第 2 页。

[35] 《中国大百科全书·民族》，中国大百科全书出版社，1986 年，第 80 页。

[36] 巴图宝音：《达斡尔族风俗志》，中央民族学院出版社，1991 年，第 12 页。

文化的反馈，达族荞面食品的花样越来越多，不得不各有其名，其中，荞面饸饹演变成“达勒巴达”（直译为“用饸饹床压的饭”），从而使“蒿勒”的词义仅限于“荞麦”了。恰如汉语的“饼”，古代原为面食通称，后来面食各有其名，致使其词义仅限于蒸烤过的扁圆形面食了。如果以上推断成立，那么“饸饹”的词源就是达斡尔语的“蒿勒”。

由于蒙语与达语同属阿尔泰语系蒙古语族，因此，说“饸饹”一词出源于蒙语又出源于达语，这并不矛盾。史料表明，蒙古族和达族的主体均来源于东胡—鲜卑—契丹族系[37][38]。《十六国春秋》和《魏书》所载之鲜卑语以及《辽史》所载之契丹语，均与蒙语相差无几。蒙语与达语则更为相近，《蒙古秘史》记载的早期蒙语中的某些词汇，在现代蒙语中已经消失，但却仍然保留于现代达语之中。鲜卑人是中国历史上第一个入主中原建立正统王朝的少数民族，北魏时的鲜卑人传入了独特的面食作法，贾思勰作了记载，并由鲜卑后人——蒙古族及达族沿袭下来，最终普及到整个北方。可见，“饸饹”的本源很可能是鲜卑语。

语言借用都是双向的，例如：蒙古族也借用汉族的“面条”，达族也借用汉语的“蒸饺”。此亦表明吾华文化是各兄弟民族共同创造的。

“饸饹”的民俗及其化学原理

在中国北方，尤其在冀西、晋北、陕北、内蒙古西部及甘肃东部一带，这里姑且称之为“长城文化带”，即历史上的胡汉交织带。在这些地方，民间做饸饹时，有一种不见经传的做法，很值得玩味，特附记于此，以俟后世问俗者。即：先将一种白色石头煅烧，再趁热浇上冷水，石头就炸酥了，这样得到的水，经澄清后，用来和面做“饸饹”，不粘不断，滴汤保条。

这种做法的历史已无从考证，纯属民间土法，但却十分科学，又有保健功效，不

㊲ 林干：《东胡史》，内蒙古人民出版社，1989年，第12页。《中国古代北方民族史新论》，内蒙古人民出版社，1993年，第158页。

㊳ 满都尔图：《达斡尔族》，民族出版社，1991年，第5—9页。

失为一项发明。用现代化学知识解释：所选用的白色石头，民间称为“尿浆石”，实则石灰石，其化学成分是碳酸钙（$CaCO_3$），经高温煅烧则分解为氧化钙（CaO）和二氧化碳（CO_2），再浇冷水则转化为氢氧化钙 $Ca(OH)_2$，澄清后得到其“饱和溶液”，其中 $Ca(OH)_2$ 的溶解度并不太大，常温下（20℃）每升水中只有 1.65 克，而在沸水（100℃）中溶解度更小，每升水中只有 0.77 克[39]。虽然其溶解度如此之小，却足以造成“胶凝作用”，使荞面的淀粉溶胶凝固，从而收到漓汤保条的效果。

南来客某，面对“烧石水”做的饸饹，面有难色，不敢下箸。其实此种顾虑大可不必。因为其中的氢氧化钙含量甚微。而且按北方习惯，吃荞面饸饹一定要浇醋，醋是酸类，氢氧化钙是碱类，二者发生“中和反应”，生成了易于人体吸收并强身健骨的醋酸钙，不但于人无害，而且十分有益。

其各步化学反应为：

1. 烧石　$CaCO_3 \rightarrow CaO + CO_2$
2. 浇水　$CaO + H_2O \rightarrow Ca(OH)_2$
3. 配醋　$Ca(OH)_2 + HAc \rightarrow CaAc_2 + H_2O$

如此看来，根本无须煅烧所谓“尿浆石”，只要直接用水浸泡生石灰（CaO），然后再用澄清的石灰水和面，也必然会异曲同工。我们的模拟实验证明其效果更好。由于民间难得生石灰（至少历史上曾如此），更不知其化学原理，只得由有经验的老妇人指点着选找“尿浆石”。

无独有偶，《中国烹饪辞典》云：“西安制法用青石水（浇石头的水）和面”。但“青石”中碳酸钙含量很少，主要成分是铝、硅等元素。从化学角度讲：铝的“化合价”是三价，钙是二价，因此铝的“胶凝作用”比钙大得多，与做粉条时要加明矾（硫酸铝钾）的道理一样，保条效果会更好；而且铝的碱性极弱，吃时不浇醋也可以。然而，钙的营养价值远大于铝，并且没有副作用。由此可见，两种方法各有千秋。

【王至堂　内蒙古大学化学系教授　王冠英　呼和浩特第三中学教师】

原文刊于《中国文化》1995 年 01 期

---

[39] 顾庆超等：《化学用表》，江苏科学技术出版社，1979 年。

端午粽

程巢父

“未吃端午粽，寒衣未可送。”这是元人陆泳《吴下田家志》里的两句话。一到阴历五月，即入仲夏，便是“年光佳处惟初夏”、“夏浅胜春最可人”的季候，人们不但卸掉了寒衣，连夹衣也不用常穿了。这日子小孩子最是高兴，毽子、得螺早已不玩儿，风筝也已失宠，该是踢皮球、打弹珠，下塘捞蝌蚪，上树捉知了的时候了。端午节就在芒种、夏至两个节令之间。《周书·时训》载：“芒种之日螳螂生，又五日鵙(ju 音菊，即伯劳，捕食鱼、虫、小鸟等)始鸣，又五日反舌无声……夏至之日鹿角解，又五日蜩始鸣。”端者，始也；午者，五也。其实每月的上旬五日，都可以称为端五，只因古人已将五月的端五立以为节，人们便将“端五”转为专名，单属于仲夏五月了。昔时每年临近这个节气，菜市上就出现了菖蒲、萧艾和粽叶，巷子里则时有蒲艾、黄烟的迭番叫卖之声。这时候，表姐就将洋行里书报上的硬道林纸撕下一页，裁成窄条，折叠成指头般大小的一枚枚菱形物体；用彩色丝线交相缠绕，做成一个个精巧的五彩粽。然后再用丝线连缀成四五个一串，挂在帐钩上，煞是好看。一到端午节早晨，表姐就为我穿戴，将两串五彩粽挂在我西装短裤的左右腰绊上。男孩子戴这些红黄绿蓝的装饰物，怪不好意思的，我忸怩地极不愿意。“不许取(下)，弄坏了当心我揪你！”——她最重的处罚就是将我的脸颊轻轻拧一下，武汉话则说“揪”。接着又哄着我：“今天戴着，一年都不生病。”等到级任老师詹小姐发现了，询问赞赏一番，小朋友们都用羡慕的眼光注视我的佩戴物时，我便开始得意起来，心里美滋滋的。觉得全班只有很少人戴了这种漂亮的节日玩意，而其中又数我戴的最好看最好玩。数十年过去了，在悠长却倏忽的岁月中，我对端午节的记忆，我对表姐的回忆和怀念，总是跟这些细节琐事联在一起。我那朦胧的童心总想打破砂锅炆（问）到底：为什么要戴它？是从从前什么时候开始的？表姐的回答当然从未满足过我的要求。尚不止此一端，连那门窗两旁挂着的菖蒲、艾叶的作用、意义及缘起我都想问个水落石出，大人的解答当然也从未使我满意过。后来生活的艰辛及在政治漩涡中的浮沉，则再无闲情去留心这些细事。二十几年前读知堂先生的遗著，他对土风民俗研究的倡导，则又勾起了我的兴趣。他在谈他对于地志杂记或风土志的爱好之意时，颇为称道清初朱竹垞的《鸳鸯湖棹歌》之类，举了其第十九首：

姑恶飞鸣触晓烟，红蚕四月已三眠。
白花满把蒸成露，紫椹盈筐不取钱。

他接着说：“这样的诗我也喜欢，但是我所更喜欢的乃是诗中所载的‘土风’……”我在《十堂笔谈》中又说：

我的本意实在是想引诱读者，进到民俗研究方面去，使这冷僻的小路上稍为增加几个行人，专门弄史地的人不必说，我们无须去劝驾，假如另外有人对于中国人的过去与将来颇为关心，便想请他们把史学的兴趣放到低的广的方面来，从读杂记的时候起离开了廊庙朝廷，多注意田野房巷的事，渐与田夫野老相接触，从事于国民生活史之研究，此虽是寂寞的学问，却于中国有重大的意义。

应该说，我的本性中原本就向往这些东西，只因几十年政治对人的命运的拨弄，才使人将这些节日的欢愉和温馨的亲情一股脑儿摒弃了。这些年的生活，有了回忆和怀旧的闲暇和自由，而且不带丝毫的“原罪感”（当年斥之为小资产阶级情调和非无产阶级意识），才又将那一缕缕情愫从我的同辈人的扔弃物里捡了回来。由于知堂老人那富有人情味的著作激活了我的关于土风民俗的兴趣，我那些童稚的疑问才获得太迟的解答。关于我的五彩粽，梁代吴均的《续齐谐记》载："屈原五月五日投汨罗水，楚人哀之，至此日，以竹筒贮米，投水以祭之。汉建武中，长沙区曲，白日忽见一士人，自云三闾大夫，谓曲曰：'……常年所遗，恒为蛟龙所窃……可以楝叶塞其上，以彩丝缠之。此二物蛟龙所惮也。'……今世人五月五日作粽，并带楝叶及五色丝，皆汨罗水之遗风。"原来由来有自，我那童心的结终算解开了。关于此物，还有《文昌杂录》载："唐时五日有百索粽。"这是宋人的笔记，记述前朝遗风。还有唐人的直接咏物，如元稹的诗有"彩缕碧筠粽，香粳白玉团"之句。宋代的诗人也不薄此物，如欧阳修的《端午帖子》词里就有"彩索盘中结，杨梅粽里红"一联。这种风俗，汪曾祺先生童年也经历过，他叫作"做香角子"。这是他用北京话表达，不是高邮话。不知道北京有无此风俗。另外还有一种与彩索盘粽相关的事，汪先生叫作"系百索子"。他说"五色的丝线拧成小绳，系在手腕上"（《故乡的食物》）。我小时候没有经历过，不知道那些女生是否系过，但文献却有记载。宋陈元靓《岁时广记》二十一引《岁时杂记》："端五百索乃长命缕等物遗风尚矣。时平既久，而俗习益华，其制不一。《（事物）纪原》云：'百索即朱索之遗事，本以饰门户，而今人以约臂。'又云：'彩丝结纫而成者为百索，纫以作服者名五丝。'"陈元靓又引《续汉书》以证百索乃朱索之遗，认为此俗"盖始于汉"。元人马祖常的《拟唐宫词》写道："合宫舟泛跃龙池，端午争悬百彩丝。"诗中用一"悬"字，可作饰门户及佩戴在衣服上两种理解，但不是约臂，此可证元时亦间行汉俗。对这些前人的生活史的追究，算是大大地满足了我的好奇心。

至于门户悬挂蒲艾又是什么讲究呢？《岁时广记》引《岁时杂记》云："端午刻蒲为小人子或葫芦形，带之辟邪。"又云："端午都人画天师像以卖，又合泥做张天师，以艾为头，以蒜为拳，置于门户之上。"宋人诗词里咏此节物者甚夥，苏子由《皇太妃阁端午帖子》云："太医争献天师艾，瑞雾长萦尧母门。"秦少游《端五》词："粽团桃柳，盈门共垒，把菖蒲旋刻个人人。"陆游《己未重五》诗："门楣束艾作神人，团粽盘中节物新。"艮斋先生魏元履仅存的半阕残词云："挂天师，撑着眼,直下觑。骑个生狞大艾虎,闲神浪鬼,辟惵他方远方,大胆底更敢来上门下户。”王沂公的《端午帖子》则说得直截了当:“明朝知是天中节,旋刻菖蒲要避邪。”《熙朝乐事》谓:“端午为天中节。”《风土记》:“五日午时为天中节,故作种种物能辟邪恶。”“辟”,避也。综上观之,悬蒲艾避邪,其风宋时最盛,与彼时道教盛行有关。绵历千载,后世未致湮泯,文献殊少征引,度亦只是虚应故事而已;迄于民国,已不复刻蒲为人,仅于门楣束艾,民间唯知祖述模仿,而莫能谙其缘由矣。

我平生印象最深的几届端午节,还是孩提时代的那三数年间。午时放学回家,总有二三亲友在座,长辈陪着品茶聊天,气氛欢洽。桌上摆着芝麻糕、绿豆糕等茶盒及黄的枇杷红的樱桃之类的果盘。此时正是“东园梅熟杏初丹”的季节,但城市里从未见到青梅或黄梅,因此我迄今只吃过干渍的话梅,于新鲜的梅子,则毕生未觌其形。芝麻食品本是我所爱的,但芝麻糕不见一粒芝麻,除了甜得腻人则毫无滋味,我从来不沾。绿豆糕则偶尔略尝一块半块而已。武汉的绿豆糕,最著名的是汪玉霞、冠生园两家。鼎革之初,举新摒旧,“汪玉霞”之类的旧字号一度废去,不知其何许年,又予恢复。当时诸般名号,时兴冠以“人民”字样,说起来啰唆,写起来亦颇觉麻烦。垂数十年,国人始悟其多余,乃将之删除,节省嘴力、目力、笔力多多矣。汪玉霞这家名满武汉三镇的食品铺子,比我的年龄要大多了。我对桌上的食品都无兴趣,心里念念不忘且迫不及待的事则在于黄烟。所谓黄烟,乃是略粗于手指、两寸多长的一种哑爆竹。内无火药,但有引信,可以燃点而不爆炸。实际上内里装填的是雄黄,点燃之后释放出一股黄色烟雾,用以驱灭毒虫,延至一二分钟即尽。这是我的一项“专利”。家里每年买十余枚供我燃放。它是一种季节性的卫生消毒剂。表姐为我预备下一炷佛香,我点着黄烟,到墙角、床下、柜下、桌下到处施放。儿童的兴趣就在于这瞬间的投入和娱悦。我的节目一完,便开饭上菜。大人们将一包包雄黄倾在小酒杯里,便开始斟酒。他们用筷子将雄黄酒搅匀,就叫我到跟前,用指尖将杏黄色的酒液抹在我的额上、耳窝内和耳根部,说是毒虫不咬。酒液流进耳内,流到脖颈,不许用手抹掉。直到午后上学,大家走到一起,直见个个小朋友都变了黄额头和黄耳根。

饭前照例是先吃粽子。武汉人只包糯米的净粽,偶尔包少量的枣粽供小孩子吃,不包别的品种。这里将江、浙人称作“下江人”。下江人则包赤豆粽、肉粽;广东人爱包香肠粽子、火腿粽子。我吃粽子不爱蘸糖,只吃一个或半个淡粽子。端午节的餐桌上除了一盘粽子还有一盘盐蛋。切开成四瓣的盐蛋则另装一盘。大概是“春江水暖鸭先知”之后,鸭子产蛋就进入了旺季,所以南方各地都将盐蛋列入了端午节的食品之中。下江以“高邮盐蛋”最为著名,湖北则以“沙湖盐蛋”最称俏货。就是上辈人常说“沙湖沔阳洲,十年九不收”的那个沙湖。昔时汉江泛滥,常使天门、沔阳受灾,却使沙湖成为天然的鸭场,故以盛产盐蛋著名。我家每年约在阴历三月尾、四月头腌蛋,一腌就是数百枚,到五月初则刚好一月,蛋已腌透。盐蛋煮热,敲开蛋壳,筷子戳下,红油漫溢,这就是沙湖鸭多吃鱼虾的结果。我吃盐蛋爱拣盘中切开的,摘下蛋黄,没有生客则将蛋白退回盘中,有生客在便摆在自己碗前。这时候,一位远房伯父海涛伯伯便要对我说教一番。说是湖北的两名商人到河南贩货,坐在树下啖饼,不食饼边,一老农则拣而食之。后来投宿,才知此拾饼边者乃是此方财主,庄园宏敞,田地跨县。我一直将这位伯父视作陈最良一类人物,完全不懂得儿童心理。后来我在北方生活了多年,想吃家乡土产,便想到再有盐蛋吃就一定不会扔下蛋白了。

今人的生活,愈向现代迈进,则愈有趋向于简便的势头;如端午粽子,也就是我以上所举数种而已,远不如古代之多样丰富且精致。《岁时广记》引《岁时杂记》:“端午粽子名品甚多,形制不一,有角粽、锥粽、茭粽、筒粽、秤锤粽,又有九子粽。”又云:“近年又加松栗胡桃姜桂麝香之类……”据记南宋孝宗朝故实的《乾淳岁时记》称,“(端午禁中)作糖霜韵果,糖蜜巧粽,极其精巧。”现代生活的简化遂导致许多传统节目的减少乃至消泯,其中诸多文化的因子亦随之流失而湮灭。

唐李匡乂《资暇集》引《风土记》云:“仲夏端午,烹鹜角黍。”《风土记》为西晋周处所撰,可见端午食粽魏晋间已很盛行。《本草纲目》载:“椶,俗作粽,古人以菰芦叶裹黍米煮成,尖角,如椶榈叶心之形,故曰粽,曰角黍。”这是文献上记载粽名来历的唯一例子,因出之近代,不知李时珍据之何书,姑聊备一说。《岁时杂记》还记载了古人煮粽的一种方法:“近代多烧艾灰淋汁煮之,其色如金。古词云:角黍包金,香蒲切玉。”我记得小时候在沦陷区生活的艰难情境,我家烧茅草炊饭，因肥皂短缺，就以草灰淋汁取碱洗衣；《杂记》所云，是古人取碱煮粽令其易熟、易烂、更黏及着色（取其祥瑞）之法。北方人熬粥好加碱，我当年随军驻北常喝那种黄绿色带碱气的稀饭，也就是“其色如金”。

抗战最后一年，为躲警报，我曾在乡下渡过一回端午节。全村都在村口水塘边割菰叶包粽子，取之不尽。后来读到放翁的《村居初夏》诗：“桥边来淬剥桑斧，池畔行芟缚粽菰。”就想到了表姐、表嫂从塘边割回粽叶的情景。读放翁另一首五古：“贫家犹裹粽，随事答年光。”也想到了我儿时亲眼看到的阖村祥和渡端午的景象。虽是战乱年代，敝村地处赤白交界之处，倒并非日日骚扰不宁。而三年灾害期间，谁家要是赏我几只粽子，倒真似遇上天厨仙供一般。可惜，那时亲友间即使有如鲁提辖之豪爽者，他也慷慨不起。

我一生过得最黯淡的一个端午节是1966年。宋人孟元老《东京梦华录》记京师（汴梁）风物云：“自五月一日至端午前一日，卖桃、柳、葵花、蒲叶、佛道艾，次日家家铺陈于门首，与粽子、五色水团、茶酒供养，又钉艾人于门上，士庶递相宴赏。”而当年“世界革命的中心”已遍布肃杀之气。就在端午节的凌晨三点钟，我看到了满院子的大字报，我已被打成“破坏‘文化大革命’的现行反革命分子”。而带头揭发我的正是与我同寝室的团支部书记和经我介绍入团的几位团员。正是我推荐他们去参加了“四清”（当年在那个辉煌的“在无产阶级专政下继续革命”的理论指导下那是无上的政治殊荣）而新近归来；其中一位最激烈者正是前夜病倒的团支部宣传委员，是我送他去医院，亲手接了他的尿液送到化验室守候结果，又买了水果点心服侍他躺下。想不到政治竟有那样大的魅力，顷刻之间就将与我亲密无间的几个人吸引到工作组的麾下，将我打翻在地又踏上一只脚。而我腐蚀青年的唯一例证就是我自甘破费，交了一笔钱给食堂，给全体青年包粽子，每人十只。可怜在那个刻骨铭心的端午节里，我一昼夜才强咽了一碗稀粥；那天就是赐给我唐明皇御宴上的九子粽，我也焉能吞得下一口粽角。

我在大连生活的那几年，常想家乡风物，其中就想吃粽子，尤其想闻粽叶的那股清香。我曾建议要家里寄些菰叶来。姐姐说，寄来了我们也不会包呀。袁枚端午日尝于山中宴客，远离水源，无有菰叶可采，便以竹叶代之。不知道是不是受了元稹咏碧筠粽的启发，反正他颇能因地制宜。《小仓山房诗集》卷二十三

记载其事,词曰:

山里行厨事事新,楚臣遗制更清芬。
承筐拟造青菁饭,采叶刚逢孤竹君。
五月端阳菱共小,一章《华黍》笛先闻。
诸公应笑便便腹,不嚼红霞嚼绿云。

我当年不会就地取材,未尝一膏馋吻,到底不如袁子才风雅!

2013 年 3 月 16 日改定
2013 年 3 月 25 日凌晨再改定

【程巢父　文史学者】
原文刊于《中国文化》2015 年 01 期